WBC 성경주석

로마서(상)

솔로몬

WORD BIBLICAL COMMENTARY

Volume 38A

Romans 1–8

JAMES D. G. DUNN

WORD BOOKS, PUBLISHER · DALLAS, TEXAS

목 차

편집자 서문

본 성경 주석 전집(WBC: Word Biblical Commentary)이 세상에 나오기까지는 수 년 간의 기획 과정이 필요했다. 1977년에 본 전집의 편집위원회 위원들은 발행인들과 회합한 자리에서 몇 가지 뚜렷한 특징을 지닌 새로운 성경 주석의 발간 가능성을 면밀하게 검토했다. 그러한 특징이 무엇인지는 독자들이 이 주석서들을 진지한 자세로 읽어 내려가는 과정에서 금방 알게 될 것이다. 하지만 본 성경 주석이 당초에 목표로 삼은 것이 과연 얼마나 완벽하게 성취되었는지는 오로지 시간만이 말해 줄 수 있을 것이다.

우선, 우리는 우리와 뜻을 같이하면서 세계 도처의 대학교, 신학교 등에서 가르침의 사역에 종사하고 있는 학자들을 되도록 폭 넓게 선발하여 본 성경 주석의 기고자로 삼기 위해 많은 노력을 기울여 왔다. 매우 다양한 교단적 배경을 지닌 본서 기고자들의 폭 넓은 시야는 가히 "복음주의적" – 성경을 하나님의 계시로 받아들이고 기독교 복음의 진리와 능력을 자신의 생명처럼 여긴다는 적극적이고 역사적인 의미에서 – 이라 불려지는 것이 마땅하다.

다음으로, 본 전집에 포함된 주석서들은 처음부터 『WBC 성경주석』의 일환으로 쓰여진 책들이다. 오늘날 성경 주석 분야에서 상당한 호평을 받고 있는 몇몇 전집들이 영어 이외의 언어로 쓰여진 저작들을 영어로 번역한 것에 비하여, 본 성경 주석은 오로지 처음부터 영어로 쓰여진 책들만이 포함되어 있다. 또한 본 전집의 주석가들은 성경 원문을 각자 나름대로 영어로 번역한 다음, 그 번역된 성경 본문을 자신들의 주해와 주석의 바탕으로 삼는 것을 원칙으로 삼았다. 나아가서 본 전집의 대표적인 특징으로는, 그 내용이 어디까지나 성경적인 언어를 바탕으로 하면서도 각계각층의 독자들 – 공부하는 학생들, 현재 목회 사역에 종사하고 있는 교역자들 그리고 이 분야를 전공하는 학자들이나 교수들 – 이 성경에 대한 신학적 이해를 학문적이면서도 실제적으로 쌓아 나갈 수 있고, 또 그들에게 현실적인 도움이 될 수 있도록 구성되어 있다는 점을 들 수 있다.

마지막으로, 본 성경 주석의 구성 양식에 관하여 몇 마디 말을 덧붙이고자 한다. 우리는 여러 계층의 – 그리고 상이한 수준의 – 독자들을 의식하여, 확실하게 구분되는 몇 개의 단락으로 나누어 책의 내용을 구성했다. 예를 들어, 번역된 성경 본문의 바탕을 이루는 [히브리어와 헬라어] 원문에 관하여 좀더 깊이 있게 공부하려는 독자들은 본 성경 본문의 "원문주해"를 살펴보고, 현대 신학자들이 어떠한 해석을 내리고 있는지에 관심이 있다면 "참고문헌" 및 "양식/구조/배경"을 참조하면 될 것이다. 또한 어떤 성경 본문의 의미 및 그 본문에 포함된 성경적 계시를 좀더 폭 넓은 관점에서 이해하려면 "주석"과 "해설"을 보면 된다. 그러므로 본 성경 주석을 펼쳐 든 사람이라면 누구나 자신에게 유익한 자료들을 얻을 수 있으리라 믿어 의심치 않는다.

이상과 같은 우리의 목표가 상당히 만족스러운 수준까지 달성될 때, 우리 편집자들이 당초에 의도했던 것들이 구체적으로 실현됨과 아울러 본 전집의 기고자들이 흘린 땀방울도 충분한 보상을 받을 수 있게 될 것이다.

책임 편집자 : 데이비드 허바드(David A. Hubbard)
글렌 바커(Glenn Barker)
구약 편집자 : 존 와츠(John D. W. Watts)
신약 편집자 : 랠프 마틴(Ralph P. Martin)

저자 서문

로마에 있는 그리스도인들에 대한 사도 바울의 서신에 관한 주석을 쓰는 것은 힘든 작업이다. 바울의 서신은 신약성경에서 주된 요소를 이루고 있고, 기독교 성경의 중심 부분을 차지하고 있다. 또 바울서신은 기독교인의 신앙과 삶 그리고 19세기 이상 동안을 서방문화에 문자 그대로 한량없이 영향을 끼쳤던 기독교 신앙의 합법적인 문서이다. 그리고 바울 서신들 중에서 로마서는 기독교 복음 그리고 기독교가 자리를 잡던 시기에 요청되었던 믿음에 관한 충분하고 세심하게 구성된 진술을 담고 있다. 로마서를 이해하는 것은 기독교 사상의 가장 창조적인 시기로부터 모든 시대의 가장 창조적인 신학적 사고의 하나와 대화에 참여하는 것이다. 어거스틴, 루터, 그리고 바르트와 같이 영향력이 있는 신학자들에 대한 로마서의 영향이 자주 주목을 받는다. 그리고 확실히 로마서는 어느 다른 신약성경이나 성경적 문서보다도 더 많은 주석으로 매력을 주고 있다. 이 주석을 쓰는 동안에 여러 번 나는 일련의 칼빈(Calvin), 고데트(Godet), 샌디와 헤드람(Sanday&Headlam), 라그란지(Lagrange), 미첼(Michel), 쿠스(Kuss), 케제만(Käsemann), 크랜필드(Cranfield), 쉴러(Schlier)와 윌켄스(Wickens)와 같은 주석가들을 그대로 따라가는 것은 때때로 불경건에 가까이 가는 무모한 짓이라는 것을 느끼곤 했다.

Word Biblical Commentary에 로마서를 기고해달라는 청탁을 10년 전에 받았을 때, 나는 거의 그 초대를 거절했었다. 물론 나는 과거에 자주 로마서를 가지고 작업을 했고, 또 젊은 기독교인 시절에는 전심으로 AV/KJV 번역을 배웠었으며, 발생되는 질문의 가능성을 내가 개인적으로 모든 시대의 가장 위대한 신학자라고 간주하고 있던 한 분의 가장 조직적인 기고 속에서 만족을 얻었다. 하지만 이미 선반 위에 있는 대단히 높은 장점을 갖고 있는 아주 많은 주석들을 가지고서도, 신약성경의 동료 학도들은 왜 고통을 겪고 있는가? "로마서에 관한 또 다른 주석이 없는가!"하는 것은 내가 80년대 초에 연구 계획을 설명했을 때에 자주 있었던 반응이었다. 그런 공감이 나 자신의 첫 반응에 영향을 주었다. 그런데 그러한 풍부한 학문성이 수년에 걸쳐 로마서에 확장되어진 후에도, 언급할 만한 신선하고 본질적인 것이 있는가? 주석의 형태가 갖는 최악의 잘못에 나 자신도 단순히 빠지지는 않을 것인가 – 이전에 있었던 사람들의 사상(또 다른 "짜집기"를 가지고)을 단순히 반복하지는 않을 것인가?

하지만 좀더 묵상한 후에 나는 더 발전된 기고가 가능하고 참으로 바람직한 두 영역, 곧 이전의 대부분의 로마서 작품들이 다소간에 갖고 있는 두 부족한 점들이 있다는 결론에 이르렀다. 한 가지는 많은 다수의 주석들에서 독자들은 자주 나무로 인해 숲을 보지 못한다는 것이다. 상세한 언어연구에 사로잡힌 주석가, 대안적인 번역과 관련한 복잡한 논쟁들, 또는 이전의 해석에 대한 길다란 분석으로 인해 바울사상의 움직임을 자주 놓치고, 독자들은 복잡한 미로에 자신이 길을 잃었다는 것을 발견하게 된다. 생생한 설명으로 읽혀지고, 또 한 두번에 들려지도록(그리고 이해되도록) 쓰여진 서신이 너무도 자주 기독교인의 호기심의 영안실 속에서 되풀이하여 분해되어진 고대의 시신처럼 되어 버렸다. 그리하여 그 각각의 부분과 사지가 역겨운 전시로 있게 만들었다. 물론 로마서에 간단한 개관적 주석들을 제공하는 몇 가지 시도가 있었고, 그 가운데는 전반적으로 상당히 성공적인 것들이 있었다. 하지만 대체로 깊이 있는 논증에 들어가지 못하고 표면만을 대충 보거나, 두 번째 결핍을 보여주었다. 이런 두 번째 약점은 대부분의 주석가들이 보다 자세하게 역사적인 문맥을 파고들지 못한 데서 기인한다. 말하자면 많은 주석가들이 그 서신이 쓰여지고, 또 전달되고, 역사적 배경과 하나님의 말씀으로 언급되어진 것을 처음 듣는 삶의 자리를 살피지 못했다. 수세기 동안 일세기 유대교에 관한 기독교적인 인식을 좁게 만들고 왜곡한 사람들은 역시 바울의 조상들의 믿음, 곧 특히 이 서신의 핵심과 매우 많은 관계성을 갖는 바울의 견해에 영향을 미쳤다. 하지만 샌더스(E. P Sanders)의 신선한 시각적 변화와 더불어 나는 "바울에 대한 새로운 시각" 안에서 로마에 대한 바울의 서신을 설정한 주된 시도를 시도할 수 있고, 또 시도해야겠다는 생각이 분명해졌다.

따라서 나의 첫 번째 목적은 바울의 사상에 대한 움직임을 이해하는 것이다. 즉 각 절에서 그리고 각 장에서 바울이 붙들고 있는 논리를 이해하는 것이다. WBC 주석 시리즈의 형식이 내가 각 항목의 마지막 부분(해설)을 사용하기를 결정해서 전반적으로 그 서신에 대한 대강의 주석을 쓸 수 있는 노력을 하게 했다. 따라서 쓰여진 주석의 첫 번째 부분은 1-11장의 해설인데, 이는 그 본문의 내적인 일관성과 바울의 논증의 흐름 그리고 역사적인 배경 내에서의 신학적인 논리를 이해할 목적으로 2년간에 걸쳐서 쓰여졌다. 나는 의도적으로 전문적인 도움을 받기 위한 사용을 용어색인, 낱말사전, 그리고 Kittel-Friedrich Wörterbuch(ET: *TDNT*)로 의도적으로 제한을 시켰고, 또 당시의 다른 자료들에서의 언어와 사상에 관한 모든 근접한 참조문헌과 가능성 있는 평행들을 추적하였지만, 결론적인 해석은 그 역사를 특징지었던 논쟁과 그 해석의 역사에 의해서라기보다는 그 본문 자체에서 발생하는 문제들에 의해서 더 결정될 수 있다는 소망에서 한두 가지 최근의 주석들에 대한 최소한의 언급만을 했다. 전반적으로 나는 1세기 중반의 로마에 있는 성도들에게 읽혀져서 들려질 수 있도록 쓰여졌다는 것을 기억하려고 애썼다. 또한 내내 나는 이것이 로마의 성도들에게 무엇을 의미할 수 있었는가? 바울은 자신이 쓴 것에 대해 독자들이 어떤 이해를 가질 것을 기대했었겠는가? 자주 시도했던 추론 방식 중의 하나는 용어상에 있을 수 있는 양면성을 그대로 허용했는데, 그 이유는 바울이 의도적으로 양면적인 것을 의도했거나, 적어도 자신의 사상을 독자나 청자들이 서로 다른 뉘앙스를 가지고 듣는 것을 허락하도록 형성시켰다는 것을 인식했기 때문이다. 나는 자주 본래의 문맥을 상기시킴으로써, 현대의 독자들이 로마서의 첫 독자들이 경험했던 것을 다시금 경험하고, 또 적어도 원 문맥에서의 신선한 어떤 것을 발견하기를 희망하며, 또한 본문이 나에게 생생하게 다가왔을 때에 내가 경험한 흥분, 그리고 숨겨진 흐름과 이전에는 모호하고 복잡했던 논증의 상호관계성을 알게 되었을 때에 내가 경험했던 흥분된 것들을 나누기를 희망한다.

또 다른 추론방식은 해설 항목을 계속되는, 비전문적이며, 참으로 독립된 주석으로 읽혀질 수 있게 한다는 것이다. 또한 이 주석과 유사한 방식을 따른 것으로는 쉬라터(Schlatter)와 배렛(Barrett)의 뛰어난 주석을 들 수 있을 것이고, 만약 내가 통찰력 있는 유일한 부분을 이룬 것이 있다면, 그것은 나를 기쁘게 해준 본문에서 유래했을 것이다. 주석 항목에서 보다 광범위하고 상세하며 또 전문적인 취급은 해설에 대한 각주에 상응하는 것으로 간주할 수 있을 것이다. 내가 주석 항목을 위해 다른 주석들과의 상세한 상호작용을 취했을 때, 해설 항목에 대한 주요한 개정을 만드는 것이 가끔씩 필요하다는 것을 발견하는 것(특히 3:9)은 약간의 격려(그리고 안도)의 문제가 된다. 대부분의 경우에 내가 최초의 "연속된 주석"의 논증에서 얻은 느낌은 다른 해석에 직면해서도 지지되고 뒷받침될 수 있다는 것이다.

결과적으로 특별한 구절이나 이슈들을 참조하는 것 이상을 원하는 이 주석의 독자들은 먼저 해설 항목을 읽고 나서 그 다음에 주석 항목을 참조하기를 조언하는 바이다. 해설은 해석 또는 주석 항목에 관하여 발견한 주요 노선에 대한 단순한 요약이 아니다. 해설은 할 수 있는 한 사상의 깊은 곳으로 들어가기 위해서, 또 바울의 언급이 로마에서 그 서신을 처음으로 읽는 것을 듣는 사람들의 마음속에서 촉발시켰을 암시나 정서를 이해하기 위해서 노력한 바울의 논증에 대한 충분한 해석이다. 로마서의 논증이 대단히 요약되어 있고, 또 그 논리가 현대인의 귀에 덜 분명하게 들려질 때, 나는 그 논증을 발전시키고 설명을 더하기를 주저하지 않았다. 한 자리에 앉아서 주석의 긴 항목을 읽는 사람들은 불가피하게 어느 정도 반복되는 것을 발견하게 될 것이다－통상적인 주석의 삽화적인 사용이 각 항목에 대한 충분한 의미를 그 자체 내에 담고 있을 것을 요구하기 때문에 어쩔 수 없는 일이었다. 어쨌든, 역사적 맥락과 의미 속에서 항상 인식되어지지는 않는, 바울의 논증에 관한 주된 논지의 반복은 나쁜 일만은 아니다. 하지만 해설에서의 해석과 주석에서의 상세한 분석간의 균형은 항상 성공적이라고 확신하지는 않는다－물론 나는 주석 항목에서 전반적인 충분한 참조를 통해 균형을 이루려고 적어도 노력은 했다. 따라서 어떤 언급이나 주제가 발생할 수 있는 어떤 구절에 관한 문의는 그 언급이나 주제가 보다 상세히 다루어지는 분명한 참조사항을 찾아야 한다. 보다 간단한 취급과 개관을 위해서는 보다 긴 구절들에 대한 서론과 양식과 구조만으로 일반적으로 충분할 것이다. 나는 희망하건대 독자들이 이러한 형식을 가치 있는 것으로 발견하고, 또 이것이 성공적인 주석 또는 달리 말해서 이런 점에서의 나의 노력이 환영받게 되기를 바란다.

나의 두 번째 목적과 관련해서, 나에게서 주석에 대한 첫 번째 노력은 가능한 한 저자와 그 저자가 편지를 썼던 독자들의 역사적 정황으로 들어가 보는 것이다. 이 주석의 상당한 부분이 저자와 수신자와 관련되어 있다. 현대의 독자가 이와 공통된 전제와 관심을 인식하지 못하면(또는 공감하지 못하면), 저자가 그 언급이 들려지도록 의도했던 대로(들려질 것을 가정했던 대로) 본문을 듣는 것이 불가능해질 것이다. 따라서 그 문맥의 주된 부분은 유대인과 일세기의 유대교 그리고 유대교에 공감하는 이방인들에 관한 자아 이해다. 기독교 역사와 학문의 대부분이, 유감스럽게도, 그러한 자아 이해에 공감하지 못하고 있기 때문에－물론 그것에 대해 자주 노골적인 적대는 아닐지라도－그런 자아 이해에 대한 상호작용 속에서 바울에 관한 적절한 인식을 갖는 것이 사실상 불가능해진다. 하지만 바울에 대한 새로운 시각을 갖는다면, 자신의 과거와 조상들의 믿음, 그리고 메시아에 대한 동료 유대 신자들에 대한 바울의 관계성에 대한 역사적이고도 신학적인 인식을 보다 민감하게 얻는 것이 가능해진다. 이러한 시각 안에서 로마서를 이해하는 것이 나의 두 번째 주된 목적이다. 로마서의 주요 주제의 측면에서 이것이 의미하는 바를 나는 서론의 §5에서 보다 상세하게 설명했다. 하지만 사상을 연속해서 다루고 또 상세히 작업을 시작했을 때에 나에게 다가온 통찰, 곧 그 흥분을 여기서 담을 수 있는데, 말하자면 신선한 상음과 저음으로 자주 새롭게 만드는 흥분이 이미 오래도록 잘 알고 있는 구절들로부터 되풀이해서 내게 다가왔다.

그런 확신은 로마서가 왜 그렇게 강력한 문서가 되며, 왜 그렇게 기독교 역사에서 영향력이 있었는가 하는 이유는 한 가지이며 동일하다는 것이 내 안에 자라기를 시작했다. 왜냐하면, 로마서 속에서, 우리는 유대교에서 기독교의 출현이 실제로 발생하고 있는 것을 보게 된다. 그리고 우리는 바리새인 바울, 사도 바울이 자신의 유대성과 부활하신 그리스도의 충격, 하나님의 특별한 선택과 이스라엘에 대한 계시 그리고 자신의 유대성과 관계없이 그리고 율법에 대한 바리새적인 열심에도 불구하고 자신에게 다가온 복음의 충격간의 긴장 가운데 있다. 우리는 자기 자신의 경험과 동료 개종자들의 은혜에 대한 경험과 씨름하고 있는 유대인 바울을 보게 되며 또 자신의 유대적 유산의 의미와 씨름하는 그리스도인 바울을 보게 된다. 우리는 로마서에서 바리새적인 유대교와 기독교간의 접점에서 활동하고 있는 바울을 보게 되며 또 그 전개 과정에서 유대교에서 기독교로의 전환을 보게 된다.

내가 주장하건대, 이 서신이 비슷한 긴장을 의식하고 있는 일련의 세대들 가운데 있는 사람들과 일종의 조화를 항상 이룰 수 있는 이유가 바로 그것이다. 그리고 오래도록 형성되어 온 전통이 그 자체의 통찰과 경험으로부터 오는 질문을 받게 되고, 아울러 잘 구성된 제도와 이념이 예리한 새로운 질문에 대답하지 못하는 유사한 상황을 이 서신이 잘 포착하는 이유가 바로 그것이다. 그것이 아마도 어거스틴, 루터 그리고 바르트와 같은 사람들에게 강력한 영향을 끼친 이유일 것이다. 문학적이고 심미적인 호소가 그러한 영향을 끼친 것이 아니다. 어떤 교리적인 논술로 로마서를 보았기 때문도 아니다. 그들이 역사에서 유사한 전환점에 있었기 때문이다(서방 로마제국의 붕괴, 중세 기독교의 타락, 고대 유럽 제국과 그 이후에 있었던 지배적인 자유주의적 낙관주의에 대한 1914-18 전쟁의 엄청난 충격). 그리고 로마서에 있는 바울 속에서 그들은 그의 전통과 경험 사이에서 오는 긴장과 아주 유사한 영이 그들의 상황에 대하여 하나님의 능력 있는 말씀으로 언급하고 계시다는 것을 인식했던 것이다.

이것이 올바른 해석학적인 균형을 이루는데 중요하며, 또 그 서신의 역사적 문맥으로 되돌아가려는 시도가 왜 그렇게 중요한지를 말해준다. 바울을 그의 시대와 배경에서 가장 분명히 알고, 메시아 예수를 주님으로 믿었던 한 유대인으로서의 바울에게 그토록 심각한 혼란을 일으키고 심오하게 영향을 미쳤던 질문들을 바울이 생각한 것과 같이 그 로마서의 기능을 아주 분명히 이해하게 될 때, 그때에야말로 우리는 바울에게 가장 가까이 다가간 것이다. 그리고 우리가 그러한 전환과 긴장의 시기를 하나님의 목적 안에서 새로운 것이 아니라는 것을 인식하고, 개인적이고 민족적인 정체성에 관한 혼란과 전환을 우리들 자신의 상황에 말하는 것으로 듣기를 시작할 때에야말로 바울이 자신의 상황에 대하여 실제적으로 언급하고 있다(추상적인 논설을 쌓아놓은 것이 아니라)고 듣는 것을 배울 수 있는 때이다.

그런데 로마서에 관한 가장 도전적인 교훈 중의 하나는 바로 이것이다: 우리가 로마서를 모든 시대에 동일한 메시지를 언급하고 있는 교리적 논설로 보면 볼수록, 그 로마서가 들려지도록 의도된 방식으로 듣는 것이 그만큼 더 어려워진다. 반면에 우리가 로마서를 그 모든 역사적인 실제 속에서 들을 때, 우리는 그 메시지의 충만한 능력을 세상과 교회(뿐만 아니라 개인) 역사의 위대한 동인으로 인식할 수 있게 된다. 로마서를 다양한 전통과 비전 그리고 문화간의 접점에서 그려진 진술로 재발견하는 것이 기독교와 현대 문화간의 접점과 특히 유대교와 기독교간의 접점에 관심이 있는 사람들에게 신선한 의미로 말씀하시는 것이 가능해진다. 일세기에 로마에 있던 기독교인들에게 하나님의 말씀으로서의 능력을 인식하는 것이 오늘날 동일한 상황에 대한 하나님의 말씀으로 로마서를 듣는 중요한 첫 번째 발걸음이 될 것이다.

만약 이 안에 어떤 것을 더 만든다면, 그것을 작업하기 위해서 또 다른 책을 필요로 했을 것이다. 사실 나는 이런 개념들을 발전시키기 위해서 책의 말미에 간단한 결론을 예상했었다. 하지만 내가 생각했던 것은 부적절했다. 왜냐하면 주석 자체에 대한 참조 없이 그것을 읽으려는 유혹이 불가피했을 것이기 때문이고, 또한 보다 더 긴 다룸은 벌써 이미 오래된 작업을 훨씬더 연장시켰을 것이기 때문이다. 고민한 끝에 그 주석을 지금 이대로, 곧 신학적 노력에 대한 필수적인 주해적 근거를 갖는 것으로 내어놓는 것이 더 좋겠다고 보았다. 진행중인 대화의 일부처럼(나는 내가 쓴 그 어느 것도 그 어떤 주제에 대한 마지막 말이 될 것이라고 절대로 생각하지 않는다), 이 주석에 필요한, 바람직한 비판과 언급이 있으면 더 좋을 것이다. 만약 그 기초가 다른 사람들의 감시에 의해서도 충분히 든든한 것으로 판명된다면, 그때에는 그 위에 다른 무엇이 세워질 수 있는 시간이 될 것이다. 또한 만약에 그것이 든든한 것으로 판명되지 않는다면, 불확실한 기초 위해 쌓는 것은 자제되는 것이 좋을 것이다. 그때에 나의 소망은, 하나님의 뜻이기도 한, 얼마간 시간이 흐른 다음에 그 주제로 돌아가서 한동안 받았던 언급과 비판에 비추어, 바울이 로마서를 썼던 당시에 바울 신학의 보다 완전하고 통합된 서술을 시도하며, 가능한 한 오늘날에도 계속되는 의미를 고찰해보는 것이다.

이 주석의 상당한 길이에도 불구하고, 이 주석의 목적이 제한되어 있다는 것을 이제 분명해 해야겠다. 예를 들어, 나는 원문주해에서 광범위한 본문 비판적 분석을 제공하는 것을 시도하지 못했다. 물론 필요할 때에 다양한 논증적 독본과 관련한 결정을 시도하는 것을 주저하지 않았다. 하지만 일반적으로 그 일은 그 기술에 있어서 나보다 훨씬 뛰어난 다른 사람들을 위한 몫일 것이다. 또한 나는 이문들의 증거에 대한 충분한 목록을 제공하지 못했다: Aland[26]와 UBS의 본문 방식이 거의 모든 독자들을 위한 충분한 세부사항들을 제공해 줄 수 있을 것이다. 원문주해에서 나는 중요한 곳에서 독본의 선택에 위해 필요한 짤막한 설명을 제공하고, 또 특별한 이문이 있다는 사실의 중요성을 가리키는 것으로 만족했다.

또한 나는 이 서신 또는 특별한 구절과 주제의 해석에 관한 역사를 제공하지 못했다. 여기서도 역시 나는 그 몫을 교부시대 또는 중세 그리고 종교개혁 시기에 나보다 더 유능한 사람들에게 맡겨야 했다. 많은 사람들은 여러 가지 부족함을 보게 될 것이다. 그리고 나는 라그란지(Lagrange)와 크랜필드(Cranfield)와 같은 주석가들에게서 보여지는 이전 세기의 학문들에 있는 익숙한 깊이를 부러워하지 않을 수 없었고, 특히 쿠스(Kuss)와 윌켄스(Wilckens)의 해석적 덕담에 관한 역사에 빚을 졌음을 인정한다. 물론 많은 해석학적 이슈가 수세기에 걸쳐서 거의 변한 것이 없지만, 현대 학문에 의해 던져진 이슈는 아주 복잡하고 충분히 큰 노력을 요하고 있고, 그 해석학적 대화를 보다 더 이른 세기로 확장시키는 것은 그 주석 자체를 버거운 분량으로 확대시키고, 또 그것을 쓰는데 필요한 시간을 더 길게 만들었을 것이다.

나는 로마서에 관한 모든 최근의 학문과의 대화를 충분히 가졌다고 주장할 수는 없다. 사실상 나의 주된 논쟁 파트너는 지난 수백 년간에서 오고, 나는 특별히 유대와 그리스-로마의 생활과 사상에 익숙한 역사적 정황을 조명한 사람들을 찾아 나섰다. 하지만 확실히 나는 그 본문과 사상에 보다 상세한 통찰을 줄 수 있었던 적지 않은 기여를 보다 제한된 시기로 인해 놓쳐버렸다. 또한 로마서에 관한 지금의 출판 홍수는 쓰여진 모든 것을 따라가는 것을 거의 불가능하게 만들고 있다. 따라서 나는 모든 간행물과 학술발표, 특히 그 참고문헌이 포괄적이라고 확신하는 보다 대중적인 형태의 것들을 모두 참작했다고 가식할 수는 없다. 현대적 기술로 인해 가능하게 된 폭발적인 출판으로 인해 학문은 어쨌든 더욱더 선택적이 될 수밖에 없을 것이고, 만약 그렇지 않다면 말의 홍수에 빠져 죽고 말 것이다. 또한 나는 본문의 논쟁적인 문제에 관해서는, 단순히 참고문헌으로 해설해 놓는 것을 시도했다. 그 이상의 어떤 언급을 하는 것은 피곤하게 이름들을 나열하는 것에 불과할 것이기 때문이다. 여기에는 분명히 내가 충분히 정당성을 시도하지 못한 많은 개인적인 가정들과 논증들이 있다. 그것에 대해서, 나는 이미 잘 갖추어진 책에 비추어 면죄부를 애걸할 뿐이다.

따라서 그 어떤 저자도 자신의 책의 가치가 그 책을 쓸 때에 설정한 목적과 관련해서 판단 받고, 자신이 시도할 것을 자제한 측면에서는 판단 받지 않은 것을 원할 것이다.

마지막으로 이 책에 다양한 방식으로 기여한 모든 사람들에게 감사의 말을 하는 것이 나의 기쁨이자 특권이다. 무엇보다도 지류 또는 "첫열매"로서 나타난 강의와 레포트로 응답한 사람들과 자신이 연구한 것을 나에게 프린트해서 보내준 사람들에게 감사를 전한다. 매년 열리는 신약연구학회의 모임에서 있었던 일련의 바울에 관한 세미나는 특히 가치가 있었다. 그리고 나의 가장 도움되는 비판은 여기 두르함(Durham)에서 공부하는 대학원 신약 세미나의 멤버들을 포함한다. 그들의 연구의 아주 많은 것들이 내 작업의 열매로 나타났고, 연관되었다. Don Garlington과 Paul Trebilco의 논문은 참고문헌에서도 나타난다. 나에게 참조문헌으로 가치 있는 도움을 준 또 다른 사람들은(특히 내가 다른 대학에 대한 책임들로부터 상당한 압박을 받고 있었던 시기에) David Goh, Dennis Stamps, Lung Kwong Lo, Ellen Christiansen, John Chow 그리고 Bruce Longenecker이다. 도서관 상호간의 대여서비스는 매우 요긴했고, 나는 신속하고 효과적인 도움을 준 데 대해 캠브리지와 튀빙겐 도서관, 특히 두르함(Durham)의 도서관에 감사한다. 아울러 나의 아내 메타(Meta)는 지원과 후원의 가중된 짐을 감당해주었는데, 특히 주석의 완성을 위해서 내가 더 많은 시간을 드려야 했던 작년에 더욱 그러했다. 내가 어떻게 그녀에게 충분히 감사할 수 있겠는가?

주석의 작업을 시작한 지 두 해 후에 나는 두르함 신학교의 학장이 되는 영예를 얻었다. 나의 작업에 대한 인정이 나에게 재빠르게 나타났다. 나의 전임자인 킹슬리 배렛(Kingsley Barrett)은 1957년에 학장으로 지명되었는데, 그 해는 로마서에 대한 그의 블랙(Black) 주석이 출간되었을 때다. 그리고 그의 동료인 찰스 크랜필드(Charles Cranfield)는 국제비평주석(International Critical Commentary)의 로마서에 대한 두 권의 책이 출간되었던 그 시기 사이에 학장이 되었다. 그렇다면 로마서에 관한 주석은 두르함 신학교의 신약교수에 대한 일종의 입문 테스트임이 분명하다. 마침내 로마서를 완간하니 안도의 한숨이 쉬어진다 – 지난 5만만에! 하지만 나는 합격했는가?

1988년 1월 두르함 대학교에서

제임스 던(James D. G. Dunn).

약어표

A. 일반적인 약어

Apoc.	Apocrypha	MT	Masoretic text(of the Old Testament)
C.	*circa*, about		
cent.	century	n. d.	no date
cf.	*confer*, compare	N. F.	*Neue Folge*, new series
chap(s).	chapter(s)	NS	New Series
DSS	Dead Sea Scrolls	NT	New Testament
ed.	edited by, editor(s)	OT	Old Testament
e. g	*exempli gratia*, for example	p., pp.	page, pages
et al.	*et alii*, and others	*pace*	with due respect to, but differing from
ET	English translation		
EV	English Versions of the Bible	par(s).	parallel(s)
		passim	elsewhere
f., ff.	following(verse or verses, pages, etc.)	q. v.	*quod vide*, which see
		sic	an unusal from exactly reproduced from the original
frag.	fragments		
FS	Festschrift, volume Written in honor of	t. t.	technical term
hap. leg.	*hapax legomenon*, sole occurrence	*v. l.*	*vaira lectio*, alternative reading
ibid.	*ibidem*, in the same place	viz.	*videlicet*, namely
i. e.	*id est*, that is	vol.	volume
LXX	Septuagint	v, vv	verse, verses
MS(S)	manuscript(s)		

For abbreviations of Greek MSS used in Notes, see Aland[26].

B. 번역본 약어

AV	Authorized Version=KJV	KJV	King James Version (1611)=AV
GNB	Good News Bible=Today's English Version		

Moffatt	*A New Translation of the Bible*(NT 1913)	NJB	New Jerusalem Bible(1985)
NEB	New Engilsh Bible(NT 1961; OT and Apoc. 1970)	RSV	Revised Standard Version (NT 1946, OT 1952, Apoc. 1957)
NIV	New International Version (1978)	RV	Revised Version(1881)

C. 흔히 사용되는 간행물, 참고문헌과 시리즈물들

AB Anchor Bible

ABR *Australian Biblical Review*

Aland[26] Nestle-Aland 26th ed. of NT Greek text(see under C.)

ALBO Analecta lovaniensia biblica et orientalia

ALW *Archiv für Liturgiewissenschaft*

AnBib Analecta Biblica

ANRW *Aufstieg und Neidergang des römische Welt*

Aquila Aquila's Greek translation of the Old Testament

ATANT Abhandlungen zur Theologie des Alten and Neuen Testaments

BASOR *Bulletin of the Americnan Schools of Oriental Research*

BDB E. Brown, S. R. Driver, and C. A. Briggs, *Hebrew and English Lexicon of the Old Testament* (Oxford: Clarendon, 1907)

BDF F. Blass, A. Debrunner, and R. W. Funk, A Greek *Grammar of the New Testament*(University of Chicago/University of Cambridge, 1961)

BETL Bibliotheca ephemeridum Theologicarum lovaniensium

BEvT Beiträge zur evangelischen Theologie

BGD W. Bauer, *A Greek-English Lexicon of the New Testament and Other Early Christian Literature*, ET, ed. W. F. Arndt and F. W. Gingrich: 2d ed. rev. F. W. Gingrich and F. W. Danker (University of Chicago, 1979)

Bib *Biblica*

BJRL *Bulletin of the John Rylands University Library of Manchester*

BJS Brown Judaic Studies

BR *Biblical Research*

BTB *Biblical Theology Bulletin*
BWANT Beiträze zur Wissenschaft vom Alten und Neuen Testament
BZ *Biblische Zeitschrift*
BZNW Beihefte zur ZNW
CB Clarendon Bible
CBQ *Catholic Biblical Quarterly*
CBQMS CBQ Monograph Series
CIG *Corpus inscriptionum graecarum*(1828-77)
CIJ *Corpus inscriptionum iudaicarum*(I, 1936 : II, 1952)
CIL *Corpus inscriptionum latinarum*(1863-1909)
CJT *Corpus Journal of Theology*
CNT Commentaire du Nouveau Testament
ConB Coniectanea biblica
ConNT *Coniectea neotestamentica*
DBSup *Dictionnaire de la Bible, Supplément*
Dit., Syll. W. Dittenberger, *Sylloge Inscriptionum Graecarum*, 4 vols. (1915-24)
DJD Discoveries in the Judean Desert
EB Études bibliques
EGT The Expositor's Greek Testament
EKK Evangelisch-katholischer Kommentar zum Neuen Testament
ER *Epworth Review*
ETL *Ephemerides theologicae lovanienses*
ETR *Études théologiques et religieuses*
EvQ *Evangelical Quarterly*
EvT *Evangelische Theologie*
EWNT *Exegetisches Wörterbuch zum Neuen Testament*, ed. H. Balz and G. Schneider, 3 vols. (Stuttgart : Kohlhammer, 1980-83)
ExpT *The Expository Times*
FBBS Facet Books, Biblical Series
FRLANT Forschungen zur Religion und Literatur des Alten und Neuen Testaments
GLAJJ M. Stern, *Greek and Latin Authors on Jews and Judaism*, 3 vols. (Jerusalem : Israel Academy of Sciences and Humanities, 1976, 1980, 1984)
HBT *Horizons in Biblical Theology*
HeyJ *Heythrop Journal*
HKNT Handkommentar zum Neuen Testament
HNT Handbuch zum Neuen Testament
HR E. Hatch and H. A. Radpath, *A Concordance to the Septuagint* 2 vols. (Oxford : Clarendon, 1897)

HTKNT Herders theologischer Kommentar zum Neuen Testament

HTR *Harvard Theological Review*

HUCA *Hebrew Union College Annual*

IB *Interpreter's Bible*

ICC International Critical Commentary

IDB G. A. Buttrick, ed., *Interpreter's Dictionary of the Bible* 4 vols. (Nashvill: Abingdon, 1962)

IDBSup Supplementary volume to *IDB*

IKZ *Internationale Kirchliche Zeitschrift*

Int *Interpretation*

ITQ *Irish Theological Quarterly*

JAAR *Journal of the American Academy of Religion*

JAC Jahrbuch für Antike und Christentum

JBC R. E. Brown, et al. eds., *The Jerome Biblical Commentary*

JBL *Journal of Biblical Literature*

JBR *Journal of Bible and Religion*

JES *Journal of Ecumenical Studies*

JETS *Journal of the Evangelical Theological Society*

JJS *Journal of Jewish Studies*

JLW *Jahrbuch für Liturgiewissenschaft*

JR *Journal of Religion*

JSJ *Journal for the Study of Judaism in the Persian, Hellenistic and Roman Period*

JSNT *Journal for the Study of the New Testament*

JSNTSup *JSNT* Supplement Series

JSOT *Journal for the Study of Old Testament*

JSS *Journal of Semitic Studies*

JTC *Journal for Theology and the Church*

JTS *Journal of Theological Studies*

Jud *Judaica*

KD *Kerygma und Dogma*

KEK H. A. W. Meyer, *Kritisch-exegetischer Kommentar über das Neue Testament*

LCL Loeb Classical Library

LD Lectio divina

LPGL G. W. H. Lampe, *Patristic Greek Lexicon*(Oxford: Clarendon, 1961)

LR *Lutheranische Rundschau*

LSJ H. G. Liddell and R. Scott, *A Greek-English Lexicon*, rev. H. S. Jones(Oxford: Clarendon, [9]1940; with supplement, 1968)

LTK *Lexikon für Theologie und Kirche*

LumVie *Lumiére et Vie*

MAMA *Monumenta Asiae Minoris Antiqua, 6 vols.* (1928-39)

MM J. H. Moulton and G. Milligan, *The Vocabulary of the Greek Testament*(London: Hodder, 1930)

MNTC Moffatt NT Commentary

MThS Münchener Theologische Studien

MTZ *Münchener theologische Zeitschrift*

NCB New Century Bible(New ed.,)

NDIEC G. H. R. Horsley, *New Documents Illustrating Early Christianity*(North Ryde, Australia, 1981-)

Neot *Neotestamentica*

NICNT New International Commentary on the New Testament

NIDNTT C. Brown, ed., *The New International Dictionary of New Testament Theology*, 3 vols. (Exeter: Paternoster, 1975-78)

NovT *Novum Testamentum*

NovTSup Supplement to NovT

NRT *La nouvelle revue théologique*

NTAbh Neutestamentliche Abhandlungen

NTD Das Neue Testament Duetsch

NTF Neutestamentliche Forschungen

NTS *New Testament Studies*

NTTS New Testament Tools and Studies

OBO Orbis Bilicus et Orientalis

OCD N. G. L. Hammond and H. H. Scullard, *Oxford Classical Dictionary* (Oxford: Clarendon, 1970)

OGI W. Dittenberger, ed., *Orientis Graeci Inscriptiones Selectae* (Leipzig, 1903-5)

PCB M. Black and H. H. Rowley, eds., *Peak's Commentary on the Bible*(London: Nelson, 1962)

PGM K.Preisendanz, ed., *Papyri graecae magicae*, 2 vols. (Leipzig/Berlin, 1928, 1931)

PIBA *Proceedings of the Irish Biblical Association*

P. Oxy. Oxyrhynchus Papyri

RAC *Reallexikon für Antike und Christentum*

RB *Revue biblique*

RBén *Rebue bénédictine*

RelSRev *Religious Studies Review*

RevScRel *Revue des sciences religeuses*

RGG *Religion in Geschichte und Gehenwart*

RHPR *Revue d'histoire et de Philosophie religieuses*
RHR *Revue de l'histoire des religions*
RNT Regensburger Neues Testament
RQ *Revue de Qumrân*
RSPT *Revue des sciences philosophiques et théologiques*
RSR *Recherches de science religieuse*
RTL *Revue théologique de Louvain*
RTR *The Reformed Theological Review*
SANT Studien zum Alten und Neuen Testament
SBL Society of Biblical Literature
SBLASP SBL Abstracts and Seminar Papers
SBLDS SBL Dissertation Series
SBLMS SBL Monograph Series
SBLSBS SBL Sources for Biblical Study
SBLSCS SBL Septuagint and Cognate Studies
SBLTT SBL Texts and Translations
SBM Stuttgarter biblische Monographien
SBS Stuttgarter Bibelstudien
SBT Studies in Biblical Theology
ScEc *Science Ecclesiastiques*
SE *Studia Evangelica I, II, III* (=TU 73[1959], 87 [1964], 88[1964], etc.)
SEÅ *Svensk exegetisk årsbok*
SH W. Sanday and A. C. Headlam, *Romans*, ICC (1895;[5]1902)
SJT *Scottish Journal of Theology*
SJTOP *SJT* Occasional Papers
SNT Studien zum Neuen Testament
SNTSMS Society for New Testament Studies Monograph Series
SPCIC *Studiorum Paulinorum Congressus Internationalis Catholicus* 1961. AnBib 17-18(Rome:Pontifical)
Spicq C. Spicq, *Notes de Lexicographie Néo-testamentaire*, OBO 22, Editions Universitaires Fribourg Suisse(1978)
SR *Studies in Religion/ Sciences religieuses*
ST *Studia theologica*
Str-B H. Strack and P. Billerbeck, *Kommentar zum Neuen Testament*, 4 vols. (Munich:Beck'sche, 1926-28)
SUNT Studien zur Umwelt des Neuen Testaments
SVM E. Schürer, *The History of the Jewish People in the Age of Jesus Christ*, rev. and ed. G. Vermes and F. Millar, vol. 1(Edinburgh:T.&T. Clark, 1973)

SVMB Vol. 2 of the same, with M. Black(1979)
SVMG Vol. 3 of the same, with M. Goodman(1986, 1987)
SymBU Symbolae Biblicae Upsalienses
Symm. Symmachus' Greek translation of the Old Testament
TDNT G. Kittel and G. Friedrich, eds., *Theological Dictionary of the New Testament*, 10 vols., ET(Grand Rapids: Eerdmans, 1964-76)
TDOT G. J. Botterweck and H. Ringgren, eds., *Teological Dictionary of the old Testament*, ET (Grand Rapids: Eerdmans, 1974-)
Th *Theology*
ThBeit *Theologische Beiträge*
ThBl *Theologische Blätter*
Theod. Theodotion's Greek translation of the Old Testament
THKNT Theologischer Handkommentar zum Neuen Testament
ThViat *Theologia Viatorum*
TJT *Toronto Journal Theology*
TLZ *Theologische Literaturzeitung*
TNTC Tyndale New Testament Commentary
TP *Theologie und Philosophie*
TQ *Theologische Quartalschrift*
TR Textus Receptus(Oxford, 1873)
TR *Theologische Rundschau*
TS *Theological Studies*
TSK *Theologische Studien und Kritiken*
TTZ *Trierer theologische Zeitschrift*
TU Texte und Untersuchungen
TynB *Tyndale Bulletin*
TZ *Theologische Zeitschrift*
UBS The United Bible Societies Greek Text(1966)
UNT Untersuchungen zum Neuen Testament
USQR *Union Seminary Quarterly Review*
VC *Vigiliae christianae*
VD *Verbum domini*
VF *Verkündigung und Forschung*
VT *Vetus Testamentum*
WBC Word Biblical Commentary
WH Westcott and Hort, *The New Testament in the Original Greek*(1881)
WMANT Wissenschaftliche Monographien zum Alten und Neuen Testament
WTJ *Westminster Theological Journal*
WUNT Wissenschaftliche Untersuchungen zum und Neuen Testament

ZAW	*Zeitschrift für die alttestamentliche Wissenschaft*	*ZNW*	*Zeitschrift für die neutestamentliche Wissenschaft*
ZKT	*Zeitschrift für Katholische Theologie*	*ZRGG*	*Zeitschrift für Religions- und Geistesgeschichte*
		ZTK	*Zeitschrift für Theologie und Kirche*

D. 성경과 외경 약어

구 약			신 약	
Gen	2Chron	Dan	Matt	1 Tim
Exod	Ezra	Hos	Mark	2 Tim
Lev	Neh	Joel	Luke	Titus
Num	Esth	Amos	John	Philem
Deut	Job	Obad	Acts	Heb
Josh	Ps(Pss)	Jonah	Rom	James
Judg	Prov	Mic	1 Cor	1 Pet
Ruth	Eccl	Nah	2 Cor	2 Pet
*1 Sam	Cant	Hab	Gal	1 John
*2 Sam	Isa	Zeph	Eph	2 John
*1 Kgs	Jer	Hag	Phil	3 John
*2 Kgs	Lam	Zech	Col	Jude
1 Chron	Ezek	Mal	1 Thess	Rev
			2 Thess	

외 경

Add Esth	Additions to Esther	2 Mac	2 Maccabees
Bar	Baruch	Pr Man	Prayer of Manasseh
Bel	Bel and the Dragon	Sir	Ecclesiasticus(Wisdom of Jesus the son of Sirach)
EP Jer	Epistle of Jeremy		
1 Esdr	1 Esdras	S Th Ch	Song of the Three Children
2 Esdr	2 Esdras	Sus	Susanna
Jud	Judith	Tob	Tobit
1 Macc	1 Maccabees	Wisd Sol	Wisdom of Solomon

Texts used:

Biblia Hebraica Stuttgartensia. Ed. K. Elliger and W. Rudolph. Stuttgart: Deutsche Bibelgesellschaft, 1967/77, 1984.

Septuaginta. Ed. A. Rahlfs. 2 vols. Stuttgart: Württembergische Bibelanstalt, 1962.

Novum Testamentum Graece. Ed. E. Nestle, K. Aland et al. Stuttgart: Deutsche Bibelgesellschaft, [26] 1979 = Aland[26]

*Note: to avoid unnecessary repetition and possible confusion I have almost always cited 1 Sam, 2 Sam, 1 Kgs and 2 Kgs as above, rather than using the LXX titles, 1-4 Kingdoms, when referring to the Greek text.

E. 초기유대문헌 약어

Adam and Eve	Life of Adam and Eve
Apoc. Abr.	Apocalypse of Abraham (1st to 2nd cent. A.D.)
Apoc. Adam	Apocalypse of Adam(1st to 4th cent. A.D.)
2 Apoc. Bar.	Syriac Apocalypse of Baruch(early 2nd cent. A.D.)
3 Apoc. Bar.	Greek Apocalypse of Baruch(1st to 3rd cent. A.D.)
Apoc. Mos.	Apocalypse of Moses
Apoc. Elij.	Apocalypse of Elijah(1st to 4th cent. A.D.)
Asc. Isa.	Ascension of Isaiah
As. Mos.	*Assumption of Moses*(see T. Mos.)
1 Enoch	Ethiopic Enoch(2nd cent. B.C. to 1st cent. A.D.)
2 Enoch	Slavonic Enoch(late 1st cent. A.D.)
3 Enoch	Hebrew Enoch(5th to 6th cent. A.D.)
Ep. Arist.	Epistle of Aristeas
4 Ezra	4 Ezra(late 1st cent. A.D.)
Gk Ap. Ezra	Greek Apocalypse of Ezra (2nd to 9th cent. A.D.)
Jos. As.	Joseph and Asenath
Jub.	Jubilees
LAB	*Liber Antiquitatum Biblicarum* = Ps. Philo
3 Macc.	3 Maccabees
4 Macc.	4 Maccabees
Mart. Isa.	Martyrdom of Isaiah
Odes Sol.	Odes of Solomon
Pr. Jos.	Prayer of Joseph
Ps. Philo	Pseudo-Philo = LAB
Ps. Phoc.	Pseudo-Phocylides
Pss. Sol.	Psalms of Solomon
Sib. Or.	Sibylline Oracles
Sim. Enoch	Similitudes of Enoch (=*1 Enoch* 37-71)
T. Abr.	Testament of Abraham (1st to 2nd cent. A.D.)
T. Adam	Testament of Adam(2nd to 5th cent. A.D.)

T. Ash.	Testament of Asher(in *T. 12 Patr.*)
T. Ben.	Testament of Benjamin (in *T. 12 Patr.*)
T. Dan	Testament of Dan(in *T. 12 Patr.*)
T. Gad	Testament of Gad(in *T. 12 Patr.*)
T. Isaac	Testament of Isaac(2nd cent. A.D.)
T. Iss.	Testament of Issachar(in *T. 12 Patr.*)
T. Job	Testament of Job(1st cent. B.C. to 1st cent. A.D.)
T. Jos.	Testament of Joseph(in *T. 12 Patr.*)
T. Jud.	Testament of Judah(in *T. 12 Patr.*)
T. Levi	Testament of Levi(in *T. 12 Patr.*)
T. Mos.	Testament of Moses(1st cent. A.D.)(=As. Mos.)
T. Naph.	Testament of Naphtali(in *T. 12 Patr.*)
T. Reub.	Testament of Reuben(in *T. 12 Patr.*)
T. Sol.	Testament of Solomon (1st to 3rd cent. A.D.)
T. 12 Patr.	Testaments of the Twelve Patriarchs
T. Zeb.	Testament of Zebulun(in *T. 12 Patr.*)

Texts used:

Apocalypsis Henochi Graece. Ed. M. Black. Leiden: Brill, 1970.

Fragmenta Pseudepigraphorum Quae Supersunt Graeca. Ed. A.-M. Denis. Leiden: Brill, 1970.

Septuaginta. Ed. A Rahlfss(as APOCRYPHA). For *Pss. Sol.* and *3-4 Macc.*

The Testaments of the Twelve Patriarchs. Ed. M. de Jonge. Leiden: Brill, 1978.

The Apocrypha and Pseudepigrapha of the Old Testament. Ed. R. H. Charles. 2 vols. Oxford: Clarendon, 1913.

The Apocryphal Old Testament. Ed. H. F. D. Sparks. Oxford: Clarendon, 1984.

The Old Testament Pseudepigrapha. Ed. J. H. Charlesworth. 2 vols. London: Darton, 1983, 1985.

F. 사해사본, 필로, 요세푸스에 관한 약어

사해사본

CD	Cairo(Genizeh text of the) Damascus(Document)
P	Pesher = interpretation, commentary

Q	Qumran
1Q, 2Q, 3Q, etc.	Numbered caves of Qumran yielding written material; followed by abbreviation of the book
1QapGen	*Genesis Apocryphon* from Qumran cave 1
1QH	*Hôdayôt*(*Thanksgiving Hymns*) from Qumran Cave 1
1QIsa[a,b]	First, second copy of Isaiah from Qumran Cave 1
1QpHab	*Pesher on Habakkuk* from Qumran Cave 1
1QM	*Milḥāmāh*(*War Scroll*) from Qumran Cave 1
1QS	*Serek hayyaḥad*(*Community Rule, Manual of Discipline*) from Qumran Cave 1
1QSa	Appendix A(*Rule of the Congregation*) to 1QS
1QSb	Appendix B(*Blessings*) to 1QS
4QFlor	*Florilegium*(or *Eschatological Midrashim*) from Qumran Cave 4
4QMess[ar]	Aramaic "Messianic" text from Qumran Cave 4
4QPat	*Patriarchal Blessings* from Qumran Cave 4
4QpNah	*Pesher on Nahum* from Qumran Cave 4
4QpPs37	Pesher on Psalm 37 from Qumran Cave 4
4QPrNab	Prayer of Nabonidus from Qumran Cave 4
4QTestim	*Testimonia* text from Qumran Cave 4
11QMelch	*Melchizedek* text from Qumran Cave 11
11QTemple	*Temple Scroll*, probably from Qumran Cave 11
11QtgJob	Targum of Job from Qumran Cave 11

필로

Abr.	*De Abrahamo*
Agr.	*De Agricultura*
Cher.	*De Cherubim*
Conf.	*De Confusione Linguarum*
Cong.	*De Congressu quaerendae Eruditionis gratia*
Decal.	*De Decalogo*
Det.	*Quod Deterius Potiori Insidiari Soleat*
Ebr.	*De Ebrietate*
Fuga	*De Fuga et Inventione*
Gig.	*De Gigantibus*
Heres	*Quis Rerum Divinarum Heres sit*
Immui.	*Quod Deus Immutabilis sit*
Jos.	*De Josepho*
Leg. All.	*Legum Allegoriae*
Legat.	*De Legatione ad Gaium*

Migr.	*De Migratione Abrahami*	*Qu. Gen.*	*Quaestiones et Solutiones in Genesin*
Mos.	*De Vita Mosis*		
Mut.	*De Mutatione Nominum*	*Sac.*	*De Sacrificiis Abelis et Caini*
Opif.	*De Opificio Mundi*		
Plant.	*De Plantatione*	*Sobr.*	*De Sobrietate*
Post.	*De Posteritate Caini*	*Som.*	*De Somniis*
Praem.	*De Praemiis et Poenis*	*Spec. Leg.*	*De Specialibus Legibus*
Prob.	*Quod Omnis Probus Liber sit*	*Virt.*	*De Virtutibus*
		Vit. Cont.	*De Vita Contemplativa*
Qu. Ex.	*Quaestiones et Solutiones in Exodum*		

요세푸스

Ant.	*Jewish Antiquities*	*Life*	*Life*
Ap.	*Contra Apionem*	*War*	*The Jewish War*

Texts used:

Die Texte aus Qumran. Ed. E. Lohse. Darmstadt: Wissenschaftliche Buchgesellschaft, 1964, 1971.

The Temple Scroll. J. Maier. JSOTSupp 34. Sheffield: JSOT, 1985.

The Dead Sea Scrolls in English. Tr. G. Vermes. Harmondsworth: Penguin, ^{2}1975.

The Essene Writings from Qumran. A. Dupont-Sommer. Oxford: Blackwell, 1961.

Josephus. Ed. H. St. J. Thackeray et al. LCL. 9 vols. London: Heinemann, 1926-65.

Philo. Ed. F. H. Colson et al. LCL. 12 vols. London: Heinemann, 1929-53.

G. 초대 기독교 문헌 약도

Ap. Const.	*Apostolic Constitutions*	Epiphanius, *Haer.*	Epiphanius, *Panarion seu adversus LXXX haereses*
Barn.	Barnabas		
1-2 Clem.	1-2 Clement		
Clement, *Strom.*	Clement of Alexandria, *Stromata*	Eusebius, *HE*	Eusebius, Historia *Ecclesiastica*
Did.	Didache	Eusebius, *Praep. Evang.*	Eusebius, *Praeparatio Evangelica*
Diogn.	Diognetus		
		Herm. Man.	Hermas, *Mandates*

Herm. Sim.	Hermas, *Similitudes*	Ign. *Smyrn.*	Ignatius, *Letter to the Smyrneans*
Herm. Vis.	Hermas, *Visions*	Ign. *Trall.*	Ignatius, *Letter to the Trallians*
Ign. *Eph.*	Ignatius, *Letter to the Ephesians*	Justin, *Apol.*	Justin Martyr, *Apology*
Ign. *Magn.*	Ignatius, *Letter to the Magnesians*	Justin, *Dial.*	Justin Martyr, *Dialogue with Trypho*
Ign. *Philad.*	Ignatius, *Letter to the Philadelphians*	*Mart. Pol.*	Martyrdom of Polycarp
Ign. *Pol.*	Ignatius, *Letter to Polycarp*	Origen, *Cont. Cels.*	Origen, *Contra Celsum*
Ign. *Rom.*	Ignatius, *Letter to the Romans*	Origen, *In Matth.*	Origen, *Commentary on Matthew*
		Pol. *Phil.*	Polycarp, *Letter to the Philippians*

Texts used:

The Apostolic Fathers. K. Lake. LCL. 2 vols. London: Heinemann, 1912-13.

Patristic Evidence for Jewish-Christian Sects. NovTSupp 36. Leiden: Brill, 1973.

Eusebius: Ecclesiastical History. K. Lake and J. E. L. Oulton. LCL. 2 vols. London: Heinemann, 1926, 1932.

The Apocryphal New Testament. M. R. James. Oxford University, 1924.

New Testament Apocrypha. E. Hennecke. Ed. W. Schneemelcher. ET ed. R. M. Wilson. 2 vols. London: Lutterworth, 1963, 1965

For Gnostic and Nag Hammadi texts:

Gnosis. W. Foerster. ET ed. R. M. Wilson. 2 vols. Oxford: Clarendon, 1972, 1974.

The Nag Hammadi Library. Ed. J. M. Robinson. San Francisco: Harper and Row, 1977.

H. 랍비 문서

b.	before a tractate indicates Babylonian Talmud	*Sipra*	*Sipra*
		Sipre	Sipre
Frg. Tg.	*Fragmentary Targum*	*Tg. Isa.*	*Targum of Isaiah*
m.	before a tractate indicates Mishnah	*Tg. Neof.*	*Targum Neofiti*
		Tg. Onq.	*Targum Onqelos*
Rab.	*Rabbah*, as in *Gen. Rab.* = *Genesis Rabbah*	*Tg. Ps.-J.*	*Targum Pseudo-Jonathan*
		Tg. Yer.	*Targum Yerusalmi*

소책자

ʾAbot	*Pirqe ʾAbot*	*Nazir*	*Nazir*
ʿArak.	*ʿArakin*	*Ned.*	*Nedarim*
ʿAbod. Zar.	*ʿAboda Zara*	*Neg.*	*Negaʿim*
B. Bat.	*Baba Batra*	*Nez.*	*Neziqin*
Bek.	*Bekorot*	*Nid.*	*Niddah*
Ber.	*Berakot*	*Ohol.*	*Oholot*
Beṣa	*Beṣa* (= Yom Ṭob)	*ʿOr.*	*ʿOrla*
Bik.	*Bikkurim*	*Para*	*Para*
B. Meṣ.	*Baba Meṣʿia*	*Peʾa*	*Peʾa*
B. Qam.	*Baba Qamma*	*Pesaḥ.*	*Pesaḥim*
Dem.	*Demai*	*Qinnim*	*Qinnim*
ʿEd.	*ʿEduyyot*	*Qidd.*	*Qiddušin*
ʿErub.	*ʿErubin*	*Qod.*	*Qodašin*
Giṭ	*Giṭṭin*	*Roš Haš.*	*Roš Haššana*
Ḥag	*Ḥagiga*	*Sanh.*	*Sanhedrin*
Ḥal.	*Ḥalla*	*Šabb.*	*Šabbat*
Hor.	*Horayot*	*Šeb.*	*Šebiʿit*
Ḥul.	*Ḥullin*	*Šebu.*	*Šebuʿot*
Kelim	*Kelim*	*Šeqal.*	*Šeqalim*
Ker.	*Keritot*	*Soṭa*	*Soṭa*
Ketub.	*Ketubot*	*Sukk.*	*Sukka*
Kil.	*Kilʾayim*	*Taʿan.*	*Taʿanit*
Maʿaś.	*Maʿaśerot*	*Tamid*	*Tamid*
Mak.	*Makkot*	*Tem.*	*Temura*
Makš.	*Makširin* (= Mašqin)	*Ter.*	*Terumot*
Maʿas Š.	*Maʿaser Šeni*	*Ṭohar*	*Ṭoharot*
Meg.	*Megilla*	*T. Yom.*	*Tebul Yom*
Meʿil.	*Meʿila*	*ʿUq.*	*ʿUqṣin*
Menaḥ.	*Menaḥot*	*Yad.*	*Yadayim*
Mid.	*Middot*	*Yebam.*	*Yebamot*
Miqw.	*Miqwaʾot*	*Yoma*	*Yoma* (= Kippurim)
Moʿed	*Moʿed*	*Zabim*	*Zabim*
Moʿed Qa.	*Moʿed Qa*	*Zebaḥ*	*Zebaḥim*
Našim	*Našim*	*Zer.*	*Zeraʿim*

Texts used:

The Mishnah. H. Danby. Oxford: Clarendon, 1933.

The Babylonian Talmud. I. Epstein. 34 vols. Soncino, 1935-52.

Midrash Rabbah. H. Freedman and M. Simon. 10 vols. Soncino, ^{2}1951.

The Targums of Onkelos and Jonathan ben Uzziel on the Pentateuch with the Fragments of the Jerusalem Targums I-II. J. W. Etheridge. London: Longmans, 1862-65.

Neophyti I: Targum Palestinense MS de la Bibliotheca Vaticana. A. Diez Macho. 5 vols. Madrid, 1968-78.

For other ancient classical texts such as Epictetus, Juvenal, Seneca, LCL was used: *GLAJJ* also includes many relevant excerpts.

일반적인 참고문헌

Alexander, P. S. "Rabbinic Judaism and the New Testament." *ZNW* 74(1983) 237-46. **Allison, D. C.** "The Pauline Epistles and the Synoptic Gospels: The Pattern of the Parallels." *NTS* 28(1982) 1-32. **Amir, Y.** "The Term *'Ιουδαϊσμός*: A Study in Jewish-Hellenistic Self-Identification." *Immanuel* 14(1982) 34-41. **Aune, D.** *The New Testament in Its Literary Environment.* Philadelphia: Westminster, 1987. Chap. 6. **Aus, R. D.** "Paul's Travel Plans to Spain and the 'Full Number of the Gentiles' of Rom 11:25." *NovT* 21(1979) 232-62. **Baeck, L.** "The Faith of Paul." *Judaism and Christianity.* New York: Harper, 1966. 139-68. **Baird, W.** "On Reading Romans Today." *Int* 34(1980) 45-58. **Banks, R.** *Paul's Idea of Community.* Exeter: Paternoster, 1980. **Barrett, C. K.** *From First Adam to Last.* London: Black, 1962. **Barth, M.** "Was Paul an Anti-Semite?" *JES* 5(1968) 78-104. ______. *Justification: Pauline Texts Interpreted in the Light of the Old and New Testaments.* Grand Rapids: Eerdmans, 1971. **Bartsch, H.-W.** "Die antisemitischen Gegner des Paulus im Römerbrief." In *Antijudaismus im Neuen Testament.* ed. W. Eckert, et al. Munich: Kaiser, 1967. 27-43. ______. "The Concept of Faith in Paul's Letter to the Romans." *BR* 13(1968) 41-53. ______. "Die Empänger des Römerbriefes." *ST* 25(1971) 81-89. **Bassler, J. M.** *Divine Impartiality: Paul and a Theological Axiom.* SBLDS 59. Chico: Scholars Press, 1982. **Baumgarten, J.** *Paulus und die Apokalyptik.* WMANT 44. Neukirchen: Neukirchener Verlag, 1975. **Baur, F. C.** *Paul.* 2 vols. London: Williams & Norgate, 1873, 1875. **Beare, F. W.** *St Paul and His Letters.* Nashville: Abingdon, 1962. **Beck, N. A.** *Mature Christianity: The Recognition and Repudiation of the Anti-Jewish Polemic of the New Testament.* London: Associated University Presses, 1985. 59-72. **Beker, J. C.** *Paul the Apostle.* Philadelphia: Fortress, 1980. ______. "The Faithfulness of God and the Priority of Israel in Paul's Letter to the Romans." *HTR* 79(1986) = *Christians Among Jews and Greeks.* FS K. Stendahl, ed. G. W. E. Nickelsburg and G. W. MacRae. Philadelphia: Fortress, 1986. 10-16. **Benoit, P.** *Jesus and the Gospel.* Vol. 2. London: Darton, 1974. **Berger, K.** "Zum traditionsgeschichtlichen Hintergrund christologischer Hoheitstitel." *NTS* 17(1970-71) 391-425. **Betz, H. D.**, ed. *Plutarch's Theological Writings and Early Christian Literature.* Leiden: Brill, 1975. ______, ed. *Plutarch's Ethical Writings and Early Christian Literature.* Leiden: Brill, 1978. ______. *Galatians.* Hermeneia. Philadelphia: Fortress, 1979.

Bindemann, W. *Die Hoffnung der Schöpfung: Römer 8:18-27 und die Frage einer Theologie der Befreiung von Mensch und Natur.* Neukirchen: Neukirchener Verlag, 1983. **Bjerkelund, C. J.** *ΠΑΡΑΚΑΛΩ: Form, Funktion und Sinn der parakalo-Sätze in den paulinischen Briefen.* Oslo: Universitetsforlaget, 1967. **Blank, J.** *Paulus: Von Jesus zum Urchristentum.* Munich: Kösel, 1982. **Bloch, R.** "Midrash." In *Approaches to Ancient Judaism: Theory and Practice,* ed. W. S. Green. BJS 1. Missoula: Scholars Press, 1978. 29-50. **Boers, H.** "The Problem of Jews and Gentiles in the Macro-structure of Romans." *Neot* 15(1981) 1-11. **Bornkamm, G.** *Early Christian Experience.* London: SCM, 1969. ______. *Paul.* London: Hodder & Stoughton, 1971. ______. "Paulinische Anakoluthe." *Das Ende des Gesetzes.* Munich: Kaiser, 1952. 76-92. ______. "The Revelation of God's Wrath(Romans 1-3)." *Experience,* 47-70. ______. "The Letter to the Romans as Paul's Last Will and Testament." In Donfried, *Debate.* 17-31. **Bousset, W.** and **Gressmann, H.** *Die Religion des Judentums im späthellenistischen Zeitalter.* Tübingen: Mohr, [4]1966. **Brown, R. E.** and **Meier, J. P.** *Antioch and Rome.* London: Chapman, 1983. **Bruce, F. F.** *Paul: Apostle of the Free Spirit.* Exeter: Paternoster, 1977. **Bultmann, R.** *Der Stil der paulinischen Predigt und die kynisch-stoische Diatribe.* Göttingen: Vandenhoeck & Ruprecht, 1910, 1984. ______. *Theology of the New Testament.* 2 vols. London: SCM, 1952, 1955. ______. "Glossen im Römerbrief." *Exegetica.* Tübingen: Mohr, 1967. 278-84. **Buren, P. M. van.** *A Theology of the Jewish Christian Reality.* 2 vols. New York: Harper & Row, 1980, 1983. **Byrne, B.** *"Sons of God" – "Seed of Abraham."* AnBib 83. Rome: Biblical Institute, 1979. **Cambier, J.** "Romans." In *Introduction to the New Testament,* ed. A. Robert, et al.. New York: Desclee, 1965. 447-470. ______. *L'Évangile de Dieu selon l'épître aux Romains.* Bruges: Brouwer, 1967. **Campbell, W. S.** "The Romans Debate." *JSNT* 10(1981) 19-28. ______. "Romans 3 as a Key to the Structure and Thought of the Letter." *NovT* 23(1981) 22-40. ______. "The Freedom and Faithfulness of God in Relation to Israel." *JSNT* 13(1981) 27-45. **Carcopino, J.** *Daily Life in Ancient Rome.* Yale University, 1940. **Cerfaux, L.** *Christ in the Theology of St Paul.* Freiburg: Herder, 1959. ______. *The Church in the Theology of St Paul.* Freiburg: Herder, 1959. ______. *The Christian in the Theology of St Paul.* London: Chapman, 1967. **Childs, B. S.** *The New Testament as Canon: An Introduction.* Philadelphia: Fortress, 1985. 243-63. **Collins, J. J.** *Between Athens and Jerusalem: Jewish Identity in the Hellenistic Diaspora.* New York: Crossroad, 1983. ______. "A Symbol of Otherness: Circumcision and Salvation in the First

Century." In "*To See Ourselves As Others See Us": Christians, Jews, "Others" in Late Antiquity*, ed. J. Neusner and E. S. Frerichs. Chico: Scholars Press, 1985. 163-86. **Conzelmann, H.** *An Outline of the Theology of the New Testament*. London: SCM, 1969. ______. "Die Rechtfertigungslehre des Paulus: Theologie oder Anthropologie?" *Theologie als Schriftauslegung*. Munich: Kaiser, 1974. 191-206. **Cosgrove, C. H.** "Justification in Paul: A Linguistic and Theological Reflection." *JBL* 106(1987) 653-70. **Cranfield, C. E. B.** *A Commentary on Romans 12-13*. SJTOP 12. Edinburgh: Oliver & Boyd, 1965. ______. *The Bible and Christian Life*. Edinburgh: T. & T. Clark, 1985. ______. "Some Comments on Professor J. D. G. Dunn's *Christology in the Making* with Special Reference to the Evidence of the Epistle to the Romans." In *The Glory of Christ in the New Testaments Studies in Memory of G. B. Caird*, ed. L. D. Hurst and N. T. Wright. Oxford: Clarendon, 1987. 267-80. **Cullmann, O.** *Christ and Time*. London: SCM, ^{3}1962. ______. *The Christology of the New Testament*. London: SCM, 1959. **Cunningham, P. A.** *Jewish Apostle to the Gentiles: Paul As He Saw Himself*. Mystic: Twenty-third, 1986. **Dabelstein, R.** *Die Beurteilung der "Heiden" bei Paulus*. Frankfurt/Bern: Lang, 1981. **Dahl, N. A.** "The Missionary Theology in the Epistle to the Romans." *Studies*. 70-94. ______. "The Doctrine of Justification: Its Social Function and Implications." *Studies*. 95-120. ______. *Studies in Paul*. Minneapolis: Augsburg, 1977. **Dalman, G.** *The Words of Jesus*. Edinburgh: T. & T. Clark, 1902. **Daube, D.** *Paul and Rabbinic Judaism*. London: Athlone, 1956. **Davies, W. D.** *Paul and Rabbinic Judaism*. London: SPCK/Philadelphia: Fortress, 1948; ^{2}1955, ^{4}1981. ______. "Paul and the People of Israel." *NTS* 16(1969-70) 4-39. ______. *The Gospel and the Land: Early Christianity and Jewish Territorial Doctrine*. Los Angeles: University of California, 1974. ______. *Jewish and Pauline Studies*. London: SPCK; Philadelphia: Fortress, 1984. **Daxer, H.** *Römer 1.18-2.10 im Verhältnis zu spätjudischen Lehrauffassung*. Naumburg: Pätz'sche, 1914. **Deidun, T. J.** *New Covenant Morality in Paul*. AnBib 89. Rome: Biblical Institute, 1981. **Deichgräer, R.** *Gotteshymnus und Christushymnus in der frühen Christenheit*. SUNT 5. Göttingen: Vandenhoeck & Ruprecht, 1967. 61-64. **Deissmann, A.** *Bible Studies*. Edinburgh: T. & T. Clark, 1901. ______. *Light from the Ancient East*. Grand Rapids: Baker, 1965. **Delling, G.** "Partizipiale Gottesprädikationen in den Briefen des Neuen Testaments." *ST* 17(1963) 1-59. **Dibelius, M.** *From Tradition to Gospel*. London: Ivor Nicholson & Watson, 1934. ______. "Vier Worte des Römerbriefs, 5:5, 5:12, 8:10 and 11:30f." SymBU 3(1944) 3-17. **Dodd, C. H.** *The Bible and* *the Greeks.* London: Hodder & Stoughton, 1935. ______. "The Law." *Bible.* 25-41. ______. *According to the Scriptures.* London: Nisbet, 1952. **Donfried, K. P.** "Justification and Last Judgment in Paul." *ZNW* 67(1976) 90-110. ______, ed. *The Romans Debate.* Minneapolis: Augsburg, 1977. **Doty, W. G.** *Letters in Primitive Christianity.* Philadelphia: Fortress, 1973. **Dülmen, A. van.** *Die Theologie des Gesetzes bei Paulus.* SBM 5. Stuttgart: KBW, 1968. **Dunn, J. D. G.** "Paul's Understanding of the Death of Jesus." In *Reconciliation and Hope,* FS L. L. Morris, ed. R. J. Banks. Exeter: Paternoster, 1974. 125-41. Rev. as "Paul's Understanding of the Death of Jesus as Sacrifice." In *Sacrifice and Redemption: Durham Essays in Theology,* ed. S. W. Sykes. Cambridge University, 1989. ______. *Jesus and the Spirit.* London: SCM, 1975. ______. *Unity and Diversity in the New Testament.* London: SCM, 1977. ______. *Christology in the Making.* London: SCM, 1980. ______. "The Incident at Antioch." *JSNT* 18(1983) 3-57. ______. "The New Perspective on Paul." *BJRL* 65(1983) 95-122. ______. "Works of the Law and the Curse of the Law(Galatians 3:10-14)." *NTS* 31(1985) 523-42. ______. "Pharisees, Sinners and Jesus." In *The Social World of Formative Christianity and Judaism.* FS H. C. Kee, ed. P. Borgen, J. Neusner, et al.. Philadelphia: Fortress, 1988. **Dupont, J.** *Gnosis: La connaissance religieuse dans les épîtres de Saint Paul.* Louvain: Nauwelaerts/Paris: Gabalda, 1949. ______. "Le problème de la structure littéraire de l'Épître aux Romains." *RB* 62(1955) 365-97. **Eckstein, H.-J.** *Der Begriff Syneidesis bei Paulus.* WUNT 2.10. Tübingen: Mohr, 1983. **Eichholz, G.** *Die Theologie des Paulus im Umriss.* Neukirchen: Neukirchener Verlag, 1972. **Ellis, E. E.** *Paul's Use of the Old Testament.* Grand Rapids: Eerdmans, 1957. ______. "Exegetical Patterns in 1 Corinthians and Romans." *Prophecy and Hermeneutic in Early Christianity.* WUNT 18. Tübingen: Mohr/Grand Rapids: Eerdmans, 1978. 213-20. **Feuillet, A.** "Le plan salvifique de Dieu d'après l'Épître aux Romains." *RB* 57(1950) 336-87, 489-529. **Fitzmyer, J. A.** "The Use of Explicit Old Testament Quotations in Qumran Literature and in the New Testament." *Essays on the Semitic Background of the New Testament.* London: Chapman, 1971. 3-58. ______. "'4Q Testimonia' and the New Testament." *Essays.* 59-89. **Friedrich, G.** *Die Verkündigung des Todes Jesu im Neuen Testament.* Neukirchen: Neukirchener Verlag, 1982. **Funk, R. W.** "The Apostolic Parousia: Form and Significance." In *Christian History and Interpretation.* FS J. Knox ed. W. R. Farmer et al.. Cambridge University, 1967. 249-68. **Furnish, V. P.** *Theology and Ethics in Paul.* Nashville: Abingdon, 1968. ______. *The Love Command in the New Testament.*

Nashville: Abingdon/London: SCM, 1973. ______. *The Moral Teaching of Paul.* Nashville: Abingdon, 1979. **Gager, J. G.** *The Origins of Anti-Semitism.* Oxford University, 1985. **Gale, H. M.** *The Use of Analogy in the Letters of Paul.* Philadelphia: Westminster, 1964. **Garlington, D.** "*The Obedience of Faith*": *A Pauline Phrase in Historical Context.* Ph.D. Diss., Durham University, 1987. **Gaston, L.** "Paul and the Torah." In *Antisemitism and the Foundations of Christianity,* ed. A. T. Davies. New York: Paulist Press, 1979. 48-71. = *Paul.* 15-34. ______. "Paul and the Law in Galatians 2-3." In *Anti-Judaism in Early Christianity.* Vol 1, *Paul and the Gospels,* ed. P. Richardson and D. Granskou. Wilfrid Laurier University, 1986. 37-57. = *Paul.* 64-79. ______. *Paul and the Torah.* Vancouver: University of British Columbia, 1987. ______. "For *All* the Believers: The Inclusion of Gentiles as the Ultimate Goal of Torah in Romans." *Paul.* 116-34. **Georgi, D.** *Die Geschichte der Kollekte des Paulus für Jerusalem.* Hamburg: Herbert Reich, 1965. **Goppelt, L.** *Jesus, Paul and Judaism.* New York: Harper, 1964. ______. *Theology of the New Testament.* Vol. 2. Grand Rapids: Eerdmans, 1982. **Grayston, K.** "'I Am Not Ashamed of the Gospel': Romans 1.16a and the Structure of the Epistle." SE 2:569-73. **Gundry, R. H.** Sōma *in Biblical Theology.* SNTSMS 29. Cambridge University, 1976. **Haacker, K.** "Exegetische Probleme des Römerbriefs." *NovT* 20(1978) 1-21. **Haenchen, E.** *The Acts of the Apostles.* Oxford: Blackwell, 1971. **Hahn, F.** *Mission in the New Testament.* London: SCM, 1965. ______. *The Titles of Jesus in Christology*(1963). London: Lutterworth, 1969. ______. "Das Gesetzesverständnis im Römer- und Galaterbrief." *ZNW* 67(1976) 29-63. ______. "The Confession of the One God in the New Testament." *HBT* 2(1980) 69-84. **Hainz, J.** *Ekklesia. Strukturen paulinischer Gemeinde-Theologie und Gemeinde-Ordnung.* Regensburg: Pustet, 1972. **Halter, H.** *Taufe und Ethos: Paulinische Kriterien für das Proprium christlicher Moral.* Freiburg: Herder, 1977. **Hanson, A. T.** *The Wrath of the Lamb.* London: SPCK, 1957. ______. *Studies in Paul's Technique and Theology.* London: SPCK, 1974. ______. *The New Testament Interpretation of Scripture.* London: SPCK, 1980. ______. *The Image of the Invisible God.* London: SCM, 1982. **Hebert, G.** "'Faithfulness' and 'Faith.'" *Th* 58(1955) 373-79. **J. P. Heil.** *Romans – Paul's Letter of Hope.* AnBib 112. Rome: Biblical Institute Press, 1987. **Heilegenthal, R.** *Werke als Zeichen.* WUNT 2.9. Tübingen: Mohr, 1983. **Hengel, M.** *Die Zeloten.* Leiden: Brill, 1961. ______. *Judaism and Hellenism.* London: SCM, 1974. ______. *The Son Of God.* London: SCM, 1976. **Herold, G.** *Zorn und Gerechtigkeit bei Paulus: Eine Untersuchung* *zu Röm* 1:16-18. Frankfurt/Bern: Lang, 1973. **Hill, D.** *Greek Words and Hebrew Meanings.* SNTSMS 5. Cambridge University, 1967. **Hock, R. F.** *The Social Context of Paul's Ministry: Tentmaking and Apostleship.* Philadelphia: Fortress, 1980. **Hofius, O.** "Das Gesetz des Mose und das Gesetz Christi." *ZTK* 80(1983) 262-86. **Hort, F. J. A.** *Prolegomena to St Paul's Epistles to the Romans and the Ephesians.* London: Macmillan, 1895. **Hübner, H.** "Existentiale Interpretation der paulinischen 'Gerechtigkeit Gottes.'" *NTS* 21(1974-75) 462-88. ______. *Law in Paul's Thought.* Edinburgh: T. & T. Clark, 1984. ______. "Paulusforschung seit 1945: Ein kritischer Literaturbericht". *ANRW* II. 25.4(1987) 2699-2840. **Hultgren, A. J.** *Paul's Gospel and Mission.* Philadel phia: Fortress, 1985. **Jeremias, J.** *The Central Message of the New Testament.* London: SCM, 1965. ______. "Zur Gedankenführung in den paulinischen Briefen." *Abba.* Göttingen: Vandenhoeck & Ruprecht, 1966. 269-72. ______. "Chiasmus in den Paulusbriefen." *Abba.* 276-90. ______. *Jerusalem in the Time of Jesus.* London: SCM, 1969. ______. *New Testament Theology. I. The Proclamation of Jesus.* London: SCM 1971. **Jewett, R.** *Paul's Anthropological Terms.* Leiden: Brill, 1971. ______. *Dating Paul's Life.* London: SCM, 1979. ______. "Major Impulses in the Theological Interpretation of Romans since Barth." *Int* 34(1980) 17-31. ______. "Romans as an Ambassadorial Letter." *Int* 36(1982) 5-20. ______. *Christian Tolerance: Paul's Message to the Modern Church.* Philadelphia: Westminster, 1982. ______. "The Law and the Coexistence of Jews and Gentiles in Romans." *Int* 39(1985) 341-56. **Jones, F. S.** *"Freiheit" in den Briefen des Apostels Paulus.* Göttingen: Vandenhoeck & Ruprecht, 1987. **Judge, E. A.** "St Paul and Classical Society." *JAC* 15 (1972) 19-36. **Jüngel, R.** *Paulus und Jesus.* Tübingen: Mohr, [3]1967. **Käsemann, E.** "'The Righteousness of God' in Paul." *New Testament Questions of Today.* London: SCM, 1969. 168-82. ______. "Paul and Israel." *New Testament Questions.* 183-87. ______. *Perspectives on Paul.* London: SCM, 1971. **Karris, R. J.** "Romans 14:1-15:13 and the Occasion of Romans." *CBQ* 25(1973). Repr. in Donfried, *Romans Debate,* 75-99. **Kaye, B. N.** *The Thought Structure of Romans with Special Reference to Chapter 6.* Austen: Schola, 1979. **Keck, L. E.** *Paul and His Letters.* Phildelphia: Fortress, 1979. **Kennedy, G. A.** *New Testament Interpretation through Rhetorical Criticism.* University of North Carolina, 1984. **Kertelge, K.** *"Rechtfertigung" bei Paulus.* Münster: Aschendorff, 1967; [2]1971. **Kettunen, M.** *Der Abfassungszweck des Römerbriefes.* Helsinki, 1979. **Kim, S.** *The Origin of Paul's Gospel.* WUNT 2.4. Tübingen: Mohr, 1981. **Klaiber, W.** *Rechtfertigung* *und Gemeinde: Eine Untersuchung zum paulinische Kirchenverständnis.* FRLANT 127. Göttingen: Vandenhoeck & Ruprecht, 1982. **Klein, G.** "Paul's Purpose in Writing the Epistle to the Romans"(1969). ET in Donfried, *Romans Debate*, 32-49. ______. "Romans, Letter to the." *IDBS*, 752-54. **Kleinknecht, K. T.** *Der leidende Gerechtfertigte.* WUNT 2.13. Tübingen: Mohr, 1984. **Knox, J.** *Chapters in a Life of Paul.* London: Black, 1954. **Knox, W. L.** *St Paul and the Church of Jerusalem.* Cambridge University, 1925. ______. *St Paul and the Church of the Gentiles.* Cambridge University, 1939. **Koester, H.** *Introduction to the New Testament.* Vol. 2. Philadelphia: Fortress, 1982. 138-42. **Kramer, W.** *Christ, Lord, Son of God*(1963). ET. London: SCM, 1966. **Kümmel, W. G.** *The Theology of the New Testament.* London: SCM, 1974. ______. *Introduction to the New Testament.* Rev. ed. London: SCM, 1975. 305-20. ______. "Die Botschaft des Römerbriefes." *TLZ* 99(1974) 481-88. **Kuss, O.** *Auslegung und Verkündigung* 1. Regensburg: Pustet, 1963. ______. *Paulus: Die Rolle des Apostels in der theologischen Entwicklung der Urkirche.* Regensburg: Pustet, 1971. **Ladd, G. E.** "Paul and the Law." In *Soli Deo Gloria*, FS W. C. Robinson, ed. J. M. Richards. Richmond: John Knox, 1968. 50-67. = chap. 35 of Ladd, *A Theology of the New Testament.* London: Lutterworth, 1975. **Lampe, P.** *Die stadtrömischen Christen in den ersten beiden Jahrhunderten.* WUNT 2.18. Tübingen: Mohr, 1987. **Lapide, P.** and **Stuhlmacher, P.** *Paul: Rabbi and Apostle.* Minneapolis: Augsburg, 1984. **Leon, H. J.** *The Jews of Ancient Rome.* Philadelphia: Jewish Publication Society of America, 1960. **Leon-Dufour, X.** "Situation littéraire de Rom 5." *RSR* 51(1963) 83-95. **Lightfoot, J. B.** "The Structure and Destination of the Epistle to the Romans." In *Biblical Essays.* London: Macmillan, 1893. 285-374. **Lindars, B.** *New Testament Apologetic.* London: SCM, 1961. **Ljungman, H.** *Pistis: A Study of Its Presuppositions and Its Meaning in Pauline Use.* Lund: Gleerup, 1964. **Lohmeyer, E.** *Probleme paulinischer Theologie.* Stuttgart, n.d. 33-74. **Lohse, E.** *Die Einheit des Neuen Testaments.* Göttingen: Vandenhoeck & Ruprecht, 1973. ______. *Die Vielfalt des Neuen Testaments.* Göttingen: Vandenhoeck & Ruprecht, 1982. **Longenecker, R. N.** *Paul: Apostle of Liberty.* New York: Harper & Row, 1964. **Lorenzi, L. de,** ed. *Battesimo e giustizia in Rom 6 e 8.* Rome: Abbayia S. Paolo, 1974. ______, ed. *The Law of the Spirit in Rom 7 and 8.* Rome: St Paul's Abbey, 1976. ______, ed. *Dimensions de la vie chrétienne.* Rome: Abbaye de S. Paul, 1979. **Luedemann, G.** *Paul, Apostle to the Gentiles: Studies in Chronology.* Philadelphia: Fortress, 1984. **Lührmann, D.** *Das Offenbarungsverständnis bei Paulus und* *in paulinischen Gemeinden.* WMANT 16. Neukirchen: Neukirchener Verlag, 1965. ______. *Glaube im frühen Christentum.* Gütersloh: Gütersloher Verlag, 1976. **Lütgert, W.** *Der Römerbrief als historisches Problem.* Gütüsloh: Bertelsmann, 1913. **Luz, U.** *Das Geschichtsverständnis des Paulus.* Munich: Kaiser Verlag, 1968. ______. "Zum Aufbau von Röm 1-8." *TZ* 25(1969) 161-81. ______, with **Smend, R.** *Gesetz.* Stuttgart: Kohlhammer, 1981. **Lyonnet, S.** "Note sur le plan de L'Épître aux Romains." *RSR* 39(1951/52) 301-316. ______. Quaestiones in Epistulam ad Romanos. 2 vols. Roma: Pontificio Instituto Biblico, 1962, 1975. **Maccoby, H.** *The Mythmaker: Paul and the Invention of Christianity.* London: Weidenfeld & Nicolson, 1986. **MacMullen, R.** *Roman Social Relations 50 B.C. to A.D. 284.* Yale University, 1974. ______. *Paganism in the Roman Empire.* Yale University, 1981. **Manson, T. W.** "St Paul's Letter to the Romans – and Others." *Studies in the Gospels and Epistles.* Manchester University, 1962. Repr. in Donfried, *Romans Debate,* 1-16. **Manson, W.** "Notes on the Argument of Romans(chapters 1-8)." In *New Testament Essays in Memory of T. W. Manson.* ed. A. J. B. Higgins. Manchester University, 1959. 150-64. **Marquardt, F.-W.** *Die Juden im Römerbrief.* Theologische Studien 107. Zürich: TVZ, 1971. **Marxsen, W.** *Introduction to the New Testament.* Oxford: Blackwell, 1968. 92-109. **Mattern, L.** *Das Verständnis des Gerichtes bei Paulus.* Zürich/Stuttgart: Zwingli, 1966. **Meeks, W. A.** "Towards a Social Description of Pauline Christianity." In *Approaches to Ancient Judaism,* vol. 2, ed. W. S. Green. BJS 9. Chico: Scholars Press, 1980. 27-41. ______. *The First Urban Christians: The Social Worm of the Apostle Paul.* Yale University, 1983. ______. "Breaking Away: Three New Testament Pictures of Christianity's Separation from the Jewish Communities." In *"To See Ourselves As Others See Us": Christians, Jews, "Others" in Late Antiquity,* ed. J. Neusner and E. S. Frerichs. Chico: Scholars Press, 1985. 93-115. **Merk, O.** *Handeln aus Glauben: Die Motivierungen der paulinischen Ethik.* Marburg: Elweft, 1968. **Minde, H.-J. van der.** *Schrift und Tradition bei Paulus.* Munich/Paderborn/Wien: Schöningh, 1976. **Minear, P. S.** *The Obedience of Faith: The Purpose of Paul in the Epistle to the Romans.* London: SCM, 1971. **Mohrlang, R.** *Matthew and Paul: A Comparison of Ethical Perspectives.* SNTSMS 48. Cambridge University, 1984. **Monte fiore, C.-G.** "The Genesis of the Religion of St. Paul." *Judaism and St Paul*(1914). Repr. New York: Arno, 1973. 1-129. **Moore, G. F.** *Judaism in the First Centuries of the Christian Era.* 3 vols. Harvard, 1927-30. **Morris, L.** "The Theme of Romans." In *Apostolic History and the Gospel,* FS F. F. Bruce, ed. W. W. Gasque et al..

Exeter: Paternoster, 1970. 249-63. **Moule, C. F. D.** *An Idiom-Book of New Testament Greek.* Cambridge University, [2]1959. ______. *The Origin of Christology.* Cambridge University, 1977. **Moulton, J. H.** *Grammar of New Testament Greek*, vols. 1, 2. Edinburgh: T. & T. Clark, 1906, 1929. **Moxnes, H.** "Honour and Righteousness in Romans." *JSNT* 32(1988) 61-77. **Müller, C.** *Gottes Gerechtigkeit und Gottes Volk: Eine Untersuchung zu Römer* 9-11. FRLANT 86. Göttingen: Vandenhoeck & Ruprecht, 1964. **Müller, K.** *Anstoss und Gericht: Eine Studie zum jüdischen Hintergrund des paulinischen Skandalon-Begriffs.* SANT 19. Munich: Kösel, 1969. **Müller, U. B.** *Prophetie und Predigt im Neuen Testament.* SNT 10. Gütersloh: Gütersloher, 1975. **Munck, J.** *Paul and the Salvation of Mankind.* London: SCM, 1959. 196-209. **Mundle, W.** *Der Glaubensbegriff des Paulus.* Leipzig: Heinsius, 1932. **Murphy-O'Connor, J.**, ed. *Paul and Qumran.* London: Chapman, 1968. **Mussies, G.** *Dio Chrysostom and the New Testament.* London: Brill, 1972. **Mussner, F.** "Heil für Alle: Der Grundgedanke des Römerbriefes." *Kairos* 23(1981) 207-214. ______. *Tractate on the Jews: The Significance of Judaism for Christian Faith.* London: SPCK; Philadelphia: Fortress, 1984. **Neirynck, F.** "Paul and the Sayings of Jesus." *L'Apître Paul: Personnalité, style et conception du ministère.* ed. A. Vanhoye. Leuven University, 1986. 265-321. **Neusner, J.** *From Politics to Piety.* Englewood Cliffs, NJ: Prentice-Hall, 1973. ______. *Judaism: The Evidence of the Mishnah.* University of Chicago, 1981. **Newton, M.** *The Concept of Purity at Qumran and in the Letters of Paul.* SNTSMS 53. Cambridge University, 1985. **Nilsson, M. P.** *Geschichte der griechischen Religion.* Munich, 1950. **Noack, B.** "Current and Backwater in the Epistle to the Romans." *ST* 19(1965) 155-66. **Norden, E.** *Agnostos Theos*(1913). Darmstadt, [4]1956. **O'Brien, P. T.** *Introductory Thanksgivings in the Letters of Paul.* NovTSup 49. Leiden: Brill, 1977. **Ortkemper, F. J.** *Leben aus dem Glauben: Christliche Grundhaltungen nach Römer 12-13.* Münster: As chendorff, 1980. **Osten-Sacken, P. von der.** *Römer 8 als Beispiel paulinischer Soteriologie.* FRLANT 112. Göttingen: Vandenhoeck & Ruprecht, 1975. **Patte, D.** *Paul's Faith and the Power of the Gospel: A Structural Introduction to the Pauline Letters.* Philadelphia: Fortress, 1983. 232-96. **Paulsen, H.** *Überlieferung und Auslegung in Röm 8.* WMANT 43. Neukirchen: Neukirchener Verlag, 1974. **Penna, R.** "L'évolution de l'attitude de Paul envers les Juifs." *L'Apître Paul: Personnalité, style et conception du ministère.* ed. A. Vanhoye. Leuven University, 1986. 390-421. **Perkins, P.** *Love Commands in the New Testament.* New York: Paulist Press, 1982. **Perrin, N.** *The New Testament: An*

Introduction. New York: Harcourt, 1974. 106-114. **Piper, J.** *The Justification of God: An Exegetical and Theological Study of Romans 9:1-23*. Grand Rapids: Baker, 1983. **Pohlenz, M.** "Paulus und die Stoa." *ZNW* 42(1949) 69-104. Repr. in *Das Paulusbild in der neueren deutschen Forschung*, ed. K. H. Rengstorf. Darmstadt: Wissenschaftliche Buchgesellschaft, 1969. 522-64. **Poland, F.** *Geschichte des griechischen Vereinswesens*(1909). Repr. Leipzig, 1967. **Porter, C. L.** "A New Paradigm for Reading Romans: Dialogue Between Christians and Jews." *Encounter* 39(1978) 257-52. **Prat, F.** *The Theology of Saint Paul*. 2 vols. London: Burns & Oates, 1927. **Prümm, K.** "Zur Struktur des Römerbriefes." *ZKT* 72(1950) 333-49. **Räisänen, H.** *Paul and the Law*. WUNT 29. Tübingen: Mohr, 1983. ______. *The Torah and Christ*. Helsinki: Finnish Exegetical Society, 1986. **Reicke, B.** "Paulus über das Gesetz." *TZ* 41(1985) 237-57. **Reitzenstein, R.** *Hellenistic Mystery-Religions*(1910; [3]1927). Pittsburgh: Pickwick, 1978. **Rengstorf, K. H.** "Paulus und die älteste römische Christenheit." SE 2(1964) 447-64. **Reumann, J.**, et al.. *Righteousness in the New Testament*. Philadelphia: Fortress/New York: Paulist Press, 1982. **Reynolds, J.**, and **Tannenbaum, R.** *Jews and Godfearers at Aphrodisias*. Cambridge Philological Society Supp. 12. Cambridge, 1987. **Rhyne, C. T.** *Faith Establishes the Law*. SBLDS 55. Chico: Scholars Press, 1981. **Richardson, P.** *Israel in the Apostolic Church*. SNTSMS 10. Cambridge University, 1969. **Ridderbos, H.** *Paul: An Outline of his Theology*. Grand Rapids: Eerdmans, 1975. **Robinson, D. W. B.** "The Priesthood of Paul in the Gospel of Hope." In *Reconciliation and Hope*, FS L. L. Morris, ed. R. J. Banks. Exeter: Paternoster, 1974. 231-45. **Robinson, H. W.** *The Christian Doctrine of Man*. Edinburgh: T. & T. Clark, [3]1926. 104-136. **Robinson, J. A. T.** *The Body*. London: SCM, 1952. **Roller, O.** *Das Formular der paulinischen Briefe*. Stuttgart, 1933. **Rowland, C.** *The Open Heaven*. London: SPCK, 1982. **Russell, D. S.** *The Method and Message of Jewish Apocalyptic*. London: SCM, 1964. **Sahlin, H.** "Einige Textemendationen zum Römerbrief." *TZ* 9(1953) 92-100. **Sanders, E. P.** *Paul and Palestinian Judaism*. London: SCM, 1977. ______. "On the Question of Fulfilling the Law in Paul and Rabbinic Judaism." In *Donum Gentilicium*, FS D. Daube, ed. C. K. Barrett et al.. Oxford: Clarendon, 1978. 103-126. ______. "Paul's Attitude toward the Jewish People." *USQR* 33(1978) 175-87.(With "A Response" by K. Stendahl, 189-91.) ______. "Jesus, Paul, and Judaism." *ANRW* II.25.1(1982) 390-450. ______. *Paul, the Law, and the Jewish People*. Philadelphia: Fortress, 1983. ______. *Jesus and Judaism*. London: SCM, 1985. **Sandmel, S.** *The Genius of Paul*(1958). Philadelphia:

Fortress, 1979. **Schechter, S.** *Aspects of Rabbinic Theology*(1909). New York: Schocken, 1961. **Schelkle, K. H.** *Paulus.* Darmstadt: Wissenschaftliche Buchgesellschaft, 1981. **Schenke, H. M.** "Aporien im Römerbrief." *TLZ* 92(1967) 882-88. **Schlier, H.** *Die Zeit der Kirche.* Freiburg: Herder, 1955, [5]1972. ______. "Von den Juden. Röm 2:1-29." Zeit 38-47. ______. *Grundzüge einer paulinischen Theologie.* Freiburg: Herder, 1978. **Schmithals, W.** *Der Römerbrief als historisches Problem.* Gütersloh: Güterlsoher, 1975. ______. *Die theologische Anthropologie des Paulus: Auslegung von Röm 7.17-8.39.* Stuttgart: Kohlhammer, 1980. **Schnabel, E. J.** *Law and Wisdom from Ben Sira to Paul.* WUNT 2.16. Tübingen: Mohr, 1985. **Schoeps, H. J.** *Paul: The Theology of the Apostle in the Light of Jewish Religious History.* London: Lutterworth, 1961. **Schrage, W.** *Die konkreten Einzelgebote in der paulinischen Paränese.* Güterlsoh: Gütersloher, 1961. **Schweitzer, A.** *The Mysticism of Paul the Apostle.* London: Black, [2]1953. **Scroggs, R.** *The Last Adam: A Study in Pauline Anthropology.* Oxford: Blackwell, 1966. ______. "Paul as Rhetorician: Two Homilies in Romans 1-11." In *Jews, Greeks and Christians,* FS W. D. Davies, ed. R. Hamerton-Kelly et al.. Leiden: Brill, 1976. 271-98. **Segundo, J. L.** *The Humanist Christology of Paul.* New York: Orbis; London: Sheed & Ward, 1986. **Selwyn, E. G.** *The First Epistle of St Peter.* London: Macmillan, 1947. 365-466. **Snodgrass, K.** "Spheres of Influence: A Possible Solution to the Problem of Paul and the Law." *JSNT* 32(1988) 93-113. **Stanley, D. M.** *Christ s Resurrection in Pauline Soteriology.* AnBib 13. Rome: Pontifical Biblical Institute, 1961. 160-99. **Stendahl, K.** "The Apostle Paul and the Introspective Conscience of the West." *HTR* 56(1963) 199-215. Repr. in *Paul,* 78-96. ______. *Paul among Jews and Gentiles.* London: SCM, 1977. **Stowers, S. K.** *The Diatribe and Paul's Letter to the Romans.* SBLDS 57. Chico: Scholars Press, 1981. **Strecker, G.** "Befreiung und Rechtfertigung: Zur Stellung der Rechtfertigungslehre in der Theologie des Paulus." *Eschaton und Historie.* Göttingen: Vandenhoeck & Ruprecht, 1979. 229-59. **Stuhlmacher, P.** *Gerechtigkeit Gottes bei Paulus.* FRLANT 87. Göttingen: Vandenhoeck & Ruprecht, 1966. ______. *Das paulinische Evangelium.* FRLANT 95. Göttingen: Vandenhoeck & Ruprecht, 1968. ______. *Versöhnung, Gesetz und Gerechtigkeit: Aufsätze zur biblischen Theologie.* Göttingen: Vandenhoeck & Ruprecht, 1981. ______. "Das Gesetz als Thema biblischer Theologie." *Versöhnung.* 136-65. ______. "Sühne oder Versöhnung?" In *Die Mitte des Neuen Testaments,* FS E. Schweizer, ed. U. Luz and H. Weder. Göttingen: Vandenhoeck & Ruprecht, 1983. 291-316. ______. "Jesustradition im Römerbrief?" *ThBeit*

14(1983) 240-50. ______. "Paul's Understanding of the Law in the Letter to the Romans." *SEÅ* 50(1985) 87-104. **Suhl, A.** *Paulus und seine Briefe.* SNT 11. Gütersloh: Gütersloher, 1975. **Synofzik, E.** *Die Gerichts- und Vergeltungsaussagen bei Paulus.* Göttingen: Vandenhoeck & Ruprecht, 1977. **Theissen, G.** *The Social Setting of Pauline Christianity.* Edinburgh: T. & T. Clark, 1982. **Theobald, M.** *Die überströmende Gnade: Studien zu einem paulinischen Motivfeld.* Würzburg: Echter, 1982. **Thüsing, W.** *Per Chrisrum in Deum: Das Verhältnis der Christozentrik zur Theozentrik.* Münster: Aschendorff, 1965; [3]1986. **Thyen, H.** *Studien zur Sündenvergebung im Neuen Testament und seinem alttestamentlichen und jüdischen Voraussetzungen.* FRLANT 96. Göttingen: Vandenhoeck & Ruprecht, 1970. **Travis, S. H.** *Christ and the Judgment of God: Divine Retribution in the New Testament.* Basingstoke: Marshall, 1986. **Trebilco, P.** *Studies on Jewish Communities in Asia Minor.* Ph.D. Diss., Durham University, 1987. **Trench, R. C.** *Synonyms of the New Testament*([9]1880). Repr. Grand Rapids: Eerdmans, 1953. **Trocmé, E.** "The Jews As Seen by Paul and Luke." In *"To See Ourselves As Others See Us": Christians, Jews, "Others" in Late Antiquity,* ed. J. Neusner and E. S. Frerichs. Chico: Scholars Press, 1985. 145-61. **Vielhauer, P.** *Geschichte der urchristlichen Literatur.* Berlin: de Gruyter, 1975. 174-190. ______. "Paulus und das Alte Testament." *Oikodome: Aufsätze zum Neuen Testament* 2. Munich: Kaiser, 1979. 196-228. **Watson, F.** *Paul, Judaism and the Gentiles.* SNTSMS 56. Cambridge University, 1986. **Watson, N. M.** "Simplifying the Righteousness of God: A Critique of J. C. O'Neill's *Romans.*" *SJT* 30(1977) 453-69. **Wegenaat, K.** *Das Verständnis der Tradition bei Paulus und in den Deuteropaulinen.* WMANT 8. Neukirchen: Neukirchener Verlag, 1962. **Wengst, K.** *Christlogische Formeln und Lieder des Urchristentums.* Gütersloh: Gütersloher, 1972. **White, J. L.** *Studies in Ancient Letter Writing.* Semeia 22. Chico: Scholars Press, 1981. ______. "Saint Paul and the Apostolic Letter Tradition." *CBQ* 45(1983) 433-44. **Whiteley, D. E. H.** *The Theology of St Paul.* Oxford: Blackwell, 1964. **Wiefel, W.** "The Jewish Community in Ancient Rome and the Origins of Roman Christianity." *Judaica* 26(1970). ET in Donfried, *Romans Debate,* 100-119. **Wikenhauser, A.** *New Testament Introduction.* Freiburg: Herder, 1958. 398-411. **Wilckens, U.** *Rechtfertigung als Freiheit.* Paulusstudien. Neukirchen: Neukirchener Verlag, 1974. ______. "Über Abfassungszweck und Aufbau des Römerbriefes." *Rechtfertigung.* 110-70. ______. "Christologie und Anthropologie im Zusammenhang der paulinischen Rechtfertigungslehre." *ZNW* 67(1976) 64-82. **Williams, S. K.** "The 'Righteousness of God' in Romans." *JBL* 99(1980)

241-90. **Wright, N. T.** *The Messiah and the People of God.* D.Phil. Diss., Oxford University, 1980. **Wuellner, W.** "Paul's Rhetoric of Argumentation in Romans." *CBQ* 38 (1976). Repr. in Donfried, *Romans Debate*, 152-74. **Zahn, T.** *Introduction to the New Testament.* Edinburgh: T. & T. Clark, 1909. 1:352-438. **Zeller, D.** *Juden und Heiden in der Mission des Paulus: Studien zum Römerbrief.* Stuttgart: KBW, 1973. ______. "Der Zusammenhang von Gesetz und Sünde in Römerbrief: Kritischer Nachvollzug der Auslegung von Ulrich Wilckens." *TZ* 38(1982) 193-212. **Ziesler, J. A.** *The Meaning of Righteousness in Paul.* SNTSMS 20. Cambridge University, 1972. ______. "Some Recent Works on the Letter to the Romans." *ER* 12(1985) 96-101.

주석 참고문헌

M. Luther. Lectures(1515-16). ET, ed. W. Pauck. London: SCM, 1961. **J. Calvin**(1540). ET Edinburgh: Oliver & Boyd, 1961. J. **A. Bengel**(1742). ET Edinburgh: T. & T. Clark, 1866. **J. J. Wettstein.** *Ἡ Καινὴ Διαθήκη*. Amsterdam, 1752. **F. Godet.** (1879). ET 2 vols. Edinburgh: T. & T. Clark, 1880-81. **E. H. Gifford.** London: Murray, 1886. **J. B. Lightfoot.** *Notes on the Epistles of St Paul.* London: Macmillan, 1895. **W. Sanday** and **A. C. Headlam.** ICC. Edinburgh: T. & T. Clark, 1895; [5]1902. **J. Denney.** EGT. Vol. 2. London: Hodder & Stoughton, 1900. **H. Lietzmann.** HNT. Tübingen: Mohr, 1906; [4]1933. **A. Juülicher.** In *Die Schriften des Neuen Testaments,* vol. 2. Göttingen: Vandenhoeck & Ruprecht, 1910; [3]1917. **T. Zahn.** Leipzig, 1910; [3]1925. **E. Kühl.** Leipzig: Quelle & Meyer, 1913. **K. Barth.** (1919; [6]1929). ET Oxford University, 1933. **M.-J. Lagrange.** EB&; Paris: Gabalda, [2]1922; [6]1950. **C. H. Dodd.** Moffatt. London: Hodder & Stoughton, 1932. **P. Althaus.** *NTD* 6. Göttingen: Vandenhoeck & Ruprecht, 1932; [10]1966. **A. Schlatter.** *Gottes Gerechtigkeit.* Stuttgart: Calwer, 1935. **K. E. Kirk.** CB Oxford: Clarendon, 1937. **E. Brunner.** (1938, 1956). ET London: Lutterworth, 1959. **E. Gaugler.** 2 vols. Zürich: Zwingli, 1945, [2]1958; 1952. **E. F. Scott.** London: SCM, 1947. **A. Nygren.** (1951). ET London: SCM, 1952. **J. Knox.** *IB* 9(1954). **W. Barclay.** Edinburgh: St Andrew, 1955. **V. Taylor.** London: Epworth, 1956. **K. Barth.** *A Shorter Commentary on Romans*(1956). ET London: SCM, 1959. **C. K. Barrett.** London: Black, 1957. **F. J. Leenhardt.** CNT(1957). ET London: Lutterworth, 1961. **O. Michel.** KEK. Göttingen: Vandenhoeck & Ruprecht, [11]1957; [14]1978. **O. Kuss.** 3 vols. Regensburg: Pustet, 1957, 1959, 1978. **J. Murray.** NICNT 2 vols. Grand Rapids: Eerdmans, 1959, 1965. **T. W. Manson.** In PCB(1962) 940-53. **F. F. Bruce.** TNTC. London: Tyndale, 1963. **H. W. Schmidt.** THKNT. Berlin: Evangelische, 1963. **J. A. Fitzmyer.** In *JBC*(1968) 291-331. **B. M. Metzger.** *A Textual Commentary on the Greek New Testament.* London: UBS, 1971, corr. 1975. **M. Black.** NCB. London: Oliphants, 1973. **E. Käsemann.** HNT(1973). ET London: SCM, 1980. **J. C. O'Neill.** Harmondsworth: Penguin, 1975. **C. E. B. Cranfield.** ICC. 2 vols. Edinburgh: T. & T. Clark, 1975, 1979. **H. Schlier.** HTKNT. Freiburg: Herder, 1977. **U. Wilckens.** EKK. 3 vols. Zürich: Benziger/Neukirchen: Neukirchener Verlag, 1978, 1980, 1982. **J. A. T. Robinson.** *Wrestling with Romans.* London: SCM,

1979. **R. A. Harrisville.** Minneapolis: Augsburg, 1980. **W. Hendriksen.** 2 vols. Edinburgh: Banner of Truth, 1980, 1981. **R. Pesch.** Würzburg: Echter, 1983. **A. Maillot.** Paris: Le Centurion, 1984. **P. Achtemeier.** *Interpretation.* Atlanta: John Knox, 1985. **D. Zeller.** RNT. Regensburg: Pustet, 1985. **B. Byrne.** *Reckoning with Romans.* Wilmington: Glazier, 1986. **J. P. Heil.** *Paul's Letter to the Romans: A Reader-Response Commentary.* New York: Paulist Press, 1987.

서 론

§1. 저자: 바울의 삶과 사역의 배경 안에서의 로마서 (연대와 기록장소를 포함하여)

참고문헌

Bornkamm, G. *Paul.* Part One. **Bruce, F. F.** *Paul.* **Dibelius, M.** *Paul.* Rev. W. G. Kümmel. London: Longmans, 1953. **Dietzfelbinger, C.** *Die Berufung des Paulus als Ursprung seiner Theologie.* WMANT 58. Neukirchen: Neukirchener Verlag, 1985. **Dunn, J. D. G.** "The Relationship between Paul and Jerusalem According to Galatians 1 and 2." *NTS* 28(1982) 461-78. ______. "'A Light to the Gentiles': The Significance of the Damascus Road Christophany for Paul." In *The Glory of Christ in the New Testamerit: Studies in Memory of G. B. Caird,* ed. L. D. Hurst and N. T. Wright. Oxford: Clarendon, 1987. 251-66. ______. "Pharisees." **Gaston, L.** "Paul and Jerusalem." In *From Jesus to Paul,* FS F. W. Beare, ed. P. Richardson and J. C. Hurd. Waterloo, Ontario: Wilfrid Laurier University, 1984. 61-72. **Hemer, C. J.** "Observations on Pauline Chronology." In *Pauline Studies,* FS F. F. Bruce, ed. D. A. Hagner and M. J. Harris. Exeter: Paternoster, 1980. 3-18. **Hübner, H.** "Paulusforschung." 2658-67. **Jewett, R.** *Dating.* **Knox, J.** *Life.* **Kraabel, A. T.** "The Roman Diaspora: Six Questionable Assumptions." *Essays in Honor of Yigael Yadin,* ed. G. Vermes and J. Neusner. *JJS* 33(1982) 445-64. **Luck, U.** "Die Bekehrung des Paulus and das paulinische Evangelium." *ZNW* 76(1985) 187-208. **Luedemann, G.** *Paul.* **Maccoby, H.** *Mythmaker.* **Nock, A. D.** *St. Paul.* Oxford: University Press, [2]1946. **Räisänen, H.** "Paul's Conversion and the Development of His View of the Law." *NTS* 33(1987) 404-19. **Segal, A. F.** *Rebecca's Children: Judaism and Christianity in the Roman World.* Harvard University, 1986.96-116. **Suhl, A.** *Paulus.*

오늘날 로마서 저자가 누구인지와 관련해서는 의심하지 않는다(예컨대 Cranfield, 1-2를 보라). 바울은 첫 단어를 "바울"로 자신을 확인하고 있고, 그 사람은 분명히 기독교 공동체의 초기 시작으로부터 다소 알려진 "사도 바울"이다. 우리가 볼 것이지만, 이 성경의 기원이 되고 있는 장소에 관해서는 별로 논쟁이 없다. 하지만 로마서를 기록하였던 시기에 관해서는 약간 논쟁이 있다. 그러나 이 편지의 이해를 위한 연대와 장소의 통계보다도 더 중요한 것은 바울의 삶과 평생의 사역의 범위 안에서의 편지의 배경 그리고 그가 기록했던 자신의 삶과 평생의 사역에 관한 관점이다. 세 가지 요소들이 특별히 중요한데, 만약 그 요소들이 없었다면 그 편지의 많은 것들이 애매한 상태로 남아 있거나, 설명이 불가능한 상태로 남았을 것이다.

§1.1 바울은 유대인이었다. 바울은 유대인으로 태어나 유대인으로 양육 받았다. 그는 유대인의 신분상태를 계속해서 유지했다. 그런데 그 점이 가끔씩 논쟁이 되기는 하지만(가장 최근에는 Maccoby에 의해), 의도적으로 대부분 주요한 증거를 무시하거나 평가절하 시킴으로써만 가능할 것이다. 바울의 자기증명(11:1 –"이스라엘인이요, 아브라함의 후손이요, 베냐민 지파라": 또한 빌 3:5를 보라)은 분명한 근거가 없다면 제쳐놓을 수 없고, 또 그렇게 할만한 뚜렷한 이유도 없다. 또한 바울이 길리기아의 다소에서 태어났다는 사도행전의 진술을 의심할 만한 이유도 없다(행 22:3). 그렇다면 우리는 다른 자료들로부터 두 가지 의미를 이끌어낼 수 있다. 즉 (1) 바울은 자신을 "히브리인 중의 히브리인"(빌 3:5)이라고 부른다. 디아스포라의 배경 하에서 그것은 바울이 유대민족의 일원이 되었다는 것을 강력히 의식하고 또한 자부하며 성장했다는 것을 의미한다. (2) 바울은 헬라어에 대단히 능통했다. 물론 문체상으로는 그렇게 우아하지는 않았지만 말이다(Cranfield, 26을 보라). 그리고 그는 철학 학교(아래 §4.2.2.를 보라)와 스토아 사상(예를 들어, 1:28을 보라)에서 많이 사용되었던 비평적 형태를 효과적으로 사용했다. 따라서 바울의 헬라어 구어 실력이 부족했다는 요세푸스의 증거를 주목해야 하지만(요세푸스는 이렇게 말했다. "우리네 백성들은 많은 민족의 언어를 습득한 사람들을 좋아하는 것이 아니라 율법의 정확한 지식을 갖고 성경의 의미를 해석해 낼 수 있는 사람들에게 오직 지혜가 있음을 신임한다", *Ant.* 20.264), 그가 다소에서 상당한 헬라어 교육을 받았음이(더 구체적으로 말할 수는 없을지라도) 틀림없다.

우리는 바울을 형성시켰던 두 요소(즉 히브리와 헬라)들이 근본적으로 상충된다고 생각해서는 안 된다. 디아스포라 유대인들은 종종 자신들이 거주했던 도시에서 상당한 대우를 받기도 했고(예를 들어, Kraabel과 아래 §2.2.2를 보라), 종족의 신분을 유지하려는 강한 요구는 존중받았다(매우 드문 일이지만 매년 예루살렘으로 성전세가 납부되어 이송되는 것이 허락되는 특별한 배려도 있었다)(예를 들어, SVMG

3:118-19). 따라서 디아스포라 유대인이 자신들의 민족성과 유산에 대한 자랑을 멈추지 않고도 로마의 시민이 되는 것은 상당히 가능했는데(행 22:25에 따라 볼 때에 바울의 경우처럼), 로마시민권은 신분의 문제가 아니라 편리의 문제였기 때문이다. 그럼에도 불구하고 그의 양육 받은 배경이 된 두 요소(헬라어를 말하는 유대인)는 "헬라인이나 야만인이나" 자신이 빚진 자라로 의식했던 바울의 말과 "첫째는 유대인에게요 또한 헬라인에게로다"(1:14, 16)라는 바울의 사명 의식을 읽을 때에 염두에 두어야 하는 것들이다.

더 중요한 것은 바울이 바리새인으로 훈련받았다는 사실이다(빌 3:5; 또한 행 23:6 그리고 26:5). 그것은 그가 예루살렘에 있었던 바리새인 교사 밑에서 배우는 기간이 있었음을 확실히 의미한다. 왜냐하면 바리새인들은 유대 바깥으로 폭넓게 흩어져 있지 않았기 때문이다(행 22:3). 바리새인들은 당시에 획일적인 그룹은 아니었지만, 그들의 공통적인 특징은 율법의 해석과 준수에 있어서 "정확성이나 명확성 또는 엄격성"(*ἀκρίβεια*)에 대한 관심을 보유했던 것으로 보인다. 이에 관해 요세푸스(Josephus, *War* 1.110; 2.162; *Ant.* 17.41; *Life* 191)와 사도행전(22:3; 26:5)은 서로 일치하고 있고, 공관복음의 증거도 일관성을 갖는다(막 2:23-3:5; 7:1-13; 더 자세한 것은 Dunn, "Pharisees"를 보라). 율법을 준수하는 특징적인(비록 독점적이지는 않지만) 바리새적 관심과 헌신을 분명하게 묘사하는 또 다른 단어는 "열정"이다. 바울은 회심 이전에(빌 3:6; 또한 행 22:3), 자기 자신에 대해서 또한 자신의 동료 유대인들에게도(자세한 것은 10:2를 보라) 이 열정이 있음을 주장하였다. 젊은 동료 바리새인 중에서, 바울은 특별히 "조상들의 전통에 열정적"(갈 1:14)이었던 것으로 보이고, 그는 초대 기독교회에 대한 박해를 그 열정의 불가피한 열심으로 보았다(빌 3:6). 율법서(토라)뿐만 아니라 서신서를 포함한 성경에 대한 바울의 놀라운 이해는 그의 바리새적 훈련으로부터 왔다. 바울은 이 로마서 서신에서 그러한 율법서와 선지서를 광범위하게 사용한다. 또한 바울은 "정경"의 지위를 얻지 못한 채(특별히 Wisd Sol) 디아스포라에서 유통되었던 유대 문헌에 대한 지식을 보여준다. 4장과 5장과 같은 그러한 구절에서 분명하게 나타나는 상당한 해석학적 "거래 기술"과 함께 주석가로서의 기술은 그가 바리새적인 훈련을 받은 것에서 기인한다.

그러나 이 서신의 우리의 이해를 위한 근본적인 요지는 바울의 유대적이고 바리새적인 배경이 바울의 절대 필요한 부분이 되었다는 것이다. 유대인으로서의 그의 신분과 자기 백성들의 유산에 대한 관심은 전 서신을 통해 계속되었던 대화의 한쪽 측면을 제공해주고, 서신의 전체 형태를 밀기도 하고 당기기도 하는 밧줄이 된다.

§1.2 그 대화의 다른 쪽 측면은 아마도 30년대 초 어느 때에 발생한 바울의 개종으로 시작된다(행 9, 22, 26). 부활하신 그리스도와 만남으로써 하나님의 의해 자신이 이방인들에게 하나님의 아들의 복음을 전하도록 부름 받고 임명받았다는 확신이 그의 글을 알리는 자아인식의 근본이 되어주었다(1:1, 5; 갈 1:15-16). 사실상 지금 자주 주목받는 것처럼 바울은 그리스도와의 자신의 만남을 회심으로서 언급하는 것이 아니라 오직 소명과 사명위임으로서 언급한다(예를 들어, Knox, *Life*, 117; Munck, *Paul*, 11-35; Stendahl, *Paul*, 7-12; 하지만 Gager, *Origins*, 209는 약간의 정당성을 갖고 불필요한 이분법을 두는 것에 대해 경고한다). 이 확신이 얼마나 빨리 그를 사로잡았는지는 전적으로 분명하지 않다(더 자세한 것은 김세윤의 바울복음의 기원을 비판하는 Dunn의 "Light"와 Dietzfelbinger, 3권; Beker, *Paul*, 15-16; Räisänen, "Conversion"을 참조하라). 하지만 적어도 예루살렘 공의회부터 이방인을 향한 그의 사역이 널리 인지된다(갈 2:9). 그리고 그는 자신을 "이방인의 사도"(11:13)라고 부르는 데 주저하지 않는다. 이 사도적인 위임이 그의 삶의 마지막 10-15년 동안에 전체적인 복음 활동을 지배했던 모든 요소가 되었다는 것이 중요한 점이다. 이 복음적인 활동의 불타는 본질은 15:17-20과 고린도전서 9:16, 19-27과 같은 구절에서 분명해지며, 이 서신의 틀과 형태에 결정적인 요인이 된다. 따라서 그 점을 이렇게 쓸 수 있을 것이다: 바울 자신의 관점으로 볼 때 그는 먼저는 복음전도자요 선교사이며 부차적으로는 신학자였다. 또 더욱더 엄밀히 말한다면 그의 신학은 독립적이지 않고 오히려 그의 "위대한 열정" – 그리스도를 이방인들에 그리고 이방인들 중에 전하는 것 – 에 종이었다(1:13-15; 갈 1:16).

물론 그 대화록은 이방인에 대한 사도가 엄밀히 말해서 "히브리인 중의 히브리인"이며 열성적인 바리새인 – 지금은 개종했지만 여전히 이전에 많은 관심사를 공유하고 있는 – 인 바울이라는 사실에서 발생한다. 자신의 개종에서 바울이 그의 이전에 신분을 구성했던 모든 것을 전적으로 버리고 전적으로 다른 형태의 종교로 도약했다(Sanders, *Paul*)는 주장은 불필요하며 정당하지 않다. 여전히 보다 심각한 것은, 이 가정이 로마서의 적절한 주석에 도달할 가능성을 배제해 버리고, 바울에 대한 그 해석을 혼동과 모순이라고 비난한다는 것이다. 왜냐하면 주해를 통해 곧 명백해지는 것처럼, 바울은 낯선 조직신학 체계와 논쟁하고 있는 것이 아니라, 자기 자신과 자신의 과거와 논쟁하고 있기 때문이다. 즉 그리스도 안에서 그의 믿음의 직물(織物)은 자신의 유대 날실과 섞여져 있다. 그럴 때에만 우리는 7:21-24; 9:1-3; 10:1 그리고

11:1-2와 같은 구절들의 고민을 이해할 수 있다. 메시아로서 유대인 예수를 받아들임에 있어서, 바울은 새로운 종교로 이동하는 측면에서 사고한 것이 아니라, 자신이 태어난 유대 전통의 최종 표현과 의도를 발견한 측면에서 사고한 것이다…그는 자신을 유대인이 아니거나(롬 9:3; 11:1) 새 종교를 시작하는 것으로서 생각하지 않았다(W. D. Davies, "Paul and the People of Israel," *NTS* 24[1977-78] 20).

§1.3 본서를 다루는데 있어서 중요한 바울의 생애의 세 번째 요소는 바울의 선교 사역이, 적잖게 동료 유대 기독교인을 포함하여, 동료 유대인으로부터 반대를 받았다는 점이다. 이 반대가 시작된 때와 그 경로는 여기서 우리가 연구할 필요가 있는 문제들은 아니다. 바울의 선교 사역은 **예루살렘과 그의 관계** 그리고 예루살렘 모교회와의 관점에 따라 두 단계로 구분할 수 있다고 말하는 것으로 충분하다. 첫 번째 단계는, 아마도 안디옥 교회의 선교사로서, 바울이 자신의 선교사역의 우선적 권위로 예루살렘을 의지하였던 시기였다. 이 기간은 바울이 갈라디아서 1-2장에서(특별히, 그 용어는 1:16; 2:2, 3, 6, 10에서 사용되었다 – Dunn, "Relationship"을 보라) 나타내는 복종의 정도[그리고 나는 등급을 의미한다]에 의해 표시된다. 이 기간의 절정은 할례를 요구하지 않은 채 이방인에게 복음을 제시하는 것에 대하여 예루살렘의 기둥과 같은 사도의 지원을 얻는데 성공하였던 예루살렘 공의회다(갈 2:3, 6-9). 그러나 얼마 있지 않아 이러한 긍정적인 사역의 관계는 안디옥 사건(갈 2:11-14)으로 인해 깨진 것 같다.

거기서 문제점은 할례 받은 이방 기독교인에 대해서가 아니라 언약 백성들에게 부여된 율법, 특히 전체적으로 매우 두드러진 표시였던 음식법을 계속 준수함으로써 유대인의 정체성을 보유하고 있는 유대인 기독교인들에 대한 것이었다(아래 §5.3과 14:2를 보라). 베드로와 바나바 그리고 다른 유대 기독교인에게는 이 유대인의 정체성과 언약의 신실함이 원리의 문제로 인식되고 있었다. 그러한 율법의 행위들은 그리스도에 대한 믿음과 조화를 이루지 못하는 것들은 아니었다(갈 2:16; Dunn, "New Perspective"와 "Works of the Law"; 그리고 3:20도 보라). 그러나 바울에게 있어서 그리스도 안의 믿음의 원리는 매우 뚜렷한 유대 관행들도 상대화하고 제어함으로써 보다 급진적으로 취해져야만 했다. 즉 할례뿐만 아니라 다른 그러한 율법의 행위 역시 그리스도에 대한 믿음과 조화되지 않는다. 왜냐하면 그것들은 이방인의 복음 수용에 있어서 꾸러미의 일부로 더 많은 요구를 하기 때문이다.

만약 나아가서 로마서를 적절하게 이해하려면, 갈라디아서 이해의 중요성에 대해 주의를 기울일 만한 가치가 있다 하더라도, 아주 자세히 조사할 필요는 없다(특히

Zeller 12-13을 참조하라). 바울은 아마도 안디옥 논쟁에서 졌으며(오늘날 대부분 동의하는 것처럼), 결과적으로 그가 안디옥(그리고 바나바)과 예루살렘과의 옛 유대(紐帶)를 느슨하게 했고, 나아가서 고린도와 에베소에 그의 전진 기지를 만들면서, 선교사로서 더욱더 독립적이 되었다(행 18:11; 19:8-10; 자세한 것은 Dunn, "Incident"를 보라). 특히 예루살렘과의 관계와 태도에 있어서의 변화는 실제로 바울이 갈라디아서를 기록하였던 즈음에 예루살렘에 관련하여 사용하고 있는 보다 거리감 있는 용어들로 명백하게 나타나고 있다(특히 2:6 – "유명하다는 이들 중에 – 본래 어떤 이들이든지 이제 내게 상관이 없으며"; 다시금 Dunn, "Relationship"을 보라; 바울과 예루살렘 사이의 또 다른 차이점들을 그려내고자 노력하는 Gaston, "Jerusalem"을 보라). 실제 바울과 예루살렘 교회와의 관계는 매우 긴장되어진 것으로 보인다. 갈 1:6-9; 5:2-12; 고후 11:4; 12-15; 그리고 빌 3:2과 같은 구절에서 논쟁은 분명히 다른 전도자들과 "그리스도의 사도들"에 대한 것이다. 이들은 거의 확실히 팔레스타인 출신의 유대인 기독교인이었으며, 메시아 예수를 믿는 새로운 신자들은 하나님의 백성의 완전한 구성원이 되는데 있어 완전한 길(할례를 받고 다른 그러한 율법의 행위들을 떠맡음으로써)을 가게 하려고 애쓰던 사람들이었다. 그리고 이러한 논쟁적인 구절들은 기독교인들 사이의 분쟁에서 기록된 가장 강렬한 것들 중에 속한다. 바울로서는 갈라디아서 2:9의 협의는 지켜져야 하고 각 사도들은 사역의 범위와 고유한 위임사역을 고수해야만 한다고 주장하였다(고후 10:13-16). 그래서 그의 영역 잠식에 대한 강한 저항이 있었다. 그러나 그는 또한 결사적으로 예루살렘과 긍정적인 관계를 유지하고자 열망하였다. 또는 적어도 그가 세웠던 교회들과 예루살렘 모교회가 긍정적인 관계를 유지하기를 바랬다. 결과적으로 로마서를 쓰기 전에 그의 부차적 우선 순위는 메시아 예수의 축복에서나 물질적인 것에 있어서 유대인과 이방인의 부드러운 연대감의 표시로 그가 설립하였던 교회로부터 헌금을 모아서 예루살렘에 가져가는 것이었다(자세한 것은 15:25을 보라).

이 배경에 대한 이해는 바울의 로마서 이해에 있어 필수적이다. 이 서신은 바울이 분명히 그의 사역의 중요한 단계의 말미, 즉 바울 그리고 예루살렘에서 유래한 유대 기독교의 중요한 흐름간의 적대감으로 상당히 나타난 국면으로 여기는 시점에서 나온다(15:19, 23). 헌금을 전달하기 위한 예루살렘 여행은 바울에게 있어 그렇게 많은 이방인들에게 믿음을 얻게 한 것과 또한 전체 기독교 운동의 통일성을 유지하는 것에서 그의 성공의 열매이자 보증일 것이다. 그 문제에 관한 바울의 소망과 두려움은 명쾌하게 15장의 용어를 통해 묘사되었다. 즉 많은 이방인을 얻는 그의 사역은 하나님께 받아들여질 만한 것이고(16절), 그들의 교제의 표는 예루살렘 성도들에게 받아들여질 만한 것이라는 것이다(31절). 그러나 분명히 바울은 하나님께 받아들여질 만한 것보다는 예루살렘 성도들에게 받아들여질 만한 것에 관해 더 두려워하고 있다. 바울이 로마에 그의 편지를 쓴 것은 바로 이 소망과 두려움의 정신 안에서다.

따라서 바울이 직면하게 된 긴장은 계속적으로 더 복잡하게 되었다 – 즉, 헬라화되었지만 독실한 유대인 경건한 바리새인이었지만 회심하여 헌신한 기독교 사도, 이방인 선교를 보다 전통적인 유대교 조건 속에서 그 운동을 보았던 사람들과 첨예한 긴장과 불일치를 야기하였던 이방 선교의 지도자 바울이 썼던 그 시기와 그가 쓰고자 선택한 주제에 관한 편지는 적잖게 이러한 긴장을 표현하지 않을 수 없었다. 그리고 그러한 것을 우리는 발견하게 될 것이다.

§1.4 바울의 삶과 사역의 범위에서 서신의 배경에 관한 이 의문 외에 보다 정확한 **연대**와 **기원** 장소의 더 세부적인 문제들은 비교적 덜 중요하다. 왜냐하면 그것들이 특정한 구절, 특별히 13:6-7과 14:1이하의 배경을 밝혀주는 한도 외에서는 주해 목적으로 그것들에 거의 의존하지 않기 때문이다. 로마서가 A.D. 50년대 어느 때에, 아마도 50년대 중반에 그리고 아마도 55년 말/56년 초, 혹은 56년 말/57년 초에 기록되어졌음에 틀림없다고 말하는 것으로 충분하다(예를 들어, Georgi, *Geschichte*, 95-96; Bornkamm, Paul, xii; Cranfield, 12-16; J. A. Robinson, *Redating the New Testament*[London: SCM, 1976] 55; Bruce, *Paul*, 324; Jewett, *Dating*; Koester, *Introduction*, 138; Zeller, 15; 또한 Hemer, 9-12을 보라). 일부는 58년 초를 선호한다(SH, xiii, xxxvii, Michel, 27-28; Black, 20을 포함하여). 다른 일부는 다시 55년초를 선호한다(Barrett, 5, Haenchen, *Acts*, 67; Suhl, 249를 포함하여). 이런 일치에 하나의 중요한 도전은 51/52년에 찬성을 주장한 바울(*Paul*)의 저자 루드만(Luedemann)의 것이다(또는 54/55; Luedemann은 Knox에 의존하고 있음을 인정하는데, Knox는 로마서가 53-54년에 쓰여진 것으로 여긴다. *Life*, 86). 그러나 전자의 연대 계산은 아마도 너무 빠른 것으로 보인다. (1) 갈라디아서 자체의 증거에도 불구하고(롬 1:5와 15:15-20는 말할 것도 없이), 헌금이 갈라디아서 2:10 이후로 바울 서신의 관심을 차지하고 있음에 틀림없다고 가정하고 있다. (2) 그것은 바울의 초기 선교 사역 기간을 압축시키고 있고 A.D. 52년 예루살렘 여행 이후 긴 기간을 설명하지 않고 내버려 둔다. 바울이 언제 로마에 도착하였는가? 그리고 이 가운데 어느 날 처형되었는가? 반면 (3) 네로 통치(54-68)의 초기는 로마서 자체에 반영되고 있는 것으로 보이는 로마의 상황에 대해 잘 이해시켜 준다(특히, 13:6-7; 아래 §2.2.3을 보라).

기록 장소에 관한 결정적 요소는 예루살렘으로 여행을 막 떠나려고 했다는 취지로 바울 자신이 제공한 정보다(15:25). 이것은 바울이 그리스에서 3개월을 지냈다는 사도행전 20:3의 보고와 일치한다. 이것은 거의 확실히 고린도를 의미할 것인데, 그곳에서 그의 선교 사역이 그리스 내에서 가장 성공하였었다(행 18:1-18; 고린도전후서). 그것은 우리가 이용할 수 있는 다른 단편 정보들과도 잘 들어맞는다. 즉 고린도 동쪽 항구 겐그리아 교회의 자주 장사 뵈뵈(16:1-2)는, 로마행 배를 타기 위해 고린도 서쪽 항구로부터 고린도를 통과했을 것이다. 그리고 가이오와 에라스도도 아마도 고린도에 살았다(16:23을 보라; 16장이 로마서에 처음부터 포함되었는지 여부에 관한 논쟁에 관해서는 16장 서론을 보라). 그러므로 바울은 거의 확실히 고린도에서 로마서를 기록하였다. 이에 대해 다른 논박은 거의 없다.

§2. 수신자 : 로마 기독교 공동체의 기원과 특성

참고문헌

Benko, S. "Pagan Criticism of Christianity during the First Two Centuries A.D." *ANRW* II.23.2(1980) 1055-1118. **Brown, R. E.** *Rome.* 92-127. **Bruce, F. F.** "Christianity under Claudius." *BJRL* 44(1962) 309-26. ______. *New Testament History.* New York: Doubleday, 1972. 295-99, 393-97. ______. *Paul.* 379-92. **Carcopino, J.** *Daily Life.* **Cohen, S. J. D.** "Conversion to Judaism in Historical Perspective: From Biblical Israel to Postbiblical Judaism." *Conservative Judaism* 36(1983) 31-45. **Collins, J. J.** *Athens,* particularly 162-68. ______. "A Symbol of Otherness." **Daniel, J. L.** "Anti-Semitism in the Hellenistic Roman Period." *JBL* 98(1979) 45-65. **Edmundson, G.** *The Church in Rome in the First Century.* London: Longmans, 1913. **Fahy, T.** "St Paul's Romans Were Jewish Converts." *ITQ* 26(1959) 182-91. **Finn, T. M.** "The God-fearers Reconsidered." *CBQ* 47(1985) 75-84. **Georgi, D.** *The Opponents of Paul in Second Corinthians*(1964). Philadelphia: Fortress, 1986. Chap. 2. **Harvey, A. E.** "Forty Strokes Save One: Social Aspects of Judaizing and Apostasy." In *Alternative Approaches to New Testament Study,* ed. A. E. Harvey. London: SPCK, 1985. 79-96. **Judge, E. A.,** and **G. S. R. Thomas**. "The Origin of the Church at Rome: A New Solution?" *RTR* 25(1966) 81-93. **Knox, W. L.** *Jerusalem.* 252-61. **Kraabel, A. T.** "The Disappearance of the 'God-fearers.'" *Numen* 28(1981) 113-26.

Lampe, P. *Die stadtrömischen Christen.* **Leon, H. J.** *Jews.* **Momigliano, A.** *Claudius: The Emperor and His Achievement.* Oxford: Clarendon, 1934. **Nolland, J.** "Proselytism or Politics in Horace, Satires 1.4.138-43." *VC* 33(1979) 347-55. **Overman, J. A.** "The God-Fearers: Some Neglected Features." *JSNT* 32(1988) 17-26. **Penna, R.** "Les Juifs à Rome au temps de l'apôtre Paul." *NTS* 28(1982) 321-47. *Reynolds, J.*, and **R. Tannenbaum**. *Jews and Godfearers at Aphrodisias.* Cambridge Philological Society Supp. 12(1987). **Schiffman, L. H.** "At the Crossroads: Tannaitic Perspectives on the Jewish-Christian Schism." In *Jewish and Christian Self-Definition.* Vol. 2. *Aspects of Judaism in the Graeco-Roman Period,* ed. E. P. Sanders et al. London: SCM, 1981. 115-56. **Schmithals, W.** *Römerbrief.* 69-91. **Siegert, F.** "Gottesfürchtige und Sympathisanten." *JSJ* 4(1973) 109-64. **Smallwood, E. M.** *The Jews under Roman Rule.* Leiden: Brill, 1981. **Trebilco, P.** *Studies.* Chap. 7. **Wiefel, W.** "Jewish Community." 101-8.

만약 로마서를 그 저자의 삶의 맥락에 두는 것이 자명하게 필요하다면, 수신자들, 즉 로마 기독교 공동체의 역사적 배경에 반하여 로마서를 두는 것은 연역적인 근거에서는 덜 분명하게 필요하다. 만약 그 역사적 배경을 고려하지 않았다면 바울은 로마에 있는 기독교 집단의 상황이 어떤지에 대한 아무런 생각 없이 썼을 것이고 그럴 경우, 주석은 그런 문제에 들어가지 않고 진행되었을 것이다. 그러나 로마서 자체 내에 바울이 로마에 있는 기독교 공동체의 특성과 구성에 관한 바른 생각을 갖고 있었다는 다양한 표시들이 있다. 예컨대 우리가 6:17과 7:1에서 발견하는 것과 같은 개인적 주지와 바울에 대한 비방이 잘 알려졌을 것이라는 가정이 그것들이다(3:8). 또 만약 16장이 원래 서신의 부분으로 인정된다면(16장 서문을 보라), 그것은 바울이 로마에서 상당히 많은 개인적 접촉을 했다는 것을 의미할 것이다. 고린도를 경유하여 로마로부터 여행하는 다른 기독교인들을 통해서 뿐만 아니라 개인적인 접촉을 통해서 바울은 로마의 기독교인들이 믿음으로 살았던 상황에 관해 적어도 조금은 알고 있었음에 틀림없다.

더구나 본서의 두 가지 기본적 특성은 로마의 수신자들의 역사적 정황에 대한 보다 자세한 해명을 위해 강력한 확증 사건(prima facie case)을 제공하고 있다. 하나는 바울이 분명히 이방인에게 편지를 쓰고 있다는 사실이다(Fahy의 전통적 관점에 대한 최근의 재진술에는 반대되지만). 이것은 11:13-32과 15:7-12에 의하면 명백하고 1:6, 13과 15:15-16에서는 강력하게 암시된다. 다른 하나는 로마서에는 유대인/이방인 관계의 문제가 지배적이라는 것이다("첫째는 유대인에게요 또한 헬라인에게로다"–1:16을 보라). 즉, 정체성 문제(누가 유대인인가?–2:25-29; 누가 하나님의 선택된 자들인가?–1:7; 8:33; 9:6-13; 11:5-7, 28-32)와 더 이상 유대인들에게만 한정되지 않은 복음에 대한 이해(2-5장)가 그렇다. 하지만 여전히 유대인을 전반적으로 고려하고 있고(9-11장), 유대인과 이방인이 함께 하나님을 찬양할 수 있다는 소망 안에 있다(15:8-12). 적어도 그 암시는 바울이 로마의 기독교 집단의 민족적 구성을 의식하였으며, 편지를 통하여, 이러한 문제들에 관한–즉 식생활에 관한 불일치 같은 실제적인 의문들뿐만 아니라(14:1-15:6), 이방인과 유대 기독교인들이 상호 관계를 어떤 방식으로 이해해야만 하는지(특별히 11:17-24)–상담을 해주는 것이 필요하다고 생각하였다는 것이다.

우리는 초기 기독교 집단에 관한 확고한 증거를 많이 가지고 있지 않지만, 우리가 가지고 있는 몇몇 증거와 폭넓은 정황 증거는 이러한 주된 결론을 대단히 강화시켜 준다.

§2.1 하나의 강력한 유대 공동체가 로마에 설립되어 있었고, 이것은 특히 B.C. 62년 폼페이(Pompey)에 의해 로마로 귀환된 많은 유대 포로들로 인한 것이며, 결국 이들 중 대부분이 자유롭게 되어졌다. 이미 B.C. 59년에 플라쿠스(Flaccus)의 재판에서 엄청난 (유대인) 군중에 관한 키케로(Cicero)의 언급은 그들의 수적인 힘과 영향력을 나타낸다(Pro *Flaco*, 28.66; *GLAJJ* 1:196-97; 아마도 유사한 묘사는 Horace, *Sat.* 1.4.142-43에 의해 제시되었다–Nolland, "Proselytism"을 보라). 40년대 전반부에 유대인들은 단체(*collegia*) 해체라는 시이저(*Julius Caesar*)의 칙령으로부터 면제받았고, 집회의 권리를 포함한 다양한 조상의 권리를 유지하는 것이 허용되었으며(Josephus, *Ant.* 14. 214-15; Suetonius, *Julius Caesar* 42. 3), 아우구스투스(Augustus)에 의해 이러한 권리들이 용인된 것으로 보인다(Philo, *Legat*, 156-57, 313; Suetonius, *Augustus* 32.1; Smallwood, 134-36을 보라). 또한 아우구스투스는 그 달의 음식 분배가 안식일에 있다 하여도, 유대인들이 음식을 먹을 권리를 박탈당하지 않을 것이라는 양보도 하였는데(Philo *Legat* 158), 이는 로마 시민이면서도 가난한 유대인이 얼마든지 있었다는 것을 나타낸다(이들만 구호품을 받을 수 있었다; Smallwood, 136-37; 또한 Leon, 11을 보라). 이 기간 동안 로마에 있는 유대인의 수적인 힘은, B.C. 4년에 아르켈라우스(Archelaus) 반대 청원을 위해, 8,000 이상의 로마 유대인들이 유대로부터의 대사(embassy)를 지지하였다는 요세푸스 보고에 의해서도 지적된다

(*War* 2.80-83; *Ant.* 17.299-303). 티베리우스가 통치하였던 A.D. 19년에는 로마에서 대규모의 유대인 추방이 있었는데, 이는 적어도 부분적으로 유대인의 관습이 귀족들을 포함하여 많은 로마인들에게 너무 매력적이 되었기 때문에, 발생하게 되었다(Smallwood, 202-10; 요세푸스의 기록을 해석하는 것으로, *Ant.* 18.81-84; Tacitus, *Ann.* 2.85.4; Suetonius, *Tiberius* 36; Cassius Dio 57.18.5a; *GLAJJ* 2:68-72, 112-13, 365에 주석이 달린 본문). 그러나 필로(Philo)는 A.D. 31년 세자누스(Sejanus)의 몰락 이후, 티베리우스(Tiberius)가 유대인들에 대해 대단히 호의적인 경향을 가지게 되었고, 그들의 확립된 권리들을 재확언하면서(*Legat.* 159-61), 아마도 대단히 많은 수의 유대인들에게 로마 귀환을 허용하였다고 기록하고 있다. 명백한 사실이 어떠하든지간에 A.D. 38년에 알레산드리아에서 있었던 소요 이후를 기록하고 있는 필로는 티베르강 맞은 편의 광범위한 로마 구역을 유대인들이 차지하여 거주하였으며, 그들 중 대부분은 해방된 로마 시민들었다고 보고할 수 있었다(*Legat.* 155). 이 시점에서 마지막으로 우리는 41년경에 글라우디우스(Claudius)가 유대인의 집회 권리를 철회하는 것이 필요하다고 생각했을 정도로 로마의 유대인들이 증가하였다는 카시우스 디오(Cassius Dio)의 기록을 유념할 필요가 있다(60.6.6-*GLAJJ* 2:367). 이런 모든 것에 더하여 로마의 유대 카타콤에서 온 비명(碑銘) 증거와 수천의 묘가 있으며, 이것들은 10-13개의 회당 이름을 제공하는데, 이 모두는 기원 후 1세기에 존재했을 것이다(Leon, 135-36; Wiefel, 105-6; Penna, 327-28; SVMG 3:95-98; 유대인 회당의 조직에 대한 보다 자세한 증거는 Penna, 328-30과 아래 §2.3.3을 보라).

모든 자료를 검토해 보건대, A.D. 1세기 중엽에 로마에 거주하였던 가장 정확한 유대인 인구의 추정은 4만에서 5만 명인데, 이들은 대부분 노예와 자유민들이었다(특히, Leon, 135-36을 보라).

§2.2 로마에서 기독교는 아마도 그곳의 유대 공동체 내에서 처음 시작되었다. 이것은 1세기 유대교의 범위 내에서 한 분파로 시작되었던 한 운동의 경우에 있어서 여하튼 기대되었던 것이고, 최초의 선교사들이 모두 유대인이었다는 사실이다. 이러한 연역적인 개연성은 우리가 제시하였던 증거들에 의해 확증된다.

§2.2.1 헤롯 아그립파 1세와 황제 가문과의 따뜻한 관계, 특히 칼리굴라와 글라우디오 사이에서 예시되었던 예루살렘과 로마 사이에 강한 연결고리가 존재하였다. 즉, 브리스길라와 아굴라와 같은 사람들의 사업 여행(16:3을 보라), 로마의 유대인들이 조국과 서신 연결을 유지하고자 기대했다는 사도행전 28:21의 암시, 성전세와 순례 여행 운동, 그리고 선도적인 랍비들의 정규적인 로마 방문에 대한 이후의 증거

(Leon, 35-38; Brown, 96 – 비록 그 증거는 면밀한 조사가 필요할지라도) 등이다. 이것은 예수의 부활 선포를 들었던 최초의 군중들 사이에 로마로부터 온 유대인들이 있었다는 사도행전 2:10의 기록과 로마의 자유민들(폼페이 통치하에서 노예였던 유대인들)과 그 후손(SVMG 3:133; Leon, 156-57의 의심에도 불구하고)이라고 할 수밖에 없는 예루살렘의 기독교 헬라주의자들은 자유의 회당에 속했다는 정보와 거의 일치한다. 그렇다면 당시 메시아 예수를 믿음으로 받아들이고자 한 최초의 헬라어를 말하는 유대인들 가운데 로마로부터 온 유대인들이 있었거나 로마와 강한 연결고리를 가지고 있었을 개연성이 상당히 높다. 그러한 접촉과 제국의 수도를 향한 상인들과 다른 사람들의 일상적 여행을 통해, 새로운 신앙은 거의 확실히 예루살렘에서 시작한지 몇 년 이내에 로마의 회당에서 서로 이야기되어졌을 것이고, 이러한 회당 내에서 종말론적 유대교의 이 형태에 헌신을 고백하였던 집단이 출현했을 것이다. 동쪽 지역에 대한 폼페이의 정복 이후, 제국 수도를 향한 동양 종교의 운동은 로마 작가들에 의해 아주 빈번하게 개진되는 또 하나의 특징이었다. 주베날(Juvenal)이 쓴 것처럼, 시리아의 오론테스(Orontes)는 오랫동안 그 언어와 관습과 함께 티베르(Tiber)강으로 쏟아져 들어왔다…(3.62-63; Tacitus, *Ann.* 15.44.3을 참조하라). 오론테스의 안디옥에서 선교 사역을 시작한 바울이 로마를 분명한 목적과 복음 전파를 소망하는 지역으로 보았던 최초의 (유대) 기독교인은 아니었을 것이다.

§2.2.2 초기 기독교 복음 전도 유형은 적어도 처음에는, 아마도 대부분 회당에 집중되어졌다(대부분 동의; 예를 들어, Hultgren, *Gospel*, 149 n.47에서 인용되는 자들을 보라; 이 점에 관해 사도행전의 증거에 의문을 제기하는 사람들은 Georgi, *Opponents*, 178 n.15; Hahn, *Mission*, 105 n.2; Sanders, *Law*, 186을 포함한다). 이것은 유대교의 한 형태로 보여졌던 하나의 운동을 우리로 하여금 생각나게 만든다. 그밖에 어디에서 그들이 자신들의 믿음을 공유할 수 있었겠는가? 사도행전의 증거는 완전히 일치한다(행 11:19-21; 13:5, 14; 14:1; 17:1, 10, 17; 18:4, 19, 26; 19:8). 그리고 고린도후서 11:24의 강력한 암시는 바울이(이방인의 사도로서), 디아스포라 유대 공동체에 허락되었던 가장 잔혹한 형벌 중의 하나에 적어도 다섯 차례 처했음에도 불구하고("이런 가장 수치스러운 형벌" – Josephus, *Ant.* 4.238; 더 자세한 것은 Harvey, *Forty Strokes Save One*을 보라), 유대 사법권(회당) 배경에서 복음 전도를 계속하였다는 것이다. 대부분의 회당들은, 회당과 연결 고리를 가지고 있으며 관심이 있거나 동정적인, 많은 이방인들이 있었기 때문에, 그러한 선교 전략은 또한 이방인에 접촉할 수 있는 탁월한 방법이었다는 것도 마찬가지로 중요하다. 여기서 그 논

의는 "하나님을 두려워하는 자들"이라는 특별한 이름으로 잘 알려진(최근 몇 년 동안 특별히 Kraabel에 의해 논해졌다), 유대 관습을 철저히 지켜왔지만, 할례 받지 않은 이방인들에 관한 문제로 쉽게 곁길로 빠질 수 있으나 많은 이방인들이 유대교에 매력을 느꼈고, 다양한 지지 정도를 가지고 회당 집회에 스스로 가입하였다는 사실은 논쟁의 여지가 없다. 요세푸스와 필로 모두 안식일과 음식법을 포함하여, 유대관습에 관한 상당한 매력에 대해 말한다(Josephus, *Ap.* 2.123, 209-10, 280, 282; Philo, *Mos.* 2.17-20; 또한 14:2와 14:5을 보라). 요세푸스는 1세기 동안 시리아에서 상당수의 이방인들이 "유대화하였고", 유대인과 "섞였다"는 사실을 기록한다(*War* 2.462-63; 7.45). 소아시아에서 나온 고고학과 비명(碑銘)의 증거는 유대 공동체가, 정착하였던 도시에서, 종종 상당히 존경받았다는 점을 확증하고 있다(특히, Trebilco를 보라). 일련의 로마 자료도 유대교가 로마 자체 내에서 많은 비유대인들에게 상당한 매력이었다고 확증하고 있다(예를 들어, Plutarch, *Cicero* 7.6; Juvenal 14.96-106; Cassius Dio 67.14.1-3; Suetonius, *Domitian* 12.2; Horace, *Sat.* 1.4.142-43이 종종 지적하는 것으로 생각되어졌던 것과 다찬가지로, 능동적 개종 정책을 직시해야만 하는 정도는 또 다른 문제다 - 다시 Nolland, Proselytism을 보라. 나는 Georgi의 "Jewish mission"[*Opponents*, 83-151]에 관한 언급에 거의 전적으로 설득 당하지는 않았지만, 이 주제는 여기에서 제공되어질 수 있는 것보다 더 많은 취급이 필요하다).

그들이 하나님을 두려워하는 자로 알려졌든, 우리가 선호하는(Trebilco에 따르면) 하나님을 경외하는 자들로 알려졌든지 여부는 중요하지 않다(Kraabel의 반대는 Aphrodisias의 비문의 발견으로 약화되었다 - Reynolds와 Tannenbaum, 48-66을 보라; 더 자세한 것은 특히 Siegert; Finn; *GLAJJ* 2:103-6; Collins, *Symbol*, 179-85; SVMG 3: 160-71을 보라). 중요한 것은 유대 회당에 스스로 가입했던 하나님을 경외하는 이방인들이 많았다는 점이다. 이미 새롭고도 다른 종교에 개방되어 있지만, 완전한 방식으로 나아가는 것과 개종하는 것(전형적인 그리스인은 할례를 신체 외관을 손상하는 것으로 간주하였다)을 꺼렸기 때문에, 할례를 요구하지 않고 유대 민족의 정체성에 덜 연관되는 유대교의 한 형식에 더욱더 개방적이었을 것이다. 로마에서의 이러한 것은 크랜필드(Cranfield)가 암부로시아스터(Ambrosiaster)가 그런 취지의 어떤 구체적인 역사적 정보를 가지고 있는지 여부에 대해 정당하게 의문을 제기하지만, 유대 기독교인들이 율법준수를 포함하여, 유대의 정황에서 로마인들에게 복음을 전하였다는 암부로시아스터(4세기)의 주석에 의해 제기되었다(text in SH, xxv-xxvi,에서 본문과 Cranfield, 20). 그러나 브라운(Brown)은 자기 주장을 지원하기 위하여 "로마의 지배적인 기독교는 야고보와 베드로와 연관된 예루살렘 기독교도들에 의해 형성되었고, 따라서 기독교는 유대교를 인식하였고 유대적 관습에 충실하였다"는 구절을 인용한다(110-11) – 로마의 교회들이 베드로에 의해 세워졌다는 자칫 또 다른 비현실적 주장에 어느 정도 내용을 제공하고자 하는 흥미 있는 시도다. 그 증거가 그처럼 전개된 주장들을 유지할 수 있는지 없는지 여부에 관계없이, 사용 가능한 다른 증거의 관점에서 가장 매력적인 가정은 로마의 기독교 집단은 유대 공동체 자체에서 출현하였고, 적어도 처음에는, 메시아 예수를 믿는 것에 매력을 가졌던 유대인과 하나님을 경외하는 이방인(또한 Schmithals를 보라)들로 이루어졌으며, 각각 다른 사람들의 집에서 모였던 모임은 처음의 경우에는 더 넓은 유대 공동체의 삶과 예배에 반대되지 않는 것으로 생각되어졌을 것이다. (바울이 **반대자**들인 로마 기독교인에게 편지했다는 Bauer의 개척적인 작업의 보다 오래 된 극단적인 논제 [*Paul*, 369]는 분명히 유지될 수 없을 것이다).

§2.2.3 글라우디오가 "크레스투스(Chrestus)의 선동에 의한 끊임없는 소동 때문에(*Claudius* 25.4) 로마에서 유대인들을 추방하였다"는 수에토니우스(Suetonius)의 유명한 기록은 또한 중요한 확증을 제공한다. 크레스투스가 그리스도를 의미함에 틀림없고, 따라서 그 언급은 아마도 예수에 관하 유대인들간의 소동, 다시 말하면 메시아로서 예수를 용인하였던 유대인들(유대 기독교인들)과 기독교인의 주장을 배격한 유대인들간의 불일치일 것이라는 것이 일반적으로 받아들여진다(예를 들어, Momigliano, 33; *GLAJJ* 2:114-16; Smallwood, 211; Brown, 100-101; Lampe, 6-7; 다른 한편의 관점에 대해서 Benko, 1057-62를 보라). 이것은 거의 확실히 로마에서 40년대 후기 이전에, 그리고 명백히 유대 회당 내에 기독교인의 믿음이 분명히 있었음을 나타낸다. 그래서 방관자들은 단순히 유대인의 내부 다툼으로 그 분쟁을 보았고(참조. 행 18:15), 실제 새로운 믿음은 어느 정도 위협이 될 정도로 충분히 유대공동체내(그리고 하나님을 경외하는 사람들의 주변[penumbra])에서 확립되어진 것 같다. 그래서 글라우디오가 로마에서 유대인을 추방한 시기에 즈음해서 새로운 운동에 대한 허니문 기간은 끝이 났고, 상당한 긴장이 유대인과 예수를 메시아로 신앙고백했던 하나님을 경외하는 이방인들간에 나타났고, 다른 한편으로는 새로운 운동의 주장이 유대인의 믿음과 실제에 대한 정당한 표현이라고 논박하는 유대인들(그리고 하나님을 경외하는 이방인들) 사이에 나타났다(참조. 행 28:22).

추방이 실제로 언제 발생했는지는 약간의 논쟁점이다. 어떤 사람들은 그것을 이미 참고한 바 있는 카시우스 디오(Cassius Dio)의 주 60.6.6과 관련짓는데, 그것은

A.D. 41년이다(또한 Leon, 23-27; *GLAJJ* 2:116; Luedemann, *Paul*, 6-7). 그러나 디오는 글라우디오가 유대인의 수 때문에 추방할 수 없었다고 명백하게 말하고 있으며, 유대 공동체내 또는 유대인에 의해 야기된 소동에 관해서는 아무 것도 말하지 않고 있다. 후기 연대인 A.D. 49년은 자칫 의심스러운 오로시우스의 보고, 그 해의 추방에 대한 어드버수스 파가노스(*Adversus paganos*) 7.6.15의 견지에서는 더 그럴 듯하다. 이것은 아마도 수에토니우스에 의해 지지를 받는데, 그의 짧은 편지가 글라우디오의 집권 동안 취한 조치를 언급하는 것으로 보이기 때문이다(그는 바로 41년에 칼리굴라를 승계하였다). 그리고 사도행전 18:2에 의해서도 지지를 받는데(49년은 모든 유대인이 로마를 떠나야만 한다는 글라우디오의 명령 때문에 이탈리아에서 고린도로 최근에[*προσφάτως*-프로스파토스] 도착한 것과 훨씬 잘 맞는다; 보다 자세한 것은 16:3을 보라). 가장 좋은 해결책은 두 번의 조치를 41년과 49년에 글라우디오에 의한 것으로 보는 것이다. 첫 번째 조치는 사실상 집권 초의 완화책이며, 단기적이고 제한적인 조치이고, 두 번째 조치는 그의 인내가 다한 이후(아마 40년대 초의 옛 친구 Agrippa의 모반 혐의와 뒤이은 죽음이 도움이 되지 않았다-Josephus, *Ant.* 19.326-27, 338-50; 행 12:21-23) 그리고 자기 자신에 대한 확신이 있었을 때, 보다 의도적이고 철저한 것이었다. (그러한 관점으로는 Momigliano, 31-37; Bruce, "Claudius," 315; 또한 *History*, 295-99; Jewett, *Dating*, 36-38; Smallwood, 210- 16; Watson, *Paul*, 91-93). 그러나 두 번째 조치가 누가가 제시하고 있는 것처럼 철저했는지는(전형적으로 행 18:2에 관한 누가의 전부) 요세푸스가 그 문제에 침묵하기 때문에 의문이 제기되며, 문제를 일으켰던 자들을 근절시키기 위한 추방이었을 가능성은 남아 있다(참조 Lampe, 6-7).

§2.2.4 보다 자세한 조사 없이도 우리는 로마에서 기독교는 로마의 유대공동체 내에서 출현하였다는 결론을 강화하는 다른 증거들을 단순히 언급할 수 있다. 브리스길라와 아굴라는 글라우디오의 추방령 때문에 로마를 떠나야만 했던 유대인으로 우리에게 처음으로 소개된다(행 18:2). 그들의 회심이 사도행전 18장에 기록되어 있지 않기 때문에, 바울이 그들을 개종시켰다면, 분명히 그렇게 되었을 것이며 그들은 로마를 떠나기 전 이미 기독교인이었을 것이라고 생각할 수 있다. 다시 말하면 로마의 유대 기독교인이며 예수를 메시아로 믿는 자이지만, 유대 공동체 안에서 역할을 하고 있었다(보다 자세한 것은 16:3을 보라).

또 로마의 기독교인 단체에 편지를 쓰고 있는 바울은 분명히 헬라어로 번역된 구약에 관한 지식이 충분히 잘 알려져 있었을 것이라고 가정할 수 있었다. 그러나 고대 세계에서 구약에 관한 지식은 거의 전적으로 유대인과 유대인에서 파생된 공동체에 제한되어 있었다. 즉, 70인경은 그리스-로마 문헌권에서 알려져 있지 않았다(참조. Collins, *Athens*, 4). 결과적으로 바울이 로마서에서 한 것과 같은 성경에 관한 지식을 가정할 수 있기 위해서 바울은 자신의 독자들이 대체로 로마의 회당과 실제적인 연관성을 누렸었다고 가정했을 것이다. 유사한 영향을 제1클레멘트서와 비교할 수 있다(참조. Lampe, 59-60).

마지막으로 주목해야 할 점은 네로 집권 후반기에만(A.D. 64) 기독교인들이 뚜렷한 실체가 되었다는 인식을 접할 수 있다는 것이다(Tacitus, *Ann.* 15.44.2-5 – *LAJJ* 2:88-89; Suetonius, *Nero* 16.2). 비록 타키투스의 용어가 기독교도들을 증오스러운 유대인들의 한 분파(Benko, 1064)로서 생각하였다는 것을 당연히 암시할지라도 말이다. 그 암시는 그 시기 이전에 기독교 운동이 이미 그 부분으로 간주되었던 보다 큰 단체로부터 구분되기에 충분히 강하거나 명백하지 않았다는 점을 의미한다. 물론 보다 큰 단체는 유대인들이었을 것이다. 그 추론은 느즈막한 A.D. 1세기 후반에 이르기까지 기독교인들을(세례에 의해 구분된) 유대인의 "행동하는 일부"라고 여전히 생각하는 것으로 보고 있는, 에픽테투스(Epictetus) 2.9.20-21에 더 큰 비중을 둔다.

요컨대, 로마의 회당들은 로마에서 출현한 기독교들을 위한 자연스러운 모체였고, 바울은 로마에 있던 이방 청중 대부분이 개종하였거나 하나님을 경외하는 자들이었다는 사실을 알고 있거나 그것을 당연한 것으로 여겼을 것임은 매우 타당하게 판단됨이 틀림없다. 기독교인 집단들은 처음에는 지나치게 많은 논쟁을 유발하지 않았고, 유대공동체의 보다 넓은 삶의 정황에서 출현하였고, 기능을 담당하였을 것이다. 그러나 40년대 말에 이르러 이 집단들에 의해 제기된 요구, 아마 그들의 복음전파 활동은 상당한 긴장을 유발하게 되었고, 따라서 당국의 눈에는 회당과 여전히 명백히 구분되지는 않는다 할지라도, 회당과는 아주 다르게 기능하며 많은 수의 세례받은 이방인을 포함한 기독교 집단들의 성장하는 경향이 있었다(반대로는 Watson, *Paul*; 나는 "사회적으로 바울의 집단들은 결코 유대교의 한 분파가 아니었다"는 Meek의 주장[*Breaking Away*, 106]이 그렇게 일반적인 하나의 진리로 진술되어질 수 있는지 여부에 대해서 미심쩍어 하며, 이것이 로마의 상황에는 훨씬 더 부적합하다).

§2.3 바울 서신의 수신자라는 역사적 정황에 관한 중요한 특성 하나는 유대 공동체와 그와 동일시되는 사람들의 **모호하고도 상처받기 쉬운 지위**다.

§2.3.1 우리는 이미 유대교가 로마에서 상당히 넓은 사회적 영역에서 분명하게

영향을 미쳤던 매력(§§2.1과 2.2.2), 즉 종종 간과되기 때문에 유념해야 할 어떤 것에 주목한 바 있다(예를 들어, Smallwood, 123-24; SVMG 3:150). 그럼에도 불구하고, 우리가 그 시기의 그리스-로마 문헌에서 유대인에 대한 무시 못할 적대감을 발견한다 – 부분적으로는 적어도 로마 지식 계층 가운데에서 발견하는 모든 외국의 제의에 대한 깊은 의심의 표현이며, 부분적으로는 지지자와 회심자들을 끌어들임에 있어서 그런 제의가 동일한 성공을 보이기 때문에 분명히 생겨났다. 그러므로 예를 들면 키케로는 로마적인 모든 것에 해로운 이 "야만적인 미신"에 관해 말한다(*Pro Flacco* 28.66-69). 세네카(Seneca)에 의하면 이 저주받은 인종의 관습은 큰 영향력을 획득하여 이제 전 세계에 받아들여졌다. "추방된 자들이 승리자에게 법을 제공하였다"(*De Superstitione* – *GLAJJ* 1:431). 원로원 의원 플리니(Pliny)는 "유대인들을 신적 능력을 경멸하는 것으로 유명한 민족"으로 부르고 있다(*Nat. Hist.* 13.46 – *GLAJJ* 1:491, 493). 마샬(Martial)은 "할례 받은 유대인들의 음란한 행위"들에 관해 말하고 있다(*Epigrammata* 7.30 – *GLAJJ* 1:525).

그리고 물론 타키투스는 반유대주의의 포악성으로 잘 알려져 있다. "유대인들은 우리가 신성한 것으로 취급하는 것 모두를 불경스러운 것으로 간주한다. 그리고 우리가 혐오하는 모든 것을 허용한다" – 그리고 같은 맥락에서 훨씬 더하다(*Hist.* 5.4.1-– *GLAJJ* 2:18, 25); 또한 Smallwood, 123-24를 보라. 초기의 집권자들에 의해 그들에게 제공된 특별한 보호와 차별적 대우의 정도에 의해 심화된 그런 적의와 악의에 대하여(Smallwood, 139), 로마의 유대공동체는 스스로가 위협 하에 있다는 것을 심각하게 느꼈음에 틀림없다.

§2.3.2 이러한 적의는 유대인들에 대한 몇 번의 공식적 통치 행위에서 표현되었다 – 바울의 생애 기간 중 우리가 아는 세 번. A.D. 19년 티베리우스 통치하에서 유대인 추방, A.D. 41년 글라우디오에 의한 집회 권리의 철회, 그리고 A.D. 49년 글라우디오에 의한 추방이다(위의 §2.2.3을 보라). 각각의 경우 그 통치와 칙령은 시간이 지나면서, 특히 집권자가 바뀌는 결과로 인해(A.D. 31년 Sejanus의 몰락, A.D. 54년의 Claudius의 사망 – Bruce, *History*, 295, 299) 사문화(死文化)되었다. 그러나 로마가 **절대주권**을 행사하는 중에 있었던 변화와 요동들은 이 시기 동안 유대인과 기독교도들이 직면했던 끊임없는 위험을 감지하기에 충분하였고, 바울이 로마서를 기록한 10년 이내에 기독교인들은 네로 권력의 전면적이고도 야만적인 영향력을 느끼게 되었다.

§2.3.3 유념해야 할 세 번째 요소는 조직의 관점에서 로마의 유대 공동체는 매

우 연약하였던 것으로 보인다는 점이다. 각 회당들은 집회와 개별적인 회**(collegium)** 또는 모임의 권리를 관장하는 법의 목적에서 볼 때, 하나의 독립된 단위와 대등한 것으로 여겨졌던 것으로 보인다. 알렉산드리아의 더 큰 유대 소수 민족과는 다르게, 유대 공동체 전체를 대신하여 행할 수 있었던 단일한 통제 조직, 당국 앞에서 민족을 대표할 수 있는 민족 행정장관은 없었던 것으로 보인다(자세한 것은 Leon, 168-70; Wiefel, 105-8을 보라). 이것은 자연적으로 유대인들을 정치적으로 보다 노출된 지위에 놓았을 것이다. 왜냐하면 율리우스 케사르(Julius Caesar)와 아우구스투스(Augustus)가 유대인들에게 허용하였던 특별한 보호가 없었다면 특별히 유대인들을 반대하는 방향이 아니었다 할지라도, 유대인들은 항상 분파들과 단체조직(collegia)에 대해 취해진 예방 또는 금지책에 대해 상처 입기 쉬웠을 것이기 때문이다. 기독교 집단들이 유대 공동체와 여전히 동일시되거나 한 분파로 간주되어지는 한, 그들은 유사하게 상처 입기 쉬운 지위에 놓였을 것이다. 그러나 동시에, 그들이 회당과는 구별되어졌고 그렇게 보이는 한, 기독교 집단은 동쪽에서 유래된 또 다른 새로운 분파(새롭게 화를 미치는 종교적 신앙을 고백하는 한 분파—Suetonius, *Nero* 16.2)와 동일시되거나 그와 같이 취급되게 될 위험에 놓이게 되었다.

§2.4 우리는 이제 위에 개요를 살핀 문맥과 서신 자체와 관련되었거나 그것에서 온 더 상세한 정황 모두에 의존하면서 바울이 서신을 썼던 로마의 기독교 집단에 대한 개연성 있는 상황을 충분히 기술할 수 있는 자리에 와 있다.

§2.4.1 기독교인은 50년대 중반 즈음에 잘 정착하였고 상당히 많은 수이었음에 틀림없다. 바울은 수 년 동안 그들을 방문하고자 했다(1:10; 15:23). A.D. 49년경 유대인(대부분? 다수?)의 추방 결과를 야기한 유대 공동체 내에서의 끊임없는 소요의 근거를 제공할 정도로 기독교인들은 충분히 강하였다(자극적이었다). 그리고 64년에 그들은 새로운 분파로 묘사될 수 있었는데(Suetonius, *Nero*, 16.2), 그들은 고백한 기독교인이 겪은 다양한 죽음으로 "여흥"의 많은 시간을 제공한 "거대한 무리"(폴루 프레도스[*πολυ πλῆθος*]—*Clem.* 6.1), "다수"(*multitudo ingens*)로 묘사되었다(Tacitus, *Ann.* 15. 44.2-4)(또한 Brown, 99를 보라). 그런 처벌이 편만했다는 것은 그리스도인들이 거의 시민권을 가지고 있지 않았다는 것을 암시한다.

§2.4.2 로마에 대해 쓰여졌다고 가정하는(16장 서문을 보라) 로마서 16장으로부터, 로마 기독교인 중 많은 비율이 노예였거나 자유롭게 된 남녀이었음을 추론할 수 있다(적어도 개인적으로 인사한 24명 중 14명은 통상 노예 이름을 사용하였다; Lampe, 141-53 논의를 참조하라). 비록 바울이 로마 자체 내에만 정주한 이보다 더

많은 부유 계층을 알고 있었기 때문에, 더 많은 이에게 인사할 수 없었다는 사실이 중요할지라도, 소수 집단, 아마도 14명 중 8명 정도는 상당히 부유 계층이었던 것으로 보인다. 동일한 목록에서 명확하게 로마식 이름이 상대적으로 적은 비율은 또한 로마의 유대 카타콤에서 발견된 이름 중 반 이상이 라틴계였다는 사실의 관점에서 보면 특이한 것이다(Leon, 107-8). 두 관찰은 바울이 순수하게 로마지역 기독교인은 거의 알지 못하였다는 것과 또한 바울이 실제 안부를 전한 기독교인들은 전체적인 기독교 공동체의 적은 비율이었을 것이라는 점을 암시한다. 로마서의 동일한 장(章)은 기독교인들이 상당한 수의 가정교회에서 모임을 가졌었다는 점을 확증해준다. 브리스길라와 아굴라의 가정교회(16:5), 14-15절에 안부를 물은 두 집단, 거의 확실하게 아리스도불로와 나깃수의 가족 구성원들(10-11절)에 속하는 이들은 이러한 대가정에서 집단으로(노예와 자유민의) 만났을 가능성이 크다(참조 Bruce, *History*, 394). 위의 추론들이 맞다면, 바울에게 개인적으로 알려지지 않은 가정교회들이 적어도 몇 개 존재했음에 틀림없다.

§2.4.3 기독교인들은 보다 넓은 유대공동체와 아직도 분명하게 구분되지 않았다(바울은 "우리 조상 아브라함", "우리 아버지"를 어색함이 없이 말하고[4:1, 12], 율법을 잘 아는 지식[7:1]을 가정하고 있다). 따라서 기독교인들은 아마도 애매하고도 상처받기 쉬운 지위를 공유하고 있었다. 어떤 법적 지위를 가지고 있는 한, 그들은 아마도 한 회(*collegium*)로서 혹은 회당의 후원 하에서 만나게 됐을 것이다. 여기서 바울이 로마의 기독교인을 하나의 교회(로마 교회)로 결코 말하고 있지 않다는 사실은 상당히 의미가 있는데, 특히 바울의 일상적 습관과 일치하지 않기 때문이다(참조. 고전 1:2; 고후 1:1; 빌 4:15; 골 4:16; 살전 1:1; 살후 1:1; 갈 1:2). 한 경우는 로마의 기독교인들이 한 가정에서 모이기에 너무 수가 많았음을 확인해준다. 그러나 그것은 또한 보다 많은 공적인 모임(에클레시아[*ἐκκλησίαῦ*]=assembly; 더 자세한 것은 16:1을 보라)은 너무 위험해서 생각하지 않았다는 것을 나타낼 수도 있다. 다른 한 경우는 기독교인 가정 집회는 보다 넓은 유대 공동체와 동일한 종류의 분파된 존재를 공유하였음을 강력하게 시사한다. 기독교인들이 로마에서 몇몇 교회로서 역할을 하였지만 하나의 단일 실체로서 간주되지는 않았다. 만약 바울에 의해서가 아니라면, 다른 사람들에 의해서는 더 적었을 것이다. 강력하고도 통합된 정치적 지위가 없으면서도, 그리고 유대인들이 로마로부터 마지막으로 추방된 이래 10년이 채 안되어, 바울의 독자들은 분명히 그들이 살아야만 했던 범위 내에서 정치적 실체들을 마음에 새겨야할 필요가 있었을 것이다.

§2.4.4 49년 (수많은?) 유대인의 추방 이후 대부분의 가정교회는 구성상 대부분 이방인으로 되었을 것이다(예를 들어, Kümmel, *Introduction*, 309-11; Brown, 109, 그의 제한에도 불구하고, 102; 그들에 의해 인용된 것들). 그리고 가정교회의 지속적인 성장으로 가정교회는 이전에 유대교에 매력을 가지지 않았거나 친숙하지 않았던 다른 이방인들을 끌어들이게 되었을 것이다. 또 글라우디오의 사망(A.D. 54)과 그 칙령의 폐지로, 유대인들 상당수가 로마로 돌아오기 시작했음에 틀림없다(유대인들을 대상으로 한 티베리우스의 법령 폐지 이후에 30년대에 유대인들이 그랬던 것처럼). 이 유대인들과 함께 브리스길라와 아굴라, 안드로니쿠스와 유니아와 같은 유대 기독교인들, 그리고 16장에 언급된 다른 유대인들이 돌아 왔을 것이다. 브리스길라와 아굴라가 (새로운?) 교회를 설립했다는 사실은(16:5) 단순히 기독교 운동의 지속적 확장을 암시하는 것이다. 그러나 그것은 또한 현재 이방인이 압도적인 가정교회 내에서 이전에 허용되었었던 지도자 역할을 다시 획득하는 것이 돌아온 유대 기독교인들에게 상당히 어려웠을 것임을 시사한다. 다른 한편 바울은 분명히 자신의 편지가 다양한 가정교회에 회람되는 것을 기대하고 있다. 따라서 우리는 기독교 공동체 내에서의 차이를 과장해서는 안 된다.

그렇지만, 상당수의 유대 기독교인들의 복귀는 적어도 기독교 가정교회 내에서 (그리고 그 가운데서) 이방인과 유대인간의 상당한 마찰을 유발하였을 것이다(특히 Wiefel, 111-13). 상대적으로 로마로 돌아오고 있는 유대인의 더 큰 취약성이 적어도 부분적으로 왜 바울이 이방 독자들에게 유대인 동료들에 대한 모든 우월성에 대해 경고할 필요성을 느꼈는지에 관한 이유를 설명해준다(11:17-21). 그리고 회당으로부터 점점 독립한다는 의미에서 그리고 돌아오는 유대 기독교인들에 대하여 이방 기독교인의 점증된 자부심은 14:1과 다음 구절들(14:1-15:6; 특히 14:2와 14:5에 관해 보라)에 있는 바울의 상담 배경과 정황을 완벽할 정도로 의미 있게 해준다.

어쨌든, 바울이 편지를 썼던 당시 로마의 이방 기독교인은 아마도 상당한 다수였고(이 암시는 16장에서 안부를 전했던 대부분의 사람이 비유대인이라는 것과 상통한다), 유대 기독교인은 유대인으로서 이중으로 상처받기 쉽다고 스스로 느꼈을 것이다. 왜냐하면 유대인들 스스로 이제 회당과의 점증하는 구분과 분리로 인해 대개 이방인 가정교회와 보다 자신들을 완전히 동일시해야만 했기 때문이다. 기독교 독자들은 아브라함(4:1,12)을 "우리 조상"으로 생각하는 것과, 철저하게 율법과 아주 친숙한 것으로(예컨대 7:1) 기대될 수 있었다는 사실, 그러나 그들은 동시에 명백히 할례에 관해 압박 받지 않았다는(2:25) 사실은, 바울이 그것이 배태된 유대 공동체와는 구분되는 그 자체의 뚜렷한 정체성을 전개하는 과정으로 하나의 공동체를 잘 직시할 수 있다는 점을 시사하고 있다. 이것이 바울의 로마 도착이 회당에 반대하여 기독교인 스스로를 세운 결과가 되기까지 로마 교회는 설립되지 않았다는 저지(Judge)와 토마스(Thomas)의 다른 제안보다 모든 유용한 자료들을 잘 이해한 것으로 보인다(Bartsch, "Faith," 42-45). 그러나 왓슨(Watson)의 세 개의 다소 분명하고 대립적인 집단 – 유대인들, 유대 기독교인들 그리고 이방 기독교인들 – 에 대한 논문은 너무 단언적이다(보다 자세한 것은 아래 §3.3을 보라).

§2.4.5 무시될 수 없는 배경적인 정보의 결정적 부분이 타키투스에 의해 제공되었다. 연대기(*Annals*) 13에서 그는 58년이 간접세에 관한 끊임없는 주민들의 불평으로 두드러진다고 보고하고 있다. 네로의 최초 반응은 모든 간접세 폐지를 제안하는 것이다. 그러나 원로원은 세입 감소라는 개연성 있는 결과와 또 직접세도 폐지를 요구할 것이라고 경고하였다. 네로는 한발 물러섰지만, 일반적으로 세금징수원의 탐욕은 억제되어야 한다는데 의견을 같이 하였다. 타키투스의 이 보고는 58년 이전 몇 년 동안 공화국 영토 내에서 세금징수가 민감한 사안이었다는 강한 가능성을 시사하기에 충분하다. 성전세에 관한 특별대우로 유대인들은 탈세 혐의에 훨씬 더 노출되었을 것이다. 유대인과 동일시된 기독교인은 세금 징수원들이, 예컨대 선적물과 재산에 관한 부가세금을 징수하였던 상황에서 동등하게 노출되었을 것이다. 그렇다면 세금징수자가 권리 이상을 요구한다면, 거절 또는 불평을 제기하여 스스로 법적 행위에 노출시켜야만 하는가? 아니면 세금 징수원들에게 적대적인 관심을 보이는 것을 피하기 위해 납부하고 침묵해야만 하는가? 결국 7, 8년이 채 지나지 않아 기독교인이 로마 화재의 희생양으로 집요하게 괴롭힘을 당하였다. 기독교인들은 국세와 같이, 정치적으로 민감한 것에 관해 눈에 띄지 않도록 하라는 충고를 곧잘 받곤 했을 것이다. 그러므로 국가를 향한 기독교인의 책임에 대한 바울의 권고가 납세에 관한 충고로 끝난다는 것은 놀랄 일이 아니다(13:6-7; 13:6-7에 관한 주석을 보라).

요컨대, 바울이 적어도 일반적인 차원에서 로마의 새로운 운동의 상황에 관해 꽤 알고 있었다는 것은 상당히 개연성이 높은 것으로 판단되어야만 한다. 특별히 바울은 정치적인 상황과 유대인과 이방인 사이의 긴장을 알고 있었다. 이 긴장은 바로 유대 회당에서 생겼으며, 이방인들이 지속적으로 들어와 결국 다수가 되었기 때문에 더 그렇다.

이 배경에 비추어 볼 때, 바울이 로마에 편지를 보낸 이유는 더 명백하게 된다.

§3. 서신의 목적 : 서신의 기술된 목적과 구조

참고문헌

Aus, R. D. "Travel Plans." **Bartsch, H. W.** "Die historische Situation des Römerbriefes." SE 4.1(1968) 281-91. **Boman, T.** "Die dreifache Würde des Völkerapostels." *ST* 29(1975) 63-69. **Bornkamm, G.** "The Letter to the Romans as Paul's Last Will and Testament" (1971). ET in Donfried, *Romans Debate*, 17-31. **Bruce, F. F.** "The Romans Debate—Continued." *BJRL* 64(1981-82) 334-59. **Campbell, W. S.** "Why Did Paul Write Romans?" *ExpT* 85(1973-74) 264-69. **Donfried, K. P.** "False Presuppositions in the Study of Romans." *CBQ* 36(1974). Repr. in Donfried, *Romans Debate*, 120-48. **Drane, J. W.** "Why Did Paul Write Romans?" In *Pauline Studies*, FS F. F. Bruce, ed. D. A. Hagner et al. Exeter: Paternoster, 1980. 208-27. **Harder, G.** "Der konkrete Anlass des Römerbriefes." *ThViat* 6(1959) 13-24. **Jervell, J.** "The Letter to Jerusalem." *ST* 25(1971). ET in Donfried, *Romans Debate*, 61-74. **Karris, R. J.** "Romans 14:1-15:13." **Kaye, B. N.** "'To the Romans and Others' Revisited." *NovT* 18(1976) 37-77. **Kettunen, M.** *Abfassungszweck des Römerbriefes*. **Klein, G.** "Paul's Purpose." **Minear, P.** *Obedience*. **Munck, J.** *Paul*. 196-209. **Preisker, H.** "Das historische Problem des Römerbriefes." *Wissenschaftliche Zeitschrift der Friedrich-Schiller-Universität Jena 2(1952-53) 25-32*. **Rengstorf, K. H.** "Paulus und die älteste römische Christenheit." SE 2(1964) 447-64. **Schrenk, G.** "Der Römerbrief als Missionsdokument." *Studien zu Paulus*. Zürich: Zwingli, 1954. 81-106. **Stuhlmacher, P.** "Der Abfassungszweck des Römerbriefes." *ZNW* 77(1986) 180-93. **Suhl, A.** "Der konkrete Anlass des Römerbriefes." *Kairos* 13(1971) 119-30. **Wedderburn, A. J. M.** "The Purpose and Occasion of Romans Again." *ExpT* 90(1978-79) 137-41. **Wilckens, U.** "Abfassungszweck." 127-39.

본 주제에 관해 길고도 표면상 끝날 것 같지 않은 논쟁이 있다. 논쟁은 서신의 두 가지 특징에서 제기된다. (1) 1:8-15과 15:14-33에서 편지를 쓰는 것에 대해 바울이 제시한 다른 이유들. (2) 이 이유들을 본문의 서신 본문과 연관시키는 방법의 문제(1:16-15:13). 왜냐하면 그처럼 길고도 복잡한 토론을 대부분 알지 못하는 회중들에게 제공한 근본적 이유가 언뜻 명백하지 않기 때문이다. 그러나 실제 바울은 편지를 쓰는데 몇 가지 목적을 가지고 있었던 것으로 보인다(물론 그가 오로지 한 목적만을 고려하여 써야만 했다는 어떠한 이유도 결코 존재하지 않는다). 그리고 대부분의 불일치들은 이러한 몇몇 이유들간의 다른 강조의 문제이다. 우리는 그것들을 간략하게 특징지울 수 있고, 특별한 강조를 지원하는 범위를 어느 정도 나타낼 수도 있다.

§3.1 선교적 목적. 이 강조는 15:18-24, 28에서 충분히 명백하다. 바울은 진심으로 이방인의 충만한 수가 의미하는 것과 함께 그들을 돌아오게 하는데 있어서 결정적 역할을 수행하는 이방인의 사도로 스스로를 보고 있다(11:13-15, 25-26). 바울은 자신의 초석을 놓는 사역의 한 단계를 완성하였다(지중해 북동지역에서 – 15:19, 23). 그리고 다음의 주요 국면을 지중해 북서지역에 초점을 맞추는 것으로 보고 있다(스페인 – 15:24, 28). 그것 때문에 바울은 전진기지와 충분한 지원이 필요하였을 것이고, 따라서 로마 외에 그가 다른 어느 곳을 보겠는가?(*ὑφ' ὑμῶν προπεμφθῆναι* – 우프 휘몬 프로펨프데나이: 15:24을 보라). 그러한 관점으로 예컨대 빌하우어(Vielhauer), *Geschichte*, 181-84; 아우스(Aus); 케투넨(Kettunen)이 있다. 또한 바울이 보편적인 복음의 사도로서 그의 선교 목적에 관한 보다 일반적 진술을 제시하기 위한 기회를 사용해야만 했다는 것도 보다 구체적인 이러한 목적과 일치할 것이다(Schrenk; Dahl, "Missionary Theology," 78 – 그것은 지역교회의 문제가 아니라 로마서에서 신학적 토론의 출발점을 제공하는 보편적인 복음과 바울 자신의 선교에 관한 문제다; Zeller, *Juden*, 1장, 특히 75면; 또한 *Römer*, 17).

클라인(Klein)은 15:20에 기초하여 바울이 로마의 기독교 공동체가 사도적 기반이 결여되어 있다고 생각하였고("Purpose," 44; 또한 *IDBS*, 753-54), 따라서 로마 자체를 복음화 시키고자 하는 의도가 있었다고 주장해왔다. 이것은 억지다. (1) 자신의 복음 이해를 로마의 기독교인과 공유하고자 하는 바람 – 바로 그것이 1:11-15에서 읽혀질 필요가 있다. (2) 1:8과 15:14의 풍성한 축하들은 클라인의 견해에 의하면 기만적인 것이다. 반면 1:12에 명백한 약간의 당황과 15:24("지나가는")과 15:28(너희에게를 지나 서바나로)의 신중한 언어는 그 설립에 아무 역할도 하지 않은 교회에 편지하고 있는 바울에게서 기대할 수 있는 바로 그런것이다(참조. 15:20; 고후 10:13-16). (3) 바울이 로마 공동체를 언급하면서 교회라는 단어를 회피한 것에 대한 그럴듯한 이유는 이미 위에서 설명하였지만(§2.4.3), 바울이 로마 수신자들을 분명히 포함하는 일인칭 복수 언급에서 그리스도 안에서 한 몸(12:5)이라는 훨씬 더 중요한 기술을 금하지 않았다는 것을 역시 주목해야 한다. (4) 클라인과 대조적으로, 그리고 바울의 사도직 신학과 일치하여(특히 고전 9:1-2; 12:28), 로마의 기독교 집단의 존재는 그 자체로 사도적 토대의 증거였다.

§3.2 변증적 목적. 바울의 복음 이해의 완전한 진술을 시작함에 있어서(뒤따르는 것에 대한 주제적 진술로서 1:16-17), 그는 결국 잠재적으로 모든 기독교 교회에 가장 영향력 있는(사건들이 증명하였던 것처럼) 제국의 수도였던 곳에 있는 신자들 중에 그러한 이해를 확실히 용인 얻기를 바랬다. 이것은 분명 바울의 일상적 시작 구절(1:1-6)로 구성되어 신중한 확장과 일치한다. 그래서 예를 들어, 퀘스터(Koester)는 "바울이 자신을 위해 기록하였던 추천의 편지…편지의 주제는 사도란 인물이 아니라… 이 복음이다"(서문 2:140)고 했다. 그리고 3:8은 특히 그의 복음에 대한 실제적인 오해에 대하여 모종의 자기 방어의 필요에 대한 바울 편의 민감성을 표시하고 있다. 이 모든 것과 밀접한 관계에 있고 동등하게 중요한 것은, 위험하지만 중대한 예루살렘 여행을 위해 로마 회중의 후원을 얻기를 명백히 바라고 있다는 점이다(15:25, 31); 예를 들어, Wilckens, "Abfassungszweck"(서신 기록 목적), 특히 127-39, 167; Wedderburn; Bruce; Brown, 110-11 등을 보라. 비록 바울이 분명히 그의 계획들의 가능성이 악화될 것임을 예상하였고(15:31), 또 그런 사건에서 로마의 지원을 기대했을지라도, 이것을 바울이 예루살렘에 있는 동안 로마로부터 실제 물질적 또는 정치적 지원을 기대했다는 것을 의미한다고 볼 필요는 없다(바울의 의도는 그러한 지원이 예루살렘에 도착하기 전에 매우 빨리 여행이 이루어지는 것이었을 것이다). 그러나 기도의 중요성과 응답에 대한 바울의 믿음을 생각한다면, 그들이 굽히지 않는 기도 훈련으로 지원해 줄 것을 엄숙하게 요청한 것(수나고니사스다이 모이[*συναγωνίσασθαί μοι*], 15:30)은 바울이 이것을 충분한 도움으로 간주하였을 것이라는 것을 암시한다. 앞선 편지의 무게를 간결하게 진술된 요청과 일치하지 않는 것으로 간주할 필요는 없다(15:30). 오히려 바울은 그들의 잠재적으로 강력한 기도가 자신과 그의 복음을 위한 것임을 확신시키기를 원하였을 것이다.

바울이 또한 로마(그리고 다른?) 성도들을 위해 그의 복음과 믿음에 관한 사려 깊은 진술을 시작할 수 있는 기회를 보고 포착해야만 했다는 것이 더 구체적인 이 목적과 일치한다. 그 기회는 고린도에서 3개월 머물렀던 때(행 20:3), 그의 평생 사역의 중요한 마지막 단계에서(롬 15:19, 23) 얻었다(가장 명백하고도 일반적 견해 중의 하나 – 예를 들어, Dodd xxv; T. W. Manson, 2; Wikenhauser, 406-8; Munck, *Paul*, 199; Cambier, *Romans*, 465; Bornkamm, *Romans*; Kümmel, *Introduction*, 312-14; Michel, 30-33; Kaye, Revisited; Perrin, *Introduction*, 106-7; Cranfield, 815-18;

Wilckens, 1:41-48; Schlier, 6-9; Drane, 223; Stuhlmacher, "Abfassungszweck"). 그리고 적잖이 자기 변호 목적으로 바울은 아마도 예루살렘에 제공해야만 했을 것이다. 그래서 앞선 푸흐(Fuch)의 확신처럼, 예루살렘 교회는 로마서의 숨겨진 수신자라는 저벨(Jervell)의 자극적인 표제가 있었다(Jervell, 67에 의해 인용되었다; 그러한 입장으로 또한 Suggs, 295).

§3.3 목회적 목적. 16장이 원본의 일부라고 가정하면(16장 서문을 보라), 또 하나의 표명된 목적은 뵈뵈를 소개하고자 하는 것이고(16:1-2), 뒤따르는 문안 인사의 명단(16:3-16)은 다른 기독교 교회 내에서도 마찬가지로 편지가 호의적인 반응을 얻도록 뵈뵈가 방문할 개인들의 이름을 부르고자 하는 정도로 의도되어졌다.

20세기 후반에 점점 인기 있는 견해 하나는 바울이 기독교인 가정 교회 중에서 로마 내에서의 (잠재적) 분열들, 특히 이방인 신자들이 덜 자유롭게 된 유대 신자들을 경멸하는 위험에 대항하기 위해 기록했다는 것이다(11:17-25; 12:3, 16; 14:3; 예를 들어, Preisker; Harder; Marxsen, *Introduction*, 95-104; Bartsch; Wiefel, Jewish Community," 106-19; Donfried, "False Presupposition"; Campbell; Beker, 더 큰 "dialogue with Judaism"[77-89]의 부분으로 *Paul*, 69-74 등에 의해 지난 수 십 년 동안 강력하게 유지되었다). 위에 묘사된(§2) 역사적 맥락의 관점에서, 이 가설은 상당한 힘을 갖고 있는 것으로 여겨져야만 한다. 그러나 수많은 분파들을 확인하고자 한 미니어(Minear)의 시도는 증거 없이 너무 멀리 간다. 특히 16:17-20은 아마 이전의 논쟁(14:1-15:6)에 관련된 것이 아니라, 오히려 공동체의 응집력과 믿음의 순종에 장기간 계속되는 위협들에 직면하여 영적 각성을 요구하는 전통적인 언어를 사용하는 개인적 추신으로, 바울이 제공한 일반적인 예언의 표현으로 보아야 한다(16:18을 보라).

또한 바울의 목적은 "유대공동체로부터 분리하도록 로마의 유대 기독교인 회중을 설득하려는 것과, 바울적인 이방인 기독교 회중을 인식시키고 그들과 일치시키고자 했다"는(141-42) 특별한 논제를 지지하여 14:1-15:13(*Paul*, 94-98)을 논증하는 왓슨(Watson)의 시도는 수신자들의 사회적 실체에 관해 보다 나은 이해를 하고 있지만, 방향이 잘못되었다. (1) 전형적인 가정교회의 규모(16:23을 보라)를 생각한다면, 로마에 상당히 많은 기독교 회중이 있었음에 틀림이 없다. 따라서 유대인 기독교 회중과 이방 기독교 회중간 대립의 관점에서 분석하는 것은 지나치게 단순화하는 것이다. (2) 바울은 언약 백성과 기독교 회중 간의 분리를 위해서가 아니라 유대(紐帶)를 유지하도록 하기 위해 주장하고 있다(예를 들어, 3:25-26; 4:16; 11:11-32; 15:

27). (3) 14:1의 용납 요청은 오히려 이방 그리스도인 대다수 회중들이 개개의 유대 그리스도인을 그들의 동료로 환대하는 것으로 이해된다(위의 §2.4.4를 보라). 그러나 음식과 절기에 관한 그들의 관점을 강하게 유지하기를 바라는 사람들 중에서 약한 것을 강하게 전환시키고자 하는 시도로서가 **아니라** 오히려 상호 용인의 요청으로 이해되어진다(또한 15:7을 보라; Jewett, *Tolerance*, 41, 68-91; 반대로 Watson, 100). (4) 16:3-16에서 유대식 이름과 이방 이름의 혼합은 하나는 유대인으로 다른 하나는 이방인으로 두 집단이 정확하게 구분되어 있다기보다 혼합된 유대/이방 그리스도인 집단을 반영하는 것으로 더 명백하게 이해되어진다(또한 16:3과 7을 보라). 유대 기독교인이 율법과 믿음에 대한 이중적인 충성을 유지하는 것이 점차 어렵다는 것을 발견함에 따라, 그럴 듯한 바울의 변호 **효과**가 회당과 교회의 양극화를 이루게 했다고 왓슨이 주장했다면, 그는 보다 강력한 근거 위에 있었을 것이다. 그러나 이방 그리스도인 교회와 유대공동체간의 그런 분리를 바울의 "유일한 목적"이라고 보는 것은(22; "그는 실패한 개혁운동을 한 종파로 바꾸고자 원한다"−106), 서신을 기록하는 바울의 목적에 대한 얼토당토하지 않은 평가가 된다.

로마의 상황에 바울 편에 있어서 자세한 지식이 가정될 필요가 없으며 12:1-15:6은 바울이 다른 곳에서, 특히 고린도(특별히 Karris)에서 배웠던 가르침과 교훈들을 요약한 일반적인 권면을 단순히 제공하고 있다는 대안적 견해는 위에 개요된 관점에 비추어보아 지지를 받을 수 없을 것이다.

이미 주목한 것처럼, 로마서 16장은 바울이 로마 회중과 많은 접촉을 했었음을 충분히 나타내고 있고, 만약 로마에서의 사건들과 전개에 관한 어떤 소식이 바울에게 들리지 않았었다면, 그것도 놀랄만한 일이 될 것이다. 1:8과 15:14의 축하의 말은 분명히 과장되어 있지만, 적어도 실제 상당한 근거가 있음에 틀림없다. 그렇지 않다면 그것은 바울이 거의 원하지 않았을 빈정댐으로 읽혀졌을 것이다. 특히 13:6-7을 근거로 하여, 바울이 로마에서 나오는 정치적이고 사회적인 소문에 상당히 귀기울이고 있었다는 점을 의심하기 어렵다(위의 §2.4.5; 13:6을 보라). 물론 바울 편에서 모든 다른 기독교 집단에 대한 상세한 지식을 가정할 필요는 없다(위에서 지적한 바처럼, 16:3-16은 아마 그들 중 단지 다섯만을 암시한다). 바울이 어떤 것은 자세히 알고, 넓은 관점에서 일반적인 상황을 알았을 것이라는 것으로 충분하다. 그것은 바울로 하여금 그가 아는 용어로 권고를 표현하기에 충분하였을 것이며 적어도 대부분의 로마 기독교 집단과 관련되었다.

§3.4 충분히 묘사되어 오지 않았지만, 지금까지 논의가 강력하게 뒷받침하는

것으로 보이는 하나의 요지는 이러한 주요 강조들과 목적들 중 3가지 모두는 전반적으로 취할 때 같이 묶을 수 있고 실제 상호 보강된다. 이것은 그 요지가 가장 잘 전개된 로마서 연구의 다른 주요 영역으로 우리를 이끌어간다.

§4. 로마서의 형식적 일관성과 신학적 일관성

참고문헌

Aune, D. E. *Literary Environment.* 219-21. **Bultmann, R.** "Glossen." **Campbell, W. S.** "Romans 3." ______. "Freedom and Faithfulness." 38-41. **Dibelius, M.** *Tradition.* 238-43. **Doty, W. G.** *Letters.* **Dunn, J. D. G.** "Paul's Epistle to the Romans: An Analysis of Structure and Argument." *ANRW* II.25.4(1987). **Dupont, J.** "Le probléme de la structure littéraire de l'Épître aux Romains." *RB* 62(1955) 365-97. **Feuillet, A.** "Le plan salvifique de Dieu d après l'Épître aux Romains." *RB* 57(1950) 336-87, 489-506. **Fraikin, D.** "The Rhetorical Function of the Jews in Romans." In *Anti-Judaism in Early Christianity*, ed. P. Richardson and D. Granskou. Waterloo, Ontario: Wilfrid Laurier University, 1986. 91-105. **Grayston, K.** "'I Am Not Ashamed of the Gospel': Romans 1:16a and the Structure of the Epistle." SE 2(1964) 569-73. **Jewett, R.** "Ambassadorial Letter." ______. "Following the Argument of Romans." *Word and World* 6(1986) 382-89. **Kennedy, G. A.** *New Testament Interpretation.* Esp. 152-56. **Kinoshita, J.** "Romans – Two Writings Combined." *NovT* 7(1964) 258-77. **Lamarche, P.**, and **Dû, C. le.** *Epître aux Romains 5-8: Structure littéraire et sens.* Paris: Centre National de la Recherche Scientifique, 1980. **Louw, J. P.** *A Semantic Discourse Analysis of Romans.* University of Pretoria, 1979. **Luz, U.** "Zum Aufbau von Röm 1-8." *TZ* 25(1969) 161-81. **Lyonnet, S.** "Note sur le plan de l'Épître aux Romains." *RSR* 39(1951-52) 301-16. **Morris, L.** "Theme." **Mussner, F.** "Heil." **Noack, B.** "Current." **Prümm, K.** "Struktur." **Roland, P.** *Epître aux Romains: Texte grec structure.* Rome: Pontifical Biblical Institute, 1980. **Schenke, H. M.** "Aporien." 882-84. **Schmithals, W.** *Römerbrief.* **Schnider, F.**, and **Stenger, W.** *Studien zum Neutestamentlichen Briefformular.* NTTS 11. Leiden: Brill, 1987. **Scroggs, R.** "Paul as Rhetorician: Two Homilies in Romans 1-11." In *Jews, Greeks and Christians*, FS W. D. Davies, ed. R. Hamerton-Kelly and R. Scroggs. Leiden: Brill, 1976. 271-98. **Stirewalt, M. L.** "The Form and Function of the Greek Letter-Essay." In Donfried, *Romans Debate*, 175-206. **Stowers, S. K.** *Diatribe*. ______. *Letter Writing in Greco-Roman Antiquity*. Philadelphia: Westminster, 1986. *White, J. L. Body*. ______, ed. *Studies in Ancient Letter Writing*. *Semeia* 22. Chico: Scholars Press, 1982. ______. *Light from Ancient Letters*. Philadelphia: Fortress, 1986. **Wilckens, U.** "Abfassungszweck." 139-67. **Wuellner, W.** "Paul's Rhetoric." 152-74.

로마서 이해를 위해 언급되어진 수신자의 역사적 상황의 중요성에 관한 지난 20년 동안 점증되는 강조점은 로마서의 문학적 구조와 수사학적 특성에 관한 점증되는 관심과 조화된다(참조. Donfried, *Romans Debate*; Beker, *Paul*, 61-63).

§4.1 로마서의 문학적 형식. 여기서 중요한 문제는 로마서의 서신 구조(1:1-15; 15:14-16:23)와 로마서 본론(1:16-15:13)의 관계이다. 한편으로 서론과 결론은 본질적으로 고대 세계의 서신 작성의 친숙한 형태의 일종이라는 것이 일반적으로 인정되어 왔다(Doty, 13-14). 이것은 로마서가 아무리 달리 분류되어질 수 있다 할지라도, 적어도 부분적으로는 개인적인 편지로서 A.D. 1세기 중엽에 로마의 특별한 집단의 사람들을 위해 의도되었다는 인상을 매우 강화시킨다. 다른 한편 서신 본문은 내용과 성격에 있어서도 상당히 특이하다. 개인적 서신 형식이 혹 있다 하더라도 그것은 그리 많은 것 같지 않고, "논설" 혹은 "문어체적 대화" 혹은 "서신 수필"로서 훨씬 더 정확하게 묘사되어질 수 있을 것이다(Stirewalt). 로마서에 있는 두 개의 다른 문학적 양식 사이의 긴장은 결코 만족스럽게 해결된 적이 없고 단지 바울이 만든 양식의 독특성만 강조한다. 분명한 것은 오로지 서론과 결론에 해당하는 문학적 병행의 관점에서 서신의 특성을 결정하고자 하는 모든 시도는 명백히 결함이 있다는 것이다. 즉 문서의 특성은 서신 본문의 그 서론과 결론에 대한 관계에서 보여져야 한다는 것이 명백하게 본질적이기 때문이다.

여기서 중요한 사실은 서신의 특징이 현재의 문학적 또는 수사학적 관습에 순응하고 있지 않다는 점이다. 유사한 것들은 주로 그 시기에 다른 사람들이 어떻게 썼는지를 보여줄 뿐이고 그것들은 바울의 것에 대한 어떤 시효도 그리고 바울을 평가할 어떤 명백한 기준도 제공하지 않는다. 그리고 현 논의에서 어떤 특별한 주장도 폭넓은 동의를 얻지 못했다는 사실은 바울의 문체가 전통적이거나 순응적인 것이라기보다는 절충적이고 직관적이라는 것을 암시한다. 따라서 로마서를 "종교를 위한"(epideictic; Wuellner, Fraikin) 혹은 "심의를 위한"(deliberative) 혹은 "설득적인"

(protrepic; Stowers, *Letter Writing*, 114) 것(epideitic, deliberative는 수사학적 용어인데, 각각, '종교를 위한', '심의를 위한'(평가)으로 번역된 경우가 있다 – 역자주)으로 분류하는 것은 본 서신에 대한 이해를 실제로 그리 증진시키지 못한다(Aune, 219). 왜냐하면 서신의 주된 힘은 그것의 **특징적인** 바울적 기교(art)와 내용에 놓여 있기 때문이다. 기껏해야 우리는 당시의 관용구의 일부이었던 형식적인 특징을 편안하게 말할 수 있으나(교육받은 학생들이라면 누구나 사회적 의사소통을 위한 기초적인 준비의 부분으로 배웠던 것), 바울은 그것을 통하여 별 거리낌없이 자신을 자연스럽게 표현하였다. 로마서가 대사(大使)의 서신 모형으로 쓰여졌다는 가장 인상적인 주장(Jewett)조차도 아마도 옳을 것이다. 대사의 서신이라는 모형은 서론과 결론의 구체적인 특징을 종종 밝혀준다. 유사하게 편지의 일상적인 형식과 관용어는 수신자들에게 보다 쉽게 들릴 수 있고 동화될 수 있게 하였다고 생각할 수 있다. 그러나 그들이 편지를 보유하고 그 권위를 인정하였던 이유는 셀 수 없이 많은 독특한 변형들과 장식들을 포함하여 일상적인 형식과 관용어를 사용한 바울의 용법 때문이며 그리고 무엇보다도, 당연히 바울의 단어와 문장들의 더 친숙하고 덜 친숙한 내용 모두를 통하여 그들에게 들려진 하나님의 말씀을 들었다는 사실이다(참조. Barth, *Preface*[2]).

그러나 구조와 서신 본문 사이에 기록의 일관성이란 관점에서 보면, 가장 중요한 특성은 서신 본문(1:16-15:13)이 바울의 미래 계획에 관한 아주 유사한 두 진술 사이에 세련되게 끼워져 있는 방식이다(15:14-33 양식과 구조를 보라). 하지만, 두 번째 진술은 특히 바울이 로마에 오는 목적에 관해서 더 완전하고 더 명백하다. 이로부터 끌어낼 수 있는 가장 분명한 추론은 로마의 기독교인들이 바울이 바랬던 지원을 제공할 수 있다고 기대될 수 있기 전에 이러한 보다 완전한 통찰력을 가질 필요가 있었다는 전제 하에, 로마 기독교들인에게 구체적인 요구를 하기 전에, 복음에 관한 이해를 자세히 다듬을 필요가 있다고 생각했다는 것이다. 이 추론은 바울이 서신의 본문에 서문과 결어를 얼마나 주의 깊게 맞추어 넣었는가를 보면 더 힘을 얻는 것 같다. 즉 이미 세심하게 서문(1:2-6)에 표현되어 전체에 퍼져있는 기독론과 더불어 1:16-17은 앞에 온 것에 대한 절정으로서 그리고 뒤에 나오는 것의 주제적 진술로서 본문과 서론 및 결론에 기여하고 있다(1:16-17의 양식과 구조를 보라). 그리고 15:14-15은 이전의 서술이 모두 사도로서 바울의 은혜의 표현이라는 것을 언급하는 정중한 방식이다. 즉, 그것은 믿음을 강화시키는 은사 그리고 그가 전하기 위해 받은 복음의 한 본보기이다(1:11, 15). 그는 그것을 가지고 자신의 장래 선교 사역을 돕는 그들의 후원에 보답하기를 소망하였다(참조. 15:24, 27-29와 1:12).

문학적 구조와 관련된 다른 주요한 문제는 16장이 원 서신의 일부인지의 여부에 관한 것이다. 원래 에베소로 보내졌다는 주장이 놀랄 만큼 계속해서 상당한 지지를 받고 있지만, 최근 주석가들은 대부분 로마서 16장이 로마서의 부분이라는 것을 받아들인다. 16장이 서신의 일부분이라는 논거는 16:1-23의 서론에 간략하게 개요된다. 성경원문의 역사는 복잡하다(16:25-27에 관한 원문주해를 보라). 그러나 바울 자신이 16장을 에베소서 본에 덧붙여 하나의 판 이상을 기록하였다는 것보다도 바울의 로마서가 축약된 형식으로(몇몇 본문에서처럼, 아마도 1:7과 15에서 로마에 관한 특별한 언급을 포함하여 명백하게 더 개인적인 언급을 생략하기 위해) 복사된 바울의 로마서의 가능성을 주장하기위해 어떤 자세한 분석을 할 필요도 없다. 바울 서신의 수집가와 분배자는 서신의 서론과 결론을 손대지 않은 채로 서신을 회람시키는 데 어려움을 겪지 않았을 것이다. 반면, 바울 자신은 그것들이 그가 설립한 교회에 다소 적합하지 않았더라면, 아마도 서론과 결론을 바꾸지 않고 그대로 두려고 하지는 않았을 것이다. 편지가 상당히 축약되지 않았다는 사실(16장과 15장 전체에 대한 마르시온의 제거와는 별도로)은 구조와 본문의 일관성이 대부분의 필사자들에 의해 인정되었었다는 표시이다.

서신의 언어와 문체에 관련된 다른 문제들에 대해서, 센데이와 해들램(W. Sanday and A. C. headlam, SH), lii-lxiii과 크랜필드(Cranfield), 24-27을 참조할 수 있다.

§4.2 로마서의 신학적 일관성. 로마서 연구 검토에서 쉽게 제시될 수 있는 하나의 인상은 로마서가 일관성이 **없다**는 점이다. 샌더스(Sanders, *Law*, 123-35)와 레이제넨(Räisänen, *Law*, 101-9)은 바울이 다른 곳에서 말한 것과 차이가 나는 결정적 논점들을 2장에서 발견한다. 포괄적인 논증의 전개 내에서 5장의 기능은 큰 논쟁거리이다(5:1-21 서문 부분을 보라). 키노쉬타(Kinoshita)는 로마서가 두 개의 개별적 편지의 조합이라고 주장한다. 스크로그스(Scroggs)도 마찬가지로 로마서는 두 개의 독특한 설교의 융합이라고 논증한다(5-8장과 1-4, 9-11장). 노악(Noack, 164)은 5-8장을 역류로 기술한다. 9-11장은 가끔 주요 논의에 대한 추록(excursus) 또는 부록으로 간주되거나, 아니면 실제로 이전에 형성된 완전한 단위로 현재의 자리에 합쳐진 것으로 간주한다(Dodd). 몇몇 사람들은 12-15장을 앞에 온 것과 전혀 관계가 없으며 표준적인 권면의 전통을 단순히 적용한 것이라고 본다(예를 들어, Dibelius, 238-39).

하나의 전체로서 로마서의 통합과 일관성을 부인하는 데 있어서 가장 급진적인 사람은 두 개의 개별적 서신이라고 주장하는 쉬미탈스(Schmithals)와(A—1:1-4:25

+5:12-11:36+15:8-13; B—12:1-21+13:8-10+14:1-15+15:14-32+16:21-23+15:33), 그리고 주로 삽입어구들로 상당히 편집되었고 확장된 원본이라고 주장하는(1:18-2:29; 5:12-21; 7:14-25; 9:11-24; 10:7-15:13로 구성되어 있는) 오닐(O'Neil)이다. 덜 급진적인 것은 바울에 의한 서신서 작성 이후 어느 단계에서 수많은 주해들이 편지에 덧붙여졌다는 불트만(Bultmann)의 주장(2:1, 16; 5:6-7; 6:17b; 7:25b; 8:1; 10:17; 13:5)과 14:1-15:13+16:3-20은 원래 에베소 교회에 보내진 것이라는 쉔케(Schenke)의 주장이다.

그러나 본문을 면밀히 연구하면 이 모든 것과 또 유사한 제안들이 정도의 차이는 있지만 정당하지 않다는 것이 드러난다. 특히, 쉬미탈스의 경우에 그렇다. 왜냐하면 그의 서신 분류에서 A는 결론이 없고, B는 서론이 없기 때문이며, 둘이 함께 매우 잘 맞기 때문에, 그의 조정은 불필요하다(Schmithals와 Schenke에 관해서도 Wilckens, 1:27-29를 보라). 오닐(ONeil)의 재구성은 바울을 문학적이며 신학적인 일관성의 전형이라는 전혀 비현실적인 가정에서 전개한다. 또 "율법"이나 "육체"와 같은 주요 모티브에 대한 복잡한 취급의 한 이면만을 참된 것으로 취함으로써 로마서 저자에 훨씬 못미치는 인상을 주는 불구적이고 단색적인 바울이 되게 했다. 다른 개별적 주장들은 각각의 주요 부분에 대한 서문에서 대부분 보다 자세하게 다루어질 것이다. 나머지에 대해서는 보다 일반적 관찰로 제한할 것이다.

§4.2.1 먼저 바울이 서신을 기록하면서 분명히 품었던 다양한 목적들의 통합에서 그 서신의 일관성을 설명할 수 있다(위의 §3을 보라). 바울의 선교 목적(§3.1)은 그의 변증 목적(§3.2)과 완전히 별개의 것으로 여겨질 수 없다. 반대로 그것은 정확히 그의 신학적 확신이었다. 이는 선교사로서 바울의 동기를 부여하였던, 유대인뿐만 아니라 이방인을 위한, 그리스도 안에서의 하나님의 목적의 종말론적 성취와 관련된 것이다. 도처에 있는 기독론적 강조는 서신의 주요 본문(예를 들어, 3:21-26; 5:14-21; 8:1-4; 9:32-10:13; 12:5; 14:8-9; 15:1-9)뿐만 아니라, 이 복음을 위한 그의 위임받음이 예수로부터 왔다고 바울이 증거하는 서론과 본론(1:1-6, 9; 15:16-20)도 함께 묶어 준다. 따라서 또한 11:13-14에 삽입된 개인적 기록도 결코 엉뚱한 것이거나 바울 답지 않은 것이 아니라, 오히려 그의 독자들이 서바나로 복음을 가져가고자 하는 바울의 강력한 의무감을 이해하고 공감하고자 했다면, 그 개인적인 기록은 바울이 9-11장에서 정점을 이루고 있는 신학적 해석을 필수적이거나 혹은 본질적인 설명으로 보았다는 것을 확증해준다. 마찬가지로 변증적 목적과 목회적 목적(§3.3)간의 연결이 명확해지는 것은 혼합된(유대인/이방인) 로마 회중의 특

성(위의 §2)을 인식함으로써 로마 회중들은 각자의 입장에서 조화롭게 기능하는 유대인과 이방 성도들로 구성된 그리스도의 몸에 대한 바울의 사도적 비전에 대한 일종의 시험적 사례였다(15:7-13). 1-11장에 대한 바울의 신학적 주해는 12-15장의 각각의 권면에 대한 이념적 토대가 된다(또한 Wilckens, 1:39-42; Wuellner, 171-72 참조하라).

적어도 우리는 바울 자신의 개인적이며 영적인 순례에 의해 그리고 메시아 예수 안에서 그리고 예수를 통하여 성취된 아브라함에게 하신 하나님의 약속의 메시지를 비유대 세계에 가져간, 이방인을 위한 유대인 사도로서의, 그의 임무에 의해 제공된 완성을 상기할 필요가 있다. 바울이 자신의 인격과 믿음과 선교에서 경험하였던(위의 §1) 것은 바로 정확히 첫째는 유대인에게요 또한 헬라인에게로다(1:16) 사이의 긴장이다. 이것은 또한 전체 서신에 통합적인 모티프를 제공한다. 첫 번째로 바울은 유대인도 헬라인만큼 하나님의 종말론적 은혜가 필요하다고 주장한다(1:18-3:20). 그런 다음 바울은 이방인과 마찬가지로 유대인의 많은, 모든 이가, 그 은혜의 경험 안에 들여보내어진 방법을 상세히 설명하고(3:21-5:21), 특징적으로 이스라엘에 속한 것으로 이해된 이러한 축복들이 어떻게 현재 많은, 모든, 사람들 각자에게 실현되는지를 설명한다(6-8장). 오랫동안 절박한 질문이었던 이스라엘의 축복이 이방인에게 자유롭게 열렸다면, 이스라엘 자체를 위한 약속에 대해서는 어떤가라는 것이 마침내 신학적 해석의 절정에서 중심 무대를 차지한다(9-11장). 마지막으로 약속의 백성의 성격(유대인과 이방인)이 이렇게 재정립되자, 전통적인 유대의 종족적 사회적 관습은 더 이상 단순히 약속의 백성을 위한 명백한 윤리적 테두리로 가정할 수 없었다. 결과적으로 바울은 새로운 모형(그리스도의 몸)으로 영감을 받고 아직도 여전히 적용되는 더 오래 된 유대 지혜의 사려깊은 조합으로 구성된 일련의 새로운 지침과, 예수 자신이 권면하고 십자가에 이르기까지 모든 길을 살았던 새로운 이웃 사랑의 지침을 자세히 설명한다(12:1-15:6).

이 로마서는 바울이 시도하였던 바 자기 사역에 대한 신학적, 변증적, 선교적, 목회적 설명에 대한 가장 완전한 해석임에 틀림없다. 바울이 유대인들, 유대 기독교인들, 하나님께 예배하는 이방인들 그리고 이방 기독교인들에 대한 이전의 논의와 해설에서 그 요소를 사용하고 반복했다는 것은 의심할 필요가 없다. 또한 거의 확실히 바울이 유다와 예루살렘에 제공해야만 했었을 변증 목적도 가졌다는 것도 매우 그럴듯하다(바울이 그렇게 할 기회를 가지고 있었더라면 - 15:31). 그러나 결국 그 해설은 그것의 인접한 몇 가지 목적들을 초월하고, 지속적으로 가치가 있는, 일관되고 통합된 하나님의 종말론적 백성(이방인과 유대인)에 대한 비전을 제공한다.

§4.2.2 통합적인 모티프로서 첫째는 유대인에게요 또한 헬라인에게로다의 중요성은 로마서에 나타난 다른 특성들에 의해서도 증명된다.

논제 항목의 한 특성은 통렬한 대화(diatribe, 상상의 대담자와의 대화)의 반복적 사용이다—특히 2:1-5, 17-29; 3:27-4:2; 9:19-21; 11:17-24. 여기서 바울은 당시의 철학적 담론 문체에 익숙했음을 명백하게 보여준다. 통렬한 대화체의 특징은 허식과 오만을 비판하고 교정하고자 하는 시도이다. 스토워스(Stowers, *Diatribe*, 75-78) 역시 대화체의 전형적 기능은 학문적인 배경 속에서, 반대자에 대한 논쟁이 아니라, 학문적인 배경 속에서 반대자를 진리에 이르게 하기 위해 고안된 동료 학도에 대한 비판적 질문이었다는 중요한 관찰을 하였다(그러한 관점으로 또한 Aune, 200-201, 219). 결과적으로 로마서에서 바울의 대화체 사용은, 특히 2장과 3장에서, 유대인 혹은 유대교 그 자체에 대한 철저한 반대 입장이 아니라, 오히려 바울과 유대인 사이에 공통된 유대의 전통을 올바르게 이해하고자 하는 목적을 가진 것으로 유대교의 학당에서 동료 생도들과 행했던 비판적 대화로 보아야만 한다. 더 나아가 이것은 우리로 하여금 서신 도처에 있는 바울의 일관된 관심은, 그가 어디에서 그것을 발견하든, 전제를 깨뜨리고 교만이 그 머리를 들지 못하게 하는 것이라는 것을 인식하도록 돕는다. 따라서 이방인의 자랑에 대한 11:17-25의 경고는 동료 유대인들을 사로잡았던 함정에 이방 성도들이 빠지는 것을 막기 위한 시도였음을 볼 수 있다(2:17, 23; 3:27; 4:2). 동시에 그것은 논제 항목의 관심을 권면의 항목과 연결시킨다(특히 12:3, 16 그리고 14:3).

"첫째는 유대인에게요 또한 헬라인에게로다"라는 주제와 얽혀 있는 것은 하나님의 의, 믿음으로 말미암은 의, 그리고 하나님의 신실하심에 관한 통합된 주제적 강조이다(1:17). 여기서 하나님의 의에 관한 바울의 취급이 주로 유대인/이방인 주제의 해석, 곧 이방인들이 하나님의 의(=구원하는 은혜)의 완전한 수납자들이며, 유대인들만큼이나 전적으로 아브라함과 야곱에 하신 약속의 상속자들이라고 주장하는 바울의 방식에 대한 스탕달(Stendahl, "Conscience" 그리고 *Paul*, 2-3)의 통찰에 확실한 무게를 실어 주는 것은 중요하다. 모든 사람에 관한 반복적인 강조—믿는 모든 자(1:16; 3:22; 4:11; 10:4, 11-13), 모든 불의한 자(1:18, 29), 판단하는 모든 사람(2:1), 악/선을 행하는 모든 사람(2:9-10), 죄 아래 있는 모든 사람(3:9, 12, 19-20, 23; 5:12), 모든 자손(4:11, 16), 모든/온 이스라엘(11:26), 등등—는 우선 헬라인뿐만 아니라 모든 유대인을 의미하고, 유대인뿐만 아니라 모든 이방인들을 의미한다.

따라서 역시 필수불가결한 동일한 해설로서 하나님의 신실하심에 관한 강조는 3:3, 9:6 그리고 11:29와 같은 결정적 주장들뿐만 아니라 하나님의 진리(=신실하심)에 대한 강조에서도 표현된다. 이 진리는 창조자와 심판자로서 하나님의 신실하심에 관한 보다 넓은 고찰 안에서 하나님의 언약의 신실하심에 대한 개념을 정립시키는 효과가 있다(1:18, 25; 2:2, 8, 20; 3:7). 적잖게 중요한 것은 바울이 권면 부분을 전체적인 주제로 보다 완전하게 통합하기 위해 그리고 동시에 조상들에게 하셨던 약속에 대한 하나님의 진실하심과 신실하심이 홀로이신 하나님에 대한 찬양으로 하나가 된 모든 나라와 민족들을 염두에 두었다는 그의 주장을 강조하기 위해 15:7-13을 사용하고 있는 방식이다. 1:16-17에서 선언된 주제의 **일 부분으로서** 하나님의 신실하심에 관한 이런 강조의 중요성은 로마서의 해설에서 충분히 인식되지 않았었다.

동일하게 중요한 것은 로마서를 관통하고 있는 주요한 제2의 주제로서 율법의 의미를 인식하는 것이다. 아마도 이것은 전체 서신의 다른 어떤 면보다 더 많은 혼란을 유발시켜 왔고, 그것을 적절하게 다루기 위해서, 이 문제에 관한 보다 충분한 관점을 얻기 위해 우리는 한 발 물러설 필요가 있다.

§5. 바울에 관한 새로운 시각 : 바울과 율법

참고문헌

Barclay, J. M. G. "Paul and the Law: Observations on Some Recent Debates." *Themelios* 12.1(1986) 5-15. **Barth, M.** "Die Stellung des Paulus zu Gesetz und Ordnung." In L. de Lorenzi, *Die Israelfrage nach Röm 9-11*. Rome: Abtei von St Paul, 1977. 245-87. **Bruce, F. F.** "Paul and the Law of Moses." *BJRL* 57(1974-75) 259-79. **Bultmann, R.** "Christ the End of the Law." *Essays Philosophical and Theological*. London: SCM, 1955. 36-66. **Cranfield, C. E. B.** "St Paul and the Law." *SJT* 17(1964) 43-68. ______. *Romans*. 845-62. **Davies, W. D.** *Paul*, Preface to the Fourth Edition. xxi-xxxviii. ______. "Paul and the Law: Reflections on Pitfalls in Interpretation." In *Paul and Paulinism*, FS C. K. Barrett, ed. M. D. Hooker and S. G. Wilson. London: SPCK, 1982. 4-16. **Dodd, C. H.** "Law." **Dülmen, A. van.** *Theologie*. **Dunn, J. D. G.** "New Perspective." ______. "Works of Law." **Feuillet, A.** "Loi de Dieu, Loi du Christ e Loi de l'Esprit. D'après les epîtres pauliniennes: Le rapport de ces trois lois avec loi mosaïque:." *NovT* 22(1980) 29-65.

Fitzmyer, J. "Paul and the Law." *To Advance the Gospel.* New York: Crossroad, 1981. 186-201. **Garlington, D.** *Obedience.* **Gaston, L.** "Torah." **Gundry, R. H.** "Grace, Works, and Staying Saved in Paul." *Bib* 66(1985) 1-38. **Hahn, F.** "Gesetzesverständnis." **Hartman, L.** "Bundesideologie in und hinter einigen paulinischen Texten." In *Die Paulinische Literatur und Theologie,* ed. S. Pedersen. Aarhus: Aros/Göttingen: Vandenhoeck und Ruprecht, 1980. 103-18. **Haufe, C.** "Die Stellung des Paulus zum Gesetz." *TLZ* 91(1966) 171-78. **Hofius, O.** "Gesetz." **Hooker, M. D.** "Paul and 'Covenantal Nomism.'" In *Paul and Paulinism,* FS C. K. Barrett, ed. M. D. Hooker and S. G. Wilson. London: SPCK, 1982. 47-56. **Hübner, H.** *Law.* ______ "Paulusforschung." 2668-91. **Jaubert, A.** *La notion d'alliance dans le Judaïsme,* Éditions du Seuil, 1963. Esp. 39-66. **Jewett, R.** "The Law and the Coexistence of Jews and Gentiles in Romans." *Int* 39(1985) 341-56. **Klein, C.** *Anti-Judaism in Christian Theology.* Philadelphia: Fortress, 1978. **Kuss, O.** "Nomos bei Paulus." *MTZ* 17(1966) 173-226. **Ladd, G. E.** "Law." **Lambrecht, J.** "Gesetzesverständnis bei Paulus." In *Das Gesetz im Neuen Testament,* ed. K. Kertelge. Freiburg: Herder, 1986. 88-127. **Lang, F.** "Gesetz und Bund bei Paulus." In *Rechtfertigung,* FS E. Käsemann, ed. J. Friedrich et al. Tübingen: Mohr, 1976. 305-20. **Limbeck, M.** *Die Ordnung des Heils: Untersuchungen zum Gesetzesverständnis des Frühjudentums.* Düsseldorf: Patmos, 1971. **Luz, U.** *Gesetz.* 89-112. **Moo, D. J.** "'Law,' 'Works of the Law,' and Legalism in Paul." *WTJ* 45(1983) 73-100. **Montefiore, C. G.** "Genesis." **Nicholson, E. W.** *God and His People: Covenant and Theology in the Old Testament.* Oxford: Clarendon, 1986. **Osten-Sacken, P. von der.** "*Das paulinische Verständnis des Gesetzes im Spannungsfeld von Eschatologie und Geschichte: Erläuterungen zum Evangelium als Faktor von theologischen Antijudaismus.*" *EvT* 37(1977) 549-87. **Porter, C. L.** "New Paradigm." **Räisnen, H.** "Legalism and Salvation by the Law: Paul's Portrayal of the Jewish Religion as a Historical and Theological Problem." In *Die Paulinische Literatur und Theologie,* ed. S. Pedersen. Aarhus: Aros/Göttingen: Vandenhoeck und Ruprecht, 1980. 63-83. Repr. in *Torah,* 25-54. ______. "Paul's Theological Difficulties with the Law." In *Studia Biblica 1978,* ed. E. A. Livingstone. Vol. III. *JSNTSup* 3. Sheffield: *JSOT,* 1980. 301-20. Repr. in *Torah,* 3-24. ______. *Law.* ______. "Paul's Conversion and the Development of His View of the Law." *NTS* 33(1987) 404-19. **Reicke, B.** "Gesetz." **Sanders, E. P.** "The Covenant as a Soteriological Category and the Nature of Salvation in Palestinian and Hellenistic Judaism." In *Jews, Greeks and Christians,* FS W. D. Davies, ed. R. Hamerton-Kelly and R. Scroggs. Leiden: Brill, 1976. 11-44. ______. *Paul.* ______. *Law.* **Sanders, J. A.** "Torah and Paul." In *God's Christ and His People*, FS N. A. Dahl, ed. J. Jervell and W. A. Meeks. Oslo: Universitetsforlaget, 1977. 132-40. **Sandmel, S.** *Paul.* 36-60. **Schechter, S.** "The 'Law.'" *Aspects.* 116-26. **Schoeps, H. J.** *Paul*, chap. 5. **Snodgrass, K.** "Spheres of Influence." **Stendahl, K.** *Paul.* **Stuhlmacher, P.** "Law." **Watson, F.** *Paul.* **Wedderburn, A. J. M.** "Paul and the Law." *SJT* 38 (1985) 613-22. **Westerholm, S.** "Torah, Nomos:, and *Law*: A Question of 'Meaning.'" *SR* 15(1986) 327-36. **Wilckens, U.** "Zur Entwicklung des paulinischen Gesetzesverständnis." *NTS* 28(1982) 154-90. **Wright, N. T.** *Messiah*, chap. 2.

§5.1 특히 바울과 로마서에 관한 참신한 평가는 샌더스(E. P. Sanders)가 *Paul*, 1-12와 제1부에서 제공한 바울에 관한 새로운 조망으로 가능해졌고 필요하게 되었다(비록 Limbeck의 구약 율법의 부정적 서술에 관한 이전의 비판과 성경 중간사 연구 또한 언급되어야 함에도 불구하고; 또한 특히 Gaston의 *Torah*, 48-54, 그리고 Watson, *Paul*, 2-18을 보라; 보다 오래된 범주의 관점에 입각한 토론의 예는 초기 문헌을 검토하고 있는 Kuss의 "Nomos"를 보라; Lang; Hübner). 샌더스는 다른 사람들이 형성시켰던 관점을 극복하는데 성공하였다(예를 들어, Stendahl, "Introspective Conscience," 그리고 Dahi, "Justification," 특히 110-11, 117-18). 하지만 전체 신약신학 내에서 거의 "관심을 두지" 않았다. 그 요지는 개신교 주석이 로마서 본문에 관한 해석학 틀을 부여하는데 있어서 전형적으로 이신칭의에 관한 루터주의의 강조를 너무나 오랫동안 허용해왔다는 것이다(예를 들어, Bornkamm, *Paul*, 137이 그 주제에 대한 자신의 논의를 구성하는 방식을 참조하라). 하나님이 경건하지 않은 자들을 의롭게 하시는 유일하신 분(4:5)이라는 강조는 중요하다. 그리고 짐작할 수 있듯이, 이러한 통찰이 엄청난 힘을 가지고 루터 신학 내에서 하나의 통합적인 초점이 되어왔다. 그러나 문제는 그 강조가 반대하고 있는 것에 있다. 이신칭의의 대조-바울이 **행위에 의한 의**라고 말하는 것-는 구원이 **선한 행실**의 **공로**로 말미암아 **획득되어진다**는 체계로 이해되어진다. 이것은 부분적으로는 같은 구절에(4:4-5) 제시된 비교에 기초하고 있고, 또 부분적으로는 면제부를 살 수 있고 공로는 축적될 수 있다는 체계에 대한 종교개혁의 거절에 근거하고 있다. 종교개혁의 주장은 확실히 필요하였고 정당화되었으며 지속적으로 중요하다. 그러나 해석적 오류는 이 반대 명제를 신약 시대에 집어넣어 읽음으로써 발생하는데, 즉 루터가 종교개혁 이전 교회 안에

서 대항하여 주장하였던 것을 바울이 정확히 바리새적 유대교에 반대하여 주장하였다고 생각하는 것, 다른 말로 하면, 바울 시대의 유대교는 하나님의 값없는 용서와 은혜에 대한 여지가 전혀 혹은 거의 없이 선행의 공로로 구원을 얻는 체계를 가르치며 차갑도록 율법적이었다고 생각하는 실수를 하고 있다("바울서신의 적당한 색조의 배경을 형성하기 위해 기독교 학자들이 만든 상상적인 랍비 유대교" – Montefiore, 65; Sanders와 Watson이 인용한 경우 외에도 Leenhardt의 여러 곳과 Ridderbos, *Paul*, 130-35를 보라).

사실상 샌더스가 보여준 것은 일세기 유대교에 대한 바로 이 묘사 – 유감스럽게도 기독교의 반셈족주의의 악한 경향을 북돋우는데 일조를 한 대략적인 그림 – 였다. 하지만 오히려 샌더스가 명백할 정도로 충분히 증명한 것처럼, 유대교의 전반적 종교적 자기 이해는 은혜의 전제에 기초하고 있다 – 즉, 하나님은 자유로이 이스라엘을 선택하셨고, 그들의 하나님이 되시며, 그들은 그의 백성이 되도록 이스라엘과 자신의 언약을 맺으셨다는 것이다. 이 언약적 관계는 언약에 들어가거나 공로를 얻는 방법으로서가 아니라, 언약 **안에서** 살아가는 방법으로 율법에 규율되었다. 그리고 이것은 죄를 고백하므로 회개한 사람들을 위한 희생과 속죄의 준비도 포함한다. 바울 자신은 로마서 10:5에서 – "율법으로 말미암는 의를 행하는 사람은 그 의로 살리라" – 레위기 18:5을 인용함으로 이 태도를 분명히 나타내고 있다. 샌더스는 이러한 태도를 오늘날 잘 알려진 구절인 언약적 명목주의(covenantal nomism) – 즉, 그 언약의 부분으로 하나님께서 주신 율법을 준수함으로 하나님의 선택된 백성들 가운데 신분 유지를 한다는 것(예를 들어, *Paul*, 544; 더 자세한 것은 Dunn, "New Perspective"; 유사하게 Limbeck, 29-35를 보라; Ziesler의 초기 구절로 언약을 지키는 의 – *Righteousness*, 95를 참조하라) – 로 특성을 잘 묘사한다. 샌더스의 연구는 당시 이용 가능한 모든 유대 문헌들을 포괄하지는 못했지만, 외경에 포함되어 있는 유대 작품들 곳곳에서 언약적 명목주의 유형의 일관성을 증명하였던, 나의 제자 갈링턴(D. Garlington)의 연구에 의해 확증된 바 있다. 그럼에도 불구하고, 그 유형이 모든 디아스포라 문헌에서(14-15, 29, 48, 77, 141, 167, 178-81, 236-37) 그렇게 일관적이지 않다고 지적한 콜린스(Collins)의 *Athens*를 또한 보아야 한다. 바울 시대에까지 이르며 바울 시대에 있는 유대교에서의 언약의 중요성에 대해서는 특별히 조버트(Jaubert)를 참조하라.

불행하게도 샌더스는 이 통찰을 충분할 정도로 깊이 혹은 충분한 일관성을 가지고 추적하지는 않았다. 샌더스는 바울을 그렇게 이해된 유대교의 이러한 정황에 완전하게 반대하도록 혹은 그 정황 내에 두지 않고서 바울이 자신의 신학을 특히, 율법과 관련하여 일관성이 없고 모순되게 하면서 하나의 체계(언약적 명목주의)에서 다른 체계(기독교; *Paul*, 550-52)로, 자의적인 방식으로(다메섹 도상의 만남의 결과로) 비약했다는 논제를 발전시켰다(*Law*). 이 마지막 요점에 관해 샌더스는 레이제넨(Räisänen)의 강력한 지지를 받았다(*Law*). 즉 레이제넨은 바울이 "유대교를 공로와 성취의 종교로 묘사하고자 "("Conversion", 411) 하였으며 따라서 "전적으로 왜곡된 유대 종교를 그리고 있다"고 주장한다("Legalism," 72[Scheops, 200과 일치]. 그러나 갈 2:16과 바울의 유대교와의 단절의 중요한 양보와 더불어, *NTS* 31(1985) 550=*Torah*, 183). 다른 각도에서 동일하게 혼란스러운 것은, 샌더스에 의해 묘사된 것처럼 팔레스타인 유대교의 언약적 명목주의가 바울 자신의 종교로 보편적으로 이해되어왔던 것과 아주 놀라운 유사성을 지니고 있다는 사실이다(하나님께서 먼저 은혜로 받아들이신 것의 열매로서 선한 행위들; Hooker, "Covenantal Nomism")! 그렇다면 바울이 반대하는 것은 무엇이 되겠는가?

§5.2 여기서 드러난 해석적인 질문들은 거의 대개 바울과 율법의 문제에 초점을 맞추고 있다(그래서 Sanders와 Räisänen의 책 제목은 그리 놀라운 것이 아니며 Hübner의 것도 마찬가지다). 이것이 중요한 것은 율법이 실제로, 보통 생각지 못하는 정도로, 서신의 주요한 이차적 주제를 형성하기 때문이다(필요불가결하게 수반하는 주제 – Hahn, 30). 다른 중요 단락에서 논증의 결정적 요지를 제공하는 것이 바로 율법의 역할인 반면에(3:19-21; 8:2-4; 9:31-10:5), 오히려 놀라운 것은 바울이 율법을 가져오기 전에 로마서에서 대체로 자신의 논의의 일부를 전개하고 있는 방식이다(2:12 이하; 3:27 이하; 4:13 이하; 5:20; 7장). 다루어진 이 언급들이 1-11장의 완벽한 논증을 모든 단계에서 연결하기 때문에, 바울의 복음과 율법간의 긴장 그리고 그 긴장을 해소하고자 하는 그의 관심이 서신 기록에 바울의 중요한 동기를 제공한다는 것은 거의 의심할 수 없다.

더 나아가 로마서 내에서 가장 어려운 몇몇 주해적 문제들이 본 서신의 이 핵심적인 이차적 주제와 밀접한 관계가 있다는 것은 우연의 일치는 아니다. 따라서 샌더스와 레이제넨이 2장에서 율법에 대한 바울의 취급을 나머지 그의 신학 이론으로 통합시키지 못한다는 것은 다시 한번 심각한 것이다(Sanders, *Law*, 147 – "진정한 자기모순"; Räisänen, "Difficulties," 307 – "사고의 모순적 계통"; 또한 *Law*). 3:27-31에서 노모스(*νόμος*)의 사용은 끝임없는 혼란을 야기하였다. 27절의 노모스(*νόμος*)를 율법에 대한 언급으로 보아야 하는가 아니면 원리로 번역해야 하는가? 그리고 바울은

31절에서 율법을 굳게 세우는 것을 어떻게 주장할 수 있는가? 7장에서 율법의 중심성은 인정되고 있지만, 3:27과 동일한 방식으로 논쟁되어진 7:23과 8:2에서 노모스(*νόμος*)의 의미와 함께, 특히 그 통찰이 7:14-25의 해석을 가능하게 하는 방식과 그 여부는 해결되지 않는 논쟁의 문제이다. 명백히 중요한 요약 단락인 9:30-10:4에도 노모스 디카이오수네스(*νόμος δικαιοσύνης*) 곧 의의 법(9:31)과 텔레스 노무(*τέλος νόμου*) 곧 율법의 마침(10:4)의 의미에 관한 동등한 논쟁이 있다. 그리고 권면 단락에서 이웃 사랑이 율법의 완성이라는 주장(13:8-10)은 바울이 유대교와 그 율법에 등을 돌렸었다고 생각하는 자들에게 보다 심각한 혼동을 일으킨다. 레이제넨의 위축시키는 비판이 강조하였던 것처럼(*Law*, 23-28, 42-83), 로마서에서 율법과 관한 긍정적이고 부정적인 진술 둘 다를 하나의 통합된 전체 내에 묶는 문제는 만족스러운 해결책에 도달하지 못했다. 비록 본문에 대한 레이제넨 자신의 세분화된 취급은 그 자체가 그 주제에 대한 통합적이고도 일관된 개관에 심각한 방해물이지만 말이다.

그렇다면 분명히 로마서에서 이 주요한 이차적 주제는 서신에 대한 우리의 이해에 핵심적으로 중요한 문제를 제기한다. 실제로 그것들은 모두 함께 수반되는 것이며, 하나의 정확한 해결은 다른 것의 해결을 수반할 것이다. 여하튼 서신 자체에 선뜻 들어가기 전에 1세기 유대교에서의 율법의 역할에 대한 보다 분명한 관점을 얻을 필요가 있다. 율법과 그것의 기능과 관련하여 바울과 그의 독자들이 당연하게 여겼던 것을 우리가 당연하게 여길 수 있을 때에만, 바울이 구성하고 있던 비유들을 들을 수 있을 것이고, 그가 한 주장들을 이해할 수 있을 것이다. 위에 열거한 구절들과 관련하여 여전히 남아있는 혼동과 불일치는 바울이 반대하였던 유대교 내에서와 바울에 관한 새로운 조망 내에서, 율법의 역할은 아직 적절하게 인식되지 않았음을 시사한다. 그러므로 뒤따르는 것에서 나는 서신의 이 중요하고 통합적인 가닥의 이해를 위한 사전 준비를 간략히 시도할 것이다.

§5.3 먼저, 약간의 오해와 혼동을 유발해 왔던 한 요지를 명확히 해야만 한다. 다시 말하면 토라에 상응하는 번역으로서 율법(*νόμος*-노모스)의 적정성 혹은 토라의 의미를 명확히 해야 한다. 스켓취터(Schechter)와 도드(Dodd)의 "율법"(Law) 이후, **토라**는 노모스(תּוֹרָה)나 율법을 의미하지 않고 오히려 그냥 교훈이나 가르침을 의미하며, **그** 토라(오경, 혹은 실제로 전체의 성경)는 율법 이상을 포함한다고 빈번하게 주장되었었다. 한 영향력 있는 의견 집단에 따르면, 보다 협의의 단어 노모스(תּוֹרָה)를 사용한 토라(תּוֹרָה)의 칠십인경에 의해 주어진 것으로 율법과 토라(Torah)

를 동일시하는 것은 결과적으로, 바울의 조상적 신앙에 대한 "왜곡된" 이해에 기여하였고 현대의 유대교의 특징의 뿌리를 "율법적"이게 한다(예를 들어, Dodd, "Law," 34; Scoeps, *Paul*, 29; Sandmel, *Paul*, 47-48; Westerholm에 의해 인용된, 330-31; 또한 Lapide, 39). 그러나 웨스트홀름(Westerholm)은 이제 분명하게 제시했다. 즉 (1) 노모스(*νόμος*)는 토라(תּוֹרָה)에 대한 적절한 번역이 될 수 있다(예를 들어, 창 26:5; 출 12:49; 레 26:46), (2) 토라라는 전문 용어는 이스라엘의 언약적 의무들을 자세히 설명하는 모음집을 말한다는 것은 신명기로 거슬러 올라가며, 이 신명기는 오경에 대한 적당한 명칭으로 토라=노모스=율법의 토대를 제공한다(예를 들어, 신 4:8; 30:10; 32:46). (3) 모세에 의해 제시된 것으로서 이스라엘의 의무를 개요하기 위한 바울의 노모스(*νόμος*)의 사용은 전적으로 토라에 대한 히브리적 용법과 같은 노선에 놓여 있다(예를 들어, 롬 2:12, 17-18; 7:12; 그리고 왕상 2:3; 10:5; 스 7:6, 10, 12, 14, 26; 느 8:14; 9:14, 34; 그리고 렘 32:23를 참조하라).

특히, 언약적 명목주의에 대한 기본적 이해는 한 민족으로서 이스라엘의 핵심적 설립 행위－출애굽과 시내산에서 율법 수여－에서 다소 자명해진다. 출애굽기 20장과 신명기 5장에서 정수(精髓)로 표현된 것처럼, 율법(여기서는 10계명－참조. 신 5:1과 4:8)은 하나님이 주도하신 이전 행위에 뒤이어진다("나는 너희를 애굽 땅에서 인도하여 낸 주 너희의 하나님이로다…"). 이 율법에의 순종은 마지못해 주어진 그리고 타산적으로 시행된 것으로 여겨지는 하나님의 호의를 얻고자 하는 시도가 아니라, 하나님의 은혜에 대한 이스라엘의 반응이다. 이미 암시된 것처럼, 이 기본적 유대교의 신학적 진술의 가장 풍성하고 한결 같은 표현은 신명기다. 즉, 하나님의 이스라엘과의 언약(5:2-3; 29:1)으로 명백하게 제시된 법령과 율법의 규례들(5-28장), 다양한 형태의 "이것을 행하라 그리하면 살리라"는 거듭 확인된 약속과 경고(예를 들어, 4:1, 10, 40; 5:29-33; 6:1-2, 18, 24; 7:12-13; 등등; 또한 2:13과 10:5를 보라) 등이 있다. 당연히, 로마서에서 바울은 모세 오경의 다른 어떤 부분보다 신명기에 보다 자주 반응한다. 그리고 신명기 30:12-14에 대한 바울의 해석은 율법의 지속적이며 보다 폭넓은 중요성을 설명하기 위한 시도의 중심에 실려 있고 "이것을 행하라 그리하면 살리라"(10:5-13)로 너무 지나치게 좁게 규정한 이해에서 율법을 회복시키는 방식으로 되어있다.

이 언약과 율법에 관한 이해가 포로기 이전의 이스라엘의 종교에 얼마나 깊이 뿌리내리고 있었는지에 대한 논의에 들어가는 것은 불필요하다(예를 들어, Nicholson을 보라). 그 경우에 실제 사실들이 어떠하든지 간에 언약적 명목주의의 방향은 율법이 명한 대로 민족적이고 제의적인 구별이라는 그들의 의도적인 정책과 함께(에스라 9-10장), 포로기 이후 시기에 에스라 개혁으로 결정적인 형태가 분명히 주어졌다. 이 경향은 마카비시대의 위기로 크게 강화되었다. 이 때에 위험에 처한 것은 정확히 언약 백성, 율법 백성으로서의 이스라엘의 정체성이었으며(마카비1서 1:57; 2:27, 50; 마카비2서 1:2-4; 2:21-22; 5:15; 13:14), 율법에 대한 열정이 민족적 저항의 표어가 되었다(마카비1서 2:26 – 27, 50, 58; 마카비2서 4:2; 7:2, 9, 11, 37; 8:21; 13:14; 더 자세한 것은 10:2를 보라). 그리고 또 마카비 시대의 위기 이후의 시기에 선택, 언약, 그리고 율법간의 관련성이 벤시라(Sir 17:11-17; 24:23; 28:7; 39:8; 42:2; 44:19-20; 45:5, 7, 15, 17, 24-25), 주빌리(*Jubilees*, 1:4-5, 9-10, 12, 14, 29; 2:21; 6:4-16; 14:17-20; 15:4-16, 19-21, 25-29, 34; 16:14; 19:29; 20:3; 등등), 다메섹 문서(CD 1:4-5, 15-18, 20; 3:2-4, 10-16; 4:7-10; 6:2-5; 등등) 그리고 유사 필로 문서(*LAB* 4.5, 11; 7.4; 8.3; 9.3-4, 7-8, 13, 15; 10.2; 11.1-5 등등)가 예시한 것처럼, 유대인들의 자기이허에 대한 기본적이고도 지속적인 주제로 남아 있다. 특히, 우리는 예수와 바울 시대의 팔레스틴의 유대교 내에 두 개의 주요 집단 안에서 이 모든 것이 나타남을 볼 수 있다. 쿰란 공동체는 하나님의 교훈을 준수하는 것과 하나님의 계명에 집착하는 관점에서 은혜 언약의 구성원을 규정하였고(1QS 1.7- 8;5.1-3), 율법에의 헌신은 전체적이어야 하고, 매년 점검되어야 하며, 어떤 위반도 가혹하게 처벌을 받았다(1QS 5.24; 8.16-9.2). 그리고 바리새인들은 율법을 준수함에 있어 자신들의 아크리베이아(*ἀκρίβεια*), 곧 엄격함으로(위의 §1.1을 보라), 그리고 율법이 오직 성전 제사 자체만을 위해 요구한 정결의 수준을 일상적 삶에서 유지하고자 하는 관심(또한 14:14를 보라)으로도 잘 알려져 있다. 율법과 이스라엘의 특별한 관계에 관한 랍비 전통에 대해서는 Str-B, 3:126-33을 보라. 우리는 쇼엡스(Schoeps)의 *Paul* 195와 216에 의해 제공된 두 인용구로 우리 자신을 제한시킬 수 있다: 시프레 듀트(*Sipre Deut*) 53b-75b –"너희가 나에게 거룩한 백성이라는 것이 계명 준수에 방해가 되지 않게 하라"와 *Mek. Exod* 20:6 –"언약이란 다름 아닌 토라를 의미한다."

§5.3.1 따라서 율법은 (유일하신) 하나님에 의해 그의 백성이 되도록 특별히 선택된 백성으로서 이스라엘의 **특수성**에 대한 기본적 표현이 되었다. 사회학적 용어로 율법은 이스라엘의 특수성의 인식을 강화하고 주변 민족들로부터 이스라엘을 구분하는 정체성 표지와 경계로서 기능하였다(Neusner, *Judaism*, 72-75; Meeks, *Urban Christians*, 97; Dunn, "Works of Law," 524-27). 이런 구분의 생각은 이스라엘의

민족의식에 뿌리깊이 박혀 있었고(예를 들어, 레 20:24-26; 스 10:11; 느 13:3; 솔로몬의 시 17.28; 마카비3서 3.4) 주빌리(*Jub* 22.16)에서도 강하게 표현된다.

너희는 스스로 삼가 이방인과 구별하라
그들과 먹지 말 것이며
이방인처럼 행하지도 말라.
그들과 사귀지도 말라.
이방인의 행위는 부정하고,
이방인의 모든 길은 타락하였고
천하고, 혐오스럽기 때문이다.

아리스테아스(Aristeas)의 편지는 사회학적 통찰을 강화시키는 용어를 사용하여 동일한 확신을 표현하고 있다.

> 입법자는 그의 지혜로...어떤 문제든지 다른 어떤 민족과 혼합하는 것을 방지하기 위해 부서지지 않는 울타리와 철벽으로 우리를 둘러막았다...그리하여, 다른 민족과의 접촉과 나쁜 영향과의 혼합을 통해 그릇된 상태에 이르는 것을 방지하기 위해, 입법자는 우리를 율법의 방식에 따라 고기와 먹고 마심과 접촉과 들음과 봄에 관련한 엄격한 의식(儀式)들로 우리의 사면을 둘러막았다(*Ep. Arist.* 139, 142).

필로(Philo. *Mos.* 1.278)도 유사하다—"자신들 특유의 관습으로 인해, 다른 민족들과 섞이지 않고 자신들의 조상의 삶의 방식을 떠나지 않으므로 다른 민족들 가운데에서 계수되지 않고, 홀로 살아야 할 민족." 그리고 이탈리아의 한 비명(碑銘)은 유대교 내에서 품위 있는 삶을 살았던 한 여인을 기리고 있다[*καλῶς βίωσασα ἐν τῷ Ἰουδαϊσμῷ*—칼로스 비오사사 엔 토 유다이스모]—"유대인의 삶이 영위되는 담이 둘러막힌 한 종류"로 이해되는 유대교(Amir, 35-36, 39-40).

이것과 일관되는 것은 아노모스(*ἄνομος*)로 이방인을, 그들의 행위를 아노미아(*ἀνομία*)로 특징짓는 것이다. 즉 개념정의에 의하면, 그들은 율법 없이, 율법 밖에 있었다. 다시 말하면, 이미 시편(28:3; 37:28; 55:3; 73:3; 92:7; 104:35; 125:3), 마카비1서(이방인과 배교자들—3:5-6; 7:5; 9:23, 58, 69; 11:25; 14:14) 그리고 이방인=죄인(눅 6:33과 갈 2:15와 함께 Tob 13:6(70인경 8); *Jub.* 2; 23-24; *Pss. Sol.* 1:1; 2:1-2; 17:22-25; 마 5:47에서처럼)이라는 자명한 평행구문에서 율법에 인접한 그리고 구분된 영역(이스라엘) 밖에 그들은 있었다. 율법 안에 살고자 하고, 율법 없는 자와 죄인으로부터 구별되고자 하는 이러한 바람은 마카비 시대로부터 70

년 후(post -C. E. 70) 유대교 내에서 가장 강력한 분파였던 랍비적 유대교의 출현에 이르는 시기에 유대교의 한 특성으로 존재했던 분파주의에서 지배적 관심이 된 것은 놀랍지 않다. 그것은 (이스라엘 내의) 죄인들로 특징지어진 사람들에 대한 의인들과 독실한 신자들의 빈번한 불만으로 표현되었다(Wisd Sol 2-5; *Jub.* 6.32-35; 23:16, 26; 제1에녹서 1.1,7-9; 5.6-7; 82.4-7; 1QS 2.4-5; 1QH 2.8-19; CD 1.13-21; 솔로몬의 시 1.3.3-12; 4.8; 13.5-12; 15.1-13에서처럼; 바리새인들은 아마 구별된 사람들과 같음). 또한 3:7; 4:5, 7-8; 그리고 9:6에서도 참조하라.

§5.3.2 이 특수한 인식에 대한 자연스럽고도 다소 불가피한 표현은 정확히 유일하신 하나님에 의해 특별히 선택되었고 언약과 율법의 은사를 받은 민족이라는 **특권의식**이었다. 이것은 단순히 죄인으로 이방인을 무시하거나 내쫓을 수 있을 뿐만 아니라, 많은 강력한 이방 세계에 직면해서 이스라엘의 주장을 위한 일종의 변증을 시도해야만 하는 기록들에서 특히 분명하게 나타난다. 따라서 필로와 요세푸스는, 헬라인과 야만인 중에서 유대인의 관습과 율법을 채택하고자 하는 만연된 소망에 대하여, 비록 과장되었지만, 자부심을 가지고 말한다(Philo, *Mos.* 2.17-25 –"그것들은 모든 사람들의 관심을 끌었고 얻었다… 우리 입법의 신성함은 유대인뿐만 아니라 다른 사람들에게도 역시 놀라움의 근원이 되어 왔다"; Josephus. *Ap.* 2.277-80 –"오랫동안 많은 사람들이 우리의 종교적 의식을 채택하고자 하는 바람을 드러냈었다. 우리 스스로가 율법의 탁월성을 인식하고 있지 않았다면, 확실히 우리는 수많은 찬양자들[μέγα φρονεῖν – 메가 프로네인]에 의해 마지못해 율법에 대한 자부심을 갖게 되었을 것이다"). 모세의 율법에 대한 동일한 자부심이 드러난 것은 그를 최초의 지혜자로 제시하는 유대 변증의 상당히 지속적인 시도인데, 그는 오르페우스(Orpheus)의 교사였고 그의 저술로부터 플라톤과 피타고라스가 지혜를 많이 배웠다는 것이다(Eupolemus, frag. 1; Artapanus, frag. 3; Aristobulus, frag. 3-4; Eusebius의 *Praep. Evang.* 9.26.1; 9.27.3-6; 13.12.1-4로부터; Charlesworth에 의한 본문들).

이스라엘에 대한 하나님의 특별한 은혜의 표지로서 율법에 대한 자부심은 하나님의 지혜를 율법과 동일시하는 데에서도 잘 보여진다. 이것은 보편적으로 바람직한 지혜 즉, 창조 세계에 내재되어 있으나 인간의 눈에는 보이지 않는 지혜, 곧 모세가 우리로 하여금 지존하신 하나님의 언약의 책, 야곱의 회중을 위한 유산으로 명한 율법(Sir 24:23) 안에 구체화되어 있다. 같은 주장이 바룩서(Bar) 3:36-4:4(공동번역, 3:37 – 역자주)에 보다 강력하게 표현되어 있다.

[37] … (그분이) … 당신의 종 야곱과
사랑을 받는 이스라엘에게 주시었다.
. . . .
[1] 그것은 곧 하나님의 계명과,
영원히 존속하는 율법을 기록한 책.
이 지혜를 따르는 사람은 살 것이고,
이 지혜를 버리는 자는 죽을 것이다.
[2] 야곱아 돌아서서 지혜를 잡아라.
그 지혜의 빛을 따라 밝은 길을 가라.
[3] 네 영광을[*τὴν δόξαν σου*－텐 독산 수] 남에게 빼앗기지 말라,
네 나라 이권을[*τὰ συμφέροντα*－타 숨페론타] 남의 나라에 넘겨주지 말라.
[4] 하나님께서 기뻐하시는 일이 무엇인지를
우리가 알게 되었으니
이스라엘아 네가 행복하구나.

팔레스틴 내에서 로마의 압도적인 힘에 직면한 사람들에게 이러한 특권의식은 유지하기가 어려웠다. 솔로몬의 시(*Psalms of Solomon*)는 징계와 형벌간에 더 오래된 구분을 철저히 하는 데에서 하나의 해결책을 발견한다(특히, 솔로몬의 시 3, 10과 13)－예를 들어, 13:6-11,

죄인의 파괴는 끔찍할 것이나,
이 모든 것 중 그 어느것도 의인들을 해하지는 못하리라
(행위에 대해) 무지한 의인을 징계함은
죄인을 멸망시킴과 같지 않도다.
. . . .
주께서 그의 신실한 자들을 남기시고
징계로 그들의 과오를 씻으리라
의인의 생명은 영원히 (계속될 것이나),
죄인은 멸망에 처하리라…

동료 유대인들과 마찬가지로 이스라엘에게 주어진 율법을 하나님의 은혜의 표시로 보았지만 (3:19; 9:31), 하나님이 죄악된 백성을 용서하고 자신의 율법을 보유한 백성을 어떻게 그렇게 엄하게 다루시는지를 이해할 수 없었던 에스라4서의 기록자는 덜 만족을 준다(3:28-36; 4:23-24; 5:23-30; 6:55-59).

§5.3.3 사회학적 조망 역시 특권적 선택에 대한 확신과 언약적 명목주의 실행이 구별된 정체성에 대한 의식을 강화시켰고, 이스라엘을 다른 민족들과 가장 분명하게 구분시킨 구별됨, 특별한 율법 그리고 특별히 제의적 관행이라는 초점에서 어떻게 거의 불가피하게 표현되었는지를 보도록 도움을 준다. 이 경우 이스라엘의 율법 중 세 가지가 특히 구분되는 것으로 매우 두드러진다 – 할례, 음식법 그리고 안식일(참조. Limbeck, 34; Meeks, *Urban Christians*, 36-37, 97; Sanders, *Law*, 102). 이것들이 유대인들을 구별하는 유일한 믿음과 습관은 아니었으나 마카비 시대 이후로는 줄곧 경계를 짓는 특징이 되었으며, 유대교의 유무를 불문하고 유대인의 특별하고 구분적인 특성으로 널리 인식되었다. 그것들이 다른 법들보다 본질적으로 더 중요해서가 아니라, 단지 유대 민족의 이해에 있어서 특별한 의식의 초점이 되며 언약적 충성의 시험대가 되었기 때문이다. 나중에 완전한 증거자료를 충분히 제공할 것이므로 여기서는 더 이상 언급할 필요가 없다(2:25과 14:2, 5에서 보라).

§5.4 이것이 우리가 로마서의 율법에 대한 바울의 취급을 두어야 하는 정황이다. 바울의 독자 중에서 유대인, 개종자들, 그리고 하나님을 경외하는 이방인들은 이스라엘의 선택, 언약, 그리고 율법이라는 유대적 신학 안에서 이 밀접한 상호 연결의 관점에서 율법에 대해 바울이 무엇을 언급하고 있는지를 읽을 것이다. 내가 믿기에, 바울이 우려하는 바는 언약 약속과 율법이, 종족적 이스라엘, 특히 할례, 음식법과 안식일의 관행에 의한 민족적 차별로 특징지어지는 유대민족과 상당히 동일시되었던 사실임을 그들은 인식하였을 것이다(Wright는 "민족적 의"라는 구절을 적절히 만들어냈다). 바울이 하고자 노력한 것은 하나님의 은혜를 좁히며 그것의 주된 통로 – 그리스도 – 로부터 하나님의 구원 목적을 왜곡하는 것으로 보았던 종족적 제약으로부터 자유롭게 된 보다 폭 넓은 수신자들을 위해, 약속과 율법을 모두 자유케 하고자 하는 것이었다고 그들은 인식하였을 것이다.

특히 중요한 것은, 바울의 율법 취급을 이 모형에 둠으로써, 우리는 앞서 개요된 일련의 주석적인 문제들 논쟁(§5.2)에 대한 해결책을 제시할 수 있다. 따라서, 위에서 기술한(§5.3) 유대 언약 신학 – 비유대인과 유대인, 가지지 못한 자와 가진 자, 밖에 있는 사람들과 안에 있는 사람들(2:12-14)을 나누는 것으로서의 율법, 전형적으로 독실한 유대인의 종족적 자긍심의 근원으로서의 율법(2:17-23), 이러한 특권적인 구분 의식의 초점으로서의 할례(2:25-29; Hartmann은 이 장들 배후에 있는 언약적인 이상[covenant ideology]이라는 일관적인 요소에 주의를 기울인다) – 의 이러한 특징에 대해 명확하게 전개하고 있는 비판이 바로 2장이라는 점은 전혀 놀라운 사실이 아니다. 바울은 일반적으로 "선한 행실"로 혹은 자신을 위해 공로를 축적하는 어떤 시도로서가 아니라, 오히려 안식일과 음식법과 같은 그런 민감한 "시험" 건에 관한 헌신으로 특히 증명되는 것처럼, 의인들이 언약 백성 안에서 그 지위를 유지하는 순종의 형태로서의 "율법의 행위"에 대하여 철저히 경고하고 있다(3:20과 14:2, 5를 보라).

따라서, 나는 다음을 논할 것이다. 즉, 3:27-31, 7:14-25 그리고 9:30-10:4와 같은 중요한 구절에 대한 의미있는 해석학적 열쇠는 정확히, 율법에 대한 바울의 부정적 진의가 이스라엘에 의해 지나치게 완전한 것으로 취해진 율법, 선을 긋는 의식(儀式)에 잘못 강조되어 오해된 율법, 육의 문제와 너무나 동일시되어 죄의 도구가 된 율법, 민족적 열심을 위한 초점으로 탈선한 율법에 대한 것이라는 인식이다.

지나치게 좁은 유대적 조망에서 벗어난다면 율법은 여전히 믿음의 순종에서 할 중요한 역할이 있다. 그러한 권면 단락(12:1-15:6)은, 짐작하듯이 두 개의 오래된 시험 문제인 음식법과 안식일 취급에 초점이 맞추어진 절정으로 구별된 유대적 관점에서 오해된 율법 대신에 사회 생활을 위한 기본 지침 즉, 종말론적인 하나님의 백성을 위해 재정의된 율법을 제공하기 위한 바울의 시도로 간주될 수 있다. 그러한 이해 하에서만, 로마서의 율법에 관한 바울의 취급에 대한 긍정적이고 부정적인 의미에 대해 적절한 판단을 할 수 있고, 또 율법의 "사회적 기능"에 대한 몰이해는(위에서 개요된 것처럼) 대안적 시도들과(예를 들어, Cranfield, Hahn과 Hübner) 레이제넨(Räisänen)의 치명적 약점이라는 것이 나의 주장이다.

요컨대, 바르게 이해한다면, 많은 주석가들에게 혼동되고 일관성이 없는 것으로 보였던 율법에 대한 바울의 취급은, 실제로 전체 서신을 그리스도의 빛 안에서 유대 언약 신학의 응집력 있고 강력한 재진술로 묶어주는 주요한 통합적 요소 중의 하나가 된다.

서신을 이렇게 그 저자, 그의 수신자, 그가 관계하였던 문제들의 정황 안에 둘 때에 우리는 이제 주석하는 일로 나아갈 수 있다.

로마서 1－8장

I. 서문(1:1-17)

이 서신은 거의 모든 전달에 있어서 세 가지 자명한 항목으로 나뉜다: 시작(1:1-17), 중간부분(1:18-15:13), 끝(15:14-16:27). 그 서문은 세 가지 단락으로 구성되어 있다: 1:1-7, 바울은 자기 자신을 뛰어난 정도로 세련되게 소개하고 있고, 전형적인 방식으로 독자들에게 인사한다; 1:18-15, 바울은 로마에 있는 그리스도인을 방문하고자 한다는 최초의 진술을 하고 있다; 1:16-17, 바울은 뒤이어질 상당히 긴 해설에 관한 주된 주제를 제시한다.

A. 서론적인 진술과 인사(1:1-7)

참고문헌

Allen, L. C. "The Old Testament Background of (ΠRO)ORIZEIN in the New Testament." *NTS* 17(1970-71) 104-8. **Becker, J.** *Auferstehung der Toten im Urchristentum.* SBS 82. Stuttgart: KBW, 1976. 18-31. **Boismard, M. E.** "Constitué ills de Dieu(Rom. 1:4)." *RB* 60(1953) 5-17. **Bornkamm, G.** *Paul.* 248-49. **Brown, R. E.** *The Birth of the Messiah.* London: Chapman, 1977. Esp. 133-43. **Burger, C.** *Jesus als Davidssohn.* Göttingen: Vandenhoeck, 1970. 25-41. **Dahl, N. A.** "Missionary Theology." 74-78. ______. "The Messiahship of Jesus in Paul"(1953). In *The Crucified Messiah and Other Essays.* Minneapolis: Augsburg, 1974. 37-47. **Deidun, T. J.** *New Covenant Morality.* 3-10. **Dunn, J. D. G.** "Jesus - Flesh and Spirit: An Exposition of Romans 1:3-4." *JTS* 24(1973) 40-68. **Eichholz, E.** *Theologie.* 123-32. **Friedrich, G.** "Lohmeyers These über das paulinische Briefpräskript kritisch beleuchtet." *TLZ* 81(1956) 343-46. ______. "Muss *ὑπακοὴ πίστεως* Röm 1:5 mit 'Glaubensgehorsam' übersetzt werden?" *ZNW* 72(1981) 118-23. **Gaffin, R. B.** *The Centrality of the Resurrection.* Grand Rapids: Baker, 1978. 98-113. **Garlington, D. B.** *Obedience of Faith.* **Haacker, K.** "Probleme." 12-14. **Hahn, F.** *Titles.* 246-51. **Harrer, G. A.** "Saul Who Is Also Called Paul." *HTR* 33(1940) 19-33. **Hemer, C. J.** "The

Name of Paul." *TynB* 36(1985) 179-83. **Hengel, M.** *The Son of God*. London: SCM (1976). **Jewett, R.** "Ambassadorial Letter." 12-15. ______. "The Redaction and Use of an Early Christian Confession in Romans 1:3-4." In *The Living Text*, FS E. W. Saunders, ed. D. E. Groh and R. Jewett. Lanham/New York: University Press of America, 1985. 99-122. **Kramer, W.** *Christ*. 108-11. **Linnemann, E.** "Tradition und Interpretation in Röm. 1:3f." *EvT* 31(1971) 264-75. **Lips, H. von.** "Der Apostolat des Paulus - in Charisma?" *Bib* 66(1985) 305-43. **Lohmeyer, E.** "Probleme paulinischer Theologie I. Briefliche Grussüberschriften." *ZNW* 26(1927) 158-73. **McCasland, S. V.** "Christ Jesus." *JBL* 56 (1946) 377-83. **Minde, H. J. van der.** *Schrift*. 38-47. **Nolland, J.** "Grace as Power." *NovT* 28(1986) 26-31. **O'Brien, P. T.** *Introductory Thanksgivings*. 197-230. **Poythress, V. S.** "Is Romans 1:3-4 a *Pauline* Confession?" *ExpT* 87(1975-76) 180-83. **Roller, O.** *Das Formular der paulinischen Briefe*. Stuttgart: Kohlhammer, 1933. 55-62. **Satake, A.** "Apostolat und Gnade bei Paulus." *NTS* 15(1968-69) 96-107. **Schlier, H.** "Eine christologische Credo-Formel der Römischen Gemeinde. Zu Röm. 1:3f." In *Neues Testament und Geschichte*, FS O. Cullmann, ed. H. Baltensweiler and B. Reicke. Zürich: Theologischer, 1972. 207-18 = *Der Geist und die Kirche: Exegetische Aufsätze und Vorträge*. Freiburg: Herder, 1980. 56-69. ______. "*Εὐαγγέλιον* im Römerbrief." In *Wort Gottes in der Zeit*, FS K. H. Schelkle, ed. H. Feld and J. Nolte. Düsseldorf: Patmos, 1973. 127-42 = *Geist und Kirche*. 70-87. **Schneider, B.** "*Κατὰ Πνεῦμα Ἁγιωσύνης*(Romans 1:4)." *Bib* 48 (1967) 359-87. **Schweizer, E.** "Röm. 1:3f. und der Gegensatz von Fleisch und Geist vor und bei Paulus." *EvT* 15(1955) 563-71 = *Neotestamentica*. Zürich/Stuttgart: Zwingli, 1963. 180-89. **Stanley, D. M.** *Resurrection*. 161-66. **Strecker, G.** "Das Evangelium Jesu Christi"(1975). In *Eschaton und Historie: Aufsätze*. Göttingen: Vandenhoeck, 1979. 183-228. **Stuhlmacher, P.** "Theologische Probleme des Römerbriefpräskripts." *EvT* 27(1967) 374-89. ______. *Das paulinische Evangelium*. Göttingen: Vandenhoeck, 1968. ______. "Das paulinische Evangelium." In *Das Evangelium und die Evangelien*, ed. P. Stuhlmacher. WUNT 28. Tübingen: J. C. B. Mohr, 1983. 157-82. **Theobald, M.** "'Dem Juden zuerst und auch dem Heiden.' Die paulinische Auslegung der Glaubensformel Röm 1:3f." In *Kontinuität und Einheit*, FS F. Mussner, ed. P. G. Müller and W. Stenger. Freiburg: Herder, 1981. 376-92. **Wegenast, K.** *Tradition*. 70-76. **Wengst, K.** *Christologische Formeln*. 112-17. **Wiefel, W.** "Glaubensgehorsam? Erwägungen zu Röm. 1:5." In *Wort und Gemeinde*, FS E. Schott. Berlin: Evangelische, 1967. 137-44. **Wischmeyer, O.** "Das Adjectiv *ΑΓΑΠΗΤΟΣ* in den paulinischen Briefen. Eine traditionsgeschichtliche Miszelle." *NTS* 32(1986) 476-80. **Zeller, D.** *Juden.* 46-49.

본 문

1 예수 그리스도의 종 바울은 사도로 부르심을 받아 하나님의 복음을 위하여 택정함을 입었으니
2 이 복음은 하나님이 선지자들로 말미암아 그의 아들에 관하여 성경에 미리 약속하신 것이라
3 이 아들로 말하면 육신으로는 다윗의 혈통에서 나셨고
4 성결의 영으로는 죽은 가운데서 부활하여 능력으로 하나님의 아들로 인정되셨으니 곧 우리 주 예수 그리스도시니라
5 그로 말미암아 우리가 은혜와 사도의 직분을 받아 그 이름을 위하여 모든 이방인 중에서 믿어 순종케 하나니
6 너희도 그들 중에 있어 예수 그리스도의 것으로 부르심을 입은 자니라
7 로마에 있어 하나님의 사랑하심을 입고 성도로 부르심을 입은 모든 자에게 하나님 우리 아버지와 주 예수 그리스도로 좇아 은혜와 평강이 있기를 원하노라

1 Paul, slave of Christ Jesus,[a] called to be an apostle, set apart[b] for the gospel of God,
2 which was promised beforehand through his prophets in the holy scriptures.
3 It concerns his Son who was descended[c] from the seed of David in terms of the flesh,
4 and who was appointed[d] Son of God in power in terms of the spirit of holiness as from the resurrection of the dead, Jesus Christ our Lord.
5 Through him we received grace and apostleship with a view to the obedience of faith among all the nations for the sake of his name,
6 among whom you also are called to be Jesus Christ's.
7 To all those in Rome[e] who are beloved[f] by God, called to be saints: grace to you and peace, from God our Father and the Lord Jesus Christ.

원문주해

a. 어떤 사본들은 "예수 그리스도"라고 읽는데, 아마도 4, 6, 7, 8절에서와 같은 유사한 형태로 바꾼 것 같다.

b. 과거의 사건의 영향이 아직도 미치고 있다는 것을 나타내는 완료수동태분사.

c. 게노메누(*γενομένου*, "존재하게 되었다, 태어났다")의 상대적인 부정확성을 대변하는 하나의 시도. 어떤 본문 전승들은 게노메누(*γεννωμένου*, "태어난")라고 읽음으로써 그 모호성을 없앴다.

d. 옛 라틴 본문 전승은 접두사 프로(*προ*)를 호리스덴토스(*ὁρισθέντος*, "미리 결정된, 정해진")에 덧붙인다.

e. 몇 가지 증거(G와 오리겐을 포함하여)에 엔 로메(*ἐν Ῥώμῃ*)가 없는 것이, 만약 의도적이라면, 원문이든 뒤이어지는 개정본이든간에 그 서신의 형태와 기능에 관한 문제를 발생시킨다(Lietzmann을 보라; 그리고 더 자세한 것은 서론 §4.1을 보라).

f. G와 어떤 다른 증거들은 엔 아가페 데우(ἐν ἀγάπη θεοῦ, "하나님의 사랑으로")라고 읽는다. 이는 아마도 원문주해 e와 상관이 있는 변화일 것이다. 그러나 아가페토이스(αγαπητοῖς θεοῦ, "하나님에 의해 사랑받는")에 대한 지지가 압도적이다.

양식과 구조

서두의 단락은 헬라 서신의 서두에 나타나는 전형적이고 오래도록 확고하게 사용되었던 형태로 구성되어 있다: A가 B에게 "문안"(χαίρειν–카이레인)하는 형태다(신약성경 안에서는 행 15:23; 23:26; 약 1:1을 참조하라; 더 자세한 것은 Roller, 5-56을 보라). 바울은 세 가지 요소들을 각기 특징적인 모습으로 정교하게 서술한다: "그리스도 예수의 종"과 "사도…"(1절)로 자기 자신을 지칭하는 것은 일상적으로 있었던 것보다 더 확장된다(아마도 대체로 자기를 잘 알지 못하는 회중들에게 편지를 쓰고 있기 때문일 것이다–하지만 Rengstorf, "Paulus"는 이 점에 대한 과도한 강조에 대하여 정당하게 경고한다). 바울의 편지를 받고 있는 수신인들에 대한 해설이 정교하지만(7a절), 그렇다고 과도하게 모양을 낸 것은 아니다(참조. 고전 1:2; 대조되는 것으로는 갈 1:2). 그리고 그는 자신의 일반화된 기독교적 인사말을 가지고 끝을 맺는다("하나님 우리 아버지와 주 예수 그리스도로 좇아 은혜와 평강이 있기를 원하노라", 7b절; 참조. 마카비2서 1:1; *Apoc. Bar.* 78.2).

그러나 특이하게 바울은 자신의 "좋은 신앙"을 나타내 보이고, 처음에 어떤 의심이나 비판을 잠재우기 위한 의도적인 전략으로서 표준적인 서두의 첫 두 요소들(2-6절) 사이에 복음과 자신의 사도성에 관한 긴 삽입구를 삽입시킨다. 특별히 이것은 더 오래된 신조나 복음적인 서술을 자신이 받아들이고 있다는 것(3-4절)을 설명하는 것이 되는데, 이는 자기 자신보다 앞섰던 신자들과 공통된 믿음 그리고 복음을 자신이 공유하고 있다는 것을 로마의 독자들에게 분명히 알려주는 역할을 한다. 서신의 서두에서 바울서신의 특징들을 인식할 때에 이 서신을 쓸 때에 바울이 가졌던 관심사에 대한 첫 번째 분명한 암시를 얻게 된다: 그는 "복음을 위하여 택정함을 입은" 사람으로 탁월하게 쓰고 있는데, 그의 사도성은 이방인들을 향한 것이다(1, 5절). 하지만 각각의 주장은 유대인의 특징적인 용어–그가 "선지자들로 말미암아 성경에 미리 약속된"(1-2절) 하나님의 복음, "하나님의 사랑하심을 입고 성도로 부르심을 입은" 이방인 개종자들(7절)–로 조심스럽게 구성되어 있다. 따라서 즉시 신학적인 역동성이 설정되어 있다(대체로 그러한 신학적인 것으로부터 구조적인 긴장이 발생한다): 이방인들을 위한 유대의 복음이냐; 이방인들을 위한 것이라는 의미는 무엇인가-그리고 전반적으로 유대인을 위한 것이란 무엇인가? "믿음"과 "이방인", 그리고 "순종"(1:5을 보라)이라는 중심단어가 뒤에 자주 나오는 것은 규칙적으로 표현되고 있는 그 용어의 주제적인 중요성을 나타낸다("그 규칙은 전체 서신을 위한 구조적인 특징을 갖는다"-van der Minde, 38; O'Brien, 226-29, 그리고 Wright, *Messiah*, 1장을 보라).

바울 작품 이전에 형성된 것들이 3-4절에 관련되어 있다는 것은(그리고 Poythress가 주장하는 것처럼, 단지 바울 작품 이전의 구절들만이 아니다) 특별히 다음과 같은 것들로 알 수 있다: (1) 대조적인 평행 속에서 두 개의 상대적인 구절들, (2) 부정과거분사로 되어 있는 평행되는 동사들, 그리고 (3) 평행구절들의 두 형태(에크 스페르마토스 다위드[*ἐκ σπέρματος Δαυίδ*]//휘우 데우 엔 두나메이 카타 사르카//카타 프뉴마 하기오수네스(*υἱοῦ θεοῦ ἐν δυνάμει· κατὰ σάρκα//κατὰ πνεῦμα ἁγιωσυνης*), (4) 비전형적인 바울의 용어(*ὁρίζειν*-오리제인). (5) 셈족어투인 프뉴마 하기오수네스(*πνεῦμα ἁγιωσυνης*), (6) 그리스도의 부활을 "죽은 자 가운데서 부활하신"이라고 원초적으로 표현한 것, (7) 딤후 2:8, Ign. *Smyrn.* 1:1 속에서 그리고 태생 기사들(마 1:18-25; 눅 1:32-35; Brown, *Birth*, 133-43, 309-16) 배후에 있는 공통된 전승들 속에서 유사하게 원시적으로 균형 잡힌 서술들의 증거(다윗의 아들, 하나님의 아들). 그 절들이 정확하게 균형 잡혀 있지 않다는 것은 그 역으로 어느 것도 말하지 못하게 만든다: 신학적인 타당성이 시적형태의 일관성보다 더 중요한 것으로 간주되어지고, 더 많은 편집이 제기되며, 그 신조가 바울이 로마의 수신자들에게 공통된 믿음을 공유하고 있다는 것을 확신시키는 가장 분명한 기능을 돕는데 덜 적절할 것이다(*pace* Jewett, "Redaction")라고 말하지 못하게 한다.

바울이 두 가지 기독론적인 확증, 즉 "하나님의 아들에 관해서"와 "우리 주 예수 그리스도"를 가지고 초기 자료를 구성한 것은 일반적으로 받아들여진다. 엔 두나메이(*ἐν δυνάμει*)가 대구법을 무너뜨리는 삽입(바울에 의해 또는 보다 초기에)이라는 여전히 대중적인 견해(따라서 예를 들어, Schlier와 Wilckens; 그러나 Hahn, *Titles*, 247를 보라, 그리고 더 자세한 자료를 갖는 Käsemann을 보라)는 다윗적인 메시아를 하나님의 아들로 생각할 수 없다는 옛 견해에 너무 많이 의존한다(Wegenast, 73-7- 따라서 "다윗의 아들"과 "하나님의 아들"이 급격한 대조를 이루어 서 있다). 하지만 그것은 이제는 사해사본(1:4을 보라)의 증거에 의해 뒤집혔다. 카타 사르카//카타 프뉴마(*κατὰ σάρκα//κατὰ πνεῦμα*) 대조가 또한 바울의 삽입이라고 하는 옛 견해는 이제는 대체로 포기되어졌다(예를 들어, 초기 판형에 반대하는 Michel[5], Wilckens;

다르게는 Wengst, 113; Linnemann, 274-75, 그리고 Theobald, 382-83에서의 변화들): 카타 사르카//카타 프뉴마(*κατὰ σάρκα//κατὰ πνεῦμα*) 대조를 사용한 것은 그밖에 다른 곳에서는 바울의 전형적인 사용은 아니다. 하지만 각 구절의 그 **의미**는 바울의 사용과 다르지 않다. Schweizer, "Rom 1:3f.,"가 제기하는 것처럼 말이다–카타 사르카(*κατὰ σάρκα*), 참조 4:1, 9:3, 5; 카타 프뉴마(*κατὰ πνεῦμα*), 참조 6:4, 고후 13:4; 참조. Wengst, 113. 제위트(Jewett)는 두 카타(*κατὰ*) 구절이 두 번째 즉 편집된 것에 속하지만 여전히 바울 이전의 수준이라고 주장한다. 하지만 바울이 특이한 하기오수네스를 첨가했다("Redaction")는 그럴 것 같지 않은 주장을 계속 의존한다.

바울의 형태를 갖고 있는 것으로 보이는 예들을 우리는 1-2절에서의 언어유희(*εὐαγγέλιον… προεπηγγείλατο…* – …유앙겔리온…프로에펭겔리아토), 5절에서 전치사 구절들로 균형 있게 연결된 것들, 즉 에이스…엔…휘페르…(*εἰς · ἐν · ὑπέρ*) 그리고 1절에서 바울 자신에게 적용하고 있는 구절들과 7절에서 독자들에게 적용하고 있는 구절들 간의 균형들에서 발견할 수 있다:

> 둘로스 크리스투 예수(*δοῦλος Χριστοῦ Ἰησοῦ*) 클레토스 아포스톨로스(*κλητὸς ἀπόστολος*)
> 아가페토이스 데우(*ἀγαπητοῖς θεοῦ*) 클레토이스 하기오스(*κλητοῖς ἁγίοις*)

"예수 그리스도"라는 이름이 7절에서 네 번째로 나오는데, 이는 바울이 그리스도를 중심하여 전체적으로 사고하는 노력을 하고 있음을 나타낸다.

주석

1 "바울"(*Παῦλος*–바우로스). 바울이 자신의 모든 서신에서 그 이름으로 알려지기를 희망했다. 그는 "사울"이라는 이름을 사용하지 않았다. 그런데 사도행전에 따르면, 그는 개종의 순간에, 자신의 사역의 초기에, 즉 안디옥 교회의 선교사로서(행 9:1, 4 등, 13:1-2, 7) 있는 동안에 사울이라는 이름으로 나온다. 하지만 그런 때에도 그는 이미 두개의 이름 즉 "사울, 바울"이라는 이름을 갖고 있었다는 것이 사도행전 13:9에 나타나 있다. 아마도 바울이라는 이름은 헬라적인 범주에서 사용했을 것이다(MM, 499; *NDIEC* 1:89-96). 로마시민으로서(그 당시의 많은 유대인들이 향유했던 신분–SVMG, 3:132-34를 보라) "바울"이 공식적인 이름의 일부였을 것이고(예를 들어, C. Julius Paulus), 바울은 그 이름을 법에 따라 등록했을 것이다(Harrer, Hemer). "사울"은 그의 잘 알려진 이름인데, 아마도 성인이 되어서 고집했을 것이다. 사도행전에서 공식적인 자기 지칭으로서 "사울"에서 "바울"로 전환시킨

것은 지중해 동부 연안을 넘어 이방인들에게 (기록되어진) 자신의 활동적인 전도를 시작하던 때와 상당히 일치한다. "사울"이 유대 범주 바깥에서는 잘 알려지지 않은 이름이었기 때문에, 더욱더 쉽게 인식되어질 수 있는 이름으로의 전환은 자연스러운 조치다. 하지만 그 변화의 완성은 바울의 자아 인식의 전환을 강력하게 암시한다. 바울이 자신의 정체성을 가졌던 사회적인 맥락의 측면에서 적어도 그러했고, 아마도 "사울"로 인식되어진 사람에서 자기 자신을 확실히 자유롭게 하기 위한 것이었거나, "사울"이라는 이름으로 가졌던 것과는 다른 새로운 관계들에 적극적으로 참여하기 위한다는 측면에서 그러했을 것이다. 따라서 "바울"이 "이방인의 사도"로서의 자신의 점증된 헌신을 반영하고 있다는 점은 꽤 적당하다고 보여진다. 그리고 이 헌신이 자신의 모든 서신들에서 상당히 더 분명하게 나타나고 있기 때문에 모든 그의 서신에서 "바울"이라는 일관적인 자기 지칭은 그런 헌신의 표현으로 역시 보여질 수 있다-그리고 로마서에서 특히 더 그렇다(참조 1:5-7). 만약에 로마의 독자들이 그의 옛 인간 됨의 배경을 잘 알지 못한다면, 그들은 그러한 의미를 분명히 놓치고 말 것이다.

바울은 자신의 인사를 그밖에 어느 사람과도 연결을 짓지 않는다. 이는 일상적인 바울의 습관과는 대조된다(갈 1:1을 참조하라). 이것을 바울과 그의 동료들이 로마의 회중들을 세울 때에 서로 교류가 없었다는 것으로 단순히 설명할 수는 없다(참조. 고전 1:1). 그리고 16장을 원 서신의 일부로 간주한다면(16:1-23의 양식과 구조를 보라), 가장 가까운 동료 사역자인 디모데가 바울 옆에 있었을 것이다(16:21; 참조. 고후 1:1; 빌 1:1; 골 1:1; 살전 1:1; 살후 1:1). 따라서 이 경우에 바울은 대체로 자기를 잘 모르는 회중들에게 몸소 자신을 이방인에 대한 사도로(참조. 11:13) 소개하기를 원했을 것이고, 그것도 자신이 이해하고 있던 복음의 해설을 가지고 그렇게 하기를 원했을 것이다(참조. 2:16; 16:25; Achtemeier). 이 서신의 성공과 실패가 자신의 개인적인 진술을 받아들이는 로마 교인들의 반응에 달려 있었던 것이다(16:21을 보라)

"그리스도 예수의 종"(*δοῦλος Χριστοῦ Ἰησοῦ*-둘로스 크리스투 예수). 그의 서론적인 도입 가운데 오직 빌립보서 1:1에서만 그렇게 형성되어 있다. 여기서 바울은 분명히 자신의 유대적 유산에 의존한다. 유대의 예배자들은 상당히 자연스럽게 하나님의 종으로 자기 자신을 생각했다(느 1:6, 11; 시 19:11, 13; 27:9; 31:16; 등등; 1QH 7.16; 9.10-11; 등등). 하나님의 종이라는 명사는 단수와 복수 모두 전반적으로 이스라엘에 대한 것으로 사용되었다(신 32:36; 렘 46[70인경 26]:27; 겔 8:25). 그리고 과거에 있었던 위대한 인물들이 아주 자주 여호와의 종으로 언급되는데, 특별히 모세(예를 들어, 왕하 18:12; 느 9:14; 시 105:26; 단 9:11; 말 4:4; Josephus, *Ant.* 5.39)가 그렇고, 선지자들(스 9:11; 렘 7:25; 25:4, 35[70인경 42]:15; 겔 38:17; 단 9:6; 암 3:7; 슥 1:6)도 마찬가지다. 그처럼 종이라는 개념은 특별히 한 분 하나님의 것으로 선택되었다는 – 이스라엘이 그밖에 다른 것이 아닌 오로지 야웨에게 속했다는 의미, 즉 이스라엘의 위대한 영웅들은 이스라엘의 하나님에 대한 무조건적인 헌신과 하나님과 그의 백성들간의 언약을 지키는 것으로 인해 그런 하나님의 종이라는 칭호로 영예를 입었다 – 이스라엘의 확신으로부터 그 의미를 끌어온 것이다. 그런데 그 개념 자체가 바울이 스스로를 그러한 위대한 인물들의 반열에 두었다는 것을 필연적으로 함축해서는 안될 것이다. 하지만 바울이 자기 자신을 종이라는 용어로 사용할 때에, 그는 자신이 하나님께 속해 있고 또 의존하는 데 있어서 동일한 배타성과 무조건적인 특성을 시사하기를 확실히 원했다. 그렇지만 그 구절은 영예를 얻기 위한 것이라기보다는 헌신에 대한 표시로서 표현된 것이다. 따라서 초기 기독교 어휘에서 그것을 폭넓게 사용했으며, 이는 단지 사도적 인물들을 언급하는 것만이 아니라(빌 1:1; 딤후 2:24; 약 1:1; 벧후 1:1; 유 1:1), 일반적으로 기독교인들에게 관해서도 그렇게 사용할 수 있었다(행 4:29; 고전 7:22; 엡 6:6; 골 4:12; 계 22:3; 더 자세한 것은 BGD, *δοῦλος* 4; 그리고 후대의 *NDIEC* 2:54).

잘 알려진 유대인 용어를 바울이 채택한 것은 세 가지 면에서 두드러진다. (1) 그는 자신을 "그리스도 예수"의 종이라고 불렀다. 이것은 예수를 "주님"으로 환호한 것에 대한 자연스러운 결과다. 하지만 이것은 한 분 하나님에 대한 유대인의 배타적인 헌신이, 죽은 자 가운데서 부활하시고 하나님 우편으로 높임을 받으신 예수에 대해서도 동일한 종류의 헌신을 하게 되었다는 것을 나타내는데, 예수 운동에 관한 자기 이해가 이미 상당히 진전되어 있었음을 암시해주는 것으로 대단히 의미가 있다(참조. 딛 1:1, "하나님의 종"). 크리스토스(*Χριστός*)가 "메시아"에 관한 헬라어 번역으로서의 의미를 간직하고 있었다면, 전통적인 유대 신앙과의 의도적인 일치를 보이는 정도는 더욱더 강화되어진다. 그리고 이것은 크리스토스(*Χριστός*)가 먼저 나타나고 있다는 사실에서도 함축되어진다(만약 "예수 그리스도"가 오로지 적절한 이름이었다고 한다면, 이것은 이상한 번역이 되었을 것이다 – McCasland). 그러나 이스라엘의 메시아적 소망의 성취(따라서 주님, 야웨에게로 이전에 한정되었던 가치 있는 헌신)로서의 예수에 관한 개념이 2-4절에서 오직 분명히 그려져 있고, 곧바로 뒤이어지는 강조에 대한 반영을 1절에서 인식할 수 있다(특별히 Dahl, "Messiahship,"; Kamer, 203-14).

(2) 바울은 특별한 구약구절을 염두에 두었던 것 같다 – 사 49:1-7 또는 8절. (a) 그 구절은 이사야서 속에서 여타 "종"들에 관한 구절들과 더불어 이방인에 대한 사도로서의 바울 자신의 소명에 대한 이해를 형성하는데 모종의 역할을 했을 것이다. 즉 갈 1:15 – 사 49:1(갈 1:10에서의 "그리스도"의 종으로서의 자기 자신에 대한 언급을 역시 참조하라); 고후 6:1-2 – 사 49:8; 롬 15:21 – 사 52:15; 빌 216 – 사 49:4; 또한 행 13:47 – 사 49:6; 행 26:18 – 사 42:7. (b) 이방인(그리고 언약의 목적의 일부로서의 디아스포라)에 대한 사역으로 자신이 종/노예로 하나님으로부터 부름을 입었다는 주제는 확실히 이사야 49:1-8(70인경)과 여기 바울의 서두의 진술(1-7절)에서 두드러진다. 그리고 바울의 경우에 있어서, 그것은 바울이 이스라엘의 언약적인 역할을 성취하는 것으로(이사야에 따르면), 그리고 **여호와의 종**으로서의 예수 자신의 역할을 충분히 영향을 미치게 하는 것으로, 이방인에 대한 자신의 사역을 보았다는 것을 의미할 것이다(참조. Dunn, *Jesus*, 112-13); 더 자세한 것은 15:21을 보라.

(3) 신에게 묶인 종으로서의 개념은 동방과 서방에 만연된 신비적인 제의에서 잘 알려져 있었다. 그렇지 않았더라면 당시에 헬라 사상과 상충되었을 것이고, 그렇게 되면, 자유인에 대한 위엄의 의미로 인해 이상적이고 칭찬할 만한 형태의 관계성으로서의 노예의 의미는 실제로 불가능했을 것이다(*TDNT*, 2:261-65; Lagrange). 종이 되는 것과 자유인이 되는 것 사이에 근본적으로 구분되는 의미는 로마 사회에서 깊이 뿌리내리고 있었다(참조. Meeks, *Urban Christians*, 20-21). 따라서 바울은 그것에 관해서 잘 알고 있었고, 또한 그 구절이 로마의 독자들의 마음속에서 불러일으킬 갈등적인 이미지들도 잘 알고 있었을 것이다 – 특히 "노예의 처벌"을 받은 분의 "종"으로 자기 자신을 지칭하는 것은 더욱더 그랬을 것이다(M. Hengel, *Crucifixion*[London: SCM, 1977] 51-63).

"사도로 부르심을 받아"(*κλητός ἀπόστολος* – 클레토스 아포스톨로스) – 여기서와 고린도전서 1:1에서 완전한 구절이 나온다. 일반적인 말로는 클레토스(*κλητός*)가 식사에 초대되어진 사람을 지칭한다(예를 들어, 왕상 1:41, 49; 마카비3서 5.14; 마 22:14). 이 의미는 동사인 칼레인(*καλεῖν*, "초대하다")으로부터 유래하는데, 그것은 또한 "부르다"라는 보다 강력한 의미를 갖는다(BGD, *καλέω* 1b, d, e). 아마도 연회에 초대한 분이 왕이나 신일 때에는 더 강력한 의미를 가졌을 것이다(마 23:3, 9 그리고 *NDIEC* 1:5-6). 심지어 그 용어에 대한 크리스찬들의 사용은 더욱더 강력했다(참조. 특별히 롬 4:17; 9:11-12를 보라) - 바울의 독자들은 "부름을 받은"을 그 사람의 삶이 하나님의 부르심에 의해 결정되었고, 그 소명의 능력으로 인해 하나님의 진행되는 목적으로 이끌림을 받은 것으로 규정했을 것이다(1:6-7; 8:28, 30; 고전 1:2,9, 24; 7:15, 17-24; 갈 1:6; 5:8, 13; 등등 - *TDNT* 3:488-89, 494). 그리스도에게 속한 모든 사람들의 구분되는 특징 중 하나인 그 소명 안에서 바울은 구체적인 임무에 대한 소명을 생각하고 있다(1:1; 고전 1:1). 하지만 두 경우에 그는 구체적인 소명에 관한 개념이 모든 사람들의 소명에 관한 것과 구분되지 않는다는 것을 확실히 유념하고 있다(1:6-7; 고전 1:2; 참조. Str-B, 3:1-2). 여기서와 이사야의 종에 관한 구절(사 41:9; 42:6; 43:1; 45:3-4; 48:12, 15; 49:1; 51:2)의 문맥에서 하나님의 소명에 관한 주제가 탁월하게 나타나는 것은 바울이 상당히 이사야적인 주제를 염두에 두었을 가능성을 강화시켜준다.

아포스톨로스(*ἀπόστολος*)는 "전달자, 위임자, 대신해서 보내어진 사람"이라는 근본적인 의미를 갖는다(MM, BGD; 바울의 서신 속에서는 고후 8:23; 빌 2:25). 따라서 "전달자, 그리스도의 사도"라는 구체화된 의미는 기독교적인 어휘에서 이미 전문적인 용어로 자리를 잡았다. 물론 한동안 덜 구체적인 의미로도 사용되던 때도 있었다(*Did.* 11.4.6). 자기 자신을 "사도"로 부름에 있어서 바울은 주님의 부활에 뒤이은 제한된 시간 안에서 한정된 그룹에 대한 부활하신 그리스도에 의해 특별한 위임을 받았음을 분명히 전제하고 있고(고전 15:8 - "맨 나중에"), 특별한 사명으로, 교회를 세우는 일을 하도록 위탁된 권위를 받았음을 주장하고 있다(고전 9:1-2). 여기서 그는 자신의 칭호를 어떤 상세한 설명을 붙이지 않고 발표한다. 하지만 그는 간단하게 두 가지 주된 특징을 강조한다 - 높임 받으신 그리스도를 통해 주어진 사도성과 이방인에 대한 사도성(1:5; 갈라디아서와 고린도전후서에서 제시된 더 강력한 변호와는 대조된다). 각각의 경우에 그는 사도로서의 자신의 권위가 사명의 테두리 내로 제한되어 있고, 오직 그에 의해서 세워진 교회들과 관련해서 시행되어진다는 확신을 나타내고 있다(고전 12:28; 고후 10:13-16-NEB; 롬 11:23을 보라). 바울은 이방인에 대한 특별한 사도성을 주장했다(더 자세한 것은 11:13을 보라). 하지만 독점적인 의미에서 그렇게 한 것은 아니다. 왜냐하면 그는 이방인 선교에서 자신과 같이 했던 사람들을 포함하여(1:5; 16:7; 고전 4:9; 15:7; 살전 2:6) 열두 제자보다 더 넓은 범주로 사도들을 인정하고 있기 때문이다. 절대성으로서의 "사도"가 사도행전 1:26이 암시하는 것처럼 그렇게 제한된 것이 아니라는 것이 사도적인 위임에 대한 바울의 주장을 예루살렘 지도자들이 인정한 것에서(그들이 그렇게 할 수 있는 한도에서) 그 이유에 대한 설명을 들을 수 있다. 예루살렘의 지도자들은 자신의 복음이 이방인들에게 속해 있다는 복음에 대한 바울의 이해에 불편함을 가졌을지라도 바울의 사도성을 인정했다(갈 2:1-10). "열둘"로 그 칭호를 제한하려는 경향이 이미 사도행전에 나타나 있지만 그것은 후대의 흐름을 예상한 것이지(참조. *LPGL*), 아직 바울 당시에는 확실하지 않았다. 더 자세한 논의와 참고문헌을 위해서는 J. A. Kirk, "Apostleship since Rengstorf: Toward a Synthesis," *NTS* 21(1974-75) 249-64; Dunn, *Jesus*, 271-80; *NIDNTT* 1:136-37을 보라.

"하나님의 복음을 위하여 택정함을 입은"(*ἀφωρισμένος εἰς εὐαγγέλιον θεοῦ* – 아포리스메노스 에이스 유앙겔리온 데우). 즉 다메섹 도상에서(아래를 보라) 또는 보다 이른 시기에 개종에서=위임된 하나님의 복음을 위하여 구분되었다는 것이다. "택정함을 입은"(*ἀφορίζειν* – 아포리제인)은 "거룩한"(*ἅγιος* – 하기오스), "거룩하게 구별되다"(*ἁγιάζειν* – 하기제인)라는 의미와 중첩된다(특히 겔 45:4를 참조하라 Cranfield). 따라서 바울이 레위기 20:26을 염두에 두었을 가능성이 있고, 또 거기 레위기서에서 두 가지 개념이 강조된다: 그리스도에 의해 영향을 받은 시대의 전환은, 이방인들과 구분되었다는 개념이 이제 바울에게서 이방인들을 위해 구별되었다는 개념이 되었다(하지만 고후 6:17=사 52:11을 참조하라). 미첼(Michel)은 자신의 다섯 번째 개정판에서 바울이 "바리새인"(구분되어진 자)(예를 들어, Zahn; *TDNT* 5:454; Nygren; Fitzmyer; Black이 주장하는 것처럼)에 관한 언어유희(재담)를 의도했다는 초기의 강력한 주장을 철회했다. 그러한 언어유희를 바울의 독자들은 거의 놓쳤을 것이다.

"복음"(*εὐαγγέλιον* – 유앙겔리온)은 "그 복음"(1:16; 10:16; 11:28; 고전 4:15; 등등)=예수 그리스도의 좋은 소식으로 기독교적인 어휘로 이미 분명히 자리잡고 있었다. 그처럼 그 용어는 기독교인의 신조로 확실히 이해되어졌고, 그것은 헬라어를 말하는(디아스포라) 동족들에게 전파한 유대 신자들의 매우 초기의 이루어진 결과였다. 당시의 헬라어 본문에서 단수형태가 익숙하지 않은 것은 헬라어를 말하는 바울의 유대인 전임자들이 더 익숙한 복수형태인 "좋은 흐름", 특히 로마 황제의 제의 가운데 사용된 것에서 그것을 각색했다고 하는 것은 그럴 것 같지 않다(LSJ의 언급들; 참조. *NDIEC* 3:12-15; 반대로는 Strecker, *Eschaton*, 183-228; 또한 *EWNT* 2:176-86). 기독교 용어가 예수의 사역에 대한 최초의 회상으로부터 유래했다는 것은 더욱더 고려할 만하며, 그 동사 형태가 이사야 61:1-2에 대한 직접적인 의존 속에서 이미 확고하게 설정되었을 것이다(마 11:5//눅 7:22; 행 10:36). 이사야서의 후반부에 두드러진 것이(40:9; 52:7; 60:6; 61:1) 예수에게로 이어지는 시기에 유대 사상에 확실히 영향을 미쳤다(*Pss. Sol.* 11.1; 1QH 18.14; 11QMelch 18). 그리고 초기 기독교 사상(롬 1:1-7에서 적지 않게 증명되는 것처럼 그리고 또한 10:15-16을 참조하라)에 관한 이사야서의 이 항목의 강력한 영향은 단수 명사 유앙겔리온(*εὐαγγέλιον*)이 헬라어를 말하는 선교에서 재빨리 형성되어졌을 가능성이 대단히 높고, 이는 선포할 어떤 것을 갖고 있다는 강력한 확신을 표명하는 편리하고 적절한 대상인, 즉 "하나님의 좋은 소식"이 되었을 것이다(Stuhlmacher, *Evangelium*; 역시 *Evangelien*, 157-82; Wilckens, 74-75).

"복음을 위해서"(*εἰς εὐαγγέλιον*–에이스 유앙겔리온)–즉 복음을 전파하기 위한 목적을 위해서(참조. 고후 2:12; 행 13:2). 바울은 아마도 설교 그 자체 행위를 나타내기 위한 명사를 의도하지 않았을 것이다(참조. 케리그마[*κήρυγμα*]–16:25; 고전 1:21; 2:4; 15:14). 오히려 그의 언어는 자신의 회심 이래로 그 복음이 그의 전체적인 삶을 주도하고 결정짓는 중심이 되었다는 사실을 반영한다(참조. 다시금 갈 1:16; 더 자세한 것은 서론 §1.2와 1:16을 보라).

"하나님의 복음"(*εὐγγέλιον θεοῦ*–유앙겔리온 데우)–또한 15:16; 고후 11:7; 살전 2:2, 8, 9; 또한 막 1:14; 벧전 4:17. "하나님의"는 그 메시지의 배후에 있는 권위이자 근원이다(참조. 1:9). 바울은 보다 일반적인 서두 형태에서 출발하지만("예수 그리스도의 사도", "하나님의 뜻에 의해"–고전 1:1; 고후 1:1; 골 1:1; 또한 엡 1:1; 딤후 1:1; 참조. 갈 1:1; 딤전 1:1; 딛 1:1), 자신의 전반적인 선교를 유효케 만들 합법적인 권위로서의 예수 그리스도를 하나님과 함께 거론하는 균형 잡힌 진술을 고안해내고 있다.

2 "미리 약속하신"(*προεπηγγείλατο*–프로에펭게일라토)–신약성경의 그밖에 다른 곳으로는 오직 고린도후서 9:5에서만 나타난다. 중간태의 의미는 그 약속–"하나님이 약속하신", "그 일에 관하여 약속하신"(참조. Moule, *Idiom Book*, 24) 주제를 강조하는 것으로 보인다.

"선지자들로 말미암아"(*διὰ τῶν προφητῶν αὐτοῦ*–디아 톤 프로페톤 아우투). (신약성경에서 특이한) "**의** 선지자들"은 하나님의 인격적인 관련성과 그 예언적인 소망 배후에 있는 권위를 강조하는 바울의 관심을 역시 반영해준다. 하지만 그것은 또한 잘 알려진 구약의 구절, "그의/나의(하나님의) 종(*δοῦλοι*–둘로이) 선지자들"에 관한 계속적인 반영일 것이다. 그것이 서두의 바울의 자기 지칭의 배후에 부분적으로 있었다(1:1을 보라). 바울은 나중에 3:21에서 동일한 요지를 갖는 보다 완전한 구절을 사용할지라도, "율법과 선지자들"이라고 말하는 것을 삼가한다. 아마도 이 서신에서 명확히 하고자 하는 것은 하나님의 목적 안에 있는 율법의 역할이기 때문일 것이고, 가능한 한 처음부터 약속과 성취, 즉 하나님의 약속과 그 약속에 대한 신실성에 주목하기 원해서이기 때문일 것이다. 변증적인 관심사가 이미 분명히 나타나 있고, 4장에서의 하나님의 "약속"에 관하여 전달하고자 하는 중심적인 역할을 준비시킨다. 선지자들과 문제가 되었던 예언들은 새로운 운동의 초기 변증적인 요건의 하나로서 기독교의 증거 본문이 되었을 것이다(참조. 고전 15:3-4). 그것들은 나중에 인용되었거나 암시되었던 본문들 중 적어도 몇 가지, 사도행전의 설교, 특별히 삼하 7:12-16 그리고 시 2:7(1:3을 보라)를 이미 포함하고 있었을 것이다(예를 들어, 4:25을 보라).

"성경에"(*ἐν γραφαῖς ἁγίαις* – 엔 그라파이스 하기오스) – 그와 같은 구절("거룩한 성경")은 신약성경에서 오직 한번 나타난다. 그것은 이미 성경과 거룩한 것으로 인식되어진, 확립된 문서의 형태를 언급하는 것이다. 말하자면, 거룩한 권위적 진술이나 문서로 하나님의 거룩한 말씀을 가졌다는 것을 의미한다(참조. Philo, *Fuga* 4; *Spec. Leg.* 1.214; *Heres* 106, 159). 정관사가 없는 것은 그것과 동일한 언급들이 보여주는 것처럼 별다른 차이를 만들지 않는다(참조. 16:26과 함께 15:4; 3:16과 함께 벧후 1:20; 또한 BDF, &14:37-48을 보라). 또한 복수 형태도 단수 형태와 별다른 차이를 만들지 않으며, 이미 수집된 성경에 대하여 사용하고 있었다(Philo, *Mos.* 2.84; *Ep. Arist.* 155, 168). 언급되고 있는 성경들은 우리의 구약성경에 포함된 책들이 상당히 있었을 것이다(참조. Sir prologue; Josephus, *Ap.* 1.37-42; 에스라4서 14:3-48). 하지만 70인경의 보다 넓은 범위가 시사하는 것처럼, 고정되고 폐쇄된 것으로서의 정경의 개념은 아직 분명하게 나타나 있지 않았다.

3 "이 아들로 말하면"(*περὶ τοῦ υἱοῦ αὐτοῦ* – 페리 투 휘우 아우투)으로는 하나님의 복음을 더 자세히 규정한다 – 하나님과 그리스도가 고루 균형 잡힌 요소들이 되는 서두의 진술을 만들기 위해 고안한 바울의 또 다른 실례 – 아마도 아버지로서의 하나님의 사상에 의해 부분적으로 촉발되었을 것인데, 바울은 항상 하나님 아버지로 자신의 서신을 시작한다(1:7을 보라). 그러한 칭호는 바울 사상에서 특별히 두드러지지는 않지만, 바울이 하나님과 예수 사이의 관계를 언급하고자 할 때나(1:4, 9; 고전 15:28), 예수로 말미암은 또는 예수와의 관계에서 표현되어진 사람에 대한 하나님의 관심사에 관해 언급하고자 할 때에(8:29; 고전 1:9; 고후 1:19), 특별히 결정적인 순간에(5:10; 8:3, 32; 갈 1:16; 2:20; 4:4; 골 1:13; 살전 1:10; 더 자세

한 것은 5:10을 보라), 상당히 자연스럽게 나타난다. 예수께서 이미 구분되는 방식으로 하나님의 아들로 이해되어졌을 것임이 충분히 분명하다-"그의 아들", 거기서 바울은 심지어 고백적인 표현을 시작하기 전에조차도(3-4절), 아들 됨은 규칙적인 서두 인사(7절)에서 신자들에 관해 확언했던 것과는 다르게 그려지고 있는 것이 분명하다. 바울의 시대에 칭호나 묘사로서 아들이라는 용어가 상당히 넓은 가능성 있는 언급을 가졌기 때문에 이것은 의미가 있다-이따금씩 이스라엘의 왕을 포함하여 (삼하 7:14; 시 2:7; 89:26-27) 동양의 통치자들, 위대한 철학자들 또는 유대 사회에서 유명한 랍비들(*m. Taᶜan.* 3.8) 그리고 전반적으로 인류(스토아 사상) 또는 유대교에서 전반적으로 이스라엘(출 4:22-23; 렘 31:9; 호 11:1; Wisd Sol. 9:7; 18:13; *Jub.* 1.24-25; *Pss. Sol.* 1730; 18.4; *T. Mos.* 10.3; *Sib. Or* 3.702) 또는 특별히 의인(Wisd Sol 2:13, 16, 18; 5:5; Sir 4:10; 51:10; 마카비2서 7:34; *Pss. Sol.* 13.8; 쿰란 계약자들은 자기 자신들을 하나님의 "진리의 아들들"이라고 생각했다-1QM 17:8; 1QH 7.29-30; 9:35. 10.27; 11.11). 더 자세한 것은 8:14과 9:4; Str-B, 3:15-22; *TDNT* 8:335-62; Hengl, *Son*; Dunn, *Christology*, 14-15.

초대 교회 그리스도인들이 예수를 유일하신 하나님의 아들로 어떻게 인식하고 인정했는지에 관해서는 전적으로 분명하지가 않다. (1) 그러한 증거를 가장 간단하게 읽을 수 있는 것은 특별히 기도 속에서 표현된 예수의 아들 됨, 즉 예수의 부활이 예수에 관한 첫 추종자들의 안목에서 독특한 것이 되었던 아들 됨을(그것에 대해서는 8:15-17과 갈 4:6이 충분한 증거를 갖는다) 잘 기억하고 있었던 사실에 뿌리를 박고 있었다는 것이다(따라서 뒤이어지는 신조에 관한 의미-1:4을 보라). 대안적인 가능성은 메시아로서의 예수에 관한 인식이 그것과 함께 유일하신 아들 됨의 의미를 담고 있다는 것이다. 왜냐하면 메시아, 다윗의 아들은 역시 상당히 구분되는 의미로 하나님의 아들이라고 불리어졌기 때문이다(아래를 보라). 그러나 메시아와 아들됨간의 동일시가 더욱더 제기되면 될수록, 우리가 다윗의 아들 곧 약한 것으로서의 하나님을 허락하지 않는다면, 뒤이어지는 신조의 두 번째 구절에 무게를 주기가 더욱더 어려워진다-그렇게 되면 그 신조는 본래의 예리함을 잃어버리고 그것의 대조적인 평행구들은 혼돈을 겪게 된다. (3) 세 번째 가능성은 하나님의 아들로서의 예수의 유일성에 관한 주장은 예수께서 하늘로부터 왔다는 인식에서부터 유래한다는 것이다(참조. 8:3과 갈 4:4의 일상적인 해석). 이것은 그럴 것 같지가 않다(오늘날 그것에 대한 공통된 주장에도 불구하고 말이다-예를 들어, Stuhlmacher, "Probleme," 382-83; Murray; Eichholz, *Theologie*, 126; Ridderbos, *Paul*, 68-69; Hengel, *Son*, 60, 60; Becher 19-20; Goppelt, *Theology*, 2:67, 69). 그 칭호 자체는 그런 의미를 자체적으로 담고 있는 것으로 보이지 않는다. 천사적 존재로서의 예수에 관한 언급으로는 충분한 구분을 지을 수가 없다. 왜냐하면 전반적으로 천사들도 "하나님의 아들들"이라고 불려지기 때문이다(창 6:2, 4; 신 32:8; 욥 1:6-12; 등등; 시 29:1; 89:6). 우리는 필로에 의해 "하나님의 첫 태어난 아들"(*Conf.* 146; *Som.* 1215)로 불려진, 로고스를 가진 예수와의 동일시를 전제해야 한다. 하지만 우리는 제4복음서의 서언(요 1:1-18) 이전에 그러한 신분에 관한 증거를 갖지는 못한다. 지혜로서의 예수에 관한 동일시(참조. 고전 1:24, 30; 8:6; 골 1:15-20)가 그 요약적인 칭호인 "아들" 하에서 인식되어질 수 있다고 하는 것은 거의 그럴 것 같지 않은데, 왜냐하면 "지혜"는 여성형(*σοφία*-소피아)이기 때문이다. "나의 아들"로서의 다니엘 7장의 사람(Man)과 동일시하는 것은 유대사회에서 상당히 나중에 있었던 것으로 보이는 것처럼(4 Ezra 13.32, 37, 52), 영원부터 있었던 하나님의 아들로서의 그리스도의 선재에 관한 확실한 주장은 기독교 사회에서 바울 이후에 있었던 것으로 보인다(요한복음; 참조. 히 1:3). 8:3을 또한 보라. 그리고 더 자세한 것은 Dunn, *Christology*를 보라.

"나셨고"(*γενομένου*-게노메누). 기네스타이(*γίνεσθαι*, "되다", "되게 되다")가 에이나이(*εἶναι*, "되다")와 합하여졌기 때문에 그 분사구절은 태어난 사건보다는(만약 그러할 경우에는 게나오[*γεννάω*]가 더 적절한 단어가 되었을 것이다[원문주해를 참조하라]) 인간의 상태를 더욱더 고려하고 있다("여성에게서 태어난"-욥 14:1; 15:14; 1QS 11.20-21; 1QH 13.14; 18.12-13, 16).

"다윗의 혈통에서"(*ἐκ σπέρματος Δαυίδ*-에크 스페르마토스 다위드)-예수께서 다윗의 기름부음 받은 아들(Son), 왕이신 메시아, 이스라엘 백성들이 다가올 시대로 아주 오랫동안 품고 있었던 예언적 소망의 성취였다는 분명한 주장(사 11; 렘 23:5-6; 33:14-18; 겔 34:23-31; 37:24-28; *Pss. Sol.* 17.23-51; 4QFlor 1.10-13; 4QpGen 49; 4QpIsa[a] 2.21-28; *Shemoneh Esreh* 14-15). 예수께서 다윗의 계열을 잇고 있다는 것은 마태와 누가의 다른 태생기사(마 1:1-16, 20; 눅 1:27, 32, 69; 2:4; 3:23-31) 그리고 여기서와 디모데후서 2:8(또한 행 2:3; 계 5:5; 22:16 그리고 마태복음에서 규칙적으로-1:1; 9:27; 12:23; 15:22; 20:30-31; 219, 15)의 배후에 있는 전승을 포함하여 신약성경에서 흔한 주장이다. 예수의 다윗 혈통이 아주 당연하다고 여기는 정도는 매우 뛰어나며, 다윗 계열에 관한 것이 아님에도 불구하고(예수의 제사장직에 대한 히브리인들의 특별한 간청과는 대조된다) 예수의 메시아직에 대해 논쟁할 필요성을 전혀 인식하지 않았다. 만약에 마가복음 12:35-37a, 7:42에서 있을 듯한, 그리고 여기 카타 사르카(*κατὰ σάρκα*)의 자격(참조. *Barn.* 2.10)에서 반영되는 그 칭호에 대한 어떤 당혹스러움에 관한 주장이 다소라도 있었다면, 만약 그렇다면, 그것은 아마도 지극히 세상적인 그것의 특징(*κατὰ σάρκα*－카타 사르카)과 민족적이고 정치적인 뉘앙스(Dunn, "Jesus," 49-51) 때문일 것이다. 결국에 예수의 다윗의 가계는 예수께서 메시아라는 초기 기독교 변증적인 주장에서 안전한 지점이 되었던 것으로 보인다. 두 요지에 관해서는, *HE* 3.12, 19-20를 참조하라. 더 자세한 것은 참고문헌과 함께, Brown, *Birth*, 505-12을 보라.

"육신으로는"(*κατὰ σάρκα*－카타 사르카). 그의 역할이 '육체에 의해 결정되는 한에 있어서는' 또는 '육체의 측면으로 이해해서는'을 의미한다(1:4를 보라－카타 프뉴마[*κατὰ πνεῦμα*]). 바울에게서 사르크스(*Σάρξ*)는 죽을 운명에 처해 있는 특징을 가진 인간을 나타낸다－그런 인간의 허약함, 관계성, 필요들, 그리고 욕구들. 바울 서신에서 그 용어의 의미의 범위는 상당히 중립적인 사용에서부터 확장되며, 그것은 육체적인 몸 또는 한편으로는 육체적인 관계성/친족관계를 나타낸다(특히 11:14; 고전 6:16; 15:39; 골 2:1). 다른 한편으로는 상당히 부정적인 특성을 갖는 것인데, 그것은 부패의 근원과 하나님에 대한 적대로 이해되어진 인간의 육체성을 나타낸다(8:5, 7, 12; 13:14; 갈 5:13, 24; 6:8; 골 2:11, 13, 18, 23). 하지만 11:14을 보라. 부정적인 측면은 특히 사르크스가 프뉴마(*σάρξ πνεῦμα*, "성령")와 대조되어 설정되었을 때에 확실히 그렇다(2:28; 8:6, 9; 갈 3:3; 5:16, 17, 19; 빌 3:3, 4). 특별히 그 대조가 여기서처럼 카타 사르크스/카타 프뉴마 형태(8:4-5; 갈 4:9)일 때에 그렇다. 따라서 바울은 여기서 인용한 그 형식은 카타 사르크스(*κατὰ σάρκąκατὰ*)에 부여된 어떤 부정적인 함의를 가지고 읽었을 가능성이 매우 높다: 복음을 통한 하나님의 구원하시는 목적에서의 예수의 역할과 관련되는 한, 그 역할이 절대 필요할지라도 예수의 육신적인 가계는 그의 신분인 카타 프뉴마(*κατὰ πνεῦμα*)만큼 그렇게 결정적인 것은 아니었다. 이것은 서신의 후반부에서 카타 사르크스(*κατὰ σάρκα*)의 다소 부정적인 뉘앙스와 일치한다(4:1; 9:3, 4). 두 가지 경우에 바울은 카타 사르크스(*κατὰ σάρκα*)의 관계성이 하나님의 보시기에 결정적인 요소가 아니라는 것을 곧바로 강조한다(4:11-12, 16-17; 9:8). 그리고 그것은 바울의 서두의 강조와 잘 어울린다: 유대교의 한계를 넘어서는 복음(5-7절)은 단순히 유대 메시아의 역할을 초월하는 그리스도에 관심을 갖는다(3-4절; 참조. 특히 Theobald, 386-89는 15:8-9에에 응답하는 강조에 관심을 집중시킨다). 본래의 형식이 그러한 부정적인 뉘앙스를 가졌는지는 논쟁이 되어지지만, 사르크스/프뉴마 대조 속에서는 함축적으로 그러했을 것이다(참조. 사 31:3; 막 14:38; 요 3:6). 그리고 바울은 공통적인 신조적 형태에 어떤 다른 의미를 부여함으로써 로마로 보내는 자신의 서신을 받는 사람들을 아마도 곤란하게 하기를 원치 않았을 것이다. 더 자세한 것은 초기 문헌에 관한 그 제한과 함께 Dunn, "Jesus," 특별히 43-49를 보라. 그리고 7:5과 7:18을 보라.

4 "능력으로 하나님의 아들로 인정되셨으니"(*ὁρισθέντος υἱοῦ θεοῦ ἐν δυνάμει* –호리스덴토스 휘우 데우 엔 두나메이). 호리스덴토스(*ὁρισθέντος*, 바울에게서는 오직 여기에서만 나온다)는 "지명되었다"(RSV), "선언되었다(BGD, NEB, NIV)"라는 의미로 상당히 자주 나온다. 그 동사가 예수를 그의 지명된 자리("능력으로 하나님의 아들")–"지정되었다"로 더 정확히 전달되는 의미(MM과 *TDNT* 5:450-51에 인용되어진 증거를 보라; 그리고 예를 들어, Lagrange, Barrett, Murray, Michel, Käsemann과 Cranfield의 강력한 진술들을 보라)–로 데려가신 하나님의 행위를 나타내는 것으로 인정되는 한 용인될 수 있다. "지정"의 경우에는 분명히 부활이다("죽은 자의 부활로부터"). 확실히 그것은 구약의 라틴 본문 전승이 프로(*προ-*)를 동사에 접두시켰다는 분명한 함축을 인식하고 있는데(원문주해를 보라), 그것은 지정하는 결정이 영원보다 앞서 일어났다는 것을 말한다("예정되었다"). 하지만 여기서 미리 정해졌었는지(그것을 위해서는 완료형인 호리스메노스[*ὡρισμένος*]가 더 적절할 것이다; 참조. 행 2:23; 10:42)(그럼에도 불구하고 Allen은 그렇게 주장한다)에 대한 의문을 제기함이 없이 지정의 행위가 (게고메누[*γενομένου*]와 병행되어) 묘사된다. 그때에 신조 형식에 따르면, 예수께서는 전에 없었던 것이 되었고, 또는 전에는 그의 것이 아니었던 역할을 취하게 된 것이다(참조. Michel).

그 신분 또는 역할이 "능력으로 하나님의 아들"로 묘사되는데, 엔 두나메이(*ἐν δυνάμει*)를 동사라기보다는 명사로 취하는 것이 일반적으로 그 구절의 가장 분명한 독법이라고 받아들여진다(예를 들어, Lagrange, Gaugler, Fitmyzer, Cranfield; 대조되는 것으로는 NB–"전능한 행위로", NIV–"능력으로 선언된", Boismard). "능력으로"는 아마도 바울에게서 중요했을 것이다. 그것은 예수의 거룩하신 아들됨이(3절) 부활로 "향상되고", "확장되었다"는 것을 나타내었다. 따라서 예수는 더욱더 충만하게 하나님의 순전한 능력을 공유하게 되었는데, 이는 단순히 신분이 아니라(하나님의 우편에–아래의 큐리오스[*κύριος*]를 보라), 바울이 그밖에 다른 곳에서 함축하고 있는 방식으로 사람들에게 그리고 사람들을 통해 역사하시는, "실행의 권위"를 하나님과 공유하게 되었다(예를 들어, 8:10; 고전 15:45; 갈 2:20; 골 2:6-7). 바울에게서 이것은 복음이 단순히 메시아로서의 예수에 관한 것이 아니라는 것을 말하는 더 발전된 방법이었을 것이다. 왜냐하면 단순히 메시아로서의 예수의 역할은 하나님의 목적을 온전히 나타나는데 부적절하기 때문이다. 따라서 하나님의 목적의 충만한 의미는 능력으로 하나님의 아들이 되기 위해 죽은 자로부터 부활하신 (이스라엘의) 메시아로서의 예수로 말미암아 오로지 실현될 수 있었다. Schmidt, 17-19와 다시금 Theobald, 386-89를 참조하라.

왕적인 메시아가 또한 하나님의 아들로 불리어질 수 있다는 것을 인식한 사람들에게는(삼하 7:14; 시 2:7; 1QSa 2.11-12; 4QFlor 1.10-fn.; 4QpsDan A[a]) "능력으로"라는 구절이 자연스러운 자격이 되었을 것이다: 예수께서는 부활시에 처음으로 하나님의 아들이 되신 것이 아니었다. 하지만 그는 부활로 여전히 보다 높은 아들 됨의 반열에 들어가셨다. 확실히 이것은 "두 단계 기독론"으로 지칭되어져야 한다(평행구들이 보여주는 것처럼, 첫 번째 것은 두 번째 것을 단순히 준비한 것이 아니다 -반대로는 Wengst, 114-16). 물론 다른 것과 관련해서 무엇이 각 단계를 확증하고 있는지는 분명하지 않지만 말이다. 기독론을 "양자론"으로 설명하는 것은(Knox처럼; Gaston, *Paul*, 113) 시대착오적이다. 왜냐하면 이 "두 단계 기독론"은 이미 형성되어진 "세 단계 기독론"에 대한 반대로 제기되고 있다는 어떤 암시도 없기 때문이다(후대의 양자론에서처럼). 참조. Maillot. 그리고 바울은 초기의 신조가 자신의 기독론과 일치하는 것으로 확실히 보고 있었을 것이다. 이미 양식과 구조에서 주목한 것처럼, 바울은 자신의 독자들과 공통된 믿음을 암시하기 위해 그 신조를 사용하고, 또 동시에 그 신조를 바로 잡기 위해서 시도했었을 가능성은 거의 없다(Eichholz, *Theologie*, 130-31). 1:4은 사도행전 2:26에서의 유사한 매우 초기의 기독론적인 서술과 부활에 관한 시편 2:7의 초기 사용(행 13:33; 히 1:5; 5:5)과 더불어 사려 깊게 사색된 신학적 기술이라기보다는 예수의 부활에 의해 만들어진 초대 그리스도인들에 대한 엄청난 충격의 증거로서 더욱더 보아야 할 것이다. 말하자면, 이 초기의 서술들과 바울은, 이미 이 땅에서 향유되었고, 또한 처음부터 있었던 신분과 역할에 단순히 비준을 한 것이 아니라, 신분과 역할에서의 예수의 "되어짐"을 예수의 부활 속에서 보았다는 데에 의미가 있다(더 자세한 것은 Dunn, *Christology*, 33-36).

"성결의 영으로는"(*κατὰ πνεῦμα ἁγιωσύνης*-카타 프뉴마 하기오수네스)(NJB의 "성령과 거룩에 의해서"는 받아들일 수가 없다). 그 용어는 특징상 분명히 셈족어식이다. 그것은 시편 51:11과 이사야 63:10-11의 (70인경이 아닌) 히브리적 형태에서 모형을 딴 것이다(또한 *T. Levi* 18.11; 1QS 4.21; 8.16; 9:3; 1QH 7.6-7; 9.32; 12.12;

등등). 롬 8:15; 갈 6:1; 엡 1:17; 그리고 딤후 1:7에서 사용된 구절들을 참조하라. 성결의 영은 바울과 초대 그리스도인들에 의해 분명히 성령, 즉 거룩, 하나님의 거룩의 분여자로 특징지어지는 영을 나타내는 것으로 거의 확실히 이해되어졌을 것이다(1:17을 보라). 하지만 이러한 다듬어지지 않은 구절들은 우리들로 하여금 인간과 피조물 위에 역사하시는 하나님의 능력에 관한 개념이 후대의 기독교 사상에서처럼 아주 예리하게 규명되지 않았다는 것을 상기시켜준다(참조. 1:18). 하늘의 능력으로서의 성령에 관한 바울의 (그리고 초대 기독교의) 개념에 대해서는 H. Gunkel, *Die Wirkungen des heiligen Geistes*(Göttingen: Vandenhoeck, 1888; ET *The Influence of the Holy Spirit*, tr. R. A. Harrisville and P. A. Quanbeck II[Philadelphia: Fortress, 1979]). 더 자세한 것은 Dunn, *Jesus*에 있는 문헌을 보라. 나아가서 5:5을 보라.

카타(*κατὰ*)는 아마도 의도적으로 모호하게 표현되었을 것이다. 그밖에 다른 곳에서 바울은 그것에 대해서 예수의 부활을 성령에 귀속시키는 것을 피하는 방식을 취한다(6:4; 8:11; 그리고 더 자세한 것은 Dunn, *Christology*, 144를 보라). 여기서 바울이 말하고 있는 모든 것은 그리스도의 존재와 역할의 새로운 국면이, 이전 구절이 육체로 특징지어지는 것처럼, 성령에 의해 특징지어진다는 것이다. 프뉴마(*πνεῦμα*)의 의미가 쉬바이쩌(Schweizer)의 영향력 있는 글("Röm 1:3f."; 또한 *TDNT* 6:416-17)에서 제기되는 것처럼 하늘의 영역, 또는 하늘의 본질이라고 하는 것은 너무 우주 철학적이고 정적이다. 여기서 그려져 있는 사르크스(*σάρξ*)와 프뉴마(*πνεῦμα*)는 실제로 살아 있는 일종의 존재를 결정짓는 "조건"이자 능력이다(또한 소마 프뉴마티콘[*σῶμα πνευματικόν*], "영적인 몸"으로서의 부활의 몸도 마찬가지다). 참조. Kasemann, Theobald, 379와 양식과 구조. 이는 두 구절의 대조가 다시 한번 부자연스러울 정도로 서로 배타적일 필요가 없다는 것을 우리에게 알려준다. "부활로" 하나님의 아들로서의 예수에 관한 주장이 하나님의 아들로서의 왕적인 메시아의 개념을 배제할 필요가 없는 것처럼, 카타 프뉴마(*κατὰ πνεῦμα*)로서의 예수의 부활의 아들 됨에 관한 묘사가 이 땅에서의 예수가 적어도 어느 정도 성령에 의해서 결정되었다는 개념(예수에 관한 초기 전통에서 증거되는 것처럼 – 예를 들어, 마 12:28// 눅 11:20; 행 10:38)을 배제할 필요는 없다. 확실히 바울은 신자들의 삶 속에서도 그러한 것처럼(갈 5:15-17; 롬 8:12-14; 참조. Althaus) "육"과 "영"을 예수의 삶에서도 경쟁하는 요소로 보는 것을 피하지 않고, 또한 예수께서 "성령에 의한" 삶을 살기 위한 형태를 제공하신다는 개념을 피하지 않는다(6:13과 15:3을 보라). 따라서 그는 어떤 중요한 의미로 이 땅에서 카타 프뉴마(*κατὰ πνεῦμα*)로 살았던 예수의 삶의 외보로서의 카타 프뉴마(*κατὰ πνεῦμα*)를 예수의 부활의 임직으로 보았을 것이다(참조. 고후 4:16-5:5). Dunn, "Jesus"를 보라. 더 오래된 견해로는 Kuss, 6-8을 보라. Haacker과 Godet의 여전히 가치 있는 연구를 참조하라. 시대에 맞지 않는 범주를 사용하는 것에 무관심한 크랜필드(Cranfield)는 바울이 "투 게노메누 에크 스페르마토스 다위드(*τοῦ γενομένου ἐκ σπέρματος Δαυίδ*)의 적용을 그분(하나님의 아들, 3절)이 갖는 **인간적 본질**로 제한할 의도를 가졌다"는 주장을 계속한다("Comments," 270 – 나의 이탤릭체; 유사하게는 278).

"죽은 자의 부활로"(*ἐξ ἀναστάσεως νεκρῶν* – 엑스 아나스타세오스 네크론) – "죽은 자로부터의 **그의** 부활로"가 아니다(특히 Nygren을 보라). 그 구절은 예수의 부활이 단순히 "하나의" 사건이 아니라 최후의 심판 전의 일반적인 부활의 시작에 불과하다는 초대 그리스도인들의 믿음을 반영한다. 참조. 행 4:2, 23:6, 마지막 있을 부활의 "첫 열매"로서의 그리스도의 부활의 은유(고전 15:20, 23)와 마태복음 27:52-53에서 보다 일반적인 부활로 나타나는 예수의 부활에 관한 명확한 고대의 전승 – 초기의 제자들에게 있었던 예수의 부활로 인해 있었던 영향과 그것으로 인해 발생되어진 그 열정에 관한 분명한 암시를 참조하라. 호리스덴토스(*ὁρισθέντος*)의 정확한 의미가 무엇이든간에, 그 서술에서 능력으로 그리스도의 거룩한 아들됨은 부활로부터 작용한 것으로 또는 시작한 것으로 생각되어질 수 있다는 것을 충분히 나타내준다(더 자세한 것은 위를 보라). 에크(*ἐκ*)가 일시적인 것인지 또는 일상적인 것인지에 관한 질문에 관해서는 Wengst, 114-15를 보라.

"예수 그리스도 우리 주"(*Ἰησοῦ Χριστοῦ τοῦ κυρίου ἡμῶν*) – "하나님의 아들에 관한"과 동격이며, 그 구절은 바울이 초기 신조를 형성시켰던 부류를 형성하는 것으로 보인다(양식과 구조를 보라). 그 구절을 통해 그는 초대 그리스도인들의 공통된 믿음에서 기독론의 중심성을 강조했다(Bornkamm, *Paul*, 249). 이는 바울이 예수를 언급할 때에 자주 사용하던 구절인데, 어순에서 보통 매우 융통성을 갖는다(일반적으로는 호 큐리오스 헤몬 예수스 크리스토스[*ὁ κύριος ἡμῶν Ἰησοῦς Χριστός*]). 여기서처럼 사용되는 것은 5:21; 7:25; 고전 1:9; 유다서 25절(BGD, 큐리오스[*κύριος*] 2c*γ*). 큐리오스(*κύριος*)는 바울이 매우 좋아하는 그리스도에 대한 칭호다(바울서신에서 약 230번 나온다). 여기서 엑스 아나스타세오스 네크론(*ἐξ ἀναστάσεως νεκρῶν*)과의 긴밀한 연관은 바울과 일반적으로 초대 그리스도인들에게서 그리스도의 주되심이 그의 부활의 결과로 인한 것이었다는 정도를 반영해준다 – 예수의 "되어짐"에 있어서의 또 다른 요소(*ὁρισθέντος κτλ*에 관해서는 위를 보라. 그리고 더 자세한 것은 10:9을 보라. 하지만 또한 4:24을 보라). "그리스도 예수 우리 주"는 그리스도 예수의 종이 된다는 바울 자신의 인식의 또 다른 측면인데, 바울 서신에서 그것이 자주 나타나는 것은, 바울이 자기 자신과 그리스도인들이 주인에 대한 종으로서 예수에 대한 한계를, 즉 부활하신 그리스도의 명령으로 살아가는 삶을 본질적인 것으로 생각하고 있다는 것을 보여준다.

5 "그로 말미암아"(δι᾽ οὗ – 디 우). "그 때문에"(δι᾽ ὅν – 디 운), 즉 "방금 죽은 하나님의 위대한 종 때문에"가 아니다. "그로부터"(ἀφ᾽ οὗ – 아프 우), 즉 신적인 능력의 근원으로서의 그리스도로부터도 아니다(하지만 7절을 참조하라). 그것은 "그리스도로 말미암은"(δι᾽ οὗ – 디 우), 즉 구원의 과정에서 활동하시는 요인과 참여자로서의 부활하신 그리스도를 통해서를 의미한다(참조. 5:9, 17-18, 21; 8:37; 등등). 하늘과 땅의 중재자로서의 높임 받으신 예수에 관한 의미(참조. 또한 1:8; 7:25; 고후 1:20; 골 3:17)가 이미 분명히 설정되었고, 전제되었다. 그리고 그것은 바울에게서 매우 근본적이다. 더 자세한 것은 1:8과 2:16을 보라.

"우리가 받아"(ἐλάβομεν – 엘라보멘). (1절에 비추어 볼 때, 다소 예기치 않게 바울은 자기 자신을 다른 사람들과 연관시킨다 – **우리**가 받았다. 그는 자기 자신을 이방인들에 대한 유일한 사도로 간주하지 않는다. 그것은 어찌되었든 바울이 세우지 않은 이방인 교회에 대체로 편지를 쓸 때에 유지하였던 껄끄러운 입장이었을 것이다. 다른 것들 가운데, 여기서 보여지는 그 민감성은 바울에게서 교회를 세우는 일이 한 사도의 역할에 필수적이라는 것을 확인해준다(1:1을 보라). 여기서 우리가 대안적으로, 단순히 "서신적인 복수"(Cranfield; 참고문헌을 갖고 있는 Schlier)를 갖고 있다고 하는 것은 가능성이 없는데, 왜냐하면 바울이 사도성에 관한 문제에 관해서 자신이 말하는 것을 조심스러워 했기 때문이다. (고전 9:11-12; 고후 1:12-14; 그리고 살전 3:1-2은 각 경우에 다른 사람들이 – 바나바, 실바(Silvanus) 그리고 디모데 – 바울과 관련되기 때문에 적절하다). 또한 3:8-9을 보라.

"은혜와 사도의 직분"(χάριν καὶ ἀποστολήν – 카린 카이 아포스톨렌). "은혜"는 기독교 어휘가 바울에게 특별히 빚지고 있는 가장 훌륭한 용어 가운데 하나다. 바울로 인해 그 용어가 더 넓은 순환을 갖게 되었고(LSJ; *TDNT* 9:373-76; Spicq, 960-66를 보라), 70인경이 오로지 부분적인 전례만을 제공했던 방식에서, 인류에게로 확장되는 하나님의 자유롭고 무조건적인 관심을 특별히 표현하게 되었다. 70인경에서 카리스(χάρις)는 보통 히브리어 חֵן에서 번역된 것인데, 더욱더 역동적인 의미가 출 3:21, 11:3, 12:36, 시 84:11(70인경 83:12, 단 1:9 그리고 *Bar* 2:14에서 분명히 있을

지라도, 그것은 주로 "앞에/눈에 호의를 입었다"는 서술에서 나타난다(*TDNT* 9:379-81, 389에서의 Nolland의 중요한 자격제한을 보라). 그리고 더 근접한 동의어로는 히브리어 חֶסֶד("사랑스러운 친절")인데, 그것은 70인경에서 엘레오스(*ἔλεος*)로 번역되었다(*TDNT* 9:381-87).

그러나 바울에게서 카리스(*χάρις*)는 단순히 하나님에 관한 태도나 성향(관대하신 하나님의 특성)이 아니다. 그 용어는 일관되게 더욱더 역동적인 어떤 것을 나타낸다 – 하나님의 전적으로 관대하신 행위. 의미상 중첩되는 "성령"처럼(참조. 예를 들어 6:14과 갈 5:18), 그 용어는 사람들이 경험하는 효과적인 신적인 능력을 나타낸다. 여전히 가치 있는 G. P. Wetter, *Charis*(Leipzig: Brandstetter, 1913를 보라; Dunn, *Jesus*, 202-5를 보라. 그러므로 여기서 카리스(*χάρις*)는 "받은" 어떤 것을 나타낸다. 여기서 바울이 특히 염두에 두고 있는 것이 수반되는 명사("사도의 직분" – 그 밖에 다른 곳으로는 고전 9:2와 갈 2:8에서 사용하였다)에 의해 나타나는데, "사도의 직분"과 함께 "은혜"는 거의 중언법(handiadys)을 형성하고 있다(사도적 직분 속에서 구체화되고, 명확하게 된 은혜). 그 은혜는 바울이 갈라디아서 1:12, 15-16에서 기록하고 있는 승천하신 그리스도에 의해 다메섹 도상에서 위임받은 것과 동일한 경험이다. 바울은 아마도 회심의 은혜로운 권능의 인식을 배제하려고 하지 않았을지라도(3:24; 5:15, 17, 20; 고전 1:4-5; 등등), 다른 곳에서와 마찬가지로, 여기서도 부활하신 그리스도와의 만남이 그의 위임의 초점을 이루고 있으며(갈 1:15-16; 고전 9:1-2), 또한 고린도전서 15:10에서처럼, 그의 위임을 효과적이게 했던 자비로운 능력이 초점을 이루고 있다(참조. 갈 2:7, 9). 바울이 카리스마타(*χαρίσματα*, 은사들)로부터 사도직을 구분하기 위해 여기서 의도적으로 카리스마(*χάρισμα*, 영적인 선물, 권능의 구체적인 표시 – 1:11을 보라)라는 단어를 삼가했는지의 여부는 명확하지 않다. 사타케(Satake)는 긍정한다. 하지만 헤 카리스 헤 도데이사(*ἡ χάρις ἡ δοθεῖσα*) = 카리스마(*χάρισμα*)로 보는 본 립스(von Lips)를 보라. 또한 12:3을 보라.

"믿어 순종케 하나니"(*εἰς ὑπακοὴν πίστεως* – 에이스 휘파코헨 피스테오스). 휘파코에(*ὑπακοή*)는 당시에 잘 알려지지 않은 단어였지만(LSJ; MM을 보라), 바울이 특별히 주목하여 가르쳤던 다른 단어들이 빚진 것처럼(1:5; 5:19; 6:16; 15:18; 16:19, 26; 고후 7:15; 10:5-6; 몬 21; 히 5:8; 벧전 1:2, 14, 22), 바울로 인해 기독교적인 용어로 확립되었을 것이다. 휘파쿠오(*ὑπακούω*)라는 동사는 "듣다"(*ἀκούω* – 아쿠오)라는 동사의 파생어임을 보여준다(LSJ, 휘파쿠오[*ὑπακούω*] – 의미의 범위는 "~

에 귀를 기울이다, 대답하다, 주의하다"를 포함한다; 70인경은 휘파쿠오[ὑπακούω]를 샤마이[שָׁמַע, "듣다"]를 번역하는데 사용한다). 따라서 우선적으로 그려지고 있는 것은 언급된 단어에 대한 반응이다. 우리가 그 구절을 여기서 "믿음의 반응"(참조. 10:16-17)으로 번역하였다면, 갈라디아서 3:2, 5에서 "믿음의 들음"(ἀκοὴ πίστεως-아코에 피스테오스)(헬라어에서는 자명한)과 의미상 중복이 더 명백해질 것이다. 하지만 프리드리히(Friedrich)는 그 구절을 "믿음의 전파"로 번역할 것을 주장함으로 이러한 측면을 너무 강하게 밀고 나간다("Röm 11:5"). 또한 10:18을 보라.

믿음이 무엇이고 복음에 믿음의 중요성을 명확히 하는 것은 이 서신에서 바울이 가졌던 분명한 목적 중의 하나다(피스티스[πιστις]와 피스테오스[πιστεύω]는 로마서에서 각각 40번, 21번 나온다. 특히 1:17과 4장을 보라). 속격 구문은 아마도 "믿음이 있는 응답"과 "믿음으로 말미암은 순종"-"상호 교환될 수 있는 개념"(Ridderbos, *Paul*, 237)-을 내포하는 것으로 취할 수 있을 것이다. 대안적인 문법적 가능성에 대해서는 크랜필드(Cranfield)를 보라("믿음에 대한 순종"이 바울이 의도했던 것은 아니라는 일반적인 일치가 있다; "[하나님의] 신실하심에 대한 순종"[Gaston, *Paul*, 169]은 더 가능성 있는 의미를 갖는 것으로 보이지 않는다). "믿음의 순종"이, 이 서신의 의미를 이해하는데 있어서 구조적으로 중요한, 중심되고 핵심적인 주제라는 것은 (비록 나중에 추가될지라도) 결론적인 문장에서 그것이 다시 나타난다는 것에서 암시된다. 뿐만 아니라 이 서신에서 휘포케(ὑπακοή)가 전반적으로 뚜렷하게 나타나는 것에서도 알 수 있다(7번-위를 보라; 휘파쿠오[ὑπακούω]-6:12, 16-17; 10:16; 더 자세한 것은 6:12와 11:30-31을 보라). 우선 그 믿음의 순종은 그의 독자들이 잘 이해하고 있었던 것을 충분히 암시했었을 것이다-예수에 관한 메시지에 대한 그들의 믿음, 세례 안에서의 그들의 헌신, 그 믿음에 의해 결정되는 결론적인 삶의 양식(또한 3:31; 4:12; 6:16; 8:4; 13:8-10을 보라).

"모든 이방인(민족) 중에서"(ἐν πᾶσιν τοῖς ἔθνεσιν-엔 파신 토이스 에드네신). (τὰ) 에드네(ἔθνη)는 확실히 이방인을 의미한다(유대인을 포함한 "민족들"이 아니다). 그것은 70인경에서 일반적으로 노임(גּוֹיִם)=다른/외국 민족들을 번역하여 사용했다. 또한 헬라어 용법에서 그것은 일반적으로 외국인을 나타낸다(BGD를 보라). 다시 한번, 이것은 단지 원래의 적절한 인사말에 변화를 제공하기 위해 삽입된, 일상적인 구절이 아니다. 바울의 사도직이 이방인을 위한 것이었다는 사실은 바울의 자기이해에 있어서 절대적으로 근본적이었고(특히 11:13; 15:16, 18; 갈 1:16; 2:2, 8-9을 참조하라), 하나님의 구원목적이 항상 이방인을 염두에 두었다는 것이 본 서신서의 핵심적인 주제다(에드노스[*ἔθνος*]는 로마서에서 29번 나온다 – 그 중에서 9번은 구약에서 직접 인용한 것이다; 또한 15:9을 보라). "모든"(*πᾶσιν* – 파신)은 역시 의미가 있는데, 왜냐하면 하나님의 복음의 보편적 범주("모든 민족들")를 참으로 확인해줄 뿐만 아니라, 바울은 자신이 일생동안 노력했던 복음전도가 이스라엘의 구원에 필요한 전제조건이자 종말이 되기 전 마지막 행위로(고전 4:9; 롬 11:13-27) 진지하게 생각하고 있음을 우리에게 상기시켜주기 때문이다. 엔(*ἐν*, "~중에")은 아마도 "믿음의 순종"이 이방인의 반응과 관련되는 한 일정치 않다는 바울의 인식을 역시 암시해준다.

"이방인들"의 "순종"에 관한 사상과 관련해서, 바울 사상의 흐름은 여전히 시편 2편(8절 – 열방을 유업으로 받는 하나님의 아들과 그의 소유를 땅끝까지 이르게 함; 참조. 1:3-4)과 이사야 49장(6-7절 – 하나님의 종이 이방의 빛으로 주어졌고…. 열왕들이 스스로 굴복함; 참조. 1:1)의 영향을 보여준다. 바울이 유대인의 자기 이해 안에서 – 하나님의 언약적 은혜에 대한 이스라엘의 적절한 반응으로서의 순종 – 순종의 중요성을 염두에 두었을 가능성이 여전히 높다(특히 신 26:17; 30:2; 물론 쉐마는 샤마 이스라엘[שְׁמַע יִשְׂרָאֵל, "들으라, 이스라엘아", 신 6:4]로 시작한다. 하지만 70인경은 샤마이[שְׁמַע]를 아쿠에[*ἄκουε*]로 번역한다). 바울은 이스라엘을 통한 하나님의 언약적 목적의 성취로 복음에 대한 이방인의 믿음의 반응을 이해할 것을 독자들에게 의도했을 것이고, 또 그 믿음의 반응을 언약 하에 있는 이스라엘의 의무와 종말론적으로 동일한 것이라고 독자들에게 의도했을 것이다. 그처럼 "이방인들 중에 믿음의 순종"이라는 구절은 로마서에서 완벽한 변증의 간단하고 적절한 요약을 제공해준다(Garlington, 329-55).

"그 이름을 위하여"(*ὑπὲρ τοῦ ὀνόματος αὐτοῦ* – 휘페르 투 오노마토스 아우투). "이름"은 어떤 사람을 알릴 수 있는 방법이고, 그것을 통해 그 사람은 자기 자신을 표명하게 되는데, 그 이름은 다른 사람들을 "다룰 수 있는" 수단이 된다 – 고대 세계에서는 더욱더 그러했다(*TDNT* 5:243, 250-51, 253-54를 보라). 따라서 "그의 명성을 위하여" 그리스도는 믿음의 순종으로 이방인들을 끌어옴으로 하나님의 언약 목적을 성취하는 자로 알려지게 되었다(참조. 2:24; 9:17; 10:13; 15:9). 실제로 2:24과의 의도적인 대조가 있었을 수도 있다. 왜냐하면 이방인들이 믿음의 순종으로 하나님의 언약적 목적을 성취한다는 것은 하나님의 "공적인 이미지"(public image)를 확장시킬 것이고, 반면에 교만과 불복종으로 말미암아 언약을 성취하지 못한 유대인의 실패는 하나님을 열방의 관점에서 보게 한다.

6 "너희도 그들 중에 있어"(ἐν οἷς ἐστε καὶ ὑμεῖς – 엔 호이스 에스테 카이 휘메이스) – 엑스 혼(ἐξ ὧν)보다는 오히려 엔 호이스(ἐν οἷς)가 적절하다. 그들은 이방세계의 정황 내에서 한 그룹으로서 집단의 일부이기 때문이다. 따라서 본 구절은 로마의 회중이 대체로 이방인이거나 대체로 이방인이었음을 나타내는 가장 분명한 암시 중 하나다(또한 1:13, 14-15; 11:13, 17-21; 그리고 더 자세한 것은 서문 §2; 참고문헌을 갖고 있는 Schlier를 보라). 그러나 카이(καί) 즉 그들은 하나님의 복음에 긍정적으로 반응을 보였던 유일한 이방인들은 아니었다. 이런 교묘한 방법으로, 바울은 자신이 이방인의 사도이지만(11:13), 로마의 기독교인들이 그의 사도직의 열매가 아니라는 문제를 간단하게 넘어가고 있다(또한 1:15; 15:15, 20, 24를 보라).

"예수 그리스도의 것으로 부르심을 입은"(κλητοὶ Ἰησοῦ Χριστοῦ – 클레토이 예수 크리스투) – "예수 그리스도에 의한"이 아니다. 왜냐하면 바울의 그밖에 다른 곳에서 초대/소환을 하시는 분은 하나님이시기 때문이다(예를 들어, 8:30; 11:29; 고전 1:9; 더 자세한 것은 1:1을 보라). 로마의 신자들은 예수 그리스도의 손님들 또는 종으로 정의될 수 있었다. 그것은 후원자들의 이름에 종속되어진 다른 제의종교나 그룹으로부터 자기 자신들을 구분하는데 사용하는 묘사이며(그러한 그룹들은 로마제국에서 흔한 특징이었다 – 16:2을 보라), 특별히 예수와 관련된 그들의 믿음을 공유하지 않는 유대인들과 자신들을 구분지우려는 것이다(1:7을 보라).

7 "로마에 있는 모든 자들에게"(πᾶσιν τοῖς οὖσιν ἐν Ῥώμῃ – 파신 토이스 우신 엔 로메). 사실상 표준적인 수신자 형태의 두 번째 부분을 나타낸다. 일상적으로 전체 공동체가 인사를 받고 있는데, 전체의 대표자로 보여지는 특별한 인물들에 관해서 문안하고 있지 않다. 파신(πᾶσιν)은 강조적인 위치에 놓여 있는데, 아마도 파당의 정도를 암시하거나(참조. 16:17-20), 로마에 있는 여러 다른 그리스도인들 그룹 중에 어떤 긴장이 있었음을 적어도 암시한다(서론 §3.3과 특히 14:1-5를 보라). 바울이 그들을 "로마의 교회"로 부르지 않는 것은 그의 초기 서신들의 일상적인 습관과는 대조되는데(그러나 빌립보서와 골로새서는 그렇지 않다), 그것은 로마에 있는 신자들의 수가 한번에 모두 모이기에는, 즉 "로마의 교회"로 모이기에는 너무 컸을 것임을 또한 암시한다(고린도 교회와는 대조된다 – 롬 16:23); 또한 서론 §2.4.3과 16:1을 보라.

"하나님의 사랑하심을 입고"(ἀγαπητοῖς θεοῦ – 아가페토이스 데우). 신들 또는 특별히 한 분 신에 의해 사랑받는 존재라는 개념은 유대-기독교 전승 바깥에서 꽤 알려져 있었다(참조. *Dio Chrys.* 3.60 – 아가포메노스 위포 데온[ἀγαπώμενος ὑπὸ θεῶν]; BGD에 있는 다른 예들, 아가파오[ἀγαπάω] 1.b, d). 그러나 형용사(ἀγαπητός－아가페토스)에 의해 주어진 보다 확립된 관계성의 의미는 더욱더 유대적인 특징을 갖고 있고(참조. 11:28), 70인경에서 가장 밀접한 평행은 시편 60:5[70인경 59:7]과 108:6[70인경 107:7]이다. Schlier, Wischmeyer, 그리고 Str-B, 3:24에서의 다른 언급들을 참조하고, 바울에게서는 9:25; 골 3:21; 살전 1:4; 살후 2:13 참조하라.

"성도로 부르심을 받은"(κλητοῖς ἁγίοις－클레토이스 하기오이스)(또한 고전 1:2). "부르심에 의한 성도들"(Hendriksen). 클레토이(κλητοί)에 대해서는 1:1을 보라. 특별한 이유로 "부름을 받은" 것처럼 다른 사람들과 스스로 구별된다고 믿고 있는 한 집단으로서의 기독교인과 가장 유사한 것은 쿰란 공동체이다(1QM 3.2; 4.10-11; 참조. 2.7; 14.5; 1QSa 1.27; 2.2, 11; CD 2.11; 4.3-4). 하기오이(ἅγιοι)는 전반적으로 신자들에 대한 것으로 바울이 규칙적으로 사용한다(8:27; 12:13; 15:25; 고전 6:1-2; 등등; 또한 행 9:13, 32; 히 6:10; *Did.* 4.2; 16.7; *1 Clem* 46.2; 56.1; Ign. *Smyrn.* 1.2; 등등). 하기오스(ἅγιος)는 주로 제의에서 "일상적인 사용과 구별되어진, 하나님께 바쳐진"이라는 의미에서 유래한다. 그 용어는 이런 의미의 헬라적 종교 용어로 잘 알려져 있었고, 또 사용되었다(LSJ). 만약에 그렇지 않았더라면, 그 용어는 철저히 유대적인 용어가 되었을 것이다－특히 그밖의 다른 곳에서 거의 동의어인 히에로스(ἱερός), 호시오스(ὅσιος), 셈노스(σεμνός) 그리고 하그노스(ἁγνός)를 자주 사용하는 곳에 더욱더 역동적인 "거룩"의 개념을 유대인들이 더 선호한다는 사실과 하나님에게서 구별된 전체 공동체와 민족을 묘사하는 데 사용하고 있다－"성도들"(시 16[70인경 15]:3; 34:9[70인경 33:10]; 74[70인경 73]:3; 83:3 [70인경 82:4]; 사 4:3; 단 7:18, 21, 22, 25, 27; 8:24; Tob 8:15; Wisd Sol 18:9; *T. Levi* 18.11, 14; *T. Iss.* 5.4; *T. Dan* 5.12; 예를 들어, 레 19:2; 20:7, 26; 민 15:40; 신 7:6; 14:2; 26:19을 참조하라)－는 점에서 암시하는 것처럼 말이다. 더 자세한 것은 15:25에 관해 Lietzmann을 보라. 그처럼 그 용어는 하나님을 위해 특별히 선택되었고 구별되었다는 이스라엘 백성의 강력한 의식을 표현하고 있다. 두드러지게 이방인들로 구성되어 있는 로마의 그룹을 서술하기 위해 이 두 가지 용어(참조. 8:27 -28)를 바울이 함께 그리고 있는 것은 우연이 아니다. 그러한 "거룩"이 이스라엘을 열방들과 구분짓는(레 20:22-26), 율법을 준수하는 일의 신실함의 측면에서 의미했다는 사실과 또 율법에 대한 자기 인식적인 충성의 측면에서 자기 자신들을 "거룩한" 것으로 보았던 바울 당시의 이스라엘의 다양한 당파들의 자기묘사로 기능했다는 사실은 상당히 의미가 있다(참조. *Pss. Sol.* 17.26; 1QS 5.13; 8.17, 20, 23;

9.8; 에녹1서 38.4-5; 43.4; 48.1; 50.1; 등등; 다시금 15:25에서 Lietzmann을 보라. 그리고 15:25를 보라). 개종하지 않은 (=율법을 지키지 않는) 이방인을 "성도"로 묘사하고 있는 것은 유대적인 특징에 대항하는 이 서신에서의 바울의 논증의 대담성을 암시해준다. 더욱더 일반적인 측면에서 이방인들이 희생을 드리지 않았고, 어느 사람도 "제사장"으로 부르지 않았으며, 할례의 의식도 실천하지 않았을 때, 그들이 자기 자신들을 하기오이(*ἅγιοι*)로 간주하고 있다는 사실은 대부분의 이교도들에게는 혼란스러운 일이었을 것이고, 대부분의 유대인들에게는 매우 기분을 상하게 하는 일이었을 것이다(또한 15:16을 보라).

"너희에게 은혜가 있기를"(*χάρις ὑμῖν*–카리스 휘민). 이미 특유한 기독교적 단어가 된 카리스(*χάρις*)로 대체된, 일상적인 카이레인(*χαίρειν*)과 함께, 전형적인 인사말의 세 번째이자 마지막 부분이다(1:5를 보라). 더 오래된 유대 신조인, "긍휼과 평강이 너희에게 있을지어다"(갈 6:16; 유 2; *2Apoc. Bar.* 78.2; Pol. *Phil*, inscrip; Lohmeyer, 159-61; 참고문헌과 함께 Käsemann; 참조. 2 Macc 1:1)를 바울이 각색했다고 다소 말해야만 한다면, 바울이 엘레오스(*ἔλεος*)보다 카리스(*χάρις*)를 사용하고 있다는 점에 여전히 의미가 있다(1:5를 보라). 또한 발음상 헬라어 카이레인(*χαίρειν*)과의 유사성은 의도적이었을 것이다. 우리는 다음과 같이 의역할 수 있을 것이다. "너희의 매일의 삶을 뒷받침해주며 나타나시는 자비하신 하나님의 능력을 너희가 알기를 원하노라."

"평강"(*εἰρήνη*–에이레네)–전형적인 유대식 인사다(삿 19:20; 삼상 25:5-6; 단 10:19; Theod.; Tob 12:17; 2 Macc 1:1; 약 2:16에서처럼). 평강(שָׁלוֹם–샬롬)의 히브리 개념은 매우 긍정적이다. 기본적 관념은 "안녕"과 같은 것이다. 고대 이스라엘 백성에게 있어서 샬롬(שָׁלוֹם)은 온전함과 번영을 이루게 하는 모든 것이었다(예를 들어, 신 23:6; 시 72:3, 7; 147:14; 사 48:18; 55:12; 슥 8:12). "영적"인 것만이 아니라 "물질적"인 복리(예. 시 85편)도 포함되며, 그것은 개인적인 것이라기보다는 사회적이다(왕상 5:12; 슥 6:13에서처럼). 또한 생산적으로 조화로운 백성들 간의 관계라는 개념을 포함하여, 가시적인 것으로서의 평화다. *TDNT* 2:400-420을 보라. 더 자세한 것은 5:1을 보라. 변형된 헬라어와 전형적인 유대적 인사로 구성된, 이 새롭고도 독특한 기독교적 인사말의 풍성함은 거의 과장되어 있지 않다. 이것 역시 기독교가 바울에게 빚지고 있는 것인데, 그는 모든 서신에서 그 용어를 사용하고 있기 때문이다. 다른 곳에서 이런 형식으로는 벧전 1:2; 벧후 1:2; 계 1:4; *1 Clem* 비문에 있다.

"하나님 우리 아버지와"(ἀπὸ θεοῦ πατρὸς ἡμῶν - 아포 데우 파트로스 헤몬). 아버지로서의 하나님 개념은 고대 세계에서 익숙하며, 그것은 세상의 조물주와 통치자로서 그리고 인류의 아버지로서 그리고 인류의 아버지로서의 "아버지"(제우스는 "인간과 신들의 아버지"로 철저하게 묘사되었다)인데, 신비적 교의에서 나타나는 특정 그룹의 아버지로서의 신 개념을 가진 스토아 사상에서 특별히 그렇다(BGD, πατήρ 3a-c; *TDNT* 5:952-56). 민족의 아버지로 하나님을 이해하는 것은 유대인들의 특징이고, 그 용어는 그들에 대한 하나님의 선택으로 인해 자기 백성들에 관한 사랑스런 관심과 권위, 또는 (한마디로) 책임감을 함축한다(특히 신 32:6; 사 63:16; 렘 3:4, 19; 31:9; 말 1:6; Tob 13:4; 3Macc 5, 7). 이는 후대에 나타나는, 특히 지혜문학에서, 경건한 개인의 아버지로서의 하나님에 관한 사상을 갖는다(Sir 23:1, 4; Wisd Sol 2:16; 14:3). 칭호를 하나님과 자신들의 관계에 적용함에 있어서("우리의 아버지") 초대 그리스도인들은 거의 확실히 예수에 의해 영향을 받았는데, 특히 예수께서 기도시에 하나님을 부르도록 제자들에게 가르치신 방식에 영향을 받은 것이다(눅 11:2; 참조. 롬 8:15; 갈 4:6). 그 칭호가 적어도 바울에게서 이미 고정된 형식으로 설정되어 있다는 것은(고전 1:3; 고후 1:2; 갈 1:3-4; 엡 1:2; 빌 1:2; 골 1:1; 살전 1:1, 2; 살후 1:1-2; 몬 3) 기독교인들의 자기 이해에 있어서 그것이 이미 얼마나 잘 확립되어 있었는가를 보여준다.

"주 예수 그리스도로"(καὶ κυρίου Ἰησοῦ Χριστοῦ - 카이 큐리우 예수 크리스투). 1:4을 보라. 이 구절은 동등하게 바울의 인사말 형식으로 확고히 굳어졌다(방금 인용되었던 동일한 본문들이 보여주는 것처럼). 그것은 하나님의 아버지 되심에 대한 보다 자세한 요건을 제공한다. 즉 하나님께서 승천하신 예수와 그의 권위(의 일부)를 나눌 것을 선택하셨고(참조. 시 110:1; 고전 15:24-28), 전반적으로 전에 이스라엘이 가졌던 특별한 관계가 이제 예수 그리스도를 주님으로 인정하는 사람들에 대한 언급으로 보다 정확하게 한정지어졌다. 유대인들의 자기 이해에 있어서 품었던 요소들이 적절히 완성되었다(또한 10:9을 보라).

해설

1 바울은 개인적으로 자신을 알지 못했던 대부분의 사람들로 구성되어 있는 로마의 동료 신자들에게 자기를 소개함으로 시작한다. 자기소개의 형식이 아무리 관습에 의해 결정되어진다 할지라도, 그가 선택하고 있는 어구들은 바울 자신에게 중요했을 것이고, 적어도 그의 독자들과 매우 관련이 있다고 바울이 간주한 것을 우리에

게 말하고 있는 것이다.

따라서 바울이 그의 일상적인 도입형식의 일부가 아닌 그리스도 예수의 종으로 먼저 자신을 묘사하고 있는 것은 의미가 있다. 70인경과 새로운 운동의 유대적 유산에 친숙하였던 대부분의 독자들은 그리스도 예수에 대한 헌신으로 전환되어진 유대인의 헌신에 관한 상당히 전형적인 용어를 쉽게 알아챘을 것이다. 그들은 보다 오래된 경건심을 포기하는 것으로 그 구절을 읽지는 않았을 것이다(초기 기독교 문헌 어디에서도 "하나님의 종"과 "그리스도의 종"이라는 개념 사이에 어떤 대조적인 의미를 담고 있는 그 어떤 암시도 없다). 하지만 바울이 의도하였던 것처럼, 그들은 그리스도에 의해 연이어 설정된 환경 속에서 보다 오래된 헌신의 적절한 표현으로 오히려 그 구절을 보았을 것이다. 점점 분명히 하고 있는 것처럼, 이전에 자기 자신을 단순히 "하나님의 종"으로 부르기를 좋아했던 바울이 이제는 자기 자신을 "그리스도의 종"으로 지칭하기를 열망하고 있다는 것이다. 왜냐하면(3-4절) 예수는 그리스도 즉 이스라엘의 메시아에 관한 소망을 성취시키고 이제는 주님으로 고양되신 분이시고, 또 "예수 그리스도의 계시"는 바울에게서 "이방인에 대한 빛"으로서 그리고 "땅끝까지의 구원을 위한"(사 49:6) 것으로서 이사야의 구원의 종/노예의 역할의 성취를 나타내고 있기 때문이다(사 49:6).

하지만 바울과 그의 독자들은 그리스-로마세계에서 사회의 가장 낮은 경제적 부류들을 언급할 때에 사용하는 아주 흔한 용어 –"묶인 자"– 를 또한 알고 있었을 것이다. 따라서 바울은 의도적인 강조를 가지고 자기 자신을 자유를 자랑하는 시민으로서가 아니라 십자가에 못 박힌 유대 메시아의 종으로 제국의 수도에 있는 사람들에게 소개하고 있는 것이다.

바울의 두 번째 자기묘사는 서신서의 인사말에서 그가 자주 빈번하게 사용하였던 "사도"이다. 그 용어가 다른 사람들에게 어떻게 이해되었든지 간에 바울의 용법은 평이하다. 그는 다메섹 도상에서의 하나님의 부르심으로, 즉 "모든 이방인들"에게 "하나님의 복음"을 전하라는 위임으로 인해 사도가 되었다(5절). 사도라는 용어는 처음부터 끝까지 바울로 하여금 확고한 긴장상태를 유지하게 만든다.

바울에게서 이것이 무엇을 의미했는가는 "하나님의 복음을 위하여 택정함을 입은"이란 세 번째 구절로 더 자세히 설명된다. 그 사상은 이전 서신에서 설명된 것과 분명히 동일하다 –"내 어머니의 태로부터 나를 택정하시고…은혜로 나를 부르신 이가…그 아들을 이방에 전하기 위하여…"(갈 1:15-16). 이는 분명히 이사야 49:1의 사상과 결합된 예레미야 1:5의 사상을 반영하고 있다. 바울에게서 그러한 확신은 대단히 근본적이며, 그 헌신은 제한이 없다. 그의 전체 선교와 참으로 그의 전적인 삶은 복음에 대한 헌신적인 삶, 즉 이방인에 대한 임무에의 헌신 그 이상도 그 이하도 아니다. 아주 익숙한 인간의 공적에 관한 찬사에 반하여, 그것은 한 분 인격과 메시지에 집중되어진 하나님의 복된 소식이다.

2 바울은 이 복음에 관한 간략한 요약을 덧붙임으로써, 자신을 소개하는 일을 계속 한다. 왜 그가 이러한 삽입구로 일상적인 자신의 인사말의 흐름을 단절시켜야만 했는지는 금방 알 수는 없다. 그렇지만 가장 가능성이 있는 추론은 독자들이나 청중들에게서 너무도 쉽게 "듣지 않고 꺼버리게" 만드는 어떤 의심이나 비판을 없애기 위하여 자신의 사도적 위임에 관하여 정의할 필요가 있음을 느꼈기 때문일 것이다. 복음의 이해에 관한 적어도 어떤 혼돈이나 심지어 적대감(특히 유대인 신자들 중에서)이 있었을 것이라는 것은 갈라디아에서 충분히 분명하게 알 수 있다. 그리고 여기서 "하나님의 복음"으로 요약하고 있는 용어들은 중심적으로 다루어지고 있는 이슈가 유대 성경에서 구체화된 계시와 보편적인 전도를 위한 바울의 관심사간의 연속성이었다는 것을 확증해준다.

바울의 주장은 단호하다. 그가 구별짓고 있는 복음은 이스라엘에 대한 하나님의 최초의 계시와 완전한 연속성 속에 있다. 그러한 강조는 삼중적이다: 그 복음은 선지자를 통해서 거룩한 성경에 미리 약속되었다. 말하자면, 그 복음은 바울에 의해 새로운 운동으로 일어난 것이 아니다. 심지어 예수 그 자신과 함께 시작된 것도 아니다. 3-4절이 바울이 취한 보다 이른 시기의 서술이고, 심지어 2절에서 사용된 구절들이 이미 확립된 기독교 변증을 반영하는 것이라 할지라도, 2절은 전적으로 바울 자신의 것이다. 바울이 이 요지를 제기하는 의미는, 이것이 바울에게는 상당히 근본적이라는 것을 청자와 독자에게 알리고자 하는 것이다. 그리고 시작하는 인사말 내에서 그 복음이 갖는 특출성은 그것이 뒤에 나오는 논증을 위한 핵심 논지가 됨을 시사한다. 따라서 현대의 독자들은 바울의 일련의 논증의 의미를 찾으려 할 때에 구약과 바울의 복음간의 확고한 연속성을 염두에 둘 것을 조언 받게 될 것이다.

3-4 바울은 예수 그리스도의 관점에서 그것을 규정함으로써 복음의 서론적인 설명을 발전시켜 나간다. 대체로 그렇게 보는 것처럼, 만약 바울이 참으로 초기의 복음이나 형성된 신조들을 취한 것이라면, 그렇게 한 이유는 두 가지일 것이다. 하나는 그것이 꽤 잘 알려진 신조였거나 적어도 전형적인 이중적인 확언(다윗의 아들, 하나님의 아들)을 가졌을 것이고, 따라서 로마의 많은 신자들은 충분한 일치를 보았을 것이다. 다른 하나는 삽입구의 첫 구절의 진의를 계속 전개하는 것이다 – 그것은 바

울과 이스라엘에 의해 선포된 복음간의 연속성을 강조했다: 바울에 의해 선포된 복음은 다윗의 왕적인 계보(왕적인 메시아)에 관한 것이었다 – 유대 기독교 신앙과 변증에 관한 근본적인 주장. 아마도 우리는 4절에서 유대 풍("거룩의 영")과 그리스도의 원초적인 서술("죽은 가운데서 부활하여")을 보게 되는데, 바울은 팔레스타인 교회들에 의해 처음 형성된 신조를 인용하는 고통을 감내해냈다.

대부분의 사람들은 "그의 아들에 관하여"라는 도입구절과 "예수 그리스도 우리 주"라는 결론적인 구절을 가지고 초기의 신조를 형성하고 있다는 것에는 동의를 한다. 그리고 그 신조가 충분히 잘 알려진 것이었다면, 바울은 아마도 자신의 표현이 주목을 받을 것임을 기대했을 것이다. 하지만 우리들은 마치 바울이 초기 형식을 제한하거나 변경하려고 의도했던 것처럼 이들 구절에 너무 많은 의미를 두고 읽어서는 안 된다. 독자들 가운데 그러한 의심을 파생시키는 것은 그 신조의 명백한 목적(즉 의심을 없애고, 로마의 청자들과 바울이 접할 수 있는 공통된 토대를 마련하고 제공하는 것)을 거스르는데 있다.

사용된 주된 칭호들 중에 그 어떤 것도 바울에 의해 특별한 무게가 주어지지는 않는다. 그 칭호들은 아마도 이 시점에서 익숙하고 사용하기 편리한 단어였기 때문일 것이다. "아들"은 그리스도에 대한 바울의 일반적인 칭호는 아니다. 하지만 방금 그가 인용한 신조에 의해 촉발되었을 것이다. 하나님의 아들됨의 유일성은 이미 예수에 대한 언급에서 당연하게 여겨진다는 것을 확실히 전제한다("그의 아들"). 하지만 예수의 아들됨이 이스라엘, 또는 의인, 또는 참으로 메시아에게까지 귀속되는 거룩한 아들됨과 어떻게 다른지는 분명하지 않다: 그 신조 자체는 부활이 그리스도의 아들됨의 결정적인 순간이 되었다는 것을 암시한다. 그리고 "주"는 확립된 구절에서 고정된 칭호로 단순히 사용된다.

우리는 그 신조를 엄격하게 대조되는 방식으로 해석하는 것을 확실히 조심해야 한다 – 인간적인 태생의 측면에서 다윗의 아들, 하지만 부활의 측면에서 하나님의 아들 – 하나님의 아들로서의 왕적인 메시아의 개념은 유대사상에서 잘 알려져 있었다. 따라서 그 신조는 유대 사상과 희망 안에 내재되어 있었다. 따라서 그것은 이스라엘의 희망과 복음간의 연속성에 관한 바울의 강조를 강화시킨다. 하지만 동시에 우리는 "죽은 가운데서 부활하여 능력으로 하나님의 아들로 인정되셨으니"라는 구절을 무시해서는 안된다. 바울에게서 부활이 그리스도의 하나님의 아들됨에서 결정적인 단계를 그었다는 것을 이 구절에서 분명하게 알 수 있다 – 물론 처음 시작되는 것은 아니지만(이것이 초기 신조 속에 함축되어 있었을 가능성은 강력하지는 않고,

바울이 추가시키고 있는 "능력으로"라는 것을 어떻게 읽느냐에 달려 있다), 그것은 의미있는 "상승"과 "확장"을 그은 것으로 볼 수 있다. 아마도 그러한 상승과 확장은 부활하신 그리스도의 하나님의 우편으로 승천하셨다는 측면에서 단순히 생각할 수 있을 것이다 – 따라서 바울의 사상은 자연스럽게 "예수 그리스도 우리 주"라는 말로 나아가게 된다. 하지만 ("죽은 자 가운데서 그의 부활"이 아니라) "죽은 자 가운데서 부활하여"라는 구절은 바울이 역시 복음의 보편적인 측면에 대한 언급을 여기서 보았다는 것을 암시한다. 그리고 유사한 방식으로 "육신으로는"과 "성결의 영에 따른 능력으로는" 간의 대조를 바울이 읽고 있었을 가능성이 꽤 높다. 말하자면, 바울은 이런 초기의 신조에서 다음과 같은 것을 함축하고 있었다고 읽었을 것이다. 즉 부활 속에서 그리고 부활에 의해 왕적인 메시아의 순전한 유대적 복음이 성령의 복음전도와 죽은 자 가운데서의 마지막 부활의 충만한 범위를 수용하는 것으로 확대되었다: 유대인의 소망인 다윗의 아들은 부활로 말미암아 모든 이들을 위한 하나님의 아들이 되셨다.

5-6 5절은 2-4절의 삽입구에서 보다 일상적인 인사 형태로 전환을 시작하고 있는데, 그것은 사도직에 관한 자신의 도입부의 주장(1절)으로 되돌아가고 있다. 사도직에 관한 자신의 주장을 반복하며, 복수로 예상치 않게 전환하는 것은("우리가 받은" – 바울이 도입부의 인사에서 다른 어떤 사람과도 자신을 연관시키지 않았기 때문에 예상치 않다는 것이다) 아마도 바울의 편에서의 민감성을 나타내는데 사도직에 대한 그의 주장과 그 사도직에 대한 그의 이해는 갈라디아서에서 논쟁의 주제가 되었고(지금도 여전히 그렇다), 그렇기에 그는 조심스럽게 자신의 용어들을 선택했을 것이다.

"하나님의 복음을 위한" 사도로 자신을 구별지음은 "모든 이방인들 중에 믿음의 순종을 위한 사도직"으로 이제 아주 분명하게 규명된다. 한편으로 그의 사도직이 보편적인 전도를 위한 것이라는 자신의 주장은 이제 분명하게 표현된다 – "모든 이방인들." 로마의 신자들이 대체로 이 범주에 속하였기 때문에(6절), 그 수신자들은 모든 민족들에 대한 복음의 확장의 산 증거를 제공하고 있다. 하지만 다른 한편으로 그의 사도직의 직접적인 대상과 그 복음전도를 이루기 위한 수단은 "믿음의 순종"이라는 구절로 표명된다. 즉 아마도 "믿음에 속하고 또한 믿음에서 나오는 순종"이라고 말할 수 있을 것이다. 여기서 우리는 앞으로 나올 것에 대한 또 다른 증거들을 인식하도록 조언을 받는다 – 즉 바울의 사도직이 추구하고 있는 믿음은 순종, 즉 하나님이 자신의 언약 백성들에게 기대한 반응과 다른 것이 아니다. 오히려 그것이 순종이 표현되는 방식이며, 그것은 그 순종의 (유일한) 효과적인 근원이다. 따라서 하나님과 그리스도는 그들의 참된 특징("이름")으로 알려질 것이며, 그들의 적절한 영예와 일치되어질 것이다. 우리는 이스라엘에 대한 하나님의 목적(적지 않게 언약적인 의무들 속에서 표현되는 것으로서)과 전 세계에 대한 복음의 제공과 도전에 관한 바울의 비전간의 연속성을 유지하려고 바울이 시도하고 있음을 다시 한번 감지할 수 있다.

바울이 이중적인 그리스도에 대한 언급을 가지고 자신의 사도직에 관한 이런 근본적인 주장을 구성하는 방식은 적지 않게 중요하다–"예수로 말미암아…예수의 이름을 위해서." 이런 이중적인 강조는 방금 인용했던 신조의 주된 기능이(3-4절) "거룩한 성경에 선지자들을 통해"라는 이전의 약속과 보편적인 복음전도에 대한 사도직을 갖는다는 바울의 주장을 함께 연결해주는 연결고리로 그리스도를 제시하고 있다는 인상을 강화시킨다. 그것은 예수 그리스도로 말미암은 것이고, 그 예수는 유대의 희망과 희망의 흐름 내에서("육신으로는 다윗의 후손") 견고하게 서 계시며, 또 바울과 여타 사람들은 복음을 모든 이방인들에게 전하는 사도적 위임과 능력을 부여받았다. 그것은 예수 그리스도를 위한 것이고, 능력으로 그가 하나님의 아들됨은, 모든 사람들의 주인되신(시 110:1), 죽은 자의 (우주적인) 부활과 관련이 있으며, 또 바울과 여타 사람들은 이방인들을(또한 유대인들을) 그 순종, 즉 믿음의 순종으로 불러오도록 노력했다. 이런 위임의 효력들 중에서, 비록 로마의 신자들의 회심에 도구가 된 것이 바울은 아닐지라도(하지만 "여타 사람들"일 것이다), 로마의 신자들이 스스로 증거가 된다. 그들은 예수 그리스도, 유대인들이 기대했던 메시아 예수의 부르심에 응답한 이방인들이다(또는 포함하고 있다).

7 7절과 함께 문안의 일반적인 형식으로의 전환이 완결된다. 그 수신자들은 구체적이다. 하지만 삽입구(6절)의 마지막 절에서 그것을 이미 인식할 수 있다–자기 자신들을 "하나님의 사랑받는 자, 성도로 부름을 받은" 이라고 인식하고 있었을 로마의 모든 신자들. 첫 번째 구절은 구약 성경의 여운을 갖고 있다. 비록 구체적인 평행구절은 없을지라도 말이다. 유대인과 개종한 청자들은 70인경에 익숙했을 것인데, 그들은 자신들이 이스라엘의 수에 속하게 되었다는(참조. 11:28) 의미를 갖는 것으로 기대했을 것이다. 또 70인경에 덜 익숙한 이방인들은 그럼에도 불구하고 그 구절에서 자신들이 응답했던(1-2절) 이스라엘 하나님의 복음과의 특별히 소중한 관계성 안으로 수용되어질 것이라고 생각했을 것이다. 유사하게도 두 번째 구절은, 헬라적 세계의 사회종교학적인 배경 안에서 익숙한 용어들을 사용하고 있을지라도, 그

용어들의 결합으로 더욱더 전형적이고 구체적인 유대인의 주장들을 불러오고 있는 것이다. 사실상 두 용어들은 특별하게 선택되어졌다는 주장—구별되었고, 부름을 받았으며 하나님의 봉사로 성별되었다—을 강조함으로 서로를 강화시켜준다. 성경의 고대 유대의 약속과 그리스도 안에서의 새로운 실현간의 연속성이 다시 한 번 강조되어진다.

그 서신의 서두의 문장은 바울의 일반적인 인사로 마무리된다—"하나님 우리 아버지와 주 예수 그리스도로 좇아 은혜와 평강." 바울에게서 유대와 헬라의 더욱더 전형적인 인사가 하나의 축복이 되는데, 그 축복은 그밖에 다른 어떤 것보다 바울의 복음을 특징짓는 강력한 언어인 "은혜"와 셈족어의 인사의 풍성함을 갖는 "평강"이 합쳐져 있다—인류의 최대의 복리가 되는, 하나님의 한계가 없으시고 전적으로 관대하신 복음전도의 능력에 대한 기도.

이런 축복의 근원은 "하나님 우리 아버지와 우리 주 예수 그리스도"와 결합되어 구체적으로 나타난다. 기독론을 발전시키는 우리의 이해적인 측면에서 하나님 아버지와 더불어 그리스도의 역할을 주장하는 것은 의미가 없지는 않다. 그렇지만 그것에 너무 많은 의미를 두고 읽어서는 안 된다. 하나님의 우편에 오르신 그리스도의 승천에 관한 사상(시 11:1)만이 아마도 염두에 두어졌을 것이다—대등하지만, 종속적인 직위. 그러한 주장이 유대의 단일신교에 문제를 일으킬 수 있는 가능성은 아직 기독교 사상에서 한 요소가 되지는 않은 것으로 보인다.

두 구절들(우리에게는 익숙하지만 로마의 청중들에게는 필연적으로 그렇지는 않았을 것이다)이 바울의 서두 진술에서 강조되고 있는 의미에 효과적인 결론을 제공하고 있다는 사실은 더욱더 의미가 있다. 하나님을 세상과 모든 인류의 아버지로 여기는 스토아 개념을 사용하기보다는 "우리 아버지"로 언급함으로써 바울은 자신의 사상이 하나님을 이스라엘의 아버지 또는 의로운 사람의 아버지로 여기는 보다 엄격한 유대적인 것임을 함축한다: 그리스도인들은 이제까지는 이스라엘에 대한 언급으로 가장 잘 표현된 하나님 아버지의 보호 아래 들어가게 되었다. 그리고 이것은 예수 그리스도께서 주로 높임을 받으심으로 인한 것이다. (이방인에 대한) 그리스도의 은혜와 (유대인에 대한) 하나님의 평강은 서로 분리되어 있는 것이 아니며, 서로 반대되는 요소도 아니다. 각기 서로 연결되어 있다. 복음은 유대인들이 선포한 하나님과 하나님이 오른편에 세우신 예수 그리스도의 은혜와 평강에 관한 것이다—옛 약속과 새로운 복음은 하나다.

요약하면, 이 서두의 진술에서 바울은 자기 자신과 자신의 최고의 열성에 관해

드러내고 있으며, 아울러 뒤에 이어질 것에 관한 어떤 강력한 암시를 비추어준다 – 봉사와 사도직으로 특징지어지는 삶, 복음에 의해 규명되고 결정되는 사도직, 예수 그리스도에 초점이 맞추어진 복음의 개요와 유대인의 기대에 관한 성취는 논쟁을 일으키지는 않으나 이방인에 대한 언급에서 그의 해석은 더욱더 논쟁적인데, 즉 그는 로마서 서신의 강력한 주제로 이미 떠오르기 시작하고 있는 이방인 전도와 유대인의 유산을 함께 묶는 해석을 하고 있는 것이다.

B. 개인적 설명(1:8-15)

참고문헌

Eichholz, G. "Der ökumenische und missionarische Horizont der Kirche. Eine exegetische Studie zu Röm 1:8-15." *EvT* 21(1961) 15-27 = *Tradition und Interpretation*. Theologische Bücherei 29. Munich: Kaiser, 1965. 85-98. **Funk, R. W.** "Apostolic Parousia." **Jervell, J.** "Letter to Jerusalem." **Jewett, R.** "Ambassadorial Letter." **Klein, G.** "Purpose." **Knox, J.** "A Note on the Text of Romans." *NTS* 2(1955-56) 191-93. **Lyonnet, S.** "'Deus cui servio in spiritu meo'(Rom 1:9)." *VD* 41(1967) 52-59. **Minear, P.** "Gratitude and Mission in the Epistle to the Romans." In *Basileia*, FS W. Freytag, ed. J. Hermelink et al. Stuttgart: Evang. Missionsverlag, 1959. 42-48. Reprinted in *Obedience*, 102 10. **Mullins, T. Y.** "Disclosure: A Literary Form in the New Testament." *NovT* 7(1964) 44-50. **O'Brien, P. T.** *Introductory Thanksgivings*. **Sanders, J. T.** "The Transition from Opening Epistolary Thanksgiving to Body in the Letters of the Pauline Corpus." *JBL* 81(1962) 348-62. **Schelkle, K. H.** "Römische Kirche im Römerbrief." *ZKT* 81(1959) 393-404. **Schubert, P.** *Form and Function of the Pauline Thanksgivings*. BZNW 20. Berlin: Töpelmann, 1939. **Sundberg, A. C.** "Enabling Language in Paul." In *Christians among Jews and Gentiles*, FS K. Stendahl, ed. G. W. E. Nickelsburg and G. W. MacRae. Philadelphia: Fortress, 1986. 270-77. **Thüsing, W.** *Per Christum*. 174-83. **Trocmé, E.** "L'Épître aux Romains et la méthode missionaire de l'apôtre Paul." *NTS* 7(1960-61) 148-53. **White, J. L.** "Introductory Formulae in the Body of the Pauline Letter." *JBL* 90(1971) 91-97.

Wiles, G. P. *Paul's Intercessory Prayers.* SNTSMS 24. Cambridge: Cambridge UP, 1974. 186-94. **Zeller, D.** *Juden.* 50-60.

본 문

8 첫째는 내가 예수 그리스도로 말미암아 너희 모든 사람을 인하여 내 하나님께 감사함은 너희 믿음이 온 세상에 전파됨이로다	**8** First of all I thank my God through Jesus Christ for[a] you all, because your faith is being spoken of all over the world.
9 내가 그의 아들의 복음 안에서 내 심령으로 섬기는 하나님이 나의 증인이 되시거니와 항상 내 기도에 쉬지 않고 너희를 말하며	**9** For God is my[a] witness, whom I serve with my spirit in the gospel of his Son, how constantly I mention you,
10 어떠하든지 이제 하나님의 뜻 안에서 너희에게로 나아갈 좋은 길 얻기를 구하노라	**10** in my prayers, always asking that I might somehow now at last succeed by God's will to come to you.
11 내가 너희 보기를 심히 원하는 것은 무슨 신령한 은사를 너희에게 나눠 주어 너희를 견고케 하려함이니	**11** For I long to see you, that I may share with you some spiritual gift so that you may be strengthened;
12 이는 곧 내가 너희 가운데서 너희와 나의 믿음을 인하여 피차 안위함을 얻으려 함이라	**12** or rather, so that there may be mutual encouragement among[a] you through each other's faith, both yours and mine.
13 형제들아 내가 여러번 너희에게 가고자 한것을 너희가 모르기를 원치 아니하노니 이는 너희 중에서도 다른 이방인 중에서와 같이 열매를 맺게 하려 함이로되 지금까지 길이 막혔도다	**13** I do not want[a] you to be unaware of the fact, my brothers, that I often made plans to come to you, though I have been prevented hitherto, in order that I might have some fruit among you as well, just as among the rest of the Gentiles.
14 헬라인이나 야만이나 지혜 있는 자나 어리석은 자에게 다 내가 빚진 자라	**14** I am debtor to both Greeks and barbarians, to both wise and foolish.
15 그러므로 나는 할 수 있는대로 로마에 있는 너희에게도 복음 전하기를 원하노라	**15** Hence my eagerness to preach the gospel to[a] you who are in Rome[b] as well.

원문주해

a. 바울의 사상 그리고/또는 문서에서 바울 사상의 표현을 개선하기 위해 원문 전달의 역사 과정에서 때때로 이 부분을 약간 수정하는 일이 있었다.

b. G와 오리겐의 라틴어 번역은 1:7에서처럼(원문주해 1:7을 보라) 토이스 엔 포메(τοῖς ἐν Ῥώμῃ)를 생략한다.

양식과 구조

당시의 관례에 따라(Doty, 31-33), 바울은 비록 다시 한번 자신의 특징적이고 구분되는 관심사들을 반영할지라도 – 그의 주된 관심은 그들의 믿음이었다(8, 12절) – 자신의 독자들을 위해서 감사와 기도를 포함시키고 있다. "수사학적인 분석"의 측면에서 이 항목은 "서론"(exordium)의 일부이다(Wuellner). *Rhetorica ad Herennium 1.4.7-8*에 따르면 그것의 기능 가운데 하나는 다른 것 중에서 특별히 자신의 개인적 이야기들을 언급함으로써 청자들이 더욱더 관심을 갖고 수용할 수 있게 하는 것이다(Betz, *Galatians*, 44). 비록 문체가 의식적인 수사학적 기술보다 바울의 신실함과 어색함에 더 비중이 주어질지라도, 다소 지나친 칭찬이 두드러지게 결합된 것, 깊은 개인적 관심의 확신, 다소 서투르게 들리는 변명들, 방문하고자 하는 열정들은 동정적인 경청을 확실히 의도했다. 특히 10절과 12절의 어색함은 "보통 바울의 감사의 전형을 이루는 평탄한 흐름과 평온한 위엄"(Schubert, 5)과는 맞지 않으나, 이는 알려지지 않은 회중들에게 정당한 수준에서 자신의 서신을 전개하기가 어려웠기 때문일 것이다. 하지만 푼크(Funk)는 그러한 구절들에서 바울의 자기 자신에 대한 설명에 관한 몇 가지 특징들을 주목한다(참조. 예를 들어 고전 16:1-11; 살전 2:17-3:11; 몬 21-22절). "본문의 서두"로(White) 또는 갈라디아서 1:12-2:14과 비견되는 서술로(Jewett) 13-15절을 분류하는 것을 포함하여 너무 상세하게 분석하는 것은 지나치게 세세히 구분하는 것이다. 한편, 감사하는 일을 전개함에 있어서 바울은 자신의 주된 관심사들(믿음, 이방인들, 복음화)을 강조하며, 이 서신의 주제적 진술(16-17)로 이끄는 일을 계속한다. 바울이 서신의 본론(1:18-15:13)을 완성하고 나서 즉시로 여기와 동일한 관심사로 돌아오는 것은(15:14-33; 구조적인 비교를 위해서는 5:14-16:27의 양식과 구조를 보라) 우연이 아니다. 이런 구조적인 특징들은 이 구절들 속에서 요약되고 있는 서신을 쓰게 되는 개인적인 이유가 앞으로 전개될 본론의 논증과 동떨어져 있지 않다는 충분한 확증을 준다.

주석

8 "첫째는"(*πρῶτον* – 프로톤). (순서적인) 첫째이지만 계속되는 연결이 없다 – 따라서 NEB는 멋지게 그것을 전달한다. "이제 시작해봅시다" 참조. 3:2; 고전 11:18. BGD *πρῶτος* 2b를 보라. 감사는 바울의 첫 번째 우선순위다.

"너희 모든 사람을 인하여 내 하나님께 감사함은"(*εὐχαριστῶ τῷ θεῷ μου⋯ περι*

πάντων ὑμῶν – 유카리스토 토 데오 무…페리 판톤 휘몬). 이것은 사적인 편지에서 바울이 전하는 규칙적인 감사의 표시이며(*TDNT* 9:408; 참조. 예를 들어, 마카비2서 1:11), 바울의 서두 표현에서 자주 나타난다(고전 1:4; 엡 1:16; 빌 1:3; 골 1:3; 살전 1:2; 살후 1:3; 몬 4; 참조. 고후 1:11). MM은 파피루스에 있는 유사한 출현과 비문에 있는 *NDIEC* 4:127-28를 제공한다. 물론 "나의 하나님"(*μου* – 무)은 "나의 하나님이고 너의 하나님은 아니다"를 의미하지 않는다. 그것은 자신의 헌신의 열정과 깊은 개인적 헌신을 강조하기 위한 단순한 방법이다(또한 빌 1:3; 몬 4; 시편에서 규칙적으로 사용된다 – 3:7; 5:2; 7:1, 3, 6; 13:3; 18:2, 6, 21, 28-29; 22:1-2, 10; 등등). "'나의 하나님'이라는 구절은 진실한 신앙심의 전부를 표현하고 있는 것이다"(Bengel).

"예수 그리스도로 말미암아"(*διὰ Ἰησοῦ Χριστοῦ* – 디아 예수 크리스투). 바울의 전형적인 문체처럼, 그는 예수 그리스도로 말미암아 하나님께 감사를 드린다(5:11; 7:25; 고전 15:57; 골 3:17; 참조. 롬 16:27; 고후 1:20; 3:4; 또한 히 13:15; 벧전 2:5; 4:11; 유 25). 10:1도 역시 참조하라. 승천하신 그리스도는 유대교의 그밖에 다른 곳에서 이미 천사장들(Tob 12:12, 15; *1Enoch* 9:3; 99.3; 104:1; *T. Levi* 3.5; 5.6-7; *T. Dan* 6.2)과 필로에 의해(*Praem.* 166; 참조. *2Enoch* 7; 53.1) 이미 족장들에게 귀속되어진 역할을 하고 있는 것으로 여기서 이해되어진다. 이 천사장들과 족장들의 경우에 주로 염두에 두어지는 것이 주로 중보적인 역할일지라도 말이다(참조. 롬 8:34). 바울이 감사를 함에 있어서 그리스도의 중보적인 역할을 제기하고 있는 것은 인류의 구원을 위한 (그리스도로 말미암아 하나님에 의해) 이미 이루어진 것에 대한 자신의 확신을 언급하는 것이고, 이는 모든 다른 하늘의 중보적인 기능을 그리스도께서 흡수하시고 폐기하신 것을 언급하고 있는 것과 마찬가지다. 몇몇 구절들 안에서(5, 8절) 카리스(*χάρις*)의 두 가지 방식의 통로로 아주 최근에 나사렛 예수였던 그리스도를 제시하고 있는 것은 하늘의 중보자로서의 승천하신 그리스도의 역할에 관한 초대 그리스도인들의 이해에 대한 두드러진 증언이다. 바울은 그리스도의 주되심(4, 7절)을 강조하면서도 하나님이 모든 것을 지배하고 있다는 것을 잊지 않고 있다. 따라서 그 감사는 그리스도에게 주어지는 것이 아니라 그리스도를 통해 주어지고, 마치 그 부르심이 그리스도로부터가 아니라 하나님으로부터 온 그리스도의 승인인 것과 같다(1:6을 보라). "그리스도의 주되심이 바울의 단일신교를 폐기하지 않는다"(1:7에 관한 Althaus를 보라). 더 자세한 것은 Thüsing, 174-83을 보라. 이 신학적인 유보사항은 10:13, 고전 16:22, 그리고 고후 12:8과 같은 구절의 의미를 평가할 때에 염두에 두어야만 한다. 더 자세한 것은 2:16; 4:24; 5:1, 10; 6:13; 8:34 그리고 10:9를 보라.

"너희 믿음이 온 세상에 전파됨이로다"(*ὅτι ἡ πίστις ὑμῶν καταγγέλλεται ἐν ὅλῳ τῷ κόσμῳ*–호티 헤 피스티스 헤몬 카타겔레타이 엔 홀로 토 코스모). 바울이 감사를 드리는 것이 특히 그들의 믿음인 것은 또 다시 전형적인 일이다(엡 1:15-16; 골 1:3-4; 살전 1:2-3; 살후 1:3-4). 또한 바울이 묘사하고 있는 칭찬의 용어들도 마찬가지로 전형적이다(골 1:5-7; 살전 1:7-8; 살후 1:3-4; 몬 5; 고린도 교회의 상황에 맞추어진 고전 1:5-7를 참조하라). 피스티스(*πίστις*)에 대해서 1:17을 보라. 다소 형식적인 단어인 카타겔로(*καταγγέλλω*, "선포하다, 발표하다", BGD, MM)는 바울이 의식적으로 효과를 거두기 위해 힘쓰고 있음을 암시한다.

9 "하나님이 나의 증인이 되시거니와"(*μάρτυς γάρ μού ἐστιν ὁ θεός*–마르투스 가르 무 에스틴 호 데오르). 헬라와 히브리 문학에서 잘 알려진 호소형식이다(예를 들어, 삼상 12:5-6; *T. Levi* 19.3; Josephus, *War* 1.595; Polybius 11.6.4). 바울에게서 그밖에 다른 곳으로는 고후 1:23; 빌 1:8; 살전 2:5, 10; 참조. 고후 11:31; 갈 1:20을 보라. 바울이 그러한 엄중한 형식을 사용하고 있는 것은 자신이 오해되지 않고 또 동정적인 경청을 갖지 않게 하기 위한 관심을 강조하고 있는 것이다. 만약 맹세에 관한 예수의 가르침을 바울이 알았다면(마 5:33-37; 참조 약 5:12), 그는 그러한 대화적인 관례가 필연적으로 적절한 것은 아니라고 여겼을 것이다.

"내가 그의 아들의 복음 안에서 내 심령으로 섬기는"(*ᾧ λατρεύω ἐν τῷ πνεύματί μου ἐν τῷ εὐαγγελίῳ τοῦ υἱοῦ αὐτοῦ*–호 라트류오 엔 토 프뉴마티 무 엔 토 유앙겔리오 투 휘우 아우투). 특히 유대교의 배경에 반하는 라트류오(*λατρεύω*)의 제의적 뉘앙스가 명백하다(눅 2:37; 히 8:5; 9:1, 6, 9; 13:10; 계 7:15; 참조. BGD) 또한 12:1과 15:16을 보라. 이것은 하나님과 관련된 인간의 일부 혹은 그 이상의 차원에 관해 언급하면서(특별히 8:16; 고전 2:10-13 참조하라), 바울이 인간의 심령에 대해 프뉴마(*πνεῦμα*)를 사용한 상대적으로 드문 경우들 중의 하나이다(또한 특별히 8:16; 고전 5:3-5; 16:18; 고후 2:13; 갈 6:18; 빌 4:23; 살전 5:23; 몬 25을 보라). 따라서 하나님의 영이 인간이란 존재에 역사하고 전달하는 것이 인간의 영을 통해서라는 것은 다소 경험적인 모호성을 갖지만(고전 14:14, 32; 고후 4:13; 그리고 빌 3:3과 함께 롬 1:9을 참조하라; 다른 경우로는 예를 들어 막 14:38; 약 4:5), 바울이 이 시점에서 하나님의 영을 의미하고 있다는 결론을 갖지는 않는다(반대로는 Kümmel, *Römer* 7, 33; Schweizer, *TDNT* 6:435). 여기서 그 어법은 복음과 관련한 적절한 예배와 동료 유대인들의 전형적인 제식지향적인 예식을 바울이 의도적으로 대조시키고 있음을 분명히 함축하고 있다(참조. 2:28-29; 12:1; 15:16; 빌 3:3). 바울 당시의 바리새 동료들이 매일의 삶에서 정결요건들을 확대시킴으로써 제의적 거룩을 확립하려고 한 반면에(특히 J. Neusner, *Politics to Piety*, 그리고 그밖의 다른 곳을 보라), 바울은 제의적인 용어를 "영적화시키고" 그리스도와 그의 복음에 헌신을 표현했던 모든 활동에 그것을 적용함으로써 유대교의 제의적인 특징을 버렸다. 유앙겔리온(*εὐαγγέλιον*)에 대해서는 1:1을 보라. "그의 아들"에 대해서는 1:3을 보라. "하나님의 복음"에 관해 언급한 다음 곧바로 "그의 아들의 복음"에 관하여 언급한 것이 두드러진다(유사하게는 15:16과 15:19). 그리고 여기서 속격구문을 "그의 아들에 관한 복음"(목적격 속격 – 따라서 1:3)을 의미하는 것으로 취해야하는 반면에 양 구절들이 엄밀하게 동일한 형식이고 또 불가피하게 모호함이 있다는 사실을 무시해서는 안된다.

9-10 "항상…쉬지 않고 너희를 말하며"(*ὡς ἀδιαλείπτως…δεόμενος* – 호스 아디알레이프토스…데오메노스). 이것은 다시 한번 고전 1:4; 엡 1:16; 빌 1:3-4; 골 1:3; 살전 1:2-3(매우 유사한 용어로); 2:13; 살후 1:3, 11; 2:13; 몬 4절에서처럼 개인적인 관심에 관한 확증을 특징적으로 나타내준다. 그 용어가 다소 지나친 점이 있다고 해서 그것이 진실성이 없다는 것을 – 특히 취해진 맹세의 측면에서 – 의미하지 않는다. 특히 9:2을 참조하라.

"내 기도에"(*ἐπὶ τῶν προσευχῶν μου* – 에피 톤 프로슈콘). 바울은 아마도 규칙적인 기도 시간을 유지하였을 것이다: 아마도 하루에 세 번 기도했을 것이다. 이런 규칙적인 기도는 이미 유대인의 관행으로 확립되어 있었고(참조. 단 6:11; 행 3:1; 10:3), 기독교인들에 의해 계승되었을 것이다(*Did.* 8.3)(J. Jeremias, *The Prayers of Jesus*[London: SCM, 1967], 67-72를 보라). 또한 바울은 예수의 확장된 기도를 따랐을 것이고(막 1:35; 6:46; 14:32-42), 또 가끔씩 일시적으로 촉발된 기도(참조. 행 10:9), 또는 여행할 때에 했던 기도("중단이 없는"?)를 했을 것이다. 아디알레이프토스(*ἀδιαλείπτως*)에 대해서는 Spicp, 41-43을 보라. 바울이 이 용어를 사용함으로 인해 이 구절은 기도로 관심을 표현하는 하나의 특징적인 방법이 되었다(살전 5:17; *Ign. Eph.* 10.1; *Herm. Sim.* 9.11.7; Pol. *Phil.* 4.3). 데오마이(*δέομαι*)는 바울에게 있어서 강력한 단어이다 – "진정으로 간청하고, 간구하다"(고후 5:20; 8: 4; 10:2; 갈 4:12; 살전 3:10).

10 "어떠하든지 이제"(*εἴ πως ἤδη ποτέ* – 에이 포스 에데 포테). 부사를 연달아

사용한 것은 오해하지 않게 하기 위한 바울의 사려 깊음을 시사해준다. 바울이 로마의 성도들을 방문하려는 욕구는 오래도록 지속되었다는 것을 강조하면 할수록, 조만간 오지 못하는 것에 대한 비판에 바울이 더욱더 노출되게 된다. 따라서 하나님이 주도권을 갖고 있음을 동등하게 더 강조할 수밖에 없게 된다. 말하자면 노예는 자신의 삶을 자기가 원해서 조절할 수는 없다(또한 13절을 보라). BGD, *ἐί* VI.12; *ἤδη* 1c를 보라.

"얻기를"(*εὐοδωθήσομαι* – 유오도데소마이). 문자적으로는 "좋은 길을 따라 도달하다"(참조. Tob 5:16)이다. 따라서 "번성하다, 성공하다"(참조. 대하 3:30; Sir 41:1; 고전 16:2)라는 의미를 갖는다. 그러나 문맥에 따르면, 바울은 본래의 의미를 염두에 두었을 것이다(Lightfoot) – 참조. 살전 3:11.

"하나님의 뜻 안에서"(*ἐν τῷ θελήματι τοῦ θεοῦ* – 엔 토 델레마티 투 데우). "하나님의 뜻"(*τὸ θέλημα τοῦ θεοῦ* – 토 델레마 투 데우)은 바울서신 속에 잘 확립되어진 구절이다 – 12:2; 15:32; 고전 1:1; 고후 1:1; 8:5; 갈 1:4; (엡 1:1; 6:60; 골 1:1; 4:12; 살전 4:3; 5:18. 경건한 자의 조건인 "하나님의 뜻"의 폭넓은 사용에 대해서는 Deissmann, *Bible Studies*, 252; BED, *θέλω* 2를 보라. 상당한 정도의 염려와 불확실이 여기에 포함되어 있다는 것을(특히 중재를 위해서 바울이 예루살렘으로 여행하는 것을 볼 때) 15:30-32에서 분명히 알 수 있다.

11 "구하노라"(*ἐπιποθῶ* – 에피포도). "원하다." 바울은 독자들과 자신의 틈간의 상호적인 관계성을 묘사하는 데 사용한 감정적인 용어를 사용하는 것을 주저하지 않는다(참조. 고후 9:14; 빌1:8; 2:26; 살전 3:6).

"무슨 신령한 은사를 너희에게 나눠주어 너희를 견고케 하려"(*ἵνα τι μεταδῶ χάρισμα ὑμῖν πνευματικὸν εἰς τὸ στηριχθῆναι ὑμᾶς* – 히나 티 메 타도 카리스마 휘민 프뉴마티콘 에이스 토 스테리크데나이 휘마스). "나누다"(*μεταδῶ* – 메타도)는 바울에게서 특징적인 영적인 은사를 말하는데, 그것은 자기 자신을 위한 것이 아니라, 공통된 선을 위해서 나누어주기 위한 것이다(고전 12:7). (사람들이 갖고 있는 어떤 수단)을 나누는 바로 그 행위 자체가 은사이다(롬 12:8). "카리스마, 영적인 선물"(*χάρισμἄ* – 카리스마)은 바울에게 전적으로 빚지고 있는 또 하나의 기독교(그리고 사회학적!) 용어다. 바울이 그 용어를 취하여 의미 있게 사용하기 전에는 그 용어는 거의 사용되지 않았다. 그 용어의 형태가 암시하는 것처럼, 카리스마(*χάρισμα*)는 은혜의 구체화, 즉 인간 피조물에 대한 하나님의 관대하시고 권세 있는 관심의 구체적인 표현을 의미하는데(*χάρις* – 카리스), 그것은 거룩한 은혜의 수단이 되는, 즉 하나님의 은혜 경험의 매개가 되는 어떤 행동이나 말에 대해서 사용되어진다. 그것이 하나님이 그리스도를 통해 주신 모든 것에 관한 생각을 담고 있든지(5:15-16; 6:23; 참조. 11:29; 고후 1:11), 또 우연적이든 규칙적이든 특별한 사역에 관한 생각을 담고 있든 지는 상관이 없다(12:6; 고전 1:7; 7:7; 12:4, 9, 28, 30-31; 참조. 벧전 4:10). 더 자세한 것은 12:6과 Dunn, *Jesus*, 특별히 205-7. 바울이 여기서 염두에 두고 있는 것이 구체적으로 나타나 있지가 않다. 또한 바울은 하나님이 자신을 통해 그의 은혜를 어떻게 표현하실 지에 대해 확신할 수 없었다. 그러나 바울은 자신을 통해서 하나님의 은혜가 역사하시리라는 충분한 확신을 분명히 갖고 있다(1:5). 말하자면, 그는 하나님이 사람들의 유익을 위해 어떤 방식으로든 자신을 사용하시리라는 확고한 약속을 붙들고 있다(특별히 "사도적"인 방법으로는 필연적으로 아닐 수 있고, 그 "은사"는 필연적으로 "그 복음"이 아닐 수 있다 – 반대로는 Barth, *Shorter*). 참조. Schlatter, Leenhardt.

"신령한"(*πνευματικόν* – 프뉴마티콘)이라는 말(즉 성령에 속한, 성령을 구체화하고 나타내는)의 사용은 인상적이다. 왜냐하면 고린도전서 12:1과 14:1에서 프뉴마티카(*πνευματικά*)=카리스마타(*χαρίσματα*)이기 때문이다. 여기서 그 용어는 추가적인 강조로 여겨야 한다 – "성령에 관한 그리고 은혜의 수단에 관한 "참된 영적인 은사" 즉 어떤 사역 행위(더 자세한 것은 7:14를 보라). "설교와 함께 오는 축복"으로 제한하는 케제만의 사상은 정당하지 못하다. 또한 사도적인 "권위"(*ἐξουσία* – 엑수시아)와 성령의 카리스마(*χάρισμα*, 바울은 카리스[*χάρις*]와 카리스마[*χάρισμα*] 간에 그러한 예리한 구분을 인정하지 않을 것이다)를 구분하며, 바울이 자기 자신을 성령을 소유한 자로 합법화하기를 추구하고자 있는 로마의 회중들 속에 "영적 존재"의 임재를 의미하고 있다고 가정하는 미겔(Michel) 또한 마찬가지로 정당하지 않다. 바울이 로마로 가기를 원하는 이유에 대해 왜 구체적으로 언급하지 않는 이유에 대해서는 *Introduction*과 15:14-33을 보라.

"견고케 하려 함이니"(*στηρίζω* – 스테리조). "굳게 하다, 강하게 하다, 확립하다" – 서신을 쓰고 있는 회중들에 대한 바울 자신의 관심과 소망에 대한 전형적인 표현이 다시 나온다(16:25; 살전 3:2, 13; 살후 2:17; 3:3; 여기서 신적인 수동형이 사용되었다, "하나님에 의해 견고케 되었다"). 바울이 로마에 있는 청중들에게 하나님이 자기를 통해 역사하신다는 확신을 가진 것을 그가 교만하거나, 또 로마의 청중들을 위압하려는 시도로 간주해서는 안 된다: 바울은 모든 신자들에게 하나님의 은혜가 주어졌고(1:5을 보라), 하나님의 은혜가 로마의 신자들을 통해, 대부분 동료 신자들의 이득을 위해 있게 될 특별한 행위와 말과 사역 속에서 자연스럽게 표현된다고 가정하고 있다.

12 "곧, 내가 너희 가운데서 너희와 나의 믿음을 인하여 피차 안위함을 얻으려 함이라"(*τοῦτο δέ ἐστιν συμπαρακληθῆναι ἐν ὑμῖν διὰ τῆς ἐν ἀλλήλοις πίστεως ὑμῶν τε καὶ ἐμοῦ*－투토 데 에스틴 숨파라클레데나이 엔 휘민 디아 테스 엔 알레로이스 피스테오스 휘몬 테 카이 헤무). 바울은 자기 자신을 붙잡는데("자기에 관해 말한다"－Lightfoot), 아마도 영적인 은사에 관한 자신의 이해, 특별히 은사의 경험에 근본이 되는 상호간의 의존하는 일에 독자들이 익숙하지 않을 것임을 갑작스럽게 깨달았기 때문일 것이다(12:4-5; 고전 12:14-26). 그렇다면 이 구절은 교정을 하려는 것이 아니라 은사적인 사역과 공동체, 특히 상호간의 격려를 경험하는 것(숨파라클레데나이[*συμπαρακληθῆναι*], 이 서신에서 바울의 특징적인 숨[*συμ*] 복합어가 처음으로 나타난다; 6:4을 보라)과 공통적으로 갖고 있는 신앙을 나누는 것(몬 6절)－즉 그들이 믿었던 것, 그 믿음에 대한 그들의 이해(그리고 이해의 부족), 확신과 의문, 그리고 어떻게 믿음이 매일의 삶에서 역사하는지－에 관한 설명과 해명일 것이다. 또한 일반적으로 "신실함"으로 번역하는 15:24, 32, Gaston, *Paul*, 169를 보라.

13 "형제들아…너희가 모르기를 원치 아니하노니"(*οὐ θέλω δὲ ὑμᾶς ἀγνοεῖν, ἀδελφοί*－우 델로 데 휘마스 아그노에인, 아델포이). 이 구절은 어떤 중요한 이야기를 하고자 하는 경건성을 내포하고 있다－뒤이어지는 말들에 보다 특별한 무게를 주고자 하는 바울의 방법(11:25; 고전 10:1; 12:1; 고후 1:8; 살전 4:13). 그러한 기법은 잘 알려져 있었으나(BGD, *ἀγνοέω* 1을 보라) 그 실제적인 형태는 바울서신의 특징 중 하나다. "형제들아"(*ἀδελφοί*－아델포이)를 첨가하는 것이 보다 친근하고 효력 있는 호소를 만들고 있는데, 이는 모든 바울 서신에서와 마찬가지로 로마서에서도 자주 사용된다(7:1, 4; 8:12; 10:1; 11:25; 12:1; 15:14, 30; 16:17). 종교적인 회합의 구성원들에 대해 아델포스(*ἀδελφός*)를 사용하는 것은 당시에 잘 알려져 있었다(Lietzmann; MM; BGD; Meeks, *Urban Christians*, 87과 nn. 73, 77; *NDIEC* 2:29-50); 또한 쿰란 서약자들도 그러했다(1QS 6.10, 22; 1QM 13.1; 15.4, 7; 1QSa 1.18; CD 6. 20-7.2; 20.18). 그러나 바울은 9:3에서처럼 더욱더 전통적인 유대인의 사용을 염두에 두고 있었을 것이다(예를 들어, 출 2:11; 레 19:17; 신 3:18; 15:12; 느 5:1, 5, 8; 사 66:20; Tob 1:3; 마카비1서 2:40-41; 마카비2서 1:1; Philo, *Spec. Leg.* 2.79-80). 따라서 바울이 그 단어를 "동료들"에게 접근하고자 할 때의 의미로 사용하는

것처럼(16:23; 고전 1:1; 16:12; 고후 1:1; 등등), 그의 일반적인 사용은 특별히 두드러진 것이 아니다 – 하지만 바울의 용법은 단순히 형식적인 것도 아니고, 종종 그렇게 거명된 사람들에 대한 개인적인 헌신과 깊은 관심을 나타내기도 한다(예를 들어, 고전 8:13; 15:58; 빌 2:25-30; 4:1; 골 4:7, 9; 몬 7). 보다 특징적인 것은 기독교의 회합이 헌신을 다하고 있는 그리스도는 형제들 중에 맏형제라는(8:29; 골 1:18; 참조. 롬 8:17; 갈 4:6-7) 주장이다. 가능성 있는 성차별주의에 대한 뉘앙스에 대해서는 16:1과 17을 보라. 또한 9:3을 보라.

"내가 여러 번 너희에게 가고자 했으나, 지금까지 길이 막혔도다"(*ὅτι πολλάκις προεθέμην ἐλθεῖν πρὸς ὑμᾶς, καὶ ἐκωλύθην ἄχρι τοῦ δεῦρο* – 호티 폴라키스 프로에데멘 엘데인 프로스 휘마스, 카이 에콜루덴 아크리 투 듀로). 다시금 말하지만, 바울이 과장을 하고 있다고 주장하는 것은 지나치게 비판적이다. 막강한 제국의 수도인 로마, 모든 길이 통하는 로마는 자연스럽게 바울의 마음을 끌었을 것이다. 복음의 보편적인 도달을 의도하는 바울의 전략에 있어서(1:5 – "모든 이방인들"), 바울은 종종 그곳에 강력한 기독교 모임이 있는 것의 중요성과 개인적으로 그 곳과 연결하는 것이 바람직하다는 것을 인식하고 있었다. 그를 "가로막았던" 것이 무엇인지는 여기서 언급하지 않으며, 또한 15:22에서 그 주장을 바울이 반복할 때도 역시 언급되지 않는다. 바울이 반복된 장애가 악마/사탄이 원인이었다고 생각했을 수도 있고(살전 2:18에서처럼), 49년에 글라우디우스(Claudius)가 로마로부터 유대인을 추방한 일이(서론 §2.2.3을 보라) 의욕을 강력하게 꺾었을 수도 있다. 하지만 그처럼 기탄없이 자신의 사역에 헌신하였던 바울과 같은 사람에게는 헌금을 걷는 일을 조직화하는 것은 말할 것도 없고(15:22-29), 이미 확립되어진 교회의 특별한 문제들 그리고 새롭게 나타난 기회 등이 그로 하여금 쉽게 무시하지 못하게 하는 끊임없는 요구사항이 되었을 수도 있다 – 따라서 에코루덴(*ἐκωλύθην*)은 하나님의 수동태(?)라고 할 수 있다: "나는 (하나님에 의해) 길이 막혔다." "바울이 자신의 계획의 주인이 아니었다"(Eichholz, "Horizon," 92).

"열매를 맺게 함이로다"(*ἵνα τινὰ καρπὸν σχῶ* – 히나 티나 카르폰 스코). 카르폰(*καρπός*)은 "적절한 결과나 보상", 즉 "유익이 되는 결과"라는 의미로 사용되었다. 그러한 이미지가 주는 심상은 분명하며, 스토아 철학자나 유대 사상에서 특히 익숙했을 것이다(*TDNT* 3:614; 예를 들어, 암 6:12; Philo, *Fuga* 176; Josephus, *Ant.* 20.48; 신약의 다른 곳으로는 마 3:8; 히 12:11; 13:15; 약 3:17-18; 바울에게서는 롬 6:21-22; 7:4; 15: 28; 갈 5:22; 빌 1:11, 22; 4:17; 골 1:6, 10; 또한 엡 5:9를

보라). 또한 6:22을 보라. 그것은 분명히 선교적인 상황에서 사용되어질 수 있지만(참조. 빌 1:22; 골1:6), 단순히 "선교적인 용어의 구절"로만 묘사될 수는 없다(반대로는 Klein, "Purpose," 38). 또한 15:29를 보라.

"너희 중에서도 다른 이방인 중에서와 같이"(*καὶ ἐν ὑμῖν καθὼς καὶ ἐν τοῖς λοιποῖς ἔθνεσιν*–카이 엔 휘민 카도스 카이 엔 토이스 로이포이스 에드네신). "다른 이방인들"에서 바울은 특히 그에 의해 세워진 아시아, 마케도니아 그리고 그리스에서의 모임들을 염두에 두었을 것이다. 다시 한번 이방인을 위한 바울의 소명이 강력하게 제기되고 있다. 기독교적 공동체 내에서 사역의 두 방식의 본질을 그가 아무리 잘 인식하고 있다할지라도(12절), 개인적으로 그를 이끌고 간 것은 하나님께서 이방인들의 특별한 사역을 위해 그를 사용하시고자 선택하셨다는 강렬한 확신이다. 따라서 그가 로마 회중들의 설립자가 아니라 할지라도 로마에 대한 그의 방문의 성과를 기대할 수 없다면, 바울은 자신의 소명에 진실하지 못하게 되는 것이다. 여기서 다시 한번 로마 회중이 이방인으로 구성되어 있다는 것이 명백하게 암시된다. 또한 11:13, 17-24; 15:7-12, 15-16을 보라.

14 "헬라인이나 야만이나"(*Ἕλλησίν τε καὶ βαρβάροις*–엘레신 테 카이 바르바로이스). 처음 나타나지만, 이것은 헬라인과 다른 민족들, 혹은 헬라어를 말하는 사람들과 헬라어를 말하지 못하는 사람들을 단순히 대조시키고 있는 것이 아니다. 바르바로스(*βάρβαρος*)라는 단어는 경멸적인 의미를 수반하고 있다. 그것은 낯설고 난해한 말을 하는 사람들을 언급했다(예를 들어, Ovid, *Tristia* 5.10.37; 고전 14:11을 참조하라). 그리고 처음에는 역사적으로 그리스의 대적자가 되는 메대인(Medes)과 페르시아인(Persians)들을 특히 언급하는데 사용되었는데, 그것은 경멸적인 논조를 분명히 갖고 있었다–따라서 로마인들은 바르바로이(*βάρβαροι*, BGD; 또한 MM을 보라)로 분류되는 것을 꺼렸다. 따라서 그 구절은 그 밖의 다른 사람들과 대조해서 그들의 지적교양을 의식하고 있는 문명화된 헬라인들에 의해 사용되었다. 즉 그리스 문화는 실제 동부제국에 살고 있는 주요 지역들을 실제로 장악했기 때문에, 그 용어는 비문명화된–바울이 선교여행을 하면서 접촉했고, 또 그가 상당한 정도로 신원을 밝힐 수 있는 국제적인 "사람들"–나머지 사람들에 비해 위에 있는, "헬라인"이 되고자 열망했던 모든 사람들에 의해 사용되었다. 그러나 여기서 그 구절을 사용함에 있어서 바울이 필연적으로 "헬라인"이라는 관점을 인정하거나, 또는 특별한 그룹들을 "야만인들"로 지칭하고 있지는 않다. 그것은 이방 세계 내에 있는 모든 인종들과 부류들을 포함시키는 하나의 표준적인 구절이 단순히 되고 있다. 더 자세한 것은

TDNT 1:546-53; Lagrange; Michel; Hengel, *Judaism*, 1:38, 65, 300을 보라.

"지혜 있는 자나 어리석은 자에게"(*σοφοῖς τε καὶ ἀνοήτοις*–소포이스 테 카이 아노에토이스). 이것은 인류를 전반적으로 분류하는 유사한 방식이다. "헬라인"은 이전의 대조와 동의어로 생각할 수 있다. 여기에는 똑 같은 비하적인 논조가 함축되어 있다: 나의 통찰을 공유하지 않은 모든 사람들은 바보들이다!("교육받은 사람들이나 무지한 사람들이나 모두 마찬가지다"–NJB). 비교를 위해서 잠 17:28; Plato, *Timaeus* 30b를 참조하라. 아노에토스(*ἀνόητος*)에는 누스(*νοῦς*, "마음")에 대한 고도의 헬라적인 숙고가 반영되어 있다. 반면에 유대 지혜문학에서 아프론(*ἄφρων*, 어리석은, 무지한)이 선호된다(특히 2:20을 참조하라). 따라서 바울이 문화와 합리성의 차원에서(인종과 지형적인 면에서보다) 이방인 세계를 지칭하고자 준비하고 있다는 것이 특이한데, 그것은 헬라의 정교함에 직면에서조차 자신의 메시지가 능력이 있을 것임을 확신하고 있다는 것을 시사한다(참조. 1:16). 또한 Schlatter를 보라. 인간의 지혜에 관한 바울의 관점에 대해서는 특별히 고전 1:17-2:13; 3:18-20을 보라.

"빚진 자라"(*ὀφειλέτης*–오페일레테스). "해야할 의무가 있는 자." 이것은 매우 일상적인 용어가 아니다(바울에게서는 오직 8:12; 15:27; 갈 5:3에서만 나온다). 바울은 그의 소명에 의해 "의무가 있다"는 것을 의미했을 것이다(더 자세한 것은 Minear, "Gratitude." 특히 43-45를 보라). 따라서 이방인을 위한 사도로서 바울은 이방인들이 세상을 보는 것처럼 세상을 바라보고 있다. 왜냐하면 바울은 이미 지중해 연안의 북동 지역을 통해 폭넓게 여행한(15:19), 그 당시의 진정한 국제적인 사람이었기 때문에, 그가 비문화화된 사람들뿐만 아니라 문화화된 사람들까지도 포함하는 모든 종류와 조건을 가진 사람들에게 빚을 지고 있다는 의미를 포함하고 있을 가능성이 있다(참조. 고전 1:26-28).

15 "할 수 있는 대로"(*τὸ κατ᾽ ἐμὲ πρόθυμον*–토 카트 에메 프로두몬). "나의 열망"을 의미한다. 구문론에 대해서는 크랜필드(Cranfield)를 보라. 프로두모스(*πρόθυμος*, 신약의 다른 곳에서는 마 14:38//마 26:41에서의 겟세마네 사건에서만 나타난다)에 대해서는 LSJ, MM, BGD를 보라. 바울은 이 부분에서도 로마에 있는 성도들을 방문하고자 하는 자신의 소망을 일관성 있게 유지하고 있다.

"복음 전하기를"(*εὐαγγελίσασθαι*–유앙겔리사스다이). 이 용어는 헬라에서 충분히 잘 알려져 있었다. 하지만 그 의미는 거의 전적으로 유대적이며 기독교적이다(1:1을 보라). (1) 복음을 (2) 이방인에게 전한다는 것은 바울이 자신의 소명을 이해한 것을 핵심적으로 요약해주고 있다. 12절의 설명의 의미를 축소시키지 않으면서, 바울이 몸소 복음을 전하기 위해 부름을 받았다는 확신이 13-15절에서 주류를 이루고 있다. 물론 그는 자신의 독자들이 복음화되어야 할 필요가 있다는 것을 의미하고 있지 않다("너희들에게"라기보다는 "너희들 중에"라는 엔(*ἐν*)을 첨가하고 있는 서방의 번역은 여기서 있을 수 있는 오해의 가능성을 없애기 위한 시도이다). 외부자들과 문의자들에게 기독교인들의 모임을 개방하는 것이(참조. 고전 14:23-25) 그 의미를 전적으로 부적절하게 하지는 않는다. 어떤 동사로 바울이 가진 일생의 의무를 요약하라고 한다면, 그것은 바로 이것 – "복음을 전하다" – 가 될 것이다. 따라서 그 용어는 바로 이 서신에서처럼 복음의 설명을 포함하여 바울의 사역의 전체 범위를 포용하는 데 사용될 수 있을 것이다. 바울이 그밖에 다른 곳에서 회심을 목적으로 한 전파인, "복음을 전하다"(10:15; 15:20; 고전 1:17 ; 9:16, 18; 15:1, 2; 고후 10:16; 11:7; 갈 1:8, 9, 11, 16, 23; 4:13; 또한 역시 엡 2:17; 3:8; 벧전 1:12, 25; 그리고 사도행전에서 자주)라는 의미로 유앙겔리제스다이(*εὐαγγελίζεσθαι*)를 사용한 경우가 바로 그것이다. 하지만 바울은 "복음에 대한 자신의 사도적인 구별성" 또는 "복음에의 봉사"를 복음에 대한 "최초의" 전파로 한정하지 않았고, 또한 복음을 구원으로 가는 길에서의 최초의 충동으로 단순히 제한하지 않는다(1:16). 그리고 데살로니가전서 3:6은 유앙겔리제스다이(*εὐαγγελίζεσθαι*)에 대한 바울의 사용이 좁게 고정되어 있지 않다는 충분한 증거를 제공해준다(반대로는 Zeller, *Juden*, 55-58). 클라인(Klein)은 특별히 본 구절과 15:20을 너무 지나치게 상충을 시키고 있다. 말하자면 그는 "교회의 설립이 문제가 있었다"라고 해석하는데, 에클레시아(*ἐκκλησία*, 서론 §3.1을 보라)의 결여에도 불구하고, 그것은 그럴 수 없는 해석이다. 왜냐하면 그것과는 달리 바울은 자신이 직접 설립한 교회에 편지할 때와 정확히 같은 용어로 로마의 독자들에게 편지하고 있기 때문이다(1:8-10을 보라; 참조. 15:14; 16:19).

해설

자신의 일상적인 관행에 따라 공식적인 인사를 하고 나서 바울이 첫 번째로 한 행위는 하나님께 자신의 독자들에 대하여 감사를 드리는 것이다. 특별히 그들의 믿음에 대해서 말이다. 이 부분에서 과장의 요소가 있는 것은 전형적인 것들이다("온 세상에", "끊임없이", "항상"). 하지만 제국의 수도에 세워진 교회의 소식들은, 로마로 가고 로마로부터 오는 상당한 정도의 동향들과 함께, 대부분의 다른 경우들에서 보다 더 널리 퍼져갔을 것이다. 하지만 로마에 있는 기독교인들이 특별히 용기가 있었다거나 그들의 숫자가 특별한 의미를 갖는 일원들을 포함하고 있었다는 것을 필연적으로 함축하고 있다고 바울의 말을 취급해서는 안된다.

바울의 그밖에 다른 곳에서처럼 그 감사는 그리스도**에게**, 하나님**과** 그리스도에게가 아니라, 예수 그리스도로 **말미암아** 주어진다. 이 구절이 7절에 이어 즉시 나타나는 것은 7절에서의 "아버지"로서의 하나님과 "주 예수 그리스도"와의 관계를 해석하는데 있어서 조심해야할 필요성을 확인시켜준다. 7절에서 아버지와 예수 그리스도가 은혜와 평강의 근원을 결합시키는 것으로 거명되었다면, 그리스도가 더욱더 중간적인(그리고 종속적인) 역할을 갖고 있다고 가정되어 있다는 것을 동일하게 인식할 수 있다.

9절의 맹세는 단순히 형식적이다. 특별히 형식적인 과장의 일부로서 끊임없는 기도에 관한 바울의 확신을 오직 언급하고 있는 것이라면 특별히 더 그렇다. 하지만 그 문장의 움직임은 (그가 그들에게 갈 것이라는) 그의 기도의 대상을 향해 분명히 있고, 이것은 그 맹세가 더욱더 변호적인 기능, 즉 로마의 청중들에게 자신의 신실함과 좋은 의도를 확신시키기 위한 것임을 암시한다. 말하자면, 바울의 말을 다음과 같이 읽을 수 있는데, 즉 그가 여러 번 로마를 방문하고자 하는 소망을 갖고 있음을 표현했으나, 그런 의도를 실천하지 못했고, 결과적으로 좋은 믿음이 결여되어 있고, 또 단호한 목적이 결여되어 있다는 어떤 비판에 자기 자신을 노출시켰다고 말할 수 있다(참조. 고후 1-2장). 따라서 맹세뿐만 아니라, 10절에 나오는 어법의 어색함, 11절의 초두에서 로마의 성도들을 간절히 보기 원하고 있다는 반복된 확신, 자신의 최선 그리고 자주 그 의도를 재확인 시켰음에도 불구하고 방해를 받아왔다는 설명과 함께 13절에서 다소 힘겨운 재확신, 그리고 15절에서의 마지막 확신이 나온다. 잘 알지 못하는 성도들에 대한 편지에서, 비판을 받을 수 있다는 계속된 의식과 실제적으로 비판을 받을 가능성에 민감한 것은 기독교의 초기 팽창 단계에서 바울의 위치가 얼마나 노출되어 있었는가를 상기시켜준다.

자기변호, 즉 "내가 그의 아들의 복음 안에서 내 심령으로 섬기는"(9절)이라는 관계절은 서두 구절에서 이미 표명된 진술을 적어도 부분적으로 유지하기 위해 의도된 것으로 보인다. 바울은 이방인들에 대한 자신의 사도직을 이교의 사역으로서 설명하고 있는데, 하지만 특별한 이교적 행위의 측면에서가 아니라 영적인 행위, 즉 영의 차원에서 동기가 부여되고 가능하게 된 복음(전파)의 역사로 설명한다. 여기서 다시금 바울의 사상에 익숙한 사람들은 하나의 특징적인 강조에 관한 개요를 인식할 수 있을 것이다(참조. 특히 2:28-29; 빌 3:3): 율법의 요구들이 그 속에서 성취되었는데, 하나님의 아들이 순종과 언약적 충성의 전반적 차원을 새로운 차원으로 승화시켰고, 그 새로운 차원은 옛것과 일치되며, 또 여전히 옛것에서 끌어온 용어들로 설명될 수 있지만, 그럼에도 불구하고 의미와 형태에서 승화된 것이기 때문이다.

자기 변호적인 단편(11, 13절)을 함께 연결시키는 두 목적절은 이방인에 대한 사도로서의 바울의 타오르는 열망을 반영해준다. 특히 바울이 자신의 사역의 성공 그리고 교회를 세우고 견고히 하기 위해서 자신이 성령에 의해 얼마나 많이 사용되었는가를 의식하는데 있어서 더 그렇다. 13절의 마지막 구절은 로마의 교회가 이방인들로 주로 구성되어 있다는 것을 확인해줄 뿐만 아니라-그것이 나중에 유대인의 이슈에 관한 반복된 강조를 더 두드러지게 만들어준다-무엇보다도 이방인들에 대한 사도로서의 바울의 자기 이해를 확증해준다. 동시에 바울이 12절에서 자기 자신을 돌아보고 교정하는 방식을 무시해서는 안된다. 아마도 그것은 사도의 선교 의무를 통제하는 영토의 규칙을 바울이 민감하게 생각하고 있음을 의미할 것이다 - 즉 다른 사도의 선교 영토와 교회를 간섭하지 않으려는 의무감(15:20; 고후 10:13-16). 그러나 자기 자신을 포함하여 이방인 선교에서의 은사적이고 영적인 상태를 인식하고 있는 바울의 생각이 더욱더 의미가 있다고 할 것이다(예를 들어, 살전 5:12-22). 이것이 영적인 은사들의 걸출한 대상으로서 자기 자신을 보고 있는 그 어떤 암시에서 물러나서 상호적인 유익을 위해 공통된 믿음을 나누는 신자들 각 그룹의 상호 의존성을 왜 서둘러 강조하고 있는지를, 게다가 자기 자신을 이런 그룹 속에 포함시키고 있는지를 설명해준다. 심지어 이방인들에 대한 사도로서 바울은 나누고 돌보는 믿음의 공동체의 상호적인 봉사에서 그들만큼이나 의존적이다. 11장에서 주된 주제에 관한 설명을 마친 후에 바울이 되돌아가는 첫 번째 주제가(12장) 바로 이것임을 알 필요가 있다.

바울이 이 서신의 주요 논증의 주제적 진술(16-17절)을 시작할 때, 13절의 말미에서 이방인에 대한 하나님의 목적과 축복의 도구로 특별히 선택되었다는 자가 자신의 확신을 재주장하고 있는 것이 아주 두드러진다. 14절에서 유대인과 헬라인이라는 더욱더 예상할 수 있는 대조가 아니라 "헬라인과 야만인, 지혜 있는 자나 어리석은 자"를 거명하고 있는 것도 상당히 두두러진다. 왜냐하면 이것은 한 유대인에게 대단히 자연스러운 말이라기보다는 자의식적인 헬라니즘의 범주에 속하는 것이기 때문이다. 풍성한 문화적 지적 유산들을 의식하고 있는 헬라주의자들은 세계를 헬라인과 나머지 모두를 비문명화된 야만인들로 분류했다. 그리고 사회를 정신을 사용하는 사람들과 사용하지 못하는 사람들, 즉 지성인들과 비지성인들로 분류했다. 그렇다면 이방인들을 복음화하는 소명의식을 설명함에 있어서 바울이 이방인의 안목, 즉 정교화된 헬라니즘의 관점에서 그 세계를 의도적으로 바라보고 있는 것은 상당히 의미가 있다. 이방인의 사도로서의 바울의 임무는 모든 종족, 즉 헬레니즘이 포함시키고 있는 사람들과 경멸하는 사람들, 그리고 모든 사회 계층, 즉 헬레니즘 내에서 대단히 존경받는 사람들과 천대받는 사람들을 포함한다. 부활하신 그리스도에 의해 그에게 위임된 의무는 종족과 신분의 구분 없이 모든 이방인들에게 복음을 전하는 것이다.

로마로 가고자 하는 열망에 대한 바울의 이유가 되는 것이 이런 선교에 대한 의무감이다. 로마에 있는 교회들이 구성원에 있어서 필연적으로 포괄적이었을(종족과 사회 계층에 있어서 혼합된) 것이라고 추론을 이끌어내기 위해서 14절과 15절간의 사상의 연속성을 강요해서는 안된다. 아울러 바울은 자기 자신들을 "헬라인" 또는 "지혜 있는 자"로 인식하지 못한다할지라도, 어느 누구도 기분을 상하지 않도록 하기 위해, 아마도 14절의 용어들을 의도적으로 일반적인 것들을 사용한 것으로 보인다. ("복음을 전하기를"이라는) 마지막 용어는 다소 의외이지만, 처음으로 복음을 전파하는 일에 대한 의미로 한정할 경우에만 그렇다. 그리고 심지어 우리는 로마에 있는 독자들이 여전히 복음화되어야 할 필요가 있었다고 바울이 생각했다고 그 의미를 취해서는 안되는데, 왜냐하면 전체 서신의 중심되는 진술로 이끌어가기 위해서 바울이 그 말을 선택했기 때문이다.

C. 서신의 주제에 관한 요약적 진술(1:16-17)

참고문헌

Achtemeier, E. R. and **Achtemeier, P. J.** "Righteousness." *IDB* 4:80-85, 91-99. **Barrett, C. K.** "I Am Not Ashamed of the Gospel." In *Foi et salut selon S. Paul*, ed. M. Barth et al. AnBib 42. Rome: Biblical Institute, 1970. 19-41. Repr. in *New Testament Essays*. London: SPCK, 1972. 116-43. **Barth, M.** "Jews and Gentiles: The Social Character of Justification in Paul." *JES* 5(1968) 241-67. **Berger, K.** "Neues Material zur 'Gerechtigkeit

Gottes.'" *ZNW* 68(1977) 266-75. **Brauch, M. T.** "Perspectives on 'God's Righteousness' in Recent German Discussion." In Sanders, *Paul*, 523-42. **Bultmann, R.** "*ΔΙΚΑΙΟΣΥΝΗ ΘΕΟΥ*." *JBL* 83(1964) 12-16. Repr. in *Exegetica*. Tübingen: Mohr, 1967. 470-75. **Cavallin, H. C. C.** "'The Righteous Shall Live by Faith.'" *ST* 32(1978) 33-43. **Cremer, H.** *Die paulinische Rechtfertigungslehre im Zusammenhange ihrer geschichtlichen Voraussetzungen*. 2d ed. Gütersloh: Bertelsmann. 1900. **Dalai, N. A.** "Justification." **Eichrodt, W.** *Theology of the Old Testament*. London: SCM, 1961. 239-49. **Feuillet, A.** "La citation d'Habacuc 2:4 et les huit premiers chapitres de l'Epître aux Romains." *NTS* 6(1959-60) 52-80. **Fitzmyer, J. A.** "Habakkuk 2:3-4 and the New Testament." In *To Advance the Gospel: New Testament Studies*. New York: Crossroad, 1981. 236-46. **Fridrichsen, A.** "Aus Glauben zu Glauben, Röm 1:17." *ConNT* 12(1948) 54. **Glombitza, O.** "Von der Scham des Gläubigen. Erwägungen zu Röm 1:14-17." *NovT* 4(1960) 74-80. **Gyllenberg, R.** "Die paulinische Rechtfertigungslehre und das Alte Testament." *ST* 1(1935) 35-52. **Herold, G.** *Zorn*. **Hill, D.** *Greek Words*. 82 162. **Hübner, H.** *Law*. 124-36. ______. "Paulusforschung." 2694-2709. **Hultgren, A. J.** *Gospel*. 12-46. **Käsemann, E.** "The Righteousness of God in Paul"(1961). In *New Testament Questions of Today*. London: SCM, 1969. 168-82. **Kertelge, K.** *Rechtfertigung*. **Klein, G.** "Gottes Gerechtigkeit als Thema der neuesten Paulus-Forschung." In *Rekonstruktion und Interpretation*. Munich: Kaiser, 1969. 225-36. **Koch, D.-A.** "Der Text von Hab 2:4b in der Septuaginta und im Neuen Testament." *ZNW* 76(1985) 68-85. **Lohse, E.** "Die Gerechtigkeit Gottes in der paulinischen Theologie"(1971). In *Einheit*. 209-27. **Michel, O.** "Zum Sprachgebrauch von *ἐπαισχύνομαι* in Röm 1:16." In Glaube und Ethos, FS G. Wehrung, ed. R. Paulus. Stuttgart: Kohlhammer, 1940. 36-53. **Moody, R. M.** "The Habakkuk Quotation in Romans 1:17." *ExpT* 92(1980-81) 205-8. **Müller, C.** *Gerechtigkeit*. **Piper, J.** *Justification*. 81-101. **Rad, G. von.** *Old Testament Theology*. Vol. 1. Edinburgh: Oliver & Boyd, 1962. 370-76. **Reumann, J.** *Righteousness*. **Ridderbos, N.** Paul 159-81. **Schmid, H. H.** "Rechtfertigung als Schöpfungsgeschehen." In *Rechtfertigung*, FS E. Käsemann, ed. J. Friedrich et al. Tübingen: Mohr, 1976. 403-14. **Smith, D. M.** "*Ο ΔΕ ΔΙΚΑΙΟΣ ΕΚ ΠΙΣΤΕΩΣ ΖΗΣΕΤΑΙ*." In *Studies in the History and Text of the New Testament*, FS K. W. Clark, ed. B. L. Daniels and M. J. Suggs. Salt Lake City: University of Utah, 1967. 13-25. **Stuhlmacher, P.** *Gerechtigkeit*. **Taylor, V.** *Forgiveness and Reconciliation*. 2d ed. London: Macmillan, 1946. 29-69. **Williams, S. K.** "Righteousness." **Zeller, D.** *Juden* 60-64, 141-49. **Ziesler, J. A.** *Righteousness*.

본 문

16 내가 복음을 부끄러워하지 아니하노니 이 복음은 모든 믿는 자에게 구원을 주시는 하나님의 능력이 됨이라 첫째는 유대인에게요 또한 헬라인에게로다

17 복음에는 하나님의 의가 나타나서 믿음으로 믿음에 이르게 하나니 기록된 바 오직 의인은 믿음으로 말미암아 살리라 함과 같으니라

16 For I am not ashamed of the gospel, since it is the power of God for salvation, to all who believe, Jew first[a] but also Gentile.

17 For the righteousness of God is being revealed in it from faith to faith – as it is written, "He who is righteous by faith shall live."

원문주해

a. B G와 Sahidic 번역본을 포함하여 몇몇 증언들에서 프로톤(*πρῶτον*, "첫째")을 생략한 것은 말시온(Marcion)의 영향 때문일 것이다. 말시온에게서 유대인을 우선하는 개념은 용납될 수 없었기 때문이다(Metzger).

양식과 구조

16-17절은 분명히 로마서 전체에 대한 주제적 진술이다. 그처럼 그 구절은 서문의 절정을 이루고 있다: 유앙겔리온/유앙겔리제스다이(*εὐαγγέλιον*/*εὐαγγελίζεσθαι*, 1. 9, 15, 16)와 피스티스/피스튜에인(*πίστις*/*πιστεύειν* 5, 8, 12, 16, 17)의 어조에서 의도적인 구성을 주목해보라. 17절에만 관심을 집중해서는 안 된다: 주된 강조는 복음의 구원하는 행위에 실제로 있고(16b절), 17절이 그러한 주장에 대한 정당화를 위해("이유") 기능하고 있다(Zeller, *Juden*, 62). 사실상 16b절은 전체 서신(1-15장)을 함께 묶어주는 역할을 한다. 하지만 17절이 사실상 주요한 교훈적 항목에 대한 텍스트를 제공하고 있다는 것도 역시 참이다.

믿음에 대한 하나님의 의:
  "믿음에 의한 의.… –1:18-5:21
  …살 것이다" –6-8장
믿음으로부터의 하나님의 의:
  "하나님의 신실하심에 의한 의" –9-11장

(Feuillet, "합 2:4"는 5:11 이후의 세부항목에 대해 논한다; 그러나 5:1-21에 관한 서론을 보라). 인용된 성경(합 2:4)은 본래 이 서신의 원문은 아니지만(Luz, "Aufbau"; 반대로는 Nygren, Cranfield), 바울에게서 일상적으로 그랬던 것처럼, 그 내용

을 문서로 하고 있는 주된 주장에 덧붙여졌고, 그 내용에 대한 성경적 증거를 제공하기 위해 부여된 것이다.

두 가지 중심 용어들이 뒤이어지는 내용들에 구조적인 중요성을 분명히 갖고 있다.

> 믿음 – 주요 항목인 3:21-5:21(3:22, 25, 27-28, 30-31; 4:3, 5, 9, 11-14, 16-20; 5:1-2)에서 중심을 이루고 나서, 믿음에 관한 내용은 6-8장에서는 사라진다. 그리고 9-11장에서 중심되는 요지로 나타나고(9:30, 32, 33; 10:4, 6, 8-9, 11, 14, 17; 11:20), 다시금 12-15장에서 나타난다(12:3, 6; 14, 1, 2, 22-23).
>
> 의인, 의, 의를 간직함 – 동일한 부분에서 동등하게 지배적인 주제를 이루고 있지만(3:20-22, 24-26, 28, 30; 4:2-3, 5-6, 9, 11, 13, 22; 5:1, 7, 9, 17, 19, 21; 9:30-31; 10:3-6), "믿음" 이상으로 게재된 논쟁들에 연결고리를 제공한다(2:13; 3:4-5, 10; 6:7, 13, 16, 19, 20; 7:12; 8:10, 30, 33).

Ellis, "Exegetical Pattern," 217-18은 일련의 해석과 지원해주는 본문들로 이어지는 머리말 텍스트(1:17)를 갖는, 1:17-18에서의 미드라쉬적인 구조를 본다.

아흐테마이어(Achtemeier)는 16-17절 그리고 18절 이하가 문법적으로 15절에 종속된다고 주장하면서, 1:14-2:16를 완전한 단위로 취급한다. 하지만 그것은 가르(*γάρ*)에 과도하게 의미를 둔 것인데, 사실상 가르는 사상의 가벼운 연결이나, 어디에 강조가 있는지를 가리키지 않고 어떤 설명을 도입하고 있음을 나타낸다(참조. Harrisville – "서신서 전체에 걸쳐서 오직 한곳의 예외만이…'가르'[이유, "For"]가 결론을 짓는 것이 아니라 이어지는 것에 관한 어떤 연결을 갖거나 또는 갖지 않고서 어떤 논증을 시작하고 있다", 또한 1:18을 보라). 여기서 1:16-17이 서론의 절정이고 뒤이어지는 것에 대한 주제가 된다는 보편적인 인식에서 떠날 아무런 이유가 없다.

주석

16 "내가 복음을 부끄러워 아니하노니"(*οὐ γὰρ ἐπαισχύνομαι τὸ εὐαγγέλιον* – 우 가르 에파이스쿠노마이 토 유앙겔리온). 거짓된 전제나 잘못된 확신에서 기인하여 행동한 결과로 나타나는 "부끄러움"에 대해서는 특별히 시편을 보라(35:26; 40:14-15; 69:19; 71:13; 119:6; 등등). 또한 5:5와 9:33에 있는 카타이스쿠노(*καταισχύνω*)를 보라. 이 용법은 제위트(Jewett)의 "대사적 서신" 논제(15)에 잘 들어맞는

데, 왜냐하면 그것은 보다 우세한 힘 앞에서 부끄러움을 당하지 않는 ("하나님의 복음"을) 대표하는 사람에 관한 사상을 담고 있기 때문이다.

바레트(Barrett)가 보여주는 것처럼, 이러한 주장과 마 8:38//눅 9:26에 보존되어 있는 예수의 전승간의 상당한 연관성을 인식하는 것은 그럴 듯하다("Not Ashamed"). 바울은 여기서 예수의 가르침에 관한 전승을 인식하고 있음을 보여주고 있고, 그것을 "복음"에 관한 자신의 이해에 포함시키고 있다 – 예수의 선포에 맞추어 의식적으로 형성되어진 "그리스도-사건"의 부활 이후의 해석(더 자세한 것은 1:1과 12:14를 보라). 또한 이것은 바울이 여타 초기 기독교 공동체들 사이에서 확고한 나눔이 되었던 것을 상당히 의도적으로 자신의 것으로 만들고 있음을 의미하는데, 그러한 초기 기독교 공동체들은 예수에 대한 충성과 확신에 의해 정확히 자신들의 단결을 표현했을 것이다(Barrett, "Not Ashamed," 128). 미쉘(Michel)이 이미 지적했던 것처럼, 1:16과 막 8:38//눅 9:26의 전승간의 확고한 연관이 있을 가능성은 우크 에파이스쿠노마이(*οὐκ ἐπαισχύνομαι*)가 보다 오래된 "심리학적" 해석에 반하는 "고백하다", "증언하다"라는 의미로 취해져야 한다는 것을 확인해준다("Sprachgebrauch"; 참조. 특히 딤후 1:8, 12). 그러나 헤럴드(Herold)는 바울이 로마에 있는 반대자들에게 어떤 견해를 가지고 말하고 있다는 것을 제기하기 위하여(*Zorn*, 1장, 특히 140) 에파이스쿠노마이(*ἐπαισχύνομαι*) 속에 있는 법적인 절차의 뉘앙스를 너무 지나치게 제기한다("그것은 심리적인 과정이 아니라 변론과정을 묘사하고 있다").

"하나님의 능력이 됨이라"(*δύναμις γὰρ θεοῦ ἐστιν* – 두나미스 가르 데우 에스틴). 이 말은 바울에게서 규칙적으로 자주 나오는 개념이다(특히 1:20; 9:17; 고전 1:18, 24; 2:5; 6:14; 고후 4:7; 6:7; 13:4). 바울은 그 용어로 사람들에게 뚜렷한 효력을 나타내는 어떤 힘을 분명히 염두에 두었는데, 그 힘은 사람들을 변화시키며 – 회심(고전 2:4-5; 살전 1:5)과 부활(1:4; 고전 6:14; 15:43; 고후 13:4; 빌 3:10) – 그리고 질적으로 다른 삶을 유지할 수 있는 에너지의 근원을 제공한다(고전 1:18; 고후 4:7; 6:7; 12:9; 13:4; 골 1:11, 29; 살후 1:11; 또한 15:13을 보라). 그것은 모양이 어떻든 간에 그러한 능력이 작용해야 한다는 맹목적인 신뢰의 문제가 아니라 그 복수="기적들"에 의해 암시되는 것처럼 실제적인 경험의 문제다. 즉 인간적인 원인으로 귀속되지 않는 현재의 조건에서 눈에 보이는 뚜렷한 변화이다(고전 12:10, 28-29; 고후 12:12; 갈 3:5; 또한 15:19을 보라). 바울이 이러한 능력의 근원이 하나님이시라는 것을 확신했었다는 사실이 그것의 문맥(복음을 전파한 결과)과 계속되는 영향(참조. 고전 4:20; 고후 1:8; 6:7; 12:9; 살후 1:11)에서 나타난다. 비유대(non.Jewish) 권역에서 그 용어에 관심을 모았던(*TDNT* 2:288-90, 309; MM) 강력한 신비적 뉘앙스와는 대조되는, 하나님의 능력에 관한 바울의 강조는 복음으로 말미암아 구체화되고 조정되는 것인데, 이것은 독자들에게 상당한 의미를 주었을 것이다(참조. 고전 1:18-25). 하나님의 말씀의 효력에 관해 언급하는 구약의 구절들 가운데 바울이 염두에 두었을 것으로 대체로 여겨지는 것은 시편 107:20인데, 사도행전 10:36-38에서 보존된 케리그마의 고대적 형태에 그 용어를 사용한 것으로 비추어 볼 때에 특히 그렇다. 설교 말씀의 능력에 관해서는 다시금 고전 2:4-5과 살전 1:5; 또한 요 6:63; 15:3; 고전 4:15; 약 1:18; 벧전 1:23을 참조하라. 또한 1:20; 4:21; 그리고 8:38을 보라.

"구원을 주시는 능력"(*εἰς σωτηρίαν* – 에이스 소테리안). "구원에 이르게 하는 효력을 가진." 소테리아(*σωτηρία*)는 "몸의 건강, 보존, 안전"이라는 일상적인 의미로 바울의 독자들에게 익숙했을 것이다(LSJ, MM). 예를 들어, 막 5:23, 28, 34; 6:56; 10:52; 행 27:34를 참조하라. 물론 그 용어는 종교적인 의미로 헬라사상에서 잘 알려져 있었지만, 70인경(시편에서 34번, 이사야에서 18번)에서 주류를 이루고 있고, 신약에서도 사용되며(BGD), 그 이미지가 보여주는 육체적인 심상은 위험으로부터의 구원이나 온전한 회복이라는 의미를 담고 있다. 더 자세한 것은 Lagrange를 보라. 그처럼 바울에게서 그 용어는 주로 종말론적이다. 즉 미래에 대한 소망, 마지막 파멸에서의 구원(*ἀπώλεια* – 아포레이아), 인류를 위한 하나님의 선하신 목적의 마지막 소산이다(특히 5:9-10; 13:11; 고전 3:15; 5:5; 빌 2:12; 살전 5:8-9을 보라; 더 자세한 것은 5:9와 11:11을 보라). 그러나 복음의 능력을 통하여(회심 – 위를 보라), 신자들은 이미 구원을 향해 이미 출발을 했다. 따라서 고전 1:18, 15:2과 고후 2:15에서 현재시제로 그 동사를 사용한 것은 최후의 안전에 이르기까지 하나님이 보호하시는 것을 말하며, 여기서 전치사 에이스(*εἰς*)는 단순히 어느 쪽을 향한 운동의 의미를 갖는 것이 아니라, 어디에 이르든지 "효력을 갖는"(10:10; 고전 7:10; 빌 1:19; 살후 2:13; 딤후 3:15; 그리고 6:16을 보라) 운동의 의미를 갖는다.

"모든 믿는 자에게"(*παντὶ τῷ πιστεύοντι* – 판티 토 피스튜온티). 신자들에 관한 다른 유사한 언급에서처럼, 바울은 부정과거시제보다는 현재시제를 사용하고 있다(3:22; 4:5, 11, 24; 9:33; 10:4, 10-11; 15:13; 고전 1:21; 14:22; 고후 4:13; 갈 3:22; 빌 1:29; 살전 1:7; 2:10, 13; 또한 엡 1:19; 살후 1:10에서의 부정과거). 그러한 구절 속에서 바울이 믿음의 최초의 행위뿐 아니라 삶의 계속적인 지향과 동기로서의 믿음에 초점을 맞추기를 바라고 있다는 것은 의미가 있다. 피스티스(*πίστις*)

에 대해서는 1:17을 보라. "믿는 모든 자"라는 강조는 "전쟁의 함성"처럼 울리며(Michel), 서신의 나머지 부분에서도 근본적인 중요성을 갖는다(특히 3:22; 4:11; 10:4, 11 참조하라): "모든"은 이 서신의 중요한 단어이다(Gaston, *Paul*, 116; 더 자세한 것은 11:32를 보라). 믿음은 인류의 삶에서 하나님의 구원하시는 능력을 위한 최초의 그리고 계속되는 접근점(access point)이다. 더 자세한 것은 양식과 구조, 그리고 3:22을 보라.

"첫째는 유대인에게요 또한 헬라인에게로다"(*Ἰουδαίῳ τε πρῶτον καὶ Ἕλληνι* – 유다이오 테 프로톤 카이 엘레니). "유대인과 헬라인"은 14절에서 이방인의 범주에서 세상을 나누었던 것과 동등하게 유대인의 범주에서 세상을 나눈 것이다. 말하자면 헬라 문화가 만연했음을 반영하면서, "헬라인"을 "이방인"으로 대체하고 있다(마카비2서 4:36; 11:2; 마카비3서 3.8; 마카비4서 18:20; *Sib. Or.* 5.264). 두 용어는 바울에게서 일상적인 조합을 형성한다(2:9-10; 3:9, 29; 9:24; 10:12; 고전 1:22-24; 10:32; 12:13; 갈 2:14-15; 3:28; 골 3:11). 또한 3:1-4과 11:18, 28-29를 참조하라. (14절에 뒤이어) 유대적인 시각으로 회귀하는 것은 의도적이다. 여기서 그 구절은 유대인 메시아를 믿었던 한 유대인이었으나, 이제는 그의 삶의 방식이 유대교의 민족적 종교의 경계를 넘어서는 복음을 받아들이고 있다는 의식을 반영해준다. 여기서 프로톤(*πρῶτον*)은 이전 구절의 판티(*παντί*)와 균형을 이룬다: 그는 한 순간도 하나님의 구원하시는 목적에 있어서 유대인의 우선성(참조. 3:3-4; 9-11장)을 잊지 않았으며, 그는 자신의 이방인 독자들도 또한 그것을 잊지 않기를 바란다("어떤 논쟁의 뉘앙스" – Zeller, *Juden*, 145). 하지만 유대인의 우선성이 "구원의 조건"들을 믿음 이외의 그 어느 것으로도 전환시키지 못한다는 바울의 확신은 마찬가지로 동등하게 근본적이다. 이런 이중적인 강조를 설명하고 변호할 필요성이 전체 서신에 걸쳐 있는 주도적인 의미이다. 유다이오스(*Ἰουδαῖος*)에 대해서는 2:17을 보라.

"첫째는 유대인에게, 또한 이방인에게"라는 흐름을 바울의 선교적인 전략을 직접 설명하는 것으로 취해서는 안된다. 왜냐하면 그는 자기 자신을 무엇보다도 "이방인의 사도"(11:13; 15:16)로 보았기 때문이다. 그러나 그의 자연스런 선교지역이 유대교에 매력을 이미 갖고 있거나 또는 영향을 받은 이방인들(개종자들과 "하나님 숭배자들" – 서론 §2.2.2를 보라)이었기 때문에, 말하자면 회당이 바울의 메시지를 위한 가장 분명한 장소를 제공해 주었기 때문에 – "회당에 먼저 또한 하나님을 두려워하는 이방인들" – 그 용어는 바울의 복음전파의 관행에 관한 어떤 의미를 담고 있다.

17 "하나님의 의로 인해"(*δικαιοσύνη γὰρ θεοῦ* – 디카이오수네 가르 데우). 디카

이오수네(δικαιοσύνη)는 바울의 유대적 배경과 훈련의 관점에서 그 용어를 이해하기 위해 그의 헬라어 용법을 통하여 통찰할 필요가 있는 좋은 예이다. 서방사상을 지배했던 그리스-로마 전통에서 유래한 그 개념은 어떤 이상적이거나 절대적인 윤리적 규범으로서의 의/정의에 관한 것인데, 이는 특별한 주장이나 의무들과는 반대되어 측정되어질 수 있다(참조. von Rad, 370-71; Stuhlmacher, *Gerechtigkeit*, 103). 그러나 크레머(H. Cremer)의 근본적인 연구 이래로, 히브리 사상에서 체데크//츠다카(צֶדֶק//צְדָקָה)는 본질적으로 관계성에 관한 개념이라는 것이 인정되었다. 의는 한 개인이, 그밖에 다른 사람과는 무관한, 자기 자신과 관련한 어떤 것이 아니다. 의는 한 개인이 사회적인 존재로서의 특별히 관계성 속에서 갖는 어떤 것이다. 말하자면 관계성에 의해 다른 사람들이 그에게 부여한 주장을 충족시킬 때에 그 사람은 의인이 된다(특히 Cremer, 34-38을 보라; 따라서 창 19:19; 20:13; 21:23; 24:27; 32:10[70인경 11]; 등등에서 חֶסֶד[인자]를 디카이오수네[δικαιοσύνη]로 번역하여 사용할 수 있는 가능성이 있다; 더 자세한 것은 Hill, *Greek Words*, 106; Ziesler, 60-61을 보라). 또한 그 의가 하나님의 속성을 나타낼 때도 그렇다 – 이 경우에 그 관계성은 하나님께서 그의 백성들과 더불어 맺으셨던 언약이 된다(그 배경에 관한 논의를 실제 구절인 디카이오수네 데우[δικαιοσύνη θεοῦ]의 출현으로만 한정해서는 안된다 – 참조. Hultgren, *Gospel*, 18-21). 하나님은 이스라엘의 하나님이 되시기 위해, 즉 이스라엘을 구원하고 이스라엘의 대적자들을 벌하시기 위해, 스스로 지우셨던 의무를 성취하실 때에 "의로우시다"(예를 들어, 출 9:27; 삼상 12:7; 단 9:16; 미 6:5) – "언약에 신실하심"으로서의 "의"(3:3-5, 25; 10:3; 또한 9:6과 15:8). 특히 시편과 제2이사야서에서 언약 은혜의 논리는 의와 구원이 실제로 동의어라는 결론에 이르기까지 나아간다: 자신의 것을 회복시키시고 그 언약 내에서 자기 백성들을 부양하시는 하나님의 행위로서의 하나님의 의(시 31:1; 35:24; 51:14; 65:5; 71:2, 15; 98:2; 143:11; 사 45:8, 21; 46:13; 51:5, 6, 8; 62:1-2; 63:1, 7; DSS에서 특히 1QS11.2-5, 12-15; 1QH 4.37; 11.17-18, 30-31을 보라; 그 밖에 다른 곳으로는 예를 들어, *Bar* 5:2, 4, 9; 제1에녹서 71.14; *Apoc. Mos.* 20.1; 4 Ezra 8.36; 더 자세한 것은 예를 들어, Cremer, 11- 17; Eichrodt; von Rad; E. R. Achtemeier; Stuhlmacher, Gerechtigkeit, 115, 141, 166, 175; Kertelge, *Rechtfertigung*, 15-24; Ziesler, 38-43, 82, 93-93, 186; 쿰란 문서들에 관해서는 특히 Kertelge, 28-33과 Sanders, *Paul*, 305-10을 보라). 바울이 여기서 전개하고 있는 것은 분명히 하나님의 의에 관한 개념이다. 그리고 그 "하나님의 의"가 "구원을 위한 하나님의 능력"이라고 설명하는 방식을 취한다(16절; 참조. Gyllenberg, 41; Hill, 156; NEB는 "정당한 잘못에 대한 하나님의 방식"으로 번역함으로써 그것의 단지 일면만을 파악하고 있다). 그 구절은, 그의 신학의 다른 곳에서처럼(고후 5:21; 빌 3:9), 로마서에서 바울의 해설의 열쇠를 제공하는 의미를 가진다(3:5, 21-22, 25-26; 10:3). 더 자세한 것은 5:21과 6:13을 보라.

바울의 용어에 대한 이런 이해는 상당한 시간 동안 기독교 신학에서 논란이 되었던 두 가지 논쟁들을 대체로 제거시킨다. (1) "하나님의 의"는 주어적 속격인가 아니면 목적어적 속격인가? 즉 그것은 하나님의 태도인가 아니면 그가 행하신 어떤 것인가? 그의 언약적 관계의 관한 하나님의 충족으로 본다면, 그 대답은 엄격한 이것이냐 저것이냐가 아니라 후자에 더 비중을 가진 둘 다가 맞다. "하나님의 의"가 하나님의 본질적 측면을 나타낸다고 주장하는 윌리암의 시도(261-62)는 그 증거에 관한 분명한 의미를 곡해시킨다. 또한 "하나님의 활동"(주어적 속격)에 대비되는 것으로서 "하나님에 의해 부여된 은사"에 관한 이것이냐 저것이냐를 주장하는 크랜필드(또한 Bultmann과 Ridderbos, *Paul*, 163)는 양쪽의 의미－언약적 관계성 내에서 이끄시고 유지시키는 하나님의 활동－를 포괄할 수 있는 관계의 역동성에 관한 여지를 허락하지 않는다(예를 들어, *Apoc. Mos.* 20.1, 거기서 의의 상실은 하나님의 영광에서 유리된 것을 의미한다). 더 자세한 것은 5:17, 6:16, 6:18 그리고 6:22를 보라. (2) "의롭다 하시는 것"(*δικαιοῦν*－디카이운)은 "의롭게 *만드는* 것"을 의미하느냐, "의롭게 **여기는** 것"을 의미하느냐? 이것은 카톨릭과 개신교의 주해 간의 전통적인 논쟁이 되고 있다(특히 전체적인 분석이 이런 질문을 맴도는 Ziesler를 보고, Reumann의 루터파와 로마카톨릭간의 대화를 보라). 그 근본적인 개념은 하나님이 결함이 있는 동역자와 함께 행동하시는 관계에 관한 것인데, 거기서 하나님은 관계성 내에서 언약적 관계성의 연약한 동역자를 부양하시는 행동을 취하시기 때문에, 그 답변은 다시금 진정으로 둘 다이다(참조. Barrett, 75-76). 이것은 권능의 특성을 가지고 있는 은사로서의 하나님의 의에 관하여 아주 적절하고 영향력 있게 이해하고 있는 케제만의 해석에 근간이 되고 있는데, 왜냐하면 하나님은 그 속에서 구원을 베푸시기 때문이다. 여기서 "하나님의 권능"//"하나님의 의"간의 긴밀한 대구법을 유념해야한다("Righteousness," 특히 170, 172-76을 보라; 예를 들어, Althaus; Marray; Bornkamm, *Paul*, 147; Ziesler, 186-89; Kümmel, *Theology*, 197-98; Strecker, "Rechtfertigung," 특히 508; Hübner, *Law*, 130; Reumann－히브리 성경에서 "의/정의/칭의의 용어법은 단지 '상태'나 '존재'의 언어가 아니라 '행동 지향적'이다[15-16]; Bultmann, "*ΔΙΚΑΙΟΣΥΝΗ*"과 Klein, "Gerechtigkeit"에도 불구하고). 사실상 인간의 의를 가능하게 하고 성취케 하는 것은 하나님의 의다. 또한 Robinson, *Wrestling*, 38-44를 보라.

그러나 유대적 유산 속에서 그에게 주어진 것을 사용하는 것과 그 개념에 관한 바울의 사용을 구별하게 만드는 것은 하나님의 의에 관한 언약적 구조가 믿음에 의해 새롭게 이해되어진다는 그의 확신이다 – "모든 믿는 자에게, 첫째는 유대인에게요 또한 헬라인에게." 인간의 의가 하나님의 하나님의 의를 떠나서는 아무것도 아니라는 이유를 설명하는 것이 인간의 의는 항상 믿음으로 이해되어진다는 사실이다(아래의 피스티스[πίστις]를 보라). 그리고 바울이 볼 때에 동료 유대인들은 이런 사실을 잊었고, 또한 그들은 언약 안에 있다고 하는 잘못된 이해를 가졌고("그들 자신의 의"에 빠짐), 따라서 "하나님의 의"를 놓치고 말았다(10:3과 서론 §5.3을 보라). 이런 점을 강조함에 있어서 바울은 예수의 전승 내에서 원리적으로 이미 내재해 있지만(특히 눅 18:10-14), 그 이전에는 동일하게 예리한 초점을 갖지 못한(3:24-26과 4:24-25, q.v에서 나타난 것처럼) 강조를 발전시킨다. Hultgren, *Gospel*, 86-98은 바울에게 있어서 모든 사람에 대한 하나님의 구원하시는 의에 관한 확신은 믿음으로 의롭다함을 얻는다는 것을 보다 구체적으로 언급하기 이전에 있다는 것을 제기한다. 그러나 이것은 상당히 요지를 벗어난 말이다: 바울에게서 하나님의 창조하시고 보존하시는 능력의 상관관계는 항상 인간 피조물의 의존하는 신뢰(믿음)에 있고, 또 믿음에 의한 (유대인과 이방인 모두 동등하게) 칭의는 그 의존하는 신뢰에 대한 구체적인 표현이라는 의미에서 칭의는 항상 믿음에 의한 것이다. 그리고 그 믿음은 하나님의 의에 관한 바울의 이해가 분명해지고 초점이 있게 되는, 존재론적인 배경을 진정으로 제공해준다.

"하나님의 의는 심판의 사상"을 역시 포함하고 있는가("하나님의 진노" [1:18 이하])? 1:17 자체로는 덜 그러한데, 왜냐하면 주제적인 진술(1:16-17)을 주도하고 있는 것은 "복음/좋은 소식"으로서의 의이기 때문이다. 그런데 18절 이하는 16b, 17절에서 주어진 주장의 배타성에 근거를 놓기 위해서 진행된다(Zeller, *Juden*, 147). 하지만 의에 관한 개념은(즉 언약적 의무의 성취) 그 성격에 있어서 임의적이거나 충동적인 구원 전도라는 사상을 차단시킨다(참조. 3:26). 그리고 "의"는 이스라엘을 거역하는 것에 대한 하나님의 응보적인 행위로 자주 사용된다(특히 사 5:16; 10:22; 애 1:18; Piper, *Justification*, 86-89를 보라; 또한 Berger, "Neues Material"를 참조하라). 하나님과 인간간의 관계성의 개념이 이스라엘과의 언약 관계에서 창조자와 피조물의 관계로(1:18 이하에서처럼) 확장되어질 때, 그렇게 보다 넓어진 시각은 하나님의 주권(9:14-24)과 마지막 심판의 불가피성(3:4-6; 그러나 3:5을 보라)을 역시 포함하고 있다는 것이 더욱더 중요하다. 참조. Schmid, Reumann, 68, 그러나 또한 Reumann, 199-200에서의 Fitzmyer의 비판적 언급을 참조하라.

"나타나서"(ἐν αὐτῷ ἀποκαλύπτεται – 엔 아우토 아포칼륲데타이). 부정과거시제가 아니라 현재시재임을 주목하라(참조. 예를 들어, 16:25-26; 고전 2:9-10; 엡 3:3-5). 아포칼루포(ἀποκαλύπτω)는 신약성경에서 두드러지게 바울적이다. 하나님이 주시는 계시의 의미(신적이 수동태)가 그 용어에 깔려 있으며, 이는 하늘의 권위를 함축한다(마 11:25, 27//눅 10:21-22; 마 16:17; 고전 2:10; 14:30; 갈 1:12, 16; 2:2; 엡 1:17; 빌 3:15에서처럼). 그러나 유대 묵시록의 전형인 몇 가지 점을 피하기는 어렵다: 하늘의 신비를 드러내는 것으로서의 계시(고후 12:1, 7절에서처럼; 특히 Rowland, *Open Heaven*을 보라) 그리고 이미 주어진 계시(16:25; 고전 1:7; 갈 3:23; 엡 3:3, 5; 벧전 1:12)와 마지막 행위들에 대해 언급하는 계시의 종말론적 성격(눅 17:30; 롬 2:5; 8:18-19; 고전 3:13; 살후 1:7; 2:3, 6, 8; 벧전 1:5, 7, 13; 4:13; 5:1; 계 1:1). 따라서 여기서 시사하는 바는 하나님의 목적이 종말론적으로 새롭고 결정적으로 나타났다는 것이다(참조. 3:21). 즉 이전에는 이스라엘로 그리고 이스라엘에 의해 제한되어진 하나님의 구원의 제공이 이제는 모든 믿는 자들에게 개방되었다는 것이다. Schlier와 Wilckens을 보라.

"믿음으로 믿음에"(ἐκ πίστεως εἰς πίστιν – 에크 피스테오스 에이스 피스틴). 동사 피스튜에인(πιστεύειν, "믿다")이 보여주는 것처럼, 바울에게서 피스티스(πίστις)는 이중적 의미를 갖는다: 믿음 – 말씀되어진 것의 진리/신뢰에 대한 승인(4:3; 6:8; 10:9, 16; 고전 11:18; 갈 3:6; 살전 4:14; 살후 2:11-12) – 아울러 뒤이어지는 신뢰, 의존(4:5, 24; 9:33; 10:11; 갈 2:16; 빌 1:29), 말하자면 세례를 받는, 즉 죽음으로 예수와 하나가 되고(6:3-4), 자기 자신을 그 주님의 주되심 아래 두는(10:9) 최초의 행위 속에서 특별히 표현되는 신뢰라는 두 가지 의미를 갖는다. "객관적인" 믿음과 "주관적인" 믿음으로 양극화시키는 옛 논쟁은 시대에 뒤떨어진 것이다(더 자세한 것은 Kuss, 131-54; Lührmann, *Glaube*, 55-59 참조하라). 바울은 하나님에 대한 완전한 의존의 신분을 인정하지 못한 인간의 실패로 오는 곤경을 분석하는 일을 계속할 것인데(1:21, 25, 28), 그 속에는 인종적 신분과 "행위들"(9:6-13)에 의한 언약적 의의 좁은 정의를 가진 동료 유대인들에 관한 것을 포함하고 있다. 바울이 보기에 이러한 유대인의 정의는 인간의 편에서의 믿음만이 오직 하나님과의 관계를 유지할 수 있는 충분한 근거라는 근본적인 인식에서 멀리 떨어져 있으므로, 그는 무엇보다도 하나님과 그의 약속에 대한 아브라함의 무조건적인 신뢰와 전적인 의존을 예증으로 삼아 분석을 한다(더 자세한 것은 4:4-5-8, 18-21을 보라). 바울의 오직 믿음(*sola fide*)을 법적으로 이해하는 일의 위험성에 관한 니그렌(Nygren)의 경고(67-72)는 바울의 해석을 넘어서는 것이지만 그럼에도 불구하고 그것은 의미가 있고 타당하다. 피스티스(*πίστις*)가 "신실성"을 의미할 수 있고(갈 5:22과 살후 1:4에서 상당히 가능한; 나중에 그것은 "참음, 견고함"[*ὑπομονή*–휘포모네]이라는 의미와 나란히 선다), 또 바울에 의해 하나님의 신실하심으로 사용되고 있다는 것은(3:3, 다음 번 단락에서 그러한 용례가 나타난다) 하박국의 인용에 관한 바울의 사용이 보여주는 것처럼 상당히 의미가 있다.

"으로 … 에"(*ἐκ…εἰς*). 이 관용구는 일종의 발전을 나타내는 것인데, 에크(*ἐκ*)는 시작점을 언급하고 있고, 에이스(*εἰς*)는 종점을 언급하고 있다(참조. 시 83:8; 렘 9:2; 고후 2:16; 3:18; Fridrichsen은 또한 Plutarch, *Mor.* 1129 A 와 *Galba* 14를 인용하고 있다). 그처럼 그 관용구는 (인간의) 믿음으로 시작하여 (인간의) 믿음으로 끝나는 것을 의미할 수 있었다; 처음부터 끝까지 믿음으로(Denney, NIV). 에크 피스테오스(*ἐκ πίστεως*)가 "믿음으로"를 의미할 수 있다는 것은 하박국의 인용한 바울의 사용과 연이어지는 것들에서 분명해진다(1:17; 3:26, 30; 4:16; 5:1; 9:30, 32; 10:6; 14:23). 따라서 그 충분한 의미가 보통 일반적으로 이해되어졌다(따라서 바울은 "오직 믿음으로"라는 종교개혁의 *Sola fide*를 표현하고 있다; 참조. Schlatter; 이에 대한 정밀하게 검증된 넓은 범위의 해석에 대해서는 특히 Kuss를 보라). 그러나 바울이 하나님의 신실하심과 관련하여 에크 피스테오스(*ἐκ πίστεως*)를 그리고 오직 인간의 믿음에 관련하여 에이스 피스틴(*εἰς πίστιν*)을 의도하고 있는지를–(하나님의) 신실하심으로 (인간의) 믿음에(동일하게는 K. Barth; T. W. Manson; Herbert, 375; Gaston, *Paul*)–대부분의 주석가들이 행하는 것보다 더 상세하게 고려할 필요가 있다(철저히 피스티스[*πίστις*]의 문제다).

(1) 이중적인 의미를 가진 용어가 있는 기록된 말과 들려진 말에서 그런 이중적인 의미를 연출하는 것은 좋은 형태의 특징이 된다고 일반적으로 인식되고 있다. **다른** 용어로 번역하는 것이 갖는 어색함으로 인해 비헬라어 주석가들은 부당하게 논의를 제쳐놓았다. 따라서 바르트에 대한 바레트의 반대는–"한 구절 내에서 동일한 단어에 다른 의미로 귀결시키는 것은 대단히 무례한 일이다"(유사하게는 Black)–잘못된 생각이다. (2) "나타나다"라는 동사에 뒤이은 에크(*ἐκ*)는 더 자연스럽게 계시의 근원을 나타내는 것으로(참조. 1:18; 살후 1:7), 그리고 에이스(*εἰς*)는 계시가

방향지워진 것을 나타내는 것으로 이해되어질 수 있다. (3) 에크(ἐκ)와 에이스(εἰς)를 둘 다 하나님의 의에 관한 인간의 적용을 언급하는 것으로 취한다면 그것은 다소 어색하다. 만약 이런 경우에 에이스가 그러한 목적에 대한 더욱더 적절한 전치사라면(3:21-22에서처럼), 그 에이스는 다시금 시작점=근원에 관해 언급하는 것으로 더 잘 취해질 수 있다. (4) 하박국 2:4의 인용에 관한 에크 피스테오스가 하나님의 신실하심과 인간의 믿음 둘 다를 포용하는, 모호성이 있는 것으로 이해되어지도록 바울이 의도했다는 사실은 적지 않게 중요하다(아래를 보라). (5) 1:16-17의 주제적 진술에 뒤이어지는 피스티스(πίστις)에 대한 바로 다음 언급은 확실히 하나님의 신실하심에 관한 것이다(3:3) (6) (하나님의 의의 주제의 일부로서) 하나님의 신실하심이 또한 로마서의 주제가 되는 정도는 "신실하심"(אֱמֶת אֱמוּנָה)이 "믿음"(πίστις－피스티스)처럼 동등하게 "진리"(ἀλήθεια－알레데이아)로 번역되어질 수 있다는 사실에 의해 모호해진다(HR을 보라; 로마서에서 특별히 3:3, 4, 7 그리고 15:8, 11을 참조하라). (7) 우리가 위에서 본 것처럼, 하나님의 의는 "하나님의 언약적 의"로 상당히 정확하게 정의될 수 있다(Käsemann, "Righteousness," 177)는 사실이 물론 특이하다.

"기록된 바"(*καθὼς γέγραπται*－카토스 게그랖타이). 게그랖타이(*γέγραπται*)는 잘 알려진 법적 표현이다(BGD, *γράφω* 2c). 그러나 문서에서 그 구절은 구약으로부터 인용해오는 것을 도입하는 형식으로 사용된다－특히 로마서에서 그러한데, 그 구절은 방금 주어진 주장을 증명하거나 증거하기 위해 성경에 호소할 때에 일관되게 사용된다(2:24; 3:4, 10; 4:17; 8:36; 9:13, 33; 10:15; 11:8, 26; 15:3, 21). 더 자세한 것은 Ellis, *Paul's Use*, 22-25; Fitzmyer, "Old Testament Quotations," 7-16을 보라.

하박국 2:4로부터의 인용은 히브리서 10:38을 포함하여 기본적으로 4가지 다른 번역으로 알려져 있다.

MT וְצַדִּיק בֶּאֱמוּנָתוֹ יִחְיֶה 의(인)은 그의 믿음(신실함)으로 살리라.

70인경 *ὁ δὲ δίκαιος ἐκ πίστεώς μου ζήσεται* 의인은 나의 믿음(신실함)으로 말미암아 살리라.

바울 *ὁ δὲ δίκαιος ἐκ πίστεως ζήσεται* 의인은 믿음/신실함(?)으로 말미암아 살리라.

히브리서 *ὁ δὲ δίκαιός μου ἐκ πίστεως ζήσεται* 나의 의인은 믿음(신실함?)으로 말미암아 살리라

맛소라텍스트(MT)는 DSS에서의 하박국 주석에서도 역시 읽을 수 있는데, 거기서 그 인용 자체는 일곱 번째 단락 아래에서 말소되었지만, 다음 단락의 시작에서 그것에 관한 해석은 그러한 독법을 분명하게 해준다: "그구절에 관한 해석은, 의의 교사에 대한 신실성과 노력으로 인해 심판의 집에서 하나님이 구원해주실, 유다의 집에 있는 율법 준수자들에 관한 것이다"(1QpHab 8.1-3, Fitzmyer). 하박국에 관한 또 다른 헬라어 번역들은 역시 맛소라텍스트(Fitzmyer, 240-41)를 따르고 있다. 바울의 번역은 또한 갈라디아서 3:11에서 나타난다.

맛소라텍스트는 분명히 의인(ṣadîq)을 염두에 두고 있다. 바울 당시에 이것은 언약의 충실한 일원이었던 사람으로 이해되었는데, 그들은 충성스러운 유대인들로서 언약의 율법에 의해 지워졌던 의무들을 지키는 사람들로 이해되었다. 즉 유대인의 경건의 이상으로서의 율법에 대한 헌신과 충성스러운 준수를 하려 했던 사람들이다. "의인"에 관한 이러한 자기 이해는 특히 시편(1:5-6; 5:12; 7:9-10; 14:5; 등등), 지혜문학(예를 들어, 잠 3:32-33; 4:18; 9:9; 10:3, 6-7; 등등; Wisd Sol 2:10, 12, 16, 18; 3:1, 10; 등등), 제1에녹서(예를 들어, 1.8;5.4-6; 82.4; 95.3; 100.5), 그리고 솔로몬의 시편(2.38-39[70인경 34-35]; 3.3-8, 14[70인경 11]; 4.9[70인경 8] 등등)에서 두드러지게 나타난다. 하박국 2:4에 관한 히브리서의 동일한 이해는 쿰란의 페쉐르에서(pesher, "그것은 율법의 준수자들에 관심을 갖는다…"; 참조. 1QpHab 7.11; 12.4-5; 4QpPs37 2.14, 22), 70인경에도 불구하고 그 본문의 맛소라 텍스트 형식에 더 가깝게 유지하고 있는 헬라어 번역의 범위에서, 그리고 탈굼(Targum)의 번역에서 명백하다. "율법을 복종해야 한다는 것을 믿는다"(Michel). 더 자세한 것은 2:13; 4:2-3; 10:2-3; 또한 5:19를 보라. 70인경은 바울이 확실히 말다툼하지 않았을 어떤 주장을 약간 대조적으로 구체화시킨다 – 그 개인의 의는 인류, 특히 자신의 선택된 백성이 되는 이스라엘에 대한 의무를 지키시는 하나님의 신실하심의 산물이다.

(히브리인들처럼) 바울은 그의 다른 구약 인용의 대부분이 그러한 것처럼, 로마서에서 특히, 70인경의 전통에 더 의존한 것으로 보인다(Ellis, *Paul's Use*, 12-15; Koch는 위와 같은 70인경의 독법이 가장 오래되고 근원적인 본문이라고 주장한다). 하지만 다른 맛소라텍스트 형식이 분명히 잘 확립되었고, 또 알려졌기 때문에, 바울은 히브리 본문으로부터든 또는 그것에 관한 다른 헬라어 번역에서든간에, 아마도 맛소라텍스트 형식을 의식했을 것이다(Kertelge, *Rechtfertigung*, 93). 이러한 경우에, 바울이 인칭형용사를 생략한 것은("나의"/"그의" – 어느 경우에도 어순의 변화가 없

다), 적어도 부분적으로, 두 가지 다른 번역들 사이에서 선택을 하는 것을 피하고, 또 두 가지 형태를 포용할 의도로 촉발되었을 것이다(반대로는 Gaston, *Paul*, 111, 170인데, 그는 여기서 바울이 **하나님의** 신실하심을 의미하고 있다고 주장한다: 하지만 그렇다면 왜 바울은 70인경에서 출발했는가?). 오래 지속된 오해에 비추어 볼 때, 이 점을 강조해야할 필요가 있다: 인칭형용사를 생략한 것이 필연적으로 다른 번역들을 배제하려는 것에 상응하지 않는다. 유대의 주해 전통에서 바울은 그밖에 다른 곳에서 사용된 본문형식에서 뚜렷한 다른 의미들을 배제하기 위해서 그 의미를 좁히기를 원했다기보다는 그가 가장 가져오기를 바랐던 의미를 포함시키기 위해서 그 의미를 **확장하고** 확대하기를 원했을 것이다. 바울 당시의 바래새 그룹에서 이미 통용되었던 다양한 해석의 규칙들("seven middoth of Hillel" – 예를 들어, H. L. Strack, *Introduction to the Talmud and Midrash*[1931; reprint, New York: Harper Torchbook, 1965], 93-94)은 가능한 한 그 본문으로부터 많은 의미를 끌어내기 위해 의도되었다. 이런 경우에, 보다 완전한 의미는 에크 피스테오스(*ἐκ πίστεως*)가 호 디카이오스(*ὁ δίκαιος*)와 제세타이(*ζήσεται*)를 대체시킬 수 있는 가능성을 포함했을 것이다(참조. T. W. Manson과 Moody). 여기서 역시 "이것이냐 저것이냐의 주해를 고집하는 주석가들과 번역가들간의 계속되는 첨예한 분리는 그것의 비실제성을 강조한다(에크 피스테오스[*ἐκ πίστεως*]를 오직 호 디카이오스[*ὁ δίκαιος*]만 대체할 수 있다고 주장하는 자들은 NEB, Nygren, Barrett, Käsemann, Cranfield 그리고 Wilckens를 포함한다. 반면에 호 디카이오스[*ὁ δίκαιος*]를 제세타이[*ζήσεται*]로 대체하기를 선호하는 자들은 NIV; Althaus; Michel; Murray; Smith, 18-20; Schlier; Cavallin; Hendriksen; 그리고 Wright, *Messiah*, 126을 포함한다): 바울이 보다 분명한 지침이 없이 이 방법 또는 저 방법을 선택하도록 독자들에게 기대할 수 있었겠는가?

바울이 인칭 형용사를 생략한 실제적인 의미는 그의 논증이 전개될 때에 오직 분명해진다. 하지만 그리스도인 독자들은 아마도 그 요지를 곧바로 인식했을 것이다: 즉 맛소라텍스트의 일반적으로 이해되어지는 의미에 반하는 방식으로 피스티스(*πίστις*)에 그 자신의 의미 또는 그것의 특별한 기독교적 의미("신뢰")를 주었을 것이다. 말하자면, 맛소라텍스트의 "그 의"에 의해서 그것에 일반적으로 주어진 해석에서 피스티스(*πίστις*)를 자유롭게 했을 것이다. 피스티스가 "신뢰"로서 이해되어질 때, 더 좋은 의미가 두 주요 대안적인 본문 형태들에 관해 만들어질 수 있다: 말하자면, 바울에게서 하나님의 신실하심에 관한 대응부는 인간의 신실성이 아니라

(어쨌든 유대교 내에서 이해되어지는 것과 같은), 하나님에 대한 신뢰와 전적인 의존인 믿음이다. 만약 인간의 신실함이 그 믿음의 일관된 표현이라면, 그것은 아주 좋은 일이다. 하지만 이스라엘에 대한 바울의 비난은 신실함을 율법을 준수하는 것으로서 정의하는 것은 믿음에 관한 심각한 오해에 상응－또한 (하나님과 인간의) 의에 관한 오해이자, 믿음으로부터 오는 생명에 관한 오해에 상응(더 자세한 것은 3:3, 20, 27; 4:2-3; 9:31-32; 10:2-3을 보라)－한다는 것이다. 따라서 하박국 2:4로 표현된 그의 주제를 이해되게 상술하는 것이 이 서신에서 바울 자신에게 주어진 임무다. 제세타이(ζήσεται)에 대해서는 6:11, 8:13, 그리고 10:5를 보라. 종말론적인 구원과 상응하는 그리스도와의 삶에 관한 것을 나타내는 것으로는 데살로니가전서 5:9-10을 보라.

해설

이 두 구절은 발사대 역할을 하며, 서신의 나머지 부분에 대한 주된 의미와 방향을 제공해주는데, 이는 바울의 선교적 노력에 대한 존재 이유와 1-15장을 통해 전개되어지는 주요 논쟁의 개요를 주는 복음에 관한 이중적인 설명을 준다("왜냐하면… 왜냐하면…"). 이것이 16-17절의 목적이라는 점은 항상 인식되어 왔다. 하지만 너무도 자주 그 요지가 하박국 2:4의 인용에 초점이 맞추어져 왔다. 물론 바울은 그것을 그 본문에 관한 훈계로 이어지는 그의 본문인 것처럼 제기하고는 있다. 하지만 우리가 일세기 미드라쉬적 기술과 형태에 관해 알고 있는 것에 비추어 볼 때, 로마서를 하박국 2:4의 미드라쉬(롬 4장이 창 15:6에 관한 미드라쉬로 분류되는 것과는 대조된다)로 분류하기는 어렵다(심지어 롬 1-11장도 그렇다). 만약 우리가 16-17절 전체를 이어지는 것에 대한 본문 또는 주제적 진술로 취한다면, 말하자면, 도입형식이 보여주고 있는 것처럼("기록된 바"), 하박국서의 인용이 제일의 또는 주된 증거본문을 제공하고 있는 것으로 취한다면, 바울이 의도한 것에 더 가깝게 나아갈 수 있을 것이다. 그 증거본문의 역할은 부여된 주제적 주장에 대한 최초의 토대와 주된 정당성을 제공하는데 있다.

바울의 이러한 점에 대한 구성은 담대하고도 자신감 있는 단언으로 그 증거본문을 의미 있게 소개하는 것을 가능하게 한다. 그 기원과 내용에 있어서 복음 또는 자기 자신이 야만적이고 지혜가 부족한 것으로 분류되어질 수 있을지라도(참조. 고전 1-2장), 비록 14절에서 주어진 구분에 직면해서도, 그는 복음을 고백하는 것을 부끄러워하거나 두려워하지 않았다. 바울이 자신감을 갖는 이유는 그가 그러한 추론을 논쟁할 수 있어서가 아니다. 또한 복음의 정교함 또는 이성에 호소할 수 있는 것 때문도 아니다. 다만 복음은 구원에 이르는 하나님의 능력이 되기 때문이다. 단순히 다른 통로들을 통한 하나님의 능력의 증거를 가질 수 있거나, 그 속 어느 곳에 비밀을 담고 있기 때문이 아니라, 그 자체가 하나님의 구원하시는 능력이기 때문이다. 말하자면, 복음에 대한 그의 확신은 명백하고도 단순한 사실에 달려 있었다: 복음은 하나님이 모든 사람의 완전과 보호를 가져올 수 있는 효과적인 수단이다. 바울은 이 목적이 언제 이루어질 것인지를 말하지 않는다. 그리고 금방 일어날 것이라는 어떠한 암시도 분명히 없다. 바울의 확신은 다만 그 목적이 실현되어질 것이라는 데 있다. 이것은 여기 초기 단계에서라도 이해할 만한 충분한 가치가 있다: 바울은 복음을 구원으로 가는 길을 단순히 시작하게 만드는 것으로 보지 않고, 구원으로 또 구원을 향해 나아가는 전체적 과정을 포함하는 것으로 보고 있다. 복음은 단순히 회심을 얻는 그리스도의 최초의 선포가 아니라, 전체적인 기독교의 메시지요 외침이다—서신의 나머지 장으로 말한다면, 복음은 단지 1-5장 또는 1-8장, 심지어 1-11장뿐만 아니라, 전체 서신이다.

이러한 관찰은 "모든 믿는 자에게"라는 다음 구절에 역시 나타나 있다. 바울이 여기서 십자가에 달리시고 부활하신 그리스도의 선포에 관한 최초의 수용에 관하여 단지 말하고 있는 것이 아니라, 마지막 완전으로 이끄는 전체 과정으로 나오는 삶과 더불어 복음에 관해서 언급하고 있다는 것을 방금 언급한 것에서 붙잡을 수 있다. 이것은 "믿는 그리고 믿고 있는 모든 사람들"에게라는 현재시제에 요지가 있다. 즉 믿음의 결단으로 나아왔을 뿐 아니라, 전체 삶이 구원에 대한 하나님의 능력이 되는 복음에 위탁하는 수용과 헌신으로 특징지어진 모든 사람에게라는 의미다.

"첫째는 유대인에게요 또한 헬라인에게로다"라는 구절은 자신의 삶의 역사가 이방인들을 향해 있다는 바울의 반복된 상기에 의해 용기를 얻고 긍지를 얻었던 수신자들을 놀라게 했을 것이다(5, 13-14절). 하지만 그러한 강조는 다분히 의도적이고, 이 중심 문장에서 그러한 구절을 위치시키고 있는 전체 서신의 구성과 거의 확실히 관계가 있다. 다시 한번 유대인의 특권과 이방인 전도간의 상관관계가 전면에 대두되는데, 이방인 독자들은 그것을 상기할 필요가 있고, 그런 상관관계는 복음에 대한 바울의 이해의 근본이 된다.

17절은 16절의 중심 되는 주장("모든 믿는 자에게 구원을 주시는 하나님의 능력")에 관한 진전된 해설을 제공해주고 있지만, 16절의 마지막 구절("첫째는 유대인에게요 또한 헬라인에게로다")을 무시하지 않는다. "하나님의 의"는 이 서신을 듣는 모든 사람들이 반드시 즉시 이해했을 것으로 생각할 수는 없다. 처음 몇 장, 특히 3장과 4장의 목적은 그 구절이 바울에게서 무엇을 의미하는가를 정확히 설명하는 데 있다. 그러나 개종자나 하나님 숭배자였던 많은 이방인 회심자들을 포함하여, 유대 성경을 잘 알고 있는 사람들은 이스라엘과의 언약적 관계에서 역사하시는 하나님의 능력, 특히 하나님의 구원하는 행위, 즉 이스라엘을 회복시키시고, 하나님과의 언약적 관계 내에서 이스라엘을 보호하시는 하나님의 능력으로 그 구절을 이해했을 것이다.

그 동사를 선택한 것은 또한 의미가 있다-"나타나서" 바울은 복음의 내용을 단순히 염두에 둔 것이 분명히 아니다. 그렇다면 부정과거시제가 그 경우에 더 합당했을 것이다("나타나게 되었다"). 바울은 하나님에 관한 그러한 정보에 관한 전달, 즉 단순히 합리적인 실행으로서의 복음전파에 관하여 생각하고 있는 것이 아니다. 만약 그랬다면, "전달하다", "선포하다"라는 말이 그 경우에 더 적합했을 것이다. 그러나 바울은 그 동사와 시제가 하늘의 모든 권세를 갖는 하나님의 최종 목적을 드러냄으로서 복음의 계속되는 영향을 가장 잘 묘사하기 때문에 그것을 선택했을 것이다. 말하자면, 구원을 주시는 하나님의 능력이 되는 복음 안에서, 바울은 이방인들에게 복음을 전파할 때에 초기 회심자들에게 하나님의 의가 실제로 일어나고, 또 그들이 회심하는데 영향을 주는 것을 보았을 것이므로, 그것이 그에게 그러한 분명한 확신을 주었을 것이다. 따라서 이방인들은 지금까지는 유대인의 특권으로 분명히 간주되었던 하나님과의 관계가 종말론적인 계시이면서도 하늘의 권세의 직인의 의미를 갖는 계속된 과정으로 제기되고 있음을 알 수 있게 되었다(참조. 1:18).

"나타난 바"(드러난) 된 핵심사항은 다음 네 가지 단어에 들어 있다-"믿음으로 믿음에." 그 구절은 믿음이라는 인간의 응답에 대한 "하나님의 신실하심으로"(언약적 약속의 신실하심)라는 의미로 믿음/신실함이라는 모호한 말을 연출하고 있는 것으로 취할 수 있을 것이다. 이것은 하나님의 의의 개념 그리고 뒤이어지는 하박국으로부터의 인용과 잘 들어맞는다. 게다가 우리가 보는 것처럼, 그것은 대안적인 해석(인간의 믿음에서 인간의 믿음에)보다 이 서신의 주요 부분에 대한 더 좋은 통합적인 주제를 제공해준다. 왜냐하면 1-11장이 하나님의 신실하심과 인간의 믿음의 접점에 관한 바울의 해설로 특징지어지기 때문이다. 이런 인간의 믿음은 언약적 충성이라기보다는 무조건적인 신뢰로 이해되어지는 믿음이며, 유대인과 이방인 모두에게 가능한 믿음이다.

이제 바울은 방금 요약한 복음에 관한 이해가 성경에 기초하고 있으며, 복음의 구원하는 능력이 발생한다고 주장한 계시가 (유대) 성경의 계시와 완전히 일치한다는 것을 제시한다. 여기서 피할 수 없는 것은 하박국 2:4이 바울의 주제적 진술에 대한 증거 본문이 된다는 사실이다. 왜냐하면 그 중심 되는 구절("믿음으로")이 이전의 두 "믿음" 구절을 포함하는 것으로 이해되어질 수 있기 때문이다. 그 요지는 로마서의 주해에서 아주 중요하기 때문에 매우 강조할 만한 가치가 있다.

바울이 이 용어들은 구술하면서 그 본문에 관한 두 대안적인 해석들-"**그의** 믿음(신실성)으로"와 "**나의**(=하나님의) 믿음(신실성)"-을 알지 못했을 리가 없다. 또한 전혀 새롭고 예기치 않은 방식으로 그 구절을 취하여 수신자들을 설득할 의도를 가지고 소유대명사("그의", "나의")를 없앴거나 무시했을 리도 없다. 만약 바울이 그러한 의도를 갖고 있었다면, 그는 하박국서의 인용에 관한 보다 분명한 서술을 시도했을 것이다. 하지만 사실상 그의 인용은 아주 양면적이어서 주석가들이 그 구절을 어떻게 읽어야 할지에 대해 일치를 이룰 수가 없다. 그런데 일반적으로 놓치고 마는 요점은 바울이 그 인용이 의도적으로 모호하게 해 놓았다는 사실이다. 말하자면 바울은 하박국 2:4에 새로운 의미를 주려고 원치 않았고, 또한 대안적인 이해들을 차단함으로써 그렇게 하려고도 하지 않았다. 그렇다면 바울은 좋지 않은 일을 해놓았는가! 오히려 그는 가능한 한 그 구절에서 많은 의미를 읽을 수 있게 하기를 원했을 것이다-유대인, 특히 바리새인도 성경의 본문을 가지고 그 구절에 관한 주해를 해볼 것을 기대할 수 있게 말이다. 다시 말해서 "믿음으로"는 70인경의 의미("하나님의 믿음으로")를 포함하는 것으로 읽혀지기를 바울에 의해서 의도되었을 것이다. 이전 구절(참조. 3:3)에서 "믿음으로"(하나님의 신실하심으로)에 대한 증거본문을 제공하는 것처럼 말이다. 하지만 가장 가능성이 있는 것은 바울이 "믿음에"라는 구절의 의미를 역시 그 구절이 포함하는 것으로 읽혀지기를 의도했다는 것이다. 즉 하나님의 의가 믿음에 나타났다(참조. 3:21-22). 그리고 "믿음"은 여기서 복음을 받는 최초의 행위와 구원을 향한 계속되는 과정=믿기를 계속하는 모든 사람(16절)=(그의) 믿음으로 의인은 살리라(17절)를 포함할 것이다.

요약하면, 바울은 하박국서의 인용이 풍부한 의미로 이해되어지기를 의도했을 것이다. 말하자면 이스라엘에 대한 계시의 연속성 속에서 바울이 제기하는 복음에 관한 충분한 이해가 그 인용 속에 내포되어지기를 원했을 것이다. 구원을 가져오시는 하나님과의 관계로 들어와서, 그것을 유지하고 있는 그는 하나님의 계속되는 신실하심에 관한 믿음의 의존으로 살 때, 그 믿음에 대한 하나님의 신실하신 손길로 인해, 하나님이 인류에게 의도하셨던 삶의 충만함을 경험하게 될 것이다. 그러한 해설은 현대인들의 귀에 부적절하게 복잡하다고 여기게 만들 것이다. 왜냐하면 우리들은 어떤 진술이 한 의미를 갖는다면, 동시에 다른 의미를 가질 수 없다는 것에 의례적으로 익숙하기 때문이다. 하지만 바울은 달랐을 것이다. 어쨌든 부여된 주제적 진술에 대한 가장 좋은 실제를 제공하는 것이 이런 풍성한 의미이고, 또한 이 서신의 나머지 부분에서 제기되는 주제들과 문제들과 함께 바울이 상술해 나가는 것이 바로 이런 풍성한 의미다.

Ⅱ-Ⅴ. 하나님의 의-하나님의 신실하심으로 인간의 믿음에 (1:18-11:36)

서론

이 논설은 "첫째는 유대인에게요 또한 헬라인에게로다"라는 주제에 변화를 기하는 보편적인 기소로 시작하는데, 이는 하나님의 의가 모든 사람들을 위한 믿음으로 말미암아 어떻게 작용되는지(3:21-5:21), 또 그것이 신자의 삶에 무엇을 의미하고(6:1-8:39), 이스라엘에 대한 하나님의 신실하심에 관한 변호에서절정이 되는 것을(9:1-11:36) -"첫째는 유대인에게요" -상술해나간다.

이러한 연관성 속에서 바울이 얼마나 전체 논증을 잘 짜여진 구조 내에서 유지하고 있는지를 주목하는 것이 중요하다. 구조적으로 이것은 서두 단락(1:18-32)이 네 가지 주요 항목(II-V)의 결론 부문에 의해 균형이 잡혀지는 방식으로 되어 있다. 그것은 다음과 같다.

1:18-32는 3:9-20로 요약된다-보편적인 기소

1:18-32, 하나님의 진리를 아담이 포기했다는 차원에서 인간의 곤경이 시작되는 항목은 5:12-20에서 아담의 불순종과 그리스도의 순종을 대조적으로 구성하고 있는 절정과 관련이 있다.

1:18-32, 인간의 비극적인 타락에 관한 분석은 8:18-39에서 우주적인 구속의 열렬한 희망에 상응한다.

1:18-32, 보편적인 기소로 시작한 항목은 이제 바울의 동시대 유대인들이 스스로 면제받았다고 하는 주장에 응답하여 11:25-36으로 결론이 내려지는데, 이는 이방인들 위해서 뿐 아니라 유대인들을 위해서도 보편적으로 구원의 확신이 주어졌음을 말한다.

우리는 1:18에서의 "하나님의 진리"(1:18-3:20에 대한 요약과 서언)에 관한 강조는 15:8의 "하나님의 진리"에 관한 유사한 강조(서신의 본문을 결론짓는 단락-1:18-15:13)로 응답함으로써 서신 전체를 효과적으로 포괄하고 있다고 덧붙일 수 있을 것이다.

이 논설 항목의 특징은 논쟁체를 반복해서 사용하고 있는 것이다(상상으로 그려진 대담자와의 논쟁) -특히 2:1-5, 17-29; 3:27-4:2; 9:19-21; 11:17-24; 서론 § 4.2.2를 보라).

Ⅱ-Ⅲ. 하나님의 의-인간의 믿음에(1:18-5:21)

Ⅱ. 인간의 불의에 대한 하나님의 진노(1:18-3:20)

서론

인간의 실패에 관한 요약으로서써 아디키아(ἀδικία)를 이중적으로 사용하고 있는 1:18은 전체 항목의 서언이 되는데, 1:29, 2:8, 3:5에서의 그 단어의 반복은 독자들에게 그 구절이 그러한 의미로 쓰였음을 상기시킬 것이다. 그 기소는 먼저 이와 같은 인간에게 초점이 맞추어져 있으나, 실상은 "우리"라는 유대인에 비하여 "그들" 이방인들에 관해서(1:18-32), 그 다음에 3:9-20의 요약이 있기 전에 "유대인" 자신에 관해서(2:1-3:8) 초점이 맞추어져 있다. 말하자면, 비판의 주된 초점은 이방인의 죄에 대한 전형적인 유대인의 기소가(1:18-3:20) 언약의 백성들에게는 적용되지 않는다는 유대인의 자기 확신에 맞추어져 있다(2:1-3:20; 참조. Synofzik, 87-88).

A. 인류에 대한 하나님의 진노-유대인의 시각으로부터 (1:18-32)

참고문헌

Barth, M. "Speaking of Sin: Some Interpretative Notes on Romans 1:18-3:20." *SJT* 8 (1955) 288-96. **Bassler, J. M.** *Divine Impartiality*. 195-97, 201-4. **Bietenhard, H.** "Natürliche Gotteserkenntnis der Heiden? Eine Erwägung zu Röm 1." *TZ* 12(1956) 275-88. **Bornkamm, G.** "Revelation." **Bussmann, C.** *Themen der paulinischen Missionspredigt auf dem Hintergrund der spätjüdisch-hellenistischen Missionsliteratur*. Bern/Frankfurt: Lang, 1975. 108-22. **Castlellino, G. R.** "Il paganesimo di Romani 1, Sapienza 13-14 e la storia della religioni." SPCIC 2:255-63. **Dabelstein, R.** *Beurteilung*. 73-86. **Daxer, H.** *Römer*

1:18-2:10. **Dupont, J.** *Gnosis.* 20-30. **Easton, B. S.** "New Testament Ethical Lists." *JBL* 51(1932) 1-12. **Eckstein, H.-J.** "'Denn Gottes Zorn wird vom Himmel her oftenbar werden.' Exegetische Erwägungen zu Röm 1:18." *ZNW* 78(1987) 74-89. **Eichholz, G.** *Theologie.* 63-81. **Feuillet, A.** "La connaissance naturelle de Dieu par les hommes d'aprés Rom 1:18-23." *LumVie* 14(1954) 63-80. **Filson, F. V.** *St. Paul's Conception of Recompense.* UNT 21. Leipzig: Hinrichs, 1931. **Flückiger, F.** "Zur Unterscheidung von Heiden und Juden in Röm 1:18-2:3." *TZ* 10(1954) 154-58. **Fridrichsen, A.** "Zur Auslegung von Röm 1:19f." *ZNW* 17(1916) 159-68. **Hanson, A. T.** *Wrath.* **Herold, G.** Zorn. **Hooker, M. D.** "Adam in Romans 1." *NTS* 6(1959-60) 297-306. ______. "A Further Note on Romans 1." *NTS* 13(1966-67) 181-83. **Hyldahl, N.** "A Reminiscence of the Old Testament at Romans 1:23." *NTS* 2(1955-56) 285-88. **Jeremias, J.** "Zu Röm 1:22-32." *ZNW* 45(1954) 119-23. Reprinted in *Abba.* Göttingen: Vandenhoeck, 1966. 290-92. **Jetvell, J.** *Imago Dei: Gen 1:26f. im Spätjudentum, in der Gnosis und in den paulinischen Briefen.* FRLANT 76. Göttingen: Vandenhoeck, 1960. **Kamlah, E.** *Die Form der katalogischen Paränese im Neuen Testament.* Tübingen: Mohr, 1964. **Klostermann, A.** "Die adäquate Vergeltung in Röm 1:22-31." *ZNW* 32(1933) 1-6. **Langerbeck, H.** "Paulus und das Griechentum. Zum Problem des Verhältnisses der christlichen Botschaft zum antiken Erkenntnisideal." In *Aufsätze zur Gnosis.* Göttingen: Vandenhoeck, 1967. 83-145, esp. 96-99. **Lührmann, D.** *Offenbarungsverständnis.* 21-26. **Macgregor, G. H. C.** "The Concept of the Wrath of God in the New Testament." *NTS* 7(1960-61) 101-9. **Pohlenz, M.** "Paulus." 523-27. **Popkes, W.** "Zum Aufbau und Charakter von Röm 1:18-32." *NTS* 28(1982) 490-501. **Ridderbos, H.** *Paul.* 108-14. **Rosin, H.** "To gnoston tou Theou." *TZ* 17(1961) 161-65. **Schlier, H.** "Von den Heiden. Röm 1:18-32." In *Zeit der Kirche.* 29-37. ______. "Doxa bei Paulus als heilsgeschichtlicher Begriff." SPCIC 1:45-56. **Schulz, S.** "Die Anklage in Röm 1:18-32." *TZ* 14(1958) 161-73. **Schweizer, E.** "Gottesgerechtigkeit und Lasterkataloge bei Paulus." In *Rechtfertigung,* FS E. Käsemann, ed.J. Friedrich et al. Tübingen: Mohr, 1976. 461-77. **Scroggs, R.** *The New Testament and Homosexuality.* Philadelphia: Fortress, 1983. **Sullivan, K.** "Epignosis in the Epistles of St Paul." SPCIC 2:405-16. **Synofzik, E.** *Vergeltungsaussagen.* 78-80, 86-88. **Travis, S. H.** *Judgment.* Esp. 36-38. **Vögtle, A.** *Die Tugend- und Lasterkataloge im Neuen Testament.* Munster: Aschendorff, 1936. **Wedderburn, A. J. M.** "Adam in Paul's Letter to the Romans." *Studia Biblica 1978.* Vol. 3. *JSNTSup*(1980) 413-30. **Wibbing, S.** *Die Tugend- und Lasterkataloge im Neuen Testa-*

ment und ihre Traditionsgeschichte unter besonderer Berücksichtigung der QumranTexte. BZNW 25. Berlin: Töpelmann, 1959. **Willer, A.** *Der Römerbrief - eine dekalogische Komposition.* Stuttgart: Calwer, 1981.

본 문

18 하나님의 진노가 불의로 진리를 막는 사람들의 모든 경건치 않음과 불의에 대하여 하늘로 좇아 나타나나니

19 이는 하나님을 알만한 것이 저희 속에 보임이라 하나님께서 이를 저희에게 보이셨느니라

20 창세로부터 그의 보이지 아니하는 것들 곧 그의 영원하신 능력과 신성이 그 만드신 만물에 분명히 보여 알게 되나니 그러므로 저희가 핑계치 못할찌니라

21 하나님을 알되 하나님으로 영화롭게도 아니하며 감사치도 아니하고 오히려 그 생각이 허망하여지며 미련한 마음이 어두워졌나니

22 스스로 지혜 있다 하나 우준하게 되어

23 썩어지지 아니하는 하나님의 영광을 썩어질 사람과 금수와 버러지 형상의 우상으로 바꾸었느니라

24 그러므로 하나님께서 저희를 마음의 정욕대로 더러움에 내어 버려두사 저희 몸을 서로 욕되게 하셨으니

25 이는 저희가 하나님의 진리를 거짓 것으로 바꾸어 피조물을 조물주보다 더 경배하고 섬김이라 주는 곧 영원히 찬송할 이시로다 아멘

26 이를 인하여 하나님께서 저희를 부끄러운 욕심에 내어 버려 두셨으니 곧 저희 여인들도 순리대로 쓸 것을 바꾸어 역리로 쓰며

27 이와 같이 남자들도 순리대로 여인 쓰기를 버리고 서로 향하여 음욕이 불 일듯하매 남자가 남자로 더불어 부끄러운 일을 행하여 저희의 그릇됨에 상당한 보응을 그 자신에 받았느니라

28 또한 저희가 마음에 하나님 두기를 싫어하매 하나님께서 저희를 그 상실한 마음대로 내어 버

18 For the wrath of God[a] is being revealed from heaven against all impiety and unrighteousness of men who suppress the truth[b] in unrighteousness,

19 because what can be known about God is evident to them. For God has shown it to them.

20 For his invisible attributes from the creation of the worm are perceived rationally in the things which have been made, both his eternal power and deity, so that they are without excuse.

21 Because though they knew God they did not glorify him as God or give him thanks, but became futile in their thinking, and their foolish hearts were darkened.

22 Claiming to be wise they became fools,

23 and changed the glory of the incorruptible God for the mere likeness of corruptible man, birds, beasts, and reptiles.

24 Wherefore God handed them in the desires of their hearts to uncleanness to the dishonoring of their bodies among themselves:[c]

25 they exchanged the truth of God for falsehood and worshiped and served the creature rather than the Creator, who is blessed for ever. Amen.

26 For this reason God handed them over to disgraceful passions. For their females changed natural relations into what is contrary to nature.

27 Likewise also the males gave up natural relations with the female and were inflamed with desire for one another, males with males committing what is shameless and receiving back in themselves[c] the appropriate penalty for their error.

28 And as they did not think God qualified for continued recognition, God[e] gave them over to a

려두사 합당치 못한 일을 하게 하셨으니	disqualified mind, to do what is improper –
29 곧 모든 불의, 추악, 탐욕, 악의가 가득한 자요 시기, 살인, 분쟁, 사기, 악독이 가득한 자요 수군수군하는 자요	**29** filled with all unrighteousness, wickedness,[f] greediness,[f] badness[f] – full of jealousy, murder, rivalry, deceit, spite – rumor-mongers,
30 비방하는 자요 하나님의 미워하시는 자요 능욕하는 자요 교만한 자요 자랑하는 자요 악을 도모하는 자요 부모를 거역하는 자요	**30** slanderers, God-haters, insolent, arrogant, braggarts, contrivers of evil, disobedient to parents –
31 우매한 자요 배약하는 자요 무정한 자요 무자비한 자라	**31** senseless, faithless, loveless, merciless.
32 저희가 이같은 일을 행하는 자는 사형에 해당하다고 하나님의 정하심을 알고도 자기들만 행할 뿐 아니라 또한 그 일을 행하는 자를 옳다 하느니라	**32** Although they have known the just decree of God, that those who practice such things deserve death, they not only do the same but approve of those who practice them.[g]

원문주해

a. 말시온은 하나님에 관한 자신의 관점과 맞지 않기 때문에 "하나님의"를 삭제했다.

b. 소수의 서방 본문 전승들은 아마도 25절에 비추어 "하나님의"를 덧붙였을 것이다.

c. G와 몇몇 다른 것들에서의 에아우토이스(*ἑαυτοῖς*)는 보다 명확하게 하기 위한 필기의 개선이다. 동일한 이유로 그 본문을 아우토이스(*αὑτοῖς*)로 읽을 수 있다. 하지만 그와 같은 아우토이스(*αὐτοῖς*)는 융통성 있는 의미를 가질 수 있다(Metzger). 참조. 27절에서 B와 K를 포함하여 몇몇 사본들은 에아우토이스(*αὐτοῖς*)를 아우토이스(*αὑτοῖς*)로 읽는다.

d. G는 안티(*ἀντι*)로 접두사 아포(*ἀπο*)를 대신함으로써 보복적인 의미를 강화시킨다.

e. 호 데오스(*ὁ θεός*)는 본래 없었던 것인데(ℵ* A 0172*), 매우 초기 단계에서 24, 26절과 조화시키기 위해 첨가되었다.

f. 이 단어들은 종종 포네리아(*πονηρίᾳ*)를 대신하는 포르네이아(*πορνείᾳ*)와 더불어 서로 다른 순서로 나타나는데, 아마도 초기 복사자의 실수(하지만 갈 5:19를 참조하라)로서 다양한 사본의 목록에 자주 첨가되었을 것이다.

g. 바울의 더 나은 또는 더 적절한 의미로 판단되어지는 것을 만들기 위해서 32절의 본문을 다양하게 변화시키는 것에 대해서는 크랜필드(Cranfield)를 보라.

양식과 구조

논증을 처음 시작함에 있어서 의미가 있는 것은 19-25절에서 아담의 기사가(창 2-3장) 분명히 의도적으로 반영되어 있다는 것이다: 무엇보다도 하나님에 관한 지식을 왜곡하고, 피조물의 위치를 벗어나려고 했으며, 거짓을 믿고, 우스꽝스러운 사람이 되었으며, 따라서 창조주보다 우상을 숭배했던 인류에 대한 전형(아담=사람)이 바로 아담이다(Hooker, Wedderburn). 특히 19-20, 23 그리고 29절에서 당시에 널리 알려진 스토아 철학의 범주에 속한 것을 사용하고 있는 것은(Pohlenz) 그 논증의 보편적인 호소를 더욱더 강화시킬 것이다.

그러나 동등하게 중요한 것은 21절에서 그리고 23절 이후부터는 절대적으로, 바울이 한 유대인으로서 언급하고, 또 우상숭배에 대항하여 표준이 되는 헬라주의적 유대 논증을 사용하고 있다는 점이다. Wisd Sol 11-15의 영향이 특히 눈에 띈다(Daxer, Bussmann). 그런 효과는 인간의(아담) 불의를 유대적인 관점에서 특징짓는다. 즉 우상숭배에 대한 유대인의 혐오와 이방인의 성적 윤리에 대한 타락이 인간의 불의의 전형이 된다. 또한 헬라주의(다시금 말하지만 특히 스토아철학)과 유대 세계에서 흔한 29-30절에서의 악의 목록에 관한 사용을 주목하라(예를 들어, Daxer, 46-52; Lietzmann).

구조적으로 1:18-32의 해설의 전개에서 중요한 것은 23, 25, 26절에서의 (메트)엘락산(*μετ ήλλαξαν*)을 세 번 반복하고 있다는 것이다. 이는 24, 26, 28절에서의 파레도켄(*παρέδωκεν*)의 세 번의 반복에 상응한다. 이것은 인간의 죄의 사악한 범주에 관한 강력한 의미를 창출해낸다 – 하나님의 인도를 인식하지 못하고 타락한 종교와 행위, 인간적인 타락의 열매를 거두고 있는 인간의 자만(24, 26-27절), 그리고 일반적인 더러움(29-31절)에 빠졌다. 포프케스(Popkes)의 구조적인 분석은 인간의 변명의 여지가 없음에 대한 주요한 강조에 초점을 맞춘 것으로서 19-20절에 강조를 두고 있다. 또 묘사된 죄에 대한 심판의 적절성에 관한 개념으로 결정되는 세 항목으로(22-24, 25-27, 28-32) 22-32절을 세분하는 클로스터만(Klostermann)의 논증도 대단히 영향력이 있다. 마일로트(Maillot)는 세 가지 전개를 주목하는데, 즉 19-23절 – 하나님의 진리에 대한 죄; 24-27절 – 자연에 대한 죄; 28-32절 – 타인에 대한 죄.

또한 작가로서의 바울의 능력을 알 수 있는 것은 23, 25, 27, 28, 29 그리고 31절에 나타난 *ἀφθάρτου// φθαρτοῦ*, *κτίσει// κτίσαντα*, *ἄρσενες// ἄρσεσιν*, *ἐδοκίμασαν // ἀδόκιμον*, *φθόνου// φόνου*, *ἀσυνέτους // ἀσυνθέτους*의 산뜻한 언어유희, 그리고 4개의 일반적인 단어로 시작하여 *-ίᾳ*로 끝나는 29-31절의 악의 목록에 대한 구성, 또 부정의 *ἀ*-로 시작하는 4(혹은 5)개의 연속되는 두운으로 문장을 솜씨 있게 마무리 짓는 것 등이다. 블랙(Black)은 28-32절이 구 논쟁체의 일부로 읽고 있는 것을 주목한다: "그것들은 어떤 면에서 프니고스(pnigos), 즉 단숨에 긴 문장을 언급한 것과 같은 고대의 언사가들에게 잘 알려진 아테네 식 희극의 한 부분과 흡사하다."

주석

18 "하나님의 진노가…하늘로 좇아 나타나나니"(*ἀποκαλύπτεται γὰρ ὀργὴ θεου ἀπ' οὐρανοῦ* - 아포칼륖테타이 가르 오르게 데우 아프 우라누). "가르"(*γάρ*, "for")는 단순히 연결을 표현할 수도 있고, 또는 정확히 그 연결이 무엇인지를 구체화하지 않은 연속된 사상을 표현할 수 있다(BGD). 사상의 연속이 확실히 의도되었다는 것은 17절과 18절과의 흡사한 구조로부터 분명히 알 수 있다. 하지만 디카이오수네 데우 에이스 피스틴(*δικαιοσύνη θεοῦ εἰς πίστιν*, 17절)과 대응되는 반대적인 것으로서의 오르게 데우 에피 아디키안(*ὀργὴ θεοῦ ἐπὶ ἀδικίαν*)은 그 연결이 대조이기도 하지만 원인이기도 하다는 것을 강력하게 암시한다(Stuhlmacher, *Gerechtigkeit*, 80; 그리고 Kertelge, *Rechtfertigung*, 88; Gaugler와 Herlod, 329-30에도 불구하고). 그러나 1:17(*δικαιοσύνη θεοῦ* - 디카이오수네 데우, 마지막 구절)과 Schlatter, 52-54를 보라.

아포칼륖테타이(*ἀποκαλύπτεται*)의 반복은 분명히 의도적이다(특히 Schmidt를 참조하라). 그것은 하늘의 계시(여기서 분명히 - *ἀπ' οὐρανοῦ* - 아프 우라누), 즉 하나님으로부터 온 것과 동일한 개념을 내포하고 있다. 그리고 종말론적 뉘앙스가 그 오르게 데우(*ὀργὴ θεοῦ*)가 하나님의 최종 심판의 일부라는 사실로 인해 확증되어진다(2:5, 8; 3:5; 5:9; 살전 1:10; 5:9; 유대 사상에서 하나님의 진노는 특별한 종말론적 개념은 아니다 - 그러나 사 13:9, 13; 습 1:15, 18; 2:2-3; 3:8; 단 8:19; *Jub.* 24.30을 참조하라). 하나님의 최후의 심판은 단순히 이미 연속되고 있는 과정의 최후일 뿐이다(특히 에녹1서 84.4; 91.7-9를 참조하라)! 분명한 의미는 하늘의 두 계시가 동시에 발생하고 있다는 것이다. 말하자면, 하늘의 의와 더불어 하나님의 진노가 나타나고 있다. 두 번째 나오는 아포칼륖테타이(*ἀποκαλύπτεται*)를 미래로 취하는 것은(Eckstein) 그 구절의 평행을 깨뜨리고, 하나님의 진노와 "내어버려 두신"(*παρέδωκεν* - 파레도켄, 24, 26, 28절) 하나님의 행위 사이에 불필요한 구분을 하게 만든다. 구약성경에서 하나님의 진노는 언약적인 관계에 대한 특별한 언급을 갖는다(SH). 하지만 여기서 재빨리 확인할 수 있는(19절 이하) 그 의미는 바울이 좁은 언약적 관점에서 더욱더 우주적이고 보편적인 관점으로, 즉 주로 이스라엘의 하나님으로 이해되는 하나님으로부터 모든 것의 창조자로서의 하나님으로 전이시키고 있다는 것이다. 하지만 그 언약을 하나님이 이스라엘을 피조물로서의 인간의 적절한 위치로 회복시키시는 것으로 보여진다면(그 항목에 관한 아담의 신학에 대해서는

1:22을 보라). 그때에 창조주 하나님의 진노는 언약적 의에 의한 동전의 또 다른 측면의 완전한 범주로 보여질 수 있을 것이다(참조. 사 63:6-7; Sir 5:6; 16:11); 그리고 또한 2:5를 보라.

오르게 데우(*ὀργὴ θεοῦ*)는 고대 세계에서 익숙한 개념이었다–신이 승인한 법들에 대한 인간의 불경 또는 위반에 대한 하늘의 반응, 또는 공동적인 큰 재앙들 혹은 예기치 않은 질병이나 사망을 설명하는 방법으로서의 신의 분노에 고대세계 사람들은 익숙했다(*TDNT* 5:383-409). 바울은 이런 잘 알려진 개념을 이 세상에서 인간의 불의에 관한 영향을 묘사하는 한 방법으로 채택하였다(19-32절). 하지만 분명히 바울의 견해에 있어서, 그 "진노"는 하나님이 단지 책임이 있는 것, 즉 "도덕적 영역에서의 원인과 결과의 피할 수 없는 과정"(Dodd; Macgregor, 105; 유사하게는 Hanson, *Wrath*, 85, 110)이 아니다. 말하자면 그것은 단순히 하나님의 태도가 아니라(하나님의 보복하시는 행위와는 거리가 먼), 하나님이 행하시는 어떤 것이다(Travis, 37-38을 보라). "하나님의 의"와의 병행이 이에 관한 충분한 지침이 될 수 있을 것이고, 특히 로마서에서 나중에 하나님의 진노에 관한 다른 언급과 제휴되었을 때에 더욱 그렇다(3:5; 9:22; 12:19). 24, 26, 28절에서 파레도켄(*παρέδωκεν*)을 반복한 것이 그것에 관한 논쟁의 여지를 없애준다(참조. Ladd, *Theology*, 407; Robinson, *Wrestling*, 18-21; Maillot, 62). 여기서 심리학적 또는 사회학적인 과정만이 염두에 두어진 것이 아니라, 천국(*ἀπ' ὐρανοῦ*–아프 우라누)과 관련된 이 세상의 과정도 고려되고 있다.

불합리하거나 예상할 수 없다고 하는 것이 신의 진노에 자주 작용했다는 것은 역시 고전적인 사상에서 명백하다(특히 "운명"의 개념에서 표현된 것처럼–예를 들어, *OCD*를 보라). 유대 사상이 동일한 특징에 익숙했으나, 유대의 단일신적인 제도 안에서는 그것에 관한 문제점을 발견했다. 대상 21:1, 14-15와 함께 삼하 24:1과 15-16; 욥 19:11; 시 88:16(*TDNT* 5:402)를 참조하라. 그리고 묵시론자들의 당혹스러운 "얼마나 오래도록?"이라는 문구를 참조하라. 바울도 역시 이런 동일한 문제를 의식한다(3:5; 9:22). 여기서 그는 고도의 도덕적인 용어로 그 개념을 주해하지만(19-32절), 이러한 구절들은 개인적(6-8장), 그리고 전체적인 인류, 말하자면 유대인과 이방인(9-11장)의 차원에서 바울이 나중에 설명하는 대답의 시작에 포함된다. 간단히 말해서 그의 확고부동한 생각은 인간에게 하나님의 진노가 임하시는 것은 하나님에 대한 피조물의 의존적인 관계(곧 믿음)에 대항한 인간이 곧 타락했음을 보여주는 것이다. 이런 타락에서의 구원은 믿음의 관계에서 오직 회복이 된다. 그러한 회복은 진노가 그 인간의 육체에 임하지 않는다는 것을 의미하는 것이 아니라, 더 커다란 과정의 일부가 되었다는 것이며, 결국에 그 과정의 끝에는 진노를 야기하고 또한 그 진노와 관련된 모든 것에서 해방되고 구속된다는 것을 의미한다. 참조. 헤롤드(Herold) - "진노의 종말론적인 심판은 언약과 약속에 따라 발생한다. 왜냐하면 그 진노의 심판은 구속과 구원으로 인도할 것이기 때문이다"(*Zorn*, 301). 하나님의 진노에 관한 이런 충만한 이해가 복음으로부터 나타난다는 것은(또는 적어도 그것에 대한 바울의 표현) 사실이지만, 바울은 진노의 실제적인 작용이 인간의 행위 속에서 분명히 보여진다는 것을 확인한다(Althaus; Michel; Travis, 36; 반대로는 Barth, *Shorter*; Leenhardt; Schenke, 888; Cranfield; 참조. Filson, 39-48; Kuss; Wilckens). "진노"의 종말론적 차원에 대해서는 위에서 말한 아포칼륩테타이(*ἀποκαλύπτεται*) 항목과 2:5를 보라.

"모든 경건치 않음과 불의에 대하여"(*πᾶσαν ἀσέβειαν καὶ ἀδικίαν ἀνθρώπων* - 파산 아세베이안 카이 아디키안 안드로폰). 이는 아주 포괄적인 구절이다. 헬라 사상에서 그것은 훌륭한 종교적 관행이라고 인정된 것에 대한 적대심과 무관심을 포함하는 말이고(국가 종교를 지키지 않는 전형적인 실패), 여기에는 다른 사람들에 대한 무법한 행위가 포함된다(*TDNT* 1:154). 여기서 바울이 설명한 용어들 사이에 분명한 구분을 의도하고 있었을 것 같지는 않다. 말하자면, 바울이 법의 두 가지 목록을 염두에 두었을 것이라는 주장(Schlatter, 49가 제기하고 있는 것처럼, 그리고 Willer, 12ff에 의한 그럴 것 같지 않은 설명처럼; 하지만 *TDNT* 5:190을 보라)은 그럴 것 같지 않다. 그러한 죄들은 모두 유대 사상의 일부이며, 그 구절은 분석적이 아니라 포괄적이다(참조. Philo, *Immut.* 112; *Spec. Leg.* 1.215; *Praem.* 105). 사실상 바울은 아세베이아(*ἀσέβεια*)를 거의 사용하지 않았다(논쟁이 되지 않는 바울서신에서는 오직 여기서와 11:26에서만 나온다; 아세베스[*ἀσεβής*]는 4:5와 5:6에서만 사용되었다). 반면에 바울이 더욱더 자주 사용한 개념은 아디키아(*ἀδικία*)다(1:29; 2:8; 3:5; 6:13; 9:14; 또한 고전 13:6; 고후 12:13; 살후 2:10, 12). 여기서 그 용어의 반복된 사용에서 보는 것처럼, 그것은 더욱더 포괄적인 구절로 망라되는 충분한 범위를 포함하고 있다.

특히 의미가 있는 것은 인간의 아디키아(*ἀδικία*)가 하나님의 디카이오수네([*δικαιοσύνη*]17절; 또한 3:5을 참조하라; 참조. 1QS 3.20)와 대조되어 분명히 설정되어 있다는 사실이다. 따라서 "불의"는 하나님과 인간의 관계에서 발생한, 하나님과 인간에 대한 의무를 충족시키지 못한 것으로 더 정확히 정의되어진다. 불의의 그 두 가지 측면이 병합되고, 또 인간이 하나님에 대한 적절한 관계를 인식하고 인정하지 못했다는 것이 뒤이어지는 설명의 취지다. 필연적으로 하나님의 의의 주도권을 가져온 것은 인간의 편에서의 불의다. 게다가 그 논증은 구원하시는 하나님의 목적 안에서 유대인/이방인의 관계의 보다 좁은 문제로부터 전반적으로 인류의 문제로, 정확하게는 디키아오수네/아디키아(*δικαιοσύνη*/*ἀδικία*)에 관한 설명의 차원으로 전환되고 있다는 사실은 하나님의 의가 창조주로서의 하나님의 능력과 신실하심이라는 케제만(Käsemann), 뮐러(C. Müller), 그리고 쉬툴마허(Stuhlmacher)의 관점을 강화시켜준다. 여기서 파산(*πᾶσαν*)은 논쟁의 날카로움을 갖고있는데, 왜냐하면 바울은 자기 자신들을 디카이오이(*δικαιοί*)로서 모든 아디키아(*ἀδικία*)로부터 멀리 떨어져 있다고 생각한 동료 유대인들을 염두에 두었을 것이기 때문이다(1:17과 서론 §5.3.1을 보라). 말하자면, 18절은 2장에서의 아디키아(*ἀδικία*)의 상세한 해설을 이미 바라보고 있고, 고로 전체 항목(1:18-3:20)의 서두 진술로 작용한다.

"불의로 진리를 막는 사람들"(*τῶν τὴν ἀλήθειαν ἐν ἀδικίᾳ κατεχόντων*-톤 텐 알레데이안 엔 아디키아 카테콘톤). "진리"(*ἀλήθεια*-알레데이아)는 특히 하나님에 관한 것이지만(25절), 여기서는 아마도 "사건의 실제적 진상"이라는 보다 넓은 의미가 의도되었을 것이다(*TDNT* 1:243). 진리를 "억압하고, 억누르고"(카테콘톤[*κατεχόντων*]-BGD), "제지하고, 제한한다는"(Murray; 또한 7:6을 보라) 개념은 인간의 자유로운 의지를 함축하고 있으며(19-20, 23, 25; 또한 2:8을 보라), 또한 제한 받지 않은 진리는 영향을 끼친다는 것을 의미한다. 특히 유대 또는 유대에 영향을 받은 문맥 속에서 "하나님의 진리"는 하나님의 신실하심과 약속 지키심에 관한 의미를 내포한다. 따라서 바울은 이스라엘의 언약적 하나님으로서의 신실하신 하나님에 관한 특별한 이슈와 더불어 보편적인 기소의 주제로 연결하고자 준비하고 있다(더 자세한 것은 서론 §4.2.2와 1:17[*ἐκ*… *ἐκ*…] 그리고 3:3-4, 7을 보라). 여기서의 기소는 창조주로서의 하나님을 인식하지 못한 실패가 불가피하게 하나님에 대한, 인간에 대한, 그리고 창조 그 자체에 대한 연속된 거짓된 관계를 낳았다. 더 자세한 것은 1:25를 보라.

19 "하나님을 알 만한 것이 저희 속에 보임이라"(*διότι τὸ γνωστὸν τοῦ θεοῦ φανερόν ἐστιν ἐν αὐτοῖς*-디오티 토 그노스톤 투 데우 파네론 에스틴 엔 아우토이스). "하나님이 자기 자신을 알리신 한도 내에서 하나님을 알 만한 것"(*τὸ γνωστὸν τοῦ θεοῦ*-토 그노스톤 투 데우, BGD, *TDNT* 1:719; 바울에게는 오직 여기서만). 여기서 분명히 암시되어 있는 것은 하나님을 몸소 알 수는 없지만(유대교 안에서

있는 매우 강력한 확신이다 – 예를 들어, 출 33:20; 신 4:12; Sir 43:31; *Sib.Or.* 3.17; Philo, *Som.* 1.65-66, 68-69; *Post.* 16-20; Josephus, *War* 7.346; *Ap.* 2.167), 어느 정도까지는 하나님이 자신을 알리셨다는 확신이다. 여기서 그 구절은 하나님에 대한 공통된 지식에 관한 의미를 담고 있다(또한, 파네론[*φανερόν*], "볼 수 있는, 분명한, 명백하게 볼 수 있는, 열려 있는, 확실한"). 따라서 20절의 말미에 엄격한 기소를 할 수 있게 된다.

또한 분명한 것은 일종의 자연신학이 여기에 관련되어 있다는 사실이다. 그러한 주장은 19-20절에서 상당히 분명해진다. 그리고 바울은 헬라적인 유대 지혜신학과 같은 강력한 흐름과 분명히 교류하고 있으며, 또한 빚을 지고 있다. Wisd Sol 12-15와 19-32절간의 평행은 또한 우연한 것이 아니다. Wisd Sol 13:1-9를 참조하라(더 자세한 것은 1:20c, 21b, 23, 24, 26-27, 29-31; 또한 SH 51-52, 그리고 Dunn, *Christology*, 306 n.9에서 인용된 것들; 그리고 보다 광범위한 개관을 위해서는 Daxer, 3-58; Herold, 188-209는 1:16-18과 지혜에 관한 사상의 동일한 구조를 본다; *Sib. Or.* 3.8-45은 상당히 유사한 영향을 보여준다; 그리고 욥 12:7-9와 시 19:1-4를 참조하라). 자연신학의 기틀을 형성하는, 신적 지혜가 감추어지고 드러나는 것 사이에 나타나는, 유대 지혜사상의 교차적 작용은 이 시점에서 바울 사상의 배경과 상당히 연관이 있다(특히 욥 28장; Bar 3:15-4:4를 보라). 특히 필로에게서 로고스는, 하나님에 의해 주어진 "그림자"로서의 창조와 더불어, "알 수 있는 하나님"으로 정확히 규정되는데, 그 "그림자"를 통해 인간은 어느 정도 창조주를 식별할 수 있다(*Leg. All.* 3.97-99; Dunn, *Christology*, 220-28을 보라).

엔 아우토이스(*ἐν αὐτοῖς*)는 "그들 안에", 또는 "그들 중에"로 번역될 수 있지만, 또한 3격(여격)이 되는 엔(*ἐν*)과 더불어 "그들에게"로 번역될 수도 있다(BGD, *ἐν* Ⅳ.4.a). 그러한 모호성은 아마도 인간적 합리성과 우주 안에 자명한 합리성간의 직접적인 연속성이 있다는 보편적인 믿음을 반영해준다.

"하나님께서 이를 저희에게 보이셨느니라"(*ὁ θεὸς γὰρ αὐτοῖς ἐφανέρωσεν* – 호 데오스 가르 아우토이스 에파네로센). 파네로(*Φανερόω*)는 신약성경 이외에는 거의 나타나지 않는다(다른 기독교 이전의 유대문서를 포함해서 말이다 – 70인경과 필로에게서는 오직 한 번 나타난다; *TDNT* 9:3-4를 보라). 결과적으로 그 용어가 신약성경에서 자주 나타나는 것은(49번) 계시의 종교가 된다는 초기 그리스도인들의 인식을 현저하게 보여주고 강조해준다(참조. 특히 3:21; 16:26; 고전 4:5; 골 1:26; 3:4; 딤전 3:16; 딤후 1:10; 딛 1:3; 히 9:26; 벧전 1:20). 여기서 그 구절은 하나님의 알려짐이 단순히 창조의 "부산물"이나 특징이 아니라, 하나님 자신의 뜻이고 또 하나님에 의해 결과되었다는 것이다. 따라서 케제만의 조심스러운 제한에도 불구하고, 우리들은 "자연신학"에 관해서 여전히 말해야 한다–즉 여기서 그것은 우주를 통한, 전반적으로 인류에 대한, 그리고 우주의 창조 이래로 활동하고 있는 하나님의 계시에 관한 것이다. "피조된 생명에 대한 관찰은 피조물이 그 자신의 존재에 대한 열쇠를 제공하지 않는다는 것을 보여주기에 충분하다"(Barrett). 그것은 잘 말하였다. 하지만 바울은 하나님의 실제적인 지식에 관해 주로 언급하고 있다(21절, Kuss, 45; Rosin; Lührmann, 26; Harrisville; 또한 Lyonnet, *Quaestiones*, 1:78-88을 보라). 그것이 구원하시는 지식인지는 또 다른 문제다. 바울은 여기서는 그것을 언급하지 않고 있다(참조. 특히 Nygren과 Robinson, *Wrestling*, 22-23). 더 자세한 것은 2:6-16을 보라.

20 "창세로부터 그의 보이지 아니하는 것들 곧 그의 영원하신 능력과 신성이 그 만드신 만물에 분명히 보여 알게 되나니"(*τὰ γὰρ ἀόρατα αὐτοῦ ἀπὸ κτίσεως κόσμου τοῖς ποιήμασιν νοούμενα καθορᾶται, ἥ τε ἀΐδιος αὐτοῦ δύναμις καὶ θειότης*–타 가르 아오라타 아우투 아포 크티세오스 코스무 토이스 포이에마신 누메나 카도라타이, 헤 테 아이디오스 아우투 두나미스 카이 데이오테스). 여기서 그 용어는 거의 초기의 기독교적 사상의 특징이 아니다("알다"[*καθοράω*–카도라오], "신성, 신적 본질"([*θειότης*]은 신약에서 오직 여기서만 나타난다; "영원한"[*ἀΐδιος*]은 그밖에 다른 곳에서는 오직 유다서 6절에서만 나타난다"; "만드신 것" [*ποίημα*–포이에마]은 오직 여기서와 엡 2:10에서만 나타난다). 그 용어는 구약에서 대체로 의미 있는 역할을 하지 못한다. 하지만 스토아 사상에서는 매우 잘 알려져 있었다: 아오라토스/카토라타이(*ἀόρατα/καθορᾶται*) 언어유희와 가장 유사한 평행이 위(Pseudo)-아리스토텔레스 작품인, *de Mundo* 399b.14 이하에서 나온다(아오라토스 토이스 에르고이스 호라타이[*ἀόρατος τοῖς ἔργοις ὁρᾶται*]). 데이오테스(*θειότης*)에 대해서는 특히 Plutarch, *Mor.* 398A; 665A를 참조하라(더 자세한 것은 Lietzmann을 보라). 그리고 아마도 그 용어가 유대지혜전승에 들어오게 된 것은 스토아 철학의 영향일 것이고(아이티오스[*ἀΐδιος*]–참조. Wisd Sol 2:23; 7:26=지혜의 묘사; 데이오테스[*θειότης*]–70인경에 오직 Wisd Sol 18:19에 나온다), 그 스토아 철학은 필로에게도 영향을 미쳤을 것이다(필로는 특히 아오라타[*ἀόρατα*]와 아이디오스[*ἀΐδιος*]라는 용어를 특히 선호하였다; 예를 들어, *TDNT* 5:368-69; 1:168을 보라). 또한 바울에게서 아오라타(*ἀόρατα*)가 유일하게 다시 나타나는 곳("보이

지 않는, 드러나지 않는")은 골로새서 1:15-16의 지혜 찬양에서다. 동일한 것이 대체로 코스모스(*κόσμος*)라는 용어와 개념에서도 해당된다(*TDNT* 3:877-78, 880-82). "창조"(*κτίσις*-크티시스)는 헬라에서뿐 아니라 히브리 사상에서도 역시 흔하다. 하지만 하나님의 창조에 관한 사실과 행위에 대해 기독교인들이 배타적으로 크티조/크티시스(*κτίζω*/*κτίσις*)를 사용하고 있는 것은 "창조하다"(בָּרָא-베라)라는 용어의 히브리인들의 동일한 배타적 사용을 반영하고 있음을 주목해야 한다(*TDNT* 3:1000-1035; *TDOT* 2:242 -49를 보라). 이는 헬라 사상에서 훨씬 덜 차별적으로 사용한 것과는 구분된다(LSJ를 보라). 그 동사는 유대 기독교 신학의 그러한 근본적인 특징이 되는 창조주와 피조물간의 질적인 구분의 의미를 유지시켜준다(또한 9:20을 보라). 다른 연관성 속에서 더욱더 일상적일지라도(1:16을 보라), "능력"(*δύναμις* -두나미스)은 여기서 동일한 언급의 구조에 속하므로(참조. Wisd Sol 13:4; *Ep. Arist.* 132; Josephus, *Ap.* 2.167), 그 용어는 단수로(Wisd Sol 7::25; 막 14:62; 참조. 행 8:10) 그리고 복수로(특히 필로는 로고스를 능력의 "총체"로서 묘사한다; 참조. Dunn, *Christology*, 225) 모두 하나님의 자기 계시와 창조적 에너지를 언급하는 방식으로 사용되어질 수 있다.

따라서 바울은 이런 종류의 용어를 비 유대 종교 철학에 대한 변증적 연결매체로 사용함으로써 헬라주의적인 유대교를 의도적으로 명백하게 좇아가고 있다(Fridrichsen; Pohlenz; Bornkamm, "Revelation," 50-53; Bietenhard의 논의는 너무 좁게 초점이 맞추어져 있다)-그 사실은 바울이 독자들에게 헬라주의적 유대교로부터 유래하는 것으로 의도했던 의미에 관한 우리의 이해에 결정적으로 영향을 준다. 바울은 필연적으로 자기 자신을 의탁함이 없이, 보이지 않는 실제 영역에 관한 헬라적(특히 스토아철학) 이해, 즉 정신의 합리적 능력을 통해서만 오직 알려지는, 보이지 않는, 감각인식과 거래하고 있다. 필로와 더불어, 그는 합리적인 정신이 하나님을 이해하고 또는 이르게 할 수 있다는 것을 말하기를 원치 않았을 것이다. 그리고 아무리 스토아철학에 빚지고 있을지라도, 그는 **창조**의 사상에 특히 관심을 둠으로써("창세로부터…만드신 만물에"; "바울은 사상을 말하고 있는 것이 아니라 하나님의 능력을 나타내는 사물과 사건을 언급하고 있다"[Schlatter; 참조. 14:17]) 그리고 묵시적인 구조 내에 그 용어를 설정함으로써(하늘로부터의 하나님의 진노의 계시; Michel, Wilckens), 스토아철학의 차원에서 자신의 용어가 이해되지 않아야 한다는 것을 확인시켜준다. "사도가 의도하고 있는 것은 세상으로부터 하나님의 존재를 추론하고 있는 것이 아니라 하나님의 계시로부터 세상의 존재를 밝히려는 것이다"(Bornkamm,

"Revelation," 59). 그러나 그 용어의 가치는 그로 하여금 헬라 종교 철학의 상식에 호소할 수 있게 해준다는 것이다: 합리적 인간은 하나님의 존재(심지어 보이지 않을지라도)와 영원한 능력과 신성으로서의 하나님의 존재를 인식한다. 즉 그 구절(누메나 카도라타이[νοούμενα καθορᾶται])은 어떻게 번역이 된다하더라도("분명히 인지되어지는"[RSV]; "이성의 눈으로 보여지는"[NEB]), 창조된 우주 속에 그리고 배후에 보다 충만한 실제에 관한 일종의 합리적 인식의 차원에서 독자들이 생각할 것을 의도하지 않았다는 것은 거의 가능성이 없는 말이다(참조. BGD, 노에오[νοέω] 1a; *TDNT* 5:380). 이것이 더 이상 널리 용인된 세계관이 아니라는 것이 바울에 대한 우리의 주해에 물론 영향을 주어서는 안된다. 동시에 바울이 전통적인 유대 세계관이 아닌 것에 자신의 논증을 세우고, 또 자신의 주해의 이 중요한 서두 단계에서 그것에 관한 해설을 준비시키는 내용의 정도는 *ad hominem*은 아니라 할지라도, 그의 변증적인 전략이 폭넓고 대담함을 드러내는 것이다.

"그러므로 저희가 핑계치 못할지니라"(εἰς τὸ εἶναι αὐτοὺς ἀναπολογήτους – 에이스 토 에이나이 아우투스 아나폴로게투스). "핑계치 못할"(ἀναπολόγητος – 아나폴로게토스)는 헬라어 성경에서 오직 여기와 2:1에서만 나온다. Althaus를 보라. 그 구문은 목적("하기 위해서")이라기보다는 원인("그러므로")으로 취할 수 있고, 아마도 그렇게 취해지도록 의도되었을 것이다(*TDNT* 2:430-31). 그 요지는 Wisd Sol 13:8-9에서와 동일하다. 또한 제4에스라 7.22-24와 *T. Mos.* 1.13을 참조하라. 이것이 바울의 목적이다. 다시 말하면 자신의 기소를 보편적인 근거의 넓은 영역에 세우는 것이다. 보다 구분되는 특징을 갖는 유대적 용어로 자신의 주장을 설명하는 것은 공통된 근거를 상당히 성급하게 좁힐 위험성이 있다. 바울이 이러한 헬라적 이해를 선택한 목적은 인간의 행위(종교적 행위를 포함하여)와 "하나님에 관해 알려진 것" 사이에 있는 불균형의 공통된 인식에서 출발해보자는 것이다. 그렇게 한데는 최초의 공통된 동의(assent)가, 설사 주변부에 있는 독자들이라 할지라도, 뒤이어지는 보다 유대적인 분석에 마음을 열 수 있게 할 것이라는 소망이 들어있었을 것이다.

21 "하나님을 알되 하나님으로 영화롭게도 아니하며 감사치도 아니하고"(διότι γνόντες τὸν θεὸν οὐχ ὡς θεὸν ἐδόξασαν ἢ ηὐχαρίστησαν – 디오티 그논테스 톤 데온 우크 호스 데온 에독사산 헤 에우카리스테산). 바울은 여기서 보다 익숙한 유대적 범주로 전환을 하기 시작한다. "하나님을 알되"(γνόντες τὸν θεόν – 그논테스 톤 데온, 참조. 고전 1:21; 갈 4:9; 요 10:15; 17:3; 요일 4:7-8). 만약 헬라 사상에서 "하나님을 아는 것"이 하나님이 실제 있는 것으로 인식하는 것이라면(*TDNT* 1:690

-91; 참조. 18절), 히브리 사상에서는 적절한 예배와 순종 속에서 표현된 적극적인 인식, 즉 인정을 하는 것으로서의 지식이라는 강력한 의미를 담고 있다(삿 2:10; 삼상 3:7; 시 79:6; 호 8:2에서처럼; 참조. *TDNT* 1:704-7; Bultmann, *Theology*, 1:213 ["하나님의 관한 지식이 하나님에 관한 인정이 아니라면 그것은 거짓이다"). 또한 Wisd Sol 16:16을 참조하라. 그러나 "영화롭게 하다"(*δοξάζω*–독사조)를 갖고서 우리는 유대적 범주로 더욱더 충분하게 이동할 수 있다(참조. 출 15:1, 2, 6, 11, 21). "하나님을 영화롭게 하는 것"은 "영광"(*δόξα*–독사)에 대한 적절한 반응인데, 즉 영광은 신현과 환상 속에서 하나님이 나타내시는 놀라운 신의 광채이므로 사람들로 하여금 자신의 연약성과 부패를 느낌으로써 하나님께 영광을 돌리게 한다(예를 들어, 출 24:15-17; 참조. 20:18-20; 사 6:1-5; 겔 1장; 또한 6:4과 9:4를 보라; *TDNT* 2:238-42). 또한 바울에게 있어서 그밖에 다른 곳으로는 15:6, 9; 고전 6:20; 고후 9:13; 갈 1:24에서, 그리고 신약에서는 막 2:12; 눅 23:47; 행 4:21; 벧전 2:12에서 나타난다.

"감사치도 아니하고"(*οὐχ ηὐχαρίστησαν*–우크 에우카리스테산)는 일종의 일상적인 표준적 형식으로 이해해서는 안된다(서신의 초기에 사용할 수 있는 것처럼; 1:8을 보라). 그런 형식적인 감사와는 대조되게, 여기서 바울은 전반적인 삶의 특징으로서의 감사의 차원을 더욱더 생각하고 있다. 말하자면, 매일의 삶의 경험이 하나님께 빚을 지고 있으며, 따라서 자신의 삶과 삶의 경험이 하나님으로부터의 선물이라고 인식하는 그런 적절한 반응을 바울이 분명히 염두에 두었을 것이다. 바울의 시각으로 볼 때, 경외(주님을 두려워 함)의 태도와 감사하는 마음은 하나님에 관한 지식이 저절로 표현을 하게 하는 방식이다. 하지만 인간이 참된 사건의 실상이라고 알고 있는 것과 그 지식에 맞지 않는 삶간의 비합리적인 분리로서 인간의 행동을 특징지을 수 있을 것이다. 하나님께 합당한 영광을 돌리지 못하고 하나님의 선물로서의 생명을 받지 못한 것이 인류의 주된 죄를 표현하는 바울의 방식이 된다.

"그 생각이 허망하여지며"(*ἐματαιώθησαν ἐν τοῖς διαλογισμοῖς αὐτῶν*–에마타이오데산 엔 토이스 디아로기스모이스 아우톤). "생각, 의견, 추론"(*διαλογισμός*–디아로기스모스)에 대해서는 14:1을 보라. 마타이오스(*μάταιος*)가 "헛된, 텅빈"이라는 의미로 헬라 문학에서 충분히 잘 알려졌을지라도, 마타이오테스(*ματαιότης* 8:20; 엡 4:17; 벧후 2:18)와 마타이오(신약에서 오직 여기에서만 나온다)는 거의 독점적으로 성경적인 용어로 사용되었다. 그처럼 바울의 주석은 시편 기자(39:4-5; 62:9; 78:33; 144:4; 특히 94:11)의 냉혹한 부정적 심판에 의해 대단히 영향을 받았고, 인생이 짧다는 것과 인생에서 발생하는 많은 무가치한 특징들에 관해 특히 전도서(1:2, 14; 2:1, 11, 15, 15; 등등)에 의해 영향을 많이 영향을 받았다. 다시금 Wisd Sol 13:1; 렘 2:5에서의 유사한 평행을 참조하라. 바울이 의미하는 것은 아주 단순하다: 인생이 하나님의 선물로서 경험되지 않는 곳에는 실재와 교감하지 못하고 무익하게 된다. 8:20을 보라.

"미련한 마음이 어두워졌나니"(*ἐσκοτίσθη ἡ ἀσύνετος αὐτῶν καρδία* – 에스코티스데 헤 아수네토스 아우톤 카르디아). 특히 시 75:6 70인경[76:5]: 그노스토스 엔 테 유다이아 호 데오스(*γνωστὸς ἐν τῇ Ἰουδαίᾳ ὁ θεός*)(75:2 70인경[76:1])로 시작하는 호이 아수네토이 테 카르디아(*οἱ ἀσύνετοι τῇ καρδίᾳ*…); 에녹1서 99.8. 종교적이고 도덕적인 인식 기관에 대해 언급하는 비유적인 의미로의 스코티조(*σκοτίζω*)에 대해서는 11:10(시 68:24을 인용하고 있는)과 *T. 12 Patr*을 참조하라(*T. Reub.* 3.8; *T. Levi* 14.4; *T. Gad* 6.2). "이해가 없는, 이해하지 못하는"(*ἀσύνετος* – 아수네토스, 참조. 1:31; 10:19). 카르디아(*καρδία*)는 그것의 현대적인 동의어("마음")보다 훨씬 넓은 사용을 갖는다. 이는 내적인 삶의 자리, 내적인 경험을 하는 "나"를 나타내는데, 감정, 소원 또는 욕구(예를 들어, 1:24; 9:2)에 대한 언급으로서 뿐 아니라 의지와 결정을 하는 것(예를 들어, 고후 9:7) 그리고 여기서처럼 사고와 이해의 기능(BGD; Jewett, *Anthropological Terms*, 305-33을 보라)에 대한 언급을 나타내는 것으로 사용된다. 또한 2:15; 8:27을 보라. 바울의 요지는 특히 합리적인 존재로서 반응하고 기능하는 인간의 전적인 능력이 손상을 입었다는 것이다. 따라서 하나님에 관한 합당한 인식으로부터 오는 조명과 작용이 없다면, 그의 전체적인 중심은 방향을 잃고 본질적으로 아주 사소한 일에 시간을 탕진하며, 어둠에서 헤매게 된다.

22 "스스로 지혜있다 하나 우준하게 되어"(*φάσκοντες εἶναι σοφοὶ ἐμωράνθησαν* – 파스콘테스 에이나이 소포이 에모란데산). "지혜"(*σοφία* – 소포이)는 유대교 내의 지혜전승이 보여주는 것처럼, 고대세계에서 대단히 높게 평가되었다. 특히 스토아철학에서 "현명한 사람"(*συφός* – 소포스)은 대단히 열망하는 이상이었다(참조. *TDNT* 7:473). 에모란덴(*ἐμωράνθην*)을 사용함에 있어서 바울은 예레미아 10:14을 염두에 두었을 것인데, 특히 그것이 이어지는 구절에서 바울이 취하고 있는 우상숭배에 대한 유대적 논증의 일부이기 때문이다. 마 5:13//눅 14:34 속에서의 예레미야 10:14의 사용이 그것의 사용에 관한 빛을 던져주는지의 여부는 불분명하다: 소금으로서의 기능을 하지 못한다는 의미에서, 소금이 "맛을 잃었다"(*μωρανθῇ* – 모란데).

여기서 아이러니는 의도적이고 무겁다: 인간들은 현명하다고 주장하고, 이론적(합리적) 지식과 그것의 실제적 적용간의 적절한 균형을 이루고 있다고 주장한다. 하지만 그들의 인생은 그 반대를 보여준다. 즉 그 불균형을 인식하지 못한다: 이런 어리석음에도 불구하고 그들은 여전히 현명하다고 주장한다. 그들의 우준함이 그들의 지혜의 척도이다(참조. 고전 1:18-25; *TDNT* 4:845-47; 7:521).

여기서 아담의 기사를 반영하고 있음이 꽤 강력하게 나타난다. 바울이 그것에 대해 공개적으로 암시하지는 않지만, 19절의 그노스톤(*γνωστον*)은 창세기 2:9을 상기시켜준다. 더 커다란 지식에 대한 인간의 열망과 실제로 불이익과 존귀히 여김을 받지 못하는 것으로 귀결되는 높은 곳에 오르려는 욕구에 대한 묘사는 부정과거시제로 설정되어 있고, 그것은 분명히 창세기 3장에서의 인간의 타락에 관한 기사에 전형이 되고 있다. 타락 기사에서 "지식"에 관한 강조가 바울로 하여금 그 용어를 사용하게 했고, 또 그로 하여금 창세기 3장에서와 동일한 강조를 형성하게 했을 것이다. 아마도 헬라-로마와 헬레니즘적 유대 청중들은 그것에 관해서 인식하고 반응할 수 있었을 것이다. 이 기간의 유대 신학에서는 인간의 타락에 관한 창세기 기사를 사려깊게 사용하고 있었다(여기서 Wisd Sol 2:23-24; *Jub.* 3.28-32; *Adam and Eve*; 제4에스라 4.30; 그리고 특히 유사한 부분의 논쟁에서 아담을 사용하고 있는 *2Apoc. Bar.* 54.17-19을 참조하라; 더 자세한 것은 5:12을 보라). 그리고 창세기 기사의 영향은 유대-기독교 전승 바깥에서도 역시 적절히 증거가 나타나고 있는데, 특히 Hermetic 문서인 *Poimandre*가 증명하고 있는 것처럼 말이다(Dodd, *Greeks*, 특히 145-69를 보라). 23절이 또한 시내산에서 금송아지 우상숭배를 염두에 두고 있다고 하는 것(시 106:20; 1:23을 보라)이 여기서 이끌어내어진 결론을 약화시키지는 않는다(pace Bassler, *Divine Impartiality*, 197). 왜냐하면 유대전승에서 금송아지 우상숭배는 빈번하게 아담의 타락과 연관되었기 때문이다. 우상숭배는 인간의 타락을 최우선으로 보여주는 것이고, 또한 하나님이 이스라엘을 하나님의 백성으로 선택하신 후에도 이스라엘이 시내산에서 우상숭배에 빠진 것은 이스라엘의 역사에서 창조 이후에 아담의 타락과 동등한 것으로 여겨졌다(참조. Jervell, *Imago*, 115-16, 321-22). 보다 자세한 것은 Hooker, "Adam"; Wedderburn, "Adam," 413-19; Dunn, *Christology*, 101-2를 보라.

23 "썩어지지 아니하는 하나님의 영광을 썩어질 사람과 금수와 버러지 형상의 우상으로 바꾸었느니라"(*ἤλλαξαν τὴν δόξαν τοῦ ἀφθάρτου θεοῦ ἐν ὁμοιώματι εἰκόνος φθαρτοῦ ἀνθρώπου καὶ πετεινῶν καὶ τετραπόδων καὶ ἑρπετῶν* – 엘락산 텐 독산 투

아프다르투 데우 엔 호모이오마티 에이코노스 프다르투 안드로푸 카이 페테이논 카이 테트라포돈 카이 에르페톤). 이제 그 논증은 우상숭배에 대한 표준적인 유대적 논증에 의존함으로써 완전히 유대적이 된다. 여기서 그 용어는 특히 시편 106[70인경 105]:20-*ἤλλάξαντο τὴν δόξαν*[엘락산토 텐 독산].…)에 의해 결정되어지는데(엔[*ἐν*]은 융통성 있는 히브리어 전치사 ב에서 유래한다; BGD *ἀλλάσσω*), 이는 황금송아지에 대한 우상숭배를 언급하고 있다. 아마도 예레미아 2:11도 염두에 두어졌을 것이다(…*ἠλλάξατο τὴν δόξαν*[엘락사토 텐 독산]…). 그리고 바울은 이사야 44:9-20(22-23절에서 몇 가지 반영한 것들이 있다)의 멋진 풍자를 확실히 염두에 두었을 것이다. Wisd Sol의 후반부에서 유지되는 논증이 상당히 영향을 주었을 것이다: 특히 11:15; 12:24; 13:10, 13-14; 14:8; 15:18-19을 주목해 보라(또한 *Ep. Arist.* 138을 참조하라). 예레미야의 편지(Letter of Jeremiah, Ep Jer)에서 유지되는 논증과 *Sib. Or.* 3의 반복된 공격(특히 다시금 3:8-45를 참조하라)이 또한 전형적인 배경이 되고 있다. 예레미아스(Jeremias, "Röm 1:22-32")는 *T. Naph* 3.2-4에 특별한 주의를 기울이고 있다. 슐츠(Schulz)는 유대 묵시에 더욱더 뿌리를 박고 있는 것으로 그 배경을 본다(참조. 에녹1서 91.4ff; 99.2ff; *Sib. Or.* 3.6ff; *T. Mos.* 1.13; *2Apoc. Bar.* 54.17-22). 더 자세한 것은 Str-B, 3:53-60, 60-62를 보라. "하나님의 영광"(*δόξα θεοῦ*-독사 데우)에 대해서는 1:21, 3:23, 6:4 그리고 9:4를 보라.

"형상"(*ὁμοίωμα*-오모이오마, 5:14, 6:5 그리고 8:3를 보라)과 "우상"(*εἰκών*-에이콘, 특히 계 13:14-15; 14:9, 11; 15:2; 16:2을 참조하라; 8:29를 보라)의 사용은 동일한 용어가 신명기 4:16-18에서 동등하게 사용되었다는 사실로 인해 촉발되었을 것이다. 어떤 의미인지 충분히 생각할 수 있을 때라도 두 단어를 의도적으로 사용한 것은 효과를 위해 어떤 개념을 반복적으로 사용하는 셈어적인 관습의 실례가 될 것이다(참조. Moulton, *Grammar* 2:419-20). 그러나 여기서 그것은 실재 그리고 우상이 묘사하는 것으로 여겨지는 것간의 거리를 가중시키기 위한 의도로 보여진다-복사의 복사, 즉 심지어 대신하는 것으로도 부적절한 것("열등한, 그림자적인 성격"[Barrett]). 라그란지(Lagrange)는 가능성 있는 평행어인 마카비1서 3:48을 인용한다. 우리는 플라톤의 동굴 비유에 관한 알레고리와도 역시 비교할 수 있을 것이다: 인간이 보는 것은 다만 벽에 있는 형상의 그림자일뿐이다(*Republic* 7.514-17). "우상"(*εἰκών*-에이콘)은 하나님의 형상으로서의 인간에 관한 생각에 의해 촉발되었다는 것은 가능성은 있지만, 그럴 것 같지 않다. 왜냐하면 그 용어는 역시 "새, 맹수, 파충류"도 역시 언급하기 때문이다(Wedderburn, "Adam," 416-49에서의 논의를 보라). 하지만 창세기 1:20-25의 영향은 그럼에도 불구하고 마지막 네 명사를 선택하는 일에 있어서 식별할 수 있는 기준이 되어 주었을 것이다(Hyldahl).

아프다르토스/프다르토스(*ἄφθαρτος/φθαρτός*)의 대조("부패하지 않은/부패한, 죽지 않는/죽을")는 헬라적 유대교를 통해서 스토아 철학에서 본래 이끌어져 왔을 것이다(참조. *TDNT* 9:96). 우리는 헬라적 유대교가 이미 (여기서 다시금 바울의 해설과 몇 가지 접촉점을 갖고 있는) Wisd Sol 2:23과 필로의 *Leg. All.* 3.36(이 안에는 우상숭배에 대한 유대적 논쟁의 일부가 형성되어 있다)에 암시적으로 확립되어진 것을 알고 있다.

우리는 우상숭배에 대한 유대-기독교의 논증이 일반적인 이신론에 관한 포이에르바하의 비판을 예시하고 있다고 주목할 수 있다(참조. Gaugler). 인간의 종교에 관한 비판은 이미 유대-기독교 전승 안에 이미 주어져 있다(Barth; Eichholz, *Theology*, 70-76).

24 "그러므로 하나님께서 저희를 마음의 정욕대로 더러움에 내어 버려 두사"(*διο παρέδωκεν αὐτοὺς ὁ θεὸς ἐν ταῖς ἐπιθυμίαις τῶν καρδιῶν αὐτῶν* – 디오 파레도켄 아우투스 호 데오스 엔 타이스 에피두미아이스 톤 카르디온 아우톤). "내어 버려두사"(*παρέδωκεν* – 파레도켄)는 책임과 지배를 넘겨주었다는 의미다. 여기서 그 용법에 대해서는 행 7:42; 롬 6:17을 참조하라. 동일한 단어를 세 번이나 반복한 것(24, 26, 28절)은 매우 효과성이 있다. 그러나 하나님의 심판은 이미 21-22절의 "신적인 수동태"에 함의되어 있다. "정욕"(*ἐπιθυμία* – 에피두미아)은 좋은 의미로 사용될 수 있으나(따라서 빌 1:23과 살전 2:17), 자주 나쁜 의미로 사용된다. 이는 특히 성적인 욕구를 포함하여 어떤 금지된 것에 대한 욕구로 자주 사용된다. 대체로 스토아철학에서 자주 발견되고(BGD), 유대지혜문학에서도 이런 의미로 자주 발견된다(Wisd Sol 4:12; Sir 5:2; 18:30-31; 23:5). 바울은 인간의 동물적 욕망, 특별히 육체의 욕망, 죽을 수밖에 없는 육체를 염두에 두고 있다(6:12; 7:7-8; 13: 14; 갈 5:16, 24; 골 3:5; 살전 4:5; 또한 엡 2:3; 4:22). 바울은 여전히 타락기사의 구조 내에서 움직이고 있다. 즉 속박으로부터 자유롭고자 하는 인간의 욕망은 원죄처럼 그가 원하는 것을 하는 것이다(7:7을 보라). 그러나 바울은 하나님의 진노를 불러온 인간의 갈망에 관한 또 다른 고전적인 실례를 염두에 두었을 것이다. 시편에는 두 번이나 하나님이 인간들에게 그 소욕을 주셨다고 언급되어 있다(시 78[70인경 77]:29: 카이 텐 에피두미안 아우톤 에도켄 아우토이스[*καὶ τὴν ἐπιθυμίαν αὐτῶν ἔδωκεν αὐτοις* [S]; 106[105]:14-15).

"더러움에"(*εἰς ἀκαθαρσίαν*－에이스 아카다르시안). "더러움"(*ἀκαθαρσία*－아카다르시아)은 초기의 이교적 함의를 이제 거의 상실하고, 명백한 도덕적 의미를 갖는다(Wisd Sol 2:16; 에스드라1서 1:42[70인경 40]). 특히 성적인 부도덕성(에녹1서 10.11; *T. Jud.* 14-15; *T.Jos.* 4.6)이란 의미를 갖는다. 다소 유사한 사상의 흐름에 대해서는 Philo, *Leg. All.* 3.139를 참조하라. 신약에서 그 용어는 거의 전적으로 바울적인 단어다(바울 서신에서 9번). 여기서 특히 6:19; 갈 5:19; 엡 4:19; 골 3:5를 참조하라.

"저희 몸을 서로 욕되게 하셨으니"(*ἀτιμάζεσθαι τὰ σώματα αὐτῶν ἐν αὐτοῖς*－아티마제스다이 타 소마타 아우톤 엔 아우토이스). 이는 그들이 (창조되었던 목적에 따라) 받을 수 있는 존중을 받지 못하는 방식으로 취급을 당할 것임을 의미한다. 따라서 "강등되어질 것이다." 우상숭배와 성적인 음란을 같이 연결시킴으로서, 바울은 유대적 논증의 노선을 따르는 것을 계속한다. 특히 Wisd Sol 14:12-27에서 표현된 것처럼 말이다. 동성연애적인 관행에 대한 비난에 대해서는 1:26-27을 보라.

바울은 내어버려 두는 행위를 벌로서 보았을 것이지만, 악의나 복수로는 아니다. 그에게서 그 용어는 하나님으로부터 떨어진 인간은 동물적인 낮은 단계로 퇴행한다는 사례를 담고 있다. 하나님은 하나님으로부터 자유롭기를 원하는 인간의 반항적인 욕구(창세기 3장의 "하나님처럼" 되고자 하는 측면에서)를 받아들이신다는 의미에서 그들을 내어버려 두신 것이고, 또 인간의 기본적인 본능으로부터 속박했던 통제에서 풀어준다는 의미에서 그들을 내어버려 두신 것이다. 그 합리적 근거는 하나님이 원하지 않는 사람에 대한 통제를 유지하지 않으신다는 것이다. 독자적으로 원하는 사람들에 그의 원대로 할 수 있게 허락하셨다. 여기서 우리는 성적인 것을 포함하여 바울이 모든 인간의 욕구를 불결한 것으로 기소하지 않고 있다는 중요한 자연스러운 결론을 이끌어낼 수 있다. 오히려 그러한 요구가 인간을 통제하고, 그 욕구가 인간의 삶의 가장 중요한 측면이 될 때에 그것이 죄가 된다는 것이다. 아마도 바울은 하나님의 내어버려 두심을 적어도 잠재적인 구속으로 보았을 것인데, 만약 인간이 타락으로 행할 수 있는 자유에서 벗어날 수만 있다면 말이다(참조. 고전 5:5). 바울의 청중을 이루고 있는 많은 이방인 하나님 숭배자들의 경우가 확실히 그랬을 것이다.

25 "이는 저희가 하나님의 진리를 거짓 것으로 바꾸어"(*οἵτινες μετήλλαξαν τὴν ἀλήθειαν τοῦ θεοῦ ἐν τῷ ψεύδει*－오히티네스 메텔락산 텐 알레데이안 투 데우 엔

토 퓨데이). 이것은 23절에 대한 보다 강한 번역이다. 따라서 "하나님의 진리"는 부분적으로 그의 보이지 않는 본성이고, 창조자로서의 그의 우주적인 권능이다(1:20을 보라). 하지만 유대 사상에 익숙한 사람들에게서 알레데이아(*ἀλήθεια*)는 불가피하게 하나님의 믿을만함과 신실성에 관한 의미를 역시 내포하고 있다(אֱמֶת; *TDNT* 1:242; *TDOT* 1:313-16; 또한 3:3-4을 보라). 이런 용어들로 기소를 하는 것은 이 서신의 사상 안에 있는 주제적인 중요성을 갖는다(서론 §4.2.2와 1:17을 보라): 하나님의 신실성=믿을만함에 관한 오해가 이방인과 유대인의 실패의 뿌리에 놓여 있지만, 이방인과 유대인에 대한 유일한 희망이 동일한 "하나님의 진리"에 놓여 있다. 토 퓨도스(*τὸ ψεῦδος*)는 "거짓들"을 의미하는 것으로 집합적으로 사용될 수 있고, 또 그것은 하나님에 대한 인간의 적절한 반응과 분명히 대조되는 것으로 사용될 수 있다(시 4:2; 5:6; 렘 3:10; 13:25). Ep Jer 47에서 여기서처럼 반 우상 논쟁에서 사용되었다. 하지만 NEB의 "거짓 것을 위해 참되신 하나님을 팔아먹었다"는 번역은 다소 지나치게 자의적이다.

"피조물을 조물주보다 더 경배하고 섬김이라"(*ἐσεβάσθησαν καὶ ἐλάτρευσαν τῃ κτίσει παρὰ τὸν κτίσαντα* – 에세바스데산 카이 엘라트류산 테 크티세이 파라 톤 크디산타). "경배하다"(*σεβάζομαι* – 세바조마이)는 신약성경에서 오직 여기서만 나온다; 특히 사도행전 7:42을 참조하라. 이 경우에 바울은 그와 같은 제의적 예식 또는 유대인들이 아주 치를 떨었던 우상숭배적인 이교도 예식에 관해 분명히 생각하고 있다. 에세바스데산 카이 엘라트류산(*ἐσεβάσθησαν καὶ ἐλάτρευσαν*)이 21절의 에독사산 헤 에우카리스테산(*ἐδόξασαν ἢ ηὐχαρίστησαν*)과 균형을 이루기 위해 의도되었을지라도, 보다 넓은 언급이 결코 배제된 것은 아니다. 이 시기의 유대적 경건 속에서 창조자로서의 하나님의 근본적인 인식에 관해서는 *TDNT* 3:1019를 보라. 또한 1:20을 보라.

전형적인 유대인에게서 그것은 다른 종교의 어이없는 어리석음을 항상 나타내었는데, 말하자면 여타 종교들이 창조주보다 피조물을 섬기기를 좋아하고, 또 손으로 만든 피조물을 섬기기를 선호했던 어리석음을 암시한다(1:23을 보라). 그 형상이 오직 신을 대표한다는 반응은 하나님의 보이지 않으심(20절), 영광 그리고 온전하심(23)에 관한 강조(20절)에 의해 충족되었다. 우상은 거짓이며(*ἐν τῷ ψεύδει* – 엔 토 퓨데이), 모든 인간의 인식(21-22절)과 뒤이어지는 태도와 행동을 왜곡시키는 실재의 위증이다. 바울은 이교도의 우상숭배와 성적인 방종간의 전형적인 연관은 우연이 아님을 확인해준다: 하나님에 관한 인지가 더욱더 기초가 될수록, 예배와 그에 상응하는 행위는 더욱더 적절하게 기초를 이룰 것이다(참조. Wisd Sol 14:12).

"곧 영원히 찬송할 이시로다 아멘"(*ὅς ἐστιν εὐλογητὸς εἰς τούς αἰῶνος, ἀμήν* – 호스 에스틴 율로게토스 에이스 투스 아니오노스). 철저히 전형적인 유대적 축복이다(창 9:26; 14:20; 삼상 25:32; 삼하 18:28; 왕상 1:48; 8:15; 대하 2:12; 시 41:13; Tob 3:11; 8:5; 눅 1:68). 모든 경건한 유대인들처럼, 바울은 자신의 일상적인 기도로 하나님의 축복을 선포하였을 것이다(Eighteen Benediction; בָּרוּךְ=*εὐλογητός*). "찬송할 하나님 우리 아버지"라는 형식구는 기독교에서 즉시 확립된 용어가 되었을 것이다(고후 1:3; 엡 1:3; 벧전 1:3). 또한 9:5절; *TDNT* 2:760, 764을 보라; 보다 자세한 것은 12:14을 보라. 여기서 바울은 모든 은총과 축복은 하나님 한 분 안에만 있다는 것을 인식하지 못하는 예배와 그밖에 다른 것 이전에 그 축복에 의존하여 살지 않는 삶과 자기 자신을 멀리 하는 방식으로 그 축복을 사용한다. "아멘"은 이 진리에 대한 바울의 헌신을 강조한다. 유대와 기독교의 기도와 송영에서 예배자들이 동의를 표하는 것으로서 아멘(*ἀμήν*)을 사용한 것에 대한 확립된 설정을 얻기 위해서는 *TDNT* 1:335-37를 보라. 바울에게서는 9:5; 11:36; 15:33; 고전 16:24; 갈 1:5; 6:18; 빌 4:20; 살전 3:13; 또한 엡 3:21; 딤전 1:17; 6:16; 딤후 4:18을 보라.

26 "이를 인하여 하나님께서 저희를 부끄러운 욕심에 내어 버려 두셨으니"(*δια τοῦτο παρέδωκεν αὐτοὺς ὁ θεὸς εἰς πάθη ἀτιμίας* – 디아 투토 파레도켄 아우투스 호 데오스 에이스 파데 아티미아스). 파레도켄(*παρέδωκεν*)에 대해서는 1:24을 보라. 에이스 파데 아티미아스(*εἰς πάθη ἀτιμίας*)는 24절을 다시금 형성한 것이다(엔 타이스 에피두미아스…투 아티마제스다이[*ἐν ταῖς ἐπιθυμίας · τοῦ ἀτιμάζεσθαι* …]). "도덕적 남용은 하나님의 진노의 결과이지, 진노에 대한 이유는 아니다" (Käsemann). "욕심", 특히 성적인 본능에 대한 의미로 파데스(*πάθος*)에 대해서는 BGD를 보라(특히 마카비4서; 신약의 다른 곳에서는 오직 골 3:5; 그 구절이 *T. Ios.*7.8에서처럼 사용되어진 살전 4:5). "욕심"은 단지 행위가 아니라 불명예스러운 것이다(Schlier). 아티미아(*ἀτιμία*)는 존귀히 여길 만한 가치가 없는 "불명예, 망신, 수치"를 의미한다. 하나님에게 합당한 영광을 드리지 못한 결과는 자기 자신의 불명예를 초래한다: 인간의 존중(자아 존중과 다른 사람들에 대한 존중)은 오직 하나님만이 창조된 것을 질서짓고 처분하시는 창조자로서의 권위를 갖는다는 인식에 뿌리내려 있다.

"곧 저희 여인들도 순리대로 쓸 것을 바꾸어 역리로 쓰며"(*αἵ τε γὰρ θήλειαι*

αὐτῶν μετήλλαξαν τὴν φυσικὴν χρῆσιν εἰς τὴν παρὰ φύσιν – 아히 테 가르 델레이아이 아우톤 메텔락산 텐 푸시켄 크레신 에이스 텐 파라 푸산). 바울은 특히 성적인 관계성과 성적인 적합성을 염두에 두었다(참조. 막 10:6//마 19:4; 창 1:27; 갈 3:28). 여성의 동성애적인 관행이 남성에 앞서 언급되고 있는데, 아마도 남성의 성욕이 더 공격적이었기 때문일 것이다. 27절에 나타나는 것처럼 이는 점증적인 강조를 만들어준다. 여기서처럼, 크레시스(*χρῆσις*)는 "관계, 행위", 특히 성적인 교접에 관한 언급의 의미에서 사용되어질 수 있다(BGD).

"순리"(*φύσις* – 푸시스)는 히브리적인 개념은 아니다. 그 용어는 오직 헬라에서 기인한 70인경의 후대의 작품에서만 나온다(Wisd Sol 3과 마카비4서). 비록 관점은 다르다 할지라도, 다시금 Wisd Sol 13:1을 참조하라. 상당히 근접한 것은 *T. Naph.* 3.4-5인데, 거기서 사상의 노선이 서로 유사하다. 그 개념은 주로 헬라적이며, 전형적으로 스토아적 – 자연적인 질서와 스토아 철학의 이상이 되는 신적인 합리성에 따라 살아가는 것 – 이다. 토 카타 푸신 젠(*τὸ κατὰ φύσιν ζῆν*)은 토 칼로스/유 젠(*τὸ καλῶς/εὖ ζῆν*, "잘 사는 것")과 동등하다. "역리"(*παρὰ φύσιν* – 파라 푸신)적인 행위에 관한 개념이 나타나고 있는데, 이는 남색과 같은 성적 관계를 특별히 언급한다(더 자세한 것은 *TDNT* 9:252-71, 특히 262-67을 보라). 그러한 동성애적인 관행에 대한 혐오는 특히 유대적이다(1:27을 보라).

27 "이와 같이 남자들도 순리대로 여인 쓰기를 버리고"(*ὁμοίως τε καὶ οἱ ἄρσενες ἀφέντες τὴν φυσικὴν χρῆσιν τῆς θηλείας* – 호모이오스 테 카이 오이 아르세네스 아펜테스 텐 푸시켄 크레신 테스 델레이아스). 1:26을 보라.

"서로 향하여 음욕이 불일 듯하매"(*ἐξεκαύθησαν ἐν τῇ ὀρέξει αὐτῶν εἰς ἀλλήλους* – 엑세카우데산 엔 테 오렉세이 아우톤 에이스 알렐루스). "불일 듯 하다" (*ἐκκαίομαι* – 에카이오마이)와 "간절함, 욕구, 특히 성적인 욕구"(*ὄρεξις* – 오렉시스)는 오직 신약성경에서만 나온다(BGD). 하지만 오렉시스(*ὄρεξις*)는 Wisd Sol 14:2, 15:5 그리고 16:2-3에서도 사용되었다. 하지만 더욱 밀접한 평행구절이 Sir 23:6, 16에서 발견된다.

"남자가 남자로 더불어 부끄러운 일을 행하여"(*ἄρσενες ἐν ἄρσεσιν τὴν ἀσχημοσύνην κατεργαζόμενοι* – 아르세네스 엔 아르세신 텐 아스케모수넨 카테르가조메노이). 아스케모수네(*ἀσχημοσύνη*)는 "부끄럼 없는 행위", "음란한 행동"(NIV)을 말한다. 동족 형용사처럼 그 용어는 성기의 노출에 관한 언급으로 사용되어질 수 있다(규칙적으로 70인경에서처럼, 출 28:42; Nah 3:5; 겔 16:8; 그리고 특히 레 18장과

20장에서 많이 나타나는데, 70인경의 언급의 2/3 이상이 거기서 나온다; 신약에서는 오직 고전 12:23과 계 16:15에서만 나온다; 또한 BGD를 보라). 전체 구절(*τήν ἀσχημοσύνην κατεργαζόμενοι* – 텐 아스케모수넨 카테르가조메노이, "부끄러운 일을 행하며")은 단순히 동성애적인 경향 혹은 욕구를 염두에 둔 것이 아니라, 외음부적인 행위를 염두에 두었음을 분명히 나타낸다. Scroggs, *Homosexuality*, 115는 바울이 여기서 특별하게 남색을 염두에 두고 있었다고 제기하지만, 바울의 기소는 모든 종류의 동성애적인 행위, 남성뿐만 아니라 여성도 포함하는 것으로 보이고, 이는 다른 것과 구분된 어떤 한 종류의 동성애적인 관행에 초점을 맞춘 것이 아니다.

"저희의 그릇됨에 상당한 보응을 그 자신에 받았느니라"(*τὴν ἀντιμισθίαν ἣν ἔδει τῆς πλάνης αὐτῶν ἐν ἑαυτοῖς ἀπολαμβάνοντες* – 텐 안티미스디안 엔 에데이 테스 플란테스 아우톤 엔 에아우토이스 아폴람바논테스). "보응, 벌"(*ἀντιμισθία* – 안티미스디아)은 "받았다"(*ἀπολαμβάνω* – 아폴람바노)에서처럼 오직 기독교 작가들에게서만 나오는데, 이는 거래의 호혜적인 본성에 관한 강조가 들어 있다(안티 – [*ἀντι*], 아포 – [*ἀπο*]. 참조. *m.* *'Abot* 4.2. 프라네(*πλάνη*, "헤매는, 떠돌아다니는")는 기독교 문헌에서 진리의 길에서 벗어났다는 것으로 비유적으로 사용하는데, "잘못, 망상, 사기 속임"(BGD)으로 역시 사용된다. 특히 약 5:20; 벧후 2:18; 유 11절을 참조하라. 이 점에서 Wisd Sol 12:24의 영향은 가능성이 있다. 이것은 역리적인 성적 관행 그 자체가 벌이며, 하나님의 떠난 불가피한 결과라는 것을 의미한다. 죄에 대해 하나님이 명하시는 벌은 그 죄에 권세에 넘겨져서, 그에 따른 보응을 받음은 이 항목 전체에 걸쳐 있는 주제이며(파레도켄[*παρέδωκεν*]: 24, 26, 28절), 여기서 더욱더 강조된다(특히 Wisd Sol 11:16; 12:23, 27; *T. Gad* 5.10을 참조하라).

그리스-로마 세계에서 동성애는 꽤 흔한 일이었으며, 심지어 높이 존경받는 사람들에게서 유행했다. 이에 대한 것들이 플라톤의 *Symposium*과 플타르크의 *Lycurgus*에서 나온다. 동성연애는 사회적 삶의 특징이었으며, 특히 신들(예를 들어, Ganymede에 대해 제우스가 매력을 가진 것)과 황제들(예를 들어, 사생아에 대한 네로의 탐닉은 곧 유명해졌다)도 탐닉했다. 레스보스(Lesbos)의 여인에 대한 동성애적인 평판은 루시안(Lucian)이 *Dialogue of the Courtesans*(A.D. 2세기)에서 자신의 다섯 번째 주제로 동성연애를 삼기 훨씬 전에 이미 잘 확립되었었다. 그러나 왜곡 즉 이교적 혐오로 유대인들이 동성연애에 반응한 것은 구약성경 전체에 걸려 일관되게 나타나는데(예를 들어, 창 19:1-28; 신 23:18; 사 1:9-10; 3:9; 렘 23:14; 애 4:6; 겔 16:43-58), 이는 끔찍한 경고로 자주 회상되는 소돔의 죄가 더불어 자주 나온다(레

18:22; 20:13; 왕상 14:24; 15:12; 22:46; 왕하 23:7). 초기 유대교 당시에 동성애에 대한 혐오는 헬라적 관습에 대한 반응의 일부만이 아니다. 왜냐하면 우리들은 헬라 사상에 상당히 영향을 받은 대부분의 것에서 동성연애를 발견할 수 있기 때문이다(Wisd Sol 14:26; *Ep. Arist.* 152; Philo, *Abr.* 135-37; *Spec. Leg.* 3.37-42; *Sib. Or.* 3.184-86, 764; Ps. Phoc. 3, 190-92 ,213-14; Josephus, *Ap.* 2.273-75). 또한 *T.12 Patr* (특히 *T. Lev.* 14.6; 17.11; *T. Naph.* 4.1)에서와 *Sib. Or*(예를 들어, 3.185 -87, 594-600, 763)에서의 성적 난잡과 동성연애에 대한 지속된 논쟁을 역시 참조하라. 더 자세한 것은 Str-B, 3:68-74를 보라. 다시 말해서 동성연애에 대한 반감은 인간의 피조됨과 관련되고 또 요구되는 유대인의 이해에서 구분된 특징이다. 동성연애가 우상숭배의 일부라는 것은 당연한 것으로 여겨졌고(몇몇 동일한 구절들이 보여주는 것처럼), 그런 동성애에 탐닉한 사람들은 품위를 떨어뜨린 것으로 역시 이해되어졌다. 인간의 타락(창 3장)과 성적인 왜곡(여기서처럼)간의 연관은 전형적으로 유대적인데, 왜냐하면 죄의 기원을 설명하기 위한 유대인의 시도에 있어서 창세기 6:1-4이 역시 상당한 역할을 하였기 때문이다(*Jub.* 4.22;5.1-10;7.21; 에녹1서 6-11; 86; *T. Reub.* 5; *T. Naph.* 3.5; CD 2.18-21; 등등). 그밖에 신약의 다른 곳으로는 고전 6:9; 딤전 1:10; 벧후 2; 유 7절을 보라.

28 "또한 저희가 마음에 하나님 두기를 싫어하매"(*καθὼς οὐκ ἐδοκίμασαν τὸν θεὸν ἔχειν ἐν ἐπιγνώσει* – 카도스 우크 에도키마산 톤 데온 에케인 엔 에피그노세이) – 다섯 번째 반복되는 동일한 기소다(18, 21, 23, 25절). "또한"(*καθώς* – 카도스, BDF, §453.2). 도키마조(*δοκιμάζω*)는 일반적으로 "테스트하다, 시험하다, 시험으로 증명하다, 증명되어 받아들여졌다"라는 의미를 갖는다. 14:22; 고전 16:3; 고후 8:22을 참조하라(BGD). 또한 5:4을 보라. 따라서 그 의미는 무자격자의 고의적인 행위를 일걷는다. 이는 어떤 것에 의해서 정신이 혼미해졌다거나 하나님을 시야에서 놓친 인간의 상황을 단순히 의미하는 것이 아니라, 인간들이 하나님을 생각해보고는 하나님(즉 창조에 대한 권리를 갖는 창조주 하나님)이 자신들의 삶에 불필요하다는 결론을 내린 것이다. 참조. "불필요한 가정", 즉 "시대의 도래"로 인간에게 더 이상 필요 없게 된 유아기적 투사라고 하나님을 포기하는 보다 현대적인 주장들을 참조하라. "지식, 인식"(*ἐπίγνωσις* – 에피그노시스)은 종교적 혹은 도덕적 지식과 관련하여 문헌에서 발견되어진다. 절대형으로 사용되고(10:2; 빌 1:9; 그리고 골 3:10에서처럼), 도키마제인(*δοκιμάζειν*)과 함께 사용되는 그 용어는 아마도 더욱더 강조적인 의미를 갖는다. 즉 일상적인 삶을 위한 정보의 근원으로서 의도적으로 획득

되어진 지식이다(또한 Sullivan, 406을 보라). 그들은 그들의 삶을 형성하는 요인으로 하나님을 인정하지 않는다.

"하나님께서 저희를 그 상실한 마음대로 내어 버려 두사"(*παρέδωκεν αὐτοὺς ὁ θεὸς εἰς ἀδόκιμον νοῦν* – 파레도켄 아우투스 호 데오스 에이스 아도키몬 노무). 파레도켄(*παρέδωκεν*)이 세 번째로 사용되고 있다(1:24와 26절을 보라). 에도키마산/아도키몬(*ἐδοκίμασαν*/*ἀδόκιμον*)의 언어유희는 대단히 의도적이다. 그 요지는 하나님이 그들의 마음을 시험하고 상실한 자로 만들기를 선택하셨다거나 또는 그들의 마음을 타락하도록 만들었다는 것이 아니라, 하나님으로 하여금 어떤 시험의 주체로 만들게 한 그 행위 자체가 상실한 마음의 행위이며, "수준 이하"의 지적 행위이다. 피조물의 마음이 적절히 기능하는 수 있는 것은 하나님의 빛에 달려 있다(참조. 21절). 하나님이 그 마음을 그냥 내 버려 두실 때, 그 마음은 부적합해지고, 다른 사람들 그리고 나머지 모든 피조물들과의 관계 형성에 있어서 충분치 못한 자격을 갖게 된다. 바울은 시험에 실패하고 상실한 자가 되어진 이미지를 그밖에 다른 곳에서도 사용한다(고전 9:27; 고후 13:5-7). 바울에게 있어서 마음이 행동을 형성하는데 중요한 역할을 한다는 것은 여기서와 로마서의 다른 곳에서의 사용(12:2; 14:5)에서 충분히 분명하다. 바울은 인간의 합리적 과정을 복음과 단절시킬 의도를 갖고 있지 않다(참조. 고전 14:14-15, 19). 하나님을 고려하지 않으므로, 그 기능을 상실하고 실격자가 된 것이 그 마음이다(21절). 누스(*νοῦς*)에 대해서는 7:23과 12:2에서 더 자세히 보라. "죄에 적합한 벌"에 관한 주제는 클로스터만(Klostermann)에게서 자세히 보라.

"합당치 못한 일을 하게 하셨으니"(*ποιεῖν τὰ μὴ καθήκοντα* – 포이에인 타 메 카데콘타). "합당한, 적당한"(*τὸ καθῆκον*/*τὰ καθήκοντα* – 토 카데콘/타 카데콘타)은 확실히 스토아적인 구절이다. 이는 필로가 보여주는 것처럼 철학에서 전문용어로 알려져 있다(*Leg. All.* 1.56). 여기서처럼 부정적인 형태는 마카비2서 6:4, 마카비3서 4.16 그리고 Philo, *Cher.*14에서 역시 발견된다. 하지만 더욱더 스토아적인 표현은 토 파라 토 카데콘(*τὸ παρὰ τὸ καθῆκον*, Philo, *Leg. All.* 2.32)이다. 스토아 사상에서 긍정구는 적합한 것, 들어맞는 것, 본성과 조화되는 것을 나타낸다. 더 자세한 것은 BGD, *καθήκω*; *TDNT* 3:438-40을 보라. 26절에서의 "순리"와 "역리"에 대한 호소와 더불어 바울이 보다 넓게 호소하는 개념을 사용하고 있는 것은 분명히 의도적이다. 그는 전통적인 유대적 용어로 유대의 논증을 단순히 "재탕하는" 것으로 만족하지 않는다(NJB가 "그들의 음란한 행위"로 번역하여 1:26-27로 다시 돌아가서 언급하는 것은 잘못이다). 그는 비유대적인 용어로 자신의 기소를 형성하고 있을 뿐 아니라, 적절하고 적합한 것으로 여길 수 없는 많은 것들을 헬라 사상의 보다 넓은 인식 속에 호소를 시도하고 있다(또한 2:7, 10; 12:17; 13:3, 5, 10, 13; 14:18을 보라). 이것은 또한 그의 논증이 전반적으로 이방인의 도덕성과 삶의 양식에 관한 총괄적인 정죄로 취해져서는 안 된다는 점을 시사한다(26-27과 29-31절의 묘사가 비록 모든 이방인들에 관해서 언급하고 있을지라도 말이다). 그렇게 하는 것은 단순히 유대인을 얌전을 빼고 선입견을 갖고 있는 사람으로 보이게 함으로써 반대에 부딪히게 할 것이다. 그의 논증은 인간 사회 속에서 그러한 특징들이 있는 것, 즉 사려 깊은 이방인들도 역시 부자연적이고 부적절한 것으로 인식하는 특징들이 있는 것은 보이지 않는 창조자에 대한 피조물과 예배자로서의 적절한 역할로부터의 인간의 자기-이탈을 증거하는 것로서, 이는 유대적 전제로 가장 잘 설명되어진다.

29-31 그러한 악의 목록은 고대 세계, 특히 우리가 앞선 구절에서 알 수 있는 것처럼, 스토아철학에서 잘 알려져 있다(특히 Lietzmann을 보라). 그러나 유사한 목록들이 유대교의 다른 계열에서도 나타난다; 다시금 Wisd Sol 14:25-26을 의미있게 보라. 그러나 또한 예를 들어, 마카비4서 1.26-27; 2.15; *T. Reub.* 3.3-6; *T. Lev.* 17.11; 1QS 4.9-11; 에녹2서 10.4-5; 3 *Apoc. Bar.* 8.5;13.4를 보라. Philo, *Sac.* 32에서 그 목록은 140항목 이상을 갖고 있다!(더 자세한 것은 Daxer, 46-52; Easton, 1-8; Wibbing, 14-76; Vögtle, 특히 227-32; Kamlah, 2장을 보라). 또한 그 목록들은 초기 기독교 문헌에서 흔히 나온다(특히 막 7:21-22; 롬 13:13; 고전 5:10-11; 6:9-10; 고후 12:20; 갈 5:19-21; 골 3:5,8; 딤전 1:9-10; 딤후 3:2-5; 딛 3:3; 벧전 4:3; 계 22:15; 클레멘트1서 35.5는 거의 확실히 롬 1:29-31을 모본으로 하고 있다; *Did.* 2-5; 그리고 *Barn.* 18-20을 보라). 또한 13:13을 보라. 바울 자신의 유사한 항목에서도 그러한 것처럼, 내용에 있어서 차이가 있는 것(예를 들어, 여기서 바울의 긴 항목이 Philo, *Sac.* 32에서 공통적인 것은 오직 두세 항목뿐이다)은 바울이 단순히 다른 표준적인 목록을 인수하고 있거나 자신의 메시지를 완전히 다른 체계의 도덕적 시각에 적응을 시키고 있지 않음을 나타내준다. 또한 그러한 구조들이 어원의 특성(소리들의 결합, 처음에 ἀ-로 시작하는 단어들을 함께 묶은 것; 양식과 구조를 보라)에 의존하고 있는 정도는 바울이 특히 비기독교인들인 다른 사람들에게 우선하여 특별한 죄들을 혹평하는데 관심을 두고 있지 않음을 나타낸다. 오히려 그것이 암시하는 바는 바울이 관습적인 도덕 속에 널리 퍼져 있는 인식에 단지 호소하고 있음인데, 거기에 정죄 받는 사회적 삶의 특징이 있다는 것이다. 보다 특징적인 유대-기독교적

강조가 그 목록 자체로 다가오지는 않지만(그것은 반 이방인적인 것으로 특징지어지지 않는다[Dabelstein, 85]), 반항적이고 무질서한 피조계에 대하여 하나님이 진노하시는 증거로서의 "내어 버려 두심"으로 오는 상태의 이해 속에서 다가온다(더 자세한 것은 Wilckens를 참조하라).

"곧 모든 불의, 추악, 탐욕, 악의가 가득한 자요"(*πεπληρωμένους πάσῃ ἀδικίᾳ πονηρίᾳ πλεονεξίᾳ κακίᾳ* – 페플레로메누스 파세 아디키아 포네리아 플레오넥시아 카키아). "가득찬"(*πεπληρωμένους* – 페플레로메누스)는 마카비2서 7:21; 마카비3서 4.16; 5.30; 눅 2:40; 고후 7:4을 참조하라. 또한 15:14을 보라. 목록의 첫머리에 "불의"(*ἀδικία* – 아도키아)가 오는 것은 다분히 의도적이다. 이는 이 단락의 처음(18절)의 이중적인 용법과 연관되면서, 뒤에 나오는 모든 목록들이 피조물에 대한 하나님의 요구를 잊어버린 인간의 특징을 담고 있다. 특히 3:5을 참조하라. 또한 제1클레멘트서 35.5의 목록을 참조하라. "추악, 사악"(*πονηρία* – 포네리아)은 고린도전서 5:8에서 카키아(*κακία*)와 함께 그리고 Philo, *Ebr.* 223과 제1클레멘트서 35.5에서 악의 목록들과 함께 나온다. 플레오넥시아(*πλεονεξία*)는 문자적으로는 "더 많이 가지려는 욕심"을 말한다. 따라서 "욕심, 만족이 없음, 탐욕" –"무절제한 자기주장"(Dodd) –을 의미한다. 이는 널리 정죄되는 악이며, 분명히 스토아 사상과 다른 목록들에 포함되는 항목이다(BGD; *TDNT* 6:267-70). 또한 막 7:22; 골 3:5; 제1클레멘트 35.5; 그리고 *Barn.* 20.1(또한 고후 9:5; 엡 4:19; 5:3; 살전 2:5)에 나온다. "나쁨, 사악"(*κακία* – 카키아)은, 비록 보다 구체적일지라도, 다른 목록들에서처럼(엡 4:31; 골 3:8; 딛 3:3; 벧전 2:1; *Did.* 5.1; *Barn.* 20.1) "악, 악의"를 나타낸다.

"시기, 살인, 분쟁, 사기, 악독이 가득한 자요"(*μεστοὺς φθόνου φόνου ἔριδος δόλου κακοηθείας* – 메스투스 프도누 포누 에리도스 돌루 카코에데이아스). "가득한"(*μεστοὺς* – 메스투스)는 이어지는 다섯 단어를 관장한다. 더 자세한 것은 15:14을 보라. "시기, 질투"(*φθόνος* – 프도노스)는 갈 5:21; 딤전 6:4; 그리고 벧전 2:1에서의 악의 목록에서도 나온다(Spicq, 919-21을 보라). "살인, 죽임"(*φόνος* – 포노스)은 호 4:2; 막 7:21; 계 9:21; 그리고 *Barn.* 20.1에서의 유사한 목록들에서도 발견된다. 프도노스/포노스(*φθόνος*/*φόνος*)의 언어유희는 Euripides, *Troades* 766이하에서도 나타난다. "분쟁, 다툼"(*ἔρις* – 에리스)은 롬 13:13; 고전 3:3; 고후 12:20; 갈 5:20; 그리고 제1클레멘트 35.5(또한 Spicq, 291을 보라)에서도 나온다. "사기, 기만"(*δόλος* – 돌로스)은 막 7:22; 제1클레멘트서 35.5; *Did.* 5.1 그리고 *Barn.* 20.1에서도 나온다. "악독, 악"(*κακοήθεια* – 카코에데이아)은 신약에서 오직 여기서만 나온다. Spicq, 392-93을 보라.

"비방하는 자요 하나님의 미워하시는 자요 능욕하는 자요 교만한 자요 자랑하는 자요 악을 도모하는 자요 부모를 거역하는 자요"(*ψιθυρισταχς, καταλάλους, θεοστυγεῖς, ὑβριστάς, ὑπερηφάνους, ἀλαζόνας, ἐφευρετὰς κακῶν, γονεῦσιν ἀπειθεῖς* – 피두리스탁스, 카탈랄루스, 데오스투게이스, 휘브리스타스, 휘페레파누스, 알라조나스, 에퓨레타스 카콘, 고뉴신 아페이데이스). "비방하는 자"(*κατάλαλος* – 카탈랄로스)와 "하나님을 미워하는 자"(*θεοστυγής* – 데오스투게스)는 모두 신약에서 여기서만 나오며, 그밖에 다른 곳에서는 거의 사용되지 않는다(하지만 다시금 클레멘트1서 35.5를 참조하라). 통칭어구들을 연속해놓은 것은 다소 익숙하지 않은 용어의 사용을 초래한다. 그밖에 다른 곳에서 데오스투게스(*θεοστυγής*)는 "하나님에 의해 미움을 받은, 하나님의 버림을 받은"이라는 의미를 갖지만("하나님에게 미움을"[NEB]), 우리가 그 용어를 이어지는 단어인 "하나님에 의해 미움을 받는 능욕하는 자"와 함께 부사적으로 취하지 않는다면(*TDNT* 8:306), 아마도 능동적인 의미가 여기서 의도되었을 것이다(BGD). 또한 5:10을 보라. 휘브리스테스(*ὑβριστής*, "폭력적인, 무례한", 신약에서 오직 여기서와 딤전 1:13에 나온다). 휘페레파노스(*ὑπερήφανος*, "거만한, 교만한")와 알라존(*ἀλαζών*, "자랑하는 자, 허풍떠는 자")은 모두 사회적으로 바람직하지 않은 특성(예를 들어, *T. Lev.*17.11; 막 7:22; 제1클레멘트 35.5)에 포함되는 분명한 후보 목록들이고, 이는 Wisd Sol 5:8과 딤후 3:2에서처럼(각각의 경우에 BGD를 보라) 다른 곳과 자연스러운 연관을 갖는다. 에퓨레테스(*εφευρετής*, "도모자, 고안자"는 신약에서 오직 여기서만 나온다. 마카비2서 7:31; Philo, *Flacc.* 20; 그리고 Virgil, *Aen*, 2,164에 유사한 구절들이 있다. "부모에게 불순종하는 자"(*γονεῦσιν ἀπειθεῖς* – 고뉴신 아페이데이스)는 특히 유대인에게 있어서 혐오스럽고(신 21:18) 디모데후서 3:2에 따르면 "말세"의 표지다.

"우매한 자요, 배약하는 자요 무정한 자요, 무자비한 자라"(*ἀσυνέτους, ἀσυνθέτους, ἀστόργους, ἀνελεήμόνας* – 아수네투스, 아순데투스, 아스토르구스, 아넬레에모나스). "두뇌, 명예, 사랑 또는 동정이 없는"(NJB). 아수네토스(*ἀσύνετος*)에 대해서는 1:21을 보라. 아순데토스(*ἀσύνθετος*, "믿음 없음")는 지금의 문맥의 악의 목록에서는 바울이 "순종하지 않는"이라는 의미를 염두에 두어졌을지라도(BGD), 그 용어의 문자적 의미가 "언약을 깨뜨림"이기 때문에 아마도 선택되었을 것이다(특히 70인경[렘 3:7-11]에서의 그 용어의 사용을 참조하라. 아스토르고스(*ἄστοργος*, "사랑이 없는, 가족애가 없는")와 아넬레에몬(*ἀνελεήμων*, "무자비한")은 딤후 3:3과 딛

1:9(후대의 변화된 독본)에서도 나타난다.

32 "저희가 하나님의 정하심을 알고도"(*οἵτινες τὸ δικαίωμα τοῦ θεοῦ ἐπιγνόντες*－호이티네스 토 디카이오마 투 데우 에피그논테스). 에피그논테스(*ἐπιγνόντες*)는 19, 21 그리고 28절의 유사한 강조로 분명히 되돌아가고 있다. 따라서 앞선 비난에 대한 결론적인 요약을 형성하고 있다(1:32을 가지고 바울이 자신의 동료 유대인들에 대한 기소로 방향을 돌리고 있다는 Flückiger의 주장은 받아들이기 어렵다). 디카이오마(*δικαίωμα*)는 "규칙, 요구, 선언"을 말한다. 바울은 여기서 "하나님의 선언"에 대해서 말하는 것이지 2:26과 8:4처럼 "율법의 요구"를 말하는 것이 아니다. 물론 바울은 율법을 하나님이 인간에게 요구하시는 것의 분명한 표현으로서 보고 있다(또한 2:13). 하지만 동일한 언급들은 이 용어를 사용함에 있어서 바울이 유대교 내에서 일상적으로 이해되어지는 것으로서의 율법의 요구를 생각하고 있지 않음을 보여준다(2:26; 그리고 더 자세한 것은 8:4를 보라). 율법이 요구하는 것에 대한 순종은 그와 같은 율법을 알지 못하는 사람들에게도 가능하나, 그 순종은 또 다른 질서에 관한 순종이다(참조. 2:28-29; 7:6). 여기서 바울이 아담에 대한 그리고 노아에 대한 명령들을 특히 염두에 두었을지라도(특히 *Jub.* 7.20을 참조하라; 더 자세한 것은 Str-B, 3:36-38 그리고 2:14을 보라), 그는 하나님에 관한 인간의 지식의 일부가 되는 지식(1:21), 피조물의 결과에 대한 지식을 오히려 생각하고 있다. 그러나 분명히 바울은 더욱더 구체적이 될 필요를 느끼지 않았다: 부당한 것에 대한 호소(28절)는 당시의 도덕적 민감성에 관한 강력한 흐름과 바울이 충분히 조화를 이루고 있음을 보여준다. 타락한 인간일지라도 도덕적 "당위"의 의미는 바울에게서 인간이 초월적인 요구 아래에 있는 피조물의 신분을 계속해서(비록 마지못한 것일지라도) 인식하고 있다는 충분한 증거가 되고, 따라서 이방인의 우상숭배에 대한 유대인의 정죄를 넘어서서 바라보는 변증에 대한 충분히 공통된 근거가 된다.

"이 같은 일을 행하는 자는 사형에 해당하다고"(*ὅτι οἱ τὰ τοιαῦτα πράσσοντες ἄξιοι θανάτου εἰσίν*－호티 호이 타 토이아우타 프라손테스 악시오이 다나투 에이신). 이는 앞으로 주도적인 역할을 수행할(6-8장의 양식과 구조를 보라) 한 단어("사망, 사형")의 첫 번째 출현이다. 하지만 그 용어는 아직은 나중에 사용될 용법의 충분한 의미를 가지고 있지는 않다. 바울이 여기서 특별한 죄들에 대한 사형의 벌을 생각하고 있을 가능성은 거의 없다(Dupont, *Gnosis*, 27은 Philo, *Mos.* 2.17을 인용하지만, 거기서는 오직 우상숭배에 대해서단 생각하고 있다). 또한 바울이 사적인 악과 공적인 죄간의 차이를 무시하는 상당히 일방적인 비난에 빠지고 않고 있다. 게다가 그는 초기에 그 분석의 일부에 대한 근본적인 구조를 제공했던 창세기 2-3장의 기사로 의도적으로 되돌아가고 있다(19-25절; 위의 1:22에 관해 보라). 따라서 이런 방식 속에서 32절은 이전 구절의 결론적인 요약을 제공해주고 있다. 부당한 일에 대한 이런 모든 예증들(29-31절)은 아담/인간의 불순종의 일부이며, 최초의 사망의 선언 하에 있는 인간의 위치와 하나님으로부터 계속해서 멀어져가는 상황에 대한 증거이다(창 2:16). 바울은 유대 성경에 덜 익숙한 사람들의 동의를 충분히 얻었다 할지라도, 더욱더 유대적인 분석으로 되돌아감으로써 자신의 몇몇 청중들을 잃을 수 있는 위험에 들어갈 수 있을 것이다. 하지만 더욱더 구체적인 유대적 용어로 심판을 표현하는 것은 다음 단계의 기소에 대한 전환을 제공하는데 있어서 중요하다.

"자기들만 행할 뿐 아니라 또한 그 일을 행하는 자를 옳다 하느니라"(*οὐ μόνον αὐτὰ ποιοῦσιν ἀλλὰ καὶ συνευδοκοῦσιν τοῖς πράσσουσιν* – 우 모논 아우타 포이우신 알라 카이 수뉴도쿠신 토이스 프라수신). *T. Ash.* 6.2에 두드러진 평행구절이 있지만, 드 종(de Jonge)에 의해 추가된 것으로서 간주되었다. 케제만(Käsemann)은 또한 *Seneca, Ep.* 39.6을 인용한다. 특히 당시의 스토아주의자들에게서 있었던 도덕적 민감성을 상당히 인식하고 있었음을 보여준 바울은 여기서 그리스-로마사회의 또 다른 두드러진 측면, 즉 도적적 민감성이 없고, 오직 정치적 음모와 조작 그리고 희극이나 연극 속에서 대중적으로 묘사되는 것으로서의 인간 악의 세력, 또는 쾌락과 탐닉을 고려하고 있다(Bultmann, "Glossen," 281 n.6). 바울의 비난이 다소 과장되게 그려져 있고 또 모든 범위를 포함하고 있다고 해서 그것을 비판을 위한 근거로 삼아서는 안 된다. 여기서 그 분석은 사회적 경향에 대한 현대의 조심스럽게 문서화된 설문과 관련해서 판단되어진 것이 아니다. 이것은 모든 시대의 설교자의 문체 속에서 고대의 수사적인 화려함을 가지고 기록된 것이므로, 그것이 있는 그대로 무엇을 말하는지를 인식해야 할 것이다 – 이것은 광범위한 타락에 대한 극적인 표현이며, 가장 낙담을 시키는 특성 그리고 극도의 죄악에 대한 해결을 찾거나 붙잡지 못한 실패가 전반적으로 인간 조건의 특징임을 보여주고 있다.

해설

1:18 바울의 논증의 첫 번째 주된 항목은 놀라운 방식으로 공개된다. 자신의 주제를 하나님의 의를 나타내는 복음으로 선언한 그는 즉시 "(고로) 하나님의 하늘로부터 나타났다"고 말한다. 여기서 "고로"("for")는 주제적인 진술에 관한 설명을 도입하고 있는 것처럼 들린다. 그리고 이것은 참으로 바울이 의도한 것이었다: 하나님

의 의의 일부로서 하나님의 진노를 설명하거나 – 그런 경우에 "하나님의 의"는 즉시 두 가지 측면의 개념, 즉 양면적인 계시적 과정 속에서 전개되는 것으로 설명되어진다(믿음에 대한 구원, 불경건과 사악에 대한 진노) – 진노가 의의 전제이거나 서곡임을 보여주는 것이다 – 하나님의 의에 대한 필요와 본질은 우리가 하나님의 진노의 역사를 먼저 알 때에만 이해할 수 있는 것이다("믿음으로 말미암은 생명으로의 의", 왜냐하면 그 대안은 불순종으로 말미암은 사망으로의 진노이기 때문이다). 하지만 그 접속사의 원인적 의미를 너무 강조해서는 안 되는데, 단순히 연결어로("실로") 기능할 수도 있기 때문이다. 따라서 어떤 청중들은 그 용어를 더 큰 논증의 처음 단계를 도입시키는 것으로 들을 수도 있다.

한편 갑자기 소개되는 "하나님의 진노"는 바울의 독자들이 익숙하지 않은 개념은 아니다. 유대인과 헬라인은 신의 진노에 관한 개념에 익숙해 있었다. 이는 악에 대한 법적인 노여움을 의미한다. 바울은 자신의 해설을 발전시키기 전에 이런 종류의 선이해를 가정하고 있다. 바울은 이 진노가 이미 하늘로부터 나타났다고 확언하고 있다. 마치 하나님의 의가 복음에 대한 유대인과 이방인의 반응에서 나타났으므로, 하나님의 노여움은 실제로 이미 발생되고 있는 것으로 인식할 수 있다는 것이다. 따라서 청자들은 현재의 사건의 진상에 관한 분석과 설명을 준비하게 된다 – 하나님의 마지막 심판으로서의 진노가 아니라 개인적이고 집합적인 차원에서의 사건과 관계성의 전개 속에서 하나님의 반응과 역할로서 말이다(21-31절).

하나님의 진노가 최초로 향해 있는 악은 가장 일반적이고 모든 것을 포용하는 용어들로 설명되어진다: 하나님과 동료 인간의 권리에 대한 모든 홀대와 경시. 그 같은 사람에게 대한 것이 아니라 행위에 대해서 하늘이 진노하고 있다고 바울이 생각하고 있었을 가능성이 없지는 않으나, 어느 누구도 자신의 책임을 축소시켜 추론하지 않도록, 그는 "불의로 진리를 억압하고 막는" 인간의 행위로 불경건과 불의를 규정한다. 여기서 다시금 그 묘사는 가능한 한 넓고 과감하게 전개된다 – 절대적인 이상("선")의 측면에서가 아니라, 하나님의 진리(25절), 인간과 관련한 하나님의 진리, 하나님과 관련한 인간의 진리, 그리고 인간과 관련한 하나님의 진리로 이해되어지는 "진리"가 이런 관계성을 결정해야 하는 실재이지만, 상당히 그 실재는 사람들이 사실상 조장하는 관계성에 의해 억압을 당한다. 하나님의 진리와 인간의 진리가 서로 의존하고 있다는 의미가 여기에 내재되어 있고, 어떤 사람이 갖는 다른 사람과의 관계성은 그 사람과 하나님과의 관계성을 떠나서 생각할 수 없다.

19-20 인간의 사악에 대한 일반적인 비난이 이제는 더욱더 정밀하게 되어 하나님

의 지식에 관한 측면에서 규정되고 정의된다. 여기서 역시 그 비난은 폭넓은 용어로 구성되어 있고, 바울은 그 비난을 의미 있고 가능한 한 넓게 용인되는 것에 분명히 관심이 있다. 사용된 구절에서, "하나님을 알 만한 것"은 하나님이 알려져 있다는 당시의 확립된 전제를 취하고 있으며, 그것에 관한 그의 짧은 해설(19-20)은 영향력 있는 스토아 사상에 주로 의존하고 있다: 세계에 내재하시는 하나님의 로고스가 이성의 능력으로서의 인간 속에 내재해 있기 때문에 하나님과 인간 사이에는 본질적인 영교(영매)가 있다; 결과적으로 보이지 않는 실체와 보이는 우주 배후에 있는 신의 영원한 능력은 창조 속에서 그리고 창조를 통하여 명철(그 동일한 합리적 능력)의 눈에 분명히 보일 수 있다. 그러나 동시에 가장 최우선되는 것은 이 하나님이 인간과의 관계에 대한 보다 유대적인 바울의 시각이다: 하나님에 관해 알 만한 것은 피조된 질서와 관련해서 하나님이 몸소 의도하신 계시의 행위다(19b절). 그리고 인간은 이 계시에 직면한 책임 있는 대리자로 인식된다. 따라서 인간이 적절하게 응답하지 못하는 것은 단순히 인식의 부족, 영적인 능력의 결함이 아니라, "변명할 여지가 없는"(20b절) 도덕적인 실패, 사악한 행위다.

21 21절로 인해 그 기소는 더욱더 구체적이 되며 분위기에 있어서 유대적이 된다. 인간은 변명할 수 없는데, 왜냐하면 하나님의 창조 속에서 드러난 하나님의 자아 계시에 의해 요청되는 인간의 응답은 창조자로서의 하나님의 장엄한 능력과 영광에 관한 인식이며 창조자에 대한 피조물의 겸손한 감사이기 때문이다. 하지만 하나님에 관한 지식을 가졌음에도, 또 하나님이 인간들에게 알리신 만큼 하나님을 알았음에도 불구하고, 인간은 그 응답을 거부했다. 결과적으로 인간의 추론은 무익하게 되었고, 그들의 마음은 어두워졌다. 즉 하나님의 자아계시를 받고 인식할 수 있는 능력을 가진 명철의 눈을 감음으로써(19-20절), 인간들은 마음의 빛을 닫아버리고, 쓸데없는 사소한 것을 만지며 상대적으로 무가치한 이슈들을 가지고 아옹다옹하고 있다. 이런 어리석음을 보임으로써 그들의 전반적인 지성과 감성의 삶(마음)은 먹구름이 드리웠고, 그 빛을 받아들이고 응답하는 능력이 약화되었다. 다시 말해서 하나님에 관한 적절한 인식을 보류함으로써, 그들은 이성적인 존재로 기능하지 못하게 되었거나 약화되었다. 그들 자신의 피조물됨을 인식하지 못함이 인간 존재로서 기능하는 능력의 약화를 초래했다.

22 이런 비난은 다음 구절(22절)에서 더 날카롭게 주어진다. 하나님에 대해 옳게 반응하지 못한 실패는 단순히 실수나 사려 깊지 못한 심술이 아니다. 그들은 하나님에게 등을 돌림으로 자신이 현명하다고 실제로 주장하고, 또 하나님으로부터 독립을

선언하는 것이 높은 지성의 표시이고 뛰어남의 행위인 것으로 주장하고 있다. 마치 매일의 삶에서 하나님을 하나님으로 인식하는 것을 거부하는 것이 자신들을 다른 피조물보다 더 위에 있는 것으로 만들 수 있다는 것처럼 말이다. 하지만 훌륭한 지혜의 태도라고 취한 것은 그들의 어리석음만을 단순히 보여주었다. 고로 그들은 자신들의 삶의 방향을 제대로 잡을 수 없게 되었다. 자신들의 피조물됨을 벗어나려는 애씀은 발전이라기보다는 실제로 후퇴를 낳았다.

23 어리석음의 결과가 23절에 이르렀다. 즉 인간들은 그 영광을 바꾸어버렸다. 그들은 자신들의 모든 부패로 피조된 존재를 선호하고 또한 그러한 존재들의 형상, 심지어 더 가소롭게도, 그러한 존재들의 형상의 모형을 선호함으로써 영원하신(부패하지 않으시는) 하나님을 인식하고 인정하는 것을 거부하였다. 그들은 하나님이 만드신 것의 불완전한 복사본을 하나님 자신보다 더 선호하였다. 그들은 하나님의 지식의 강력한 빛보다 자신들의 어두워진 마음의 희미한 그림자를 더 선호하였다. 창조자의 역할에 대한 그들의 욕망은 나무와 돌의 형상을 만듦으로써 성취를 이루게 되었다! 그렇게 될 수밖에 없었다. 왜냐하면 하나님에게 등을 돌림으로써, 그들은 있는 그대로 사물을 볼 수 없게 되었다. 가치관이 왜곡되게 되었다. 왜냐하면 모든 상대적인 의미와 가치들이 중심을 잡고 분명하게 보여지는 한 가지 확고한 중심점을 버렸기 때문이다.

반면에 바울이 우상숭배에 대한 유대적 논증의 익숙한 방법으로 이끌고 가고 있는데, 바울의 독자와 청자들은 이것을 분명히 인식하고 있었을 것이다. 바울은 솔로몬의 지혜서(Wisd Sol)를 모형으로 삼아 의식적으로 해설했을 것이다: 지혜서의 사상과 용어를 반영한 것이 이 항목의 논증에서 상당히 두드러지는데, 특히 13-15절에서 그렇고, 또한 19-21절은 Wisd Sol 13:1-9을 거의 요약하고 있으며, 25-25절은 Wisd Sol 13:10-15:19의 강력한 반우상숭배 논증을 요약하고 있다. 그리고 바울과 솔로몬의 지혜서는 부패하지 않으시는 (하나님)과 부패하는 (인간) 사이의 대조처럼 당시에 꽤 널리 알려진 개념들을 효과적으로 사용하고 있다. 따라서 그 논증은 당대의 사상으로부터 최대의 효과를 얻고 있다. 바울은 로마의 청중들이 그 논증을 즉시 충분하게 수용할 것이라는 확신을 갖고 있으므로, 어떤 세부적인 설명 없이 논증의 노선을 가정하고 있다. 왜냐하면 많은 사람들이 우상숭배자와 개종자들로서 회당에 매력을 가졌던 것은 무엇보다도 우상숭배에 대한 유대의 태도였고, 따라서 그러한 태도로부터 그들은 예수 그리스도안에 있는 믿음으로 나아간 것이다.

바울이 아담의 모형과 타락 기사(창세기3 장)를 염두에 두었을 것이라는 것은 충분히 가능하다. 솔로몬의 지혜서(2:23-24)에서도 그렇듯이 말이다. 거기에 창세기에 대한 구체적인 암시는 없지만, 한 유대인이 창세기 2-3장을 참조하지 않고, 인간의 위치와, 하나님에 관한 지식, 그리고 단 한번의 의지적인 불순종 행위 속에서 그러한 지식의 상실을 생각했을 가능성은 거의 없다. 인간에 대한 바울의 기소는 또한 아담(=인간)에 관한 그의 서술이다: 아담/인간은 하나님을 하나님으로서 경외하지 않았고, 하나님에 대한 자신의 피조성을 인정하지 않았다. 아담/인간은 스스로 하나님이 될 수 있다고 생각했고, 하나님의 지혜를 필요로 하지 않고서도 스스로 현명할 수 있다고 생각했으며, 그런 행동으로 인해 그는 자신의 명철을 어둡게 했고 어리석음으로 옷 입었다. 따라서 창세기 기사가 당대의 인간들에 관한 상세한 분석을 바울에게 제공한 것이다.

여전히 더 흥미 있는 것은 시편 106:20(시내산에서 황금송아지를 숭배한 이스라엘의 초기 배교에 관한 시편 기자의 짤막한 설명)을 분명히 의도적으로 바울이 사용하고 있다는 것이다. 아담의 타락과 이스라엘의 타락간의 연관성은 유대 사상에서 이미 잘 구축되어 있었을 것이다. 즉 아담의 불순종과 시내산에서의 우상숭배는 인류와 이스라엘을 위협하는 두 전형적인 죄들인 것으로 보여진다. 하지만 바울이 우상숭배에 대한 전형적인 유대적 논증을 문서화하기 위해 사용하고 있는 모형은 이스라엘 자체라는 인식을 피할 수가 없다! 인간이 그토록 재빨리 하나님으로부터 돌아서고 또 물질적인 것 속에서 자기 자신을 잃어버릴 수 있는가에 대한 경고로 서 있는 것이 이스라엘이다. 하나님에게 등을 돌리는 인류의 어리석음에 관한 가장 지독한 실례가 바로 바울 자신의 백성에 의해 주어졌다. 이런 암시를 인식했던, 대체로 이방인 청중들 가운데 있었던 사람들은 바울의 강조 속에서 나타나고 있는 이런 예상치 못한 비꼬임을 아마도 인식했을 것이다.

24 이제까지 바울은 하나님을 인정하는 것을 거부한 근본적인 결과에 초점을 맞추는데 만족했고, 거기서 하나님의 진노는 인간이 선택한 행동 과정의 불가피한 결과로 이해되어질 수 있었다. 그 피조물이 창조자로부터 스스로 단절을 했을 때, 불가피한 결과가 나타났는데, 즉 피조물은 더 이상 제대로 기능할 수 없게 되었다. 하지만 이제 인간의 죄와 죄지음의 극성은 더 예리한 비꼬임으로 주어진다: 하나님이 인간의 죄의 결과를 결정하신다. "하나님이 그들을 내어버려 두셨다.": 그 말은 자로 재고 의도된 행위를 나타내며, 넘어간 것에 대한 직접적인 지배를 포기했다는 것을 함축한다. 이어지는 것에 대한 단서를 제공해주는 것이 이 마지막 측면이다. 그들은 자신들의 마음이 원하는 것을 추구했고, 또 하나님은 원하는 대로 그들을 넘겨주었

다. 우리가 주목해야 하는 것은 하나님이 그들에게 그 욕구를 주신 것이 아니라 그들이 바라는 대로, 그리고 그들이 바랬던 결과로 내버려두셨다는 것이다(26-27절에 더욱더 분명하게 나타나 있다). 즉 하나님은 그들이 바랬던 대로 자유롭게 내어버려두셨다. 그들을 자유로 내어버려 두신 것이 아니라, 그들의 자유로 그들을 내어버려 두신 것이다. 하나님의 지배가 그들에게서 걷혀지자마자, 그들은 마치 조정되지 않는 고장난 로케트와 같았다. 이런 호언장담한 자유로 생겨난 것은 자기 자신과 다른 사람들에게 모욕적인 부도덕에 빠지는 자유 이외에는 아무것도 아니었다. 결국에 하나님으로부터 자유롭고자 하는 욕구는 가치하락적인 불순한 것들에 대한 욕구만을 보여주었다.

25 그리고 그 이유를 잊지 않게 하기 위해 바울은 다시금 인류의 부패와 경망한 상태에 관한 근본 이유를 지적한다. 인간은 하나님의 진리가 된다고 알고 있는 것을 거짓으로 바꾸었다. 그들은 창조자 대신에 피조물에 대한 헌신으로 방향을 바꾸는 것을 선호했다. 여기서 창세기 3장에 대한 반영이 심지어 더 강화된다. 아담/인간은 뱀의 간사함과 속임수를 믿었다("너는 정녕 죽지 않고…하나님처럼 될 것이다"[창 3:4-5]). 그래서 그 결과는? 그는 독립하여 하나님처럼 되지도 못했고, 오히려 그는 더 근본적인 의존에 빠지게 되었다. 즉 물질적인 것에 매달리게 되었다. 그는 인간보다 못한, 즉 창조주의 피조물보다 못한 피조의 피조물이 되었다. 바울이 아주 분명하게 암시하고 있는 것처럼 피조된 인간은 자기 자신 이외의 다른 어떤 것을 섬기고 예배하는 본성에 매여 있다. 따라서 인간이 예배와 섬김의 유일한 가치를 거부한다면, 그것은 불가피하게 더 열등한 대상을 향한 근본적인 추구를 하게 될 것이고, 그 위상은 결과적으로 더 축소될 것이다. 영광스러운 창조자가 아니라 피조된 물질을 자신의 주인으로 선택하게 될 것이라고 누가 생각이나 했겠는가? 하지만 이것은 인간이 실제 저지른 것이다. 그러한 사상이 바울을 역시 오싹하게 했을 것이므로, 바울은 전형적인 유대 형식으로 그러한 왜곡된 어리석음으로부터 하나님을 구분하기 위해서 축복문을 구술하고 있다.

26-27 반복되고 있는 "내어버려 두셨다"라는 효과는 타락의 급격한 상승을 함축하면서, 어떤 부패의 점증된 깊이를 암시하고 있는 것은 아니다. 왜냐하면 26-27절에서 묘사된 것이 24절에서 간단하게 묘사된 진술과 다르지 않고 또 더 심각한 것들이 아니기 때문이다. 하지만 동일한 구절의 반복, 즉 "이를 인하여 저희를 내어버려 두셨으니"는 주어진 기소에 대한 심각성과 경건성, 인간이 하나님에게 등을 돌림으로써 오는 끔찍한 상태, 문자적으로 말해서 하나님에게 버림을 당한 인간의 곤경의

특징을 가중시킨다. 이어지는 설명은 그리스-로마 세계에서 상당히 만연했던 동성연애의 관행에 대한 유대적 반감을 특징적으로 표현하고 있다.

동성연애적인 관행에 대한 바울의 태도는 단호하다. "바꾸어"(23과 25절)라는 말의 세 번째 출현은 서술된 행위가("순리를 역리로 바꾼") 우상숭배 속에서 하나님의 영광과 진리에 대한 근본적인 부패로 인해 직접 오는 것이며, 이는 피조물의 역할로부터 창조시에 피조물의 몫에 관한 왜곡으로의 유사한 전환이다. 그러나 더욱더 두드러지는 것은 연속되어 사용된 용어들의 의미가 혼동될 염려가 없는 아주 명백한 말들이라는 것이다. 동성연애는 "아주 잘못된" 욕정으로 보여진다. 동성연애적인 관행은 "부자연적인" 것으로 반복되어 강조되고 있으며, 거기서 바울은 매우 헬라적이고 스토아적인 용어를 사용하여 동성연애에 관하여 보다 특징적인 유대적 반대로 그 호소의 범위를 넓히고 있다. 그리고 바울은 사실상 자신의 독자들의 상식에 호소하여, 동성연애적인 관행이 자연적인 질서의(하나님에 의해 결정되어진 것으로서의) 위반임을 인식하게 한다. "음욕이 불일 듯하매"는 개별적으로 각기 두 단어를 취한다면, 그것은 필연적으로 부정적인 의미를 갖지는 않으나, 함께 사용할 때에 그 의미는 부적절하고 궁극적으로 자기 파괴적인 것을 함축한다. "부끄러운 일을 행하여"에서 바울은 레위기 18장과 20장에 관해서 생각할 수밖에 없었을 것인데, 그 두 장은 부정한 성적관계의 범주, 곧 이스라엘이 언약에서 떨어져나가는 고통을 피해야 하는(레 18:22; 20:13) 주변 백성들의 "혐오" 중 한가지로 동성연애를 포함시키고 있다. 무겁고 반복된 필체를 가진 마지막 구절은 자기 파괴적인 상승으로 나아가고 있는 왜곡의 특징을 완성시킨다 – 문자적으로는 "그 행위에 상응하고 그 잘못에 적합한 벌로 보응을 받는"다 – 결국에 잘못된 성적관행은 그 자체로 사망으로 끝나고, 성적인 왜곡은 그 자신의 불가피한 벌을 받는다.

이 모든 것 속에서 바울은 그의 요지를 설정하기 위해 어떤 강력한 논증을 세울 필요를 분명히 갖지 않는다. 그 이유는 자신의 편지를 읽는 사람들이 성적 도덕에 관한 유대적 표준에 이미 대체로 공감하고 있었을 것이기 때문이다. 이전에 우선해서 회당으로 많은 사람들을 이끌었던 것은 이런 엄격한 윤리적 훈련 때문이었을 것이다. 하지만 전반적인 문맥에서 이 점에서의 바울의 논증의 효과를 무시해서는 안된다. 바울은 이교도의 왜곡된 것들을 언급하게 위해 단순히 의도한 것이 아니라, 주변 민족들과 이스라엘을 항시 구분시켰던 도덕적 표준의 범주 내에서, 그 왜곡에 대한 반응으로 자신의 독자들을 이끌기 위해서 의도한 것이다. 바울이 이방인의 성적 음행에 관한 유대적 혐오가 그리스도 안에서 이방인 신자들의 적절한 윤리적 반응으로 당연히 여긴 것은 그가 새언약의 보다 넓은 자유 내에서도 변하지 않고 남아 있는 이스라엘의 언약적 의의 한 특징적인 요소를 적어도 인식했다는 것을 의미한다.

28 지난번에 언급한 것에 대해서 조금도 의심을 남기지 않게 하기 위해서, 바울은 인류의 하나님에 관한 거부와 그 무질서한 상태 사이의 직접적인 연관을 강조한다. 그 모든 것은 하나님을 인식하지 못한 근본적인 실패에서 유래한다. 첫 번째 구절은 인간의 교만과 자만으로 인한 고의적인 행위로서의 거부에 관한 특징을 묘사한다: 그들은 보다 완전하게 사고를 하게 하는 지식의 한 중요한 요소로서 하나님을 인정해야 하는지에 관해서 생각해 보고는 그렇게 결정했다. 그들은 하나님을 인정할 만한 가치가 있는가를 시험해본 다음에 하나님을 필요 없다고 간주했다. 따라서 22절에서처럼 다시 한번, 그런 결정에 대한 결과에 대하여 한 도막의 경구가 서술된다: 하나님이 그들을 상실한 마음에 내어버려 두셨다. 그들이 하나님에 관한 지식을 적용하고 있다고 생각한 그 시험은 실제로는 자기 자신들의 명철에 관한 시험이었다. 그들이 하나님에 대해 던진 판단은 자기 자신들을 정죄한 것이며 스스로 자기 자신을 정죄한 것이다. 하나님을 평가할 수 있는 능력이 있다고 주장한 것 속에서 그들은 자신의 이성적 능력의 부적합성만을 보여주었다. 그리고 하나님은 그들을 자기들이 주장한 성숙 – 무엇보다도 강하게 주장할 만큼 충분히 대담한 미성숙한 성숙 – 으로 내어버려 두셨다.

"하나님이 내어버려 두셨다"는 동일한 구절의 사용은, 이제 세 번째로 나오는데, 정신을 바짝 차리게 하는 효과를 갖는다. 세 번의 반복되는 "바뀌었다"는 인간 스스로 발견한 사건의 상태에 대한 인간 스스로의 책임을 강조하고 있는 것처럼, 하나님으로부터 자유롭고자 하는 인간 자신의 선택이 모든 악의 뿌리에 놓여 있다는 것이다. 따라서 세 번의 반복된 "하나님이 그들을 내어버려 두셨다"는 하나님의 직접적인 지배하에서 자유롭게 되었음에도 인간이 하나님의 창조의 전반적인 질서를 피하지는 못한다는 요지를 강조한다. 인간은 확실히 하나님과 같은 독립된 것으로 피할 수는 없다. 그러나 인간은 비인격적이고 임의적인 운명에 자기 자신을 먹이로 주어서는 안 된다. 그 간단한 사실이 인간이 자신의 본성과 하나님이 만드신 것으로서의 세계의 본성을 피할 수 없다는 것이다. 인간을 그 욕망에 내어버려 두시고, 그 끝없는 만족을 추구하게 내버려두신 분은 하나님이시다. 자신의 갈 길로 가버린 인간의 자유는 하나님에 의해 정해진 한계를 떠났다. 그때에 신자는 사회의 무질서와 인간의 타락된 증거에 실망해서는 안 된다. 그것은 실제로 하나님의 전반적인 지배의 증거를 형성한다. 인간은 여전히 하나님이 만드신 피조물이고, 심지어 인간이 하나님을 인식하는 것을 거부할 때조차도, 그의 본질적으로 피조된 본능과 형태는, 그럼에도 불구하고, 그의 의식적인 마음이 부인하고 있는 창조주에 대해 증거한다. 요컨대 인간의 타락은 인간의 자유로운 선택적 의지와 창조에 관한 하나님의 명령의 두 쌍둥이 초점으로 구성된 타원형이다. 따라서 하나님의 진노는 참으로 그의 의의 역(逆)이 분명한데, 왜냐하면 둘 다 하나님이 의도하신 대로 세상을 표현해주고 효력을 갖게 하기 때문이다: 창조주에 대한 신실한 의존으로 말미암은 의는 구원으로 인도하고, 자기 기만적인 교만과 자기 방종적인 욕구는 자아파괴로 이끈다.

29-31 "상실한 마음"의 표현과 형태는 어떤 한 형태로 수신자들에게 익숙한 악의 목록이다. 확실히 의도적으로 바울은 확립된 스토아적인 용어를 다시금 암시하며("합당치 못한 일"), 생각이 있는 사람들이라면 일반적으로 정죄할 수 있는 일종의 반사회적인 태도와 행위를 묘사한다. 어떤 특별한 순서를 가지고 그 목록을 만들었다는 실제적인 시도는 주어지지 않았다. 그 목록은 순서가 없이 나온다. 그 용어 중에 어떤 것은 분명히 같은 개념들("좋지 않은 소문, 험담, 중상모략", "오만한, 거만한, 자랑하는"), 같은 소리로 이루어진 것들("시기, 살인", "어리석은, 신실하지 못한")에 의해 분명히 자극을 받았을 것이다. 따라서 분명히 바울은 어떤 특별한 죄나 어떤 특별한 종류의 죄에 초점을 맞출 의도를 갖고 있지 않았다. 그의 목적은 건강한 마음을 가진 사람이라면 누구나 부당한 것으로 인정할 수 있는, 전반적인 범주의 태도나 행동에 관한 인상을 단순히 심어주고자 하는 것이다. 이것들은 모두 역시 하나님을 인정하지 못한 인간의 근본적인 실패에 따른 직접적인 결과이다. 인간이 하나님으로부터의 일탈을 특징짓는 것은 단순히 성적인 부당함만이 아니다. 인간의 타락과 그 결과에 관한 바울의 분석의 절정은, 만약 절정이 있다고 한다면, 인간 사회의 일반적인 무질서에 관한 모습이다. 일상적인 시기심, 속임수, 모함, 무관심, 무자비함, 기타 등등의 악은 동성연애적인 행위보다는 못할지라도 인간의 부패를 심히 나타낸다. 인간 관계에 독소가 되는 그러한 일상적인 매일의 악들은 어떤 성적인 왜곡만큼이나 하나님을 잃어버린 인간의 특징을 타나낸다.

32 바울은 사람들이 부정적인 특징과 궁극적으로 그러한 행위의 파괴적인 효력을 일반적으로 인식하지 못하고 있음을 인정하지 않는다. 그러한 것들이 "부적합하고, 합당치 못한" 것이라는 스토아철학의 인식이 그것을 보여준다. 하지만 바울이 자신의 논증의 첫 번째 단계를 마감하려고 할 때에 다시 한번 아주 분명하게 조명을 하는 것은 아담에 관한 배경이다. 아담/인간은 하나님의 경고("네가 먹는 날에는 정녕 죽으리라", 창 2:17)를 알았지만, 가서 먹었다. 이 방식 속에서 바울은 덜 구체적으

로 유신론적인 스토아 철학의 "좋은 감각"을 유대적인 일신교로 해석한다. 적합한 것에 관한, 훌륭한 질서에 따른, 스토아철학의 인식은 인간이 일반적으로(단지 유대인만이 아니라) 옳은 것을 알고 있고, 사실상(또는 상당히) 하나님이 요구하시는 것을 알고 있으며, 또 그것을 경멸하는 것은 사형에 해당하고 죽음에 처해짐이 마땅하다는 것을 알고 있다는 바울에 대한 증거를 형성한다.

이것은 인간의 많은 사회적 관계들로 특징지어져 있는데, 사물에 대한 하나님의 명령에 의지적으로 불순종하는 것은 마치 가장 좋은 것으로 알고 있는 것에 대한 의도적인 거부와 마찬가지다. 바울은 그것을 마지막 화려한 말로 재강조한다. "자기들만 행할 뿐 아니라 또한 그 일을 행하는 자를 옳다 하느니라." 하나님에 대한 거부는 단순히 순간적인 충동, 하나님의 권위에 대한 순간적인 경멸이 아니라, 사려 깊게 측정된 도전의 행위다. 이는 인간의 죄성에 대한 한 측면의 중요한 통찰이다 – 합당한 것에 대한(가장 좋은 것에 대한) 반항적 특징, 그 행위에 관하여 알려져 있는 위험스러운 결과에 직면해서도 도전하는 행위, 겉으로 보기에 영웅적인 "나/우리는 나/우리가 하고자 하는 것을 할 것이다. 그 결과가 어떻든 꼭하고 말 것이다!" 반사회적인 행위(29-31)의 이 비참한 목록은 하나님에게서 허풍을 떨며 독립한 인간의 지혜가 마땅히 귀결되고 마는 것에 대해 서술하고 있다(그 목록을 21세기의 실례들을 가지고 확장시키는 것은 그리 어려운 일이 아니다). 그렇게 많은 인간의 행위의 중심에 놓여 있는 것이 자기 미혹이다. 그리고 이렇게 자기 미혹, 자기 파괴적이고 사회 파괴적인 미혹 때문에, 바울은 그 죄를 자신의 보다 넓은 기소에 대한 서두 논증으로서 매우 강렬히 공격하고 있다.

B. 하나님의 진노 – 이방인뿐만 아니라 먼저 유대인에게(2:1-3:8)

서론

2:1-29의 설명은 일종의 나선형 논증으로 특징지어지는데, 구조적으로 1:18-19에서 묘사된 죄와 죄 짓는 일에 관한 나선형 구조와 사실상 평행을 이루고 있다. 여기서 나선형 구조는 논쟁이 되는 관점인 유대인의 정체성에 관해 특히 자세히 다루고

있다. 1-11절에서 그 기소는 유대인과 이방인으로부터의 폭넓은 동의를 요구하는 일반적인 용어로 제기되어 있다. 12-16절은 율법의 중요한 기준을 소개한다. 그리고 17-29절에서 그 기소는 아주 구체적이다. 하지만 사실상 그 기소는 1-11절의 보다 일반적으로 설명된 기소의 유대인의 전제에 대한 구체적인 적용이다(그것은 상상으로 제기된 대담자에게 개인적으로 수신된 것으로 동일하게 특징지어진다). 3:1-8은 결론을 짓는 전반적인 기소에 대한 연결을 제공하고 있고, 뒤의 논쟁에서 크게 확대되어질 논점들에 대한 첫 번째 암시를 준다. 연결을 지어주는 것은 심판인데, 그 용어는 앞선 단락과 연결을 제공하고 있는 아디키아(*ἀδικία*, 1:18, 29; 2:8; 3:5)와 알레데이아(*ἀλήθεια*, 1:18, 25; 2:2, 8, 20; 3:4, 7)와 더불어 2:1-3:8을 한 단위로 묶어주고 있다.

유대인의 전제(이스라엘이 율법의 백성이 된 것은 이스라엘에게 은혜를 주시는 경향을 나타내고 있다는)에 대한 구체적 논쟁 대상을 인식하지 못함으로 인해 12-13절을 포함하여 2장의 신학과 목적에 대해 주석가들 사이에서 혼동을 일으키는 원인이 되고 있다(가장 최근에 Sanders, *Law*, 123-35, 그리고 Räisänen, *Law*, 101-9; 1:18-2:29의 전체를 삭제하고자 한 O'Neill의 결정은 여전히 인정받지 못하고 있다). 여기서 바울이 말하고자 하는 바는, 율법은 하나님에 의해 설정된 보편적 기준으로 역할한다. 따라서 율법은 이방인으로부터 유대인을 구별하는 정체성의 표지로 축소되어서는 안되며, 또한 "그들" 이방인으로부터 "우리" 유대인을 구분하고 있는 할례와 같은 의식으로 너무 피상적으로 특징지어서도 안 된다.

1. **하나님의 공평하심**(2:1-11)

참고문헌

Bassler, J. M. *Impartiality*. ______. "Divine Impartiality in Paul's Letter to the Romans." *NovT* 26(1984) 43-58. **Dabelstein, R.** *Beurteilung*. 64-73, 86-97. **Daxer, H.** *Römer 1:18-2:10*. 59-87. **Filson, F. V.** *St Paul's Conception of Recompense*. Leipzig: Hinrichs, 1931. **Grobel, K.** "A Chiastic Retribution-Formula in Romans." In *Zeit und Geschichte*, FS R. Bultmann, ed. E. Dinkler. Tübingen: Mohr, 1964. 255-61. **Hanson, A. T.** *Wrath*.

85-88. **Heiligenthal, R.** *Werke*, 165-97. **Mattern, L.** *Verständnis*. 123-40. **Pregeant, R.** "Grace and Recompense: Reflections on a Pauline Paradox." *JAAR* 47(1979) 73-96. **Roetzel, C. J.** *Judgment in the Community*. Leiden: Brill, 1972, esp. 79-83. **Schlier, H.** "Röm 2:1-29." **Siotis, M. A.** "La '*ΧΡΗΣΤΟΤΗΣ*' de Dieu selon l'Apôtre Paul." In *Paul de Tarse: apôtre du notre temps*, ed. L. de Lorenzi. Rome: Abbaye de S. Paul, 1979. 201-32. **Stendahl, K.** "Rechtfertigung und Endgericht." *LR* 11(1961) 3-10. **Stowers, S. K.** *Diatribe*. 93-96, 100-112. **Synofzik, E.** *Vergeltungsaussagen*. 78-90. **Travis, S. H.** *Judgment*. 58-64. **Watson, N. M.** "Justified by Faith, Judged by Works - An Antinomy." *NTS* 29(1983) 209-21.

본 문

1 그러므로 남을 판단하는 사람아 무론 누구든지 네가 핑계치 못할 것은 남을 판단하는 것으로 네가 너를 정죄함이니 판단하는 네가 같은 일을 행함이니라

1 For this reason you are without excuse, you sir, each one of you who passes judgment. For in that you pass judgment on the other you condemn yourself: for you practice the very things on which you pass judgment.[a]

2 이런 일을 행하는 자에게 하나님의 판단이 진리대로 되는줄 우리가 아노라

2 And[b] we know that the condemnation of God is in accordance with truth against those who practice such things.

3 이런 일을 행하는 자를 판단하고도 같은 일을 행하는 사람아 네가 하나님의 판단을 피할 줄로 생각하느냐

3 Do you suppose then, you sir, you who pass judgment on those who practice such things and do the same, that you will escape the condemnation of God?

4 혹 네가 하나님의 인자하심이 너를 인도하여 회개케 하심을 알지 못하여 그의 인자하심과 용납하심과 길이 참으심의 풍성함을 멸시하느뇨

4 Or do you think lightly of the wealth of his goodness and of his forbearance and patience, disregarding the fact that the kindness of God is to lead you to repentance?

5 다만 네 고집과 회개치 아니한 마음을 따라 진노의 날 곧 하나님의 의로우신 판단이 나타나는 그 날에 임할 진노를 네게 쌓는도다

5 As a result of your hardness and impenitent heart you are storing up for yourself wrath in the day of wrath when will be revealed the righteous judgment of God,

6 하나님께서 각 사람에게 그 행한대로 보응하시되

6 "who will render to each in accordance with his works."

7 참고 선을 행하여 영광과 존귀와 썩지 아니함을 구하는 자에게는 영생으로 하시고

7 To those who seek for glory and honor and immortality by perseverance in doing good, eternal life.

8 오직 당을 지어 진리를 좇지 아니하고 불의를

8 But to those who out of selfish ambition also

좇는 자에게는 노와 분으로 하시리라

disobey the truth, being persuaded to unrighteousness, wrath and anger.

9 악을 행하는 각 사람의 영에게 환난과 곤고가 있으리니 첫째는 유대인에게요 또한 헬라인에게며

9 Affliction and distress on every living person who brings about what is evil, Jew first and Gentile as well.

10 선을 행하는 각 사람에게는 영광과 존귀와 평강이 있으리니 첫째는 유대인에게요 또한 헬라인에게라

10 But glory and honor and peace to everyone who brings about what is good, Jew first and Gentile as well.

11 이는 하나님께서 외모로 사람을 취하지 아니하심이니라

11 For there is no partiality with God.

원문주해

a. 1절은 원래 3절에서 적절한 결론을 끌어내고자 의도했던 초기 난외주라는("Glossen," 281; Käsemann이 뒤따르는) 불트만의 가정은 불필요하다. 여기서 바울의 문체는 구문상 약간 어색하고, 바울이 쓴 것이 아니라고 여겨질 정도로 세련되어 있지 않다(Schmithals, *Römerbrief*, 204에서는, "1절이 편지의 끝에 쓰여지고, 사본에 잘못 삽입되어져서, 2:3에서 불만족스럽게 새로이 시작한 바울의 설명"일 것이라고 불필요하게 복잡한 가정을 제공한다). 1절은 바울이 여기서 채택하고 있는 개인 수신자의 생생한 형태(논쟁) 속에서 1:20에 대한 응답이다.

b. 몇몇 사본들(ℵ C를 포함하여)은 데(δέ) 대신 가르(γάρ)로 읽는다. 2절이 1절의 삽입을 위한 근거로서 의도된 것이 아니라, 보다 넓은 고려를 위해 의도되었다는 것을 필사자가 깨닫지 못한 데서 온 결과다.

양식과 구조

격렬한 논쟁 문체를 통해 바울은 앞선 고소를 명백하게 자기 것으로 만드는 타락한 동료 학도에게로 방향을 돌린다. 이 대담자가 누구인지는 처음에 구체적으로 명시되지 않았고, 바울은 넓은 동의를 얻기에 충분한 일반적인 용어로서("선한 자", "악한 자") 하나님의 공평하심에 관한 명제를(1-11절) 조심성 있게 설정하고 있다. 동시에 대담자가 유대인으로 그려져 있다는 것은 1:19-32의 유대인의 시각에서 명백해진다(예를 들어, Lagrange; Feuillet, "Plan," 347; Bornkamm, "Revelation," 59; Murray; Eichholz, *Theologie*, 81-85; Cranfield; Maillot; 그 반대로는 Leenhardt; Boers, "Problem," 6; Stowers, *Diatribe*, 112; Gaston, *Paul*, 120). 그리고 신의 보응의 공평성(시 62:12; 잠 24:12)에 관해 확립된 유대적 원리의 논증에 중심을 둔 것(6

절)은 특별히 유대적 동의를 얻기 위해 고려된 것이다(참조. Bassler). 더욱더 미묘하게도, 본문이 Wisd Sol 15:1 이하를 반영함으로써 4절에서 하나님의 백성들은 보다 큰 이방인의 죄들에서 자유롭고, 모든 유대인의 죄는 하나님에 의해 선택된 백성으로서의 이스라엘의 은혜 받은 지위를 손상시키지 못한다는 유대인의 전제를 훼손하게끔 의도된 것으로 보인다.

바울의 수사학적 기술의 표현법은 논쟁적인 문체다(Stowers, *Diatribe*, 93-96). 이는 1-5절에서 단일한 개인에게 반복된 개인적 문안과 7-10절의 ABBA 구조를 갖는다(Jeremias, "Chiasmus," 282; 6-11절이 보다 큰 교차주의로 구성되었다는 Grobel의 주장은 복잡한 문제들을 많이 갖고 있음으로 설득력이 약하다). 바슬러(Bassler, "Romans")는 전체 논증 안에서 11절의 중심적인 역할을 정당하게 강조하고 있으나, 2:11이 1:16-2:11의 항목에 가깝다는 주장(*Divine Impartiality*, 121-37)은 2장에서 전개되는 기소에 너무 많은 단절을 가져온다. 또한 그녀는 11절이 12-29절에 대한 주제적 도입이라고 설명한다(*Impartiality*, 137, 152). 하지만 1-11절에서 기소된 사람에 대한 명백한 신원의 부족은 2:1-11을 1:18-32과 2:12-3:8의 두 개의 더욱더 구체적인 기소들을 함께 묶어주는 중첩된 단락으로 보는 것이 훨씬 좋다는 것을 암시한다.

주석

1 "그러므로 남을 판단하는 사람아 무론 누구든지 네가 핑계치 못할 것은 남을 판단하는 것으로"(*διὸ ἀναπολόγητος εἶ, ὦ ἄνθρωπε πᾶς ὁ κρίνων* – 디오 아나폴로게토스 에이 호 안드로페 파스 호 크리논). 디오(*διὸ*)는 일반적으로 전에 지나갔던 것에서 끌어온 추론이나 결론을 나타낸다. 로마서의 다른 곳에서처럼(1:24; 4:22; 13:5; 하지만 15:7, 22은 앞선 문맥과의 관계가 보다 느슨해질 수 있음을 보여준다) "그러므로, 이런 이유 때문에"이다. 또한 Bassler, *Divine Impartiality*, 131-34를 보라. 다윗에 대한 나단의 결론이 주는 의미와 같이 앞선 기소로부터 스스로 면제되었다고 생각하는 사람에 대한 도전적인 형식으로 예기치 않은 결론을 취하고 있다. "네가 그 사람이라"(삼하 12:7; SH; Wilckens, 1:116, 124). 바울이 보통 사용하지 않는 단어인 아나폴로게토스(*ἀναπολόγητος*, "핑계치 못함")를 반복한 것(신약성경에서 오직 여기와 1:20에서만 사용됨)은 바울이 인간의 변명할 수 없음을 강조했던 앞선 기소로부터(1:20) 추론을 이끌어내고 있음을 확증해준다.

"사람아"(*εἶ, ὦ ἄνθρωπε* – 에이, 호 안드로페)와 함께 바울은 의도적으로 대중 설교자의 열변하는 형태를 취하고 있다(또한 2:3절; 참조. 9:20; 수사학적 연설로 책망하는 표현의 실례들에 관해서는 BGD, *ἄνθρωπος* 1aγ와 Stowers, *Diatribe*, 85-93을 보라; 약 2:20에서도 역시 사용되어진다). 아마도 그는 여기서 회당과 시장에서 설교하고 논쟁하는데 사용되어진 논증 형태를 따르고 있다(Barrett). 상상으로 그려진 대담자는 바울이 말했던 것을 반대하지 않고, 매우 강력하게 동의하는 것으로 그려진다.

"판단하는 사람"(*ὁ κρίνων* - 호 크리논). 크리노(*κρίνω*)는 2장 도처에서 나타나고(8번), 언제나 전형적인 사법적 의미에서 "판단하다, …에 재판을 하다"(또한 2:12을 보라)이다. 여기서 유대인들처럼 진심으로 이집트인들의 동물 숭배를 조롱하는 Juvenal, *Sat.* 15.1 이하와 같은 세련된 헬라인이거나(1:23), 1:29-31에 언급된 것과 같은 그러한 악들을 "적합하지 않은 것"으로 동의하는 스토아주의자들이 고려되고 있다(참조. Bruce; Stowers는 일관성이 없는 주제에 관한 철학적 접근에 관심을 주고 있다-특별히 Epictetus, *Diss.* 2.21.11-12와 3.2.14-16은 아주 유사한 것들을 제공하고 있다-*Diatribe*, 103-4). 하지만 1:18-32이 우상숭배와 그것의 실천에 반대하는 헬라적인 유대 논증을 반영하는 정도는 아마도 바울이 주로 유대인 대담자를 염두에 두었다는 것을 확증해준다(오늘날 대부분의 주석가들이 그렇게 본다). 이 단계에서 그 논쟁은 하나님을 알고 있느냐는 반응에 의해 결정되는 차이점과 더욱더 연관된다. 그것은 인종적으로 명확하게 결정된 유대인/이방인 구별을 어느 정도 초월하게 해준다(참조. Dabelstein, 64-73, 87). 여기서 공격받는 태도의 한 예로서 쉴러(Schlier)는 적절하게 제4에스라 3.32-36을 인용한다. 또한 14:3을 보라. 인간과 신의 판단의 대조는 기소를 상기하는 데 있어서 중요한 주제가 된다(2:1-3, 12, 16, 27; 3:4, 6-8). "보응"에 대한 개념은 아마도 당시에 이미 오래되었다(*m. Sota* 1.7와 막 4:24 pars.를 참조하라). 그러나 자기 자신의 판단에 의해 정죄로 심판 받는 사람의 측면에서 그것의 특별한 표현은 우연하게도 마태복음 7:1-2과 매우 유사하다. 다시 말해서, 바울의 공식적인 선언은 아마도 이 점에서 예수의 전승(또는 전승과의 상호작용)에 영향을 받았음을 보여준다(12:14에서 더 자세히 볼 것이다).

"네가 남을 판단하는 것으로"(*ἐν ᾧ κρίνεις τὸν ἕτερον* - 엔 호 크리네이스 톤 에테론). 판단행위로 또는 판단행위에 의해서(*ἐν τῷ κρίνειν* - 엔 토 크리네인)가 아니다.

"네가 너를 정죄한다"(*σεαυτὸν κατακρίνεις* - 세아우톤 카타크리네이스). 카타(*κατά*) -"반대해/대해"; 크리노(*κρίνω*) -"판단하다"; 따라서 카타크리노(*κατακρίνω*) -"정죄하다"이다. 바울은 이 단어를 자주 사용하지 않는다(롬 8:3, 34 그리고 14:23을 보라. 또 다른 예로는 오직 고전 11:32에만 나온다).

"네가 같은 일을 행함이니라"(*τὰ…αὐτὰ πράσσεις*-타…아우타 프라세이스). 1:32과 유사한 반복은, 바울이 특별히 염두에 두고 있는 타 아우타(*τὰ αὐρά*)가 1:29-31에서 언급된 종류의 것들이라는 것을 암시한다. 우상숭배와 동성연애를 행한다고 유대인을 고소했던 논증의 노선은 도덕적 판단을 하는 유대인들로부터, 또는 특별히 유대교의 하나님에 관한 고상함 그리고 높은 도덕적 표준 때문에 전에 유대교에 호감을 가졌던 하나님을 경배하는 이방인들로부터 많은 지지를 끌어낼 수는 없었을 것이다. 그러나 1:29-31의 목록은 그 죄의 목록에 대한 충분한 숙지가 없다면 빠져들 수 있는 악들로 거의 구성되어 있다. 특별히 마지막 다섯 목록은 예수의 전승(막 7:9-13; 참조. 롬 1:29-31과 함께 막 7:21-22) 내에서 이미 비판을 받았던 바리새인들 중에 있었던 태도의 종류라고 적용할 수 있다. 교만과 가식의 죄(*ὑβριστὰς, ὑπερηφάνους, ἀλαζόνας*)의 목록에서 주어진 특징들은 유대인 대담자를 염두에 둔 것인데, 그것이 이방종교와의 차별성을 아주 많이 강조한 하나님의 백성으로서의 유대인의 우월성과 관련한 유대인의 가식이기 때문이다. 바울이 여기서 보다 널리 인정되고 있는 논증의 문체를 사용하고 있는 것은(Stowers, *Diatribe*, 108-110) 이런 주장과 동떨어져 있지 않다. 바울 자신도 분명히 디아스포라의 유대 공동체 내에서 떠돌아다니던 중상모략의 희생자였다.

2 "이런 일을 행하는 자에게 하나님의 판단이 진리대로 되는 줄 우리가 아노라"(*οἴδαμεν δὲ ὅτι τὸ κρίμα τοῦ θεοῦ ἐστιν κατὰ ἀλήθειαν ἐπὶ τοὺς τὰ τοιαῦτα πράσσοντας*-오이다멘 데 호티 토 크리마 투 데우 에스틴 카타 알레데이안 에피 투스 타 토이아우타 프라손타스). "우리가 아노라"(*οἴδαμεν ὅτι*-오이다멘 호티)는 일반적으로 인정되었던, 특히 로마서에서(3:19; 7:14; 8:22, 28) 사실을 소개하기 위하여 빈번하게 사용되는 형식구다. 크리마(*κρίμα*)는 "판단", 또는 보다 구체적으로 말하여, 비호의적인 의미에서 "사법적인 평결", 그리고 "정죄"이다(*TDNT* 3:942; 또한 3:8과 11:33을 보라). 신의 판단("하나님의 심판")의 개념에 대한 그 호소는 진정으로 일반적인 인정을 충족시킬 수 있을 것이다. 즉 그것은 헬라 사상에서 잘 알려져 있다. 하지만 유대전승에서 더 뚜렷하게 나타난다(예를 들어 사 13:6-16; 34:8; 단 7:9-11; 욜 2:1-2; 습 1:14-2:3; 3:8; 말 4:1; *Jub.* 5.10-16; 에녹1서 90.20-27; 보다 자세한 것은 *TDNT* 3:933-35를 보라). 그리고 로마의 혼합된 회중들은 바울의 주장에 곧바로 동의할 것이다.

"진리에 따라"(*κατὰ ἀλήθειαν*-카타 알레데이안). 서신의 중요한 연결 주제 중 하나가 – 하나님의 진리(*ἀλήθεια* – 알레데이아, 도입 § 4.2.2 그리고 1:18을 보라) – 다시금 나타나는 것을 주목하라. 그 구절은 깊은 의미를 갖고 있다. 즉 "올바르게"(BGD), 또는 "사건의 진상에 따라"이다. 그러나 보다 주제적인 중요성의 관점에서는 "하나님의 신뢰성에 따라"(참조. 1QS 4.19-20; CD 20.30; 제4에스라 7.34; 2*Apoc. Bar.* 85.9; Str-B, 3:76에 주어진 것처럼 *m. ʿAbot* 3.16; Schlier에서의 다른 언급들)이다. 따라서 표현에 있어서 바울은 그가 상상으로 그리고 있는 반대자를 염두에 두고 전개했을 것인데, 왜냐하면 경건한 유대인은 하나님이 이스라엘에 대한 선택과 헌신을 보여주셨던, "진리에 따른" 심판으로서의 하나님의 판단을 곧바로 생각할 것이기 때문이다. 바울의 관점에서 이방사회를 정죄하는 유대인들 사이에서 관행에 대한 변명과 구실이 되고 있는 것이 이스라엘에 대한 하나님의 편견에 대한 이런 전제이다(2:17-24).

3 "이런 일을 행하는 자를 판단하고도 같은 일을 행하는 사람아 네가 하나님의 판단을 피할 줄로 생각하느냐?"(*λογίζῃ δὲ τοῦτο, ὦ ἄνθρωπε ὁ κρίνων τοὺς τὰ τοιαῦτα πράσσοντας καὶ ποιῶν αὐτά, ὅτι σὺ ἐκφεύξῃ τὸ κρίμα τοῦ θεοῦ* – 로기제 데 투토, 호 안드로페 호 크리논 투스 타 토이아우타 프라손타스 카이 포이온 아우타 호티 수 에크퓨크세 토 크리마 투 데우). 로기제(*λογίζῃ*): "생각하는가, 의견을 갖는가, 가정하는가?" – 특별히 4장에서 중요한 단어의 첫 번째 출현이다(2:26; 3:28; 4장에서 11번; 6:11; 8:18, 36; 9:8; 14:14; 3:28을 보라). 이는 논쟁에서 자주 사용되었다(Stowers, *Diatribe*, 229, n.67). 작은 절정에 이르고 있는 이 단락에서 (1:32-2:3) 프라세인(*πράσσειν*, "실천하다")과 포이에인(*ποιεῖν*, "행하다") 간에는 약간의 구분이 있는데, 즉 프라세인(*πράσσειν*)은 보다 일반적인 의미를 가지고 있고, 포이에인(*ποιεῖν*)은 보다 의도적인 행위를 나타낸다(*TDNT* 6:636); 7:19과 9:11을 참조하라. 수(*σύ*)는 강조이다. 크리마(*κρίμα*)에 대해서는 2:2을 보라.

본 절과 *Pss. Sol.* 15.8는 서로 상당한 평행을 이루고 있다.

> *Pss. Sol.* "율법 없이 행하는 자들은 주의 판단을 벗어날 수 없을 것이다"(*καὶ οὐκ ἐκφεύξονται οἱ ποιοῦντες ἀνομίαν τὸ κρίμα κυρίου* – 카이 우크 에크퓨크손타이 오히 포이운테스 아노미안 토 크리마 큐리우).
>
> 로마서 "같은 일을 행하는 사람아 네가 하나님의 판단을 피할 줄로 생각하느냐?"(*καὶ ποιῶν αὐτα, ὅτι σὺ ἐκφεύξῃ τὸ κρίμα τοῦ θεοῦ* – 카이 포이온 아우타 호티 수 에크퓨크세 토 크리마 투 데우).

바울이 맹렬하게 비난하는 태도는 솔로몬의 시편에서 표현되었고, 거의 유사한 단어로 바울에 의해 사용되었던 것이다. 솔로몬의 시편에서 명백히 표현되고 있는 그 의미는, 율법이 이방인들에 대한 유대인의 "판단"에 결정적 요소가 되었다는 것이다. 그러나 바울은 율법에 대한 유대인의 자부심(2:17-20)이 그들로 하여금 율법을 "행하지" 못할 정도로(2:21-29) 흐리하게 했다는 점을 시사한다. 자연스럽게 율법이 논쟁의 대상이 되고, 주도적인 요인이 되고 있다(2:12절 이하). 이는 바울이 항상 율법을 염두에 두고 있었다는 것을 확인해 준다. 하지만 이 시점에서 그는 그 기소를 공개적이게 하며, 더욱더 일반적인 적용을 한다. 참조. 마 3:8-9과 Justin, *Dial*, 140에 대한 비판을 참조하라.

4 "혹 네가 하나님의 인자하심이 너를 인도하여 회개케 하심을 알지 못하여 그의 인자하심과 용납하심과 길이 참으심의 풍성함을 멸시하느뇨?"(*ἢ τοῦ πλούτου τῆς χρηστότητος αὐτοῦ καὶ τῆς ἀνοχῆς καὶ τῆς μακροθυμίας καταφρονεῖς, ἀγνοῶν ὅτι τὸ χρηστὸν τοῦ θεοῦ εἰς μετάνοιάν σε ἄγει* – 에 투 프루투 테스 크레스토테토스 아우투 카이 테스 아노케스 카이 테스 마크로두미아스 카타프로네이스, 아그노온 호티 토 크레스톤 투 데우 에이스 메타노이안 세 아게이). 바울이 유대인 대담자를 염두에 두고 있다는 것을 몇 가지 요인들로 확인할 수 있다. (1) 그는 여기서 다른 곳에서는 거의 사용하지 않는 일련의 용어들을 사용한다("관용"[*ἀνοχή* – 아노케], = 진노를 미루심, 오직 여기서와 신약에서 3:26에서만 나온다). 그러나 다른 몇 가지 경우는 9-11장에서 다시 나타난다. 즉 "부요"(*πλοῦτος* – 프루토스) – 9:23(10:12); 11:12, 33(보다 자세한 것은 11:12을 보라). "인자"(*χρηστοίτης* – 크레스토테스) – 11:22에서 세 번 나온다. "인내"(*μακροθυμία* – 마크로두미아) – 9:22. 이것은 바울의 사상이 양 경우에서 동일한 묵상의 범위 내에서 영향을 미치고 있다는 것을 함축한다.

(2) 헬라 사상에서 "친절하심"(*τὸ χρηστόν* – 토 크레스톤)과 "인자"(*χρηστότης* – 크레스토테스)는 특별한 경우에만 신들에 대한 속성으로 사용된다. 하지만 유대 경전에서는, 특별히 시편에서, 하나님의 인자와 자비를 위한 찬양이 주를 이룬다(시 25:7; 69:16; 86:5; 100:5; 106:1; 109:21; 136:1; 145:8-9). "자비(*ἔλεος* – 엘레오스) 안에서 하나님이 자신의 언약적 약속들과 언약적 하나님으로서 본성에 대해 신실하게 행하실 때, 그는 스스로 크레스토스(*χρηστός*) 하시다는 것을 보여주시는 것이다"(*TDNT* 9:485-86). 크레스토테스(*χρηστότης*)에 대해서는 Siotis, 217-20을 보라. 유대 사상에서 하나님의 인내(*μακροθυμία* – 마크로두미아)에 관해서는 Str-B, 3

:77-78을 보라. 젤러(Zeller)는 하나님이 회개를 위해 주시는 시간으로 Sir 5:4-7과 Philo, *Leg. All.* 3.106을 특별히 강조하여 주목한다. 더 자세한 것은 9:15과 9:22을 보라.

(3) "회개"(*μετάνοια*－메타노이아)는 "마음의 변화", 또는 보다 일반적으로는 "후회"(*TDNT* 4:978-79; BGD)의 덜 비중 있는 의미라 할지라도, 뚜렷하지는 않지만 헬라에서 충분히 잘 알려진 개념이다. 특히 스토아 사상에서 그렇다. 그러나 초기 기독교 전통에서, 그것은 "회개하다, 개종하다"(*μετανοέω*－메타노에오)라는 동사와 함께, 히브리어 슈브(שׁוּב, "되돌아오다, 돌아오다")의 동등어로서 많이 사용되었던 "개종"의 보다 함축성 있는 의미다. 여기서 바울의 사용은 두 가지 이유에서 주목할 만하다. (a) 회개는 구속에 관한 유대인의 가르침에서 매우 중요한 위치를 차지한다. 하나님이 회개와 속죄를 통하여 그의 언약 백성들에 대한 죄를 다루는 방법을 제공했다는 것이 바울 당시의 경건한 유대인에 있어서 근본적인 교리였다(예를 들어, 반복구를 가진 레 4-5장, "그들이 사함을 얻으리라"－4:20, 26, 31, 35, 등등; 시 116; 사 1:27; 렘 3:12-14, 22; Sir 17:24-26; *Jub.* 5.17-18; *Pss. Sol.* 9; *T. Gad* 5.3-8; 더 자세한 것은 *TDNT* 4:991-992, 995-99, 그리고 Sanders, *Paul*, 색인, 특별히 157면을 보라). 그러므로 여기서 바울은 그에 대항하는 유대인 대담자의 중요한 신념 중 하나로 방향을 돌리고 있는 것으로 보인다. 다소 유사한 것은 Sir 5:4-7의 경고이다(Zeller). (b) 첫 제자들과(막 6:12; 행 2:38; 3:19; 기타 등등), 세례 요한(마 3: 2, 8, 11; 막 1:4) 그리고 예수(마 11:20-21; 12:41; 막 1:15 기타 등등)의 설교와 교훈에서 중요한 요소가 될 만큼 충분히 공통된 것일지라도, 명백히 바울의 작품이라고 여기지는 것들 속에서 "회개"의 개념은 오직 두 군데서만 나타난다(고후 7:9-10; 12:21; 참조. 딤후 2:25; 그리고 요한복음서나 요한서신서에는 어느 곳에서도 나타나지 않는다!). 강력하게 유대적이며 언약적인 그 특성은 여기서도 역시 그 이유를 제공하고자 하였을 것이다. 즉 하나의 개념으로서의 "회개"는 하나님의 언약적 인자하심에 관한 용인된 이해와 많이 연관되어져 있다. 따라서 바울은 언약의 (기독교적) 재해석을 더 쉽게 발전시키는 것을 통한 "신앙"의 개념을 보다 폭넓게 수용하는 것을 더 좋아한다(1:17을 보라). 그러므로 그것은 인자하심과 회개(*χρηστότης*, *μετάνοια*)의 보다 "유대적"인 용어이며, 바울은 그 용어를 은혜(1:15를 보라)와 믿음(*χάρις*, *πίστις*)이라는 더 분명한 "기독교적" 용어보다도 더 많이 사용한다. 또한 4:7-8을 보라.

동일하게 두드러진 것은 다시 한번 바울이 유대인의 표현으로서 솔로몬의 지혜서의 용어와 관점을, 특히 디아스포라 유대 신앙에 관한 것을 염두에 두고 있는 것처럼 보이는 방식이다. 솔로몬 지혜문학의 전형은 자신의 백성에 대한 하나님의 자비(심지어 그들을 훈련시키는 때조차도)와 경건치 않은 백성에 대한 하나님의 진노의 심판(3:10; 11:9-10; 12:22; 16:9-10) 간에 그려진 명백한 구분과 함께, 그리고 이방인들이 이스라엘 사람들보다 더 당연시 여겨질 필요가 있는 것으로 보여지는 회개와 함께(11:23 – *εἰς μετάνοιαν*; 12:8-11, 19-22), 하나님의 자비가 자신의 선택한 백성에게 있다(3:9; 4:15)는 확신 있는 가정이 주를 이룬다. 바울이 염두에 두었을 특별한 구절은 Wisd Sol 15:1 이하이다.

> "그러나 우리 하나님 당신은 온유하시고 진실하시며(*χρηστὸς καὶ ἀληθής*)
> 인내하시고(*μακρόθυμος*) 자비하심으로 만물을 다스리시고 계신다.
> 우리가 죄 중에 있을지라도 당신의 능력을 알고 있는 우리는 당신의 것이며;
> 우리는 당신의 것으로 여겨질 것임을 알기에 죄를 짓지 않을 것입니다(*λελογίσμεθα*).
> 당신을 아는 것은 완전한 의이고(*δικαιοσύνη*)
> 당신의 능력을 아는 것은(참조. 롬 1:19-20)은 영원한 생명의 뿌리가 됩니다.
> 인간적 술책의 악한 의향도 우리를 잘못된 길에 빠지지 못하게 할 것이며, 도장공의 무익한 노고도 우리를 잘못된 길로 인도하지 못할 것입니다.…[부인(disavowal)의 방식을 취한 우상숭배에 대항하는 논증](*ἐπλάνησεν*).

만약 바울이 그의 유대적 대담자에 의해 표현되어지고, 4절의 강력한 반응을 필요로 하는 것으로 "들었다"는 것이 Wisd Sol 15:1-6에서 특별하게 표현된 태도였다고 가정한다면, 우리는 상당히 잘못된 길로 나아가는 것이다(또한 특별히 Nygren을 보라).

비난하는 문장에서 에(*ἤ*)를 사용한 것에 대해서는 Stowers, *Diatribe*, 229 n.69를 보라. 첫 번째 절에서 카타프로네오(*καταφρονέω*)의 의미를 과장해서는 안 된다. 즉 바울의 유일하게 다른 곳에서 사용하는 것은 문맥에 적절하지만(고전 11:22; 참조. 딤전 4:12), 여기서 "멸시하다, 경멸하다"(NIV)는 너무 강하다. 대담자가 하나님의 인자하심에 관해 "잘못된 생각을 갖고 있고, 그것에 관해 너무 가볍게 생각하고" 있다는 것은 실수다(BGD; 참조. 딤전 6:2). 하나님의 인내(long-suffering)가 연약함을 의미한다고 생각하는 사람들에 관해 언급하고 있는 *2Apoc. Bar.* 21.20을 참조하라.

두 번째 절에서 개별적 수신자에 관한 세(*σέ*)는, 바울이 거의 사용하지 않는 것인데, 그것은 2:27과 11:22에서처럼, 그리고 2:3에서의 수(*σύ*)처럼, 의도적인 강조를 준다. 전형적 유대 신앙을 갖고 있는 대담자는 하나님과 인간의 관계에서 회개의 중요성을 잘 알고 있으나, 이방인들과 마찬가지로 동일한 회개의 필요성을 갖고 있다는 것을 의식하지 못하였고, 이해하지 못했다(특별히 10:3을 참조하라). 에이스 메타노이안 아게이(*εἰς μετάνοιαν ἄγει*): 그 사상은 회개 그 자체를 제공하기(Wisd Sol 12:19에서처럼)보다는 회개를 위한 기회를 더 많이 제공하고 있다(Wisd Sol 11:23; 12:10에서처럼; *Ap. Const.* 7.35.1을 참조하라)는 것이다. Sir 5:4-7의 다소 유사한 경고를 참조하라.

5 "다만 네 고집과 회개치 아니한 마음을 따라 진노의 날 곧 하나님의 의로우신 판단이 나타나는 그 날에 임할 진노를 네게 쌓는도다"(*κατὰ δὲ τὴν σκληρότητά σου καὶ ἀμετανόητον καρδίαν θησαυρίζεις σεαυτῷ ὀργὴν ἐν ἡμέρᾳ ὀργῆς καὶ ἀποκαλύψεως δικαιοκρισίας τοῦ θεοῦ* – 카타 데 텐 스크레로테타 수 카이 아메타논톤 카르디안 데사우리제이스 세아우토, 오르겐 엔 헤메라 오르게스 카이 아포카륍세오스 디카이오크리시아스 투 데우). 본 절은 신약에서 오직 여기서만 나타나는 하팍스 레고메나(hapax legomena, 단 한번만 기록된 어구)를 상당히 포함하고 있다(*σκληρότης*, *ἀμετανόητος*, 그리고 *δικαιοκρισία*). 바울은 자신이 말하고 있는 것의 영향력을 극대화시키고, 그 말을 단순히 형식적이고 상투적인 것으로 무시해버리지 않도록 하기 위해 좋은 단어를 찾고자 노력하고 있다는 점을 강력하게 암시한다.

"완고함, 고집"(*σκληρότης* – 스크레로테스)은 70인경에서 단지 4번만 사용되었다(대부분 신 9:27과 관련하여). 그러나 바울은 분명하고 보다 완전한 개념인 "마음의 완고함, 고집"(*σκληροκαρδία* – 스크레로카르디아)을 상기시키고 있고, 거의 알려져 있지 않은 단어인 "완고한"(*ἀμετανόητος* – 아메타노에토스, 참조. *T. Gad* 7.5)을 (아마도 스스로 공식화하면서) 삽입함으로서 그것에 더 큰 의미를 제공하고 있다. "완고한 마음"의 위험은 유대 사상에서 되풀이하여 나타나는데(렘 4:4; 겔 3:7; Sir 16: 10; 에녹1서 16.3; *T. Sim.* 6.2; Philo, *Spec. Leg.* 1.305; Michel, 114 n.10에서 쿰란사본의 언급), 이 구절들은 신명기 10:16의 최초의 경고에서 그리 벗어나지 않는다. 바울은 할례가 마음에 대한 것이라는 신명기와 예레미야의 외침을 절정에 이르게 하는 방법으로 2:29에서 반영함으로써, 이 일련의 경고들과 자기 자신을 분명히 제휴시키고 있다. 바울이 조심스러운 청취자들에게 의도하는 추론은 그의 유대적 대담자가 인식하지 못하는(신 10:16이 경고하였던 것처럼) 하나님과의 법적인 관계의 차원이 있다는 것과, 이방인의 악들에 대한 재판적인 자세는 이스라엘의 경건한 자들도 동일한 실패를 했음을 쉽게 경시함으로써, 완고한 마음의 위험에 굴복을 당했다는 것을 단순히 보여주고자 하는 것이다.

카타(*κατά*, "인해")가 의미하는 것에 대해서는 BGD, *κατά* 5aδ를 보라. "너는 스스로 진노를 쌓고 있다"(*θησαυρίζεις σεαυτῷ ὀργήν* – 데사우리제이스 세아우토 오르겐)는 하늘에 보물을 쌓아 놓는다는 개념의 변형인데, 이는 특별히 유대적이다. 하늘에 "쌓아둔 보물"이라는 개념은 이미 유대교 내에서 발전되었던 것으로 가정할 수는 없으나(Sanders, *Paul*, 183-98), 언약적 의무에 대해 신실한 사람은 일종의 하늘의 은행계좌를 제공받는다는 개념이 이미 통용되고 있었다. Tob 4:9-10은 바울이 반영하고 있을지도 모르는 다소 분명해 보이는 평행구를 제공하고 있다. 즉 "너는 환난 날을 위하여 자신을 위해 선을 쌓아 두라"(*ἀγαθὸν θησαυρίζεις σεαυτῷ εἰς ἡμέραν ἀνάγκης* – 아가돈 데사우리제이스 세아우토 에이스 헤메란 아나그케스)(습 1:15과 눅 21:23에서처럼 아나그케[*ἀνάγκη*]는 종말론적 의미를 가지고 있다). 그리고 *Pss. Sol.* 9:3-5는 "의를 행하는 자는 주와 함께 자신을 위해 생명을 쌓아 둔다"(*ὁ ποιῶν δικαιοσύνην θησαυρίζει ζωὴν αὑτῷ παρὰ κυρίῳ* – 호 포이온 디카이오수넨 데사우리제이 조엔 아우토 파라 큐리오)와 함께, 의로운 행위들과 경건한 자의 행위들에(*αἱ δικαιοσύναι τῶν ὁσίων…τὰ ἔργα ἡμῶν* – 아히 디카이오수나이 톤 호시온…타 에르가 헤몬) 관한 이야기를 절정에 이르게 한다. 제4에스라 6.5; 7.77; 8.33, 36과 *2Apoc. Bar.* 14.12(참조. 24.1)에서 발견하는 "행위의 보물"에 대한 보다 명백한 이야기는 이미 바울 당시에 통용되었던 것이었지만, 당연한 것으로 여길 수는 없다(또한 4:4-5과 11:28을 보라). 어쨌든 바울이 여기서 관심을 돌리고 있는 것은 이러한 사상의 노선이다. 즉 경건한 대담자는 언약에 대한 그의 믿음에 의해 자신이 하늘에 보물을 쌓아놓고 있다고 가정한다. 그러나 그는 보다 철저한 회개를 위한 필요성을 인식하지 못함으로 인해 실제로 "선"과 "생명"을 쌓고 있는 것이 아니라 진노를 쌓고 있는 것이다.

"하나님의 의로우신 판단이 나타나는 그 날에 임할 진노를"(*ἐν ἡμέρᾳ ὀργῆς καὶ ἀποκαλύψεως δικαιοκρισίας τοῦ θεοῦ* – 엔 헤메라 오르게스 카이 아포카륍세오스 디카이오크리시아스 투 데우). 오르게(*ὀργή*)에 대해서는 1:18을 보라. "진노의 날"로서 마지막 날을 스바냐는 특별히 강조한다(습 1:15, 18; 2:2-3; 참조. 3:8; SH와 Str-B, 4:1093-1118에서의 다른 언급들; 바울에게서 2:16; 고전 1:8; 5:5; 빌 1:6, 10; 2:16; 살전 5:2, 4을 참조하라). 인간의 반역에 대한 하나님의 최후 심판에 관한 바울의 설명로서의 "진노"에 관해서는 2:8; 3:5; 5:9; 9:22; 살전 1:10; 5:9을 보라. "계시"(*ἀποκάλυψις* – 아포카륍시스)는 여기서 완전히 종말론적 의미로 사용되었다(1:17을 보라). 오직 종말에 인간의 모든 상태가(1:18–2:5의) 분명히 하나님의 진노의 대상(참조. Knox)이 될 것이다. "의로운 판단"(*δικαιοκρισία* – 디카이오크리시아)은 *T. Levi* 3.2와 15.2에서처럼 무서운 하나님의 최후 심판 날에 대한 동일한 언급이다(또한 2:2을 보라). 그 구절은 진노가 창조주로서의 하나님의 의의 표현으로도 볼 수 있다는 것을 확증해준다(Käsemann과 1:17과 1:18을 보라). 또한 윌켄스(Wilckens)는 여기서 논쟁이 될 만한 여지가 있다고 지적한다. 왜냐하면 경건한 유대인들에게 있어서 하나님의 "의로운 심판"은 그의 선택한 자들을 위해 일어나는 것으로 보통 이해되기 때문이다(특별히 1QM 18.7-8; *Sib. Or.* 3.702-9를 참조하라). 다시 한 번 바울은 유대인이 갖고 있는 확신이 아니라 언약적 확신의 개념으로 방향을 돌리고 있다.

6 "하나님께서 각 사람에게 그 행한 대로 보응하시되"(*ὃς ἀποδώσει ἑκάστῳ κατὰ τὰ ἔργα αὐτοῦ* – 호스 아포도세이 헤카스토 카타 타 에르가 아우투). 바울의 마음의 전면에는 시편 62:12(70인경 61:13)과 잠언 24:12의 형식구와 더불어 유대 신앙의 고정된 원리의 직접적인 인용이 의도되었다.

시 편	수 아포도세이스(*σὺ ἀποδώσεις*)	헤카스토 카타 타 에르가 아우투 (*ἑκάστῳ κατὰ τὰ ἔργα αὐτοῦ*)
잠 언	호스 아포디도신(*ὃς ἀποδίδωσιν*)	
로마서	호스 아포도세이(*ὃς ἀποδώσει*)	

하지만 욥 34:11; 렘 17:10; 호 12:2; Sir 16:12-14; 에녹1서 100.7; *Jos. Asen.* 28.3; Ps-Philo, *Lib. Ant.* 3.10도 보라. 초대 기독교인들도 이 원리를 상당히 품고 있었음을 주목하는 것이 중요하다(참조. 마 16:27; 고후 5:10; 골 3:25; 딤후 4:14; 벧전 1:17; 계 2:23; 등등; 더 자세한 것은 Heiligenthal, 172-75를 보라). 그처럼 그것은 동일한 원리가 다른 구조 또는 종교 사상의 유형 내에서 얼마나 다르게 읽혀질 수 있는가에 관한 흥미로운 예를 제공한다. 바울의 전형적인 유대인 대담자는 의식법의 준수와 자비의 행동을 포함하여, 자신의 경우에 중요한 행위는 계약의 의문에 관한 충실한 실천이라고 가정하였을 것이다(참조. 다시금 Tob 4:9-11; *Pss. Sol.* 9.3-5) – 엄밀히 말해서 그것은 바울이 이 장에서 도전하기를 원했던 전제이고, 반면에 바울은 예수 그리스도를 통하여 하나님을 신뢰하는 더욱더 보편적이고 근본적인 "행위"의 측면에서 그 원리를 이해하였을 것이다("믿음의 순종"-1:5). 대조적으로 바울이 여기서 "랍비식의 행위 신학"(Synozik, 81에서처럼)을 보이는 것을 단순하게 부정하는 것은 그 요지를 놓치는 것이고, 은혜와 심판간의 바울의 변증법을 그의 신

학을 혼란에 빠지게 하는 대조로 몰아넣는 것이다(바울의 신학 내에서 제2장의 기능과 관련한 전형적인 혼란이 분명히 보여주는 것처럼).

7 "참고 선을 행하여 영광과 존귀와 썩지 아니함을 구하는 자에게는 영생으로 하시고"(*τοῖς μὲν καθ' ὑπομονὴν ἔργου ἀγαθοῦ δόξαν καὶ τιμὴν καὶ ἀφθαρσίαν ζητοῦσιν, ζωὴν αἰώνιον*–토이스 멘 카드 위포모넨 에르구 아가두 독산 카이 티멘 카이 아프다르시안 제투신 조엔 아이오니온). 바울은 여기서 의도적으로 폭넓은 호소의 언어를 선택하는 듯 보인다. 특별히 목적을 좇는 것을 묘사하는 데 있어서 그렇다. "영광과 존귀"(*δόξα καὶ τιμή*–독사 카이 디메)는 유대인의 귀에 익숙한데, 그것은 하나님이 인간에게 바라시는 것(욥 4:10; 시 8:5) 또는 인간이 하나님께 돌려야 할 것(시 29:1; 96:7) 등에 사용되었다. 하지만 헬라인들의 귀에 이러한 말들은 좋은 사람의 이름에 적절히 붙는 영예와 높은 평판을 일컫는 것이다(각 경우에 LSJ를 보라; BGD, *τιμή* 2b).

"썩지 아니함, 불멸"(*ἀφθαρσία*)은 70인경에서 솔로몬의 지혜문학과 마카비4서 같은 헬라화된 유대교 문헌들 속에서만 나타나고 있는 보다 헬라적인 용어다. 즉 Wisd Sol 2:23은 그것을 하나님께서 사람을 창조하시면서 고려하였던 목적으로서 기술하고 있다. 마카비4서 17.12는 바울이 여기서 말하고 있는 것과 상당히 밀접한 평행어구를 제공한다(또한 고전 15:42, 50, 53-54; 그리고 1:23을 참조하라). "영생", "끝없는 생명(*ζωὴ αἰώνιος*–조에 아이오니오스)은 후기 유대적 작품들에서 나타나고 있을지라도(단 12:2; 마카비2서 7:9; 마카비4서 15.3; 1QS 4.7), 그것은 보다 유대적이다. 하지만 헬라인들도 쉽게 이해할 수 있다(바울의 다른 작품에서는–5:21; 6:22-23; 갈 6:8; 딤전 1:16; 6:12; 딛 1:2; 3:7; 그리고 신약의 나머지에서는–막 10:17, 30 pars.; 눅 10:25; 요 3:15-16, 36; 등등; 행 13:46, 48; 요일 1:2; 2:25; 등등; 유 21).

본 절의 나머지 역시 넓은 용어로 표현되어 있다. 카드 휘포모넨 에르구 아가두(*καθ' ὑπομονὴν ἔργου ἀγαθοῦ*)는 그것의 명백한 의미, 즉 선한 것으로 인정된 것을 행하는 데 있어서의 인내(Barrett의 번역은 극단적으로 왜곡되어 있다; "선한 행위"를 회개의 행위로 좁게 보는 바르트의 해석도 동등하게 의심스럽다–[*Shorter*]) 외에 다른 어떤 것으로 거의 이해될 수 없다. 휘포모네(*ὑπομονή*)에 대해서 보다 자세한 것은 5:3-4을 보라. 에르곤(*ἔργον*)에 대해 보다 자세한 것은 13:12을 보라. 사용된 동사(*ζητεῖν*–제테인, "구하다")는 휘포모네(*ὑπομονή*)를 강화시킨다. 즉 염두에 둔 것은 지속적이고 의도적인 적용(현재분사)이지, 목적에 대한 우연적이고 일시적인 추구가 아니다. 또한 10:3을 보라.

그러므로 6절에서처럼 바울은 도덕적으로 어느 정도 예민한 사람들의 넓은 수용을 얻을 수 있는 폭넓은 원리를 표현하고 있다(또한 1:28과 12:17을 보라). 그러나 바울의 전형적으로 경건한 헬라화된 유대동료들 중에서, 그것은 더욱더 제한적인 용어로 이해되어졌을 것이다-"경건한 자의 인내"(Sir 16:13; 17:24), 언약적 신실함의 지속(Sir 11:20)으로 말이다. "지혜문학의 율법에 귀를 기울이게 되는 것은 영생의 확신이다"(Wisd Sol 6:18-19). 그러나 여기서 바울의 목적은 우리가 "자연적인 정의"(natural justice)라고 부르는 것을 명백히 표현하고자 하는 것이다-앞에 나왔던 1장의 "자연 신학"에 관한 종말론적 외보를 쌓는 것이다-하나님(또는 도덕)에 관한 도덕적 개념을 가진 사람이 받아들일 수 있는 한 원리에 관한 진술 즉 선한 일을 지속적으로 한 사람이 존귀를 얻는다. 바울은 언약 내에 있는 사람들에 의해 범해진 불의를 감소시키는 것처럼 언약 밖에서 행한 선을 감소시키는 보다 좁은 유대적 관점에 관한 비판을 형성시킬 의도를 여기에서 다시 한번 함축하고 있는 것이다.

바울은 여기서 "선한 행실"에 따른 심판의 교리를 공포하려고 하는 것이 아니다. 왜냐하면 1:18 이하의 기소가 시사하고 있는 것처럼, 그리고 나중에 그가 다른 용어로 더 분명하게 언급하는 것처럼(6-8장), "참고 선을 행하는" 것은 자신이 하나님에 대한 피조물이라는 것을 깨닫는 사람들만이 가능하고, 감사와 예배의 정신으로 그들의 삶을 살아가는 사람들만이 가능하다. ("바울에 대한 깊은 오해"로서 오직 은혜[sola gratia]를 논쟁하고 있는 Watson, *Paul*, 120은 바울 신학에서 이 기본적인 특성을 무시하고 있다. 또한 4:16-21과 14:23을 보라). 그리고 열려 있고 완전한 하나님에 대한 신앙은 오직 예수 그리스도로 말미암아 가능하다는 것을 그는 발견한다. 그러나 여기서 고려되고 있는 것은 폭넓게 진술된 원리인데, 심지어 그 이상(ideal)이 그러한 믿음과 별개로 성취될 수는 없음을 인식하는데 실패할지라도, 모든 사람들이 용인하는 원리다. 근원적인 기초를 이루는 주장은 실제로 그 원리의 보다 좁은 유대적 해석은 그 적용의 넓이를 인식하지 못하고 있다는 것이고, 반면에 바울 자신의 원리는 유대인과 이방인에게 동일한 조건으로 개방되어 있다는 것이다(또한 2: 13과 15절을 보라). 본 절이 "이신칭의"(종교개혁이래 많은 주석가들이 활용하고 있는)의 교리에 대한 것을 야기시키고 있다는 문제는, 오직 본 구절이 교의학(dogmatics)에서 한 실천으로서 취급되어질 때에 오직 나타난다. 반면에 그것의 구체적인 초점을 인식할 때, 그 문제는 보다 다루기 쉽고 대체로 그 문제는 사라지게 된다(참조. Watson, *Paul*, 118-19).

8 "오직 당을 지어, 진리를 좇지 않는 자들"(*τοῖς δὲ ἐξ ἐριθείας καὶ ἀπειθοῦσι τῇ ἀληθείᾳ*-토이스 데 엑스 에리데이아스 카이 아페이두시 테 알레디이아). 신약 이전의 문서가 거의 존재하지 않음으로 인해 야기되는 에리데이아(*ἐριθεία*)의 의미에 관한 논쟁은(오직 Aristotle, *Polit.*, 1302b:4와 1303a: 14에서만 나온다, 거기서는 호기심에 의한 공적인 자기 추구를 묘사하고 있다) 이제 "당파적인" 야망의 의미(*ἔρις*-에리스, "투쟁, 논쟁"으로부터의 유래에 의존하고 있는-여전히 RSV, Murray에서처럼)에 비해 "이기적인" 욕망의 의미를 갖는다고 상당한 일치를 보이고 있다. BGD, Cranfield를 보라. 특별히 빌 2:3-4을 참조하라. 그밖에 빌 1:17과 고후 12:20과 갈 5:20의 악에 관한 목록에서 나타난다. 또한 신약의 대부분의 유대적 문헌이 에리데이아(*ἐριθεία*, "이기심, 이기적 욕망")를 위험한 것으로 인식하고 있다는 것은 의미가 있다(약 3:14, 16). 로마서 2:8은 실패한 또는 배교한 바리새인의 편견으로서 단순히 내쳐 버리지는 않는다.

"진리를 좇지 않는 자들에게"(*ἀπειθοῦσι τῇ ἀληθείᾳ*-아페이두시 테 알레데이아). 다시 한번 그 기소는 1:18을 반영하면서 일반적 용어로 제기되고 있다. 그러나 바울이 역시 특별히 그의 유대 동료들을 염두에 두고 있다는 점은 이후에 그것들에 관한 그의 묘사로부터 확실하다(10:21; 11:31; 참조. 행 14:2; 19:9; 히 3:18; 4:6; 벧전 2:8). 나중에 언급되는 것들에 비추어 "진리"는 특별히 기쁜 소식으로 말해질 수 있다. 그러나 여기서 바울은 여전히 그런 식으로 명백하게 "진리"를 정의하지는 않는다. 그것은 여전히 창조주로서의 하나님에 관한, 그에 대한 종속성을 인정하는 피조물의 필요에 관한, 보다 넓게 이해되어지는 "하나님의 진리"로 표현된다. 이스라엘이 그 진리를 하나님의 신뢰성(=진리; 1:18절을 보라)이라는 전제로 바꾸어, 이스라엘을 다른 용어로 취급하는 한(그래서 하나님이 만드신 것보다 믿는 이방인에게 더 많이 요구를 만드는 한), 그들은 "진리를 좇지 않는다."

"불의를 좇는 자"(*πειθομένοις δὲ τῇ ἀδικίᾳ*-페이도메노이스 데 테 아디키아). 바울은 아페이두시(*ἀπειθοῦσι*)와 대조를 이루기 위해 그 동사를 선택하고 있다. 그러므로 직역적인 해석인 "복종하다"는 아마도 페이도메노이스(*πειθομένοις*)의 의미를 흐리게 만든다(물론 우리가 영어번역으로는 그것을 반영하지 못한다 할지라도 헬라어의 언어유희는 여전히 남아있다). 중간태와 수동태에서 페이도(*πείθω*)의 의미는 "설득 당하다, 확신되어지다, 지다"로부터 나온다(LSJ, BGD). 여기서 바울이 염두에 두고 있는 것은 한 원리가 보다 높은 원리로 간주되어지는 것에 직면하여

(마지못해) 양보를 하고, 보다 순전하고 기본이 되는 수단을 위해서 (본의 아니게) 인정을 하는 삶의 상황이다. 다시 말해서 바울이 공식화하고 있는 것은 명백하게 대부분의 물들지 않은 좋은 의지를 가진 사람들(반면에 바울은 6:12, 16-17 그리고 10:16에서 덜 변명할 수 없는 단어인 휘파이쿠오[*ὑπακούω*, "복종하다"]를 사용한다)조차도 불가피하게 직면하는 도덕적인 다의성과 가능성 있는 타협들에 대해 보다 민감하다. 그럼에도 불구하고 유대인 대담자에 대한 바울의 비난(이제 보다 일반화된 서술로 확장되어진다)은 하나님과 이스라엘의 특별한 관계에 대한 유대인의 전형적인 이해가 언약 백성들 내에서의 실천과 언약 백성이 아닌 사람들을 향한 태도에 대한 정당화가 되었고, 사실상 그것은 창조주에 대한 피조물로서의 하나님과 인간의 보다 근본적인 관계를 파기하고 있다고 비난하고 있는 것이다(*ἀδικία*－1:18을 보라).

"노와 분"(*ὀργὴ καὶ θυμός*－오르게 카이 두모스). 이 두 단어들은 일반적으로 오르게 두무(*ὀργὴ θυμοῦ*)의 형식 속에서 규칙적으로 70인경에서 결합되어 있고, 여기서처럼 신적인 분노와 관련되어 있다(신 29:27; 시 78[70인경 77]:49; Sir 45:18; 렘 7:20; 21:5). 하지만 일반적으로 최후의 심판과 관련되어 있지는 않다(사 13:9; 30: 30을 참조하라), 또한 Hanson, *Wrath*, 206-9 그리고 오르게(*ὀργή*)에 대해 보다 자세한 것은 1:18과 2:5을 보라. 그 사상은 하나님의 진노가 분명하기 때문에(두 단어의 구약의 결합이 확증하는 것처럼), 두모스(*θυμός*)는 부정의(injustice)에 대한 하나님의 인격적이고도 "심상한" 분노를 강조한다. 여기서 "하나님의 무감각하심"에 관한 것은 없다.

9-10 이 구절들은 밀접한 평행관계에 있기 때문에, 상응하는 요소들을 각기 순서대로 살펴보는 것이 알기 쉽다.

"환난과 곤고"(*θλῖψις καὶ στενοχωρία*－들립시스 카이 스테노코리아). 앞선 구에서처럼, 이 두 단어들도 역시 구약과 연관되어있다(스테노코리아[*στενοχωρία*]의 6번 사용 중 5번)－신 28:53, 55, 57; 사 8:22; 30:6. 심판은 외부 환경이 사람을 압박하고 긴장하게 하고, 개인적인 곤고함을 일으키는 삶의 경험을 불러오는 것으로 묘사될 수 있고, 이에 대한 보다 강력한 단어는 스테노코리아(*στενοχωρία*)다=아무런 방도도 없이 쫓겨남을 의미한다(특별히 8:35; 고후 6:4; 12:10－신약에서 스테노리아[*στενοχωρία*]의 또 다른 발생 중 첫 두 개는 역시 들립시스[*θλῖψις*]와 결합되어져 있다; 또한 고후 4:8을 참조하라). 또한 *TDNT* 7:607; 그리고 5:3을 보라.

"영광과 존귀와 평강"(*δόξα…και τιμὴ καὶ εἰρήνη*－독사…카이 티메 카이 에이레네). 본 사상은 "불멸"(ἀφθαρσία – 아프다르시아)을 대신해서 "평강"(εἰρήνη – 에이레네)을 집어넣은, 부분적으로는 7절의 반복이다. 독사 카이 티메(δόξα καὶ τιμή)에 대해서는 2:7을 보라. 그리고 에이레네(εἰρήνη)에 대해서는 1:7을 보라. 종종 이 생의 조건들에 더욱더 적용되어진 개념들은(다시 2:7을 보라) 선한 개인들에 대한 최후의 상태를 묘사하기 위한 종말론적인 정도를 나타내는 것이라고 주장된다.

"각 사람에게는"(ἐπὶ πᾶσαν ψυχὴν ἀνθρώπου – 에피 파산 푸켄 안드로푸)은 (단순히 가지고 있지 않은) 영혼(נֶפֶשׁ – 네페쉬)으로서, 살아있는 존재로서(하나님에 의해 주어진 생명 – 창 2:7; 고전 15:45; 참조. 또한 행 2:41, 43; 3:23; 7:14; 27:37; 벧전 3:20; 제1클레멘트서 64; 문헌목록과 함께 BGD를 보고, 13:1을 보라; 그 반대로는 Lagrange를 보라) 인간에 대한 유대적 이해를 반영하고 있다. 10절에서 평행요소는 단지 판티(παντί)다. 두 경우에 있어서 파산(πᾶσαν)과 판티(παντί)는 마지막 구("첫째는 유대인이요 또한 헬라인")를 강조하면서 강조를 덧붙이고 있다.

"악을 행하는 각 사람에게/선을 행하는 각 사람에게"(τοῦ κατεργαζομένου τὸ κακόν/τῷ ἐργαζομένῳ τὸ ἀγαθόν – 투 카테르가조메누 토 카콘/토 에르가조메노 토 아가돈). 에르가제스다이(ἐργάζεσθαι)의 두 형식들은 단순히 문체론적인 변환들이다. 왜냐하면 둘 다 "수행하다, 행하다, 결과를 야기하다"는 의미를 가지고, 에르곤(ἔργον)과 언어적으로 동등하기 때문이다(6, 7절). 토 카르콘/토 아가논(τὸ κακόν/τὸ ἀγαθόν, "악한 일/ 선한 일")이다. 명사로서 형용사를 사용한 것은 "선"과 "악"간의 대조를 포함하여, 헬라인의 귀에, 특히 스토아 학파 사람들에게 매우 익숙하였을 것이다(*TDNT* 3:473; 또한 LSJ를 보라). 그러나 그 대조는 또한 유대인의 귀에도 상당히 익숙하였을 것이다(특별히 신 30:15; 왕상 3:9; 욥 2:10; 시 34:14[70인경 33:15]; 37[70인경 36]:27; 애 3:38; Ep Jer 34; Sir 12:5; 13:25; 17:7; 18:8; 33:14; 37:18). 로마서에서 바울은 대조법의 반복된 사용을 하고 있다 – 3:8; 7:19, 21; 12:21; 13:3; 16:19; 또한 벧전 3:11을 보라(시 33:15[70인경 34:14]을 인용하고 있다). 요 3:11을 보라.

"첫째는 유대인에게요 또한 헬라인에게라"(Ἰουδαίου τε πρῶτον καὶ Ἕλληνος//Ἰουδαίῳ τε πρῶτον καὶ Ἕλληνι – 유다이우 테 프로톤 카이 엘레노스//유다이오 테 프로톤 카이 엘레니). 1:16을 보라. 2:1-11의 내재된 진의는 이제 명백해지고 있다. 주된 목표는, 그것이 이스라엘에 대한 하나님의 선택에 건전하게 확실하게 뿌리를 두고 있을지라도, 우선하는 특권에 관한 유대인의 가정에 관한 것인데 – 바울이 논박하지 않고(1:16), 다시 들아올 사실(3:1-4; 9-11장) – 그것은 이스라엘에 대한 하나님의 심판이 전반적인 민족들에 대한 그의 심판과는 다른 조건들에 관한 것이 될(7절은 경건한 유대인에게 확실하게 적용되어질 수 있고, 8절은 언약 없는 이방인에 대해 적용되어질 수 있다) 효과적인 결론으로 바울의 일족을 이끈다. 7-8절에서 재설명을 통해 바울은 두 구절이 유대인과 이방인에게 동등하게 적용된다고 주장한다. 여기서 바울의 전체적인 관점은 심판의 조건들이 명백하게 모든 사람에게 동등하다는 것이다.

[11] "이는 하나님께서 외모로 사람을 취하지 아니하심이니라"(*οὐ γάρ ἐστιν προσωπολημψία παρὰ τῷ θεῷ*-우 가르 에스틴 프로소포렘피아 파라 토 데오). 프로소포렘피아(*προσωπολημψία*)는 신약에서 처음 나타난 이래로 기독교적인 형식어구가 되었을 것이다(엡 6:9; 골 3:25; 약 2:1; 또한 약 2:9; 벧전 1:17; 행 10:34에서 같은 어원들을 주목하고 갈 2:6에서 보다 완전한 관용구를 주목하라). *T. Job* 43.13과 4:8도 또한 참조하라. 어쨌든 헬라어는 명백하게 히브리어 נָשָׂא פָּנִים=*λαμβάνειν πρόσωπον*을 기저로 하고 있다. 중동에서 윗사람에 대한 존경의 인사를 하기 위해서는, 완전히 부복하는 것은 아니라 해도, 고개를 숙이는 것이 필요했고, 만약 완전히 엎드려 절하지 않고 "얼굴을 들고 있다면", 그것은 용인과 환영의 표시일 것이다. 이로부터 바람직하지 않은 의미가 도출되는데, "얼굴을 받아 들이는 것"으로 표현된 용인과 존경심은 부당하고, 불필요한 호의의 행위다(다시 말하면 편애다). 특별히 재판관들은 이런 행위로 인해 경고를 받았다(레 19:15; 신 1:17; 16:19). 그리고 유대 사상에서 하나님은 공평함의 모범으로서 일관되게 나타나고 있다(신 10:17; 대하 19:7; Sir 35: 12-13; *Jub.* 5.16; 21.4; 30.16; 33.18; *Pss. Sol.* 2.18; *2Apoc. Bar.* 13.8; 44.4; 에녹 1서 63.8; Ps-Philo, *Lib. Ant.* 20.4; 더 자세한 것은 *TDNT* 6: 779-80; *EWNT* 3:434; Bassler, *Divine Impartiality*를 보라). 반면에 신명기 10:17은 단순히 언약적 의무의 관점에서 해석될 수 있고(신 10:18-19; *Jub.* 5.17-18; 33.16-20과 동일하게), *Pss. Sol.* 2.18은 하나님이 예루살렘을 약탈한 민족들을 되 갚는 데 실패하지 않으실 것이라는 언약적 확신의 표현인 것처럼 보인다(참조. *Pss. Sol.* 4.9, 26-28; 8.25-32; 17.12; 또한 Str-B, 3:81-83을 참조하라). 한편 바울은 그와 같이 좁은 문맥에서 신학적인 의미를 끌어내고 있고, 사도행전 10:34과 아주 유사한 방식으로, 그리고 그 구절들에 포함되어 있는 새로운 실현 또는 계시의 의미에 대한 것을 가지고서, 그런 전제적(專制的)인 확신과 반대되는 곳으로 전환하고 있다. 이런 과정에 대한 비판은 이스라엘의 선지자적 전통 내에서 새로운 것은 아니다-신 10:16, 렘 4:4에서, 그리고 암 9:7에서 분명히 암시되어있다. 하지만 마

카비 시대와 마카비 이후 시대에 너무도 쉽게 그것을 망각하였다(참조. 마 3:9//눅 3:8). 2:5-11의 사상에 나타나고 있는 것은 실제로는 신명기 10:16-17에 대한 바울의 정교한 해설일 뿐이다.

해설

2:1-2 바울은 이제 상상으로 그린 구경꾼을 대면하기 위해 3인칭 복수에서 2인칭 단수로 전환하고 있는데, 2인칭은 논쟁하기에 아주 좋은 문체다. 바울의 논증을 돋보이게 하지만 아무것도 말하지 않는 대담자는 누구인가? 그것은 금방 확실하게 대답할 수 있는 것은 아니다. 바울은 그 대담자를 "이런 일을 행하는 자들을 판단하는 사람"(3절)으로서 부르고 있다. 아마도 바울의 서신을 읽는 독자들은 1:18-32에 대한 논쟁을 듣고 있고, 우상숭배, 동성연애, 그리고 그 외의 것들의 정죄에 진심으로 참여하고 있는 사람을 상상할 것이다. 그런 사람은 "다른 사람"을 판단하는데 안전함을 느꼈을 것이다. 왜냐하면 그는 스스로 그런 악들로부터 자유롭다고 생각하고 있거나 또한 그는 그 공격이 다른 사람들을 향한 것이지 자신을 향한 것이 아니라고 생각하기 때문이다. 이 침묵하는 구경꾼은 부주의한 재판의 자세를 갖고 있고, 또한 그러한 비판들로부터 스스로 면제된다고 가정하는 사람으로서 그려지고 있다. 바울의 수사학적 기술은 자기 기만의 자세를 가진 사람을 드러내는데 그려져 있다.

바울의 비판은 매우 갑작스러워 보인다: "너도 같은 일을 행하고 있다." 바울은 다른 사람에 대한 판단하는 자세는 실제로 창조주의 역할을 빼앗는 것이고, 피조물에게서는 적절치 않은 것임을 의미하고 있다. 다시 말하면, "같은 일들"은 여기서 앞에서 언급되었던 악과 부정한 것들처럼 하나님에 대한 인간의 반역과 같은 것을 표현하는 태도이다. 2절에서 "진리"라는 단어의 재등장은 이런 가능성을 좀더 강화시킨다. 왜냐하면 "하나님의 심판이 진리를 따라 있다"는 상기가 비판적 방관자에 대한 심판이 진리를 따르지 않았고, 그것은 하나님의 진리에 대한 오해이며(오로지 창조자만이 그러한 판단을 줄 수 있다), 실제 진리를 억압하는 형태가 되는 것을 대조적으로 암시하는 것으로 취할 수 있기 때문이다(1:18).

그러나 전반적으로 바울의 선언은 실제로 1:29-31에서 목록화된 적어도 그와 "동일한 일들"(1, 3절) 혹은 "그러한 일들"(2, 3절)의 일부를 행하지만 그것에 관해 상기할 필요가 있는 사람들을 염두에 두었다는 것을 다소 암시한다. 다시 말해서 그는 다른 사람들 속에 있는 그러한 것들을 비난하면서도 자기 자신 속에 있는 그러한 것들을 무시하거나 변명하는 태도를 목표로 삼고 있는 것으로 보인다. 그 어법은 아주 일반적이어서 이성에 따른 삶을 자랑하는 정교한 스토아주의자들도 포함한다. 즉 2절은 명백하게 유신론적인 기치 하에서 "부적절한 것"에 대한 스토아적 인식을 끌어냄으로 1:32을 반영한다("하나님의 심판"). 그리고 바울은 여전히 스스로 의롭다는 것을 일반적으로 정죄할 수 있다는 1:32의 도전적인 태도를 염두에 두었을지도 모른다("특별한 환경"에 대한 변명과 가치 있는 목적은 모든 종류의 불미스러운 행동들을 변명하는데 사용되어진다).

그러나 바울의 공격은 그가 전형적으로 유대인의 태도라고 보는 것에 주로 초점이 맞추어졌을 가능성이 높다. 아마도 바울은 우상숭배에 대한 그의 전형적인 유대적 논쟁과 동일하고, 또 호모섹스의 관행에 대한 전형적인 유대적 정죄에 찬동하나(1:23-27), 결과적으로 반사회적 악덕들의 보다 넓은 목록을 놓치는 사람을 염두에 두었을 것이다. 실제로 이것은 1:18-32의 논쟁의 순서를 설명하는데 도움이 될 것이다. 즉 이방인에 대한 도덕적 우월성을 갖는 유대인들의 확신을 연기함으로써, 그는 유대인의 확신에 대한 그의 공격을 위한 기저를 놓기 위해서 인간의 부패에 대한 묘사를 넓히고 있다. 따라서 2:2의 호소 즉 하나님의 심판을 아는 "우리들"은 분명히 유대 경전에 익숙한 사람들이다 – 즉 그들은 상상으로 제기된 유대인 대담자이거나 또는 실제로 1장의 전형적인 유대적 논쟁을 알고 인정하며, 그리고 바울이 누구를 공격하였든지 간에 자신들은 그렇지 않다고 자연스럽게 가정하는, 그의 편지를 듣고 있는 사람들 가운데 누구일 것이다!

3-4 바울이 이스라엘에 대한 의무와 이스라엘을 위한 하나님의 은혜에 있어서 유대적인 과도한 확신을 염두에 두고 있다는 인상은, 바울에게 알려져 있고, 하나님의 선택에 기초하고 보호를 받는 은혜 받은 지위에 대한 이런 확신을 표현하는 문서와 상당히 유사한 3-4절에 의해 강화된다. *Pss. Sol* 15에서 "의인"과 "경건한 자"에 대한 자신 있는 확신은 역시 적지 않게 대조적인 확언으로 표현되어져 있다. 즉 "율법 없이 행하는 자들은 하나님의 심판을 피할 수 없을 것이다"(*Pss. Sol.* 15.8). 그러한 태도에 대해 바울은 효과적으로 말한다. "너희가 율법 없는 것에서 벗어나 있고, 언약에 의해 보호를 받기 때문에 너희가 여전히 그러한 일을 하고도 하나님의 심판을 피할 수 있을 것이라고 생각하느뇨?"(3절). Wisd Sol 15에서 하나님의 "온유"와 "인내"의 다소 유사한 확신은 죄를 경시하는 것으로 보이는데, 우상숭배를 완전히 피했다는데 적지 않게 그 이유가 있다(1-6절). 그러한 태도에 대해 – 바울이 제1장을 쓸 때에 솔로몬의 지혜서를 염두에 두었을 것이라는 것을 이미 보았기 때문에 – 바울은 효과적으로 말한다. "그러한 과도한 확신은 사실상 너희가 확신하고 있는 하나님의

선하심과 용납하심과 참으심을 멸시하는 것이다." 반면 솔로몬의 지혜서는 하나님의 자비가 그의 선택에 달려 있고(15:1-2), 회개할 기회가 주어질 필요가 있는 민족들이 있다는 것(11:23)을 가정하지만, 바울은 "너를 인도하여 회개케 하신 하나님의 인자하심을 너는 알지 못하는"(4절)이라고 유대인에게 말하고 있다. 모든 사람들이 회개할 필요가 있는데, 첫째는 우대인이요 또한 헬라인이다!

5-6 5절에서의 반향은 먼 옛날로 돌아가게 한다. "(마음의) 완고함"은 신명기 10:16과 예레미야 4:4("너의 곧은 마음에 할례를 행하라")를 상기하도록 의도되었다. 특별히 할례 받은 마음과 대조시키는 것을 이미 고려하고 있을 때에 더욱 그러하다(2:29). 바울은 토라와 선지자들에 의해 경고를 받았던 완고한 마음의 개념을 회개의 부족과 연결시키고 있는데, 유대변증가들은 그것에 대해 이방인들을 꾸짖었다. 그러므로 그는 자신의 논증을 여기서 이스라엘의 초기 역사로부터 있어온 선지자들의 경고와 연관짓고 있다. 즉 솔로몬의 지혜서에 나오는 태도와 같은 것, 그리고 대담자의 태도와 같은 것은 모세와 예레미야가 경고한 바로 그 태도를 보여준다. 이들은 신앙이 충분히 깊이 스며들어 있지 않았으며, 대단히 피상적으로 이해된 계약에 너무 많은 충성을 두는 거짓된 확신을 갖고 있다. 다른 사람들을 판단하는 바로 그 행위는 하나님으로부터의 호의적인 판단을 가정하고 있으며, 따라서 만약 마음의 보다 큰 완고함이 아니라면 괜찮으며, 아울러 회개하기에 보다 큰 필요성이 없다면 괜찮다는 생각을 보여준다.

이 모든 것에서 바울은 많은 동료 유대인들이 하나님의 선택에 너무 과도한 확신을 갖고 있음을 보이는데 방향을 맞추고 있다는 결론을 피할 수 없다. 이에 관해서 듣고 있는 21세기를 살고 있는 우리들은 보다 큰 겸손을 표현하고, 회개의 기회와 속죄의 수단이 계약 내에서 제공되었다는 것을 기뻐하는 동일한 시기의 유대인들로부터 또 다른 진술을 지적할 수 있다. 그러나 우리는 이러한 저작들이 바울 시대의 실제적 유대교의 전형들이었다고 가정할 수는 없는 것처럼 신명기와 예레미야서가 그들 시대의 이스라엘의 종교를 대표한다고 가정할 수는 없다. 이미 예로 든 유대작품들로부터의 구절들이, 바울이 공격한 태도와 맥을 같이 하고 있기에, 바울의 대담자가 가상 인물이 아니라는 충분한 증거를 제공해준다. 기원 후 70년 이전 유대교 내에서 지배적인 또는 적어도 현저한 분위기는 그 시기에 실제로 보존되었던 격언들과 작품들이 나타내는 것보다 더 낙천적이고 자기만족적이었을 것이다. 우리는 실제로 빌립보서 3:4-6로부터 그러한 사실을 알 수 있는데, 즉 자기확신은 그리스도 이전의 한 바리새인으로서 당시를 살아가는 바울 자신의 전형이었을 것이다. 바리새인이었을 당시에 바울 자신도 분명히 근본적인 회개의 필요성을 망각했을 것이다. 만약 바울의 대담자가 바울 자신이었다면 – 즉 그 대담자가 회심하지 않은 바울이었다고 가정한다면, 바울은 자신이 가졌던 것으로 기억하는 태도들을 잘 표현할 수 있었을 것이다 – 사실상 우리도 그러한 잘못된 태도들에 크게 벗어나 있지 않을 것이다.

바울은 그러한 사람에게 다가올 진노에 대한 직설적인 경고를 주고 있다. 이 진노를 1:18의 진노와 엄격하게 구분할 수는 없다. 이 진노는 동일한 하나님의 보수의 외형적 모습이라고 할 수 있을 것이다. 하나님의 보수의 유일한 차이점은 하나님께서 보수하시는 과정이 이방인들 사이에서 분명한 증거로 나타나고 있다는 것이고(1:18-32, 특별히 18-27), 반면에 너무 과도하게 확신하는 유대인은 마지막 심판 날을 위해 장래에 그 진노를 단순히 쌓아두고 있는 것이다. 그 날에 그러한 사람은 자신이 창고에 선을 쌓아둔 것이 아니라 하나님의 진노를 쌓아둔 것을 발견하고서 대단히 놀랄 것이다. 성경은(잠 24:12; 시 62:12) 특별한 경우를 허락하지 않는다. 즉 하나님은 각 사람에게 그의 행위대로 보응하실 것이다 – 이방인뿐만 아니라 유대인도 마찬가지다. 그 말은 어느 누구도 선택의 확신에 의존하는 것을 허락하지 않는다. "그의 행위에 따라"는 이방인의 우상숭배를 좇는 것뿐만 아니라 하나님의 자비에 대한 유대인의 전제를 좇는 행위를 나타낸다.

7 전형적인 유대인의 과신이라고 보는 것을 바울이 공격하는 것은 이 성경의 인용에서 확장시키고 있는 방식에서 더 확증이 주어진다. 그는 대조적인 두 종류의 행위와 그것에 일치되는 보상을 설정하고 있다. 한편으로 선한 일을 함에 있어서 인내함으로 영광과 존귀와 불멸을 추구하는 사람들이 있다. 여기서 나오는 용어들은 바울에 의해 조심스럽게 선택되었으며, 그 수신자들은 충분한 의미를 이해하기 위해서 조심스럽게 경청했을 것이다. 바울은 헬라 세계에서도 널리 수용되는 매우 폭넓은 용어로 그 목적들을 묘사하고 있다 – 다음 세대들로부터 최고도의 존경을 받는 것과 하늘의 생명에 완전히 참여하는 것. 그것의 현재진행형 동사("구하는")는 그들이 아직 목적을 얻지 못하였고, 아직 확신을 얻지 못하였음을 시사한다. 한정 구("참고 선을 행하여")는 동일한 점을 아주 강력하게 만들고 있다. 즉 그들의 목적은 쉽게 또는 곧바로 성취되어지지 않을 것이다. 그 일은 일생의 인내를 필요로 한다. 하나님은 일생토록 선을 추구하고 힘쓰도록 영생을 제공하실 것이다.

8 한편으로 이기적인 욕망을 가진 사람들을 진리에 대해 불순종하며 부정의를 행하도록 설득을 당한다. 대조가 나타나 있고, 조심스럽게 그려지고 있다. 그 범위는

이제 미래 세대나 천국이 아니라 자아(self)에게로 좁혀진다. 통제되고 주도되는 목표가 자신의 이익으로 향해 있다. 이것을 7절의 종교적 태도와 대조되는 비종교적인 태도로 이해할 수는 없다. 우리는 특별히 이방인의 죄가 유대인의 관점에서 정죄되고 있는 1장으로 돌아갈 수는 없다. 그 사상은 인접한 문맥, 즉 앞 뒤 문장이 분명히 보여주는 것처럼 자기확신에 찬 유대인에 관한 것이다. 다시 말하면 바울은 여기서 극악한 거짓과 엄청난 불의를 생각하고 있는 것이 아니라 자의적으로 의인이라는 자기 추구 – 유대인들은 자신들의 도덕적 위치과 정결에 지나치게 관심을 많이 갖고 있고, 그들의 구원에 너무 초점을 맞추고 있으므로, 그 과정에서 진리와 사랑을 억누른다 – 에 관해 생각하고 있다. 그들은 바울이 1:18에서 말하고 있는 동일한 진리에 – 여기서 진리는 자기 자신을 위해, 자신의 자존감을 위해, 장래의 선과 구원을 위해 창조주에 대한 피조물된 인간으로서의 의존에 관한 진리다 – 대해 불순종한다. 그들은 자신들의 종교의 이름으로, 자신들의 경건을 앞세워, 심지어 1:29-31에 언급되고 있는 것과 "동일한 일들"과 같은 부정한 일들조차도 정당화한다. 따라서 그들에 대한 정당한 보상은 다른 많은 사람들이 받게 될 응보와 진노다.

9-11 9-10절은 두 가지 의미 있는 차이를 갖고 있는 동일한 대조를 반복하고 있다. 7-8절에서 세심하게 개요되었던, 두 인생의 대조적인 특징은 이제 직설적이고 단순화된 용어로 진술되어진다. 즉 악을 행하는 사람과 선을 행하는 사람으로 표현된다. 이제 그 대조는 중심되는 골격으로 축소된 것과 마찬가지다. 한 부류는 설령 다른 것을 한다고 생각할지라도 악을 행하고 있고, 다른 한 부류는 삶의 추구가 아무리 불완전하더라도 선을 행한다. 넓은 헬레니즘 세계에서, 또는 보다 정확하게는 보편적 용어들("악", "선") 속에서 대조되는 개념은, 심지어 악한 행위자가 셈어적인 구절로 묘사될지라도, 유대인의 특별성에 관한 보다 좁은 범주를 넘어서는 시도를 보여준다. 선한 행위자에 대한 보상으로 풍부한 유대적 개념인 "평강"을 보다 헬라적인 개념인 "썩지 아니함, 불멸"로 대체하고 있다.

따라서 대조되고 있는 특성이 더 단순화되어졌는데, 왜냐하면 그 대조되는 것들이 정돈되어졌기 때문이다. 즉 "첫째는 유대인이요 또한 헬라인이다." 여기서 1:8 이래로 함축되어져 있던 것이 명백하게 나타난다. 특별히 1:23이 분명히 보여주는 것처럼, 바울의 하나님의 진노에 대한 묘사는 전반적인(아담) 인류인 모든 사람, 즉 헬라인뿐만 아니라 유대인들을 고려하고 있다. 여기서 또한 2장에서 명백하게 함축되었던 것이 역시 분명하게 밝혀지는데, 즉 유대인도 역시 하나님의 심판 아래 서게 될 뿐만 아니라, 그것도 심판 받는 사람들 중에 맨 첫 번째로 선다는 것이다. (구원의 역사에서) 유대인이 우선성은 심판에서도 역시 우선성을 갖는다 – 유대인들은 하나님의 축복을 제일 먼저 받았을 뿐만 아니라 하나님의 진노도 가장 먼저 받게 된다. 심판과 관련되는 한 유대인의 우선성은 특혜의 우선성을 의미하지 않는다. 심판과 관련되는 한 유대인은 특권을 받지 못했다. 바울이 한 세대에 관해 지극히 단순하게 지적할 때에 그 적용의 폭은 충격을 줄 정도이다. "하나님은 외모로 사람을 취하지 아니하심이니라"(11절). 유대인과 이방인 사이에서 하나님의 선택에 대한 유대인의 자기 확신을 가정하게 되는 불공평함이란 없음을 바울은 보여준다.

그렇다면 7-10절에서 두 종류의 신앙심이 고려되고 있음이 명백해진다. 한 가지는 특별하게 또는 배타적으로 유대인에게만 있지 않는 신앙심이다(7, 10절). 그것이 하나의 이상인지 또는 실질적인 가능성인지의 여부는 여기서 중요하지 않다. 그것은 단순히 모든 사람이 그렇게 인정하는 좋은 신앙 생활에 대한 기술이다. 바울은 유대인들뿐만 아니라 이방인들 역시 인정할 수 있는 보다 넓은 용어로 그것을 표현함으로써, 종교적인 측면에서 유대인의 신앙심이 모든 다른 사람들보다 앞서 있다는 자기 확신에 대해 점검을 주고 있다. 다른 한 가지는 자신의 종교적 향상을 주된 목표로 삼고, 결국에 가서 정의와 진리를 그보다 못한 것으로 종속시켜 버리는 종교적 정신상태를 가진 신앙심의 일종을 말한다. 바울의 서신을 맨 처음 듣고 있는 사람들뿐만 아니라 오늘날 우리들도 그러한 신앙심에 관한 실례들을 상상하는 것이 그리 어려운 일이 아니다 – 예를 들어, 일관성에 관한 과도한 욕구로부터 나온 신앙심은 진리들을 인식하지 못하게 되는데, 왜냐하면 그것의 특별한 표현들이 항상 일관성을 갖지는 않기 때문이며, 적어도 일관성의 정도에 있어서 자기가 스스로 용인한 체계를 갖기 때문이다. 또한 자연적인 정의(justice)가 그들 자신의 공포와 야망에 의해 지배되는 협소한 범위로 압박을 당하기 때문에, 부당한 행위들을 장려하도록 설득을 당하게 되는 신앙심인 것이다. 그것은 사람들이 곧잘 상기하곤 하는, 안식일 논쟁과 고르반 문제에서 예수를 대적한 사람들에 의해 예시되었던 바로 그러한 신앙심이고(막 2:23-3:5; 7:10-13), 바울이 동일한 문장에서 이미 지적하였던(5절), 융통성 없는 정신상태와 완고한 고집과 같은 그런 것이다.

2. 율법의 소유가 보호수단은 아니다(2:12-16)

참고문헌

Bassler, J. M. *Divine Impartiality.* 139-49. **Bornkamm, G.** "Gesetz und Natur: Röm 2:14-16." *Studien zu Antike und Urchristentum.* Munich: Kaiser, 1963². 93-118. **Cambier, J.-M.** "Le jugement de tous les hommes par Dieu seul, selon la vérité, dans Rom 2:1-3:20." *ZNW* 67(1976) 187-213. **Deidun, T. J.** *Morality.* 162-68. **Donfried, K. P.** "Justification." **Dülmen, A. van.** *Theologie.* 74-78. **Eckstein, H.-J.** *Syneidesis.* 137-79. **Eichholz, G.** *Theologie.* 89-96. **Fluckiger, F.** "Die Werke des Gesetzes bei den Heiden." *TZ* 8(1952) 17-42. **Haacker, K.** "Probleme." 6-9. **Jewett, R.** *Anthropological Terms.* 402-421, 441-45. **Kertelge, K.** *Rechtfertigung.* 112-60. **Kranz, W.** "Das Gesetz des Herzens." *Rheinisches Museum für Philologie.* N. F. 94(1951) 222-41. **Kuhr, F.** "Römer 2:14 f und die Verheissung bei Jeremia 31:31 ff." *ZNW* 55(1964) 243-61. **Kuss, O.** "Die Heiden und die Werke des Gesetzes(nach Röm 2:14-16)." *MTZ* 5/2(1954) 77-98. Repr. in *Auslegung* 1:213-45. **Lyonnet, S.** "Lex naturalis et iustificatio Gentilium." *VD* 41(1963) 238-42. **Mattern, L.** *Verständnis.* 123-40. **Mundle, W.** "Zur Auslegung von Röm 2:13 ff." *ThBl* 13(1934) 249-56. **Pierce, C. A.** *Conscience in the New Testament.* SBT 15. London: SCM, 1955. **Pohlenz, M.** "Paulus." 528-35. **Räisänen, H.** *Law.* 101-9. **Reicke, B.** "Syneidesis in Röm 2:15." *TZ* 12(1956) 157-61. ______. "Natürliche Theologie nach Paulus." SEÅ: 22/23(1957/58) 154-67. **Riedl, J.** "Die Auslegung von Röm 2:14-16 in Vergangenheit und Gegenwart." SPCIC I. 271-81. ______. *Das Heil der Heiden nach Röm 2:14-16, 26, 27.* Mödling bei Wien: St. Gabriel, 1965. **Saake, H.** "Echtheitskritische Überlegungen zur Interpolationshypothese von Römer 2:16." *NTS* 19(1972-73) 486-89. **Sahlin, H.** "Textemendationen." 93-95. **Schlier, H.** "Röm 2:1-29." **Snodgrass, K. R.** "Justification by Grace - to the Doers: An Analysis of the Place of Romans 2 in the Theology of Paul." *NTS* 32(1986) 72-93. **Stuhlmacher, P.** *Gerechtigkeit.* 228-36. **Synofzik, E.** *Vergeltungsaussagen.* 81-82. **Theissen, G.** *Psychological Aspects of Pauline Theology.* Edinburgh: T. & T. Clark, 1987. 66-74. **Walker, R.** "Die Heiden und das Gericht: Zur Auslegung von Röm 2:12-16." *EvT* 20(1960) 302-314.

본 문

12 무릇 율법 없이 범죄한 자는 또한 율법 없이 망하고 무릇 율법이 있고 범죄한 자는 율법으로 말미암아 심판을 받으리라

12 For as many as have sinned without the law shall also perish without the law; and as many as have sinned within the law shall be condemned through the law.

13 하나님 앞에서는 율법을 듣는 자가 의인이 아니요 오직 율법을 행하는 자라야 의롭다 하심을 얻으리니

13 For it is not the hearers of the law who are righteous before God,[a] but the doers of the law will be counted righteous.

14 (율법 없는 이방인이 본성으로 율법의 일을 행할 때는 이 사람은 율법이 없어도 자기가 자기에게 율법이 되나니

14 For when Gentiles who have not the law do by nature what the law requires, they[b] not having the law are the law for themselves:

15 이런 이들은 그 양심이 증거가 되어 그 생각들이 서로 혹은 송사하며 혹은 변명하여 그 마음에 새긴 율법의 행위를 나타내느니라)

15 they demonstrate the business of the law written in their hearts, their conscience also bearing witness, while their thoughts[b] bring accusation or even make defense among themselves,

16 곧 내 복음에 이른 바와 같이 하나님이 예수 그리스도로 말미암아 사람들의 은밀한 것을 심판하시는 그날이라

16 in the day when God is to judge[c] the secrets of mankind in accordance with my gospel through Christ Jesus.

원문주해

a. 데오스(*θεός*, 중요한 사본들에서 동일하게 증명되었다)에 정관사가 있거나 없는 것은, 그런 경우에 정관사의 사용이 보통 문체적인 선호의 문제라는 것을 확실하게 해준다.

b. G 본문의 전승에서, 이 지점에서, 문체적인 발전에 대한 보다 자세한 시도를 하고 있다.

c. 현재로부터 미래 심판으로의 상당히 갑작스런 전환은 14-15절이 난외주라는 바이스(J. Weiss)의 주장, 16절은 삽입 어구라는 불트만의 주장("Glossen", 282- 83), 헤메라(*ἡμέρᾳ*)만을 삽입으로 여길 필요가 있다는 보다 온건한 사린(Sahlin)의 주장, 16절뿐만 아니라 13절 역시 삽입 어구들이라는 쉬미탈(Schmithal)의 주장(*Römerbrief*, 204-5), 그리고 13절 이후에 16절을 위치시키는 모펫(Moftatt)의 주장(더 자세한 것은 Schlier를 보라)을 포함하여, 메시지 전달의 역사에서 수 차례의 발전적인 시도를 촉진시켰다.

양식과 구조

바울의 논증의 목적은 12-16절에서 더욱 명백해지고 있는데, 나머지 장을 주도하고(노모스[*νόμος*] - 16구절에서 19번; 12-16절에서 9번; 아노모스[*ἀνόμως*]는 두

번), 그 이후 논증에서 중요한 대위법을 이루기 위해서(보다 자세한 것은 서론 §5.2를 보라) 그 구절들에서 처음으로 율법이 논의에 들어가기 시작한다. 도입되어지고 있는 용어는 의미가 있다. 바울은 유대인과 이방인간의 모든 거짓된 구분을 부정하려고 하고 있고(9-10절), 율법은 단지 그러한 구분을 제공하는 것으로서 도입이 이루어진다 – 이방인들은 "율법 바깥에 있는", 즉 "율법을 가지고 있지 않은" 사람들(12, 14절)로서, 그리고 유대인들은 "율법 내에 있는, 즉 "율법을 듣는 자"(12, 13절)로서 특징지어진다. 여기서의 요지는 율법을 가지고 있는 것만으로는 아무런 이득이 없다는 것이다. 다시 말해서 안식일마다 율법을 듣는 사람에 속하는 것만으로는 아무런 이득이 없다(참조. 행 15:21). 하나님에게 용인 받는, 율법을 "행하는 자"가 될 가능성은 언약적 지위를 이해하는 것에 달려 있지 않고, 인종적 한계에 제한 받지 않는 마음으로부터의 순종에 달려 있다(13-15절). 스노드그래스(Snodgrass)가 정당하게 논증하는 것처럼, 바울은 분명하게 "행위에 따른 판단"을 여기서 믿고 있고, 본질적으로 판단의 유대적 관점을 상세히 설명하고 있다(자비와 판단은 모순 없이 함께 융합될 수 있다). 하지만 근본적으로는 하나님의 선택에 있어서 유대인의 과신에 대해 경고하고자 하는 것이다.

13절에서부터 16절까지의 일련의 사상은 어색해 보인다(예를 들어, NIV는 14-15절을 삽입구로 여기며, NJB는 15절을 종결되지 않은 것으로 – 즉 파격적인 구문으로 본다; 또한 16절에 관한 원문주해를 보라). 하지만 특별히 15절로부터 16절로의 전환은 받아쓰기에서 발생할 수 있는 일종의 어색함이 있지만 – (법정의 심상을 사용하여) 사상을 연결시키는 – 완성된 두루마리의 중간에 일종의 재수정을 상당히 요청해야 할 만큼 그렇게 어색하지는 않다.

주석

12 "무릇 율법 없이 범죄한 자는 또한 율법 없이 망하고 무릇 율법이 있고 범죄한 자는 율법으로 말미암아 심판을 받으리라"(*ὅσοι γὰρ ἀνόμως ἥμαρτον, ἀνόμως καὶ ἀπολοῦνται· καὶ ὅσοι ἐν νόμῳ ἥμαρτον, διὰ νόμου κριθήσονται* – 호소이 가르 아노모스 헤마르톤 아노모스 카이 아포룬타이 카이 호소이 엔 노모 헤마르톤 디아 노무 크리데손타이). 이런 방식으로 율법의 개념이 먼저 논의에 도입되어졌고, 그것은 본 장의 나머지 부분에서 주도적인 요소가 된다(양식과 구조를 보라).

"율법 없이/율법 안에서", "율법 없이/율법으로 말미암아"(*ἀνόμως/ἐν νόμῳ, ἀνόμως/διὰ νόμου* – 아노모스/엔 노모 아노모스/디아 노무). 바울이 이런 방식으로

(이것은 바울 또는 다른 신약의 저자들이 아노모스[ἀνόμως]를 사용하는 유일한 경우다) 매우 중요한 요소(율법)를 소개하는 것은 우연이 아니다. 앞선 문맥에서 일련의 사상이 제기하는 것처럼 그리고 14절과("율법 없이"="율법을 가지고 있지 않은"), 3장 19, 21절과("율법 안에서", "율법 외에"), 고린도전서 9:2의 평행구가 확증하는 것처럼, 바울은 유대인과 이방인을 구분하는 유대인의 기본적인 개념들 중 하나를 묘사하고 있는 것이다. 즉 율법의 백성으로서 유대인(참조. 4:14, 16)과 율법 없는, 즉 "모세의 율법의 범위를 넘어서는"(NEB) 자들인 이방인으로 구분하고 있다. 유사한 것에 대해서는 머레이(Murray)를 보라. 실제 여기서의 요지는 유대인과 이방인간의 구분에 대한 유대적인 인식으로 방향을 돌리려는 것이다. 다시 말하면 바울 시대의 유대교가 율법의 관점에서 정의 내렸던 것으로, 또한 율법이 중요하며, 실제로 대부분의 경건한 유대인들에게서 (한) 하나님의 백성으로서 (다른) 민족들 사이에서 이스라엘의 독특성을 증거하는 경계의 표시이자 중요한 정체성을 나타내는 요인이라는 사실로 방향을 전환하고 있다. 따라서 "율법이 없는" 그리고 "율법 밖에 있는"이라는 의미로 아노모스(*ἀνόμως*)를 쓰고, "율법을 가진" 그리고 "율법 안에서"(율법에 의해 형성된 용어들과 한계 내에서) 의미로 엔 노모(*ἐν νόμῳ*)를 사용한다. 더 자세한 것은 서문 §5.3.1과 6:14을 보라.

여기서 바울의 관점을 세심하게 파악하는 것은 중요하다. 한편으로 바울은 율법을 가지고 있는 사람과 율법을 가지고 있지 않은 사람들의 관계처럼 유대인과 이방인간의 구분을 갖는다. 하지만 그는 죄인의 생애의 최후 결과와 관련되어서는 어떠한 구분도 존재하지 않는다는 것을 강조한다. 그렇다면 바울의 실제적인 관점은 그 사람이 율법 안에 있느냐 율법 바깥에 있느냐가 판단의 기준이 아니다. 둘 다 판단을 받을 것이고, 죄는 정죄를 받을 것이다. 죄(*ἥμαρτον*-헤마르톤)와 그 죄의 동등성(*κριθήσονται/ἀπολοῦνται* -크리데숀타이/아포룬타이, "멸망하다" 못지 않게 심각한 "정죄하다")은 실제 아노모스(*ἀνόμως*)와 엔 노모(*ἐν νόμῳ*)간의 최초의 구분을 상쇄시키고 있다. 판단이 실제로 율법을 참작할 것이기 때문에(13절), 아노모스(*ἀνόμως*)는 유대적 민족주의에 관한 인식을 언급하는 것이지, 하나님의 "율법이 없는" 판단에 대한 언급을 하는 것이 아님을 확증해준다.

하마르타네인(*ἁμαρτάνειν*)은 신성, 관습 또는 법에 대해 "범죄하다, 죄를 짓다"는 의미로 유대사상에서뿐만 아니라 헬라에서도 널리 알려졌다(BGD: 하마르티아[*ἁμαρτία*]에 대한 참고문헌; 다소 놀랍게도 저작자가 논쟁이 되지 않는 확실한 바울 작품에서는 오직 2:12; 3:24; 5:12, 14, 16; 6:15; 그리고 고전에서 6번; 또한 하마르티아[ἁμαρτία]가 처음 나타나는 3:9을 보라). 여기서 부정과거(ἥμαρτον-헤마르톤)가 사용되었는데, 이는 최후의 심판에서 전 인생은 단일한 과거사건으로서 요약될 수 있기 때문이다(하지만 3:23과 5:12도 참조하라). 그리고 만약 어떤 사람의 삶의 특징이 "죄를 죄었다"라는 단어에 의해 가장 적절하게 요약되어진다면, 그 죄인이 이방인이든지 또는 언약적 백성이든지 간에 그 사람의 결과는 전적으로 부정적이다. 이것이 본 서신에서 "죄인"의 개념이 도입되어지는 첫 번째 경우라 할지라도, 여기서 그 용어를 사용한 것은 바울이 "죄"라는 표어 아래 인간의 악에 대한 앞선 기술을 요약할 준비가 되었다는 것을 확증한다. 스노드그라스(Snodgrass, 76)는 1:18-3:8이 이방인뿐만 아니라 유대인에 대한 바울의 기소를 구성하고 있다는 일반적 관점에 대해 지나치게 강력하게 반응한다. 하지만 너무 적은 비중이 주어졌지만, 이 장의 가장 중요한 주제는 (심판에 있어서) 하나님의 변호인 것만은 사실이다(그러므로 3:4-6).

"망하리라"(ἀπολοῦνται-아포룬타이): 사망은 죄에 의해 결정된 한 생명의 마지막 결과를 나타내기 위한 유추로서 사용되었다(참조. 고전 1:18; 15:18; 고후 2:15; 4:3; 살후 2:10; 요 3:16; 10:28; 17:12). 70인경에서 시편기자는 규칙적으로 이스라엘의 원수와 사악한 자의 (받게 될) 운명(9:3, 5-6[70인경 9:4, 6-7]; 10:16[70인경 9:37]; 37[70인경 36]:20; 68[70인경 67]:2; 73[70인경 72]; 27; 80[70인경 79]:16 등등)을 묘사하기 위해 이 단어를 사용할 뿐만 아니라, 또한 신명기서에서 이스라엘 백성들이 하나님께 대하여 신실하지 않다면 발생할 수 있는, 이스라엘에 대한 경고로서 규칙적으로 나타나고 있다(신 4:26; 8:19-20; 11:17; 28:20, 22, 24, 45, 52; 30:18). 또한 14:15을 보라.

"심판을 받으리라"(κριθήσονται-크리데손타이, 즉 하나님에 의해)-여기서 이 용어는 분명히 3:6-7과 데살로니가후서 2:12에서처럼 "부정적인 판결을 내리다, 정죄하다"는 의미에서 "심판하다"이다(참조. 요 3:17-18; 12:47-48; 행 7:7; 히 13:4; 약 5:9; 벧전 4:6; 계 18:8; 19:2). 바울은 신명기 32:36(=시 135[70인경 134]:14, 히 10:30에서 인용되었다)을 염두에 두었는가? 거기서 크리네인(κρίνειν)은 하나님의 백성들을 변호하는 하나님의 심판의 의미에서 사용되고 있다. 하지만 바울이 그러한 말을 염두에 두지 않았다 하더라도, 그는 유대 백성들의 자기 확신을 상쇄시키기 위하여 유대인들의 주요한 요소들을 취했을 것이다(또한 Wisd Sol 15:1-4와 참조하여 2:4을 보라).

"율법으로 말미암아"(διὰ νόμου-디아 노무). 정관사의 있고 없음은 단순히 문체적인 것이다(오늘날 대부분의 주석가들은 그렇게 본다; 2:14을 보라). 율법의 백성에 속한 것 때문에 그 율법이 정죄(변호의 도구가 아니라)의 도구가 되는 차이를 만들어낸다. 유대 사상에서 심판의 척도로서의 율법에 대해서는 특별히 *Jub.* 5.13; *2Apoc. Bar.* 48.47; Ps-Philo, *Lib. Ant.* 11.1-2 – 역시 이방인에 대한 것으로도 보라. 나아가서 Str-B, 3:84를 보라.

13 "하나님 앞에서는 율법을 듣는 자가 의인이 아니요 오직 율법을 행하는 자라야 의롭다 하심을 얻으리니"(*οὐ γὰρ οἱ ἀκροαταὶ νόμου δίκαιοι παρὰ τῷ θεῷ, ἀλλ' οἱ ποιηταὶ νόμου δικαιωθήσονται* – 우 가르 호이 아크로아타이 노무 디카이오이 파라 토 데오 알 오히 포이에타이 노무 디카이오데손타이). 여기서 다시 바울의 어법이 중요하다. 율법을 행하는 것에 대한 강조는 물론 유대교의 특징이다(예를 들어, 신 4:1, 5-6, 13-14; 30:11-14; 마카비1서 2:67; 13:48; 쿰란사본에 대한 1:17을 보라). 그리고 동일한 영향에 대한 권고들은 유대 자료에서 쉽게 증명된다(예를 들어, Philo, *Cong.* 70; *Praem.* 79; Josephus. *Ant.* 20.44; *m.* ›*Abot* 1.17; 5.14; 더 자세한 것은 Str-B, 3:84-88; 그리고 10:5을 보라). 그러나 경건한 유대인의 귀에 다소 이상하게 들릴 수 있었던 것은 듣는 것과 행하는 사이의 대조였을 것이다. 유대 사상에서 듣는다(שָׁמַע)는 개념은 긍정적인 내용을 갖고 있다(조심스럽게 듣는, 경청하는; 1:5을 보라; 그리고 다시 신 30:12-13을 보라; Cranfield에게서의 다른 예들을 보라). 따라서 유대인들은 율법의 청종자들(hearers)로서 적절하게 묘사되어질 수 있었다(Josephus, *Ant.* 5.107, 132; 참조. *Sib. Or.* 3.70; 행 15:21). 사실상 "율법의 청종자"와 "의인"이라는 두 묘사들은 상당히 상호보완적이고 많은 부분 중첩된다. 그런데 여기서 바울은 다시 한번 유대인의 자기이해와 연관된 요소들을 분리시키고 있고, 그는 유대교의 특징이 되는 청종과는 다른 종류의 "율법을 행하는 것"을 염두에 두고 있다. 유사하게 신약성경 내에서 가장 유대적인 특징을 가진 문서들(마태와 야고보)도 동일한 구분을 하고 있는데(마 7:24-27; 약 1:22-25), 그 이유는 율법과 그 율법의 성취가 진정으로 의미하고 있는 것에 관한 철저한 재해석이야말로 당시에 만연되었던 유대적 신앙에 대항하여 초기 기독교를 구분 짓는 근본적인 요소들이기 때문이다.

"의인"(*δίκαιος* – 디카이오스)으로서 경건한 유대인의 자기 이해에 관하여는 1:17을 보라. 중요한 동사인 디카이운(*δικαιοῦν*, 로마서에서 15번 나온다; 1:16-17의 양식과 구조를 보라)은 서신에서 여기서 처음으로 나타난다. 미래 시제는 그것의 종말론적 차원을 강조한다(*δικαιωθήσονται* – 디카이오데손타, "의롭게 되고, 사면될 것이다", 즉 하나님에 의해 말이다). 참조. 3:20, 30; Ziesler, *Righteousness*, 189-90은 논리적으로 미래시제를 택하고 있고, 따라서 마지막 심판을 포함하는 것으로서 나온다. 여기서 나오는 바울의 교훈은 다른 곳에서의 그의 강조, 즉 신자들이 이미 향유하고 있는 것으로서의 칭의, 또는 믿음에 의한 칭의(예를 들어, 5:1)에 관한 강조와 조화를 이루지 못하는 것은 아니다. 또한 2:13에서 "의롭다"(더 이상 아니다="그리스도인이 되다"=용어를 바꾸다)(따라서 *ANRW* Ⅱ.25.1.438)는 의미에 변화가 있다는 샌더스(Sanders)의 논증은 "들어온 것"과 "머무는" 것 간에 (유대교와 기독교 둘 다에 대한) 너무 지나친 이분법을 주장하고 있다. "하나님의 의"는 단일한, 단번의 하나님의 행동(action)이 아니라, 하나님의 용납하시고, 지탱하시고, 마침내 변호하시는 은혜이다(참조. Reumann, 83; SH는 이 점을 간과하고 있다. 여전히 하나님의 "의롭게 하시는" 미래적 차원은 커텔지(Kertelge, *Rechtfertigung*, 159)가 허용하는 것보다 더 많은 강조를 필요로 한다; 참조. 특별히 갈 5:5; 보다 자세한 것은 1:17; 5:16-18; 6:16; 8:30과 33을 보라). 그리고 바울은 필수적이고, 하나님에 의해 명령을 받은 것은 (참으로 순종하는 청종의, 율법의) 행함(doing)임을 이미 지적했다(1:5과 2:7을 보라). 참조. Donfried, "Justification"(하지만 그는 칭의, 성화, 그리고 구원을 너무 조직화시킨다); Wilckens, 1:142-46. 하지만 여기서의 바울의 관심사는 기독교의 복음에 관한 세심하게 다듬어진 진술을 주고자 하는 것이 아니다. 그 작업은 나중에 있게 될 것이다. 오히려 여기서 그의 관심은 "의인"이 누구인지와 최종적인 칭의를 위해서 의인들이 소망하는 근거에 관하여 만연된 유대인들의 이해를 문제삼는 것이다. 유대교는 현재의 의와 최종적인 사면간의 유사한 긴장을 알고 있다(전형적인 유대인의 이해에 문제를 제기함에 있어서 바울의 진술이 그밖에 다른 곳에서 그의 가르침과 약간 대립되는 것처럼 보이는 이유가 바로 그것이다). 바울 시대의 유대교에서 주된 성분은 언약 백성들이 됨으로 인해 하나님 앞에 은혜를 입은 신분을 가졌다는 전제에서 출발했다. 즉 언약 백성들은 "율법을 듣는 것"과 "의인"이 곧바로 연결이 되는 것으로 특징지어졌다. 그의 동료 유대인들과 전반적인 예언적 전통처럼 바울은 율법을 행하는 것이 하나님 앞에서 최종적인 사면을 위해 필요하다는 것을 주장할 준비가 되어 있다. 하지만 그 행함은 계약 백성들의 충성스러운 구성원을 유지하는 것과 동의어가 아니며, 또한 그것에 달려 있지도 않다.

14 "율법 없는 이방인이['그 이방인들이 아니다']"(*ὅταν γὰρ ἔθνη τὰ μὴ νόμον ἔχοντα* – 호탄 가르 에드네 타 메 노몬 에콘타). 12절에서보다 더 명백하게, 유대인과 이방인간의 차이를 나타내는 것으로서, 율법(율법의 소유)에 대한 유대적 관점

이 환기된다(나아가서 2:12과 서론 §5.3.1을 보라).

"본성으로 율법이 요구하는 것, 즉 율법의 일을 행한다"(*φύσει τὰ τοῦ νόμου ποιῶσιν*-푸세이 타 투 노무 포이오신). "그들 자신의 본질적인 감각을 통해서 율법이 요구하는 것처럼 행한다"(NJB). 구문과 문장의 균형은 푸세이(*φύσει*)가 뒤따르는 것과 함께 취해질 것을 요구한다(그 반대로는 Cranfield와 Achtemeier). 만약 바울이 "본성상 율법을 가지고 있지 않은 자들"에 관해 말하기를 원하였다면, 그는 푸세이(*φύσει*)를 그 구절 내에 두었을 것이다(즉 Cranfield에 의해 인용된 평행구들이 나타내는 것처럼 에콘타(*ἔχοντα*)가 앞선다[2:27; 갈 2:15; 엡 2:3]; 참조. 이미 Leenhardt는 Bengel에 반대했다). 따라서 바울은 여기서 이방인 그리스도인들을 거의 염두에 두고 있지 않다: 이방인 그리스도인들은 "본성"이 아니라 "성령에 따라 걸으면서" 율법이 요구하는 것을 행한다(8:4; 예를 들어, Althaus; Bornkamm, "Gesetz," 108-9; Eichholz, *Theologie*, 94-96; Hendriksen; Bassler, *Divine Impartiality*, 141-45; Zeller; 그리고 특별히 Kuhr; 반대로는 Barth, *Shorter*; Fluckiger; 그리고 Minear, *Obedience*, 51; Snodgrass, 88 n.10에 있는 다른 것들을 보라). 바울은 여전히 유대인의 특별성에 대한 전제를 상쇄시킬 수 있는 보다 폭넓은 개방된 원리들에 관한 진술을 의도하고 있다. 그 호소는 이미 1:26-27(푸시코스 파라 푸신[*φυσικός*, *παρὰ φύσιν*])과 1:28("합당치 못한 일")에서 만들어진 호소인데, 특정한 행위의 옳고 그름에 대한 동일하게 넓은 의미에 대한 것이다-환언하면, 그 호소는 "경건한 이교도"의 실체에 관한 것이다. 바울은 일부 이방인을 항상 "율법이 요구하는 것을 행하는" 것으로서 그리지 않고, 단순히 율법이 규정한 대로 한동안 살아가는 이방인들이 존재한다는 사실을 그리고 있음을 유념해야 한다(참조. Bassler, *Divine Impartiality*, 146 그리고 그녀에 의해 인용된 것들). 또한 바울은 역시 이 "율법 행함"을 아무런 도움을 받지 않은 인간의 노력(의미상으로 푸세이[*φύσει*])으로 귀결시키지도 않는다. "율법의 일들을 행하는" 것이 율법이 알려지지 않을 때조차도 가능한데, 말하자면 전반적으로 인류를 특징짓는 불순종보다는 "하나님을 아는 것"(1:19, 21)이 행동의 근거가 되고, 바울의 심중에 하나님을 아는 것과 하나님이 원하시는 것을 행하는 것(1:21a) 간에 직접적인 연관성이 있기 때문이다. 만약 바울이 스토아 사상을 활용하고 있다면(Lietzmann, Bornkamm, "Gesetz," 101-7을 보라; 또한 1:26-27을 보라; 그러나 또한 Eckstein, 150-51, 그리고 그에 의해 인용된 것들을 보라), 바울은 그 스토아 사상에 자신의 사상을 굴복함이 없이 그것을 활용하고 있는 것이다. 마치 필로가 다소 유사한 방식으로 삶의 잣대로서의 "올바른 이성"에 관한 스토아철학의 개념을 활용하였듯이 말이다(*Opif.* 143; *Leg. All.* 1:46, 93; 등등). 하지만 필로는 신적인 이성(로고스)과 율법간의 동일시를 가정하면서(*Migr.* 130에 분명히), 바울과는 대조되게 율법에 관한 유대인의 견해를 위하는 변증을 형성하고 있다.

여기서 이방인의 선함에 대한 가설적 가능성이 아니라(특별히 Lietzmann; Knox; Räisänen, *Law*, 103-4; Riedl, *Heil*에서 해석사에 관한 고찰; Snodgrass, 88 n.9에 있는 다른 사람들을 참조하라) 실체적인 개방은 제4에스라 3:36에 의해, (아마도) 사도행전 10:22에서 나타나는 것처럼 이방인을 향한 유대인의 보다 넓은 긍정적 태도에 의해, 외국인들로부터 선물과 제물을 받기 위한 성전의 준비에 의해, 그리고 개종자들뿐만 아니라 외국인 거주자들과 "하나님을 예배하는 자"들에 의해 유대교 내에서 유사한 것들을 찾아볼 수 있다. 하지만 바울이 가장 익숙한 바리새인 유대교 내에서는 이방인들이 실제로 개종하여 언약 백성들의 일원이 되었을 때에만 관용이 베풀어졌고, 하나님께 받아들여졌다고 간주된다(보다 자세한 것은 특별히 Dunn, "Antioch Incident," 17-24를 보라; 참조. SH; Str-B, 3:88; 특별히 Dabelstein, 88-91을 참조하라). 아담과 모세에게 주어진 계명들에 대한 일반적인 인지의 가능성에 대해서는 1:32과 7:7을 보라.

"율법이 없어도 자기가 자기에게 율법이 되나니"(*οὗτοι νόμον μὴ ἔχοντες ἑαυτοῖς εἰσιν νόμος*-우토이 노몬 메 에콘테스 헤아우토이스 에이신 노모스). "그들 자신에게 대한 율법", 또는 "그들 자신의 율법"이 아니다. 그런 식의 번역은 피상적이지만 아주 매력적이고, 유대적인 문맥보다는 헬라적인 문맥에서 더 적절한 번역일 것이다(예를 들어, Wettstein에서의 평행구들; 하지만 Lightfoot을 보라). 여기서 바울이 염두에 둔 것은 어떤 다른 보편성 또는 "불문법"(Kranz에서 완전한 문서증거)이 아니다. 하나님께 기쁨이 되는 것의 척도는 그의 동료 유대인들뿐만 아니라 바울에게서도 똑 같이 율법이다(참조. Philo, *Abr.* 275-76; *2Apoc. Bar.* 57.2; *Ap. Const.* 8.98; 특히 Michel의 논의를 보라). 하지만 보다 넓은 견해에 관한 가능성이 보편적인 신적 지혜와 율법을 동일시하는 유대인의 지혜전승에 의해 제공되었다(Sir 24:23; Bar 4:1). 만약 노모스(*νόμος*)를 그 율법 즉 이스라엘에게 주어진 율법과는 다른 것으로 이해한다면, 사실상 바울이 여기서 말하고 있는 전반적인 관점을 상실하게 될 것이다(특히 Walker, 306-8을 보라; 그 반대인 더 오래된 관점에 대해서는 Lightfoot, 여전히 Black 속에서, 그리고 특히 Riedl, *Heil*, 196-203; 또한 4:13을 보라). 바울의 목적은 이스라엘과 율법이 동일선상에 있다는 가정을 불식시키는 것인데, 즉 율법이 오직 이스라엘 안에서만 알려져 있고, 오직 유대인들과 개종자들에 의해서만 성취될 수 있다고 생각하지 못하게 하는 것이다. "바울의 의도는 이방인들 사이에서 도덕적 규범의 가능성을 조직적으로 반영하려는 것이 아니라 한 가지 관점 즉 선택이라는 것에 의해 독점적으로 이해되어진 저당물인 율법이 이방인들 사이에서도 내재되어 있음을 강조하여 유대인의 '자랑'을 차단시키려는 데 있다"(3:27)(Eckstein, *Syneidesis*, 152). 어떤 의미에서 이방인들이 "율법을 가지고 있는가" 하는 것은 다음 구절에서 설명되어진다.

15 "그 마음에 새긴 율법의 행위를 나타내느니라"(*οἵτινες ἐνδείκνυνται τὸ ἔργον τοῦ νόμου γραπτὸν ἐν ταῖς καρδίαις αὐτῶν* – 오히티네스 엔데이크눈타이 토 에르곤 투 노무 그라프톤 엔 타이스 카르디아이스 아우톤). 엔데이크누스다이(*ἐνδείκνυσθαι*)는 9:22과 고린도후서 8:24에서처럼, "보이다, 증명하다"이다. 나머지 절과 함께(*τὸ ἔργον τοῦ νόμου κτλ* – 토 에르곤 투 노무 크틀), 바울은 의도적으로 두 가지 더 익숙한 관념들, 즉 서로 완전히 동일시 할 수는 없지만, 아마도 둘 다를 상기시키는 특별한 구절을 선택하였던 것으로 보인다. 한 가지는 "율법의 행위들(복수)"([*τὰ*] *ἔργα* [*τοῦ*] *νόμου* – 타 에르가 투 노무)이다. 이것은 언제나 바울에게 있어서 부정적인 의미를 지닌다(3:20, 28; 갈 2:16; 3:2, 5, 10; 참조. 롬 4:2, 6; 9:11, 32; 11:6). 그러므로 여기서 단수형("율법의 행위")은 분명히 동의어를 의도한 것이 아니다. 왜냐하면 여기서 그 구절은 칭찬할 만한 것을 나타내고 있기 때문이다. 그것을 칭찬할 만한 것으로, 그리고 바울의 심중에 그것을 복수 구와 구별시킨 것은 이 율법의 행위가 "양심에서" 발생하고 있다는 것이다. 다른 곳에서와 마찬가지로 여기서 "양심"은 이성적, 감성적, 의지적 존재로서의 인간의 통합된 중심에서 나오는 전심의, 신실한, 완전한 헌신의 의미를 갖는(2:29; 6:17; 10:1, 9-10; 고전 7:37; 고후 9:7; 또한 1:21과 8:27을 보라), 내면적인 인간("실제의 당신 자신" – 8:27; 고전 4:5; 14:25; 고후 3:2-3; 5:12에서처럼)을 나타내고 있다. 따라서 복수 구는 함축적인 대비를 갖는데, 말하자면 "율법의 행위들"은 내면적인 "율법의 행위"와 대비된다(2:28과 3:20을 보라). 그 구분을 놓치는 학자들이 있다. 예를 들어, 니그렌(Nygren), 하지만 쉬라터(Schlatter)도 참조하라.

또 다르게 환기를 시키고 있는 구절은 아마도 양심에 쓰여진 하나님의 율법의 새 언약적 약속이다(렘 31[70인경 38]:33: "내가 나의 법을 그들의 마음에 기록할 것이다"[*ἐπὶ καρδίας αὐτῶν γράψω αὐτούς* – 에피 카르디아스 아우톤 그라포 아우투스]; 또한 사 51:7: "[나의 백성]은 그 마음에 나의 율법이 있다"[*ὁ νόμος μου ἐν τῇ καρδίᾳ ὑμῶν* – 호 노모스 무 엔 테 카르디아 휘몬]를 참조하라). 그 밖의 다른 곳에서 바울은 이 약속이 그리스도인들에게 대한 성령의 은사로 성취되어진 것으로 분명하게 보고 있다(고후 3:3, 6; 참조. 롬 2:29; 빌 3:3). 그러나 여기서 바울은 명백하게 또는 배타적으로 그리스도인을 염두에 두지는 않고 있고(이방인 그리스도인-2:14을 보라; 그 반대하는 사람으로는 Mundle, Mattern, Cranfield, 그리고 Michel과 Käsemann에 의해 인용된 다른 사람들), 적어도 보다 넓게 적용할 가능성을 가지고 있는, 보다 개방적인 형식을 제시하려는 의도를 가지고 있다. 그것은 아주 명백하게 그리스도인의 주장을 환기시킨다. 왜냐하면 바울이 염두에 두고 있는 것은 하나님에 대한 진실한 내면적 의존의 종류, 즉 오로지 그리스도를 믿음으로만 발견하는 양심으로부터 발생하는 헌신에 관한 것이기 때문이다. 그는 이방인 중에서 그러한 신앙심의 가능성을 허용하고 있는데, 이는 율법이 참으로 관심 있어 하는 것을 실제로 생산하고 있기 때문이다. 따라서 여기서 에르곤(ἔργον)을 "직무"로 번역하고 있는데, 그것은 바울의 선언의 특징을 표시하고, 또 에르곤(ἔργον)이 갖는(BGD) 넓은 의미와 이 시점에서 아직 규정되지 않은 바울의 사상의 여유를 표현하기 위해서다(참조. Barrett, NEB, NJB-"율법의 효과"; Heiligenthal, 195-"인간의 '내적' 실제의 표시"; 그러나 "율법의 요구"는 아니다[NIV]). "그 율법"이 여전히 하나님이 요구하시는 척도라는 사실은, 율법을 이스라엘과 동일시하지 못하게 하려는 바울의 목적이 율법의 가치를 하락시키고자 하는 것이 아니라 오히려 당시 만연된 좁은 유대적인 시각과 전제들로부터 인간에 대한 하나님의 관심의 전반적인 이해를 갖게 하는데 있다는 것을 보다 상기시켜준다. "율법"(13-15절)과 "복음"(16절)은 이 점에서 서로 상충되지 않는다.

"그 양심이 증거가 되어"(συμμαρτυρούσης αὐτῶν τῆς συνειδήσεως-숨마르투루세스 아우톤 테스 수네이데세오스). 여기서 그 용어는 유대사상에는 빚을 적게 지고 있으나 헬라인들의 귀에는 상당히 익숙하다. 여기서 역시 바울은 전통적인 유대인의 시각의 한계를 넘어서는 방식으로 표현하려는 의도적인 노력을 분명히 하고 있다. 숨마르투레인(συμμαρτυρεῖν)은 "증거하다, 또는 어떤 사람이 다른 것 또는 여러 다른 것들을 증거할 때에 어떤 것을 확인하다"라는 의미가 있으나 70인경에서는 알려져 있지 않고, 신약성경은 오직 여기와 8:16, 9:1에서만 나온다. 다른 언급들에서와 마찬가지로 접두사 순(συν)은 "함께"라는 의미를 강화시킨다(Wilckens; 반대하는 사람으로는 Cranfield). 여기서 "양심"을 "율법의 행위"와 동일시할 수는 없으나(바울이 그것을 내적인 법으로서 이해하고 있다는 것은 거리가 멀다), 보다 확증적인 증거를 형성한다는 의미를 갖는다(보다 자세한 것은 Eckstein, 161-63을 보라).

B.C.E. 1세기 경에 "(도덕적) 양심"으로서 수네이데시스(*συνείδησις*)의 의미는 헬라사상에서 자주 사용되었는데(*TDNT* 7:902-4; Spicq, 854-57), 그것은 잘못한 행동에 대한 고통스럽고 혼란스러운 양심을 보통 나타낸다. 즉 "보통의 경우에 그것은 나쁜 것에 대한 양심을 의미하며 좋은 것에 대한 양심은 특별한 경우에 해당되었다" (*TDNT* 7:904; 또한 Pierce와 Eckstein, *Syneidesis*를 보라; Seneca, *De Ira* 3.36.1과 Ep. 28.10에서는 규칙적으로 인용된다). 구약과 랍비적 유대교에서 양심의 경험이 증명되고 있으나, 부정적인 개념으로는 아니다(특별히 Str-B, 3:91-96을 보라). 그러나 분명히 헬레화된 유대교에서 나쁜 양심에 관한 개념이 분명히 있다 – Wisd Sol 17:11; Philo, *Det.* 146, *Spec. Leg.* 2:49. *Virt.* 124("잘못한 것에 대한 양심의 측면에서"); *T. Reub.* 4.3; Josephus, *Ant.* 16.103(그 사상은 *T. Jud.* 20.2; 그리고 Josephus, *Ap.* 2.218에서 여기 바울의 것과 가깝다). 그러므로 바울의 그밖에 다른 곳에서(특별히 고전 8:7, 10, 12; 참조. 딤전 4:2; 딛 1:15; 히 10:2, 22), 또한 자신의 태도 또는 행위가 잘못되었다는 고통스러운 감정은 없는, 선한 양심에 관한 보다 긍정적인 의미일지라도(9:1; 고후 1:12; 참조. 딤전 1:5, 19; 3:9; 딤후 1:3; 행 23:1; 24:16; 히 13:18; 벧전 3:16, 21), 그 혼란스러운 인식이 한 행동으로부터 기인된 것인지 또는 그 자체가 그 행위에 관한 적절성에 대한 시험이나 가이드가 되는지를 전망해 볼 수 있다(13:5; 고전 10:25-29; 또한 13:5을 보라). 여기서의 언급은 분명히 칭찬이기 때문에 바울은 마지막 심판 때에 그들의 양심을 불러올 수 있는 행동들을 피함으로써 책임 있게 살아갈 수 있는 이방인들을 가정하여 그리고 있다. 이론적 해석의 근거는 책임에 대한 "자연적인" 인식에 관해 설명하고 있는 1:18-32의 근거와 같은데, 이는 하나님 그리고 보다 넓은 사회에 나타나 있는, 하나님을 아는 지식에 적절한 삶의 종류에서 기인한다. 그러나 여기서의 언급은 더욱더 긍정적이다. 왜냐하면 바울은 단순히 사실과 양심의 활동에 호소하는 것이 아니라, "양심에 대한 율법의 영향"의 증거를 확실하게 하는 그 증언에 호소하기 때문이다. 달(Dahl)은 율법과 그 요구가 최종 심판시에 유대인들을 위하여(또는 대항하여) 증언하는 특별한 변호를 이스라엘에게 제공할 것이라는 유대인의 주장에 대하여 바울이 맞서고 있다고 제기한다. 따라서 이방인들은 양심과 사고의 변호를 받게 될 것이다(Bassler, *Divine Impartiality*, 148에 의해 제기됨). 그렇다면 다시 한번 율법을 소유한 것이 이방인에 대한 유대인의 특권적인 혜택을 준 것이 아니라는 사실이 지적된다.

"그 생각들이 서로 또는 송사하며 또는 변명하여"(*καὶ μεταξὺ ἀλλήλων τῶν λογισμῶν κατηγορούντων ἢ καὶ ἀπολογουμένων* – 카이 메탁수 알레론 톤 로기스몬

카테고룬톤 에 카이 아포로구메논). "사상, 추론"(*λογισμός* – 로기스모스)은 오직 여기서와 고린도후서 10:5에서만 발견된다. Wisd Sol 11:15과 12:10에서 사용된 것 그리고 Sir 27:5, 7에서의 일종의 평행어를 주목하라. 신약의 다른 곳에서처럼 법적인 전문용어인 "고소하다, 고발하다"(*κατηγορεῖν* – 카테고레인)는 바울서신 가운데 오직 여기서만 나타난다. "옹호하다, 변호하다"(*ἀπολογεῖσθαι* – 아폴로게이스다이)는 바울 저작 중에 여기 이외의 다른 곳에서는 고린도후서 12:19에서 나타난다. "또는 심지어"(*ἢ καί* – 에 카이)가 시사하는 바는 바울이 전자를 더욱더 지배적으로 생각하고 후자를 예외적인 것으로 생각했다는 것을 의미한다. 맹목적인 안목을 이방인의 선함의 실제로 돌아서게 하지는 않을 지라도, 1:18-32의 기소의 압도적인 무게는 영향을 받지 않은 채로 그대로 남아 있다. 이것은 양심이 어떻게 작용하는지에 관한(많은 주석가들이 단순히 가정하는 것처럼) 이전 구절의 해설로서 의도된 것이 아니라, 세 번째 암시 또는 율법 바깥에 있는 사람들 사이에서 분명한 도덕적 양심에 관해 말하는 방식을 제공하고 있는, 제2의 속격 절대 구문을 형성하고 있는 것이다(신 17:6과 19:15의 비추어 본 바울의 입장에 관한 자연스런 반영). 물론 두 절들은 상호 보충적이고, 실제로 현상의 동일한 영역을 서술하고 있다. 하지만 바울에게서 양심은 서로 충돌하는 사상들로 구성되어 있다는 것을 이 절로부터 결론을 내리는 것은 정당하지 않다. 바울에게서 양심은 단순히 마음 또는 정신과 동일시되는 것이 아니다(특별히 Jewett, *Anthropological Terms*, 442-44, 그리고 Eckstein, *Syneidesis*, 164-68; 다른 경우로는 Reicke, "Syneidesis," 그리고 Schlier를 보라). 바울은 사실상 당시의 그리스-로마 문헌의 다른 곳에서 증명되어지는 것처럼(특별히 Ovid, *Met.* 7.19-21; Epictetus, *Diss.* 2.26.3-4를 보라. 더 자세한 것은 7:15을 보라), 그리고 악한 충동과 선한 충동들간의 투쟁에 대한 유대적 개념(יֵצֶר; Davies, *Paul*, 20-23을 보라)에서 증명되는 것처럼, 7:14-25에서 자신이 설명하고 있는 것과 유사한 도덕적 혼동 또는 자아 충돌의 의미에 호소하고 있는 것이다. 바울은 "외국의 법정 앞에서 자기 비판과 자기변호에 참여하고 있는 자신을 발견하고, 그리고 다른 손에 의해 기록되어진 것을 자기 자신들 속에서 직면하는 사람들에게 영향을 미치는 커다란 혼란에 관해서 말한다. 엄밀히 말해서 인간은 자신의 가장 깊은 존재 속에서는 자기 자신이 주인이 아니다"(Käsemann).

16 "하나님이 심판하시는 그 날에"(*ἐν ἡμέρᾳ ὅτε κρίνει ὁ θεός* – 엔 헤메라 호테 크리네이 호 데오스). 심판 날의 개념에 대해서는 2:5을 보고, 심판자로서의 하나님에 대해서는 2:2을 보라. 최후의 심판이 고려되고 있다는 점은 현재시제임에도 불구

하고(비록 Haacker가 헤메라[ἡμέρα]는 "비현재적" 시제로 취해져야만 한다는 점을 주장함에도 불구하고), 의심할 여지가 없다. 그 동사를 미래로 취할 수 있었으나 (κρίνει보다는 κρινεῖ), 현재는 미래에 대한 언급과 함께 사용될 수 있다(BDF, §323). 그러나 칭의(2:13을 보라)와 하나님의 진노(1:18; 2:5, 8을 보라) – 이미 명백한 특성에 관한 마지막 평결과 완성된 일로서의 종말론적 심판(특별히 Saake를 참조하라) – 와 관련해서 현재와 미래간의 연속성이 있다는 것이 바울 사상의 특징이다. 그것은 이스라엘의 선택과 관계없이 우주적 창조자이자 만물의 심판자이신 하나님에 관한 사상을 담고 있다.

"사람들의 은밀한 것"(τὰ κρυπτὰ τῶν ἀνθρώπων – 타 크루프타 톤 안드로폰)(즉 개별적으로 모든 인간). 일반적으로 크루프토스(κρυπτός)와 함께 사용되는 것처럼, 열려 있고, 볼 수 있는 것과의 대조가 분명히 고려되고 있다(예를 들어, 막 4:22; 요 7:4; 고전 14:25; 그리고 특별히 롬 2:28-29을 보라). 하나님은 인간의 마음의 비밀한 것들을 알고 계신다는 사상은 유대교의 경전을 읊고 있는 청중들에게 익숙하였을 것이다(Cranfield는 삼상 16:7; 대상 28:9; 시 139:1-2, 23; 렘 17:10을 인용하고 있다. 또한 예를 들어, *Pss. Sol.* 14.8과 17.25를 보라). 다시 한번 거기서 바울은 자기 백성의 전제에 대항하는 점증된 경고의 일부로서 익숙한 성경의 주제를 채택하고 있다. 즉 최후의 심판은 필연적으로 언약백성에게 호의를 베풀거나 이방인들을 적대하지는 않을 것이다(28-29절). 내적인 것에 관한 강조가 분명히 나타나 있으나 내적인/외적인 것과의 직접적인 대조로 간주해서는 안 된다(그것들은 "그들의 마음 속에" 있는 것을 "증거하고 있다" – 15절). 오히려 그것은 내적인 동기들과 주도되는 원리들이 개인들(그리고 민족들)간의 (외적인) 관계성들을 평가함에 있어서 보다 참된 가이드가 된다는 것을 상기시킨다. 더 자세한 것은 2:28-29을 보라.

"나의 복음에 이른바와 같이"(κατὰ τὸ εὐαγγέλιόν μου – 카타 토 유앙겔리온 무). 유앙겔리온(εὐαγγέλιον)과 함께 전치사 구들이 있는 것은 바울 작품에서의 특징이지만, 카타(κατά)와 함께 있는 것은 11:28과 디모데전서 1:11뿐이다. 하지만 여기서 사용된 전체 구절은 16:25과 디모데후서 2:8에서 역시 나타난다. 유앙겔리온(εὐαγγέλιον)에 대해서는 1:1, 16을 보라. 크리네이(κρίνει)와 함께 카타(κατά)는, 바울이 복음을 단언 또는 심판(또는 둘다)을 위한 기준으로 보고 있다는 것을 의미한다. 중요한 차이가 나지는 않는다. 여기서 실제로 구분되는 방식으로(고전 15:1; 고후 11:7; 갈 1:11을 참조하라) 유대인과 이방인의 관계의 측면에서 바울이 복음을 해설하고 있다고 의식하지 않는 한, 아마도 무(μοῦ)를 강조할 필요는 없을 것이다(1:

8; 또한 16:25을 참조하라). 또한 쉬라터(Schlatter)를 보라.

신적 심판에 관해 언급하면서 바울이 훨씬 넓은 기준을 그리스도 안에서 신앙의 보다 좁은 기준으로 갑작스럽게 적용하였을지라도, 기준으로서 복음을 도입한 것이 앞선 논증과 일치하지 않는 것은 아니다. 반대로 그의 관점은 엄밀하게 말해서 보다 넓은 요소들, 즉 창조주에 대하여 덜 한정된 반응으로 보여지는 믿음으로 적용되고 있다(카타 유앙겔리온[*κατὰ εὐαγγέλιον*]은 2:2의 카타 알레데이안[*κατὰ ἀλήθειαν*]과 평행이다). 참조. Synofzik, 82. 물론 그리스도 안에서의 신앙이 그의 선교와 설교의 목적이지만(참조. 10:14-17), 그것은 그러한 응답의 배타적인 표현이라기보다는 보다 완전하고 규범적인 것으로 역할한다(그리고 1-11장뿐만 아니라 12-15장의 내용도 포괄한다). 다시 2:7, 13, 15을 보라. 그것은 바울이 도려냄을 추구하는 최후심판에서 이방인들이 어떻게 될 것인가에 관한 더욱더 전형적인 유대적 평가의 배타성으로서다. 따라서 "복음"이 여기서 판단의 척도로서(판단의 기준으로서 율법의 사상에 대해서는 2:12을 보라) "율법"을 대체하고 있다는 점은 중요하다.

"그리스도 예수로 말미암아"(*διὰ Χριστοῦ Ἰησοῦ* – 디아 크리스투 예수)는 문자적인 결론(Käsemann) 또는 토 유앙겔리온(*τὸ εὐαγγέλιον*)과 함께(Schlier) 독립적으로 취해져서는 안되고, 아마도 크리네이(*κρίνει*)와 함께(대부분 선호하는 것처럼) 취해져야 한다. 최후의 응보에서 심판자로서 활동하시는 승귀된 그리스도의 개념은 초대 기독교 사상에서 잘 알려져 있었다(특별히 마 25:31-33; 요 5:22, 27; 행 10:42; 17:31; 고전 4:5; 고후 5:10; 살후 1:7-10; 딤후 4:1; 계 22:12을 보라). 그리스도는 하나님에 의해 그 역할을 부여받았고, 또한 하나님이 최후의 심판에서 그를 통하여 행하신다는 점은 동일한 텍스트들의 강력한 특성이다. 이 시기에 유대권역에서 최후 심판과 관련된 많은 고찰들이 있었다. *T. Abr.* 11(Recension B)가 에녹의 역할을 법정 서기관의 역할로 제한되는 관점을 고집할지라도, 대부분의 고찰은 에녹에게로 집중되었다(*Jub.* 4.22-23; 에녹 1서 12-16). 그러나 재판자의 역할은 11QMelch에 있는 신비로운 멜기세덱의 모습과 *T. Abr.* 11(B)에 있는 아벨에게로 귀착되어진다. 가장 밀접한 평행어는 에녹의 비유들(*Similitudes of Enoch*)에서 인자의 비유이다. 즉 "그가 은밀한 것들을 심판할 것이다"(에녹 1서 49.4; 61.9) 그리고 "영들의 주인의 이름으로" 그렇게 하신다(45.26; 55.4; 61.8-9; 62.2-5). 제4에스라 12.31-33과 *2Apoc. Bar.* 40.1-2에서 메시아에게 주어진 역할을 참조하라. 승귀된 그리스도가 유일무이한 대표자이시며 중재적인 역할을 하신다는 기독교적인 주장은 이러한 넓은 고찰의 일부를 형성하지만, 그 주장에 있어서는 보다 철저하고 일관성이 있다(더 자세한 것은 1:7, 8과 5:1을 보라).

해설

바울이 처음으로 율법을 언급하고 있을 때, 12절로 인해 논증의 요지가 더욱더 분명해지고 있다. 이 서신을 듣고 있는 사람들은 바울이 주로 유대인의 법인 토라 – 특히 그가 사실상 율법 밖에 있는 자들과 율법 안에 있는 자들, 즉 이방인들과 유대인들 간의 대조로 시작하고 있기 때문에 – 를 언급하고 있다고 확신할 수 있었을 것이다. 7-11절에서 바울은 유대인뿐만 아니라 이방인들도 "선을 행하는 사람들"로 간주될 수 있기 때문에, 이방인뿐만 아니라 유대인들도 "악을 행하는 사람들"로 간주되어질 수 있다는 요지를 명백히 하고 있다. 바울은 이제 율법조차도 유대인과 헬라인간의 명확한 구분을 지을 수 없다는 논증을 발전시키고 있다. 즉 유대인은 율법을 가지고 있기 때문에 이방인보다 더 좋지 않다. 말하자면 율법의 실제 직무와 관련되는 한, 이방인들은 최후의 심판에서 많은 유대인들보다 더 좋은 사면의 기회를 갖고 있다는 것이다. 1-11절에서 공격한 신앙심이 율법을 가진 것으로 인해 하나님 앞에서 안전하다고 생각하는 유대인들의 신앙심이라는 것이 그 의미로 인해 분명해진다.

2:12 그 요지는 먼저 부정적이다. 율법 없이 죄를 지은 많은 사람들은 율법 없이 망할 것이다. 그들은 율법을 갖지 않은 것 때문에 망하는 것이 아니라 죄를 지었기 때문에 망하는 것이다. 율법을 갖고 죄를 지은 많은 사람들은 (동일하게 적용되는) 율법으로 말미암아 판단을 받을 것이다. 사람들은 율법 안에(유대인) 있거나 율법 바깥에(이방인) 있는 것으로 인해 판단을 받는 것이 아니라 죄를 지었기 때문에 판단을 받는 것이다. 다시 말해서 대담자 또는 독자는 정체성의 요소(율법의 백성)로서의 율법의 역할을 판단의 기준으로서의 율법의 역할과 혼동해서는 안 된다. 율법은 유대인을 이방인과 구분 짓는 표지일 뿐이지 율법을 갖고 있다고 해서 정죄를 받는 것에서 유대인을 안전케 해주지는 못한다.

13 이런 주장(12절)에 대한 해설은 바울만의 특별한 것도 아니고 전적으로 구분되는 것도 아닌 신학적인 의미를 사용하고 있다. 즉 율법을 듣는 것이 하나님 앞에서 사람들을 의로운 자가 되게 하는 것이 아니라 율법을 행하는 자가 최후의 심판을 면할 것이다. 율법을 행하지 않는(=간직만 하는 것) 위험성에 대한 경고는 토라 이후로부터 계속 되는 유대 문헌들의 특징이고, "듣는 것"과 "행하는 것" 사이의 대조라는 측면에서는 보통 아니지만, 바울 시대의 유대 회중들은 비슷한 책망에 익숙했을 것이다. 그러나 바울의 형식은 그것과 다른 경향을 제공하고 있다. 그것은 더 이

상 언약 백성의 한 구성원으로부터 다른 사람들에 대한 권면이 아니라, 언약의 범위를 깨뜨리는 주장을 펴고 있는데, 즉 그 언급은 언약 백성들을 넘어서서 확대되고 있다. 대조법을 사용한 이중 대조가 중요하다 – 단순히 듣는 사람들과 율법이 원하는 것을 행하는 사람들간의 대조가 아니라, "의인"(여기서 지금)이라고 불리어지는 사람들이 존재하는 관념과 미래에 사면 받을 수 있다는 관념간의 대조이다. 그러므로 공격을 당하고 있는 것은 안식일마다 읽혀지는 율법을 신실하게 듣고, 그것으로 인해 자기 자신을 의로운 자로, 즉 선택된 백성으로 여기는(적지 않게 솔로몬의 지혜문학과 *Psalms of Solomon*에서 동일하게 격려를 받는다) 회당 출석자의 자기 확신이다. 다시 말해서 언약 백성의 일원으로서 언약에 머물러 충실했기 때문에 마지막 평결에서 혜택을 입을 것이라고 이미 확신하고 있는 자들을 바울은 공격하고 있는 것이다. 마찬가지로 두 번째 구절의 긍정적인 확증은 언약백성을 넘어서서 확대되고 있다. 즉 율법을 행하는 자들은 단순히 율법을 가지고 순종하는 사람들이 아니다. 언약백성 밖에서 발생하는 "율법의 행함"이다. "선을 행하는 사람"(10절)="율법을 행하는 자"(13절)는 유대인뿐만 아니라 이방인들도 포함될 것이다.

14-15 다시 한번 이미 1:19-20과 2:7, 10에서 상기되어진 것과 같은 보다 넓은 신앙심에 대해 암시함으로써 그 요지를 정당화시킨다 – 특별히 인간과 우주 간의 조화에 관한 자연적인 연대, 즉 본성상 인간은 사물의 적절한 질서를 알고, 또한 행위의 문제에 있어서 무엇이 적합한 것인가를 안다는 스토아철학의 신념. 이방인들이 율법을 알고 있지는 않지만 그들의 삶은(모든 이방인들이 그렇지는 않지만) 사실상 율법의 관심들을 표명하고 있다. "그들은 본성상 율법의 일을 행하고 있다." 그렇게 말함으로써 바울은 그와 같은 자연법의 존재를 주장하고 있는 것은 아니다. 문제가 되는 것은 여전히 유대인의 율법이다. 그는 율법을 알지 못함에도 불구하고 율법의 백성 안에서 발견될 것으로 기대할 수 있는 도덕적인 민감성의 증거를 주고 있다. 바울의 독자들은 아마도 적절한 것(1:28)에 관한 스토아 사상이나 "선"(2:10) 에 대한 보다 넓은 (헬레니즘적) 관념들을 생각하였을 것이다. 그러한 도덕적 인식은 심판의 날에 율법을 대신할 것이고, 율법 밖에서 죄를 지은 사람들을 판단할 수 있는 기준이 될 것이다(12절). 그러한 "자연적"인 선한 것으로 응답하였던 사람들은 율법 안에서 죄를 지었던 유대인들보다 심판의 날에 훨씬 더 화를 면할 것이다.

"율법의 일을 행하는 자들"은 의도적으로 애매하게 만든 구절이다. 바울이 그렇게 의미했던 것은 15절에서 명쾌하게 설명되는데, 그 세 구절들은 14절의 더욱더 논쟁적인 주장을 위한 증거와 증명을 제공하고 있다. "그것들은 마음에 새긴 율법의 행위를 나타내느니라." 즉 그것은 그들의 마음에 쓰여진 율법이 아니고(그것은 그리스도인들이 옛 언약적 소망의 새로운 언약적 성취를 경험하고 있다는 특히 기독교적인 주장이다–고후 3:3, 6), 율법의 행위들도 아니다(특별하게 바울에 의해 공격받은 유대적 주장을 상기시킨다–갈 2:16; 롬 3:20). "율법의 행위"에 의해 바울은 율법의 직무 즉 율법의 직무가 생산해야(=행위를 해야) 하는 것을 의미했을 것이다. 그리고 그는 다시금 많은 이방인들 속에 나타나는 동일한 도덕적 민감성을 언급하고 있음이 틀림없다. 즉 율법이 유대인들 속에서 생산할 것으로 기대했던 도덕적 민감성을 많은 이방인들 속에서 실제적으로 상당히 볼 수 있다는 것이다. 반면에 그의 관점에서 함축적으로 의미하는 바는 율법의 (외면적) 행위들에 대한 유대적 관심이 율법의 동일한 (내면적) 행위를 보이지는 못한다는 것이다.

바울이 이방인의 도덕적 책임감에 관한 증거를 제공하기 위해 요청하고 있는 두 번째 증인은 "양심"이다. 이미 저질러진 행위들을 평가하고 정죄하는 내면적인 충고자로서의 양심에 관한 개념은 헬레니즘 사상에서 널리 퍼져 있었지만, 그러한 관념은 거의 Wisd Sol 17:11 이전의 유대교 내에서는 거의 발견되지 않았다. 그러므로 바울의 관점은 유대 백성이 아닌 사람들 그리하여 율법에 얽매이지 않은 도덕적 양심을 잘 설명하고 있다. 그가 요청하고 있는 세 번째 증거는 이방인들 중에서 있는 내적인 도덕적 갈등에 관한 증거이다. 행해야 할 것을 알지만 여전히 실패를 하고 있는 그는 갈등하는 사고들에 관한 증거를 제공하는데 즉 어떤 사람은 그 실패를 정죄하고 또 다른 어떤 사람들은 그 실패에 대한 변명을 한다. 여기서 바울의 독자들이 주목해야 할 것은 마음과 양심과 사상의 차원에서 본질적으로 내적인 문제인 율법(의 일들)을 하는 것이다. 그리고 바울은 그것을 율법을 갖고 있다는 교만과 과신에 대한 대조들을 인정함으로써 설정해나간다.

16 심판의 날에 모든 사람들에게 자명해 질 것은 이러한 율법에 대한 행함이다. 마음과 양심과 사상의 이러한 내적 비밀들을 밝히는 것이 그런 이방인들을 "율법을 행하는 자들"로 불리어질 수 있는 정도를 증명할 수 있을 것이고, 그 날에 많은 유대인보다 이방인들이 더 좋게 될 것이다. 의미심장하게 바울은 "내 복음에 이른 바와 같이"를 덧붙이고 있다. 바울의 수신자들은 아마도 그 구절을 이해하였을 것이다. 즉 이방인들이 "율법의 일들을 행하는" 정도를 보여주는 것은 복음에 대하여 자신들을 측정함으로써 일 것이다. 그것은 마음에 쓰여진 율법과 비교되는 것인데(참조. 고후 3:3), 그것은 그들의 도덕적 민감성이 실제 율법에 관한 것인지를 드러낼 것이다. 그것을 추가시킨 중요한 의미는 보통 율법에 귀속시킬 수 있는 것과 유사한 역

할을 마지막 심판시에 복음이 한다는 것이다(12절). 여기서 복음과 율법이 바울에게서 완전히 대조되는 것이 아님을 상당히 의미한다. 바울의 복음은 내적인 비밀의 척도가 될 수 있다. 왜냐하면 복음이 율법에 대한 순종이 의미하는 것을 보여주고, 그 마음을 마음속에 있는 율법의 문서로 열어주기 때문이다. 동일한 요지가 마지막 구절에서도 함축되어 있는데, 그것은 예수 그리스도를 마지막 날에 하나님의 심판의 대리자와 중재자의 역할을 하는 것으로 귀속시키고 있다. 그것이 그리스도의 실제이고(1:3-4), 그가 바울에게 준 복음이다(1:1, 5). 그리고 복음은 바울로 하여금 이방인의 신앙심의 긍정적인 모습을 인식하도록 자유케 했고(또한 초대 유대변증가들로부터 그에게 이미 자명하게 드러난 부정적인 모습을 각인시키면서 – 1:18-2:11), 율법 백성의 구성원이 되었다는 것이 그 날에 사면을 충분히 확보한 것으로 여기는 유대인들의 가정을 손상시켰다(2:12-16).

이 구절들(12-16)을 후대의 교리적 모형으로 짜맞추려고 해서는 안 된다는 점을 현대의 주석가들은 유념할 필요가 있다. 너무 많은 주석가들이 여기서 바울의 용어를 이신칭의의 교리에 비추어 설명하거나 설명하려 하지 않는 실수를 실제로 하고 있다. 그러므로 예를 들어, 13절은 "율법을 행하는 자"가 됨으로 인해 의롭게 되는 것을 의미하지 않는다. 왜냐하면 그것은 공로에 의한 칭의를 의미하기 때문이다. 그리고 14절은 일반적으로 이방인에 관하여 언급하고 있지 않은데, 왜냐하면 그것은 단지 자연법에 관한 것이 아니라 자연법에 따라 사는 것에 의한 칭의의 교리를 함축하는 것이기 때문이다-그렇다면 복음을 위해서는 거기에 어떤 필요가 있을 것인가? 확실히 거기에는 그러한 해석을 위한 근거가 있다 – 특별히 15절에서 예레미야 31:33에 대한 암시는 이방인 그리스도인들(고후 3:3에서처럼)에 관한 묘사로서 취해질 수 있을 것이다. 심지어 그것이 "마음에 쓰여졌다"고 말하는 율법이라기보다는 "율법의 행위"일지라도 말이다. 하지만 "본성으로 율법의 일을 행하는 사람들"(14절)로서 이방인 그리스도인들을 묘사하고 있다고 상상하는 것은 거의 불가능하다. 그리고 양심의 활동과 내적인 도덕적 갈등은 헬레니즘 내에서 대체로 잘 증명되었고, 이방인 그리스도인들에게로 단지 한정할 수 없음을 바울은 잘 인식했을 것이다.

만약 우리가 바울의 논증을 그의 보다 넓은 사상 안에서 이해하려고 한다면, 주변 문맥 안에서 그것의 기능을 먼저 보아야 할 것이다. 결국에 바울은 그의 서신을 듣고 있는 모든 사람들이 이신칭의에 관한 그의 가르침을 이미 잘 알고 있을 것이라고 생각할 수 없었을 것이다. 먼저 바울이 그러한 내용들을 쓴 것은 엄밀히 말해서 자신의 가르침을 소개하고 설명하려는 데 있다. 그러므로 그러한 설명의 단계에서, 그는 2장의 그의 논증의 인접한 문맥 안에서 이 서신을 읽는 독자들이 아주 직접적이고 분명한 의미로 그의 언어를 이해할 것이라고 오직 생각했을 것이다. 따라서 이 논증의 목적은 율법을 가졌다는, 즉 하나님의 선택된 백성이 되었다는, 사실에 거짓되게 근거한 유대인의 확신을 고치려는데 분명히 있다. 그의 논증은 이 확신이 잘못되었다는 것이다. 왜냐하면 율법을 범하는(17-24절) 율법 백성들의 일원들인 유대인들이 있는 것처럼, 즉 한 가지 차원에서만 율법을 지키고(할례), 진정한 유대인인 "율법을 행하는 자들"(25-29절)로서 적절히 묘사될 수 없는 유대인들이 있는 것처럼 많은 유대인들보다도 율법이 가리키는 것들을 더욱더 분명히 보여주는 이방인들이 있기 때문이다.

"율법을(의 일을) 행하는 것"이 바울에게서 대단히 중요함은 의심할 여지가 없다. 그러나 그것은 전형적인 유대인이 율법을 생각하고 있는 의미에서 "율법을 행하는 것"이 아님은 이미 자명해지고 있다. "율법을 행하는 것"이 바울에게서 무엇이 될 수 있는가 하는 것은 15절에 암시되어져 있다. 즉 마음으로부터 나오며 그것에 뿌리박혀 있는 내적인 것들이다. 그는 2:29; 3:31; 6:19-22; 7:6에서 암시함으로써 그 사상을 끊임없이 발전시키고 있다. 마침내 8:4에서 그것에 관한 가장 분명한 표현이 나타나고 12:1-15:6에서 보다 확실하게 예시된다. 반면에 그는 여기서 다소 모호하게 그 점을 표현하고 있는데, 단지 아직 그것을 구체화시킬 필요가 없었기 때문이다. 그의 현재의 논증은 율법이 찾는 그러한 도덕적 민감성을 유대인들이 보이고 있고, 실제로 많은 유대인들이 보이는 것보다 이방인들이 더 많은 도덕적 민감성을 보이고 있다는 것을 제시하는 것만으로 충분하다. 그는 "율법의 행위"가 심판날에 그들이 사면을 보증 받을 것이라는 것을 실제로 말하고 있지 않다. 만약 그렇다면 그의 언어는 율법 없이 죄를 지은 이방인들이 어떻게 책임을 지어야 하는 것을 설명하지 않았을 것이다(12, 15bc). 양심과 도덕적 갈등에 관한 그들 자신의 말은 도덕적 책임에 관한 인지를 설명해준다. 그들은 어느 정도 그러한 문제들을 규제하는 하나님의 정당하신 선언을 알고 있다(1:32). 그러나 또한 복음화 되지 않은 이방인들 중에 사면 받을 "율법을 행하는 자"가 있을 가능성을 부정하지 않는다(13절). 그는 그것에 관한 질문을 묻지 않고, 대답을 열어놓은 채로 남겨둔다. 그러나 바울 자신은 예수 그리스도에 의해 그에게 주어진 복음의 의해서 또는 말미암는 사면의 가능성을 찾았다(16절). 그리고 그는 확실히 영광과 존귀와 썩지 아니함을 구하는 자를 복음으로 인도할 것이다. 마치 본성상 "마음에 쓰여진 율법의 일을 보여주었던" 어떤 이방인을, 마음으로부터 효과적인 동기부여 능력을 제공하시는 성령의 보다 충만한 경험으로 인도하고자 그가 추구하였던 것처럼 말이다(2:29; 7:6; 8:4; 고후 3:3, 6).

3. 은혜 받은 지위가 보증을 제공하지는 않음(2:17-24)

참고문헌

Bornkamm, G. "Anakoluthe." 76-78. **Fridrichsen, A.** "Der wahre Jude und sein Lob: Röm 2:28 f" *Symbolae Arctoae* 1(1927) 39-49. **Goppelt, L.** "Der Missionar des Gesetzes: Zu Röm 2:21 f" *Christologie und Ethik*. Göttingen: Vandenhoeck und Ruprecht, 1968. 137-46. **Murphy-O'Connor, J.** "Truth: Paul and Qumran." In *Paul and Qumran*, ed. J. Murphy-O'Connor. London: Chapman, 1968. 186-92. **Räisänen, H.** *Law*. 98-101. **Schnabel, E. J.** *Law*. 232-34. **Stowers, S. K.** *Diatribe*. 96-98, 112-13.

본 문

17 유대인이라 칭하는 네가 율법을 의지하며 하나님을 자랑하며
18 율법의 교훈을 받아 하나님의 뜻을 알고 지극히 선한 것을 좋게 여기며
19 네가 율법에 있는 지식과 진리의 규모를 가진 자로서 소경의 길을 인도하는 자요 어두움에 있는 자의 빛이요
20 어리석은 자의 훈도요 어린 아이의 선생이라 고 스스로 믿으니
21 그러면 다른 사람을 가르치는 네가 네 자신을 가르치지 아니하느냐 도적질 말라 반포하는 네가 도적질 하느냐
22 간음하지 말라 말하는 네가 간음하느냐 우상을 가증히 여기는 네가 신사 물건을 도적질하느냐
23 율법을 자랑하는 네가 율법을 범함으로 하나님을 욕되게 하느냐

17 But if you are called a "Jew" and rely on the law and boast in God,
18 and know his will and approve the things that matter, being instructed from the law,
19 and are confident that you are a guide of the blind, a light for those in darkness,
20 an instructor of the foolish, a teacher of the young, having the embodiment of knowledge and of truth in the law…[a]
21 You then who teach another, do you not teach yourself? You who preach "Do not steal," do you steal?
22 You who say, "Do not commit adultery," do you commit adultery? You who abhor idols, do you commit sacrilege?
23 You who boast in the law—through transgression of the law you dishonor God.

24 기록된 바와 같이 하나님의 이름이 너희로 인하여 이방인 중에서 모독을 받는도다

24 For "the name of God is blasphemed among the Gentiles through you," as it is written.

원문주해

a. 파격구문에 관한 논의에 대해서는 뒤따르는 양식과 구조를 보라.

양식과 구조

17-24절로 대담자의 신원이 명백해지고 있다. 즉 바울이 속속들이 알고 있는 (전형적인) 유대인이다. 2:6에서부터 사라졌던 초두(2:1 이하)의 논쟁 형식이 유대인의 전제에 관한 "조직 내의" 비판을 행하기 위한 적절한 매개체로서 다시금 재개되고 있다. 그 기소는 전반적인 유대인의 방종에 대한 기소로서 의도된 것이 아니라, 하나님의 백성이 된 것이 나머지 인류들과 관련해서 유일무이한 특권을 갖게 된 것으로 가정하고 교만을 떠는 것에 대한 질책으로 의도되어졌다. 만약 한 유대인이 다른 사람을 정죄하는 죄를 짓고 있다면 그도 동일하게 정죄 받을 것이다. 율법을 갖지는 않았으나 그것을 지키는 이방인들은, 율법을 갖고 있으나 그것을 지키지 못하는 유대인들보다 덜 유리한 입장에 서 있지 않다. 간과할 수 없는 것은 율법이 명령된 윤리적 기준이라는 사실인데, 이는 유대인을 나머지 인류의 실체와 구분 짓는 경계선으로서 기능하고 있다는 측면에서의 율법과 대비된다(25-29절).

구조적으로 그 구절은 두 부분으로 나뉜다. 즉 17-20절과 21-23절로 나뉘고 24절은 결론적으로 확인을 시키는 성경적 근거를 제공한다. 17-20절은 쌍들의 연속으로 구성되었는데 첫 번째 구성은 동사구를 구성하고 있고, 두 번째 구성은 하나의 절에 포함되어 있고, 두 구성은 분사절들로 둘러 싸여 있다.

εἰ δὲ σὺ Ἰουδαῖος ἐπονομάζῃ
(그러나 만약 네가 유대인이라 불린다면)

καὶ ἐπαναπαύῃ νόμῳ
(율법을 의지하며)

καὶ καυχᾶσαι ἐν θεῷ
(하나님을 자랑하며)

καὶ γινώσκεις τὸ θέλημα
(하나님의 뜻을 알고)

καὶ δοκιμάζεις τὰ διαφέροντα
(지극히 선한 것을 좋게 여기며)

κατηχούμενος ἐκ τοῦ νόμου(율법의 교훈을 받아)

πέποιθάς τε σεαυτὸν
(규모를 가진 자)

ὁδηγὸν εἶναι τυφλῶν (소경의 길을 인도하는 자요) *φῶς τῶν ἐν σκότει* (어두움에 있는 자의 빛이요)
παιδευτὴν ἀφρόνων (어리석은 자의 훈도요) *διδάσκαλον νηπίων* (어린아이의 선생이라)
ἔχοντα τὴν μόρφωσιν(규모를 가진 자로서)
τῆς γνώσεως(지식) *καὶ τῆς ἀληθείας*(진리)
ἐν τῷ νόμῳ…(율법에...)

두 부분은 율법에 관한 주장에서 절정을 이룬다. 그리고 파격구문의 효과는 그 사상을 종결되지 않은 채로 남겨둔다. 즉 이것들은 경건한 유대인이 율법에 관하여 만들 수 있다는 주장들에 관한 것이 아니라, 아주 대표적인 것들을 언급한 것이며, 마지막 구절은 적절한 절정을 이루어 유대인들이 율법을 소유하고 있음에 대한 높은 관심을 표현한다.

후반부는 디다스콘(*διδάσκων*), 케루손(*κηρύσσων*), 그리고 레곤(*λέγων*)간의 깔끔한 문체적 변화(21-22절)와 함께 분사구문 속에서 연속된 4개의 수사학적 질문으로 구성되었고, 마지막 진술은 다시 율법에 관한 분명한 언급과 함께 자연적인 절정을 이루게 하는 직설법으로 표현되어 있다(23절). Byrne, *Reading*, 66-67을 참조하라. 17-20절의 파격구문에 대한 평행구와 21-22절에서 수사학적 질문들에 관한 제기에 대해서는 Stowers, *Diatribe*, 96-97을 보라. 이것은 거의 "허세를 부리는 철학자에 대한 기소를 하는 고전적인 실례"이다(112).

주석

[17] "유대인이라 칭하는 네가"(*εἰ δὲ σὺ Ἰουδαῖος ἐπονομάζῃ* – 에이 데 수 유다이오스 에포노마제). 에포노마조마이(*ἐπονομάζομαι*)는 신약에서 오로지 여기서만 나타난다. 수세기 동안 이미 *Ἰουδαῖος*(유대인)은 유다에 속하는 사람에 대해 외국인들이 사용한 이름이었다. 그러나 마카비 시대부터 점차적으로 그것은 "이스라엘인" 또는 "히브리인"이라는 오래된 호칭을 대신하는 자기 호칭으로서 유대인들 스스로도 그렇게 용인하고 사용했다(*TDNT* 3:369-75; 그러나 보다 자세한 것은 9:4을 보라). 그와 같은 이름의 기능은 유대인을 이방인, 또는 단순하게는 비유대인 – 바울은 거의 항상 그렇게 사용했고(1:16; 2:9-10; 3:9, 29; 9:24; 10:12; 고전 1:22-24; 9:20-21; 10:32; 12:13; 갈 2:14-15; 3:28; 골 3:11), 랍비의 가르침도 역시 그렇다(Str-B, 3:96-97) – 과 구분시켜주었다. 용인된 자기 호칭으로서 유대인이라는 칭호의

출현은 동일한 시기에 유다이스모스(*'Ἰουδαϊσμός*)의 출현과도 역시 관련이 있는데(처음으로 마카비2서 2:21에서 나오고; 8:1; 14:38), 그것은 율법과 전통적인 관습(Amir도 역시 보라)에 대한 열렬한 충성과 자아 의식적인 독특성에 있어서의 유대인들의 민족적인 종교에 관한 호칭과 연관되었다. 그러므로 유다이오스(*'Ἰουδαῖος*)는 바울의 동시대 사람들에 의해 자부심을 가지고 인정된 이름이었을 것이다(참조. 제4에스라 6:55-59). 단수로 유대인을 호칭함에 있어서 바울이 물론 어떤 특별한 유대인을 염두에 둔 것이 아니라, 전형적인 유대인(*TDNT* 3:380-81), 다시 말하면, 다른 민족들과 구분되는 유대 의식을 갖고 있는 유대인을 염두에 두고 있었다(또한 3:1을 보라). 나아가서 사도행전과 요한복음에서 유대인들(*οἱ 'Ἰουδαῖοι*)은 기독교인들의 적대자들을 위한 호칭으로 확립되었다. 그러나 여기서 그 구분은 단순히 유대인과 이방인간의 구분이고, 중요한 것은 그 구분과 관련된 새로운 운동의 현상이다. 바울 자신에게 있어서 그것은 여전히 유대인들간의 논쟁이고(그가 자기칭호를 위해서 더 오래된 "이스라엘"이라는 이름을 눈에 띄게 사용할지라도 – 11:1; 고후 11:22), 문제가 되는 것은 "유대인"의 진정한 의미이거나 "유대인"이 되는 것이 어떤 것과 관련되는가(2:28-29, 그 반대로는 바울이 우선적으로 유대공동체의 지도자를 공격하는 중이라고 논증하고 있는 Watson, *Paul*, 113-15) 하는 것이다.

"율법을 의지하며"(*καὶ ἐπαναπαύῃ νόμῳ* – 카이 에파나파우에 노모). 에파나파우오(*ἐπαναπαύω*)는 "의지하다"라는 기본적 의미를 지니고 있지만, 기대는, 의지하는, 자신의 토대와 지원을 발견하고 있는, 희망을 두고 있는, 또는 심지어 만족을 두고 있는 의미를 갖고 있다. 따라서 본 구절은 바울이 여기서 대면하고 있는 율법에 대한 유대인의 태도 – 이스라엘이 율법의 선물을 받고 태어났다는 확신, 즉 율법을 가진 것이 하나님의 은혜의 확실한 표지라는 확신 – 를 잘 포착하고 있다(참조. 미 3:11). 이 점에서 휘브너의 비판은 요지를 벗어나고 있다(*Law*, 113): 유대인의 "율법의 소유"는 "환상"도 아니고 "장점"으로 간주될 수도 없다. 바울은 전형적인 유대인은 율법을 가진 것으로 단순히 만족한다고 함축하고 있는 것이 아니다. 바울이 잘 알고 있는 것처럼(갈 1:14; 빌 3:6), 율법이 지원하는 것은 삶의 전반적인 방식이다. 그러나 그것은 비유대인과 유대인을 구분하는 것이 항상 전면에 있는 삶의 방식이다(다음 구절이 확증하는 것처럼). 그러므로 바울이 공격하고 있는 것은 엄밀히 말해서 이런 특수성에 대한 유대인의 의존이다. 지금 살피고 있는 태도는 *2Apoc. Bar.* 48:22-24(Charlesworth의 번역)에서도 잘 표현되어 있다.

보라. 당신의 율법이 우리와 함께 있기 때문에 우리는 우리의 신뢰를 당신 속에 둡니다.
우리가 우리의 율례를 지키는 한 낙오되지 않을 것을 압니다.
우리는 항상 축복을 받을 것이고, 적어도 우리는 다른 민족들과 섞이지 않았습니다.
왜냐하면 우리는 모두 그 이름(하나님)의 백성들이기 때문이고,
우리는 그분이 주시는 율법을 받았습니다.
그리고 우리들에게 있는 율법이 우리를 도와줄 것이고, 우리 안에 있는 그 뛰어난 지혜가 우리를 지원해 줄 것입니다.

보다 자세한 것은 서론 §5.3.1-2를 보라

"하나님을 자랑하며"(*καὶ καυχᾶσαι ἐν θεῷ* – 카이 카우카사이 엔 데오). 카우카오마이(*καυχάομαι*)는 널리 사용된 용어는 아니지만, 헬라어 용법에서(70인경을 포함하여) 충분히 잘 알려져 있었다. 현대 동의어에서처럼, "자랑하다"는 의미는 부정적 의미를 갖는다(정당한 이유가 없는 자랑, 별 가치가 없는 것들을 자랑하는 것). 그러나 그것은 또한 정당한 자랑을 나타낼 수도 있다(예를 들어, 시 149:5과 함께 시 49:6[70인경 48:7] 그리고 Sir 30:2과 함께 Sir 11:4). 신약에서는 거의 독점적으로 바울이 사용한다(37번 중 35번이 바울의 작품에서 나온다). 전형적인 유대인의 이런 특별한 자랑에 대해서는 신 20:21; 시 5:11[70인경 12]; 89:17[70인경 88:18]; 렘 9:23-24; Sir 50:20; *Pss. Sol.* 17.1을 보라. 물론 바울이 하나님을 자랑하는 것에 대한 (함축된) 비판을 하고 있지는 않다. 도리어 그는 스스로도 그러한 자랑을 한다(5:11; 고전 1:31과 고후 10:17은 모두 렘 9:23을 인용하고 있다). 그러나 문맥으로부터 시사하는 바는 그러한 유대인의 자랑이 민족적으로 배타성을 가질 수 있다는 것이다: 즉 하나님을 오직 그들에게만 속한 것으로 자랑한다는 것이다(3:27-29을 참조하라). 그러므로 외면적인 평가와 육체적 관계에 근거한 자랑을 비판함에 있어서 바울이 사용하고 있는 것은 더욱더 부정적인 의미를 담고 있다(고후 5:12; 11:18; 갈 6:13; 빌 3:3). 자기확신으로서의 이러한 자랑에 대한 불트만의 이해(*TDNT* 3:648-49; 또한 *NT Theology* 1:243)는 그 개념을 과도하게 개별화시키고, 여기서 비추고 있는 민족적인 "자랑"의 성격을 인식하지 못하고 있다.

18 "하나님의 뜻을 알고"(*καὶ γινώσκεις τὸ θέλημα* – 카이 기노스케이스 토 델레마), "뜻"=하나님의 의지의 절대적인 사용은 유대적 용어법을 반영한다(Michel). 하나님이 그의 백성에게 무엇을 원하시는가를 아는 것은 비록 이 용어로 빈번하게 표현되지는 않을지라도(참조. 시 40:8; 143:10; *T. Iss.* 4:3), 자연스럽게 유대적 신앙에서 관심거리였다. 바울이 염두에 두고 있는 태도는 마카비2서 1:3-4에서 아주 분

명하게 표현되었다. 바울은 다시 하나님의 뜻을 행하고자 하는 바램에 대해 비판하지는 않는다. 반대로 하나님의 뜻을 행하고자 하는 것은 바울에게 있어서 기본적이다(참조. 1:10과 15:32). 바울이 바라보고 있는 것은 오히려 율법의 가르침에 의한 특권화된 지식에 대해 너무 쉽게 전제하는 것이다(18c절; Bar 4:4 - "하나님을 기쁘시게 하는 것이 무엇인지를 알기 때문에 우리 이스라엘은 행복하다"; Wisd Sol 15:2-3; 제4에스라 8:12. 반면에 바울에게 있어서 그러한 지식은 변화된 마음을 통한(12:2), 보다 깊은 수준에서만 가능하다.

"지극히 선한 것을 좋게 여기며"(*καὶ δακιμάξεις τὰ διαφέροντα* - 카이 도키마제이스 타 디아페론타): "나쁜 것에서 선한 것을 안다"(NEB). 동일한 구절이 빌립보서 1:10에서 사용되었고, 두 경우에 바울은 어떤 특별한 경우에 본질적인 문제들은 무엇이고 비본질적인 문제는 무엇인지를 보여주려는 시험(테스트)을 적용하려는 행동을 염두에 두었을 것이다. 타 디아페론타(*τὰ διαφὲροντα*)는 "좋지도 나쁘지도 않은 무관심한 일들"이라는 의미로 견유학파적인 스토아 윤리학에서 전문적인 용어로서 이미 확립되었던(LSJ; Lietzmann; *TDNT* 9:63) 타 아디아포라(*τὰ ἀδιάφορα*)에 대한 의식적 대비로 사용되었을 것이다. 도키마제인(*δοκιμάξειν*)에 대해서는 1:28을 보라. "승인할 수 있다"로 번역하는 것은 다소 그 관점을 약화시킬 것이다. 비판되고 있는 전제(가정)는 곧바로 다룰 수 있는 테스트(즉 토라)를 가지고 있다는 것이 아니라 그 율법이 이미 그러한 문제들에 결정을 내렸다는 것이다(참조. 20c절). 바울은 그 토라를 테스트에 적용하려 하지 않고 그 대답을 찾으려고 문의하는 유대인을 염두에 둔 것이다. 바울이 이 경우에 세우고 있는 비판은 어느 특별한 경우에 하나님이 중요하다고 여기는 것이 무엇인지에 관한 분별이 그러한 피상적인 직무로가 아니라는(참조 12:2; 빌 1:10) 것이고, 또 이런 유대인의 태도가 유대인의 구분성에 관한 전체적인 문제가 적지 않게 할례 의식에 거짓된 우선순위를 주는 것에서 기인한다는 것이다(2:25-29).

"율법의 교훈을 받아"(*κατηχούμενος ἐκ τοῦ νόμου* - 카테코우메노스 에크 투 노무). 본 구절은 아마도 이전의 두 개의 구절과 같이 진행되고 있는 것 같다(Cranfield). 카테케오(*κατηχέω*)는 오랫동안 통용되지는 않았지만(BGD), 그 의미는 이미 "교훈하다, 가르치다"라는 의미로 이미 명백하게 확립되어 있다. 바울은 고린도전서 14:19과 갈라디아서 6:6(참조. 행 18:25)에서 특별히 종교적인 교훈을 위해서 이 의미로 그 용어를 사용하고 있다. 그리고 그 용어로부터 영어 음역인 케티케시스(catechesis, "교리교육을 시키다")가 나왔다(Käsemann은 그 동사가 유대교의 확립된 교리교육적 전통을 나타냈다고 확신한다). 본 구절은 자녀로서 율법 안에서의 가르침 그리고 매주 회당에서 율법을 읽는 것 속에서 하나님의 뜻에 대한 지식과 삶의 행동에 대한 유대인의 의존감을 잘 특징지어준다(참조. Josephus, *Ap.* 2:183). 에크 투 노무(*ἐκ τοῦ νόμου*)는 아마도 우리가 4:14, 16에서 발견하는 것과 동일한 의미를 지닐 것이다. 그것은 엄밀히 말해서 율법과 바울이 대응하고 있는 사람간에 동일시를 완결지어주고 있다.

19-20 이 구절들은 바울이 명백하게 전형적인 유대적 태도들로 간주한 특징들의 연속을 이루고 있다. 특별히 첫 번째 두 구는 유대적 연원을 분명히 반영하고 있고, 그 전반적인 태도는 부당한 모습을 그리거나 과장하지 않고 있다는 것을 확신할 수 있는 많은 단서들을 갖고 있다. 만약 과장을 했더라면 어쨌든 기술적으로 현명하지는 못했을 것이다. 왜냐하면 유대인 대담자에게 사례를 설명하는 그의 방식은 오직 그의 설명이 정당하다면 성공할 수 있는 것이기 때문이다. 그러나 이 시점에서 바울의 목표는 팔레스타인 유대인보다는 디아스포라 유대인이었을 것이다. 왜냐하면 자연스럽게 디아스포라 유대인은 팔레스타인 유대인에게 주로 부족했던 변증적이고 심지어 선교적인 관심을 가졌을 것이기 때문이다(Str-B, 3:98-105). 네 번이나 반복되고 있는 그 요지는 특권을 더 받은 사람과 그렇지 않은 사람 사이에 주어지는 구분이다. 그리고 다시 한 번 그 특권의 의미는 율법의 측면에서 표현되어지지, 선택 또는 신실하신 하나님의 언약의 측면에서 표현되지 않는다(바울이 이스라엘의 구별된 지위의 문제에 직면하는 것은 이 선택과 언약에 관한 것에서다－3:1-4와 9-11장). 물론 대부분의 유대인에게 그런 (언약과 율법 사이의) 구분은 비실제적이 될 것이다. 그러나 바울에게서 율법은 독특하게 민족적 특징을 갖는 민족적 정체성으로서의 하나님의 백성들과 동일시되었는데, 그 민족적 특징들이 그 계약과 계약의 약속이 이방인들에게 충만한 정도로 확대되는 것을 지금 가로막고 있다. 여기에서 사용된 것과 동일한 구절들이 이방인들을 향한 책임성보다는 이방인들보다 우월한 지위를 표현하는 것으로 사용되었다.

“규모를 가진 자”(*πέποιθάς τε σεαυτόν*－페포이다스 테 세아우톤). 바울은 현 형태에서(특권적인 지위를 표현하는 것으로서) 하나님이 주신 것보다는 오히려 스스로 설득하고 있는 그 무언가가 있다는 것을 가리키기 위해서 “알다”보다는 이 말을 선택하고 있다(참조. 고후 10:7).

“소경의 길을 인도하는 자요”(*ὁδηγὸν εἶναι τυφλῶν*－호데곤 에이나이 투플론). 참조. 사 42:7: 그 종의 임무는 “소경의 눈을 열어주는 것이다.”; 에녹1서 105:1:

"너는 그들(땅의 자녀들)의 인도자이다"; *Sib. Or.* 3:195: "그 민족은 모든 죽은 자들에게 생명의 인도자가 될 것이다"; Josephus, *Ap.* 2.291-95; Philo, *Abr.* 98. 마 15:14과 23:16, 24은 동일한 확신으로 유대적 태도를 공격하지만, 더 신랄하다.

"어두움에 있는 자의 빛이요"(*φῶς τῶν ἐν σκότει* – 포스 톤 엔 스코테이). 참조. 사 42:6-7: 포스 에드논 …엔 스코테이(*φῶς ἐθνῶν…ἐν σκότει*); 49:6. 이스라엘에게 주어진 빛은 특징적으로 그리고 아주 자연스럽게 율법인 것으로 여겨진다. 즉 시 119:105 – "내 길의 빛"; Wisd Sol 18:4 – "너의 자녀들은 … 그들로 말미암아 꺼지지 않는 율법의 빛이 세상에 주어진다"; Sir 24:27 – 율법은 "빛처럼 교훈을 밝힌다"; 45:17 – "그의 율법으로 이스라엘을 계몽하는 것"; *T. Lev.* 14.4 – "율법의 빛"; 1QSb 4.27; Ps-Philo, *Lib. Ant.* 23.10; 더 자세한 것은 Wilckens 1:148-49와 n. 382를 보고, 13:12에 관해서도 보라. 이 구절들 중 어느 것도 적극적으로 바깥으로 나아가는 선교적 관심(그렇지만 Bassler, *Divine Impartiality*, 150를 보라)과, 우월한 특권적 의미(서론 §5.3.2)와 그들의 눈먼 것을 인정하고 빛과 가르침으로 나아오는 자들을 기꺼이 받아들이겠다는 준비를 내포하고 있지 않다.

"어리석은 자의 훈도요, 어린아이의 선생이라"(*παιδευτὴν ἀφρόνων, διδάκαλον νηπίων* – 파이듀텐 아포로논, 디다스칼론 네피온). 이 구절들은 당시의 유대 문헌과 평행을 찾기가 쉽지 않다(하지만 호 5:2; Sir 37:19; *Pss. Sol.* 8.29; 마카비4서 5:34를 참조하라). 하지만 하나님의 신비 속에서 통찰력을 부여받았다는 확신과 하나님의 신비 속에서 교훈을 주기 위한 책임감은 쿰란 사본에서 분명히 증명되고 있고(1QS 3.13; 8.11-12; 9.12-21; 1QH 2.13; 4.27-29; 1QpHab 7.4-5; 또한 11.25를 보라), 지혜전승에서 자의식적인 지혜와 네피오이(*νήπιοι*)간의 유사한 구분을 한 일이 있다(잠 1:22; 16:22; Wisd Sol 10:21; 12:24; 15:14; 1QH 2:9; 예수께서 유사한 태도를 반대하신 것으로 기억되는 마 11:25//눅 10:21을 참조하라). 두 구절은 거의 동의어이고, 중복을 보이면서 구조적인 쌍을 이루고 있다(양식과 구조를 보라). 그러나 파이듀테스(*παιδευτής*)는 유일한 다른 신약의 사용에서처럼(히 12:9), 교정자라는 의미를 갖는다.

"네가 율법에 있는 지식과 진리의 규모를 가진 자로서"(*ἔχοντα τὴν μόρφωσιν τῆς γνώσεως καὶ τῆς ἀληθείας ἐν τῷ νόμῳ* – 에콘다 텐 모르포신 테스 그노세오스 카이 테스 알레데이아스 엔 토 노모). 모르포시스(*μόρφωσις*)가 "구체화, 완전한 표현" – 고전 헬라어 용법보다 코이네 용법(Käsemann) – 을 의미한다는 일반적인 일치가 있다. "지식"과 "진리"는 구체적인 내용이나 주장을 언급하고 있지 않다. 그것은 마음속에 있는 그러한 지식과 진리다(헤 그노시스, 헤 알레데이아[ἡ γνῶσις, ἡ ἀλήθεια]). 더불어 그 단어들은 고대 세계에서의 종교와 철학에 관한 높은 주장과 열망을 포함한다. 유대인들은 엄숙한 모든 사람들이 갈망하고 있는 것이 율법 속에서 이스라엘에 주어졌다고 주장한다. 바울이 디아스포라 회당에서 약간에 실제적으로 형성된 것들을 반영하고 있다는 것은 확실히 가능하다(Lietzmann; Michel; 참조. Sir 17:11; 45:5; Bar 3:36; *2Apoc. Bar.* 44.14). 그러나 우리에게 알려진 가장 밀접한 평행어들은 벤 시라(ben Sira)와 바룩(Baruch)의 주장들인데, 그것은 모든 사람들의 지혜가 율법 속에 이제 구현되었다는 것이다(Sir 24:23; Bar 4:1). 사실상 *Bar* 4:1-4는 여기서 특징지어지고 있는 태도에 관한 좋은 설명을 제공한다. 또한 Murphy-O'Connor, *Paul and Qumran*, 186-92를 보라. Schabel, 234는 바울전집에서 율법과 지혜가 명백하게 상호관계성이 있다는 것을 주목한다. 절정을 이루는 두 요지(17, 18, 20절 – 양식과 구조를 보라)를 포함하여, 율법에 관한 유대적인 확신에 관한 진술에 바울이 초점을 맞추고 있는 방식이 그 확신에 관한 바울의 비판이 역시 어디에 초점을 맞추고 있는가를 충분히 분명하게 해준다 – 적지 않게 지식과 진리의 측면에서 필요하거나 열망하고 있는 모든 것이 이미 율법의 형태로 그들에게 주어졌다는 전제에 초점이 맞추어져 있다. 진리(1:18, 25; 2:8)와 지식(15:14 q.v.)이 율법에 의해 그어진 한계 바깥에서도 만날 수 있다는 것을 인식한 바울에게 있어서, 율법을 지식과 진리와 동일시하는 것은 저항을 받게 된다.

21-23 21-23절에서 각각의 구절들은 진술로서 또는 의문으로서 강조되어진다(대부분 그렇게 생각하지만 Zeller는 다른 입장을 갖는다). 21-22절의 4개의 문장들이 질문을 하는 것으로 의도되어진 수사학적인 형태를 띠고 있으며, 반면에 다섯 번째 구절에 첨부된 성경적 증거(24절)는 진술로서 즉 이전 구절에서 암시되어진 것에 대한 분명한 결론으로서 받아들여져야 한다는 것을 가리킨다(따라서 예를 들면, SH, Lagrange, Lietzmann, Cranfield, NEB, NJB; 그 반대로는 RSV, NIV). 여기서 제기된 도전들은 많은 주석가들을 혼란스럽게 하는데, 왜냐하면 유대교의 도덕적 품성이 하나님을 예배하는 자들과 개종자들에게 가장 매력을 주는 모습 중 하나였기 때문이다. 하지만 바울이 몇 가지 동떨어진 사례들을 들어 일반화시키거나 과장하고 있다거나, 또는 몇몇 범죄들로 인해 전체를 무자격자로 만들거나(Trocmé, "The Jews," 153) 또는 유대민족을 전부 정죄하고 있다(Räsdänen, *Law*, 100; Barth가 *Shorter*에서 주장하는 것과 같이 바울이 여기서 예수에 대한 유대인의 거부를 염두에 두고 있는 것은 더욱더 아니다)고 결론을 내리는 것은 불필요한 일이다. 과장을 형성하게 하는

것은 수사학적인 화려함 때문이며, 또한 그것이 바울의 말을 듣는 사람들을 잘못 인도하지는 않을 것이다. 프리드리히센(Fridrichsen)은 스스로를 스토아학파라고 주장하는 사람에게 에픽테투스에서와 유사한 도전들에 정당하게 관심을 불러일으킨다(*Diss.* 2.19.19-28; 3.7.17; 3.24.40 - "Jude," 45). 그리고 바울의 논쟁체가 일상적이라는 것을 보여주는 충분한 도전들이 있는데, 눅 11:39-52//마 23뿐만 아니라 선지서(예를 들어, 사 3:14-15; 렘 7:8-11; 겔 22:6-12; 말 3:5)와 뒤이어지는 랍비 문헌에서도(Str-B, 3:105-111을 보라) 그와 유사한 종류의 도전들을 본다(그 반대로는 Räisänen, *Law,* 101 - "일련의 전도자의 모욕"). 당시의 유대문헌에서 나오는 일련의 비난들의 유사성(*Pss. Sol.* 8:8-14; Philo, *Conf.* 163; *T. Lev.* 14.4-8; CD 6.16-17; 그리고 이미 시 50:16-21; 헬라어 부 목록에서 다른 곳에서는 *TDNT* 3:256을 보라)은 사실상 바울이 비난과 권면의 잘 알려진 전승에 의존하고 있다는 것을 암시한다. 따라서 마태복음 5:21-48에 맞추어 그 구절을 해석하는 바렛(Barrett)의 시도(참조. Goppelt, "Missionat")는 불필요하고 사실상 요지를 벗어난다. 왜냐하면 바울의 목표는 개인으로서의 모든 유대인들이 아니라 율법에 의해 윤리적인 혜택을 입었다고 주장하는 유대인의 확신이다(특별히 Wilckens). 바울에게서 율법이 분명히 금하고 있는 것을 하는 유대인들이 있다는 사실은 율법 백성의 일원이 된 것으로 인해 비유대인보다 우월하고 혜택을 입었다고 주장하는 확신을 훼손시키기에 충분했을 것이다. 또한 3:3을 보라.

"그러면 다른 사람을 가르치는 네가 네 자신을 가르치지 아니하느냐 도적질 말라 반포하는 네가 도적질 하느냐 간음하지 말라 말하는 네가 간음하느냐 우상을 가증히 여기는 네가 신사 물건을 도적질 하느냐?"(*ὁ οὖν διδάσκων ἕτερον σεαυτὸν ου διδάσκεις; ὁ κηρύσσων μὴ κλέπτειν κλὲπτεις; ὁ λέγων μὴ μοιχεύειν μοιχεύεις; ὁ βδελυσόμενος τὰ εἴδωλαἱερσυλεῖς* - 호 운 디다스콘 헤테론 세아우톤 우 디아스케이스; 호 케루손 메 크렙테인 클레프테이스; 호 레곤 메 모이케우에인 모이케우에스; 호 브델루소메노스 타 에이도라이에르술레이스). 21-22절에서 바울은 십계명에서 직접적으로 제기하고 있는 세 가지 죄에 집중하고 있고(출 20:15, 14, 4-5; 신 5:19, 18, 8-9), 토라에서 동일하게 분명히 다루고 있는 할례와 음식법과 같은 제의적 요구사항에 대해서는 전혀 집중하지 않는다는 사실은 의미가 있다. 물론 그것은 유대적 교훈의 확립된 순서에 따른 단순히 결과일 수도 있다(위를 보라). 그러나 그것은 바울의 심중에 십계명의 명령들과 유대적 제의 의식간의 주요한 구분이 있었음을 나타낼 수도 있다. 바울은 할례 받지 않은 것에 대해 유대인을 비판하는 것이 아니라(2:25-29), 여기서 동료 유대인들만큼이나 마음 깊은 곳에서 우러난 도덕적 강렬함을 갖고 의문을 제기하고 있다. 더 자세한 것은 13:9을 보라.

"70인경에서 브델루세스다이(*βδελύσσεσθαι*)가 자주 우상숭배에 대한 증오를 나타내는데 사용되었다"(Cranfield, 169 n.4)고 말하는 것은 정확하지 않다. 하지만 "혐오"(*βδέλυγμα* – 브델루그마)는 우상숭배에 대한 언급으로 자주 사용되었다(예를 들어, 사 2:8, 20; 단 11:31; 마카비1 1:54; Wisd Sol 14:11), 따라서 요한계시록 21:8의 에브델루그메노이스(*ἐβδελυγμένοις*, "우상숭배자로서 혐오스런 자들." 우상숭배에 대한 유대적 논쟁에 대해 보다 자세한 것은 1:23을 보라. 우상숭배가 전적으로 이스라엘 바깥에 뿌리를 두고 있었다는 랍비들 중에 자기 축하적(self-congratulation)인 강력한 의미가 있다(Str-B, 3:111-12; 이미 *Jud* 8:18).

히에로술레인(*ἱεροσυλεῖν*)은 일반적으로 "성전을 약탈하는 것"을 의미하지만(그것에 대한 유일한 70인경 언급에서처럼, 마카비2서 9:2; 또한 Josephus, *Ant.* 17. 163), 또한 "신성을 모독하는 일"(LSJ – 따라서 아마도 19:37), "거룩한 물건을 더럽히다"(NJB)라는 보다 덜 정확한 의미를 가질 수 있다. 그 고소가 예루살렘 성전을 약탈한 일에 관한 것이라는 점은 *T. Lev.* 14.5와 *Pss. Sol* 8.12에 비추어 보아 가능하고, 아마도 Ep Jer 10, 33 또는 사도행전 5:2-5과 유사한 것으로 볼 수 있다. 여기서 2:24이 말라기 1:12과 평행을 이루고 있기 때문에, 바울은 말라기 1:14을 염두에 두었을 것이다. 그리고 우리는 성전을 위해 예비된 기금과 선물을 횡령한 로마에 사는 한 유대인의 사례를 적어도 문서에서 찾아볼 수 있다 – A.D 19년에 로마로부터 유대적 공동체의 제명을 야기했던 스캔들(요세푸스, *Ant.* 18.81-84). 그러나 본문에서는 이방인 신전과 우상들을 염두에 둔 것일 것이다 – 신명기 7:25-26의 명백한 경고에도 불구하고, 실제적인 약탈의 대상이 될 위험성(Josephus, *Ant.* 4.207에서처럼) 또는 (어쨌든 소유주가 없었기 때문에!) 우상신전들에서 취한 물품들의 사용에 관한 것들이었을 것이다(Str-B, 3:114; *TDNT* 3:255를 보라).

23 "율법을 자랑하는"(*ἐν νόμῳ καυχᾶσαι* – 엔 노모 카우카사이)은 Sir 39:8의 "그는 주의 언약의 율법을 영화롭게 한다"로 이해되었다(보다 자세한 것은 Str-B, 3:115-18을 보라). 여기서 다시 한번 율법에 관한 것으로 그 초점이 돌려지고 있고, 순서적으로 절정의 기소를 향해 나아가고 있다. 그리고 다시 한번 그 주제는 유대인의 자랑에 관한 것인데(17절에서처럼), 여기서는 자기 의를 자랑하는 것이 아니라, 의미심장하게도 율법을 자랑하는 것이다. 유대인들은 율법을 자랑할 수 있다. 왜냐하면 그들이 가지고 있는 것은 하나님의 은혜의 표지이기 때문이다. 그런데 자랑이

보다 더 비판을 받게 되는 이유는 그것이 율법을 갖지 않은 사람들에 대한 자랑의 원인이 되기 때문이다.

"네가 율법을 범함으로 하나님을 욕되게 하느니라"(*διὰ τῆς παραβαεσεως τοῦ νόμου τὸν θεὸν ἀτιμάξεις* – 디아 테스 파라바세오스 투 노무 톤 데온 아티마제이스). 본 구절은 이제는 퉁명한 어조로 앞선 비난들을 요약하고 있고, 그것은 이전에 질문한 것들이 부정할 수 없는 것들이라는 것을 함축해준다. 언약의 율법을 기뻐하는 것이 율법을 위반한 것에 대한 증거가 될 수 없고, 유대인 대담자가 영화롭게 하는 바로 그 독특한 것이 유대인의 행동에 의해 모순을 일으키고 있다. 바울은 율법을 위반하는 것이 하나님을 욕되게 하고, 따라서 율법을 지키는 것이 하나님을 높이는 것임을 확증한다. 불트만에서 절정을 이루고 있는 개신교 주해의 강력한 전통에 비추어 볼 때, 바울이 율법을 행하는 것을 바람직하고 필요한 것(2:13)으로 여겼다는 것을 반복적으로 말해야 할 필요가 있다. 유대인 대담자에 관한 바울의 비판은 율법에 대한 민족적 자존심이 율법이 요구하는 것, 즉 율법의 실제적 직무(2:14-15)를 하지 않는 데 기인했다는 것이다. 바울의 문 앞에 자주 제기되고 있는 그 고소(도덕률 폐기론 – 3:8)를 그는 전형적인 유대인 대담자를 향하여 돌리고 있는 것이다! 파라바시스(*παράβασις*)에 대해서는 4:15과 5:14을 보라.

24 "기록된 바와 같이 하나님의 이름이 너희로 인하여 이방인 중에서 모독을 받는도다"(*τὸ γὰρ ὄνομα τοῦ θωοῦ δι' ὑμᾶς βλασφημεῖται ἐν τοῖς ἔθνεσιν, καθὼς γέραπται* – 토 가르 오노마 투 데우 디 휘마스 블라스페메이타이 엔 토이스 에드네신, 카도스 게그랖타이). 앞선 성경의 인용과 마찬가지로(*καθὼς γέραπται* – 카도스 게그랖타이, "기록된 바" – 1:17을 보라), 바울은 자신의 논증을 확증하기 위해 성경으로 방향을 돌리고 있다. 호소의 공식("기록된 바")은 특이하게 맨 뒤에 놓여져 있다. 그 인용문은 이사야 52:5에서 나왔다.

> 바울 – "하나님의 이름이 너희로 인하여 이방인 중에서 모독을 받는다"(*τὸ ὄνομα του θεοῦ δι' ὑμᾶς βλασφημεῖται ἐν τοῖς ἔθνεσιν* – 토 오노마 투 데우 디 휘마스 블라스페메이타이 엔 토이스 에드네신)
>
> 이사야 – "너희 모든 사람을 인하여 나의 이름이 이방인 중에서 더럽혀졌도다"(*δι' ὑμᾶς διὰ παντὸς τὸ ὄνομά μου βλασφημεῖται ἐν τοῖς ἔθνεσιν* – 디 휘마스 디아 판토스 토 오노마 무브라스페메이타이 엔 토이스 에드네신).

70인경은 히브리어에 디 휘마스(*δι' ὑμᾶς*)와 엔 토이스 에드네신(*ἐν τοῖς ἔθνε-*

σιν)을 추가하고 있는데(만약 그것이 그 구절의 본문의 역사를 묘사하는 적절한 방법이라면: Schlatter는 70인경 본문이 로마서에 근거하여 변화를 준 것이라고 추측한다), 그것이 바울로 하여금 그의 요지를 더욱더 의미심장하게 만들 수 있게 했다. 블라스페메인(*βλασφημεῖν*)에 대해서는 3:8을 보라. 에스겔 36:17-23(…*τὸ ὄνομά μου τὸ ἅγιον, ὅ ἐβεβήλωσαν οἶκος Ἰσραὴλ ἐν τοῖς ἔθνεσιν*…)에는 보다 분명하고 날카로운 정죄에 대한 지적이 있는데, 아마도 바울은 그것을 염두에 두었을 것이고(15:16을 보라: *ἡγιασμένη*–헤기아스메네), 그로 하여금 사실상 이사야 52:5에 더욱더 주목하게 했을 것이다. 즉 그것은 이스라엘의 하나님이 다른 민족들에 의해 멸시를 받게된 원인이 되는 (이스라엘의 죄의 결과로서) 이교 민족들의 손에서의 이스라엘의 종속이다. 바울은 고백과 행위간의 대비만 생각한 것이 아니라(참조. CD 12:7-8; *T. Naph.* 8:6), 이 구절들의 본래 의미를 더욱 고려했을 것이다. 왜냐하면 만약 우리들이 바울의 사상을 3:27-30으로 확대해서 볼 수 있다면 이 구절에 관한 바울의 종말론적인 해석의 흐름을 추측해 볼 수 있다. 즉 그것은 단지 특별한 범죄의 행위를 말하는 것이 아니라, 이전 구절에서 표현된 율법에 관한 전반적인 태도 즉 이스라엘과 민족들에 대한 하나님의 목적을 왜곡하고, 하나님을 단지 조그만 민족의 국가적 하나님으로 간주하여 유일하신 하나님, 모든 사람들의 하나님(3:29)을 욕되게 하는 민족들을 낳게 했다. Lindars, *Apologetic*, 22를 참조하라.

해설

그 논증은 언급의 범위를 더욱 좁혀가면서 전개되고 있다. 즉 단순히 율법의 측면에서 언급되지 않고, 논쟁문체를 다시 시작하면서 구체적으로 유대인 대화자라는 명칭이 언급된다. 처음에는 단지 "율법의 일을 하는" 이방인들이 있는 것처럼 사악하게 율법을 범하는 유대인들이 있다는 것을 단지 지적하는 것으로 보인다. 하지만 그 비난은 그것보다 약간 더 복잡하다. ("스스로 유대인이라 칭하는") 그처럼 불려지는 유대인은 어느 특별한 유대인이 아니다. 또한 어느 유대인의 그룹을 의미하지도 않는다. 그는 일반적인 유대인이다. 그는 율법이 주어졌다는 특권을 의식하고, 그의 백성들이 특별히 하나님에 의해 선택되었다는 것을 의식하는 유대인이다. 즉 자신의 백성들의 특권을 주장하는 유대인이다. 그리고 율법을 사악하게 범한 것으로 기소되고 있는 유대인은 어느 특별한 유대인도 아니다. 말할 것도 없이 일반적인 유대인이다. 바울은 도매급으로 도둑질하는 자요 간음하는 자요 우상숭배하는 자라고 하는 기소가 자신의 논증을 강화시키기보다는 도리어 약화시킬 것이라는 것을 충분히 인식했을 것이다. 하지만 여기에 나오는 유대인은 율법에 대하여 그러한 범죄를 지은 단순히 유대인을 일컫는다. 그러므로 유대인이 율법을 범한 일에 대하여, 율법에 있어서 전형적인 유대인의 민족적 교만을 대비시켜 놓고 있다. 그 논증은 어느 개인적인 유대인의 범죄가 이방인과 비교했을 때에 한 유대인으로서 그가 하나님 앞에서 특권과 우월성을 갖는 자리에 서 있다는 유대인의 전제에 의문을 불러오기에 충분하다. 하나님의 백성으로 선택된 것에 의한 하나님 앞에서의 유대인의 우선성(*priori*)이 의문을 받게 되는 것으로 보여질 수 있다면, 일반적인 인간의 보다 넓은 기소(1:18-32)도 이방인뿐만 아니라 유대인에게 더 분명히 적용되는 것으로 볼 수 있다(2:9-11).

2:17-20 바울은 "유대인"의 민족적인 자만에 대해 언급하는 것으로 시작하고 있다. 대담자는 "유대인"이라는 이름을 자랑스럽게 여기고 있다. 즉 그는 자기 자신보다 덜 혜택을 받은 사람들에게 자신의 책임을 의식하는, 유대인이 된 특권을 확신하고 있다. 그의 확신은 자신이 율법을 부여받았다는 사실에 근거한다. 그는 자신의 희망을 율법에 두고 있다. 유대인으로서 확신의 감정을 그는 율법에 초점을 맞추고 있다. 그는 하나님을 자랑하지만 – 바울의 안목으로 볼 때에 필연적으로 나쁜 것은 아니다(참조. 5:11) – 여기서는 이스라엘의 하나님으로서 하나님을 자랑하며 특별히 유대 민족을 선택해주신 하나님을 자랑하고 있는 것이다. 바울이 논리를 전개해 나갈 때에 유대인 대담자가 전적으로 율법, 즉 율법의 소유와 이 율법이 그에게 주는 특권에 묶여 있다는 것을 더 분명히 하고 있다. 문장의 배열이 보여주는 것처럼 18-20절의 상술은 율법의 백성이 된 것에 대한 자부심에서 우러나온 것이며, 또한 그 주위를 맴돌고 있다. "유대인"에게 매일의 삶에서 질문을 불러일으키는 중요한 것들에 대한 열쇠를 제공하는 것이 율법으로부터의 가르침이다. 만약 그렇지 않았더라면 다음과 같은 질문을 항상 불러일으켰을 것이다. 하나님은 우리에게 무엇을 원하시는가? 진정으로 중요한 것은 무엇인가? "유대인"은 하나님의 율법이 그러한 대답을 담고 있다고 확신한다. "유대인"이 소경의 인도자요 어둠속에 있는 사람들에게 빛이 되는(사 42:6-7) 의무를 이룰 수 있고, 율법을 가진 유대인으로서 그가 율법을 갖지 않은 무지하고 미숙한 사람들을 가르치고 교육하는 자가 될 수 있는 확신을 가질 수 있는 것은 율법이 진리와 지식을 매우 구체적으로 담고 있음을 확신하기 때문이다.

이것은 유대 근본주의의 목소리다 – 즉 토라를 하나님의 말씀이라고 믿는 이스라엘에게 율법은 하나님의 계속적인 은혜의 증표라고 보는 목소리다. 율법은 단순히 지도나 헌법이 아니다. 율법은 매일의 삶에서 행해야할 규범이나 가이드라인이 아니다. 율법은 삶 전체를 위한 완전하고 포괄적인 안내서다. 율법 안에서 가르침을 받은 유대인은 하나님의 뜻에 관해 확신을 갖고 있고, 우선순위가 논쟁되어질 때에 그것에 대한 올바른 대답을 분명히 알 수 있다. 그렇게 율법을 갖고 있다는 사실이 유대인으로 하여금 이방인보다 우월하고 혜택을 입은 사람으로 여기게 만들었다. 또한 소경의 인도자로, 어둠속에 있는 사람들의 빛으로, 어리석은 자를 바로잡는 교정자로, 젊은이들의 선생으로 여기게 만들었다. 바울은 그러한 주장을 할 수 있고 타당하게 만들 수 있는 사실을 논증하지는 않는다. 하지만 그의 논증에서는 이 모든 것을 하나님에 의해 선택된 백성의 일원이 된 것 때문에, 율법을 가진 것 때문에 그렇게 말할 수 있는지를 의문하고 있음을 암시한다. 참으로 그 의미는 유대인이 되었다고 하는 것이 이스라엘의 역할을 성취하는 것이 아님을 함축한다. 즉 유대인이 자신의 우선순위를 잘못 취하고 있다. 그는 하나님의 뜻을 오해하고 있으며 하나님을 잘못되게 자랑하고 있으며, 율법에 거짓된 확신을 갖고 있다. 이것은 바울의 편지를 듣고 있는 많은 사람들에게서 아마도 하나님의 뜻 그리고 많은 경우에 하나님의 우선순위에 관한 식별은 토라에서 읽을 수 없고, 하나님과 그의 성령에 대한 존재론적인 수용을 통해서(참조. 12:2; 빌 1:9-10), 즉 율법이 아니라 그리스도가 하나님의 지혜의 진정한 구현이라는 주장을 암시했을 것이다(고전 1:24, 30). 그리고 소경의 인도자요 어둠속에 있는 사람들에 대한 빛을 이룰 수 있는 것은 오직 복음을 통해서 - 복음과 그리스도를 거부함으로써 유대인 자신들이 직접 거절하고 있는 바로 그 역할 - 라는 것을 암시했을 것이다(참조 고전 4:5; 고후 4:6). 이것은 25-29절에서 더 분명해질 것이다 - 심지어 "유대인"이라는 이름에 대한 대담자의 권리가 의문을 받게 된다(28-29절).

21-23 하지만 먼저 바울은 직접적인 비판으로 민족적인 자만을 매듭지으려 한다. 율법을 가진 것이 그밖에 다른 사람(이방인)을 가르치는 자리에 있다고 하는 너희들이 왜 자기 자신은 가르치지 않느냐? 너 자신은 그것을 이해하려는 노력을 하지 않느냐? (전체로서의 유대 민족을 위해 말하는 이 유대인이 자기 자신이 그토록 확신 있게 자랑하는 율법을 진정으로 알지 못하고 있다는 의미가 분명히 담겨 있다. 또한 더욱더 엄밀히 말해서 이 유대인은 율법을 알고는 있으나 일차원적으로만 알고 있고 그 진정한 의미를 놓치고 있다). 사실상 바울은 율법을 사악하게 반하여 행동하고 있는 유대인들이 있다는 것을 자신의 대화 파트너에게 상기시키고 있다. 율법을 의존하고, 율법으로부터 가르침을 받고, 율법을 지식과 진리의 구현으로 갖는

것만으로 충분치 않다. 유대인들은 도적질하지 말라는 율법의 계명을 갖고 있으나 도적질하는 유대인들이 있다. 간음하지 말하는 율법을 알고 있으나 간음하는 유대인들이 있다. 유대인이 우상을 미워하나 신령한 것을 더럽힌다. 간단히 요약하면, 율법 안에 있다는 민족적 자랑이 동일한 율법을 범함으로써 하나님을 욕되게 하는 사실과 나란히 놓여져 있다. 여기서 그 의미하는 바가 다시금 분명해진다. 즉 율법 안에 있다는 민족적 자랑은 잘못 되었다. 유대인이 이방인보다 더 나은 것이 없다. 유대인의 죄는 이방인의 죄만큼 엄하게 심판 받을 것이다.

24 그 요지는 이사야 52:5부터의 인용과 에스겔 36:20-23의 그럴듯한 암시에 뿌리를 두고 있다. 바울은 거의 확실히 그 문맥을 염두에 두었을 것이고, 해석을 위해 그것을 활용했을 것이다. 이스라엘의 행위는 유배를 불가피하게 만들었고, 이방인들로 하여금 하나님의 이름을 욕되게 만들게 했다. 이스라엘의 백성들은 하나님의 선택된 백성임을 자랑하고 하나님에 의해 주어진 언약을 의존했다. 하지만 그들의 땅은 황폐해졌고, 예루살렘은 파괴되었으며, 백성들은 유배되었다. 결과적으로 이방인들로 하여금 하나님을 패배한 민족의 하나님으로 멸시하고, 백성을 구원하지 못하는 분이라고 조롱하게 했다. 바울은 이사야와 에스겔에 의해 묘사된 상황과 자신의 시대에 있었던 상황간에 확실히 유사성이 있다고 보고 있다. 다시금 "유대인"은 율법의 특권을 부여받았다고 가정하면서, 하나님이 이스라엘을 선택한 사실에 근거하여 거짓된 확신을 두고 있다. 그리고 유배가 그러한 교만의 결과가 어떻게 될 것인지를 보여준 것처럼, 동일한 교만이 특별한 유대인들의 범죄가 한 종족을 선택하신 하나님에 대해 이방인이 조롱하는 한 경우를 만들고 내고 있다. 유배가 이스라엘 백성들로 하여금 언약이 의미하는 바에 대한 잘못된 이해를 인식할 수 있게 한 것처럼, 유대인은 이제 언약의 신분에 관한 의미를 재평가해야 하고, 유대인이 된 것과 율법을 갖고 있다는 사실에 단순히 의존해서는 안 된다는 것을 바울은 함축하고 있다.

4. 할례가 보증하지 않는다(2:25-29)

참고문헌

Borgen, P. "Debates on Circumcision in Philo and Paul." *Paul Preaches Circumcision and Pleases Men.* Trondheim: Tapir, 1983. 15-32. **Collins, J. J.** "A Symbol of Otherness." **Fridrichsen, A.** "Der wahre Jude und sein Lob: Röm 2:28 f" *Symbolae Arctoae* 1(1927) 39-49. **Käsemann, E.** "The Spirit and the Letter." *Perspectives.* 138-66. **McEleney, N. J.** "Conversion, Circumcision and the Law." *NTS* 20(1973-74) 319-41. **Marcus, J.** "*Περιτομή* and *'Ακροβυστία* in the New Testament." Forthcoming in *NTS.* **Nolland, J.** "Uncircumcised Proselytes?" *JSJ* 12(1981) 173-94. **Sahlin, H.** "Textemendationen." 95-96. **Schneider, B.** "The Meaning of St Paul's Antithesis 'The Letter and the Spirit.'" *CBQ* 15 (1953) 163-207. **Schneider, N.** *Die rhetorische Eigenart der paulinischen Antithese.* Tübingen: Mohr, 1970. 79-83. **Schweizer, E.** "'Der Jude im Verborgenen···, dessen Lob nicht von Menschen, sondern von Gott kommt.' Zu Röm 2:28 f und Matt 6:1-18." In *Neues Testament und Kirche,* FS R. Schnackenburg, ed. J. Gnilka. Freiburg: Herder, 1974. 115-25. **Snodgrass, K. R.** "Justification by Grace – to the Doers: An Analysis of the Place of Romans 2 in the Theology of Paul." *NTS* 32(1986) 72-93.

본 문

25 네가 율법을 행한즉 할례가 유익하나 만일 율법을 범한즉 네 할례가 무할례가 되었느니라

25 For circumcision is of benefit if you practice the law. But if you are a transgressor of the law your circumcision has become uncircumcision.

26 그런즉 무할례자가 율법의 제도를 지키면 그 무할례를 할례와 같이 여길것이 아니냐

26 If then the uncircumcised keeps the requirements of the law, will not his uncircumcision be reckoned as circumcision?

27 또한 본래 무할례자가 율법을 온전히 지키면 의문과 할례를 가지고 율법을 범하는 너를 판단치 아니하겠느냐

27 And the naturally uncircumcised who fulfills the law will pass judgment on you who through letter and circumcision are a transgressor of the law.

28 대저 표면적 유대인이 유대인이 아니요 표면적 육신의 할례가 할례가 아니라

28 For the true Jew is not the one visibly marked as such, nor circumcision that which is performed visibly in the flesh,

29 오직 이면적 유대인이 유대인이며 할례는 마

29 but one who is so in a hidden way, and

음에 할찌니 신령에 있고 의문에 있지 아니한 것이라 그 칭찬이 사람에게서가 아니요 다만 하나님에게서니라

circumcision is of the heart, in Spirit not in letter. His praise comes not from men but from God.

양식과 구조

그 논증은 그 기소가 절정에 이를 때에 더 적절한 고소로 돌아가고 있다. 판단을 한다는 서두의 주제로 회귀한 것은 전체를 감싸주는 역할을 한다. 즉 그것은 이방인에 대한 유대인 대담자의 판단으로 시작해서(1-3절), 하나님의 의의 심판에 관한 주장이 이어지고(5, 12-16), 율법을 지키는 이방인이 이름뿐인 유대인을 역시 판단한다(27절)는 사상을 담고 있다. 25-29절의 사상이 12-16절의 사상과 유사한 정도는 바울의 목적이 각 단계에서 새로운 토대를 놓고자 하는 것이 아니라 당시의 유대인들에게 모아지는 요지를 갖고 동일한 비난을 가하고자 하는 것이다. 할례에 관한 클라이막스적인 집중은 유대인의 분명한 신원을 구분짓고, 전형적인 유대인이 자신의 유대인 신분에 너무 과도하게 의존하는 것에 의해 드러난 위험성에 대한 척도가 된다. 인종적인 신분과 외적인 의식에 가치를 두는 것은 1:22의 가식적인 지혜의 일부가 되고, 유대인 대화자를 불경건과 불의(1:8)의 동일한 기소로 이끈다. 28-29절은 매우 압축되고 경구적인 형태(그 의미는 분명할지라도)로 쓰여 있고, 전반적인 이전 논증의 마지막 요약적 진술로 기능한다. 그것들은 얽혀져서 더욱더 효과적이 된 일련의 대조로 구성되어 있다.

주석

25 그 논증은 "선을 행한다"는 모호하게 규정된 것에서 더욱더 구체적인 "율법을 행하는 것"으로 이어져서 이제는 할례라는 단일한 문제로 좁혀지고 있다. 이제까지 논의한 모든 것 – 하나님이 인정하시는 것, 율법의 요지, 유대인의 특권 – 은 할례라는 한 가지 문제로 상당히 적절하게 모아진다.

바울의 시대에 유대인에게서 할례가 근본적으로 대단히 중요했다는 것은 쉽게 문서로 찾아볼 수 있다. 그 어느 것도 창세기 17:9-14보다도 더 분명하게 설명한 곳은 없을 것이다. "하나님이 또 아브라함에게 이르시되 그런즉 너는 내 언약을 지키고 네 후손도 대대로 지키라 너희 중 남자는 다 할례를 받으라 이것이 나와 너희와 너희 후손 사이에 지킬 내 언약이니라 너희는 양피를 베어라 이것이 나와 너희 사이의 언약의 표징이니라 대대로 남자는 집에서 난 자나 혹 너희 자손이 아니요 이방 사람

에게서 돈으로 산 자를 무론하고 난 지 팔 일 만에 할례를 받을 것이라 너희 집에서 난 자든지 너희 돈으로 산 자든지 할례를 받아야 하리니 이에 내 언약이 너희 살에 있어 영원한 언약이 되려니와 할례를 받지 아니한 남자 곧 그 양피를 베지 아니한 자는 백성 중에서 끊어지리니 그가 내 언약을 배반하였음이니라." 마카비 시대에 유대인의 민족적 독특성에 대한 표시와 계약에 대한 충성의 시험으로서의 할례의 중요성은 마카비1서 1:48, 60-61; 2:46; 그리고 마카비2서 6:10에 분명히 나타나 있다. 그러므로 하스모니안가가 이두메안과 이두리안의 영토를 점령하고 복속시켰을 때에 그들 민족을 대량으로 할례시켰다. 즉 할례가 없이는 언약의 백성들에 속한 것으로 간주되지 않았기 때문이다(Josephus, *Ant.* 13.257-58, 318; *GLAJJ* §81에서 Timagenes). 아마도 이 시기에 쓰여졌을 것으로 보이는 *Book of Jubilees*는 창세기 17장을 거의 밀접하게 따른다. 즉 "이 율법은 영원히 모든 세대를 위한 것이다…그것은 영원한 의식이고, 하늘의 서판에 쓰여져 있다. 그리고 8일까지 할례를 받지 않고 양피를 가진 육체로 태어난 모든 사람은 주께서 아브라함과 만들었던 언약의 자녀들이 아니며, 멸망의 자손에 속한다…"(*Jub.* 15.25-34).

또한 할례가 특별한 유대적 의식으로 일반적으로 간주되었다는 것은 당시의 그리스-로마 작가들로부터 분명하게 알 수 있다. 비록 다른 민족들이 행했던 할례들이 알려져 있을지라도(사마리아인, 아랍인, 이집트인 – 참조. 렘 9:25-261 Philo, *Spec. Leg.* 1.2), 그럼에도 불구하고 할례는 유대인을 구분하는 의식으로 인정되었다(특별히 Petronius, *Satyricon* 102.14; *Fragmenta* 37; Tacitus, *Hist.* 5, 5, 2; Juvenal, *Sat.* 14.99 – *GLAJJ* §§194, 195, 281, 301에 있는 원문들을 보라). 이것은 오로지 유대인들의 민족적이고 종교적인 특성들을 정의하는데 있어서 유대인들이 할례에 대하여 높은 평가를 부여했음을 반영하는 것일 수 있다. 바울이 단순히 "유대인/이방인"에 완전히 상응하는 것으로서 "할례/무할례"라는 구분을 가정할 수 있었다는 사실은 동일한 관점을 형성한다(2:26; 3:30; 갈 2:7; 골 3:11). 이방 지역에 흩어져 있는 유대인들 가운데 하나님을 예배하는 자들은 회당에서 환영을 받았지만, 오로지 할례를 인정함으로써만 그들은 개종되어질 수 있었고 언약 백성의 구성원이 될 수 있었다. ("들어가는"과 "머무르는" 것간에 Sander의 구분에 비추어서[*Law*, 1장], Borgen의 관찰을 주목해야 하는데, 즉 Philo와 Hillel에게서 "육체적 할례는 유대인 공동체에 들어가기 위한 요구조건이 아니라, 유대인으로서의 지위를 받음에 있어서 순종해야만 하는 계명 중 하나였다"["Observation," 18]). 확실히 비전형적인 사례에서 할례의 필수조건에 관한 의문들이 제기되어졌으나(Philo, *Migr.* 92; Josephus, *Ant.* 20.38

-42), 각각의 경우에 주어진 대답은 할례의 의식이 너무나 근본적이어서 면제될 수 없다는 것이었다(*Migr.* 93-94; *Ant.* 20.43-48). Nolland, "Uncircumcised," 그리고 SVMG, 3:169를 보고, 그 반대로는 McEleney, "Conversion," 328-33을 보라. 또한 Collins, "Symbol"에서의 논의를 보고, 보다 일반적으로는 L. H. Feldman, "The Orthodoxy of the Jews in Hellenistic Egypt"(*Jewish Social Studies* 22[1960] 215-37)를 보라. 쿰란문서에 대해서는 특별히 1QH 6.20-21을 주목하고, 우리 시대에까지 이어지는 랍비적 유대교 안에서 할례에 대한 계속되는 높은 평가에 대해서는 Str-B, 4:31-40을 보라.

요약해서 말해서 그 언약이 그 구성원들에게 그밖에 무엇을 요구하든 간에 바울이 상정하고 있는 유대인 대담자는 할례가 의무적이고 근본적인 것, 즉 계약 백성들을 가장 간단하면서도 분명하게 구분 지을 수 있는 특징임을 확신하고 있었을 것이다. 말하자면 할례는 유대인과 이방인, 즉 계약 안에 있는 사람과 계약 바깥에 있는 사람을 구분 짓는 가장 분명한 경계선이었을 것으로 유대인은 확신하고 있었을 것이다(더 자세한 것은 4:9과 4:11을 보라). 마르쿠스(Marcus)는 페리토메(*περιτομή*)와 아크로부스티아(*ἀκροβυστία*)가 신분증명의 단어라고 주장하는데, 즉 "강한"과 "약한"(14:1-15:6)이 보다 이방적인 관점을 반영하는 별명인 것처럼, 그 두 단어들이 위험에 처해 있는 유대인의 상태를 반영하면서 그들의 반대자들이 유대인과 이방인을 특징짓는데 사용한 별명인 것으로 그 기원을 드러내고 있다.

"네가 율법을 행한 즉 할례가 유익하나"(*περιτομὴ μὲν γὰρ ὠφελεῖ ἐὰν νόμον πράσσῃς*–페리토메 멘 가르 오펠레이 에안 노몬 프라세스). 오펠레인(*ὠφελεῖν*)에 대해서는 고린도전서 13:3, 14:6; 그리고 갈라디아서 5:2을 참조하라. 프라세인 노몬(*πράσσειν νόμον*, "율법을 행하다, 실행하다")에 대해서는 2:13을 참고하고 2:3을 보라. 유대인 대담자는 바울의 주장의 첫 부분을 거의 확실히 용인하였을 것이다. 하지만 그가 율법의 실행의 근본적인 부분으로서 할례를 본 것과는 차이가 있다. 한편으로, 할례가 가치가 있다고 바울이 자신의 설명으로 확언하고 있다는 사실이 또한 중요하다. 그는 하나님의 계명이 경시되어지는 것을 원치 않는다(Hübner, *Law*, 55; 또한 4:11-12을 보라). 바울의 관점에서 새 시대의 환경에 의해 필연적인 그 계명의 해석은 외적인 의식(27-29절)을 포함하지 않는(할례를 포함한) 율법의 실천을 요구한다는 차이가 있다. 여기서 바울의 용어가 열심에 반하는 논쟁을 반영하고 있다고 주장하는 케제만의 주장은 논지에서 벗어난다. 하지만 쉬라터(Schlatter)가 할례는 로마에 있는 기독교인들 사이에서의 논쟁은 아니었다고 추론하는 것은 맞을 것이다(그렇지 않았더라면 바울은 이런 용어들로 표현하지는 않았을 것이다).

"만일 율법을 범한 즉 네 할례가 무할례가 되었느니라"(*ἐὰν δὲ παραβάτης νόμου ᾖς ἡ περιτομή σου ἀκροβυστία γέγονεν* – 에안 데 파라바테스 노무 헤스 헤 페리토메 수 아크로부스티아 게고넨). 바울의 주장의 이 후반부는 보다 논쟁의 여지가 있을 것이다. 율법을 따라 살아가는데 실패한 유대인의 개념은 전혀 새롭거나 이상하지 않다. 즉 윤리적 본질이 결여된 의식적인 형태에 대한 선지자의 책망, 솔로몬의 지혜문학(Wisdom of Solomon), 솔로몬의 시편(*Psalms of Solomon*)과 사해사본들과 같은 작품들에서 자증되고 있는 "의인"의 개념, 그리고 "그 땅의 백성"으로부터 스스로를 멀리하는 (뒤이어지는) 랍비적인 것들은 선택된 백성 중에서 율법을 지키는 일의 부적절한 차원으로 인식되어지는 것에 대처하고자 하는 시도들이었다(또한 2:21-23을 보라). 그러나 그렇게 율법을 지키지 못하는 실패는 할례 받은 유대인들에게 있어서 언약과 새로운 시대의 축복에서의 그의 지위를 빼앗기게 되고 만다는 것은 경건한 유대인이라면 무시하지 않는 생각이다. 이스라엘 집의 잃어버린 양이 마지막날에서조차도 들어오게 될 것이라는 일관된 희망 그리고 할례가 지옥으로부터 구할 것이라는(Cranfield, 172 n.1에서의 예들) 다양한 랍비적 권위자들에 의해 연이어 표현된 확신은 고린도전서 3:15에서 바울에 의해 사용된 자격의 종류가 만연했다는 것을 다소 암시한다. 그리고 그 구분이 쿰란 문서에서처럼 더욱더 예리하게 그려져 있는 곳에서조차도, 그 용인된 대답은 율법에 의해 계획된 한계 내에서 더욱더 깊이 떠나는 것이 되었을 것이다(참조. Sanders, *Paul*, 242-57). 따라서 할례는 실제로 아무런 가치가 없다는 바울의 단언은 많은 유대인들에게 충격이었을 것이다. 그리고 헬라화된 유대인들이 어느 정도 할례의 표지를 없앴거나 위장했다는 피부자극의 관행을 암시하거나 또는 그렇게 이해될 수 있는 것이라면(참조. 마카비1서 1:15; SVM, 1:149 n.28을 보라), 그의 단언은 부가적으로 불쾌한 것이었을 것이다. 그러나 바울은 그러한 날카로운 도전이 유대인의 자기 이해와 정체성의 기둥을 훼손하는데 필수적이라는 견해를 분명히 갖고 있었다.

26 "그런즉 무할례자가 율법의 제도를 지키면"(*ἐὰν οὖν ἡ ἀκροβυστία τὰ δικαιώματα τοῦ νόμου φυλάσσῃ* – 에안 운 헤 아크로부스티아 타 디카이오마타 투 노무 풀라세). 자연적인 발전에 의해 "양피"(*ἀκροβυστία* – 아크로부스티아)는 "무할례"와 할례 받지 않은 사람을 의미하게 되었다(또한 4:9을 보라). 이 시점에서 바울에게서 이 문제의 중요성은 신약성경에서 아크로부스티아(*ἀκροβυστία*)의 절반 이상이 로마서 2-4장에서 나타난다는 사실에 의해서도 암시된다. 디카이모아(*δικαίωμα*)

는 8:4에서처럼 "요구, 포고"라는 의미로 사용되었다(1:32을 보라). 율법을 "지킨다"는 의미에서의 풀라소(*φυλάσσω*)는 당대의 헬라어에서도 잘 알려져 있다(LSJ; 참조. 행 7:53; 21:24; 갈 6:13). "하나님의 명령을 준수하라"는 완전한 구절은 신명기(4:40; 6:2; 7:11; 등등)와 에스겔(11:20; 18:9; 20:18; 등등)에서 규칙적으로 나타난다. 26a절은 2:14의 재진술인데, 그것은 "율법을 갖지 않은 이방인들"과 "할례받지 않은 사람들"을 동일한 선상에 두는 것에서 분명히 암시되는 율법의 요약적 표현인 할례의 요구가 사용되는 정도와 할례의 구분 짓는 특성을 언급하고 있다.

"그 무할례를 할례와 같이 여길 것이 아니냐?"(*οὐχ ἡ ἀκροβυστία αὐτοῦ εἰς περιτομὴν λογισθήσεται* – 우크 헤 아크로부스티아 아우투 에이스 페리토멘 로기스데세타이). 3장 28절부터 4장에 걸쳐 로기제스다이(*λογίζεσθαι*)에 담겨진 중요한 역할에 비추어 볼 때에 그 단어는 이방인 그리스도인들에게 그 초점이 모아질 때에 그 의미가 풍성해진다. 그 미래시제는 아마도 잠정적이지만(예를 들어, 마지막 심판에서), 논리적일 수 있다. 논증은 감정에 호소하고(ad hominem) 있다. 바울은 할례를 가지고 있다는 측면에서 사람들을 평가해야 한다는 것을 주장하기를 원치 않을 것이다. 바울은 자신의 견해를 고전 7:19; 갈 5:6; 6:15에서 표현하고 있다. 여기서 요지는 율법의 직무를 참으로 인정하는(15절) 유대인은 율법의 요구를 충족시키는(할례와 다른 "율법의 일들"과는 다른) 사람들에 관한 하나님의 수용을 인식해야만 한다는 것이다. 언약의 육체적 표지를 결여한 비유대인(하나님을 경배하는 많은 사람들이 그러하다; 참조. Dunn, "Antioch Incident," 21-23, 26-27; 서론 §2.2.2를 보라)도 하나님이 보시기에 언약백성들의 완전한 구성원들과 동등하다(참조. 2:13). 물론 그러한 일치를 주장함에 있어서 바울의 목적은 계약 안에 있는 사람들과 바깥에 있는 사람들의 구분 즉 하나님께 용인 받는 사람들과 용인 받지 못하는 사람들 간에 구분이 할례의식에 의해 결정될 수 있다고 하는 가정을 손상시키고자 하는데 있다. 랍비들은 이런 논증의 노선을 인정하지 않을 것이나(Str-B, 3:119-21; Michel), 바울은 자신의 로마의 청중들이 이런 점에서 더욱더 공감하기를 기대했을 것이다.

27 "또한 본래 무할례자가 율법을 온전히 지키면 너를 판단할 것이다"(*καὶ κρινεῖ ἡ ἐκ φύσεως ἀκροβυστία τὸν νόμον τελοῦσα σε* – 카이 크리네이 헤 에크 푸세오스 아크로부스티아 톤 노몬 텔루사 세). 동일한 주장을 하고 있는 2:14에 대한 변화를 주고 있다. 푸시스(*φύσις*)에 대해서는 2:14을 보라. 그러나 그 사상은 2:14과는 약간 다르다. 거기서는 "율법을 행하는 것"에 대해 언급하고 있다(2:14을 보라). 바울은

그러한 이방 그리스도인들에 대해서 생각하기를 시작하고 있는가(2:28-29을 보라)? 유대인들이 "본래 할례 받은 자"로 함축적으로 여겨질 수 있다는 점은 할례와 유대인종간의 밀접한 동일성에 관한 자세한 암시가 되고 있다(참조. 갈 2:15). "완성하다, 성취하다, 수행하다"의 의미에서 텔레오(*τελέω*)는 호머(Homer) 이후의 시에서부터 잘 알려져 있다(LSJ, BGD; "충분한 효과를 내다"-Barrett). 물론 여기서 의도하고 있는 바는 모든 의식적인 요구에서 양적으로 율법을 이루었느냐가 아니라(그들은 할례 받지 않았다!) 아마도 더욱더 질적인 의미에서의 성취였다(참조. 약 2:8)-더 깊은 차원에서의 일의 수행. 27b절은 이와 같은 것들을 분명히 함축하고 있다.

"너를 판단할 것이다"(*κρινεῖ…σε*-크리네이…세). 바울은 일련의 이어지는 경고들에서도 분명히 나타나 있는 것처럼 처음에 자신이 유대인 대담자 속에서 정죄했던 유대인들에 대한 똑같은 비판적 태도를 가질 것을 이방인 그리스도인들에게 촉구하고 있는 것이 아니다(참조. 11:17-24). 바울은 여전히 논쟁하는 마음으로 쓰고 있다. 마 12:41-42//눅 11:31-32로부터 어떤 영향을 받았을 것이라는 것은 가능하다(Schlatter, Lagrange, Dodd, Nygren; 참조. 마 19:28//눅 22:30; 고전 6:2).

"의문과 할례를 가지고 율법을 범하는 자"(*τὸν διὰ γράμματος καὶ περιτομῆς παραβάτην νόμου*-톤 디아 그라마토스 카이 페리토메스 파라바텐 노무). 페리토메(*περιτομή*)와 그람마(*γράμμα*)가 결합하고 있고, 그 둘이 율법을 파기하는 수단으로서 설명되어지고 있다는 것은 특이하고, 그것은 경건한 유대인이라면 보통 함께 가야만 한다-완전한 순종의 일환으로서 문자적인 순종-고 가정하는 예리한 대안으로서 자리잡고 있다. 기록된 서신(LSJ, BGD)이라는 기본적인 의미를 갖고 있는 그람마(*γράμμα*)는 외적인 형식("그것의 기록된 자료 안에는 모세의 토라가 있다"-Käsemann, "Spirit," 143)과 보다 깊은 의미간의 구분, 즉 피상적인 것과 실제적인 것간의(보다 자세한 것은 2:29-29을 보라) 구분을 촉진시켰다. 이런 방식으로 그람마(*γράμμα*)와 페리토메(*περιτομή*)를 결합함으로써(바울이 그람마[*γράμμα*]를 기록된 법전으로 언급하든지 또는 그 구절을 중언법[hendiadys]으로서 "문자적 할례"를 의도하는 것이든 간에 그 의미는 동일하다), 바울은 유대교 내에서 전형적으로 가치를 두고 있는 할례가 너무 많이 외적인 의식에 초점을 맞추고 있다고 상당히 비난을 가하고 있다. 그러나 전통적인 신명기의 경고와는 달리(신 10:16; 렘 4:4), 바울은 이 강조를 율법의 요구에 대한 부적합한 충족으로 단순히 간주하는 하는 것이 아니라, 율법의 실제적인 위반으로 간주한다(바울은 아마도 디아[*διά*]를 활용할 수 있는 것으로 의도하고 있다-Schlatter; *TDNT* 1:765). 율법의 요지를 민족적인 신분으로서의 이스라엘(할례에 의해서 다른 민족들과 분명히 구분되는)과 계속해서 동일시하는 것은 율법을 이루는 하나님의 목적을 실제로 방해하는 것이다. 바울은 이 장을 통해서 그것에 대해서 끊임없이 비판을 제기한다.

28-29 "대저 표면적 유대인이 유대인이 아니요 표면적 육신의 할례가 할례가 아니라 오직 이면적 유대인이 유대인이며 할례는 마음에 할지니 신령에 있고 의문에 있지 아니한 것이라 그 칭찬이 사람에게서가 아니요 다만 하나님에게서니라"(*οὐ γὰρ ὁ ἐν τῷ φανερῷ Ἰουδαῖός ἐστιν οὐδὲ ἡ ἐν τῷ φανερῷ ἐν σαρκὶ περιτομή ἀλλ' ὁ ἐν τῷ κρυπτῷ Ἰουδαῖος καὶ περιτομὴ καρδίας ἐν πνεύματι οὐ γράμματι οὗ ο ἔπαινος οὐκ ἐξ ἀνθρώπων ἀλλ' ἐκ τοῦ θεοῦ*–우 가르 호 엔 토 파네로 유다이오스 에스틴, 우데 헤 엔 토 파네로 엔 사르키 페리토메 알 호 엔 토 크루프토 유다이오스, 카이 페리토메 카르디아스 엔 프뉴마티 우 그라마티, 우 호 에파이노스 우크 엑스 안드로폰 알 에크 투 데우). 이 구절들은 이전 구절들에서 특징을 이루었던 전형적인 유대인에 대한 바울의 논증의 결론이자 클라이막스다. 결과적으로 이 구절들은 바울의 동료 유대인들에 대한 바울의 불평을 이해할 수 있는 중요한 단서가 된다. 물론 그는 그밖에 다른 곳에서 알려진 대조와 주제를 사용한다. 엔 토 파네로/엔 토 크루프토(*ἐν τῷ φανερῷ*/*ὀν τῷ κρυπτῷ*, "표면에/이면에")라는 대조법은 인간의 숨겨진 진리를 하나님이 아신다는 것에 관한 중요성을 나타낸다(2:16을 보고; 마 6:4, 6[Schweizer]; 벧전 3:4을 참조하라). 파네로스/크루프토스(*φανερός*/*κρυπτός*)간의 구분은 초기 기독교 전승의 그밖에 다른 곳에서도 다른 형태로 잘 알려져 있다(막 4:22; 눅 8:17; 요 7:4; 고전 14:25). 그리고 외양에 근거하여 찬양하는 것에 대해 불만족해 하는 것은 에픽테투스(Epictetus)에 의해서도 여러 차례 사용된 주제다(예를 들어, *Diss.* 2.16.5-11; 3.12.16–Fridrichsen, "Jude"를 보라). 그 사상은 단순히 내면적/외면적인 대조법으로 축소시킬 수는 없고, 특별히 구경꾼이 인식한 것에 의해 그 실제가 흐려졌을 때에 참된 인간의 숨겨진 것에 관해서 주의를 집중시킨다. 마찬가지로 누가 유대인이거나 무엇이 참된 유대인인가 하는 것에 관한 질문은 요한복음 1:47, 요한계시록 2:9, 3:9에서도 제기되고 있고, 에픽테투스(Epictetus 2.9.20-21)에서도 다루어지고 있다(다시 렘 9:25-26을 참조하라). 마지막 구절에서 바울은 아마도 창세기 29:35과 49:8에 근거한 익숙한 언어유희를 사용하고 있지만(Judah/hodah =찬양하다; יהודה/הודה), 헬라어를 말하는 그의 모든(또는 많은) 청취자들이 그것을 이해할 수 있을 것이라고 기대하지는 않았을 것이다. 에파이노스(*ἔπαινος*)에 대해 더 자세한 것은 13:3을 보라.

그러나 이것이 바울의 대조법이 순전히 형식적이거나 단조롭다는 것을 의미하지는 않는다. 나머지 절에서 우리는 독특한 바울 작품의 주제와 주장을 접하게 된다. "육신의"(*ἐν σαρκί* – 엔 사르키)로서 할례를 묘사한 것은 바울이 특징적으로 사용하고 있는 언어의 폭과 양면성을 포착할 수 있게 해준다. 한편으로 그것은 순전히 실제적인 방식으로 할례를 묘사해준다 – 육체적인 의식, 육체를 잘라냄. 하지만 문맥에서 볼 때에 그것은 인종적인 혈연관계와 민족적 정체성이라는 의미를 수반하고 있다(4:1; 9:3, 5; 11:14에서처럼). 그리고 엔 토 파네로(*ἐν τῷ φανερῷ*)와 관련하여 그리고 카르디아스(*καρδίας*, "마음의")와 대조되어, 바울서신의 다른 경우에서도 종종 그랬던 것처럼, 그것은 명백하게 경멸적인 뉘앙스를 가지고 있다(보다 자세한 것은 1:3과 7:5을 보라) – 물론 "육체의" 할례에 관한 랍비적 이야기에서 완벽하게 결여되어 있는 뉘앙스이다(Cranfield, 175 n.2에서 예들) – 마찬가지로 할례 받은 마음의 바람직한 것이 유대 사상에서 잘 알려져 있을지라도(신 10:16; 렘 4:4; 9:25-26; 겔 44:9; 1QpHab 11.13; 1QS 5.5; 1QH 2.18; 18.20; Philo, *Spec. Leg.* 1. 305), 그리고 그것의 미래 실현에 대한 소망을 품고 있었다 할지라도(신 30:6; *Jub.* 1.23), 이 소망이 이미 실현되어졌다는 것이 바울의 독특한 기독교적 주장이다. 그 요지는 단순히 성령의 은사의 종말론적 소망이 실현되어졌다는 것이 아니라, 약속으로서 토라를 성취하는 동안에, 의문(letter)으로서의 토라와 대조되어 서 있는 방식으로 그것이 실현되어졌다는 것이다(그람마[*γράμμα*] – 7:6; 고후 3:6; 빌 3:3; 골 2:11; 참조. *Odes Sol.* 11.1-3). 반면에 예레미야 31:31-34의 성취에 대한 더욱더 전형적인 유대인의 소망은 거의 그러한 대조를 거의 생각하지 않았을 것이다(겔 36:26-27이 예시하는 것처럼). 사람의 경험과 동기부여의 중심으로서의 "마음"(*καρδία* – 카르디아)에 대해서는 1:21을 보라. 부흥을 일으키는 하나님의 대리자와 하나님이 받아들일 만한 생명이 되게 하는 것으로서의 "성령"(*πνεῦμα* – 프뉴마)에 대해서는 5:5, 7:6, 8:4을 보라. 율법/구약에 대한 문자적 의미와 영적인 의미간에 대조라는 보다 오래된 견해는 보통 폐기되어졌다(B. Schneider의 오래된 논쟁에 대한 고찰을 보라).

서로 다른 대조들간의 관련성은 상당히 의미가 있다.

(1) 엔 토 파네로(*ἐν τῷ φανερῷ*)	엔 토 크루프토(*ἐν τῷ κρυπτῷ*)
(2) 엔 토 파네로, 엔 사르키(*ἐν τῷ φανερῷ ἐν σαρκί*)	카르디아스(*καρδίας*)
(3) (엔) 그람마티([*ἐν*] *γράμματι*)	엔 프뉴마티(*ἐν πνεύματι*)

(3)은 (2)에 대등한 대안적 형태이고(둘다 할례에 대해 언급하고 있다), 엔 토 파네로(ἐν τῷ φανερῷ)는 꾸미는 것으로서의 엔 사르키(ἐν σαρκί)와 함께 (1)과 (2)에서 나타나기 때문에, 바울이 여기서 동의어나 서로 비슷한 보충적인 개념들을 연속적으로 배열하려고 했던 것이 분명하다.

> 엔 토 파네로(*ἐν τῷ φανερῷ*)=엔 사르키(*ἐν σαρκί*)=엔 그람마티(*ἐν γράμματι*[*ἐξ ἀνθρώπων*–엑스 안드로폰])
>
> 엔 토 크루프토(*ἐν τῷ κρυπτῷ*)=카르디아스(*καρδίας*)=엔 프뉴마티(*ἐν πνεύματι*[*ἐκ τοῦ θεοῦ*–에크 투 데우])

유대인 대담자에 대한 바울의 기소의 절정으로서, 이것은 바울의 토착종교에 대한 자신의 비판으로 구성되어 있다. 말하자면 그 종교는 외면적이고 가시적인 것에, 즉 물리적인 혈연관계와 의식적인 것에 너무 강조를 두어 결과적으로 율법을 피상적으로 다루고 있다. 참된 유대인이 무엇이고 하나님이 칭찬하시는 유대인은 엄밀히 말해서 육체적이고, 눈에 보이고, 의식적인 것들에 의해 측정되지 않는다는 것이다 –그것은 성령에 의해 마음에 숨겨진 것들이다.

이러한 대조들은 종교에 있어서 내면적인 것들에 대한 간청으로 단순히 읽혀질 수 없다(그것은 바울의 의도 속에 *πνεῦμα*=성령, 즉 인간의 영혼이 아닌=진실한 나[I]라는 점이 7:6과 고후 3:6의 비교에 의해 보통 일치하고 있다). 또한 의식주의(ritualism)에 대한 공격으로도 읽혀질 수도 없고(Robinson, *Wrestling*: 그 대조는 막 1:8 pars에서 "물로의" 세례와 "성령으로의/의한" 세례간의 대조와 같다), 율법주의에 반대하여 도덕성을 옹호하는 것으로서도 읽혀질 수 없다. 바울은 당시의 유대교가 너무 많이 한 인종 그룹과 동일시되는 구체적인 사실에 대항하여 도전을 제기하고 있는 것이다. 즉 유대교는 단순히 민족적 종교이고, 유대인으로 구분하는, 보이는 의식과 물리적인 특징이라는 측면으로 너무 많이 이해되는 것으로 오해되어왔다. 이런 유대교에 대한 그의 비난은 일괄적이고 포괄적이다. 바울에게 있어서 그것이 결정적으로 중요한 요지였다 할지라도 그의 비판이 방향을 돌리고 있는 것은 이 중요한 요지에서다. 더 밀접한 관찰로 "유대인", "할례", 그리고 "율법"의 개념들을 붙들면서, 그는 자신의 백성들에게 그것들을 부정하지는 않는다. 오히려 그는 유대교, 언약, 율법과 할례가 모두 무엇에 관한 것인지에 관한 주장을 담고 있고, 그는 은연중에 유대인뿐만 아니라 이방인들의 마음속에 성령의 종말론적인 역사로 실현될 수 있는 어떤 실재를 주장하고 있다. 즉 이방인과 유대인간의 옛 구분을 초월하고, 유대인과 이방인간의 옛 경계표시를 필요 없게 만드는 어떤 역사를 주장하고 있는 것이다. 그러므로 유대인 대화자에 대한 비난을 할례에 초점을 맞춘 매우 구체적인 비난으로 축소시키면서 동시에 의로운 이방인라는 아주 막연하게 정의된 범주를 종말론적인 성령의 은사로 감사하는 (Snodgrass, 81에 의해 논박되었던) 이방인 그리스도인으로 좁히고 있다 – 종말론적인 유대인은 유대인과 이방인이다! (특별히 Käsemann, "Spirit," 144-46을 참조하라). 바울의 논증이 "전체로서의 공동체의 종교적 전승들의 유일한 합법적인 소유에 대한 분파주의적 주장"(*Paul*, 122)에 상응한다는 와스톤(Watson)의 또 다른 관점을 평가함에 있어서 이 "양자"(both/and)를 반드시 유념할 필요가 있다.

해설

2:25 그 논증은 할례라는 주제를 갑작스럽게 도입함으로써 마지막으로 강화시키는 전환의 역할을 취하고 있다. "네가 율법을 행한즉 할례가 유익하나 …" 이 방대한 논증이 어떻게 그러한 구체적인 초점으로 좁혀질 수 있는가를 이해하기 위해서 우리는 바울 시대의 유대인들에게 있어서 할례가 얼마나 근본적인 것이었는가를 상기해야만 한다. 창세기 17:9-14에 따르면 할례는 야훼와 아브라함의 후손들간의 언약을 확립하였던 단일한 가장 중요한 행위였다. 즉 영속하는 언약으로서의 계약을 보증하였던 것이 할례의 행위였다. 할례를 하지 않는 것은 언약의 치명적 파기였다. 할례의 중요성에 관한 의미는 의식(rite)에 대한 헬레니즘의 혐오에 대한 반작용으로서 헬레니즘 시대에 강화되어졌으며, 마카비 시대 이래로 할례는 이스라엘의 민족적 정체성과 종교에 있어서 절대로 필수적인 표현으로서 알려졌다. 심지어 헤롯, 이드메안(Idumean)이 문화와 삶의 양식에 있어서 철저한 헬라주의자들이었을지라도, 할례는 파기할 수 없는 민족적 금기사항의 의미를 갖고 있다는 것을 인식했다. 또한 중요한 것은 유대인 되는 것과 할례를 단순히 동일시한 많은 그리스-로마 저자들이 있었다는 것이다 – 이것은 바울이 서신을 쓰던 당시에 로마 사회에 있는 유대인들에 의해 투영된 이미지를 나타낸다. 그러한 이미지는 유대교에 매력을 가진 많은 "하나님을 경외하는 자들"이 마지막 단계를 취하여 개종자가 되는 것을 방해했다. 따라서 바울의 서신을 듣고 있는 사람들은 어려움 없이 그 사상의 연결 관계를 인식했을 것이다. 할례는 근본적으로 전형적인 유대인의 자기 이해, 종교적 특성의 표시, 민족적 특권의 상징, 선택한 백성들에 대한 하나님의 언약적 호의의 인침이었다. 후대의 랍비적 유대교의 격언 내에서 표현을 발견할 수 있는, 할례가 이스라엘의 구원을 보

증한다는 확신은 바울의 대화자가 갖고 있던 확신이고, 오래 전에 추방으로 귀결되었던 하나님의 호의에 대한 동일한 전제이다(24절).

바울이 이제 정면으로 공격하고 있는 거짓 확신이다. 할례 그 자체는 중요하지 않다. 할례는 율법을 범하는 자의 구속을 보장하기에 충분치 못하다. 할례와 율법을 지키는 것간의 그런 통명스러운 대조는 경건한 유대인들을 놀라게 하거나, 심지어 충격을 줄 것임을 바울은 충분히 인식하고 있었을 것이다. 대담자에게 있어서 할례는 율법을 준수하는 것 이외의 다른 아무것도 아니었다. 하지만 그것은 언약과 율법의 가장 근본적인 행위였다. 할례를 행하지 못하는 것은 언약으로부터 배제를 의미했다(창 17:14). 일단 어떤 사람이 할례를 받았다면, 하나님과 인간의 관계에 대한 조건은 달라졌다. 즉 율법을 준수하는 것이 언약 안에서의 삶의 방식이 되고, 또한 율법을 지키는 것이 할례와 같은 근본적인 언약의 신분에 영향을 주지 못한다. 그러나 바울은 이것 중 어느 것도 갖지 않을 것이다. 즉 율법을 범하는 유대인은 (종종 혐오를 당하고 정죄를 당했던 – 1:19-2:3) 죄악된 이방인들과 똑 같은 위치에 있다. 유대인의 할례는 무할례가 된다 – 이는 경건한 유대인들에게는 충격적인 비판이었다. 왜냐하면 경건한 사람들이 보기에 이단적이고 배반적인 행동의 과정인, 할례의 표지를 없애고 위장함으로써 자신들의 할례를 무할례로 바꾸어놓으려고 했던 마카비 시대의 헬라화된 유대인들을 암시하는 것으로써 이해되어질 수 있었기 때문이다. 그러한 언약의 확신을 가진 사람들에게 바울은 단호하게 말하고 있는 것이다. 너희가 율법을 범하면 당신의 계약의 신분에 동일한 효과를 주게 된다. 사실상 율법을 범하는 것은 할례 받은 유대인을 언약 바깥에 두게 만든다.

한편으로 우리는 바울이 역시 "너희가 율법을 지킨다면 할례가 가치가 있다"고 말하고 있다는 사실을 무시해서는 안 된다. 바울은 하나님과 그의 피조물간의 특별한 관계 즉 언약의 사상에서 등을 돌리려고 하지 않는다. 그는 아브라함과 그의 후손들과 하나님에 의해서 만들어지고 할례로 봉인된 언약에서 돌아서려고 하지 않는다. 심지어 그는 하나님의 언약의 백성들과 율법간의 긴밀한 연관에서도 멀어지려고 하지도 않는다. "할례와 유대인이 된 것에서 오는 가치는 무엇인가?"라는 질문은 그가 끊임없이 표면에 부상시키고자 하는 질문이다. 그는 그것에 관해 짤막한 대답을 곧바로 줄 것이다(3:1-2). 그 순간에 우리는 율법과 복음의 연속성에 관한 더 진전된 암시를 주목할 수 있게 되는데, 율법을 지키는 것과 할례 받은 유대인이 되는 것을 동일시하는 의미에서는 분명히 아닐지라도, 율법을 지키는 것은 적어도 어떤 의미에서 바울에게서 중요하다.

26 동일한 요지가 26절에서 강화된다. 참으로 중요한 것은 율법을 지키는 것이다. 그러므로 율법의 요구를 지키는 이방인들은 할례 받은 사람 즉 할례를 받지 않았을지라도 언약 백성의 일원으로 간주되어질 것이다. 창세기 17:9-14 그리고 출애굽기 12:43-49와 상당히 동떨어진 그 이야기는 대부분의 경건한 유대인들을 놀라게 했을 것이지만 로마에 있는 이방인 신자들은 그 논증이 자신들을 이롭게 하는 쪽으로 강력하게 움직이고 있음을 확신했을 것이고, "율법의 요구를 지키는 것"이 이 서신의 후반부에 무엇을 의미하게 될 것인가에 관한 설명을 기대했을 것이다. 하나님을 예배하는 사람으로서 회당에 출석했던 사람들은 바울의 가르침에 관한 분명한 의미에 특별히 기뻐했을 것이다. 즉 계약의 완전한 일원이 되기 위해서 즉 하나님이 이스라엘 백성들에게 약속하신 축복의 완전한 참여자가 되기 위해서 반드시 할례를 받을 필요는 없다는 가르침에 매우 기뻐했을 것이다.

27 27절에서 그 비판은 더욱더 예리해진다. 이 장의 전체를 통해 나타나는 것처럼 우리는 한번 더 율법을 지키는 이방인과 율법을 지키지 않는 유대인간의 대조를 발견하게 된다. 한편 여기에 나타나는 이방인은 할례를 받지 않았으나 "율법을 지키는" 사람이다. 이 마지막 구절에서 율법을 지키는 것은 단순히 의식적이고 외적인 요구를 수행하는 문제라기보다는 율법의 성취라는 의미를 담고 있다(참조. 약 2:8과 더불어 13:8). 대조와 마지막 제언의 확증 속에서 동일한 유대인 대화자는 "의문과 할례로 말미암아" 율법을 범하는 자가 된다. "율법을 지키는 것"과 대조되어 "의문"은 문자적인 의미와 같은 어떤 것을 의미하는데, 이것은 의식적이고 외양적인 행동의 차원에서 율법을 이해한 것이다. 그 비판은 참으로 예리하다! 율법이 요구하는 것이 할례의 실천에 관한 엄격한 준수와 수반되는 율법에 맞는 제의(祭儀)의 유지라고 하는 거짓된 확신 속에 율법을 둠으로써 경건한 유대인은 실제로 율법을 범하는 자가 되고 있는 것이다. 그는 율법과 할례의 요지를 벗어나고 있다. 그가 "율법을 행하는 것"으로서 간주한 것이 바울에게서는 율법을 범하는 것으로서 간주되고 있다! 따라서 결과적으로 처음에 대담자가 생각했던 것처럼(2:1-3) 신심 있는 유대인이 율법 없는 이방인을 판단하는 사례가 되지 못하고 오히려 (신앙과 삶에 있어서) 율법을 지키는 이방인이 율법을 범하는 유대인에 대해 판단을 하는 경우가 될 것이다 – 인간의 비밀한 것에 관한 하나님의 판단은 마지막 심판시에 드러날 것이다 (2:16). 논증의 적절한 절정에 가서 말끔하게 대담자에 대한 비판으로 넘어가고 있고, 기소를 했던 담당자가 도리어 곤경에 처하게 된다!

28-29 이러한 놀라운 전환에 대한 이유와 2장에서 대담자와의 전반적인 논증의

흐름을 강조하고 있는 신학적인 논제는 짧으면서도 압도를 하는 단순성을 갖는 마지막 두 구절로 요약된다. 이 장 전체를 통해서 바울이 율법을 지키는 또 다른 차원들을 염두에 두고 있다는 것과 이 마지막 구절에서 그가 두 가지 의미로 할례를 사용하고 있다는 것이 점차적으로 분명해진다. 하지만 실제적인 할례를 하지 않고 이방인들에게 보증을 줄 수 있는 할례는 무엇인가? 그리고 전형적인 할례가 율법을 범하는 수단이 될 수 있다는 것은 어떠한가? 바울의 대답은 하나님이 찾으시는 할례는 외적으로 보이는 육신을 자르는 것이 아니다. 하나님은 율법이 그러한 차원에서 성취되는 것으로서 생각하지 않으신다. 하나님이 찾으시는 할례는 마음의 할례다. 선지자들이 요구했고(신 10:16; 렘 4:4) 약속했던(신 30:6; 겔 36:26-27; *Jub.* 1.23) 것이다. 이는 다양한 이방인들이 커다란 증거를 주었던 것이며(2:15), 하나님의 영에 의해서만 오직 완전하게 성취되어질 수 있는 것이다. 마지막 구절을 가지고 바울은 "율법이 어떻게 적절히 이행되고 성취되어질 수 있는가?"에 관한 질문에 대한 답변을 형성하기를 시작하고 있다. 이는 나중에, 특별히 7:6, 8:4 그리고 12:1-15:6에서 예시되어질 것들의 첫 번째 암시가 된다. 그러나 제식에 관한 예언자들의 비판과는 달리 바울은 육체적인 의식을 완전히 대신하고 단순히 그것을 보충하는 것이 아닌 마음의 할례를 찾고 있다는 것이 이제 분명해진다. 그 율법을 지키는 것은 율법, 즉 유대인들이 모세의 모든 권위로 아주 근본적인 것으로 간주했던 의식적인 율법과는 완전히 다른 것이다.

뿐만 아니라 바울이 유대인의 민족적 교만과 자기 확신의 지배에서 단절을 추구했던 것이 율법과 할례다. 심지어 "유대인"이라는 칭호가 근본적인 질문을 일으키게 한다. 점차적으로 부각되고 있는 것에 관한 마지막 확증에서 바울은 유대민족의 일원이 되는 것(우리가 "민족적 의"라고 적절히 부를 수 있는 것)과 철저하게 연관지어진 율법을 지키는 것에 관한 개념을 공격하고 있는 것은 "유대인", "할례", 그리고 "의문/율례"와 분명히 연관되어 있다. 바울은 하나님의 언약의 의를 심지어 "유대인"이라는 칭호를 보유하는 것으로 잘못되게 이해하도록 허락하지 않는다. 할례의 요구가 외적인 의식이 불필요하다는 방식으로 재정의되어야(적절히 정의되어야) 할 뿐만 아니라, "유대인"이라는 이름 자체도 역시 재정의되어야(적절히 정의되어야) 한다. 유대성(칭송할 가치가 있는 것)은 구경꾼이 보고 인정하는데 달려 있지 않고, 하나님만이 오직 보고 인정하는 것(마음의 숨겨진 비밀 -2:16)에 달려 있기 때문이다. 이 마지막 구절의 의미에서 바울의 독자들은 바울이 유대인의 자기 이해에 대한 이 모든 근본적인 요소를 덜 부정하려는 것이나 방향을 돌리려는 것이 아니라는 것을 다시 한번 인식했을 것이다. 오히려 그 반대로 바울은 이 모든 근본적인 요소들을 확증하고 새롭게 주장함으로써 유대인뿐만 아니라 이방인이 하나님으로부터 종말론적으로 새로운 어떤 것, 하지만 마침내 더 깊은 차원에서 이전에 요구되었고 약속되었던(마음과 성령에 의해서) 것으로서, 로마의 회중 속에서 자신의 말을 듣고 있는 사람들을 위한 현재의 가능성과 실재를 적절히 하고자 하는 것이다.

5. 그렇다면 하나님의 신실하심은 무엇인가?(3:1-8)

참고문헌

Barr, J. *The Semantics of Biblical Language*. Oxford: Oxford UP, 1961. 187-94. **Bornkamm, G.** "Theologie als Teufelskunst." *Geschichte und Glaube* II. Munich: Kaiser, 1971. 140-48. **Campbell, W. S.** "Romans 3." **Canales, I. J.** "Paul's Accusers in Romans 3:8 and 6:1." *EvQ* 57(1985) 237-45. **Cosgrove, C. H.** "What If Some Have Not Believed? The Occasion and Thrust of Romans 3:1-8." *ZNW* 78(1987) 90-105. **Doeve, J. W.** "Some Notes with Reference to *ΤΑ ΛΟΓΙΑ ΤΟΥ ΘΕΟΥ* in Romans 3:2." In *Studia Paulina*, FS J. de Zwaan, ed. J. N. Sevenster and W. C. van Unnik. Haarlem: Bohn, 1953. 111-23. **Hall, D. R.** "Romans 3:1-8 Reconsidered." *NTS* 29(1983) 183-97. **Jeremias, J.** "Gedankenführung." *Abba*. 269-71. ______. "Chiasmus in den Paulusbriefen." *Abba*. 287-89. **Kertelge, K.** *Rechtfertigung*. 63-70. **Lüdemann, G.** *Paulus, der Heidenapostel*. II. *Antipaulinismus im frühen Christentum*. Göttingen: Vandenhoeck & Ruprecht, 1983. 158-61. **Ljungman, H.** *Pistis*, 13-36. **Manson, T. W.** "Appendix on *ΛΟΓΙΑ*." *Studies*. 87-104. **Müller, C.** *Gerechtigkeit*. 65-67. **Piper, J.** "The Righteousness of God in Romans 3:1-8." *TZ* 36(1980) 3-16. ______. *Justification*. 103-13. **Räisänen, H.** "Zum Verständnis von Röm 3:1-8." *SNTU* 10(1985) 93-108. In *Torah*, 185-205. **Stowers, S. K.** "Paul's Dialogue with a Fellow Jew in Romans 3:1-9." *CBQ* 46(1984) 707-22. **Stuhlmacher, P.** *Gerechtigkeit*. 84-86. **Synofzik, E.** *Vergeltungsaussagen*. 34-35, 83-85. **Theobald, M.** *Gnade*. 133-39. **Watson, F.** *Paul*. 124-29. **Williams, S. K.** "Righteousness." 265-70.

본 문

1 그런즉 유대인의 나음이 무엇이며 할례의 유익이 무엇이뇨
2 범사에 많으니 첫째는 저희가 하나님의 말씀을 맡았음이니라
3 어떤 자들이 믿지 아니하였으면 어찌하리요 그 믿지 아니함이 하나님의 미쁘심을 폐하겠느뇨
4 그럴 수 없느니라 사람은 다 거짓되되 오직 하나님은 참되시다 할찌어다 기록된바 주께서 주의 말씀에 의롭다 함을 얻으시고 판단 받으실 때에 이기려 하심이라 함과 같으니라
5 그러나 우리 불의가 하나님의 의를 드러나게 하면 무슨 말 하리요 내가 사람의 말하는대로 말하노니 진노를 내리시는 하나님이 불의하시냐
6 결코 그렇지 아니하니라 만일 그러하면 하나님께서 어찌 세상을 심판하시리요
7 그러나 나의 거짓말로 하나님의 참되심이 더 풍성하여 그의 영광이 되었으면 어찌 나도 죄인처럼 심판을 받으리요
8 또는 그러면 선을 이루기 위하여 악을 행하자 하지 않겠느냐 (어떤 이들이 이렇게 비방하여 우리가 이런 말을 한다고 하니) 저희가 정죄 받는 것이 옳으니라

1 What then is the advantage of the Jew, or what is the value of circumcision?
2 Much in every way! In the first place,[a] they were entrusted with the oracles of God.
3 So, where does that leave us? If some have been unfaithful, has their unfaithfulness done away with the faithfulness of God?
4 Not at all! Let God be true and "every man a liar." As it is written,[b] "that you might be justified in your words and shall overcome[c] when you are on trial."
5 But if our unrighteousness demonstrates the righteousness of God, what shall we say? Is God unjust in inflicting wrath? (I speak from a human standpoint.)
6 Not at all! Otherwise, how will God judge the world?
7 But[d] if the truth of God has by my lie overflowed to his glory, why am I still judged as a sinner?
8 Why do we not say, as some slanderously report us to say, "Let us do evil that good might come of it"? Their condemnation is well deserved.

원문주해

a. 프로톤(*πρῶτον*)에 에페이타(*ἔπειτα*, "그런즉 첫째는 …")가 뒤따라 나오지 않는다는 사실은 문체적 개선에 대한 시도 때문이고, 그것은 프로토이(*πρῶτοι*)에 대한 오리겐의 독법, 즉 "그들이 먼저 맡았다…"라는 문구에서 분명히 나타난다.

b. Nestle^{26}판은 여기서 결여되어 있는 p^{46}판을 지지하여 카도스(*καθώς*)로 읽는다. 로마서의 그밖에 다른 곳에서(9:13; 10:15; 11:8) 잘 알려진 카도스 게그랖타이(*καθὼς γέγραπται*)에 대한 변이로서 바울이 사용했을 카다페르(*καθάπερ*)의 뛰어난 입증에도 불구하고 말이다.

c. 니케세스(*νικήσῃς*)가 보다 자연적인 독법이고(문법적으로 그리고 70인경의 독법처럼), 니케세이스(*νικήσεις*)가 매우 초기의(심지어 가장 이른) 필기자(amanuensis)의 실수

일 수 있기 때문에, 니케세스(νικήσῃς)가 본래의 것이라고 주장할 수 있다. 하지만 사본전승에서 나타나는 것처럼 미래직설법이 보다 초기의 것으로 간주되어질 수 있는데 – 그것은 문법적으로 분명히 가능하다(BDF § 369.3) – 구문을 개선하고 그 본문을 70인경에 맞추기 위한 일련의 교정이라고 가정할 수 있기 때문이다.

d. εἰ δέ(ℵ A 등등)는 분명하게 에이 가르(εἰ γαρ)와 다르게 읽혀져야만 한다(B G D 등등). 7절은 6절에 대한 설명이 아니라 5절의 반복이다. 왜냐하면 6절이 충분한 답변을 제공하고 있지 않기 때문이다.

양식과 구조

2장에서 바울의 기소의 목표는 (1:19-32에서 참소된 이방인들처럼) 중대한 율법의 파기가 아니라, 할례로 특징지어지는 하나님의 백성이 됨으로써 비유대인과 비교하여 (동등하게 "불의한") 유대인의 이점에 관한 전제라는 것이 1절에 의해 확증된다. 바울은 자신의 논증이 이스라엘에 대한 하나님의 선택에 관한 전통적인 이해를 의문에 빠지게 한다는 것을 잘 알고 있었다. 하지만 바울은 언약을 의식하는 어느 유대인보다 강력하게 하나님의 신실성을 주장하고 있다(3절; Räisänen는 다르게 주장한다). 그 요지는 의로우신 창조자요 심판자로서의 하나님의 신실성이지 이스라엘의 하나님으로서의 신실성도 그리고 인종적인 정체성의 기준에 의해 결정되어지는 신실성도 아니라는 것이다. 하지만 이 요지는 이어지는 장들에 걸쳐 나오는 보다 자세한 논증에 의존하는데, 그것은 아직 충분히 설명되지 않고 있다.

이 항목은 일시적이다. 바울은 처음에는 논쟁적인 문제를 보존한다(Stowers, "Romans 3:1-9"; Hall의 주장에도 불구하고). 하지만 그 논쟁은 점차적으로 독백이 된다. 그 질문들은 더 이상 자신의 설명을 돕기 위한 수사학적인 고안물이 아니라, 자신의 신앙을 위한 존재론적인 투쟁이 있는 힘겨운 질문들이다(일인칭 용법을 주목하라. 특별히 5-7절을 보라). 그가 이런 질문들을 본격적으로 다룰 준비가 되어있지 않고 있을지라도, 그 논쟁과 자신의 고결성에 관한 자극이 그로 하여금 즉시 그런 문제들을 공개적이게 만든다. 하지만 이 단계에서 그런 것들에 적절한 반응을 주지 않고 있기 때문에 그 대화들은 추진력과 방향을 잃고 있다. 바울의 반응에 관한 불만족스러운 특징이(왜냐하면 이 지점에서 바울은 오직 슬로건으로 다루고 있고 단순히 이치를 주장하고 있기 때문이다) 뒤에 이어지는 논증(특별히 6장과 9-11장)을 미리 지적하고 또한 그의 논증을 자신의 기소의 첫 부분과 연결을 시켜주는 기회로 사용하고 있는 방식을 주석가들이 종종 놓치게 만든다.

특히 다음과 같은 사실을 주목하라.

3.3-1.17; 3.5-1.17-18; 3.7-1.25.

그러므로 3:1-8은 서신의 앞부분과 뒷부분의 가교역할을 하고 있거나 마치 많은 주요 개념과 서신의 주제가 지나가는 환승역의 역할을 하는 것과 같다(참조. Cambell, "Romans 3").

예레미아스(Jeremias)의 "Chiasmus"는 첫 번째 이의(5절)가 두 번째 성경의 인용(4b절)을 취하고 있고, 두 번째 이의(7-8a)가 첫 번째 성경의 언급(4a절)을 취하고 있는 4-8절의 교차배열적인 구조를 주목한다. 이율배반적인 "인간의 죄와 하나님의 신실성이 그 구절에서 끊임없이 나온다"(Theobad, 138).

주석

1 "그런즉 무엇이며… 또한 무엇이뇨…?"(*τί οὖν…ἤτίς…*). 바울의 문체적인 특징으로서의 이중 물음에 대해서는 10:6-7과 11:34-35를 참조하라.

"유대인의 나음"(*τὸ περισσὸν τοῦ Ἰουδαίου*–토 페리숀 투 유다이우). 명사인 토 페리숀(*τὸ περισσόν*="이득, 유익"[BGD; 참조. 잠 14:23; 마 5:47])은 "일반적인 수량을 초과하는"이라는 의미에서 페리소스(*περισσός*)로부터 유래되었다. 여기서 유대인에 관한 바울의 언급은 유다이오스(*Ἰουδαῖος*)라는 말로 바울이 전형적 유대인, 즉 민족적인 형태로서의 "유대인"을 의미하고 있는 2:17에 관한 관찰을 확증해준다. 한 백성의 그러한 특징이 모든 세대의 모습이고, 깍아 내리거나 필연적으로 보편적인 적용을 하지 않고서도 그처럼 적절히 적용시키거나 유효하게 할 수 있다.

"할례의 유익"(*ἡ ὠφέλεια τῆς περιτομῆς*–헤 오펠레이아 테스 페리토메스). 오펠레이아(*ὠφέλεια*)는 "유용, 이득, 이윤, 유익"을 의미한다. 두 질문들은 유대인이 되는 것이 유익이 있다는, 즉 할례를 받는 것이 가치가 있다는 것을 가정하는 사람의 관점을 전제–"유대인"의의 전제–한다. 그 질문들의 긴밀한 결합은 할례가 "유대인"의 신분과 긴밀하게 연결되어 있다는 것을 역시 확증해준다(2:25를 보라).

2 "범사에 많으니"(*πολὺ κατὰ πάντα τρόπον*–폴루 카타 판타 트로폰). 그 관용구에 대해서는 BGD, *τρόπος*를 보라. 도드(Dodd)의 논평인 "바울의 논증의 근거에 대한 논리적 답변이 '아무것도 없다!'"라고 하는 것은 그가 앞선 기소의 실제적인 요지를 놓치고 있다는 것을 보여준다.

"첫째는 너희가 하나님의 말씀을 맡았음이니라"(*πρῶτον μὲν ὅτι ἐπιστεύθησαν τὰ λόγια τοῦ θεοῦ*-프로톤 멘 호티 에피스튜데산 타 로기아 투 데우)("하나님의 바로 그 말씀"-NIV). 프로톤(*πρῶτον*)은 일반적으로 한 시리즈의 처음을 나타낸다(고전 12:28절에서처럼). 그러나 바울은 분명히 다른 유익들을 염두에 두고 있었을 지라도(9:4-5), 그 밖의 다른 곳에서(1:8을 보라) 그 연속되는 것을 완성하지 않고 시작한다. "맡기다"라는 의미에서 피스튜에인(*πιστεύειν*)은 상당히 보편적이고, 특별히 기독교적인 것은 아니다(BGD, *πιστεύω* 3을 보라). 타 로기아(*τὰ λόγια*, 바울에게서 오직 여기서만 나온다)로 바울은 모세와 선지자들로 말미암아 주어진(바울은 보다 구체적인 상술을 하지 않는다), 그리고 이제는 성경을 구성하고 있는(1:2), 하나님의 말씀을 의미하고 있다. 이 용법은 이미 70인경에 확립되어져 있었다(신 33:9; 사 5:24; 시 12:6[70인경 11:7]; 18:30[70인경 17:31]; 107[70인경 106]:11; 119[70인경 118]:11, 25(S), 38 등등; Philo, *Praem.* 1; *Vit. Cont.* 25; Josephus, *War* 6.311; 히 5:12). 그러나 그밖에 다른 곳에서 헬라용법에 로기온(*λόγια*)은 "신탁" 또는 "계시의 말"(LSJ, BGD)을 의미하고, 또한 영감된 말의 신성한 특징을 갖는 이 의미는 민수기 24:4, 16에서도 나타나고 사도행전 7:38("생명의 말씀")과 베드로전서 4:11("하나님의 말씀")에 반영되어 있다. 보다 자세한 것은 Manson, *Studies*, 87-96을 보라. 바울이 특별히 하나님의 약속들을 언급하고 있다는 관점에 대해서는 Williams, "Righteousness," 267과 원문주해들을 보라(그 논쟁은 교부들에까지 거슬러 올라간다-Lagrange를 보라). 그러나 바울은 아직 그의 생각을 그렇게 제한하지는 않는다(참조. 9:4-5).

피스티스(*πίστις*)의 개념에 관한 활용이 2-3절에 분명히 의도되었다(*ἐπιστεύθησαν, ἠπίστησαν, ἀπιστία, πίστιν*). 그러나 그것의 범위는 분명치 않다. 만약 에피스튜데산(*ἐπιστεύθησαν*)이 2:26의 디카이오마타(*δικαιώματα*)의 언급과 함께(Stuhlmacher, Gerechtigkeit, 85가 주장하는 것처럼) 언약 내의 유대인의 책을 환기시키는 것으로 의도되었다면, 그 요지는 디카이오마타(*δικαιώματα*)가 신명기 4:7-8 또는 시편 147:19-20에 의해 사용된 용어로 생각할 수 없고, 다른 사람들을 위해 보관하도록 유대인들에게 주어진 "하나님의 말씀"이라고 생각할 수 있다는 것이다. 이것은 바울이 자신의 사역과 복음의 방식에 있어서 그것을 사용할 때에 피스튜오(*πιστεύω*)가 갖는 의미다(고전 9:17; 갈 2:7; 살전 2:4; 딤전 1:11; 딛1:3). 또한 로기아(*λόγια*)의 선택 속에서 하나님의 말씀을 나타나는 것이 함축되었는데, 그 말씀의 해석은 오로지 그리스도의 복음을 통해서 분명히 되어질 수 있는 것들이다.

3 "그런즉 그것은 우리를 어디에 남겨두는가?"(τί γάρ – 티 가르)("그런즉, 그 상황은 무엇인가?" – BGD). 참조. 빌 1:18. 다른 가능성 있는 구두법에 대해서는 크랜필드(Cranfield)를 보라.

"만약 어떤 자들이 믿지 아니하였다면"(εἰ ἠπίστησάν τινες – 에이 에피스테산). 11:17에서처럼 "어떤"(τινές – 티네스)은 바울 당시의 유대인의 무리를 나타낸다(= 이전 논쟁에서의 "유대인들" – 2:1-29이 모든 유대인에 대한 총괄적인 기소가 절대 아니라는 보다 진전된 표시: 2:21-23에 관해 보라). 하지만 바울은 이 현재의 믿음의 부족이 일시적이라는 것을 가정하고 있고(11장), 따라서 보다 큰 시각에서 말하고 있다(참조. Althaus, Schlier). 에피스테산(ἠπίστησαν)과 아피스티아(ἀπιστία)는 4:20, 11:20, 23에서처럼 불신앙을 나타나는 것으로 취할 수 있다(SH, Schlatter, Gaugler, Cranfield, Räisänen, "Röm 3:1-8," Cosgrove). 또는 "불신앙적인, 신앙 없는"(RSV, NEB, Lightfoot와 대부분의 주석가들)이라는 의미로 여겨질 수도 있을 것이다. 에피스튜데산(ἐπιστεύθησαν)이 "위탁되었다"를 의미하고 피스티스(πίστις)가 하나님의 신실하심(아래를 보라)을 나타내는 문맥에서는 후자가 더 분명한 의미가 있다. 그 사상은 전적으로 하나님과 이스라엘 사이의 언약적 관계에 초점이 맞추어져 있고, 따라서 그 언약 아래에서 "유대인의" 의무, 즉 그 언약 내에서의 신실성에 초점이 맞추어져 있다(이에 반대하는 사람으로는 Räisänen이 있다. 그 논증은 2:17-29에서 요약된 기소의 단계에 여전히 머무르고 있고, 하지만 9-11장은 아니다). 전형적인 유대인은 그 계명을 지키는 측면에서 그 신실성을 보았고(Sir 32:24; *2Apoc. Bar.* 48.22), 하나님의 언약 안에서의 이스라엘의 믿음이 그들을 다른 민족으로부터 구분된다는 사실 속에서(제4에스라 3.32) 자부심을 가질 수 있었다. 바울 그 자신도 그러했다(갈 1:14; 빌 3:5-6). 더 자세한 것은 서론 §5를 보라. 그러나 바울은 종말론적인 미래를 위한 마음에서 민족들을 항상 염두에 둠으로써(참조. 4:11-18), 더 깊은 차원에서 그 계약의 의무를 보았는데(2:28-29), 그것은 유대민족의 육체적인 구성원이 계약의 구성원이 되는 것에 여전히 근본이 된다는 전제를 폐기하는 방식 속에서 그러했다(2:17-29). 바울에게서 유대인의 불신앙은 지금 새롭게 떠오른 신기원이 맡겨진 그 의미를 "어떤" 유대인들이 인식하지 못하는 것을 의미했다(4:20을 역시 보라). 그러므로 아피스티아(ἀπιστία)는 불신앙이라는 의미를 배제하지 않는다(참조. 10:16). 여기서 가능한 의미의 범위는 "믿음"(faith)의 의미가 "신실한"(faithful)이라는 의미로 합병되는 연속적인 스펙트럼이라기보다는 그 의미들이 예리하게 구분되듯(심지어 양편을 갈라놓는 지점인) 피스티스(πίστις)의 의미를 다루는 위험성을 확인해주고 있다.

"그 믿지 아니함이 하나님의 미쁘심을 폐하느뇨?"(*μὴ ἡ ἀπιστία αὐτῶν τὴν πίστιν τοῦ θεοῦ καταργήσει* - 메 헤 아피스티아 아우톤 텐 피스틴 투 데우 카타르게세이). "미쁘심"(신실하심)의 의미로서의 피스티스(*πίστις*)는 헬라 사상에서 아주 보편적이고(BGD, *πίστις* 1), 신약의 다른 곳에서도 나타난다(마 22:23; 갈 5:22; 살후 1:4; 딛 2:10). 하지만 주로 "믿음"으로 사용된다. 70인경에서 그것은 비교적 자주 나타나지 않으나 하나님의 미쁘심을 나타내는데 여러 번 사용된다(시 33[70인경 32]:4; 호 2:22[70인경 20]; 합 2:4; 애 3:23; 또한 *Pss. Sol.* 8.35). 그것은 항상 에무나(אֱמוּנָה)에 대한 번역으로서 사용되며, 하나님의 확고함과 신뢰성, 끊임없는 신실성을 나타낸다(BDB, *TDOT* 1:309-20). 피스티스(*πίστις*)라는 주제로 돌아오면서(1:17 이래로 처음) 바울이 하나님의 신실성에 대하여 언급하고 있다는 사실은 전체적으로 1:17과 서신서의 주석에서 충분히 다루지 않았기 때문이고, 따라서 그것은 명백하게 피스티스(*πίστις*)=하나님의 신실하심(이스라엘에 대한)과 믿음으로서의 피스티스(*πίστις*, 그리스도 예수 안에서) 간의 긴장을 해소하기 위한 바울 편에서의 시도로서 특징지어진다. "하나님은 미쁘시다"(*πιστὸς ὁ θεός* - 피스토스 호 데오스)라는 형식어구(고전 1:9; 10:13; 고후 1:18; 살전 5:24; 살후 3:3)를 참조하라. 하지만 케제만(Käsemann)은, 새로운 언약사상이 여기에는 내재되어 있지 않고, 오히려 이스라엘에 대한 본래의 언약을 지키시는 하나님의 목적의 연속성이 담겨 있다고 주장한다. 바울이 하나님의 약속을 염두에 두고 있다는 윌리암의 논증(아브라함을 통해 열방들에게로 - "Righteousness," 268-69)도 마찬가지로 이스라엘의 선택과 열방들에게 주어진 약속을 너무 지나치게 구분하고 있다. 그러나 3:3의 질문은 2:17-29에 대한 반응으로 분명히 제기되고 있다.

카타르네인(*καταργεῖν*)은 "폐지하다, 없애다"(고전 6:13; 15:24절에서처럼)의 보다 강력한 의미를 가질 수 있다. 하지만 여기서 "무효로 하다, 효력이 없다"라는 의미를 바울이 염두에 둔 것 같다(3:31; 4:14 참조). 더 자세한 것은 3:31과 6:6을 보라.

4 "그렇지 아니하니라"(*μὴ γένοιτο* - 메 게노이토). 문자적으로 강력한 부정의 의미를 갖고 있다. 바울은 그 용어를 수사학적인 질문 뒤에 자주 사용하고 있다. 주로 로마서에서 그렇다(3:6, 31; 6:2, 15; 7:7, 13; 9:14; 11:1, 11; 또한 고전 6:15; 갈 2:17; 3:21; 그 용법은 에픽테토스[Epictetus]에게서도 아주 흔하다 - *Diss*에서 20번 나온다[Lagrange]; 그러나 또한 그것은 70인경에서 종종 나온다 - 창 44:7, 17;

신 24:16; 왕상 21:3[70인경 3 Kgs 20:3]; 마카비1서 9:10; 13:5). 따라서 그 용어는 "결코 아니다!" "하나님이 금하셨다!" 등(BGD, *γίνομαι* 3a); 또한 "불가능한"(Maillot)이라는 용어에서 암시되는 개념으로 바울의 부정의 강도를 나타내기 위해서 유동적으로 번역될 수 있다. 여기서 바울의 답변의 의미는 (a) 이스라엘과의 하나님의 언약은 여전히 유효하고, (b) 언약에 관한 당대의 전형적인 유대인의 이해는 잘못되었으며, (c) 그의 복음은 이스라엘과 연속성에서 하나님의 언약적인 목적의 성취라는 것을 강조하고 있다. 이 세 가지 주제가 이 서신의 형성에 있어서 결정으로 중요한 요소라는 것을 분명히 인식하지 못한다면, 여기와 그밖에 다른 곳에서 바울의 말은 텅 빈 수사학처럼 보일 것이다.

"하나님은 참되시다"(*γινέσθω δὲ ὁ θεὸς ἀληθής* – 기네스도 데 호 데오스 알레데스). 여기서 하나님의 알레데이아(*ἀλήθεια*)와 3절에서 하나님의 피스티스(*πίστις*) 간에는 히브리적인 사상의 연관성이 있다. 만약 바울의 독자들이 70인경에 매우 익숙하지 않았다면, 그것을 쉽게 놓쳤을 것이다. 70인경의 다른 곳에서(3:3을 보라) 피스티스(*πίστις*)로 보통 번역되고 있는 에무나(אֱמוּנָה)는 이스라엘에 대한 하나님의 언약의 미쁘심을 일반적으로 나타내기 위해서 시편에서 거의 항상 알레데이아(*ἀλήθεια*)로 번역되었다(특별히 시 89:1, 2, 5, 8, 14, 24, 33, 49[70인경 88:2, 3, 6, 9, 25, 34, 50]; 98[70인경 97]:3, 하지만 시편 33[70인경]:4은 흥미롭게도 그렇지 않다). 두 가지 경우에 바울은 하나님의 불변성과 신뢰성을 염두에 두었을 것이나, 헬라 용어가 그로 하여금 "참된, 진실한"이라는 의미로 확장시키도록 만들었을 것이고, 바울은 그것을 가지고 다시 한번 "유대인"이 이스라엘과 맺었던 언약의 참된 성격과 실제 목적을 오해했다는 것을 함축한다(더 자세한 것은 1:18을 보라; 또한 Ljungman, 17-21을 보라; 그리고 Barr의 훈계적인 언급인, *Semantics*, 187-94를 주목하라). 여기서 알레데스(*ἀληθής*)는 알레데이아(*ἀλήθεια*)를 규칙적으로 사용했던 초기 기소(1:18, 25; 2:2, 8, 20)와 이 부문에서의 기소를 서로 연결할 수 있도록 도와준다. 기노마이(*γίνομαι*)는 아마도 여기서처럼 "되다"(BGD, *γίνομαι* II)라는 동사의 의미로 자주 단순히 사용되지만, 아마도 바울은 그것을 종말론적인 의미로 사용했을 것이다. 즉 "하나님이 되게 하고"="참된 것으로 알다"(Schlatter, Käsemann).

"기록된 바 사람은 다 거짓되되"(*πᾶς δὲ ἄνθρωπος ψεύστης καθάπερ γέγραπται* – 파스 데 안드로포스 퓨스테스, 카다페르 게그랖타이). "기록된 바"는 아마도 시 116:11[70인경 115:2]에서의 인용을 의도한 것 같다.

시편 115:2: πᾶς ἄνθρωπος ψεύστης(파스 안드로포스 퓨스테스)
롬 3:4: πᾶς δὲ ἄνθρωπος ψεύστης(파스 데 안드로포스 퓨스테스)

그러한 간략한 암시 속에서 바울은 특별한 언급을 의도하지 않고 성경의 용어를 그냥 언급했을 가능성이 꽤 높다. 하지만 이 경우에 그 용어는 상당히 특이하다(퓨스테스[ψεύστης]는 잠 19:22과 70인경의 다른 곳에서 Sir 15:8; 25:2에서만 나타난다). 한편으로 "기록된 바"(καθάπερ γέγραπται – 카다페르 게그랖타이, 원문주해와 1:17을 보라)는 명백하게 뒤따르는 인용문에 대한 언급이고, 만약 그 단어들이 실제로 직접적인 인용문으로서 의도되었다면 그것은 성격상 많은 구성요소로 이루어진 것인데, 왜냐하면 시편 116편의 문맥[70인경 115]은 여기서 그 사용에 대해 그 어느 것도 추가하지 않는 것으로 보이기 때문이다.

호포스 안 디카이오데스 엔 토이스 로고이스 수(ὅπως ἂν δικαιωθῇς ἐν τοῖς λόγοις σου)
카이 니케세이스 엔 토 크리네스다이 세(καὶ νικήσεις ἐν τῷ κρίνεσθαί σε)
"당신은 말씀 속에서 의롭게 되어질 것이고
재판에서 이길 것이다"

시 50:6 70인경[=시 51:4)로부터의 인용은 70인경이 두 번째 소절에서 니케세스(νικήσῃς)로 읽는 것을 제외하고는 정확하게 같다. 시편기자는 무법과 죄에 대한 생생한 표현방법으로서 천상의 법정과 하나님의 심판의 확실한 공의에 관한 그림을 사용하고 있다. 아노미아(ἀνομία)와 하마르티아(ἁμαρτία)의 반복된 고백(70인경 시 50:4, 5, 7, 11)은 특이하다(시편의 다른 곳에서는 오직 70인경 시 31:5; 37:19; 58:4; 78:8-9; 84:3; 102:10; 108:14; 140:4에서만 나온다). 다윗이 "율법 없음"(lawlessness)에 대해 고백하고 있는 것은 아마도 바울이 시편을 인용하고 있는 한 요인이 되었을 것이다. 왜냐하면 유대인 대담자의 안목에서 율법 없음은 곧 믿음 없음이기 때문이다. 르중만(Ljungman)은 제2이사야에서, 특히 이사야 43:9에서, 법정 이미지의 중요성을 이끌어내는데, "하나님과의 이스라엘의 법정 소송은 이사야 43:9 이하에 따르면 그 이스라엘의 사명을 상실하고 있는 것을 의미한다"(*Pistis*, 23). 70인경의 두 번째 소절은 하나님을 소송의 피고로 묘사하고 있기 때문에(중간태로서 크리네스다이[κρίνεσθαι]를 취한다해도[참조. 고전 6:1] 그 문제를 완전히 해결할 수는 없을 것이다; "당신이 심판하실 때"[NJB; 참조. NIV]는 받아들일 수가 없다) 매우 놀랍다(하지만 특별히 *Pss. Sol.* 2.15; 3.5; 4.8; 8.7; 9.2를 참조하라). 바울은 이런 의미를 문제삼거나 피하려고 하지도 않는다. 왜냐하면 그는 자기 백성에 대한 그의 기소가 필연적으로 그러한 백성들에 대해 신실하신 하나님에 관한 기소를 더 불어 가져올 수 있다는 것을 잘 알고 있었기 때문이다. 그러나 바울은 하나님의 언약적인 목적의 실제와 이스라엘에 대한 하나님의 신실성(Piper, *Justification*, 110-12가 논증하고 있는 것처럼 하나님의 형벌적인 심판이 아닌)은 최후의 심판에서 입증될 것으로 확신하고 있다. 하나님의 진리와 신실성은 종말론적인 관점에서만 오직 적절히 이해되어질 수 있다(참조. 롬 11장). 하나님의 진리와 인간의 주장간의 재판으로서의 인간 역사 전체의 조망은 아주 인상적이다(다시 Käsemann을 참조하라). 인간이 어떻게 말하든지 간에 하나님은 하나님이 되실 것이다. "이 구절에서 바울의 가르침의 가장 깊은 동기는 칭의에 있다"(Michel).

하나님의 심판에 있어서의 공의에 관한 유사한 주장은 *Pss. Sol*에서 끊임없이 반복되지만(2.16-19; 3.3; 4.9. 28; 5.1; 8.7-8.27, 29-32, 40; 9.3-4; 10.6; 17.12), 거기서는 언약의 하나님 안에서의 신뢰의 표현으로서 그렇다. 바울로 하여금 이러한 의문의 노선을 갖게 한 것은 하나님의 의로운 백성에 대한 일상적인 전제, 즉 이스라엘에 대한 하나님의 언약의 의무(의)로 인해 하나님의 심판에서 자신들이 확신 있게 쉼을 얻을 수 있다고 생각하는 전제 때문이다. 이스라엘에 대한 하나님의 위임의 측면을 의심하는 것은(따라서 바울은 효과적으로 반응하고 있다) 하나님의 심판에 관한 의에 있어서 신뢰에 대한 근거나 약속을 의문하는 것이 아니다. 또한 Wilckens 1:164-65, 168을 참조하라.

5 "그러나 우리 불의가 하나님의 의를 드러나게 하면"(*εἰ δὲ ἡ ἀσιλία ἡμῶν θεου δικαλιοσύνην συνίστησιν* – 에이 데 헤 아디키아 헤몬 데우 디카이오수넨 수니스테신). 수니스테미(*συνίστημι*)는 "함께 놓다"라는 의미를 가지고 있으므로, 따라서 "증명하다, 보이다"라는 의미를 가진다(5:8; 고후 7:11; 갈 2:18에서처럼). 아디키아/디카이오수넨(*ἀδικία/δικαιοσύνην*)이라는 언어유희는 분명히 의도적이다(또한 1:17-18절에서처럼). 아디키아(*ἀδικία*)는 아피스티아(*ἀπιστία*, 3절)와 전체 항목의 서론부분에서 요약한 아디키아(*ἀδικία*, 1:18; 또한 1:29; 2:8)를 다시 재개하고 있다. 따라서 유대인의 불신앙에 관한 사상을 포함하고 있고, 보편적인 아디키아(*ἀδικία*)의 일부로서 그것을 다룬다(참조. Müller, *Gerechtigkeit*, 66-67, 112; Kertelge, *Rechtfertigung*, 68). 디카이오수네(*δικαιοσύνη*)와 마찬가지로 데우(*θεοῦ*)는 적절하게 반응하지 못한 사람들의 실패에도 불구하고, 헤 피스티스 투 데우(*ἡ πιστίς του θεοῦ*, 3절)를 다시 나타내고 있는데, 이는 그의 백성을 위한, 또는 일반적으로 인류를 위한 하나님의 활동을 나타냄으로써, 바울에게서 그것의 강력한 언약적인 의미를

확증해 주고 있다(1:17을 보라; 그리고 Piper, *Justification*, 105-10, 그리고 Achtemeier를 보라). 그러므로 그 문제가 여기서 제기되었다. 따라서 바울은 지금까지 만연했던 유대 성경의 기본적인 언약의 개념을 재확인하기 위해 언약의 용어를 사용하고 있다. "우리의 불의에 관한 언급에서" 그는 모든 사람으로서, 또는 보다 정확하게는 지금까지 배타적으로 유대적인 식견으로 보아왔던 보편적인 의미를 보고 있는 한 유대인으로서 언급하고 있다. Bornkamm, "Theologie," 145-46, 그리고 Williams, "Righteousness," 268 n. 82는 언약에 신실한 분으로서의 하나님의 의와 더욱더 보편적인 관점 사이에 있는 바울 사상의 연속성의 정도를 또 다른 방향에서 소극적으로 보여주고 있다(참조. Reumann, 73-74; Zeller).

"우리가 무슨 말하리요?"(*τί ἐροῦμεν*–티 에로우멘). 본 서신에서 규칙적으로 나타나는 바울의 문장형식이다(4:1; 6:1; 7:7; 8:31; 9:14, 30). 6:1을 보라.

"진노를 내리시는 하나님이 불의하시냐?"(*μὴ ἄδικος ὁ θεὸς ὁ ἐπιφέρων τὴν ὀργήν*–메 아디코스 호 데오스 호 에피페론 텐 오르겐). 메(*μή*)라는 질문을 도입함으로써 바울은 부정적인 대답을 기대하는 질문을 보인다. "입히다, 가하다"라는 의미로 에피페레인(*ἐπιφέρειν*)에 대해서는 *Ep. Arist.* 253; Josephus, *Ant.* 2.296을 참조하라. 오르게(*ὀργή*)는 주로 종말론적이지만(6절), 이미 표명된 "진노"–에피페론(*ἐπιφέρων*), 현재시제–를 포함한다(1:18과 2:5을 보라). 하나님의 진노에 관한 사상이 하나님을 불의한 분으로 주장할 수 있도록 촉발시켰다는 사실이 인간을 향한 하나님의 무상의 은혜가 어느 정도 진전되어 있었는가를 보여준다(또한 9:14을 보라). "진노"는 "의"의 한 측면이 아니다. 만약 그렇지 않았더라면 이러한 질문은 발생하지 않을 것이다(참조. Bornkamm, "Wrath," 63-64; Kertelge, *Rechtfertigung*, 70).

"내가 사람의 말하는 대로 말하노니"(*κατὰ ἄνθρωπον λέγω*–카타 안드로폰 레고, 참조. 6:19; 고전 9:8; 갈 3:15[BGD, *ἄνθρωπος* 1c; 참조. Str-B, 3:136-39])는 하나님을 불의하다고 하는 불경스러운 사상에 대한 삽입구적인 변증이다(참조. Harrisville). 바울은 자신의 위치에서의 논리성 때문이 아니라 오히려 하나님의 의 그리고 이스라엘의 언약이 주는 혜택과 의무의 관계성에 대한 적절한 이해가 된다고 전에 항상 가정했던 그러한 긴장을 설정해놓고 있기 때문에 이런 사상의 흐름으로 들어간다. 그것은 하나님과 인간의 관계성에 대한 이전의 뚜렷한 선들(lines)이 (적어도 유대적인 안목에서) 전적으로 혼돈되어 나타나는 전형적인 유대인의 관점으로는 더 이상 말하지 않고, 모든 사람의 관점에서 말하고 있기 때문이다.

6 "결코 그렇지 아니하리라"(*μὴ γένοιτο*–메 게노이토; 3:4을 보라).

"만일 그리하면 하나님이 어찌 세상을 심판하시리요?"(ἐπεὶ πῶς κρινεῖ ὁ θεὸς τὸν κόσμον－에페이 포스 크리네이 호 데오스 톤 코스몬). 이러한 의미로의 에페이(ἐπεί)는 중요한 선례를 가지고 있다(BGD; 또한 11:6, 22; 고전 14:16; 15:29; 히 10:2). 크리네이(κρινεῖ)는 현재시제인 것으로 강조되어질 수 있다(κρίνει－창 18:25을 언급하고 있는 Lightfoot을 참조하라). 그러한 경우에 5-6절의 현재시제들은 일시적이라기보다는 오히려 신적인 기능들을 묘사하는 것으로 여겨질 수 있다(하나님은…한 분이시다). 그러나 더욱더 마지막 심판에 관한 직접적인 언급으로 여겨질 수도 있을 것이다. 코스모스(κόσμος)는 우주 전체에 대해 사용되어질 수 있지만(1:20에서처럼), 또한 3:19과 11:12, 15에서처럼 인류에 대한 것으로 사용되어질 수도 있다. 로마서에서 코스모스(κόσμος)는 고린도전서 1:20-21, 27-28; 3:19, 등등과 바울의 작품들의 그밖에 다른 곳에서(특히 고후 7:10; 갈 6:14; 골 2:20), 특별히 요한복음(1:10; 7:7; 8:23; 등등)에서 나타나고 있는 경멸적인 지적이 없다는 사실을 주목하는 것은 가치가 있다. 더 자세한 것은 BGD를 보라. 바울의 용법에 관해서는 *TDNT* 3:892-93을 보라. 보다 느슨하게 형성된 5절의 사상을 배제 시키는 것은 이런 신념(최후 심판자로서의 하나님－2:2을 보라)의 자명한 특징이다. 바울은 아마도 이 점에 대해 오로지 그것의 당연한 결론(corollary)은 어리석은 것임을 주목함으로써 사상의 어색한 흐름에 대해 반응할 수 있음을 느꼈을 것이다. 바울은 하나님에 대한 믿음이 어떤 고정된 원리들로부터 작용해야만 한다는 사실을 회피하지 않는다. 그의 문제들은 언제나 유대인의 믿음의 다른 자명한 원리들 중의 하나였었던 것(이스라엘이 하나님의 백성이 되도록 하나님이 선택하셨다)에 대한 지금까지 용인되었던 의미에 대한 질문으로부터 나왔다. 하나님의 심판이 "의롭다"는 것은 역시 기본적이다(예를 들어, 창 18:25; 신 32:4; 욥 34:10-12). 그러나 바울이 하나님의 의의 개념을 확장시킨 것이(크리스 노무[χωρὶς νόμου]－3:21) 이전에 자기 백성들이 탈출구로 피했던 시금석 중의 하나를 혼란스럽게 만들었다(5절).

7 "그러나 하나님의 참되심이"(εἰ δὲ ἡ ἀλήθεια τοῦ θεοῦ－에이 데 헤 알레데이아 투 데우). 이 전체 시작하는 단락(1:18-3:20)의 중요한 연결 단어들 중의 하나인 알레데이아(ἀλήθεια)가 마지막으로 반복되고 있다(1:18, 25; 2:2, 8, 20; 3:7). 하나님의 신뢰성에 관한 히브리적 개념(אֱמוּנָה אֱמֶת－에무나 에메트)은 여기서 헬라어를 기저로 하고 있으며(1:18과 3:4을 보라; BGD, ἀλήθεια 1을 보라), 그 사상을 앞선 문맥과 연결시키고 있음을 주목하라. 3절, 5절, 그리고 7절에서 연속되는 유사한 질문들 속에서 병행되는 개념들은 헤 피스티스 투 데우(ἡ πίστις τοῦ θεοῦ), 헤 디카

이오수네 투 데우(ἡ δικαιοσύνη τοῦ θεοῦ) 그리고 헤 알레데이아 투 데우(ἡ ἀλήθεια τοῦ θεοῦ)가 있다(Stuhlmacher, Gerechtigkeit, 86; Schlier; "virtual equivalents"–Williams, "Righteousness", 268).

"나의 거짓말로"(ἐν τῷ ἐμῷ ψεύσματι–엔 토 에모 퓨스마티). 알레데이아(ἀλήθεια)와 반대되는 말로서 퓨스마(ψεῦσμα)는 바울에게 있어서 "진실하지 않음, 신뢰할 수 없음"(BGD)이라는 함축적인 의미를 갖는다. 5절에서 병행되는 질문들과 함께 바울은 앞선 부분의 기소와 연결시키려 하고 있다. 즉 3:5-1:17-18; 3:7-1:25(τὴν ἀλήθειαν τοῦ θεοῦ ἐν τῷ Ψεύδει–텐 알레데이아 투 데우 엔 토 퓨데이). 그 비유는 그 의문을 정교하게 해준다. 즉 1:25에서 하나님의 진리와 인간의 거짓말 간의 대조는 노골적인 정죄를 위한 기회를 제공해주었다. 그러나 여기서 하나님에 대한 동일한 반응(즉 거짓말하는 것)이 진노를 자극하는 것이 아니라 거짓말쟁이에게도 신실하신 하나님의 신뢰성을 보여주고 있다. "나의 거짓말"(ἐμῷ ψεύσματι–에모 퓨스마티)–바울이 비록 3:20과 다른 면에서 말하고 있을지라도, 그는 불의한 이방인들과 불신앙적인 유대인의 곤궁으로부터 자기 자신을 멀리 두지 않는다(참조. Schlatter). "나의"는 머레이(Murray)가 주장하는 것처럼, 단순히 수사학적인 것은 아니다.

"더 풍성하여 그의 영광이 되었으면"(ἐπερίσσευσεν εἰς τὴν δόξαν αὐτοῦ–에페리슈센 에이스 텐 독산 아우투). 페리슈에인(περισσεύειν)은 "충분히 가지고 있는, 풍성히 가지고 있는"이라는 넘침의 의미를 갖는다. 적절하게 번역하기가 어려울지라도 그 의미는 분명하다. 즉 창조주로서 그리고 언약의 하나님으로서 신실하신 하나님은 인간을 피조물이요 언약의 파트너로서 계속 높이심으로써 인간의 거짓과 불신을 삭감해주신다. 하나님에게 영광과 존귀를 가져오게 하는 것은 이러한 넘치는 관대함이다(더 자세한 것은 5:15을 보라; 하나님의 영광[δόξα–독사]에 관해서는 1:21과 3:23을 보라). 하나님께 영광을 가져오게 하는 것이(그의 형상을 밝힌다라고 우리는 말할 수 있다) 그의 자비와 은혜의 활동이라(특별히 9:23; 고후 4:15을 참조하라)는 것이 바울 신학의 두드러진 특징이다. 바울은 하나님의 진노에 관해 동일한 방식으로 말하지 않는다. 하나님은 무엇보다도 은혜의 하나님이라는 것의 그의 믿음의 본질이다(또한 9:15을 보라).

"어찌 나도 죄인처럼 심판을 받으리요?"(τί ἔτι κἀγὼ ὡς ἁμαρτωλὸς κρίνομαι–티 에티 카고 호스 하마르톨로스 크리노마이). 하마르톨로스(ἁμαρτωλός)는 특별히 유대적인 단어이며, 율법을 알지만 불순종하거나 또는 무엇보다도 율법에 무지한 자로서 범법한 자를 가리킨다(=창세기; 예를 들어, 시 119[70인경 118]:53, 155; 마카비1서 2:44, 48; *Pss. Sol.* 2.1-2; 마 5:47//눅 6:33; 막 2:15-17 pars.; 갈 2:15; 더 자세한 것은 4:5과 서론 §5.3.1을 보라). 하나님의 신실성에 관한 그러한 이해는 판단의 측면에서 심판에 관한 개념과 율법에 관한 개념에 의문을 불러오게 되는 문제가 있을 수 있다. 하나님이 그토록 자비를 은혜로우실 때에 율법의 기능과 역할은 무엇인가? 로마서에서 아주 종종 그러한 것처럼 바울의 복음에 관한 진정한 문제의 특징은 사람이라기보다는 율법이다.

8 "어떤 이들이 이렇게 비방하여 우리가 이런 말을 한다고 하니, 그러면 선을 이루기 위하여 악을 행하자 하지 않겠느냐?"(*καὶ μὴ καθὼς βλασφημούμεθα καὶ καθώς φασίν τινες ἡμᾶς λέγειν ὅτι ποιήσωμεν τὰ κακὰ ἵνα ἔλθῃ τὰ ἀγαθά*—카이 메 카도스 블라스페무메다 카이 카도스 파신 티네스 헤파스 레게인 호티 포이에소멘 타 카카 히나 엘데 타 아가다). "비방하다, 중상하다"라는 의미를 갖는 블라스페메신(*βλασφημεῖν*)은 당시 헬라어에서 충분히 잘 알려져 있었지만(BGD; 참조. 행 13:45; 18:6; 고전 10:30; 딛 3:2), 이미 70인경에서 그것은 하나님에 대항하는 말(또는 행위[action])을 일컫는 "불경"이라는 전문적인 의미를 갖고 있었다. "불경"은 하나님이 이스라엘을 붙드신다는 특별한 은혜를 인식하지 못함으로써, 이방인들이 행하는 것이라는 전제가 보통 있었기 때문에(특별히 왕하 19:4, 6, 22; 겔 35:12; 마카비2서 15:24을 보라; 참조. Josephus, *Ap.* 1.59; 참조. *TDNT* 1:621-22) 많은 바울의 유대적 그리고/또는 유대적 기독교 대적자들은 바울을 대단히 불경스럽다고 생각했던 뉘앙스가 여기에 있었을 것이다(또한 14:16을 보라). 물론 바울은 반대편 방향에서 동일한 비난을 가하고 있다(2:24=사 52:5).

"어떤 이들이 말하기를…"(*φασίν τινες*—파신 티네스)는 로마서에서 명백히 바울에 대해 반대하는 입장을 보이는 첫 번째 암시이다. 물론 이전의 논증이 보다 이전의 논쟁과 주장에 의존하고 있을지라도 말이다. 그 비유의 막연함이 바울이 로마 회중들 가운데 특별한 개인들에 대항하여 말하고 있다는 견해를 반대하게 만든다. 그의 다른 서신들은 그의 가르침을 비판하는 사람들에게 더 많이 초점이 맞추어져 있다고 증거한다. 그리고 제기된 도전이 그에게 아주 중요한 것일지라도(6:1) 그리고 그밖에 다른 곳에서 그의 가르침에 반대하여 일어났을지라도(그러나 필연적으로 유대교적인 측면으로부터만은 아니다—예를 들어, Schlatter, Althaus, 그리고 Zeller; 그것을 반대하는 사람으로는 Schlier와 Wilckens), 여기서와 6:1에서 그것은 자신의 해석에 대한 자연스런 추론 차원에서지 자신의 독자들에 의해서 제기된 질문으로서는 아니다. 바울은 그 문제를 아주 퉁명스럽게 제기하고 있다(그의 가르침은 "선을 이룰 수 있도록 악을 행하자"라고 말하는 것에 상응한다)는 사실은 언약 백성에게 주어진 것으로서의 율법과의 밀접한 관련성에서 하나님의 의를 구분시키는데 있어서 바울이 관여하고 있는 그 위험성을 보여준다. 즉 언약적 의와 언약적 율법간의 연관성을 파기하는 것은 많은 사람들에게 하나님의 고유한 도덕을 경시하는 것으로 보였을 것이다. 그러므로 바울의 편에서는 6-8장에서 일반적 용어로서 그리고 12:1-15:6에서 더 세부적인 용어로 언약적 의의 재정의에 관한 윤리적인 작업을 분명히 하는 것이 필요했다(더 자세한 것은 12:1-15:13 서문을 보라).

"저희가 정죄받는 것이 옳으니라"(*ὧν τὸ κρίμα ἔνδικόν ἐστιν* – 호 토 크리마 엔디콘 에스틴). "저희가 받을 만한 것을 받느니라." 혼(*ὧν*)은 그들이 말하는 것에 대해서보다는 티네스(*τινές*)에 대한 언급으로서 보다 자연스럽게 취해진다. "심판, 정죄"(*κρίμα* – 크리마)에 대해서는 2:2과 11:33 그리고 바울의 그밖에 다른 곳(2:2, 3; 5:16; 11:33; 13:2; 고전 6:7; 11:29, 34; 갈 5:10)을 보라. 엔디코스(*ἔνδικος*), "올바른 것에 기초한", 따라서 "옳은, 마땅한"은 신약에서 다른 곳에서는 오직 히브리서 2:2에서만 나타난다. 바울은 자신의 질문의 노선을 단축하고 있는데, 이는 자신의 메시지가 옳다는 확신과 하나님의 심판이 정당하다고 하는 동일한 확신 속에서 이루어지고 있다(참조. 9:20). 카날스(Canales)는 앞선 기소, 특별히 2:1-3:8에 대한 결론을 소개하는 것으로서의 3:8-31의 특성을 생각하지 않고, 3:1-31이 그 질문에 대한 대답(8절)을 형성하고 있다고 주장한다(3:9에 관해서 보라).

해설

3:1 바울의 대화자와 더불어 바울의 논증의 노선과 의미를 따르는 사람에게 피할 수 없는 반응은 더 이상 미룰 수 없다는 것이다. 즉 "그런즉 유대인의 나음이 무엇인가?" 할례는 무슨 가치를 가지고 있는가?" 만약 이스라엘 백성의 일원이 되고, 이스라엘 백성 안에서 언약의 일원이 된 것의 참된 표지가 별로 중요시할 수 없는 것이라면 하나님이 인류를 다루시는데 있어서 유대인이 된 것의 이득은 무엇인가? 그 질문이 그런 용어로 제기될 수 있다는 사실은 2장에서 바울의 목표에 대한 정확한 확증이 되고 있다. 즉 한 유대인으로서 자기 확신 속에 있는 그 "유대인", 다시 말해서 하나님의 선택된 백성이 된 특권 속에서의 유대인의 과도한 확신을 바울은 목표로 삼고 있다. 유대인이 된 것이 혜택이 있다는 것, 즉 그것은 율법을 어길 때조차도 할례는 가치가 있다는(2:25) 전제를 일컫는데, 유대인의 자아정체성에 관한 다소

고통스러운 외침이 아주 당황스러운 항거로 반응할 정도로 바울은 아주 효과적으로 공격했다.

2 바울의 반응은 일견 보기에 놀랍다. "범사에 많으니." 그러나 바울의 논증을 너무 날카롭게 대조적인 용어로 이해했던 사람들에게는 완전히 놀라운 것이 될 것이다. 말하자면 마치 바울이 언약의 전제를 부정하여 언약의 전체 개념을 거부한 것처럼, 율법을 소유하고 외적인 의식을 수행하는 일의 가치를 의문시하여 율법에 관한 역할이나 할례에 관한 어느 의미도 부정한 것처럼 생각했던 사람들에게는 바울의 말이 놀라움을 금치 못하게 할 것이다. 그러나 우리가 1장과 2장에서 자주 목격한 것처럼 바울은 결단코 유대인으로서의 자신의 유산에 등을 돌리지 않았다. 그 반대로 복음에 관한 그의 이해에서 근본이 되는 것은 이전에 성경에서 선지자들이 외쳤던 것과의 완벽한 연속성 속에 서 있다는 확신을 말하고 있다(1:2). 할례는 중요한 의미를 갖고 있다(2:26, 29). 따라서 바울은 즉각적인 반응을 한다.

바울은 더 많이 말하기를 원한다고("첫째로는") 주장하는 방법으로 처음의 답변을 확장시키기 시작한다. 그것은 바울이 그 주제에 관해 훨씬 더 많이 말해야 하지만 여기서 충분히 다루는 것은 논증의 전개상 부적절하다는 것을 수신자들에게 알리기 위한 단순히 문체적인 방법일 수도 있다. 또는 바울이 논증의 영에 참으로 사로잡혀, 그것을 상세히 다루기 이전에 하나님과 이스라엘의 특별한 지위에 관한 문제를 제기해야 한다는 자신의 논증 논리의 의해 압박을 받았을 수도 있다. 양 경우에 그는 이 시점에서 그 문제를 진정으로 끌어오지는 않고 있으며, 다소 급격한 일반화와 함께 일어날 수 있는 질문에 관한 대화자의 노선을 차단한다. 이 구절들에서 그 문제를 다루는데 있어서 바울의 어색함은 그 문제가 그에게서(자기 자신도 유대인이다) 아주 근본적으로 중요하다는 사실, 따라서 아직 그것을 적절히 다룰 수 있는 상황에 있지 않지만 더 이상 억제할 수 없다는 사실에 의해 부분적으로 설명된다. (그러나 그것의 불완전하고 불만족스러운 상황전개에도 불구하고 여기서 다소 세부적으로 바울의 사상의 흐름을 좇아갈 만한 가치가 있다. 왜냐하면 제기된 문제와 씨름함에 있어서 그는 자신의 사상과 복음에서 근본적인 전제와 기초가 되는 요소들에 관한 것들을 드러내고 있기 때문이다.)

바울이 실제적으로 주고 있는 대답은, 비록 그것이 아주 커다란 해설의 일부이자 시작에 불과할지라도(9-11장에서 재개되어질 것이다), 이 서신의 전체 도입부문을 강조하고 있는 주된 요지들 중의 하나를 함축적으로 나타내고 있다. 즉 그것은 이스라엘에게 주어진 계시와 하나님의 아들의 복음간에 연속성을 말해준다. 유대 백성들에 의해 경험된 혜택은 "저희가 하나님의 말씀을 맡았음이니라"는 것이다. 그 마지막 부문은 바울에게서 매우 특이한데, 바울은 확실히 의도적으로 ("말씀"이나 "약속"보다는) 그 말("말씀"[oracle])을 선택한 것 같다. 그것은 유대 성경에 쓰여지고 언급된 하나님의 말씀을 언급하는 것으로 여길 수 있다. 하지만 이방인 독자들을 위해 "말씀"(oracle)은 과거로부터 보전된 영감된 말에 관한 사상을 불러일으키는데, 이는 종종 신비적이고, 그 성격상 매우 어리둥절하게 하는 것일 수 있으며, 그 의미를 풀기 위해서 어떤 열쇠를 기다리는 것일 수 있다. 바울은 유대인에게 그 열쇠의 오심 즉 그리스도의 복음이 오기까지 이 하나님의 말씀을 보호하고 보존할 수 있는 청지기권이 부여되었다는 것을 함축적으로 설명하고 있는데, 이 예수 그리스도의 복음은 항상 하나님의 목적이 되었던 것의 신비를 풀어 주지만 종말의 때까지는 숨겨져 있다(참조. 11:25-27; 16:25-26). 대안적으로 바울은 하나님이 항상 유대인들에게 말씀하시고("하나님에 관해 알려져 있는 것"보다 더 분명한 "하나님의 말씀"-1:19) 계시다는 것을 그들이 이해했어야 했고, 유대인들의 청지기권은 보다 넓은 세상에 이 계시들을 알려야 하는 위임을 받은 것(갈 2:7)이라는 것을 함축적으로 다루고 있다.

3 양쪽 경우에 모두 유대인들은 실패를 했고, 적어도 "어떤 사람들은" 실패를 했다-이것은 모든 유대인들이 복음을 거부한 것이 아니라는 것을 독자들에게 상기시키는 바울의 절묘한 방법이다. 그들은 하나님의 위탁을 실패했다. 즉 그들은 아주 많은 세대를 위해 하나님의 달씀을 보전했지만 복음에 의해 주어진 것으로서의 그 말씀들에 관한 진정한 의미를 깨닫지 못했기 때문에 또한 그들이 무엇보다도 말씀의 참된 의미를 깨닫지 못하고 이방인들에 대한 책임을 저버림으로써 율법과 언약에 관한 잘못된 인식을 보이며 살아왔기 때문에 실패했다(2:21-29).

이 유대적인 불신앙이 바울에게 제기하고 있는 질문은 뚜렷하다. 그들의 불신앙이 하나님의 신실성을 무효로 만드는가? 이런 질문을 왜 하는가? 이스라엘과의 언약이 하나님에 의해 주어졌다는 인식이 바울의 생각의 배후에 있었음이 틀림없다는 것이 그 대답이다. 즉 하나님과 선택된 백성과의 관계성이 하나님에 의해, 하나님의 신실하심에 의해, 세워지고 유지되었다는 것이다. 사실상 바울은 제2장에서 공격한 유대인의 가정 뒤에 놓여 있는 동일한 근본적 확신을 자기 스스로도 갖고 있었다! 불가피하게 공통되게 깔려 있는 확신에 대항하여 역시 의문부호를 단 것은 그러한 가정에 관한 그 자신의 공격이다. 말하자면 피할 수 없는 그 질문은 2장에서 비난받은 유대인의 실패, 즉 하나님의 목적과 "하나님의 말씀"의 의미를 인식하지 못한 유대인의 실패가 이스라엘에 대한 하나님의 신임이 헛수고가 되게 하거나 하나님이 이스라엘에 대하여 손을 놓으시고 유대인과의 언약을 폐지하신 것으로 귀결되었다는 것을 의미하는 가이다. 이스라엘에 관한 선택과 하나님의 말씀을 유대인에게 위탁하신 것이 애초부터 실수였단 말인가? 하나님은 이스라엘을 포기하시고 다시 새롭게 시작하셔야 하는가? 바울의 대답은 사실상 그것에 대하여 확고하게 부정적으로 답한다. 하나님의 신실하심이 유대인의 불신앙에 의해 결정되지 않는다. 하나님이 과거에 이스라엘의 불신앙에도 불구하고 그들과의 언약에 충실하신 것처럼, 현재에도 미래에도 이스라엘에 대하여 신실하심을 유지하실 것이다. 복음을 계속해서 거부하는 이스라엘의 불신앙에도 불구하고 하나님의 신실하심은 계속 유지될 것이다.

이 구절에 관한 의미는 적지 않게 이 서신에서 처음으로 1:17에서 취해진 주제적인 진술–"믿음으로 말미암은 의–에서의 또 다른 중요한 요소("믿음으로 믿음에")를 발견할 수 있다는 것이다. 이것의 의미는 심오하다. 하나님의 신실성은 무엇보다도 이스라엘을 향하여 되어진 것으로 생각되어진다. 이는 1:17의 배후에 이스라엘을 위한, 더 구체적으로는 받을 만한 자격이 없는 이스라엘을 위한, 하나님의 구원하시는 행위로서의 하나님의 의에 관한 구약의 이해가 바울의 심중에 있었다는 초기의 주장을 확증해준다. 바울은 이스라엘의 불신앙이 이스라엘에 대한 하나님의 선택, 이스라엘을 향한 하나님의 의를 무효가 되게 하지 않고 있는데, 그것을 인정하게 되면 하나님 자신의 복음이 손상을 입을 것이라는 단순한 이유 때문에 그렇다. 이스라엘에 대한 하나님의 목적과 하나님의 아들의 복음간의 연속성에 대한 것도 마찬가지로 손상을 입을 것이기 때문이다. 따라서 그 반대로 이스라엘을 향한 하나님의 *연속되는* 신실하심은 하나님의 의가 믿음으로 믿음에 이른다는 바울의 신앙의 주된 확증이다. 그것은 율법과 그것의 역할에 대한 이스라엘의 오해에 좌우되거나 파손되지 않는다. 또한 불신앙적인 인간의 역사에 좌우되거나 파손되지 않는다.

4 하지만 여기서 바울은 단지 그러한 심오한 함축적인 의미만을 암시할 뿐이다. 그는 아직 그런 논증의 노선을 발전시킬 준비가 되어있지 않으며, 또 "인간의 신앙"에 비추어(3:21-5:21) "하나님의 신실하심으로부터"(9-11장) 상술할 때까지는 그렇게 할 준비를 하지 않을 것이다. 반면에 그는 시편의 간결한 두 인용에서 하나님께서 신실하지 않다는 바로 그 사상에 관한 단호한 거부를 가지고 주장한다. "사람은 다 거짓되되 오직 하나님은 참되시다"(시 116:11). 그러한 반응은 종종 바울의 사상 훈련에 영향을 주고 형성을 이루게 했던 히브리적인 범주 내에서 하나님의 신실성에 관한 개념이 하나님을 참되시다라는 개념으로 병합된 사실에 의해 촉발되고

있다. 하나님의 신실하심은 그 인간이 불신앙적이든 신앙적이든 간에 인간의 반응에 의해 결정되지 않는다. 하나님의 진리는 인간의 잘못이나 왜곡에 의해 문제가 발생하지 않는다. 이 비유가 논증의 초기 단계로 거슬러 올라가고 있는 것은 의도적이며, 아마도 신중한 청중들은 그것을 잊지 않고 있었을 것이다. 왜냐하면 하나님의 "진리"는 그 논증에 전체적으로 걸쳐 있는 끊임없는 동기이기 때문이다. 일반적으로 인간에 관한 기소에서도 그렇고(1:18, 25), 거짓에 근거한 교만 속에서의 유대인의 종교성에 관한 기소에서도 마찬가지다(2:2, 8, 20). 여기서 3절과 4절의 사상의 연관성은 "사람은 다 거짓되되"라는 말에 일반적으로 유대인이 포함되어 있다는 것을 확증한다("거짓말하는 사람"에 "불신앙적인"이 유대인이 포함된다). 그러므로 그 인용은 유대인 대담자를 일반적으로 인류에 관한 시편의 기소 내에 포함시키는 효과를 갖는다. 즉 불신앙적인 "유대인"은 진리를 억압하고(1:18), 진리를 거짓으로 왜곡하며(1:25), 다른 많은 사람들처럼 진리를 불순종한다(2:8). 그럼에도 불구하고 하나님은 인간을 창조하시고(1:18, 25), 이스라엘을 선택하시며, 이스라엘의 "거짓"에도 불구하고 본래의 목적을 성취하실 것이다.

두 번째 인용(시 51:4)은 하나님의 심판에 관한 복잡한 사상을 담고 있는 것으로 보이는데, 인간의 불의와 거짓에 관한 그의 정죄는 정당하며, 진리에 따른 것으로 보인다(2:2). 그리고 이스라엘에 대한 그의 계속되는 신실하심은 이스라엘의 불신앙에도 불구하고 옹호될 것이다.

> 주께서 주의 말씀에 의롭다 함을 얻으시고 판단받으실 때에 이기려 하심이라

이전의 문맥과(2장)과 시편 51편의 문맥은 진노에 관한 하나님의 심판의 사상을 암시한다. 시편기자는 자신의 "무법함과 죄"를 반복해서 고백한다. 하나님이 그 죄를 정죄함이 옳은 것은 그의 죄가 하나님에 대한 것이기 때문이다("내가 주께만 범죄하였나이다" –51:4). 율법에 관한 위반과 하나님에 대한 자신의 죄를 깨닫는 한 유대인(다윗 그 자신)이 있고, 그 유대인은 하나님의 진노를 피할 방도로 어떤 특별한 관계성이나 특권을 주장하는 어떤 시도도 하지 않으며, 다만 하나님의 정죄를 전적으로 옳은 것으로 인정하는 모습을 함축하고 있다. 5-6절에서 하나님의 마지막 심판과 진노에 관한 언급을 촉발시킨 것은 이 구절을 읽는 이런 방식일 것이다.

한편으로 시편 51:4의 구절은 하나님을 의로우신 분이시고, 자신에게 제기된 사례에 대해 경쟁하시는 분으로 언급하고 있다. 그리고 하나님에 대한 가장 분명한 이의제기는 하나님이 마지막 심판을 행사하실 것이라는 것이 아니라–그것은 금언적

인 것으로 당연하게 여겨진다(2:2; 3:6) -오히려 부당하게 이스라엘에 신실하시다는 것이다(3절). 전반적으로 3-8절에 걸쳐 흐르는 논증의 주도나 맥락은 불충한 언약의 파트너에게 하나님이 계속해서 충실하신 것에 대한 불합리하고 의문되는 것들이 있다는 주장을 담고 있다. 그런데 바울이 확신하는 것은 그 날에 하나님은 자신에 대한 모든 이의제기나 반대들을 이기실 것이라는 것인데, 물론 교묘한 세력이나 전제적인 힘을 행사하는 것이 아니라, 각 사례에 정당성을 보이시고 그 말씀의 진리가 인정되도록 하시는 방식으로 말이다(그런 의미에서 "참되시다" -4절). 그 날에 그의 의는(이스라엘을 향한 구원의 행위)가 나타날 것이다(5절).

5 그 문제에 관한 급작스러운 취급은 거의 불가피하게 다음과 같은 대답을 촉발시킨다. "그러나 우리 불의가 하나님의 의를 드러나게 하면 무슨 말 하리요?" 여기에 잘못된 것이 없지 않느냐? 즉 우리의 불의가 하나님의 신실성에 차이를 만들지 않는다면, 우리가 신실할 어떤 필요나 의미가 있는가? 왜 우리는 신실하지 못한 것에 대해 비난을 받아야 하는가? 여기에서 대화자의 목소리는 마침내 바울 자신이 스스로 논쟁하는 방식으로 합쳐진다. 즉 바울은 일인칭 복수("우리의")를 사용함으로 자기 자신을 불신앙적인 유대인과 일치를 시킨다. 그리고 그들의 공통된(=민족적인) 불신앙은 논증의 초기 단계에서 정죄 받은 불의와 동일시된다(1:18, 29; 2:8). 여기서 역시 불의한 자에게 받을 자격이 없는 선하심으로 대하시는 하나님의 의의 특징 즉 불신앙적인 사람들에게조차도 신실하심으로 대하시는 하나님의 특성이 강조된다. 그리고 대조적인 방법으로 이스라엘의 무례한 마음이 드러나기를 시작하는데, 즉 그들은 이스라엘의 특별한 신분(의)은 하나님의 의의 불가피한 결과로 당연한 것이라고 생각하는 가정을 하고 있었으며, 또 더욱더 정확하게는 하나님의 의(이스라엘에 대한 하나님의 의무)가 이스라엘의 의(언약의 의무에 관한 이스라엘의 성취, 즉 할례)에 의해서 정당하게 보여지게 될 것이라는 가정을 갖고 있다. 그러한 견해에 대해 바울의 역주장(하나님의 의를 보이게 한 것이 이스라엘의 불의다)은 "우리가 무슨 말을 하리요?"라는 당황케 하는 말로 이끈다.

따라서 그 질문은 다시 제기된다. "진노를 참으시는 하나님이 불의하시느냐?" 언약에 대한 충성으로 이스라엘이 의롭게 되었다는 생각을 일단 버려라. 그리고 이스라엘에 대한 하나님의 신실성을 유지하기 위한 근거가 손상을 입었다는 생각도 버려라. 이런 조건들 속에서 이스라엘을 향한 하나님의 의를 주장하는 것은 이스라엘을 정죄하는 하나님의 권리를 부인하는 것과 같다. 전체 항목의 발전되고 있는 논증의 측면에서 바울은 그것을 말한다. 즉 바울은 모든 인류의 불의에 대하여 드러내시는 하나님의 진노에 관해 말한 바 있다(2:8-9). 이제 그는 유대인의 불의가 (불의한 자가 받을 수 없는 친절함으로) 하나님의 의를 드러낼 것임을 말한다. 따라서 하나님의 의를 드러내기 위한 분명한 경우를 제공하는 바로 그 태도와 행동을 하나님이 정죄하시는 것을 바울은 어떻게 말할 수 있는가? 하나님의 의가 이런 방식으로 이해되어질 수 있다면 그것은 하나님의 진노를 위해 어떤 여지를 남기는가? 그러한 고통이 바울의 논증이 이제 모순되는 두 방향으로 나아가게 한 것으로 보인다. 1-2장의 하나님의 진노에 관한 강력한 설명은 하나님이 불신앙적인 이스라엘에게 그럼에도 불구하고 여전히 신실하실 것이라는 호의적인 주장으로 인해 완전히 경로가 이탈되었다.

5c-6 바울은 자기 자신이 설정한 문제의 첨예성을 분명히 의식하고 있다. 그것이 그로 하여금 약간 당황스러운 말을 취하게 했을 것이다. "내가 사람의 말하는 대로 말하노니"(5절). 하나님이 "부당하신" 것으로 비판받을 수 있다는 생각이 그를 오싹하게 만들었기에 그는 즉시로 그것을 부정한다. "결코 아니다!" 하지만 그는 자신의 전반적인 논증에서, 이 단계에서는 그 질문에 대응하기 위한 그 이상의 것들을 강구하지는 않는다. 다만 그는 근본적인 확신 – 하나님이 마지막 날에 세상을 심판하실 것이라는 것에만 의존할 뿐이다. 그는 역주장을 옹호하거나 설명할 필요를 갖지 않는다. 그것은 선지자들의 전통에 서 있다는 것은 어느 사람에게서도 금언적인 말이 된다. 우리가 거주하는 세상은 도덕적으로 질서 잡힌 세계다. 이방인의 양심의 측면에서든 유대의 율법의 측면에서든 간에 도덕적으로 책임성이 있는 사람의 마음은 하나님이 각 사람의 행한 것에 따라 베푸실 마지막 날의 계수가 있게 될 것이라는 계시적인 가정을 단순히 확증한다.

하지만 바울은 지금 완전히 궁지에 몰려 있다. 그는 그것으로부터 빠져나올 수가 없다. 그가 할 수 있는 모든 것은 그의 신앙에 관한 이 두 가지 근본적인 주장을 붙들 뿐이다. 즉 하나님이 종말론적인 심판자가 되시고, 그의 심판은 진리에 따라 될 것이며 또 그렇게 된 것을 알 것이다. 그리고 다른 하나는 하나님이 이스라엘에 대한 자신의 목적을 포기하지 않았다는 것, 즉 이스라엘을 통해 세상을 구원하기 위해 나아가시고, 이스라엘의 불신앙과 불의에도 불구하고 이스라엘에 대한 계속적인 신실성을 포기하지 않으셨다. 이 두 가지 금언은 각기 역(counter)이 되는 것으로 보일지 모르나 바울은 이 단계에서는 그 사실을 인식하는 것 이상의 그 어느 것도 하지 않는다. 반면에 확고하게 이 두 가지 사실만을 계속해서 붙든다. 아이러니한 것은 인간의 불의에 의해서보다는 하나님의 신실성에 의해서 더욱더 인간의 마음에 그 문제가 영향을 끼친다는 것이다.

7 하지만 제기된 이의에 관한 논리적인 정확성에 대한 충실함 속에서 바울은 그것을 단순히 그냥 내버려두지는 않는다. 그는 점증되는 불편함에도 불구하고 이런 종류의 불경스러운 질문을 무시하거나 참고 있을 수가 없다. 여기서 아직 그것들을 충분히 다룰 준비가 되어있거나 그렇게 할 수 없음에도 불구하고 그는 신앙을 혼돈케 하는 그러한 질문들을 공개적으로 묻는다. 따라서 그는 다시 한번 묻는다. "그러나 나의 거짓말로 하나님의 참되심이 더 풍성하여 그의 영광이 되었으면 어찌 나도 죄인처럼 심판을 받으리요?" 3-4절과의 사상의 연관성, 하나님의 진리와 하나님의 신실성 간의 히브리적인 사고를 위한 암묵적인 연결, 그리고 바로 그 자체의 질문은 모두 그 사상이 불신앙적인 이스라엘에 대한 하나님의 신실성에 의해 야기된 문제들에 관한 것임을 분명하게 가리켜준다. 하지만 하나님의 진리, 인간의 거짓 그리고 하나님의 영광에 관한 개념의 조합은 거의 불가피하게 인류의 불의에 관하여 드러난 최초의 항목을 생각나게 한다(1:18, 23, 25). 그것은 유대인의 불신앙에 직면해서 하나님의 신실성일 뿐 아니라 그 문제를 제기하고 있는 인간의 거짓에 직면해서도 지탱되는 하나님의 진리이다. 불의한 이방인과 불신앙적인 유대인에 대한 하나님의 의를 주장하는 사람에게서 하나님의 진노와 관련한 의를 이해하는 방법에 관한 문제는, 하나로 동일하면서도, 서로 예리하게 마주보고 있는 두 면과 같다.

이 구절에서 다시 한번 바울이 전체 논증을 자기 자신에게로 초점을 맞추는 것이 두드러진다. 즉 그는 "나의 거짓말", "나도 죄인"이라는 말을 사용한다. 특별히 유대인에 관한 것에서처럼 일반적인 사람에 관한 기소에서 그는 무엇보다 자기 자신을 기소하고 있다. 이 구절에서 제기된 문제는 자신이 쉽게 멀리 할 수 있거나 전혀 관계없는 것이 아니라는 것이다. 왜냐하면 자기 자신도 그런 문제의 양 측면에 몸소 가담했다. 그는 여전히 죄인이며, 이제는 이미 하나님의 구원하시는 의의 수령자가 되었다. "어찌 나도 죄인처럼 심판을 받으리요?"라는 질문에서 갈라디아서 2:14-17에서 바울에 의해 언급된 베드로와 바울간의 격렬한 언쟁을 역시 엿들을 수 있다. 거기서 "이방 죄인"이라는 구절은 할례 받지 않은 자들 그리고 의식에서 부정한 이방인들과 함께 먹는 유대 그리스도인들의 관행(베드로, 바울 등등)을 언급하기 위해 예루살렘으로부터 온 일련의 사람들에 의해 사용된 것을 의미한다(갈 2:12). 이 경우에 바울은 하나님의 마지막 심판의 사상에서 나온 질문과는 거리가 먼 질문으로 방향을 돌리기를 시작하고 있고, 따라서 5절과는 거리가 먼 질문 즉 이방인에 관한 유대인의 정죄에 관한 주제 (1:19-2:3에서처럼)로 방향을 돌리고 있다. 여기서 그 요지는 유대인이 이방인(이방인 그리스도인을 포함하여)을 죄인으로 정죄해서는 안된다는 것인데, 유대인들도 동일한 배에 타고 있는 사람들이기 때문이다–유대인의 불신앙은 일반적인 인류의 거짓만큼이나 하나님의 진노를 받을 만하다. 이것이 바울이 의도한 의미를 담고 있으나 설사 그 사상이 바울에게 나타나 있다할지라도 로마의 청중들에게서 그것은 아마도 상실되었을 것이다.

8 그럼에도 불구하고 8절에서 바울의 사상은 불신앙적인 이스라엘에 대한 하나님의 신실성에 관한 변호에 대항하는 이의제기로부터 이방인에 대한 복음에 대항하여 아마도 유대 또는 유대 그리스도인의 이의제기로 분명히 바뀌고 있는 것이 사실이다. 즉 "'그러면 선을 이루기 위하여 악을 행하자' 하지 않겠느냐(어떤 이들이 이렇게 비방하여 우리가 이런 말을 한다고 하니)." 이 구절의 어색함은 바울의 인내가 이 논증에서 거의 바닥이 나고 있다는 충분한 증거가 된다. 분명히 믿음으로 믿음에라는 하나님의 의에 관한 바울의 가르침은 사실상 죄에 대한 격려인 것으로 공격을 받고 있고, 바울의 감정은 그것에 대해 다소 예민하다. 즉 그는 그것을 중상모략이자, 하얀 것을 검다고 고의적으로 바꾸는 것인 것처럼 묘사한다. 또한 그가 선과 악간의 차이를 아주 완벽하게 무시할 것을 동의했다(참조. 2:9-10)는 주장은 정죄를 받을 만큼 매우 부당하다는 것이다. 그런데 고통스러운 것은 그러한 비난에 대해 반응하기를 시작할 수 없다는 것이다–물론 하나님의 신실하심(믿음으로의 하나님의 의)에 관한 현재의 논증으로부터 이미 분명히 되어졌을지라도, 복음을 아직 잘 알지 못하는 사람을 위해 "믿음으로의 의"가 무엇을 의미하는지를 아직 그는 설명하지 않았다. 결과적으로 바울이 이 문제로 다시 돌아간 것은 6장을 시작하고 나서다. 반면에 그 문제를 제기하는 것은 당초 본인이 정해놓은 해설에 너무 많이 앞서 가는 것이므로 그는 자신의 논증을 돌이킬 수 없는 상황으로 이탈하도록 허락하기 이전에 분명히 여기서 일시 중단을 결심한 것이다. 따라서 그가 할 수 있는 것은 그것뿐이다. 그는 다섯 개의 간략한 단어를 가지고 질문의 끈덕진 노선을 떠난다. "저희가 정죄 받는 것이 옳으니라." 바울이 자신의 추론에서 아주 심술 궂다고 생각하는 사람은 논쟁할 만한 가치가 없다!

그러나 적어도 바울의 간단한 기분전환은 가치 있는 일을 이루어내었다. 그것은 이스라엘의 불신앙을 강조했고 인간의 거짓과 불의에서 이방인과 유대인의 동질성을 확인했다. 여기서 문제가 있다는 것을 받아들인 것은(참으로 대담자가 그렇게 한 것으로 상상되어질 수 있다면), 그의 논증의 첫 주요한 항목에서(1:18-3:20) 긍정적인 진전이다. 그 문제는 이스라엘의 불의에 대한 인식으로 시작해서 경건치 못한 이방인들이 무방비상태에 있는 것과 마찬가지로 과도히 확신하는 유대인도 역시 아무런 방패막이가 없다는 인식으로 발전하고 있다. 이것이 9절에서 바울이 돌아서고 있는 요지이다. 하지만 이스라엘에 대한 하나님의 신실하심은 모든 인간에게 의를 제공하시는 것의 일부에 지나지 않는다는 분명한 의미를 담고 있다는 것이 전체 서신에 관한 논증을 위해서 보다 중요하다. 바울(이방인에 대한 복음의 변호자)은 자기 자신을 아주 완벽하게 이스라엘의 실패와 동일시하고 있다는 사실("그 믿지 아니함", 3절; "나의 거짓말", 7절) 그리고 그의 사상에서 불신앙적인 이스라엘에 대한 하나님의 신실하심으로 시작한 이의제기에서 자신의 복음에 대한 이의제기로(8절) 아주 자연스럽게 전환시킨 사실은 바울에게서 복음의 모델이 이스라엘과의 하나님의 언약, 즉 불신앙적인 백성에게 신실하심을 지키시는 하나님의 언약에서 이미 주어지고 있다는 것을 보여준다. 그의 백성들은 이 사실을 아주 긴급히 이해했어야 했는데(바울의 이해에서처럼 동일한 이의제기가 하나님의 의에 관한 이사야의 이해에서 제기될 수 있다), 그들은 받을 만한 자격이 없는 하나님의 선하심에 대한 동일한 제공을 모든 인류에게 단순히 확장시킨 복음을 거부함으로써 초기의 불신앙을 심화시켰다. 따라서 복음은 먼저는 유대인에게요 또한 이방인에게(1:16) 참으로 있고, 그 복음을 받아들이지 못한 이스라엘의 실패는 하나님의 진노를 먼저는 유대인에게 또한 이방인에게 있게 된다는 것을 확증해준다.

C. 결론: 예외가 없는 모든 사람들에 대한 하나님의 심판(3:9-20)

참고문헌

Blank, J. "Warum sagt Paulus: 'Aus Werken des Gesetzes wird niemand gerecht'?" EKK *Vorarbeiten 1*(1969). Repr. in *Paulus.* 42-68. **Dahl, N. A.** "Romans 3:9: Text and Meaning." In *Paul and Paulinism,* FS C. K. Barrett, ed. M. D. Hooker and S. G. Wilson. London: SPCK, 1982. 184-204. **Dunn, J. D. G.** "New Perspective." ______. "Works of the Law." **Feuillet, A.** "La situation privilégiée des Juifs d'après Rom 3:9: Comparaison avec Rom 1:16 et 3:1-2." *NRT* 105(1983) 33-46. **Fitzmyer, J. A.** "4Q Testimonia" 66-67. **Gaston, L.** "Works of Law as a Subjective Genitive." *Paul.* 100-106. **Hays, R. B.**

"Psalm 143 and the Logic of Romans 3." *JBL* 99(1980) 107-15. **Hübner, H.** "Was heisst bei Paulus 'Werke des Gesetzes'?" In *Glaube und Eschatologie*. FS W. G. Kümmel, ed. E. Grässer and O. Merk. Tübingen: Mohr, 1985. 123-33. **Keck, L. E.** "The Function of Romans 3:10-18 - Observations and Suggestions." In *God's Christ and His People*. FS N. A. Dahl, ed. J. Jervell and W. A. Meeks. Oslo-Bergen Tromsö: Universitetsforlaget, 1977. 141-57. **Lohmeyer, E.** "Gesetzeswerke." *Probleme*. 33-74. **Minde, H. J. van der.** *Schrift*. 54-58. **Moo, D. J.** "'Law,' 'Works of the Law,' and Legalism in Paul." *WTJ* 45(1983) 73-100. **Tyson, J. B.** "'Works of Law' in Galatians." *JBL* 92(1973) 423-31. **Wilckens, U.** "Was heisst bei Paulus: 'Aus Werken des Gesetzes wird kein Mensch gerecht'?"(1969). *Rechtfertigung*. 77-109.

본 문

9 그러면 어떠하뇨 우리는 나으뇨 결코 아니라 유대인이나 헬라인이나 다 죄 아래 있다고 우리가 이미 선언하였느니라	**9** What then[a] do we plead in our defense?[b] For we have now charged both Jews and Greeks as all alike under sin,
10 기록한바 의인은 없나니 하나도 없으며	**10** as it is written, "There is none righteous, not even one."
11 깨닫는 자도 없고 하나님을 찾는 자도 없고	**11** "There is none who understands there is none who[c] seeks out God.
12 다 치우쳐 한가지로 무익하게 되고 선을 행하는 자는 없나니 하나도 없도다	**12** All have turned aside, they have together become worthless; there is none who[c] does good there is none,[c] not so much as one."
13 저희 목구멍은 열린 무덤이요 그 혀로는 속임을 베풀며 그 입술에는 독사의 독이 있고	**13** "Their throat is an open grave, they use their tongues to deceive." "The venom of asps is under their lips."
14 그 입에는 저주와 악독이 가득하고	**14** "Whose mouth is full of curses and bitterness."
15 그 발은 피 흘리는데 빠른지라	**15** "Their feet are swift when it comes to shedding blood,
16 파멸과 고생이 그 길에 있어	**16** ruin and wretchedness are in their ways,
17 평강의 길을 알지 못하였고	**17** and the way of peace they have not known."
18 저희 눈앞에 하나님을 두려워함이 없느니라 함과 같으니라	**18** "There is no fear of God before their eyes."
19 우리가 알거니와 무릇 율법이 말하는 바는 율법 아래 있는 자들에게 말하는 것이니 이는 모든 입을 막고 온 세상으로 하나님의 심판 아래 있게 하려 함이니라	**19** Now we know that whatever the law says it says to those within the law, in order that every mouth might be stopped and all the world become liable to God's judgment.

20 그러므로 율법의 행위로 그의 앞에 의롭다 하심을 얻을 육체가 없나니 율법으로는 죄를 깨달음이니라

20 For by works of the law shall no flesh be justified before him, for through the law comes the knowledge of sin.

원문주해

a. 티 운(*Tί οὖν*)은 분리된 질문으로 보통 강조된다: "그런즉 무엇이뇨?" 하지만 여기서 개별적으로 나누는 것은 다음 말의 의미에 달려 있다(원문주해 b를 보라).

b. 사본 전승의 비중은 동사 뒤에서 운 판토스(*οὐ πάντως*, "전혀 아닌" 또는 "전적으로 아닌")로 읽는다. 그러나 Dahl, *Romans* 3:9는 (*οὐ πάντως*를 생략하고 있는) P가 아마도 시리아와 서부지역(안디옥 지역")에서 초기에 잘 알려져 있던 본문을 보존하고 있고, 우 판토스(*οὐ πάντως*)의 추가(프로에코메다[*προεχόμεθα*]는 어떤 답변을 요구하는 것으로 보이기 때문에)는 그것을 생략하는 것보다는 설명하기가 훨씬 쉬웠을 것임을 보여준다. 달(Dahl)은 우 판토스(*οὐ πάντως*)가 아마도 당시 필사자들에 의해 이해되어진 것으로서 의미의 여백을 메꾸기 위해 삽입된 아주 초기의 난외주이거나 보충이라고 정당하게 결론을 내리고 있다. 달(Dahl)은 우 판토스(*οὐ πάντως*)가 15-16장이 없는 로마서 판으로 추적되어질 수 있는 사본 계통들에서만 빠져 있다는 것을 지적하고, 보다 짧은 3:9 본문의 빈약한 증거는 보다 긴 로마서 번역본에 비하여 안디옥 사본전승의 지속적인 대중성의 결핍 때문이라고 주장한다.

c. 이런 점들에서 사본 전승은 바울이 썼던 것을 더욱더 정확하게 70인경에 맞추려고 시도했다는 증거를 보여준다. 하지만 3:12에 관한 Metzger를 보라.

양식과 구조

서두의 질문은 2:1-3:9의 대부분을 주도했던 논쟁문체의 마지막 시도이다. 하지만 그것은 이전 항목에서 이미 조짐을 보이기 시작했다. 그 반응은 바울의 주장 즉 헬라인뿐만 아니라 유대인도, 말하자면 율법의 소유와 관계없이, 모두 "죄 아래" 있다.

뒤따르는 성경 구절들의 조심스럽게 구성된 연속물들(CD 5:13-17과 제4에스라 7.22-24에서 유사한 동시대적 평행구들을 갖는)은 이미 형성되어 있던 자료들(Keck)로부터 끌어왔을 것이고, 방금 성경적인 증거를 가지고 만들어진 그 주장을 강조하는 일을 돕는다. 모든 시편의 인용들이 의(언약의 충실한 구성원)와 불의간의 대조를 전제하고 있다는 것을 생각해 볼 때에 그 요지는 더 분명해진다. 그것은 하나님 앞에서 혜택을 입은 신분에 관한 전제가 뒤로 물러 설 때에 성경은(10-18절

이 부가적인 삽입이라는 것을 암시하면서 Schenke, "Aporien," 885-87은 바울의 논증 내에서 이 연속물들의 중요한 기능을 간과하고 있다) 모든 인류의 정죄를 돕는다는 의미가 있다. 그 요지는 19절에서 분명해진다. 즉 율법은 "율법 안에" 있는 사람들, 즉 율법으로 특징 되고 구분되는 사람들에게 속해 있다는 사실에 확신을 두는 사람들에게 말을 한다. 미첼(Michel)은 절의 구조를 살피는데 – 10-12절(2×3 소절), 13-14절(2×2) 그리고 15-18절(2×2) – 그것은 자증적(self-evident)이지는 않다. 우크 에스틴(*οὐκ ἔστιν*, 10, 11, 12, 18 ; 참조 Heil)이 여섯 번 반복되는 것은 아주 인상적이고 효과적이다.

20절은 전체적인 이전 논증(1:18-3:20)의 결론을 제공해준다. 하지만 로마서에서 보통 나오는 것처럼(5:21에 관한 양식과 구조를 보라), 바울은 뒤에 나오는 논증에서 중요한 주제들을 도입할 수 있도록 결론을 형성하고 있다. 즉 엑스 에르곤 노무(*ἐξ ἔργων νόμου*) – 3:27, 28 ; 4:2, 6 ; 9:11, 32 ; 11:6 ; 디카이오데세타이(*δικαιωθήσεται*) – 3:24, 26, 28, 30 ; 4:2, 5 ; 5:1, 9 ; 6:7 ; 8:30, 33 ; 디아 노무 에피그노시스 하마르티아스(*διὰ νόμου ἐπίγνωσις ἁμαρτίας*) – 4:15 ; 5:13 ; 7:13.

주석

9 "그런즉 우리를 위해서 무엇을 주장하리요?"(*τί οὖν προεχόμεθα* – 티 운 프로에코메다). 이 본문은 보통 "그러면 어떠하뇨 우리는 나으뇨"(*τί οὖν; προεχόμεθα; οὐ πάντως* – 티 운; 프로에코메다; 우 판토스)라고 읽혀진다(RSV, NEB ; 유사하게는 NJB, NIV). 하지만 (1) 프로에코메다(*προεχόμεθα*)를 "우리가 나은 것이 있는가?"로 번역하는 것은 – 다른 어느 곳에서도 증명되지 않은 용법인 – 능동태에 상응하는 중간태(또는 수동태) 형태로 취급하는 것과 관련되어 있다. (2) "우리 유대인들"이라는 1인칭 복수를 취하는 것은, 3:1의 테두리 내로 그 논의를 좁히는 것이다. 즉 화자를 다시금 "유대인"으로 상상하거나(하지만 지금 복수로 말하고 있다), 바울이 자신을 자기 백성들과 동일시하는 것으로서의 화자로 그 논의를 좁히고 마는 것이 된다. 하지만 5-8절에서 연속되는 일인칭 형태의 의미는 아주 좁은 유대적 시각을 넘어서 그 논의 범위를 분명히 확대하려 하고 있고(3:5에 관해서 보라 – 3:3, 5에서 "그들"과 "우리"간의 구분을 주목하라), "우리"가 "유대인과 이방인"에 반하여 설정되어진 것이고, 그 양 그룹(유대인과 이방인)과 동일시할 의도가 분명히 없기 때문에 즉시 이어지는 일인칭 복수는(*προῃτιασάμεθα* – 프로에티아사메다) 보다 넓은 시각을 유지하고 있다. 프로에코메다(*προεχόμεθα*)를 "우리 유대인"이라고 번역하

는 것은 바울의 사상의 흐름을 방해한다. (3) 3:9에 대한 일반적인 번역은 그것을 3:1의 재진술로 만들게 하지만 그것은 모순적인(또는 적어도 대조되는) 대답을 갖게 한다-일련의 질문들이 결국에 유대인들이 더 나은 것이 없다는 바울의 확고한 주장에 따른 결과이기 때문에 다시금 3:1-8을 무의미하게 만든다("직접적인 모순"-Dodd). 바울이 동일한 질문(3:1, 9)을 부정적으로 답변하려고 하였다면, 그가 아직 답변하지 못한 제기된 질문들로 인해 몹시 고통하며 혼란해 했을 것이다. 따라서 그러한 모순을 피할(또는 완화시킬) 수 있는 유일한 방법은 "전혀 아니다"(not at all)라는 뜻을 의미하는(BGD; BDF, § 433.2; 참조. 고전 16:12) 우 판토스(*οὐ πάντως*)를 다른 곳에서 평행 되는 것이 없는 "전적으로 아니다"(not altogether, 고전 5:10은 "전혀 아니다"라는 번역이 아주 적절하기 때문에 인용되어질 수 없다. RSV와 NIV가 인식하고 있는 것처럼 말이다. Feuillet, "Situation," 36-37에 의해 주장된 평행구문들은 더 나을 것이 없다)라는 덜 자연스러운 의미로 번역하는 것이다. (4) 그밖에 다른 곳에서 티 운(*τί οὖν*)에 관한 바울의 사용은 도움이 되지 않는데 왜냐하면 그는 그것을 독립적인 질문으로서(6:15; 11:7; 참조. 3:3; 9:32) 뿐만 아니라 보다 완전한 질문의 술어로서 사용하고 있기 때문이다. 새로운 (또는 결론을 내리는) 논증의 구절이 도입되는 지점에서(4:1; 6:1; 7:7; 8:31; 9:14, 30) 티 운 에로우멘(*τι οὖν ἐροῦμεν*)이 대부분 규칙적으로 사용되기 때문이다.

프로에코메다(*προεχόμεθα*)는 "우리가 더 나쁜가?"라는 수동태로 번역될 수 있다. 그러나 다시금 "우리 유대인들"은 앞선 문맥과 맞지 않고, "우리"에 관한 다른 이해와 관련해서 우 판토스(*οὐ πάντως*)가 이어지는 총괄적인 기소와도 어긋난다. 따라서 달(Dahl)은 자신의 공평한 연구에서("Romans" 3:9) 프로에코메다를 단일한 질문으로 읽혀지는 티 운 프로에코메다(*τί οὖν προεχόμεθα*)와 함께 진정한 중간태(문자적으로는 "붙잡는 것, 갖는 것, 어떤 것을 자기 앞에 두는 것")로 번역할 것을 주장한다. 프로에케스다이(*προέχεσθαι*, 중간태)의 몇 가지 예들이 제기된 구실이나 변명을 나타낸다고 지적하는 사람들에 대하여 그는 에녹1서 99.3-4에 유의한다. 즉 "그런즉 너 의인아 자신을 준비하며, 너희 앞에 기억되어질 수 있는 기도들을 붙들라(*προέχεσθε τὰς ἐντεύξεις ὑμῶν εἰς μνημόσυνον*-프로에케스데 타스 엔툭세이스 휘몬 에이스 므네모수논). 천사들이 높으신 하나님 앞에 사악한 사람들의 죄를 가져갈 수 있도록 그 천사들 앞에 거룩한 간증을 만들라. 불의한 자들이 멸망하는 날에 그 죄인들은 두려움에 떨 것이다." BGD에 의해 제기된 대안은 9b절에서처럼("내가 스스로를 변호하고 있는가? 내가 변명들을 만들고 있는가?") 자기 자신에 대한 언급으로서 9a절의 "우리"를 취하는 것인데, 이는 사실상 9a절과 9b절의 불연속성을 더욱더 만들고 있다. 왜냐하면 9a절은 8절에서 제기된 개인적인 문제를 계속 제기하고 있는 반면에 9b절은 보편적인 기소로 되돌아가고 있기 때문이다. 8절의 끝맺는 말을 이전 질문의 노선에 관한 토론시간 한정으로서 간주하는 것이 더 좋다.

달이 주장하는 것처럼 이해되어질 수 있는("그런즉 우리가 어떤 변호에 간청할 수 있는가?" Gaston, *Paul*, 121도 뒤따른다) 그 질문은 문맥상 대단히 적절하다. 그것은 3:1의 재진술이 아니고 또한 3:1-8에서 공개된 논의의 종류를 더 다룰 것을 요구하는 보충질문도 아니다. 그것의 기능은 이전 단락을 주도했던 대화를 가깝게 끌어오는 일을 한다. 그것은 그 논증의 첫 번째 주요 항목에 대한 결론의 시작이다. "우리가 말했던 모든 것에 비추어 우리 인간은 변호를 위한 것으로 무엇을 주장할 수 있는가?" 그 질문은 수사적이고, 그 대답은 설명을 할 필요가 없을 정도로 아주 분명하다(우 판토스[*οὐ πάντως*]는 확실하게 취하지 않은 질문의 관점에 대한 대답을 제공하는 초기의 첨가물이다). 그러나 사실상 한 가지 대답이 구약 구절의 삽입된 성구의 말미에 주어지고 있다. 이것들은 어떤 변호도 불가능하다는 것을 보여준다(3:19).

그러나 달의 주석은 "우리"라는 의미의 이해에 있어서 몇 가지 조건들을 필요로 한다. "우리 유대인"이라는 번역이 그 논증을 3:1로 되돌아가게 한다는 것이 참일지라도 그리고 3:5-8의 일인칭 복수가 그 논증을 그러한 유대인들을 넘어서서 범위를 넓혀줄지라도 3:5-8로부터 범위를 넓혔다는 것은 따로이 구분됨을 주장하는 유대인의 잘못된 인식을 손상시키려는 한 방법으로, 또 유대의 아피스티아(*ἀπιστία*)가 인간의 아디키아(*ἀδικία*)와 또 일반적으로 퓨스마(*ψεῦσμα*)의 일부라는 것을 상기시키기 위한 것이 사실이다. 3:9의 "우리"는 자신의 기소를 선회하면서 간직하기를 원하는 바울 자신의 표지다. 그의 공격의 주된 진의는 의/불의가 관련되는 한 구분이 있다고 하는 전형적인 유대인의 가정이 잘못되었음을 드러내는데 있다. 모든 인간이 한 배에 있다("죄 아래" 있다)고 하는 자신의 외침을 확고히 하기 위해서 바울이 손상시켜야 하는 것은 언약의 신분 유지를 통해서 의를 이룬다는 유대인의 전제다(유대인과 하나님을 예배하는 자들은 이방인의 죄성에 관해서 설득할 필요가 없다–1:18-32).

(1) 3:9의 "우리"가 유대인만큼이나 이방인들에게 많이 초점이 맞추어져 있다면, 2:14-15, 26을 생각해 보는 것이 한 가지 분명한 대답이 될 것이다–그러한 이방인도 변호하는 것을 만들고 있다). 하지만 3:5-9의 기능처럼 2:14-15, 26의 기능이 이

방인 "죄인들"과 자신들을(유대인들)을 구분시키는 언약의 특권을 갖고 있다는 유대인의 확신에 대한 거품을 빼는 것임을 인식한다면, 그러한 반응은 부적절하다. "유대인"은 구분성에 의해서가 아니라 인간이 실패한 일에서의 동질성 속에서 많이 염두에 두어지고 있다. (2) 이것은 역시 이어지는 구약의 인용의 연속물에 관한 가장 적합한 의미를 만들어준다(3:10-18), 그 인용에서 바울은 (확실히 의도적으로) 다른 사람들에 관한 **유대**의 기소를 이루었던 시편의 연속되는 구절을 인용하고 있다. 바울은 그 인용물들을 보편적인 기소로서 분리하여 읽을 수 있기 때문에 인용한 것이 아니라, 유대의 불신앙에 관한 이전의 해설에 비추어 그것들이 자기 기소로서 기능하고, 따라서 보편적인 기소로서 작용하기 때문에 인용한 것이다. (3) 달이 주목하는 것처럼, 여기서 역시 에녹1서 99.3-4와의 병행은 아주 가치가 있는데, 그것은 여기서 바울이 의미한 것에 대한 열쇠를 진정으로 제공한다. 이 성경의 연속물들은, (에녹1서에서처럼) 하나님 앞에서 간청함에 있어서, 의인들이 자신들 앞에서 붙들고 있는 이스라엘의 압제자에 대한 불평에 기반을 두지 않고, 유대인과 이방인 둘 다에 대한 기소로서 작용한다. 따라서 에녹 99:3-4는 결론의 서두 질문(3:9)이 다음에 이어지는 구절들을 어떻게 이끄는지를 분명히 하는데 도움을 준다. 바울은 에녹1서에 표현되고, 바울에 의해 인용된 시편의 성경적 표현에 나타난 이런 종류의 태도를 아마도 의도적으로 공격하고 있는 것 같다.

"유대인이나 헬라인이나 다 죄 아래 있다고 우리가 이미 선언하였느니라"(*προητιασάμεθα γὰρ Ἰουδαίυς τε καὶ ελληνας* – 프로에티아사메다 가르 유다이오우스 테 카이 엘레나스). LSJ는 3:9을 이런 언어 형태의 유일한 출현으로 기록하고 있지만, 그 의미는 상당히 분명하다. 바울은 1:18-3:8의 전반적인 결론을 요약하고 있다. 따라서 우리가 그 요약을 안다면 그의 논증의 적절한 의미를 이해할 수 있을 것이다. 그 요약은 다음과 같다. "이방인에 관한 이전의 고발"(1:18-32)과 "유대인에 관한 이전의 고발"(2:1-29)이 아니라, 이방인에 관한 전형적인 유대인의 비난의 측면에서 전체로서의 인류에 관한 이전의 고발이다(1:18-32). 다시 말하면, 유대인들에 관한 이전의 고발은 그들의 언약적 특권들(비록 사실일지라도)을 잘못 이해했고 남용했으며, 이런 오해와 남용이 사실상 전체로서의 인류, 즉 유대인뿐만 아니라 이방인(2:1-3:8)에 관한 정죄가 되는 1:18-32의 정죄를 증명하고 있음을 보여준다. "유대인과 헬라인들"(*Ἰουδαίους τε καὶ Ἕλληνας* – 유다이우스 테 카이 엘레나스, 1:16을 보라): 복수형(1:16과 2:9-10과는 구분되며, 10:12; 갈 3:28; 골 3:11의 형태로 사용되는)은 바울이 이제 완전히 2:1-3:8의 전형적인 "유대인"과의 대화에서 벗어나고 있다는 더 상세한 표시이다(참조. 고전1:24; 10:32; 12:13).

"다 죄 아래 있다"(*πάντας ὑφ' ἁμαρτίαν εἶναι* – 판타스 후프 하마르티안 에이나이). "모두"(*πάντας* – 판타스)는 물론 강조용법이다. 그러한 요약적 진술 속에서 기소의 범위에 관해 생각해 볼 수 있다(특별히 1:16; 2:1; 3:20, 22, 23; 4:16; 10:4를 참조하라; 또한 1:16과 3:22를 보라). 후푸 하마르티안(*ὑφ' ἁμαρτίαν*)과 함께 6장과 7장을 대체로 주도하게 될 한 단어의 출현을 보게 된다. "죄 **아래**"라는 전치사 형식(7:14과 갈 3:22에서처럼)과 이어지는 의인화(아주 명백하게는 5:12, 21; 6:6, 12-23; 7:8-11)는 바울이 "죄"를 세상 속에 있는 한 세력으로 이해했음을 보여준다. 바로 그 세력은 인간에게 부정적인 영향을 미치는 것으로 작용한다(참조. Sir 21:2; 27:10; 1QH 1:27; 4:29-30). 왕적인 지배와 노예의 소유권에 관한 이미지의 세력을(5:21; 6:12-23; 7:14) 결코 감소시켜서는 안 되는데, 분명히 이 세력은 사망으로 귀결되는 강력한 힘을 행사하기 때문이다(5:21; 6:16, 21, 23; 7:9, 11). 바울이 "죄"를 하나의 권세로 어떻게 개념화시키는지는 분명하지 않다. 그는 "사단"(16:20을 참조하라)이나 "마귀" 그리고 어떤 세력이나 나라(8:38-39와 8:31-39의 양식과 구조에 관해 보라)와 관련해서는 죄를 언급하지 않고 있고, 이러한 다른 개념들이 보다 공식화된 맥락에서 발생되어진다고(8:38-39; 16:20; 고전 5:5; 7:5; 고후 11:14 등등) 말할 수 있는 반면에, (로마서 이외에) 권세로서 죄의 개념이 바울의 사상에서 더 뚜렷한 것은 없다고 말할 수 있다. 그럼에도 불구하고 로마서에서 바울은 (사망과 더불어) 죄를 인간의 경험에서 가장 부정적이고 가장 위험스러운 세력으로 보고 있다. 따라서 개념화에 대한 문제는 부차적인 것이다. 중요한 한 가지 사실은 인간이 (의식적으로든 무의식적으로든) 경험하는 세력이 있는데, 그 세력은 인간을 부패와 멸망으로 전적으로 묶는 일을 하고, 인간이 하나님에 대한 지식이나 하나님의 뜻을 행하는 일에 관심을 갖는 것을 불가능하게 하며, 인간이 하나님의 피조물이라는 것을 잊도록 하는 단순히 동물적인 욕구를 자극한다 – 따라서 바울은 그 세력을 "죄"라고 부른다. ("하마르티아[*ἁμαρτία*]에 관한 신화적인 개념은 구체적인 인류학적인 사실을 묘사한다[*Sachverhalt*]" – Michel; 참조. SH, 145-46.) 더욱더 구체적으로는 6-7장을 보라. 거기서 바울은 약간 더 자세하게 죄와 사망, 죄와 육체, 그리고 그의 전반적인 논증을 위해 적지 않게 중요한 죄와 율법에 관한 상호작용을 다룬다. 바울이 개별적인 행동으로서의 하마르티아에 대해서는 거의 사용하지 않는다는 것이 자주 언급되기(참조. Bornkamm, *Paul*, 133; Cranfield) 때문에 4:7, (8); 7:5; 11:27에서 복수를 사용하고 있는 것과 3:20; 5:13, 20; 6:1; 7:1; 14:23(5:20; 7:7; 심지어

6:16을 보라)에서 다의적으로 사용하고 있는 것을 주목해야 한다. 또한 로마서 이외에 바울의 작품에서 하마르티아에 관한 언급의 대다수는 죄스러운 행동을 나타내고 있다. 케이(Kaye)는 로마서에서 계속해서 나오는 하마르티아가 "죄스러운 행동, 또는 그러한 행동으로 인해 생기는 범죄"를 의미한다고 참으로 주장하는데(*Chapter* 6, 30-57), (위에서 지적한) 바울이 사용하고 있는 용어의 의미에 대해서는 충분한 비중을 두지 않는다. 그 두 가지 사용이 서로 병합될 수 있다는 사실은 원인이 되는 의미와 실제적인 사용을 항상 쉽게 구분할 수만은 없다는 경험상의 실제를 반영해 준다.

10-18 "기록된 바"(*καθὼς γέγραπται* – 카도스 게그랖타이, 1:17을 보라). 요약적인 기소는 일련의 성경 본문에 의해 보강되어진다. 다시 한번 연속되는 성구집의 요점은 성경이 모든 인류를 정죄한다는 것을 단순히 보여주는 것만이 아니라, 의인과 악인간의 분명한 구분에 관한 전제로부터 읽었던 성경들은(참조. Jub. 21.21.22; 그리고 나아가서 1:17의 디카이오스[*δίκαιος*]에 관해서도 보라), 그러한 분명한 구분이 손상을 입게 되자마자, 사실상 모든 인류를 정죄했다는 것을 더 확실히 보여준다.

10 *οὐκ ἔστιν δίκαιος οὐδὲ εἷς*	전 7:20 *ἄνθρωπος οὐκ ἔστιν δίκαιος ἐν τῇ γῇ, ὃς ποιήσει ἀγαθὸν καὶ οὐχ ἁμαρτήσεται*
11 *οὐκ ἔστιν ὁ συνίων,*	시 13:2-3 *εἰ ἔστιν συνίων*
οὐκ ἔστιν ὁ ἐκζητῶν τὸν θεόν	*ἢ ἐκζητῶν τὸν θεόν*
12 *πάντες ἐξέκλιναν ἅμα ἠχρεώθησαν*	*πάντες ἐξέκλιναν, ἅμα ἠχρεώθησαν*
οὐκ ἔστιν ὁ ποιῶν χρηστότητα	*οὐκ ἔστιν ποιῶν χρηστότητα*
οὐκ ἔστιν ἕως ἑνός	*οὐκ ἔστιν ἕως ἑνός*
13 *τάφος ἀνεῳγμένος ὁ λάρυγξ αὐτῶν*	시 5:10 *τάφος ἀνεῳγμένος ὁ λάρυγξ αὐτῶν,*
ταῖς γλώσσαις αὐτῶν ἐδολιοῦσαν,	*τᾶς γλώσσαις αὐτῶν ἐδολιοῦσαν.*
ἰὸς ἀσπίδων ὑπὸ τὰ χείλη αὐτῶν·	시 139:4 *ἰὸς ἀσπίδων ὑπὸ τὰ χείλη αὐτῶν.*
14 *ὧ τὸ στόμα ἀρᾶς καὶ πικρίας γέμει*	시 9:28 *οὗ ἀρᾶς τὸ στόμα αὐτοῦ γέμει καὶ πικρίας καὶ δόλου.*
15 *ὀξεῖς οἱ πόδες αὐτῶν ἐχέαι αἷμα*	사 59:7-8 *οἱ δὲ πόδες αὐτῶν ἐπὶ πονηρίαν τρέχουσιν ταχινοὶ ἐκχέαι αἷμα*
16 *σύντριμμα καὶ ταλαιπωρία ἐν ταῖς ὁδοῖς αὐτῶν*	*σύντριμμα καὶ ταλαιπωρία ἐν ταῖς ὁδοῖς αὐτῶν.*

17 καὶ ὁδὸν εἰρήνης οὐκ ἔγνωσαν   καὶ ὁδὸν εἰρήνης οὐκ οἴδασιν.
18 οὐκ ἔστιν φόβος θεοῦ   시 35:2 οὐκ ἔστιν φόβος θεοῦ
ἀπέναντι τῶν ὀφθαλμῶν αὐτῶν   ἀπέναντι τῶν ὀφθαλμῶν αὐτοῦ

그 연속된 성구들은 다양한 길이의 일곱 가지 인용으로 구성되어 있는데 그중 다섯 가지는 시편에서 인용되었다. 곧바로 알 수 있는 것처럼 모든 경우에 70인경을 따르고 있는데, 성구들의 형태를 맞추기 위해서 서두의 소절들을 수정했고(뜻은 변화시키지 않고), 약간 더 뒤의 소절들은 요약되어 있으며(다시금 뜻에는 영향을 주지 않고－14-15절), 그 외에 다른 곳들 속에서는 사소한 수정들이 보인다(12b, 15, 17절). 바울이 이전에 다른 것들 속에 있었던 자료들에 의존하고 있다(van der Minde, 57; Keck; 특별히 Justin, *Dial.* 27.3을 참조하라)는 말이 가능하기는 하지만, 그 구절들이 바울 자신의 특별한 요지에 맞추어진 정도(이방인에 관한 유대인의 정죄는 자기 고소가 되고 있다)는 그 말이 합당하지 않는 것처럼 보이게 만든다(Keck의 언급에도 불구하고, Justin의 성구들은 바울의 성구들에 의해 영감을 받았을 것이다). 특별히 젤러(Zeller)를 보라. 물론 연속되고 있는 성구들은 동일한 목적을 가진 이전의 경우를 고려하여 바울 자신이 형성한 것일 수 있다(짜여진 증거들의 정도는 서신을 받아쓰는 동안에 즉각적으로 작성했다기보다는 보다 공식적인 어떤 것이 있었음을 암시한다).

10 주석가들은 이 성구의 서두소절이 3절에서처럼(*οὐκ ἔστιν ποιῶν χρηστότητα, οὐκ ἔστιν ἕως ἑνός*－우크 에스틴 포이온 크레스토테타, 우크 에스틴 헤오스 헤노스), 동일한 말들이 나타나는 시편 13:1의 개조라고 일반적으로 추측한다. 하지만 전도서 7:20과의 평행에 분명히 더 가깝다: 바울은 그것이 디카이오스(*δίκαιος*)를 사용하고 있고, 또 서두에 언급하기를 원했던 "의인들"에 같은 구별되는 그룹이 있다는 것을 부정하고 있기 때문에, 분명히 그것을 아마도 생각했을 것이다. 코헬레트(Qoheleth)의 다소 편견을 가진 견해는 자기 자신을 의인으로 여기는 유대의 민족적인 이해(1:17을 보라)가 언약의 특권과 책임성에 관한 잘못된 이해라는 바울의 주장을 확인해준다. 이 경우에 이것은 신약성경에 나오는 전도서로부터 인용한 오직 유일한 구절일 것이다. 크랜필드는 다음 세대의 랍비(Eliezer ben Hyrcanus)가 많은 동일한 구절을 만들었다는 것을 주목한다(*b. Sanh.* 101a－Cranfield, 192 n.1). 특히 쿰란 찬양(Qumran Hymn) 사본에 반복된 고백들을 참조하라(특별히 1QH 4.30-31; 7.17, 28-29; 13.16-17; 16. 11; 또한 11QPsa 155.8).

11-12 다음 번의 성구는 시편 14:1-3[70인경 13:2-3]과 53:2-3[70인경 52:3-4]

에 의존하고 있다. 의미가 있게도 기소를 당하는 자는 "어리석은 자"이고, 기술된 사람들은 하나님의 백성, 즉 "의로운 세대"(시 14:4, 5, 7), 하나님을 좇는 사람들(참조. 시 9:10; 22:26; 24:6; 27:8; 등등)에 반하는 사람으로 설정되어 있다. Str-B는 랍비의 주석들이 "어리석은 자들"을에서(Esau) 그리고 로마로 이해하고 있다는 것을 주목한다(3:157). 하지만 유대 해석의 전통에 따르면, 전도서 7:10을 상술한 것으로 사용할 때에 그 시편의 구절들은 코헬레트(Qoheleth)의 보편적인 정죄를 메꾼 것으로 이해되어질 수 있다("랍비들이 성스러운 문서를 분명히 하고 그 깊이를 추론하는 주된 방법은 유사 구절들에 의지하는 것이다"—Bloch, "Midrash," 32). 그 인용을 인식한 사람들은(시편에서의 그 인용의 반복은 그것을 아주 친밀하게 만들어줄 것이다) 어리석은 자가 하나님을 부정하는 것과 동일한 표현으로 이방인의 간음과 성적인 왜곡이 함께(참조. 시 14:1) 유대인의 전제를 바울이 사실상 연관짓고 있다는 충격적인 의미를 역시 인식했을 것이다. 에크레오데산(*ἠχρεώθησαν*)은 (우유가) "시어지다"는 נֶאֱלָחוּ에 대한 70인경 번역이다. 따라서 NJB는 "시어져 버린 것과 같은"이라고 번역한다.

13 시편 5:9[70인경 10]와 140:3[70인경 139:4]는 앞선 절과 동일한 의미로 사용되고 있다. 두 시편에서 시편기자는 다시 한번 자기 자신을 하나님의 의로 인도되어지고(5:8), "의인들" 중에 계수되기를(5:12; 140:13) 기대하는 사람으로서 5:5과 140:4, 즉 시편에서 자주 암시되는 "강포한 자"("불의한 자들", "죄인들")로 묘사되는 사람들과 구분을 시키고 있다. 하지만 여기서 다시금 바울은 하나님 앞에서 그들의 위치와 관련되는 한, 유대인과 이방인, 유대의 "의로운 자들"과 이방의 "불의한 자들" 사이에는 구분이 없다는 것을 함축한다. "그들의 목구멍은 열린 무덤이다"라고 말함으로써 시편 기자가 무엇을 의미했든지 간에 그것의 전반적인 심상은 강력하게 자극적이며, 그 의미는 상당히 분명하다.

14 시편 10:7[70인경 9:28]을 인용한 것은 시편 14장에서의 초기 인용과 동일한 효과를 갖는데, 이는 하나님을 경멸하는 사악한 사람들에 관한 기소를 담고 있고(10:2-4, 6, 11), 다시금 모든 즉 유대인과 이방인에 관한 묘사로 사용되고 있다(Maillot).

15-17 그 성구집은 이사야 59:7-8에서의 시편과 유사한 구절에서 끌어옴으로써 보다 큰 의미를 주고 있다. 그 구절이 **이스라엘**의 죄들 즉 이스라엘의 의에 대한 부족(59:12-15)에 대한 한탄인 것은 우연이 아니다. 그리고 그 의미는 바울이 2:24에서 이사야 52:5을 사용한 것과 동일하다. 즉 유대인은 지금의 이스라엘과 같고, 물론

하나님의 의와 구원의 희망이 있을지라도(59:17), 그들의 죄는 하나님으로부터 완전히 단절되기에 충분하다(사 59:2). "평강의 길"이라는 구절에서 "평강"의 풍부한 개념에 대해서는 1:7을 보고, 5:1과 비교해 보라. 이 구절에 관한 바울의 사용이 하나님의 의에 관한 바울의 이해가 제2이사야에 의해 대체적으로 영향을 받았다는 인상을 강화시킨다는 사실을 말이 난 김에 주목해야 할 것이다(1:17에 관해 보라).

18 이 성구는 다시 한번 그 대조가 율법을 범한 자들(36:1-4, 11-12)과 하나님의 의를 의존하는 사람들간(36:10)에 이루어지고 있고, 다시 한번 율법을 범한 자들에 관한 묘사가 모든 사람들에게 적용될 수 있다고 보는 시편 36:1[70인경 35:2]에 관한 언급으로 돌아간다. "하나님에 대한 두려움"이 유대 성경과 종교에서 아주 중요한 동기가 되기 때문에(예를 들어, 창 22:12; 신 6:2; 잠 1:7; *T. Lev.* 13.1; 1QH 12.3; 더 자세한 것은 *TDNT* 9:201-3, 205-7을 보라) 마지막 구절은 특별히 결의적이고, 효과적인 결론을 내리고 있다. "저희 눈앞에 하나님을 두려함이 없느니라."

이런 모든 구절들 중에서 시편에서 기인되지 않은 두 구절이 상당히 잘 인용된 것으로 보이는데, 왜냐하면 이 두 구절들만이 곧바로 읽어서도 유대인들에게 적용될 수 있는 것들이기 때문이다. 하지만 이미 주목했던 것처럼(3:11-12을 보라) 전도서로부터의 최초의 묘사를 확장시킨 유사한 용어의 구절들을 사용한 것은 현대의 해석학적 원리의 측면에서도 꽤 적절하다. 그리고 현대의 주석가들은 그렇게 합성된 증거본문이 원문들 또는 부분 원문들을 취하고 있는 문맥에 대한 어떤 암시를 인식하고 있었을지라도, 이 경우에 모든 시편의 인용들이 하나님에 의해 자의식적으로 은혜를 받은 사람들과 어리석은 자, 불의한 자, 무법한 자, 사악한 자, 죄인으로 다양하게 묘사되었던 나머지 사람들간의 대조로 작용하고 있는 것은 우연이 아니다. 그의 첫 번째 독자들이 그 암시를 인식했든지 하지 못했든 간에 바울이 시편의 인용을 하나님 앞에서 유대 민족의 은혜 받은 지위 속에서의 과도한 확신에 관한 전환으로 의도했다는 것은 거의 확실하다. 시편 기자가 하나님의 호의와 의 바깥에 있는 사람들을 위해 사용했던 바로 그 설명들은 전도서와 이사야의 구절에 비추어 자기 묘사와 자기 정죄로 보일 수 있다.

19 "우리가 알거니와"(*οἴδαμεν δὲ ὅτι* - 오이다멘 데 호티, 2:2을 보라). 바울은 갈라디아서 2:16에서 공통된 지식에 관해서 동일한 호소를 사용하고 있다. 갈라디아서와 로마서의 논증은 그 요지에서 매우 가깝다. 이 요지에 대한 로마서의 해설은 (특별히 로마서 2:1) 베드로에 관한 그의 초기의 비난이 방향을 취하고 있는 중요한 원리(갈 2:16)에 관한 이해를 변호하고 분명히 하고자 하는 바울의 시도로 간주되

어질 수 있다.

"무릇 율법이 말하는 바는 율법 안에 있는 자들에게 말하는 것이니"(*ὅσα ὁ νόμος λέγει τοῖς ἐν τῷ νόμῳ λαλεῖ*-호사 호 노모스 레게이 토이스 엔 토 노모 랄레이). 즉 "율법 아래"[NIV]가 아니다-바울의 전치사 선택에 대한 탁월함을 주목해야 하다. "율법 안에 있는 자들"(*οἱ ἐν τῷ νόμῳ*-호이 엔 토 노모; "율법을 가지고 있는 자들"(*οἱ τὸν νόμον ἔχοντες*-호이 톤 노몬 에콘테스, 2:14); "율법 아래 있는 자들"(*οἱ ὑπὸ νόμον*-호이 휘포 노몬, 고전 9:20; 갈 4:5); "율법에 속한 자들"(*οἱ ἐκ νόμου*-호이 에크 노무, 4:14, 16)을 참조하라. 여기서 심지어 2:12보다도 더 분명하게, 유대인과 헬라인간의 경계를 긋는 율법의 특징과 기능이 설명되고 있다. 유대인들은 "율법 안에 있는 사람들", 즉 율법에 의해 한정되어진 사람들로 정의되어지는데, 그들의 종교, 민족성, 삶의 방식은 토라의 독특한 표지를 갖는다(2:12와 서론 §5를 보라; "율법 안에" 이방인도 포함되어 있다고 주장함으로써 Murray와 Hendriksen은 바울의 논지를 약화시키고 있다). 호사(*ὅσα*)는 강조다. 즉 "율법이 말하는 모든 것"이다. 율법이 율법 안에 있는 자를 율법 없는 자로부터 구분하는 특성을 가지고 있기 때문에, 그것이 율법 안에 있는 자들에게 제기되었던 것임은 거의 부정할 수 없다. 그러나 그것은 율법 안에 있는 모든 것을 의미하며, 율법 안에 있는 사람들뿐만 아니라 율법 밖에 있는 사람들에 대한 기소로서도 읽혀지는 것을 포함한다(3:10-18). 바울이 율법을 나머지 유대 성경과 구분하지 않은 것을 주목해야 한다(3:10-18에는 모세오경으로부터 인용한 것이 없다). 이 양면성은 유대적 용법을 반영하고 있다(참조. 고전 14:21; 요 10:34; 15:25; Str-B, 3:159, 463). 노모스(*νόμος*)가 다시 갑작스럽게 논증을 주도하는 방식이 눈에 띈다(2:12-15[9번]에서처럼, 세 구절에 6번이나 노모스가 나온다. 그러나 여기서 바울은 자신의 해설의 첫 단계의 클라이막스에 이르고 있고, 중요한 다음 단계의 결정적 전환을 이루고 있다.

"모든 입을 막고"(*ἵνα πᾶν στόμα φραγῇ*-히나 판 스토마 프라게). 그 은유는 어떤 사람이 말하는 것을 방해받는다는 것을 의미한다(특별히 마카비1서 9:55을 참조하라)-여기서 단순히 고소를 유발하는 증거의 비중에 의한 것이 아니라 하나님의 법, 성경, 그리고 이스라엘에게 위탁된 거룩한 말씀으로서의 권위에 의해서다(3:2).

"온 세상으로 하나님의 심판 아래 있게 하려 함이니라"(*καὶ ὑπόδικος γένηται πᾶς ὁ κόσμος τῷ θεῷ*-카이 휘포디코스 게네타이 파스 호 코스모스 토 데오). 휘포디코스(*ὑπόδικος*, 신약에서 오직 여기서만 나타난다)는 "답할 수 있는", "설명할 수 있는"을 의미한다. 따라서 이미 유죄가 발견됨으로써 "사법적으로 기소할 수 있는"

또는 "형벌을 받아야 하는"이라는 의미를 지닌다(LSJ를 보라). 따라서 여기서 "그것은 자신에 대하여 취해진 재판에서 항소할 수 없는 상태에 빠진 기소된 사람을 묘사한다. 그는 자신에 대하여 취해진 기소에 반박하고 그 정죄와 더불어 불가피하게 따라오는 결과를 피할 수 있는 모든 가능성을 잃었기 때문이다"(*TDNT* 8:558). 바울의 마지막 심판에 관한 개념이 모든 피조된 존재의 심판을 포함할지라도(고전 6:3; 참조 빌 2:10-11), 호 코스모스(*ὁ κόσμος*)는 전체로서의 인류를 의미한다(3:6을 보라).

따라서 **모든** 입(*πᾶν στόμα*－판 스토마)과 *모든* 세상(*πᾶς ὁ κόσμος*－파스 호 코스모스)이 **유대** 성경의 기소 앞에서 무기력하게 있다는 것은(3:9) 마지막 심판시에 특별한 변호를 받을 수 있다는 유대인의 주장을 부정하는 견해를 갖고 자신의 보편적인 기소를 쓰고 있음을 확증해준다. 그는 이방인의 사악함에 관한 유대인의 전제를 문제삼는 것이 아니다(그는 언약적인 의에 관한 유대인의 전제에 관한 거품을 빼기 위해서 2:1-29에서 오직 그렇게 했다). 오히려 그의 목적은 성경이 그밖에 다른 사람들과 더불어 자기 백성들을 확실히 "피고석"에 있는 사람으로 두고 있다는 것을 보여주려는 것이다.

20 여기서 시편 143[70인경 142]:2에 대한 암시가 확실히 의도되었다. 적어도 그 사상이 그 구절에 모형이 되었다.

142:2 －호티(*ὅτι*) 우 디카이오데세타이 파스 존 에노피온 수 (*οὐ δικαιωθήσεται πᾶς ζῶν ἐνώπιόν σου*)

3:20 －디오티 엑스 에르곤 노무 우 디카이오데세타이 파사 사르크스 에노피온 아우투 (*διότι ἐξ ἔργων νόμου*) (*οὐ δικαιωθήσεται πᾶσα σάρξ ἐνώπιον αὐτοῦ*)

142:2 －"왜냐하면 주의 목전에는 의로운 인생이 하나도 없나이다."

3:20 －"그러므로 율법의 행위로 그의 앞에 의롭다 하심을 얻을 육체가 없나니."

바울은 갈라디아서 2:16에서와 동일한 형태로 그 본문을 사용하고 있다. 그러나 갈라디아서에는 에노피온 수/아우투(*ἐνώπιον σου/αὐτοῦ*)가 없다. 여기 로마서에서 그것을 포함시킨 것은 합리적인 의심을 할 수 없을 정도로 시편에 대한 암시를 말해준다. 시편에서의 다른 변이들이 다른 본문 전승으로부터 왔다고 하는 것이 가능하다. 특별히 파사 사르크스(*πᾶσα σάρξ*)와 관련되는 한 더욱 그러하다(아래를 보라). 하지만 그 변이들이 시편의 논증의 노선과 아주 잘 들어맞기 때문에 바울 자신이 그것들을 소개했을 가능성이 있다. 그가 게그랍타이(*γέγραπται*, 그의 일반적인 관행처럼－1:17을 보라)와 더불어 그 본문을 도입하기보다는 디오티(*διότι*, "왜냐하면")로 단순히 그 본문을 도입하고 있다는 사실은 바울이 그 본문을 특정 입장을 옹호하는 형태로(하지만 그는 합법적이라고 말할 것이다) 인용하고 있다는 인식을 보여준다. 한 본문에 관한 그러한 해석적인 번역은 그 해석이 정당화되어질 수 있는 한 유대인의 귀에 꽤 받아들여질 만한 것이었다.

"그의 앞에 의롭다하심을 얻을 수 없으리라"(*οὐ δικαιωθήσεται…ἐνώπιον αὐτοῦ*—우 디카이오데세타이…에노피온 아우투). 시편에서 은유는 그 주인 앞에서 설명을 하도록 요구받은 종에 관한 것이나, 이 문맥에서는 마지막 심판에 관한 이미지가 전면에 나선다(물론 최후심판이 모든 생명에 관한 것이기 때문에, 삶의 다른 부분과 단계에 호소되어질 수 있을지라도 말이다). 바울이 "칭의"를 단순히 신자로서의 삶의 시작을 특징짓는 하나의 행위로서 단순히 보고 있다는 견해에 반하여, 인생의 마지막에 최후의 심판사상을 배제하지 않으면서, 여기에는 최후의 심판에 관해 사용된 용어에 대한 보다 자세한 실례들이 있다(2:13을 보라). 어느 누구도 자신의 조건으로, 자신의 힘으로 하나님 앞에 설 수 없고, 또한 자신의 행위공로로 방면을 받기를 희망할 수 없다는 사상은 철저하게 유대적이다(특별히 욥 9:2; 제1에녹서 81.5; 1QH 9.14-16; 제4에스라 7.46; 뿐만 아니라 3:11-12, 15-17에서 인용되어진 시편 14장과 이사야 59장; 또한 Str-B, 3:156; Zeller, 81-82를 보라). "죄를 안다는 급진성에 있어서 바울은 유대교와 밀접한 관계가 있다"(Michel, 145 n.10). 따라서 바울에 의해 소개된 시편 143:2에 대한 변이는 그가 만들려고 하고 있는 특별한 요지에 대한 단서로서 매우 중요하다.

"율법의 행위로"(*ἐξ ἔργων νόμου*—엑스 에르곤 노무). 몇 가지 요소들이 시편의 70인경 본문에서의 두드러진 변이가 바울의 관점을 나타내주는 방식을 설명해준다. (1) 여기서와 갈라디아서에서의 그것의 사용은 하나님의 의가 어떻게 나타나는가에 관한 전형적인 유대인의 오해를 바울이 어떻게 간주했는가에 대한 바울의 논증에서 아주 중요한 구절임을 보여준다. 왜냐하면 그것은 명백하건(참조. 3:20, 28; 갈 2:16; 3:2, 5, 10; 엡 2:9) 함축적이건(3:27; 4:2, 6; 9:12, 32; 11:6) 간에 많은 구절과 함께, 그 논증의 인접한 문맥 속에서만 오직 나타나기 때문이다. 2:13과의 대조는 에르가 노무(*ἔργα νόμου*)가 호이 포이에타이 노무(*οἱ ποιηταὶ νόμου*)보다 더욱더 좁혀져서 논쟁적으로 초점이 맞추어져 있다는 것을 확증해준다. 비록 서로 보완적인 논증의 의미를 가지고 있을지라도, 단수(*τὸ ἔργον τοῦ νόμου*—토 에르곤 투 노무)의 또 다른 의미에 대해서는 2:15을 보라. (2) 앞선 구절에 나오는 바울의 목적은 유대인의 특별함은 "모두 죄 아래 있는 사람"처럼 인간의 보편성에 병합되어져야 한다는 것을 보여주는 것이다. 엑스 에르곤 노무(*ἐξ ἔργων νόμου*)는 유대인의 특별성에 관한 또 다른 실례이다. 이전 구절들을 통해서 유대인의 특별성은, 이스라엘과의 하나님의 언약이 칭의의 특별한 근거 즉 마지막 심판에서 특별한 변호를 가져다준다는 전제를 구성했다. 에르가 노무(*ἔργα νόμου*)는 그런 특별한 변호에 대한 바울의 결론적인 요약적 언급이다. "율법의 행위"가 변호를 해주지 못하기 때문에 시편 143:2의 평결은 참으로 보편적이다. (3) 로메이어(Lohmeyer)가 주장한 것처럼 에르가 노무(*ἔργα νόμου*)는 "율법의 서비스"("nomistic service" – Tyson, "Works," 424-25)를 의미하지만, 이미 이루어진 특별한 행동의 의미에서 서비스가 아니라 율법에 의해 결정된 종교적인 제도에 의해 설정된 의무라는 의미에서 서비스다("Gesetzeswerke"; 참조. Schlatter). 로메이어의 통찰은 그와 동일한 구절이 쿰란 문서에서 사용되었다는 방식에 의해 증명되어졌다 – מעשׂי תורה, "율법의 행위"(참조. Moo, 91). 그것은 정확히 그의 "행위", "율법 안에서, 율법을 통한 율법에 대한 언급으로서의 그의 행위", 언약의 일원을 검증한 공동체 내에서 이해되어진 "율법의 준수"에 대한 언급을 말한다(1QS 5.21, 23; 6:18; 유사한 구절로는 특별히 (ה)עדקה מעשׂי, "의의 행위" – 1QH 1.26; 4.31; 그리고 מעשׂיהם באמתכה, "당신의 진리 안에서의 그들의 행위" – 1QH 6.9를 참조하라). 마찬가지로 מעשׂי תורה은 외부인들과 적들과 구별되는 특징들 속에서 마지막 날의 공동체를 특징짓는 것들이다(4QFlor 1.1-7). 정확하게 동일한 구절인 מעשׂי התורה는 아직 출판되지는 않았지만 스투르그넬(J. Strugnell)의 손안에 들어 있는 4Q 두루마리 사본에서 나타난다. 또한 2*Apoc. Bar.* 57.2: "계명에 관한 행위들"을 참조하라. 따라서 또한 여기서 사용된 그 구절은 종교적인 존재양식에 관한 언급이지만, 이것은 율법에 의해서 결정되어진 특징 속에서 나타난 존재 양식, 즉 율법의 사람들로서 구분되는 "율법 안에 있는"(19절) 사람들을 자리매김한 종교적인 관행에 관한 언급이다. (4) 이것은 어쨌든 여기서와 갈라디아서의 문맥 속에서 우리가 기대할 수 있는 것이다. 논증의 첫 번째 주요 단계에 관한 결론적인 요약은 바울로 하여금 지난 장에서 공격했던 것에 대해 언급할 수 있게 하는데, 특별히 율법 속에서의 유대인의 교만, 그리고 특별히 율법의 백성들이 가장 근본적으로 구분하는 표지인 할례에서의 유대인의 교만을 언급한다(2:25를 보라). 그 구절이 소개되고 있는 갈라디아서에서처럼(갈 2:16), 할례와 음식법과 관련한 이전 논쟁들에 관한 분명한 언급에서처럼 즉 경건한 유대인에게 주어진 이 두 가지 의무는 유대인을 이방인과 구분시켜주는 경계표시로서 상당히 기능하였다. 또한 서론 §5, 9:32과 11:6을 보라. 보다 자세한 내용은 Dunn, "New Perspective"와 "Works of the Law"를 보라. Gager, *Origins*, 200, 222는 M. Barth, *Ephesians*(AB[New York: Doubleday, 1974] 244-48)를 뒤따르는데, 그는 "율법의 행위"에 대한 바울의 논쟁이 유대인을 향한 것이 아니며, 그 구절 자체는 유대 원전에서 발생되지 않았고, 오직 이방인들에 의한 유대 관습의 적응만을 언급하고 있다고 주장한다. 하지만 이것은 위에서 인용한 DSS의 증거와 3:27; 4:2, 6; 9:12, 32 그리고 11:6에 나오는 에르가(*ἔργα*)가 3:20과 28의 에르가 노무(*ἔργα νόμου*)에 대한 속기라는 명백한 의미를 무시하고 있다. Gaston, "Works"는 놀랍게도 동일한 자료를 무시하면서 율법의 행위들이 율법의 진노의 "행위"(4:15)라는 특이한 관점을 주장하고 있다. 하지만 칭의가 진노를 통해 온다(3:20)는 것을 바울이 부정하기를 꺼려한 이유가 다소 이해할 수 없게 된다. 또한 코스그로브(Cosgrove)의 행위를 **수단으로 하는** 칭의와 행위를 **근거로 하는** 칭의와의 모호한 구분을 역시 대조해 보라("Justification").

따라서 여기서 바울의 논쟁은 상당히 구체적이고 특이하다. 그는 경건한 유대인을 염두에 두고 있으나 그 사람의 경건이 하나님에게 빚을 졌다고 생각하는 보편적인 인간의 종교성에 관한 형태로서가 아니다. 경건한 유대인은 회개의 필요성과 율법 안에서 제공되는 보상을 의식하고 있다(2:4에 관해서 보라; 그리고 나아가서 Sanders, *Paul*, index, "atonement", "repentance," "sin"을 보라). 바울의 주대상은 언약백성의 일원으로서 자신들이 "율법 안에" 있기 때문에 하나님의 호의로 하나님의 의를 받았다고 생각하는 전제를 갖고 있는 경건한 유대인이다. 바울은 선행으로 하나님의 호의를 얻을 수 있다고 생각하는 일반적인 인간의 가정을 공격하고 있는 것이 아니다. 말하자면 바울은 무에서 시작해서 공로에 의해 하나님의 인정을 얻을 수 있다고 하는 일반적인 인간의 가정을 공격하고 있지 않다(여전히 Moo, 96-97에 의해 오해되고 있다; "선한 일을 하는 행위자가 되는 것은 하나님의 선물이다"라고 말하는 *Ep. Arist.* 231과 대조해 보라). 여기서 바울의 주목표는 자기 자신을 이미 언약백성의 일원으로 간주하며, 이미 하나님에 의해 받아들여졌다고 생각하는 경건한 유대인을 염두에 둔 것이다. 말하자면 자신의 책임을 언약의 신분과 지위를 유지하는 것으로 보고, 율법 아래에서의 자신의 의무를 종교적인 삶의 형태에서의 특징적인 표현을 찾으며, 또 그러한 종교적 삶의 형태 속에 유대의 의식을 제일로 삼는데, 이 의식이야말로 유대인을 하나님의 백성으로서 다른 민족들과 구분시켜준다고 생각했기 때문이다. 바울은 바로 이러한 유대인을 주목표로 삼고 있다. 더 자세한 것은 3:27에 관해 보라(또한 13:12). Wilckens, 1:176-77과 Waston, *Paul*, 119, 130을 참조하라.

"모든 육체"(*πᾶσα σάρξ* – 파사 사르크스)는 단순히 히브리어 칼하이(כָּל־חַי), "모든 살아있는 것"에 대한 다른 번역으로 여겨질 수도 있다. 왜냐하면 그것은 실제로 칼바살(כָּל־בָּשָׂר, "모든 육체")과 동의어이기 때문이다. 다시 에녹1서 81.5를 참조하라. 그러나 70인경에 이 변형에 대한 또 다른 예가 없으므로, 우리는 아마도 그것을 바울이 의도적으로 작성한 것으로 간주해야 한다. 하나님과 대비되는 인간의 유한성, 연약성, 그리고 부패성을 묘사하는 방법으로서의 파사 사르크스(*πᾶσα σάρξ*)에 대해서는 특별히 홍수 이야기에서 두드러지고 있으니, 그것을 살펴라(예를 들어, 창 6:12, 17; 7:21; 9:11). 바울의 경우에는 1:3을 보라. 그러나 여기서 바울은 아마도 유대인의 특별성을 염두에 두고 사르크스(*σάρξ*)를 소개하고 있다. 즉 "모든 육체"는 귀족적인 유대인들이 자랑하는, 특별히 "육체의"(2:27) 할례를 자랑하는 육체적인 구분을 적지 않게 포함하고 있다(2:27; 창 17장에서 "육체"라는 말이 두드러지는 것을 주목하라. "육체"라는 의미로 할례에 대해서 언급하고 있는 창 17:11, 13, 14, 24, 25를 보라). 바울이 갈라디아서 3:3; 4:23, 29, 그리고 특별히 6:13에서처럼 로마서 4:1과 9:8에서 싸움을 계속하고 있는 것은 하나님의 의에 관한 용어를 민족적이고 인종적인 것으로 좁히는 것에 대한 것이다.

"율법으로는 죄를 깨달음이니라"(*διὰ γὰρ νόμου ἐπίγνωσις ἁμαρτίας* – 디아 가르 노무 에피그노시스 하마르티아스). 에피그노시스(*ἐπίγνωσις*)에서 접두사는 아마도 그 의미를 강조하기 위한 것을 나타낸다 – 영향력 있는 지식, 인생의 성격을 형성하고, 행위에 영향을 주는 지식이다(1:28에 관해서 보라). 따라서 여기서 바울은 죄에 관한 의식과 인식을 의미한다. 하지만 하마르티아의 의미는 역시 다소 불확실하다(3:9에 관해 보라). 즉 그 구절은 삶을 지배하는 권세로의 죄("죄 아래" – 3:9)의 의식, 또는 죄스러운 행동과 관련한 확신, 범죄의 확신(참조. 4:15; 5:13; 7:13)을 의미한다. 여기서 우리는 바울이 자신의 사상에서 그런 모든 모호성을 분명히 했었다고 필연적으로 추측해서는 안 된다. 한편으로 그가 에피그노시스(*ἐπίγνωσις*)를 여전히 보다 함축성 있는 의미(죄의 경험, 죄스러운 행동에 관한 명령을 자극하는 것으로서의 율법)로 의도하였을 가능성은 적다. 왜냐하면 그렇게 하는 것은 자신의 논증에 있어서 상당한 비약을 가져오는 것이 될 것이고(7장까지는 적절하게 도달하지 못한다), 그것은 청중들을 혼란케 하고 요지를 흐리게 하는 것이 될 것이다(그런 식으로 올바르게는 Cranfield, Zeller; 반대하는 사람으로는 Althaus, Gaugler, Schlier). 분명히 여기서 만들어진 요지는 그렇게 멀리까지는 확장되지 않는다. 단지 율법을 언약 안에서 삶의 수단과 척도로(Sir 45:5; *Pss. Sol.* 14.2에서처럼) 그리고 이방인의 죄악에 대한 방어와 장벽으로(*Ep. Arist.* 139, 142에서처럼) 보는 아주 전형적인 유대인의 태도를 대조시키는 그 주위를 맴돌고 있다. 대조적으로 바울의 관점은 율법이 구분과 보증의 의미를 불러오기 위해 의도된 것이 아니라, 하나님의 언약 백성의 일원일지라도 지속적인 은혜의 필요는 이방 죄인들의 필요와 다르지 않다는 사실을 이 서신을 읽는 사람들로 하여금 인식하게 하고자 하는 것이다. 또한 4:15과 5:13에 관해서 보라.

해설

3:9 3:1-8의 질문의 노선은, 앞뒤로 중요한 연결고리를 형성할지라도, 그럼에도 불구하고 앞을 향해 나아가고 있다. 그런데 바울은 이 단계에서 더 이상 3:1-8의 노선을 따라가지 않을 것을 결심하고 갑작스럽게 단절을 시키고, 유대인과 이방인에 관한 자신의 전반적인 기소를 요약하는 일로 방향을 돌리고 있다. 불행하게도 우리는 바울이 여기서 쓴 것이 정확히 무엇인지를 온전히 확신할 수는 없는데, 왜냐하면 매우 익숙하지 않은 용어들을 그가 사용했기 때문이다. 따라서 로마에 있는 청중들은 바울이 말하는 정확한 의미에 관해서 역시 확신할 수 없었을 것이다(물론 본문을 읽는 방식이 그 의미를 알게 하는데 도움을 주었을지라도 말이다). 하지만 8절 말미의 단절에도 불구하고, 논쟁체 형식과 "우리"라는 문체의 일시적인 지속성이 보여주는 것처럼 그 사상들은 직접적인 이전 문맥으로부터 비롯되었음이 적어도 분명하다. 이것은 결론의 시작에서 바울이 초기의 관점으로 돌아가는 것이 아니며 또한 이방인(1:18-32)과 유대인(2:1-29)에 대한 기소를 공평하게 요약하고 있는 것도 아니라는 것을 시사한다. 오히려 3:1-8에 이어 바울은 인간의("우리의") 불의의 일반성 안에서 어떤 변호가 만들어지고 특별한 간청이 제기될 수 있다는 것을 부정함으로써 자신의 요약을 시작하고 있다. 이방인의 타락에 대한 유대인의 정죄(2:1, 3)는 참으로 자기 정죄, 즉 유대인의 신상과 이방인의 불의 사이에 분명한 거리가 있다고 당연하게 여긴 민족의 전제에 관한 정죄가 되고 있다. 그는 유대인뿐만 아니라 일반적인 모든 인간(1:20)에 관한 그 어떤 변명의 여지도 없다는 것을 분명히 하고 있다. 유대인이 생각하기에 은신처가 될 수 있다는 언약, 율법, 그리고 할례의 특별한 보호는 오해요 거짓된 확신일 뿐이라는 것이 보여진다. 그 어떤 보호가 될 만한 것이 없는가? 전혀 없다.

"유대인이나 헬라인이나 다 죄 아래 있다고 우리가 이미 선언하였느니라." 여기서 1:18-2:29의 의미가 충분히 분명해진다. 율법을 갖고 있고, 하나님의 언약의 백성이 되고, 하나님으로부터 선택받은 사람들의 간청이 거부된 "유대인"은, 그 밖의 모든 사람들에게 해당되고, 그 모든 사람들은 1장에서의 인류의 일반적인 정죄(아담)하에 놓여 있다. 이전에 바울이 유대인과 헬라인(단수)으로 언급한 곳에 여기서 바울은 복수 – 전반적으로 유대인들과 헬라인들 – 를 사용하고 있다. 그가 구체적인 개인들로서의 모든 사람들을 생각한 것은 아니라 특별한 "나"가 속하고 있는 인종적이고 사회적인 연대로서의 일반적인 유대인들과 이방인들을 생각하고 있는 것이다. 그리고 처음으로 "죄"라는 의미 있는 말이 나타난다(물론 2:12에서 그 용어가 사용되었을지라도 말이다). 죄라는 말을 단수와 전치사구를 사용하여(죄 아래) 사용한 것은 독자들에 대한 경건한 주목을 불러 일으켰을 것이다. 그 "죄"는 모든 인류를 지배할 수 있고 지배하는 외적인 권세로서 분명히 나타나고 있는데, 이 "죄"는 불의한 자들, 교만한 자들, 이기적인 야욕을 가진 자들 그리고 1장과 2장에서 설명했던 진리를 무시하는 자들에게서 발생하는 것으로 함축되어 있다. 인류의 곤경을 조명하기 위해서 단수(죄)가 복수(유대인들과 헬라인들)에 대비시켜 의도적으로 설정되고 있다. 즉 인간 존재를 구분하고 나누는 인종, 문화 그리고 종교의 차이에도 불구하고, 그들은 모두 동일한 지배 하에 있는 것과 같은데, 즉 인류는 피조물됨을 망각함으로 인류를 피조계로 묶어버리는 어떤 힘의 권세 하에 있다.

10-18 특별한 항변 또는 변론을 위한 관(coffin)의 마지막 못을 박는 일은 유대인의 성경으로부터 인용한 일련의 강력한 구절들에 의해 제공되고 있다 – 그 구절들은 아주 적절한데, 왜냐하면 재고되고 있는 유일한 변호가 하나님 앞에서의 특별한 신분과 고려에 대한 유대인의 주장이기 때문이다. 19절은 그 요지를 제공해준다. 즉 율법은 그 율법이 주어진 사람들에게 말한다. 그렇다면 그것은 무엇을 말하는가? 모든 사람이 불의하다는 것이다. 전도서 7:20에서 아마도 인용된 것으로 보이는 서두의 인용은 정죄를 제공하고 있고, 더욱더 중요하게는 보편적인 기소를 하고 있다. 즉 "이 땅에는 의인이 없다." 그 메시지는 확실히 맞다. 즉 율법 안에서 어느 누구도 자신이 율법 안에 있기 때문에 또는 (그가 생각하기를) 율법을 준수하기 때문에 의롭게 되었다고 주장할 수 없다. 인용구절에 관한 바울의 적용은 그 요지를 다시금 강조한다. "의인은 없나니 하나도 없다." 나중에 더 많은 인용부분을 갖는 이사야 59:7-8(15-17절)도 동일한 요지를 만들고 있다. 이는 자기 자신의 성경 안에서 자기들이 무법하고 불의하다는 것을 도전받는 이스라엘에 관한 것이다(물론 동일한 장에서 동일한 이스라엘에게 가장 분명한 종말론적인 소망 – 사 59:20-21=롬 11:26-27 – 을 진술하고 있다는 것을 바울은 염두에 두었을 것이다).

모두 시편으로 구성되어 있는 다른 다섯 가지 인용들(11-14절, 18절)은 더욱 흥미로운데, 모든 인용들이 (유대인의) 의가 에녹1서 99.3-4의 정신 속에서(주석 3:9에서 인용되었다) (이방인의) 사악함에 대하여 간청할 수 있다는 전제를 뒷받침하는 것으로 회당에서 읽혀질 수 있는 것들이기 때문이다. 하지만 그 전제가 이제 결정적으로 손상을 입고 있다(모든 사람이 "죄 아래" 있다 – 10절). 그리고 이 구절을 전도서 7:20과 이사야 59:7-8과 연결지음으로써 바울은 동일한 요지를 유대의 주해에 익숙한 로마의 회중들이 적절하게 이해할 수 있는 방식으로 아주 효과적이게 만들고 있다. 이 성경구절들이 특권에 관한 유대인의 전제의 보호 없이 읽혀진다면, 그것들은 모든 사람들, 즉 이방인들뿐만 아니라 유대인에 관한 처절한 기소이다. 유대인과 이방인간에 어떤 구분이 있든지 간에, 유대인의 계속되는 이점이 무엇이든 간에(3:1-2), 그것은 여기서 적용할 수 없다. 어느 누구도 의롭지 않고, 어느 누구도 알지 못하고, 어느 누구도 하나님을 좇지 못하고, 어느 누구도 하나님을 두려워하지 않는다고 그러한 성경들이 주장할 때, 그것은 모든 사람들이 그렇지 못했다는 것을 의미한다.

19 아직 충분히 입증되지 않았다면, 19절로 그 요지를 확실히 알 수 있다. 즉 율법이 말하는 모든 것은 율법 안에 있는 사람들에게 말한다. 따라서 율법이 "어느 누구도" 면할 수 없는 정죄의 말을 할 때에 그것은 무엇보다도 율법의 사람들에게 말하고 있는 것이다. 2:2에서처럼 "우리가 아노라"는 유대 성경을 잘 아는 모든 사람들이 당연시 여기는 것에 호소하고, 바울도 자기 자신을 그들과 동일시한다. 만약 어떤 유대인이 바울을 "이방 죄인들"(갈 2:15)과 같은 사람이라고 비난한다면, 바울의 응답은 자기 자신을 자기 백성과 동일시하는 것인데, 하지만 "죄의 권세 아래 있는" 모든 인류와의 연대 속에서 그렇게 한다(참조. 갈 3:22).

성경의 기소에 관해 나와 있는 성구들의 목적은, 인간의 불의에 관한 고발을 심각하게 받아들이게 하면서, 모든 항의와 자기 변호에 대한 시도를 잠재우면서, 예외 없이 모든 세계가 하나님께 대해 책임이 있으며, 그 심판을 받게 되어 있다는 것을 분명히 한다. 절반으로 나뉘어져 있는 그 구절들을 합해서 읽을 때에, 그것이 유대인들, 즉 이 부분에 관해 설득을 당할 필요가 있는 율법 안에 있는 사람들이라는 의미가 분명해진다. 이스라엘의 사람들은 세상의 다른 사람들과 자기 자신을 따로 둘 수 없으며, 민족적 의를 내세워 자기 자신을 심판을 덜 받을 것이라고 주장할 수 없다. 그리고 유대인이 특별한 고려사항들을 내세워 탄원할 수 없다면 그 어느 누구도 그렇게 할 수 없다.

20 이 구절은 실제적으로 전체 논증의 근본적인 신학적 토대가 되고 있는 결정적이고 근원적인 이유인 coup de grâce를 전달하고 있다. "율법의 행위로는 하나님 앞에 의롭다함을 얻을 수 있는 육체가 없기" 때문에 이 모든 것들은 그렇게 해야 한다(그 불의 때문에 전 세계는 하나님 앞에 답변해야 한다). 바울에게 있어서 그것이 중요한 것은 갈라디아서 2:16의 동일한 주장을 사용한 것에 의해서도 확인되어진다. 즉 바울은 갈라디아서 2:16에서 (팔레스타인과 그 이외 지역의 그리스도인들에 의해 동의되어지는) 기독교 사상의 근원적인 금언을 표현하는 동일한 역할을 만들고 있다.

그 주장은 분명이 시편 143:2로부터 분명히 끌어온 것인데, 그 구절에서 시편기자는 하나님께 다음과 같이 호소한다.

> 여호와여 내 기도를 들으시며 내 간구에 귀를 기울이시고 주의 진실과 의로 내게 응답하소서 주의 종에게 심판을 행치 마소서 주의 목전에는 의로운 인생이 하나도 없나이다

시편은 이전 성구들을 마무리짓기 위해서 모아주는 말을 제공해준다. 즉 시편기자는 모든 나머지 사람들처럼 자신이 하나님에 의해 방면되고 옹호될 수 있는 전제를 만들 수 없기 때문에 자신이 심판을 받게 될 것임을 고백한다. 하지만 바울은 그 요지를 수정된 본문을 이용하여 이중으로 적용한다.

첫째로 그는 갈라디아서 2:16에서처럼 "율법의 행위로"를 덧붙인다. 이는 중심이 되는 매우 중요한 구절의 첫 번째 출현인데, 바울 사상을 이해하기 위한 이 말의 중요성은 아무리 강조해도 지나치지 않다. 하지만 그 말은 이어지는 주석가의 세대들에 의해 사실상 자주 오해되어왔다. 바울이 그 말을 이해시키기 위해서 로마에 있는 독자들에게 어떻게 의도했는가? 그것이 첫 번째 질문이 되어야 한다. 그리고 이 질문이 첫 번째 주요항목에 대한 절정이고, 2:12-29에서 율법에 관해 언급한 강조이며, 그리고 율법을 가진 것에 근거한 유대인의 과신에 대한 바울의 논증이라면, 그 대답은 어렵지 않다. "율법의 행위로"는 2장에서 공격한 태도에 관해 언급하고 있음이 틀림없다. 그것은 거기서 언급된 "행위들", 특별히 할례를 언급한다. 말하자면 첫 번째 유대 청취자들은 아마도 정확하게 "율법의 행위들"을 토라를 섬기면서 율법의 요청을 수행했던 행동들을 언급한 것으로서 이해했을 것이다. 즉 율법의 백성들을 포함하는 사람들을 특징짓는 행동들, 언약의 백성의 한 구성원이 자기 자신을 유대인과 동일시하고 자신의 신분을 언약 내에 유지시켰던 그 율법에 명시된 그런 행동들을 언급하는 것으로 이해했을 것이다.

2장에 대한 언급에서 암시되고 있는 두 가지 특징은 이것을 확인해준다. 즉 "율법의 행위들"은 율법을 *행하고*(2:13-14), 또는 율법을 *성취하는* 것(2:17)과 동일하지 *않고*, "율법의 행위들"(복수)은 마음에 쓰여진 "율법의 행위"(단수), "성령에 의해 마음의 할례"(2:29)와 동일하지 않다. "율법의 행위들"은 "의문"(the letter, 2:27, 29) 즉 인종적인 연대로 나타나는 외적인 표지(2:28)의 차원에서 더욱더 피상적인 어떤 것이다. 따라서 이는 "참고 선을 행하는"(2:7) 것보다도 더 제한된 어떤 것이다. 2:1-3:8에서의 논증의 배경에서 "율법의 행위들"은 언약 내에서 되어질 필요가 있는 것을 행하는 것으로 다소 거칠게 정의할 수 있다. 우리가 생각해볼 수 있듯이 이것은 안디옥 사건에서 역시 문제가 되었던 것들이다(갈 2:11-18). 즉 안디옥에서 팔레스타인 신자들은 율법(음식과 정결법)에 대한 순종을 유지하는 것을 분명히 염려했다. 따라서 그들은 유대교 내에서 언약의 지위를 유지하는 것에 열심이었다. 결과적으로 그들은 이방인 신자들을 "유대화하는" 것을 사실상 요구하고 있는데, 말하자면 이 율법들에 의해 특징지어진 한계 내에서 충분한 식탁교제를 가질 수 있기 위해서 이 율법들에 의해 그려진 한계 안으로 들어올 것을 요구했다. 여기서 어느 육체도 의롭게 할 수 없는 육체의 행위들은(갈 2:16) 하나님의 백성의 일원으로서의 자기를 충분히 인식하고 그 신분을 보유하려면 율법에 의해 요구되어지는 그런 행동들과 행위에 관한 것들을 분명히 일컫는다.

따라서 우리는 "율법의 행위들"과 "의롭다함을 얻으리라"는 3:20의 언급 사이에는 숨겨진 중간 술어 - 일반적으로 종교개혁 시기의 논쟁으로부터 유래하는 대부분의 주해들처럼, 그 종교개혁 주석들이 대체로 놓치고 있는 중간술어 - 가 있다고 말할 수 있을 것이다. 3:20에서 사상의 연결은 "율법의 행위들"에서 "의롭다함을 얻으리라"로 직접 나아가지 못하고, 또한 의와 방면을 얻을 수 있는 한 수단으로서 율법의 행위들에 직접적으로 초점이 맞추어져 있지 않다. 그 사상의 연결은 더욱더 간접적이다. 이것은 하나님이 선택하시고 변호하시는 사람들을 그 개인과 동일시하고, 그 백성들 내에서 자신의 신분을 유지하는 방법으로서의 율법의 행위들에 관한 것이다. 한 마디로 숨겨진 중간 술어는 정체성 요소로서의 율법의 기능과 자신들의 독특성(할례, 음식법 등) 속에서 율법의 사람들을 구분하는 그 율법의 사회적 기능이다. 종교적 민족적 특별성을 갖는 유대인들을 언급할 때 이 시기의 로마 사회에서는 그것이 당연한 것으로 여겨졌기 때문에 3:20에서 그 중간술어가 단순히 숨겨졌다고 할 수 있다. 이미 2:1-3:8에서 충분히 설명되었고, "율법의 행위들"이라는 충분히 분명한 구절 이상으로 마지막 요약 설명을 복잡하게 만들 필요가 없었기 때문에 단순히 중간술어를 숨긴 것이다.

시편 143:2의 두 번째 변형으로서 바울은 "의로운 인생이 없다" 대신에 "육체가 없다"라고 읽고 있다. 그 요지는 "육체"가 연약성과 부패성을 가진 인간, 이 세상에 매여 있는 인간을 확실히 나타낸다. 정확히 말해서 그 말은 하나님으로부터 떨어져서 자신의 조건대로 살아가기를 선택한 인간, 자신의 욕구와 도덕성에 복종하는 인간, 이 세상, 이 사회, 이 세상의 가치에 의미를 두는 인간, 한 마디로 심판 날에 방면의 소망을 가질 수 없는 "육체"로서의 인간을 의미한다. 두 구절을("율법의 행위들"과 "모든 육체") 함께 묶어놓음으로서 바울은 심판 날에 방면의 평결을 확신하는 언약의 특권을 가정하는 유대인의 전제는 육체의 차원에서 살아가는 것임을 의미한다. "육체의 행위들"을 행하는 것은 율법의 행하는 것과 동일하며, 율법을 듣고, 유대인이 되고, 또는 할례의 육체적인 표지를 갖는 것이 율법의 행위(단수)에 관한 것이라고 생각하는 사람들은 육체(의 사람)로 생각하고 사는 것이며, 결과적으로 마지막 날에 변호의 확실한 소망을 품지 못하게 되는 것이다. 율법에 관한 그들의 육체적인 이해는 사실상 율법을 위반하는 것이다(2:27). 그렇기 때문에 그들은 심판을 받을 것이다. 여기서 "육체"라는 말의 언어유희에는 함축적인 의미가 있다. 즉 육체라는 말은 물리적인 의식과 민족적인 유대성을 갖는 언약의 구성원과 동등한 말이며, 육체의 측면에서 하나님의 백성들에 관한 정의는 육체적인 인간에 관한 사상을 드러내고 특징지어준다. "모든 육체"는 물론 유대인을 포함하는 말인데, 유대인들은 특히 육체에 관해서 그러한 강조를 두고 있기 때문이다.

율법에 관한 너무 피상적인 이해와 대조시켜 바울은 율법의 역할에 관한 대안적인 이해를 제공하고 있다. "율법으로는 죄를 깨달음이니라." 물론 바울이 이 서신의 첫 번째 주요 항목의 결론으로 금언적인 의미를 가지고 그것을 사용하고 있을지라도, 이 말을 일반적인 원리로 서둘러 높이 세워서는 안 된다. 대조 속에서 설정된 것이 해석학적인 측면에서 20b절의 범위를 결정해준다. 즉 그것의 주된 언급은 인접한 문맥에 관한 것이고, 그것의 주된 기능은 3:10-18에서 보여진 율법의 역할을 인식하지 못한 동료 유대인들에 대한 비판이다. 만약 그들이 율법을 적절히 이해했다면, 율법이 확신과 자랑의 근거를 제공하기 위해서(2:17, 23) 의도된 것이 아니라, 그러한 확신과 자랑을 근절하기 위해서(참조. 고전 1:29, 31) 의도되었다는 것을 깨달았을 것이다. 죄를 깨닫도록 하는 것이 언약 백성들에게 주어졌고, 설령 언약백성의 일원일지라도 죄의 권세 아래 있다는 것을 인식하도록 언약백성들에게 주어졌다(3:9, 19).

따라서 20b절의 주된 의미를 깨닫는 것이 20a절에서 율법의 오해에 대한 대안을 바울이 제공하는 이유를 인식하는데 도움이 될 것이다. 이것은 바울이 여전히 율법과 조화하려고 했던 유일한 기능 때문만은 아니다. 그 반대로 "믿음의 순종"(1:5)과 같은 구절에서 그리고 2장의 몇 가지 요지에서(2:13-15, 25-29) 이미 암시하고 있는 율법의 또 다른 매우 긍정적인 역할이 있다. 오히려 그것이 율법의 역할을 이해하지 못한 유대인의 실패를 아주 극명하게 비추어주기 때문에 바울은 율법에 관한 이 기능을 단정하고 있는 것이다. 즉 유대인들은 율법을 하나님 앞에서 자신들의 특별한 지위와 하나님으로부터의 특별한 호의를 확증해주는 것으로 보았다. 하지만 그들은 하나님의 계속적인 은혜의 필요를 깨닫게 하는 것으로 율법의 "행위"(단수)를 더 깊이 깨달았어야 했다(몇몇 이방인들이 어느 정도 그렇게 했던 것처럼 말이다 - 2:14-15, 26-27).

Ⅲ. 믿음에 의한 하나님의 구원하시는 의(3:21-5:21)

서론

21절의 누니 데(νυνὶ δέ)와 더불어 바울이 새로운 단계(그리스도로 말미암아 이루어지는 종말론적인 사건의 상태)로 논증의 결정적인 변화를 주고 있다는 것을 어느 누구도 논쟁하지 않는다. 하지만 바울은 율법에 대한 이중적인 부정-긍정에 관한 언급을 하면서 이전의 결론에서 있었던 용어들을 조심스럽게 취사선택하고 있다 (Hays, "Psalm 143").

20절 – 율법의 행위들로는 의롭게 되지 않고 … 율법으로 말미암아 죄를 깨달음이니라;
21절 – 율법 외에 의가 있고… 그러나 율법에 의해 증거를 받은

그러므로 바울은 자신의 논증이 이와 같이 율법에 반하는 것이 아니라, 하나님의 의가 율법의 백성들에 위임되어 있다는 전제에 반하는 것이라는 점을 강조한다. 즉 바울은 자신의 논증이 "율법 외에"(χωρὶς νόμου – 코리스 노무) 어떤 의, 즉 언약 백성들의 범위 이외에 어떤 의도 생각할 수 없다고 하는 전제에 대항하고 있는 것이라는 점을 강조한다. 바울은 정확히 그 반대 즉 예수의 희생적인 죽음이 하나님의 의에 대한 이해에 다른 기준을 제공하고 있고, 하나님은 유대인뿐만 아니라 이방인에 대해서도 관심이 있다는 것을 주장하고 있는 것이다(3:21-31). 그 사례는 아브라함의 결정적인 선례의 측면에서 만들어지고 있다(4장). 그리고 그 논증의 중요한 핵심사항이 5장에서 개인적이고 보편적인 구원 역사적 용어들로 요약되어 있다.

A. 그리스도 예수를 믿음으로(3:21-31)

1. 예수께서 죽으심으로 하나님의 의가 결정적으로 나타남 (3:21-26)

참고문헌

Bader, G. "Jesu Tod als Opfer." *ZTK* 80(1983) 411-31. **Barth, M.** *Was Christ's Death a Sacrifice?* SJTOP 9. Edinburgh: Oliver & Boyd, 1961. ______. "The Faith of the Messiah." *HeyJ* 10(1969) 363-70. **Daly, R. J.** *Christian Sacrifice*. Washington: Catholic University of America, 1978. **Dodd, C. H.** "Atonement." *Bible*. 82-95. **Dunn, J. D. G.** "Death of Jesus." **Eichholz, G.** *Theologie*. 189-97. **Fitzer, G.** "Der Ort der Versöhnung: Zu Frage des 'Sühnopfers Jesu'." *TZ* 22(1966) 161-83. **Fryer, N. S. L.** "The Meaning and Translation of *Hilastērion* in Romans 3:25." *EvQ* 59(1987) 99-116. **Friedrich, G.** *Verkündigung*. 57-67. **Gese, H.** "The Atonement." *Essays on Biblical Theology*. Minneapolis: Augsburg, 1981. 93-116. **Hays, R. B.** *The Faith of Jesus Christ*. SBLDS 56. Chico: Scholars Press, 1983. 170-74. **Hill, D.** *Greek Words*. 23-81. **Hofius, O.** "Sühne und Versöhnung: Zum paulinischen Verständnis des Kreuzestodes Jesu." In *Versuche, das Leiden und Sterben Jesu zu verstehen*, ed. W. Maas. Munich: Schnell & Steiner, 1983. 25-46. **Hooker, M. D.** "Interchange in Christ." *JTS* 22(1971) 349-61. ______. "Interchange and Atonement." *BJRL* 60(1978) 462-81. ______. "Interchange and Suffering." In *Suffering and Martyrdom in the New Testament*, ed. W. Horbury and B. McNeill. Cambridge: CUP, 1981. 70-83. **Howard, G.** "On the 'Faith of Christ'." *HTR* 60(1967) 459-65. ______. "Romans 3:21-31 and the Inclusion of the Gentiles." *HTR* 63(1970) 223-33. **Hübner, H.** "Paulusforschung." 2709-21. ______. "Sühne und Versöhnung." *KD* 29(1983) 284-305. **Hultgren, A. J.** "The *Pistis Christou* Formulation in Paul." *NovT* 22(1980) 248-63. ______. *Gospel*. 47-81. **Janowski, B.** *Sühne als Heilsgeschehen*. WMANT 55. Neukirchen: Neukirchener, 1982. **Johnson, L. T.** "Romans 3:21-26 and the Faith of Jesus." *CBQ* 44(1982) 77-90. **Käsemann, E.** "Zum Verständnis von Röm 3:24-26." *Exegetische*

Versuche und Besinnungen I. Göttingen: Vandenhoeck & Ruprecht, 1960. 96-100. **Kertelge, K.** *Rechtfertigung.* 48-62, 71-84. ______. "Das Verständnis des Todes Jesu bei Paulus." In *Der Tod Jesu: Deutungen im Neuen Testament,* ed. K. Kertelge. Freiburg: Herder, 1976. 114-36. **Kümmel, W. G.** "*Πάρεσις* und *ἔνδειξις.*" *Heilsgeschehen und Geschichte.* Marburg: Elwert, 1965. 260-70. **Lohse, E.** *Märtyrer und Gottesknecht.* Göttingen: Vandenhoeck & Ruprecht, 1963[2]. 149-54. **Lührmann, D.** "Rechtfertigung und Versöhnung: Zur Geschichte der paulinischen Tradition." *ZTK* 67(1970) 437-52. **Ljungman, H.** *Pistis.* 37-47. **Lyonnet, S.** *Sin, Redemption and Sacrifice.* AnBib 48. Rome: Pontifical Biblical Institute, 1970. 155-66. **Manson, T. W.** "*ΙΛΑΣΤΗΡΙΟΝ.*" *JTS* 46(1945) 1-10. **Marshall, I. H.** "The Development of the Concept of Redemption in the New Testament." In *Reconciliation and Hope,* FS L. L. Morris, ed. R. J. Banks. Exeter: Paternoster, 1974. 153-69. **Meyer, B. F.** "The Pre-Pauline Formula in Rom 3:25-26a." *NTS* 29(1983) 198-208. **Morris, L. L.** "The Meaning of *ἱλαστήριον* in Romans 3:25." *NTS* 2(1955-56) 33-43. ______. *The Apostolic Preaching of the Cross.* London: Tyndale, 1955. **Müller, C.** *Gerechtigkeit.* 108-13. **Piper, J.** "The Demonstration of the Righteousness of God in Rom 3:25, 26." *JSNT* 7(1980) 2-32. ______. *Justification.* 115-30. **Pluta, A.** *Gottes Bundestreue: Ein Schlüsselbegriff in Röm 3:25a.* SBS 34. Stuttgart: Katholisches Bibelwerk, 1969. **Reumann, J.** "The Gospel of the Righteousness of God: Pauline Interpretation in Rom 3:21-31." *Int* 20(1966) 432-52. **Schrage, W.** "Römer 3:21-26 und die Bedeutung des Todes Jesu Christi bei Paulus." In *Das Kreuz Jesu,* ed. P. Rieger. Göttingen: Vandenhoeck & Ruprecht, 1969. 65-88. **Scroggs, R.** *Last Adam.* **Stuhlmacher, P.** *Gerechtigkeit.* 86-91. ______. "Zur neueren Exegese von Röm 3:24-26." *Versöhnung, Gesetz und Gerechtigkeit.* Göttingen: Vandenhoeck & Ruprecht, 1981. 117-35. ______. "Sühne oder Versöhnung." **Talbert, C. H.** "A Non-Pauline Fragment at Romans 3:24-26." *JBL* 85(1966) 287-96. **Taylor, V.** *The Atonement in New Testament Teaching.* London: Epworth, 1958[3]. **Thyen, H.** *Studien.* 163-72. **Wegenast, K.** *Tradition.* 76-80. **Wengst, K.** *Formeln.* 87-90. **Wennemer, K.** "*᾿ΑΠΟΛΥΤΡΩΣΙΣ* Römer 3:24-25a." SPCIC 1:283-88. **Whiteley, D. E. H.** *Theology.* 130-51. **Williams, S. K.** *Jesus' Death as Saving Event: The Background and Origin of a Concept.* HDR 2. Missoula: Scholars Press, 1975. ______. "Righteousness." 270-78. ______. "Again *Pistis Christou.*" *CBQ* 49(1987) 431-47. **Young, N. H.** "'Hilaskesthai' and Related Words in the New Testament." *EvQ* 55(1983) 169-76. **Zeller, D.** "Sühne und Langmut: Zur Traditionsgeschichte von Röm 3:24-26." *TP* 43

(1968) 51-75. ______. *Juden.* 157-61, 182-88. **Ziesler, J.** *Righteousness.* 190-94. ______. "Romans 3:21-26." *ExpT* 93(1981-82) 356-59.

본 문

21 이제는 율법 외에 하나님의 한 의가 나타났으니 율법과 선지자들에게 증거를 받은 것이라

22 곧 예수 그리스도를 믿음으로 말미암아 모든 믿는 자에게 미치는 하나님의 의니 차별이 없느니라

23 모든 사람이 죄를 범하였으매 하나님의 영광에 이르지 못하더니

24 그리스도 예수 안에 있는 구속으로 말미암아 하나님의 은혜로 값 없이 의롭다 하심을 얻은 자 되었느니라

25 이 예수를 하나님이 그의 피로 인하여 믿음으로 말미암는 화목 제물로 세우셨으니 이는 하나님께서 길이 참으시는 중에 전에 지은 죄를 간과하심으로 자기의 의로우심을 나타내려 하심이니

26 곧 이 때에 자기의 의로우심을 나타내사 자기도 의로우시며 또한 예수 믿는 자를 의롭다 하려 하심이니라

21 But now apart from the law the righteousness of God has been revealed, as attested by the law and the prophets,

22 that is, the righteousness of God through faith in Christ Jesus to all who believe.[a] For there is no distinction,

23 for all have sinned and lack the glory of God.

24 They are justified as a gift by his grace through the redemption which is in Christ Jesus,

25 whom God set forth as an expiation, through faith,[b] in his blood, to demonstrate his righteousness in passing over the sins committed in former times

26 in the forbearance of God, to demonstrate his righteousness in the present time, that he might be just and the one who justifies him who believes in Jesus.[c]

원문주해

a. 일부 증거들은 에이스 판타스(εἰς πάντας)를 두 독본들을 혼합한 나중 번역에서 나온 에피 판타스(ἐπὶ πάντας)로 대신했다(Nygren은 혼합된 독본을 원본으로 취하고 있다).

b. 정관사가 – 디아 (테스) 피스테오스(διὰ [τῆς] πίστεως) – 원본의 일부인지에 관해서는 의견의 불일치가 있다. 그 구절은 아마도 우연히 A에 의해서는 생략되어 있다. 하지만 아마도 그것의 어색함을 알고 일부러 그랬을 것이다.

c. 어떤 증거들은 자연스럽게 크리스투(Χριστοῦ)를 추가하고 있다. 다른 변화들은 아마도 필기상의 실수일 것이다(3:26에 관하여 설명하고 있는 Metzger를 보라).

양식과 구조

바울의 논증전개에 있어서 이 구절의 중요성은 1:17의 주제적인 진술에 나오는 두 가지 주요 용어들이 다시금 나타나는 것으로 분명히 암시된다: "의"(*δικαιοσύνη* – 디카이오수네) – 3:21, 22, 25, 26; "믿음"(*πίστις* – 피스티스) – 3:22, 25, 26, 27, 28, 30, 31.

가장 두드러진 특징은 24-26절의 문장 구문인데, 특별히 24절의 어색한 분사(*δικαιούμενοι*)로 시작해서, 상호관계성이 무엇인지를 분명히 하지 않은 채로 25절로부터 그 사상을 가져오는(결과적이거나 각기 25a에 직접적으로 의존하고 있는) 일련의 전치사구들이 그렇다.

> 25 *<u>ὃν προέθετο ὁ θεὸς ἱλαστήριον</u> διὰ τῆς πίστεως <u>ἐν τῷ αὐτοῦ αἵματι εἰς ἔνδειξιν τῆς δικαιοσύνης αὐτοῦ διὰ τὴν πάρεσιν τῶν προγεγονότων ἁμαρτημάτων</u>*
> 26 *<u>ἐν τῇ ἀνοχῇ τοῦ θεοῦ</u> πρὸς τὴν ἔνδειξιν τῆς δικαιοσύνης αὐτοῦ ἐν τῷ νῦν καιρῷ εἰς τὸ εἶναι αὐτὸν δίκαιον* …

(특별히 Meyer, "Formula," 201-4에서의 논의를 보라)

25-26a(… *ἐν τῇ ἀνοχῇ τοῦ θεοῦ* – 엔 테 아노케 투 데우)이 바울 이전의 문구라는 폭넓은 일치가 있다(하지만 Kuss, Cranfield 그리고 Schlier를 보라). 그러한 짧은 범위 내에서 바울작품의 단 한번 나오는 것들(hap. leg.)의 놀라운 결합은 그러한 결론을 확실히 고무시켜준다: 프로티데미(*προτίθημι*, 1:13에서 한 번 나타나지만, 아마도 동일한 의미는 아닐 것이다), 일라스테리온(*ἱλαστήριον*, hap. leg.), 엔데익시스(*ἔνδειξις*, 오직 고후 8:24에서 동일한 의미로), 파레시스(*πάρεσις*, hap. leg.), 프로기노마이(*προγίνομαι*, hap. leg.), 하마르테마(*ἁμάρτημα*, 오직 고전 6:18에서), 그리고 아노케(*ἀνοχή*, 오직 2:4에서). 그때에 바울은 디아 테스 피스테오스(*διὰ τῆς πίστεως*)를 삽입하였을 것이고(따라서 그것의 어색함을 설명해주고 있다), 첫 번째 엔데익시스(*ἔνδειξις*) 구와 균형을 맞추고(과거와 현재) 확장시키기 위해서(이스라엘과 모든 믿는 자[*ἐκ πίστεως* – 에크 피스테오스]) 두 번째 엔데익시스(*ἔνδειξις*) 구를 형성하였을 것이다. 바울 이후의 난외주(Fitzer, 163-66 – *εἰς ἔνδειξιν* …*ἀνοχῇ τοῦ θεοῦ*; Talbert – 25-26)라는 대안적인 주장에 반대해서는 Williams, *Saving Event*, 6-11을 보라. Hultgren, *Gospel*, 60-62는 23-26절을 포괄하는 교차적인 구조를 바라보는데, 그 중에서 25-26a절은 그 두 번째 부분을 형성하고 있다고 생각한다. 하지만 바울이 23-26a절을 속죄일에 에베소에 전달되어진 설교의 일부로 이전에 작성했었

다고(62-64) 주장함으로써 불필요하게 추측을 하고 있다.

24절도 역시 바울 이전의 것(확실한 사례가 Käsemann, "Verstädnis"에 의해 만들어졌고, Wegenast; Reumann, "Gospel"; 그리고 Eichholz, *Theologie*, 190-191에 추종되었다)이었는지는 더욱더 논쟁이 된다. 여기서 그 사례는 어휘의 특이성에 거의 의존할 수 없는데, 왜냐하면 모든 요소들이 바울작품의 그밖에 다른 곳에서 어려움이 없이 평행구절들을 찾을 수 있기 때문이다. 그것은 근본적으로 디카이오우메노이(*δικαιούμενοι*)의 구문론적인 어색함으로 요약된다. 하지만 그것조차도 바울의 작품에서 평행구절이 없지는 않다. 웽스트(Wengst)는 고린도후서 5:12; 7:5; 그리고 10:14-15에 주의를 기울인다(*Formeln*, 87; 보다 자세한 것은 Williams, *Saving Event*, 11-16을 보라). 중간적인 해결방법도 역시 가능하다: 문장의 어색함은 바울 사상의 흐름에 맞추기 위하여 처음에 이미 형성되어 있던 문구를 바울이 각색한 결과다. 아니면 이미 형성된 문구를 포함시키기 위하여 자신의 용어를 각색한 결과다.

결론적인 주장은 단순하다. 율법에 따라 하나님에 의해 제공된 죄를 위한 희생제물인 그리스도의 죽음은 믿는 모든 사람(율법이 없는 사람들을 포함하여)에게 그의 의를 확장시키기 위한 하나님의 수단이다. 바울이 받쳐주는 논증 없이 간단한 주장만으로 이것을 내세울 수 있다는 사실은 바울작품 이전의 문구들이 첫 기독교회들의 고백에 관한 근본적인 요소들을 표현하고 있다는 것을 확증해준다. 그처럼 이 서신을 수령하는 사람들이 논쟁 없이 자신들의 공통된 믿음의 일부로서 그것을 받아들였을 것이다(그러므로 초기 문구를 바울이 "정정한" 것은 사실일 것 같지 않다; 더 자세하게는 3:26에 관한 끝에서 두 번째 단락을 보라). 여기서 바울의 관심은 이것이 유대인과 헬라인에게 무엇을 의미하는가에 더 있다(3:27-31). 특별히 Howard, "Romans 3:21-31," 228을 참조하라.

주석

21 "그러나 이제는"(*νυνὶ δέ*-누니 데)은 때로 논리적 대조를 표시하는(7:17; 고전 12:18; 13:13) 바울의 문체의 특징이지만, 보통은 분명한 시간적 의미를 갖는다(15:23, 25; 고후 8:22; 몬 9, 11에서처럼). 여기서 그것은 분명히 의미 있는 반전(反轉), 즉 방금 설명한 것(1:18-3:20)에 대한 대조를 표시해주고 있다-그것은 개인적인 회심 이전과 이후의 대조만이 아니라(6:22; 7:6; 골 1:22; 3:8에서처럼) 한 신기원에서 다른 신기원으로 넘어가는 것을 더욱더 말해준다. 그러한 새로운 신기원에는 결정적인 새 요소가 이전에 있었던 상황을 변화시킨다(5:9-11; 8:1; 11:30-

31; 13:11; 특별히 그밖에 다른 경우는 고전 15:20; 엡 2:13에서처럼). 다시 말해서 그것은 종말론적인 "이제"를 나타낸다(또한 특별히 고후 6:2를 참조하라).

"율법 외에"(*χωρὶς νόμου*–코리스 노무). 코리스(*χωρίς*)는 "'외에'에 대한 가장 전형적인 헬라적 단어이다"(BGD). 21-22절과 27-28절간의 사상의 밀접한 평행구문이 주어진다면, 그 구절은 분명히 코리스 에르곤 노무(*χωρὶς ἔργων νόμου*, 28절), 또한 코리스 에르곤(*χωρὶς ἔργων*, 4:6)과 동의어일 것이다. 바울은 각각의 구절들에서 동일한 방식으로 율법에 대해 자신이 생각하고 있음을 시사하면서–한계를 그어주는 표지로서의 율법, 즉 거기서 "율법의 행위들"은 율법으로 구분되는 사람들에게 요구되는 종교와 삶의 방식에 관한 분명한 형태가 있다–19-20절의 엔 토 노모(*ἐν τῷ νόμῳ*)와 엑스 에르곤 노무(*ἐξ ἔργων νόμου*)에 대한 대조(*νυνὶ δέ*–누니 데)로 이해되어지기를 의도했을 것이다. "율법 외에"는 유대인의 일상적인 표지에 관한 언급이 없이, 율법에 의해 정해진 민족적이고 종교적인 척도들의 바깥에 있다는 것이다.

"하나님의 의"(*δικαιοσύνη θεοῦ*–디카이오수네 데우). 그 구절에 상당한 언약적 의미를 둔다면(자신의 백성들을 위한 하나님의 구원하시는 행위–1:17과 3:5에 관해 보라), 여기서 그 충격적인 일은 두 구절들에 관한 바울의 병치가 되었을 것이다("율법 외에", "하나님의 의"). 왜냐하면 유대의 전승에서 의와 율법은 아주 밀접하게 관계성이 있는 용어들이었다(서론 §5를 보라). 참조. 이사야 51:5-6, 8과 다니엘 9:16에서 하나님의 의의 신뢰에 대한 유사한 표현을 참조하고, 거기서 그 확신은 정확히 이스라엘에 대한 하나님의 헌신에 있다.

"나타났으니"(*πεφανέρωται*–페파네로타이). 바울은 아포칼륍토(*ἀποκαλύπτω*)를 대신하고 있는 파네로(*φανερόω*)와 더불어(그러나 분명히 동의어로서–*TDNT* 9:4; *EWNT* 3:988), 1:17의 주제적인 주장을 재진술하고 있고, 그것의 완료시제는 구원의 역사에서 종말론적인 전환점이 되는 결정적인 사건이 이미 발생했다는 것을 강조하고 있다. 16:26을 참조하라. 그것은 주해에 있어서 3:21과 골로새서 1:26의 지렛대 효과를 생각나게 한다. 코리스 노무(*χωρὶς νόμου*)와 이 평행구절들이 확증해주는 것처럼, 바울이 염두에 두고 있는 구원역사의 전환은 아주 좁은 유대적 측면에서의 한정된 구원의 역사가 유대인뿐만 아니라 이방인들도 동시에 포용하는 구원역사로의 전환이다. 그 사상은 도성인신(Lagrange)에 관한 것이 아니라, 연이은 설명들이 분명히 해주는 것처럼(3:25; 4:24-25; 등등), 그리스도의 죽음에 의한 구원의 효과적인 사역과 복음 안에서 알려진 이 사건들에 관한 것이다(1:16-17).

"율법과 선지자들에게 증거를 받은 것이라"(*μαρτυρουμένη ὑπὸ τοῦ νόμου καὶ τῶν προφητῶν*—마르투루메네 휘포 투 노무 카이 톤 프로페톤). 법정적인 심상이 여전히 바울의 용어들에 영향을 주고 있다—"율법과 선지자"가 증인으로 소환된다. 다소 놀랍게도 바울은 구약의 선지자들을 거의 언급하지 않는다(바울이 직접 언급한 것으로는 오직 1:2와 3:21에서만 나온다). 그밖에 어느 곳에서도 바울은 "율법과 선지자"라는 구절을 사용하지 않는다(하지만 그것은 전반적으로 유대의 거룩한 문서들을 언급하는 한 방식으로 잘 알려져 있었다—마 11:13//눅 16:16; 마 5:17; 7:12; 22:40; 눅 34:44; 요 1:45; 행 13:15; 24:14; 28:23; 그리고 기독교인의 작품은 아니지만—Sirach, prologue; 마카비2서 15:9; 마카비4서 18.10; Str-B, 3:164-65). 논증의 중요한 지점에 다가오면서 그 강조는 다분히 의도적이고, 코리스 노무(*χωρὶς νόμου*, "율법 외에")를 오해로부터 보호하기 위해서 분명히 의도되었다: 하나님의 목적의 연속성이 성경, 즉 율법과 선지자를 통해 계속되고 있다; 1:2에 관해서 역시 보라. (유대) 성경에 호소하는 것은 물론 초대교회 그리스도인들을 위해서는 아주 근본적인 것이었다(용어상으로는 특별히 요 5:19와 행 10:43을 참조하라). 하지만 율법과 복음 사이에 간격을 두는 시도로 바울을 너무 쉽게 오해함으로, 그것은 바울에게서 더욱 중요했다. 그가 다음에 설명하는 간증은, 특별히 4장과 9-11장에서, 이스라엘을 통한 하나님의 구원하시는 목적의 특징이 연속성이 있다는 것이다. 그런데 그 연속성이 유대인들에 의해 민족적이거나 인종적인 연속성으로 혼돈되었다.

22 "곧, 하나님의 의니"(*δικαιοσύνη δὲ θεοῦ*—디카이오수네 데 데우). 데(*δέ*)를 반복한 것이 주요 구절에 관한 보다 풍성한 개념정의를 더해주고 있다(특별히 9:30과 고전 2:6에서처럼). 개념 정의를 더욱더 확실히 하는데 있어서 동사가 생략된 것은 그 개념의 역동적인 의미를 확증해준다—하나님 자신이 헌신하셨던 사람들을 위한 하나님의 행위—(Stuhlmacher, *Gerechtigkeit*, 87; Kertelge, *Rechtfertigung*, 75; Williams, "Righteousness," 272는 "하나님의 본성의 한 단면"으로서 하나님의 의에 대한 해석을 옹호하기 위해 "있다"(to be)라는 동사를 공급해야만 한다; 그러나 다시금 1:17과 3:5를 보라). 하나님 자신에 의해 수여된 지위인 목적 소유격으로 그 구절을 계속 다루는 사람들은 크랜필드(Cranfield)와 쉴러(Schlier)이다.

"예수 그리스도를 믿음으로 말미암아"(*διὰ πίστεως Ἰησοῦ Χριστοῦ*—디아 피스테오스 예수 그리스투). 본 구절은 피스티스(*πίστις*)가 "믿음"과 "미쁘심" 둘 다를 의미할 수 있기 때문에(1:17을 보라), 그리고 소유격 구문을 다른 방식으로 취할 수 있기 때문에(예수 그리스도에 의해 주어진 "믿음", "예수 그리스도의 믿음=미쁘심") 잠정적으로 모호하다. Hultgren, "Pistis Christou"와 Williams, "Again"간의 논쟁이 보여주는 것처럼, 그 문제는 오로지 구문론상에 근거해서는 해결할 수 없다(그러나 에르가 노무[*ἔργα νόμου*]와 관련한 Gaston의 논증을 참조하라–3:20을 보라). 후자의 대안인 "예수 그리스도의 믿음(미쁘심)"(참조. 4:16)은 증거들을 계속 발견하고 있고, 최근에 새로운 지지의 흐름을 얻고 있다(Barth[*Shorter*는 아니다]; Schmidt; Longenecker, *Paul*, 149-150; Howard, "Faith of Christ"; M. Barth, "Faith," 368; Williams, "Righteousness," 272-78; Johnson, "Rom 3:21-26"; Hays, *Faith*, 170-74; Byrne, *Reckoning*, 79-80; Gaston, *Paul*, 117, 172; Ljungman, 38-40, 47은 두 가지 의미로 논증한다). 그러한 경우에 그 사상은 24절(*δικαιούμενοι… διὰ τῆς ἀπολυτρώσεως τῆς ἐν Χριστῷ Ἰησοῦ*–디카이오우메노이…디아 테스 아포루트로세오스 테스 엔 크리스토 예수) 즉 십자가에 죽기까지 순종하신 그리스도의 신실하신 순종인 "그리스도의 미쁘심"과 거의 동의어가 될 수 있을 것이다. 하지만 그리스도의 미쁘심은 로마서의 확장된 주해의 그 어느 곳에서도 바울이 관심을 기울이지 않았다. 그리스도의 신앙이 그의 사상의 한 요소가 되었다면, 대단히 적절하다고 생각되어지는 곳–특별히 4장에서 아브라함의 "신앙"(*πίστις*–피스티스)이 신자의(그리스도에 대해서는 아닌) 모형이 되는 곳에서도, 그리고 아피스티아/피스티스(*ἀπιστία/πίστις*)의 대조가 아주 자연스러운 5:15-19–에서조차도 바울은 그렇게 하지 않았다(반대로는 Johnson, "Rom 3:21-26," 87-89). 약간의 반복이 양 번역에 포함되어 있다는 점은 분명하다. 그러나 반복은 강조의 수단이고, 전반적으로 그 항목에서의 강조는(21-31절 또는 실제로 3:21-4:25) 명백히 믿음, 즉 믿는 사람들의 믿음에 관한 것이다. 중심되는 논지는 하나님의 의가 어떻게 작용하는가, 즉 하나님이 인간을 위해서 행하시는 수단 또는 조건에 관한 것이다(Hays, 172는 이 점을 놓치고 있다). 바울이 점증적으로 밝히고 강조하는데 목적을 두고 있는 것은 하나님의 의가 이스라엘, 율법의 백성들, 언약의 구성원으로 구분된 사람들(=하나님의 의의 수령자들)과 동일 선상에 있다는 자기 백성들의 가정이다. 바울의 반응은 하나님의 의가 그런 식으로 결정되어 있지 않다는 것이다. 그것은 이런 조건들로 이해되어지는 율법과는 관계가 없이 믿음으로 말미암아 역사한다. 믿음은 인간의 조건 또는 "율법의 행위들"과 대조되어 설정된 태도다(20-22, 27-28절; 참조. Schlatter). 이 의미는 1:17의 주제적 진술에 핵심이 된다. 그리고 바울이 여기서 뽑아내려고 하는 것이 바로 이 진술이다. 동일한 방식으로 그리고 갈라디아서(2:16)와 동일하게 중요한 요지로, 바울은 "율법의 행위들"과 "믿음"간의 대조를 노골적인 대조를 사용하여 첨예화시킨다. 이 두 요지에서 그 사상의 흐름과 용어가 아주 유사하기 때문에, 디아 피스테오스 예수 크리스투(*διὰ πίστεως Ἰησοῦ Χριστοῦ*)가 동등하게 에이스 크리스톤 예순 에피스테우사멘(*εἰς Χριστὸν Ἰησοῦν ἐπιστεύσαμεν* [*πίστις*⟨*Χριστοῦ*⟩는 분명히 3:2, 5에서처럼 갈 2:16에서의 에르가 노무[*ἔργα νόμου*]와 동일한 대조다)으로 번역되어지는 갈라디아서 2:16의 확실한 증거를 제쳐두기는 어렵다. 바울이 믿음의 "대상"(object)으로서 그리스도를 생각하는데 익숙하지 않았다는 윌리암(Williams)의 반대논증("Again," 434-35, 442-43)은 10:14, 갈 2:16과 빌 1:29을 무의미하게 만든다. 이것은 바울이 인간의 신앙을 하나님의 의의 표명으로서 간주했다는 것을 의미하지 않는다(반대로는 Hays, *Faith*, 172). 바울이 말하고 있는 것은 하나님의 의가 그리스도 안에서 (유대인들이 민족적인 특징으로 구분되는 그런 행동들로 말미암는 것이 아니라) 믿음으로 **말미암아** 온다는 것을 표현하고자 하는 것이다. 윌킨스(Wilckens)는 한 사람이 의롭게 되었다고 바울이 말하는 그 믿음은 특징적으로 피스티스 크리스투(*πίστις Χριστοῦ*) 즉 십자가에 달리신 그리스도라는 것을 주목함으로써 바울에 관한 해석에서 칭의에 종속하여 기독론을 두는 불트만을 비판한다(3:25; "Christologie").

"모든 믿는 자에게"(*εἰς πάντας τοὺς πιστεύοντας* – 에이스 판타스 투스 피스튜온타스). 판타스(*πάντας*)는 분명히 반복되는 요지이다(그렇지만 이 구절은 단순한 반복도 아니고, 또한 새로운 사상도 아니다) – 이것은 강조용법인데, 19-20, 23절의 반복되는 "모든"을 균형잡고, 동시에 하나님의 구원하시는 목적과 행위(1:5, 16; 2:10; 4:11, 16; 10:4, 11-13에서처럼)의 보편적인 도달을 강조한다. 더 자세한 것은 1:16을 보라. 새로운 운동에 관한 초대교회의 자기묘사 가운데 하나로서의 "믿는 자"(*οἱ πιστευόντες/πιστεύσαντες* – 호이 피스튜온테스/피스튜산테스)에 대해서는 행 2:44; 4:32; 5:14 그리고 2:19를 보라. 그것이 자기묘사였다는 점은 분명하다(피스티스[*πίστις*]는 배타적인 기독교적 특성은 아니었다). 그럼에도 불구하고 그들이 율법의 의식들과는 다른 구분된 특징으로 간주한 것이 (그리스도 안에서의) 믿음이었다는 것은 의미가 있다(예를 들어, "세례 받은 자들"이 아니라 "믿는 자들").

"차별이 없느니라"(*οὐ γάρ ἐστιν διαστολή* – 우 가르 에스틴 디아스톨레)는 이전의 언급한 것과 금방 뒤따르는 "모든"을 설명하고 있는데, 특별히 유대인과 이방인을 의미한다(더 자세한 것은 10:12을 보라). 현대독자들에게 그 주장이 익숙하다고 해서 당시에 바울이 말하고 있는 것의 충격적인 특성 – "유대인과 이방인/헬라인"(1:16에 관해서 보라)이라는 구절의 확립된 특성이 이스라엘 백성을 다르게 보는 유대인의 자기 이해의 금언적 본질을 표현해준다는 것–을 둔화시켜서는 안 된다. 그러나 1:18-3:20의 목적은 신실하신 언약의 하나님 앞에서 특별한 권리나 변호를 가정하는 유대인의 전제를 무너뜨리려는 것이다(23절에서 재진술되는 요지). 하나님에 관한 그 특별한 주장이 허락될 수 없는 것이라면, 모든 사람, 어느 사람이든 하나님의 의를 받을 수 있는 유일한 수단으로서의 믿음을 상술할 수 있는 방법이 바울에게 열려 있는 것이다.

23 "모든 사람이 죄를 범하였으매"(*πάντες γὰρ ἥμαρτον*–판테스 가르 헤마르톤). "모든"은 3:4, 9, 12, 19, 20의 강조의 계속된 진행이다. 부정과거시제는 그 관점이 최후심판에 관한 것이기 때문에 사용되었거나(2:12에서처럼, q.v), 그 관점이 인간의 타락에 관한 결정적이고, 보편적인 특성에 관한 것이기 때문이기도 하다(자세한 것은 5:12을 보라).

"하나님의 영광에 이르지 못하더니"(*ὑστεροῦνται τῆς δόξης τοῦ θεοῦ*–휘스테룬타이 테스 투 데우). 휘스테레인(*ὑστερεῖν*)은 페리슈에인(*περισσεύειν*)의 반대어이고(3:7을 보라), "부족하다, 충분치 않다, 모자라다"를 의미한다(고전 1:7; 8:8; 12:24; 고후 11:5, 9; 12:11; 빌 4:12를 참조하라). "하나님의 영광"과 연관해서(1:21을 보라), 그것은 거의 분명히 아담의 타락(부정과거 시제[*ἥμαρτον*–헤마르톤]와 현재가 결합하여 3:21에서 완료시제와 같은 신기원적인 의미를 갖는다)을 내포하고 있다. 하나님의 영광을 빼앗긴 아담의 타락에 관한 사상은 이미 창조기사에 관한 유대적 반영의 특성이었다(특별히 *Apoc. Mos.* 21.6–"당신이 나에게서 하나님의 영광을 빼앗았다"라고 하와를 고발한다; 더 자세한 것은 Scroggs, *Adam*, 26, 48-49를 보라). "형상"과 "영광"이 이 점에서 긴밀하게 연관되어 있을지라도, 유대 신학은 아담이 거룩한 형상을 잃어버렸는지에 관한 질문을 갖는 후대의 기독교적인 관심을 공유하지 않는다(Dunn, *Christology*, 105를 보라; 더 자세한 것은 8:29를 보라). 따라서 종말의 때의 소망이 본래 있었던 영광의 회복과 확장의 측면에서 표현되어질 수 있다(*Apoc. Mos.* 39.2; 제1에녹서 50.1; 제4에스라 7.122-25; 2*Apoc. Bar.* 51.1, 3; 54.15, 21; 참조. 1QS 4.23; CD 3:20; 1QH 17.15; 또한 Scroggs, *Adam*, 26-27, 54-56; Dunn, *Christology*, 106을 보라). 이 점에서 기독교적인 사상은 보다 넓은 유대 신학과 공통점을 갖는다. 특별히 하나님께서 사람을 만드실 때 품으셨던 영광을 언급하고 있는 시편 8:4-5에 대한 기독론적이고도 종말론적인 해석인, 히브리서 2:6-10이 제공하고 있는 방식을 참조하라(더 자세한 것은 Dunn, *Christology*, 102-3, 109- 110을 참조하라). 로마서의 다른 곳에서 바울이 사용하고 있는 독사(*δόξα*)의 모티브는 그가 얼마나 동일한 사상의 노선에 영향을 받았는가를 보여준다(특별히 8: 18-21과 함께 1:23을 참조하라). 따라서 바울은 아마도 여기서 인간의 타락으로 상실된 영광과 타락한 인간이 결과적으로 이르지 못한 영광을 둘 다 언급하고 있다. 그 말은 바울의 논증의 이중적인 의미를 확고히 해준다. 즉 바울은 유대인과 이방인간의 차이를 그들의 공통된 창조의 동일한 수준으로 감소시킴으로써, 창조주의 능력에 관한 피조물의 의존 의식이 믿음의 패러다임으로서 모든 사람들에게 적용될 수 있게 한다(참조. 4:17).

24 "의롭다 하심"(*δικαιούμενοι* – 디카이우메노이). 이전 문맥과의 구문론적인 연결이 분명하지 않다(Cranfield를 보라). 그러나 그 의미는 충분히 분명하다: 바울은 "하나님의 의"가 "예수 그리스도 안에서 믿음으로 말미암아" 어떻게 효력이 있는가를 이전의 자료들을 가능한 한 각색하여 설명하고 있다(양식과 구조를 보라). 그 구문이 다듬어지지 않은 것이, 그것이 죄를 짓고, 의롭게 되는 하나님의 영광에 이르지 못한, 사람들이라는 사실을 강조하는데 도움을 준다. 5:20(Wilckens)을 참조하라. 디카이오(*δικαιόω*)의 수동직설법 분사는 바울 작품에서는 평행구문이 없지만, 몇 가지 경우에(3:26; 4:5; 8:33; 갈 3:11), 하나님을 "의로운 자"(*ὁ δικαιῶν* – 호 디카이온)로 언급하고 있고, 동일한 시제가 칭의가 일반적인 규칙에 따라 어떻게 발생하는가를 묘사하기 위해 수동으로 사용되어진다(3:28; 갈 2:16). 또한 현재시제는 바울이 염두에 두고 있는 구원역사에서 결정적으로 획기적인 두 순간 – 그리스도의 속죄의 죽음(25절)과 최후의 심판(20절) – 의 시간적 차이를 연결하도록 돕는다. 3:28, 30의 현재로부터 미래로의 전환을 참조하라. 더 자세한 것은 1:17을 보라.

"값없이"(*δωρεάν* – 도레안). 창 29:15; 출 21:11; Josephus, *Life* 38, 425; *War* 1.274; 마 10:8; 고후 11:7; 살후 3:8; 계 21:6; 22:17을 참조하라.

"하나님의 은혜로"(*τῇ αὐτοῦ χάριτι* – 테 아우투 카리티). 디카이오수네(*δικαιοσύνη*)와 같이 역동적인 단어인, 카리스(*χάρις*)는 하나님의 은혜로운 능력의 도달을 나타낸다. 1:15에 관해서 보라. 그러나 디카이오수네(*δικαιοσύνη*)가 언급되고 있는 관계성에 의해 자격이 부여되지만 카리스(*χάρις*)는 하나님의 행위의 무조건적인 특징을 나타낸다 – 여기서는 도레안(*δωρεάν*)과 결합되어 강조가 이중적이 되었다. 특별히 5:15의 헤 도레아 엔 카리티(*ἡ δωρεὰ ἐν χάριτι*)를 참조하라. 유대교가 하나님과의 언약적 관계를 은혜에 의해 주어진 것으로 – 바울이 논쟁하려 하지 않았던 한 강조점(11:5) – 또한 보았다는 것을 상기하는 것이 중요하다(Philo, 57; 2*Apoc. Bar.* 48.18-20; 75.5-7을 참조하라; 더 자세한 것은 서론 §§5.1과 5.3을 보라). 또한

EWNT 3:1098-99를 보라. 하지만 바울의 시각에서 하나님의 언약적 선택에 관한 이러한 인식은 율법의 행위들과 율법에 관한 유대인의 강조에 의해 너무 많이 흐려졌다. 따라서 바울은 여기서 은혜를 율법과 행위들(여기서는 암시적이다; 6:14-15와 11:6에서는 명시적이다)과 대조시키고, 믿음으로 되는 인간의 상호관계성을 강조함으로써 하나님의 언약적 선택과 의에 관한 또 다른 이해를 발전시키고 있다(특별히 4:16을 참조하라).

"구속으로 말미암아"(*διὰ τῆς ἀπολυτρώσεως* – 디아 테스 아폴루트로세오스). "해방의 행위"(NEB). 아폴루트로시스(*ἀπολύτρωσις*)는 거의 쓰이지 않는 단어다. 하지만 특히 유대 작가들에게는 전쟁 포로나 죄수를 배상을 주고 노예로부터 해방한다는 의미로 잘 알려져 있었다(*Ep. Arist.* 12, 33; Philo, *Prob.* 114; Josephus, *Ant.* 12.27; 더 자세한 것은 BGD를 보라). 성스러운 해방에 관한 언급으로 사용되는 다이스만(Deissmann)의 유명한 예(*Light*, 327)가 지배적인 해석이 되게 해서는 안 된다. 왜냐하면 그런 해석은 보다 넓은 개념으로 특별하게 적용한 것이기 때문이다. 한편, 우리는 로마에 있는 바울의 많은 청중들이 노예였거나 해방된 노예(Leenhardt; 서론 §2.4.2를 보라)였다는 사실을 잊어서는 안 된다. 복합된 단어가 아닌 루트로시스(*λύτρωσις*)는 배상이라는 동일한 의미로 어쨌든 70인경에서 널리 사용되었다(약 10번). 그런데 기독교 전승이나 바울이 (죄)로부터의 해방 또는 하나님에게 돌아간다는 의미를 강화시키기 위해서 더 무게가 나가는 복합어적인 형태를 의도적으로 선택했다는 말이 꽤 가능하다(참조. Moulton, *Grammar*, 2:298, 299). 하지만 그 본문 뒤에는 구약의 강력한 모티브가 놓여 있다는 것은 의심할 바가 없는데, 그것은 이스라엘 백성의 구속자, 특히 애굽에서 이스라엘을 (노예로부터) 해방하신 구속자로서의 하나님에 대한 용어인 루트룬(*λυτροῦν*)의 일반적인 사용 안에서 표현되었다 – 신명기(7:8; 9:26; 13:5[70인경 6]; 15:15; 21:8; 24:18), 시편(25[24]:22; 26[25]:11; 31:5[30:6]; 32[31]:7 등등), 그리고 제2이사야(41:14; 43:1, 14; 44:22-24; 51:11; 52:3; 62:12; 63:9)에서 현저하다. 바울이 이스라엘의 언약적 믿음에 관한 전형적인 강조에 의존을 하고 있다는 것은 또한 시편 111[110]:9와 130[129]:7-8에서 잘 나타난다. 기독교적인 주목할 만한 독특한 사항이 아폴루트로시스(*ἀπολύτρωσις*)에서는 주어지지 않으나 엔 크리스토 예수(*ἐν Χριστῷ Ἰησοῦ*)에는 주어져 있다. "구속"의 개념이 값을 지불한다는 개념을 포함하는지에 관한 논쟁에 대해서는 (70인경의 배경이 더 강하다고 생각할수록 그 두 가지가 함께 갈 가능성은 더 적어진다) 특별히 Marshall을 보라("Redemption," 153 n.4). 그는 "값"(price)과 "대가"

(cost)를 분명히 구분하는데 도움을 준다. 더 자세한 것은 특히 Kertelge, *Rechtfertigung*, 53-55와 *EWNT* 1:332-34를 보라. 그 용어는 단지 십자가 사건만이 아니라 구속의 과정을 포함한다(Wennemer를 보라). 그러나 바울문헌에서 아포루트로시스(*ἀπολύτρωσις*, 디카이오스[*δικαιόω*]처럼)는 그 속에 "이미/아직은 아닌"의 긴장을 내포하고 있다(8:23; 고전 1:30; 엡 1:7, 14; 4:30; 골 1:14). 1QM 1:12; 14:5; 15:1에 있는 두드러진 평행구들을 주목하라.

"그리스도 예수 안에 있는"(*ἐν Χριστῷ Ἰησοῦ* – 엔 크리스토 예수)은 로마서에서 지금 처음으로 출현하지만, 바울에 의해 아주 사랑 받는 구절이자, 바울신학의 특징을 나타내준다(6:11, 23; 8:1, 2; 9:1; 12:5; 15:17; 16:3, 7, 9, 10 등등 – 바울 서신에서 80번 이상이 나온다). 이런 바울의 특징적인 용법을 사용하는 바울서신 이외의 구절은 베드로전서 3:16과 5:10, 14에서만 나타나고 있고, 클레멘트와 이그나티우스가 그러한 구절을 사용하고 있는 것(예를 들어, *1 Clem.* 32.4; 38.1; *Ign. Eph.* 1.1; *Trall.* 9.2)은 거의 확실히 바울의 영향을 받은 것이다. 이 구절에서 바울이 신기원을 여는 그리스도의 죽음과 부활의 결정적인 사건을 회상하고 있다는 것은 문맥에 확실히 나타나 있다(21, 25절) – "그리스도 예수로 말미암아", "예수 그리스도가 죽으시고 부활하신 사실에 의해 확정된"(Neugebauer, Kramer, 143에 의해 인용되어짐). 하지만 이 신기원이 계속적인 그리스도의 주되심으로 특징지어지기 때문에(단지 그만에 의해 주도되어진 것이 아닌), "예수 그리스도 안에" 있는 사람들을 위한 "그리스도 안에"라는 구속의 사상을 배제할 수는 없다(참조. 엔 노모[*ἐν νόμῳ*] – 3:19). 죄로부터의 구속이 죽음으로 말미암아 오기 때문에(6:7), 죄로부터의 구원이 이제 경험되어지기 시작할 수 있는 것은, 그리스도의 죽음과 새로운 삶 안에서, 그리스도 안에 참여함을 통해서다(6:1-11). 여기서 그 용법에 관해서는 특별히 8:2; 고전 1:4; 고후 4:10-12; 13:4; 그리고 갈 2:19-20을 참조하라. 더 상세한 함축적 의미는 현대인들의 이해로 수용하기에는 "위격"으로서의 부활하신 그리스도에 관한 바울의 개념이 단순하고 쉬운 일이 아니라는 것을 우리에게 상기시켜준다. 바울에게서 "예수 그리스도 안에" 있는 것 또는 공유하는 것은 그 사람을 수용하고, 그리스도의 죽으심과 부활하심의 특성을 가진, "그리스도 안에서" 그 사람 안에 동등한 죽음과 부활을 이루게 하시는, (인격적인) 능력을 경험하는 것이다(보다 자세한 것은 Dunn, *Jesus*, 324와 326-28과 뒤에 나오는 6:11; 15:17에 관해서 보라).

25 "이 예수를 하나님이 그의 피로 인하여 믿음으로 말미암는 화목제물로 세우셨으니"(*ὃν προέθετο ὁ θεὸς ἱλαστήριον διὰ πίστεως ἐν τῷ αὐτοῦ αἵματι* – 혼 프로에

데토 호 데오스 일라스테리온 디아 피스테오스 엔 토 아우투 하이마티). 프로티데미(*προτίθημι*)는 "목적하다, 의도하다"라는 의미를 가질 수 있다(1:13에서처럼). Zeller, "Sühne," 58과 Cranfield는 이런 의미에 대해 강력하게 주장한다(참조. Lagrange, NEB, Hendriksen). 하지만 "주다, 선물하다"가 더 가능성이 있다(BGD, RSV, NIV; 또한 SH, Murray, Käsemann, Schlier, Hultgren, *Gospel*, 56-57; 그런데 Williams, *Saving Event*, 34-38은 이 의미를 너무 적게 고려한다). 아마도 그 단어는 복잡한 개념의 요약을 하기 위해서 선택되어진 것 같다. 즉 이것이 초기의 기독교 변증가들이 좋은 평가로 바꾸어놓은 그리스도의 수치스러운 죽음에 관한 공적인 사실(행 5:30; 10:39; 갈 3:1); 속죄일에 성전의 지성소에서 희생의 피를 만드는 것과 종말론적으로 결정적인 죄를 헌납하는 것으로서의 그리스도의 죽음의 공개된 특징(T. W. Manson, "*ΊΛΑΣΤΗΡΙΟΝ*," 5; Bruce; 아래를 보라); 또한 새로운 언약의 도입을 상징하기 위하여 희생적인 피의 공적 사용에 관한 개념(참조. 출 24:3-8)을 불러일으켰다는 것은 부정할 수 없는 사실이기 때문이다. 스툴마허(Stuhlmacher)는 출 29: 23; 40:23; 레 24:8; 마카비2서 1:8, 15("Exegess,"130)에서 임재의 떡에 관한 언급에서 그것의 제의적인 사용을 주목한다. 하나님이 희생제물을 제공하셨다는 확언은 (아마도) 더 오래된 대조법, 즉 "너희 유대인들이 그를 죽였으나, 하나님이 그를 살리셨다"(행 2:23-24; 3:15; 4:10; 5:30-31; 10:39-40)를 조정해주는 중요한 보충물이 되었다. 왜냐하면 그것은 신적인 기원을 강조할 뿐만 아니라, 그리스도의 죽음과 부활로 새로운 언약/신기원을 이루신 분은 하나님 자신이라는 사상을 허용할 수 있기 때문이다. 아케다(Akedah) 주제(이삭의 번제, 창 22장)에 관한 어떤 연출의 가능성을 배제할 수는 없다(보다 자세한 것은 8:32를 보라). 그 은유는 "하나님이 그리스도 *안에서* 세상과 자신을 화해시키시는 것에 관한 개념과는 다르지만(고후 5:19), 바울은 어려움이 없이 그 두 가지를 함께 연결할 수 있었다(고후 5:21). 그가 그렇게 상충되는 이미지를 사용할 수 있다는 것은 은유적인 용어를 너무 문자적 또는 풍유적 의미로 해석을 압박하는 것에 대하여 우리에게 경고를 해준다.

일라스테리온(*ἱλαστήριον*)은 70인경에서 거의 독점적으로 사용되는데, 출애굽기, 레위기 그리고 민수기에서 언약궤 뚜껑("자비의 자리"), "속죄소"(특별히 출 25장과 레 16장을 보라)로 21번 사용되었다. 유사하게는 아모스 9:1(모든 MSS에는 없다), 에스겔 43장에서 5번(성전 계시), 그리고 (일반적으로 70인경을 인용하는) 필로(Philo)에게서 네 구절; 또한 히브리서 9:5(예를 들어, Nygren; Bruce; Hultgren, *Gospel*, 55-60, 보다 더 자세한 문헌목록을 가진 53; Fryer도 역시 지지한다)에도 나온다. 그러나 "속죄의 수단"이라는 의미는 또한 마카비4서 17.22, Josephus, *Ant.* 16. 182, 창세기 6:16(Sym.) 그리고 그밖에 다른 곳에서(BGD, *TDNT* 3:319-20을 보라) 충분히 명백하고, 여기에서 보다 명백한 의미를 갖게 된다(Denney; Morris, "*ἱλαστήριον*"; Thyen, 167; Kertelge, *Rechtfertigung*, 55-57; Eichholz, 192-94; Zeller; Hultgren, *Gospel*, 54-55에서 여타의 것들). 다시 한번 말하지만, 분명하게 이것 아니면/저것을 압박하는 것은 현명하지 않을 것이다(참조. Str-B, 3:175-78; Black; Stuhlmacher, "Exegese"; Goppelt, *Theology*, 2:95; Wilckens) - "속죄의 중개자"는 모호성을 가진다.

어쨌든 이런 배경하에서 바울(그리고 바울 이전의 전승)이 예수의 죽음을 희생제물로 생각하고 있었다는 것은 의심의 여지가 없다(아주 명백하게는 NEB, NIV, 그리고 NJB). 그런 판단은 예수의 피에 관한 언급에 의해 확인되어진다. 예수의 죽음이 초기 전승에서는 특별히 피에 관한 것이 아니었기 때문에, 여기서 피에 관한 주목은 유대의 전승 내에 있는 개념, 즉 "희생의 피" - 특별히 속죄일에 속죄제물의 중요한 부분이 되는 피를 드리는 것 - 와의 연결에 의해 정확히 설명되어지고 있고(레 16장), 이 피의 속제죄는 디아스포라 공동체 내에서도 잘 알려져 있었을 것이다(또한 막 14:24 par.; 히 9:11-14; 벧전 1:19; 따라서, 예를 들면, Taylor, *Atonment*, 63-64; Davies, *Paul*, 236; Lohse, *Märtyrer*, 138-39; Ladd, *Theology*, 425-26; Daly, 239-40; Stuhlmacher, "Sühne," 특별히 297-304; Maillot; 반대로는 Fitzer, *Schrage*, 81-82, Kümmel, *Theology*, 198-99, Friedrich). 바울이 마카비 시대의 순교자들의 죽음(마카비4서 17.22에 설명되는 것처럼; 참조. Lohse, "Märtyrer," 152 n.4; Hill, *Greek Words*, 41-45; Williams, *Saving Event*, 248)을 묘사하는데 사용된 동일한 용어들을 인식하고 있었을 가능성이 있다. 또한 5:9을 보라. 그러나 이러한 가능성이 바울이 예수의 죽음을 희생제물 그리고 특별히 속죄일에 조건으로 생각했다는 견해에 대한 대안으로 이해해서는 안 된다. 마카비4서의 전승은 단순히 바울과 거의 동시대의 희생의 제물에 관한 또 다른 실례인데, 만약 그렇지 않았더라면 끔찍하고 믿음을 혼란케 할 수 있는 죽음이 될 수 있는 것에 관한 의미를 주는데 사용되어진 것이다. 로마서 3:25-26과 대조되어, 마카비4서 17.22는 순교자의 죽음을 이스라엘에 대한 하나님의 특별한 보호가 계속 되어지는 것에 대한 희망의 근거로 보고 있다. 그리고 마카비4서와는 비교 되게, 로마서 3:25는 희생제물을 제공하는 데 있어서 하나님의 주도를 강조하고 있다(참조. Kertelge, *Rechtfertigung*, 57-58). 일라스테리온(*ἱλαστήριον*)을 "속죄"(propitiation)로 번역할 것인지 "보상"(expiation)으로 번역할 것인지에 관한 오래된 논쟁(Dodd ["Atonement"]와 Morris [*Apostolic Preaching*, 4장과 5장]는 주요한 주창자들이다)은 역시 불필요한 양자택일의 극단으로 고통을 주었다(참조. Young, 175; Hofius, "Sühne," 26-31은 사실상 동일한 불균형을 가지고 Dodd의 입장을 재진술하고 있고, 반면에 Ridderbos, *Paul*, 189-90는 Morris의 입장에 서서 대단히 교조주의적인 입장을 갖는다). 확실히 바울의 해설의 논리는 예수의 죽음이 (1:18-3:20에서 설명된) 하나님의 진노를 막았다(참조. 마카비2서 7:38)는 것이지만, 그 구절은 역시 하나님을 희생의 대상물이라기보다는 희생의 제공자로 묘사하고 있다(참조. Schlatter, Barrett, Gaugler, Robinson, *Wrestling*, 44-47).

유대교 안에 희생의 신학이 뚜렷하지는 않지만(예를 들어, 참고문헌과 함께 M. Barth, *Sacrifice* 13를 보라), 바울의 희생의 신학에 관해서 더욱더 적극적인 어떤 것을 말하는 것이 가능하다. 즉 우리는 (1) 그리스도의 죽음에 관해 언급하는 희생제물의 용어에 관한 바울의 사용, (2) 순교 신학에서 염두에 두고 있는 희생의 이미지를 유사하게 사용한 점, (3) 바울이 그의 독자들과 자신의 견해를 나누었던 것으로 보인다는 점(따라서 3:25; 4:25; 그리고 8:3과 같이 간단하면서도 미발전시킨 언급들의 가능성) 등으로부터 바울의 희생신학에 관한 더 적극적인 언급들을 말할 수 있다. (a) 속죄제물이 죄를 처리한다. 어떤 의미에서 희생제물을 죽이는 것이 죄를 처리해주었거나 희생을 드리는 자의 죄를 제거해주었다: 8:3 - "죄를 정죄했다"; 고후 5:21 - 죄가 제거되었다; 참조. 마카비2서 7:38 - 순교자의 죽음에 의해 끝나는 진노; 마카비 4서 17.21-22 - 그 나라가 정결케 되었다. (b) 속죄제물은 죄를 드리는 자, 즉 죄인을 대신했다. 이것은 의식의 일부에서 아주 중요한 의미를 가졌는데, 의식을 진행할 때에 속죄제물을 드리는 자는 자신의 손을 희생되는 동물의 머리에 얹었다(레 4:4, 15, 24, 29, 33). 거기서 죄인은 자기 자신을 그 동물과 동일시하였고, 적어도 어떤 의미에서 그 동물은 희생제물을 드리는 그 사람을 대신하는 것을 나타내었다(Leenhardt; H. H. Rowley, *Worship in Ancient Israel*[London: SPCK, 1967] 133; Gese, "Atonement," 105-6; Daly, 100-106; Janowski, 199-221; Hofius, "Sühne," 35-36). 우리들은 손을 얹는 것에 대한 다른 언급들로부터 기대할 수 있는 것이 바로 그것인데, 거기서 동일시가 다시금 주된 합리적 근거가 되고 있다(특별히 민 8:10; 27:18, 23; 신 34:9). 바울이 여기서 확실히 염두에 두고 있는 속죄의식의 날에 그 행동은 염소의 머리에 사람들의 죄를 분명히 얹는 것이다(레 16:21). 그때에 그것은 문자 그대로 그 캠프로부터 죄를 제거시키는 것이었다. 하지만 이것은 보다 일반적인 속죄제물이 성취하는 것을 묘사하는 한 대안적인 방법일 뿐이다. 왜냐하면 동일한 형식이 속죄제물과 속죄염소에게 사용되어졌기 때문이다(11Q Temple 26.9-27.2 – "그들이 용서를 받을 수 있도록"; *m. Seb.* 1.7 – "보상하다"). 이것은 8:3(그리스도가 죄악된 육신과 동일시되었다 – 8:3을 보라), 고후 5:14(그리스도가 죽으셨으니 모든 사람이 죽은 것이다. 왜냐하면 그리스도께서 인간과 동일시되셨기 때문이다) 그리고 고후 5:21(그리스도가 죄를 삼으셨다)에서의 아담 기독론에 대한 바울의 사용과 완전히 잘 들어맞는다. Whiteley의 신조 – "참여를 통한 구원"(*Theology*, 130) – 를 참조하라. (c) 그런 이해를 가지고 있어야만, 우리는 예수의 죽음에 대한 바울의 이해의 근본적인 특성으로 보이는 희생적인 "교환"(interchange)에 대한 충분한 의미를 가질 수 있다(그런 입장으로는 특별히 Hooker, "Interchange in Christ," 358; "Interchange and Suffering," 77). 즉 죄인은 살고, 죄 없는 자가 죽는다. 그것은 죄인의 죄가 흠 없는 희생제물에 전가되는 것처럼 희생제물의 흠 없는 삶이 죄인에게 전가된다(또는 간주된다)는 의미다(고후 5:21; 롬 8:3; 갈 3:13; 그리고 4:4에서 다양한 형태로 나타나 있다). 더 자세한 것은 8:3과 Dunn, "Death"; Wilckens, 1:236-40을 보라.

"믿음으로 말미암는"(*διὰ πίστεως* – 디아 피스테오스). 이것은 아마도 삽입구로 간주되어져야만 하고, 신약에서 평행구절이 없는 엔 토 하이마티(*ἐν τῷ αἵματι*)와 함께는 아니다. 게다가 바울은 엔(*ἐν*)과 함께 피스티스(*πίστις*)를 사용하지 않았다(보다 자세한 것은 Käsemann을 보라). 여기서 피스티스(*πίστις*)는 하나님의 언약적 신실함과 관련되어 있다는 허버트(Herbert, "Faithfulness," 376)와 플르타(Pluta)의 주장은 3:3-4, 7에 대한 강조와 바울이 1:17에서 동일한 사상을 염두에 두었다는 그럴듯한 가능성에 비추어 볼 때에 아주 매력적이다(1:17을 보라). 요한1서 1:9를 참조하라. 따라서 그러한 가능성을 전적으로 배제할 수는 없지만, 하나님이 믿음과 접촉하신다는 것을 다시 한번 강조하기 위한 기회를 취하고 있다는 것이 더 그럴듯하다. 경건한 유대인을 위한 속죄 제도를 수반한 것이 언약의 규칙들("율법의 행위들")에 대한 신실한 관심이 될 수 있겠지만, 바울은 제의(신실성)의 계속된 관행과 연관을 맺지 않은, 하나님의 의해 이미 제공되어진 오로지 결정적인 희생의 수락이 될 수 있는 믿음을 강조하고 있다. 22절에 피스티스 예수 크리스투(*πίστις Ἰησου Χριστοῦ*)를 "예수 그리스도의 믿음/신실성"으로 취하는 사람들은 동일한 의미로 여기 피스티스(*πίστις*, 믿음)를 취하는 경향이 있다(예를 들어, Barth, Williams, *Saving Event*, 47-50). 하지만 3:22에 관해 보라.

"자기의 의로우심을 나타내려 하심이니"(*εἰς ἔνδειξιν τῆς δικαιοσύνης αὐτοῦ* –

에이스 엔데익신 테스 디카이오수네스 아우투). 엔데익시스(*ἔνδειξις*, "표시, 증거, 증명", LSJ; Kümmel, "*Πάρεσις*," 263). 특별히 고린도후서 8:24을 참조하라. 하나님에 의해 주어진 의로운 신분이냐, 하나님 자신의 의냐(다시금 Cranfield처럼)로 디카이오수네(*δικαιοσύνη*)의 주해를 다시금 강요해서는 안 된다. 그 의미는 하나님 자신이 서약하신 사람들을 위한 하나님의 행위에 관한 것이다(1:17과 3:5를 보라). 하나님은 이스라엘과의 언약에서 있었던 조건을 성취시키는 희생제물을 제공함으로써 자신의 의를 보이신다(속제제물 – 참조. 8:3). 또한 Nygren; Kertelge, *Rechtfertigung*, 59-60; Ziesler, *Righteousness*, 194; Wilckens을 보라. 따라서 십자가의 수치스러운 죽음이 하나님의 구원하시는 은혜의 표현으로 나타날 수 있다는 것은 일상적인 인간의 가치를 복음이 변화시키는 고전적인 실례가 된다.

"전에 지은 죄를 간과하심으로"(*διὰ τὴν πάρεσιν τῶν προγεγονότων ἁμαρτημάτων* – 디아 텐 파레신 톤 프로게고노톤 하마르테마톤). 헬라어 성경에서 오직 여기서만 나타나는 파레시스(*πάρεσις*)는 "넘어가다"를 의미하지만 단순히 "간과하다, 무시하다"는 의미로는 아니다. 오히려 그것은 "벌을 면해줌, 벌을 받지 않고 가게 함"이라는 아주 엄격하게 법적인 의미를 갖는다(BGD). 디아(*διά*)의 모호성에 대해서는 4:25과 8:10, 20을 참조하라. 이방인의 죄들이 염두에 두어졌다는 것은(Gager, *Origins*, 216, Howard도 따르고 있는) 그럴 것 같지 않다. 특히 그 신조가 유대 기독교 내에서 먼저 작성되었다면 더더욱 그렇다. 분명하지 않은 것은 엔데익시스(*ἔνδειξις*)와 파레시스(*πάρεσις*) 간의 관계다. 특히 바울이 파레시스(*πάρεσις*)를 과거 또는 현재에 발생한 것으로 그리고 있는지, 그리고 과거의 어떤 사면이 단순히 유보 또는 응보의 연기인지가 특별히 더 그러하다(Meyer, "Formula," 200-201을 보라). 적어도 바울은 희생제물의 제도가 과거의 죄를 다루는 합법적인 방법일지라도, 죄와 죄짓는 문제에 관한 적절하고 최종적인 해답을 이루지 못한다는 것을 의미했을 것이다. 오직 그리스도의 희생만이 그것을 할 수 있다(죄의 권세에 대한 가능성이 그리스도와의 연합으로 말미암아 벽에 부딪히는 것이 그리스도의 부활로 인해 왔기 때문일 것이다). 하지만 여전히 불분명한 것은 바울의 용어가 과거의 희생제도의 유효성에 관해 무엇을 함축하고 있는가 하는 것이다. 그는 과거의 희생제도를 오로지 온전히 효과를 이루는 희생인 그리스도의 죽음으로 연기된 선언, 말하자면 그리스도의 오심 때까지 유보된, 단순히 "유보된 활동"으로 간주했는가(참조. Heb 9:25-26; 10:12, 14; 참조. Williams, *Saving Event*, 29-34; Hübner, "Sühne," 301)? 또는 바울은 과거의 희생제도를 효력이 있는 것으로 간주했지만(그러므로 희생으로서의 그리스도의 죽음은 하나의 희생이 됨으로써 효력을 갖는 – Maillot), 그리스도의 죽음의 효력에 비추어 그것이 이제는 (아마도) 더 이상 필요가 없는 것으로 간주했는가?

이 모든 질문들 속에서 이 당시에 예루살렘에서 여전히 있었던 희생의 제의가 초대교회의 잔상으로 간주할 수 있는가는 여전히 해결되지 않은 채로 남아 있다. 헬라어를 상용어로 사용한 유대인들이 여전했던 성전 중심적 신앙을 깨뜨린 것이 사도행전의 간증이고(1-7장), 그리고 (바울의 선교사역과 신학을 포함하여) 그런 깨뜨림이 신앙으로부터 뒤따라 나왔던 기독교의 특징을 결정짓는데 도움을 주었을 것이다. 하지만 예루살렘의 유대 그리스도인들이 정규적인 희생제물을 드리는 것(그것을 위해 성전이 주로 존재했다)을 멀리 했는지는 분명하지 않다. 희생제사에 참여를 하지 않으면서(행 21:20-26이 제기하는 것과 같은), 예루살렘 내에서의 성전과 율법에 대한 계속적인 충성을 상상하기는 힘들 것이다. 하지만 희생 즉 참으로 새로운 언약의 희생으로서의 예수의 죽음에 관한 기념으로서의 마지막 만찬의 관행은 아마도 매우 이른 시기에 있었을 것이고(참조. 고전 15:3), 계속적인 성전 희생제에 대한 태도들은 영향을 받지 않을 수 없었을 것이다. 불행하게도 여기서 바울의 용어는, 바울 이전의 신앙형식으로서든 그리고 그것에 관한 바울의 사용에서든지 간에, 더 자세한 설명을 주기에는 너무 모호하다. 이것에 관해서는 대답들보다는 질문들로 더 많이 남아 있다.

바울이 왜 파레시스(*πάρεσις*)를 사용하고 아페시스(*ἄφεσις*, "용서", 롬 4:7의 인용에서 "용서하다"라는 의미로 사용된 아피에미[*ἀφίημι*]와 함께 바울서신에서는 골 1:14와 엡 1:7에서만 나온다; Kümmel, "*Πάρεσις*," 262-63은 파레시스[*πάρεσις*]의 "용서"의 의미에 대한 논증을 함에 있어서 너무 지나치게 주장을 한다)를 사용하지 않은 이유에 대한 궁금증은 아직 적절히 풀리지 않은 채로 남아 있다. 그것은 이 부문에서 기능을 다하는 히브리어의 다양한 은유를 표현하는 단일한 전문 용어들이 헬라어에서는 분명히 설정되지 않았다는 사실을 단지 반영할 뿐이다. 하지만 바울은 또한 일라스코마이/일라스모스, 카르프토(*ἱλάσκομαι*/*ἱλασμός*, *καλύπτω*), 그리고 엑살레이포(*ἐξαλείφω*, 골 2:14)와 같이 중복되는 대체어들을 역시 피한 것으로 보인다. 그 문제는 바울이 "회개"(메타노이아[*μετάνοια*] – 오직 2:4와 고후 7:9-10에서만 나온다; 메타노에오[*μετανοέω*] – 오직 고후 12:21에서만 나온다)라는 연계된 용어를 사용하는 것을 의도적으로 피하고 있는 것으로 보이는 사실과 아마도 관련이 있을 것이다. 종합해 보면 이러한 사실들은 바울이 유대교의 희생 제의에 관한 언급을 하지 않고도 사용하고 이해할 수 있는 방식으로 자신의 전문 용어("은혜" 그리고 "믿음")를 세우기를 원했다는 것을 단지 암시한다(또한 2:4를 보라; 보다 자세한 것은 4:7-8;12:1 그리고 15:16을 보라).

26 "하나님께서 길이 참으시는 중에"(*ἐν τῇ ἀνοχῇ τοῦ θεοῦ*–엔 테 아노케 투 데우). 이 구절은 이전 구절들에 관한 분명한 암시를 강화시키는데 즉 이전의 시대(희생의 제도가 "효력을 발휘했던지", 단순히 그리스도의 희생적인 죽음을 예표했든지 간에)에서 언약의 사람들에 의해 저질러진 죄에 대한 벌을 하나님이 주장하시지 않는 합리적 근거가 무엇이든지 간에 이 말은 하나님의 오래 참으심과 "절제"라는 분명한 의미를 강화시켜준다(William, *Saving Event*, 28). 그 사상은 유대인의 귀에 낯설지가 않다(특히 출 34:6-7의 자주 반복되는 주제를 참조하라–9:15와 나아가서 11:31, 32를 보라; Wilckens; 보다 더 자세하게는 Zeller, "Sühne," 64-70을 보라). 하지만 희생의 제도가 이미 세워져 있었기 때문에 그러한 인내를 아주 당연한 것으로 여기는 습관에 빠지기가 쉬웠을 것이다(다시금 2:4에 관해 보라). 그 동기가 여기서 하나님의 진노에 관한 바울의 초기 묘사(1:18-3:20)와 상충된다는 케제만의 결론은 바울이 그와 같은 자신들의 조상의 믿음에 관한 총괄적인 기소를 하고 있다는 그릇된 가정 위에 세워진 것이다.

"곧 이 때에 자기의 의로우심을 나타내사"(*πρὸς τὴν ἔνδειξιν τῆς δικαιοσύνης αὐτοῦ ἐν τῷ νῦν καιρῷ*–프로스 텐 엔데익신 테스 디카이오수네스 아우톤 엔 토 눈 카이로). (25b절과 같은) 다소 동일한 구절의 반복은 분명히 의도적이고, 이전 구절과의 어떤 균형이 분명히 의도되었다. 즉 디아 텐 파레신 톤 프로게곤톤 하마르테마톤(*διὰ τὴν πάρεσιν τῶν προγεγονότων ἁμαρτημάτων*)…과 균형을 이루는 엔 토 눈 카이로(*ἐν τῷ νῦν καιρῷ*)는 의도적이다. 그리스도의 죽음은 하나님의 의와 함께 역사에서 중심적인 요지를 형성하는 것으로 그려져 있고, 이는 과거와 미래에 모두 효력을 갖는 것으로 나타난다. 카이로스(*καιρός*)는 여기서 단순히 어떤 한 순간 또는 시간의 경과를 나타내는 것이 아니라 의미를 갖는 시간–그분의 결정과 행위가 미래를 결정지어주는 약속된 시간, 기회의 시간–을 나타낸다. 바울 서신 속에서는 특별히 13:11; 고전 7:29; 고후 6:2; 갈 6:10을 보라(참조. *EWNT* 2:572-74). 호 눈 카이로스(*ὁ νῦν καιρός*)는 특별히 강력한 종말론적 뉘앙스를 갖는다(역시 8:18; 11:5; 고후 6:2에서처럼; 고후 8:14에서는 좀 약하다). 이는 마치 그리스도의 죽음과 부활 그리고 그 완성 사이의 시간을 나타내는 것 같다–종말론적인 약속이 실현되었지만 아직 완전하게 이루어지지 않았을 때의 시간.

"자기도 의로우시며"(*εἰς τὸ εἶναι αὐτὸν δίκαιον*-에이스 토 에이나이 아우톤 디카이온)는 세 번째 압축된 목적절인데, 이전 구절과 그것의 정확한 관계(결과적으로 일어나고 있는 것인지, 25a절에 직접적으로 의존되어 있는 것인지)는 불분명하다. 하지만 그 의미는 데살로니가후서 1:5-6 또는 로마서 3:4과 별로 다르지 않다. 하나님은 "정의의 어떤 추상적인 사고에 따라 행동하시기 때문에 "의로우신" 것이 아니라, 이스라엘의 언약의 하나님으로서 스스로 취하셨던 의무를 이루시는 것으로 행동하시기 때문에 "의로우시다"(1:17에 관해 보라). 여기서 그것은 일라스테리온(*ἱλαστήριον*)으로서의 예수의 죽음에 관해 직접적으로(또는 간접적으로) 언급하고 있기 때문에 예수의 희생적인 죽음이 자신의 백성들의 죄를 처리하시는 하나님의 효과적인 방법이라는 것을 암시한다(하나님이 단순히 그것을 무시하셨다면, 그는 언약에 따라 행동하시지 않은 것이 되고, 따라서 의롭지 않게 되는 것이다). 그러나 예수의 죽음이 희생이기 때문에 효력이 있는지 아니면 이스라엘의 희생제도가 예수의 죽음으로부터 소급하여 그 효력과 요지를 얻고 있는지는 불분명하다(3:25에 관해 보라-디아 텐 파레신[*διὰ τὴν πάρεσιν*]…). 구약의 제의법에 관한 예수의 성취가 역시 그 제의법의 소멸을 형성하는지는 이 문맥에 나타나 있지 않다(Luz, *Gesetz*, 106에서처럼). 하지만 그 요지는 다른 구절들로부터 강력하게 주장된다.

"또한 예수 믿는 자를 의롭다 하려 하심이니라"(*καὶ δικαιοῦντα τὸν ἐκ πίστεως Ἰησοῦ*-카이 디카이오순타 톤 에크 피스테오스 예수). 디카이오순타(*δικαιοῦντα*)는 이미 디카이온(*δίκαιον*)에 함축되어 있는 것의 보다 능동적인 표현만은 아니다. 그것의 차이는 서술부에 의해 제공되어진다: "예수 믿는 자를." 엄격히 말해서 보다 초기의 언약은 그 가능성을 망라하지 못한다(참조. Eichholz, *Theologie*, 197). 그러나 바울의 요지는 그리스도의 죽음 안에서 옛 언약의 조건들이 성취되었고, 확장되었다(그것의 본래 의도된 범위를 추가시켰다-4장)는 것이다. 따라서 희생으로서의 예수의 죽음과 이 예수에 대한 믿음이 연합을 시키고 연속성을 주는 요인이 된다: 이는 예수의 죽음만이 아니라, 언약의 조항에 따른 희생으로서의 그의 죽음; 그리고 단지 믿음이 아니라 이전에 포함된 조건들이 완전히 충족하신 한 분 예수 안에서의 믿음이다. 갈라디아서에서 아주 분명하게 나타나 있는 것처럼 예수의 죽음과 이어지는 부활의 실제는 언약의 약속을 충족시키고, 언약의 약속으로서의 그 성격을 잃지 않으면서 이방인들에게 그것을 열어놓는 것이다. 따라서 "의롭고, 의롭게 된 자"는, 하나님이 죄는 벌하시고, 죄인은 그 죄에도 불구하고 받아들이셨다("의롭지만 의롭게 되어진 자", "의롭고 따라서 의롭게 되어진 자"-하지만 Denney, Fitzmyer을 보라)는 것을 말하는 것이 아니고, 동일한 행위 속에서 하나님이 자신의 수용을 더욱 더 넓게 확장시켰을지라도(이제는 예수 안에서 믿음으로), 하나님은 (이전의 죄들을 간과하시면서) 자신의 언약의 의무들에 따라 행하실 것을 주장하고 있는 것이 바울의 방식이다. 케제만(Käsemann, "Verständnis," 100), 뮐러(Müller, *Gerechtigkeit*, 110-13), 그리고 스툴마허(Stuhlmacher, *Gerechtigkeit*, 90)는 26절이 창조에 대한 창조주 자신의 신실성으로서의 언약의 개념을 가진 언약의 신실성(25절)으로서의 하나님의 의에 관한 바울 이전의 개념을 대체하고 교정시켜주었다(!)고 논증하는데(Schrage, 86-87이 따르고 있다; 참조. Lührmann, "Rechtfertigung"), 이는 그 의가 여전히 (언약 하에 제공되어진) 희생으로서의 그리스도의 죽음에 나타난 것으로서의 사상이라는 중심적 사실을 너무 적게 간직한다. 젤러(Zeller, *Juden*, 185-86)는 마찬가지로 여기서 바울의 논증에 중심이 되고 있는 연속성에 관한 요소를 놓치고 있다. 하지만 하나님의 의에 관한 계시적 특성을 너무 많이 강조할지라도, 파이퍼(Piper)의 "Demonstration"을 보라.

현제시제인 디카이운타(*δικαιοῦντα*)에 대해서는 3:24를 참조하라. "예수 안에서의 믿음"(*πίστις Ἰησοῦ*-피스티스 예수)에 대해서는 3:22을 보라(그 반대로는 Williams, *Saving Event*, 54 그리고 3:22에 인용된 다른 것들을 보라). 독자적으로 "예수"라는 개인적인 이름을 사용한 것은 바울에게서 흔한 것은 아니지만, 아주 특이한 것은 아니다. 그 용어는 그리스도의 죽음과 부활에 관한 언급을 하는 구절들에서 주로 나타난다(8:11; 고후 4:10-11; 갈 6:17; 살전 1:10; 4:14; 또한 고전 12:3; 빌 2:10을 주목하라). 호 에크 피스테오스(*ὁ ἐκ πίστεως*)는 (주님으로서의) 예수에 대한 믿음(헌신)의 행위에 의해 결정되어지고, 예수 안에서 신뢰의 태도로 특징지어지는 사람의 삶을 언급한다. 이 구절에 대해서는 특별히 4:16과 갈라디아서 3:7, 9를 참조하고, 호이 에크 페리토메스(*οἱ ἐκ περιτομῆς*, 4:12), 호이 에크 노무(*οἱ ἐκ νόμου*, 4:14, 16)와 비교해 보라.

해설

주석적인 분석에서 우리는 전체 논증의 새로운 항목의 시작에 주의를 기울였고, 바울은 이 시점에서 모든 사람들 즉 유대인과 헬라인들에 대한 기소에서, 그의 복음이 실제로 무엇을 말하고 있는가를 보다 전체적인 차원에서 요약하기 위해, 울적한 차원과는 다른 논증으로 분명히 전환하고 있다. 하지만 그 전환은 사상의 완전한 절연과 관계된 것이 아니고, 또 우리가 복음에 관한 바울의 해석을 완전히 이해하려면,

이전의 문맥을 염두에 두는 것이 필요하다. 반복된 증언을 담고 있는 그 요지는 복음이 1:18-3:20에 표현된 그 상황에 맞는 좋은 소식이라는 것이다. 그 복음은 인간, 즉 신자들 속에 그리고 신자들에게, 인간(아담)의 불의에 의해 깨어지고, 율법에 관한 이스라엘의 오해에 의해 왜곡된 하나님과의 관계를 세워주는 것이다.

3:21 "이제"라는 서두의 말과 동사의 완료시제("나타났으니")는 바울이 19-20의 울적한 결론과는 완전히 다른 양상을 제기하고 있는 새로운 상태로의 응시로 전환하고 있음을 나타내준다. "이제"는 그 자체적으로 종말론적인 뉘앙스를 갖고 있지는 않으나, 바울의 사상을 아는 사람들은 바울에게서 "이제"는 종말론적인 구원, 즉 하나님이 이스라엘과 인류를 위한 마지막 목적을 행하시는 때인 "이제"라는 것을 알 것이다(참조. 고후 6:2). 그 동사의 완료시제는 새로운 사건의 상태가 과거의 결정적인 행위에 의해 도입되었고, 그것의 효력은 여전히 작용하고 있다는 것을 나타내면서, 1:17의 현재시제("나타나서")와는 다른 의미를 갖는다. 하나님은 이 행위로 자신의 의를 보이셨고, "이제"라는 매우 분명하고, 결의적인 방식으로 인간의 구원을 위한 손길을 이 때에 분명히 표명하셨다. 그러한 행위가 그와 같은 차이를 만들어내었다고 하는 것은 이미 로마에 있는 가정교회의 헌신되고 학식 있는 교인들에게는 충분히 분명했을 것이다: 말하자면 바울이 설명을 하고 있는 그리스도의 행위 말이다. 더 정확히 말한다면, 모든 차이를 만들고 내고 있는 결정적인 행위는 예수 그리스도, 즉 예수 그리스도로 말미암은 그리고 예수 그리스도 안에서의 믿음으로 이루어지는 하나님의 구원하시는 손길에 의해 나타나고 있는 하나님의 의이다.

그러한 조건들 속에서의 주장은 유대인들이 받아들이기에 그리 어렵고 놀라운 일은 아니었을 것이다 – 하나님의 종말론적인 구원의 행위는 메시아의 오심과 관련되었다(참조. 예를 들어, 사 11:5; 42:6; 61:3). 그러나 바울은 "율법 없이 또는 율법과 별개로"라는 구절을 강조하면서 하나님의 의에 관한 자신의 이해의 특징을 표현하는 고통을 감내해 낸다: "하지만 이제 하나님 의는 율법과 별개로 분명히 나타났다." 다시 한번 우리는 그 구절을 절대적인 진술로서 취하는 것을 조심해야 한다. 왜냐하면 예를 들어, 바울은 자신의 독자들이 그 진술을 2:13("율법을 행하는 자라야 의롭다")과 완전히 대조되는 것으로 이해할 것을 거의 의도하지 않았다. 오히려 그는 "율법 없이"를 이제 막 기각시킨 율법의 오해에 관한 대조와의 관계 속에서 이해하도록 우리에게 의도했음이 틀림없다. 말하자면 "율법 없이"는 유대인의 표지로서 이해되는, "율법을 가지고" 있는 사람들에 의해 언약의 구성원에 관한 주된 신원 보증의 특징으로 이해되는, 율법에서 떠날 것을 의미한다. 이방인의 사도로 불려지는 바울이 단절을 추구했던 것은 정확히 율법과 하나님의 의 사이의 연결이다. 바울이 "율법 없이"라는 퉁명스러운 말로 파괴하기를 원했던 것은, 하나님의 백성의 일원으로서의 신분과 정체성을 유지하고 있기 때문에 율법의 행위들이 하나님에 의한 유대인의 최종 변호가 된다고 확신하는, 그런 전제이다. 이제 새로운 상황이 분명히 나타났다. 왜냐하면 예수 그리스도의 행위 그리고 예수 그리스도의 행위에 의해 하나님의 구원하시는 손길이 한 사람이 유대인인 된 것으로 인해 결정되지 않는다는 것이다. 그 구원은 율법에 의해 정해진 종교적인 영역 내에 있는 사람이 되는 것에 달려 있지 않다.

동시에 바울은 이 의가 "율법과 선지자에 의해 증거되었다"는 말을 즉시 추가한다. 적어도 서신을 쓰던 당시에 동료 유대인들의 대부분이 이해하고 있었을 율법과 하나님의 의 사이의 연결을 깨뜨리는 모든 과정에서조차도 바울은 하나님의 의의 복음과 동일한 율법간의 연속성을 강조하는 것을 서두른다. 연속성과 불연속성을 동시에 주장하는 것 속에 함축되어 있는 대조를 드러내기 위해서 바울은 그의 서신을 처음 시작할 때에 되어진 동일한 요지("선지자들로 말미암아 그의 아들에 관하여 성경에 미리 약속하신 것이라", 1:2)와는 다르게 그 요지를 설명한다. 여기서 그는 이 증거가 율법과 선지자에 의해 주어졌다는 것을 분명히 덧붙인다. 이는 다시 한번 그 복음이 전반적으로 성경 안에서 적절하게 이해되어진 율법의 연속성, 또는 완성, 또는 성취라는 것을 함축한다. 게다가 그는 과거시제보다는 현재시제로 그 동사를 분명히 의도적으로 언급한다: 이것은 과거에 단번에 주어진 증거가 아니라 지금도 여전히 주어져 있는 증거다; 율법은 죄에 대한 인식을 줄뿐만 아니라(3:19-20) 복음에 관한 계속적인 증거를 준다(4장이 증거하는 것처럼). "율법이 또한 증거한다"에 적절한 무게를 주지 않은 "율법 없이"에 관한 해석은 불가피하게 "하나님의 의"에 관한 오해를 불러일으킬 것이다.

22 22절과 더불어 "하나님의 의"(강조를 위해 반복되고 있다)는 1:17의 주제적 진술("복음에는 **하나님의 의**가 나타나서 믿음으로 믿음에 이르게 하나니 기록된 바 오직 의인은 **믿음**으로 말미암아 살리라")의 다른 절반("믿음")을 처음으로 취함으로써 더 자세하게 규정되고 있다. 첫 번째 단계의 논증(1:18-3:20)이 하나님의 신실성("믿음으로" - 1:17; 3:3-4)에 관한 문제를 어떻게 제기했는가를 알고 있었던 독자들은 바울이 지금 인간의 믿음의 역할, 하나님의 신실성에 대한 인간의 적절한 반응을 상세하게 설명하기를 시작하고 있다는 것을 역시 인식했을 것이다.

이 믿음은 "예수 그리스도 안에서의 믿음"으로 더 정확히 규정될 수 있다. 그 구절은 "예수 그리스도에 의해 시행된 믿음"(참조. 3:26)을 의미하는 것으로 취할 수 있으나, 그 구절에서 의도적인 부차적 모호성에 관한 가능성을 최종적으로 배제하지는 않을지라도(참조. 3:24), 바울에 의해서 의도된 주된 의미는 "그 대상으로서 그리스도를 향한 믿음"(3:25이 아마도 확증하는 것처럼)으로 보는 것이 가장 좋을 것이다. "믿음"이라는 용어는 이미 1장에서 여러 번 사용되었다(1:5, 8, 12, 17). 그리고 바울은 이 시점에서 그것의 중요한 의미가 이미 독자들에게 충분히 분명해졌다고 확실히 가정하고 있다(하지만 그는 그것을 4장에서 더 자세하게 설명한다). 우리는 당시의 독자들이 이 예수에 대한 신뢰, 즉 헌신과 순종의 차원에서 믿음을 생각했을 것으로 가정할 수 있다(참조 다시금 갈 2:16). "율법의 행위들"에 대한 대조로 표현된 믿음이라는 용어는 **특별한 의식 행위에 의존하지 않고 직접적인 관계성에 근거한, 즉 율법에 의존하지 않고 부활하신 그리스도에게 의지하는 것**을 분명히 의도했을 것이다. 바울이 그리스도와의 관계성에 참여하는 사람들을 단순히 "믿는 사람들, 신자들"로서 묘사하고 있다는 사실은 초대교회의 그러한 그룹들을 구분하는 방법은 그밖에 다른 것보다 믿음(즉 율법과의 특별한 관계성보다는 믿음)이었다는 것을 확증해준다. 1:16에서처럼 동사의 현재 시제("모든 믿는 자에게")는 바울이 하나님과의 관계성의 시작으로서만이(하나님의 의를 경험하는) 아니라 그 관계성의 계속적인 (참으로 오래도록) 근거로서의 그리스도에 대한 의존의 태도(그가 갈 3:2-3에서 어떤 의미를 부여하려고 했던 요지)를 생각하고 있었다는 것을 역시 함축한다.

23 모든("모든 믿는 자")에 관한 강조는 22c-23절의 간략한 삽입구로 이끈다: "차별이 없느니라: 모든 사람이 죄를 범하였으매 하나님의 영광에 이르지 못하더니." 아직 그 의미가 충분하지 않았다면, 이 삽입구는 바울의 심중에 유대인의 자아이해에 관한 논증이 떠나지 않고 배후에 있음을 확인해준다. 인간에 대한 하나님의 구원하시는 손길의 근거는 유대인(하나님의 언약의 선택)을 위해 또는 이방인들을 위해 있지 않고 모든 사람("믿는 모든 자")을 위해 동일하게 있다는 것이다. 왜 그러한가? 유대인의 율법에 대한 태도가 함축하는 그런 유대인과 이방인 사이에 구분이 없기 때문이다. 유대인이나 이방인이나 할 것 없이 그들은 모두 한 배에 탄 사람들이다: 모든 사람들이 죄를 지었고(참조. 2:12), 모두가 그들을 위해 예비된 영광에 이르지 못했다 – 그 시제는 과거의 죄들이 계속해서 미치고 있음을 나타낸다.

거의 확실히 바울은 창세기 1-3장에서의 아담, 또는 아담의 조건 안에서의 인류를 다시 한번 생각했을 것이다 – 아담은 죄를 지었고, 결과적으로 그가 본래 갖고 있었던(하나님의 직접적인 임재와 더불어 창조자와 함께 피조물을 지배하는 것) 영광을 상실했으며, 또한 그를 위해 예비된 종말론적인 영광(하나님의 불멸의 삶을 보다 충만히 공유하는 것 – 창 3:22-24)에 이르지 못하게 되었다. 이 두 개념(갖고 있던 것을 빼앗기고, 본래 의도되었던 목표에 이르지 못하거나 부족하게 된 것)이 한 동사(여기서 "이르지 못하더니"로 번역되었다) 안에 포함되었고, 아마도 그 개념은 그 시기의 유대 신학에서 이미 통용되고 있었을 것이다. 따라서 바울은 독자들이 자신이 이야기하고 있는 비유를 인식할 것이라는 확신을 갖고 있었다. 사실상 23절은 "죄 아래" 있는 인간의 곤경에 관한 분석을 간략하게 요약하고 있다: 자신의 피조성을 탈피하려 했던 인간의 시도가 다른 피조물들과 자기 자신을 가장 구분시켜 주었던 특권을 빼앗겼고, 하나님의 동료로서 의도된 역할을 하지 못하게 되었다. 따라서 하나님이 스스로 주도하시며, 믿음으로 그리고 믿음으로 말미암아야만 효력을 얻을 수 있는 회복을 불가분 하실 수밖에 없었던 것은 이러한 재앙 때문이고, 인간의 자아실현이 계속적으로 소망이 없었기 때문이다.

24 24절은 "하나님의 의"에 관한 설명(22절)을 재개한다. 구문배열의 어색함이 초기 기독교의 산물을 인용한 것을 암시할 수는 있을지라도, 아주 놀라울 정도로 바울의 전형적인 글이 아니게 만들지는 않는다. 또한 어떠한 경우에도 여기서 묘사되고 있는 것이 "모두"라는 것은 충분히 분명하다 – 죄를 지어 하나님의 영광에 이르지 못한, 믿는 "모든 자." "의롭다 하심을 얻는 자"는 2:13; 3:4 그리고 3:20에서 처음에 사용된 것과 다른 의미로 독자들에게 이해되지는 않았을 것이다. 아마도 그것은 마지막 날에 하나님의 마지막 평결에 관한 언급으로서 이해되어졌을 것이다. 하지만 현재 시제는 이전의 언급과는 다른 차이를 나타낸다. 그것은 하나님이 인간을 불러오시고, 긍정적인 관계를 유지케 하시며, 그 날에 완전하게 드러날, 하나님의 변호를 마치 진행 중인 과정으로 나타내는 것으로 취할 수 있게 만든다(빌 1:6). 그리고 24절이 보다 이른 시기에 형성된 것이라면 그러한 가능성에 대한 고려는 약화될 것이다. 하지만 그것이 이 서신의 문맥 내에서 지금 나타난 것처럼 그 현재 시제는 일반적인 규칙을 나타내는 것으로 더 잘 이해되어진다: 이것이 하나님이 의롭게 하시는 방법이다(3:26에서처럼). 게다가 바울은 최종 평결이 이미 전달되었고(참조 5:1, 9), 아마도 더욱 정확하게는 최종 방면의 근거가 이미 확립되었다 – "은혜에 의해서…믿음으로 말미암아" – 는 의미를 의도했을 것이다.

진행중인 과정보다는 최종평결이 염두에 두어졌다고 하는 것은 (바울이 초기에 형성된 것에 그 두 가지를 덧붙인 것일지라도) 두 이중의 수식어 즉 "은혜로, 값없이"라는 말의 추가로 인해 더욱더 그럴듯해 보인다. 그 본문이 분명히 나타내는 것처럼, 동사("의롭게 하심")와 함께 그 두 구절의 병렬은 2:13 또는 3:20에서 언급된 것과는 다른 사면의 근거를 나타내주는 것으로 의도되었고, 두 구절의 이중적인 강조는 "이제"로부터 복음에 부여된 의미의 차이를 강화시킨다. **복음은 인간이 만들 수 있는 지불에 의존하지 않는 완전히 관대한 행위로 하나님 자신이 인간과의 관계를 올바르게 하시는 것이다**. 이는 특별히 어느 사람이 율법/언약 안에 있는지 바깥에 있는지에 대한 언급도 없고, 또한 모든 인간들에게 예외 없이 적용된다. 바울에게서 믿음의 중심에 있는 것이 이런 겸손한 인식이다 – 즉 언약의 신분이나, 특별히 "율법의 행위들"에 호소의 근거를 두지 않고, 처음부터 끝까지 하나님의 은혜로운 능력에 전적으로 의존하며, 사면을 오직 은혜로서 받아들이는 이런 겸손한 인식을 말한다. 따라서 바울의 독자들은 그러한 믿음의 실천이 "순종"(1:5) 또는 "율법을 행하는 것"으로 적절히 정의될 수 있다는 것을 역시 이해했을 것이이만, 그것은 여기서 그가 만들고자 하는 요지는 아니다. 이 단계에서 *모든 것*, 전체적인 논증, 복음 그 자체는 모든 것의 가장 근본적인 통찰에 달려 있는데, 즉 *모든* 선을 위한(참조 2:7, 10) 인간의 하나님에 대한 의존은 전체적인 것이며, 또 인간이 할 수 있는 선을 위한 필수적인 시작점은 하나님의 포용에 관한 인간의 수용이며, 그 선을 이루시는 하나님에 대한 계속된 의존이다.

칭의와 사면에 관한 하나님의 은혜로운 선물은 "예수 그리스도 안에 있는 구속"에 의해서 또는 근거해서 발생하는 것으로 더 자세히 정의되어 있다. "구속"이라는 말은 아마도 바울의 서신을 듣는 사람들에게 전쟁의 포로들이 방면되는(또는 노예들이 풀려나는) 이미지를 생각나게 했을 것이다. 70인경에 익숙한 사람들은 신명기와 이사야서에서 말씀된 애굽에서의 노예생활과 바벨론 유수에서의 이스라엘의 구속을 거의 확실히 생각했을 것이다. "그리스도 예수 안에 있는"은 (22절의 현재시제와 다소 동일한 방식으로) 복합적인 사상을 제시하기 위해서 의도적으로 설명되어졌을 것이다. 한편으로 그것은 그리스도의 역사적인 행동, 대속의 행위, 배상금의 지불을 나타내는데, 그 지불이 특별히 누구에게 되었는가(가장 분명한 대답은 의인화된 세력인 "죄"가 될 것이다 – 3:9)에 관한 질문이 발생할 필요가 없는 (알레고리라기보다는) 은유와 같다. 바울이 21절과 그것을 확실히 연결시키고 있을지라도, 이것은 바울 이전의 단계에서 의도된 의미일 것이다(만약 바울이 여기서 인용하고 있는 것이라면). 즉 율법과 별개로 (전에는 결코 없었던) 하나님의 의를 표명하는 것으로써 "이제"를 시작시킨 것은 이러한 그리스도의 행위다. 하지만 한편으로 바울의 심중에 이 구속이 여전히 "그리스도 예수 안에" 허용되는 선물이라는 의미가 있었을 것이다. 그렇다면 바울의 심중에 "그리스도 신비", 즉 신자들이 지금 여기서 그리스도와 함께, 또한 죽으시고 다시 살아나신 그리스도와 함께 연합되리라는 확신이 두 측면들을 결합시켰을 것이다.

전반적으로 24절을 살펴볼 때에 하나님의 사면의 행위가 임의적인 공모의 행위가 아니라는 것이 분명해진다. 거기에는 지불할 대가가 있었고, 확보되어진 대속물이 있었다. 그 사면은 주어진 대속물에 달려 있다. 즉 하나님의 선언은 그 대속물에 근거해 있고 그것을 통해서 효력이 발생한다. 그리고 그 대속물에 의해 믿는 모든 사람들 편에 "이제"라는 말이 이미 표명되어질 수 있었다. 그러나 동시에 바울에 의해 가장 강조가 되고 있는 요지가 뚜렷해지고 있는데, 즉 그 지불이 인간의 의해서 만들어지지 않았다는 것이고, 함축적으로는 인간으로부터 요구되어지는 어느 지불도 미해결된 상태에 있지 않다는 것을 나타낸다. 그 대가가 하나님의 은혜로 주어지는 관대함에 의해 지불되었고, 그 대속물은 오직 하나님에 의해 제공되었다. 바울이(그리고 보다 초기의 인용이?) 25절에서 더 자세히 밝히고 있는 것이 이 요지다.

25 "대속의 행위"에 관한 주된 언급이 아직 분명하지 않다면 바울은 "속죄의 수단"으로서 그것의 정의를 계속 설명함으로써 의심의 여지를 없앤다. 70인경을 잘 아는 사람들은 그 말이 언약궤의 금 덮개에 관해 언급하기 위해 70인경에서 항상 사용되어졌던 것임을 거의 인식할 수 있을 것이다(출 25:17-22). 그리고 "그의 피로"를 추가시킨 것은 바울이(그리고 보다 초기에 형성된 것) 피가 언약궤의 덮개에 뿌려졌을 때 – 즉 유대의 속죄일에 두 가지 속죄제물의 피(레 16:12-19) – 를 염두에 두었다는 것을 확실히 나타내준다. 이 분명한 암시는 바울이 그리스도의 죽음을 생각하고 있었으며, 속죄일 의식의 속죄제물을 드리는 측면에서 특별히 그리스도의 죽음을 속죄제물로 생각하였다는 것을 함축해준다. 순교자 신학에 관한 비유가 가능하겠지만, 그것은 마카비4서 17.21-22(마카비시대의 순교자들의 죽음의 대속적인 의미)와 로마서 3:25는 동일한 제의 용어의 유사한 확장이거나, 동물이 아니라 인간의 죽음을 묘사하는데 사용되어진 희생의 이미지가 바울 시대의 디아스포라 유대교에서 얼마나 잘 이해되어질 수 있는가를 더욱더 보여주는 것 같다.

그리스도를 "화목제물"(대속의 수단)로 (공적으로) 보내신 분이 하나님이시라는 주장이 적지 않게 중요한데, 이는 유대교 순교신학에서는 나타나지 않는 사상이며, 모세를 통해 희생제사로 죄를 처리하신 조항을 만드신 분이 하나님이라는 사실로부터 이끌어낸 자연스러운 추론이다. 물론 이것이 그리스도의 죽음의 공적인 특징과 속죄일에 성전과 성막의 지성소에서 뿌려졌던 그 피의 비밀스러운 행위간의 대조이지만, 여기서 다시금 우리는 이스라엘에게 주어진 종교와 그리스도 안에서의 하나님의 의가 표명된 것 사이의 연속성을 바울이 강조하고 있다는 사실을 무시해서는 안 된다. 어쨌든 이스라엘의 제의를 제공하신 분이 하나님이시며, 또한 믿는 모든 사람들을 위한 결정적인 속죄제물로 그리스도를 보내신 분도 하나님이시라는 것이다.

"믿음으로 말미암아"는 바울의 의해 추가된 다른 것으로 보이는데, 왜냐하면 그 구절이 그의 피로 화목제물이라는 아주 일관된 구절을 다소 어색하게 만들기 때문이다. 이 경우에 바울은 희생제사의 하나님이 만드신 조항에 관한 (유대적) 강조와 균형을 맞추기 위해 그 용어들을 삽입했을 것이다. 바울은 유대인의 과신이 그 제의를 너무도 당연한 것으로 여기게 만들고 있다는 것을 함축한다. 확실히 그 제사는 하나님에 의해 제공되었다. 하지만 그것에 대한 적절한 반응은 전제가 아니라, 그리스도의 희생으로 말미암아 모든 사람들(유대인뿐만 아니라 이방인들)이 모두 실천할 수 있는 어떤 것 곧 겸손한 신뢰다.

불행하게도 유대교와 이스라엘의 초기 종교에서 희생의 합리적 근거는 분명하지 않고, 참으로 현대 학자들 속에서 계속해서 논쟁이 되고 있다. 그러나 우리는 그리스도의 죽음에 관해 언급하는 속죄제물의 사용이라는 점에서 희생제물이 어떻게 "작용하는가"에 관한 바울의 이해를 사실상 재구성할 수 있다고 주장할 만한 상당한 근거를 갖고 있다. 간단히 말해서 바울의 견해는 그리스도의 죽음이 인간의 죄들을 처리하는데 효력이 있다는 것인데, 왜냐하면 그리스도가 죄인들을 대신했고, 그의 죽음으로 대신한 인간들의 죄가 파괴되었으며(참조 8:3; 고후 5:21), 따라서 죄인으로서의 인간, 죄의 권세 아래 있는 인간은 끝이 났기(고후 5:14) 때문이라는 것이다. 결과적으로 예수 그리스도 안에 있는 사람들은 더 이상 그들의 죄에 대해서 진노하시는 하나님에 의해 취급되어질 필요가 없는데, "그리스도 안에" 있으므로, 그리스도의 죽음을 공유하며, 또한 그리스도의 부활을 충만히 공유할 확고한 희망을 그들이 가질 수 있기 때문이다(참조. 6:3-11). 이 모든 것이 바울의 심중에 있었을지라도 당시의 독자들이 사려 깊은 희생의 신학을 인식했었을 확신은 많지 않다. 한편으로 여기서와 8:3에서 간단한 비유는 유대교 안에서 통용되고 있던 희생의 일관성 있는 합리적 근거가 있었음을 암시하는데, 따라서 회당 회중들이 그것을 잘 알고 있었다고 한다면, 보다 상세한 해설을 주는 것은 불필요한 일이었을 것이다.

그러나 바울은 그리스도의 희생의 죽음이 과거와 현재 – 본래의 것을 인용한 일부가 될 수 있을 것 같은 과거에 관한 언급과 바울이 추가한 현재에 관한 언급 – 에 어떻게 관련되는가를 말함으로써 어느 정도 그 신학을 분명히 하고 있다. 그리스도의 대속의 희생의 목적은 무엇보다도 오래 참으심으로 하나님이 이전의 죄들을 벌하시지 아니하시고 그대로 내버려두었다는 사실에 근거하여 하나님의 구원하시는 행위에 관한 증거를 보여주고, 또는 제공하고 있다. 이것은 하나님의 목적이 이스라엘을 위한 하나님의 행위가 하나님 자신이 설정하시고 이스라엘에게 두었던 언약의 의무와 일치되어 있다는 것을 보여주는 것임을 의미한다. 또한 그의 백성으로서의 이스라엘을 완전히 버리심으로써 이스라엘의 죄를 하나님이 벌하시지 않은 것이 하나님이 부당하게 관대하시다는 것을 의미하지 않는다(3:1-8에서 중단된 논의에 의해 제기되는 질문들 중의 하나). 이전의 죄들은 간과되었다. 왜냐하면 예수의 죽음이 효력이 있는(적어도 고의적이 아닌 죄들과 관련해서는) 희생의 제도를 보여주었거나 죄스러운 인간의 죽음으로서의 예수의 죽음이 예수 이전에 있었던 신앙의 사람들뿐만 아니라 이후에 올 사람들을 위해서도 효력이 있기 때문이다. 그러한 견해가 1:18-3:20에서의 하나님의 진노에 관한 해설과 맞지 않는다는 주장은 2장의 전반적인 것들이 마지막 심판시에 사면될 사람들(선한 일을 행한 사람들, 율법을 행한 자들, 등등)이 있다는 것을 그리고 있다는 사실을 소홀히 하고 있다 – 아마도 바울은 그 사람들의 죄가 그리스도의 죽음에 의해 과거에 벌을 받지 않은 채로 남아 있었다는 것을 말하고 있는 것 같다.

26 두 번째로 그리스도의 대속의 죽음의 목적은 "지금" 이때에 하나님의 의를 보이는 것인데, 즉 하나님이 예수를 믿는 자들을 의롭게 하시고 자기도 의롭게 하시는 분이시라는 것이다. 예수의 죽음은 현재의 죄들에 대해 동일한 효력을 갖는다 – 즉 우리가 희생에 관한 바울의 신학을 올바로 이해한다면 그리스도와 신자들 간의 동일시는 그리스도의 죽음이 신자의 죄를 처리하시고, "그리스도 안에" 있는 사람을 위해 죄의 권세를 파괴하는 것임을 의미한다. 동일한 방법으로 그것은 하나님의 정의와 그의 효과적으로 구원하시는 목적을 역시 나타내는데, 희생제사를 따라 그리고 효과적인 실제로 그것은 죄의 권세를 사실적으로 처리하기 때문에, 즉 사망의 사악한 암을 파괴하시고, 믿음직한 헌신 속에서 죽으시고 부활하신 그리스도와 자기 자신을 동일시하는 사람으로 하여금 하나님과의 교제를 회복시키심으로써 그렇게 하신다.

여기서 정의된 하나님의 목적에서 두 요소들은 바울이 "하나님의 의"("자기의 의로움을 나타내사"를 반복해서 말한 것은 우연이 아닐 것이다)라는 말로 매우 중요한 통찰을 제공하고 있다 – 즉 "하나님의 의"는 그의 구원하시는 행동만이 아니라, 그가 이스라엘과 약속한 언약의 측면에서 구원하시는 행위다. 경건한 유대인이 아주 잘 이해하고 있는 것처럼, 하나님의 의는 이스라엘의 하나님이 되시며, 이스라엘을 구원하시고 지탱하시는 참으로 하나님의 언약의 의무의 성취다. 희생의 제도는 이것을 보여준다. 즉 하나님이 실패를 처리하시고, 언약에 관한 이스라엘의 위반에 대한 한 방편을 제공하셨다. 그리고 이제 그리스도의 죽음은 과거와 현재를 위한 하나님의 의를 동일한 방법으로 보여주신다. 말하자면 그리스도의 죽음은 **하나의 희생이 되심으로써**, 희생의 제도가 오직 부분적으로 했던 것을(그것은 오직 어떤 죄들을 위해서 오직 행해졌고, 또는 오직 이스라엘의 죄만을 위해 행해졌다) 최종적인 효력을 가지고 행하심으로써, 하나님의 의를 보이신다. 그때에 다시 한번 매우 중요한 강조는 믿음을 통한 하나님의 구원하시는 행위가 이스라엘의 언약에서 떠나 있지 않고, 그것의 연속이며 또 일치하고 있다는 것에서 발생한다. 하나님의 의는 이스라엘을 임의적으로 선택하고 또 버리는 것이 아니다. 이스라엘에 관한 하나님의 선택이 항상 염두에 두어진다. 따라서 그 구원의 행위는 이스라엘에 대한 하나님의 언약의 의무에 따라 모든 사람에게 미치는 하나님의 구원하시는 목적의 확장이다.

바울이 (24) 25-26a절에서 이미 오래 전에 형성된 것에 참으로 의존하고 있다면, 그의 특별한 강조의 의미는 더 분명해진다. 왜냐하면 우리들이 바울에 의해 마치 추가되어진 듯한 자료를 배제한다면 – (24절에 은혜로) 25절에 믿음으로 그리고 26절의 대부분의 언급 – 우리는 예수의 죽음의 의미에 관해 이스라엘의 자기 이해에 주로 초점을 맞추어 형성된 것을 보게 된다. 이것은 그러한 형성된 서술이 토라에서 하나님 자신이 규정한 조건에 따라 대속물과 화목제물로서 메시아 예수를 공급하심으로써 충족되어진 이스라엘을 구원하시는 하나님의 의무를 이해하는 유대 기독교 진술의 기원이 되었다(헬라에서, 디아스포라에서)는 것을 제기해준다. 이 유대 기독교 신조에 대해 예수의 죽음과 부활이 유사한 대속을 제공하고, 심지어 애굽에서의 구원과 바벨론에서의 귀환보다도 더 획기적인 것을 제공해준다. 이 유대 기독교 신조에 대해 희생의 제도는 예수의 죽음을 의미있게 하고, 예수의 죽음은 과거의 희생의 제도를 의미있게 한다. 이 형성된 신조를 채택함으로써 바울은 이스라엘에 대한 하나님의 신실하심과 이스라엘의 희생제도의 연속성에 관한 강조를 확고히 하며, 이스라엘에 대한 하나님 자신의 언약적인 의무에 따른 하나님의 행동에 관한 강조를 독자적으로 확고히 한다. 하지만 그는 그리스도를 대속물로 하나님이 주신 것은 그럼에도 불구하고 (이스라엘의 언약에 제한을 받지 않는) 하나님의 그냥 주시는 완전히 관대한 행위라는 것을 또한 강조한다. 그리고 그는 하나님의 죄에 대한 대속이 오직 인간의 편에서의 믿음에 달려 있고(희생제사를 계속 드리는 것에 달려 있지 않고), 이 증명된 의는 역사 속에서의 이스라엘의 죄만이 아니라 믿음을 가진 사람들의 현재의 죄들, 게다가 믿음을 가질 사람들의 모든 죄들("믿는 모든 자에게"라는 말을 설명한 것이 될 수 있는 바울이 구축한 전체 문장)에 유효하다.

이 항목(21-26)은 복음에 관한 바울의 논증과 해설을 전개하는 데 있어서 바울에게 대단히 중요한 의미를 갖는다. 이는 초기의 주제적 진술(1:17)의 주된 용어를 반복해서 강조하고 있는 것에서도 확인이 된다: "의"는 여섯 구절에서 나오고, 그것의 파생어는 7번이나 나온다, 반면에 "믿음"(명사 그리고 동사)은 네 번이나 나온다. 따라서 본문의 중심 요지들을 요약해보는 것은 그만한 가치가 있다. (1) "죄 아래" 있는 모든 인류의 곤경에 관한 해답이 그리스도를 대속물과 화목제물로 주신 하나님에 의해서 주어졌다. (2) 하나님의 구원하시는 행위는 이스라엘과의 언약의 약속의 성취이자 완전한 연속성을 이루고 있다. (3) 하나님의 의에 참여하고 은혜를 입는 것은 믿음으로 말미암는다 – 그리스도의 대속과 화목제물이 유효하다는 신뢰와 예수님 그분 자신에 대한 신뢰. 그리고 마찬가지로 모든 것이 하나님의 의를 동일하게 필요로 하기 때문에, 동일한 방식으로 – 믿음으로 말미암아 – 온다. 또한 제시한 세 가지 것들 중에서 바울이 논증으로 간주한 것은 오직 세 번째임을 주목해야 한다. 처음 두 가지는 단순히 주장이다. 그것은 논증이 아니다. 그는 예수의 죽음이 대속물과 제사로 이해되어져야 한다는 것을 입증하려는 시도를 하지 않는다. 처음 두 가지는 분명히 논쟁적이 아니다. 그는 자신의 독자들이 분명히 유대의 희생제사의 측면에서 예수의 죽음의 이 특징을 당연하게 받아들이리라는 것을 거의 가정한다(여기서 바울 이전에 형성된 것을 알려주는 사례를 강화시키는 한 사실). 따라서 이 논증의 초점은 세 번째 명제인 "믿는 모든 자에게" 맞추어져 있고, 논증되고 있는 그 주장은 하나님의 의에 관한 이 이해가 "율법과 선지자"의 충만한 연속성이자 그 성취라는 것이다.

2. 유대 백성의 자아 이해의 결과(3:27-31)

참고문헌

Barrett, C. K. "Boasting(καυχᾶσθαι, κτλ) in the Pauline Epistles." In *L'Apôtre Paul: Personalité, style et conception du ministère*, ed. A. Vanhoye. BETL 73. Leuven: University Press, 1986. 363-68. **Dahl, N. A.** "The One God of Jews and Gentiles." *Studies*. 178-91. **Dülmen, A. van.** *Theologie*. 86-88. **Friedrich, G.** "Das Gesetz des Glaubens: Röm 3:27." *TZ* 10(1954) 401-417. **Gager, J. G.** *Origins*. 214-17, 248-49. **Giblin, C. H.** "Three Monotheistic Texts in Paul." *CBQ* 37(1975) 543-45. **Grässer, E.** "'Ein einziger ist Gott'(Röm 3:30)." *Der Alte Bund im Neuen*. Tübingen: Mohr, 1985. 231-58. **Howard, G.** "Rom 3:21-31 and the Inclusion of the Gentiles." *HTR* 63(1970) 223-33. **Hübner, H.** *Law*. 113-18, 137-44. **Lambrecht, J.** "Why Is Boasting Excluded? A Note on Rom 3:27 and 4:2." *ETL* 61(1985) 365-69. **Räisänen, H.** "Das 'Gesetz' des Glaubens und des Geistes." *NTS* 26(1979-80) 101-117. Repr. in *Torah*, 95-118. ______. *Law*. 50-52, 69-72, 170-71. **Rhyne, C. T.** *Faith*. 25-74. **Sanders, E. P.** *Law*. 29-36. **Schnabel, E. J.** *Law*. 285-88. **Snodgrass, K.** "Spheres of Influence." 100-103. **Stowers, S. K.** *Diatribe*. 155-67. **Thompson, R. W.** "Paul's Double Critique of Jewish Boasting: A Study of Rom 3:27 in Its Context." *Bib* 67(1986) 520-31. **Watson, F.** *Paul*. 131-35.

본 문

27 그런즉 자랑할 데가 어디뇨 있을 수가 없느니라 무슨 법으로냐 행위로냐 아니라 오직 믿음의 법으로니라	**27** Where then is[a] boasting? It has been excluded. By what kind of law? Of works? No, on the contrary, by the law of faith.
28 그러므로 사람이 의롭다 하심을 얻는 것은 율법의 행위에 있지 않고 믿음으로 되는줄 우리가 인정하노라	**28** For[b] we reckon that a man is justified by faith,[c] apart from works of the law.
29 하나님은 홀로 유대인의 하나님 뿐이시뇨 또 이방인의 하나님은 아니시뇨 진실로 이방인의 하나님도 되시느니라	**29** Or is he God of Jews only?[d] Is he not also God of Gentiles? Yes, of Gentiles too,
30 할례자도 믿음으로 말미암아 또는 무할례자도 믿음으로 말미암아 의롭다 하실 하나님은 한 분이시니라	**30** since, after all,[e] "God is one," who will justify circumcision from faith and uncircumcision through faith.

31 그런즉 우리가 믿음으로 말미암아 율법을 폐하느냐 그럴 수 없느니라 도리어 율법을 굳게 세우느니라

31 Do we then make the law invalid through faith? Not at all. On the contrary, we establish the law.

원문주해

a. 대화체의 재개를 더욱 분명히 하기 위해서 주로 서구 전승의 몇몇 사본들은 수(*σοῦ*, "너의 자랑")를 추가한다.

b. 한 강력한 전승은 가르(*γάρ*) 대신에 운(*οὖν*)으로 읽는다. 하지만 문맥상 분명히 가르(*γάρ*)가 더 낫다. 운(*οὖν*)은 한 결론으로서("우리가 추론하다, 결론을 내리다")를 로기조메다(*λογιζόμεθα*)를 취하였던 서기관들에 위해 아마도 도입되었을 것이다.

c. 원문주해 a와 동일한 그룹에 의해 발전된 또 다른 수정인데, 이는 30-31절과 더 조화를 이루기 위하여, 보통 사용하지 않는 피스테이(*πίστει*)를 디아 피스테오스(*διὰ πίστεως*)로 대체했다.

d. 부사적인 모논(*μόνον*)을 데오스(*θεός*, 오직 하나님) 또는 유다이온(*Ἰουδαίων*, 유대인들 스스로)과 일치하는 형용사로 바꾸고 있는 또 다른 개선의 시도-후자는 B와 Clement를 포함한다.

e 원문주해 a와 c와 동일한 자세로부터 나온 또 다른 약간의 개선-훨씬 더 잘 증명된 에이페르(*εἴπερ*)를 대신해서 에페이페르(*ἐπείπερ*, "때문에 참으로")로 읽고 있다.

양식과 구조

이제는 덜 대립적인 "우리"라는 용어일지라도, 논쟁체를 다시 시작한 것은(Stowers, *Diatribe*, 155-167) 유대적 가정에 확실하게 못을 박는 목적이 있음을 다시금 나타낸다. 유대인의 정체성을 구별하는 율법의 그러한 요구들과 관련하여 작용하지 않는다는 3:20의 결론은 하나님이 믿음을 통해 의롭게 하신다(28절)는 21-26절의 중심적인 주장에 의해 이제 보충되었다. 로마서의 주요 논점의 측면에서(유대인 또는 이방인?), 이것이 의미하는 바는 2:17과 2:23에 그려진 자랑(*καυχᾶσθαι*-카우카스다이)의 종류는 배제된다는 것이다. 즉 유대인들이 (하나님에 의해 선택된 민족의 구성원을 문서화하는 것 같은) 자긍심을 취하는 행위의 측면에서 이해되어지는 율법에 의해서가 아니라, 믿음의 측면에서 이해되어진 율법에 의한다(27절)는 것이다. 그렇게 함으로써만 한 분 하나님으로서의 이스라엘의 기본적인 고백이 의미있게 유지되어질 수 있다(29절). 왜냐하면 이방인과 유대인을 구별하는 것으로 이해된 율법은 하나님, 곧 율법 수여자를 오직 율법의 백성들의 하나님으로만 만들기 때문이

다. 하지만 믿음의 측면에서 이해되어진 율법은 율법 수여자가 할례 받은 자와 할례 받지 않은 자 모두의 하나님이 될 수 있다는 것을 의미한다. 왜냐하면 하나님의 의가 할례 받은 자에게 제한되지 않고, 믿는 모든 사람에게로 확장되기 때문이다(30절). 이런 식으로 한 분 하나님에 의해 주어진 것으로서의 율법이 진정으로 이해되고, 확증되고, 세워진다(31절).

전치사 구들의 함께 몰려 있고, 이전 단락의(21-26절) 다소 복잡한 구문론에 이은 형태의 변화는 다소 급작스럽다. 간결한 질문과 답변이 끊어지는 듯한 교대적인 사용이 이 서신의 중심 주제의 주요 진술의 충분한 의미를 붙잡기 위해서 요구되었던 강력한 주의 집중을 하고 난 이후에 아무래도 편안한 마음을 주었을 것이다. 그러한 변화는 확실히 의도적이고, 이것은 그의 서신을 듣고 있는 사람들의 관심을 계속 확보하기 위해 자신의 문장 형태를 바꾸는 것이 필요함을 바울이 인식했음을 보여준다.

주석

27 "그런즉 자랑할 데가 어디뇨?"(*ποῦ οὖν ἡ καύχησις* - 푸 운 헤 카우케시스). 2:17, 23에 대한 암시는 논란의 여지가 없다. 특히 케제만(Käsemann)이 논증하고 있는 것처럼, 지금 고려되고 있는 것은 자기 자신의 성취를 자랑하는 경건의 고전적 형태로서의 신심 있는 유대인을 보편화시킨 종교적 인간의 자기 확신이 아니다("죄스러운 자기 신뢰" - Bultmann, *Theology*, 1:242; "종교적인 인간" - Bornkamm, *Paul*, 95; "자기를 영화롭게 하는 것" - Hübner, *Law*, 116; Leenhardt, 그리고 Ladd, *Theology*, 447은 그러한 고전적 "개신교" 주해의 다른 좋은 실례들을 제공하고 있다). 오히려 바울은 유대인의 자기확신, 이스라엘의 하나님으로서 하나님을 자랑하는 것, 하나님의 백성에 대한 하나님 자신의 약속을 나타내고, 또한 다른 민족들과 자기 자신들을 구별시켜 주는 것으로 율법을 자랑하는 것을 공격하고 있다. 아주 적절하게는 Howard, "Romans 3:21-31," 232; Sanders, *Law*, 33-34; Räisänen, *Law*, 170-71; Watson, *Paul*, 133-35; Moxnes, "Honour," 71을 보라. 비판을 가하고 있는 것은 토라 그 자체가 아니라 (율법에 대한) 그러한 자랑이라는 것을 인식하는 것이 중요하다 (Gager, *Origins*, 215). 보다 자세한 것은 서론 §5.3과 2:17, 23에 관해서 보라. 또한 바울이 긍정적인 의미로 카우케시스(*καύχησις*)를 사용하고 있는 15:17에 관해서 보라.

"있을 수가 없느니라"(*ἐξεκλείσθη* - 엑세클레이스데, BGD). 에클레이오(*ἐκκλείω*)

는 신약의 다른 곳에서는 오직 갈라디아서 4:17에서만 발견된다. 수동태는 그것이 하나님에 의해 또는 적어도 하나님의 뜻에 의해 배제되었음을 함축한다. 부정과거시제는 25절에서 방금 묘사되어진 것들을 언급한다. 말하자면 대속으로서의 그리스도의 죽음은 이전의 이스라엘과의 배타적 연관성, 즉 유대 율법의 특별하고 독특한 조항인 속죄일의 의식을 파기함으로써, 하나님이 죄를 처리하시는 방식의 조건들을 바꾸어놓았다는 것이다. 종말론적인 선물 안에서 그리스도의 대속의 죽음은 모든 사람들에게 유효하며, 믿는 모든 사람들에게 하나님의 의를 보이신 것이다. 따라서 바울의 일족들이 자랑하였던 하나님에 대한 독점적인 관계성은 더 이상 있을 수 없고, 자랑에 대한 여지도 남겨져 있지 않다.

"무슨 법으로냐?"(*διὰ ποίου νόμου*). 여기와 뒤에 이어지는 구절에서 노모스(*νόμος*)는 토라가 아니라 보다 일반적인 의미에서의 "율법"(뒤에 이어지는 믿음의 율법 또는 원리"로 이해되어지는 노모스 피스테오스[*νόμος πίστεως*]와 함께, 모든 종류의 율법; 참조. 7:21, 23; 8:2; 갈 6:2[예를 들어, BGD, *νόμος* 1, 2, 5; *TDNT* 4:1071; RSV, NEB, NIV, NJB; Bultmann, *Theology* 1:259; Murray; Sanders, *Law*, 33; Räisänen, *Law*, 50-52; Watson, *Paul*, 131; "새로운 '법' 또는 섭리"-Lambrecht, 368을 보라])이라는 논증이 주를 이룬다. 그러나 노모스 톤 에르곤(*νόμος τῶν ἔργων*, "행위의 율법")은 토라에 대한 언급 이외에 거의 다른 것으로 이해되어질 수 없다(van Dülmen, 87; Schnabel, 286). 그것은 단순히 타 에르가 노무(*τὰ ἔργα νόμου*)를 바꾸어놓은 형태에 불과하다. 결국에 둘 다 특징적인 의무들의 관점에서 이해되어진 율법을 나타낸다(아래를 보라). 그리고 마찬가지로 명백하게 31절은 노모스 피스테오스(*νόμος πίστεως*)의 확장이다. 그리고 31절에서 토라로서의 노모스(*νόμος*)가 부정되어지지는 않는다(참조. Friedrich, "Gesetz"; Hahn, "Gesetzesverständnis," 38; Cranfield; Wilckens; Rhyne, 69-70; Snodgrass, 100-103; Räisänen, *Law*, 51 n.37에서의 다른 참고문헌). 결과적으로 여기서 제기된 질문은 "이것은 어떤 종류의 율법의 이해인가?"와 동등하다. 그 질문은 율법에서 유대인이 당연시여기는 교만을 포착해 준다(2:23). 또한 7:21, 23 그리고 8:2에 관해서 보라.

"행위로냐?"(*τῶν ἔργων*-톤 에르곤). 여기서 주해의 열쇠는 언약 백성의 민족적 자부심, 그 자부심에 대한 특별한 초점과 근거로서의 율법, 그리고 하나님과 그의 율법에 대한 헌신의 표현으로서의 율법의 행위들, 즉 특별히 하나님의 백성, 율법의 백성으로서의 특이성 속에서 자기들을 구분짓는 의무들을 통한 율법의 행위들이라는 유대 사상에서의 공리와 같은 세 방식간의 연관성이다(참조. Wright, *Messiah*,

97; "'행위'에 관한 바울의 비판은…'민족적 의'에 관한 자신의 비판 안에서 작용하고 있다"; 또한 118). 바울 시대의 전형적 유대인은 유대 율법으로서의 구분된 특징과는 또 다른 율법을 생각할 수 없었기 때문에 그 질문이 제기되고 있다. "행위의 율법"은 요구를 함으로써 유대 율법이 되어진 그 율법이다(Hübner, *Law*, 138이 계속 주장하는 것처럼, "그 율법이 하나님 앞에서 자기 자신을 주장하기 위한 수단으로 타락하고 변질되는 한, 그것은 하나님의 법"이 아니다). 다시 한번 그것은 "선한 행위"(자랑은 선한 행위를 충족시키지 못하기 때문에 배제된다. Thompson을 잘못된 곳으로 이끌고 가는 지속적인 오해)에 관한 문제가 아니라, 언약적 의무와 구분성을 나타내는 것으로서의 행위에 관한 것이다(언약적 명목주의). 따라서 율법을 간직하고 있다는 것(빌 3:6)이 자랑을 하게 할 수는 없다(2:17, 23). 더 자세하게는 §5.5과 3:20을 보라.

"아니라 오직 믿음의 법으로니라"(*οὐχι, ἀλλὰ διὰ νόμου πίστεως* – 우키, 알라 디아 노무 피스테오스). 여기서 역시 노모스(*νόμος*)가 토라를 언급한다고 여긴다면, 바울이 의미하는 것은 별로 주목을 받을 것이 없다. 따라서 그는 여기서 믿음을 증거하고, 심지어 사람들에게 믿음을 불러일으키는 것으로서의 율법을 단순히 의미하지 않는다(Friedrich, "Gesetz"; Cranfield; Stuhlmacher, "Law," 97). 또한 그는 특별히 유대의 제의적인 요구의 핵심으로 축소한 율법을 염두에 둔 것도 아니며(참조. Räisänen, *Law*, 27-28, 63), 심지어 예수의 사역에 관한 언급에서 재해석된 마태가 의미하는 율법도 아니다(마 5:17-20; 참조. 갈 6:2) – 하지만 그 사건에서 마태의 접근은 율법과 관련하여 제공하는 그 자유성 때문에 이 두 가지 양자택일에 관한 기회를 제공해준다. "율법의 행위들"과 "믿음의 법"이라는 두 구절에서 바울은 전체적인 율법으로서의 법을 고려하고 있다. 만약 그렇게 하지 않았다면, 여기서 그의 반응은 처음부터 무언가 결핍되어 있었을 것이고, 그의 결론적인 주장(31절)도 상당히 손상을 입었을 것이다. 따라서 "믿음의 법"은 믿음의 측면에서("하나님의 신실성이 아니다"[Gaston, *Paul*, 172]. 그것은 "행위들"과 믿음이라는 두 대조를 손상시킨다) 이해되어진 율법을 의미한다. 바울이 여기서 대조시키고 있는 율법을 전체적으로 볼 수 있는 두 가지 방법이 있다. 율법을 행위 차원에서 이해할 때에 그것은 특별한 유대적 특징들(특히 할례)이 두드러지게 보일 것이지만, 율법이 믿음의 차원에서 이해되어질 때에 그 유대의 독특한 특징이 중심적인 자리를 잡지 못하게 되고, 유대의 독특한 행위들은 부차적인 문제가 되어 모든 사람에게 요구를 하지도 못하며, 그 믿음의 특징을 손상시키지 않고도(진정으로 확장이 되는) 특히 이방인들이 그것을 지키지 않아도 된다. 따라서 그 율법이 신앙으로 전달되고 믿음으로 말미암아 성취되어질 때에 노모스 피스테오스(*νόμος πίστεως*)가 충만한 의미로 가장 잘 취해질 수 있다. 이것이 노모스(*νόμος*)에 "너무 활동적인 역할"을 준다는 라이사엔(Räisänen)의 문제제기는(*Law*, 51; 또한 "Gesetz," 109-111) 요점을 벗어나 있다: 디아(*διά*)는 거의 동의적인 구절인 3:22, 25, 31에서의 디아 피스테오스(*διὰ πίστεως*)와 동일한 의미를 갖는다. 그리고 샌더스(Sanders, *Law*, 33)는 "믿음의 법"이 "행위의 법"과 반대된다는 요지를 놓치고 있는데, 즉 행위 율법의 반대가 아니라 정확히 (오직) 유대인들의 법으로서의 율법과 반대된다는 것이다. 한편으로 와스톤(Waston)의 교묘한 관찰은 "율법의 행위들"을 분파주의자들이 스스로 정해놓은 "믿음"으로 바꾸어놓고 있는데(*Paul*, 134-35), 이는 바울의 의도와는 상당히 다른 것이다. NEB와 NJB의 의역들은 원문에서 너무 멀어졌다.

28 "그러므로 사람이 의롭다 하심을 얻는 것은 율법의 행위에 있지 않고 믿음으로 되는 줄 우리가 인정하노라"(*λογιζόμεθα γὰρ δικαιοῦσθαι πίστει ἄνθρωπον χωρὶς ἔργων νόμου*-로기조메다 가르 디카이우스다이 피스테이 안드로폰 코리스 에르곤 노무). 여기서 다시금 3:20에서처럼 사상의 흐름은 초기의 서신을 긴밀하게 재설명하는 갈라디아서의 논증의 사상과 아주 유사하다: 갈라디아서 2:16-*εἰδότες ὅτι οὐ δικαιοῦται ἄνθρωπος ἐξ ἔργων νόμου ἐὰν μὴ διὰ πίστεως*…(에이도테스 호티 우 디카이우타이 안드로포스 엑스 에르곤 노무 에안 메 디아 피스테오스…). 3:20과 병행을 이루는 것이 또한 갈라디아서 2:16이기 때문에 그리고 바울이 갈라디아서를 손으로 복사하여 로마서를 쓰고 있지 않기 때문에, 가장 분명한 것은 갈라디아서 2:16에서 형성된 신학적인 주장이 복음에 관한 바울의 이해의 근본적인 부분이자, 이런 차원에서 근본이 되었다고 결론을 내리는 것이다. 따라서 여기서 논증의 노선은 이 서신의 목적을 위해 새로운 것을 만들어내고 있다고 생각할 수는 없다. 오히려 그것은 적지 않은 논의와 논쟁으로 수년에 걸쳐 다듬어지고 윤색되어 성숙한 논증을 형성한 것으로 보인다. (갈 2:16에 관해서는 Dunn, "New Perspective"를 보라). 바르트는 다시 하나님의 신실함에 대한 언급으로 피스테이(*πίστει*)를 취한다.

"우리가 인정하노라"(*λογιζόμεθα*-로기조메다)는 모든 기독교 공동체 중에 공통된 견해를 갖는 갈라디아서 2:16의 에이도테스(*εἰδότες*)와 같은 호소를 한다. 다음 단계의 논증에서 설명할 주요 역할, 즉 하나님의 인정(특별히 4:6을 보라)을 반영하는 인간의 "인정"을 의식하고 있기 때문에 바울이 아마도 여기서 로기조마이(*λογί-*

ζομαι)를 선호했을 것이다. 마음속에 있는 추상적인 결심이 아니라 실제적인 결과를 갖는 확신을 나타냄으로, 그것이 참으로 의미있는 말이라고 하는 것은 6:11과 14:14에서의 그 용어의 사용에 의해 확인된다. 의롭게 하시는 하나님의 행위를 현재 시제로 사용한 디카이오(δικαιόω)에 대해서는 3:24를 보라. 피스테이(πίστει)는 바울이 갈라디아서 2:16의 뒷부분에서 대조를 시켰던 믿음과 행위간에 보다 더 예리한 대조를 반영해준다. "오직 믿음으로"라는 믿음의 번역은 바울의 대조의 범위를 염두에 두는 한, 바울의 논증의 진의에 아주 충실한 것으로 간주할 수 있다. 안드로포스(ἄνθρωπος)는 "일반적인 사람"(참조. 고전 4:1; BGD, ἄνθρωπος 3αγ)이다. 또한 Howard, "Romans 3:21-31," 232-33을 보라. 그러나 코리스(χωρίς)는 현재 논증의 보다 인접한 구절, 즉 3:21과 율법이 있는 그리고 율법이 없는 사람으로서의 유대인과 이방인간의 대조를 분명히 되돌아보게 한다(Käsemann은 루터파의 시각으로 그 본문을 읽는다; Kuss와 Schlier는 전통적인 카톨릭교와 루터파 교회의 주해의 간격에 다리를 놓고 있으나, 여전히 "율법의 행위들"에 있어서 바울의 주장을 놓치고 있다; 또한 역시 NEB—"율법을 지키는데 있어서 상당히 성공하지 못한"). 3:21과의 병행은 "율법"과 "율법의 행위들"이 동의어임을 확인해주는데, 말하자면, 그 율법이 독점적으로 구분을 지어주는 유대인의 어떤 것으로 간주되어질 때에 그렇다. 우크 엑스 에르곤 노무(οὐκ ἐξ ἔργων νόμου)와 코리스 에르곤 노무(χωρὶς ἔργων νόμου) 간의 유일한 차이는 전자가 특징적인 유대적 관행("정체성 표지")으로서의 율법의 행위들을 말하는 반면에, 후자는 유대인과 이방인간의 경계를 구분지어 주는 것으로서의 율법의 행위를 묘사한다는 것이다("경계 표지"). "율법의 행위"를 더욱더 엄밀하게 구체화시킨 것은 2:13과 실제적인 모순이 없다는 것을 의미한다(특별히 Sanders, *Law*, 35-36, 129를 참조하라). 반면에 2:12-13에서의 대조는 여기서의 대조와 병행하는 것으로 볼 수 있다.

호소이 엔 노모(ὅσοι ἐν νόμῳ) = 호이 아크로아타이 노무(οἱ ἀκροαταὶ νόμου) = 호이 엑스 에르곤 노무(οἱ ἐξ ἔργων νόμου).

호소이 아노모스(ὅσοι ἀνόμως) = 호이 포이에타이 노무(οἱ ποιηταὶ νόμου) = 호이 코리스 (에르곤) 노무(οἱ χωρὶς [ἔργων] νόμου) = 호이 에크 (노무) 피스테오스(οἱ ἐκ [νόμου] πίστεως).

29 "하나님은 홀로 유대인의 하나님 뿐이시뇨 또 이방인의 하나님은 아니시뇨?"(ἢ Ἰουδαιων ὁ θεὸς μόνοὺ οὐχὶ καὶ ἐθνῶν)—에 유다이온 호 데오스 모논; 우키

카이 에드논). 연이은 질문의 문체는 논증에서 많은 결론적인 것들이 노출되었기에 이제는 정당하게 조화시킬 수 있는 논증의 흐름이 생겼다는 것을 암시한다. 유다이오스(*Ἰουδαῖος*)에 관해서는 1:16을 보라. 이제는 "첫째는 유대인이요 또한 헬라인에게"(1:16; 2:9-10)라는 형식구에서 나타나는 것과 같은 유대인과 헬라인의 대조가 아니라, 유대인과 이방인간의 대조다. 이 이방인은 "열방들"과 구분이 되는 하나님의 백성으로서의 유대 민족적 자부심과 더욱더 전형적인 대조를 이루게 된다. 사상의 흐름은 다시금 2:12-14에서의 연속적인 대조를 반영해준다.

바울은 여기서 유대 사상에서 창조자로서의 하나님(그리고 모든 것의 주인)과 이스라엘의 주님간의 긴장을 활용하고 있다. 랍비 시므온(Simeon ben Jochai, 바울보다 약 1세기 이후의 사람)이 말했다는 격언이 규칙적으로 인용이 된다. "하나님은 이스라엘 백성에게 말씀하셨다. 나는 세상에 온 모든 사람들을 지배하는 하나님이시지만, 나는 너희하고만 나의 이름으로 교제하였다. 나는 스스로 세계의 민족들의 하나님이라 부르지 않고, 이스라엘의 하나님이라고 부른다"(Str-B, 3:185; Dahl, "One God," 183을 주목하라). 그러나 그 긴장은 이미 우리 시대에 통용된 문헌에서도 분명히 소개되어져 있다. 예를 들어, 에녹1서 84.2 – "… 만왕의 왕과 온 세계의 하나님…", 그리고 시 44:4 – "하나님이여 주는 나의 왕이시니 야곱에게 구원을 베푸소서." 그 긴장은 *Jub* 15.31-32에서 더 명택해진다 – "…하나님은 이스라엘이 그의 백성이 되게 선택하셨다. 왜냐하면 많은 민족들과 백성들이 있고, 또 그 모든 것이 그의 것이기 때문이다…" 유사하게 다른 구절들은 다른 민족들을 통치하시기 위해 하나님이 천사를 임명하시지만, 특별히 이스라엘은 하나님이 직접 지키시는 것으로 언급한다(신 32:8-9; Sir 17:17). 그리고 모든 것이 되시는 하나님의 특별한 선택에 관한 사상이 벤 시라(ben Sira)와 바룩(Baruch)의 주장에 분명히 내포되어 있는데, 그들은 우주의 지혜가 율법 안에서 이스라엘에게 특별히 주어졌다고 주장을 한다(Sir 24:23; Bar 4:1-4). 보다 자세한 것은 Sanders, *Paul*, 색인, "election"을 보라. 따라서 여기서 바울의 질문에 대해 경건한 유대인은, 비록 그것을 한정을 짓기를 원했을지라도, 아마도 "예"라고 대답했을 것이다. 기독교의 "보편주의"에 대한 발자취로서 유대의 "특정은총설"을 여기서 너무 빨리 언급하는 것에 대한 달(Dahl)의 경고는 이런 점에서 중요하다. 어느 유대인도 바울이 여기서 제기하고 있는 보편적인 일신교를 부정하지는 않을 것이다("한 분 하나님"; 예를 들어, 시 145:8-9; 욘 4:2; Wisd Sol 11:24-26을 참조하라). 선택을 통한 그리고 실제로 토라에서 구체화된 하나님과 이스라엘의 특별한 관계가 사실상 그 보편적인 일신교를 배제하고 있는 것인지, 그리고 이신칭의(30절)가 보편적인 일신교의 더 좋은 효과적인 보호자가 되는 것인지가 이슈다.

29-30 "진실로 이방인의 하나님도 되시느니라. '하나님은 한 분이시니라'"(*ναὶ καὶ ἐθνῶν, εἴπερ εἷς ὁ θεός* – 나이 카이 에드논, 에이페르 에이스 호 데오스). 나이(*ναί*)는 바울에 의해 많이 사용되지 않는 단정적 분사이다. 그러나 특별히 고린도전서 1:17-20을 참조하라. 에이페르(*εἴπερ*)는 "만약 사실이라면, 만약 결국에, 그렇다면, 때문에"(BGD, *εἰ* vi.11)를 의미한다. 그것은 방금 되어진 단언에 대한 필요하고 충분적인 조건을 소개한다(참조. 8:9, 17). 에이스 호 데오스(*εἷς ὁ θεός*)는 유대의 일신교의 근본적인 신조를 환기시키는 것으로 분명히 의도되었다: 큐리오스 호 데오스 헤몬 큐리오스 에이스 에스틴(*κύριος ὁ θεὸς ἡμῶν κύριος εἷς ἐστιν*, 신 6:4). 바울은 그것을 다시금 고린도전서 8:6에서 취한다(Dunn, *Christology*, 179-80을 보라). 참조. 막 12:29=신 6:4; 약 2:19 – 에이스 에스틴 호 데오스(*εἷς ἐστιν ὁ θεός*, 야고보서와 병행하는 것에 관해서는 4:1-25의 양식과 구조를 보라). 사실상 그것은 두 가지 교리의 한 팔로부터(이스라엘의 주님으로서의 하나님) 다른 팔에게(모든 것의 주님으로서의 하나님) 즉 창조주로서의 하나님에게 대한 호소다. 여기서 사실상 바울은 하나님에 의해 특별히 선택된 이스라엘의 구원역사의 주장을 뒤로 제치어 놓고 있다. 창조주로서의 하나님의 주되심이 더욱더 근본적이며, 이것도 이스라엘에 대한 하나님의 선택에 못지 않은 구원역사에 속한다.

"할례자도 믿음으로 말미암아 또는 무할례자도 믿음으로 말미암아 의롭다 하실"(*ὃς δικαιώσει περιτομὴν ἐκ πίστεως καὶ ἀκροβυστίαν διὰ τῆς πίστεως* – 호스 디카이오세이 페리토멘 에크 피스테오스 카이 아크로부스티안 디아 테스 피스테오스). 바울 사상의 흐름의 논리는(관계대명사 호스[*ὅς*]를 사용함으로 나타난 것처럼) 하나님이 모든 인간들과 하나의 기본적인 태도와 관계를 찾으신다는 것이다. 다시 말하면 그것은 믿음이다. 1:18 이하의 관점에 비추어 보면, 믿음은 인간이 제공하는데 실패하였던 창조자로서의 하나님에 대한 바른 의존에 대한 또 다른 단어다. 그리고 실제로 이것은 바울이 4:18-21에서 정의하고자 하는 방법이다. 이전 항목(3:21-26)에 비추어 볼 때에 그리스도의 죽음은 (바울의 관점에서) 시대의 전환을 이룬다. 즉 이 전환의 시대에 대부분 유대인들에 의해 이해되어지는 이스라엘의 특별한 관계성에 관한 기원이 마지막 시대, 말하자면, 하나님과 인간의 "관계의 조건들"이 처음부터 인간 피조물에게 요구되었던 것들, 즉 창조주 하나님께 대한 맡기는 의존과 같은 것으로 아주 더 분명하게 보여지게 된다. 이제 그것은 예수 안에서의 믿음으로 또한 묘사되어질 수 있는데, 왜냐하면 그의 죽음이 하나님이 창조자이실 뿐만 아니라 구속자라는 것을 확인해주고, 이 구속의 범위를 "육체에 따른" 이스라엘을 넘어설 수 있게 열어주기 때문이다. 하지만 고려되고 있는 것은 유일하신 창조주에 대한 피조물의 근본적인 의탁이기 때문에, 여기서 그것은 "믿음"으로 단순히 묘사되어지고 있다. 미래시제(*δικαιώσει* – 디카이오세이)는 단순히 논리적인 미래가 아니라(따라서, 예를 들어, Kuss, Cranfield), 이 동사와 더불어 자주 그렇게 하듯이, 그리고 한 분 하나님, 창조주요 심판자, 처음과 나중을 염두에 두고 있을 때에 적절하듯이, 그것은 또한 마지막 심판을 바라보고 있다(2:13에 관해 보라). "할례"와 "무할례"라는 두 가지 표제 아래 인류를 특정 지은 것은 유대인의 시각과 구별성을 불러옴으로써, 2:25-27을 생각나게 하는데, 그것이 더 이상 유효하지 않으며, 또한 분 하나님의 시각과 목적에 일치하지 않는다는 것을 보이기 위해서다. 에크(*ἐκ*)와 디아(*διά*) 사이의 구분("from faith"과 "through faith")은 아마도 단순히 문체상일 것이다(Denney, Lagrange, Lietzmann, Cranfield, Schlier): 바울은 계속적인 구분을 함축하기를 원치 않았을 것인데, 왜냐하면 한 분 하나님과의 관계와 관련되는 한, 할례/무할례의 구분이 무의미한 것이 공통된 근거이며, 믿음의 매개이기 때문이다. 즉 "중요한 것은 믿음이지, 전치사가 아니다"(Maillot). 한편으로 바울은 1:17에서의 하박국 2:4로부터의 인용과 그것의 개연성 있는 모호성을 회상하기 위해서 정확히 할례 받은 자에 대한 언급으로 에크 피스테오스(*ἐκ πίστεως*)를 사용했을 것이다: 믿음으로 말미암은 창조주 하나님의 구원하시는 행위는 유대인의 편에서 하나님의 언약의 신실성에 관한 표현이다. Gager, *Origins*, 217은 첫 번째 "믿음"(*πίστις* – 피스티스)이 이스라엘의 신실성을 나타낸다는 가스톤(Gaston)의 논지를 따른다("유대인들에게 있어서…믿음은 토라를 단순히 가지는 것이라기보다는 행하는 것을 의미한다). 그러나 바울이 4장에서 계속 논증하고 있는 것은(4:2을 보라: *πίστις*="믿음"[trust], 4:17-21을 보라), 단지 아브라함의 믿음과 같은 피스티스(*πίστις*)에 관한 이해다. 가스톤은 자신의 번역에 있어서(*Paul*, 173), 피스티스(*πίστις*)를 두 번 다 하나님의 신실하심으로 언급하고 있다. 하지만 이러한 입장은 역시 지지될 수 없는데, 왜냐하면 피스티스(*πίστις*)가 때로는 (아브라함의) 믿음으로서(5, 9, 11, 12, 19, 20), 때로는 (하나님의) 신실하심으로(13, 14, 16) 그리고 한번은 (아브라함의) 믿음(16절)으로 번역되어짐으로써 그 논증의 분명한 맥락이 상실되어지고 있는 것이 4장에 대한 그의 번역에서 명백해 보이기 때문이다.

31 "그런즉 우리가 믿음으로 말미암아 율법을 폐하느뇨?"(*ὁνόμον οὖν καταργο-*

ῦμεν διὰ τῆς πίστεως-오노몬 운 카타르구멘 디아 테스 피스테오스). 31절은 4장에 대한 도입이라기보다는 간단한 대화(27-31절)의 결론으로 가장 잘 여겨질 수 있을 것이다(이제는 덜 자주 논증되지만 과거에 논증되었던 것처럼-예를 들어, Barth, Lagrange, Knox, Achtemeier). 그러나 이 서신의 그밖에 다른 곳에서처럼 바울은 다음 항목에서의 흐름을 제공하는 방식으로 자신의 논증의 한 구절을 마무리짓는다(5:12-21의 양식과 구조를 보라; 그리고 특별히 Rhyne, 59-61을 참조하라)-이는 바울이 이 서신을 쓰기 전에 심중에 이 서신의 논증의 흐름을 세심하게 계획했었다는 좋은 증거가 된다. 여기서 제기된 질문은 3장의 시작부분에서 제기된 질문의 일부이고, (그 사이에 믿음에 관한 강조가 강화되는 것을 제외하면) 3장의 시작과 끝의 전환적인 특징을 나타내면서 그 시작부분에서도 제기될 수 있었을 것이다.

카타르게오(*καταργέω*)는 "폐지하다, 효력이 없게 하다"뿐만 아니라 "버리다, 없애다"라는 의미를 갖는다(6:6을 보라). 여기서 그것의 간결한 의미는 대체로 이스타노(*ἱστάνω*) 즉 "세우다, 확증하다, 유효케 하다"라는 용어의 대조가 된다는 사실에 의해 결정되어진다(이스테미[*ἵστημι*]의 형식-BGD). 이것은 *m.'Aot* 4.9에서처럼(또한 마카비4서 5.25와 33를 참조하라), 랍비에 의해 사용되었던 것으로 우리가 알고 있는 בטל("경시하다, 무익하게 하다, 깨뜨리다")와 קום("세우다, 이루다, 확증하다")간의 대조에 관한 번역을 확실히 반영하고 또 참으로 그럴 것이다. 그리고 그것을 "없애다/이루다"와 같이 아주 강력하게 번역할 수 있는 것은 마태복음 5:17(Str-B, 1:241; Michel; 참조. Daube, *Rabbinic Judaism*, 60-61)에 의해서도 암시되어진다. 여기서 바울의 답변은 아마도 동료 유대인들과 유대 기독교인들에 의해 그에게 제기되어졌었던 실제적인 이의제기들에 대응하고 있다.

"유대인"(3:1)은 바울의 해설을 율법의 파괴하는 것으로 간주하였을 것이다. 왜냐하면 유대인에게서 그 율법은 자신의 백성들의 독특성을 나타내줌으로써, 한 유대인으로서의 자신의 정체성과 매우 관련이 있었기 때문이다. 그러한 태도는 마카비4서 5:25에서도 명백하다. "우리는 율법이 하나님에 의해 **세워졌다는** 것을 믿기 때문에 사물의 본성상 우리에게 율법을 주신 이 **세상**의 창조주는 우리를 향한 동정심을 보이신다는 것을 알고 있다"(나의 강조). 이스라엘과 율법간의 그 특별한 연계를 손상시킴으로써 바울의 논증은 그것을 무효케 하고 무익하게 하는 것으로 보였을 것이다. 만약 유대교의 자기 이해에서의 한 중요한 정체성 요소로서의 율법에 관한 이 특징을 분명하게 이해하지 못한다면(더 자세한 것은 서론 §5.3을 보라), 31절의 요지는 상실될 것이다-케제만(Käsemann)의 취급이 증명하는 것처럼, 또한 그에 의해 지적되어진 다른 견해들(Wilckens은 다시금 가장 밀접하게 따른다)이 증명하는 것처럼 다드(Dodd)는 다시금 바울 자신보다 자신이 바울 사상의 논리에 더 충실했다고 믿는다: "그는 그러한 결론을 이끌어내는 데에 주저한다. 그가 그렇게 과감하게 했더라면 그것은 더 분명했을 것인데!"

"그럴 수 없느니라"(*μὴ γένοιτο* – 메 게노이토, 3:4을 보라).

"도리어 율법을 굳게 세우느니라"(*ἀλλὰ νόμον ἱστάνομεν* – 알라 노몬 이스타노멘)는 "우리는 율법을 있을 곳에 위치시킨다"(NJB). 즉 믿음으로 말미암아 말이다. 이스타노(*ἱστάνω*)에 관해서는 위를 보라. 바울의 목적은 율법을 마치 존재하지 않는 것처럼 만드는 것이 아니라, 그 율법을 보편화시킴으로써 그것의 적절한 기능을 확증케 하는 것이다. 행위들보다는 믿음으로 방향을 맞춤으로써, 열방으로부터 이스라엘을 구분짓기보다는 온 인류를 창조주의 통치 아래 가져올 때, 종말론적인 시대에("지금" 이때에) 율법의 역할이 세워진다(참조. Schlier); 더 자세한 것은 10:3에 관해 보라. 사실상 바울의 요지는 2:12-16에서와 같다: 율법의 **보편적인** 기능이 인식되어질 때라야만, 피조물에 대한 창조주의 말씀, 즉 그 말씀으로 적절한 피조물의 응답을 요구하시고, 그 말씀으로 마지막 날에 그 모든 것들 – 유대인과 이방인 – 을 심판하실 창조주의 말씀으로서의 그 율법의 적절한 역할을 이루실 것이다. 따라서 이해되어지는 율법(*κατὰ τὸ εὐαγγέλιον* – 카타 토 유앙겔리온 – 2:16)은 "믿음의 율법"이다"(3:27에 관해 보라). 노모스(*νόμος*)가 그 구절을 통해 일관성 있게 이해되어질 수 있기 때문에, 다른 의미를 찾는 것, 즉 시내산의 토라가 아닌 구약성경(대부분 최근에 Luz, *Gesetz*, 105, 그리고 Hofius, "Gesetz," 278에서처럼)이라고 여기는 것은 불필요하다.

바울이 율법을 "깨뜨렸다" 또는 율법을 버렸다, 또는 율법을 대체시키고, 폐기시킨 것으로 간주했다는 지속적인 총괄적 주장들의 관점에 비추어 볼 때(Sanders, *Law*, 3; Räisänen, *Law*, 50, 69, 71에서처럼), 바울이 율법을 폐기하려는 어떠한 의도도 가지고 있지 않았다는 점을 아무리 강조해도 지나치지 않다. 그는 유대적 혜택과 특권을 구분지어 주는(그리하여 "율법의 행위, 명목적 봉사"로 특징지어지는) 기능을 하는 율법을 오직 손상시키기를 추구한 것이다 – 사실상 그것이 유대인의 안목에서 가장 근본적이고 구분되는 기능이었다. 그 점을 이해한다면, 그가 율법에 주었던 계속적인 긍정적인 가치를 이해할 수 있을 것이고, 3:31(또한 특별히 6:16; 8:4 그리고 13:8-19도 마찬가지로)이 모순이 되는 것을 멈추게 된다(특별히 Hahn, "Gesetzesverständnis," 40-41; Cranfield를 참조하라). 우리는 율법에 관한 바울의 다양한 주장들을 진지하게 취해야 하고, 또 그 율법에 관한 주장들이 바울 자신의 신학 내에서 충분히 일관성 있는 의미를 만들고 있다고 생각함으로써 바울에 대한 예의를 가져야 할 것이다. 율법에 관한 바울의 다양한 진술들을 노골적인 모순으로부터 건져내지 못하는 결론은 마지막 수단이 되어야 할 것이고, 그 주제에 관한 바울의 서신의 관심사와 문맥 속으로 충분히 들어가지 못했다는 것을 더욱더 시사할 것이다. 다시금 서론 §5.3과 8:2에 관해서 보라.

해설

3:27 일단 이전 단락에서 "믿음"이 중요하다는 것을 이해했다면, 27절에 대한 사상의 움직임은 분명해진다. 재개된 27-31절의 논쟁체에서 확실히 하고 있는 점은 율법의 적절한 이해로서의 율법, 즉 "율법을 행하는 것"의 가장 필수적인 근거로서의 믿음이다. "그런즉 자랑할 데가 어디뇨?"는 선택을 받은 것에서 그리고 2:17, 23의 율법에 있어서의 유대인의 교만에 관한 특징을 생각나게 한다. 바울이 26절에 이어 단지 이런 질문을 가지고 뒤좇는다는 사실은, 특권을 입은 유대인의 신분에 대한 그들의 과신을 전반적으로 바울이 염두에 두고 있다는 확증이 된다. 이는 하나님의 구원하시는 행위가 구분 없이(22절) 믿는 모든 사람들을 위해 있다는 확신인데, 그렇지 않았더라면 (특히 율법에 의해 조명되어진 그리스도의 죽음 속에서) 확신과 감사에 대한 정당한 원인이 되었을 것에 대한 의문부호를 달았을 것이다.

"있을 수가 없느니라." 왜? 바울의 논증을 따라왔다면, 그 대답은 충분히 분명할 것이다: 확신은 선택된 백성들에 속했다는 사실에 단순히 근거하지 않으며, 하나님 안에서의 참된 확신은 그리스도로 말미암은 하나님의 구원하시는 행위에 대한 각 사람의 겸손한 의존과 예수 안에서의 신뢰에 속한 것이다. 그리고 그러한 믿음은 유대인의 자랑의 과신에 대한 근거가 되지 못한다. 그러나 이 점을 보다 확고히 하기 위해서 바울은 그 대화를 계속한다. "무슨 법으로냐?" 그 질문의 순서는 이 시점에서 자랑과 율법이 서로 공존한다는 것을 확실히 보여주고 있고, 만약 확인이 필요하다면, 바울이 마음속에 두고 있는 것은 토라이며, 율법의 백성들이 되었다는 것에 근거한 유대의 민족적 자만이라는 것을 다시금 분명히 한다.

따라서 다음의 질문 즉 "행위로냐"는 오직 기각되어야만 한다. 하지만 다시금 그 말이 진술되고 있다는 사실은 바울의 관점에 주된 한 방향, 즉 거부되기를 아주 갈망하는 한 부분이라는 것을 분명히 시사한다. "율법의 행위들"은 "율법의 행위"(20절)에 의해 이해되어진 율법 이외의 다른 것을 의미하지 않는다. 그 율법은 경건한 유대인들이 계속해서 율법 백성의 일원이 되었음을 확인해주는 기본적으로 특별한 행위들로 구성되어 있는 것을 말한다. 그런 (종류의) 율법은, 2:1-3:20이 그 환상을 못쓰게 만들었을지라도, 자랑의 근거를 제공했을 것이다. 하지만 아니다. 참으로 유대인의 과신을 끝장내게 할 수 있는 것은 율법이 믿음, 즉 "율법을 갖지 않은" 사람들을 포함하여 모든 사람들이 같이 할 수 있는 믿음의 차원에서 적절히 이해되어지는 것을 깨닫는 것이다. 율법의 목적은 믿음을 생산케 하고, 그러한 자랑을 근절케 하는 것은 행위가 아니라고 인식하는 것이다.

여기서 우리들은 충분히 멈추어 서서 바울의 대조가 믿음과 율법간의 대조가 아니라 믿음과 율법의 **행위들**이라는 것을 주목해야 한다. 그리고 그 믿음이 율법의 측면에서 묘사되어질 수 있다는 것이다: "믿음의 법"(참조 1:5). 이 한 구절은 바울이 자신의 복음을 이스라엘에게 주어진 하나님의 계시와의 완전한 연속성 속에서 그리고 율법과의 완전한 연속성 속에 서 있는 것으로 보았다는 것을 논증할 여지없이 확증해준다. 이스라엘의 대부분의 사람들은 그 율법을 민족적이고 언약적인 정체성의 표지로서 취함으로써 그 율법을 오해했다는 것이 바울의 근본적인 주장이다. 그리고 바울이 근절하기를 추구했던 것이 율법(율법의 행위들)에 관한 잘못된 이해이다. 적절히 이해되어진 율법은 믿음으로 성취되고, "행해지는" 것이다. 따라서 바울의 사상에 관한 도덕률 폐기론자의 해석은 거부되어져야 하고, 믿음에 관한 그의 가르침이 훈계(parenesis)의 근거로서 보여져야만 한다. 유사하게 "믿음의 율법"에 (유대의) 율법 이외에 어떤 다른 것을 언급하는 시도는 바울의 논증의 근본적인 진의를 오해한 것으로 자기 정죄를 받는다.

28 27절의 경구적인 주장에 관한 설명과 정당화가 28절에서 주어져 있다. "그러므로 사람이 의롭다 하심을 얻는 것은 율법의 행위에 있지 않고, 믿음으로 되는 줄 우리가 인정하노라." 갈라디아서 2:16과의 병행이 다시금 매우 밀접하게 떠오르는데, 거기 갈라디아서 2:16에서처럼 여기 로마서에서 바울은 모든 초기 기독교인들, 곧 충성된 유대인들과 이방인들에게 공통된 복음의 근본적이고 일치된 진술에 대한 것을 호소하고 있음이 꽤 분명하다. 바울이 예루살렘으로 두 번째로 방문할 때에 아마도 확보한 것이 하나의 일치된 진술이었을 것이고(갈 2:1-10), 그것이 갈라디아서 2:15-18에서 요약된 안디옥 사건에 대한 바울의 반응에 대한 근거를 제공했을 것이다. 거기서 문제가 되었던 질문은, 어떤 사람이 (단지) 율법의 행위로가 아니라 주로 믿음으로 의롭게 되어졌다면(갈 2:16a), 그 신자는 어떻게 살아야 하는가? 특별히 유대인 신자가 음식과 정결법과 관련해서 어떻게 행동해야 하는가? 여기서 그

질문은, 동의하고 있는 전제는 같을지라도, 다르다. 즉 어떤 사람이 율법의 행위들 없이 믿음으로 의롭다함이 주어졌다면, 이스라엘에 관한 하나님의 선택 그리고 먼저 율법을 하나님이 이스라엘에게 주신 의미는 무엇인가? 갈라디아서에서 바울의 대답은 로마서에서의 그의 대답보다 믿음과 율법간의 대조를 더 날카롭게 몰고 간다. 그리고 로마에 이 서신을 쓰는 이유들 중의 하나는 이스라엘에 대한 하나님의 목적과 율법과 복음간의 연속성과 불연속성에 관한 더 세심하게 진술된 해석을 제공하는 것이다. 28절과 갈라디아서 2:16간의 가장 두드러진 차이는 "있지 않고"(apart from)라는 말의 재출현이다. 3:21의 반영이 의도되어 있고, 율법 즉 율법의 행위 안에 있는 것, 그리고 그 율법을 자랑하는 것은 바울에게서 모두 가깝게 통합이 되는 구절들이다. 그것들은 모두 하나님의 호의에 대한 유대인의 전제와 선택에 있어서의 과신과 다소 동의어로 나타나고 있으며, 바울의 사상에서 그것들은 "율법을 행하는 것", "율법을 성취하는 것" 그리고 율법에 의해 증거되어진 것(2:13, 27; 3:21)과는 구분이 된다.

29-30 "하나님은 홀로 유대인의 하나님 뿐이시뇨? 또 이방인의 하나님은 아니시뇨?" 다시금 그 사상의 연관성이 분명해진다. 즉 "율법의 행위들"은 사실상 하나님이 유대인의 유일한 하나님이시라는 것을 확증하는 그런 태도를 의미한다. 하나님의 호의는 이스라엘 백성들에게로만 분명하게 향해 있어서, 이방인들은 거의 하나님 앞에서 중요하게 간주되지 않는다. 유대의 민족성에 관한 이런 근본적인 전제에 대해 바울은 간결한 대답을 준다(30절): 하지만 하나님이 한 분이시라면(유대인이라면 그것을 과연 부정하겠는가? - 신 6:4), 그는 모든 인류를 위한 하나님이 되심이 틀림없다. 확실히 유대인에게 먼저요, 또한 이방인의 하나님도 되신다. 하나님의 유일하심에 관한 상관성은 그가 오직 창조주로서 모든 피조물들과 관계가 있으며, 또한 창조자로서 그는 모든 피조물 즉 유대인뿐만 아니라 이방인들로부터도 공통된 반응 - 피조물들의 의존의 반응 - 을 요구하신다는 사실이다. 유대인을 이방인과 구분짓는 것으로서의 율법과 행위를 중요시하는 것은 하나로서의 피조물의 반응과 그 반응을 요구하시는 하나님의 유일성을 흐리게 하며 왜곡시키는 것이 된다. 따라서 한 분 하나님에 의한 선택에서의 유대인의 교만은 실제로 유대인 자신들의 일신교와 상충이 될 수 있다. 그런데 만약 하나님이 믿음으로 모든 인류를 의롭게 하신다면, 그는 유대인의 하나님이실 뿐 아니라 이방인의 하나님으로 보일 수 있으며, 또 한 분 하나님으로의 고백이 될 수 있다. 바울은 자신의 복음을 첫 번째 원리로부터 이끌어내고, 이스라엘의 근본적인 신조를 사용하여 하나님 앞에서 배타적인 권리에 대한 유대인

의 주장을 손상시킬 수 있다는 사실이 그를 무척 기쁘게 하였던 것처럼 여기서 다소 자기 스스로 기분이 좋았을 것이다.

31 31절과 함께 이 단락의 논증이 요약이 되고 있다. 결론적인 말은 믿음과 율법의 관계에 관한 것이라는 사실이 다시 한번 바울이 명확하게 밝히기를 원했던 것이 정확히 이런 관계였음을 확증해준다(예를 들어, 특별한 속죄의 교리가 아니었다). "그런즉 우리가 믿음으로 말미암아 율법을 폐하느뇨?" 이 질문을 할 수 있고, 그것이 분명히 진정한 질문이라는 사실은 바울의 목표가 유대인의 민족적 의라는 것을 한 번 더 확인시켜준다. 많은 유대인들은 바울의 논증의 노선이 율법을 폐지시킨다고 생각했을 것인데, 왜냐하면 그들은 율법을 자신들의 민족성 그리고 유대인으로서의 자기 이해와 완전히 일치시키고 있었기 때문이다. 바울의 반응은 그 율법이 유대인의 율법으로서(정체성과 경계 표시) 취해질 때, 그 율법이 "행위의 율법"으로 (잘못되게) 취해질 때에 오직 폐지될 수 있다는 것을 분명히 하고 있다. 그 율법이 "믿음의 법(율법)"으로 취해질 때, 그 율법이 이방인에게도 역시 말씀하는 것으로 볼 때, 그 율법은 세워지는 것이고, 그 타당성이 확증되는 것이다. 하나님이 한 분이시라는 사실이 하나님이 유대인들에게 율법을 주신 것을 폐하지 않으며, 오히려 하나님이 율법을 주신 것은 또한 이방인에게도 해당된다는 것을 보여준다. 그리고 그 율법이 유대인뿐만 아니라 이방인들도 유대인이 되지 않고 "행할" 수 있는 어떤 것, 즉 믿음에 의해 성취되어지는 어떤 것으로 볼 때에 그 율법을 적절히 이해한 것이라는 것을 보여준다. 여기서 바울의 논증의 참된 목적은 율법에 대한 유대인의 너무 배타적인 주장을 (유대의) 성경에 있는 하나님의 계시로 그리고 그리스도 안에서의 그것의 성취로 깨뜨리는 것이다.

B. **시범 사례로서의 아브라함**(4:1-25)

참고문헌

Beker, J. C. *Paul.* 95-104. **Berger, K.** "Abraham in den paulinischen Hauptbriefen." *MTZ* 17(1966) 47-89, esp. 63-77. **Boers, H.** *Theology out of the Ghetto: A New Testament*

Exegetical Study concerning Exclusiveness. Leiden: Brill, 1970. 82-104. **Bruce, F. F.** "Abraham Our Father(Romans 4:1)." In *The Time Is Fulfilled.* Exeter: Paternoster, 1978. 57-74. **Davies, W. D.** *Land.* 168-79. **Dümen, A. van.** *Theologie.* 88-94. **Dunn, J. D. G.** "Some Ecumenical Reflections on Romans 4." In *Aksum Thyateira,* FS Archbishop Methodius, ed. G. D. Dragas. London: Thyateira House, 1985. 423-26. **Flusser, D.,** and **Safrai, S.** "Who Sanctified the Beloved in the Womb?" *Immanuel* 11(1980) 46-55. **Gager, J. G.** *Origins.* 217-20. **Gale, H. M. Analogy.** 173-75. **Gaston, L.** "Abraham and the Righteousness of God." *HBT* 2(1980) 39-68 = *Paul.* 45-63. **Goppelt, L.** *Typos: The Typological Interpretation of the Old Testament in the New.* 1939; ET Grand Rapids: Eerdmans, 1982. ______. "Apocalypticism and Typology in Paul"(1964). In *Typos.* 209-37. ______. "Paulus und die Heilsgeschichte: Schlussfolgerungen aus Röm 4 und 1 Kor 10:1-13"(1966). In *Christologie und Ethik. Aufsätze zum Neuen Testament.* Göttingen: Vandenhoeck & Ruprecht, 1968. 220-33. Hahn, F. "Genesis 15:6 im Neuen Testament." In *Probleme biblischer Theologie,* FS G. von Rad, ed. H. W. Wolff. Munich: Kaiser, 1971. 90-107. **Hanson, A. T.** "Abraham the Justified Sinner." In *Studies.* 52-66. **Hays, R. B.** "'Have We Found Abraham to Be Our Forefather according to the Flesh?' A Reconsideration of Rom 4:1." *NovT* 27(1985) 76-98. **Hester, J. D.** *Paul's Concept of Inheritance.* SJTOP 14. Edinburgh: Oliver & Boyd, 1968. **Hofius, O.** "Eine altjüdische Parallele zu Röm 4:17b." *NTS* 18(1971-72) 93-94. **Hübner, H.** *Law.* 51-57, 79-80, 118-23. **Jeremias, J.** "Gedankenführung." 271-72. ______. "Die Gedankenführung in Röm 4. Zum paulinischen Glaubensverständnis." *Foi et Salut selon S. Paul.* AnBib 42. Rome: Biblical Institute, 1970. 51-58. **Käsemann, E.** "The Faith of Abraham in Romans 4." In *Perspectives.* 79-101. **Kertelge, K.** *Rechtfertigung.* 185-95. **Klein, G.** "Römer 4 und die Idee der Heilsgeschichte." In *Rekonstruktion und Interpretation.* Munich: Kaiser, 1969. 145-69. ______. "Exegetische Probleme in Röm 3:21-4:25." In *Rekonstruktion.* 170-79. **Kolenkow, A.** "The Ascription of Romans 4:5." *HTR* 60(1967) 228-30. **Lafon, G.** "La penskée du social et la théologie: Loi et grâce en Romains 4:13-16." *RSR* 75(1987) 9-38. **Longenecker, R. N.** "The 'Faith of Abraham' Theme in Paul, James and Hebrews: A Study in the Circumstantial Nature of New Testament Teaching." *JETS* 20(1977) 203-12. **Lührmann, D.** *Glaube.* 46-48. **Luz, U.** *Geschichtsversändnis.* 113-16, 168-86. **McNeil, B.** "Raised for Our Justification." *ITQ* 42(1975) 97-105. **Minde, H. J. van der.** *Schrift.* 68-106. **Moxnes, H.** *Theology in Conflict: Studies in Paul's Understanding of God in*

Romans. Leiden: Brill, 1980. **Patsch, H.** "Zum alttestamentlichen Hintergrund von Römer 4:25." *ZNW* 60(1969) 273-79. **Rad, G. von.** "Faith Reckoned as Righteousness"(1951). In *The Problem of the Hexateuch and Other Essays.* Edinburgh: Oliver & Boyd, 1966. 125-30. **Reicke, B.** "Paul's Understanding of Righteousness." In *Soli Deo Gloria,* FS W. C. Robinson, ed. J. M. Richards. Richmond: John Knox, 1968. 37-49. **Sanders, E. P.** *Law.* 32-36. **Stowers, S. K.** *Diatribe.* 168-74. **Swetnam, J.** "The Curious Crux at Romans 4:12." *Bib* 61(1980) 110-15. **Vielhauer, P.** "Paulus und das Alte Testament"(1969). In *Oikodome. Aufsätze 2.* Munich: Kaiser, 1979. 196-228. **Watson, F.** *Paul.* 135-42. **Wengst, K.** *Formeln.* 101-4. **Wilckens, U.** "Die Rechtfertigung Abrahams nach Röm 4"(1961). In *Rechtfertigung.* 33-49. ______. "Zu Römer 3:21-4:25. Antwort an G. Klein." In *Rechtfertigung.* 50-76. **Zeller, D.** *Juden.* 88-108. **Ziesler, J. A.** *Righteousness.* 180-85, 195-96.

본 문

1 그런즉 육신으로 우리 조상된 아브라함이 무엇을 얻었다 하리요
2 만일 아브라함이 행위로써 의롭다 하심을 얻었으면 자랑할 것이 있으려니와 하나님 앞에서는 없느니라
3 성경이 무엇을 말하느뇨 아브라함이 하나님을 믿으매 이것이 저에게 의로 여기신바 되었느니라
4 일하는 자에게는 그 삯을 은혜로 여기지 아니하고 빚으로 여기거니와
5 일을 아니할지라도 경건치 아니한 자를 의롭다 하시는 이를 믿는 자에게는 그의 믿음을 의로 여기시나니
6 일한 것이 없이 하나님께 의로 여기심을 받는 사람의 행복에 대하여 다윗의 말한바
7 그 불법을 사하심을 받고 그 죄를 가리우심을 받는 자는 복이 있고
8 주께서 그 죄를 인정치 아니하실 사람은 복이 있도다 함과 같으니라
9 그런즉 이 행복이 할례자에게뇨 혹 무할례자에게도뇨 대저 우리가 말하기를 아브라함에게는 그 믿음을 의로 여기셨다 하노라

1 What then shall we say that Abraham our forefather[a] according to the flesh has found?[b]
2 For if Abraham was justified from works, he has something to boast about – but not before God.
3 For what says the scripture? "Abraham believed God and it was reckoned to him for righteousness."
4 Now to him who works the reward is not reckoned as a favor but as a debt.
5 Whereas to him who does not work but believes on him who justifies the ungodly, his faith is "reckoned for righteousness."
6 As also[c] David speaks of the blessedness of the person to whom God reckons righteousness without works:
7 "Blessed are those whose lawless deeds have been forgiven, and whose sins have been covered;
8 Blessed is the one whose[d] sin the Lord will by no means reckon."
9 This blessedness then, does it come on the circumcised[e] or also on the uncircumcised? For we say, faith "was reckoned" to Abraham "for righteousness."

10 그런즉 이를 어떻게 여기셨느뇨 할례시냐 무할례시냐 할례시가 아니라 무할례시니라

11 저가 할례의 표를 받은 것은 무할례시에 믿음으로 된 의를 인친 것이니 이는 무할례자로서 믿는 모든 자의 조상이 되어 저희로 의로 여기심을 얻게 하려 하심이라

12 또한 할례자의 조상이 되었나니 곧 할례 받을 자에게 뿐아니라 우리 조상 아브라함의 무할례시에 가졌던 믿음의 자취를 좇는 자들에게도니라

13 아브라함이나 그 후손에게 세상의 후사가 되리라고 하신 언약은 율법으로 말미암은 것이 아니요 오직 믿음의 의로 말미암은 것이니라

14 만일 율법에 속한 자들이 후사이면 믿음은 헛것이 되고 약속은 폐하여졌느니라
15 율법은 진노를 이루게 하나니 율법이 없는 곳에는 범함도 없느니라
16 그러므로 후사가 되는 이것이 은혜에 속하기 위하여 믿음으로 되나니 이는 그 약속을 그 모든 후손에게 굳게 하려 하심이라 율법에 속한 자에게 뿐아니라 아브라함의 믿음에 속한 자에게도니 아브라함은 하나님 앞에서 우리 모든 사람의 조상이라
17 기록된바 내가 너를 많은 민족의 조상으로 세웠다 하심과 같으니 그의 믿은바 하나님은 죽은 자를 살리시며 없는 것을 있는 것 같이 부르시는 이시니라
18 아브라함이 바랄 수 없는 중에 바라고 믿었으니 이는 네 후손이 이같으리라 하신 말씀대로 많은 민족의 조상이 되게 하려 하심을 인함이라

19 그가 백세나 되어 자기 몸의 죽은 것 같음과 사라의 태의 죽은 것 같음을 알고도 믿음이 약하여지지 아니하고
20 믿음이 없어 하나님의 약속을 의심치 않고 믿음에 견고하여져서 하나님께 영광을 돌리며

10 How then was it "reckoned"? When he was in circumcision or in uncircumcision? Not in circumcision, but in uncircumcision.
11 And he received the sign of circumcision, a seal of the righteousness of the faith which he had in his uncircumcision, in order that he might be father of all who believe through uncircumcision, that righteousness might be reckoned to them as well,[f]
12 and father of circumcision to those who are not only men of circumcision but also who[g] follow in the footsteps of the faith of our father Abraham which he had in his uncircumcision.
13 For the promise to Abraham and his seed, that he should be heir of the world, did not come through the law but through the righteousness of faith.
14 For if the people of the law are heirs, faith is rendered invalid and the promise is nullified:
15 for the law brings about wrath, and[h] where there is no law there is also no transgression.
16 For this reason it is of faith, in order that it might be in accordance with grace, that the promise might be certain to all the seed, not to him who is of the law only, but also to him who is of the faith of Abraham. He is the father of us all,
17 as it is written, "I have made you father of many nations," before God in whom "he believed," who gives life to the dead and calls things which have no existence into existence.
18 Against hope, in hope "he believed," in order that he might become "father of many nations" in accordance with what had been said, "So shall your seed be."[i]
19 Without weakening in faith he[j] considered his own body already[k] dead, being about one hundred years old, and the deadness of Sarah's womb.
20 He did not doubt the promise of God in disbelief, but was strengthened in faith, giving glory to God,

21 약속하신 그것을 또한 능히 이루실 줄을 확신하였으니

21 being fully convinced that what he had promised he was able also to do.

22 그러므로 이것을 저에게 의로 여기셨느니라

22 Therefore[1] "it was reckoned to him for righteousness."

23 저에게 의로 여기셨다 기록된 것은 아브라함만 위한 것이 아니요

23 Nor was it written down for his sake alone that "it was reckoned to him,"

24 의로 여기심을 받을 우리도 위함이니 곧 예수 우리 주를 죽은 자 가운데서 살리신 이를 믿는 자니라

24 but also for us, to whom it is to be reckoned, who believe in him who raised Jesus our Lord from the dead,

25 예수는 우리 범죄함을 위하여 내어줌이 되고 또한 우리를 의롭다하심을 위하여 살아나셨느니라

25 who was handed over for our transgressions and raised for our vindication.

원문주해

a. 몇몇 번역들은 프로파토르(*προπάτωρ*)가 드물게 사용된다는 것을 인식하고 있음을 반영하면서 파테라(*πάτερα*)로 읽는다.

b. B에 유레케나이(*εὑρηκέναι*)가 없고, 다른 증거들에서 그것이 다른 자리에 가 있는 것이 그 동사가 여기서 다소 어색하게 사용된 것을 다양한 필사자들이 인식하고 있었음을 증명한다. 예를 들어, 유레케나이(*εὑρηκέναι*)가 그 본문에 속한 것이 아니었다는 보다 오래된 견해에 반대하는 크랜필드(Cranfield)와 윌켄스(Wilckens)의 논증을 보라(마찬가지로 SH, O'Neil; 또한 RSV, NEB, NJB도 보라).

c. 종종 그런 것처럼 카타페르(*καθάπερ*)와 카도스(*καθώς*)간의 사본의 변화가 존재한다(3:4에 관한 원문주해를 보라).

d. 상당히 대중적인 교정은 "주께서 그에게서 죄를 인정치 아니할 것이다"라는 더 쉬운 번역을 만들면서 우(*οὗ*) 대신에 호(*ᾧ*)로 대신하고 있다.

e. 서방의 전승은 후대의 그것의 사용의 비추어 모논(*μόνον*)을 삽입하였다(12, 16절)

f. 카이(*καί*)의 생략이 강력하게 증명되었다. 하나님의 목적에 있어서 이스라엘의 계속적인 우선성에 관한 주장과 그 약속이 항상 이방인들을 염두에 두고 있다는 확신 사이에서 바울 사상의 긴장("첫째는 유대인에게요, 또한 이방인에게로다")이 있기 때문에 두 독본 사이에서 어떤 결정을 일구어내기가 어렵다. 또한 메츠거(Metzger)를 보라.

g. 두 번째 토이스(*τοῖς*)는 생각지 못한 것이지만, 그것을 빠뜨리는 본문 전승은 없다. 아마도 필기자와 초기 사본가들의 실수로 빠질 수 있을 것이다(예를 들어, SH을 보라).

h. 가르(*γάρ*)로 읽는 독본은 MSS 입증에 부차적인 것으로 보이고, 아마도 추론의 흐름을 보다 연속적으로 읽을 수 있게 하기 위하여 데(*δέ*)로 대체되었을 것이다.

i. F G a는 창 15:5의 인용을 창 22:17 – "하늘의 별과 바다의 모래처럼" – 로부터 끌어

온 말씀으로 보충을 하고 있다.

j. 상당히 강력하지만, 분명히 부차적인 서방의 전승은 카테노에센(*κατενόησεν*) 앞에 부정이 있는 것으로 읽는다. 즉 아브라함은 믿음이 아주 강해서 그는 …을 고려하지 않았다. 보다 강력하게 증명되는 독본은 역시 더 강한 의미를 주고 있다: 아브라함의 믿음은 실제적인 상황을 고려하고 있었다.

k. 비중 있는 필사본 증거들이 에데(*ἤδη*)가 있는 것을 선호할지라도, 그것을 빠뜨렸다고 해서 의미에 문제를 일으키는 것은 아니다. 하지만 그 요지를 강화시키려고 할 때에 그것을 (우연적으로) 생략하여 그러한 영향력을 얻게 하는 것보다 그냥 에데(*ἤδη*)를 추가하는 것이 더 나을 것 같다.

l. 본문전승은 동등하게 카이(*καί*)를 가진 디오(*διό*)와 카이(*καί*)가 없는 디오(*διό*) 간의 균형이 동등하게 맞추어져 있다. 카이(*καί*)는 단순히 결론을 도입하는 것으로서의 디오(*διό*)의 의미를 강화시키는데, 아마도 그러한 이유 때문에 추가되었을 것이다.

양식과 구조

이전 단락과의 사상(Rhyne, *Faith*, 59-61,75)과 양식(Stowers, *Diatribe*, 164-68)이 연속되고 있는 것이 그 논지가 제기되고 있는 방식에 의해 분명히 나타나고 있다(2절: …엑스 에르곤 에디카이오데…카우케마…[*ἐξ ἔργων ἐδικαιώθη…καύχημα…*]; 참조. 3:27). 그러나 그 논지는 믿음이 어떻게 율법을 확고히 하는가에 관한 이론적인 것이 아니다(3:31). 오히려 (3:28에 요약되어진 것처럼) 지금까지의 논증의 근본적인 주제에 관한 해설이다 – 하나님은 믿음으로 말미암아 의롭게 하시고(유대인뿐만 아니라 이방인도 역시) 자신의 구원하시는 의를 할례자에게로 한정하지 않으신다(참조. Berger). 이와 관련해서 아브라함은 중요한 시범 사례를 제공해주는데, 즉 아브라함은 율법을 지킴으로써 언약에 대한 신실성을 증명해 보였고, 따라서 의인으로 간주되어지고, 유대교 내에서 경건한, 유대인의 전형으로 특징적으로 이해되어지기 때문이다. 창세기 15:6에 초점을 맞추는 바울의 결정은 또한 그 구절이 유대교 내에서 당시에 이해되고 있는 방식 – 언약의 하나님에 대한 신실성과 동일연장선상에 있는 한 의를 묘사함으로써 – 에 의해서 결정되어졌다. 근본이 되는 것은 구속사 차원이다. 즉 "로마서 4장에서 아브라함은 '의롭게 된 죄인'의 예표일 뿐만 아니라 하나님의 백성의 첫 번째 사람으로 나타난다"(Campbell, "Freedom" 39). 이 주제에 관한 윌켄스(Wilckens)와 클라인(Klein)의 긴 논쟁에서, 윌켄스의 논증이 보다 강력한 사례를 갖는 것으로 판단되어진다. 왜냐하면 클라인은 3:21 전후의 불연속성을 과장하여 말하고 있고(특히 3:31을 보라), 4:13-17의 논증에 기본이 되는 언약적 약속의 연속성에 대해 그는 너무 적은 비중을 두고 있기 때문이다(Luz, *Geschichtsverständnis*, 182). 그 요지로 언급하지는 않을지라도, 바울은 아브라함으로부터 그리스도에 이르는 시기를 통해 하나님의 의(신실성)에 관한 연속성을 부정하지는 않았을 것이다(그는 구약으로부터 그 주제를 이끌어오고 있다!). 그것은 바울이 그러한 예외를 취한사람들, 곧 믿는 모든 사람들에게(3:21-22) 하나님의 의가 지금 나타났다는 것을 깨닫지 못하는 것이다.

4장이 구성하고 있는 창세기 15:6의 해석은 이 시대로부터 우리에게 유용한 유대 미드라쉬의 좋은 실례 중 하나다. 반 데어 민데(Van der Minde)는 미켈(Michel)의 주장을 발전시켜, 비유대 기독교인들 중에서 기원했던 바울 이전의 미드라쉬(3, 11, 12, 13, 16, 17a, 그리고 18c을 포함하여)를 추적하는 일을 시도했다(*Schrift*, 78-83). 더욱 그럴듯한 것은 로마서 4장이 바울 자신의 작문이며, 그 속에서 그는 전통적인 설교 형태를 따랐고, 또 필로와 특별히 히브리서 11장에서 명백한 병행을 이루고 있는 전통적인 유대 자료(특별히 13-22절)를 포함시켰다는 목스니스(Moxnes) 논문이다(*Theology*, 195-205; 특히 4:17과 22에 관해서 보라). 게다가 창세기 15:6에 관한 더욱더 전형적인 유대적 이해를 불러일으키면서(하지만 좋은 행위들로서 지금 이해되어질 수 있는 "행위들"을 가지고) 야고보서 2:18-24이 3:27-4:25의 내용과 요지마다 대조적인 논증을 제기하고 있다는 사실은 바울이 그밖에 다른 곳에서 사용했었던 3:21-4:25의 논증의 노선에 의존하고 있다는 것을 암시한다.

	로마서	야고보서
믿음과 행위에 측면에서 제기된 문제들	3:27-28	2:18
"하나님은 한 분이시다"라는 주장의 의미	3:29-30	2:19
시범 사례로서의 아브라함에 관한 호소	4:1-2	2:20-22
증거본문의 인용 – 창 15:6	4:3	2:20-22
창 15:6에 관한 해석	4:4-21	2:23
결론	4:22	2:24

적절한 해석(3-22절)이 그 본문 자체의 분명한 인용에 의해 괄호로 묶여지는데, 이 안에는 미드라쉬의 본문 내로 편입된 몇 가지 다른 언급들 또는 반영들(5, 6, 9 그리고 11, 17과 18절)이 있고, 두 주요 동사 즉 엘로기스데(*ἐλογίσφη*)와 에피스튜센(*ἐπίστευσεν*)에 관한 바울의 설명으로 구성되어 있다. 토라로부터(3, 7-8;

g^{e}zērāh šāwāh – Jeremias) 그 본문을 명확히 밝히기 위해 시편 32:1을 사용하고, 또 주요한 주제에 대한 대위로서 아브라함이 조상이 된다는 것을 제공하기 위해(1, 11-12, 16-18절) 창세기 17:5을 해석에 짜 넣은 것은 미드라쉬 형식의 전형이다; 특별히 Hays, "Rom 4:1"을 참조하라.

미드라쉬가 상당히 분명한 단계들로 들어가 있다. 그러나 각각의 단계는 그 단계 바깥에서 나타나고 있는 주제적 용어들(믿음, 약속)과 상호관련이 있고, 그 주제적 용어들이 특별히 17절에서 분명한 갈래를 갖지 않은 채로 아주 뚜렷하게 나타나 있다.

1-2절	도입(계속되는 논쟁체로)
3절	설명되어지는 본문 – 에피스튜센 데 아브라암 토 데오 카이 엘로기스데 아우토 에이스 디카이오수넨(*ἐπίστευσεν δὲ 'Αβραὰμ τῷ θεῷ καὶ ἐλογίσθη αὐτω εἰς δικαιοσύνην*)
4-8절	엘로기스데(*ἐλογίσθη*)의 의미
4-5절	하나님과 인간의 관계의 논리로부터
6-8절	시편 32:1에서의 그 용어의 사용으로부터
9-21절	에피스튜센(*ἐπίστευσεν*)의 의미
9-12절	아브라함의 사례에서의 사건들의 순서로부터
13-17절	아브라함의 사례에서의 믿음과 약속간의 연계로부터
17-21절	아브라함의 믿음의 특성으로부터
22절	결론 – 설명되어지는 본문
23-25절	추론 – 따라서 이해되어질 수 있는 보다 넓은 적용

결론적인 구절들(24-25절)은 전통적인 형식을 사용하고 있는데, 다시 한 번 그리스도의 죽음(참조. 3:25-26)과 부활(참조. 1:3-4)의 구원하시는 기능에 관해 주목하고 있고, 뒷장에서 전개될 구원의 과정(5:12-21의 양식과 구조에 관해서 보라)의 두 측면들에 대해 독자들을 준비시킨다.

주석

1 "그런즉 무엇을 얻었다 하리요"(*τί οὖν ἐροῦμεν* – 티 운 에루멘). "그런즉 우리가 무엇을 말하리요?" 3:5에 관해서 보라. 3:31의 진리를 입증하려는 것이 목적이 아니다(예를 들어, SH, Lietzmann, Schmidt, Jeremias, "Röm 4"을 참조하라). 그것은 "for"(왜냐하면)와 같은 접속사가 더 적절할 것이나, 3:27-31에서 전반적으로 그려

진 결론을 더 확립하고 변호하려는 것이다(특별히 Cranfield, 223-24; Moxnes, 228-29; Rhyne, *Faith*; 4장: "3:21-31에 첨가되는 성경증거의 한 종류" – Kuss, 178을 참조하라).

"발견하다"(*εὑρηκέναι* – 유레케나이). 바울은 70인경에 상당히 자주 나타나는 구절을 일깨우기를 의도했을 것이다: "은혜(자비)를 발견하다"(*εὑρίσκειν χάριν* – 유리스케인 카린)(또는 엘레오스[*ἔλεος*]). 그 용어는 특별히 창세기에서 두드러지나(13번), 또한 출애굽기 33장(4번), 사무엘상(6번), 그리고 Sirach(7번)에서도 역시 현저하게 나타난다. 다른 경우는, 예를 들어, 신명기 24:1, 다니엘 3:38(70인경), Bar 1:12과 제1마카비서 11:24를 참조하라. 특별히 창세기 18:3 – 아브라함 자신이 "주께 은혜를 입었사오면" 이라고 언급하는 구절을 주목하라. 그 구절이 1세기 유대사회에서 여전히 자주 사용되었다는 것을 눅 1:30, 행 7:46, 히 4:16 그리고 제4에스라 12.7에서도 알 수 있다. BGD가 주장하는 번역인 "얻다"는 부적절하다. 이런 용법에서 지배적인 사상은 은혜를 선택적으로 보류하거나 수여하실 수 있는 권능을 가지고 계신 분 앞에서 은혜를 입은 상태로 서 있는 것이 허용되어진 것을 말한다. 심지어, 그런 개념은 은혜를 부여하시는 권능을 갖고 계신 분에게 선물을 드림으로써 그 은혜를 얻는다는 문맥에서도 역시 포함이 된다(창 33:10; 마카비1서 10:60에서처럼). 바울이 그 구절을 다시 불러오는 목적은 하나님 앞에선 아브라함의 위치가 하나님의 은혜의 행위라는 것을 처음부터 함축하면서, 그 다음의 해석을 위한 근거, 즉 카리스(*χάρις*)가 나타내고자 하는(4, 16) 것의 근거를 준비시키고자 하는 것이다. 그러나 바울이 서두의 티(*τί*)에 답변하기 위해 카리스(*χάρις*)를 의도했다고 가정하는 것은 불필요하다. 우리는 단순히 "아브라함은 그 사례가 무엇이 되는지를 발견했는가?"라고 번역할 수 있다. 또한 완료시제는 아브라함이 처음으로 하나님에게서 은혜를 발견했을 때, 아브라함은 그 사례가 되는 것이 무엇인지를 발견한 것이 그 이후에 하나님과의 그의 자세를 결정지어주었음을 절묘하게 시사해주고 있다. 블랙(Black)은 그 동사에 대한 "히브리인의 의미"를 제공하며, "그런즉 아브라함에게 무엇이 발생했다고 말하리요 …?"라고 번역한다(참조. Josh 2:23; *Pss. Sol.* 17.8[18이 아님]). 여기서 유리스케인(*εὑρίσκειν*)의 사용에 대한 대안적 또는 부가적 그리고 아마도 그럴 것 같은 해설은 바울이 Sir 44:20과 마카비1서 2:52에서 사용된 문구에서 아브라함과 관련해서 그것이 사용되었다는 것을 의식적으로 또는 무의식적으로 염두에 두었다는 것이다(4:2를 보라).

"육신으로 우리 조상된 아브라함"(*Ἀβραὰμ τὸν προπάτορα ἡμῶν κατὰ σάρκα* –

아브라암 톤 프로파토라 헤몬 카타 사르카). 하나님의 구원역사에서 아브라함의 위치를 살펴 볼 때에 그는 그 족속의 조상으로 자연스럽게 호소된다(창 12-24장). 그 백성을 세운 사람들 중에서 아브라함은 "조상"이라는 칭호를 가장 먼저 부여받았다(*TDNT* 5:976을 보라). 요세푸스도 역시 프로파토르(*προπάτωρ*, "조상")로 아브라함을 언급하고 있다(*War* 5.380). 또한 *Ap. Const.* 7.33.4도 참조하라. 따라서 이스라엘은 자기 자신을 단순히 "아브라함의 후손"으로 여길 수 있다(시 105:6; 사 41:8에서처럼). 아브라함은 하나님과의 친밀한 관계성 때문에 유대교 내에서 높이 추앙 받았다: "하나님의 친구"(대하 20:7; 사 41:8; *Jub.* 19.9; Philo, *Abr.* 273; *Jos. As.* 23.10; 약 2:23). 보다 자세한 것은 4:2를 보라.

바울이 "우리 조상"을 말할 때(참조. 9:10-"우리 조상 이삭"), 바울이 배타적인 유대적 용어로 사유하고 있는지(초기 논쟁체 문장의 유대인 대담자와 더불어 대화를 재개하고 있는-2:1절 이하), 또는 이방인들도 역시 포함하고자 하는 의도였는지(인접한 이전 논증과 창 15:6에 대한 뒤이어지는 해석이 제시하는 것처럼-13-18절)가 완전히 명백하지가 않다. 고린도전서 10:1을 참고하고, 유대교에서 "심지어 개종자들조차도 아브라함을 '우리의 조상'으로 부르도록 허용되지 않았다"는 데이비스(Davies)의 관찰과 비교해 보라(*Land*, 177). 바울의 사상에서 그러한 전환들은 꽤 전형적이다(예를 들어, 갈 3:10-14; 4:1-5). 그리고 바울이 여전히 자기 자신을 한 유대인으로 생각하고 있고, 또 그 논증을 내적인 유대인으로 자기 자신을 관련시키고 있는 정도를 나타낸다(Lietzmann은 "나는 유대인으로서 말한다"를 그 번역에 첨가하고 있다). 쉬라터(Schlatter)는 그 뉘앙스를 멋지게 포착하고 있다.

"육신으로"(*κατὰ σάρκα*-카타 사르카)는 (오늘날 일반적으로 일치되는 것처럼) 사본전승의 비중에 맞추어 선행명사와 함께 확실히 취해져야 한다. 따라서 바울은 아브라함이 조상이 된 것에 대한 뒷부분의 해석의 발자취를 제공하기 위해서(13절 이하) 이것을 쓰고 있다. 그 구절은 사르크스(*σάρξ*)의 '중립적' 사용으로 간주되어져서는 안 된다. 왜냐하면 일반적으로 바울에게 있어서 그 구절은 다소 부정적이며, 심지어 약간은 경멸적인 의미를 가지고 있기 때문이다(자세한 내용은 1:3과 9:3을 보라). 그 뉘앙스는 2:28에서 엔 사르키(*ἐν σαρκί*)에 부여된 것과 동일하다. 자랑하는 것, 율법의 행위(2절) 그리고 육체의 할례에 대한 유대인의 고집 등은 모두 같은 데 속하며, 카타 사르키(*κατὰ σάρκα*)의 부정적인 표지를 담고 있음을 의미한다.

헤이스(Hays, "Rom 4:1")는 1절을 "그런즉 우리가 무슨 말하리요? 우리는 육신에 따른 우리의 조상(된) 아브라함을 발견했는가?"라고 읽도록 구두점을 찍어야 한다고 주장하면서 잔(Zahn)을 따른다. 하지만 그의 번역이 11절 이하와의 연계(아브라함의 조상됨)는 강화시킬지라도, 더욱더 인접한 구절들과의 연계는 약화시킨다. 또한 그 형식은 그것을 요구하지도 않는다(참조. 8:31; 9:30; 그리고 3:9 q.v.). 그리고 직접 목적격이 진술되지 않은 곳에서 직접 목적격과 부정사 구문을 가진 문장의 시작은 오히려 이상하다. 잔(Zahn)과 헤이스(Hays)의 주장에도 불구하고, 아브라함을 여전히 유레케나이(*εὑρηκέναι*)의 주어로 취하는 것이 더욱더 자연스럽게 읽을 수 있을 것으로 보인다. 그것은 일반적으로 결정적인 시범 사례로 인정되어지는 한 사람에게 관심을 일단 집중시키고 있다. 그것은 아브라함에 관해 사용된 비슷한 용어들을 반영하고 있고, 즉각적으로 뒤따르는 은혜와 행위의 대조를 도입시키고 있다. 그리고 3:27로부터의 논증의 노선은 바울이 한번 이상 사용했었던 것으로 보인다(양식과 구조 부분을 보라–약 2장과 평행한다).

2 "만일 아브라함이 행위로써 의롭다 하심을 얻었으면 자랑할 것이 있으려니와 하나님 앞에서는 없느니라"(*εἰ γὰρ Ἀβραὰμ ἐξ ἔργων ἐδικαιώθη ἔχει καύχημα ἀλλ' οὐ πρὸς θεόν*–에이 가르 아브라암 엑스 에르곤 에디카오데 엑세이 카우케마 알우 프로스 데온). 처음 시작하는 구절은 논증의 첫 번째 부분에 대한 요약적 결론에서 분명히 부인한 것을 선택하고 있다(3:20). 에디카이오데(*ἐδικαιώθη*)에 대해서는 2:13을 보라. 이것은 이전 논증(3:21-31)과 주요 본문(창 15:6-롬 3절)간의 연결시켜주는 단어다. 3:20과의 평행과 3:27-28에서의 유사한 용법이 명백히 시사하는 것처럼, 엑스 아르곤(*ἐξ ἔργων*)을 엑스 아르곤 노무(*ἐξ ἔργων νόμου*)보다 더 일반화된 진술로 여겨서는 안 된다. 바울은 아브라함에 의해 행해진 "선한 행위"에 관해 말하고 있는 것이 아니라, 하나님이 요구하신 것에 대한 신실한 순종에 관해 말하고 있는 것이다(3:20과 보다 자세한 것은 아래를 보라). 카우케마(*καύχημα*)의 사용에 대해서는 특별히 고린도전서 9:16과 갈라디아서 6:4을 참조하라. 그리고 2:17의 프로스 데온(*πρὸς θεόν*), 즉 "하나님에 관하여, 하나님을 향하여"를 보라(참조. 눅 18:1; 갈 2:14; 히 1:7; 그리고 특히 롬 15:17과 고후 3:4를 참조하라).

여기서 바울은 그의 동료 유대인들 사이에서 아브라함에 대해 일반적으로 또는 적어도 넓게 용인되었던 사고의 방식을 정면으로 공격하고 있다(특히 Luz, *Geschichtsverständnis*, 177-80; Hahn, "Gen 15:6," 94-97; Longenecker, "Faith," 204-5; Watson, *Paul*, 136-38을 참조하라). 왜냐하면 민족의 조상, 하나님의 친구(4:1을 보라)인 아브라함은 이 시대에 경건한 유대인의 한 전형 또는 모델로서 일반적으로 소개되어졌기 때문이다. 아브라함은 아직 율법이 기록되지 않은 상태에서도 그 율법을 준수한 것으로 이미 언급되고 있었다(창 26:5; *Jub*. 16.28; 24.11; *2 Apoc*. Bar. 57.1-2; *m. Qidd*. 4.14; 아브라함은 "하나님의 계명을 지켰기 때문에 하나님의 친구로 여겨졌다" – CD 3.2). 또한 Pr Man 8 – "너는 너에 대해 죄를 짓지 않았던 사람들, 곧 아브라함과 이삭과 야곱과 같은 의로운 사람들을 위한 은혜를 유념하지 않았다" – 을 참조하라. 특별히 이삭 번제와 관련하여 아브라함이 어떻게 시험을 받았고, 어떻게 그 신실함을 지켰는지에 관한 사람들의 기억이 자주 회상된다(Jud. 8:26; *Jub*. 17.15-18; 18.16; 19.8; m. *ʾAbot* 5.3; 또한 Philo, *Abr*. 192; Josephus, *Ant*. 1.223-25; Ps-Philo, *Lib. Ant*. 40.2, 5; 마카비4서 14.20). 여기서 특별히 주목할 만한 것은 Sir 44:19-21이다.

> 아브라함은 수많은 민족의 위대한 조상이시고,
> 어느 누구도 그와 같은 영광을 입은 사람을 찾을 수가 없도다;
> 그는 가장 높으신 분의 법을 지켰고
> 그와 함께 언약으로 들어가게 되었다;
> 아브라함은 육신으로 그 언약을 세웠고,
> 시험을 받았을 때에 신실하였다.
> 그러므로 주께서 그의 자손들을 통해 모든 민족들이 복을 받을 것이라고
> 맹세로서 보증하셨다;
> 그는 땅의 모래처럼 번성할 것이고,
> 그의 자손들은 하늘의 별처럼 높아질 것이며,
> 바다에서 바다까지 그리고 하늘의 강에서 땅 끝까지
> 편만할 것이다.

바울은 이 구절을 염두에 두었을 것이다. 왜냐하면 그것은 많은 동일한 주제들과 관련이 있기 때문이다(조상 아브라함, 그의 탁월함, 율법 준수, 언약, 육체, 민족들에게 약속된 축복, 후손, 심지어 유리스케인[εὑρίσκειν]의 사용에 이르기까지). 즉각적인 관심을 끄는 것은 이러한 주제들을 벤 시라(ben Sira)가 사용한 것과 바울이 사용한 것 사이에 나타나는 차이다: 벤 시라에게서 민족들의 축복에 관한 언약의 약속은 아브라함의 신실성에 관한 결과이며, 이스라엘의 탁월함을 전제로 한다. 하지만 바울은 동일한 성경적 전승을 그 두 요지에서 다르게 읽는다(4:9-21을 보라). 바울은 이 구절(Sir 44:19-21)을 마음속에 두지 않았다 할지라도 벤 시라에 의해 표현된 사상의 흐름을 염두에 두었을 것이다.

동일한 주제에 관한 또 다른 표현이 Sir 44:20의 엔 페이라스모 유레데 피스토스

(ἐν πειρασμῷ εὑρέθη πιστός)에서 발견한 것과 동일한 구절을 단지 사용하여, 단지 카이 엘로기스데 아우토 에이스 디카이오수넨(καὶ ἐλογίσθη αὐτῷ εἰς δικαιοσύνην, "그가 시험받았을 때, 신실했고, 그리하여 그것이 그에게 의롭게 여겨졌다"(제1마카비서 2:52) – 바울이 3절에서 만들어 넣은 창세기 15:6과 동일한 호소 – 를 첨가하고 있다는 사실은 역시 주목을 받는다. 그렇다면 바울은 당시에 유대신학의 상당히 확립된 주제를 분명히 염두에 두었을 것이고, 당시에 유대신학은 아브라함에서 되어진 언약의 약속을 시험을 이겨냈던 아브라함의 신실성과 연관시켰을 것이고, 아브라함이 이삭을 바친 것을 창세기 15:6을 이해하는 열쇠로 간주하였을 것이다. 또한 야고보서 2:22-23은 동일한 주제에 관해 동일한 주해를 사용하여, 유사한 의존을 하고 있음을 분명히 보여주고 있는데, 바울이 창세기 15:6을 해석하는 방법으로서 피스티스(πιστις, "믿음")와 행위간의 연관성을 심각하게 질문하는 반면에 야고보서는 그 연관성을 확인해주고, 바울이 여기서 의문하고 있는 전승에 더욱더 머무른다(더 자세한 것은 양식과 구조를 보라); 또한 히 11:17-18을 참조하라. 많이 논쟁이 되는 것은 아브라함이 이삭을 바친 것에 관한 유대의 사상이 이때에 훨씬 더 정교하게 다듬어졌는지에 관한 문제이지만(보다 자세한 것은 8:32를 보라), 그 논쟁이 여기서의 주해에 어떤 차이를 만들어내지는 못할 것이다. 보다 질문이 될 만한 것은, Str-B, 3:199-201, 린하르트(Leenhardt)와 크랜필드(Cranfield)에 의해 인용되어진 것처럼, 바울 당시에 바리새인들의 견해들을 설명해주는 (심지어 초기 랍비들에게 해당되는 것일 때조차도) 창세기 15:6에 관한 후대의 랍비적 해석들에 관한 사용이다. Boers, 86-87, 그리고 Hübner, *Law*, 119는 그 요지를 분명히 놓치고 있는데, 아브라함이 당시 바울 시대의 유대교 안에서 왜 그렇게 높게 간주되었는가를 그들이 질문하기 않았기 때문에 그렇다.

바울은 그의 논증의 이전 단계를 특징지었던 표어 – "행위들"과 "자랑함" – 를 갖고 유대의 강력한 유대적 해석의 주제를 환기시키고 요약하고 있다. 유대인의 시각에서, 시험 중에도 아브라함이 신실함을 지킨 것은, 제2성전 유대인들에 의해 향유되었던 근거와 같은, 하나님 앞에서의 확신을 위한 동일한 근거를 제공했는데, 그 당시에 유대인들은 마카비 시대 하에서 그리고 로마의 주군으로부터 압박에 직면해서도 동일한 충성, 즉 아브라함의 씨, 이스라엘의 자녀들, 율법의 백성들(특별히, 할례, 음식법, 안식일; 서론 §5.3.3.을 보라)로서 자기 자신들을 분명히 구분시켰던 의무에 특히 초점을 맞춘 신실성을 보여주었다. 본문에서의 바울의 구성은 처음에 규범적인 봉사(율법의 행위들 – 3:20을 보라)의 신실함 속에서 전통과의 관계성이 언약의 구성원들의 의를 세우며 하나님 앞에서 자신들이 자랑할 수 있는(2:17, 23) 특권을 확인해주고 있다는 가능성을 허락한 듯이 보인다. 하지만 바울은 그것을 오직 이론적인 가능성만을 제기하고 있지, 그것의 중심 되는 확증은 완전히 부인하고 있다: 하나님과 관련해서 동료 유대인들을 특징짓는 그러한 자랑은 있을 곳이 없는데, 왜냐하면 의가 "행위로부터" 오지 않기 때문이다. 하나님의 의와 아브라함의 믿음의 의미에 관한 유대인과 기독교인간의 불연속성을 너무 많이 강조하는 것에 반대하여 자신의 납득할 만한 반응에 너무 영향을 받은 가스톤(Gaston)은 바울이 분명히 유대인의 해석의 강력한 노선을 주장하고 있는 그 한도를 무시해 버린다.

3 "성경이 무엇을 말하느뇨?"(*τί γὰρ ἡ γραφὴ λέγει* – 티 가르 헤 그라페 레게이). "성경"은 "하나님 이전에는 없었다"라는 주장을 증거하고 있다. 여기서 헤 그라페(*ἡ γραφή*, "성경")는 아마도 단일한 집합물로서의 성경들에 관한 지칭일 것이다 (Philo, *Mos.* 2.84; *Ep. Arit.* 155, 168에서처럼). 또한 9:17; 10:11 그리고 갈 4:30에서도 그렇다(BGD, *γραφή* 2bβ를 보라). 복수형에 대해서는 1:2을 보라. 그 단수형은 폐쇄된 정경이라는 이미 함축된 개념을 생각할 필요는 없지만, (하나님의) 단일한 마음과 목적이 몇 가지 문서로 영감되고 알려졌다는 전제를 그렇게 지칭하는 것으로 생각할 수 있다(B. B. Warfield, *The Inspiration and Authority of the Bible* [London: Marshall, 1951], 235, 316-17; *TDNT* 1:753-55를 보라). 바울이 창세기 15:6의 신적인 화자를 선재하신 그리스도로서 생각하는, 따라서 아브라함의 믿음이 그리스도에게로 향해 있었다는("Abraham," 53, 66), 한슨(Hanson)의 주장은 부자연스럽다. 만약 바울이 아브라함의 믿음과 지금 바울 자신이 외치고 있는 믿음간에 완전한 연속성을 확립하기를 원했다면, 그는 그것을 더욱더 분명하게 제기했을 것이다. 그러나 그것과 다르게 바울이 강조하는 연속성은 하나님에 대한 믿음이다(24절).

"아브라함이 하나님을 믿으매 이것이 저에게 의로 여기신 바 되었느니라"(*ἐπίστευσεν δὲ Ἀβραὰμ τῷ θεῷ καὶ ἐλογίσθη αὐτῷ εἰς δικαιοσύνην* – 에피스튜센 데 아브라암 토 데오 카이 엘로기스데 아우토 에이스 디카이오수넨). 바울은 거의 정확하게 70인경을 인용하고 있다. 나아가서 그것은 히브리어에 대한 꽤 만족스러운 번역이다. 창세기 15:6에서 아브라함이 여전히 자신의 옛 이름인 아브람을 갖고 있었다는 한 가지 차이가 있다. 그 이름은 창세기 17:5에서 그 언약에 동의될 때까지는 여전히 바꾸지 않았다. 아브라함에 대한 주어진 약속(그는 "많은 무리의 조상" – "아브라함")이 여러 번 주어졌고(창 12:2-3; 15:5; 17:4-5; 18:18; 22:17-18), 또한 언약을 제공하는 것에 관한 두 가지 번역이 역시 존재하고 있기 때문에 그 요지는 의미가 있다(15:18; 17:2-21). 이러한 다양한 기사들은 언약과 약속을 주신 것에 관한 유대 사상에 합병되어지는 것은 자연스러웠을 것이다. 따라서 창세기 15:6과 창세기 22장이 꽤 자연스럽게 병합되었을 것이다. 여기서 바울이 (아브람보다는) "아브라함"을 사용한 것(갈 3:6에서처럼)과 갈라디아서 3:8(창 12:3; 18:8)에서의 혼합된 형태로 그 약속을 인용한 것은 동일한 경향을 반영해준다.

창세기 15:6이 그와 같은 아브라함의 믿음과 하나님에 의해 기인된 것으로서 의를 언급하는 아브라함이 나오는 문장의 유일한 구절이다. 따라서 아브라함이 그 구절에 초점을 맞춘 것은 자연스러운 일이다(4:2을 보라; 아마도 제식과 무관한 하나님의 선언으로서 그것의 본래적 의미에 관해서는 von Rad를 보라). 그러나 제1마카비서 2:52와 야고보서 2:23도 역시 그 구절에 호소하고 있다는 사실은 바울이 그 구절에 논증을 집중시킨 것이 특이한 일은 아니라는 것을 보여준다. 창세기 22장에서 하나님의 명령에 관한 아브라함의 순종에 대한 언급과 관련한 그 구절의 유대의 해석은 시편 106[70인경 105]:31에 의해 도움을 받을 수 있을 것이다. 그 구절에서 (율법에 대한) 비느하스의 열성이 칭찬을 받으며, 그와 동일한 구절이 사용된다: 카이 엘로기스데 아우토 에이스 디카이오수넨(*καὶ ἐλογίσθη αὐτῷ εἰς δικαιοσύνην*). 왜냐하면 비느하스는 다른 민족들과 다른 이스라엘의 배타성과 구분성을 유지하였던 사람으로, 하나님과 이스라엘의 언약에 대한 열정적 헌신의 이상으로 제기되기 때문이다(민 25:6-13). Hengel, *Zeloten*, 154-81을 보라. 동일한 영향에 대해서는 또한 *Jub.* 30.17-19를 참조하라. 더 자세한 것은 10:2을 보라. 하나님의 신실하심에 대한 아브라함의 믿음의 모범을 강조하는 본문을 필로가 사용했는데, 그것은 바울이 사용한 것과 별로 다르지 않다(*Leg. All.* 3.228; *Immut.* 4; *Migr.* 44; *Heres* 90-95; 등등). 하지만 일반적으로 필로의 주해는 그 자신의 변증적인 종교와 철학에 대한 관심들에 의해 결정되어졌고, 바울과의 여타의 접촉점을 보이고 있지 않다(Moxnes, 130-64, 특히 155-63; 그리고 더 자세한 것은 4:17과 21절을 보라).

이어지는 주해(4-21절)는 창세기 15:6에서 사용된 두 동사의 의미에 집중되어 있다: 에피스튜센(*ἐπίστευσεν*, 9-21절)과 엘로기스데(*ἐλογίσθη*, 4-8절). 양식과 구조를 보라. 에이스 디카이오수넨(*εἰς δικαιοσύνην*)의 의미는 분명히 논의를 필요로 하지 않는다. 왜냐하면 모든 당사자들이 아마도 "의인이 되는 것"은 하나님께 받아들여질 만하게 되었다는 것이 아니라 하나님에 의해 용인되었다는 것을 아마도 동의하기 – 하나님이 언약의 백성들에게 부여하셨고, 그들을 유지시키셨던 신분으로서의 의 – 때문이다. 문제가 되는 것은 언약의 백성들의 구성원이 무엇과 관련되며, 무엇을 의로 여길 수 있느냐는 것이다 – 창세기 22장을 통한 창세기 15:6의 해석에 의해 주어진 전형적인 유대인의 대답(더 자세한 것은 4:6, 9를 보라). 이어지는 구절에서 바울이 의와 믿음간의 관계성을 표현하는 다른 방법들을 참조하라: 피스티스 에이스 디카이오수넨(*πίστις εἰς δικαιοσύνην*, 5, 9절), 디카이오수넨 테스 피스테오스(*δικαιοσύνη τῆς πίστεως* 11, 13절). 여기서 에피스튜센(*ἐπίστευσεν*)을 설명하는 데 있어서, 케제만(Käsemann)은 자신이 속한 루터교에 거의 맞추고 있는데, 우리는 바울 자신의 주해를 기다리는 것이 더 낫다.

4-5 "일하는 자에게는 그 삯을 은혜로 여기지 아니하고 빚으로 여기거니와 일을 아니할지라도 경건치 아니한 자를 의롭다 하시는 이를 믿는 자에게는 그의 믿음을 의로 여기시나니"(*τῷ δὲ ἐργαζομένῳ ὁ μισθὸς οὐ λογίζεται κατὰ χάριν ἀλλα κατὰ ὀφείλημα τῷ δὲ μὴ ἐργαζομένῳ, πιστεύοντι δὲ ἐπὶ τὸν δικαιοῦντα τὸν ἀσεβῆ, λογίζεται ἡ πίστις αὐτοῦ εἰς δικαιοσύνην* – 토 데 에르가조메노, 호 미스도스 우 로기제타이 카타 카린 알라 카타 오페일레마 토 데 메 에르가조메노, 피스튜온티 데 에피 톤 디카이운타 톤 아세베, 로기제타이 헤 피스티스 아우투 에이스 디카이오수넨). 바울에게서 긍정적으로 사용된 에르가조마이(*ἐργάζομαι*)에 대해서는 특별히 2:10; 고전 16:10; 갈 6:10; 그리고 골 3:23을 보라. 기독교적 개념으로서 "삯"(*μισθός* – 미스도스)에 대해서는, 예를 들어, 마 5:12; 6:1; 막 9:41; 눅 10:7; 고전 3:8, 14; 계 11:18을 보라. "여겨지다"(*λογίζεται* – 로기제타이)는 본 장에서 11번 나온다. 바울은 창세기 15:6의 엘로기스데(*ἐλογίσθη*)에 대해 주어져 있는 비중을 명백히 한다. 크랜필드(Cranfield)는 처음부터 바울의 관심이 에피스튜센(*ἐπίστευσεν*)에 있다는 것을 주장하지만, 그는 로기스제스다이(*λογίζεσθαι*)가 6절과 8절에 다시금 나타난다는 사실, 즉 바울이 엘로기스데(*ἐλογίσθη*)에 대한 자신의 설명을 정당화시키기 위하여 시편 32:1-2을 인용하고 있는 그 명백한 의미를 무시한다(NEB는 인용 부호로 5-6절에서 로기제스다이[*λογίζεσθαι*]의 언급을 올바르게 배치하고 있다). 그것이 상업적 거래에서 전형적인 용어였다는 사실("계산하다, 또는 다른 사람의 계산을 하다"; BGD, *TDNT* 4:284를 보라)은 "행위"에 관한 언급에서처럼, 비즈니스 세계로부터의 유추를 분명히 가정하였다. 상업의 계약적 관계의 측면에서 로기제스다이(*λογίζεσθαι*)는 마친 일에 대한 보상을 계산하는 것을 의미한다. 어떤 사업자도 그 주식을 단순히 그냥 주거나, 고용인들에게 일하지 않은 것에 대해 지불을 하고서는 생존할 수가 없다.

"은혜로, 호의로"(*κατὰ χάριν*－카타 카리온, BGD, *χάρις* 2a). 바울은 복음에 대한 자신의 이해에서 카리스(*χάρις*)가 중요하다는 것을 염두에 둔 용어를 사용하고 있고(1:5을 보라), 또한 "은혜를 얻었다(찾았다)"(4:1을 보라)라는 구절에서의 구약의 용어를 아마도 의식했을 것이다. 그러나 그 용어는 여기서 비즈니스 세계의 유추의 일부이고, 또 그와 같은 것으로 충분히 잘 알려졌을 것이다(LSJ를 보라). "빚"(*ὀφείλημα*－오페이레마)은 바울이 오직 여기서만 사용하고 있지만, 또 다시 그 용어는 잘 알려져 있었을 것이다. 카리스/오페이레마(*χάρις*/*ὀφείλημα*)와의 대조는 역시 Thucydides 2.40.4에서 나타난다. 바울이 여겨(3절)과 함께 있는 피스튜에인(*πιστεύειν*) 대신에 피스튜에인 에피(*ἐπί πιστεύειν*)를 사용하고 있다는 점은 그가 어떤 것을 믿는 것(하나님의 약속)과 그 존재를 믿는 것간에 별다른 차이가 없다고 여기서 적어도 보고 있음을 나타낸다(더 자세한 것은 17-21과 4:24을 보라). 피스튜에인(*πιστεύειν*)의 직설법에 대해서는 1:16을 보라.

바울의 요지는 (1) 창세기 15:6이 에르가제스다이(*ἐργάζεσθαι*)를 사용하지 않고, 피스튜에인(*πιστεύειν*)을 사용하고 있다는 것이고, (2) 피스튜에인(*πιστεύειν*)은 하나님과 인간의 관계에서 상대적으로 동등하게 말하고 있는 사람들 사이에서 계약적인 관계의 병행에서는 부적절하다는 것이다. 그의 유대인 대담자는 창세기 15:6을 아브라함의 신실성과 구분하려는 처음의 시도에 확신하지 않았을 것이지만, 적어도 창세기 15:6의 로기스제스다이(*λογίζεσθαι*)와 관련되는 한, 그 요지가 무게를 갖는다: 즉 창세기 15:6에서 그렇게 "여겨졌던" 것은 믿음이다. 바울이 주어로서(5절)의 피스티스(*πίστις*)를 가지고 창세기 15:6을 되풀이함으로써 특별한 변론에 빠져들지 않은 것은 *Heres* 94에서 동일한 구절에 관한 필로의 유사한 되풀이로 확인된다: 로기스데나이 텐 피스틴 에이스 디카이오수넨 아우토(*λογισθῆναι τὴν πίστιν εἰς δικαιοσύνην αὐτῷ*). 그것이 주는 차이는 피스티스(*πίστις*)가 대부분의 유대인에 의해, 그리고 일반적인 사용이라는 측면에서 아주 적절하게 "신실함"이라는 의미로 취급되어지는 곳에서, 그려진 문장의 균형과 대조는 그 의미가 신앙과 신뢰로서의 "믿음"으로 제한된다는 것이다.

여기서 사용된 용어는(행위, 여겨짐, 보상) 바울 시대의 유대교에 관한 묘사로 간주해서는 안 된다. 특별히 바울이 (자아성취적인) 업적과 보상의 신학에 대한 당대의 유대교를 혹평하고 있는 것이 아니다(대조되는 것으로는, 예를 들어, Hübner, *Law*, 121-22: "그는 …율법의 이러한 자아중심적인 사용…율법을 지킴으로서 자신의 구원을 이루려는 인간의 노력이…얼마나 선한 것인지를 보여주고 있다"). 그 어법은 단순히 계약과 고용의 세계로부터 이끌어낸 유추의 일부로 단순히 사용되고 있다. 그는 "만약 당신이 행위로서의 아브라함의 신앙에 관해 생각한다면, 당신은 그의 의를 보상으로 생각할 것이다"라고 단순히 말하지 않는다. 그 대조는 오로지 행위와 믿음, 일하는 자가 받는 보상과 완전한 은혜로 주어지는 것간에 이루어진다. 물론 에스라4서 8.33에서 분명히 나타나 있는 공적에 관한 후대의 교리가 이미 바리새 유대교의 특징이었다는 것을 우리가 가정하는 것은 조심해야 할지라도(랍비적 유대교 그 자체에 대해서는 특별히 Sanders, Paul, 117-47을 보라; 또한 2:5을 보라), 1세기의 유대인은 거룩한 배상과 언약적 충성에 대한 보상에 관한 개념을 물론 갖고 있었다(시 18:20-24에서처럼). 하지만 바울이 논쟁하고 있는 것은 그와 같은 보상의 개념이 아니다. 그는 이미 자신의 행위에 따라 각 사람들에게 주어지는 것으로서의 하나님의 심판을 이미 설명했다(2:6; 특히 2:10을 참조하라). 그리고 그는 초기의 서신에서 가르친 유사한 문맥에서 "보상"이라는 말을 사용하는 것을 주저하지 않았다(고전 3:8, 14). 그의 요지는 단순히 창세기 15:6의 경우에 "적절한 보상"이라는 전반적인 용어는 부적절하다는 것이다. 또한 오히려, 그가 증명하려고 하는 것이 바로 그것이다. 여기서 그는 그 대안, 즉 뒤에 곧바로 따라나오는 해석을 설정하는 한 방식으로서, 그리고 자신의 유대인 대담자가 언약적 충성을 아브라함의 믿음과 곧바로 동일시하려는 것을 흔드는 한 방법으로서, 행위-간주-빚, 믿음-간주-은혜를 단순히 제기하고 있다. (아브라함의) 믿음이 고려되는 곳에는 그 의가 적절한 보상의 측면에서가 아니라, 확실히 은혜의 측면에서 간주된다. 따라서 칭의에 관한 바울의 신학에 관한 해석은 그 해석들 속에 있는 바울의 사상의 움직임에 대한 충분한 고려를 하지 않고 이 구절들에 너무 과도하게 초점을 맞추는 것은 위험하다(예를 들어, Kertelege, *Rechtfertigung*, 185-95를 참조하라). Gale, *Analogy*, 174와 대조해 보라. "독자들에게서 4절에 제기된 그 특징은 그 자체 속에 상대적으로 너무 적은 의미를 소유하고 있다."

"경건치 아니한 자를 의롭다 하시는 이"(*τὸν δικαιοῦντα τὸν ἀσεβῆ* – 톤 디카이운타 톤 아세베). 이 말은 분명히 아주 더 자극적이었을 것이다. 불경건한 자를 의롭게 하거나 사악한 자를 사해 주는 것은 유대인의 정의(justice)에 관한 근본적이고 자주 반복되는 잣대에 매우 혐오감을 주는 것이었다(출 23:7; 잠 17:15; 24:24; 사 5:23; Sir 42:2; CD 1.19). 또한 그러한 일은 언약의 전반적인 토대를 손상시키는 것이었는데, 왜냐하면 이스라엘의 사법적 제도는 하나님 자신이 직접 인간을 다루시는 것에 달려 있었기 때문이다(출 23:7이 암시하고 있는 것처럼). 바울의 용어가 통상적인 유대인의 전제와 상충되고 있는 정도에 대한 또 다른 암시는 “경건치 아니한 자”(*ἀσεβής* – 아세베스)라는 말이 “죄인”(*ἁμαρτωλός* – 하마르톨로스), 즉 언약 바깥에 자신의 행위를 두고 있는 사람과 동일시되고 있다는 것이다(시 1:1, 5; 37[70인경 36]:34-35; 58:10[70인경 57:11]; 잠 11:19(이문[variant]); 11:31; 12:12-13; 15:8(이문); 24:19-20; 겔 33:8-11; Sir 7:16-17; 9:11-12; 41:5-8; 또한 3:7, 서론 §5.3.1 그리고 Dunn, “Antioch Incident,” 27-28을 보라; 로마서에서 특히 5:6과 8절의 평행을 참조하라). 바울은 유대 사상에서 서로 배타적이었던 두 개념들을 병합하고 있다. 하나님은 불경건한 자를(언약 밖에 있는 사람, 다시 말하면 하나님의 구원하시는 의의 범위 밖에 있는 사람) 의롭게 하신다(다시 말하면 언약을 통하여). 아브라함과 관련해서는 그런 사상은 유대인의 귀에 전혀 이상하지 않았다. 언약이 아브라함과 함께 시작되었기 때문에, 그는 이미 개종자, 즉 우상숭배로부터 한 분 참 하나님에게로 돌아온 이방인의 전형으로 이미 알려져 있었다(*Jub.* 12.1-21; Josephus, *Ant.* 1.155; *Apoc. Abr.* 1-8; Str-B, 3:195; Kolenkow가 주장했던 것처럼, 이런 사상의 노선이 있었다는 것은 아브라함이 불경건한 자[=소돔인]를 위해 중보 기도했던 사람으로 여기서 기억되어졌다고 하는 가능성은 상당히 적절해 보인다. 하지만 유대교 내에서 아브라함은 자신의 불경으로부터 돌아서서, 하나님의 명령에 대한 순종을 통해(특히 할례를 포함하여) 하나님의 의의 영역에 들어갔던 사람으로 확실히 칭송되었다. 바울도 이와 동일한 관점에서 출발하고는 있다. 하지만 그는 완전히 다른 결론에 도달한다: 그의 논증은 믿는 것과 의롭게 되는 것이 그러한 행위 이전에 그리고 그 행위와 별개로 이미 결과되어졌고, 비즈니스(거래)의 유추가 이 중요한 구절에서 엘로기스데(*ἐλογίσθη*)의 의미를 결정짓지 못하고 있음을 보여주는 것은 아브라함이 행한 일련의 행위들이라기보다는 그 사실에 있다. 따라서 “아브라함을 이런 색깔로 그림으로써 바울은 하나님 앞에서 ‘이방인’의 자세를 다소 일반적인 규범으로 만드는 자극적인 단계를 취하고 있다.” 바울은 자신의 요지를 일반적인 원리(“경건치 아니한 자를 의롭게 하시는 하나님”)로 진술하지만, 그것은 언약적 의의 모델로서의 아브라함에 관한 더욱더 일반적인 해석과 반대되는 의미를 갖는 아브라함의 특별한 사례에서 끌어온 원리이다. 따라서 그것과 반대로 설정되고 있는 것들을 언급하지 않고, 보다 넓은 적용의 자유로운 원리로 그것을 세워 가는 것은 균형이 없는 신학적인 요지로 몰고 갈 위험이 있다. 강력한 해석의 한 가지 실례로서 Denney를 보라.

6 “사람의 행복에 대해 다윗의 말한 바”(*καθάπερ καὶ Δαυὶδ λέγει τὸν μακαρι-*

σμὸν τοῦ ἀνθρώπου – 카다페르 카이 다위드 레게이 톤 마카리스몬 투 안드로푸). "또한"(*καθάπερ* – 카타페르)은 신약성경(히브리서를 제외한) 내에서는 바울서신(16번?)에서 거의 독점적으로 나온다. 또한 카도스(*καθώς*)가 하나의 변이문(원문주해를 참조하라)으로 자주 나타난다. "다윗"(*Δαυίδ* – 다위드)은 자연스럽게 시편의 저자로 간주되고 있고, 이는 시편 자체의 본문전승에서 확립되어진 결과다(또한 시 69편을 인용하고 있는 11:9). 이미 잘 확립된(최종적이지는 않을지라도) 시편집의 규모로 인해, 전승이 그 관계성을 만들고 있지 않을 때조차도(행 4:25와 히 4:7), 다윗은 각각의 시편의 작품들의 저자로 간주되어질 수 있었다. 어떤 점에서 그 속성은 신학적인 중요성에 관한 것이다(막 12:35-37; 행 2:25-31; 13:35-37). 그러나 여기서 다윗은 단순히 저자로서 인용되고 있을 뿐이지, 아브라함과 더불어 나오는 두 번째로 인용된 인물이 아니다. "복"(*μακαρισμός* – 마카리스모스)은 오직 여기서(6, 9절)와 신약성경에서 갈라디아서 4:15에서만 나온다(4:7-8에서 마카리오스[*μακάριος*]에 관해서 보라).

"하나님께 의로 여기심을 받는"(*ᾧ ὁ θεὸς λογίζεται δικαιοσύνην* – 호 데오스 로기제타이 디카이오수넨). 그 형식은 바울이 여전히 창세기 15:6의 마지막 네 단어를 여전히 주해하고 있음을 분명히 암시한다. 그 용어를 되풀이한 것이 수동태 속에서 암시된(*ἐλογίσθη* – 엘로기스데) 것을 명확히 해준다. 즉 하나님이 그렇게 여기심을 주시는 분이시다. 바울이 직접목적으로(창 15:6의 에이스 디카이오수넨[*εἰς δικαιοσύνην*]을 대신해서) 언급한 것은 그가 의에 대한 대용으로서 단순히 믿음을 수납하시는 하나님에 관해 생각하고 있지는 않지만, 그 의가 실제로 일치되고 있음을 확인해준다. 일반적으로 유대 범주에서 받아들여지는 이해의 측면에서(위의 1:17에 관해 보라), 그 개념은 충분히 받아들여질 만한 사람, 그의 언약의 혜택의 충분한 참여자를 하나님이 다루시는 것에 관한 것이다. 사실상 바울의 요지는 "행위"에 의존한 인정을 만드는 것은 충분한 수용에 모자라는 것이며, 성경이 확증하는 것을 부정하는 것이라는 것이다. 즉 하나님은 여기서 믿음에 근거해서 아브라함을 충분히 인정하셨다.

"일한 것이 없이"(*χωρὶς ἔργων* – 코리스 에르곤)(3:20과 4:2에 관해 보라). 바울은 다시금 3-5절에서 암시적이었던 것을 명확히 한다. 즉 그는 자신의 유대인 대담자가 상호의존적(믿음과 행위)으로 보통 취하는 것을 대조로 설정해놓는다. 그의 요지는 창세기 15:6이 경건한 유대인이 자랑할 수 있는(3:27-28; 4:2) 규범적인 봉사의 일종에 의존하지 않는 의를 보이고 있다는 것이다. 할례의 요건이 의로 간주되어진 사람에게 수행되었을지라도, 그 의는 할례가 언급되기 이전에 이미 간주되었다. 따라서 4:9-12의 명백한 논증은 그것에 관한 이 재형성이 암시하고 있는 창세기 15:6에 대한 주해에서 이미 예시되어 있다.

7-8 그 인용은 70인경 시 31:1-2=마 32:1-2과 정확하게 일치하고 있다.

"그 불법을 사하심을 받는 자는 복이 있도다"(*μακάριοι ὧν ἀφέθησαν αἱ ἀνομίαι* - 마카리오이 혼 아페데산 하이 아노미아이). "복 받은, 행운의, 행복한"(*μακάριος* - 마카리오스)은 일반적으로 "신적 은혜의 특혜"(BGD)라는 의미를 가진다. 복이라는 형태는 유대인과 기독교 신앙에서만 나오는 것은 아니다. 그리스 문헌에서 복은 일반적으로 마카리오스 호스티스(*μακάριος ὅστις*)라는 형태를 취하였다. 70인경에서, 복이 주로 시편과 지혜문학에서 발견되었다는 사실은 보다 넓은 기원을 증명한다(예를 들어, 시 1:1; Sir 14:1-2:28:19을 참조하라). 보다 자세한 것은 *TDNT* 4:362-67를 보라. 여기서 그 복은 "종말론적 구속"이 고려되어 있는 신약의 다른 복에서보다는 덜 명확하다(pace Käsemann). 바울에게서 다른 경우는 14:22을 보고 고전 7:40을 참조하라.

아노미아(*ἀνομία*)가 언약 밖에 있는 사람들을 특징짓는 행동들을 나타내는 하마르톨로스(*ἁμαρτωλός*)와 연관된 또 다른 단어라는 점은 바울에게 있어서 의미가 있다(시 28[70인경 27]:3[이문]; 55:3[54:4]; 92:7[91:8]; 101[100]:8; 125[124]:3; 참조. 제1마카비서 1:34; 2:44; 참조. 그밖에 다른 곳에서의 바울의 사용은 - 6:19; 고후 6:14; 살후 2:3, 7; 더 자세한 것은 서문 §5.5.1을 보라). 따라서 다윗은 언약의 범위를 넘어서는, 언약적 율법의 행위들에 의존하지 않는 용서를 보여주고 있다고 말할 수 있다.

"사하심을 받고"(*ἀφέθησαν* - 아페데산). 바울은 의롭게 여겨지는 복(6절)과 용서의 복(7절)을 동일화시키고 있기 때문에 예레미아스(Jeremias)는 "칭의는 용서이고, 오로지 용서다"라는 결론에 대한 근거를 갖는다(Central Message, 66; 유사하게는 Nygren). 하지만 용서가 매우 긍정적인 차원에서 이해되는 경우에만 그러한 동일시가 세워질 수 있다는 것을 유념해야 한다. 한편 바울이, 다른 곳에서 그리고 자신의 신학을 표현할 때에, 하나님의 용서하심에 대한 사상을 아주 완전히 피하려는 것으로 보인다는 사실(골 1:14과 엡 1:7에서만 아페이시스[*ἄφεσις*])은, 또한 결합된 회개의 사상처럼, 상당한 혼란을 야기 시키는데, 유대교의 다른 요소들 내에서는 이러한 주제들이 뚜렷하기 때문에 그렇다. "바울의 선조 유대인이…하나님이 사랑으로 신실한 죄인을 자유롭게 용서하시고, 그를 은혜로 회복시키시는 위대한 회개의 교리를 어떻게 무시하고, 함축적으로 부정할 수 있었나–그것은 유대인의 관점에서는 표현할 수 없었던 것으로 보인다"(Moore, *Judaism*, 3:151). 랍비적 유대교에서 바로 동일한 그 구절(시 32:1-2)이 속죄일과 관련되어 빈번히 인용되었다(Str-B, 3: 202-3). 물론 또 다른 태도가 바울 당시에 더욱더 전형적이었을 것이다: 의인은 회개가 필요 없고, 그 회개는 오직 죄인(*ἁμαρτωλός*–하마르톨로스–4:5를 보라)을 위해 제공되어지며, 아브라함은 죄를 짓지 않았기 때문에 회개가 필요 없는 사람(Pr Man 8: 참조. *Jub.* 23.10)이라는 믿음이 있었을 것이다. 하지만 무어의 관찰을 바울 당시의 유대교에 적용을 시킨다면, 바울의 관점에서 회개와 용서에 관한 이야기가 언약의 용어, 즉 자신의 다양한 죄에도 불구하고 특별한 주장들(행위들)에 대한 충성으로 언약 내에 있는 자신의 위치를 유지한 언약 구성원의 특권이라는 전제에 너무 많이 묶여 있었다는 것이 가장 좋은 대답이 될 것이다. 따라서 그 구절은 죄를 통제하는 규제들과 레위기 4장과 5장에서의 속죄제에 주로 부여되었다: "그것이/그 죄가 용서를 받을 것이다." "하나님이 조상들과 만든 언약에 따르면, 그들의 죄들을 용서하기 위해서 그는 그들 조상들의 죄들을 역시 용서하실 것이다"(CD 4.9-10 Vermes). 보다 자세한 것은 2:4을 보라. 바울은 그것을 피함으로써, 그리고 초점이 되고 있는 용어들(은혜와 믿음)을 발전시킴으로써, 그러한 용어를 전제하고 있는 구조를 대응하고 있다. 3:25를 보라.

"그 죄를 가리우심을 받는 자는"(*καὶ ὧν ἐπεκαλύφθησαν αἱ ἁμαρτίαι*–카이 혼 에페칼륩데산 하이 하마르티아이). 에피카릅테인(*ἐπικαλύπτειν*)은 신약성경에서 오직 여기서만 발견된다(보다 자세한 것은 Cranfield를 보라). 하마르티아(*ἁμαρτία*)에 대해서는 3:9을 보라.

"주께서 그 죄를 인정치 아니하실 사람은 복이 있도다"(*μακάριος ἀνὴρ οὗ οὐ μη λογίσηται κύριος ἁμαρτίαν*–마카리오스 아네르후 우 메 고기세타이 큐리오스 하마르티안). 바울은 다음의 모든 구절들을 동의어로 간주한다: 의로 여긴다=불법한 행위를 용서하다=죄를 덮다=죄로 여기지 않다. 매우 적절한 해석학적인 방법 속에서 바울은 시편 32:1-4를 인용했는데, 왜냐하면 그것이 유사한 문맥 속에서 동일한 주요 단어(*λογίζεσθαι*–로기제스다이)를 사용하고 있기 때문이다(이른바 Hillel의 제2 법칙–ג זֵירָה שָׁוָה, "동일한 범주": Jeremias, "Gedankenführung," 271-72). 시편 32:1-4이 비즈니스 세계로부터의 유추의 부적절함을 확인해주는 것이 그의 요지라고 한다면, 그것은 성공적이라고 간주할 수 있는데, 왜냐하면 그의 동료 유대인들은 하나님이 그의 백성들의 죄들을 위한 조항을 만드셨다는 희생과 보상의 제도에 관한 은혜를 곧바로 인식할 것이기 때문이다. 하지만 "일한 것이 없이"(6절)는 논쟁의 여지가 있었을 것이다. 우 메(*οὐ μή*)에 관해서는 BGD, *μή* D를 보라. 일반적으로 구약의 인용 내에 있는 큐리오스(*κύριος*)는 그리스도보다는 하나님을 나타낸다(*TDNT* 3:1086-87). 바울이 그 시편을 본래 아브라함에 의해 언급된 것으로 간주하는 한슨(Hanson)의 주장("Abraham," 57)은 이 주해에 불필요하며, 바울의 해석과 사상과는 거리가 있다.

9 "그런즉 이 행복이 할례자에게뇨 혹 무할례자에게도뇨 대저 우리가 말하기를 아브라함에게는 그 믿음을 의로 여기셨다 하노라"(*ὁ μακαρισμὸς οὖν οὗτος ἐπὶ τὴν περιτομὴν ἢ καὶ ἐπὶ τὴν ἀκροβυστίαν λέγομεν γάρ, Ἐλογίσθη τῷ Ἀβραὰμ ἡ πίστις εἰς δικαιοσύνην* – 호 마카리스모스 운 후토스 에피 텐 페리토멘 헤 카이 에피 텐 아크로부스티안: 레고멘 가르, 엘로기스데 토 아브라암 헤 피스티스 에이스 디카이오수넨). 마카리스모스(*μακαρισμός*)는 시편 32편의 인용에 의해 나타난 복(6절)을 다시 언급하기 때문에 그리고 9b절이 창세기 15:6의 분명한 반복이기 때문에 바울은 그 구약의 두 구절들이 서로 어떻게 관련되는가를 여기서 보이는 것이다: 용서의 복이 의로 여겨졌다는 것과 단순히 동일시된다는 것이 아니라(그것은 이미 6절에서 분명히 되어졌다), 시편 32:1-4이 창세기 15:6의 해석을 돕기 위해서 인용되어진 것이다(즉 엘로기스데[*ἐλογίσθη*]의 의미를 조명하기 위해서). 각 구절의 독립적인 가치를 위해서 인용한 것이 아니다(다윗은 이미 할례를 받았을 때에 이 복을 받았다!). 이것은 5절에서처럼(4:5를 보라) 동사를 대신하여(*ἐπίστευσεν* – 에피스튜센) 다시금 명사(*πίστις* – 피스티스)를 사용한 창세기 15:6의 세 번째 분명한 인용이다(3, 5, 6절). 하지만 6절에서 창세기 15:6에 대한 그 이상의 암시는 믿음이 단순히 의에 대한 대용이 아니라, 그 의라는 것을 이미 분명히 했다. 경건한 유대인은 언약(율법의 행위들)에 대한 신실성이라는 측면에서 자신의 언약적 의를 보는 것처럼, 바울은 믿음, 즉 아브라함이 예시했던 하나님만을 믿고 완전히 신뢰하는 믿음의 측면에서 하나님에 의해 간주되어진 의를 보고 있다(4:17-21).

사람들을 의미하는 페리토메(*περιτομή*)와 아크로부스티아(*ἀκροβυστία*), 즉 할례자와 무할례자에 대해서는 2:26을 보라. 그들은 유대인과 이방인들, 즉 율법 안에 있는 사람과 율법 밖에 있는 사람을 의미한다(2:12을 보라). 바울이 아브라함과 관련해서 그 질문을 제기하지 않는다는 것은 의미가 있다. 그가 염두에 두고 있는 것은 일반적인 할례자와 무할례자이다. 그러한 환유(전체를 위한 부분)는 의식에 관한 사회 기능의 뛰어난 예인데, 그것은 사회적 그룹의 정체성을 세워주고 확인시켜

주며, 그리고 한 사회적 그룹을 다른 사회적 그룹과 구분시켜주는 경계를 그려주는 기능을 한다(보다 자세한 것은 §§5.3.1, 5.3.3 그리고 2:12과 17절을 보라). 특별히 그것은 유대인과 이방인간의 차이가 할례라는 하나의 제의적 행동에서 요약되어질 수 있고 집중되어질 수 있다는 사실을 두드러지게 나타낸다. 그리고 그것은 하나님의 백성들로서의 자신들의 독특성 그리고 그 독특성을 가장 분명하게 표현하게 하는, 율법의 특별한 행위를 요약하는, 유대인의 자아이해를 위한 할례의 중요성을 강조한다. 참조. 호이 에크 페리토메스(*οἱ ἐκ περιτομῆς*). 개인적으로 그리고 집합적으로 전체 존재와 삶이 자신들이 할례를 받았다는 사실에 의해 결정되어졌고 특징지어졌다(보다 자세한 것은 2:25를 보라).

카이(*καί*)를 주목해야 한다. 바울은 이것이냐 저것이냐, 할례를 받았느냐 할례를 받지 않았느냐로 그 질문을 제기하고 있지 않다. 그는 그 복(의, 용서의)이 할례자에게 온다는 것을 인정하고 있다. 그런데 그의 질문은 그 복이 무할례자에게도 역시 오느냐 하는 것이다. 할례로 구분되는 언약의 사람들에 들어감으로써만 오직 이방인이 그 복에 들어갈 수 있도록, 그 복이 유대인으로서의 유대인에게로 한정되는가?

10 "그런즉 이를 어떻게 여기셨느뇨?"(*πῶς οὖν ἐλογίσθη* – 포스 운 엘로기스데). 9-10절에서의 연속된 질문들은 그 이슈를 다시금 아브라함에게로 가져오고, 그의 특별한 사건에 대한 환경에 초점이 맞추어지고 있다. "할례자에게뇨 혹 무할례자에게도뇨"(9절)라는 일반적인 질문은 "아브라함이 이미 할례를 받았을 때이냐 아니면 할례를 받지 않았을 때이냐"라는 특별한 질문으로 좁혀진다. 하나님과의 아브라함의 관계의 예증적인 중요성이 강조되고, 그것은 바울의 유대 그리고 하나님을 경배하는 독자들에 의해 논쟁이 되지 않는다(4:2를 보라).

"할례시가 아니라 무할례시니라"(*οὐκ ἐν περιτομῇ ἀλλ' ἐν ἀκροβυστίᾳ* – 우크 엔 페리토메 알 엔 아크로부스티아). 창세기 15:6은 창세기 17장에 몇 년 앞서 있다(유대적인 인정으로는 29년 – Str-B, 3:203)! 그 논증은 아브라함에 대한 약속과 율법을 주는 것 사이의 시간적인 차이에 유사하게 의존하고 있는 갈라디아서 3장(갈 3:15-18절)에서의 동등한 논증보다도 훨씬 더 미묘하다. 두 사건에 있어서의 이슈는 특별한 행위, 즉 특별히 할례에 초점이 맞추어진 율법이기 때문에, 유대인들간의 이러한 논쟁에서 실제적인 질문은 그 약속이 할례에 의존하느냐 또는 어느 정도 의존하느냐이다. 바울이 이것이냐 저것이냐(4:9)를 주장하고 있지 않고 있기 때문에 그의 논증이 이 시점에서 요구하는 모든 것은 아브라함이 여전히 할례 받지 않았을 때에 하나님이 전적으로 그를 받아들이셨다는 것이다.

11 "저가 할례의 표시를 받은 것은"(*καὶ σημεῖον ἔλαβεν περιτομῆς* – 카이 세메이온 엘라벤 페리토메스). 11절의 첫 번째 구절을 삽입구로 취해서는 안 된다(반대하는 사람으로는 Barrett). 왜냐하면 11b-12절이 아브라함이 나타내고 있는 이중적인 관계성, 즉 믿는 할례자들과 믿는 무할례자들을 언급하고 있기 때문에 (아브라함의) 믿음에 대한 관계에서 (아브라함의) 할례의 의미를 설명하는 것은 11절에서 불필요하다 – 그는 할례 받은 자의 조상이며 그 사람의 할례는 그 사람의 믿음의 표이다.

"표, 구분되는 표지"(*σημεῖον* – 세메이온)는 그것에 의해 어떤 것이 알려졌다는 의미다(BGD). 그 구절은 확실히 "할례 받은 표지", 할례의 상징적인 의식"(NEB)을 의미한다. 바울은 창세기 17:11을 염두에 두었을 것이다. 거기서 할례는 "언약의 표"(*ἐν σημείῳ διαθήκης* – 엔 세메이온 디아데케스)로 묘사되는데, 말하자면 언약의 일원으로 간주되는 사람들을 구분시켜주는 표시이다(또한 Jub. 15.26-28: 할례는 그 할례자가 "언약의 자녀에 속했다", "그는 주님의 것이다", "이 언약의 증표"라는 표시를 나타낸다). 어느 유대인도 이러한 암시를 놓치지 않을 것이다(더 자세한 것은 2:25를 보라). 그런데 바울은 여기서 "언약"이라는 말을 사용하지 않는다. 그러나 그 구절은 할례의 언약적 배경이 바울이 작업하고 있는 복합적인 개념에 통합된다는 것을 분명히 시사한다(디카이오수네[*δικαιοσύνη*]에 관해서는 1:17을 보라). 그러나 그것은 바울이 그것들을 역시 재작업하고 있다는 것을 시사한다: 할례는 언약의 직접적인 표가 아니라 아브라함이 믿음으로 말미암아 받은 의의 표이다 – 그의 언약적 의가 할례에 의존하지 않고 믿음에 의존한다는 분명한 암시(참조. Althaus; Berger, "Abraham," 67-68; Hahn, "Gen 15:6," 103; Zeller). 다시금 바울이 할례에 귀결시키는 긍정적인 역할을 유념하라(2:25을 보라).

"믿음으로 된 의를 인친 것"(*σφραγῖδα τῆς δικαιοσύνης τῆς πίστεως* – 스프라기다 테스 디카이오수네스 테스 피스테오스). 스프라기스(*σφραγίς*)의 다양한 사용에 나오는 공통된 요소는 어떤 주장과 신분의 권위를 증명하거나 유효케 하는 어떤 개념이다(예를 들어, MM, *σφραγίζω*, *σφραγίς*를 보라). 그러나 "표"(외부 시계로 향한)와 "인"(신자에게로 향한; Leenhardt에서처럼)간의 구분은 확립되지 않았다 – "인"도 역시 외부 다른 사람들에게 제기된다; 바울서신의 그밖에 다른 곳으로는 고전 9:2과 딤후 2:19; 특별히 계 9:4과 마 27:66에 나오는 그 동사의 사용을 참조하라(15:28도 보라). 인으로서의 할례에 관한 바울의 묘사는 당시 유대교 내에서 이미 확립된 용법을 반영하는 것일 수 있고, 랍비적 병행구가 비록 후대의 것일지라도(Str-B, 4:32-33; Lagrange; *TDNT* 7:947, 949 n. 85), *T. Job* 5.2(욥의 이름의 변화와 우상숭배를 거절한 문맥에서 인치심은, 아브라함과 연관된 사건들에 유사한 결과를 만드는데 모형이 되었을 것이다-*Jub.* 12,15)와 Barn. 9.6의 증거가 역시 있다. 게다가 바울은 관념들의 연관성을 가정한 것으로 보인다. 즉 마음의 할례(신 30:6)=마음에 쓰여진 율법(렘 31:33) 또는 성령의 은사 속에서 충족된 것으로 보여지는(고후 3:3, 6) 새 마음과 새 영(겔 36:26; 특별히 *Jub.* 1.23을 참조하라)=성령의 인치심(고후 1:22).

여기서 "인" 또는 고린도후서 1:22, 에베소서 1:13과 4:30에서 그 동사의 사용은 그와 같은 세례에 관한 언급으로 취할 수는 없을 것이다(그런 식으로는, 예를 들어, Käsemann). 이전의 사상의 복합성이 나타내고 있는 것처럼, 바울은 성령의 선물을 종말론적인 것과 동일한 것 또는 할례의 성취로서 보았다(역시 그렇게는 2:29의 암시와 빌 3:3의 명백한 단언). 그리고 "손으로 하지 아니한 할례"(골 2:11)는 따라서 성령에 대한 언급으로 보아야 한다(참조. 고후 5:1-5). 인치심으로서의 세례에 관한 묘사는 2세기에 처음으로 나타난다(Herm. *Sim.* 8.6.3; 9.16.3 이하; 제2클레멘트서 7.6; 8.6). 그러나 보다 앞선 인용(인=성령)은 여전히 *Gos. Thom.* 53과 *Odes Sol.* 11.1-3에서 반영되고 있다(또한 Dunn, *Baptism,* 133-34, 156-57을 보라).

"믿음으로 된 의"(*τῆς δικαιοσύνης τῆς πίστεως*-테스 디카이수네스 테스 피스테오스)는 믿음과 의 사이의 관계의 보다 발전된 변화이지만(참조. 3, 5, 6, 9절), 분명히 동일한 의미를 가지고 있다-믿음은 아브라함의 입장에서 의의 기초요 표현이라는 관계성을 갖는다(유사하게 13절). "믿음"은 이제 명백하게 중심 단어로 나타나고, 에이스 티오(*εἰς τὸ*)절에서 뚜렷하게 나타나는 것처럼 믿음이라는 단어의 중요성이 그려지고 있다(11b, 12절).

"이는 무할례자로서 믿는 모든 자의 조상이 되어"(*εἰς τὸ εἶναι αὐτὸν πατέρα πάντων τῶν πιστευόντων δι' ἀκροβυστίας*-에이스 토 에이 나이 아우톤 파테라 판톤 톤 피스튜온톤 디 아크로부스티아스). 첫 번째 에이스 토(*εἰς τό*) 구절은 11절과 12절을 통제하고, 두 번째 에이스 토(*εἰς τό*) 구절은(11c절, 아래를 보라) 11절에 대한 강조를 주기 위해 삽입되었다. 12절은 단순히 11b절의 "어색함"과 "과장"을 "완화시키기" 위하여 나중에 추가된 종류로 간주해서는 안 된다(Käsemann). 바울은 처음부터 균형 잡힌 진술을 만들고자 의도했을 가능성이 높다.

바울은 그의 관점을 매우 의도적으로 표현하고 있다. 이방인들이 개종함으로, 유대교는 아브라함을 이방인의 아버지로서 생각하는 사상을 쉽게 포용할 수 있었을 것이다(Str-B, 3:211). 그러나 바울은 무할례자가 아브라함의 믿음을 공유하는 한,

창세기 15:6은 아브라함이 무할례시의 무할례자의 조상이 된다는 것을 보여준다고 논증하고 있다. 따라서 바울이 창세기 15:6에서 유효한 것으로 발견한 것은 믿음과 율법의 행위들 간의 명백한 구분이다. 그의 서신의 초기 단계의 특징이었던 모든이라는 강조는(특별히 1:5, 16; 2:10; 3:22을 보라) 16절에서 더 강조를 주기 위해서 다시 나타난다(보다 자세한 것은 Zeller, *Juden*, 101-5를 보라). 디 아크로부스티아스(*δι' ἀκροβυστίας*): 디아(*διά*)의 유동성을 주목하라(참조. 2:27; 3:30; 8:25; 14:20).

"저희로 의로 여기심을 얻게 하려 하심이라"(*εἰς τὸ λογισθῆναι καὶ αὐτοῖς τὴν δικαιοσύνην*-에이스 토 로기스데나이 카이 아우토이스 텐 디카이오수넨). 에이스 토(*εἰς τό*)는 최종적인 것이지, 단순히 인과적인 것은 아니다(Lagrange, Michel, Barrett; 반대자로는 Cranfield, Käsemann, Wilckens): 바울은, 하나님이 할례 받지 않은 무할례자들을 받아들이셨음을 명확히 하기 위해, 하나님이 아브라함의 할례를 요구하시기 이전에 하나님의 약속의 수혜자로서 아브라함을 이미 받아들이셨음을, 하나님의 목적의 일부로서 간주한다. 그가 만들기 원하는 것이 바로 이 요지이고(따라서 그 점을 강조하기 위해서 이 구절을 첨가시켰다), 이방인들이 개종자가 되고, 그들이 율법의 의무(행위)들을 받아들였는지에 관한 언급 없이, 의를 이방인들에게도 간주하기로 의도하셨다는 것이다.

12 "또한 할례자의 조상이 되었나니 곧 할례받을 자에게뿐 아니라 우리 조상 아브라함의 무할례시에 가졌던 믿음의 자취를 좇는 자들에게도니라"(*καὶ πατέρα περιτομῆς τοῖς οὐκ ἐκ περιτομῆς μόνον ἀλλὰ καὶ τοῖς στοιχοῦσιν τοῖς ἴχνεσιν τῆς ἐν ἀκροβυστίᾳ πίστεως τοῦ πατρὸς ἡμῶν 'Αβραάμ*-카이 파테라 페리토메스 토이스 우크 에크 페리토메스 모논 알라 카이 토이스 스토이쿠신 토이스 이크네신 테스 엔 아크로부스티아 피스테오스 투 파트로스 헤몬 아브라암). 문법적 구문으로서 본문은 두 가지 그룹에 대해 말하고 있다. 즉 "~하는 사람들" 과 "~하는 사람들"(*τοῖς* … *τοῖς*…-문제는 Wilckens가 시사하는 것처럼, 카이(*καί*)가 아니라, 두 번째 토이스(*τοῖς*)다: 원문주해를 보라), 즉 유대인과 유대 그리스도인이다. 그러나 구문론은 둘 중 어느 한쪽에서 어색하다. 왜냐하면 두 집단에 대해 사람들은 우 토이스(*οὐ τοῖς*) 순서를 기대할 것이다. 그리고 논증의 흐름과 우 모논…알라 카이(*ου μόνον* … *ἀλλὰ καὶ*)의 사용(Cranfield)은 바울이 단순히 한 집단-믿는 할례자들-을 염두에 두고 있음을 보이고 있다(Swetnam은 파테라 페리토메스[*πατέρα περιτομῆς*]="영적 할례의 조상"이라는 그럴 것 같지 않은 해결책을 내놓고 있는데, 이는 반복된 페리토메/아크로부스티아[*περιτομή/ἀκροβυστία*] 대조[11-12절] 속에서

는 불가능할 것 같다). 말하자면 바울은 자신의 논증의 논리를 끝까지 밀고 나가고 있다: 아브라함의 믿음은 약속을 주고받는데 있어서 결정적인 요소이므로, 아브라함의 조상됨과 아브라함의 아들됨을 결정짓는 것은 아브라함의 믿음과 같은 믿음이다.

우 모논, 알라 카이(*οὐ μόνον, ἀλλὰ καί*)의 사용은 우(크), 알라(*οὐ(κ), ἀλλά*)의 사용보다 의미가 있다. 바울은 유대 백성에 대한 아브라함의 조상됨을 전적으로 부정하거나 파기하지 않는다(참조. 4:1). 또한 그는 "할례가 아니라거나" "오로지 할례"라고 말하지 않는다. 그는 유대 백성의 표지로서의 할례의 지속적인 역할을 인정하고 있다. 나아가서 할례자가 무할례자에 뒤이어 나오는 구절의 순서(11b절-12절)를 유대 구원 역사의 거부로서 간주해서도 안된다(반대로는 Klein, "Röm 4," 156; 참조. Boers). 그 순서는 단순히 아브라함의 사례에서의 사건의 순서를 따른 것이지 그밖에 다른 곳에서의 바울의 강조("첫째는 유대인에게요, 또한 헬라인에게로다-1:16을 보라")를 부정하는 것이 아니다. 구원역사의 시각에 관한 케제만의 전형적으로 대담하고 가치 있는 언급들이 다음과 같은 사실, 즉 바울이 아브라함을 믿음의 종말론적 실체의 대형(antitype)으로 간주하고 있고, 더군다나, 아브라함에 대한 약속을 처음부터 항상 이방인을 염두에 둔 것으로 보고 있다는(13-17절) 사실을 흐리게 하는 것으로 허락할 수는 없다.

그러나 여기서 바울의 어법은(할례뿐 아니라 …도 역시), 창세기 17장보다 앞선 15:6의 의미가 무엇이었든지 간에 아브라함이 할례를 받으러 갔다는 사실은 그대로 남아 있다-이방인 신자들은 왜 지금 그렇게 동일하게 하지 않느냐?-는 반대논증을 완화시키기 위하여 역시 의도되었을 가능성이 있다. 사실상 바울의 응답은, 그 진리가 어느 경우든 믿음의 주된 역할에 논쟁을 일으키게 하지 않는 한, 아브라함이 할례자에 대한 그의 조상됨을 세우기 위해서 역시(또는 특별히) 할례를 받았다는 것이다. 믿음과 관련해서 할례에 관한 이런 상대적인 가치절하는 선지서들에서도 평행구가 있다(2:28-29를 보라). 하지만 바울은 아브라함의 대형에 대한 논리를 강화시킴으로써 이것을 넘어선다: 믿음이 외적인 의식보다 더 중요하다면, 의는 외적인 의식보다는 믿음에 주로 달려 있고, 외적인 의식 없이 믿음을 갖고 있는 사람들에게 역시 해당된다. 참된 유대인은 엔 크루포(*ἐν κρυπτῷ*)이고, 할례는 마음에(*ἐν πνεύματι*-엔 프뉴마티)에 할지니라(2:29). 바울은 "구약의 구원역사의 유효성과 묶어주는 특징을 단단히 붙들기를 원하고 또 그래야 하지만, 동시에 그것을 넘어서 유대적인 좁은, 이 구원역사에 대한 종교 민족적인 오해를 극복해야만 했다"(Kuss, 186).

"할례의 …할례로부터"(περιτομῆς…ἐκ περιτομῆς – 페리토메스…에크 페리토메스). 아브라함의 조상됨과 유대인의 존재가 이처럼 단순하게 할례에 집중되어질 수 있다는 점은 다시 유대인의 정체성을 규정함에 있어서 할례의 중요성을 다시금 강조한다(2:25과 4:9을 보라).

"발자취를 좇는 자"(στοιχοῦσιν τοῖς ἴχνεσιν – 스토이코우신 토이스 이크네신). 고린도후서 12:8과 베드로전서 2:21을 참조하라. 그 은유는 보다 광범위하게 잘 알려져 있고(*m. Nid.* 4.2; Dit., *Syll.*[3], 708.6), 이미 유대 권역에서 아브라함에 대해 사용되었을 것이다(참조. *Gen. Rab.* 40.12; van der Minde, 100 n.112에서 인용되었다). 스토이케오(στοιχέω)는 본래 "선에 정렬시키다", 따라서 "선에 서 있다, 유지하다, 따르다"(BGD)를 의미했다. "발자취"(ἴχνος – 이크노스)는 "일생을 통한 어떤 사람의 행동 또는 여정에 의해 남겨진 흔적"(*TDNT* 3:402)이다. 여기서 다시 시사하는 바는 믿음은 순종의 요소를 포함하는 어떤 활동적인 것임이 명백해진다는 것이다(1:5을 보라 – "믿음의 순종"). 그러나 동시에 무할례시에 아브라함의 믿음을 넘어선 어떤 것들("율법의 행위들")을 행하는 것(윤리적 그리고/또는 제식)으로 보는 사람들에게는 그 근거가 단절되어 있다(참조. Zeller).

13 "아브라함에 대한 언약은 율법으로 말미암은 것이 아니요"(οὐ γὰρ διὰ νόμου ἡ ἐπαγγελία τῷ Ἀβραάμ – 우 가르 디아 노무 헤 에팡겔리아 토 아브라암). 에팡겔리아(ἐπαγγελία)는 이제 다음 몇 구절에서 주도적인 단어로 등장한다(13, 14, 16절; 또한 20절; 양식과 구조를 보라). 일반적으로 본 단어에 대한 바울의 사용은 명백하게 족장들에 대한 언약(들)을 고려하고 있다(또한 9:4, 8-9; 15:8; 갈 3:14-29; 4:23, 28; 역시 엡 2:12; 3:6; 행 7:17; 13:32; 26:6; 히 4:1; 6:12-17; 등등). 히브리어에는 상응하는 말이 없다(따라서 구약의 70인경에는 그 단어가 완전히 나타나지 않는다고 볼 수 있다). 그러나 실제로 에팡겔리아[ἐπαγγελία]에 대한 "언약"(promise)의 의미는 여하튼 B.C.E. 2세기에 보다 넓은 헬라어 용법으로 두드러지게 나타났다(특히 Polybius에게서; 참조. LSJ, BGD). 하지만 형식적인 범주(약속)가 뒤늦게 표면에 등장할지라도, 하나님이 그러한 약속을 하셨다는 사실은 이스라엘의 믿음에 기본적인 요소였다(예를 들어, 출 32:13; 대상 16:14-18; 느 9:7-8; 시 105:6-11; Sir 44:21; Wisd Sol 12:21; Pr Man 6; *T. Jos.* 20.1; 눅 1:72-73에서 역시 반영된 것처럼; 또한 9:4을 보라). 특이한 것은 "언약"(promise) 개념이 등장할 때, 그것이 율법에 종속되어 있거나 그것의 결과가 율법으로 말미암아 중재되는 것으로 보이는 방식이다. 따라서 마카비2서 2:17-18은 "그가 율법으로 말미암아 약속하셨던

것처럼"(*καθὼς ἐπηγγείλατο διὰ τοῦ νόμου* – 카도스 에펭게일라토 디아 투 노무) 유산(*κληρονομία* – 크레로노미아)을 회복시키시는 하나님에 관해 언급하고 있고, *Pss. Sol.* 12.6은 "주의 경건한 자들이 주의 언약을 상속하게 하소서"라고 기도하고 있다(참조. *Sib. Or.* 3.768-69; *2 Apoc. Bar.* 14.12-13은 Wilckens에 의해 잘못된 조항과 함께 인용되었다; 5:13). 바울이 이 특별한 구절들을 알고 있는지를 확실히 말할 수는 없지만, 그는 그의 동료 유대인들 가운데서 있었던 그러한 감정들을 분명히 인식했었을 것이다. 왜냐하면 그것들은 명백히 그가 부인하는 것들이기 때문이다: "율법으로 말미암지 않고" – 우(*οὐ*)는 강조적이다(노무[*νόμου*] 앞에 정관사가 없는 것은 로마서에서 다른 곳에서와 마찬가지로 별 의미가 없다 – 그런 식으로 올바르게는 Schlier; 특히 2:14을 보라). 언약에서의 역할을 하지 못한 이스라엘의 실패를 진지하게 다루자마자, 언약과 율법간의 전통적인 유대적 연관성은 전통적인 유대교 구조 내에서 자체적인 문제를 발생시켰다 – 이미 신 9:25-29에 나와 있고, 특별히 A.D. 70년의 대재앙 이후에 그렇다(제4에스라 7.119-20). 바울에게는 그 문제가 발생하지 않는데, 왜냐하면 그는 그것의 전제를 부정하고 있기 때문이다. 언약(promise)의 우선성(priority)은 바울에 대한 해석학적인 열쇠가 된다(Maillot).

"또는 그 후손에게"(*ἢ τῷ σπέρματι αὐτοῦ* – 에 토 스페르마티 아우투). 언약은 또한 아브라함의 후손(씨)에게도(여기서 *ἤ*는 *καί*와 동등하다 – BDF, §446) 있다는 것은 규칙적으로 창세기 기사에서 반복되었다(창 12:7; 13:15-16; 15:5, 18; 17:7-8, 19; 22:17-18). 언약이 주어진 "조건"에 관해 관심을 집중하기 원하기 때문이기도 하지만, 바울은 갈라디아서 3:16, 19에서 사용된 스페르마(*σπέρμα*)에 대한 기독론적 해석을 추구하지는 않는다(집합 명사로서 다른 것으로는 – 4:16, 18; 9:7-8, 29; 11:1; 고후 11:22; 갈 3:29). 바울은 이미 아브라함의 "후손"은 "믿는 모든 사람"을 포함하는 것으로 이해하고 있다는 점을 분명히 하고 있고, 그는 율법으로 말미암지 않고(*οὐ διὰ νόμου* – 우 디아 노무), 믿음의 의로 말미암아(*διὰ δικαιοσύνης πίστεως* – 디아 디카이오수네스 피스테오스, 4:11을 보라)로 답변하고 있는 긍정절을 통하여 그 점을 다시 강조한다. 바울은 언약이 "의로 말미암아" 실현되었다는 것을 자신의 동료들과 논쟁하지 않는다. 창세기 15:6은 그 의가 "믿음에 관한"("행위에 관한" 것이라기보다는) 것임을 보여주는 것인데, 즉 믿음으로 살고 믿음으로 특징지어지는 하나님과의 관계를 보여주는 것이 그의 요지다.

"그는 세상의 후사가 되리라"(*τὸ κληρονόμον αὐτὸν εἶναι κόσμου* – 토 클레로노몬 아우톤 에이나이 코스무). "기업"(inheritance)의 개념은 하나님과 그들의 언약적 관계에 대한 유대인의 이해에 있어서 근본적인 부분이 되었다. 무엇보다도 실제로, 거의 독점적으로, 약속의 땅과 관련해서(위의 창세기의 언급을 보라) – 가나안 땅이 아브라함에 대한 약속으로서의 기업의 권리에 의해 그들의 것이 되었다(8:17을 보라; *TDNT* 3:769-75; Hester, *Inheritance*, 22-36c; Davies, *Land*, pt. 1; 신약에서 특별히 막 12:7; 행 7:5; 그리고 히 11:8-9을 보라). 이미 바울 이전에 그 개념은 가나안으로부터 확장되어 온 땅을 포함하는 것이 되었다(Sir 44:21; *Jub.* 17.3; 22.14; 32.19; 에녹1서 5.7; Philo, *Som.* 1.175; *Mos.* 1.155; 참조. 제4에스라 6.59; *Ap. Const.* 8.12.23; Str-B, 3:209에 있는 랍비적 언급들; 도래할 세상 – 2*Apoc. Bar.* 14.13; 51.3). 따라서 본 구절은 바울의 사유가 당시의 유대 신학의 또 다른 요소들에 만연되어 있었던 개념을 반영하는 정도를 나타내는 좋은 실례가 된다(또한 마 5:5; 히 1:2을 참조하라). 물론 바울은 그것이 이스라엘의 전세계적 지배를 시사하고 있기 때문이 아니라, 이스라엘에 집중 되고 있는 구원역사의 보다 좋은 요소를, 아마도 창조의 보다 넓은 기획 안으로 설정하고 있기 때문에 약속의 확장된 형태를 취하고 있다: 즉 아브라함과 그의 후손("민족들"을 포함하여)에게 약속된 축복은 하나님의 창조의 질서, 하나님의 창조의 나머지 것들에 대한 청지기로서의 아담의 신분을 갖는 인간의 회복이다. 따라서 약속에 대한 민족적인 이해에 반해, 약속에 관한 바울의 해석은 "그리스도 안에서" 성취된 어떤 영토이다(Davies, *Land*, 179). 그밖에 다른 곳에서 바울은 그 개념을 종말론적인 구조 내에 두고 있는데, 즉 성령을 첫 번째 개시자요 보증자로 둔다(더 자세한 것은 8:17을 보라). 다른 관련된 언약전 용어들과 함께 – "언약"(promise, 갈 3:14)과 "인"(4:11을 보라) – 바울은 종말론적인 성취를 믿음으로 주어진 성령의 측면에서 보고 있다.

"오직 믿음의 의로 말미암은 것이니라"(*ἀλλὰ διὰ δικαιοσύνης πίστεως* – 알라 디아 디카이오수네스 피스테오스). 4:11을 보라.

14 "만약 율법에 속한 자들이 후사이면"(*εἰ γὰρ οἱ ἐκ νόμου κληρονόμοι* – 에이 가르 호이 에크 노무 클레르노모이). 가능한 한 분명하게 호이 에크 노무(*οἱ ἐκ νόμου*) 구절의 함축된 의미를 이해하는 것이 중요하다. 왜냐하면 그것은 바울이 여기서 거절하고 있는 관점을 표현하는 한 중요한 방식이 분명하기 때문이다. (1) 바울이 염두에 두고 있는 질문은 "아브라함에 대한 언약의 후사는 누구인가?"이다. 그가 그 과정에서 거절하고 있는 답변은 "그와 같은 할례 받은 자들"(9-12절), 즉 아브라함의 후사들=아브라함의 후손=이스라엘 백성이다(13-17절; 보다 자세한 것은 4:13을 보라)라는 도식이다. 다시 말하면, 호이 에크 노무(*οἱ ἐκ νόμου*) 구절에서

바울이 염두에 두고 있는 것은, 그가 2장과 3:27에서 다시금 공격하였던 전형적인 유대인의 태도와 자기 이해다. 즉 바울은 아브라함에게 약속되었던 기업에 참여하는 것을 언약의 백성, 율법의 백성의 구성원과 동일시되는 것으로 아주 자연스럽게 보았던 사람들을 염두에 두고 있다(Michel은 "토라의 자손들"[בְּנֵי הַתּוֹרָה]과 동등한 것으로 본 구절을 취한다). 본 구절에 대한 이 구체적인 사회적(또는 민족적) 그리고 구원사적 차원을 유념해야 한다(pace SH, Murray). (2) 유대인으로서의 그들의 지속적인 존재가 율법으로부터 나오기 때문에 에크 노무(*ἐκ νόμου*, "율법에")다. 즉 율법은 그들이 하나님의 백성으로서 존재하고, 행하는 모든 것을 특징짓고 구분하는 것을 결정한다(더 자세한 것은 서문 §5.3와 6:14을 보라). 따라서 본 구절은 또한 호이 엑스 에르곤 노무(*οἱ ἐξ ἔργων νόμου*)라는 보다 완전한 구의 축약된 형식이다. 왜냐하면 "행위들"(works)은 유대인들에게 요구되어진 것으로 보이는 율법, 특별히 율법의 백성들의 구분에 초점을 맞춘 할례의 행위이기 때문이다(3:20을 보라). 따라서 두 구절들을 언약의 후사에 들어가는 것을 얻고자 하는 개인들, 또는 행위의 힘으로 하나님에 대한 근본적인 불용납을 하나님에 대한 용납으로 바꾸기를 희망하는 개인들이라고 취한다면, 그것은 두 구절들을 오해한 것이다(반대로는 예를 들어, Schmidt; Cranfield; Hübner; *Law*, 121-22; 이 관점에 대한 Sanders 자신의 반대에도 불구하고[*Law*, 34], 그는 "들어가는 것"과 "머무르는 것"간의 구별을 강조함으로써 사실상 그것을 지원하고 있다. 즉 "율법의 행위"는 "들어가는 것"과 관련이 있다- *Law*, 105, 147. NEB의 "율법을 붙드는 사람들"은 동일한 위험으로 달린다). 더 자세한 것은 4:16을 보라.

"믿음이 헛것이 되고"(*κεκένωται ἡ πίστις*-케케노타이 헤 피스티스). 케노(*κενόω*, "텅 비다")는 "파괴하다, 무효로 하다, 효과가 없다"라는 보다 강력한 의미를 가질 수 있다(BGD). 신약에서 그 용어는 바울만이 사용하고 있다(고전 1:17; 9:15; 고후 9:3; 빌 2:7). 피스티스(*πίστις*)는 여기서 정관사를 갖고 있는데("그 믿음"), 이는 특별히 아브라함의 믿음을 회상하는 것이다. 창세기 15:6을 언급하는 것이 분명하다. 만약 율법이 결정적인 요소라면, 그때에 아브라함이 언약(약속)을 수납한 것은 무효가 되고 아무런 의미가 없게 된다(완료시제).

"약속은 폐하여졌느니라"(*καὶ κατήργηται ἡ ἐπαγγελία*-카이 카테르게타이 헤 에팡겔리아). 카타르게오(*καταργέω*)에 대해서는 6:6을 보라. 바울의 관점은 "약속"-약속은 무조건적이어야만 하고, 그렇지 않으면 그것은 약속이 아니다-의 현학적인 정의에 의존하지 않는다(참조. Barrett). 그러한 논증은 몇 가지 경우와 명령에 그 약속이 주어지고, 부여되었다(창 12:1-3; 17:1-14; 22:15-18; 15:7-11도 참조하라). 그리고 16절에서 바울은 카타 카린(*κατὰ χάριν*)을 에크 에팡겔리아스(*ἐκ ἐπαγγελίας*)가 아니라 디아 피스테오스(*διὰ πίστεως*)의 결과로 만들고 있다. 바울의 요지는, 호이 에크 노무(*οἱ ἐκ νόμου*)의 인종적 의미를 다시금 간과하는, 율법은 준수되어질 수 없다는 숨겨진 전제에 의존하고 있지 않다. 그의 요지는 창세기 15:6에 따라 아브라함의 믿음이 그 약속에 대한 완전하고 충족시키는 응답이었다는 사실에 오로지 의존하고 있다(그렇지 않다면, 아브라함은 "의로 여겨지지" 않았을 것이다). 따라서 창세기 15:6의 믿음 그 이상의 것을 요구하는 것은 창세기 15:5의 약속을 폐기하는 것이다

15 "율법은 진노를 이루게 하나니"(*ὁ γὰρ νόμος ὀργὴν κατεργάζεται* – 호 가르 노모스 오르겐 카테르가제타이). 율법이 약속의 상속자로 간주되는 것을 결정짓는 역할을 한다는 것을 부정하는 바울은 아주 분명한 반대를 충족시킨다: 그때에 율법의 역할은 무엇인가? 그의 사유는 아마도 갈라디아서 3:18-19에서의 사유와 동일한 과정을 따르는 것 같다. 그의 대답은 토라를 하나님의 언약과 연결시키기보다는 하나님의 진노와 연결시킨다 – 2:5, 8에서처럼 마지막 심판이라기보다는 1:18-32에서 하나님의 오르게(*ὀργή*)의 내용을 염두에 두었다는 것을 암시하는 대목이다. 그것은 율법을 생명의 근원으로 보았던(*2Apoc. Bar.* 38에서처럼; 또한 7:10을 보라) 사람들에 대항하는 분명히 대조적 또는 논쟁적인 주장이다. 바울은 하나님의 진노를 불러일으키고 죄를 확증케 하는(15b절) 율법의 기능이 약속과 관련한 율법의 역할에 대한 충분한 설명이 된다고 주장하고 있다.

그 주해는 여기서 바울이 주장하고 있는 전선(front)이 협소함을 유념해야 한다. (1) 바울은 어떤 일반적인 법언(법이 없으면 벌이 없다[nulla poena sine lege]; 또한 Str-B, 3:210-11을 참조하라)을 염두에 두었을 가능성이 있다. 하지만 그가 언급하고 있는 것은 토라이다. 토라의 역할을 1:18-32의 진노의 집행자로 묘사함으로 보편화시키고 있는 정도(degree)는 독자들을 놀랍게 하지는 않았을 것이다. 독자들은 우주적인 지혜(Wisdom)와 토라와의 동일시에 익숙해 있었을 것이다(10:6-8을 보라) – 율법은 전체적으로 피조물에 관한 하나님의 도덕적 질서를 구체화시킨 것이다(또한 2:12-16을 참조하라). (2) 여기서 율법에 돌려진 역할은 그것의 보다 전통적인 역할과 특히 대조가 되고 있기 때문에(약속의 언약 백성들, 그리고 언약적 신분을 유지하는 수단으로서의 의무들[행위들]을 정의하고 구분짓는 것으로서의 율법), 15a절의 주장은 율법의 역할에 대한 완전한 기술로 간주되어서는 안 된다. 이 특별한 논

증의 구조 이외에서, 바울은 율법에 대한 보다 깊고도 긍정적인 역할들을 확실히 하는데 주저하지 않는다(8:4과 13:8-10에서처럼). 그리고 4장에서의 논증의 구조 내에서, 율법의 기능은 약속의 범위를 결정하는 것이 아니라, 율법 아래 있는 사람들에게 범죄의 의식을 가져오게 하고, 따라서 일반적으로 사람들이 포기하고(1:19-25), 아브라함이 아주 분명하게 보여준, 하나님에 대한 무조건적인 의존과 의지를 불어오게 한다는 관점을 바울은 가지고 있다. 정확히 이해된 율법은 이방인과 유대인을 구분시켜 주는 것이 아니라, 유대인도 이방인과 마찬가지로 하나님의 은혜의 필요에 두게 하는 것이다.

"율법이 없는 곳에는 범함도 없느니라"(*οὗ δὲ οὐκ ἔστιν νόμος οὐδὲ παράβασις* – 우 데 우크 에스틴 노모스 우데 파라바시스). "율법이 없는 곳에는 율법의 파기가 있을 수 없다"(NEB). 본 구절은 보완("그리고") 또는 연속되는 이유("왜냐하면")로서 기능할 수 있다. 원문주해를 보라. 양 경우에 본 구절은 진노의 과정이 어떻게 실현되어지는지에 관한 설명을 제공하고 있다. 부패한 것은 불순종하고 이기적인 행위만이 아니라, 자신의 피조성을 의지적으로 망각(또는 부정)함으로, 자기의 근원으로부터 스스로 살아가려는 고의적인 선택으로서의 *불순종한* 행위다(1:18-32). 율법이 처음에 아담에게 있었던 것보다 하나님의 뜻을 아주 충분히 분명하게 만들고 있음으로, 율법에 대한 사람들의 적절한 반응은 율법을 소유한 것을 자랑하는 것이 아니라, 율법을 어긴 것을 보다 더 깨닫고 은혜에 의존 – "이방인" 아브라함의 의존과 다르지 않은 의존 – 하라는 것이다. 더 자세한 것은 3:20과 5:13을 보라. 율법에 대한 역할의 정의는 필연적으로 유대인의 귀에 거슬리지는 않았을 것이다(Schlier가 주장하는 것처럼 말이다; 예를 들어 레 26장을 참조하라). 이 점에 대한 바울 자신의 논증이 분명히 하는 것처럼(6:1 이하; 7:7 이하) 율법의 정의에 대한 공격적인 측면이 5:20과 7:5에서 나온다.

16 "은혜에 속하기 위하여 믿음으로 되나니"(*διὰ τοῦτο ἐκ πίστεως, ἵνα κατα χάριν* – 디아 투토 에크 피스테오스, 히나 카타 카린). 디아 투토(*διὰ τοῦτο*)는 앞에 것을 말하는 것이거나("그런 이유로" – 왜냐하면 율법은 약속의 중개자가 되지 못한다. 이는 율법에 관한 유대인의 이해의 제한성에 의해서도 나타나고, 율법의 진노를 일으키는 기능에 적절하게 반응하지 못한 그들의 실패에서도 나타난다) 뒤엣 것을 언급할 수도 있고("이 이유 때문에" – "은혜에 속하기 위하여") 또는 참으로 둘 다를 말할 수도 있다(더 자세한 것은 Cranfield를 보라). 진술되지 않은 주제가 이 단락의 주제(*ἡ ἐπαγγελία* – 헤 에팡겔리아)일 수 있는데, 바울은 불필요한 반복을 피하기

위해서 여기서 그것을 생략하고 있다.

이미 4-5절에서 분명히 한 것처럼, 서로 결합되어 있는 상호관계는 에크 피스테오스(ἐκ πίστεως)와 카타 카린(κατὰ χάριν)이다: 인간에 대한 하나님의 손내밈은 무조건적인 수용으로만 받아들일 수 있는 그러한 특징이 있다. 그러한 수용과 하나님에 대한 순전한 용인과 의존으로서의 믿음의 특징을 제한하거나 흐리게 하는 것은 그 은혜를 부정하고 제한하는 것이다. 에크 피스테오스(ἐκ πίστεως)는 에크 노무(ἐκ νόμου)와 평행을 이루는 것으로(아래를 보라) 형성되어 있지만, 디아 피스테오스(διὰ πίστεως)도 마찬가지였을 것이다(참조. 3:30; 4:13). 15절의 부정적인 의미의 트리오(율법, 범죄, 진노)는 16절의 긍정적인 트리오(약속, 믿음, 은혜-Michel)에 상응한다.

"이는 그 약속을 그 모든 후손에게 굳게 하려 하심이라"(εἰς τὸ εἶναι βεβαίαν τὴν ἐπαγγελίαν παντὶ τῷ σπέρματι – 에이스 토 에이나이 베바이안 텐 에팡겔리안 판티 토 스페르마티). 그 구문은 다시금 목적을 나타내고, 단순히 결과적이지 않다(반대하는 사람으로는 Käsemann). 갈라디아서 3장에서처럼 바울의 논증은 아브라함에 대한 하나님의 약속이 전체적으로 열방들을 염두에 둔 것(단지 이스라엘만이 아닌)이라는 확증에 의해 지배된다. 창세기 15:6에서 허락된 오직 두 가지 상관관계가 은혜와 믿음이라는 것을 바울이 아주 강하게 제기하는 것은 바울 당시의 대부분의 유대인들이 그 약속을 민족적으로 제한된 방식으로 취하고 있기 때문이고, 또한 율법이 그 제한에 초점을 맞추고 구체화시키기 때문이다. 하나님은 아브라함이 응답한 약속이 그 어떤 다른 근거에 달려 있지 않게 하기 위해 아브라함을 오직 그의 믿음에 근거해서 의롭게 여기셨다. 베바이오스(βέβαιος)는 법적으로 보증된 안전을 나타내는(MM) 전문적인 의미로 잘 알려졌을 것이다. "믿을 만한, 의존할 만한 확실한"의 비유적인 의미로, 그것은 자주 믿음을 설명하는 것으로 사용되곤 했다(BGD). 여기서 14절의 카테르게타이(κατήργηται)에 대한 대조로 의도되었다(Schmidt, Wilckens). 그 구절이 분명히 하는 것처럼, 그것은 그 구절의 마지막 단어들–"모든 후손"–을 강조하고 있다(Cranfield는 반대한다).

"율법에 속한 자에게 뿐 아니라 아브라함의 믿음에 속한 자에게도니"(οὐ τῷ ἐκ τοῦ νόμου μόνον ἀλλὰ καὶ τῷ ἐκ πίστεως Ἀβραάμ – 우 토 에크 투 노무 모논 알라 카이 토 에크 피스테오스 아브라암). 우 모논 …알라 카이(οὐ μόνον…ἀλλὰ καί)에 대해서는 4:12을 참조하라. 하지만 바울은 이번에 아브라함의 믿음을 공유하는(12절)이라는 자격제한 없이 율법에(ἐκ τοῦ νόμου – 에크 투 노무) 있는 사람에까지 확장하고 있는 약속을 그리고 있다. 바울은 아브라함의 자손에 대한 약속은 유대백성을 고려해야만 한다는 점을 인정하고 있다(참조. 롬 11장). 즉 그 시야에 그밖에 어느 누가 포함되었든 간에, 또한 바울의 입장의 보다 조심스러운 진술에서 어떤 자격이 삽입되든지 간에(12절) 그는 유대 백성에 대한 고려를 인정하고 있다. 심지어 그는 유대 크리스찬들을 염두에 두고 있을지라도("우리 모든"-16d절; 특별히 Käsemann을 참조하라), 그가 여기서 비추고 있는 것은 사실상 유대 크리스찬이 되는 유대인이다. 그가 그렇게 쓸 수 있다는 사실은 호이/호 에크 투 노무(*οἱ/ὁ ἐκ τοῦ νόμου*, 4:14를 보라) 구절에 관한 바울의 사용에서의 민족적인 언급을 확인해준다. 바울이 "뿐만 아니라"(not only)고 말할 수 있는 것은 그것이 유대백성들의 일원에 대한 언급이기 때문이다. 그가 만약 자아성취적인 공로에 의해 하나님에 관한 주장을 두는 사람들을 언급하는데 그 말을 사용했다면, 그는 단지 노골적인 부정으로 "아니다"(not)라고 말해야 했을 것이다. 율법에 관한 전형적인 유대적 이해의 인종적 제한에도 불구하고 바울이 그 약속이 유대인에게 주어진 것으로 말하는 것이 전적으로 가능했는데, 바울은 자아성취를 자랑하는 사람에게 주어지는 방식으로 그것을 말하고 있지 않기 때문이다. 크랜필드(참조. van Dülmen, 94)는 이런 뉘앙스를 놓침으로써, 점차적으로 주해의 일탈된 노선으로 나아간다(또한 Zeller를 보라). 호 에크 피스테오스(*ὁ ἐκ πίστεως*)에 대해서는 3:26을 보라. 여기에 피스티스(*πίστις*)를 "아브라함의 신실성"으로 번역하는 가스톤에 대해서는 3:30을 보라.

"우리 모든 사람의 조상이라"(*ὅς ἐστιν πατὴρ πάντων ἡμῶν*-호스 에스틴 파테르 판톤 헤몬). 바울이 아브라함을 자신의 독자들과 또는 일반적으로 신자들의 공통된 조상으로 제기하는 것은 이것이 세 번째다(1, 11-12, 16-18). 11절과 16절 앞부분에서처럼 "모든"은 강조적이며, 이는 서신의 초기에서와 같다(1:16과 3:22를 보라). 11-12절에서처럼 아브라함이 오직 유대인들만의 조상이라고 생각하는 사람들에 대하여 논증이 맞추어져 있다(더 자세한 것은 4:1과 11절을 보라). 그 주제를 반복한 것은 바로 이전의 요지를 이 논증의 초기 단계와 연결시켜주고 있고(9-12절), 뒤이어지는 성경의 인용과 함께 현재의 논증의 단계를 관계지어주고 있다(13-17a).

17 "기록된바"(*καθὼς γέγραπται*-카토스 게그랖타이). 1:17을 보라.

"내가 너를 많은 민족의 조상으로 세웠다"(*πατέρα πολλῶν ἐθνῶν τέθεικά σε*-파테라 폴론 에드논 테데이카 세). 에드네(*ἔθνη*)는 "민족들"뿐만 아니라 "이방인들"도 의미한다는 점은(유대인에 대조되어!-3:29에서처럼; 1:5을 보라) 물론 바울의 논증의 일부이지만, 이는 명시적인 차원에서라기보다는 암시적인 차원에서다. 그것은 창세기 17:5로부터 그대로 인용되었다. 바울은 창세기 15장보다 뒤에 있는 구절로부터의 성경적 권위에 의존하는 것을 주저하지 않는다. 그는 언약의 표지로서 할례에 대한 필연성을 언급하는 전통적인 유대 논증에 기반을 두고 있는 바로 그 구절(창 17장)을 끌어온다(반면에 갈 3:8에서는 창 12:3과 18:8을 사용했다). 따라서 바울은 자신이 여기서 반대를 제기하고 있는 논증의 합리적인 근거에 대한 자신의 인식을 보여주고 있다 – 아브라함에 대한 약속의 다양한 형성들은 창세기 15:6이 창세기 17장과 분리될 수 없는 결과를 가지고 상호 연결되어 있다는 것이다(바울이 방금 논증한 것처럼 – 4:10). 이런 관점에 비추어 "많은 민족들"에는 개종자들을 포함할 것이고, 또는 13절의 노선에 따라("세상의 후사") 다른 민족들에 대한 아브라함의 후손의 헤게모니를 생각했을 것이고, 이 가운데는 아마도 이전 두 세기에 있었던 이두매인과 이두리안인들의 개종의 사례에서처럼 보다 강화된 할례를 포함시켰을 것이다(2:25를 보라). 그런데 바울은 창세기 17장을 의존하면서, 자신의 반대자들이 생각하는 사례들을 전혀 의도하지 않았다. 오히려 그 반대로 그는 동사의 완료시제(*τέθεικα* – 테데이카)로 그 충분한 의미, 즉 "많은 민족들"은 급속히 성장하고 있는 이방인 선교와 함께 할례의 문제가 발생하기 이전에 이미 확립되었던 신분과 성취를 의미했을 것이다. 더 자세한 것은 4:18을 보라.

"그의 믿은 바 하나님은(앞에서)"(*κατέναντι οὗ ἐπίστευσεν θεοῦ* – 파테난티 우 에피스튜센 데우)=카테난티 투 데우 호 에피스튜센(*κατέναντι τοῦ θεοῦ ᾧ ἐπίστευσεν*). 관계대명사의 매력에 대해서는 BDF, §294, 특별히 (2)를 보라. "보기에, 앞에서"(*κατέναντι* – 카테난티)의 사용에 대한 평행에 대해서는 BGD, 2b를 보라. 여기서 바울의 서술은 창세기 17:1에 나오는 히브리어 리프네(לִפְנֵי, "앞에, 면전에")로부터 유래하였다는 것이 가능할 것이다(Wilckens; 참조. 또한 Str-B, 3:212). 그러나 물론 바울은 창세기 15:6에서 묘사된 믿음(부정과거시제)의 특별한 활동을 염두에 두고 있다.

"죽은 자를 살리시며"(*τοῦ ζῳοποιοῦντος τοὺς νεκρούς* – 투 조포이운토스 투스 네크루스). 이 용어는 죽은 자를 부활시키는 하나님의 능력에 관해 분명히 언급하고 있다. 유사한 용어가 축복 18문(Eighteen Benedictions)의 두 번째 경우에 사용되었다. 즉 "당신이 죽은 자를 살리시고"(참조. 시 71[70인경]:20; *Tob* 13:2; Wisd Sol 16:13; *Jos. As.* 20.7; *T. Gad* 4.6). 8:11에서 엑소포이에인(*ζῳοποιεῖν*)을 바울이 사용한 것은 신자들의 부활을 염두에 둔 것이다(그런 식으로는 또한 고전 15:22, 36, 45; 그리고 바울 이외에 것으로는 요 5:21; 벧전 3:18). 그리고 여기서 그의 사상은 거의 확실하게 이미 예수의 부활을 바라보고 있고, 그것을 가지고 그의 미드라쉬는 결론에 이르고 있다(24-25절). 히브리서 11:19로 보아 창세기 22:1-14에 대한 암시를 배제할 수 없다(Barrett). 그러나 바울은 또한 즉각적으로 아브라함의 육체와 사라의 태(19절)가 죽은 것을 더 염두에 두면서, 아마도 하나님이 창조하시며 부양하시는(살아있게 하시는) 또한 새롭게 하시는 능력(참조. 느 9:6; 욥 36:6; 전 7:12; *Jos. As.* 8.9; 요 6:63; 고후 3:6; 갈 3:21)을 나타내는 조포이에인(*ζῳοποιεῖν*)의 보다 넓은 사용을 염두에 두었을 것이다. 어찌되었든 그것이 언급하는 것은 하나님의 창조적인 능력이다: 하나님에게서 직접 나오는 기적으로 이해되는 생명의 시여 – 하나님은 기적을 일으키시는 능력을 가지신 분으로 정확히 특징지어진다. 그리고 만약 바울의 사상의 전면에 있는 것이 하나님의 부활하시는 능력이라면, 첫 번째 창조의 일부가 되었던 것은 창조의 마지막 행위를 불러일으키는 것과 동일한 능력이기 때문이다. 위에서 인용한 평행구의 분포로 볼 때에 바울이 여기서 잘 알려진 신학적 또는 예전적 용어를 반영하고 있다고 결론짓는 것은 꽤 정당할 것이다.

"없는 것을 있는 것같이 부르시는 이시니라"(*καλοῦντος τὰ μὴ ὄντα ὡς ὄντα* – 카룬토스 타 메 온타 호스 온타). 칼레오(*καλέω*)는 여기서 효과적인 소환의 강력한 의미를 가지고 있고(더 자세한 것은 1:1과 BGD를 보라), 어떤 결과를 표현하기 위한 호스(*ὡς*)의 사용("존재하지 않는 것들을 존재하도록 부르신다")은 다른 곳에서도 잘 증명된다(LSJB.3; Philo의 평행구절, *Jos.* 126에서, 동사적으로는 끝났을지라도, 호스(*ὡς*)는 "~처럼"이라는 의미를 더 갖는다. NIV는 그것을 아주 약한 의미를 주는 것으로 사용한다 – "~인 것처럼." 사실상 보다 더 가까운 평행구는 필로의 보다 규칙적인 서술인 타 메 온타 …에이스 토 에이나이(*τὰ μὴ ὄντα … εἰς τὸ εἶναι*)다 –아래를 보라). 서술된 두 요소들은 확고하게 유대 사상에 뿌리를 두고 있다: 효과적인 "부르심"으로서의 피조물에 대한 하나님의 활동에 관한 사상(사 41:4; 48:13; Wisd Sol 11:25; Philo, *Spec. Leg.* 4.187; *2Apoc. Bar.* 21.4; *Jos. As.* 8.9)과 하나님께서 "무에서" 창조하셨다는(creatio ex nihilo) 믿음(마카비2서 7:28; *Jos. As.* 12.2; *2Apoc. Bar.* 21.4; 48.8; 에녹 2서 24.2; *Ap. Const.* 8.12.7) – 하나님은 존재하지 않는 것에서 존재를 일으키시는 토 온(*τὸ ὄν*)이라는 필로 신학의 특별한 특징(*Opif.* 81; *Leg. All.* 3.10; *Migr.* 183; *Heres* 36; Mut. 46; *Som.* 1.76; *Mos.* 2.100, 267; 특별히 *Spec. Leg.* 4.187을 참조하라 – 타 메 온타 에칼레센 에이스 토 에이나이[*τὰ μὴ ὄντα ἐκάλεσεν εἰς τὸ εἶναι*]). 이전의 구절과 더불어, 바울은 유대신학사상에서 잘 확립된 용어를 분명히 의존하고 있다. 특별히 헬레니즘적인 유대 사상의 범주에서 말이다. 주목할 만한 것은 *Jos. As.* 8.9에서의 완전한 문장서술과 평행이 되고 있는 것이다(… *θεός ὁ ζῳοποιήσας τὰ πάντα καὶ καλέσας…ἀπὸ τοῦ θανάτου εἰς τὴν ζωήν*). 더 자세한 것은 Moxnes, 241-47을 보라.

따라서 바울은 창조와 구속을 대조시키는 이원론적 경향에 등을 돌리고 있다. 즉 아브라함을 통한 하나님의 구속의 목적은 무존재에서 존재를 창조하신 동일한 능력을 표현하고 있다. 바울이 그밖에 다른 곳에서 나중에 영지주의 구조가 취하고 있는 용어를 사용할지라도, 그는 여기서 후대의 구조와 분명히 동떨어져 있는 원리를 진술하고 있다(말시온이 4장을 빠뜨린 것은 여기 구약에 대한 바울의 사용만이 아니다). 그가 하나님이 아브라함을 의로 여기신 것을 존재하지 않는 것에 생명을 준 것과 연결시킨 것은 하나님의 의와 창조주로서의 그의 능력간의 긴밀한 연관을 확인시켜주고(Stuhlmacher, *Gerechtigkeit*, 227; 보다 신중하게는 Moxnes, 105), 하나님 존전에서 인간의 피조물됨을 바울이 얼마나 철저히 이해하였는지를 보여준다(더 자세한 것은 Käsemann; 그리고 4:20을 보라). *T. Gad* 4.6-7이 반대로 "인간의 구원을 위해...하나님의 율법에 의한" 사역으로서의 "죽은 자에게 생명을 불러오기를 원하는" 사랑을 묘사하고 있는 것은 우연이 아니다. 바울이 인간에게 직접 역사하시는 하나님의 구원하시고 창조하시는 능력을 동시에 보고 있는 것이 바울의 특징이다(갈 3:19-22).

18 "아브라함이 바랄 수 없는 중에 바라고 믿었으니"(*ὅς παρ' ἐλπίδα ἐπ' ἐλπίδι ἐπίστευσεν*-호스 파르 엘피다 에프 엘피디 에피스튜센). Hays, "Rom 4:1," 90 n.44는 증거본문이 뒤따르는 이 호스(*ὅς*)절이 16d-17절의 유사한 구문과 평행을 이룬다는 것을 주목한다. 두 구절에서 에피스튜센(*ἐπίστευσεν*)에 관한 두 번째 사용은, 창세기 15:6의 에피스튜센(*ἐπίστευσεν*)을 반영하면서, 그 해설이 최종적인 단계로 움직일 때에 아브라함의 믿음의 본질에 관해 관심을 집중시킨다. 엘피스(*ἐλπίς*)를 갖는 두 전치사적인 형태는 헬라어를 구사하는 사람들에게는 익숙했을 것이다(BGD, *ἐλπίς* 1과 2a; Philo의 *παρ' ἐλπίδα*에 대해서는 Moxnes, 152 n.111을 보라). 희망(바램)의 개념에 관한 동사적 사용은 귀를 즐겁게 했을 것이고, 그 대조되고 있는 내용이 명확하지는 않을지라도, 대조 그 자체는 그 요지를 충분히 분명하게 해준다. "인간이 인간적으로 가능한 것을 희망하는 것에 비해서(BGD를 보라, 파라[*παρά*] III.6), 아브라함의 믿음은 오직 하나님의 약속에 의해 결정되는 희망으로 특징지어진다(또는 근거되어진다). 그 대조에 대한 보다 자세한 차원은 고전 헬라어 의미에서의 엘피스(*ἐλπίς*)와 유대 전통 내에서 경험되어지는 엘피스(*ἐλπίς*) 사이에서의

대조일 것이다. 고전적인 사상에서 미래의 불확실성은 엘피스(*ἐλπίς*)의 개념에 근본을 이루었고, 그것은 종종 악한 것을 두려워하는 의미에서 종종 사용되는 엘피조(*ἐλπίζω*)와 함께 단순히 "예상"을 의미한다(LSJ를 보라; *TDNT* 2:519-20). 그러나 구약에서 바램은 두려움과는 다른 것이 있다. 즉 좋은 것에 대한 기대로서의 희망이다. 그것은 긴밀하게 신뢰, 믿을만한 희망, 하나님 안에서의 희망과 연관되어 있다(*TDNT* 2:521-23에 있는 증거를 보라). 라그란지(Lagrange)는 적절하게 Sir 49:10을 인용한다. 그러므로 바울은 여기서 헬라개념과는 다른 희망의 히브리적 개념을 다루고 있다고 말할 수 있다. 즉 알지 못하는 미래에 대한 불확실과 두려움으로 특징되는 희망과는 다르며, 여기서 아브라함의 믿음은 약속하신 것에 따라 미래를 결정하시는 분으로서의 하나님 안에서의 확고한 신뢰를 말한다. 그 용어는 이 서신에서 아주 중요한 역할을 한다(5:2, 3-4; 8:20, 24; 12:12; 15:4, 13). 더 자세한 것은 5:4를 보라.

"되게 하려"(*εἰς τὸ γενέσθαι αὐτόν*-에이스 토 게네스다이 아우톤). 부정사를 갖는 에이스 토(*εἰς τὸ*)는 아브라함의 희망의 내용을 묘사하는 에피스튜센(*ἐπίστευσεν*)과는 거의 같이 가지 않으며(반대로는 *TDNT* 6:206; Kuss), 그 구문은 다시금 결과보다는 목적으로 더 잘 취해질 수 있다(SH; 반대로는 Käsemann, Cranfield, Schlier). 그 관점은 하나님의 목적에 관한 것이다: 하나님은 아브라함의 "많은 민족들"의 조상됨을 가져올 수 있는 방식-즉 믿음에 의한-을 결정짓는 관점을 가지고 그가 정확히 하시고자 하시는 대로 행하신다(창 15:6).

"이 같으리라 말씀하신 대로 많은 민족의 조상"(*πατέρα πολλῶν ἐθνῶν κατὰ το εἰρημένον*-파테라 폴론 에드논 카타 토 에이레메논)은 창세기 15:5의 70인경에서 그대로 인용한 것이다. 창세기 17:5을 창세기 15:5과 관련지으면서, 바울은 그의 반대자들이 주장하고 있는 방식을 알고 있다는 것을 다시금 보여주는데, 그는 창세기 15:5-6을 조건들이 부여되고(창 17장), 신실성이 전제되는(창 22장) 일련의 약속에 관한 형식들에 비추어 해석한다. 따라서 바울은 여기서 후대의 서술(창 17:5)의 의미를 (*κατά*-카타)를 가진, 즉 아브라함에 의한 수용과 관련되고, 또 하나님 앞에서의 그의 결과적인 신분이 분명히 표현되고 있는, 초기의 것(창 15:5)에 맞추어 결정되어야 한다는 것을 주장하고 있다. 창세기 17:17이 창세기 15:6에 비추어 이해되어져야 한다는 *Mul.* 177-78에서의 필로의 논증을 참조하라. 4:17을 보라. 카타 토 에이레메논[*κατὰ τὸ εἰρημένον*]: 또한 역시 눅 2:24; 참조. 행 2:16과 13:40(더 자세한 것은 BGD, 에피온[*εἶπον*] 4를 보라). 스페르마(*σπέρμα*)에 대해서는 4:13을 보라.

19 "그가 백 세나 되어 자기 몸의 죽은 것 같음과 사라의 태의 죽은 것 같음을 알고도 믿음이 약하여지지 아니하고"(*καὶ μὴ ἀσθενήσας τῇ πίστει κατενόησεν το ἑαυτοῦ σῶμα ἤδη νενεκρωμένον ἑκατονταετής που ὑπάρχων καὶ τὴν νέκρωσιν τῆς μήτρας Σάρρας* – 카이 메 아스데네사스 테 피스테이 카테노에센 토 헤아우투 소마 에데 네네크로메논, 에카톤타에테스 푸 휘파르콘, 카이 텐 네크로신 테스 메트라스 사라스). "(믿음이) 약하여지지 아니하고"(*μὴ ἀσθενήσας* – 메 아스데네사스)와 "(죽은 것을) 알고도"(*κατενόησεν* – 카테노에센), "그 사실을 직면하고도"(NIV)의 병렬로 그 의미를 형성하고 있다. 도덕적인 또는 종교적인 연약함에 관해 비유적으로 사용되는 아스데노(*ἀσθενέω*)에 대해서는(신약에서는 오직 바울에게서만) 14:1-2; 14:21 *v.l*; 고전 8:11-12; 고후 11:29을 참조하라. 부정어가 없는 카테노에신(*κατενόησεν*)의 독법에 대해서는 원문주해를 보라. 그리고 그 의미에 대해서는 BGD, 카타노에오[*κατανοέω*] 2(바울에게서는 오직 여기서)를 보라. 그 논증에 관한 이 항목의 요지가 분명해지기를 시작하고 있다: 믿음은 오직 하나님을 의지하고 인간의 가능성에 의존하지 않기 때문에 강력하다(Nygren). 그렇다고 여기서 바울이 역사적인 실제를 모르거나 부인하는 것이 아니다(우[*οὐ*]의 독법이 암시하는 것처럼). 오히려 바울은 아브라함이 그러한 것들을 충분히 고려하고 있었다는 것을 말한다(아마도 창 17:17을 생각해 볼 수 있는). 그것이 아브라함의 믿음을 강하다고 말할 수 있는 이유가 바로 그것이다(참조. Schlier). 함축적으로 말해서, 인간의 힘에 의존하거나 그것에 의해 결정되어질 때에 믿음은 약하다. 또한 믿음을 인간이 할 수 있는 한도에 의존하는 고집은 아브라함의 믿음이 아니다. 여기서 네크로(*νεκρόω*)와 네크로시스(*νέκρωσις*)의 사용은 Deissmann, *Light*, 97 n.1과 평행을 이룬다(소마 토 네네크로메논[*σῶμα τὸ νενεκρωμένον*], "지금 죽은 몸"). 아브라함의 나이("거의 백세가 된")는 창세기 17:1, 17과 21:5에서 유래되었다. 나중에 많은 자녀들을 둔 아비가 되는 그의 능력은(창 25:1-2) 고려되고 있지 않다. 만약 바울이 질문을 받는다면, 죽은 것 같은 몸에서 살아난 아브라함은 사라의 태가 죽은 뒤에도 효력을 계속 발휘했다거나 그의 논증은 오직 약속의 씨에 관심이 있었다고 대답했을 것이다.

20 "믿음이 없어 하나님의 약속을 의심치 않고 믿음에 견고하여져서 하나님께 영광을 돌리며"(*εἰς δὲ τὴν ἐπαγγελίαν τοῦ θεοῦ οὐ διεκρίθη τῇ ἀπιστίᾳ ἀλλ' ἐνεδυναμώθη τῇ πίστει, δοὺς δόξαν τῷ θεῷ* – 에이스 데 텐 에팡겔리안 투 데우 우 디에크리데 테 아프스티아 알 에네두나모데 테 피스테이, 두스 독산 토 데오). 다시 한번 바울은 대조를 함으로써 아브라함의 믿음의 특징을 제기하고자 한다(19절로부

터의 전개는 바울의 주해에 관한 것이 아니라, 아브라함의 믿음에 관한 것이다-Michel). 여기서 그것은 이중적 대조이다. 첫 번째는 부정적이다. (1) 아브라함의 믿음은 하나님의 약속과 관련하여 흔들리거나 의심하지 않았다-의미상 디아크리네스다이(*διακρίνεσθαι*, "자기 스스로 상충되다, 주저하다, 의심하다")는 신약에서 처음으로 나타나고 있다(BGD, 2b, SH). 바울에게서 이러한 의미로 다른 곳에서는 오로지 14:23에만 나타난다(14:23을 보라). J. R. Mantey, "The Causal Use of *ΕΙΣ* in the New Testament," *JBL* 70(1951), 45 -48은 "때문에"라는 원인의 의미를 가진 에이스(*εἰς*)로 읽을 수 있는 가능성을 주목한다. 믿음은 하나님의 약속을 수용하며, 신뢰하는 것을 의미한다. (2) 믿음은 아피스티아(*ἀπιστία*)와 반대가 된다. 여기서 아피스티아는 율법을 지키는데 있어서 "불신앙적"이라는 것을 의미하지 않고, 그 범위("많은 민족들")와 조건(믿음)에 관한 하나님의 약속을 받아들이지 못하는 것을 의미한다. 그런 의미에서 아피스티아(*ἀπιστία*)를 믿음의 거부, 하나님의 약속의 포기로 묘사될 수 있다.

두 번째, 이중적인 대조의 긍정적인 측면은 (1) "믿음에 견고해져서"(*ἐνεδυναμώθη τῇ πίστει*-에네두나모데 테 피스테이)다. 위의 (1)과의 대조가 아주 직접적이다. 수동태는 하나님에 의한 수동태일 것이다. "하나님에 의해 견고해지고"(Cranfield, Wilckens). 그렇지 않았다면, "강하게 되다"이다(BGD, RSV, NEB, Schlier; 참조. 엡 6:10과 딤후 2:1). 테 피스테이(*τῇ πίστει*)는 "(그의) 믿음에 대하여는"(참조. BDF §197), 또는 아마도 "믿음에 의한"(참조. 히 11:11)을 의미할 수 있었다. 그 모호성이 신학적인 것이 되도록 허락해서는 안 된다. 왜냐하면 바울이 염두에 두고 있는 것은 하나님 안에서의 완전한 신뢰로서의 믿음이기 때문이고, 견고해지는 것이 믿음이든, 믿음의 견고케 하는 수단이 되든 간에 그 요지는 동일하다. 아브라함의 하나님에 대한 의지는 더 강해졌다(그러나 NJB의 "믿음으로부터 힘을 끌어냈다"는 바울이 의도하는 의미와는 너무 거리가 멀다). 바울은 믿음이 고정된 묶음이 아니라 강해지기도 하고 약해지기도 하는 것임을 당연하게 여긴다(4:19를 보라). (2) "하나님께 영광을 돌리며"(*δοὺς δόξαν τῷ θεῷ*-두스 독산 토 데오). 1:21과의 대조를 참조하라-그논테스 톤 데온 우크 호스 데온 에독사산[*γνόντες τὸν θεὸν οὐχ ὡς θεὸν ἐδόξασαν*]. 아브라함은 인간이 최초의 할 수 없었던 것을 했다(1:21을 보라). 그 구절은 성경 헬라어에서 잘 알려져 있지만(Cranfield의 예들을 보라), 여기서 그것은 피스티스(*πίστις*)에 관한 더 자세한 묘사와 아피스티아(*ἀπιστία*)의 반대 역할을 한다(위의 (2)를 보라): 창조주에 대한 피조물의 적절한 응답으로서의 믿음; 하나님에 관한 피조물의 의존을 부인하는 것으로서의 불신앙. 17절에서처럼 인간 역사의 모든 범위에 대한 조망에 대한 내재된 확장은 의도적일 것이다. 여기서 아브라함의 믿음을 "분투적인 인간의 응답"으로, 따라서 구속은 오로지 은혜로 된다는 관점과 모순되는 것으로서 특징지음으로써, 와스톤(Watson, *Paul*, 140)은 바울의 논증의 분명한 진의를 무시한다 – 하나님 안에서 제한을 두지 않은 신뢰로서의 믿음(Hultgren, *Gospel*, 39-40을 참조하라).

21 "약속하신 그것을...확신하였으니"(*καὶ πληροφορηθεὶς ὅτι ὃ ἐπήγγελται* – 카이 플레로포에데이스 호티 호 에펭겔타이). "확신하다"(*πληροφορεῖσθαι* – 플레로포레이스다이)는 70인경에서 오직 전도서 8:11에서만 사용되었다(*TDNT* 6:309-10을 보라). 14:5에서의 동일한 의미와 골로새서 2:2, 데살로니가전서 1:5; 히브리서 6:11; 그리고 10:22(플레로포리아 피스테오스[*πληροφορία πίστεως*])에서의 그 명사의 사용을 참조하라. "약속하신" 또는 "그가 약속하셨다"(*ἐπήγγελται* – 에펭겔타이)에 대해서는 Lightfoot을 보라.

"또한 그가 능히 이루실 줄을"(*δυνατός ἐστιν καὶ ποιῆσαι* – 두나토스 에스틴 카이 포이에사이). 그 요지는 창세기 18:14로부터 끌어온 것이고(메 아두나테이 파라 토 데오 레마[*μὴ ἀδυνατεῖ παρὰ τῷ θεῷ ῥῆμα*]; 사라의 웃음에 대한 주님의 반응), 창세기 17:17에서의 아브라함의 유사한 반응을 무시한다(위의 4:19을 볼지라도). 그러나 여기서 역시 17절에서처럼 바울은 신학적인 사상의 새로운 노선을 형성하려는 것이 아니라, 다시 한번, 가장 가까운 평행들을 제공하는, 모든 것들을 행하시는 하나님의 권능 안에서의 필로의 확신과 함께 유대 사상의 이미 확립된 주제를 그리고 있으며(*Som.* 2.136; *Jos.* 244; *Spec. Leg.* 1.282), 특히 창세기에서 동일한 에피소드에 관한 언급에서 그렇다(*Abr.* 112; 또한 175를 주의하라; *Qu. Gen.* 3.2,56). 더 자세한 것은 Moxnes, 146-55을 보고, *Ap. Const.* 7.35.7도 첨가시켜라. 신약성경 내에서는 특별히 히브리서 11:19을 참조하라. 마가복음 10:27 pars., 14:36에 따르면 예수께서 그렇게 하신 것처럼 바울은 로마서의 그밖에 다른 곳에서 하나님의 전능하심에 호소한다(9:22; 11:23 q.v). 더 자세한 것은 1:16과 1:20을 보라. 여기서 그 서술은 "아브라함의 믿음이 단순히 약속했던 것 속에서가 아니라 약속하신 하나님 안에서의 믿음이라는 사실을 강조한다"(Cranfield; 유사하게는 Leenhardt). 또한 Heil, *Hope*, 33을 보라.

22 "그러므로 이것을 저에게 의로 여기셨느니라"(*διὸ (καὶ) ἐλογίσθη αὐτῷ εἰς δικαιοσύνην* – 디오 (카이) 엘로기스데 아우토 에이스 디카이오수넨). 디오 카이

(διὸ καί)는 추론이 자명함을 나타내고 있다(참조. 눅 1:35; 행 10:29; 24:26; 롬 15:22; 고후 1:20; 5:9). 그러나 디오(διό)는 여전히 앞섰던 것으로부터 끌어낸 결론의 의미를 갖는다(BGD). 그렇다면 이것은 전체적으로 앞선 주해에 대한 결론이다. 사이에 끼어 있는 주해는 3절과 함께 틀을 형성하고 있는 창세기 15:6로부터의 두 번째 정확한 인용문이다. 그 주해는 아브라함을 그렇게 여기게 한 것은 아브라함의 믿음이었고, 그 믿음의 환경(9-12절), 대상(13-17절) 그리고 본질(17-21)이 9-21절에 명확하게 나타나 있다. 더 자세한 것은 4:3과 양식과 구조를 보라. 다드는 자신의 신학의 현대적 사용을 위해서 여기서 바울이 논증한 것과 너무 멀리 가는 구조를 갖는데, 이는 특히 하나님에 관한 근본적인 신학적 주장으로서의 5b절, 17b절과 22b절의 중요성을 완전히 과소평가한 것이다(Moxnes, 105).

23-24 "저에게 의로 여기셨다 기록된 것은 아브라함만 위한 것이 아니요 의로 여기심을 받을 우리도 위함이니"(*οὐκ ἐγράφη δὲ δι' αὐτὸν μόνον ὅτι ἐλογίσθη αὐτῷ, ἀλλὰ καὶ δι' ἡμᾶς* – 우크 에그라페 데 디 아우톤 모논 호티 엘로기스데 아우토 알라 카이 디 헤마스). 이는 4장에서 세 번째로 "만 아니라…도" 구문을 사용한 것이다(12, 16; 또한 5:3, 11). 상속인에 대한 모형 그리고 전형으로서의 아브라함에 대한 바울의 호소는 유대(그리스도)인들의 귀에 상당히 솔깃했을 것이다(4:2을 보라). 그는 한 구절에 그 형태를 집중할 수 있었는데, 특히 그것이 아브라함에 관한 폭넓은 유대 사상의 중심요지였기 때문이다(4:2과 4:3을 보라). 하지만 그는 아브라함의 경우에 피스티스(πίστις)와 디카이오수네(δικαιοσύνη)의 특징적인 연관성이 바울 당시에 그것들이 표현된 실재와 개념들의 의미와 관계를 설명하는데 전형적인 의미를 줄 수 있었기 때문에 그러한 의미를 가지고 그 구절을 살필 수 있었다. 그리고 아브라함의 믿음을 끌어내고, 그의 의에 기인한 약속은 그의 조상됨의 범위를 관련짓는다("많은 민족들" – 한 조상으로서의 아브라함에 관한 반대적인 주제; 양식과 구조를 보라). 따라서 그가 그리스도 안에서의 그의 믿음에 비추어 그 성경 구절을 읽을지라도(Goppelt, *Typos*, 136), 그 본문에 관한 그의 선택은 임의적이 아니며, 또한 그는 그것에 이상하거나 감당하기 어려운 의미를 강요하지 않는다. 동일한 이유 때문에 "바울이 유대교와는 근본적으로 다른 방식 안에서 아브라함을 보고 있다"(*Typos*, 136)는 고펠트(Goppelt)의 주장은 심각하게 제한을 두어야 한다. 물론 바울의 해석이 유대교의 해석적인 전제 중 하나에 의문을 불러온다. 그러나 만약 그렇지 않았더라면, 그것은 전적으로 현재의 해석적인 전례 법규의 측면에 전적으로 적절했을 것이고, 물려받은 자신의 신앙에 관한 자아비판적인 재평가에 포함된 하나

님 경배자들과 많은 유대인들을 위한 압박하는 요인을 확실히 가졌을 것이다.

여기에 포함된 성경의 이론(*ἐγράφη* – 에그라페)은 두 가지 중요한 특징들을 갖고 있다. (1) 그것은 "우리를 위해서" 쓰여졌다(아브라함의 후손으로서 유대인과 이방인을 모두 포함하는 "우리의" – 11-12, 16-17절). 이것은 어느 때나 어느 환경과도 관련되어질 수 있도록 하기 위한 성경의 진술의 무시간성에 대한 믿음이 아니다: 그 본문과 바울의 문맥간의 연결이 구체적이다(우리가 방금 본 것처럼). 그리고 관련된 보다 넓은 원리는 종말론적인 것들이다 – 끝날에 대한 보다 충분한 실재를 전조하고 예표하는 언약과 이스라엘의 형성기에 발생했던 것(참조. 15:4; 고전 9:10; 특히 10:11) (2) 그것은 아브라함을 위해 쓰여졌다. 그것은 창세기 15:6이 아브라함의 기억을 담고 있고, 그런 방식으로 아브라함이 은혜를 입었다는 것을 단순히 의미할 수 있다(참조. Sir 44:10-15). 하지만 바울의 주된 사상은 창세기 15:6이 기록하고 있는 것이(아브라함이 의로 여겨지게 됨으로 은혜를 입었다는 것) 역사적인 실제성에 관한 것이라면, 그리고 에그라페(*ἐγράφη*)가 "우리를 위해"에 의해 전적으로 결정되지 않는다면, 그때에 그것은 바울이 역사적인 사건을 다소 구체화하는 것으로 성경 – 그 자체와는 다른 어떤 것에 대한 증거나 기록 이상이 된다는 성경 – 을 보았다는 것을 함축한다. 그것은 본문에 너무 많은 판단을 두는 것이 될 수 있으나, 확실히 우 모논(*οὐ μόνον*)은 적절한 무게가 주어져야 한다. 바울의 해석에 대한 두 성격을 주목해야 하고, 그것은 예표론적인 해석으로 적절히 불리어질 수 있는 것을 약속 성취 또는 알레고리와 구분시켜준다(더 자세한 것은 Goppelt를 보라, 즉 참고문헌 속에 있는 모든 세 용어들; Kasemann; 또한 Wilckens 1:284-85).

24 "의로 여기심을 받는 자들을 위해"(*οἷς μέλλει λογίζεσθαι* – 호이스 멜레이 로기제스다이). 주석가들은 본 구절이 (1) 현재 또는 (2) 미래적인 언급을 가지는 것으로 취급해야 하는지에 관해서 나뉜다. (1) 멜로(*μέλλω*)는 신적인 목적 또는 선언에 필연적으로 뒤따라 나오는 행동을 나타내고, 즉 "틀림없다, 확실히 그렇다"(BGD, 1.c.δ)이고, 그 전제는 로기스제스다이(*λογίζεσθαι*)가 아브라함의 경우 – 믿음에 관한 거기서 그 때에 – 에서처럼 "우리의" 경우에서도 발생한다는 것이다; 참조 5:1 (또한 Cranfield, 그리고 더 자세한 문헌목록을 갖는 Wilckens를 참조하라). (2) 미래의 종말론적 언급(최후심판에 대한)은 8:13, 18에서의 멜로(*μέλλω*)에 관한 바울의 사용과 잘 들어맞고, 이미 여러 번 주목한 디카이오(*δικαιόω*)의 미래적 언급과 일치한다(2:13; 3:20, 30). 또한 Schlatter, Barrett, Michel, Käsemann, Schlier를 보라. 하나님의 의롭게 여기심은 단순히 최초의 수락이 아니라 마지막 심판까지 바라본 수락

이며 그 사이 시간에 계속되는 부양에 대한 필요가 있다는 사실을 바울은 적어도 말하고 있다(1:17과 2:13을 보라). 참조. 아래의 "신자들"(현재 시제)에 관한 설명을 보라.

"믿는 자"(*τοῖς πιστεύουσιν ἐπί*－토이스 피스튜우신 에피). 22절과 23절에서 엘로기스데(*ἐλογίσθη*)의 주어는, 비록 그것이 상당히 명백할지라도(아브라함의 믿음), 진술되지 않고 있다. 그러나 그것을 진술하지 않은 상태로 놓아둠으로서 바울은 토이스 피스튜우신(*τοῖς πιστεύουσιν*, "믿는 자")을 보다 효과적으로 만들고 있다: 청자/독자는 그렇게 여겨지게 된 것은 아브라함의 믿음이었기 때문에 그가 제공하고 있는 구조는 신자들을 위한 것임을 생각하게 만든다. 따라서 독자가 진술되지 않은 논리로부터 분명한 추론을 이끌어낼 수 있도록 요구함으로써 바울은 그것을 독자들 자신의 사상의 일부로 만들게 한다. 현재 시제에서의 피스튜오(*πιστεύω*)의 사용에 대해서는 1:16을 보라. 피스튜에인 에피(*πιστεύειν ἐπί*)는 에피(*ἐπί*)의 대상에 대한 인격적 헌신의 의미를 갖는 신뢰의 수납을 나타내면서(특별히 행 9:42; 11:17; 16:31; 22:19을 참조하라), 여격을 갖는 피스튜에인(*πιστεύειν*)의 보다 강력한 형태로 취해질 수 있다(4:5를 보라). 다른 곳에서 더욱더 일반적인 피스튜에인 에이스(*πιστεύειν εἰς*) 대신에, 겉으로 보기에 바울이 로마서에서(4:5, 24; 10:11) 그것을 선호하는 것은 9:33과 10:11에서의 형태를 결정짓는 이사야 28:10의 영향이 이미 4장에서의 바울의 서술에 영향을 미쳤다는 것을 암시한다. 엘피제인 에피(*TDNT* 6:211 n.273)의 유추에 따른 구성은 그럴 것 같지 않다.

"예수 우리 주를 죽은 자 가운데서 살리신 이"(*τὸν ἐγείραντα Ἰησοῦν τὸν κύριον ἡμῶν ἐκ νεκρῶν*－톤 에게이란타 예순 톤 큐리온 헤몬 에크 네크론). 바울은 잘 알려진 서술의 리듬으로 자연스럽게 들어가고 있다. "하나님이 그를 죽음에서 일으키셨다"는 초대 그리스도인들의 가장 최초의 신조 중 하나였다(참조. 행 3:15; 4:10; 13:30; 롬 7:4; 8:11; 10:9; 고전 15:12, 20; 갈 1:1; 엡 1:20; 골 2:12; 살전 1:10; 벧전 1:21; 특히 Kramer, *Christ*, 20-26을 보라). 신조에서 "예수"(예수 그리스도보다)의 사용에 대해서는 8:11, 10:9 그리고 살전 1:10을 참조하라. 덜 일반적인 큐리오스(*κύριος*)가 고린도전서 6:14과 고린도후서 4:14과 평행을 이루고 있는데, 마감하는 구절에서 바울이 보다 충만한 기독론적인 칭호를 사용하는 경향이 있다는 사실로 부분적으로 설명이 되어질 수 있다(Kramer, 25). 그러한 서술의 분명한 특징은 인접한 문맥에 자신의 용어를 적용시키려는 바울의 관심에서 기인한다. 즉 아브라함의 믿음과의 평행을 더욱더 분명하게 이끌어냄으로써, (그리스도 안에 있는 믿음에 관한 일반적인 크리스찬의 언급과는 다른 – *TDNT* 6:210-12) 하나님을 향한 것으로서의 믿음; 일반적인 서술에 따른, 하지만 17절과 19절과 분명히 평행을 가져오는, 에크 네크론(*ἐκ νεκρῶν*)의 사용(하지만 고전 6:14; 고후 4:14에서는 아니다), 그리고 아브라함의 믿음과의 유사성의 정도. 믿음에 대한 경우를 제공하는 것과 관련이 되는 한, 예수에 관한 하나님의 조포이에사이(*ζῳοποίησαι*, 조포이에인[*ζῳοποιεῖν*]은 에게이레인[*ἐγείρειν*]에 대한 동의어로 사용되어질 수 있다 – 특히 요 5:21; 롬 8:11; 벧전 3:18을 참조하라)의 사용은 사라의 태에 있는 그의 조포이에사이(*ζῳοποίησαι*)에 대한 종말론적 대응(counterpart)이며, 둘다 하나님의 창조능력에 대한 전형적인 표현들이다. 구속역사에서 두 용어들은 문자적으로 창조적인 기원을 일으키는 사건들이다. "우리"가 하나님의 의로 여기심과 대리적으로 관련되어 있다고 논증하는(우리가 아브라함의 후손이기 때문에 대리적으로"), 하이스(Hays)는 더 분명한 모형론적 평행을 무시한다("Rom 4:1," 94).

여기서 하나님-기독론에 대한 바울의 서술의 의미를 간과해서는 안 된다. (1) 크리스찬의 믿음은 그리스도 안에서의 믿음과 동등하게 하나님 안에서의 믿음으로 묘사될 수 있다. 하지만 하나님 안에서의 믿음은 그리스도와 관련해서 행해진 것에 의해서다(특별히 살전 1:8-10를 참조하라). 그 둘은 서로 다른 차원이 아니며, 대안적이지도 않고, 한 믿음에 관한 서로 다른 측면이다. (2) 가장 초기의 서술이 "예수께서 일어나셨다"라기보다는 "하나님이 예수를 일으키셨다"라는 것은(하지만 살전 4:14를 참조하라) 하나님의 뜻하신 목적의 전개 내에 있는 그리스도의 부활의 사건을 담고 있는 것이고, 그것을 또는 예수를 믿음의 대안적인 대상 또는 신학적인 추론의 독립적인 대상이 되지 못하게 한다. (3) 여기서 큐리오스(*κύριος*)는 단순히 예수의 부활로부터 기인한 신분이 아니라(더 자세한 것은 1:4와 10:9를 보라), 부활하신 분을 묘사한다. 여기서 역시 우리가 이 땅에 계셨던 예수와 높임 받으신 주님 사이에 첨예한 구분에 대한 여지를 만들 수 없고, 전자가 후자에 반하여 서 있을 수 없다는 통일된 개념을 가지고 다룰 수 있게 한다. 주님이신 분은 분명히 십자가에 달리시고 장사지낸 바 되신 예수이시다.(4) 하나님은 주님을 살리셨다: 큐리오스(*κύριος*, 더 자세한 것은 1:7, 8과 10:9를 보라)에 담겨 있는 신적인 신분에도 불구하고, 그 신분은 하나님의 신븐과는 다르며 또 하나님에 종속되는 것으로 분명히 인식되고 있다. 하나님을 그를 살리신 것은 주님으로서다(참조. 고전 15:20-28). 11:36과 14:3을 보라.

25 "예수는 우리 범죄함을 위해 내어줌이 되고"(*ὃς παρεδόθη διὰ τὰ παρα-*

πτώματα ἡμῶν–호스 파레도데 디아 타 파라프토마타 헤몬). 이것은 초대 기독교에서 가장 잘 확립된 신조가 변화된 것이다. 특별히 8:32; 갈 2:20; 엡 5:2, 25을 참조하라. 구분되는 특징은 수동태다. 그것은 하나님의 수동태로 분명히 간주되어질 수 있다(하나님이 그를 내어 주셨다; 8:32과 다른 3개의 언급들을 대조해 보라), 그리고 디아(*διά*) 절은 일반적인 휘페르(*ὑπέρ*) 절과 대조된다. 이 신조가 기독교 전통의 두 요소들 사이의 접합점이라는 사실로 이것들을 설명할 수 있다: (1) 수난 기사(passion narratives)들 그리고 (2) 이사야 53장을 사용한 예수의 죽음에 관한 기독교적 묵상이다. (1) 파라디도미(*παραδίδωμι*)는 사람(유다)에 의한 예수에 대한 배반과 하나님에 의해 내어주신 바 되었다는 이중적인 사상을 포괄하는 중요한 기능을 가지고 있다: 예를 들어, 한편으로는 막 9:31; 10:33; 14:1-2; 그리고 마 10:4; 그리고 다른 한편으로는 행 3:13; 롬 4:25; 그리고 8:32; 또한 모호성을 반영하는 고전 11:23을 참조하라. 따라서 그것은 특별히 수동의 형태로, 유다의 끔직한 행동(참조. 막 14:21)과 하나님의 주재의 목적(참조. 행 2:23)을 서로 화해시키는 적절한 수단을 제공했다. 더 자세한 것은 N. Perrin, *A Mordern Pilgrimage in New Testament Christology*(Philadelphia: Fortress, 1974), 94-103에 있는 "신약에서 예수의 수난과 관련한 (Para)didonai의 사용"; A. E. Harvey, *Jesus and the Constraints of History*(London: Duckworth, 1982), 23-26의 논증을 보라. (2) 70인경 이사야 53장의 영향은 논쟁하기가 어렵다. 특별히 이사야 53:12을 참조하라: 카이 디아 타스 하마르티아스 아우톤 파레도데[*καὶ διὰ τὰς ἁμαρτίας αὐτῶν παρεδόθη*]. 이사야 53장에서 파라디도미(*παραδίδωμι*)의 삼중적 사용(6, 12절)은 강조적인 히브리어의 다소 놀라운 번역들을 수반하고 있기 때문에, 아마도 여기서 그 신조는 70인경에 대한 헬라화된 유대 (그리스도인의) 사용을 반영하고 있다고 인식해야만 할 것이다(Wengst, *Formeln*, 103). 그러나 그것은 이사야 53장의 사용이 오로지 헬라어를 말하는 단계에서 도입되어진다는 것을 의미할 필요는 없다. 그 반대로 이사야 53:12로부터 25절의 변화는 아마도 이사야 53장의 아람어 번역(또는 실제로 직접적 사용)을 인식한 결과로부터 왔을 것이다. 왜냐하면 파레도데 디아 타 파라프토마타 헤몬(*παρεδόθη διὰ τὰ παραπτώματα ἡμῶν*)이 *Targ. Isa.* 53.5b–אִתְמְסַר בַּעֲוָיָתָנָא(J. Jeremias, *The Servant of God*, 2d ed. [London: SCM, 1965], 89 n.397)에 상응하기 때문이다. 비록 거기서 성전에 대한 언급으로 말했을지라도 말이다(Bruce). 더 자세한 것은 Patsch, 274-78을 보라. 따라서 함께 취급되어진 25a절의 독특한 특성은 예수의 죽음에 관한 초기의 신학적 묵상들 중의 하나에 관한 헬라어 번역임을 가리켜준다. 확실히 예수의 수난

에 관한 그것의 언급은 논쟁할 여지가 없이 확고하다. 그것을 세상의 삶으로의 하나님의 아들의 오심의 사상을 포함하는 것으로 넓히는 크래머(Kramer)의 시도는 (*Christ*, 117) 주해적인 근거가 부족하다. 파라프토마(*παράπτωμα*)에 대해서는 5:15를 보라.

"또한 우리를 의롭다 하심을 위하여 살아나셨느니라"(*καὶ ἠγέρθη διὰ τὴν δικαίωσιν ἡμῶν*–카이 에게르데 디아 텐 디카이오신 헤몬). 확립된 신조의 특성들이 여기서는 덜 분명하다. 에게이로(*ἐγείρω*)가 예수에 대하여 수동태로 사용되어진다면, 그 형태는 보통 에게르데 에크 네크론(*ἠγέρθη ἐκ νεκρῶν*)이다(6:4, 9; 7:4; 고전 15:12; 롬 8:34에 관한 원문주해를 보라). 가장 근접한 평행절은 고린도후서 5:15이다(*ὑπὲρ αὐτῶν … ἐγερθέντι*–휘페르 아우톤…에게르덴티). 한편으로 "의롭다 하심, 칭의, 변호, 사면"(*δικαίωσις*–디카이오시스)은 특별하게 바울적인 표현은 아니다(신약에서 그것의 또 다른 출현인 로마서 5:18은 부당한 반복을 피하기 위한 시도로 가장 잘 설명되어진다–5:18을 보라). 여기서 그것의 의미는 그것의 보다 넓은 용법과 잘 들어맞지는 않는다(LSJ). 그리고 부활과의 그것의 연계는 다소 놀랍다(그러나 6:7; 딤전 3:16; 그리고 요 16:10의 특이한 형식들을 참조하라). 크랜필드(Cranfield)는 이사야 53:11의 히브리어 본문으로부터의 상당한 영향을 가정한다(70인경은 디카이오사이[*δικαιῶσαι*를 사용하지만 다시금 MT와는 다르다). 디아(*διά*)는 앞선 절과의 수사학적 평행을 제공하기 위해 분명히 사용되었다. 대부분 인식하는 것처럼, 그 평행은 더욱더 원인의 의미로 첫 번째 디아(*διά*)를 읽고, 그리고 더욱더 목적의 의미로 두 번째 디아(*διά*)를 읽어도 무방하다("때문에"[우리말 번역은 "위하여"]는 똑같은 모호성을 가지고 있다; pace Schlatter, Zeller; 그러나 NEB는 평행어법을 완전히 단념한다). 그리고 두 절들은 히브리어 시적 형태의 평행주의에 맞추어, 다소 서로간에 모형이 되었을 것이다(Dodd). 그러나 바울이 이미 존재하는 형식구를 포함시켰는지(개작했는지) 또는 더 잘 구성된 첫 번째 절에 맞추기 위해 두 번째 절을 구성했는지는 불확실하다. 어찌되었든 간에 (예수의 죽음의 효과와 그의 부활의 효과를) 순전히 수사학적인 구분을 지어 신학적인 의미를 읽는 것은 하나의 실수가 될 것이다(특별히 Kuss와 McNeil, 104-5를 보라; Murray와 대조해보라; 참조. 10:10). 하지만 그것은 적어도 예수의 부활에 관한 구원론적인 의미를 강조하고, 오로지 예수의 변호적인 측면에서 간주되는 것을 막아준다(롬 1:4과 딤전 3:16의 또 다른 강조와 함께 7:4, 8:34 그리고 고전 15:17을 참조하라).

해설

복음이 선지서들 속에 미리 약속되었고, 율법과 선지자들에 의해 입증되었다(1:2;3:21)는 바울의 주장은 지금까지 주로 기독론적인 용어로 기록되었다. 즉 예수는 약속된 다윗의 자손이며, 그의 죽음은 속죄일에 속죄제물의 율법에 따른 것이다(1:3-4;3:24-26). 이 두 주장들은 초대 기독교인들의 신조로 사용되고 있었다. 그러나 하나님의 의가 율법의 행위와 관계없이 믿는 모든 사람들에게 미친다는 보다 자극적인 주장은 아직은 성경에 증거되지 않았다. 이제 바울의 복음이 동료 유대인들, 옛 방식을 좇는 사람들과 메시아 예수 안에서의 동료 신자들에게 배척을 당하는 것이 바로 이것이다. 따라서 바울이 자신의 동료 대담자(2:1-3:8)와 이미 시작한 논증에서 이길 수 있는 희망을 가질 수 있다면, 그는 이 점에서 자신의 주장을 확실하게 만들어야 한다. 만약 그가 사람이 믿음으로 의롭게 되고, 율법의 행위들에 의해 의롭게 되는 것이 아니라(3:28)는 것을 성경으로부터 증거하지 못한다면, 그는 복음과 중심 되는 믿음간에 연속성을 유지하지 못하게 될 것이다. 그런 본질적인 임무로 그는 지금 나아가고 있다.

4:1-3: 서론

1 그는 즉시 아브라함으로 나아간다. 그 이유는 분명하다. 즉 아브라함은 그 민족의 조상들 중에 가장 존경받는 첫 번째 인물이기 때문이다("하나님의 친구"). 그에게 세움의 약속, 즉 땅의 언약과 할례의 언약이 주어졌다(창 17장). 만약 아브라함의 사례에서 하나님의 의의 활동을 분명히 확신할 수 있다면, 그것은 그의 씨요 후손이라고 주장하는 사람들에 대한 전형이요 중요한 선례를 제공할 수 있을 것이다. 게다가 더욱더 중요한 것은 바울만이 오직 아브라함을 그렇게 간주한 것이 아니라는 점이다. 바울 당시의 유대교 내에서 아브라함은 사실상 전형적인 유대인의 모형으로 존경받아왔다-즉 그는 시험을 당할 때에 하나님에게 신실함을 보인 사람이다. 즉 "시험을 받을 때에 믿음을 얻는"(Sir 44:20; 마카비1서 2:52). (아브라함의 신실함에 관한) 더욱더 확장된 모티브 내에서 동일한 구절의 반복과 바울이 여기서(다소 어색하지만) "얻었다"라는 동일한 동사를 사용하고 있다는 사실은 아브라함에 대한 잘 확립되어 있는 언급의 방식을 우리가 다루고 있음을 암시해준다. 다시 말해서 바울은 언약적 충성으로서의 아브라함의 믿음에 관한 널리 알려져 있는 견

해 – 하나님에 대한 그의 충성과 지극히 어려운 상황 하에서도 하나님의 명령을 순종한 것 – 를 충족시켜 주는 것처럼 보인다.

바울의 독자들은 창세기 15:6을 이 주제와 분명히 연관시킨 마카비1서 2:52와 야고보서 2:23-23에서 증거된 전통적인 해석을 알고 있을 것이다. 하나님 안에서의 아브라함의 믿음과 의로 여겨진 그의 존재는 이삭을 제물로 바치는 아브라함의 신실성에 의해 이해되었다. 따라서 그들은 바울이 창세기 15:6에 즉시 집중할 할 때에 놀랍지 않았을 것이다(3절). 왜냐하면, 만약 바울이 그 주요 구절에 관한 대안적인 이해를 뒷받침하지 못한다면, 의의 복음을 율법 자체에 대한 믿음과 절연시키려는 그의 주장은 중요한 시험에서 실패하고 마는 것이다. 간단히 말해서 다음의 구절에서 갖는 것은 신앙의 사람에 관한 단순한 예증이나 설명 이상이 되리라는 것이 점차적으로 분명해진다. 바울의 복음과 거의 거슬러 서 있는, 경건한 유대인의 전형으로서의 아브라함에 관한, 이미 잘 구축된 영향력 있는 관점이 분명히 있었다. 따라서 바울은 복음의 합당성이 다음에 이어지는 해설에 달려 있다는 것을 상당히 의식했을 것이다.

로마의 회중들은 역시 바울이 아브라함에 관해 언급하는 방식을 놓치지 않았을 것이다 – "육신으로 우리의 조상된 아브라함." 바울은 2:1-3:8에서의 유대인 대담자와의 대화(논쟁)을 재개하고 있다는 것을 가리킨다 – 이방인 그리스도인들도 아브라함을 "조상"이라고 부를 수 있지만(바울이 갈 3장에서 아주 강력하게 주장한 것처럼 그리고 뒤에 이어지는 구절에서 다시금 주장하는 것처럼), 그것은 믿음의 측면에서의 "조상"이지 육체적인 가계의 측면에서의 조상은 아니다. 아울러 "육신으로"라는 구절에서의 다소 경멸적인 언급은 단순히 육체적으로, 인종적인 측면에서 아브라함으로부터의 기업을 이해하는 것은 부적절하다는 것을 암시한다. 또한 바울은 자신이 곧바로 발전시키려 하는 논증의 노선에 대해 곧바로 암시를 준다 – 아브라함의 조상됨은 육체적이고 보이는 것들의 영역을 넘어서 유대인뿐만 아니라 이방인까지도 확장되는 것임을 암시한다(참조. 2:28-29). 유대인들이 민감하게 생각하는 것들(아브라함은 우리의 조상이며, 우리들은 그의 약속된 후손이다)을 재확인시키면서 시작하는 다소 유혹적인 서두는 실제로 바울이 시도하고 있는 서두의 진의인데, 바울은 한 백성으로서의 유대인의 자기 이해에 관한 금언을 하나님의 언약적 의가 율법에 의해 결정되는 민족적 정체성과 관계없이 유대인뿐만 아니라 믿는 이방인들에게도 확장된다는 주장으로 도전을 제기하고 있다.

2 아브라함의 사건에서 어떠한가? 1절의 질문에 대한 가능성 있는 대답은 바울에

의해 이미 기각된 방식이데, 아브라함이 행위로 의롭게 되었다는 것이다. 만약 그것이 참이라면 바울은 아브라함이 자랑할 것이 있다고 결론을 내린다. "행위"와 "자랑"이라는 주요 주제의 재출현은 바울이 다시 한번 자기 백성들의 전형적인 민족적 확신을 염두에 두고 있다는 것을 분명히 가리키는데, 그들은 하나님에 의한 자신들을 선택한 것과 율법 하에 자신들이 두어졌다는 특권의식을 갖고 있었다(2:17, 23; 3:27-30). 다시 말해서 이것은 동료 유대인 대담자가 바울에게서 기대하는 대답이다. "율법의 행위"의 측면에서 이런 태도의 범주는 바울에 의해서 논증이 주어졌다 할지라도, 그것은 유대적 기독교인의 권역에서 이미 익숙한 용어였다(갈 2:16- "우리는 알고 있다 …"). 그리고 야고보서 2:23과 제1마카비서 2:52간의 밀접한 평행은 바울 시대의 대부분 유대인들은 바울이 여기서 공격하는 상태를 곧바로 인식하고 확인할 수 있었을 것임을 암시한다: 아브라함이 행위로 의롭다함을 받았다(참조. 약 2:21), 즉 이삭을 바침으로써 하나님의 명령에 순종하고 언약에 충실함을 보임으로써 말이다, 따라서 그는 하나님이 그에게 주신 특권과 시련가운데서도 끊임없이 신실함을 지킨 것을 자랑할 수 있다. 그렇지만 바울은 또 다른 말을 첨가한다. 아브라함은 하나님에 관해서는 자랑할 것이 없다. 바울에 대한 전형적인 유대인의 대답에서 중요한 단점이 여기에 잇다. 민족들 중에서 특권을 부여받은 위치에 대한 그들의 자랑이 하나님 앞에서 되어지고, 따라서 1:21-22에서 요약된 동일한 심판을 받게 되었다. 이는 유대인의 자랑의 비극이다: 하나님 앞에서 특권을 부여받은(행위의 율법들에서 증명된) 것에 대한 그들의 자랑이 하나님 앞에서 설 수 있는 유일한 방법은 오직 겸손한 믿음이라는 것을 인식하지 못하게 했다.

3 그러한 문제, 유대인들간의 그러한 논쟁은 어떻게 해결되어지는가? 성경에 율법 자체에 호소하는 것밖에는 없지 않은가? 바울은 즉시 창세기 15:6에 호소한다. 그는 70인경을 거의 정확하게 인용한다: "아브라함이 하나님을 믿었고 그것이 그에게 의로 여겨졌다." 만약 그의 해설이 디아스포라 유대인들을 설득하는 것이라면, 디아스포라 유대교에서 가장 잘 알려져 있는 성경을 이용하는 것이 아마도 중요했을 것이다. 그는 아브라함의 언약적 믿음을 증거하는 것으로서의 그것의 전형적인 이해를 이미 인식하고 있었기 때문에 거의 확실히 그는 이 구절에 의존했을 것이다(마카비1서 2:52). 그것은 "예수 그리스도의 계시" 이전에 바울 자신이 창세기 15:6에 가졌던 이해였을 것이다. 하지만 지금은 "그리스도의 계시에 비추어 그는 그것을 다르게 읽고 있다. 그는 로마의 회중들, 유대인뿐만 아니라 이방인들을 설득하기 위해서 다른 독법으로 읽기를 추구하고 있다.

우리는 바울이 여기서 자기 자신을 전통적인 유대인의 자기 이해와 멀리 하는 것으로 보고 있다고 상상해서는 안 된다. 말하자면 바울이 유대인들의 주된 본문들 중의 하나를 훔치기 위해서 전통주의자들의 영토로 급습하고 있는 것이 아니다. 바울은 하나님의 언약적 목적의 주된 흐름이 무엇인지를 더 분명하게 인식하고 있다는 것을 오히려 말하고 있고, 그 더 분명한 인식은 특별히 아브라함과 창세기 15:6에 대한 해석이 잘못되어왔다는 것을 인식함을 통해 온다는 것이다. 바울은 자기 자신이 하나님의 언약의 목적에 관한 주된 흐름 내에 서 있고, 또한 창세기 15:6에 관한 적절한 해석이 된다고 알고 있는 것을 증명할 수 있다는 것을 확신하기 때문에 지금 이 본문에 호소하고 있는 것이다.

따라서 그 본문에서는 아브라함의 의에 관한 이해가 방향을 돌릴 수 있는 두 가지 주요 단어가 있다는 것을 선언한다–그 두 동사는 "믿었다"와 "여겨졌다"다. 바울은 고전적인 유대의 미드라쉬 형태로 각기 설명을 주는데 먼저 "여겨졌다"로 시작한다.

4:4-8: "여겨졌다"의 의미

4-5 바울은 행위와 "여겨졌다"는 개념 간에 연관을 취함으로써 시작한다. "일하다"와 "여겨졌다"를 함께 다룰 때, 그때에 자증적으로 우리들은 매일의 거래의 계수적인 차원에서 이야기하고 있는 것이고, 거기서 마친 일에 대한 대가는 노동에 적합한 양이지 호의가 아니다. 하지만 창세기 15:6에서 그 연관은 믿음과 "여겨짐" 사이에 있다. 그리고 어떤 사람이 일을 하지 않고 불경건한 자를 의롭게 하시는 하나님을 오직 "믿는다"면 그때에 "의로 여겨진" 것은 그의 믿음임이 틀림없다.

분명히 바울은 언약적 의무들의 의미에서 "율법의 행위들"과 매일의 계약적 고용의 의미에서의 "행위"(노동) 사이에 있는 것으로서의 "행위"에 관한 개념을 설명하고 있다. 그러나 바울의 대조의 의미를 파악한다면, 유대인 대담자가 율법의 행위들과 매일의 생활에서의 소득을 버는 행위간에 직접적인 동등성을 받아들였을 것이라고 가정할 필요는 없다. 또한 바울이 동료 유대인을 그러한 노동행위와 같은 일을 한다고 비난하고 있다고 생각할 필요도 없다. 그는 창세기 15:6을 언약적 충성의 아브라함의 행동들(행위들) 측면에서 해석하는 것은 노동으로 하루하루 벌어먹고 사는 세계의 상식적인 논리 속에서 은혜에 대한 여지를 전혀 남기지 못한다는 것을 단순히 지적하고 있는 것이다.

해설에 대한 바울의 노선은 모든이라는 아주 자극적인 구절 속에서 이미 예시되

었다: “경건치 않은 자를 의롭다 하시는 이(하나님).” 하나님에 관한 이런 묘사는 바울의 유대 독자들과 또한 경건한 하나님 숭배자들에게는 분명히 충격으로 다가왔을 것이다. 왜냐하면 그것은, 하나님 자신의 자아선언적인 것에 뿌리를 박고 있는 원리(출 23:7), 유대인들의 정의에 관한 근본적 원리에 직접적으로 역(逆)하는 것이 되기 때문이다. 바울은 왜 언뜻 보기에 하나님의 의의 대수롭지 않아 보이는 것으로 유대인과 하나님 숭배자들의 동정심을 잃으려하는가? 그 대답은 바울이 자신의 시대의 전형적인 유대인에게 자신의 해설을 맞추고 있는 정도에 다시 한번 달려 있다. 바울은 열심 있는 유대인에게서 “경건”이 언약적 충성, 이스라엘의 언약의 하나님에 의해 이스라엘에 부과된 의무에 충실한 것과 다소 동의어가 된다는 것을 거의 확실히 인식하고 있었을 것이다. 따라서 “불경건”은 율법과 그것의 처방을 무시하는 것을 나타내었다(예를 들어, 시 1:1-2, 5; 잠 15:8; Sir 41:8). 그때에 바울이 매우 명백하게 그리고 경구적으로 아주 날카롭게 암시하고 있는 것은 하나님의 의가 언약적 충성과 관련해서 결정되지 않는다는 것이다. 자기보다 앞선 그의 선생처럼, 바울은 한 가지 놀랍고 산뜻한 구절을 제기하고 있는데, 즉 하나님이 죄인들을 받음에 있어서, 그는 거룩한 제의 의식과 율법을 통해 그 믿음을 표현할 것을 요구함이 없이 그들의 믿음을 본다는 것이다. 물론 첫 번째 경우에 그것은 아브라함을 의미한다: 아브라함은 그 어떤 언약적 의무를 성취하기 이전에 의인으로 선언되었다. 그는 경건한 유대인에 의해 사용되는 조건으로는 여전히 “불경건한” 상태였다. 바울이 이어지는 구절에서 증명하려고 하는 것이 바로 그 논제다. 하지만 특별히 아브라함을 넘어서서 바울은 자기 자신이 한때 실천했던 당시의 유대교 전체를 염두에 두고 있다. 아브라함이 그러한 중요한 시험 사례가 되는 이유는 바로 그 때문이다. 만약에 아브라함이 하나님에 의해 그 어떤 언약 의식이나 의무와 상관없이 의인으로 선언되었다면, 그때에 그는 하나님의 의가 그러한 율법 행위들에 대한 언급 없이 믿음을 갖는 모든 사람들에게 확장된다는 것을 증명할 수 있게 된다.

6-8 유대인의 주해의 전형적인 방법으로 바울은 다른 성경구절에 의존하여 “여겨지다”라는 단어에 대한 빛을 던진다. 그 구절은 시편 32편의 서두의 말과 아주 근접한 평행을 이룬다. 거기서 시편 기자(다윗)는 주님이 “죄인”으로 “여기지” 않는(시 32:2) 사람에 관한 축복을 묘사한다. 시편의 이 서두 구절에 있는 단어와 사상의 평행구 속에서 죄로 여기지 않는다는 것은 무법한 행위에 대한 용서와 죄를 덮는 것과 동일하다.

여기서 바울의 논증은 오해를 살 정도로 단순하다. 적절한 지불을 계산하는 용어는 그 주도권이 하나님께 있는, 인간에 대한 하나님의 다루심을 묘사하는 데는 부적절해 보인다. 창세기 15:6에 대한 매우 근접한 평행구속에서 하나님이 "그렇게 여기시는 것"에 관한 개념은 용서, 하나님의 은혜의 행위, 자유롭게 주시는 것, 죄 또는 율법과 상관없이 행한 행위의 심각성을 계산하지 않는 것에 대한 언급으로 사용되어진다. 용서의 축복과 죄로 여기지 않는 축복은 행위와 관련이 없는 하나님에 의해 간주되어지는 의의 축복이라는 것을 바울은 확신있게 강조한다. 다윗의 말은 창세기 15:6의 하나님 앞에 선 아브라함의 상황과 충분히 유사한 설명을 제공해준다.

바울의 유대인 대담자는 이런 바울의 논증을 전적으로 설득력 있는 진술로 생각했겠는가? 아닐 것이다. 그가 "의"와 "용서"를 거의 동일시하는 데에 어려움이 있었을 것 같지는 않다: 받을 자격이 없는 백성들을 구조하시고 부양하시는 하나님의 행동으로서의 하나님의 의에 관한 개념은 당시에 시편기자나 선지자들 속에서 이미 잘 구축되어 있었다. 문제를 야기시키는 것은 다시 한번 "일한 것(행위) 없이"라는 말로 바울이 다른 곳으로 간 데에 있다. 전형적인 유대인들은 용서를 "일한 것 없이" 발생하는 것으로 보지 않았다. 오히려 죄와 속죄일의 희생의 전반적인 요지는 용서의 수단－죄인의 회개를 표현하고 대속을 제공하는 율법의 제의 행위들－을 제공하는 것이다.

그때에 바울의 요지는 무엇인가? 시편 기자가 제의적 배경 속에서 언급하고 있지 않다는 것이다. 시편이 희생과 보상과 무관한 용서를 언급하고 있다는 것이다. 이것은 디아스포라 유대교의 문맥 내에서 이끌어온 추론일 것이다. 왜냐하면 예루살렘에서 멀리 떨어진 사람들에게서 희생과 속죄의 의식의 실제는 많은 사람들에게서 매우 거리가 있었기 때문이다. 하지만 자신의 성전세를 규칙적으로 바치는 경건한 유대인에게서 그리고 주류를 이뤘던 팔레스타인 유대교에서, 회개와 보상(희생적인 대속)과 용서 사이에 연관은 대체로 금언적이었을 것이다. 그래서 시편 32편은 그 반대가 되는 증거를 거의 형성하지 못했을 것이다. 또한 무심코 저지른 죄와 "고의로" 저지른 죄(신 7:12) 사이의 어느 구분도 여기서는 아무런 관계가 없었을 것이다. 또한 유대인 독자는 구분되는 의에 대한 유대인의 주장을 논쟁하는 어떤 보편주의를 함축하는 것으로 보지 못했을 것이다. 물론 바울의 요지는 그 용서가 어떻게 효력을 발휘하든 간에, 죄를 기꺼이 기각하시는 하나님, 무법한 행위를 용서하심, 그리고 죄를 덮어주심이 분명히 순전한 은혜의 행위라는 것이다. 그리고 그 요지를 상당히 몰고 간다: 하나님의 용서하심은 저질러진 죄의 수나 지켜진 의식의 수에 비례해서 있지 않다. 하나님은 잘못된 행위의 수나 되어진 속죄제의 수를 세지 않으신다.

하지만 대부분의 경건한 유대인들은 그런 것의 어느 것도 이의를 제기하지 않았을 것이다. 그들은 바울의 "일한 것(행위) 없이"를 하나님의 의와 이스라엘의 언약적 의무간의 부당한 이분시키는 것으로 여전히 생각했을 것이다.

한편으로 우리는 시편 32편을 바울이 사용한 것에 너무 많은 기대를 해서는 안 된다. 왜냐하면 이 축복이 누구에게 오는가를 질문함으로써 다음 구절이 시작하고 있기 때문이다. 다시 말해서 바울은 시편 32:1-2을 그의 사례에 대한 자증적인 증거로 다루고 있지 않다는 것이다. 그리고 결과적으로 그는 그 요지를 아브라함과 관련해서 오직 발전시키고 있다. 만약 그가 다윗에게로 그 논증을 전이시키고자 했다면, 아마도 그의 논증은 곤경에 처했을 것이다(다윗은 용서의 축복을 받았을 때, 이미 할례를 받았다). 사실상 시편 32편에 대한 바울의 언급은 그렇게 멀리까지 그 논증을 발전시키지 않는다. 그는 성경에서 "여겨진"에 관한 다른 관련된 중요한 사용에 주의를 집중하는 것에 단순히 만족한다. 말하자면 하나님이 어떤 사람에게 어떤 것을 "여기실" 때에 그것은 계산된 차원에서 측정하지 않고 은혜로 간주하신 것임을 의미한다. 그는 하나님의 용서하시는 행위가 행위와는 별개로 하나님이 어떤 사람을 의롭다고 여기시는 것과 동일한 것임을 주장한다.

4:9-21 "믿는다"는 의미

바울이 지금까지 했던 것은 창세기 15:6의 의미의 문제를 "여기다"라는 동사에 관한 언급으로만은 해결할 수 있다는 것을 보여주는 것이다: 하나님이 인간을 호의로 간주하신 것은 항상 하나님의 관대하신 호의의 문제이며, 인간은 하나님에게 빚을 지게 할 수는 없다. 따라서 그 논증은 다른 중요한 동사로 옮겨간다: "아브라함이 하나님을 믿었다." 시편 32:1-2에 관한 언급은 다르게 주요 질문을 형성하는 기회를 제공한다: 누구에게 그리고 어떻게 (용서가 부여되고, 의로 간주되는) 축복이 오는가? 시편 32편의 언급은 미드라쉬에 더 이상의 기여를 하지 못하고 "용서받은 무법한 행위"와 "가리어진 죄들"(복수)에 관한 용어가 다시금 선택되지는 않는다. 그 대신에 바울은 아브라함에게로 다시 돌아가는 논증을 시도하고, 아브라함의 믿음에 관한 중심 주제에 초점을 집중한다.

4:9-12: 아브라함의 믿음은 행위와는 무관하다

"아브라함이 하나님을 믿었다"를 설명하는 바울의 첫 번째 단계는 아브라함의 사례에서 의로 여겨진 믿음이 아브라함의 그 어떤 행위와도 무관하게 역사되었다는 것을 증명하는 것이다. 말하자면 창세기 15:6은 신실성에 관한 것이 아니라 믿음에 관해 – 언약의 충성이 아니라 믿음에 관한 언급이다.

9 조심스럽게 형성된 질문을 통해서 9절은 주된 본문으로 그 논증을 되돌린다: 다윗에 의해 말씀되어진 축복은 다른 사람들에게 어떻게 오는가? "여겨지다"라는 의미를 분명히 하기 위해서 인용되어진 시편 32:1-2은 이제 창세기 15:6에 대한 회고에 의해서 분명히 설명된다: 아브라함의 경험은 다윗의 축복에 대해 우리에게 무엇을 말하는가? 무법한 행위가 용서받고 죄가 덮어진 축복이 의로 여겨진 축복과 동일한 것으로 간주되어진다면, 이 축복은 아브라함에게 어떻게 왔는가?

바울은 자신의 용어로 그 대안을 제기한다 – 할례자인가 혹은 무할례자인가? 할례냐 무할례냐(행위들 또는 행위들이 없는)라는 구체적인 질문으로 문제를 좁히는 것은 비판하기가 어려웠을 것이다. 경건한 유대인에게서 민족적이고 종교적인 특징인 할례에 관한 자부심은 언약적 충성의 그 행위였다(참조. 2:25-29). 그 때문에 이방인 선교에서 할례를 하지 않은 것이 첫 세대 기독교 내에서 논쟁의 원인이 되었다. 그리고 모든 시대에 대한 언약 백성의 표지로 할례가 거룩하게 인가된 것을 보여준 것은 무엇보다도 아브라함에 대한 명령에서였다(창 17:9-14). 다윗으로부터 아브라함으로 전환하는 바울의 교묘함은 어느 누구도 다윗의 용서가 다윗의 할례(그리고 의식의 기능)와 무관하다는 것을 강력하게 주장할 수는 없을지라도, 아브라함에게서는 그것은 또 다른 문제다. 다윗에 의해 묘사된 그 축복은 역시 어떤 다른 사람에 의해서 경험될 수 있었는데, 그는 다름 아닌 할례와 무관했던 아브라함이었다. 그것은 의가 모든 경우에 행위와 상관없이, 즉 할례와 상관없이 항상 또한 오직 간주되어질 수 있다는 것을 보이는 것에 바울의 사례가 달려 있지 않다는 것을 지적해준다. 말하자면, 다윗이 자신의 용서를 할례와 제의의 참석과 무관하게 받았다는 것을 바울은 증명할 필요가 없다. 그에게서 요구되는 모든 것은 창세기와 시편기자가 언급한 축복이 한 가지 분명한 사례인, 아브라함의 예증적인 사례에서 언약과 그 행위들 외에서 왔다는 것을 보여주는 것이다.

10 아브라함에 관한 바울의 논증은 직설적이다: 창세기 15:6이 언급하고 있는 것은 창세기 17:23-27에서 묘사된 사건에 앞선다. 바울은 자신의 동료 유대인들과 분

명히 이전의 자기 자신도 전반적으로 항상 취했던 것을 분명하게 구분을 지으려고 하고 있다. 결국에 아브라함의 신실성은 창세기 17장에서 시작하지 않았다. 만약 그의 신실성이 그밖에 다른 곳에서 시작했다면, 그것은 창세기 12장이 될 것이다. 이는 중심되는 언약적 약속을 첫 번째로 표명하는 것으로 시작한다(창 12:1-5). 이삭을 바치는 후대의 에피소드는 아브라함의 신실성에 관한 예로서, 즉 창세기 15:6의 한 설명으로서(마카비1서 2:52; 약 2:23) 인용되어 질 수 있는데, 왜냐하면 그것은 하나님에 대한 아브라함의 순종을 특징짓는 신실성의 가장 좋은 모범이기 때문이다. 그럼에도 불구하고 바울은 그처럼 할례에 관한 문제로 방향을 좁히면서 강력한 입장을 취한다. 성경은 아브라함이 할례를 받기 이전에 그리고 할례에 대한 어떤 언급도 없이 하나님에 의해 언약적 관계로 받아들여졌고, 의로 간주되었다고 증언한다. 그 사실은 하나님의 의가 아브라함의 사례에서 율법의 행위들, 곧 어느 제의적 준수에 의존하지 않는다는 점을 세우기에 충분하다. 그리고 만약 아브라함의 후손들과의 언약적 관계를 포함해서 하나님이 인류를 다루는데 있어서 아브라함이 그 전형이 된다면, 그것은 역시 일반적으로 하나님의 용납이 "행위 없이" 있거나 적어도 그렇게 되어질 수 있다는 것을 의미한다.

11a 이것은 바울이 진행을 이끌어내기 위해서 전개하는 논증이다. 아브라함의 할례는 자신의 믿음 그리고 그가 여전히 무할례로 있을 때에 그에게 그렇게 여겨졌다는 사실로 특징지어지는 의로부터 왔다. 그처럼 할례는 이전의 어떤 시간에 유효케 된 하나님의 승인으로서의 표지와 인으로 여겨질 수 있는데, 즉 할례는 이미 30여년 전에 있었던 하나님의 거룩한 주도하심에 대한 비준이며, 또 이미 오래 전에 적용되고 있었던 하나님의 주인되심의 뛰어난 표지가 된다. 말하자면, 아브라함의 할례는 그가 이전에 하나님에 의해 용납되고, 이미 의로 여겨진 것에 의존한다는 것이다 – 역은 성립하지 않는다. 여기서 바울이 의도적으로 강력한 언약적 뉘앙스를 사용하고 있음을 주목하는 것이 중요하다. 바울은 지금 할례를 "표지", 즉 창세기 17:11로부터 그에게 확실히 주어진 표지라고 부른다. 그의 유대인 대담자와 거의 대부분의 유대인들과 하나님 숭배하는 독자들은 할례를 "언약의 표지"로 불가피하게 생각했을 것이다(창 17:11; *Jub.* 15:26-28). 마찬가지로 "인"이라는 말은 거의 불가피하게 공식적인 일치, 즉 언약과 관계 있는 개념을 생각나게 했을 것이고(예를 들어, 느 9:38-39를 참조하라), 그것은 이미 이스라엘과 하나님 사이의 보이는 언약의 표지로서의 할례에 대한 것으로 유대사상에서 이미 사용되고 있었을 것이다. 다시 말해서 바울은 여기서 할례를 경시하지 않는다. 그는 아브라함의 할례가 하나님과 아브라함

의 언약의 일부였고, 아브라함에 대한 하나님의 의에서 긍정적인 관계로 서 있다고 인식하기를 주저하지 않는다. 바울은 한 유대인이고, 또 유대인으로 남아 있다. 그리고 하나님과의 이스라엘의 언약을 부정할 의도가 전혀 없다. 그의 관심사는 단지 그 언약적 조건들을 제대로 이해시키는 것이다. 그리고 그의 요지는 아브라함에 대한 하나님의 의와 아브라함의 할례간의 긍정적인 관계는 당시에 유대교가 당연하게 여겼던 것이 아니라는 점이다. 하나님으로부터의 아브라함의 의는 그의 할례에 달려 있지 않다. 아브라함의 할례는 하나님에 의해 아브라함이 용납되었다는 하나의 비준일 뿐이다. 할례받은 자에게만 하나님의 수용을 제한할 수 없다. 바울은 할례와 언약간의 그런 긍정적인 연관을 곧바로 인식하고 있다. 할례가 이 점에서 오직 부차적인 역할을 하며, 이미 확립된 아브라함의 의에 필수적인 것은 아니다. 또한 바울은 언약의 종말론적인 성취에 있어서 성령의 명백한 영향력이, 일찍이 할례가 가졌던, 하나님의 주인되심에 관한 분명한 표지가 될 것임을 믿고 있다(2:28-29; 고후 1:22; 빌 3:3).

11b-12 따라서 그 요지는 아브라함의 의가 믿는 것에 오로지 달려 있음을 확립하는 것이다. 그 믿음이 분명히 할례에 앞서고, 따라서 율법의 행위와는 분명히 구분된다. 이는 아브라함의 믿음이 전반적으로 아브라함과의 언약에 있어서 가장 중요한 요소라는 것을 의미한다. 단지 할례는 이미 되어진 일을 비준하는 정도이다. 하지만 이것은 역시 언약적 약속의 조건들이 믿음에 의해 결정되는 것이지 할례에 의해서 결정되는 것이 아님을 의미한다. 그리고 그 언약의 유산은 마찬가지로 동일한 믿음에 달려 있고 오직 할례자에게 제한되지 않는다. 여기서 역시 바울은 창세기 17:4 이하에서 먼저 분명하게 사용된 언약적 용어들을 취하는 것을 주저하지 않고("너는 많은 민족의 조상이 될 것이다"), 그것을 덜 발전된 초기 형태에 대한 언급을 가지고 해석한다(창 15:5: "너희 후손들이 그렇게 될 것이다. 아브라함은 그 주님을 믿었다. 그리고 하나님은 그것을 그에게 의로 여기셨다"). 하나님의 의에 아브라함이 참여하게 된 것은 그의 믿음에 달려 있었다. 따라서 그가 많은 민족의 조상이 되는 것은 믿음에 대한 약속이고, 그것의 성취는 믿음의 차원에서 규정된다. 모든 개종자들 즉 할례받은 이방인들의 조상이 되는 것으로서의 아브라함에 대한 유대인의 신학적 의미와 대조되어, 바울은 아브라함의 조상됨이 할례자에게 제한되지 않는다는 것을 제기한다. 오히려 그 믿음이 중요한 요소이기 때문에 아브라함처럼 믿는 모든 사람들이 그의 자녀이다. 이는 할례를 받은 사람이나 받지 않은 사람이나 모두 마찬가지다. 아브라함은 할례자의 조상이다. 하지만 그들은 아브라함처럼, 즉 할례와 무관하다는 것을 보이는 방식으로 믿음을 행사할 때에만 충만한 자손됨의 자리에 들

어가게 된다. 그리고 할례받지 않고 믿는 이방인들은 아브라함을 "우리의 조상으로" 역시 정당하게 부를 수 있다. 이것이 하나님이 의도하신 방식이다 – 그렇지 않았더라면 하나님은 율법과 상관없이 아브라함을 의인으로 여기지 않으셨을 것이다.

4:13-17A: 율법이 아니라 믿음에 의존하는 언약적 약속

13 바울은 이제 아브라함에 관한 자신의 해석을 재형성시키고, 그것을 "약속"이라는 용어에 집중함으로써 두 번째 단계로 나아간다. 11-12절에 함축되어 그려진 창세기 15:6의 배경이 이제 전면에 분명히 제기된다: 아브라함이 믿은 것은 수많은 후손들에 대한 하나님의 약속이었다(창 15:5). 따라서 창세기 15:6은 믿음에 의해서, 즉 하나님의 약속을 수용한, 아브라함에게 간주된 의를 언급한다. 그 약속은 율법으로 말미암아 아브라함에게 주어진 것이 아니라 믿음의 의로 말미암아 주어진 것이다.

바울의 논증이 자신의 백성들에 관한 현재의 자기 이해에 의해 결정되어지는 한도는 그러한 자기 이해에 있어서 네 가지 주요 요소들을 선택한 그의 조심스러운 언어선택으로도 분명히 알 수 있다: 아브라함과 그 후손에 대한 언약적 약속, 중심되는 요소로서의 (땅의) 기업, 그 언약의 수혜자들이 율법의 백성들과 동일연장선속에 있다는 확신 그리고 언약적 의의 중요성. 바울은 그것들을 재정의하기 위해서 이 네 가지 요소들을 집중적으로 조명한다.

아브라함이 "세상의 후사"가 되는 것은 창세기 12:2-3과 15:5에서의 약속에 관한 교묘한 해석으로 보인다. 심지어 뒤이어지는 형태에서도 그렇다(17:4; 18:18; 22:17 -18). 그러나 사실상 이것이 아브라함에 대한 약속이 일반적으로 이해되어진 방식이다. 그 언약이 아브라함의 후손이 "세상을 기업으로 차지할" 것이라고 약속했다는 것이 유대인의 가르침에서 거의 공통적으로 있었다. 따라서 바울이 그 약속 – 세상에 편만하리라는 아브라함 또는 그 후손에 대한 약속(우리는 "그의 후손을 통해서"라고 말할 수 있다) – 을 보다 웅장하게 취하고 있는 것은 우연이 아니다. 따라서 해석되어진 그 약속은 하나님의 언약백성으로서의 이스라엘의 자기 인식에 근본이 되었다: 왜냐하면 하나님이 세상의 다른 민족들 중에서 그들을 먼저 선택하셨고, 다른 민족들과 그들을 구분지어 부르셨고, 현재의 민족적 치욕을 참아낼 수 있는 위로의 소망을 주셨기 때문이다.

바울이 율법과의 그 어떤 연계를 급격하게 단절시키는 것은 민족주의적인 형성

속에서 갖는 아브라함에 대한 약속이다("율법으로 말미암지 않고"). 따라서 그는 유대인의 자기 이해에 있어서 가장 근본적인 토대가 되는 것을 공격한다. 율법이 하나님의 약속의 외보(外補)를 위해 하나님이 주신 구조라는 것이 바울 당시의 유대인들의 대부분이 갖는 자증적인 증거였다. 율법은 하나님이 자신의 언약 파트너에게 요구하신 것이었기 때문에 그들은 그의 언약적 약속은 "율법으로 말미암아" 작용하는 것으로 적절히 말할 수 있었다(마카비2서 2:17에서처럼). 그런데 바울이 부정하는 것이 바로 그것이었다. 그의 추론은 단순하고, 이전 구절로부터 직접적으로 뒤따라 나온다: 그 약속은 아브라함에게 주어졌을 뿐 아니라, 할례에 대한 요구에 초점이 맞추어진 율법이 활동하기 이전에 이미 수년 전에 아브라함에게 수용이 되었다. 바울은 이전에 갈라디아서 3:17에서 더욱더 강조적으로 그와 동일한 요지를 주었다(시내산에서 율법을 주신 것은 몇 세기 뒤였다). 하지만 그 주요 이슈가 할례였다고 한다면, 그것은 그의 사례에 대한 너무 위험스러운 과장이다. 현재의 논증은 더욱더 적절하며, 결과적으로 더욱더 효과적이다.

바울이 긍정적인 대안으로 제기하고 있는 것은 언약에 관한 그의 재정의에 역시 기여한다: 언약적 유산과 율법의 개념간의 상호연관을 주는 것이 의의 개념이었다 – 의는 율법의 백성들과의 언약적 상관관계를 지탱해준다. 바울은 의가 언약적 관계성의 유지를 위한 일에 근본이 된다는 것을 결코 논쟁하지 않는다. 그러나 다시 한번 그는 대부분의 유대인들이 생각할 수 없는 것을 제기한다 – 이 의는 율법에 의해 결정되지 않는다. 그것은 믿음의 의이다.

창세기 15:6의 해석으로부터 곧바로 뒤따라 나오는 바울의 경우에 관한 재진술은 그의 믿음 그리고 자신의 백성들에 대한 성경의 근본적인 약속 사이에서 그가 보았던 강력한 연속성과 또 유대 범주 내에서의 전통적인 해석과의 자신의 불일치성을 동시에 보여준다. 하지만 그는 아브라함의 약속의 상속자가 더 이상 율법의 차원에서 동일시될 수 없고, 율법의 동일연장선 속에 있지 않다는 것을 또한 분명히 한다. 왜냐하면 그 약속이 전체적으로 또는 부분적으로 율법과 상관없이 믿음으로 말미암아 주어지고 용납되었다는 것을 창세기 15:6이 충분히 분명하게 보여주기 때문이다.

14 바울은 추가적인 강조를 가지고 그 요지를 재진술한다: 만약 상속자들이 언약의 백성들이라면 그때에 아브라함의 믿음은 의미 없는 암호가 되고 아브라함에게 주어진 약속은 효력이 없게 된다. 여기서 "율법의 백성들"(문자적으로는 율법으로부터의 사람들)이라고 번역된 구절은 일반적으로 "율법을 지키는 사람들"에 관한 다소 부자연스러운 의미를 갖는다. 따라서 보다 자연스러운 언급은 율법"에서" 기인하

고, 율법과의 관계에 의해 주어진 동일한 그룹의 특징을 갖는 사람들을 일컫는다. 다시 말해서 그것은 토라와 그 행위들이 바울 당시의 유대 백성들에게 주어졌다는 민족적인 정체성에 관한 의미를 산뜻하게 포착한 구절이다. 바울이 하나님의 은혜에 관한 자신의 경험에 의해 의문을 불러일으킨 것은 언약과 약속, 유대 백성과 율법 사이에 전반적인 통합을 가정하는 것이다 – 창세기 15:6의 예리한 요지를 가지고 바울이 지금 풀어내고 있는 유대인의 믿음의 긴밀하게 짜여진 조직.

그의 주장은 다시금 단순하고 특별한 호소나 해석적인 기교에 의존하지 않는다. 언약적 약속에 관한 유대인의 전통적인 이해는 잘못 되었다. 왜냐하면 그것은 창세기 15:6에 관한 분명한 왜곡이기 때문이다. 그것은 아브라함의 믿음을 아무것도 아니게 만들고, 비효과적이게 만든다. 반면에 창세기 15:6에 따르면 하나님은 아브라함의 믿음을 아브라함에 대한 의로 여기신다. 또한 언약적인 약속에 관한 유대인의 전통적인 이해는 하나님이 당신 위에 스스로 부과하신 구속적인(binding) 약속으로서 그 당시에 아브라함에게 주어지고, 수용되어진 것을 부정하기 때문에 아브라함에 대한 약속을 무효로 만들고 소용이 없게 만든다. 다시금 그 논증은 갈라디아서 3:18에 대한 재실행을 단순히 하지 않고 있으며(약속은 약속이고, 연이어서 그것에 추가된 조건을 갖고 있지 않다), 또한 어떤 일반적인 원리(믿음과 약속은 율법과 함께 일치할 수 없다)에 관한 진술을 하고 있는 것도 아니다. 그것은 엄격히 초점이 주어지고 있는 그 사례에 제한되고 있다 – (아브라함의) 믿음에 관한 적절한 이해와 율법 백성들과의 관계에서의 (아브라함에 대한) 약속에 제한되고 있다.

15 "율법은 진노를 낳고, 율법이 없는 곳에는 범죄함도 없다"라는 율법에 관한 정의는 다소 급작스럽게 다가온다. 하지만 바울은 율법을 의로부터 분리시키고자 하는 생각을 여전히 갖고 있었을 것이다. 당시의 대부분의 유대인들이 "율법이 의를 가져온다"라고 말하기를 좋아했던 곳에, 바울은 의가 믿음으로 말미암아 온다고 단호하게 주장을 하고 있다. 그때에 율법의 역할은 무엇인가? 율법은 진노를 낳는다. 율법이 1:18-3:20에서 묘사된 상황과 더 관계가 있고, 그 해결책과는 덜 관계가 있다(3:21 이하). 율법은 하나님의 의보다는 하나님의 진노의 도구다. 바울의 요지는 율법이 범죄와 상관관계가 있다는 것이다. 그의 전형적인 동료들이, 속죄의 조건을 포함해서, 율법을 우선해서 언약 내에 있는 삶을 결정짓는 것으로 보는 곳에 바울은 만약 율법이 없다면 범죄함도 없다(그리고 속죄를 보상할 필요도 없다)는 이전의 요지를 강조한다. 율법의 주된 기능은 정죄하는 것이지, 약속의 매개자로 기능하지 못한다. 믿음이 그 역할을 한다.

16 하나님은 믿음의 방식으로 아브라함에 대한 약속을 주신 이유가 바로 그 때문이다. 하나님이 아브라함에 대한 약속을 주신 그 방법이 약속 자체가 어떻게 이해되어지고, 그 상속자들이 누구인지를 결정한다. 언약적 충성에 관한 그 어떤 행위를 언급하시지 않으신 아브라함에 대한 약속은, 그가 아직 한 아비가 되지 못했을 때, 완전한 관대함의 행위였고, 따라서 그 약속과 그 약속의 수혜자들이 동일한 은혜를 표현할 수 있게 되었다. 결과적으로 아브라함의 후손에 속하고 약속의 상속자가 되는 문제는 사람들이 언약적 충성을 입증하는 행위를 행하고 있느냐에 달려 있지 않다. 또한 율법의 백성들의 일원이 되었느냐에 달려 있지도 않다. 그 약속을 유대인에게만 제한하는 것은 본래적인 용납의 차원을 부정하는 것이고, 그 약속 자체를 축소시키는 것이다. 창세기 1:6에서 증명되는 것처럼, 하나님은 믿음으로 말미암은 은혜의 약속이, 유대인이건 유대인이 아니건 간에, 아브라함이 했던 것처럼 동일한 은혜를 받아들이려는 모든 사람들을 포용하신다.

16-17a 따라서 아브라함이 "많은 민족들의 조상"이 될 것이라는 그 약속은 실제로 성취되어질 수 있다. 다시 한번 바울은 창세기 17:5에서 주어진 약속을 언급하기를 주저하지 않는다. 왜냐하면 그 용어들은 만약에 이방인들이 개종자들이 되는 것보다도 훨씬 더 많은 숫자로 아브라함의 후손으로 여겨질 수 있다면 성취되어질 수 있기 때문이다. 충성된 유대인은 그 약속을 창세기 17장의 문맥에 의해 해석하려는 경향이 더욱더 있는데, 거기 창세기 17장에서는 아브라함의 할례가 율법을 지키는 행위이며, 따라서 그의 많은 민족의 조상됨은 유대의 민족적이고 종교적인 주도의 차원에서 해석되어져야 한다는 것을 그럴듯하게 주장한다. 하지만 바울이 보기에 창세기 17장에서조차도 그 약속의 용어들은 아브라함의 약속된 후손들에 관한 정의가 민족적 또는 제의적 기준에 의해 결정되지 않고, 무엇보다도 아브라함이 그 약속을 받은 믿음으로 말미암아 결정된다는 것이다. 여기서 주제가 되고 있는 것은 아주 권리처럼 여기는 유대인과 더불어 이방인들이 아브라함의 후손들 속에 포함되느냐하는 문제가 아니라, 누구나, 유대인뿐만 아니라 이방인들 모두가, 아브라함의 후손으로 간주될 수 있다는 것이다. 이런 바울의 대답은 그의 논증이 전개됨에 따라 – 율법(의 행위)과 상관이 없는 믿음에 의한 – 차츰 힘을 더해가며 박차가 더해진다.

4:17b-21: 아브라함의 믿음은 하나님의 능력에 의문을 품지 않는 것이었다

그 논증이 진행됨에 따라 독자들은 새로운 요지, 즉 "아브라함이 하나님을 믿었다"라는 창세기 15:6의 주장에 관한 세 번째 해석의 단계로 이동한다는 것을 갑작스럽게 인식할 것이다. 바울은 세 가지 구체적인 주해적 관찰로 자신의 해석을 나누는데 분명히 관심을 갖고 있지 않다. 그의 해석은 전체적이며, 각각의 관찰은 다른 것들과 상호적으로 연관되어 있다. 따라서 11-12절은 13-17a절을 전제하며, 도입되고 있으며, 마찬가지로 17b절은 18-21절의 논증에 기본이 되는 원리를 이제 서술한다. 그리고 지금 발전시키고 있는 아브라함의 믿음에 관한 정의는 13-16절을 이끌었던 율법과 믿음간의 예리한 구분 속에 이미 전제되어 있었다.

17b 그 논증의 새로운 단계로의 전이는 아브라함이 믿었던 하나님에 관한 묘사를 다소 어색하게 부착시키는 것으로 되어 있다: "그의 믿은 바 하나님은 죽은 자를 살리시며 없는 것을 있는 것같이 부르시는 이시니라."

그러한 전이는 다소 어색한데, 바울이 구문론적인 우아함을 희생해서라도 하나님에 관한 묘사를 창세기 15:6에 관한 마지막 관찰에 근거하기를 원했기 때문이다. 그 합리성은 분명하다: 신을 믿는 어느 종교나 기본적인 특성으로 삼고 있는 것은 하나님을 믿는 것이다. 여기서 바울은 자신이 예배하는 하나님, 즉 아브라함이 믿었던 동일한 하나님에 관한 근본적인 정의를 주기 위한 방법을 진행시킨다. 그의 요지는 만약 우리들이 아브라함이 믿었던 하나님을 올바르게 이해한다면, "아브라함이 하나님을 믿었다"라고 말할 때에 그것이 무엇을 의미하는가를 이해할 수 있다는 것이다. 아브라함의 믿음의 특징은 그가 믿었던 하나님의 특징에 의해 결정된다.

바울이 주고 있는 그러한 설명은 철저히 유대적이고, 그 각각의 요소들은 당시의 유대 사상과 예배에 교감을 갖고 있던 사람들에게 잘 알려졌을 것이다. 특별히 "죽은 자를 살리시는" 하나님은, 경건한 유대인의 매일의 기도 형태로 이미 익숙했던, 18축복문의 두 번째 주요한 주제이다. 그리고 "없는 것을 있는 것같이 부르시는" 하나님은 특히 헬라적 유대교에서 특징을 이루는 신조인데, 우리는 필로가 그것을 자주 사용한 것을 볼 수 있다. 바울이 창세기 15:6의 해석에서 유대 신학의 근본적인 신조에 근거한 것은 바울에게서(바울에 대한 우리의 이해를 위해) 대단히 중요하다. 바울로 하여금 유대인의 신앙과 그 계약에 관한 전통적인 이해를 포기하게 한 것은 하나님에 관한 새로운 이해가 아니다. 그는 아브라함의 믿음에 관한 자신의 이해가 새로운 계시, 즉 언약의 본래적 조건에서 떠났다고 하는 것을 받아들이지 않을 것이다. 오히려 아브라함의 믿음에 관한 그의 이해는 이스라엘의 하나님에 관한 이해와 전적으로 일치하며, 진정으로 그것에서 유래했다. 바울이 또한 하나님과의 이스라엘의 언약의 특징을 더욱더 분명하게 지금 인식할 수 있는 것은 그가 이스라엘의 하나님과의 언약의 특징을 지금 더 분명하게 알고 있기 때문이다. 아브라함과 그의 후손에 대한 약속의 의미는 아브라함의 하나님과 아브라함의 믿음의 특징에 의해 결정되기 때문이다－이 두 가지는 서로 맞물려 있으며, 서로를 강화시켜준다.

동일하게 중요한 것은 이것이 창조주 하나님에 관한 묘사라는 사실이다. 하나님이 생명을 주시고 생명을 지탱시켜 주시는 것은 분명히 창조자로서다(느 9:6; *Jos. As.* 8.9). 물론 여기서 그 사상은 죽은 자에게 생명을 주시는 하나님에 관한 것이다. 하지만 하나님을 언급하는 방식에 있어서 생명을 주시는 능력에 관한 종말론적인 시연은 단순히 그의 창조적인 능력의 최상의 실례이다－처음에 생명을 주신 동일한 창조적 능력이 처음에 우리에게 주셨던 생명을 위협하는 것으로 대부분 보일 마지막 말씀을 하실 것이다. 그것은 생명을 주신 하나님의 능력이 죽은 자를 살릴 수 있다는 확신이다. 그 능력이 이생에 있는 동안에 도전 또는 좌절의 상황에서 확신을 주신다(시 71:20; 고후 1:9). 두 번째 구절이 더 분명하게 하나님의 창조적 능력에 관해 찬양한다－하나님의 효과적인 부르심이 이전에 존재하지 않던 것을 존재하게 한다. 그리고 심지어 바울의 독자들이 무로부터의 창조(creatio ex nihilo, 마카비2서 7:28에서처럼)라기보다는 창조를 형상이 없는 물질에서 한 생산품을 만들어내는 것으로 생각하고 있었다할지라도(Wisd Sol 11:17), 그 서술은 창조주로서의 하나님의 능력에 대한 온전한 주권의식에 관한 표현으로의 그 경구적인 요약을 충분히 잘 알고 있었을 것이고 또 용인했을 것이다.

바울은 이런 신학적인 금언을 가져오지만, 이것은 그의 독자들이 거의 논쟁하지 않는 신조이기 때문이 아니라, 그것이 창조주와 피조물간의 가질 수 있는 관계를 분명히 내포하고 있기 때문이다. 창조주로서 하나님은 그 어떤 사전 조건 없이 창조하신다: 그는 죽은 것을 살리시고, 없는 것을 있게 부르신다. 결과적으로 창조되고, 이런 방식으로 살아 있는 것은 전적으로 창조주, 모든 존재와 생명에게 생명을 주시는 분에게 의존해야 한다. 그러한 용어들로 표현된 그 진술은, 구원과 구속을 포함하여, 인간과의 모든 하나님의 관계를 이해할 수 있는 주된 원리를 제공한다. 만약 하나님이 일관성이 없는 분이 아니시라면, 동일한 원리가 구원자로서 하나님이 행사하시는 것도 통제하실 것이다: 그는 창조하신 것처럼 구속하시고, 그는 생명을 주시는 것과 동일한 방식으로 의를 여기실 것이다. 말하자면, 그의 구원하시는 행위는 구원받는 것 속에 전혀 달려 있지 않다. 구속과 의로 여기심은 수령자의 편에서의 어떤 조건을 가진 것에 의존하지 않는다. 죽은 자는 조건을 만들지 못한다. 존재하지 않는 것은 하나님을 어떤 의무 아래 두지 못한다－그것은 어떤 개인이나 민족이든 하나님의 무조건적인 은혜에 의존하고 있음을 말하고 있다. 피조된 생명의 언약적 삶도 마찬가지다. 지금 인간이 잊어버리고 있는 것은 존재 자체를 위해 전적으로 하나님에게 의존하는 것이며, 또 인간의 불안의 뿌리에 놓여 있는 것은(1:18-28) 이런 하나님의 의존에 관한 인간의 거부다. 바울에게서 당시의 유대교의 비극은 동료들이 동일한 실수를 실제로 행하고 있는 것이다—아브라함과의 언약에서 모든 충성스러운 유대인, 하지만 오직 충성스러운 유대인들만이 의존할 수 있는 의무들을 하나님이 스스로 부과하셨다고 생각하는 잘못된 생각을 유대인들이 갖고 있다. 바울이 보기에 창세기 17장이 무엇을 말하든지 간에 그것은 유대인들이 생각하는 그런 사례가 되지 못한다. 왜냐하면 그것은 생명을 창조하시고 새롭게 하시는데 있어서 하나님이 근본적인 특징이 된다고 유대인들이 인식하는 것과 아주 첨예하게 상충하기 때문이다.

18 바울이 강력하게 사례를 든 것은 아브라함과 관계가 있는 주요 본문이 피조물과 창조자, 하나님의 언약적 약속의 수령자와 주시는 분 사이의 좋은 실례가 된다는 것이다. 왜냐하면 아브라함은 약속의 성취가 자신에게 속한 생명이나 능력에 달려 있지 않다는 것을 알았다. 아브라함 자신에게는 또는 그의 인간적인 조건으로는 아무런 희망의 여지가 없었다. 그가 붙들 수 있는 것은 "네 자손이 이와 같으리라"(창 15:5)는 약속이었다. 여기서 바울은 창세기 15:6이 그 인접한 문맥과 관련해서 해석되어져야 한다는 것을 사실상 주장하고 있다. 하나님이 이 때에 주신 약속은 전적으로 조건이 없는 것이었다. 아브라함이 믿은 것은 오로지 그 약속이었다. 하나님이 아브라함을 의로 선언하실 때에 염두에 두신 것은 믿음이었다. 참으로 그는 창세기 17장에서의 약속으로부터 앞서 있었던 창세기 15:5의 해석으로 돌아가서 독자들에게 언급하고 있다. 그것은, 창세기 22장의 시험처럼, 창세기 15:5-6의 구절이 충분히 분명하고 또 그 자체로 일관성이 있기 때문에 그 구절을 해석하기 위해서 후대의 해석에 부여된 요구들을(창 17장) 끌어올 필요가 없고, 그렇게 해서도 안 된다는 의미를 담고 있다. 오히려 약속에 대한 후대의 해석과 일련의 사건들에 주어지는 의미를 결정짓는 것은 그 자체로 완전한 주고받음이 있는 창세기 15:5-6이다. 따라서 바울이 논쟁의 여지가 없게 분명히 하고 있는 것은 그의 전반적인 논증의 핵심은 독자적으로 있는 창세기 15:6이 아니라 창세기 15:6이 15:5의 약속에 대한 응답이라는 것이다. 만약 그러한 연관성이 없다면 그 논증을 힘을 잃을 것이다.

19 이어지는 것들을 해석하는 일을 함에 있어서 창세기 15:5-6의 중요성은 아브라함의 믿음에 관한 증거가 창세기 17장으로부터 실제로 이끌려져 왔다는 것을 우

리들이 인식할 때에 더욱더 분명해진다. 창세기 15:5-6에 비추어, 창세기 17장의 중요성이 9-14절(할례의 요구)에 있는 것이 아니고 사라가 아들을 가질 것이라는 구체적인 약속(15절 이하)에 있다. 바울은 의도적으로 아브라함이 자신의 인간적 조건이 소망이 없다(창 17:17)는 것을 인식하고 있다는 것을 드러낸다. 아브라함의 능력은 그의 육체 또는 사라의 육체에 달려 있지 않다. 그 능력은 오로지 그의 믿음에 달려 있다. 아브라함은 이것을 충분히 인식하고 있었다. 그는 자신의 몸이 죽은 것과 사라의 태가 죽은 것을 충분히 염두에 두고 있다(17절에서의 하나님의 창조적 능력의 이중적인 언급을 고려하고 있다). 그는 오직 생명을 주시는 분이 자신이 하신 약속을 이루시고 그의 능력으로 그것을 행하실 것임을 알았다. 아브라함의 믿음의 강점은 그 약속의 성취를 가능하게 할 수 있는 것은 자기 자신 안에는 없다는 것을 인식한 것이다. 말하자면, 그는 죽은 자에게 생명을 주시고, 없는 것에서 있게 하시는, 하나님만을 오직 전적으로 의존해야 한다는 것을 알고 있었다.

20 아브라함은 하나님의 약속의 불신앙으로 의심하지 않고, 도리어 그의 신앙 속에서 더 강해졌고, 또는 (하나님에 의해) 강화되었다. 그가 붙들 수 있는 모든 것은 하나님의 간단한 말씀이었다. 하지만 그것으로 충분했다. 왜냐하면 그 말씀은 창조주의 약속이었기 때문이다. 여기서 아브라함의 믿음에 관한 반복된 강조는 의도적이다. 아브라함의 믿음에 관한 특징을 가장 분명하게 제기할 수 있는 것은 바로 여기었기 때문이다. 창세기 15:5-6은 아브라함의 신앙이 다른 어떤 것에 있지 않았고, 그리고 하나님의 약속의 신뢰 그 이외에는 그는 아무것도 갖고 있지 않았다는 것을 보여준다. 그것은 신실성이 아니다. 언약의 충성도 아니다. 아브라함의 믿음의 힘은 그 어느 것으로도 보충되지 않았다. 아브라함이 할 수 있는 것은 아무것도 없었다. 오로지 신뢰, 순전한 신뢰, 믿음 이외에는 아무것도 없었다. 따라서 무조건적이고 순전한 신뢰로 살아감으로써 아브라함은 하나님께 영광을 돌렸다. 바울이 이미 초기에 언급한 것처럼 피조물이 창조주에게 영광을 돌리는 것은(1:21) 하나님에 대한 온전한 의존을 인식함으로써다. 1장을 반영한 것은 의도적이다. 여기서 바울은 아브라함이 경건한 유대인의 전형이 되는 것에서 피조된 인간의 전형이 되는 것으로 전환시키고 있다－아브라함에 대한 이스라엘의 배타적인 주장을 손상시키는 아브라함에 관한 보편성으로 전환하고 있다. 아브라함은 적당한 피조물의 모형, 곧 생명을 주시는 분에 관한 전적인 의존 속에서 온전한 생명을 얻게 된 믿음의 사람, 믿는 모든 사람들 말하자면 유대인뿐만 아니라 이방인에 대한 모형으로서 이제 분명히 보여지게 되는 것이다.

21 그 해설은 중요한 요소들의 반복으로 세련되게 다듬어진다. 즉 아브라함의 믿음과 자신의 약속을 행하시는 하나님의 능력이 반복되어진다. "믿음"이라는 말과 그 동족어의 반복은 다른 풍성한 용어로 대체된다–"확신." 따라서 아브라함의 믿음은 강력하게 단호한 빛 속에서 제시된다. 그것은 단순히 무기력한 수동적("무슨 일이 일어나는지 보자") 형태도 아니고, 어떤 모르는 섭리에 대한 선을 두려움 속에서 의존하는 것도 아니다. 그것은 하나님 안에서의 확신이고 창조주로서의 하나님의 능력에 관한 단호한 인식이며, 하나님이 아브라함에게 자신의 목적을 알리셨다는 조용한 확신이며, 더 이상의 질문이나 조건이 없이 약속이 이루어질 것으로 믿는 것이다. 아브라함의 믿음이 언약적 충성의 측면에서 또는 행위가 없이는 불완전한 것으로 생각해서는 안 되는 동일한 이유가 또 다른 측면에서 나온다. 왜냐하면 믿음은 오로지 하나님의 충성에 관한 확신만이 필요하고, 오로지 그 믿음만이 가능하게 하며, 그 믿음만이 하나님의 약속에 충만한 영향을 충분히 불러올 수 있다.

4:22-25 결론과 적용

22 "그러므로 이것을 저에게 의로 여기셨느니라." 창세기 15:6에 관한 바울의 해설이 완결되고, 그는 자신의 미드라쉬를 처음에 가졌던 요지를 회고함으로써 결론을 맺는다: 따라서 우리는 창세기 15:6이 무엇을 의미하는가를 안다–Q.E.D., 결론은 자증적이다. 하나님이 아브라함을 의로 여기심에 있어서 찾으시고 인정하신 것은 이 믿음뿐이다–믿음이 어느 행위, 특별히 할례의 행위보다 앞서 있었으며, 또 그것과 무관했다. 믿음은 단순히 한 약속에 대한 반응이며, 그것은 율법의 백성들보다 훨씬 더 넓은 범위를 항상 갖는다. 믿음은 창조주의 능력에 단순히 의존하는 것이지 그밖에 다른 것이 아니다. 따라서 하나님이 인정하신 것은 이 믿음뿐이며, 바울이 미드라쉬의 초기에 주장한 것처럼, 하나님이 아브라함을 의로 여기신 것은 순전히 은혜의 행위였다. 따라서 의로 여겨지는 사람은 믿음 이외에는 아무것도 하지 못했으며, 할 수도 없다. 이 믿음은 하나님에게 어떤 의무가 주어져 있다고 생각하는 어떤 신분이나 행위와는 정반대다. 이것은 하나님의 능력과 인간의 무능력간의 완전한 조화이다. 또한 바울이 이 본문으로부터 분명히 부상시키고 있는 것은 전적으로 관대하신 약속과 율법과 인종에 근거한 확신간의 완전한 부조화이다.

23-24 바울은 즉시 자신의 결론을 적용시킨다. 창세기 15:6은 아브라함이 의로 여겨지게 된 방법을 단순히 묘사하고 있는 것이 아니라, 그의 후손들에 대한 전형을

제공하기 위한 것이다. 4장의 서두에 나타나는 유대인 대담자는 3-22절의 해설에 의해 말문을 열지 못했을 것이나, 그는 결론적인 바울의 적용에 관한 정당성을 논쟁하지 못했을 것이다. 우리가 4장의 초두에서 주목한 것처럼, 언약적 충성에 관한 바울의 실례는 유대인들의 여담에서 잘 확립된 모티브(주제)였다. 물론 이 사례에서 중요한 차이는 율법을 지킨 것으로 인해 유대 범주에서 칭송 받았던 것(Sir 44:10-15, 19-21에서처럼)과는 구분되는 아브라함의 믿음을 보이는데 있어서 바울이 성공했다는 점이다. 바울이 지금 독자들에게 각인 시키기를 원하는 것은 방금 설명되어진 아브라함의 믿음에 관한 모형이다 – 예수 안에서(관련해서) 그리스도인의 믿음의 전형으로서의 아브라함의 믿음의 모형이다.

동일한 두 요소들이 양쪽에서 나타나기 때문에 그와 같은 평행을 이끌어올 수 있고, 또 적용을 만들 수 있다: 하나님 안에서의 믿음, 그리고 죽은 자에게 생명을 주시는 하나님 안에서의 믿음, 또한 대안적으로 표현한다면, 죽었다가 살아나신 분으로서의 하나님 안에서의 믿음이 그것에 내재되어 있다. 바울은 자신의 용어로 아브라함의 몸과 사라의 태(19절)에 생명을 주신 하나님의 창조와 하나님이 예수를 죽음에서 일으키신 것 사이에 평행을 제기한다. 바울이 요구하는 것은 동일한 창조주 하나님 안에서의 신앙이고, 생명을 주시는 능력의 동일한 실현 속에서의 믿음이다 – 동일한 신앙, 동일한 믿음이다. 그것의 논리는 분명하다: 하나님이 능력을 행하신 것이 두 사례에서 동일한 순서로 되어 있다. 따라서 제기되고 있는 그 믿음은 두 사례에서 동일한 특징을 갖고 있다. 생명을 주시는 능력을 하나님이 무조건적으로 행하시는 것은 생명을 주시는 능력에 의존하는 믿음으로만 충족되어진다.

여기서 만들어진 요지가 어떤 특별한 예표론에 의존하고 있지 않다는 점은 주목할 만한 가치가 있다 – 그리스도인의 (*Endzeit*) 믿음의 형태로서의 아브라함의 최초의(*Urzeit*) 믿음. 그러한 이론(끝이 시작에 상응할 것이다)은 이스라엘의 시작시에 있었던 한 에피소드가, 다른 것이 아닌, 그 예표를 제공해야하는지를 설명하지 못한다. 그러한 예표론적인 합리적 근거 위에서는 믿는 아브라함이 그 예표를 제시하고 율법을 준 모세가 아니어야 하는 좋은 이유가 되지 못하고, 또한 15장에서의 아브라함의 믿음이 그 예표로서 기능하고 창세기 17장에서의 아브라함의 할례 받은 존재는 아니어야 하는 좋은 이유가 되지 못한다. 적어도 여기에서 바울에 대한 일반적인 원리는 오히려 성경에 쓰여진 것이, 특별히 신앙과 불신앙에 관한 문제에 대해서, 신자들 즉 특별히 예수 그리스도에 의해 도입된 새로운 시대의 믿음으로 나아오는 자들에게, 적용을 갖는 성경을 영감하신(inspired) 분에 의해 의도되었다는 것이다.

그리고 그것의 특별한 적용은 여기에서 두 사례간의 특별한 일치에 의존한다 – 하나님의 생명을 주시는 능력의 유일무이한 시행, 이는 믿음에 대한 정착점으로서 아브라함이 "많은 민족들"의 조상이 되리라는 약속에 대한 성취를 가능하게 만들어준다. 하나님의 창조의 능력이 두 경우에 생명의 존재나 표시를 전제하지 않은 것처럼, 아브라함의 경우가 하나님의 행위 이외에 다른 어떤 조건이나 지원이 없는 믿음이었던 것만큼 모든 그리스도인의 경우에서도 그 믿음이 작용한다.

동료 그리스도인들에게 아브라함을 의로 여긴 구조를 적용함에 있어서, 바울은 "의로 여기심을 받을 우리도 위함이니"라고 쓰고 있다. 미래성에 관한 암시(확실히 그렇게 될 것)는 아마도 의도적이다(그렇지 않았더라면, 바울은 현재시제나 부정과거시제로 "여기다"를 사용했을 것이다). 따라서 바울은 복음이 이방인들에게 곧바로 넓게 확장되어질 것임을 염두에 두고 있거나("이방인의 충만한 수" – 11:25), 신자들이 방면될 것을 확신하면서 기다리고 있는 장래의 심판을 염두에 두고 있는 것이다(참조. 2:16; 3:6; 8:33-34). 그런데 바울은 그 요지를 분명히 설명하는데 관심을 두고 있지 않는데, 아마도 바울에게서, 동료 유대인들에 대한 것에서, 하나님이 인간 피조물에 대하여 의를 확장하시는 것은 과거이든 미래이든 간에 단번에 이루어진 최종적인 사건이 아니기 때문이다. 처음의 수용이든, 반복된 견인이든(하나님의 구원하시는 행위들), 하나님의 최종적인 사면이든 간에 그것은 사람들에 대한 하나님의 용납이다. 어떤 사람을 하나님이 받아들일 수 있는 것은 그 사람이 행한 것이나 그 사람의 존재에 달려 있는 것이 아니라, 창세기 15:6에서 설명된 것처럼 아브라함이 가졌던 믿음의 종류에 달려 있다.

25 전체 미드라쉬와 적용은 초기 기독교 회중들의 예배나 교육에서 자주 사용되었던 신조의 종류와 같이 보이는 것으로 적절히 보강된다. 그러나 바울이 독자적으로 그러한 교리적인 설명을 만들어냈을 가능성을 배제할 수는 없다(쓰여진 예전이 아무리 잘 구축되었다할지라도, 각 개인들이 자신의 영감에 따라 유사하게 형성된 송영들을 자주 사용했을 것이다). 그러한 가능성은 바울이 문맥과 일치시키기 위해서, 또 그의 논증의 두 항목들 사이에 다리를 제공하기 위해서, 두 구절들을 형성시켰다는 사실로부터 힘을 얻는다: 죽음과 "범죄"(우리가 "죄"라고 생각할 수 있는)간의 연계가 5:15-20에서의 사상의 흐름을 분명히 전조하는 것과 마찬가지로, 칭의와 예수의 부활간의 특이한 연계는 죽은 자를 살리시는 하나님 안에서의 의롭게 된 아브라함의 믿음에 관한 초기의 묘사에 의해서 분명히 결정된다.

"내어줌"이라는 예수에 관한 이야기는, 바울 자신도 잘 알고 있는 것처럼(8:32;

고전 11:23), 예수의 수난에 관한 초기 그리스도인들의 기억과 해석에 철저히 뿌리를 박고 있다. 따라서 그 말은 금방 확고히 굳어졌고, 교회들 가운데 널리 사용되었을 것이다. 여기서 특별히 그 달이 아람어와 70인경 번역으로 되어 있는 이사야 53장의 종에 관한 묘사를 모델로 삼았을 것임이 분명하다. 우리가 이러한 출현으로부터 전반적인 "내어줌"으로 얼마나 일반화시킬 수 있느냐는 분명히 할 수 없고, 또 눅 22:37; 막 10:45; 그리고 14:24에 관한 전승 – 역사적인 분석이 이사야 53장에 관한 분명한 사용이 예수를 회고하느냐는 분명한 결론을 허락하지는 못한다. 하지만 로마서 4:25는 이사야 53장이 첫 세대 그리스도인들에게 예수의 죽음을 이해하는 중요한 성경적 수단을 제공하기에 충분한 증거가 되고, 그 언급이 조심스럽게 논증된 성경적 증거(바울이 창세기 15:6을 가지고 방금 제시한 것처럼)라기보다는 신앙고백적인 신조의 암시를 갖고 있다는 사실은 이사야 53장이 초기 기독교 변증에서 널리 알려져 있었고, 초기 기독교 사상에 상당한 영향을 끼쳤다는 것을 강력하게 제기한다.

그 신조의 두 부분들은 분명히 동일한 신학적 주장의 두 측면들이다. 물론 바울은 독자들에게 예수의 죽음과 부활을 각기 구별된 결과에 영향을 주는 것으로 구분할 것을 의도하지 않는다. 여기서 그 구분은 분명히 수사적이다. 동시에 예수의 배반한 것에서 저지른 인간의 범죄와 예수의 죽음을 연결시키는 것은 대단히 자연스러운데, 특별히 희생제사를 드리는 범주들이 죄를 다루시는 하나님의 방식에 관한 유대인의 이해에 주된 일부분이었기 때문이다. 아브라함의 신앙을 제의적인 행위와 분명하게 구분짓는데 성공한 바울은 3장에서 이미 분명히 한 것처럼(이사야 53장에 대한 암시가 여기서 그 이미지를 중개하고 있을지라도), 희생제사의 주된 제의적 행위의 구조 내에서 예수의 죽음을 해석한 것이 바울을 당황스럽게 하지 않았다. 그리고 칭의와 예수의 부활간의 연결은 단순히 앞선 해석에 의해 촉발된 것만이 아니라, 그 요지를 훨씬 더 강조하고 있다 – 하나님의 의롭게 하시는 은혜는 그의 창조의, 생명을 주시는 능력에서 나온 것이다. 만약 하나님이 아브라함과 사라에게 후손을 주시지 않았다면, 아브라함의 믿음은 전적으로 헛된 것이 될 것이다. 마찬가지로 만약 하나님이 예수를 부활시키지 않으셨다면, 그리스도인의 믿음은 헛된 것이 될 것이다. 만약 예수의 죽음이 그의 부활로 뒤이어지지 않았다면, 희생으로서의 예수에 관한 이해는 이스라엘의 순교신학 정도밖에 되지 않았을 것이다. 그렇게 되었다면, 예수의 부활이 보여주었던 종말론적인 해결책을 제시할 능력을 갖지 못했을 것이다. 예수의 부활은 아브라함과 사라에게 역사하신 동일하게 생명을 주시는 능력이 새로운 시대에 하나님이 인류를 다루심에 있어서도 여전히 역사하고 있다는 단적인 증거가 된다. 믿음은 예수를 부활시키고, 또한 마지막 계수에서 죽은 신자의 몸에 생명을 주실(8:11) 동일한 영향을 가진 능력이기 때문에 하나님 앞에서 수용이 된다.

C. 첫째 결론 : 개인과 인류 전체와의 관계에서 믿음에 대한 새로운 관점(5:1-21)

서론

이제 바울은 믿음에 대한 새로운 관점의 결론을 내리고 있다. 고통 중에 있지만 구원의 확실한 소망을 가지고 있는 현재와 미래의 개개의 신자들(1-11절) 그리고 두 사람, 아담과 그리스도, 즉 죄와 사망의 시기를 구획하는 아담과 은혜와 생명의 그리스도를 통하여 창조로부터 종말에까지 인류 역사의 완전한 진행을 개괄하는 구원사의 진행에 관해 묘사한다(12-21절). Dupont, "Probleme," 381-82에서 4장이 3:21 이하의 구절과 연결되듯이 마찬가지로 5:12-21은 5:1-11과 연결된 기능을 한다는 주장을 참조하라.

본 장은 새로운 부분의 시작으로 일반적으로 간주되어졌다(Dahl, "Notes"; Knox; Althaus; Michel; Fitzmyer; White, *Body*, 58-59; Cranfield; Schlier). 스크로그스(Scroggs)는 5-8장을 원래 1-4장, 9-11장으로 구분된 하나의 설교로 여긴다. (참조. Zeller의 *Juden*: 5-8장에 관해 어떠한 토론도 포함하고 있지 않다.) 니그렌(Nygren)에 의해 주장된 내용구분은 많은 영향을 끼쳤다. 1-4/5장은 칭의, 5/6-8장은 성화를 다루고 있다는 예로부터의 분석을 상세히 말하면서 다음과 같이 구분한다. 5장: 하나님의 진노를 면함; 6장: 죄사함; 7장: 율법으로부터의 해방; 8장: 사망으로부터의 해방. 프랑스 학자들 사이에서 일반적인 것은 5:12부터 7장 또는 8장까지가 하나의 구분으로 되어 있다는 것이다(Feuillet, "Plan"; Leenhardt; NJB; Black; Paulsen, *Röm 8, 13-21*; Robinson, *Wrestling*, 59; 다른 경우로 Leon-Dufour). 전체적인 논점에 대해서는 Beker, *Paul*, 64-69를 보라(보다 자세한 참고문헌은 Fitzmyer를 참조하라).

그러나 5장은 지금까지 전체로서 하나의 결론으로 간주되어져 왔음에 틀림없다.

5:1-11은 명백히 이런 방식으로 기능한다(Wolter, 207-16; Wilckens, 1:181-82, 286-87; Achtemeier는 4:23-5:11을 하나의 단락으로 취급한다). 이전의 연결들은 지나치게 많고 신중하다. 즉 1:17에서 공표되었고 3:21-4:25에서 계속하여 전개된 것처럼 본서의 주요한 주제로서 디카이오수네/디카이오 에크 피스테오스(*δικαιοσύνη δικαιόω ἐκ πίστεως*)는 이제 1절과 9절에서 정리되어진다. 9-10절에서 갑작스럽게 재출현한 용어인 "구원" 역시 비록 초기이지만 1:16의 중요한 언급을 상기하게 한다. 3:21-26의 중요한 논제들의 반향이 2절("은혜, 영광의 소망"), 9절("그의 보혈로") 그리고 9, 11절("이제")에 드러난다. 1:18-2:29 중심적인 주제가 되는 고소는 1:18// 5:9(*ὀργή* -오르게), 1:18//5:6(*ἀσέβεια, ἀσεβής* -아세베이아 아세베스), 1:21, 23 //5:2(*δόξα* -독사), 1:28//5:4 (*ἀδόκιμος, δοκιμή* -아도키모스 도키메), 2:17//5: 11(*καυχᾶσθαι ἐν θεῷ* -카우카스다이 엔 데오) 그리고 5:6-10의 결론 (연약한, 죄 많은, 죄인들, 원수들)은 1:19-32의 결론을 답하고 있다. 아담 안에서 인류의 기소에 대한 이러한 논증(1:19-25)과 그것의 반대인 "그리스도를 통하여"는 뒤따르는 구절 즉 아담/그리스도의 명백한 대조(5:12-21)를 위한 길을 예비한다.

5:12과 함께 그 관점은 우주적 초점으로 설정되는데, 이는 1인칭 복수로부터 3인칭 단수로의 이동으로 특징지어진다. 1-11절의 연속성은 특별히 대조의 주제가 재출현함으로써 나타나는데, 인류역사에 동등하게 미치는 두 시대의 특징을 결정하고 요약하는 두 사람에 대한 명백한 용어 즉 불순종의 행위와 순종의 행위가 나타난다. 따라서 아주 효과적인 결론은 1:19 이하에서 아담에 의해 인류에 부여된 기소가 어떻게 일소되는지를 보여주는 것으로 성취된다. 더욱 더 그리스도를 통한 은혜의 풍성함에 의해 답변되어지는 것이 3:23에서 요약적으로 되풀이된다. 실제로 지금까지의 논증의 전체 과정은 1:18-3:20에 상응하는 죄의 지배와 3:21-5:11에 상응하는 은혜의 지배와 함께 5:12-21에 포함되어졌다(참조. Grayston, "Romans 1:16 a," 572). 16-21절에서 디카이오수네(*δικαιοσύνη*) 용어의 두드러짐 또한 1:17에서 선포된 주제에 대한 재언급의 역할로 제공되고 있으며, 이미 5:1과 9절에서 상기된 3:21-4:25에 대한 해석의 적절한 개요를 제공한다.

동시에 1-11절에 이미/아직("already/not yet") 구문에 의한 긴장을 설명하는 근거가 준비되어졌으며, 이는 6-8장을 나타내는 특징이고 결론 구절로서 20-21절은 구시대를 지배하는 두 거짓 힘, 즉 죄와 죽음과 함께 자극적인 방식으로 율법을 언급함으로써 다음 단락을 향한 도약대를 준비한다(Dahl, "Notes," 41; *Studies*, 91). 더 자세한 것은 5:12-21의 양식과 구조를 보라. 두 단락이 각기 문맥 안에 통합되어 있는 정도는 그것들이 후일의 삽입구라는 전적으로 받아들이기 어려운 가설을 부인하게 하며(1-11절과 관련하여 Schmithals, *Römerbrief*, 197-202, 그리고 특별히 Wolter, 205-7을 보라; 12-21절과 관련하여 – O'Neill), 그리고 "엉뚱한 이론"이라는 12-21절에 대한 루쯔(Luz)의 서술에 반하는 것으로 여겨지게 한다(*Geschichtsverständnis*, 193).

3:21-5:21의 요지는 뒤따르는 부분들이 각기 설명하는 대로 복음의 역사처럼 기능한다고 말해지는 그 방법에 의하여 더욱 지칭되어진다. 따라서 6:1-8:39는 개인적인 신자와 관련한 복음의 역사로 묘사되어질 수 있고, 9:1-11:36은 은혜로운 선택과 관련하여 복음의 역사로, 12:1-15:13은 실제적인 조건으로서 하나님의 백성으로 다시 규정된 것을 위한 복음의 역사로 묘사되어질 수 있다(특별히 Feuillet, "Plan"을 참조하라).

특별히 6-8장 그리고 9-11장을 5장의 결론의 도출로 보면 도움이 될 것이다. 5장은 개인을 다루고(5:1-11) 인류 전체를 다루는데(5:12-21). 하나님의 목적에 있어서 현재의 그 가혹한 현실들과 관련하여 이러한 결론들은 개인(6-8장; 왜냐하면 5:1-11과 8장 사이에 상응이 이루어지기 때문이다 – Dahl, "Notes," 37-42, *Studies*, 88-89)과 그리고 이스라엘(9-11장) 양쪽을 견지한다. 이러한 의미에서 5장은 "연결" 장이라 불려질 수 있다(Kaye, 6장, 7-13). 따라서 구조적 평행은 다음과 같이 제시될 수 있다.

5:1-11은 6-8장과 상응한다.
5:12-21은 9-11장과 상응한다.

5:1-11과 5:12-21의 특징인 특별함에서 보편성으로의 이동은 또한 뒤따르는 장들에서 반영되어진다. 6-8장에서 초점은 우선적으로 개별 신자에 맞추어져 있다. 그러나 8:14부터 꾸준하게 올라가는 정점이 있는데, 이 정점 안에서 하나님의 구원 목적의 현재적 상태의 그 긴장은 전체적이고 단호한 확신으로서 세상을 위한 창조자의 목적의 맥락 안에서 더욱 더 충만하게 제시된다. 그 확신은 하나님께서 정하시고 그리스도의 사역을 통해서 이미 설정하신 것은 그 어느 것도 무너지게 할 수 없다는 것이다. 유사하게 9-11장에서 바울은 이스라엘의 불순종에 대한 구원사적 딜레마를 모든 인류를 위한 창조주이고 구원자로서(11:25-26)의 하나님의 목적, 곧 처음부터 끝까지 하나님의 목적의 신비에 대하여 눈을 들어 바라봄으로써 오로지 해결한다. 개인(신자) 혹은 민족(이스라엘)이 직면하고 있는 특별한 문제들은 피조물과 창조

를 위한 하나님의 전체 목적의 맥락에서만 오로지 해결될 수 있다. 그러므로 더 자세한 구조적 평행은:

5:12-21은 8:14-39와 11:25-36과 상응한다.

6-8장은 우선적으로 그렇게 많은 주제와 언어에 관련된 연관들을 발견하였던 5장에서 끌어온 결론들을 작업하는 기능을 가지고 있기 때문이다. 특히 죄와 은혜, 그리고 죽음과 생명이라는 두 개의 주제에 관해서 말이다. 그러나 이것은 단순하게 다시 한번 다음의 사실을 인식하는 것에 불과하다. 즉 바울은 로마서에서 논쟁의 다음 단계로 넘어 가고자 할 때 이 방식을 사용하여 결론을 제시하는 규칙적인 모습을 갖는다(더 자세한 것은 5:12-21의 양식과 구조를 보라).

1. 신자의 현재와 미래에 관한 새로운 조망(5:1-11)

참고문헌

Bornkamm, G. "Anakoluthe." 78-80. **Dahl, N. A.** "Two Notes on Romans 5." *ST* 5 (1952) 37-42. ______. *Studies.* 88-90. **Deidun, T. J.** *Morality.* 126-30. **Dibelius, M.** "Vier Worte." 3-6. **Donfried, K. P.** "Justification." 100-102. **Eichholz, G.** *Theologie.* 163-69. **Fatum, L.** "Die menschliche Schwäche im Römerbrief." *ST* 29(1975) 31-52. **Fitzmyer, J.** "Reconciliation in Pauline Theology." *To Advance the Gospel.* New York: Crossroad, 1981. 162-85. **Goppelt, L.** "Versöhnung durch Christus." *Christologie.* 147-64. **Hofius, O.** "Sühne und Versöhnung: Zum paulinischen Verständnis des Kreuzestodes Jesu." *Versuche, das Leiden und Sterben Jesu zu verstehen,* ed. W. Maas. Munich: Schnell & Steiner, 1983. 25-46. **Jacobs, L.** "'Greater Love Hath No Man…': The Jewish Point of View of Self-Sacrifice." *Judaism* 6(1957) 41-47. **Käsemann, E.** "Some Thoughts on the Theme 'The Doctrine of Reconciliation in the New Testament.'" In *The Future of our Religious Past,* FS R. Bultmann, ed. J. M. Robinson. London: SCM, 1971. 49-64. **Keck, L. E.** "The Post-Pauline Interpretation on Jesus' Death in Romans 5:6-7." In *Theologia Crucis - Signum Crucis,* FS D. E. Dinkler, ed. C. Andresen and G. Klein. Tübingen: Mohr,

1979. 237-48. **Kleinknecht, K. T.** *Gerechtfertigte.* 325-32, 347-49. **Kümmel, W. G.** "Interpretation of Romans 5:1-11." *Exegetical Method: A Student's Handbook.* ed. O. Kaiser and W. G. Kümmel. New York: Seabury, 1963. 49-58. **Lafont, F. G.** "Sur l'interprétation de Romains 5:15-21." *RSR* 45(1957) 481-513. **Landau, Y.** "Martyrdom in Paul's Religious Ethics: An Exegetical Commentary on Romans 5:7." *Immanuel* 15(1982-83) 24-38. **Luz, U.** "Aufbau." 177-80. **Martin, R. P.** *Reconciliation: A Study of Paul's Theology.* Atlanta: John Knox, 1981. 135-54. **Mattern, L.** *Verständnis.* 86-91. **Morris, L.** *The Apostolic Preaching of the Cross.* London: Tyndale, 1955. 186-223. **Myers, C. D.** *The Place of Romans 5:1-11 within the Argument of the Epistle.* Diss. Princeton, 1985. **Nauck, W.** "Freude im Leiden." *ZNW* 46(1955) 68-80. **Nebe, G.** "*Hoffnung" bei Paulus: Elpis und ihre Synonyme im Zusammenhang der Eschatologie.* SUNT 16. Göttingen: Vandenhoeck & Ruprecht, 1983. 123-36. **Ridderbos, H.** *Paul.* 49-53. **Synofzik, E.** *Vergeltungsaussagen.* 97-99. **Thüsing, W.** *Per Christum.* 183-200, 205-7. **Watson, F.** *Paul.* 143-47. **Wisse, F.** "The Righteous Man and the Good Man in Romans 5:7." *NTS* 19(1972-73) 91-93. **Wolter, M.** *Rechtfertigung und zukünftiges Heil: Untersuchungen zu Röm 5:1-11.* BZNW 43. Berlin: de Gruyter, 1978.

본 문

1 그러므로 우리가 믿음으로 의롭다 하심을 얻었은즉 우리 주 예수 그리스도로 말미암아 하나님으로 더불어 화평을 누리자	**1** Therefore, having been justified from faith we have[a] peace in relation to God through our Lord Jesus Christ,
2 또한 그로 말미암아 우리가 믿음으로 서 있는 이 은혜에 들어감을 얻었으며 하나님의 영광을 바라고 즐거워하느니라	**2** through whom also we have access (by faith)[b] into this grace in which we stand and boast in hope of the glory of God.
3 다만 이뿐 아니라 우리가 환난 중에도 즐거워하나니 이는 환난은 인내를	**3** Not only so, but we also boast in afflictions, knowing that affliction produces patience,
4 인내는 연단을 연단은 소망을 이루는 줄 앎이로다	**4** and patience character, and character hope.
5 소망이 부끄럽게 아니함은 우리에게 주신 성령으로 말미암아 하나님의 사랑이 우리 마음에 부은바 됨이니	**5** And hope does not put to shame, because the love of God has been poured out in our hearts through the Holy Spirit given to us.
6 우리가 아직 연약할 때에 기약대로 그리스도께서 경건치 않은 자를 위하여 죽으셨도다	**6** For while we were still[c] weak, yet[c] Christ at that time died for the ungodly.
7 의인을 위하여 죽는 자가 쉽지 않고 선인을 위하여 용감히 죽는 자가 혹 있거니와	**7** For only rarely will someone die for a righteous man; for perhaps someone will dare to die for the good man.[d]

8 우리가 아직 죄인되었을 때에 그리스도께서 우리를 위하여 죽으심으로 하나님께서 우리에게 대한 자기의 사랑을 확증하셨느니라

8 But God demonstrates his love to us[e] in that while we were sinners Christ died for us.

9 그러면 이제 우리가 그 피를 인하여 의롭다 하심을 얻었은즉 더욱 그로 말미암아 진노하심에서 구원을 얻을 것이니

9 How much more then, having now been justified by his blood, we shall be saved through him from wrath.

10 곧 우리가 원수 되었을 때에 그 아들의 죽으심으로 말미암아 하나님으로 더불어 화목되었은즉 화목된 자로서는 더욱 그의 살으심을 인하여 구원을 얻을 것이니라

10 For if when we were enemies we were reconciled to God through the death of his Son, how much more, having been reconciled, we shall be saved by his life.

11 이뿐 아니라 이제 우리로 화목을 얻게 하신 우리 주 예수 그리스도로 말미암아 하나님 안에서 또한 즐거워하느니라

11 Not only so, but we also boast[f] in God through our Lord Jesus Christ,[g] through whom we have now received this reconciliation.

원문주해

a. 에코멘(*ἔχωμεν*, "누리자")은 사본들의 증거에 있어서 보다 큰 비중으로 지지된다 할지라도, 본질적인 개연성에 근거해서 에코멘(*ἔχομεν*)이 의도되었다고 대부분 받아들인다(하지만 NEB; Kuss; Martin, 135, 148; Maillot를 보라). 만약 어떤 권고(exhortation)가 의도되었다면 포이에소멘(*ποιήσωμεν*, 사 27:5에서처럼)이 보다 분명한 선택이었을 것이다. 이처럼, 가정법은 수반되는 직설법과 어색하게 들어맞는다. 그리고 o를 ω로 필사자가 잘못 들었을 가능성은(유사한 소리이기에) 본래부터 있었다(참조. 14: 8, 19; 고전 15:49). 더 자세한 것은 Wolter, 89-95를 보라.

b. 사본들과 번역본들의 증거는 테 피스테이(*τῇ πίστεὶ*)의 삽입과 제외를 동등하게 제시한다. 그리고 내부적인 근거에 의해서도 그 구는 생략된 것처럼(1절 이후에 반복으로서) 삽입되어졌을 가능성도(바울의 강조를 유지하기 위하여) 있다. 어쨌든 그 의미는 변경되지 않았다.

c. 반복되는 에띠(*ἔτι*)의 어색함은 명백하게 본문을 개선시키고자 하는 다양한 시도이지만, 에띠 가르…에티(*ἔτι γὰρ…ἔτι*)는 오늘날 대부분이 동의하는 것처럼(예를 들어, Metzger, Wilckens; 다른 것으로 SH와 Black를 보라) 아주 초기에 있었던 것으로 보인다.

d. 이레네우스(Irenaeus)가 7절을 지나친 점은 그것이 그의 본문에 결여되어 있다는 것을 의미하는 것은 아니다.

e. 본 절의 마지막 4개 단어의 다른 순서와 B, Ephr, arm에 호 데오스(*ὁ θεός*)가 생략된 그럴듯한 배후의 근거들에 대해서는 Cranfield, 265 n.2를 보라.

f. 몇몇 필사자들은 분사구문에서 직설법으로 바뀌는 바울의 문장스타일의 이러한 특성을(주석을 보라) 인식하는데 실패하고 있다.

g. B와 다소의 다른 사본들은 크리스투(*Χριστοῦ*)를 생략하고 있다. 개연성의 근거에 의해서 그것이 생략된 것으로서 추가되었다 할지라도 증거의 무게는 원 본문에 있는 것으로 기운다.

양식과 구조

1:18-11:39의 논증 내에서 본 구절의 기능에 대해서는 5:1-21의 서문을 보라. 구절은 잘 구성되어있다. 즉 9-11절은 명백히 디카이오덴테스(*δικαιωθέντες*, 1, 9절), 카우카다이(*καυχᾶθαι*, 2, 3, 11절), 강력한 디아(*διά*) 형식(1-2, 9-11절) *그리고* 우 모논 데, 알라 카이(*οὐ μόνον δέ, ἀλλὰ καὶ* , 3, 11절)의 반복을 통하여 1-3절에 대해 답변하고 있다. 더불어 우리는 3-5절의 일련의 추론(수사학적인 "gradatio"-Heil), 6-10절의 정점(연약한, 경건치 않은, 죄인들, 원수들), 6-8절에서 각 절의 끝에서 아포다네인(*ἀποθανεῖν*)의 두드러진 네 번의 반복(Bornkamm, "Anakoluthe," 79) 그리고 9-11절의 다른 특징을(반복된 폴로 말론[*πολλῷ μᾶλλον*]과 개념들의 상호교환들) 주의해야 할 것이다. 또한 Myers, *Romans* 5:1-11, 28-34, 52-53, 182-85를 보라. 커크(Kirk)는 6-11절을 "십자가에 달리신 예수에 대한 찬양"이라 말하고 있다. 만약 하나의 지배적인 개념을 발견할 수 있다면 "화평"(Cranfield, Hendriksen) 혹은 "화해" (Martin)일 가능성은 적고, "소망"이 될 가능성이 더 높다. 왜냐하면 그것은 2-5절에서 관련 단어를 제공하고 있을 뿐 아니라 전반적으로 그 구절의 특징이 되는 종말론적 긴장을 나타내고 있기 때문이다(참조. Eichholz, *Theologie*, 174; Wolter, 217-22; Watson, *Paul*, 144). 헤일(Heil, *Hope*)은 소망을 전체 편지의 중심주제로 보고 있다.

주석

1 "그러므로 우리가 믿음으로 의롭다 하심을 얻었은즉"(*δικαιωθέντες οὖν ἐκ πίστεως*-디카이오덴테스 운 에크 피스테오스). 다소 놀랍게 3:4(하나님)과 4:2(아브라함)을 제외하고, 바울은 로마서에서 처음 이곳에서 부정과거시제로 디카이오(*δικαιόω*)를 사용하고 있다. 보다 일반적인 언급들과 그의 동료 신자들에 대한 언급으로서 현재 직설법(3:24, 26, 28; 4:5)과 미래시제(2:13; 3:20, 30)가 지배적이었다. 여기서 시제는 분명히 과거의 하나님의 행위를 나타내고 있지만, 그것이 가지고 있는 정도까지 바울에 의해 전개된 칭의교리와 그 범위를 지배하는 것으로 혹은 다른 시제들의 의미를 압도하는 것으로 허용해서는 안 된다. 이런 본문들과 그런 논

증들의 관점에서 함께 읽으면서, 디카이오덴테스(δικαιωθέντες)는 그 관계와 상태에 있어서 하나님께서 받아주심을 나타내기 위해 가장 잘 선택된 것이며(아브라함은 "하나님의 친구"로 향유하였고, "우리는 이 은혜 안에 서 있다" –2절), 그리고 하나님은 최후 심판 때에 그 신분을 인정하실 것이며 지지하실 것이다(장래를 고려하는 "영광의 소망" –2절에서 나타난). 더 자세한 것은 2:13을 보라.

에크 피스테오스(ἐκ πίστεως)는 분명히 3:26, 30과 4:16(또한 9:30, 32 그리고 10:6)에서와 같은 구문처럼 같은 노선을 따라 연결된 것이다. 디카이오덴테스(δικαιωθέντες)와 더불어 그것은 믿는 것의 **지속된** 행위와 구분되지 않고(다시 한번 현재시제로서 피스튜에인[πιστεύειν]의 특징적인 사용을 주의하라 –1:16을 보라), 또 믿음으로(ἐκ πίστεως –피스테오스) 살았던 것과 같은 삶의 관념과 구분되지 않는다(3:26을 보라). 그러나 여기서 그것은 믿음이 최초로 작용하는 즉 위임의 선도적 행위라고 하는 특별한 행등을 나타내고 있다. 바울은 또한 그의 독자 모두(혹은 대부분)는 그러한 회심의 과정을 지나가게 될 것이고, 이것은 그들의 보편적인 연결점에 있어서 근본적인 부분이라는 점을 가정한다. 그리고 세례가 이 과정의 일부가 되었다 할지라도(6:4), 이 점에서 바울이 그들의 세례 자체에 대해 그의 독자들을 언급하고자 의도하였다고 주장할 수는 없다(반대로는 Schlier). 동시에 우선적인 언급이 아브라함이 행하였던 것과 같은 믿음에 대한 것이라 할지라도(참조. 4:16), 본 구절은 1:17에 있는 중심 구절의 더욱 풍성한 의미를 가질 것이다. 인간의 믿음뿐만 아니라 하나님의 미쁘심, 이는 4:18-21의 요지를 정확하게 한 것이다. 즉 아브라함의 믿음은 하나님의 약속에 대한 하나님의 신실하심을 믿는 믿음이다.

"하나님으로 더불어 화평을 누리자"(εἰρήνην ἔχομεν πρὸς τὸν θεόν –에이레넨 에코멘 프로스 톤 데온). 전형적인 그리스 사상(LSJ; 구약성서에서 예를 들어, 신 20:12; 삿 4:17; 왕상 2:5; 사 36:16)으로서 에이레네(εἰρήνη)는 소극적으로는 "전쟁이 없음"을 이곳에서 보여준다(참조. 10절). 그러나 달리 우리는 화평의 보다 더 긍정적인 히브리적 개념이 지배적이라(1:17을 보라)는 점을 생각해야만 한다. 특히 평화의 "영적" 차원이 여기서 눈에 띈다 할지라도("하나님에 대한 화평"), 그 개념을 "영적"으로 해석되어서는 안되고, 또한 보다 넓은 유대적 개념과 단절시켜서도 안 된다(다시 1:17을 보라). 같은 이유로 그것은 주관적 느낌으로 약화되어서도 안된다. 폰 라드(von Rad)는 실제로 구약성경에서 샬롬(שָׁלוֹם, "평화, 평안")이 내적 평강에 대한 특별한 영적 태도를 나타내는 구별된 본문이 없음을 주장한다(*TDNT* 2: 406). 따라서 여기서 우리는 바울이 삶에 있어서 그 결과가 보여져야만 하는 그런 실제적 관계("화해" - 10-11절)를 마음에 두고 있음을 말할 수 있다(특히 14:19; 고전 14:33 참조하라). 다시 한번 바울은 단순한 사실로서 이것을 진술하고 또 그의 주장은 독자들의 경험에 사실로 들릴 수 있는 확신(참조. 갈 5:22)을 주고 있음을 주의해 볼 가치가 있다("우리가 하나님과 더불어 화평을 이루자"; 원문주해를 보라). 칭의에 대한 언급 다음에 나오는 평강에 대한 기술의 중요성에 대한 루터의 주석을 보라(Harrisville에 의해 인용됨).

바로 앞의 문맥의 관점에서 보면 유대인의 사상에서 하나님이 주신 평강은 언약과 밀접한 관계에 놓여 있다는 내용을 기억하는 것이 중요하다(예를 들어, 민 6:22-27; 시 55:18-19; 사 48:17-22; 렘 14:19-21; Sir 47:13; 마카비2서 1:2-4)(또한 Wright, *Messiah*, 136을 보라). "율법에 열심인 자들"에게 있어서 "평강의 언약"은 특별히 제사장 직분과 비느하스와 연결되어 있다는 점은 의미가 있다(민 25:12; 말 2:4-5; Sir 45:24; 또한 4:3을 보라). 동등하게 중요한 것은 "화평"과 "의" 사상에 대한 이러한 틀에서 중복되고 있거나 혹은 서로 보완적인 개념들에 대한 수준이다(시 35:27; 72:3; 85:10; 사 9:7; 32:17; 48:18; 60:17) - "샬롬(שָׁלוֹם)의 성취된 상태에 대한 규범으로서 체다카(צְדָקָה)"(*TDNT* 2:177). 예언자들의 소망에서 하나님이 언약한 화평이 완전하게 꽃피는 것은 미래의 새 시대에 속하고 있기 때문에(사 9:6-7; 54:10; 겔 34:25-31; 37:26; 미 5:4; 학 2:9; 스 8:12; 에녹1서 5.7, 9; 10.17; 11.2), 바울의 주장은 이스라엘의 종말론적 소망이 이제 막 성취의 과정 중에 있다는 주장에 이른다. 그 주장은 본 구절을 특징짓는 "이미"(already)와 "아직 아닌"(not yet) 간의 긴장으로 출발한다(또한 2:10과 14:17을 보라). Wolter, 95-104는 우주적 화해의 개념으로 나오고 있는 "하나님과의 화평"에 대한 브랜덴부르거(Brandenburger)의 언급을 정당하게 비판하고 있고, 5:1, 10-11절 진술 이면에는 이사야 57: 19에 대한 초기 유대적 해석이 자리잡고 있다고 주장한다(104).

"우리 주 예수 그리스도로 말미암아"(*διὰ τοῦ κυρίου ἡμῶν Ἰησοῦ Χριστοῦ* - 디아 투 큐리우 헤몬 예수 크리스투). 디아 예수 크리스투(*διὰ Ἰησοῦ Χριστοῦ*) 구는 5장에서 중요한 역할을 하는데(1, 11, 21절), 각각의 절은 찬양의 "위쪽"으로의 이동(5:11; 또한 1:8을 보라)과 은혜의 "아래쪽"으로의 이동(5:21; 또한 2:16을 보라), 즉 둘 다 승천하신 그리스도에게 돌려진 독특한 중재적 역할의 다른 단면들을 해독하고 있다. 이 중재적 역할에 있어서 동일하고 이중적인 두 가지 방식의 상호교차는 여기에서(화평의 중재자) 그리고 바로 뒤따르는 구절에 나타난다(접근할 수 있는 중재자 - 2절). 이것이 부활한 실존으로의 예수의 인격적 역할이라는 것은 당연한 것으로 여겨졌다. 그러므로 여격과 함께 하는 디아(διά)이지 목적격과 함께 하는 디아(διά, "때문에, -을 목적으로", 이 경우 과거시점의 예수의 행위를 나타낸다)가 아니다. 예수와 관련하여 큐리오스(κύριος)에 대해서는 1:4과 10:9을 보라. "우리 주" – 모든 절에 나타나는 공동의 참여와 경험을 공유하는 독자들에게 일상적인 용어로 말하고 있는 자신감이다.

2 "또한 그로 말미암아 우리가 얻었으며"(δἰ οὗ καὶ τὴν προσαγωγὴν ἐσχήκαμεν – 디 우 카이 텐 프로사고겐 에스케카멘). 디 우(δι᾽ οὗ)에 대해서는 5:1을 보라. 프로사고게(προσαγωγή)라는 단어의 지배적인 배후 이미지가 제의적(cultic)이라고 단순히 가정해서는 안 된다("하나님의 현현의 장소로서 지성소에 대한 방해받지 않은 접근" – Käsemann). 프로사고게(προσαγωγή)는 결코 사용되지 않았고 프로사게인(προσάγειν)은 칠십인경에서 특별하게 제의적 언급은 가지고 있지 않다. 신약성경에서 나오는 또 다른 경우도 결정적으로 어느 한쪽을 거드는 것이 아니다(엡 2:18; 3:12). 또한 히브리서 10:19은 에이소도스(εἴσοδος) 때문에 의미 있는 평행구절을 필수적으로 제공하지 않는다. 거기에는 단순히 일반적 개념("입구")에 대한 특별한 적용이 있을 뿐이다 – LSJ와 BGD, εἴσοδος를 보라. 반면에 지성소에서 하나님의 현존에 접근하는 모습은 유대인으로 태어나고 양육된 사람에게는 자연스러울 것이고, 1QS 11:13-15의 두드러진 평행구는 거의 확실히 제의적 분위기를 가질 것이라는(더 자세한 것은 Wolter, 107-20을 보라) 점은 사실이다. 그럼에도 불구하고 당시의 사회에서(특히 로마 자체에서) 신하를 통하여 황제에게 나아가는 재판 광경은 카리스(χάρις)의 결합이 또한 나타내는 것처럼(아래를 보라), 쉽게 환기되어지는 것과 같았을 것이다(Xenophon, Cyr. 7.5.45; 그렇게 LSJ와 SH). 게다가 히브리서 4:16과 황제 숭배의식이 그러한 제의와 황제에게 접근하는 것이 쉽사리 그런 형상으로 결합되어질 수 있음을 우리에게 상기시켜준다. 그 가능성은, 바다에 지친 선원이 다시 한번 대지(terra firma)에 안전한 상륙을 하는 "잔교", 곧 이러한 항구의 풍경을 바울이 염두에 두고 있음을 배제할 수 없다(참조. LSJ Ⅱ.3; MM). 그러나 그것은 5:1-11을 특징짓는 인격적 관계(하나님과 신자들 사이로서)의 강한 강조에 적절하지 않고 예수(수로안내자?)의 중재자적 역할을 불명확하게 남겨둔다.

에스케카멘(ἐσχήκαμεν) –1절의 에코멘(ἔχομεν, 현재시제)으로부터 이어져, 여기서의 완료시제(참조. 고후 1:9; 2:13; 7:5)는 형태의 변화일 수 있지만, 아마도 하나님 앞에 최초로 서는 것(의롭게 됨)과 그것의 지속적인 유용성과 그 결과(우리가 하나님과 화평을 이룸) 둘 다를 나타내기 위해 의도된 것이다. 1절에서처럼 동일한 주장을 표현하는 선택적인 방법과 마찬가지로 그것은 바울의 칭의 개념을 포함하여, 바울의 구원론의 관계적 특성을 강조한다.

"믿음으로"(τῇ πίστει – 테 피스테이). 만약 원전이 이렇다면(원문주해를 보라) 이것은 9:30에서 "믿음에 의한" 의에 관한 이야기를 다시 할 때까지 바울이 이 핵심 명사("믿음")를 사용하는 마지막 시기일 것이다. 분명히 바울은 그의 기본적인 논제(1:17)처럼, 하나님 안에서 부여된 신뢰(특히 4:17-21)란 의미에서 자기 자신의 만족을 확립하였다. 그리고 청중들의 경험이 충분한 확신을 제공하고, 또 자신이 그들을 이끌었다는 확고한 소망가운데서, 그는 이 만족에 뒤이은 결론을 이끌어내기를 시작한다.

"서있는 이 은혜에 들어감을"(εἰς τὴν χάριν ταύτην ἐν ᾗ ἑστήκαμεν – 에이스 텐 카린 타우텐 엔 헤 에스테카멘). 여기서 카리스(χάρις)의 사용은 어떤 면에서 좀 특이하다. "은혜"는 마치 사람이 들어가는 안전한 영역으로서의 상태 또는 공간이다. 그러나 이것은 전적으로 통상적인 바울의 의미의 자연적인 확장이다. 또 사람에게 이르러 사람 안에서 역사하고 사람을 통하여 역사하는 하나님의 은혜로우신 능력을 가리키는 것이다(1:5을 보라). 따라서 여기서 하나님의 은혜에 의하여 구획된 공간, 차원 또는 상태는 하나님의 은혜로 특징지어진다(참조. 1QH 4.21-22; 7: 30-31; 그리고 "은혜언약" 가입에 관한 1QS에서의 이야기 – 1:8). 왕의 "호의"에 대한 언급 역시 당시 폭 넓게 사용되었다. 이 용례는 여기서 프로사고게(προσαγωγή)에 대한 궁전에서의 용례를 강조해 준다(위를 참조하라). 즉 왕의 궁전에 들어가는 것은 오직 왕이 자신의 호의를 요청자에게 베풀어주어야만 가능한 것이다. 율법의 행위(3:24; 4:4, 16)가 아닌 은혜에 – 즉 하나님과 사람 사이의 긍정적인 관계를 절대적으로 지배하는 특징으로서 "**이** 은혜" – 의한 것이라는 앞의 강조는 여기서 당연하고 절대적이다. 비록 완료형이 현재 서 있는("흔들리지 않고 서다" – ἵστημι BGD, II.2.c) 사람의 입장에서 이미 세워지고 또 이루어진 상황을 나타내는 의미를 가질 수 있음을 잊지 않는다 할지라도, 엔 헤(ἐν ᾗ)가 나아가서 완료형(서 있는, ἑστήκαμεν)과 함께 사용됨은 바로 이미 세워지고 성취된 하나님과의 관계 안에서의 결과 즉 계약의 약속에 들어감, 즉 회심인 바울의 확신을 분명히 나타낸다. Wilckens를 참조하라.

"하나님의 영광을 바라고 즐거워하느니라"(καυχώμεθα ἐπ' ἐλπίδι τῆς δόξης τοῦ θεοῦ – 카우코메다 에프 엘피디 테스 독세스 투 데우). 만약 1절에서 에코멘(ἔχωμεν)을 읽는다면 이곳과 3절에서 카우코메다(καυχώμεθα)는 가정법으로서 "우리가 자랑하자"("우리가 즐거워하자" – 개역성경)로 볼 수 있다(Kuss). 이 구절은 앞선 논증에서 중요한 역할을 했던 용어와 표현을 상기하며 가져오고 있다. 즉 "자랑"(boasting)(2:17, 23; 3:27; 4:2), "소망 중에"(4:18), "하나님의 영광"(1:23; 3:23) 말이다. 첫 번째와 세 번째의 "반전"은 아주 중요한데 "자랑"은 바울이 긍정적이고 추천할 만한 것으로 여기는 어떤 것이며, "하나님의 영광"은 잃어버리고 분리된 어떤 것이 아닌 기대되는 어떤 것이다. 바울이 지적하는 것은 자랑이 당연한 것이 아니라 이러한 자랑은 하나님의 은혜 안에 서 있는 사람에게만 가능하다는 것이며, 사람이 어떠한 특별한 특권을 요구함 없이 전적으로 의지하는 하나님, 바로 그 하나님으로부터 나오는 자랑이라는 것이다(대조로는 2:17, 23). 이러므로 아직 아닌(not yet)을 의식하는 자랑이며 결과에 대한 신뢰가 아니다. 이러므로 피조물을 위한 창조주의 목적의 성취를 신뢰하는 피조물의 자랑인 것이다. 카우카오마이(*καυχάομαι*)에 대해서는 2:17과 형태와 구조에서의 설명을 보라. 전치사의 다양성(*ἐπί* – 2절, *ἐν* – 3절)은 단순히 스타일의 문제로 보여진다(Kümmel, "Interpretation," 53). 미첼(Michel)은 "기쁨의 외침"을 말하며 이것을 눅 1:47; 10:21 그리고 행 2:46의 아갈리아시스와 아갈리아스다이(*ἀγαλλίασις, ἀγαλλιᾶσθαι*)와 비교한다. 쉴러(Schlier)는 두 단어가 칠십인경에서 종종 같이 나타남을 지적한다(예를 들어, 시 5:11 [칠십인경 12]과 32[칠십인경 31]). 그러나 카우카스다이(*καυχᾶσθαι*)가 푸시우스다이(*φυσιοῦσθαι*, "우쭐하게 된, 자만한")의 동의어라는 그의 더 진전된 주장은 전형적인 헬라인들의 보다 개인적인 자만감이라기보다는 그의 동포에 대한 민족적 자긍심(참조. Wright, Messiah, 137)을 여기서 여기고 있음을 지적하는데 실패한다. 엘피스(*ἐλπίς*)는 히브리적인 의미로서 확신 또는 확고한 소망을 의미하는 것이지 일시적인 불확실한 기대(4:18)를 의미하지는 않는다. 바울은 3-5절에서 그 확실성이 근거하는 것에 관해 분명히 할 것이다. "하나님의 영광"이란 주제로 다시 돌아와서 바울은 5:12 이후의 구절 이전에 벌써 아담 주제(Adam Motif)로 눈길을 돌린다. 구원에서 하나님의 목적은 현재 모두가 도달하지 못한 영광으로 타락한 인류의 회복(그리고 완성)이라는 용어로 이해되어진다(더 자세한 것은 8:17을 보라; 참조. 고후 3:18; 살전 2:12 그리고 서로 보충적이지만 동의어적인 개념이 아닌 하나님의 "형상"에 관한 바울의 유사한 사용을 참조하라; Dunn, *Christology*, 105-6을 보라). 쉴러(Schlier)는 디카이오수네(*δικαιοσύνη*)와 독사(*δόξα*)가 어떤 면에 있어서는 동등한 개념이라는 사실을 아주 잘 지적한다. 하지만 그 정도에 있어서 "하나님의 영광"은 미래에 속한 것이며, 구원의 아직 아닌(not yet)의 차원임을 밝힌다(참조. Nebe, 126-27).

3 "다만 이뿐 아니라 또한"(*οὐ μόνον δέ, ἀλλὰ καὶ* – 우 모논 데 알라 카이). 전

형적인 바울적 구문이지만(참조. 5:11; 8:23; 9:10; 고후 8:19) 헬라와 유대문헌에서도 역시 전형적이다(BDF §479; BGD, *μόνος* 2c; Michel, 178 n.6).

"우리가 환난 중에도 즐거워하나니"(*καυχώμεθα ἐν ταῖς θλίψεσιν* – 카우코메다 엔 타이스 들맆세신). 들맆시스(*θλῖψις*)는 단순히 외부적 환경에 의해 야기된 환난을 의미할 수 있다(그렇게 바울에게 있어서 아마도 고후 1:4, 8; 2:4; 6:4; 7:4; 8:2, 13; 빌 1:17; 4:14; 살전 1:6; 3:3, 7; 살후 1:4). 그러나 그것 또한 마지막 날의 고난들에 사용되어질 수 있다(단 12:1; 막 13:19, 24 등의 평행구절에서처럼). 그리고 이미/아직 아닌(already/not yet)의 종말론적 긴장이 이 단락(1-11절)의 현저한 특징이기 때문에, 또한 8:35; 12:12; 고전 7:28; 고후 4:17; 그리고 골 1:24에서처럼(참조. Schlier; 그리고 또한 2:9을 보라), 그 뉘앙스가 여기에서도 내재되어 있다. 옛 시대(아담의)와 새 시대(그리스도의)간의 중복된 기간 동안 신자들이 견뎌야 하는 고난들은 그것들이 그리스도의 고난과 사망에 동참하는 것이기 때문에 견딜 수 있다는 바울의 기독론적으로 결의적인 구원론의 중요한 한 단면이 된다(더 자세한 것은 Dunn, *Jesus*, 326-38을 보라). 엔(*ἐν*)은 장소적(locative)으로 여겨져서는 안 된다(우리는 우리의 고난의 한가운데로부터 즐거워한다 – 참조. Michel). 왜냐하면 카우카오마이 엔(*καυχάομαι ἐν*)은 즐거움의 대상, 즉 문법적으로 목적어를 표현하기 위한 바울의 규칙적인 용법이기 때문이다(2:17, 23; 5:11; 고전 1:31; 3:21; 등등).

유대교에서 비록 고난이 하나님의 약속된 호의에 대하여 모순되며 긍정적인 견해로 거의 인정하지 않는 것으로 항상 인식되어지는 것처럼, 외적인 면에서 흥미가 있음에도 불구하고, 바울은 여기서 즐거워함에 대한 그의 이야기를 율법에 의해서 제공된 보장(2:17, 23)에 대한 유대인의 즐거움에 대항하여 보다 깊은 논쟁이 이루어지도록 의도하였을 가능성은 거의 없다(Str-B, 3:221는 Bousset를 인용하고 그리고 Daube, *Rabbinic Judaism*, 117은 고난 중에서도 기뻐함은 기독교적인 어떤 특징으로 Carrington을 인용하고 있다). 그러나 실제로 유대교는 역경의 도전에 직면하는 경험을 오랫동안 해왔고, 그리고 그것에 대한 긍정적으로 반응해 왔던 것으로 명문화 하기는 어렵지 않다. 예를 들어, 히브리서 12:5-6처럼, 필로(Philo) 역시 잠언 3:11-12을 훈련과 연단의 긍정적인 가치를 증명하기 위하여 인용하고 있다(Cong. 31). 이와 같은 예는 Sir 2:4-5과 Wisd Sol 3:4-7에 있다. 마카비 시대의 순교자들에 대한 높은 존경은 이처럼 민족적 재난에 대한 긍정적인 평가를 자극하였다(특별히 마카비2서 6:12-16). 그리고 *Pss. Sol.*은 빈번하게 팔레스타인에 대한 로마 정복을 하나님의 단련시키심으로 긍정적으로 반영하고 있다(παιδεία－3.3-4; 13.7-10; 16.4-5, 11-15; 18.4-5). 세네카(Seneca)의 *De Providentia*(섭리에 관하여)에서 발견되는(특히 4장) 것과 같은 스토아 철학자들의 유사한 생각은 로마에 있는 기독교인들에게 잘 알려져 있었을 것이다. 즐거움에 대한 특별한 주의를 위해 다음의 구절을 참조하라. 우리는 *Pss. Sol.* 10.1-2 "주께서 견책함으로 저를 기억하는 자는 복 있는 자요…연단을 견디는 자에게 주께서 은혜로우시다"; 1QH 9.24-25－"그대의 책망은 나의 즐거움과 기쁨이 되고, 나의 재앙들은 (영원한) 치유로 변할 것이다"(Vermes); *Apoc. Bar.* 52.6－"네가 지금 당하는 고난 중에서 그 고난을 스스로 즐거워하라." 더 자세한 것은 Str-B, 3:222; Daube, *Rabbinic Judaism*, 117-18; Nauck, "Freude"; 그리고 아래를 보라. 비록 카우카오마이(καυχάομαι)의 반복이 또한 종말론적 긴장 그 자체의 논리에 의해 뒤따르는 연속적인 결과로 변환을 하고자 하는 바울의 바람에 의해 결정된다 할지라도, 바울은 이 주제를 취하면서 신자들의 고난은 바로 그들이 언약의 구성원 됨의 증거가 된다고 효과적으로 말하고 있다("하나님의 참된 이스라엘 안에서 구성원 됨의 증거"－Wright, *Messiah*, 137).

"앎이로다"(εἰδότες ὅτι－에이도테스 호티). 그 호소는 그들의 보편적인 경험(바울이 가정할 수 있었던 기독교인의 보편적인 경험; 즉 "기독교인의 경험이 여기서 말하고 있다"－Käsemann)이 아니면 바울이 이제 시작하고자 하는 확립된 설교적 유형에 대한 그들의 지식(바울은 그것에 대한 그들의 지식을 가정할 수 있을 만큼 보편적인), 혹은 둘 다(Nebe, 129)에 대한 것이다. 그 형태 자체는 특징적으로 기독교적인 것은 아니다(참조. 특히 Wisd Sol 6:17-19; Maximus of Tyre 16:3b; 더 자세한 것은 Michel, 179 n.2를 보라). 그리고 약 1:2-4과 벧전 1:6 -7의 평행구절들은 바울이 여기서 공정하게 잘 확립된 기독교적 설교의 원형에 관해 그리고 있다고 강력하게 암시한다(특히 M. Dibelius, *Jakobus*, KEK [1964] 103-5; 또한 125-29를 참조하라). 연속된 결과는 분명히 성숙의 과정을 의미하지만, 그렇다고 믿음에 있어서 뛰어난 단계는 아니다(Michel이 정당하게 지적하는 것처럼). 왜냐하면 그것의 궁극적 관점은 그들이 처음 믿음에 들어가면서 갖는 소망과 다른 점이 없기 때문이다(2절).

"환난은 인내를 이루고"(ἡ θλῖψις ὑπομονὴν κατεργάζεται－헤 들륍시스 휘포모넨 카테르가제타이). 들륍시스(θλῖψις)에 대해서는 위를 보라. 휘포모네(ὑπομονή)는 "인내, 견딤, 불굴, 확고함, 인내력"을 나타내는 BGD에 의해 목록화된 의미들의 결과로서 강력한 단어이다. 그것은 그 자체로 그리스 사상 특별히 스토아 철학체계

(*TDNT* 4:582-83)와 당시의 유대사상 양자에 의해 아주 높게 평가되고 있다(*Pss. Sol.* 2.36; *T. Jos.* 2.7; 10.1-2; 빈번하게 마카비4서에서 순교자의 확고함을 묘사하기 위해-1.11; 7.9; 9.8, 30; 등등; Philo, *Cher.* 78-다른 곳에서 리브가가 휘포모네(*ὑπομονή*)의 비유로서 취급되며 그리고 스토아 사상의 영향을 보여준다-*TDNT* 4:583 n.8과 585 n.15; 욥기에 대한 후기 헬라번역에서 휘포모네[*ὑπομονη*]의 발생빈도가 현저하게 증가하고 있고[HR], 어떤 경향은 또한 약 5:11에서 반영되고 있다). 바울은 기독교인의 덕목 가운데 휘포모네(*ὑπομονη*)를 특별하게 뛰어난 것으로 말한다(2:7; 5:3-4; 8:25; 15:4-5; 고후 1:6; 6:4; 12:12; 골 1:11; 살전 1:3; 살후 1:4; 3:5). 그리고 이것은 다른 신약 전승에서도 확고하게 확립되어 있었던 것이다(예를 들어, 눅 8:15; 히 12:1; 약 1:3-4; 벧전 2:20; 계 2:2 -3). 바울은 명백히 "환난"에 대한 긍정적인 태도를 함양하기를 바라고 있지만, 현명하게도 그 출발점이 고난을 피하기보다는 오히려 고난을 견딜 수 있는 준비가 되어 있어야만 하고, 모든 과정을 통해서 고난을 견딜 수 있는 준비가 되어 있어야만 한다는 점을 인식하고 있다.

4 "인내는 연단을"(*ἡ δὲ ὑπομονὴ δοκιμὴν*-헤 데 휘포모네 도키멘). "연단"(*δοκιμή*-도키메)은 성경 헬라어에서 오로지 바울적인 용어로서, 여기서 "입증된 질적인 면"의 의미로 이해되며, "품성", "검증된 품성"(NJB; 고후 2:9; 9:13; 그리고 빌 2: 22; 고후 8:2, "시험, 시련"; 고후 13:3, "시험"-BGD에서처럼)을 말한다. 바울 이전에 이 용법에 대한 입증이 없음은 바울이 이 말을 처음으로 주조했을 것이라는 사실을 말해준다. 그러나 그가 그렸던 은유 즉 시험한다는 생각, 말하자면 특별히 불로서 금을 연단한다는 의미는 충분히 잘 알려진 개념이다(BGD, 특별히 *δοκιμάζω* 2a; *δοκίμιον* 2; *TDNT* 2:256을 보라). 여기서 다시 바울은 분명히 유대인의 지혜 가운데 잘 확립된 주제에 관해 묘사하고 있고(참조. 욥 23:10; 잠 8:10; 17:3; Sir 2:5; Wisd Sol 3:6), 실제로 4장의 배경으로 놓여있는 아브라함의 시험 사상이 여전히 바울의 마음에 놓여져 있었을 것이다(4:2을 보라; 다른 언급은 Wolter, 139-42를 보라). 연단과 인내의 조화에 대해서는 특별히 *Jub.* 19.8; *T. Jos.* 2.7; 그리고 마카비4서 9.7-8; 17.12을 참조하라; 그리고 바울에 의존하지 않은 기독교적 전승에 대해서는 다시 약 1:3을 주목하고 벧전 1:7을 참조하라. 도키마제인(*δοκιμάζειν*)에 대해서는 1:28을 보라. 증명과 성숙을 위해 계획된 하나님의 정해진 시험으로서 고난을 바라보는 것이 바로 열쇠이며, 바울과 이러한 보다 넓은 전승은 고난에 대하여 긍정적인 태도를 제공한다. 아마도 바울은 그의 독자들이 도키메(*δοκιμή*)

에 의해 나타난 구원에의 과정과 아도키모스(*ἀδόκιμος*)에 의해 나타난 진노의 과정 간의 대비를 알게 되기를 의도하고 있었을 것이다(1:28).

"연단은 소망을 이룬다"(*ἡ δὲ δοκιμὴ ἐλπίδα* – 헤 데 도키메 엘피다). 고난에 대한 유대와 기독교적 반응은 그리스 사상 특별히 스토아 사상에서 발견되는 것 그 이상이라는 것이 바로 이 점이다. 그리스 사상에서 엘피스(*ἐλπίς*)는 본 용어의 유대적 사용에서(4:18을 보라) 나타나는 긍정적인 증거가 부족하다. 그러므로 그러한 연속적 훈계에 대한 보다 자연스러운 절정은 휘포모네(*ὑπομονή*) 혹은 도키메(*δοκιμή*) 안에서 나타날 것이다(참조. *TDNT* 4:584). 그러나 하나님에 대한 확신을 가지는 유대-기독교적 믿음은 보이는 세계와 현 세대를 넘어서 바라본다. 휘포모네(*ὑπομονή*)와 엘피스(*ἐλπίς*)가 유대적 사상에서 실제로 같이 사용되는 정도는 티크바(תִּקְוָה, "소망")가 헬라어인 이 두 단어로 번역되고 있다는 사실과(참조. 욥 14:19; 시편 9:18[칠십인경 19]; 62:5[칠십인경 61:6]; 그리고 욥 4:6; 5:16; 6:8; 등등과 함께 71:5[칠십인경 70:5]을 참조하고, 잠 10:28; 11:7, 23 등등을 참조하라), 그리고 휘포모네(*ὑπομονή*)가 Sir 2:14; 16:13; 17:24 그리고 41:2에서 어떻게 번역되었는지를 깨닫는 것이 어렵다는 사실에 의해 보여진다. 바울은 어느 곳에서나 이러한 관념들의 결합을 지적하고 있는데 12:12; 15:5, 13과, 특히 살전 1:3에서 소망의 인내(*ὑπομονὴν τῆς ἐλπίδος* – 휘포모넨 테스 엘피도스)를 주목하라.

5 "소망이 부끄럽게 아니함은"(*ἡ δὲ ἐλπὶς οὐ καταισχύνει* – 헤 데 엘피스 우 카타이스쿠네이). 카타이스쿠노(*καταισχύνω*)는 "부끄럽게 하다" 뿐만 아니라 "부끄럽게 되다"의 의미를 가질 수 있다(BGD). 여기서 바울은 아마도 후자를 보다 염두에 두고 있는 것 같다. 특히 고전 1:27(*TDNT* 1:189-90)을 참조하라. 또한 1:16에서 에파이스쿠노마이(*ἐπαισχύνομαι*)를 참조하라. 실망스럽게 되지 않는 자랑(boasting)의 관념의 결합에 대해서는 고후 7:14을 참조하라. 그 말씨는 분명히 특히 시편에서와 같은 동사의 빈번한 사용을 반영한다(참조. 22:5[칠십인경 21:6]; 25[칠십인경 24]: 2-3, 20; 31:1, 17[칠십인경 30:2, 18]; 71[칠십인경]:1; 119[칠십인경 118]:31, 116). 그러나 또한 사 50:7; 54:4; 욜 2:26-27; Sir 2:10; 15:4; 24:22 그리고 또한 벧전 2:6에서 발견되어진(Kleinknecht, 329-30을 보라) 것들을 유념하라. 그 동사는 유대 기독교 전통에서 소망의 특성(4:18과 5:4을 보라)을 강조하고 있고, 일반적으로 바울은 기대되는 사물보다는 소망의 경험을 염두에 두고 있다(Nebe, 131-35). 그리고 비록 그 사상이 최후 심판에서 완전한 구원과 호의적인 판결을 위한 소망의 최후 변증에 관한 것일지라도, 그 동사는 아마도 미래(*κατασχυνεῖ* – 카타스

쿠네이)보다는 오히려 현재로 읽혀져야만 한다. 실제로 소망의 현재적 효과는 유대적 전승에서 주로 미래 지향적이고, 그 동사의 수동적 사용과는 상당히 구분되어진다. 왜냐하면 그것은 이미 경험된 종말론적 성취에 뿌리를 두고 있기 때문이다(더 자세한 것은 아래를 보라).

"하나님의 사랑이 우리 마음에 부은 바 됨이니"(*ὅτι ἡ ἀγάπη τοῦ θεοῦ ἐκκέχυται ἐν ταῖς καρδίαις ἡμῶν*–호티 헤 아가페 투 데우 에케쿠타이 엔 타이스 카르디아이스 헤몬). 호티(*ὅτι*)는 뒤따르는 것이 단지 표현된 소망의 확신의 근거임을 나타내고 있다. 아가페(*ἀγάπη*)에 대해서는 12:9을 보라. 하나님의 사랑(*ἀγάπη τοῦ θεου*–아가페 투 데우)이 하나님에 관한 우리의 사랑이 아니라 우리에 대한 하나님의 사랑을 의미한다는 데에는 보편적인 일치가 있다(특별히 Nygren의 Augustine 비판을 보라; 다른 경우로 Wright, *Messiah*, 137-39를 보라)–따라서 어쨌든 가르(*γάρ*)에 의해 5절과 연관되어 있는 뒤이어지는 세 구절들이 가리키는 것이다(Käsemann). 로마서에서 하나님의 사랑에 대한 이 최초의 언급에 관해 두드러진 것은 바울이 그처럼 생생한 경험적인 용어를 사용하여 그것을 말하려고 한 것이다. 즉 하나님의 사랑은 단지 복음 또는 십자가의 증거를 기초로 하여 단순히 믿어지는 어떤 것으로서가 아니며(참조. 8절에서도), 또 단순히 하나님의 사랑의 확실성이 아니라(Kuss), 풍성한 정도로 경험되는 하나님의 사랑 그 자체다(Althaus)(참조. 8:35, 39; 고후 5:14; 엡 2:4; 3:18-19; 살후 3:5). 또한 요일 2:5과 3:17 등등을 참조하라. 본 구절 자체("하나님의 사랑")는 5:5; 8:39 그리고 고후 13:13에서만 바울 서신서를 통해 나타난다. 바울에 있어서 성령과 사랑간의 밀접한 결합에 관해서는 특별히 15:30; 갈 5:22; 빌 2:1; 골 1:8 그리고 딤후 1:7을 참조하라. 본 절의 의미에 관한 전통적인 논쟁에 대해서는 Wilckens, 1:300-305를 보라.

에케쿠타이(*ἐκκέχυται*)는 에크케오(*ἐκχέω*)의 완료시제로서 기능을 한다. 그리고 그것이 위로부터 수여된 무엇으로 사용되어질 수 있을지라도(예를 들어, 은혜–시 45:2[칠십인경 44:3]; 자비–Sir 18:11; 더 자세한 것은 Schlier를 보라), 신약성경에서 오직 행 2:17, 18(욜 2:28-29[칠십인경 3:1-2]을 인용하고 있는), 33; 10:45(2장의 사건에로 처음으로 되돌아가는); 딛 3:6(확고한 전승)에 의해서만 오로지 평행구절이 있는 현 문맥에서의 성령과의 결합은 그 동사가 강력하게 이미 오순절 창설 사건에 대한 언급으로서 기독교적 용어법에서 확립되었음을 암시한다(Dunn, *Jesus*, 142. 욜 2:26-27에서 카타이스쿠노[*καταισχύνω*]는 실제 여기서 바울의 사상의 연속은 욜 2:26-29에 의해 자극되어졌음을 암시한다). "에케쿠타이(*ἐκκέχυται*)

와 함께 그 이야기는 사랑에 관한 것이며, 그 사상은 성령에 관한 것이다"(Dibelius, "Vier Worte," 6). 일상적으로 완료시제는 과거 사건의 지속되는 효과를 나타낸다. 여기서 다시 바울이 염두에 두고 있던 경험적 본성(황홀경의 몇몇 요소들이 배제되지 않는–참조. 행 2:1-4)은 바짝 마른 한 지방에 소나기에 관한 생생한 비유 하에서 강력하게 시야에 들어온다. 엔 타이스 카르디아시스 헤몬(*ἐν ταῖς καρδίαις ἡμῶν*)은, 바울의 관점에서 거의 명백하게 그들의 전형적 유대적 상대자들로부터 최초의 기독교인들을 구별하고 있는(2:29을 보라) 성령과 예레미야 31:31-34의 약속의 성취를 통해(참조. 고후 3:3), 하나님께서 그들의 동기와 감정적인 중심의(1:21과 2:15을 보라; "우리의 내적인 마음= 양심"–NEB) 수준에서 그의 사역을 이루셨다는 사실이 명백하기 때문에 동일한 요지를 강조하고 있다.

"우리에게 주신 성령으로 말미암아"(*διὰ πνεύματος ἁγίου τοῦ δοθέντος ἡμῖν*–디아 프뉴마토스 하기우 투 도덴토스 헤민). 디아(*διά*)는 하나님의 사랑에 대해 성령을 축소시키지 않고 또는 하나님의 사랑의 경험을 전체적으로 성령과 동일시함이 없이, 단지 수단이 아니라, 성령이 표현되는 지각할 수 있는 형태를 가리킨다(Wolter, 161-66; 성령의 표명으로서 고전 12:7, *χαρίσματα*, "은사"를 참조하라). 여기서 예언적 소망에 성령의 부어주심이 새 시대의 표지로서 간주되었던 것을 상기하는 것은 중요하다(특히, 사 32: 15; 34:16; 44:3; 겔 11:19; 36:26-27; 37:4-14; 욜 2:28-32). 이전 구절에서 예레미야 31:31-34와 요엘 2:28-29의 반영과 더불어 바울은 3:21 이후에 전체적으로 암시적이었던 논증을 효과적으로 명백하게 표현하고 있다: 그리스도의 죽음과 부활과 더불어 유대인들이 가졌던 소망의 새로운 시대가 이미 열렸다는 것이다. 당시의 유대교 내에서 실제적으로 유사한 것은 쿰란분파다(특히 1QH 7.6-7; 12. 11-12; 14. 13; 16.11-12; 17, 26을 보라). 그러나 율법의 행위의 강화로 특징지어지는 것으로서 언약에의 점증된 헌신의 경험에 쿰란이 지나치게 열심을 가진 것은 바울의 것과 근본적으로 다르다. 특히 바울에게서 성령의 은사의 종말론적 특성이 분명히 두드러진다–구속의 종말론적 추수의 "첫 번째 분할금"으로서 알로본(*ἀρραβών*)과 그 완성의 "보증"으로서 성령(고후 1:22; 5:5; 그러한 것으로 또한 엡 1:14; Dunn, *Jesus*, 310-12를 보라). 더 자세한 것은 8:23을 보라.

그러한 대담한 주장은 매우 생생한 경험, 즉 여기서 하나님의 사랑으로 충만한 경험에 뿌리를 두고 있다는 것은 놀라운 일이 아니다. 하나님의 사랑을 이야기할 때에 "성령 어휘"(*ἐκκέχυται*–에케쿠타이)를 사용하고자 하는 그의 기꺼운 마음은 바울이 성령의 은사와 사랑의 충만함 간의 명백한 구분을 하는 것에 거의 관심을 가지지 않았음을 시사한다. 경험적으로 그러한 구분을 하는 것은 어려웠을 것이다(참조. Barrett와 위에 *διά*를 참조하라). 다른 곳에서 성령은 기쁨(살전 1:6), 기적들(갈 3:5), 방언(고전 1:4-7) 그리고 도덕적 변형(고전 6:9-11)의 경험과 연관되어 있다. 행 8:17-19; 10:44-47 그리고 19:6(또한 8:14을 보라)을 참조하라. 또한 바울의 사상에서 그리스도에 속함을 결정하는 것과 그리스도에 속한 표시로서 기능하는 것이 성령의 은사라는 것은 놀라운 일이 아니다(8:9을 보라). 바울이 언제나 하나님으로(오히려 그리스도보다는; 대조로는 행 2:33) 성령의 제공자라는 인식을 하고 있다는 사실은 승귀하신 그리스도와 성령의 관계에 대한 바울의 개념이 복합적임을 나타낸다(Dunn, *Christology*, 143). "주어진" 혹은 "선물"로서 성령은 이미 기독교 용어법으로 확립되었다(*διδόναι* – 디도나이, "주다" – 눅 11:13; 행 5:32; 8:18; 11:17; 15:8; 살전 4:8 – 겔 37:14; *ἡ δωρεὰ τοῦ θεοοῦ* – 헤 도레아 투 데우, "하나님의 선물"로 성령에 대한 거의 전문적인 용어 – 요 4:10; 행 2:38; 8:20; 10:45; 11: 17; 엡 4:7; 히 6:4). 세례에 대한 언급으로서 부정과거시제(*δοθέντος* – 도덴토스)를 취급하고자 하는 주석가들의 경향(예를 들어, Wilckens, Zeller)은 오랫동안 지속된 교회적 전통을 반영하는데, 즉 세례 받을 때에 다른 어떤 것을 경험할 것으로 기대할 수 없으며, 따라서 어떤 사람이 그리스도인이 된 것에 대한 상기는 세례 그 자체가 되어야 한다는 것이다. 하지만 일반적으로 바울 공동체에서 성령에 대한 경험은 성령을 직접적으로 언급할 수 있을 만큼 충분히 생동적이었다(고전 12:13; 고후 1:22; 갈 3:2-5에서처럼; 더 자세한 것은 Dunn, *Baptism*, pt.3을 보라).

6 "우리가 아직 연약할 때에 기약대로 그리스도께서 경건치 않은 자를 위해 죽으셨도다(*ἔτι γὰρ Χριστὸς ὄντων ἡμῶν ἀσθενῶν ἔτι κατὰ καιρὸν ὑπὲρ ἀσεβῶν ἀπέθανεν* – 에티 가르 크리스토스 온톤 헤몬 아스데논 에티 카타 카이론 휘페르 아세본 아페다넨). 본문은 약간 어색하게 구성되어 있는데, 부분적으로는 바울이 강조하는 두 곳(문장의 처음과 마지막)에 주어와 동사를 두는 것을 선택했기 때문이고, 또 그 대상과 시기에 하나님의 사랑의 놀라운 특성을 강조하기를 원했기 때문이다. 가르(*γάρ*)는 *이전의* 연관성으로 돌아가 사상의 새로운 연관성을 만들기 위한 것이다. 즉 6-8절은 3-5절의 소망을 위한 정당성을 제공하고 있다. 여기서 바울은 로마서에서 처음으로 단독으로 그리스도(*Χριστὸς*)를 사용한다. 여기서와 8절의 "그리스도가 죽었다"는 문장에서 그 용어가 타나나고 있는 사실은 예수의 십자가 지심이 그의 메시아됨의 증거가 된다는 초기 기독교의 변증에 대한 요약적인 주장을 잘 반영해준다. 즉 그가 메시아가 되신 것은 분명히 십자가에 못 박히심으로서다(특히 고전

1:23; 갈 2:20-3:1 참조하라)

아스데네스(ἀσθενής)는 여기서 특별한 신학적 뉘앙스를 가지고 있지는 않다(그럼에도 불구하고 BGD, "도덕적으로 약한"). 바울은 그 용어와 다른 관련된 단어들을 단순히 일반적 의미로, 즉 하나님의 능력과 대조되는 인간의 상태를 특징짓는다(8:26; 고전 15:43에서처럼; 참조. Wisd Sol 9:5와 더 자세한 것은 Wolter, 170을 참조하라). 14:1-2의 보다 제한된 사용과 대조해 보라(두 구절에서 이 단어가 나타나고 있는 것은 그 구절이 특별히 "강한 자"에게로 향해 있다는 Minear, *Obedience*, 58의 주장을 부적절하게 만든다). "'약한'은 그리스도가 그들을 위해 죽었다는 사람들의 상태를 묘사하기 위해 너무나 지나치게 온화한 단어"라는 논증(O'Neill)은 바울이 여기서 크레센도(점점 더 강하게)를 시작시키고 있다는 점을 간과하고 있다(연약한, 불경건한, 죄인들, 원수들 -6, 8, 10절). 처음 시작하는 분명한 위치는 창조주의 전능과 대조되는 피조물의 연약함이다(참조. 1:20; 4:21). 그러므로 독립 소유격("우리 연약한 자들")은, 회심으로 그가 "강하게" 된다 할지라도, 신자의 이전 상태를 묘사할 뿐만 아니라, 종말론적 긴장의 시간과 그것에 수반되는 고통간에 있는 인간의 실존의 지속된 상태를 묘사한다(3절; 참조. 8:26; 고후 11:29- 30; 12:5, 9-10; Schlatter).

카타 카이론(κατὰ καιρόν)은 "적시에", "알맞은 순간", "종말론적 순간"(예를 들어, *TDNT* 3:460, Barrett, Michel), 또는 "그 시간에", 즉 "우리가 연약하였을 때"(Fitzmyer, Käsemann, Schlier, Wilckens, n.973)를 의미할 수 있다. 그러나 그것은 특별히 인간의 연약함을 증명하는 말세의 "고통"이기 때문에(5:3을 보라), 카이로스(καιρός)는 하나님의 목적이 운행하는 또 하나님이 결정적으로 행하신 것으로서의 종말론적 시간의 뉘앙스를 갖는다(3:26과 9:9를 보라). Martin, 146은 *Pss. Sol.* 17.21를 적절하게 인용한다.

"(그리스도께서) -을 위해 죽으셨도다"(ἀποθανεῖν ὑπέρ)는 바울에 의해 전수된 복음적이고 신앙고백적인 용어로 잘 확립되었다(14:15; 고전 15:3; 고후 5 :15; 살전 5:10; 참조. 벧전 3:18; 더 자세한 것은 Barrett와 *TDNT* 8:509를 보라). 그러나 그 용어는 이미 마카비 시대 순교자들과 관련하여 순교 용어로 유대권역에서 익숙했다(마카비2서 7:9; 8:21; 마카비4서 1:8, 10; Josephus, *Ant.* 13.5-6; 참조. 요 18:14). 바울은 아마도 이 같은 다른 용법을 의식하고 있었을 것이다. 왜냐하면 그의 서술은 그것과 대조되는 충격적인 것이기 때문이다: 그리스도가 경건치 않은 자를 위해 죽었다. 바울과 동시대 사람들은 율법과 민족을 위해 죽는다는 사상에는 익숙하였지만, 아세베이스(ἀσεβεῖς)들은 명백하게 그러한 언약적 신실함과 관심의 영역을 벗어나서 행동하는 사람들이기 때문이다(참조. 8절 – ἁμαρτωλοί; 4:5을 보라; 참조. Wilckens, 296). 바울의 요지는 유대인뿐만 아니라 이방인(1:18을 보라), 즉 모든 인류, 곧 그가 1:18 이하에서 고소하였던 불경건한(ἀσέβεια – 아세베이아) 자들을 위해 그리스도가 죽었다는 것이다. 바울이 "너희 모든 사람을 위하여"(ὑπερ ἡμῶν – 휘페르 헤몬)(8절에서처럼)라고 말하지 않고, 사실상 아스데논(ἀσθενῶν)을 아세본(ἀσεβῶν)으로 대체하고 있는 것은 의미가 있다: 그리스도가 우리를 위해 죽으셔야 할 필요가 있었던 것은 피조물로서가 아니라, 피조물의 신분에 반하여 행하였던 것에서다. 피조물 전부가 구속을 필요로 하는 것이 아니라, 타락한 피조물이 구속을 필요로 한다(참조. 8:19-23).

7 "의인을 위하여 죽는 자가 쉽지 않고"(μόλις γὰρ ὑπερ δικαίου τις ἀποθανεῖται – 모리스 가르 휘페르 디카이우 티스 아포다네이타이). 모리스(μόλις)는 "거의 …하지 않다"라는 강한 의미를 갖는다(BGD를 보라). 하지만 유대교의 강력한 순교자적 전통의 비추어 볼 때(5:6을 보라), 바울이 본래 다른 사람을 위해 죽는 사람의 개념을 경시하고자 했을 가능성은 거의 없다. 동시에 디카이오스(δίκαιος)의 선택은 의도적임에 틀림없다. 왜냐하면 "의인"은 경건한 유대인들의 확립된 자아 특성 중의 하나였기 때문이다(예를 들어, 합 2:4을 참고하고 더 자세한 것은 1:17을 보라; 바울이 여기 6-7절에서 염두에 두고 있는 것과 반대가 되는 의미를 갖는 것은 Wisd Sol 10:20이다 – "의인이 경건치 않은 자를 약탈하였다", δίκαιοι ἐσκύλευσαν ἀσεβεῖς – 디카이오이 에스쿠류산 아세베이스). 그렇다면 여기서 나오는 단수는 어떤 중요한 의미가 있는가? 마카비안 순교자들은 경건한 개인들을 위한 것이 아니라, 하나님의 특별한 백성으로서의 민족을 위해, 곧 언약을 위해 죽었다. 제이콥(Jacobs)에 따르면 다른 사람을 위한 한 사람의 생명의 희생은 특별히 유대교에서 명한 것이 아니었다. 아마도 아가도스(ἀγαθός)와의 대조가 더욱더 의도되어 있고, 디카이오스(δίκαιος)로 바울은 율법에 대한 이전의 열심에는 관심이 없다는 것을 상기시키고 있다 – "경건한 도덕주의자"(Landau, 34). 특별히 Lightfoot의 "ἀγαθός와 δίκαιος간의 구별은 아리스토텔레스주의자의 ἀκριβοδίκαιος와 ἐπιεικής간의 구별(Eth. Nic. 5.14), 말하자면 양심적으로 정당한 사람과 다른 것을 참작할 준비가 되어 있는 사람 간(증거자료와 함께)의 구별과 상당히 유사하다." 한편으로 디카이오스(δίκαιος)의 의미가 더욱더 긍정적일수록 바울의 요지는 더 강화된다: 만약 율법에 충실한 사람이 의인을 대신해서 죽기를 꺼려한다면, 불경건한 집단을 위해서 죽는 사랑은 얼마

나 큰가 말이다. 어쨌든 그 논지는 아가도스(*ἀγαθός*)의 의미보다는 디카이오스(*δίκαιος*)의 의미로 향하고 있다(반대로는 Wisse).

"선인을 위하여 용감히 죽는 자가 혹 있거니와"(*ὑπὲρ γὰρ τοῦ ἀγαθοῦ τάχα τις καὶ τολμᾷ ἀποθανεῖν*-휘페르 가르 투 아가두 타카 티스 카이 톨마 아포다네인). 본 절은 7a절과 빈약하게 협력관계를 이루고 있지만, 바울의 문체가 종종 부적절한 모습을 갖고 있기 때문에, 우리는 여기서 놀랄 필요는 없고, 또는 그 어색함을 난외주로 취급할 만한 충분한 근거로 보아서도 안 된다(반대로는 Jülicher; Sahlin, "Textemendationen," 96-97; Fuchs, Freiheit, 15-16 그리고 Schmithals, Römerbrief, 198-99는 6절과 7절을 난외주로 둘 다 고려하고 있다). 그 구절의 구성이 7a절을 보충하기보다는 오히려 되풀이하고 있기 때문에, 바울이 구술 속에서 7a절을 대체시키기 위해 그것을 의도하였을 가능성이 있지만(Lietzmann, Barrett), 7a절 이후에 잠시 휴식을 취하고, 또 일련의 연속된 사상의 흐름을 중단시키고, 다른 충분한 고려 없이 그것을 다시 선택했을 가능성이 있다. 그러한 흐름의 중단은 7절에서 바울이 자신의 관점을 과장해서 말하는 위험에 처했다는 깨달음에 의하여 발생한 것으로 보인다. 어떤 사람이 다른 사람을 위해 죽고자 하는 개연성은 당시에 그밖에 다른 곳에서도 환대되어졌다(참조. *T. Ash.* 2.3; Epictetus 2.7.3; Philostratus, *Vita Apol.* 7.12; 그리고 특별히 *Vita Philonidis*로부터의 구절을 주목하라: "가장 사랑을 받는 그의 친척들 혹은 친구들을 위해 그는 목숨을 내놓았을 것이다" -Deissmann, *Light*, 118; 더 자세한 것은 *TDNT* 9:153-54와 Wolter, 171 n.619을 보라; 신약에서는 요 15:13). 문맥으로 보아, 아가두(*ἀγαθοῦ*)는 중성보다는 남성으로 고려되어야만 한다. 그리고 바울이 다른 어떤 곳에서 아가도스(*ἀγαθός*)를 그렇게 사용하지는 않을지라도(Wilckens을 보라), 그는 2:10에서 했던 것을 아마도 하고 있을 것이다-(적어도 원리적으로)잘 인정되었고 찬사가 보내졌던 한 범주에 호소하면서, 이것은 "(참으로) 좋은 사람이다(위의 Lightfoot을 참조하라). 보다 제한된 의미로 한정하는 것을 필요하지 않다-"특별히 가치 있는 사람"(Käsemann), "진짜로 선한 사람"(NJB), "은혜를 베푼 사람"(Cranfield). 여기서 그 용어는 순교자의 용어를 넘어서서 "영웅의 범주로" 나아가고 있지만, 그 유추는 비교보다는 대조이다(pace Käsemann). 바울의 요지는 하나님이 행하신 것은 "유추가 없다"는 것이다(Eichholz, *Theologie*, 168; Kleinknecht, 349).

8 "그러나 하나님께서 우리에게 대한 자기의 사랑을 확증하셨느니라"(*συνίστησιν δὲ τὴν ἑαυτοῦ ἀγάπην εἰς ἡμᾶς ὁ θεός*-수니스테신 데 텐 헤아우투 아가펜

에이스 헤마스 호 데오스). 수니세미(*συνίσημι*)에 대해서는 3:5을 보라. 현재시제는 5절의 완료시제를 보충하고 있고, 아마도 하나님 사랑의 영원한 증거로서의 그리스도의 죽음에 관해 언급했던 설교자의 관점을 반영한다(참조. 고전 1:23). 헤아우투(*ἑαυτοῦ*)는 강조할 필요가 없고, 단순히 "그의"로 번역할 수 있다(참조. BGD, *ἑαυτοῦ* 4). 에이스 헤마스(*εἰς ἡμᾶς*)는 어순이 암시하는 것처럼(예를 들어, 고후 2:8; 골 1:4; 살전 3:12 참조하라), 동사와 함께 보다는 아가펜(*ἀγάπην*)과 함께 취해져야만 한다("하나님은 그의 사랑을 우리에게 증거하신다"). 주어(*ὁ θεός* – 호 데오스)는 강조를 위해 끝 부분에 놓여 있다: "그러나 하나님이 그의 사랑을 …확증하셨느니라."

"우리가 아직 죄인 되었을 때에 그리스도께서 우리를 위하여 죽으심으로"(*ὅτι ἔτι ἁμαρτωλῶν ὄντων ἡμῶν Χριστὸς ὑπὲρ ἡμῶν ἀπέθανεν* – 호티 에티 하마르톨론 온톤 헤몬 크리스토스 휘페르 헤몬 아페다넨). 호티(*ὅτι*)는 설명적이다 – "다음의 사실로"(BDF §394). 그 어법이 거의 6절의 어법과 동일하다는 사실은(*ἔτι*, 절대소유격, "그리스도가 위해서 죽으셨다") 우연이 아니다. 7절의 효과는 수혜자가 매력적인 사람인 때조차도 얼마나 특별한 자기 희생이 있는가에 관해 로마 청중들에게 상기시키고자 하는 것이다. 그 요지는 하나님의 사랑이 그러한 고려들에 의해 결정되어지는 것이 아님을 재강조함으로써 강화된다. 죄인들(*ἁμαρτωλοί* – 하마르톨로이)은 아세베이스(*ἀσεβεῖς*)를 대신해서 여기에 위치하고 있는데, 그것은 그들의 가까운 동의어를 확인해주고 있고(4:5을 보라), 하나님의 사랑은 언약 내에 있는 자들에게만 향해져 있지 않거나(의인 – 5:7을 보라) 또는 율법의 행위들이 준수되어지는 정도에 의존해 있지 않다(3:7을 보라)는 그 요지를 더욱더 강력하게 가져온다. 6절에서처럼 절대소유격은 지나간 시간만을 오직 언급하고 있는 것이 아니다 – "우리가 죄인이었다"는 "우리가 연약하였다"(6절)와 동의어는 아니지만 밀접한 관계의 지속적 상태이다. 더 자세한 것은 7:14-25을 보라.

"그리스도가 우리를 위해 죽으셨다"는 구절의 공식적인 특성에 대해서는 5:6을 보라. 바울이 하나님의 사랑의 증거로서 그리스도의 죽음을 생각하고 있다는 점을 주목하는 것은 중요하다(특히 그밖에 다른 곳으로는 3:25과 고후 5:19). 따라서 그리스도의 죽음이 "죄인들"로서의 우리를 이롭게 했다는 것은 (1) 희생(속죄제물)으로서의 그리스도의 죽음의 속성, (2) 죄인을 효과적으로 다루기 위해 하나님에 의해 제공되었다는 것(더 자세한 것은 3:25을 보라), (3) 즉 그의 부주의한 죄악들뿐만 아니라, 율법 곧 전형적인 유대적 관점 바깥에 있는, 말하자면 언약 내에 있는 사람들을 위해 제공되었던 범주 바깥에 있는 "불법"을 덮기 위한 것임을 확증해준다(다시금 3:7과 4:5의 하마르톨로스[ἁμαρτωλός]를 보라). 7절과의 평행구절의 요지가 다른 사람을 위해 자신의 삶을 포기하는 순교자의 기꺼운 마음이기 때문에, 아마도 마가복음 10:45와 14:24와 같은 그러한 전승들에 보존된 십자가로 기꺼이 나아가는 예수에 대한 기억이 여기에 함축되어 있다.

9 "더욱"(πολλῷ μᾶλλον－폴로 말론): 본 구절은 일반적으로 랍비적인 קַל וָחוֹמֶר (="쉽고도 어려운 것")의 예로서 간주되었다. 즉 작은 것에서 큰 것으로 또는 사소한 것에서 중요한 것으로의(a miniori ad maius) 논증이다(예를 들어, m. ʾAbot 1.5; m. ʾArak.8.4; 더 자세한 것은 Str-B, 3:223-26; 5:12-21 참고문헌에서 Müller). 바울은 5장에서 그것을 4번 사용하고 있다(9, 10, 15, 17절). 다른 곳으로는 마 6:30; 고전 12:22; 고후 3:9, 11; 빌 1:23; 2:12; 참조. 마 7:11//눅 11:13; 마 10:25; 눅 12:28; 롬 11:12, 24; 몬16; 히 9:14.

"그러면 이제 우리가 그 피를 인하여 의롭다 하심을 얻었은즉"(δικαιωθέντες νῦν ἐν τῷ αἵματι αὐτοῦ－디카이오덴테스 눈 엔 토 하이마티 아우투). 그 동사는 1절의 사상을 취하고 있지만, 1절에서 직접적인 추론이 신자의 의롭게 되어진 상태에 관한 현재의 결과이었던 반면에, 여기서 직접적인 추론은 이미 성취되어졌던 것에 대한 계속되는 미래의 완성을 보고 있다. 5:1과 아래 내용을 보아라. 눈(νῦν)은 3:21의 누니(νυνι)를 반영하고 있다－"종말론적 지금." 또한 5:11; 11:30-31; 16:26이 그렇고, 아마도 6:19, 21; 8:1, 22; 13:11도 마찬가지일 것이다(3:21을 보라). 미래시제에 의해 뒤따르는 부정과거에 눈(νῦν)의 첨가는 그 사상의 전반적인 흐름의 종말론적인 긴장을 강화시켜준다. 또한 엔 토 하이마티 아우투(ἐν τῷ αἵματι αὐτου)는 3:24-26의 중심적 진술을 상기시키고자 의도되었을 것이다(ἐν은 "-에 의하여"란 도구적인 의미를 갖거나 "-을 대가로"라는 히브리적 관용구를 반영한다－Barrett). 또한 Murray를 참조하라. 그러한 암시가 없을지라도, 그 구절의 희생 제사적인 함축은 논쟁하기가 어려운데, 즉 직접적으로 속죄제물에 관한 것인지(특히 히 9:22을 참조하라), 또는 7절에서 방금 상기한 순교신학에 사용된 것과 같은 용어를 통해서인지(특히 마카비4서 6.29; 17.22을 참조하라), 또는 새로운 언약을 확립하는 것으로서의 희생제사에 관한 언급인지를(특히 고전 11:25을 참조하라) 논쟁하기가 어렵다("그리스도의 희생적 죽음"－NEB). 그 용어는 하나님과 그의 백성들간의 언약적인 관계성의 합리적 근거를 전제하고 있다－희생은 언약적 절차의 근본적인 부분이었다(더 자세한 것은 3:25를 보라). 그러나 부정과거+νῦν은 그리스도의 희생적 죽음이 (이방인을 포함하여) 새로운 언약적 관계를 확립하는데 있어서 단번에 모든 것을 위한 효과를 갖는다는 기독교적인 시각을 가정하고 있다. 그리스도의 죽음은 미래의(그리고 과거의) 다른 모든 희생적 제사를 위한 역할을 갖고 있으므로, 더 이상의 희생을 불필요하게 만든다.

"더욱 그로 말미암아 진노하심에서 구원을 얻을 것이니"(*σωθησόμεθα δὶ αὐτου ἀπὸ τῆς ὀργῆς* – 소데소메다 디 아우투 아포 테스 오르게스). 여기서 바울은 확립된 케리그마적 주제에 의존한다. 데살로니가전서 1:9-10(Synofzik, 98)을 참조하라. 상기된 이미지는 위험에 빠져 있는 상황에서의 구조에 관한 것이다. 여기서 그 위험은 1:18-32에서, 특히 마지막 표현("진노의 날" – 2:5)에서 묘사된 것과 동일한 진노이지만, 후자는 전자의 외보적 성격을 함축한다(더 자세한 것은 1:18과 2:5을 보라). 진노를 좇는 중재자의 역할에 대해서는 5:10을 보라. 일반적으로 바울에게 있어서 "구속"의 개념은 미래지향적이다. 즉 바울은 거의 항상 미래시제로 그 동사를 사용한다(5:9-10; 9:27; 10:9, 3; 11:14, 26; 고전 3:15; 7:16; 9:22; 참조. 롬 8:24, 엘피디[*ἐλπίδι*]; 명사에 대해서는 1:16을 보라). 구원으로 인도하는 의, 혹은 의인이 구원을 찾는다는 점은 유대교의 특징이다(예를 들어, Sir 34:13; Wisd Sol 5:2; 에녹1서 1.1 그리고 5.6[Gr.]; *T. Naph* 8.3; 1QpHab 8:1-3). 두 개념에 대한 바울의 연결의 특징은 두 전치사 구 – "그의 피로"와 "그로 말미암아" – 에 대한 집중이다: 그리스도의 중재는 그 과정의 목적에 결정적이다. 그 범주들을 변화시키고, 그것들을 보편적 적응으로 만들게 한 것은 – 유대인뿐만 아니라 이방인들 역시, 말하자면 단지 이스라엘의 "의인"만이 아니라 – 그리스도를 통한 하나님의 행위다. 여기서 디카이오(*δικαιόω*, 부정과거)와 소조(*σῴζω*, 미래)간에 구분이 그려지고 있기는 하지만, 그 구분을 너무 강하게 밀고 가는 것은 역시 부적절하다(그런 식으로는, 예를 들어, SH와 Donfried, "Justification," 100-101; Reumann, *Righteousness*, 82, 213에서 Reumann과 Fitzmyer에 의해 활발하게 논쟁되었다). 왜냐하면 전자는 또한 미래의 판단으로도 사용되어질 수 있기 때문에(2:13을 보라), 그것은 다른 이미지를 사용한 하나님의 은혜로운 행위에 관한 동일한 목적으로 의도된 결과를 묘사할 수 있기 때문이다. 따라서 역시 현재로 독조(*σῴζω*)를 사용한 것은(고전 1:18; 15:2; 고후 2:15), 고려되고 있는 것이 마지막 변호로 끝맺을 관계성의 설정과 발전을 동등하게 상기시킨다. 그리고 구원의 과정이 아직 완성되지 않았기 때문에, 또한 이는 신자가 현재에 진노의 외보로부터 아직 건짐을 받지 못했다거나(참조. 1:18-32), 마지막 날에 심판받게 될 필연성에서 아직 건짐을 받지 못했다는 것을 의미한다(참조. 14:10; 고전

3:14-15; 고후 5: 10). 그때에 "더욱"은 완성된 과정을 의미하는 것이지, 칭의에서 "그리스도 안에 있는" 생명으로, 바울 신학의 중심이 이동을 했음을 의미하는 것이 아니다(pace Dodd; Schweitzer, Mysticism, 223-25; 참조. Sanders, *Paul*, 502-8). 칭의와 화목 사이의 분명한 구분이 고려되고 있는가에 관한 동일한 주제를 참조하라 (5:10을 보라).

10 "만약 ...이라면 더욱 더"(*εἰ ··· πολλῷ μᾶλλον*): 이것은 아주 일상적인 구문이다. 5:9과 BGD, *μᾶλλον* 2b를 보라.

"원수되었을 때"(*ἐχθροὶ ὄντες* – 에크드로이). 에크드로스(*ἐχθρός*)는 수동적("미움을 받은, 하나님에게 미움을 받은" – 아가페토스[*ἀγαπητός*]와 평행구절로 위치하고 있는 11:28에서 가능한 것처럼)이거나 능동적("미워하는, 하나님에 대해 적대적인" – 참조. 8:7과 골 1:21)일 수도 있다. 또한 1:29-31의 데오스투게이스(*θεοστυγεῖς*)를 참조하라. 대부분의 주석가들은 그 용어를 여기서 능동적인 것으로 취급하는데, 1:18-3:20에서 기소된 인간의 의도적인 반항을 바울이 상기시키고 있다고 간주한다(예를 들어, BGD, *TDNT* 2:814, Kuss, Schmidt, Schlier, Wilckens). 하지만 "진노"가 그러한 반항에 대한 하나님의 편에서의 능동적인 적대를 의미하므로(반대로는 Hanson, *Wrath*, 89; Hofius, *Sühne*, 29; 1:18을 보라), 수동태가 고려되어질 수 있다는 것(*TDNT* 1:257; Lietzmann; Murray; Wolter, 86; Martin, 144; Zeller)도 역시 바울 신학의 일부가 된다. 여기서 다시 한번 우리는 "이것이냐 저것이냐"의 주석을 피하고, "원수들"이라는 번역을 상호적인 적대의 의미를 함축하게 해야 한다(참조. Cranfield). 어쨌든 그 용어는 그리스도로부터 멀어진 인간의 상태에 관한 묘사를 절정에 달하도록 분명히 선택되었을 것이다(하나님 자신의 백성들도 포함된다 – 2:1-3:20). 양쪽에 그러한 반목이 수반되어 있다는 것은 하나님이 주도하신 그 관대함을 아주 예리하게 강화시켜준다.

"우리가 하나님으로 더불어 화목되었은즉"(*κατηλλάγημεν τῷ θεῷ* – 카테라게멘 토 데오). 바울이 자주 사용하지 않으며, 신약에서는 오직 바울전집에서만(5:11; 11:15; 고후 5:18-20; 골 1:20, 22; 엡 2:16) 사용되는 화목의 비유는, 극복되거나 종결되어야 하는 국가간, 당파간, 개인간 사이에 있는 적대적인 경험에서 이끌어온 것이다(LSJ, *καταλλάσσω* II; Wolter, 39). 이는 1-2절에서 상기한 이미지와 일치한다 (은혜 안에서의 평안과 용납). 그것은 보다 광범위한 헬레니즘 용법의 제의적 문맥에서는 거의 나오지 않는다. 이것은 유대교와는 구별되는 그리스-로마 종교에서 발견하는 신들과 인간들간의 덜 인격적인 관계성의 개념을 말해준다(*TDNT* 1:254;

Goppelt, "Versöhnung," 150-52; Cranfield); Sophocles, *Ajax* 744와 OGI 218.105(LSJ에서 둘 다 있다)는 종교적인 언급이 부자연스러운 것이 아님을 지적하고 있기는 하다. 하지만 요세푸스는 유대교가 그러한 인격적인 용어로 사유하는 것이 얼마나 자연스러운지를 보여준다(참조. *Ant.* 3.315; 6.143; 7.153, 295; 또한 Philo, *Praem.* 166). 유대교의 그밖에 다른 곳에서는 그 언어군이 거의 사용되지 않고 있고 있으며, 오직 마카비2서에서만 뚜렷하게 나타난다(1:5; 5:20; 7:33; 8:29). 하지만 이러한 후자의 사용은 중요한데, 왜냐하면 7절과 9절에서 어느 정도 반영된 것으로 우리가 발견했던 동일한 순교신학의 배경 안에서 그것이 분명히 기능하고 있기 때문이다. 따라서 바울이 여기서 마카비2서의 순교신학과 동일한 사상의 범주 속에서 움직이고 있다고 하는 것이 상당히 가능하고, 또 그것 – 어떤 사람의 죽음(마카비2서 5:20; 7:33-38; 8:3-5)으로 말미암아 하나님의 진노를 화해시키는 것 – 에 의해 촉발되었다고 할 수도 있을 것이다. 참으로 마카비2서의 시작 기도에서 개념들의 연관성은(아브라함과 언약, 마음, 성령, 평안, 화목) 놀랍게도 5:1-11의 문맥에 나오는 개념들과 유사하고, 바울이 자신의 고유한 특징적인 강조를 하는 곳에서만 분명히 다르다(마카비2서 1:2-5; 우리는 또한 마카비2서 1:1의 인사말이 아마도 바울의 표준적인 인사말과 기독교 이전의 유대교와의 밀접한 평행을 제공하고 있다는 것을 상기할 수 있다; 1:7을 보라).

"칭의"와 "화목"간의 명백한 구분을 강요하고자 하는 유혹은 피해야만 한다. "화목"은 보다 인격적인 의미를 함축하고 있지만(Cranfield), 그 이미지는 남편과 아내간의 화목에서부터 보다 공식적 관계인 왕과 그 신하 혹은 교전 중인 군대들간의 화목에까지 이른다(Wolter, 41의 언급을 보라). 그리고 그 의미의 범위의 끝인 후자에서 의의 개념과 유사한 관계적인 의미를 가진다(1:17을 보라). 또한 Schmidt와 Kuss를 보라. 특히 여기서 9절과 10b절간의 밀접한 평행구는 바울이 전자를 후자와 동등한 것으로 즉 9절의 디카이오덴테스(*δικαιωθέντες*)에 상응하는 것으로 10b절의 카타라겐테스(*καταλλαγέντες*)를 간주하고 있음을 보여준다(Barrett). 또한 고후 5:19과 함께 1:16-17을 보라(Althaus; Goppelt, Versöhnug," 153-54). 따라서 희생의 용어와 화목의 용어간의 예리한 구분도 역시 피해야만 한다: 순교신학에서 그 두 가지는 이미 결합되어 있었다. 또한 여기서(*ἐν τῷ αἵματι* –5:9)와 고린도후서 5:18-20에서 그 사상은 직접적으로 21절에까지 이른다(더 자세한 것은 Wolter, 36-45를 보라). 이미지의 범위가 서로 다르고, 다른 활용에 문을 열어놓고 있지만, 바울이 "화목"의 용어를 복음서에서 칭의나 희생의 용어보다 선호했다는 것이 그 증거로 너무 지나치게 읽힌다; 결국에 4장의 전반적인 요지는 칭의의 용어를 "보편화하는 것"이고, 3:25의 주요 구절에서 희생의 용어의 의미를 경시해서는 안된다(pace Käsemann, "Reconciliation," 56-59; Martin, 152-54). 유사하게 화목이, "유대교에서는 평행구절이 없는"(Martin, 151), "회개하기 전에 죄인들을 만나시는 하나님, 곧 찾으시고 돌보시고 용서하시는 하나님의 모습"을 제공하고 있다는 주장은 바울이 나중에 호소하고 있는 호세아의 메시지(9:25-26; 또한 사 65:1-2/롬 10:20-21에서처럼)와 유대 신학에서 희생 제사를 제공하신 분은 하나님 자신이라는 사실을 상기할 필요가 있다. 화해의 개념과 희생의 개념간의 조화에 관한 동일한 인식 그리고 두 개념이 하나님의 진노를 돌이키게 하고 끝내게 하는 것을 언급하는데 사용됨은 화해될 필요가 있는 것은 오직 인간이며 하나님이 아니라는 견해의 소생을 역시 무너뜨린다. 왜냐하면 하나님은 심판자가 되시는 것을 중단하시지 않는 화목자이시기 때문이다(예를 들어, SH; Denney; Knox; Morris, 198-201; Ladd, *Theology*, 453; Michel; Cranfield; 반대로는 Hofius, "Sühne," 29-30을 참조하라). 동시에 3:25처럼 바울이 그 주도권을 전적으로 하나님의 것으로 알고 있다는 점은 확실히 강조할 만한 가치가 있다. 즉 "그의 아들의 죽음으로 말미암아" 화목을 가져오셨던 분은 오직 하나님뿐이시다."

"그 아들의 죽으심으로 말미암아"(*διὰ τοῦ θανάτου τοῦ υἱοῦ αὐτοῦ*–디아 투 다나투 투 휘우 아우투). 중재자를 통한 화목에 대한 관념은–특별히 이스라엘로부터 하나님의 진노를 면하게 하는 모세의 경우에(시 106:23; Josephus, *Ant.* 3.315), 또한 아론(Wisd Sol 18:20-25) 그리고 비느하스(Sir 45:23–따라서 제사장 직분과 희생의 제물이 그와 그의 후손들에게 주어졌다, 24절)–잘 알려져 있었다. 더 자세한 것은 Wolter, 38 n.18과 42를 보라. 마카비안 순교자에 의해 비슷한 역할이 시행되었다는 것이 유대 순교신학의 본질, 즉 그들의 죽음의 본질에 관한 것이다. 여기서 특징적인 기독교적인 강조는 "그의 아들의 죽으심"이라는 세 단어에 있다. 이것은 단순히 하나님의 주도권이 아니라 그의 아들로 말미암은 하나님 자신의 행동을 분명히 함축한다(참조. 고후 5:19). 하나님과 가까움을 함축하는 거룩한 아들됨의 개념은 고대 세계에 잘 알려져 있었고, 기독교에서 이런 강조는 유일하신 분으로서의 예수에 이미 초점이 맞추어져 있었다: 더 이상 그 관계성을 설명할 필요가 없는 "그의 아들됨"(1:3을 보라). 바울의 언급의 대부분이 죽음에 넘겨진 하나님의 아들로서의 예수–초기 아들 기독론에 대한 바울의 독특한 기여(*TDNT* 8:384; Dunn, *Christology*, 38)–를 언급하고 있기 때문에(5:10; 8:3, 32; 갈 2:20; 4:4), 그 서술은 바울에게서 중요한 것처럼 보인다. 왜냐하면 그것은 하나님의 자신의 진노를 돌이키게 하는 대표자를 제공하시는, 잠재적으로 상충되는, 하나님의 사상을 간직하고 있기 때문이다. 하나님의 아들로서의 예수의 죽음은 바울 신학의 발전에서 중요한 중심점이었을 것이다.

"그의 살으심을 인하여 구원을 얻을 것이니라"(*σωθησόμεθα ἐν τῇ ζωῇ αὐτου*-소데소메다 엔 테 조에 아우투). 그 동사에 대해서는 5:9을 보라. 9절과 10절 사이에 전치사의 변화(*ἐν … διά, διά… ἐν*)는 아마도 단순히 문체의 문제일 것이다(참조. 3:30). 조에(*ζωή*)는 분명히 그리스도의 부활하신 생명을 언급한다. 4:25에서처럼 바울의 의도는 그리스도의 죽음과 부활에 대한 분리된 기능에 기여하기 위한 것이 아니라 죽음과 비교되는 생명의 "더욱"을 묘사하기 위한 것이다. 예수의 죽음은 하나님의 진노의 문제를 해결했고, 하나님과 인간의 반목의 문제를 해결했다-죽음에 의해서. 하지만 인간에 대한 하나님의 충만하신 목적은 생명이다-죽음으로부터 그리고 죽음을 넘어서 오는 생명. 폴로 말론(*πολλῷ μᾶλλον*)은 사망에 의해 더 이상 제한되거나 위협 당하지 않는 생명의 "더욱"이다. 구원이 그리스도의 부활하신 생명의 능력에 의해서 뿐 아니라 그 생명과의 신자들의 합일로 말미암아 이루어진 것이 역시 암시되어 있다: 그리스도의 죽음과 그의 부활을 나누는 것으로서의 구원의 과정(다시 Dunn, *Jesus*, 326-38; 그리고 더 자세한 것은 6-8장, 특히 6:3-11; 7:4; 8:17을 보라). 이 모티프 속에는 종말론적 긴장이 아주 강력하게 표현되어 있다(6:4; 8:10; 고후 4:10-12; 골 3:3-4). 부활(그리고 생명의 충만한 경험)이 신자들에게서 여전히 미래적이라는 것은 분명히 6:5, 8; 8:11, 고전 15:20-22; 고후 4:14; 그리고 빌 3:10-11에서 분명하게 나타나 있다. 부활의 소망은 당대의 유대교에 잘 알려져 있었으나, 특별한 구원의 표상을 통해 중재되는 것으로서의 부활에 관한 것은 아니다(Wilckens).

11 "이 뿐 아니라 또한"(*οὐ μόνον δέ, ἀλλὰ καί* -우 모논 데 알라 카이). 5:3을 보라. 동사 혹은 어떤 동사가 의미를 완성하기 위해 함께 읽혀져야 하는지를 결정하는 것은 필요치 않다. 바울은 자신이 이미 언급한 것에도 불구하고, 그 이상의 말할 것이 있다는 것을 나타내기 위해 공개된 신조를 사용한다. 사실상 그의 주된 의도는 이전 구절 전체를 함께 모으는 것인데, 그는 그 단락의 처음과 끝에서의 두 중요 용어를 한 문장 속에서 그림으로 그렇게 한다-*καυχώμενοι*(2-3절)와 *καταλλαγή*-(10절).

"하나님 안에서 또한 즐거워하느니라"(*καυχώμενοι ἐν τῷ θεῷ*-카우코메노이 엔 토 데오). 여기서 분사는 직설법의 의미를 가지고 있고(BDF §468.1; 참조. 3:24), 현재시제는 이 즐거움은, 심지어 고난으로 특징지어지는 화목과 구원 사이의 기간에서조차도, 신자들의 지속적인 특성임을 나타내고 있다(5:2-3을 보라). 2:17의 반영은 거의 확실히 의도적이다. 바울이 여기서 그리는 즐거움은 2:17의 비판을 벗어나게 되는데, 왜냐하면 바울에게 있어서 기독교인은 그리스도로 말미암아 자랑하기 때문에(참조. 빌 3:3), 말하자면, 그리스도로 말미암아 하나님의 행위에 의해 화해되었고 또 구원의 소망이 오로지 그리스도로 말미암은 하나님의 행위에 달려 있기 때문이다. 예를 들자면, 미첼(Michel)과 케제만(Käsemann)이 관심을 기울이는 예전적이거나 송영적인 문체는 유대적 예배의 용어를 바울이 전수한 결과일 것이다(2:17을 보라). 어쨌든 그 구절은 유대교의 전통적인 믿음과의 연속성을 강조하기도 하고 그 불연속성을 강화시키기도 하는데, 왜냐하면 즐거워하는 "우리"가 유대인뿐만 아니라 이방인이기 때문이다.

"우리 주 예수 그리스도로 말미암아"(*διὰ τοῦ κυρίου ἡμῶν Ἰησοῦ Χριστοῦ* – 디아 투 큐리우 헤몬 예수 크리스투). 하나님께 감사드리는 중재자로서의 그리스도에 대해서는 1:8을 보라. 그리스도의 중재는 그의 죽음과 부활하신 생명 모두를 포함한다(더 자세한 것은 Kuss, 213-18을 보라). 여기서 완전한 명칭("우리 주 예수 그리스도")의 사용은 그 구절의 반향을 가중시키고, 바울이 유대적 예배의 나머지 것들과는 구분되는 중요한 요소로 기독교적 예배의 용어를 반영하고 있다는 가능성을 증가시킨다. 그 논증의 다음 단계(8:31-39)에 나오는 동등하게 결론적이고 절정적인 구절 속에 나오는 유사하게 고양된 형태로 표현된 확신을 참조하라.

"이제 우리로 화목을 얻게 하신"(*δι' οὗ νῦν τὴν καταλλαγὴν ἐλάβομεν* – 디 우 눈 텐 카타라겐 엘라보멘). 예수의 중재 역할에 관한 뚜렷한 강조가 마지막까지 유지되고 있다(1, 2, 9, 10, 11절). 헬라어 눈(*νῦν*)은 이미 성취되어 있는 종말론적 소망에 관한 어조를 유지하고 있다(3:21과 5:9을 보라). 카타라게(*καταλλαγή*) 대해서는 5:10을 보라. 마지막 부정과거시제는 소망과 즐거움의 전반적인 이야기를 확고한 요지, 말하자면 구원이 아직 완성되지 않았다는 10절과 11절의 반복된 강조를 축소시킴이 없이 결정적인 행위가 이미 발생했다는 것으로 되돌리고 있다.

해설

바울은 아브라함에 관하여 즉 사람에 관해 언급된 하나님의 의에 대한 성경의 이야기가 어떻게 이해되어야만 하는지를 결정적인 성경의 증거로서 증언하고 있다. 그는 각 개인 신자들뿐만 아니라 인류 전체를 위해서 이 기본적인 통찰과 의미를 이끌어내려고 시도한다.

1 "그러므로 우리가 믿음으로 의롭다 하심을 얻었은즉." 이것은 분명히 바울의 주석적 결론에 대한 개요다. 이는 4:22에 언급된 것이며, 4:23-24에 기록된 대로 믿는 모든 자에게 이르는 것이다. 창세기 15:6의 언급이 4장의 미드라쉬에서 "의로움"이란 단어의 탁월함을 구술했었다. 이제 여기서 그는 "의롭게 하다"라는 동등한 동사로 전환한다. 그의 독자들은 물론 이 "의롭게 하다"라는 동사가 4장의 "의로 여기셨다"란 표현과 충분히 동의어임을 의심 없이 받아들일 것이다(어쨌든 3:20-26에서 이미 분명하게 증거된 것이다). 바울이 자기 자신과 그의 독자들에게 강력하게 주장한 것(의롭다 하심을 얻었은즉)은 창세기 15:6에서 아브라함에게 약속된 것이다. 4장으로부터 그가 다시 되풀이하는 요지는 하나님이 **믿음으로** 의롭게 하신다는 것이다. 말하자면 하나님이 사람을 좋은 자리로 붙잡으시며, 또 언약적 관계 속에서 인정되는 파트너로 간주하시는데, 이것은 단지 그의 신뢰, 곧 하나님이 그를 위해 행하시는 무조건적인 약속에 대한 겸손한 수납에 근거한 것이다.

아브라함과의 언약이 여전히 배경이 되고 있기 때문에, 로마의 회중들은 마치 다른 시제들이 배제된 것처럼, 부정과거시제를 읽는 실수를 하지 않았을 것이다. 말하자면, 자신들의 칭의 곧 하나님에 의한 용납을 단순히 어떤 행위가 마쳐져서, 과거의 사건으로 지나간 것으로 간주하지는 않았을 것이다. 그리고 여기서 바울의 강조가 어떤 사람이 최초로 하나님께 수납되어진 것에 관한 것일지라도, 성경적 배경의 의미와 언약적 함축은 하나님의 수납이 단 한번에 모든 것을 이루어 주는 행위는 아니라는 것이다. 오히려 하나님의 다가오심은 포용하고 보호하시며, 또 방면의 마지막 평결을 포함한다. 따라서 우리는 "그 약속의 수용으로 말미암아 하나님의 약속과 그것의 성취로 이끌림을 받았기 때문에"라고 의역할 수 있다.

그 다음에 바울은 하나님에 의한 최초의 수용의 결과, 곧 하나님의 언약적 약속의 영역 내에 있는 존재의 결과를 묘사하는 것으로 나아간다. 다른 방식으로 말하면, 바울은 하나님의 수납의 계속된 경험이 무엇을 의미하며, 또 하나님의 수납하시고 보호하시는 의가 매일의 실제 속에서 어떻게 작용하는가를 묘사하는 곳으로 나아간다. 첫째로 그것은 하나님과 함께 하는 화평의 경험이다(또는 덜 가능성이 있지만, 하나님과의 화평의 가능성). 의와 화평간의 연관은 자연스러우며, 시편과 이사야, 특히 시편 72:1과 85:8-13을 잘 알고 있는 유대인들에게는 더욱더 자연스러운 것이었을 것이다. 그리고 참으로 바울의 사상의 순리(화평으로 귀결되는 칭의)는 이사야

32:17로도 암시된다("의의 영향은 화평이 될 것이다"). 유대인이나 하나님을 숭배하는 독자들은 마찬가지로 화평에 관한 보다 풍성한 유대적 개념 – 단순히 전쟁의 중단만이 아니라 물질적인 번영, 곧 전반적인 복리와 균형을 만들어주는 모든 것 – 을 잘 알고 있었을 것이다. 더욱더 중요한 것은 유대인에게서 이 화평이 주님과의 이스라엘의 관계에 긴밀히 의존하고 있다는 것이다 – 자신의 백성들에게 화평을 주시는 것은 하나님의 언약의 의무에 통합적으로 포함된다("화평케 하는 나의 언약은 옮기지 아니하리라" – 사 54:10). 그리고 그 화평의 충만한 만개는 다가올 새로운 시대의 선지자적 소망의 강력한 특징이었다(특히 겔 34:25-31과 37:26을 주목하라 – "내가 그들과 화평의 언약을 세울 것이라").

유대적 사상의 풍성한 배경에 익숙한 사람들에게 여기서의 바울의 주장은 독특한 주목을 가져다준다. 첫 번째로 바울은 "하나님과의 화평"을 갖는 것에 관해 언급하고 있는 반면에, 바울 이전(그리고 참으로 그 이후에)의 유대 사상에서 "화평"은 주로 사람들간의 조화로운 관계를 나타내었다. 바울은 그런 차원을 배제하지는 않는다. 그는 그 개념을 영해하거나 단순히 조용한 내적인 근원으로 축소시키지 않는다. 오히려 그는 그것을 "묵시화시키는데", 모든 삶의 관계성을 강조하는 영적인 차원에 초점을 맞춤으로써 그렇게 한다 – 하나님과 인간, 곧 창조주와 하나님에 의해 지탱되는 피조물의 조화 없이는 완전한 복리와 조화가 인간과 인간 사이에 있을 수 없다는 근거 위에서 말이다. 두 번째로 사실상 바울은 화평의 종말론적인 소망이 이미 그리스도를 통해 실현되었다는 것을 주장한다("화평을 누리자"). 에스겔서에 약속된 화평의 언약이 이미 활동 중에 있다 – 사회를 통한 완전한 외적 형태 속에서는 아닐지라도, 적어도 필수불가결한 영적인 토대와 관련되는 한 이미 화평의 언약이 활동 중에 있다. 그리고 특히 중요한 것은 바울이 의미적으로 화평의 개념을 비민족화시키고 있다. 언약이 생산하는 화평은 다른 민족들에 대해 이스라엘에 의해 부과된 평강처럼 언약 백성들 내에 있는 것으로 종종 보여졌다(사 66:12-16과 슥 9:10에서처럼). 따라서 이 항목에서 독자들 가운에 있을 수 있는 유대인과 이방인들을 모두 포용하는 일인칭 복수를 사용함으로써, 바울은 그리스도로 말미암은 하나님과의 관계와 관련되는 한, 이스라엘 중심적이고 군국주의적인 이해에서 오는 언약적 화평은 더 이상 적절하지 않다는 것을 가리켜준다 – 하나님에 의해 주어진 화평은 아무런 구분 없이 모든 종족과 민족의 구성원들을 포용한다.

"우리 주 예수 그리스도로 말미암아"는 그밖에 다른 곳에서 단지 크리스찬으로서 수반되는 진술을 특징짓는 표시로 자주 기능하는데, 여기와 바로 이어지는 구절에서는 훨씬더 의미심장한 의미를 갖고 있다. 바울은 그리스도 곧 죽은 자로부터 살아난 예수께서는 하나님과 신자들 사이의 관계에 적극적으로 개입하신다는 점을 강조한다. 인간 존재와 사물을 지배하시는 위치로 고양되신 예수께서는("우리의 주") 하나님과 함께 하는 이 화평을 인간에게 중재하신다. 바울의 신앙에 항상 필수적인 것으로서 믿음에 관한 경험과 그 믿음에 관한 신학적인 표현은 예수에 의해 활성화되고 유지되는 하나님과의 인격적인 관계와 관련하여 의미를 갖는다. 하나님은 다메섹 도상에서 바울에게 이르셨고, 그 때 이후로 십자가 상에서 인격적인 존재가 끝난 예수를 위해서가 아니라, 인격적인 존재로 동일하게 계신 예수로 통해 그렇게 하시었다.

2 주 예수 그리스도에 의해 중재되는, 하나님과의 관계에서의 신자들의 위상에 관한 또 다른 측면이 "이 은혜에 들어감을 얻었으며"라는 구절에서 주어진다. 그 용어는 아마도 바울의 독자들에게 청원자가 왕의 존전으로 이끌고 나가는 의전 시종장의 이미지를 암시한다. 청원자의 성취를 보증하는 군주의 호의적 태도는 "은혜"로운 것이며 장중함과 절대적인 권한을 포함하는 것이다. 두 번에 걸쳐 사용된 완료형 시제("얻었으며", "서 있는")는 의도적이다. 이는 과거에 주어지고 아직까지도 유효한 접근을 의미하거나, 믿는 자가 왕 앞에 영구히 서 있다는 의미 또는 언제든지 필요하면 곧바로 접근할 수 있는 영구한 특권을 의미하기도 한다. 어쨌든 간에 이런 시각은 여전히 그 성격상 묵시적이다: 바울의 사상은 보이는 세상의 이면 뒤에 있는 하나님의 호의(이 호의를 실제적인 효과로 바꾸는 왕적인 능력도 포함된)의 무한한 근원에 관한 것이다. 그리스도는 자신들을 주께 의탁하며, 또 그리스도를 통하여 하나님께 나오는 자들을 보증하신다.

"하나님의 영광을 바라고 즐거워하느니라." 바울이 경멸적인 특징으로 사용했던 용어(2:17, 23; 3:27; 4; 2)("자랑하다", 개역성경에서는 "즐거워하다"로 번역되고 있다-역자주)가 나오는데 이것은 우연이 아니다. 즐거워함은 민족들 사이에서 이스라엘의 특별한 위치에 대한 유대인의 자존심의 전형으로 사용된 말이지만, 바울은 의도적으로 그의 논의의 결론에 동일한 말을 삽입한다. 사람 즉 피조물로서 가능하는 적절한 자랑은 그의 창조주를 자랑하는 것이다(참조. 고전 1:29, 31). 어떤 일이나, 율법이나, 또는 하나님의 선택을 자랑하는 것은 하나님의 은혜를 나타내기보다는 방해하는 잘못된 종류의 자랑이다. 여기서 바울이 자랑(즐거워함) 그 자체를 비난하고 있지 않다는 것은 주목할 만한 가치가 있다. 오히려 자랑은 신적인 보호자의 놀라운 호의에 대한 자연적이고 본성적인 반응이다. 이는 경험된 은혜의 적극적인 표현이 될 수 있다. 하나님 안에서의 이러한 용솟음 치는 자신감은 초기 기독교인의 예배를 고무시키며 순교자들에게 용기를 북돋아 주었음은 의심할 여지가 없다.

이 시점에서 얼핏 보아 바울의 용어는 앞에서 그가 비난했던 용어와 그리 다르게 들리지 않아 보인다. 하지만 사실상 바울은 이미 자기 자신을 "너는 어떠하냐"라는 비판으로부터 보호하고 있다. 이것은 더 이상 율법과 할례라는 표식하의 민족적 특권을 즐거워하는 것이 아니다. 이것은 전적으로 다른 문제이다. 기대되는 영광은 하나님의 생명과 남은 피조물에 임하는 그의 지배에 동참하는 것으로서 앞에서 언급된 영광(3:23)이다. 다시 말해서 피조물인 인간의 소망은 인간을 위한 창조자의 목적을 성취하는 것이다. 그리고 그 소망은 이 성취가 온전히 하나님께 있기 때문에 참으로 신뢰할 만한 소망이다. 이것은 오직 겸손하게 믿음으로 받는 것이고, 아브라함이 가졌던 소망인 하나님의 능력 있는 돌봄에 의지한다(4:18). 이런 자랑(즐거워함)으로 인해 하나님은 기뻐하신다 – 인간이 창조자와 인간을 위한 그의 목적 그리고 그 목적을 이루시는 그의 능력을 자랑하는 것을 하나님이 기뻐 받으신다.

3-4 상당히 그 요지를 강조하기 위한 것처럼, 바울은 수사학적인 풍성함을 더한다. "다만 이뿐 아니라 우리가 환난 중에도." 여기서 다시금 우리는 사용된 동사에 시선을 집중해야한다: "고난의 상황에서나 곤경의 경험에서라도 기뻐한다"라는 표현으로 바울은 자신이 당한 고난에 대한 매우 긍정적인 태도를 가지고 독자들에게 간여하기를 의도하고 있다. 1-2절과 3절의 사상의 연속성은 바울에게서 이것은 하나님의 피조물 안에서의 인간의 자랑이며, 또한 그러한 고통이 가져다주는 하나님에 대한 인간의 의존을 의식적으로 인식하고 있음을 가리킨다. 바울에게 그러한 고통은 하나님에 의해 수납된 믿는 자의 경험과 반대되는 것이 아니다. 오히려 그 수납의 보충이다. 고난은 하나님의 은혜 안에 있는 것을 방해하거나 부정하게 하는 것이 아니다. 오히려 그 은혜가 그의 위대한 능력 안에서 경험되어지기 위한 조건이다. 로마의 독자들 중에는 이 개인적인 증거가 바울에게서 얼마나 심도 있게 진행되었는가를 아는 최소한의 몇 사람은 있었을 것이다. 이들은 바울이 고린도후서 12:7-10에 증거하는 그런 경험을 알고 있는 사람들이다. 그러나 그는 이것을 이 시점에서 확실히 언급하지는 않는다.

비록 일견 보기에는 이 표현의 느낌이 분명히 스토아 학파적이거나 유대적 평행구들이 암시하는 것처럼 대단히 관습적일지라도, 여기서 주어진 자랑의 이유는 특징적인 바울적 용어로 표현되어 있다. 하지만 바울에게서 "특징적 형태"의 주된 과정의 의미는 종말론적이다. "승인된 특징이 소망을 낳는다." 의미상 그려지고 있는 환난은 "격노한 운명의 돌이나 화살"이 아니라 현시대의 소멸(단 12:1처럼)을 표시하는 마지막 환난이다. 그리고 인내는 예수가 요청하시는 종말에 대한(막 13:13) 인내이다. 이는 이미 시작한 마지막 정화와 정결(말 3:2-3에서처럼)을 위한 연단이다. 이것은 구원의 과정이 진행 중임을 나타내기 때문에 이 모든 과정은 소망을 만들어 낸다: 고통이 믿음에 대한 모순이나 하나님을 비난하게 하는 것으로 경험되지 않고, 인내의 강화와 성격의 성숙으로 경험되기 때문에 그 고통은 은혜 속에서 소망을 낳는 결과를 갖는다. 이 모든 전반적인 과정은 소망을 낳는다. 왜냐하면 바울에게서 고난 그 자체가 구원의 과정이고, 하나님이 인간을 자신의 형상으로 재창조하는 과정이기 때문이다 – 바울은 속사람을 새롭게 하는 데에 필요한 보충물이 되는, 겉사람이 버려야 할 것으로 그밖에 다른 곳에서 언급한다(고후 4:16). 다시금 이 구절은 여기서 충분히 전개되지 않는다(이를 바울은 뒤의 6-8장에서 전개한다). 그러나 바울은 최소한 그가 마음에 무엇을 담고 있는지의 실마리 정도는 주고 있다. 그는 1:21-32에서 고발했던 타락으로 인간이 내려가는 것에 대한 역전으로서 이 과정을 서술하는 것으로 보인다. 비열한 본능의 탐욕에 떨어지고 상실한 마음에 내어 져서 하나님의 영광을 떠난 자는 사망 외에는 달리 바라 볼 것이 없다. 그러나 하나님의 영광을 바라보고 믿는 자들은 고난이 그들에게 더욱더 실제적인 인식을 가져다준다는 것을 발견한다. 또 시험은 그들을 악화시키는 것이 아니라 정화시키며 더욱더 전적으로 영광스런 하나님이심을 믿는 그들의 확신을 강화시켜준다는 것을 발견한다.

5 이러한 소망을 부끄럽게 해서는 안 된다. 바울의 사상은 1장에 서술된 과정 그리고 조건과 대조되는 것으로 보인다. 이런 육체적 방종은 부끄러움의 원인이 되며, 이는 그러한 육체적 방종에서 전향한 사람들에게도 마찬가지로 해당된다(6:21). (진실로 여기에 바울 복음의 불편한 도전이 있다 – 방종을 부끄러워하고, 고난을 즐거워하라!) 그러나 죄된 여정에서 구원의 방향전환으로 생겨난 소망은 부끄러움을 야기하지 않는다 – 환난의 고통이나 경멸에서도 또는 실망스러운 가운데서도 부끄럽지 않다. 마치 그것이 비실제적인 소망처럼 말이다. 왜 그러한가? 함축적으로 그것은 하나님을 신뢰하기 때문이다(시 22:5과 25:20의 반영이 암시하는 것처럼). 다시 말하면 그것은 아브라함이 실천한 소망과 신뢰이며, 외견상 불가능해 보이는 것에 대하여 하나님이 영광스럽게 한 소망과 신뢰이다(4:18-21).

하지만 바울이 실제로 자세히 설명하는 이유는 하나님의 사랑과 하나님의 영이 이미 그들의 삶에서 풍성하게 경험되어졌다는 사실 때문이다. 바울은 생생한 "오순절적"인 용어를("우리 마음에 부은 바 됨이니") 사용한다. 그리고 그의 독자들을 당시에 기독교인이 된 많은 사람들에게서 흔했던 깊은 감정의 경험으로 다시 불러들인다. 여기서 묘사된 것은 단순한 인간적 사랑과는 다른 사랑으로 보호되는 경험이다－사랑 받고 있음과 아마도 정상적인 사건의 과정으로는 무관심을 당하거나 또는 경멸을 당하는 타인들을 위한 진실한 사랑으로 충만한 사랑의 자각이다. 그가 독특한 사건 또는 경험으로 성령의 선물을 생각하고 있는지는 분명하지 않다. 그는 분명히 개념적으로 두 요소를 구별하고 있다－하나님의 영은 단번에 주어졌고(부정과거시제), 하나님의 사랑은 여전히 충만한 부으심으로 경험된다(완료시제). 하지만 바울은 성령을 구원의 전체적인 과정을 움직이시는 거룩한 능력의 최초의 영향, 사랑의 빛을 유지하시는 거룩한 생명력의 숨겨진 역동성, 거룩한 사랑의 홍수가 흐르도록 유지시키시는 숨겨진 통로로 생각하고 있다. 어쨌든 그 요지는 분명하다: 완성된 구원의 소망, 곧 거룩한 영광을 나누게 하는 회복의 소망은 헛되고 게으른 소망이 아니다. 왜냐하면 그 과정이 이미 시작되었기 때문이다. 미래에 대한 신자의 소망은 신실하시고 강력하신 하나님 안에 근거하고 있을 뿐만 아니라, 이미 경험했고, 하나님으로부터 받은 사실에 근거한다－하나님의 종말적 성령은 그들 안에서 이미 종말적 능력으로 작동한다. 미래의 소망으로서 부활은 이미 성취된(고전 15:17-22) 그리스도의 부활에 기초하고 있는 것처럼, 미래의 영광의 소망은 이미 향유되고 있는 은혜의 경험에 근거한다(2절). 그리하여 완성된 구원의 소망은 거룩한 사랑의 목적을 이미 성취하고 있는 하나님의 종말론적인 권능의 경험으로부터 발생한다(5절).

6-8 6-8절은 1-5절에서 대담하게 표현된 확신의 또 다른 근거를 소개한다. 사상의 연결은 상당히 느슨하고, 6-7절의 용어는 다소 어색하지만, 그 요지는 충분히 분명하다. 1-5절의 확신은 또 다른 확고한 토대를 갖고 있다－그리스도의 죽음. 그것의 강조는 두드러진다: 이 로마서 서신이 읽혀지는 것을 듣고 있던 사람들은 각각의 네 문장의 끝에 "죽은"이라는 용어의 주제적 반복을 거의 놓치지 않았을 것이다. 그 요지는 그리스도의 죽음이 하나님의 동일한 사랑의 표현이라는 것이다: "하나님은 자신의 사랑을 그리스도가 우리를 위해 죽으심 속에서 보이셨다." 신자들의 마음속에 부어진 하나님의 사랑은 이미 그리스도의 십자가 속에서 표현된 사랑의 주체적인 대응부였다. 예수의 죽음의 의미에 관한 묵상은 양 경우에 동일한 사랑이 작용하고 있기 때문에 신자들 자신의 마음속의 증거를 확인시켜준다.

이것은 순교신학의 사상으로 보인다－많은 사람을 대신한 어떤 사람의 의지적인 자기 희생. 하지만 마카비시대의 순교자들의 경우에 있어서, 그것의 합리적 근거는 희생 제사였다－어떤 것의 죽음이 다른 사람들의 죄를 보상하고 하나님의 진노의 원인을 제거할 수 있다는 믿음(마카비2서 7:37-38). 따라서 여기서 바울은 간단하지만 중요한 3:21-26의 해석을 상기시키고, 초대 기독교인들 사이에 있었던 보편적인 생생한 확신, 곧 예수의 죽음은 하나님의 사랑의 목적을 효과 있게 하기 위해 하나님의 의해 의도된 것인데, 이는 하나님의 사랑이 인간들 속에서 효력을 갖는 것을 차단하는 요소들을 다루기 위한 것이다. 이 시점에서 언급된 것은 남녀 인간들의 편에서의 무자격한 요소들이며, 이런 역할들을 위해 그리스도를 자격 있게 한 요소들은 아니다: 부분적으로 이 항목 전체를 통해서(1-11절) 그 초점은 주로 하나님과 하나님의 주도하심에 있고 또한 그 주도하심과 결과에 관한 중개자요 대리자로서의 그리스도에게 있기 때문이지만("그로 말미암아"), 아마도 부분적으로는 유대 순교자 신학의 유추에서 순교를 초래한 것은 율법에 대한 충성이었고(마카비2서 7:30, 37), 또 그 유사성을 너무 근접하게 불러옴으로써 자신의 요지를 복잡하게 만드는 것을 바울이 원치 않았기 때문이기도 하다. 바울은 하나님의 사랑의 무한한 특징을 나타내기 위해 하나님의 사랑에 반대되는 인간적 요소들에 초점을 맞추는 것으로 충분했다.

무자격한 요소들을 열거함으로, 바울은 자신의 독자들에게 인간의 상태에 관해 상기시킨다 – 하나님의 은혜로 접근하기 위해 피해야만 하는 조건(상태)이 아니라 은혜가 처음 인간들에게 들어와서 지금도 여전히 있는 상태에 대해 상기시킨다. 그들은 "연약했다." 능력이 부족했다. 육체적이고 도덕적인 연약함 간의 구분은 염두에 두고 있지는 않다. 하나님으로부터 분리된 인간의 연약함은 한계가 있으며, 죽을 육체의 몸의 끊임없는 부식을 가져온다. 그리고 죄의 권세 앞에서 하나님의 뜻을 행하지 못하는 무능력을 갖고 있다. 그들은 "경건치 않은 자"였다. 그들의 상태는 이미 1:18 이하에서 묘사된 것들이다. 그들은 끊임없이 하나님으로부터 독립하여 살려 하며, 창조주 앞에 서 있는 피조물과는 다르게 살려고 한다. 경건치 않을 자를 사랑하시는 하나님의 사랑의 역설은 4:5의 예리한 진술을 상기시킨다. 그들은 "죄인들"이었다. 율법을 알지 못했거나, 율법을 알았어도 그 율법을 존중하지 못한 사람들이었다. 의로운 사람과 선한 사람간의 7절의 놀라운 대조는 2장 특히 2장 7-10의 논증에서 함축된 유사한 구분에 관한 언급으로 가장 잘 설명될 수 있을 것이다. 그 구절에서 바울은 유대 율법의 분명하게 규정된 범주를 초월하는 선한 행위를 그리고 있다. 아마도 바울은 율법에 대한 찬탄을 갖고 있지만 매력적이지 않는 열심을, 선함은 덜 구체화되어 있지만 모든 측면들을 인식하는 사람과 대조해보려고 하고 있다. 현학자나 시기심이 많은 사람들은 다른 사람들에 대한 자기 희생적인 헌신을 불러일으키지 않지만, 참으로 선한 사람들은 그렇게 할 것이다. 하지만 하나님은 그 어떤 전제

조건도 찾지 않으신다. 일반적인 선함도 특별히 율법에 대한 세심한 준수도 찾지 않는다. 그리스도께서 죽으신 것은 죄인들을 위해서다.

일인칭 복수의 사용을 간과해서는 안 된다 – "연약할 때에", "우리가 죄인되었을 때에." 여기서 바울은 다른 모든 사람들처럼 자신도 연약함과 인간의 죄성에 사로잡혔다는 것을 확인시켜준다. 그것은 놀랄 일이 아니다. 아마도 더 놀라움을 가질 수 있는 것은 유대인과 헬라인이 참으로 종교적인 사람에 적합한 것으로 인식하고 있는 – "정의롭고", "선한" – 범주를 바울이 부인하고 있다는 것이다. 그리스도를 믿음으로 영접하기 이전에는 바울은 방금 언급한 것을 그대로 인정했을 것이다. 하지만 이제 그는 하나님 앞에서 그 어느 누구도 그러한 자기 주장을 할 수 없다는 것을 알고 있다(1:18-3:20). 하나님은, 인간이 할 수 없었던 것을, 필요한 때에 그리스도의 희생 속에서 인간을 위해 자신의 사랑을 행하심으로써 보이신다. 믿음의 두 측면은, 무기력하고 하나님으로부터 멀어졌고 또 하나님을 무시하는 경향을 갖고 있다는 인식, 그리고 그 사랑에 대한 하나님의 주도하심에 대한 전적인 의탁을 말한다.

9 6-8절은 믿음의 소망의 두 기둥 중 하나를 설명하는 것으로 구성되었다 – 예수의 죽음 속에서 하나님의 사랑의 분명한 증거가 있다(다른 기둥은 그 사랑에 대한 신자들 자신의 경험이다 – 5절). 바울은 이제 6-8절의 주제를 수사학적으로 균형 잡힌 확증의 논리, 곧 그리스도인의 소망에 관한 해석에 적합한 절정을 이루는 믿음의 확신에 힘을 주고 밝혀주는 도약대로 삼는다.

첫 부분은(9절) 세심한 독자들이라면 이미 6-8절에서 암시된 것임을 알 수 있는 것임을 확인시켜준다. 한편으로 거기에는 예수의 죽음에 관한 희생적인 특징("그의 피로")과 하나님의 수락에 대한 근거로서의 필연적인 역할이 들어 있다 – 여섯 단어는 3:21-26의 해석에 관한 압축된 요약을 형성하고 있다. 바울에게서 그 논리는 다음과 같다. 말하자면 만약 하나님이 불의한 자(하나님의 뜻에 대한 피조물로서의 또는 언약적인 순응에 따라 살지 못하는)를 단순히 경시하신다면, 하나님을 "의로우신 분"이라고 묘사할 수는 없을 것이다. 또 하나님은 인간의 연약함, 불경건과 죄에 대한 복종을 처리하여야 하며, 예수의 희생적 죽음은 그것에 대한 하나님의 응답이다. 바울은 자신의 독자들이 이런 희생의 합리적 근거를 이해하고 있었을 것으로 대체로 가정할 수 있었다(특히 3:25-26). 하나님의 응답이 믿음의 계속적인 삶 속에서 어떻게 작용하고 있는가는 바울이 나중에 돌아가는 주제이다(6-8장). 한편으로 9절의 두 번째 구는 바울에게서 "구원받은" 과정은 1장에서 묘사된 하나님의 진노하심의 과정과 그 반대라는 것을 확인시켜준다. 예수의 죽음과 부활 속에서의 하나님의 사랑의 표현이 성취한 것은 인간의 정열에 관한 더 깊은 의존으로 귀결되는 하나님으로부터의 독립 곧 사악한 범주로부터 인간을 구해주고, 심판날의 마지막 정죄로부터 인간을 구원해준다. 의미상으로 하나님의 진노하심은 예수의 죽음으로 소진되었고, 따라서 신자들이 죽으신 그리스도와 동일시하는 한, 하나님의 진노하심은 이미 소진되었다 – 이것은 다음 장에서 더 분명히 하게 될 희생의 신학에 내재되어 있는 함축적인 의미를 갖는다.

10 동일한 작은 주제에서 큰 주제로 나아가는 형식은 다른 비유를 이끌어내고 있다. 하나는 바울의 헬라주의자 독자들에게 덜 알려진 것으로서 하나님과 인류 사이의 관계에 대한 서술이다. 그러나 이것은 마카비2서에서는 여러 번 사용된 것으로서 "화목"이다. 동시에 그 기소는 6-8절에서 시작하여 "우리가 원수 되었을 때에"라는 말로 정점에 이른다. 이 장면은 분명하게 하나님과 인간 사이의 날카로운 적대관계를 보여준다. 하나님으로부터 떨어져나간 인간의 상태는 인간의 연약함의 상태, 하나님을 무시함, 그리고 죄에 대한 책임만이 아니다. 이것은 창조자에게 온전하게 의지하는 피조물의 역할에 불복하는 실제적인 반역의 상태다. 인간은 어린아이들의 순간적인 용솟음에 지나지 않는 "스스로 발로 서려는" 환상을 버릴 필요가 있다. 하나님과 인간의 관계에 대한 적용을 갖는 은유에 익숙하지 않았을지라도, 바울의 독자들은 "우리가 하나님과 화목하게 되었다"가 하나님에 대한 인간의 적절한 관계성의 회복이라는 의미를 담고 있음을 분명히 이해했을 것이다. 이것은 그리스도의 죽음으로 말미암아 무엇이 발생했는지를 설명하는 또 다른 방법이다. 우리가 여기서 주목할 수 있는 것은, 적어도 바울에 따르면, 희생의 신학에 관한 또 다른 암시다: 희생의 죽음은 죄인들을 하나님과 화해시켰는데, 적대감의 원인(죄의 강권)을 제거함으로써(파괴를 통해) 그렇게 했다. 이것은 죄인이 죽음의 희생과 동일시함을 통해서 이루어진다. 함축적으로 또한 믿음은 하나님과 화해될 필요가 있는 수락과 화목 그 자체의 수락을 말한다(참조. 고후 5:18-20). 만약 신자들이 이미 회복된 관계로서의 하나님과의 화목을 지금 경험하고 있다면, 완전하게 흠 없는 관계성을 가져올 그 과정이 마지막 결론으로 진행될 것을 그들은 확신할 수 있다.

양 구절에서 바울은 이미 발생한 단번에 이루어진 것("우리가 의롭다 하심을 얻었은즉/화목 되었은즉")과 아직까지 과정 중에 있는 구원과 종결되지 않은 것("몸의 구속"을 포함, 8:23) 사이의 균형을 강조하려고 한다. 각 용어(의롭다 함/화목됨/구원)가 하나 또는 다른 국면을 나타내는 기술적인 용어이며, 이 세 단어가 서로 극명하게 구별된다고 주장하는 것은 현학적이며 신학적으로도 올바르지 않고 또 목회적으로도 위험하다. 또한 배타적으로 예수의 죽음과 부활에 대한 것을 구원론적으로 구분된 실체라고 결론 내리는 시도도 아무런 근거가 없다(참조. 4:25). 한편으로 바울의 시도는 소망의 근거가 단순히 순교적인 희생으로 이해되는 과거의 사건(예수의 죽음)이나 예수의 부활하신 생명으로 이해되는 하나님의 능력의 경험이 아니라, 서로가 완전하게 연속적이며 또 동등하게 하나님의 사랑의 표현이 되는 이 둘의 결합이라는 것이다. 그리고 다른 한편으로 인류를 하나님과의 적절한 관계로 이끄시는 하나님의 목적은 예수의 죽음 또는 회심의 사건 속에서 단번에 모든 것을 이룬 것이라기보다는 그리스도의 부활한 능력의 권능(또는 대안적으로 표현하면, 하나님의 영 –5절)이 지배적인 역할을 감당하는 진행중인 과정 속에서 이루어지는 것임을 분명하게 표현하고 있다.

11 바울은 이전에(2-3절) 몇몇 문장으로 시작된 사상의 순리를 포착함으로써 놀라운 소망의 표현을 감싸준다. 그리스도인의 믿음은 영광의 소망을 즐거워하며(자랑하며), 또 종말론적인 고난 가운데서 즐거워할 뿐만 아니라, 하나님 안에서 즐거워한다. 민감한 독자들은 그 문장이 유대인의 교만에 대한 기소가 들어 있는 2장에서 시작된 논증의 순리를 완성시키고 있다는 것을 포착했을 것이다. 그 구절("우리는 하나님 안에서 자랑한다")의 가장 뛰어난 특징은 그 용어가 2:17에서 바울이 비판적으로 언급했던 동일한 자랑이라는 것이다. 거기에서 부적절한 것으로 표현되었던 것이 이제는 전적으로 적합하고 적절한 것으로 제시된다. 중요한 차이는 바울이 이제는 그 용어를 "예수 그리스도로 말미암은" 자랑으로 묘사하고 있다는 것이다 – 율법을 자랑하는 것과 관련한 하나님 안에서의 자랑이 아니다(2:23). 바울은 그리스도인들에게 하나님과의 관계 속에서 오는 자랑을 보일 것을 격려하지만 그 관계성은 이제 상당히 재정의된다 – 즉 화목에 대한 필요를 인식하는 것으로 특징지어지며, 그리스도의 화목케 하시는 죽음과 생명으로 결정되는 관계성으로 재정의된다(9-11절에서 반복된 예수의 중재에 관한 강조). 이것은 민족적인 신분을 나타내는 요인들(율법의 행위들)로 특징지어지거나 결정되는 관계성이 아니다. 따라서 11절은 2장 이후에 바울이 끊임없이 발전시킨 논증에 대한 적절한 결론을 형성하고 있다.

2. 인류를 위한 하나님의 의로우신 목적에 대한 새로운 조망(5:12-21)

참고문헌

Barth, K. *Christ and Adam: Man and Humanity in Romans 5.* SJTOP 5. Edinburgh: Oliver & Boyd, 1956. **Black, C. C.** "Pauline Perspectives on Death in Romans 5-8." *JBL* 103(1984) 413-33. **Black, M.** "The Pauline Doctrine of the Second Adam." *SJT* 7(1954) 170-79. **Boring, M. E.** "The Language of Universal Salvation in Paul." *JBL* 105(1986) 269-92. **Bornkamm, G.** "Anakoluthe." 80-90. **Brandenburger, E.** *Adam und Christus. Exegetisch-religionsgeschichtliche Untersuchungen zu Röm 5:12-21(1 Kor 15).* WMANT 7. Neukirchen: Neukirchener, 1962. **Bultmann, R.** "Adam and Christ according to Rom 5"(1959). In *Current Issues in New Testament Interpretation*, ed. W. Klassen and G. F. Snyder. London: SCM, 1962. 143-65. **Cambier, J.** "Péchës des Hommes et Pëchë d'Adam en Rom 5:12." *NTS* 11(1964-65) 217-55. **Caragounis, C. C.** "Romans 5:15-16 in the Context of 5:12-21: Contrast or Comparison?" *NTS* 31(1985) 142-48. **Cranfield, C. E. B.** "On Some Problems in the Interpretation of Rom 5:12." *SJT* 22(1969) 324-41. **Dahl, N. A.** "Two Notes on Romans 5." *ST* 5(1952) 42-48. ______. *Studies.* 90-91. **Danker, F. W.** "Rom 5:12: Sin under Law." *NTS* 14(1967-68) 424-39. **Davies, W. D.** *Paul.* 31-57. **Dibelius, M.** "Vier Worte." 6-8. **Dunn, J. D. G.** *Christology.* 98-128. **Eichholz, G.** *Theologie.* 172-88. **Englezakis, B.** "Rom 5:12-15 and the Pauline Teaching on the Lord's Death: Some Observations." *Bib* 58(1977) 231-36. **Feuillet, A.** "Le règne de la mort et le règne de la vie(Rom 5:12-21)." *RB* 77(1970) 481-521. **Haacker, K.** "Probleme." 16-19. **Hooker, M. D.** *Pauline Pieces.* London: Epworth, 1979. 36-52. **Johnson, S. L.** "Romans 5:12-An Exercise in Exegesis and Theology." In *New Dimensions in New Testament Study*, ed. R. N. Longenecker and M. C. Tenney. Grand Rapids: Zondervan, 1974. 298-316. **Jüngel, E.** "Das Gesetz zwischen Adam und Christus." *ZTK* 60(1963) 42-69. **Kirby, J. T.** "The Syntax of Romans 5:12: A Rhetorical Approach." *NTS* 33 (1987) 283-86. **Lombard, H. A.** "The Adam-Christ 'Typology' in Romans 5:12-21." *Neotestamentica* 15(1981) 69-100. **Luz, U.** *Geschichtsverständnis.* 193-222. **Lyonnet, S.** "Le sens de ἐφ' ᾧ en Rom 5:12 et l'exégèse des Pères grecs." *Bib* 36(1955) 436-56. ______. "Le péché originel en Rom 5:12: L'exégése des Pères grecs et les décrets du Concile de

Trente." *Bib* 41(1960) 325-55. **Müller, H.** "Der rabbinische Qal-Wachomer-Schluss in paulinischer Typologie." *ZNW* 58(1967) 73-92. **Ridderbos, H.** *Paul.* 95-100. **Rogerson, J. W.** "The Hebrew Conception of Corporate Personality: A Re-examination." *JTS* 21 (1970) 1-16. **Sahlin, H.** "Adam-Christologie im Neuen Testament." *ST* 41(1987) 11-32. **Schade, H.-H.** *Apokalyptische Christologie bei Paulus.* Göttingen: Vandenhoeck, 1981. 69-87. **Schenke, H.-M.** "Die neutestamentliche Christologie und der gnostische Erlöser." In *Gnosis und Neues Testament*, ed. H. W. Tröger. Gütersloh: Gütersloher, 1973. 205-29. **Scroggs, R.** *Last Adam.* **Stanley, D. M.** *Resurrection.* 176-80. **Theobald, M.** *Gnade.* 63-127. **Thüsing, W.** *Per Christum.* 210-19. **Vögtle, A.** "'Der Menschensohn' und die paulinische Christologie." SPCIC 1:199-218. **Wedderburn, A. J. M.** "The Theological Structure of Romans 5:12." *NTS* 19(1972-73) 339-54. ______. "Philo's 'Heavenly Man.'" *NovT* 15 (1973) 301-26. **Wright, N. T.** "Adam in Pauline Christology." SBL *Seminar Papers.* Chico: Scholars, 1983. 359-89. **Ziesler, J.** *Righteousness.* 197-200.

본 문

12 이러므로 한 사람으로 말미암아 죄가 세상에
들어오고 죄로 말미암아 사망이 왔나니 이와 같
이 모든 사람이 죄를 지었으므로 사망이 모든 사
람에게 이르렀느니라
13 죄가 율법 있기 전에도 세상에 있었으나 율법
이 없을 때에는 죄를 죄로 여기지 아니하느니라
14 그러나 아담으로부터 모세까지 아담의 범죄와
같은 죄를 짓지 아니한 자들 위에도 사망이 왕노
릇 하였나니 아담은 오실 자의 표상이라
15 그러나 이 은사는 그 범죄와 같지 아니하니
곧 한 사람의 범죄를 인하여 많은 사람이 죽었은
즉 더욱 하나님의 은혜와 또는 한 사람 예수 그리
스도의 은혜로 말미암은 선물이 많은 사람에게
넘쳤으리라
16 또 이 선물은 범죄한 한 사람으로 말미암은
것과 같지 아니하니 심판은 한 사람을 인하여 정
죄에 이르렀으나 은사는 많은 범죄를 인하여 의
롭다 하심에 이름이니라
17 한 사람의 범죄를 인하여 사망이 그 한 사람
으로 말미암아 왕노릇 하였은즉 더욱 은혜와 의
의 선물을 넘치게 받는 자들이 한 분 예수 그리스

12 Therefore as through one man sin entered into
the world and through sin, death—and so death[a]
came to all men, in that all sinned.
13 For until the law, sin was in the world, but sin
is not accounted in the absence of the law.
14 Nevertheless death reigned from Adam until
Moses, even over those who did not[b] sin in the
very manner of Adam's transgression—he who is
the type of the one to come.
15 But not as the trespass, so also the effect of
grace: for if by the trespass of the one, the many
died, how much more the grace of God and the gift
in grace, which is of the one man Jesus Christ, has
overflowed to the many.
16 And not as the one who sinned,[c] the gift: for
the judgment is from one to condemnation, but the
effect of grace is from many trespasses to
justification.
17 For if by the trespass of the one death reigned
through the one, how much more those who receive
the abundance of grace and of the gift[d] of right-

도로 말미암아 생명 안에서 왕노릇 하리로다	eousness shall reign in life through the one, Jesus Christ.[e]
18 그런즉 한 범죄로 많은 사람이 정죄에 이른것 같이 의의 한 행동으로 말미암아 많은 사람이 의롭다 하심을 받아 생명에 이르렀느니라	**18** So then, as through the trespass of one[e] to all men to condemnation, so also through the righteous act of one to all men to righteousness of life.
19 사람의 순종치 아니함으로 많은 사람이 죄인 된것 같이 한 사람의 순종하심으로 많은 사람이 의인이 되리라	**19** For as through the disobedience of the one man, the many were made sinners, so also through the obedience of the one,[e] the many will be made righteous.
20 율법이 가입한 것은 범죄를 더하게 하려 함이라 그러나 죄가 더 한 곳에 은혜가 더욱 넘쳤나니	**20** The law came in to increase the trespass: but where sin increased, grace overflowed in abundance,
21 이는 죄가 사망 안에서 왕 노릇 한 것 같이 은혜도 또한 의로 말미암아 왕 노릇 하여 우리 주 예수 그리스도로 말미암아 영생에 이르게 하려 함이니라	**21** in order that as sin reigned in death, so also grace might reign through righteousness to eternal life through Jesus Christ our Lord.

원문주해

a. 호 다나토스(*ὁ θάνατος*)는 확실히 원래 있었던 것이다. 그러나 몇몇 서방사본은 그것을 삭제한다.

b. 어떤 사본은, 바울이 인간의 죄들을 아담의 죄에 비유하려고 한 것으로 추정되는 메(*μή*)를 삭제한다(Lightfoot을 보라).

c. 주로 서방전승은 아담 자신보다는 아담의 행위에 강조를 두면서 하마르테마토스(*ἁμαρτήματος*)로 읽는다.

d. 연속된 소유격은 형식을 개선하려는 다양한 시도로 분명히 이끈다(Metzger를 보라).

e. 일치를 이루려는 약간의 개선들은 몇 가지 중요한 사본들에서 분명히 보여진다 – 예수 크리스투(*Ἰησοῦ Χριστοῦ*)를 삭제하거나 안드로푸(*ἀνθρώπου*)를 삽입함으로써 그렇게 한다.

양식과 구조

이 단락은 전체적인 시작 항목(1:18-5:21)의 결론으로서 의도되었다. 이 결론의 첫 번째 부분(1-11절)과의 연속성은 9, 10, 15절과 17절에서 반복하여 사용된 폴로 말론(*πολλῷ μᾶλλον*) 구문으로 특징지어지며, 또 1-2절의 칭의와 은혜에 관한 서두의 강조가 15-21절에서 설명되는 것으로 특징지어진다. 아울러 결론적인 서술로서의 "우리 주 예수 그리스도로 말미암아"라는 구절의 사용 속에서, 11절과 21절간의 평행 그리고 아담과 그리스도간의 분명한 대조 속에서 1-11절에 내재된 반전된 주제의 출현으로 특징지어진다(5:1-21의 서론을 참조하라). 하지만 좀더 뚜렷해 보이는 것은 1-11절에서의 개인적이고 개별적인 언어(일인칭 복수형의 반복된 사용으로 특징지어진다)에서 인류역사의 전반적인 범주가 아담과 그리스도로 구성된 두 기원으로 포괄되는 또 다른 중심(3인칭)으로 전환되고 있다는 사실이다.

이 단락은 12c-14절과 15-17절의 이중적인 해명으로 약간 방해를 받는 *ὥσπερ/ὡς …οὕτως καί* 비교(12, 18, 19, 21절)로 구성된다(Bornkamm의 "Anakoluthe" 81-82, Cambier의 "Rom 5:12" 227의 분석을 보라. 어렵게 도출된 유사성과 차이점의 균형이 우리로 하여금 질문으로 15a절과 16a절을 분석한 Caragounis를 따르도록 요청한다). 전반적으로, 특별히 16-18절의 경구적인 요약이 두드러진다. 중요한 주제적인 특징은 *εἰ…πολλῷ μᾶλλον*(15-17절), *οὐχ ὡς… οὕτως καί*(15-16절)의 재출현이고, "한 사람/많은 사람"(15, 19절), *παράπτωμα*, *χάρισμα*(15), *κρίμα*, *χάρισμα*, *κατάκριμα*, *δικαίωμα*(16) *παράπτωμα*, *δικαίωμα*(18), *παρακοή*, *ὑπακοή*(19), *ἁμαρτία*, *χάρις*(20-21)의 대조다. 바울의 강조와 의도의 서술은 다음의 중요개념들의 반복된 사용이다. *εἷς*(12번), *χάρις*, *χάρισμα*(7번), *ἄνθρωπος*(6번), *ἁμαρτία*(6번), *παράπτωμα*(6번), *δικαι*-접두어를 가진 단어들(6번), *βασιλεύειν*(5번), *πολλοί*(5번), *πάντες*(4번), *περισσεύω*와 같은 어원의 단어들(3번). 일련의 비교를 형성함에 있어서 수사적인 고려사항들을 볼 수 있는 것은 어미가 *μα*로 끝나는 단어들이 지배적으로 사용된 점에서다(*παράπτωμα*, *χάρισμα*, *δώρημα*, *κρίμα*, *κατάκρυμα*, *διακίωμα*). 로마서에서 자주 그렇듯이, 율법을 구시대를 지배하는 거짓 세력(죄, 사망)과 나란히 배치시키고 있으며, 결론의 마지막 구절은(20-21) 논의의 다음 단계를 연결지어 준다. 율법, 죄, 사망은 대체로 6-8장을 주도할 것이다(6-8장의 양식과 구조를 참조하라)-특히 3:20, 21; 4:2; 7:13; 8:17; 9:13; 11:7을 참조하라.

"죄가 더한 곳에 은혜가 더욱 넘쳤나니"라는 기본적인 주제 속에서, 로마서 5:12-21은 전체 서신을 위한 "표제적인 본문"을 제공하고 있다고 말할 수 있다.

주석

12 "이러므로 한 사람으로 말미암아"(*διὰ τοῦτο ὥσπερ δἰ ἑνὸς ἀνθρώπου*-디아 투토 호스페르 디 에노스 안드로푸). 디아 투토(*διὰ τοῦτο*)는 단순하게 바로 앞의 논쟁으로부터 도출한 결론을 지칭하는 것은 아니다. 11절이 이미 효과적으로 앞서 연결된 생각의 흐름을 마무리했다. 따라서 오히려 디아 투토(*διὰ τοῦτο*)의 기능은

12-21절이 1:18-5:11에서 전개된 논의의 결론 역할을 함을 보여준다(더 자세한 것은 5:1-21의 서론을 보라). "이와 같이"라는 호스페르(*ὥσπερ*)는 18절까지 종결되지 않은 대조의 전반부를 도입하려는 것이다(양식과 구조를 보라). 14절까지는 이름이 나타나고 있지 않지만, "한 사람"은 분명히 아담이다. 바울은 아담(Adam)=אָדָם= 사람(man)=사람(*ἄνθρωπος*－안드로포스)이란 개념을 염두에 두었지만, 그의 논증은 그것에 의존하지는 않는다. 그가 아담을 인류의 상태를 특징짓는 말로 사용할지라도(15-19절), 여기서 안드로포스(*ἄνθρωπος*)를 전체로서의 인류를 특징짓는 것으로는 사용하지는 않는다. 여기서 "집단적 인격체"(H. W. Robinson, *Man*, 121; Bruce, 126)로서의 개념은 도움이 되기보다는 장애가 된다(이 점에 있어서는 Käsemann이 옳다. Rogerson을 참조하라). "한 사람"과 "모든 사람" 사이의 구분이 분명히 하고 있는 것처럼, 바울이 어떤 보편적인 신화적 인간을 마음에 두고 있다고 할 수는 없다(더 자세한 것은 5:14c를 보라). 이미 모세(율법)를 지나 아브라함(4장)에 이르렀고, 이제는 아브라함을 지나 아담에 이른 회고적 방식은 의도적이다. 그 방식은 이 논의를 출발점(아담의 타락 하에서의 인류의 죄에 대한 평결－1:22을 보라)으로 가지고 와서 그의 논증의 범주를 완성시킬 뿐만 아니라(1:18-5:21－다시금 5:1-21의 서론을 보라), 그리스도를 통한 하나님의 구원하시는 목적의 우주적인 성취를 조망한다. 하나님은 이스라엘의 하나님뿐만 아니라, 창조자요(4:17) 구원자이시다(9-10절).

"죄가 세상에 들어오고 죄로 말미암아 사망이 왔나니"(*ἡ ἁμαρτία εἰς τὸν κόσμον εἰσῆλθεν καὶ διὰ τῆς ἁμαρτίας ὁ θάνατος*－헤 하마르티아 에이스 톤 코스몬 에이셀덴 카이 디아 테스 하마르티아스 호 다나토스). 여기서 바울은 아담 그리고 세상에서의 악과 사망의 근원에 관한 당시 유대인들의 사상에 핵심적인 부분을 잘 알고 있음을 보여주거나, 자기 자신도 거기에 한 참여자가 되고 있다는 사실을 보여준다. 특히 Sir 14:17, 25:24("여자로부터 죄가 그 기원을 가졌고, 그 여자로 인해 우리가 죽는다"); Wisd Sol 2:23-24("하나님께서 인간을 부패하지 않도록 만드셨으나 …마귀의 시기로 인해 사망이 세상에 들어왔고, 그 마귀의 편에 속한 자들은 이 사망을 경험한다")을 참조하라. *Adam and Eve* 44, *Apoc. Mos.* 14, 32; 에스라4서 3.7, 21-22; 4.30; 7.116-18; *2 Apoc. Bar.* 17.2-3; 23.4; 48.42- 43; 54.15, 19; 56.5-6; 랍비적 참고문헌에 대해서는 Str-B 3:227-29을 보라. 창세기 6:1-4 역시 이런 사상으로 이끌고(1:27을 보라), 그 본문들은 Kuss 261-72에 의해 제시되었다. 바울은 당시의 대부분의 사람들과는 달리 죄가 세상에 들어온 방법－사탄을 통해서(Wisd Sol 2:2), 이브를 통해서(Sir 25:24; *Adam and Eve* 44; *Apoc. Mos.* 14, 32; 참조. 고후 11:3; 딤전 2:14; 제2에녹서 30.18), "악한 마음"을 통해서(에스라4서 4.30) — 에 관해서 사고하지는 않는다. 또 후일의 영지주의자들처럼 최초의 우주의 이원론으로 죄의 원인을 탐구하지도 않는다(Bornkamm, "Anakolute," 83-84, 90; Bultmann을 인용한 Gaugler, "Rom 5," 152 — "범죄함으로 죄가 세상에 들어오고"). 바울이 분명히 "죄"와 "사망"을 의인화 하지만(3:9과 1:32 각기 보라) 그의 용어는 Sir 25:24과 Wisd Sol 2:24과 그렇게 많이 다르지 않고, 그의 관심은 우주적 권세로서 그것들을 규정하기보다는 존재론적인 실제의 세력으로 그것들을 특징짓는다: 죄가 들어온 것은 인간 존재들과 인간 경험의 세상이었지("모든 사람들" — 12c절; 참조. 7:7-12) 창조물 자체는 아니다(Wilckens, 315 n. 1037). 이것은 보편적 경험의 용어지 우주적 성찰의 용어가 아니다(Dodd — 바울은 "기원들에 관해 관심이 있는 것이 아니라, 있는 실제에 관해 관심이 있다"). 바울이 보다 넓은 유대적 사상에 더 가까이 나아가고 있는 곳에는, 인간 본성의 일부로서의 죄와 죄지음에 대한 책임 사이에 긴장이 있고, 또 사망이 죄의 결과이지 창조물에 대한 하나님께서 목적하신 일부가 아니라는 것을 분명히 함축하는 긴장이 들어 있다(참조. Wisd Sol 1:13; 2:23-24; Black, "Death," 414-15, 421을 보라). 보다 넓은 유대적 사상의 범주에서와 같은, "영적인" 사망과 "육적인" 사망간의 구분에 관한 암시는 여기서 없다: 인간의 연약함(5:6), 육신의 부패성(1:3과 7:5을 보라) 그리고 사망은 창조주로부터 분리되어 있는 피조물의 전반적인 추세를 특징짓는 것들이다(참조. Kuss, 반대로는 Schmidt). 상호의존적인 범주로 여기서 처음 나타나고 있는 "죄"와 "사망"은 대체로 다음 세 장을 위한 논의를 지배하게 될 것이다("죄"는 5:12부터 8:10 사이에서 42번 나타나고 "사망"은 5:12부터 8:6 사이에서 19번 나타난다. 더불어 나타나는 것은 5:12, 21; 6:16, 23; 7:5, 13; 8:2이다; 더 자세한 것은 6-8장의 서론을 참조하라).

"이와 같이 모든 사람이 죄를 지었으므로 사망이 모든 사람에게 이르렀느니라" (*καὶ οὕτως εἰς πάντας ἀνθρώπους ὁ θάνατος διῆλθεν* — 카이 후토스 에이스 판타스 안드로푸스 호 다나토스 디엘덴). 카이 후토스(*καὶ οὕτως*)가 호스페르(*ὥσπερ*) 구문을 위한 귀결절을 제공하지는 않는다(특히 Cranfield와 Schlier를 보라, 다르게는 Kirby — "역시 [아담, 한 사람을 통하여] 사망이 모든 사람에게 이르렀다" — 하지만 12d절과 13a절로 말미암은 사상의 연속성에 대해서는 아무런 설명을 제공하지 못한다). 바울이 갑자기 주제에서 벗어난 것처럼 보이지만, 그의 목적은 사망의 보편적인 지배를 강조하고자 하는 것이다(Robinson, *Wrestling*, 61) — 모든 인간의 죄된 행위의 결과이든(12d절), 계수되지는 않을지라도(13-14절) 인간의 죄의 결과에서든,

상관없이 말이다. 그의 주제는 원죄라기보다는 원 사망이다(Feuillet, "Règne," 482-92; Theobald, 80; Maillot). 하지만 바울은 그 전환이 어색해지는 것을 막아주는 연결어구를 선택한다(카이 후토스[*καὶ οὕτως*], 18절에서처럼 본 구조는 후토스 카이[*οὕτως καί*]가 기대되는 곳임). 디엘덴(*διῆλθεν*, 일반적으로 여행에 관해서 사용되어진다)은 에이셀덴(*εἰσῆλθεν*)의 의미를 증가시키기 위해 선택되었다: 사망은 인류전체를 망라한다(SH, Michel; 참조. Wisd Sol 7:24). Dibelius, "Vier Worte," 8과 Englezakis는 12절의 교차적 구조를 강조한다.

죄가 들어오다 그리고 **사망**
그리고 모든 사람이 **죄를 지었으므로 사망**이 이르렀다

"이와 같이 모든 사람이 죄를 지었으므로"(*ἐφ' ᾧ πάντες ἥμαρτον*–에프 호 판테스 헤마르톤). 에프 호(*ἐφ' ᾧ*)의 의미에 대한 고전적인 논쟁은 "이런 이유로, 때문에"(참조. 고후 5:4; 빌 3:12; 4:10; BGD의 고전적인 평행들, *ἐπί* IIbg), "이러한 사실에 비추어"(Moulton, *Grammar*, 1:107)라는 의미를 선호하여 다소간 해소되어졌다. 특히 Cranfield의 풍성한 토론을 참조하라. 그러나 블랙(Black)은 "그러므로 이런 사실이 뒤따른다"(Lyonnet를 따라)="증거를 제공한다"란 해석을 선호한다. "영원한 사망에 이르기까지 모든 사람이 죄를 범했다"로 해석한 쉬미트(Schmidt)의 번역은 받아들일 수 없다. 여기서 표현하고자 하는 것은 "집합체로서의 인간" 또는 우주적 인간, 모든 사람으로서의 아담의 신학이 아니다. 바울이 아무리 여기서 아담의 죄(13-14, 18-19절)의 효력의 보편성을 강조하기를 원한다할지라도, "한 사람"과 "모든 사람"/"많은 사람" 사이의 구별을 시작하고(12절) 견지하고 있는(15-19절) 사실이 그대로 남는다. "한 사람"과 "모든 사람" 사이의 연결은 설명되지는 않지만, 그 구분은 분명하다: "한 사람"은 "모든 사람"이 아니며, "모든 사람"은 단순히 "한 사람" 안에 포함되지도 않는다. 표현되고 있는 것은 오히려 창세기에서 아담의 타락에 관한 창세기 기사의 유대적 묵상의 동일한 넓은 흐름에서 볼 수 있는 것들이다–말하자면 내적 또는 외적으로 작용하고 있는 권세로서의 인간의 죄의 불가피성과(참조. 예를 들어, Philo, *Mos*, 2.147–*συμφυὲς τὸ ἁμαρτάνειν ἐστίν*; Qumran's "spirit of perversity"–1QS 3:18-4:1; 에스라4서의 "악한 마음") 죄지음 가운데서의 인간의 책임에 관한 인식 사이의 긴장(특히 에스라4서 8.35; *2 Apoc. Bar.* 54.15, 19–"아담이 처음 범죄함으로 그의 시대에 있지 않던 모든 사람에게도 사망을 가져왔다. 그로부터 태어난 사람들은 스스로 미래의 고난을 준비했다…"). 따라서 여기서 "한사람"

과 "모든 사람"간의 구분은 하마르티아(*ἁμαρτία*)와 헤마르톤(*ἥμαρτον*) 사이의 구분과 상응하며, 거기서 헤마르톤은 죄된 행위에 있어서의 인간의 책임을 분명히 나타낸다(2:12와 3:23에서처럼) – 율법이 없을 때에 각 개인이 죄를 범했는지(*ἥμαρτον* – 헤마르톤) 범하지 않았는지의 문제(13절)(Wedderburn, "Rom 5:12," 351-52; Denney, 627-29; Kuss, 241-48; Fitzmyer; Käsemann, 148-49; Kümmel, *Theology*, 179; Schlier, 160-63; Hendriksen. 반대로는 Nygren; Bruce; Murray; Ridderbos, *Paul*, 96; Johnson, 306-7; 그리고 Ladd, *Theology*, 404). 현대적 용어로 우리는 유전적, 교육적 또는 다른 사회적 조건의 속박에 반대하는 개인적 책임에 대한 질문들과 비교하기를 원할 것이다(Dodd; Leenhardt; Robinson, *Wrestling*, 61-63). "전적으로 홀로 범죄하는 사람도 없고, 어느 누구도 인류의 집합적인 짐을 추가하지 않고서는 죄를 짓지 않는다"(Byrne, *Reckoning*, 116)

13 "죄가 율법 있기 전에도 세상에 있었으나"(*ἄχρι γὰρ νόμου ἁμαρτία ἦν ἐν κόσμῳ* – 아크리 가르 노무 하마르티아 엔 엔 코스모). 하마르티아(*ἁμαρτία*)에 대해서는 3:9과 5:12을 보라. 코스모스(*κόσμος*)는 인간이 존재하는 세상 또는 인간 경험의 영역을 의미한다(5:12). 노모스(*νόμος*)는 토라 즉 율법을 지칭하며 이 절이 의미하고자 하는 바는 시내산에서 율법이 주어지기 이전 시대, 즉 아담으로부터 모세까지의 시기(14절)를 말한다. 율법으로 눈길을 돌리는 바울의 사상과 논의의 속도가 아주 눈에 띈다(Jüngel, "Gesetz," 52) – 여기에 보다 발전된 암시는 기독교인이 된 유대인 바울과 유대교의 전통적인 강조와 관련한 그리스도의 복음에 관한 바울의 이해를 위한 주된 긴장의 요지가 담겨 있다.

"율법이 없을 때에는 죄를 죄로 여기지 아니하느니라"(*ἁμαρτία δὲ οὐκ ἐλλογεῖται μὴ ὄντος νόμου* – 하마르티아 데 우크 엘로게이타이 메 온토스 노무). 엘로게오(*ἐλλογέω*)는 상업 용어로서 "타인에게 부과하다, 타인이 계산하도록 하다"라는 의미를 갖는다(BGD; 신약성경에서는 오직 몬 18에서 다시 한번 등장한다). 바울은 여기서 인류의 죄가 (그리고 의로움이) 기록되어진 하늘의 서판이나 책에 대한 개념을 그리고 있다 – 이미 당시의 유대교에서 통용되고 있었다(특히 *Jub.* 30.17-23; 제1에녹서 104.7; *2 Apoc. Bar.* 24.1). 블랙(Black)은 "원장부에 기입되지 않았다"라고 번역한다. 다시금 노모스(*νόμος*)는 일반적인 "율법"을 의미하지 않고, 토라로서의 율법을 의미한다. 하마르티아(*ἁμαρτία*)의 의미는 권세에서 행위에 관한 의미로 전환되고 있다(참조. 3:9, 5:20). 리츠만(Lietzmann)은 적절하게 필로의 *Immut. 134*와 비교한다. "신적 이성(*θεῖος λόγος* – 데이오스 로고스)이 우리들의 영혼에 들어오지 않은 이상 그 모든(우리들의 영혼의) 행위들은 죄책에서 자유롭다." 필로에게서는 율법이 바로 신적 이성(*θεῖος λόγος*)이기 때문이다(*Migr.* 130).

이러한 바울의 사유는 많은 주석가들에게 혼란을 야기한다. "13절은 참으로 이해할 수가 없다.…만약 그 죄가 율법의 모순됨에서 기원하지 않는다면, 그것은 어떤 종류의 죄인가? 그리고 만약 그것이 죄로 여겨지지 않는다면 어떻게 그것이 죽음을 불러오는가? 이러한 질문들에 대답할 수가 없다"(Bultmann, *Theology*, 1:152). "죄로 여기지 아니 하느니라"(*ἁμαρτία δὲ οὐκ ἐλλογεῖται* – 하마르티아 데 우크 엘로게이타이)는 여기서 어떤 실제적인 의미를 갖는 것이라기보다는 단순히 말의 편리를 위한 것이다. 인간과 죄와 관련해서, 율법이 오심이 어떤 차이를 만들어낸다는 것을 보여주려고 하는 것뿐이지, 실제로 보여주는 것은 아무 것도 없다(Räisänen, *Paul*, 146 n.91). 확실히 여기에 바울이 그밖에 다른 곳에서 말한 것과는 어떤 긴장이 있기는 하다. 하지만 그것을 너무 엄격히 적용하여 혹평하는 것은 지나친 일이다. 여기서 바울의 주된 목적은 아담에 의해 도입된 기원을 지배하는 사망의 보편적인 주장을 강조하고자 하는 것이 분명하다(참조. Bultmann, *Theology*, 1:152): 13절은 12c절의 설명 역할로 기능한다. 그리고 14절이 분명히 하고 있는 것은 13절이 처음부터 사망의 지배가 깨뜨려지지 않았다는 주장에 대한 가능성 있는 반론을 제기하는 것으로 간주되게 한다. 그 반론은 죄에 초점을 두지는 않는다. 이는 죄를 통하여 사망이 들어왔기 때문이다(12절). 그 반론은 오히려 죄와 율법의 관계에 초점을 둔다. 율법의 위반이 없다면, 죄는 죄로 여겨지지 않는다는 것이다. 따라서 율법이 없다면 어떤 행위도 사망에 해당하는 행위가 발생할 수 없다. 바울은 이러한 반론을 율법 바깥에 있는 사람들도 판단을 받는다는 하나님과 하나님의 뜻에 관한 지식을 갖고 있다는 1장과 2장을 전개할 때에 논증함으로써 이 반론을 충족시킬 수도 있었다(2:14을 보라). 또는 율법 자체가 이미 전체적으로 아니면 부분적으로 에덴동산에서 알려져 있었다고 논증할 수도 있었다(참조. 7:7). 그런데 바울이 동일한 서신의 그밖에 다른 곳에서 그러한 개념을 취할 수 있도록 준비되었을 때, 그렇게 하지 않은 것은 의미가 있다고 할 것이다(참조. Zeller). 그러나 그 의미가 무엇인지는 분명하지 않는 채로 남아 있다. 하지만 그것은 여기서 궁극적으로 율법과 독립되는 것으로서의 죄와 사망의 역할과 권세를 강조하는 바울의 분명한 관심사와 연관되어 있다고 볼 수 있다(13-14절). 아마도 한편으로 바울이 7장에서 있을 논증 곧 율법이 죄의 앞잡이가 되지 않을 때에 율법에 대한 긍정적인 역할을 남겨두는 논증을 염두에 두고 있었기 때문이다(Theobald, 86-87). 그리고 바울은 이미 유대인 대담자에 반하여 돌아섰기 때문에 율법의 구분되는 소유에 대한 유대인의 주장을 이용하려고 하기 때문이기도 하다: 죄를 인식하도록 하기 위해서 율법이 유대인들에게 주어졌다(3:20과 4:15을 보라) – 바울이 5:20에서 보다 분명한 의미를 만들고 있는 바로 그 요지. 5:13의 어색함은 그것이 3:1-8과 같다는 사실에 의해 거의 대부분 설명되어진다: 그것은 바울이 아직 전개할 준비가 되어 있지 않은 논증과 강조의 노선을 예기해준다.

하지만 여기서 부상하고 있는 것은 두 가지 구분되는 잠재적으로 중요한 것들이다. (1) 기원 속에 있는 어느 누구도 도망할 수 없는 인간이 경험하게 되는 세력으로서의 죄와 각 개인들을 기소하게 하는 것으로서의 죄간의 구분이 있다 – 죄=인간의 죄성과 "계수된" 죄=개인의 "범죄" 간의 구분(14절). 다시 말해서, 아담의 시대 안에서 인간조건의 두 가지 측면은 인간의 특질로서 또 사회적 환경("죄가 세상에 있었다")으로서의 죄와 개인에게 책임(5:12d)을 물을 수 있는 것으로서의 죄로 표현된다. 바울은 모든 범죄에서 이 두 가지 요소가 크거나 작거나 간에 정도의 차이로 현존한다고 생각함을 보여준다. 동사 하마르타노(*ἁμαρτάνω*)는 이 모든 것을 망라해준다(12절과 14절). 이미 유대교에서 받아들인 무의식적인 죄와 고의적인 범죄, 언약 하에서 속죄 받을 수 있는 죄와 언약의 범위 바깥에 있는 죄 즉 용서의 범위를 넘는 죄(참조. 민 15:27-31; 요일 5:16-17) 사이의 구별과 비교할 수도 있다.

(2) 죽음 곧 개인이 책임을 질 수 없는 피할 수 없는 인간조건으로서의 죽음과 개인이 책임을 질 수 있는 범죄에 대한 결과로서의 죄(1:31; 6:23)가 있다. 이유를 불문하고 모두가 죽는다는 것 즉 아무런 차이를 구별이 없다는 것을 주목함으로써 여기서 바울을 비판하는 것은 전적으로 옳지 않다(위의 Räisänen을 참조하라). 한편으로 바울은 피할 수 없는 운명과 개인의 책임간에 보다 광범위하게 경험되는 긴장을 다시금 표현하고 있다(참조. Scroggs, *Adam*, 36과 5:12). 그리고 한편으로 바울은 심판의 서로 다른 수준의 차이와 심판의 서로 다른 질적인 면을 상당히 구별할 수 있다(참조. 2:7-10; 고전 3:12-15): 어느 누구도 운명으로서의 사망을 피할 수는 없지만, 사망의 개별적인 장악은 깨뜨릴 수 있는 것으로서 확실히 보고 있다(참조. 6:7-11).

14 "아담으로부터 모세까지 사망이 왕노릇하였나니"(*ἀλλὰ ἐβασίλευσεν ὁ θάνατος ἀπὸ Ἀδὰμ μέχρι Μωϋσέως* – 알라 에바실류센 호 다나토스 아포 아담 메크리 모우세오스). 세력으로서의 다나토(qavnato)는 1:32을 보라. 왕적인 지배의 이미지가 처음으로 나타난다 – 사망이 통치한다, 즉 "저주가 모든 것을 사망으로 이끈다"(Lightfoot). 그것은 "사망"(14, 17절)과 "죄"(5:21; 6:12)를 동등하게 사용하고

있다. 의인화가 더욱더 생생해지고 있지만, 고려되고 있는 것은 여전히 존재론적인 실제이다 - 어느 누구도 벗어날 수 없는 인간 삶 위에 역사하는 세력으로서 사망. 정확한 관계가 무엇이든지 간에 바울은 인간이 타락함으로 가진 죄성의 결과로서의 사망 그리고 범죄의 행위에 대한 "대가"(6:23, 5:13을 보라)로서의 사망을 염두에 두고 있다. 그리고 여기서 바울이 염두에 두고 있는 것은 분명히 전자인데, 그것은 인간의 피할 수 없는 종말, 즉 삶을 누리는 사람들을 압제하는 세력이라고 말할 수 있는 "마지막 원수"(고전 15:26)이다. "아담으로부터 모세까지"의 시대를 "순수의 시대"라고 간주할 수는 없다(참조. 창 6:5!). 여기서 바울의 분석은 이스라엘에게 특별히 주어진 율법과 이스라엘의 하나님으로서의 하나님에 대한 자긍심과 한편으로 하나님의 지배가 땅끝까지 이르렀다는 확신간에 있는 유대 사상과 연관된 긴장을 반영하고 있다(3:29과 5:13을 보라). 에녹의 예외적인 경우(창 5:24)가 바울의 논증을 약화시키는 않는데, 왜냐하면 여기서 바울의 일반화는 유대교에서의 지혜문헌과 묵시적 전통을 공유하고 있기 때문이다(5:12을 보라).

"아담의 범죄와 같은 죄를 짓지 아니한 자들 위에도"(*καὶ ἐπὶ τοὺς μὴ ἁμαρτήσαντας ἐπὶ τῷ ὁμοιώματι τῆς παραβάσεως Ἀδάμ* - 카이 에피 투스 메 하마르테산타스 에피 토 호모이오마티 테스 파라바세오스 아담). 여기서 하마르타노(*ἁμαρτάνω*)는 고범죄가 아니지만 그럼에도 불구하고 그 책임의 결과가 사망이 되는 죄가 있음을 함축해주는 방식으로 사용되고 있다(12d절). 파라바시스(*παράβασις*)는 분명히 "계수된 죄"(13절) 곧 율법을 어긴 것(4:15)을 말한다. 아담의 범죄는 자신이 알고 있는 하나님의 명령에 대한 불순종의 행동이므로 파라바시스(*παράβασις*)가 된다(창 2:16-17). 따라서 NEB 영어성경은 그것을 "직접적인 명령을 불순종함으로" 라고 번역한다(더 자세한 것은 7:7을 참조하라). 하나님에 대한 의도적인 반항의 성격을 갖지는 않는 아담과 모세 사이의 기간에 죄지음이 있을지라도, 그것은 범죄에 관한 행위에 있어서 동등하게 유해한 것임을 분명히 함축한다(참조. 1:18-32). 바울은 이러한 말로 인해 모세 이래로 이 세상에서 지은 모든 죄가 "범죄"의 특징을 갖고 있다고 의미하지는 않는다. 여기서의 추론은 3:20과 4:15에서처럼 그 "범죄"가 특히 이스라엘이 범한 것인데, 왜냐하면 특히 이스라엘이 율법을 갖고 있었기 때문이다(또한 2:21-3:20). 호모이오마(*ὁμοίωμα*)의 정확한 의미에 대해서는 많이 논란이 된다 - "분명히 같음" 또는 "꼭 같음"(Black; 6:5을 보라). 그러나 여기서 그 의미는 충분히 분명하다 - "아담이 범죄한 방법 그대로 범죄하지 않은 자들도." 맛소라본문의 호세아 6:7의 "아담처럼 그들도 언약을 어겼다"를 참조하라. 유아로서 죽은 아이들에 대한 개념은 없다(Murray에게서 여전히 있는 것과 같은).

"아담은 오실 자의 표상이라"(*ὅς ἐστιν τύπος τοῦ μέλλοντος* – 호스 에스틴 투포스 투 멜론토스). 투포스(*τύπος*)는 고대세계에서 아주 친숙한 은유이다. 주된 의미는 충격에 의해 만들어진 자국이다. 그리고 또는 "낙인된 것", 남겨진 "표시" 또는 표시에 의해 만들어진 형태나 윤곽이다. 바울에게 있어서 주된 의미는 "모형, 양식"(6:17; 빌 3:17; 살전 1:7; 살후 3:9)이지만 이곳과 고전 10:6에서는 "표상"이라는 좀더 전문적인 의미를 가진다. 즉 마지막 시간의 전형을 제공하는 (이스라엘 또는 세상의) 기원적인 형태의 최초 시간으로부터 온 한 사건이나 인물을 말한다(BGD, *TDNT* 8:246-53; 인간으로서 모든 사람을 포함하는 *τύπος*에 대한 Cranfield의 확대 해석은 받아들일 수 없도록 모형론을 왜곡시킨다). 유대 종말론은 출애굽기 25:40의 사용을 넘어서는데, 말하자면 이 세상의 대상은 위의 실제세계에 대한 그림자며 불완전한 복사본일 뿐이라는 플라톤의 개념을 더 따른다(히 8:5, 참조. 행 7:44). 아담이 지칭하는 실제는 아담을 표상하고 있는 하늘의 존재가 아니라, 앞으로 오실 자이다. 오실 자는 분명히 그리스도이시다(Robinson이 주장한 것처럼 모세도 아니고 율법 하에 있는 사람도 아니다. Robinson, *Body*, 35 n. 1, Scroggs, *Adam*, 81, Haacker도 비슷하지만 전혀 적절하지 않게 주장한다): 그리스도는 첫 번째 아담의 종말론적 상대자이다. 아담은 전형 또는 그리스도의 첫 번째 모형이고(Käsemann), 각자는 한 시대를 시작하며 그 행위에 의해 각 기원의 특징이 형성된다. 그 행동들이 매우 다르며 그 결과가 어울리지 않는다고 해도(15-19절) 그 기본적인 유사성을 바꾸지는 못한다. 도장에 의해 찍힌 표시는 도장 그 자체 형태의 뒤바뀐 형태라는 것을 바울은 염두에 두고 있는 것 같다. 멜론토스(*μέλλοντος*)는 종말론적인 특징을 갖고 있으나, 다가올 종말(8:18과 같이)이라기보다는 그리스도가 이미 성취한(갈 3:23; 골 2:17에서처럼) 실현된 종말이다. 호 에르코메논스(*ὁ ἐρχόμενος*)보다 호 멜론(*ὁ μέλλων*)이 바울에게서 더 매력을 준 것은 이러한 좀더 일관된 종말론적 뉘앙스 때문일 것이다(참조. 마 11:3//눅 7:20).

20세기 초반의 의미 있는 특징을 이루었던 아담/그리스도 비유에 대한 바울의 자료에 관한 논쟁은 아직까지도 존재한다. 바울이 기독교 이전 영지주의자들의 구속자 신화(Bultmann)를 그렸다는 종교적 가설의 옛 이야기는 아직도 주장되고 있지만, 나그 하마디 사본들(Nag Hammady Codices)로부터 이 형식을 추론하려는 시도에도 불구하고, 그 주장은 들오리를 사냥하는 것과 같이 점점 빈약해지고 있다. 그 논증이 로마서 5장의 주해에 영향을 미치는 한에 있어서, 그것은 이제 주로 고린도전서 15

장과의 평행구절에 초점이 맞추어진다. 간단히 요약한다면, 그 논증은 고린도전서 15:46에서 바울이 영적인 인간과 육적인 인간간의 구분 곧 창세기 1:27(천상의 인간)과 창세기 2:7의 땅의 인간간의 주해적인 구분으로서 우리가 필로에게서 발견할 수 있는 구분 즉 천상의 인간은 로고스(*Conf.* 41, 62-63, 146-47; 더 자세한 것은 Dunn, *Christology*, 100)와 동일시되어질 수 있다는 것을 공격하고 있다(*Leg. All.* 1:31). 그리고 양자는 기독교 이전의 Urmensch(최초의 사람, 인간의 원형)을 즉 시간 이전의 하늘에 있는 최초의 인간을 반영한다. 이끌러진 추론은 같은 최초의 인간 신화가 로마서 5장 배경에 놓여있는 것이다(특히 Bultmann, "Romans 5," 154; Brandenburger, *Adam*, 117-31을 보라.; Kümmel, *Theology*, 156-57; Käsemann, 144; and Wilckens, 1:308-10; 전개된 주장의 복합성에 관해서는 Schenke, 220-221을 보라; Bultmann, "Romans 5," 150이 주목한 것처럼 Barth의 주장 즉 아담이 아니라 예수 그리스도가 최초의 인간이란 주장은 실제로 영지주의적 기독론에 근거한다[*Shorter*, 62]). 어찌되었든 이 추론은 대단히 의심스럽다.

(a) 창세기 1:27에 대한 필로의 취급은 그의 철학적 신학의 세 요소의 복합으로서 전반적으로 설명되어질 수 있다. (1) 지혜 전승에서의 지혜적 특징; (2) 우주를 유지하고 있는 이성적 힘으로서 로고스(*λόγος*)에 대한 스토아 철학적 믿음; (3) 영원한 실재의 영역으로서 하늘의 세계에 대한 플라톤적 개념(Dunn, *Christology*, 221-22). Urmensch(최초의 인간, 인간의 원형) 신화는 필요하지 않은 가설이다. 잠언 8장이나 시락서(Sir) 24장의 지혜적 특징에서 어떠한 참된 증거도 발견할 수 없다. 거기서 지혜는 히브리 시 형식을 특징짓고, 이미 구시대적이 되어버린 초기 전승의 신인동형동성론에 의존하지 않고 하나님의 내재하심을 언급하는 방법을 제공하는, 생생한 의인화의 단순한 고전적인 표현일 뿐이다(ibid., 168-76). 필로가 말하는 "천상의 사람"은 땅에 있는 인간의 모델이든지 또는 이상적 동형일 뿐이다. 그리고 그것은 모든 땅의 존재물들을 위한 모형을 제공하는 "형태"와 "이상"과도 다르지 않다(ibid., 124). 하늘의 사람이 로고스(Logos)와 동일시되는 경우에라도 그것은 하나님의 자기계시인 로고스를 하늘과 땅의 잡다한 형태로(ibid., 223-28) 보는 필로의 알레고리적 해석의 한 예증일 뿐이다. Wedderburn의 "Heavenly Man"을 보라.

(b) 이 가설에서 가장 놀라운 요소는 고린도전서 15:44-49에 의해 만들어진 사용이다. 바울은 실제로 영적인 것이 육적인 것보다 선행한다는 철학적인 배경을 가진 의견을 부정하는 의도를 가지고 있다. 하지만 우리가 바울의 논리의 적절하고 충분한 설명을 제공하는 것 이상의 가설을 세울 필요는 없다. 그 논증이 본문과의 교감

을 상실하는 곳은 "하늘에 속한 자"(고전 15:47)로 바울이 최초의 인간의 역할을 취하는 선재하신 그리스도를 염두에 두었다고 추론하는 것이다. 분명히 바울의 논증의 논리는 그런 추론에 상반되게 진행되고 있다: 그리스도가 아담을 수반한 것처럼 영적인 것은 육적인 것을 수반한다; 천상의 인간으로서의 그리스도는 부활한 그리스도이시고, 그리스도는 첫 아담에 대한 전형이 아니라 부활된 신자들을 위한 전형이다(21-22절, 48-49절). 만약 바울이 그리스도를 선재했었던 분으로 가정한다면, 그때에 그의 논증은 이 시점에서 무너진다("영적인 것"이 "육적인 것"을 선행한다). 또한 바울이 심지어 필로와 같은 믿음을 공격하고 있다고 주장하는 것도 일리를 갖지 못하는데, 왜냐하면 그렇게 되면 그의 논증이 다른 단순한 부정적인 주장들에 쉽게 반박될 수 있는 단순한 주장으로 화할 수 있기 때문이다. 고린도전서 15장에서의 바울의 논증은 분명히 종말론에 의해 통제되고 있다: 아담에 대한 종말론적인 대응자로서의 그리스도 곧 그의 부활은, 부패하기 쉬운 진흙으로 만들어진 아담의 창조가 구시대를 시작한 것과 같이, 새시대를 시작한 것이다. 또한 하늘의 사람으로서의 그리스도의 선재는 불필요하며, 바울 자신이 분명히 말하려고 했던 것을 손상시킨다(예를 들어, Black, *Adam*, 171 72; Scroggs, 92; Ladd, *Theology*, 422; 각주 속에 있는 참고문헌과 함께 Dunn, *Christology*. 107 8, 124; Schade, 83을 보라). 이 시점에서 로마서 5장의 기독론과 고린도전서 15장의 기독론이 긴밀해진다: 아담은 생명을 사망으로 이끌고, 그리스도는 사망을 생명으로 이끄는 전형이 된다. 또 그리스도는 새로운 인간(죽고 부활한)의 전형이 되고, 아담은 (기원적 의미에서) 오실 자의 전형이 된다. 유대 종말론의 모든 것이 여기에 있다. 그러나 최초의 인간 신화에 관한 흔적은 없다. 반면에 여기서 아담 용어의 배후에 초기의 인자-기독론을 볼 만한 실제적인 근거도 없다(또한 올바르게는 예를 들어, Vögtle, 208-12; Dunn, *Christology*, 90-91과 참고문헌을 보라). 나는 라이트(Wright)의 시도를 신뢰하지 않는다. 그는 이스라엘과 관련한 아담과 창조 모티브의 초기 유대적 사용이 마지막 아담으로서의 이스라엘과 관련한 묵시적 신앙이라는 전제를 지지하는데, 그것은 바울의 아담 기독론을 이해할 수 있는 정확한 배경을 제공하지 못한다("Adam," 372).

우리는 여기서 바울의 사상은 유대 사상(Heimat)에 가깝고, 몇 가지 다른 요지에서 후대의 영지주의적 체계와는 상당히 구분된다는 것을 덧붙일 수 있을 것이다 – 특히 죄와 사망을 유사한 우주적 세력으로 취급하고 죄지음에 있어서 인간의 책임을 강조하는 점에서 상당히 다르다(더 자세한 것은 Wedderburn, "Rom5:12," 342-44, 348-49를 보라). 또한 5:12을 보라.

반면에 우리는 바울의 아담-기독론 전체를 바울의 독자적인 것으로 귀속시킨다거나 그 반대적 극단으로 가서는 안될 것이다. 관련된 아담 기독론이 기독교 첫 세대들에게 있어서 상당히 널리 토의되고 있었다는 것이 시편 110:1과 시편 8:6의 조화된 사용에서 충분히 알 수 있다(막 12:36//마 22:44; 고전 15:25-27; 엡 1:20-22; 히 1:13-2:8; 벧전 3:22; 더 자세한 것은 Dunn, *Christology*, 107-23). 따라서 바울은 그것을 입증하기 위해 따로 시간을 낼 필요가 없이 예표론적인 아담/그리스도 관계를 가정할 수 있었다(Lietzmann; Eichholz, *Theologie*, 175-76). 아담 기독론의 전개에 있어서 시편 110:1의 중요한 것은 그리스도가 마지막 아담이 되신 것은 주로 (십자가에 죽으시고) 부활하신 분으로서라는 보다 발전된 확증이 된다.

15 "그러나 이 은사는 그 범죄와 같지 아니하니"(*ἀλλ' οὐχ ὡς τὸ παράπτωμα, οὕτως καὶ τὸ χάρισμα*－알 우크 호스 토 파라프토마 후토스 카이 토 카리스마). 12절에서 시작되고 14절에서 다시 취해진 아담과 그리스도 사이의 비교는 그들 사이의 부등성을 강조하기 위해서 다시 한번 중단되는데, 유예 상태 속에서 취해진 것과 유사하고(*ὥσπερ…οὕτως καί*), 또 긴 중단으로 인한 부조화적인 영향을 감소시키는(참조. 12c절) 한 공식(*οὐχ ὡς … οὕτως καί*)을 가지고 그렇게 한다. 파라프토마(*παράπτωμα*, 4:25; 5:15-18, 20)는 파라바시스(*παράβασις*, 2:23; 4:15; 5:14)로 대체된다). 이 단어들이 서로 다른 의미를 갖는 것을 바울이 의도하고 있는지는 불확실하지만, 파라프토마(*παράπτωμα*)는 "그릇된 행위, 미끄러짐, 실수, 실책"(LSJ)의 의미를 더 가지고 파라바시스(*παράβασις*)는 "범죄"(transgression)라는 의미로 보다 적합하게 번역된다(Cranfield). 그러나 그렇게 많은 차이점이 있는 것은 아니고(예를 들어, 겔 18:22, 24, 26을 참조하라), 양자가 모두 아담의 불순종을 의미한다. 아마도 바울이 파라프토마(*παράπτωμα*)로 대체한 것은 단순히 뒤이어지는 구절에서 주로 나타나는 -*μα* 복합어와 음운조화를 이루어 읽을 수 있기 때문에 단순히 파라프토마로 바꾼 것 같다(양식과 구조를 보라). 한편으로 파라바시스(*παράβασις*)는 로마서의 그밖에 다른 곳에서 의도적으로 율법을 위반했다는 의미를 갖고 있으나, 파라프토마(*παράπτωμα*)를 사용한 효과는 넓은 의미로서의 범죄란 개념을 강화시키기 위한 것이다(12d-14절). 일반적으로 카리스마(*χάρισμα*)는 은혜의 구체적인 시행을 의미한다(1:11을 보라). 여기서 그리스도의 행위는 은혜의 구현으로 특징되며, 카리스마를 만드는 기원(시대)은 "은사"를 전반적인 기원의 특징으로 명명할 수 있다는 분명한 함축적 의미를 갖는다(더 자세한 것은 12:6을 보라). "더욱"(*εἰ γὰρ…πολλω μᾶλλον*－에이 가르 폴로 말론). 5:9과 10을 보라. 하지만 여기서 그 구조는 17절에

서처럼 대조를 나타낸다.

“곧 한 사람의 범죄를 인하여 많은 사람이 죽었은즉”(*τῷ τοῦ ἑνὸς παραπτώματι οἱ πολλοὶ ἀπέθανον* – 토 투 에노스 파라프토마티 호이 폴로이 아페다논). 12절로 돌아가서 재설명하고 있다. “한 사람…많은 사람”은 셈어적 표현이다(Michel). “많은 사람”은 히브리어나 아람어에서는 포괄적인 의미를 갖는다. “셀 수 없는 많은 사람, 많은 무리, 모든”(*TDNT* 6:536). 여기서 그 용어는 12절과 18절의 “모든”과 동의어로 분명히 사용되어졌다. 고후 5:14을 참조하라.

“하나님의 은혜와 또는 한 사람 예수 그리스도의 은혜로 말미암은 선물이 많은 사람에게 넘쳤으리라”(*ἡ χάρις τοῦ θεοῦ καὶ ἡ δωρεὰ ἐν χάριτι τῇ τοῦ ἑνὸς ἀνθρώπου Ἰησοῦ Χριστοῦ εἰς τους πολλοὺς ἐπερίσσευσεν* – 헤 카리스 투 데우 카이 헤 도레아 엔 카리티 테 투 에노스 안드로푸 예수 크리스투 에이스 투스 폴루스 에페리슈센). 카리스(*χάρις*)에 관해서는 1:5을 보라. 여기에 나오는 이중적 표현을 취할 때에 “하나님의 은혜”가 (단순히) 그의 은혜로우신 주심을 언급하는 두 번째 구절과 함께 (단순히) 하나님의 은혜로운 성향이라고 생각해서는 안 된다. 그 이중적 표현은 모두 하나님의 은혜로운 행위에 관해 언급하고 있다. 부분적으로 중복되는 것은 그 행위(능력과 관대하심 속에서)의 놀라운 특징을 표현하기 위한 바울의 관심사를 강조하는 것이며, 부분적으로는 그리스도 사건의 은혜(*χάρις, χάρισμα* – 카리스 카리스마)와 그리스도를 믿는 자들이 실제로 받는 은혜를 함께 가져오기 위해 의도되었다. 바울은 도레아(*δωρεά*)를 가지고서 특히 성령의 선물이나 의의 선물(5:17)을 고려하고 있다(5:5을 보라). 그러나 하나님으로부터 인간에게 오는 것을 묘사하는 “선물”, “은혜”, “의” 그리고 “성령”은 모두 유사한 동의어다. 그리고 다양한 전치사와 연결되어 사용된다(3:24; 5:17, 21; 8:10; 갈 4:4-5; 행 2:38; 10:45; 엡 3:7; 4:7). 디모데전서 2:5은 “한 사람 예수 그리스도”란 바울의 형식이 바울 교회에서 이미 교리적인 형태로 설정되었음을 암시해준다. 하지만 “인자”라는 예수 자신의 자아 지칭이 그 구절의 배후에 놓여 있다고 보는 시도는 너무 멀리 간 것이다(Kuss; 반대로는 Jeremias, *TDNT* 1:143). “넘치다”라는 의미의 페리슈에인(*περισσεύειν*)은 바울이 선호하는 단어 중 하나다: 그는 이 단어를 하나님의 관대하심(특히 3:7; 5:17; 15:13; 고후 9:8)과 믿는 자들의 응답(고전 14:12; 15:58; 고후 8:2, 7; 빌 1:9; 골 2:7)에 사용한다. 바울이 하나님의 관대하심과 믿는 자들의 응답을 상호의존적인 것으로 보고, 하나님의 것이 나가는 것을 형태화 지으려고 한 시도가 고후 1:5; 4:15; 9:8, 12; 빌 4:12, 18 그리고 살전 3:12의 의미다. 여기서 그 함축된 의미는 아담의 범죄에 대한 하나님의 응답은 잃어버린 근거를 회복하려는 것에만 있는 것이 아니라, 아담이 부족하여 떨어졌던 그 운명을 보충하여 완성짓기를 추구했다는 것을 분명히 보여준다(또한 3:23을 보라). "은혜의 행위는 죄의 행위를 균형 잡는 것이 아니라 그 죄의 행위를 능가한다"(Barrett; Theobald, 96-97을 보라).

16 "또 이 선물은 범죄한 한 사람으로 말미암은 것과 같지 아니하니"(*καὶ οὐχ ὡς δι' ἑνὸς ἁμαρτήσαντος τὸ δώρημα*—카이 우크 호스 디 에노스 하마르테산토스 토 도레마). 이 표현은 매우 축약되었으나, 그 사상은 충분히 분명하다. 15절의 우크 호스…[후토스 카이](*οὐχ ὡς*…[*οὕτως καί*])가 반복되었지만, 이번에는 은혜와 아담의 범죄에 관한 대조(15절)라기보다는 은혜와 아담을 통해 들어온 것간의 대조다. 디 에노스 하마르테산토스(*δι' ἑνὸς ἁμαρτήσαντος*)는 12a절과 14b절의 보충적인 서술을 함께 가져오는데, 파라바시스(*παράβασις*)와 파라프토마(*παράπτωμα*)의 충분한 범주를 뒷받침할 만큼 넓은 하마르타노(*ἁμαρτάνω*)를 가지고 그렇게 한다(5:14, 15을 보라). 도레마(*δώρημα*)는 산문에서는 아주 드물게 사용되는 용어다(LSJ; 신약성경에서는 오직 약 1:17에서만 나온다). 다른 *-μα*로 끝나는 단어들처럼 분명히 수사적인 효과를 위해 선택되었다.

"심판은 한 사람으로 인하여 정죄에 이르렀으나"(*τὸ μὲν γὰρ κρίμα ἐξ ἑνὸς εἰς κατάκριμα*—토 멘 가르 크리마 엑스 에노스 에이스 카타크리마). 크리마(*κρίμα*)는 "정죄"란 의미에서 "심판"을 의미할 수 있다. 하지만 여기서는 그 "정죄"의 개념이 선언되어 시행되었음을 표현하는 보다 강력한 단어인 카타크리마(*κατάκριμα*)로 보완된다(*TDNT* 3:952). 신약성경에서는 오직 로마서 5:18, 8:1에서만 사용된다. 15절과 더불어 다시 한번 인류의 곤경에 대한 양면성—아담에 의해 시작된 기원에 속한 결과로서의 사망 그리고 책임을 져야만 하는 범죄의 행위에 빠진 것으로서의 정죄—을 조명하는 것 외에는 실제로 15절에다가 더 추가된 것은 없다. 케제만(Käsemann)이 주목한 것처럼, "카타크리마(*κατάκριμα*)를 가지고 크리마(*κρίμα*)를 강조한 것은 1:24 이하의 디오 파레도켄(*διὸ παρέδωκεν*)에 상응한다"(더 자세한 것은 Käsemann을 보라). 다음 구절에 나타나는 수사적인 변화에 비추어 볼 때, 바울이 엑스 에노스(*ἐξ ἑνός*)를 가지고 아담 또는 아담의 행위, 아니면 이 둘 다를 다 언급하는 것으로 의도했을 가능성이 높다.

"은사는 많은 범죄를 인하여 의롭다 하심에 이름이니라"(*τὸ δὲ χάρισμα ἐκ πολλῶν παραπτωμάτων εἰς δικαίωμα*—토 데 카리스마 에크 폴론 파라프토마톤 에이스 디카이오마). 아마도 단순한 반복에 빠질 위험성을 자각한 바울은 폴로이(*πολλοί*)

의 사용에 변화를 준다 – 즉 한 사람과 많은 사람에 관한 대조에서 한 사람의 범죄와 많은 사람의 범죄에 관한 대조로 변화를 주었다. "그리스도는 한사람의 범죄를 대신하는 것이 아니라 많은 사람과 모든 이에게 이르는 정죄를 대신한다"(Bornkamm, "Anakoluthe," 86). 카리스마(χάρισμα)에 대한 것은 5:15을 보라. 디카이오마(δικαίωμα)는 보통 "규정, 요구"라는 의미를 가진다(BGD; 5:18을 보라). 그러나 이곳에서 크리마(κριμα)와 수사학적인 균형을 이루기 위해서 -μα로 끝나는 단어를 선택한 것은 분명한 사실이다. 이는 "저주"의 반대개념으로서 "의로움, 방면"의 뜻으로 해석된다. δικαι – 계열의 단어가 다시 도입되고 있음은 의미가 있다(양식과 구조를 참조하라). 여기서 그 용어의 사용은 칭의에 관한 바울의 신학이 마지막 심판에서 이 방면을 항상 염두에 두고(암시적으로 또는 명백하게) 있음을 확인해준다(2:13). 카타크리마(κατάκριμα)가 구시대의 끝에 서 있는 것처럼 디카이오마(δικαίωμα)는 새로운 시대의 목적이다(Michel). 더욱이 바울이 이런 식으로 디카이오마(δικαίωμα)를 사용할 수 있다는 사실은, 바울에게 마지막 방면이 유대인이나 이방인에게 부여된 하나님의 요구조건에 상충되지 않는다는 것을 확인해준다(참조. 1:32; 3:26).

17 "더욱 …"(εἰ…πολλῷ μᾶλλον – 에이…폴로 말론). 9절에서 네 번째로 등장한다(5:15을 보라).

"한 사람의 범죄를 인하여 사망이 그 한 사람으로 말미암아 왕노릇 하였은즉"(τῷ τοῦ ἑνὸς παραπτώματι ὁ θάνατος ἐβασίλευσεν διὰ τοῦ ἑνός – 토 투 에노스 파라프토마티 호 다나토스 에바실류센 디아 투 에노스). 12절과 14절에서 이미 언급된 사실을 재요약한 구절이다. 이 반복은 단순히 장황한 것이 아니다. 14절은 아담의 시대의 특징에 관한 바울의 주요 초점이 사망의 보편적인 통치임을 보여준다. 그것에 대하여 바울은 하나님의 은혜의 "더욱"이 어떻게 그것을 역시 변화시키는지를 돌아가서 보여주어야만 했다. 부정과거시제는 사망이 (아담의 죄를 통해서) 왕적인 통치를 계승했다는 것을 언급하거나, 모든 사람들이 그 무릎을 끓어야하는 사망의 즉각적인 통치를 요약하는 것으로서 아담의 시대의 전반적인 범주를 보여준다.

"더욱 은혜와 의의 선물을 넘치게 받는 자들이"(οἱ τὴν περισσείαν τῆς χάριτος καὶ τῆς δωρεᾶς τῆς δικαιοσύνης λαμβάνοντες – 호이 텐 페리세이안 테스 카리토스 카이 테스 도레아스 테스 디카이오수네스 람바논테스). 상당히 반복되는 용어를 사용하는 바울의 방식은 주어지고 받게 된 은혜의 말할 수 없는 풍성함을 반영하는 직관적이고 의도적인 시도이다. 페리세이아(περισσεία)는 "넘침, 풍성함"의 의미로 신약성경에는 고후 8:2; 10:15; 약 1:21에만 사용된 단어이며, 페리슈오(περισ-

σεύω)의 명사형이다(5:15을 보라). 이곳에서 바울은 또 다른 -*μα*의 어미를 갖는 단어인 페리슈마(*περίσσευμα*, 풍성, 가득함 – 고후 8:14)의 도입을 갖지 않는다. 이는 페리세이안 테스 카리토스(*περισσείαν τῆς χάριτος*)가 뒤의 테스 도레아스 테스 디카이오수네스(*τῆς δωρεᾶς τῆς δικαιοσύνης*)와 더욱 부드럽게 연결되기 때문이다. "은혜"에 대한 바울의 이해의 특징은 그 은혜가 충분함을 넘어서 풍성하다는 것이다(참조. 5:15).

15절의 변화(*ἡ δωρεά ἐν χάριτι* – 헤 도레아 엔 카리티)는 다시 한번 1:17-5:21(*ἡ δωρεὰ τῆς δικαιοσύνης* – 헤 도레아 테스 디카이오수네스)의 중심 주제를 상기시킨다. 바울이 이처럼 명백하게 "의"를 "받은 선물"로서 말할 수 있다는 사실은 의미가 있다. 이것은 단순히 수사학적으로 확대된 사용(16절의 *δικαίωμα*처럼)이 아니며, 또한 (문맥의 수사학적 특징에 비추어) 다른 모든 출현에 대한 결의적인 의미가 그 용법에 주어진 것도 아니다. 이 구절은 하나님에게 받아들여진 사람의 상태는 하나님의 선물임을 의미한다. 그처럼 "받은 선물"은 다가오시는 하나님의 은혜에 대한 구체적인 표현이고, 하나님의 넘치는 은혜와 분리될 수 없다(*ἡ περισσεία τῆς χάριτος* – 헤 페리세이아 테스 카리토스). 그처럼 "받은 선물"은 어느 누구의 소유물인 것처럼, 받고 보관하는 어떤 꾸러미와 같은 대상으로 간주될 수 없다. 오히려 의의 관계적인 의미가 담겨 있고 재강조되는데, 말하자면 항상 하나님의 것으로서의 하나님의 수용이 강조된다 – 하나님의 손으로부터 그 선물이 전달된 것이 아니라, 하나님의 손안으로 받는 자를 끌어들임으로서 주어진 선물이다. 더 자세한 것은 1:17과 6:18, 22과 6:16과 10:10을 참조하라.

분사형태를 사용한 것은(*οἱ λαμβάνοντες* – 호이 람바논테스) 바울에게서 드문 일이다. 바울은 이 동사를 아주 규칙적으로 일인칭 복수형태로 사용하는데, 독자들로 하여금 자신들이 받은 것 – 은혜(1:5), 화목(5:11), 성령(8:15; 고전 2:12; 갈 3:2, 14) – 을 상기시키기 위한 것이다. 바울은 그 분사를 아주 규칙적으로 피스튜에인(*πιστεύειν*)과 함께 사용한다(1:16; 3:22; 4:5, 11, 24 등등). 여기서 바울이 그의 규칙적인 형식을 바꿀 수 있는 것은 받는 것과 믿는 것이 동전의 양면과 같기 때문이다. 또 그가 피스튜에인(*πιστεύειν*)을 규칙적으로 현재형으로 사용했기 때문에(1:16을 보라) 여기서도 현재형으로 사용했을 것이다. 하지만 여기서 그 이유 중의 일부는 적어도 17a절의 부정과거시제에 대한 대조(다음 구절에서 미래 시제와 더불어)를 제공하고자 하는 것이 될 것이다. 사망의 지배가 일방적이고 독단적인 반면에 새로운 은혜의 시대는 열려 있고 미래적인 특징을 갖는다. 호이 폴로이(*οἱ πολλοι*

[=πάντες])를 대신하고 있는 람바논테스(λαμβάνοντες)에 대해서는 5:19을 보라.

"한 분 예수 그리스도로 말미암아 생명 안에서 왕 노릇하리로다"(ἐν ζωῇ βασιλεύσουσιν διὰ τοῦ ἑνὸς Ἰησοῦ Χριστοῦ – 엔 조에 바실류수신 디아 투 에노스 예수 크리스투). 미래시제는 전체 문장의 특징인 종말론적 긴장을 다시 한번 강조한다(2, 5, 9-10절을 참조하라. 엔 조에[ἐν ζωῇ]가 10절에서처럼 도구적으로 그리스도의 삶을 언급하고 있음을 배제할 수 없다). 신자들은 이미 은혜를 받고 있지만 아직 왕노릇하고 있는 것은 아니다(더 자세한 것은 Käsemann; Theobald, 107). 여기서 신자들의 통치는 그들의 디카이오마(δικαίωμα) 즉 마지막 변호에 따른 결과임을 분명히 함축하고 있다(16절). 그밖에 다른 곳에서 바울의 언급은 여전히 미래적인 그 나라의 유산에 관한 것이다(4:13을 보라; 고전 4:8에서 에바실류사테[ἐβασιλεύσατε]는 풍자적이다!). Bornkamm, "Anakoluthe," 87; Bultmann, "Romans 5," 157-58; Wilckens; 더 자세한 것은 5:21을 보라. 하나님의 은혜를 받은 사람들이 다가올 시대에서 왕적인 지배를 한다는 기대는 물론 유대인의 소망의 특징적인 모습이다(예를 들어, 단 7:22, 27; Wisd Sol 3:8; 5:15-16; 1QM 12:14-15). 하지만 보통 그렇게 했듯이, 바울은 이것을 아주 단호하게 바꾼다. 즉 은혜를 받은 자들은 믿음으로 의롭게 된 자들이다(자신들을 이스라엘과 연결한 자들이 아니다). 그들은 예수 그리스도로 말미암아 통치할 것이다. 또 보다 오래된 유대인의 소망을 "비민족주의화"한 것의 보다 발전된 결과는 다른 사람들(이방인들)에 대하여 행사된 지배의 개념이 없어진다(그들은 "생명 안에서" 왕노릇할 것이다). 그러한 전환은 복음으로 말미암은 하나님의 언약목적에 관한 바울의 전반적인 이해의 전형이다(예를 들어, 4장).

바울이 분명한 평행을 삼가고 있다는 것은 의미가 있다: 사망은 지배했고, 생명은 통치할 것이다. 신자들을 지배하는 것으로서의 "생명"에 관한 사상은 부적절하다(참조. Michel). 사망의 그 차가운 마지막 지배에 반대되는 것은 속박되지 않은 생명의 즐거움 – 왕의 생명 – 이다.

18 "그런즉 …같이"(ἄρα οὖν ὡς… οὕτως καί – 알라 운 호스…후토스 카이). 고전 헬라어에서 알라(ἄρα)는 문장의 앞에 두어지지 않지만(BGD), 여기서 알라(ἄρα οὖν)을 사용한 것은 이것이 추론에 관한 바울의 형태의 특징임을 나타내준다(그의 서신들에서 12번 사용되었고, 로마서에서는 8번 나온다). Lagrange와 8:1을 보라. 12절의 호스페르(ὥσπερ)에 상응하는 호스(ὡς)와 오랫동안 지체된 귀결절을 도입시키는 후토스 카이(οὕτως καί)와 함께, 운(οὖν)은 12d절-17절(BDF, § 451.1)로 인해 중단된 논증의 주된 노선(12절)을 재개시킨다. 축약된 형태(18절은 동사를 갖고 있

지 않다)는, 바울이 경구적인 간략함을 이루려고 노력하고 있는 것처럼, 16절의 형태에 더욱더 가깝다.

"한 범죄로 많은 사람이 정죄에 이른 것"(*δι' ἑνὸς παραπτώματος εἰς πάντας ἀνθρώπους εἰς κατάκριμα* – 디 에노스 파라프토마토스 에이스 판타스 안드로푸스 에이스 카타크리마) – 이전 구절들에서 선택된 다른 측면들에 관한 훌륭한 축약(*δι' ἑνός* – 12, 16, 17절; *παράπτωμα* – 15-17절; *εἰς πάντας ἀνθρώπους* – 12절; *εἰς κατάκριμα* – 16절). 에노스는 중성으로 볼 수도 있으나("한 범죄로" – Schmidt, Murray) 대부분의 사람들은 남성으로 그것을 취하는 것을 선호하는데("한 사람의 범죄로"), 왜냐하면 반영되고 있는 평행구절들이 모두 아담에 관해 언급하고 있기 때문이고(15-17절), 그 대조가 "많은 범죄"라기보다는 "모든 사람"과 함께 이루어지고 있기 때문이다(16절에서처럼). 하지만 우리는 헬라어가 번역 속에 담기 어려운 모호한 정도를 갖고 있다는 것을 상기할 필요가 있다. 파라프토마(*παράπτωμα*)와 카타크리마(*κατάκριμα*)에 대해서는 5:15과 5:16을 보라.

"의의 한 행동으로 말미암아 많은 사람이 의롭다 하심을 받아 생명에 이르렀느니라"(*δι' ἑνὸς δικαιώματος εἰς πάντας ἀνθρώπους εἰς δικαίωσιν ζωῆς* – 디 에노스 디카이오마토스 에이스 판타스 안드로푸스 에이스 디카이오신 조에스). 여기서 에노스(*ἑνός*)는 분명히 "한(사람) 예수 그리스도"(15, 17, 19절)다. 하지만 그것에 대한 모호성이 남아 있는데, 왜냐하면 바울은 전체 기원을 시작시킨 단일한 행위를 분명히 염두에 두고 있기 때문이다(더 자세한 것은 5:19을 보라). 그 초점은 15-16절의 카리스마, 도레마(*χάρισμα, δώρημα*)와 디카이오마(*δικαίωμα*)에서처럼 그 결과보다는 그리스도의 행위에 관한 것이다. 디카이오마(*δικαίωμα*)는 보통 "규정, 필요"(1:32, 2:26에서처럼 그리고 8:4; 5:16는 수사학적으로 결정된 것이다)라는 의미를 가진다. 하지만 "의로운 행위"라는 의미가 아리스토텔레스와 칠십인역에서 증거되고(BGD를 보라; Lagrange 역시 칠십인역의 한 구절[삼하 19:28]에서 *δικαίωμα*가 צְדָקָה로 번역된다는 것을 주목한다), -*μα*로 끝나는 단어의 연속인 수사학적인 고려가 다시금 어떤 역할을 감당할지라도, "의로운 행위"가 여기서 가장 잘 들어맞는다. 디카이오마(*δικαίωμα*)의 선택이 바울로 하여금 *δικαι* – 계열의 단어의 배열을 유지할 수 있게 하지만, 그 언급은 "의의 선물"에 관한 것이 아니다(17절; "의를 창출하는 행위" – Wilckens). 반면에 이 안에서 그리스도의 전 생애에 관한 언급을 보는 것(*TDNT* 2:221-22, Leenhardt, Gaugler, Murray, Cranfield)은 대조의 요지(아담의 "범죄")와 3:24-26(대속적인 희생으로서 그리스도의 죽음 속에 나타난 하나님의 의)의 반영을 약화시킨다.

"많은(all) 사람"이 구원에 관한 "만인구원론자"의 견해를 함축하고 있는지에 관한 문제에 대해서는 5:19을 보라. 디카이오시스(*δικαίωσις*)에 관한 것은 4:25을 보라. 그것은 결과뿐만 아니라 과정의 개념을 담고 있다(BGD). 따라서 최종 결과가 주로 염두에 두어져 있다할지라도(마지막 변호=구원, 9-10절=여전히 미래적인 생명으로의 통치), 신학적인 긴장이 다시금 요약되어 있다: 신자들은 이미 적어도 새로운 생명의 일부를 경험하고 있다(특히 6:4, 11, 13을 참조하라). 물론 그것의 충만한 실현은 아직 이루어지지 않았지만 말이다(특히 6:5, 22-23; 8:11, 13을 참조하라). 더 자세한 것은 2:13; 5:16; 6:5-6과 8:23을 보라. 어떤 특이한 의미를 위해서 소유격(*ζωῆς*-조에스)을 강조할 필요는 없다(참조. 근원의 소유격, 10절; 결과의 소유격, 참조. BDF, § 166; 설명적 소유격). 소유격 형태가 모호한 것이 어떠한 특별한 의미를 배제할 필요가 없는 풍성함을 다시금 허락한다(참조. Schlier).

19 "것같이"(*ὥσπερ γὰρ…οὕτως και*-호스페르 가르…후토스 카이). 이전에 12-18절에 걸쳐 있었던 이 구문은 요약적이고 절정적인 형태로 다시 반복된다.

"한 사람의 순종치 아니함으로"(*διὰ τῆς παρακοῆς τοῦ ἑνὸς ἀνθρώπου*-디아 테스 파라코에스 투 에노스 안드로푸). 더 발전되고 최종적인 대조의 쌍이 도입된다(*παρακοή, ὑπακοή*; 참조. 15-16절). 자연스럽게 창세기 2-3장(2:16-17; 3:1-6)의 기사를 상기시키면서, 아담의 죄, 범죄, 위반들을 불순종의 행위와 동일시한다. 바울은 이 용어를 거의 사용하지 않는데, 아마도 아담의 불순종의 기록에 의한 것만큼이나 휘파콘(*ὑπακοή*)과의 수사적인 대조의 가능성에 의해 촉발된 것으로 보인다(바울의 다른 유일한 사용은 고전 10:6이다). 또한 11:30-31을 보라.

"많은 사람이 죄인 된 것같이"(*ἁμαρτωλοὶ κατεστάθησαν οἱ πολλοί*-하마르톨로이 카테스타데산 호이 폴로이). 하마르톨로이(*ἁμαρτωλοί*)는 "죄인들"이라는 보다 일반적인 의미를 갖는다(5:8에서처럼). 하지만 바울은 율법에 무지하고 불순종하는 사람들을 나타내는 당시 유대교 내에서 통용되고 있던 보다 구체적인 의미를 상기시킬 의도를 갖고 있을 가능성이 높은데(3:7을 보라), 왜냐하면 여기서 그 용어의 반의어(*δίκαιοι*-디카이오이)가 경건한 유대인에 관해 선호하는 자아표현이었기 때문이다(*Introduction* § 5.3과 1:17을 보라). 그때에 바울은 요약적인 형태로 그의 주된 주제 중 하나를 암시한다: 많은 사람들이, 유대인들도 역시, 율법의 정죄 아래 있고(참조. 4:15), 유대인들도 아담의 불순종에 관련된 것을 피할 수는 없다. 율법과 관련된 용어들이 강력하게 나타나는 것(불순종, 순종; 죄인들, 의인들)이 20절에서 있게 될 율법에 관한 재도입을 준비시켜준다.

카디스테미(*καθίστημι*)가 여기서 너무 단정적이지 않도록 하기 위해 주석가들 속에서 종종 보이는 우려는(예를 들면, Kirk, Taylor, Hendriksen, Zeller) 불필요하다. "되리라"가 아주 단순한 번역이지만, 거기서 나타나는 원인을 나타내는 연결은 구체적이지 않고 매우 느슨할 수 있으므로, 그 수동태는 기노마이(*γίνομαι*)와 동의어로서 단순하게 작용할 수 있다(*TDNT* 3:445; Bultmann, "Romans 5," 159; 그리고 LSJ에서 의미들의 범위를 보고, BGD의 참고문헌들을 보라. Michel은 신 25:6과 비교하며, Barrett는 "'죄인들'과 '의인들'이라는 용어가 관계에 관한 용어가 아니라 성격에 관한 용어"라고 지적한다). 여기서 그 용어의 사용은 이전에 바울의 관점에서 분명하게 되어졌던 인간의 죄성에 있어서 두 가지 측면을 적절하게 표현하고 있다(5:12d절을 보라). 이 단어 그리고 수사학적 고려사항이 다른 단어들을 덜 일상적인 의미와 관계로 밀어 넣는 구절에서(특히 18절의 *δικαίωμα*), 바울이 도달했던 유일한 경우를 어떤 중요한 신학적 주제를 위한 충분한 근거라고 간주해서는 안 된다.

"한 사람의 순종하심으로"(*διὰ τῆς ὑπακοῆς τοῦ ἑνός*–디아 테스 휘파코에스 투 에노스). 휘파코에(*ὑπακοή*)는 로마서에서 중요한 주제가 되는 단어다. 그리스도의 죽음이 "순종의 행위"이며 "의로운 행위"라고 말할 수 있는 것은 바울에게 중요하다. 그 용어는 아담이 하나님의 계명을 어기는 행위를 한 반면에 그리스도는 율법에 나타난 하나님의 뜻에 따라 행하였음을 강조한다(다시금 3:24-26을 참조하라). 여러 주석가들은 여기서 그 언급을 그리스도의 전반적인 삶을 포함하는 것으로 보지만(예를 들어, Michel, Cranfield; 6:17과 15:2-5을 참조하라), 이 시점에 있어서 바울의 사상은 어느 정도 배타적으로 그리스도의 죽음에 초점이 맞추어져 있는 것이 거의 확실하다. (1) 문맥에서 그것은 아담의 불순종한 한 행위와 대조되는 것으로 나타낸다. (2) 그것은 아담의 범죄에 대한 결과에 역대응하고 있기 때문에 아담의 불순종에 대한 대답이다: 속죄제물이 됨으로써(3:25; 5:18; 8:3), 그리스도는 죄의 권세를 깨뜨리시고, 죽으심으로써 그는 사망의 지배를 깨뜨리신다(6:9). (3) 여기서 사용된 아담 기독론에서 그리스도의 "순종"에 관한 주제는 그리스도께서 죽기까지 복종하신 것을 언급한다(빌 2:8; 히 5:8). (4) "한 분"의 대표적인 의미가 바울의 아담기독론의 필수적인 부분이기 때문에, 바울이 그리스도와의 합일의 개념을 그의 고통과 죽음을 나누고 그의 부활을 나누는 것으로 한정하고 있는 것은 의미가 있다(따라서 6:3-11의 긴밀하게 뒤따르는 순차적인 것들). 첫 아담의 소환장은 사망에 이르게 했고, 그리스도가 사망의 곤경을 깨뜨리시고 마지막 아담으로서 새 인류를 시작시키신 것은 그의 죽음과 부활로서다(고전 15:21-22, 45-49; Dunn, *Christology*, 127; Wright, "Adam," 38은 나의 *Christology*에 관한 비판에서 그 주제의 충분한 진술[*Christology*, 108-13]을 소홀히 하고, 아담의 이미지가 바울의 구원론의 완전한 진술을 제공하는 것으로 기대해서는 안 되는 바울의 기독론의 한 서술임을 간과하고 있다).

"많은 사람이 의인이 되리라"(*δίκαιοι κατασταθήσονται οἱ πολλοί* – 디카이오이 카타스타데손타이 호이 폴로이). 카디스테미(*καθίστημι*)의 의미에 대해서는 위를 보라. 미래형은 논리적인 미래로 취할 수 있고, 하마르톨로이(*ἁμαρτωλοί*)와의 평행이 암시하는 것처럼 디카이오이(*δίκαιοι*)는 "신자들의 현재의 삶"(Cranfield; Althaus, Murray도 비슷하게 주장함)을 언급하고 있다. 그러나 여기서 다시금 바울은 적어도 부분적으로 마지막 심판의 미래적 인준을 고려하고 있다(참조. 예를 들어, Dodd, 다른 참고문헌들과 함께 Schlier): 사망이 아담시대의 마지막 인준인 것처럼, 하나님의 응답이 완성되는 것은 마지막 방면과 이루어진다. 확실히 디카이오이 카타스타데손타이(*δίκαιοι κατασταθήσονται*)를 2:13의 디카이오데손타이(*δικαιωθήσονται*)와 동의어로 취급하도록 초래하고 있다(2:13을 보고, 갈 5:5을 참조하라).

호이 폴로이=판테스(*οἱ πολλοί=πάντες*)(5:15을 보라). 바울의 사상에서 "보편구원론"에 관한 것은 특히 케제만(Käsemann)을 보라: "모든 강력한 은혜는 종말론적인 보편구원론 없이는 생각할 수 없다." 또한 Hultgren, *Gospel*, 82-124 역시 그렇게 말한다. 보링(Boring)에 따르면, "바울은 제한적인 구원과 보편적인 구원을 동시에 주장한다("Language," 292). 윌켄스(Wilckens)는 여기서 그리스도는 "아담처럼 하나님 앞에서 인간을 대표하는 것이 아니라, 인간 앞에서 하나님을 대표한다"고 주장함으로써 그 문제를 피해 나간다. 그러나 바울에게 있어서 "하나님의 행위는 그리스도의 행위 속에서 효력을 갖는다"(Wilckens; 참조. 고후 5:19, 21)라는 것이 사실일지라도, 바울이 여기서 만들고 있는 요지는 그것이 아니다. 19절까지 그리고 19절을 포함하여 이 단락에서 바울은 아담기독론에 관해 작업하고 있으며, 거기서 그리스도는 아담에게 의도되었고, 또 아담이 타락하지 않았다면 그렇게 될 수 있었던 분에 관한 사상을 담고 있다. 여기서 특별히(19절) 한 사람의 행동(아담의 행동처럼)이 그 시대에 속한 사람의 성격과 조건을 결정지은 것처럼, 말하자면 그 행위를 시작시킨 것처럼, 그 요지는 그리스도의 대표적인 의미에 관한 것이다. 이 단락을 통해 나와 있는 주제는 한 기원적 형상과의 "모든/많은 사람"의 동질화다. 그것은 정죄에 이르는 범죄에 있어서든, 의에 이르는 은혜에 있어서든 동일하게 적용된다. 일반적으로 이 논의에서 놓치고 있는 것은 디카이오이(*δίκαιοι*)의 중요성이다. 그 용어가 경건한 유대인들이 선호하는 자아표현이기 때문에(1:17을 보라), 바울의 마지막 구의 의미는 이스라엘이나 이스라엘의 의로운 자만 최종적으로 방면된다는 것이 아니라, "많은 사람들"이 방면된다는 것을 강조하고자 하는 것이다. 따라서 "보편구원론"은 적어도 부분적으로 일반적인 유대인의 소망으로서의 제한된 민족주의를 부정하는 한 방법이다-"모든"=유대인뿐만 아니라 이방인들도(참조. Hendriksen; 11:32을 보라). 대안적으로 만약 사망이 아담의 기원에 속한 사람들의 종국이라면(12, 14, 17, 21절), "많은 사람들"("모든")은 생명을 주시는 하나님 안에서의 아브라함의 믿음을 공유함으로 말미암아(4:17, 23-25), 죽음을 넘어서는 생명을 역시 공유할 수 있는 소망을 가질 수 있는 사람들=은혜의 풍성함을 받은 사람들(17절; 참조. Kuss, 237)을 단순히 나타낸다(참조. 고전 15:22). 또한 11:32도 보라.

20 "율법이 가입한 것은 범죄를 더하게 하려 함이라"(*νόμος δὲ παρεισῆλθεν ἵνα πλεονάσῃ τὸ παράπτωμα*-노모스 데 파레이셀덴 히나 플레오나세 토 파라프토마). 바울에게서 일관된 것처럼, 노모스(*νόμος*)는 유대인의 율법 즉 토라(Torah, 2:12, 14을 보라)를 의미한다. 바울은 다시 한번 13절에서처럼 유대인의 특수성에 대한 요인을 도입하면서 그의 해석의 보편적인 전개의 범주를 좁힌다. 두 기원간의 대조를 잘 아우르고 있지만, 바울은 하나님이 자신의 의로우시고 종말론적인 목적을 영향 지운 사람들을 지적함으로써, 자신의 종교적 전통에서 율법 자체가 기원적인 의미를 갖는다는 사실을 간과하지 않는다(더 자세한 것은 6:14을 보라). 바울은 율법에 대한 긍정적인 구원 역사적 역할을 도전하고 있고(Michel, Schmidt), 오히려 율법이 아담 이야기의 의미를 존재론적인 실제로 가져온다(Jüngel, "Gesetz," 67-68). 바울이 의도적으로 파레셀덴(*παρεισῆλθεν*)을 선택했다는 결론을 피하기가 어렵다(왜냐하면 바울이 12절의 *εἰσῆλθεν*을 반복할 수도 있었기 때문이다). 또한 이중 접두어에 의해 암시된 보다 부정적인 뉘앙스는(BGD, "미끄러져 들어가다", "삽입하다") 아마도 의도적이다(신약성경에서 다른 유일한 곳은 갈 2:4이다; Wilckens; 다르게는 Cranfield). 태(態)를 살펴보면(하나님의 수동태보다는 능동태, 대조로는 갈 3:19), 그 효과는 인간의 경험 속에 들어온 죄와 사망과 함께 율법을 배치시키는 것이다(12절). 이 자체가 부정적 뉘앙스의 충분한 설명이 될 수 있을 것이지만, 바울은 율법의 목적(범죄를 증가시키는)이 은혜의 목적보다는 더 적은 역할을 갖고 있고, 또는 율법이 들어온 것은 보다 나중이고, 은혜가 들어온 것보다 일시적임을 함축하는 것을 의도하고 있다(Lightfoot, SH; 참조. 5:13과 갈 3:15-29). 왜냐하면 죄를 더하게 하는 율법의 역할이 사망과 정죄로 끝나고, 사망을 넘어서는 생명의 새로운 시대로 지속되지

는 (적어도 그 역할에 있어서) 못하기 때문이다. 또한 5:13과 7:7-13을 보라.

"율법"이 여기서 "죄"와 "사망"(12절)과 유사한 권세로 취급될지라도(12절), 히나(*ἵνα*)가 그것이 하나님의 목적임을 지적해준다(Michel). 플레오나조(*πλεονάζω*)는 바울이 즐겨 사용하는 페리슈에인(*περισσεύειν*)과는 약간 다른 동의어로 선택되었다(실제로 이 두 단어는 거의 동의어다. 참조. 6:1; 고후 4:15; 살전 3:12). 아마도 Sir 23:3(참조. *Pss. Sol.* 5.16)에 어느 정도 의존한 것 같다. 이 동사의 지배적인 역할은 율법이 한 사람의 범죄가 많은 사람의 범죄로(16절) 더해지는데 기여했다는 것을 보여주는 것이다. 이는 3:20과 4:15에서 부여된 율법의 역할을 강화시킨다. 여기서 다시금 율법에 관한 전통적인 유대인의 평가에 반하는 논증이 나오는데, 이것이 주어진 요지의 중심이다(*pace* Luz, *Geschichtsverständnis*, 206): 율법에 대한 하나님의 목적은 유대인의 의를 이방 죄인들로부터 구별하는 것이 아니라(참조. 19절; 서론 §5) 이스라엘이 아담의 후손들의 나머지 사람들과 함께 죄에 결속되어 있음을 더 자각케 만드는 것이다. 따라서 바울은 율법이 죄를 더해주는 효과를 이스라엘로 한정하지는 않는다: 바울은 율법이 이방인들의 죄를 가중시킨다는 믿음에 있어서는 자신의 동료 유대인들과 마찬가지였다. 말하자면 이방인들이 하마르톨로이(*ἁμαρτωλοί*, 5:19을 보라)였다는 정도를 드러냄으로써든, 율법에 담겨 있는 정당한 요구 조건들이 널리 알려져 있든 간에 말이다(1:32). 하지만 바울이 그 논증을 결론으로 가져와야 할 필요가 있었기에 그는 유대 백성들에게 있어서 율법의 부정적인 역할들을 더 강조하고 있다(3:20, 4:15과 5:13을 보라). 파라프토마(*παράπτωμα*)에 대해서는 5:15을 보라. 이는 물론 더 이상 아담의 한 범죄가 아니라, 그의 범죄가 시작되었고 전형을 만든 전체적인 기원을 특징짓는 행위다. 린하르트(Leenhardt)는 단수에 강조를 둔다—"죄가 죄로서 구성되는 것."

"그러나 죄가 더한 곳에 은혜가 더욱 넘쳤나니"(*οὗ δὲ ἐπλεόνασεν ἡ ἁμαρτία, ὑπερεπερίσσευσεν ἡ χάρις*—우 데 에플레오나센 헤 하마르티아, 휘페레페리슈센 헤 카리스). 우(*οὗ*)는 연결어 그 이상을 위한 역할로 의도되었다: 죄가 더해진 바로 그 곳/기원에, 인간 그리스도의 옛 기원에 대한 죽으심으로, 은혜가 죄의 영향을 압도했다(참조. Schmidt). 바울이 파라프토마(*παράπτωμα*)를 하마르티아(*ἁμαρτία*)로 대체한 사실을 주목할 필요가 있는데—이것은 "죄"에 대한 바울의 개념이 종종 주석가들이 생각하는 것보다 더욱더 융통성이 있음을 상기시킨다—그것은 항상 의인화된 세력이 아니라 범죄의 행위 그 자체를 언급한다(3:9을 보라). 플레오나조(*πλεονάζω*)와 페리슈오(*περισσεύω*)는 거의 동의어이기 때문에 이곳에서 최상급의 의미를 가진 동사 휘페르페리슈오(*ὑπερπερισσεύω*)를 사용한 것은 분명히 의도적이다(신약성경에서 이곳과 오직 고후 7:4에서만 나온다). 유대 묵시의 전형적인 방법(특히 에스라4서 4.50; *TDNT* 6:60; Zeller에 의해 인용된 Philo, *Opif.* 23은 현재의 창조에 관한 언급으로서 이는 정확히 다른 것이다)으로 그것은 종말론적 풍성함을 의미하고, 폴로 말론…에페리슈센(*πολλῷ μᾶλλον… ἐπερίσσευσεν*, 15절)을 재개하거나 능가하면서, 15절에서 시작된 일련의 대조를 적절한 정점으로 가져다준다.

21 "이는 죄가 사망 안에서 왕 노릇 한 것같이"(*ἵνα ὥσπερ ἐβασίλευσεν ἡ ἁμαρτία ἐν τῷ θανάτῳ*-히나 호스페르 에바실류센 헤 하마르티아 엔 토 다나토). 히나(*ἵνα*)는 20절 상반부의 히나(*ἵνα*)에 상응하며, 18절에서 적절히 시작된 일련의 것들을 완성시키는 마지막 호스페르…후토스 카이(*ὥσπερ…οὕτως καί*)를 도입시킨다. 영어성경 NEB는 "왕 노릇하였다"[established its reign]로 번역함으로써 부정과거의 의미를 보존한다. 하마르티아(*ἁμαρτία*)는 의인화된 세력(3:9과 5:20을 보라)이라는 의미로 되돌아갔고, 그 이전에는 죽음의 통치를 언급했었는데(14, 17절), 이 결론적인 서술에서는 12절을 변형시켜 두 세력을 함께 연결시킨다. 엔(*ἐν*)은 모호할 수 있다: 죄가 사망의 영역 속에서, 말미암아, 통해서 그 지배를 행사한다. 그렇지만 그 의미는 보다 정확함을 요구하지 않고서도 분명히 알 수 있다: 아담의 기원에 대한 죄의 지배는 그것의 마지막 결과 곧 사망으로 특징지어지고 요약된다(6:16, 21, 23; 고전 15:56을 보라). "죄가 사망 안에서 왕 노릇 한다"는 구절이 가중되는 불법과 연관되기 때문에(20절; 참조. 15, 17절), 여기서 히나(*ἵνα*)는 역시(20절에서처럼) 하나님의 계획안에 있는 죄의 지배를 포착한다-계획에 없던 곤경이나, 양보가 아니라, 인간 세상에 대한 하나님의 섭리구조의 한 부분이다. 사망 안에서의 죄의 지배는 하나님의 진노를 언급하는 또 다른 방법이다(1:18-32; 4:15). 사망으로 말미암아 아담의 시대가 끝나고 죄의 권세가 무너지기 때문에, 하나님의 구원의 목적은 사망을 포함한다(6:7-10).

"은혜도 또한 의로 말미암아 왕 노릇하여…영생에 이르게 하려 함이니라"(*οὕτως καὶ ἡ χάρις βασιλεύσῃ διὰ δικαιοσύνης εἰς ζωὴν αἰώνιον*-후토스 카이 헤 카리스 바실류세 디아 디카이오수네스 에이스 조엔 아이오니온). 17절에서 사망의 통치의 종말론적 대응은 성도의 권세였던 반면에, 여기서 죄의 권세에 대한 대응은 은혜의 통치다. 아담의 시대를 특징짓는 것이 죄(세력, 행위)라면, 그리스도의 시대를 특징짓는 것은 은혜다-2:24, 4:4, 16에서 이미 언급된 관계성과 대조들과 더불어("양식과 구조"를 보라). 부정과거 가정법(*βασιλεύσῃ*-바실류세)은 본 장의 특징인 종말론적 논조를 끝까지 유지시킨다. 일련의 *δικαι* 용어가 본 서신의 주요 단어 중 하나에서 절정에 이르는 것은(*δικαιοσύνη*－디카이오수네) 분명히 의도적이다. 여기서 다시금 그 의미를 "의의 신분"으로 억지로 한정시켜서는 안되고(Cranfield), 적어도 하나님의 행위라는 의미를 포함시켜야 한다－은혜가 그 영향뿐만 아니라 그 영향 자체를 성취시킨다는 의미로서의 디카이수네(*δικαιοσύνη*)가 포함되어야만 한다(Schlier; 1:17; 5:17 그리고 6:13을 보라). 따라서 이 "의"의 점진적이고 미래적인 차원이 에이스 조엔 아이오니온(*εἰς ζωὴν αἰώνιον*[= *εἰς δικαίωσιν ζωῆς*, 18절])에서 보여진다. 17-18절의 조에(*ζωή*)는 이 절정의 결론에서 "영생"(2:7을 보라)이라는 보다 충분한 묘사로 주어지는데, 아마도 종말론적인 특징을 강화시키고, 죽음으로 끝나는 기원과 대조되어 그 기원이 제어되지 않는 생명임을 강조하기 위한 것일 것이다. 여기서 함축된 구원역사에 관한 바울의 관점에 대해서는 Kuss, 275-91을 보라.

"우리 주 예수 그리스도로 말미암아"(*διὰ Ἰησοῦ Χριστοῦ τοῦ κυρίου ἡμῶν*－디아 예수 크리스투 투 큐리우 헤몬). 전치사구의 중첩(*διά*… *εἰς*… *διά*…)과 결론적인 기독론적인 서술이 이 논증의 종결부를 특징짓는다(Käsemann)－6:23과 8:39를 보라. 1절과 11절에서 디아(*διά*)를 사용한 것(양식과 구조를 보라)은 한 시대에서 다른 시대로의 전환을 효과 있게 하는 결정적인 요소로서, 그리스도의 중보성에 관한 강조를 끝까지 유지시킨다(5:1을 보라). 두 번에 걸쳐 나오는 디아(*διά*)는 그리스도 자신이 은혜와 의의 완전한 구현이며 중개자이심을 독자들에게 상기시키는 효과를 갖는다.

해설

바울은 한 집단으로서의 신자들로부터(우리, 우리들) 전체로서(사람)의 인류를 포용하는 방식으로 자신의 관점을 제기한다. 2장에서의 이스라엘의 교만에 대한 초기 기소를 상기시키면서(5:11), 바울은 이제 의도적으로 자신의 생각을 환원시켜 자신의 초기 단계의 논증을 회고한다(1:18 이하). 아담의 형상에 대한 충분히 분명한 암시와 더불어 서두에서의 그의 기소가 전반적인 인류에 초점을 맞추었던 것처럼, 이제 그의 기소의 첫 주요 부분의 결론에서 그는 다시금 아담에 대한 언급을 가지고 전반적인 인류를 개관하는 곳으로 방향을 돌린다. 그리고 하나님 안에서 용인될 수 있는 자랑과(5:11)과 하나님 안에서 용인될 수 없는 자랑(2:17)간의 차이를 만드시는 분이 그리스도이시기 때문에, 아담에 대한 대응부분을 형성하는 분도 역시 그리스도시며, 그 그리스도 안에서 인류의 역사가 더 좋은 곳을 향한 결정적인 전환을 이루게 된다. 이 구절들에서 바울이 두 부분의 드라마로서 인류의 역사를 표현하고 있다고 우리는 말할 수 있을 것이다—두 인물들에 의해 지배되는 두 기원, 곧 비극적인 영웅 아담과 구속의 영웅 그리스도로 대표되는 두 기원.

12 바울은 사실상 1장의 요약이 되는 것을 가지고 시작한다. 즉 하나님을 거부한 인간의 상태를 먼저 언급한다. 그리고 그는 즉시 두 주된 "악당들"을 소개한다—죄와 사망. 하지만 이 시점까지는 그 악당들은 오직 짤막한 출현만을 했을 뿐이다(3:9, 20, 1:32). 그러나 이제 그 악당들은 중심적인 자리를 차지한다. 이 드라마적인 형태에 있어서 그것들은 인류에 대한 지배적인 영향력을 행사하는 의인화된 세력으로 등장한다. "죄"는 처음부터 정의되지는 않지만, 그것은 인간들이 불순종과 범죄 속에서 경험하는 세력임이 분명하다. "사망"은 더 이상의 정의내림을 필요로 하지 않는다: 사망은 창조의 주된 결과와 그것의 전체적인 정점이 되는 생명을 빼앗고 끝나게 하는 세력으로 보편적으로 이해된다.

첫 번째 장은 몇 가지 간명한 구절과 함께 비극적인 범주를 전개시킨다. 첫 번째 적대적인 세력인 죄는 한 인간(아담)을 통해 들어오게 되었고, 연이어서 그 죄의 사악한 동무인 사망도 들어오게 되었다. 그리고 그 사망은 자신의 범주를 모든 사람에게 미치게 했다. 따라서 죄와 사망은 "무대 뒤에서" 무대 전면의 세상으로 나오게 되었다. 하지만 바울은 그것들이 실제로 어디에서 왔는가를 말하는 것은 중단한다. 아마도 그는 그 주제에 관해 사고할 필요가 있다고 생각하지 않은 것 같다. 오직 관련된 사실은 죄와 사망이 있었고, 그들의 임재로 인한 그 영향이 플롯의 전개를 결정짓고 있다는 것을 생각하고 있는 것뿐이다. 서로간의 두 세력에 대한 최초의 관계는 더 이상 분명하게 나타나 있지 않다. 다만 사망이 죄의 세력 하에 되어진 결과이며, 또 태초 이래로 어느 누구도 이 쌍둥이들의 지배를 면할 수 없다는 것이 가정되어 있다. 그 의미는 사망이 인간의 적절한 종말이 아님을 함축하고 있다: 사망은 인류에 대한 원 프로그램의 일부가 아니며, 사망은 죄의 입성으로 인해 발생했으며, 하나님에게 의존하여 살기를 거부한 인간의 부패로 인한 결과로 인해 인간은 자신의 생명을 빼앗긴다. 만약 죄가 없었다면 인간은 죽지 않았을 것이다.

이 모든 것에서 바울은 창세기 3장의 측면에서 분명히 사고하고 있고, "타락"에 대한 매우 공통된 이해에 의존하고 있다. 그의 독자들 중에 많은 사람들은 악과 사망의 문제와 씨름함에 있어서 아담과 이브의 이야기를 사용한 당시의 유대 문헌들을 잘 알고 있었을 것이다. 그리고 바울은 사실상 지혜문헌과 묵시작가들이 생각을 매우 밀접하게 공유하고 있다(Sir 25:24; *2Apoc, Bar.* 54.15). 따라서 바울은 출발점으로서 이 널리 사용되던 이해를 취할 수 있었고, 그 어떤 설명도 없이 자신의 논증으로 끌어올 수 있었다. 여기서와 로마서의 그밖에 다른 곳에서(특히 1:18-32와 7:7-11) 그의 취급은 유대 신학화의 뛰어난 요소의 중요한 일부이거나 그 기여로서 간주될 수 있다. 그의 분명한 기여는 인간의 곤경에 대한 분석에 있는 것이 아니다 - 그가 간단하게 다시금 자신의 독자들에게 상기시키는 것처럼, 율법이 다른 유대 신학자들에 의해 쓰여진 부분과는 그 전개되는 플롯에서 매우 다른 역할을 연출할지라도 말이다. 하지만 바울의 분명한 기독교적인 기여는 그 해결에 있다 - 아담의 재앙은 그리스도의 성공에 의해 대응되고 능가되었다.

이 용어들(그는 처음에 "아담"이라는 이름을 명명할 필요를 갖지 않고, 단순히 "한 사람"이라고만 언급한다) 속에서 그 드라마를 소개함에 있어서 바울은 이 인물이 한 개인으로서 권리를 갖는 것이 아니라, 즉 개인적인 형상이라기보다는, 우리 소위 "기원적인 형상"이라고 부르는 것 - 인류역사의 최초의 국면을 시작시켰던 인물로서 그리하여 그것에 속한 사람들에 대한 국면의 특징을 결정 지운 인물로서 - 으로 보여지기를 원한다는 것을 지적해준다. 참으로 그의 독자들 가운데는 히브리어에서 "아담"이 "인간"을 의미하고 있음을 인식하고, 바울이 아담이야기를 무시간적인 용어로 전반적인 인류를 언급하는 방식으로 사용하고 있다고 추론했을 것이다. 하지만 바울은 "아담"의 히브리어적인 의미를 사용하는 것에는 거의 관심이 없고, 또 헬라어를 말하는 독자들의 대부분은 설사 그들이 칠십인경을 알고 있었다할지라도 그것에 관해 거의 의식하지 않았을 것이다. 게다가 역사적인 조망이 그가 만들고 있는 요지에 필수적이다: 그들 사이에 있는 두 인간은 처음부터 마지막까지 인류 이야기의 전반적인 것들을 망라한다. 더군다나 첫 번째 사람에 대한 더욱 정교한 사색을 전제하는(기독교 이전의 영지주의 구속자 신화가 그리고 있는 것과 같은 20세기 가설 구조와 같은) 의미나 용기를 주는 것은 없다. 여기서 바울의 논증의 완전한 의미를 만들기 위해 우리가 말해야만 하는 모든 것은, 아담의 실패에 대한 언급이야말로, 인류의 시작부터 현재까지 확장된 인간역사의 기원에서 인류의 상황을 특정짓는 한 방법이 되었다는 것이다.

동시에 그 논증의 의미를 너무 반대편 극단으로 몰고 가서는 안 되는데, 특별히 여기서 바울의 신학적 요지가 역사적인 일개인이 되는 아담이나 그와 같은 역사적 사건이 되는 아담의 불순종에 의존한다고 말하는 것은 참이 아니다. 한 평행을 그리스도의 단일한 행위에서 끌어올 수 있다는 사실로부터 그러한 추론이 필연적으로

뒤따르지는 않는다: 신화적 역사 속에서의 한 행위는 비교의 관점을 상실하지 않고서도 살아 있는 역사 속에서의 한 행위와 병행되어질 수 있다. 인간 실패의 그 슬픈 이야기를 시작한 사람으로서 아담의 이야기는, 우리가 추측하는 대로(바울의 설명이 짧은 것은 바로 이러한 지식을 가정한다), 잘 알려져 있는 한, 이러한 비교는 의미가 있다. 현대적 해석이 아담의 이야기가 문학적 역사로서 자연스럽게 이해되는 소박한 마음에 관한 보편화를 고무시키는 것이 되어서는 안 된다. 예를 들어, 그것은 당시에 오시리스(Osiris) 신화가 이해되어졌던 방법들에 대한 풀타르크의 기사로부터 충분히 분명한데(*De Iside et Osirisde 32 ff.*), 인류 역사의 여명에 관한 그러한 이야기들은 종종 대체로 삭감되지 않는 문자적 의미를 갖고 상당히 복잡한 궤변을 갖고 다루어진다. 참으로 어느 것이라 할지라도 두 기원적 인물 곧 아담과 그리스도간의 비교에 대한 효과는 개인 아담을 역사화하려는 것에 있지 않고 역사적 그리스도의 개인적 의미 그 이상을 이끌어내려는 데에 있다고 말해야 할 것이다. 재빠르게 이어지는 많은 특징들을 소개하면서(한 사람, 죄, 사망, 모든 인간), 바울은 더 자세한 설명을 하기 전에 잠시 멈추어 그들의 관계에 대한 좀더 분명한 해설을 주는 것이 필요함을 분명히 느꼈다－첫번째 부분의 균형잡힌 문장을 유예상태로 남겨두는 것을 대가로(…처럼 또한 역시) 그리고 그 문장 자체를 불완전한 상태로 남겨두고서라도 말이다(두 번째 그 절반 부분은 18절에 가서야 나타난다). 문장구조의 지배에 상관하지 않는 바울의 열정적인 태도의 영향에 이미 익숙한 로마의 청자들은 미소를 갖고 있는 바울의 스타일의 특징을 분명히 인식했을 것이다.

12d 첫 번째 해설(12절의 마지막 네 단어)은 모호하고 상당히 논쟁이 되는 구절이다. 그러한 모호한 구절을 주해함에 있어서 종종 놓치는 요지는 첫 번째 청자들에게도 마찬가지로 그 구절은 모호했을 것이라는 것이다. 이러한 사실로부터 우리는 바울이 자신의 사상을 더 분명하게 만들 필요가 있다고 생각하지 않았을 가능성을 추론할 수 있고, 심지어 바울이 이 시점에서 일부러 자신의 사상을 분명히 하지 않았을 수도 있다. 따라서 우리들의 번역에서도 그러한 모호성을 그대로 간직하는 것이 최상이다－"모든 사람이 죄를 지었음으로." "모든"이라는 말의 반복은 그 요지에 관한 강조를 더 분명히 해준다: 어느 누구도 죄와 사망의 연합된 지배를 면제받을 수 없다. 그리고 설명적인 구절은 사망이 죄의 결과라는 요지를 강화시키는 것으로 보인다: 모든 사람이 죄를 지었기 때문에 모두 죽는다. 사망이 최초의 행위 때문에 인류를 지배하는 것이 아니라 인류의 계속된 죄의 행위 때문에 지배를 한다. 말하자면 모든 사람들은 죄의 권세 아래 있고 하나님으로부터 멀리 있으며, 사망의 권

세를 이기는 생명을 주시는 권세로부터 계속해서 유리되어 있음을 보여준다. 하지만 한 사람의 최초의 실패와 모든 인간의 죄는 지금 바울이 전달하고자하는 이슈가 아니며, 정밀하지 않은 문장의 구성은 이 점에 있어서 명확한 결정을 내리지 못하게 한다. 바울이 말하고자 하는 모든 것은 인간 역사의 이 기원이 죄와 사망의 치명적인 상호작용으로 특징지어졌고 결정되었다고 – 모든 사람이 죄를 짓고 모든 사람이 죽는다는 사실에 의해 증거되는 것처럼 – 이 시대의 시초에 한사람 아담을 통하여 그 협력체계가 처음 구성되었다는 것이다.

13-14 두 번째 해설은 처음에는 율법의 역할에 관한 것처럼 보인다. 인간의 곤경에 관한 분석에서 죄와 사망뿐만 아니라(고전 15:56) 율법조차도 포함시키는 바울의 설명에 익숙한 사람들은 아마도 율법이 제기되리라고 이미 예상했을 것이다. 그리고 바울은 아담의 죄를 범죄(transgression)라 기술한 것처럼 그리고 7장에서 그의 결론적인 처리가 의미하듯이(참조. 7:7), 아담의 범죄가 하나님의 계명의 위반으로 말하는 당대의 경향인 다른 유대 신학을 알고 있었을 것이다. 그러나 여기서 바울은 역사적 시간의 범주를 보존하는 것을 고집한다: 모세 때까지는 율법이 오지 않았다. 4장의 논증이 여전히 염두에 두어지고 있기 때문에(아브라함은 율법 이전에 약속을 받았다) 이것은 부분적으로 의심의 여지가 없다. 하지만 바울이 죄와 사망의 지배에 관한 진정한 보편적 지배를 주장하고자 하기 때문에 또한 부분적으로 의심의 여지가 없다: 죄와 사망은 자신의 권세를 율법과 무관하게 행사한다 – 즉 유대인과 이방인의 구분 없이 전 인류 세계에 미친다. 그 사상이 7:7-11("법을 깨닫지 못할 때는 내가 살았더니" – 죄는 율법 없이는 그 세력을 확장하지 못한다)과 어떤 긴장 상태에 서 있다고 하는 것은 바울이 그 빵을 갖고 이제 먹으려고 시도하고 있는지도 모른다는 것을 암시한다. 하지만 혼동을 주는 암시는 그 해설의 주된 요지가 율법과 관련되어 있지 않다는 것을 깨닫는 한 줄어들게 된다.

사실상 두 번째 해설은 율법보다는 오히려 죄와 참으로 관련된다. 12절에서 바울은 명사인 "죄"와 동사인 "죄를 지었다"를 사용하는데, 마치 죄가 죄된 행위와 동의어인 것처럼 말이다. 바울이 이제 분명히 하기를 추구하는 것이 바로 이 관계다. 그는 죄를 "계수되는"(13절) 죄와 먼저 구분을 짓는다 – 즉 행위로서의 죄와 권세로서의 죄를 구분한다. 그때에 "죄"는 특별한 죄의 행위에 선행되어 기능하는 세력으로 이해되어지는데, 말하자면 하나님의 피조물로서의 최상의 관심에 반하여 행동하는 욕구와 선택을 하도록 영향을 짓게 하는 세력을 말한다(이미 1:18-32에서 제공한 분석). 바울은 범죄로서 계수되는 죄된 행위들과 계수되지 않는 죄들을 구분함으로써 더 자세한 설명을 준다: 율법이 오기 전에도 모든 사람이 죄를 지었지만, 율법이 오기 전에는(율법과 무관해서는) 그러한 죄된 행위가 아담과 같은 범죄로 계수되지 않았다는 것이다. 말하자면 하나님의 계명이라고 알고 있는 금지조항을 의도적으로 어긴 것은 아니라는 것이다(창 3:1-6).

따라서 바울이 지적하고 있는 점은 모든 인류가 그들의 죄의 행위에 의해 증거되는 것처럼 죄의 세력 하에 있다는 것이다(즉 하나님 그리고 창조주로서 그의 영광과 무관하게 이루어진 행위들 - 1:20-23을 참조하라). 그러나 모든 죄의 행위가 하나님에 의해 범죄(transgression)라 여겨지지 않고 오직 하나님의 명령을 고의적으로 위반한 것들에만 그렇게 해당한다. 따라서 바울은 잠정적으로 수반되는 구별 즉 죄의 결과로서의 죽음과 죄의 형벌로서의 죽음 사이의 구별을 함축한다. 바울은 죽음이 고의적이고 자의적인 것에 대해 수여되고 부여되는 형벌로서 보지만(참조. 1:32, 6:23), 인간의 상태에 관한 분석에서 죽음은 주로 죄의 결과이다 - 하나님의 권세 하가 아니라 죄의 권세 하에 있는 존재들이 피할 수 없게 연루된 것. 죽음은 패배시킬 수 있는 권세에 의지하여 살지 못한 실패의 어쩔 수 없는 결과이다. 간단히 말해서 바울은 결과로 얻어지는 사망과 함께 처음부터 모든 사람들이 죄의 세력 아래에 있음을 의미하는 원죄에 관해서 말하고 있지만, 이는 하나님과 그의 율법에 대항하여 도전하는 고의적인 행위들에 대하여 개인들에게 오직 부여하는 책임을 의미하는 원죄책(original guilt)의 교리를 말하는 것은 아니다. 이 사실은 바울의 복음이 죄책(guilt)의 감정 아래에서 행하고 있는 사람들뿐만 아니라 죄와 사망에 종속되는 사람들도 역시 염두에 두고 있다는 것을 함축한다. 그리고 바울이 제시하는 하나님의 해결이 근본적인 차원에서 형벌적이라기보다는 더욱더 구원적이라는 것을 의미해준다(참조. 3:25-26).

여기서 선택된 역사적인 조망은 물론 1장과 2장의 덜 시간 지향적인 분석과 물론 어느 정도 교차한다. 왜냐하면 죄가 범죄로 바뀐 것은 율법의 입성이며, 반면에 이전의 분석에서 특별히 이방인들은 그러한 율법의 지식이 없이도 하나님을 고의로 거부하는 죄를 지었음을 보여주었다. 하지만 그것은 난해하고 힘든 범주에 관한 현학적 일관성을 주장하는 사람들에게는 문제가 될 것이다. 바울은 모든 것을 떠나 율법 이전의 범죄에 대하여 언급할 준비가 되어있었다(아담의 범죄는 확실히 "계수되었다"). 따라서 더욱더 정확한 요약은 그 지식이 얼마나 주어졌던 간에(그러한 율법에 관한 지식에 비례하는 것으로서가 아니라) 하나님의 지식에 비례하는 것으로서의 죄책에 관해 언급해야 한다. 하지만 기억해야할 필요가 있는 것은 바울이 하나님 앞에서의 지위에 대한 이스라엘의 잘못된 이해를 보이는 데에 관심을 갖고 있기 때문에, 그가 계속해서 율법에 관해 언급하고 있다는 것이다. 그는 율법이 죄에 관한 지식을 가져오고(20절), 율법이 죄를 고범죄가 되게 하며(4:15), 죄가 오직 율법에 의해 계수된다(5:13)는 것을 강조한다. 이는 바울이 율법을 떠난 죄책이나 고범죄의 존재를 거부하기를 바라는 것이 아니라, 율법의 소유가 정확하게 구속의 필요를 증가시키는 것을 이스라엘이 인식하기를 원하기 때문이다. 바울은 율법이 이스라엘에게 이익을 가져왔다는 것을 거부하지는 않는다. 하지만 이스라엘이 그 이익에 너무 많은 비중을 두었기 때문에, 바울은 그 그림의 다른 쪽 측면을 강조하는데 관심을 두고 있다: 즉 율법이 죄를 고범죄로 전환시키기 때문에, 율법은 이스라엘의 죄를 더욱더 죄책이 있는 정죄로 만든다. 따라서 이스라엘의 상황은 이방인의 상황보다도 더 심각하다. 이것이 역시 2장의 진의이고, 곧 더 분명한 주제로 나타나게 될 것이다(5:20; 3:20). 물론 그 주제는 아직 여기서는 전면에 부상되지는 않는다. 인간의 곤경, 곧 육신에 관한 분석에서 다른 주요한 요소는 이미 이전에 암시되었지만(2:28; 3:20), 바울의 뒷부분의 논증에서 더욱더 분명하게 제기될 것이다(특히 8:3-13).

14c 12d-14b절을 설명한 이후에 14절의 마지막 부분은 이미 앞에서, 즉 12절에서 언급된 아담과 그리스도를 대조하고 비교하는 주제를 연결하는 시도를 한다. 이것을 가지고 바울은 그리스도에 대한 아담의 관계를 "오실 자의 표상"으로서 규정한다. 이에 따라 바울은 아담이 그리스도의 모형과 표상이 되며, 이 아담과 그리스도는 기원적 형상이라는 것을 분명히 의도한다: 한 결정적인 행위에 의하여 양자는 수반하는 시대와 그 시대에 속하는 자들을 위한 특징을 결정한다. 하지만 표상에 대한 개념은 거의 확실히 종말론적이며, 특히 세계의 시작부터 또는 이스라엘의 시작부터 과거의 사건이나 인물을 상징하는 것으로서, 역사의 말미의 새로운 시대에서 하나님의 태도의 특징을 증거하거나 예시한다. 아담이 그의 범죄로 말미암아 현시대의 특징을 결정한 것처럼, 그리스도는 올 시대의 특징을 결정한다. 이 동일한 종말론적 강조는 "오실 자"로 묘사된 그리스도에 대한 묘사에서 보여진다. 다시 말해서 이 용어는 아담과 관련해서 미래적이었던 분, 곧 이 시대의 정황 내에서 여전히 오실 자로서가 아니라, 새로운 시대의 개시자로서의 기원적인 표상인 그리스도가 현시대와 관련해서 항상 미래적인 효과적 역할을 갖는다는 것을 묘사하는 것이다. 다시 말해서 여기서 고려되고 있는 것은 그리스도의 탄생과 사역이 아니라 그의 죽음이며, 이 그리스도의 죽임이 아담의 죄에 대한 종말론적 대응이 된다는 것이다: 아담의 범죄가 사망을 가져온 것처럼, 그리스도의 죽음은 생명을 가져온다. 실패한 아담이 현

시대를 특징짓듯이 오는 시대를 특징짓는 것은 바로 부활하신 하늘의 그리스도시다. 고린도전서 15:45-49에서 부활하신 그리스도를 "마지막 아담"이라고 지칭한, 또 "하늘에서 난 자"라고 묘사한, 구절들과 이 사상은 동일선상에 있다. 바울은 어느 경우에도 하늘로부터 특별한 오심(파루시아)을 생각한 것이 아니라, 천상과 다가올 시대로 특징지어지는 그리스도에 의해 개시된 새로운 기원을 더욱더 염두에 두고 있다.

15-17 14절의 마지막 구절을 가지고 바울은 12절에서 시작된 비교를 완성지으려고 한다. 하지만 다시 한번 바울은 어디에 압도를 당한 듯이(또는 필사자인 더디오에게 그런 일이 나타났을지도 모른다) 멈추어 서는데, 아마도 한 직접적인 비교가 거의 적절하지 않다는 깨달음을 가진 듯하다. 마치 어떤 분명한 정의를 준 사람이 마지막 순간에 그 정의가 분명하지 않다는 것을 깨달은 것처럼, 또한 그 정의를 완성시키기 이전에, 원래 의도했던 것처럼, 그 정의의 간명성을 복잡하게 만드는 요건들을 첨부하기 시작한다. 따라서 바울은 한 행동이 다음 시대의 운명을 결정한다는 시대의 표상으로서 아담과 그리스도 사이의 평행을 지적한 다음에, 이 비교를 끝내기 전에, 두 행위와 그 결과간의 대조를 강조한다. 이 비교는 유효하며, 실제로 그 요건 내에서 추정되는 것들이다. 하지만 바울은 각각의 경우에, 특별히 각각의 결과에 있어서, 그 단일한 행위의 매우 다른 특징들을 분명히 할 때까지는 그것을 완성시킬 수가 없었다.

이 대조는 이미 9-10절에서 사용한 "더욱" 구문을 다시 사용하는데 이번에는 반대로 두 시대의 차이점을 밝히 보여주는데 사용한다. 의심 없이 바울은 옛 시대보다 질적인 면에서 뛰어난 새 시대의 묵시적 인식에 의하여 부분적으로 영향을 받았다(*2 Apoc. Bar.* 29.5에서 매우 과장되게 묘사되었다). 하지만 사실상 그러한 묵시적 조망은 17절에서 전면에 나오는데, 거기서 사망의 지배를 패퇴시키는 것에 뒤이은 성도의 종말론적인 통치가 고려되고 있다. 은혜에 관한 바울 자신의 경험과(이 세 구절들 속에서 지배적인 모티브), 또 한 분 인간 예수로 말미암은 그 은혜가 바울에게 어떻게 왔는가에 관한 것이 더 큰 영향을 준 것으로 보인다. 이것이 확실히 그 구절의 성격을 설명해주는데, 이는 대단히 압축되어 있고, 반복적이다. 왜냐하면 그것은 차가운 신학적 묵상이라기보다는 열렬한 예배의 용어이기 때문이다. 예기치 않은 풍성한 하나님의 은혜의 사상을 갑작스럽게 찬양한 바울의 관심은 분명한 서술을 이루는 것보다 오히려 그 대조의 성격과 사실을 쓰는데 있다. 결과적으로 여기서 사용된 용어들의 주된 정의를 찾는 것은 현명하지 않을 것이다. 왜냐하면 우리가 여기서 가질 수 있는 것은 받은 은혜의 놀라움을 수용하기 위해 확장되는 언어이다. 그럼에도 불구하고 그 구절이 가치가 있는 것은, 주된 정의를 위해서는 아닐지라도, 선택된 용어들이 포괄하고 있는 용법의 범주가 적어도 얼마나 넓은가를 우리에게 보여주고 있다는 것이다.

15 그 대조는 처음에 "범죄"와 "은혜로운 행위"간에 대조로 이루어지고 있다. 범죄는 이미 다루어졌었고, 그 결과로 인해 "많은 사람이 죽었다"(12절). 바울은 범죄(trespass)란 단어를 선택하고 있는데, 아마도 이는 범죄(transgression, 14절)란 의미의 변형일 것이다. 하지만 바울이 그 장의 나머지 부분에 걸쳐서 "범죄"(trespass)란 단어를 고집하고 있는 것은 의미가 있다. 그러한 변화는 다시금 하나님의 계명에 대한 고의적인 위반으로서 근본적인 죄의 개념과는 다소 거리가 있는 것임을 함축한다. 왜냐하면 범죄(trespass)가 갖는 의미는 근본적인 죄가 거짓된 단계의 성격을 취한 것을 말하며, 곧 자신의 길을 잃고, 그 위반자가 자신의 어리석음으로 인해 불쌍하게 된 것만큼이나 그의 의도적인 불순종으로 인해 정죄를 받았다는 것이다.

"많은 사람들"은 12절의 "모든 사람들"에 대한 용인될 수 있는 변형으로 인식할 수 있는데, 왜냐하면 양 경우에 바울이 염두에 두고 있는 것은 대중으로서의 인류이기 때문이다. 그리고 바울이 부정과거시제를 사용한 것("많은 사람들이 죽었다")이 처음부터 끝까지 전반적으로 아담의 기원을 바울이 고려하고 있다고 생각하는 사람들에게 혼란을 야기하지 않았을 것이다. 왜냐하면 현 세대의 지배가 아직 완성되지 않았기 때문인데, 즉 모든 사람들이 아직 죽지 않았다. 하지만 그럼에도 불구하고 사망은 예외 없이 모든 사람에 대한 불가피한 최하위선이라는 사실이 유지된다. 이 사실은 이미 죽은 사람들에게서 그러했던 것처럼 현 시대나 미래의 시대에 속한 사람들에게도 확실하기 때문이다. 다시 한번 아담의 범죄와 많은 사람의 죽음간의 관계에 대한 정확한 본질이 뚜렷하게 나타나 있지 않다(12절 하반부의 제한이 이 순간에도 고려되고 있지 않다). 바울이 강조하고 있는 것은 전반적인 기원의 성격과 종말을 결정짓는 아담의 행위에 관한 기원적 의미다.

그 대조에 관한 또 다른 절반은 **은혜**라는 말에 집중한다. 은혜로운 행위, 곧 하나님의 관대하신 손내미심의 구체적인 표현은 "하나님의 은혜와 은혜의 선물, 곧 한 분 예수 그리스도의 은혜"로 설명된다. 중복된 구절과 의도적인 모호성은 바울이 자신의 독자들로 하여금 그리스도의 관대하신 행위 속에서 하나님의 은혜에 관한 구체적인 표명을 생각하고(특별히 죽기까지 그리스도께서 복종하신 것) 또 그들의 생활 속에서 그와 동일한 은혜의 특별한 표명을 생각하기를 원했다는 암시가 될 수도 있었을 것이다. 아마도 그들은 이러한 용어들 속에서, 또는 성령의 은사에 대한 분명한 언급과 더불어(참조. 행 2:38; 8: 20; 10:45; 11:17), 자신들의 회심경험을 상기했을 것이다(고전 1:4-5절에서처럼). 그 대조의 논리는 두 기원적인 인물의 두 행동에 대한 언급만을 요구했지만, 바울에게서 "은혜"는 주로 경험되는 것으로서의 거룩한 능력을 나타내는 것이기 때문에, 그것은 마치 바울의 사상이 은혜로운 선물에 대한 그리스도 사건 속에서의 하나님의 은혜로부터 한번 들어온 것처럼 보인다. 즉 한분 그리스도 예수께서 그 은혜로운 선물을 자신의 기원에 속한 사람들에게 유익하게 한 것으로 보인다. 로마에 있는 청중들은 이것이 각 경우에 동일한 은혜라는 요지를 파악했을 것이다: 그리스도의 죽음과 부활은 모든 것을 뛰어 넘는 은혜의 실현이며, 그 은혜의 행위는 그 이후에 경험되어지는 모든 은혜의 규준이며 척도로서 작용한다. 여기서 한 사람의 개시적인 행위와 모든 민족에게 해당하는 은혜간의 정확한 관계는 설명되지 않았다. 단순히 그리스도 안에서 실현된 은혜가 충분하게 많은 사람들에게 유용하게 되었다는 것만이 진술될 뿐이다. 이 구절에서 두 번째로 바울은 부정과거시제와 "많은 사람"을 사용했는데, 이는 다시 한번 그리스도의 은혜로운 행위의 기원적 의미를 강조하기 위한 것이다: 이것이 인류, 곧 대중 속에 있는 이 시대의 인류의 기원에 영향을 미쳤고, 이것은 처음부터 끝까지 넘치는 은혜의 시대로서의 기원적 특징을 결정짓는다.

따라서 처음의 대조는 인간의 실패와 하나님의 주도적인 은혜가 서로 대비되어 설정되어 있다. 아담의 시대가 마지막 주장을 갖는 사망으로 특징지어지는 것처럼, 그리스도의 시대는 부족함 없이 풍족하게 받고 실현된 은혜로 특징지어진다. 종종 인간에 대한 바울의 비관적인 평가로 묘사되는 것은 인간의 상태에 대한 그의 실제적인 평가에 기인하고, 현 세대에서의 인간 개인의 전망에 기초하고 있다(자신의 길을 잃은 인간에게 사망은 불가피하다). 그러한 사실주의는 잘못됨이 없이 지탱될 수 있는데, 왜냐하면 다른 장에서 공개되는 것처럼 하나님의 은혜를 사망으로 끝나는 것 이상으로 보고 있기 때문이다.

16 바울은 두 사람과 다른 조건 하에 있는 그들의 기원간의 대조를 다시 보여준다. 죄를 범한 자는 그리스도께서 만드신 선물에 직접적으로 반하여 설정된다－15절의 함축적인 의미는 고려되고 있는 것이 단순히 역사의 한 시점에서 은혜의 객관적인 시연이 아니라 실제로 받은 은사라는 것을 확인해준다. 게다가 더욱더 두드러지는 것은 "한 사람과 많은 사람"의 모티브의 변형이다: 15절에서 많은 사람(인류)들의 운명을 결정한 것은 한 사람의 행위인 반면에, 현재 그 대화는 한 사람의 죄가

정죄와 많은 사람의 범죄에 이르게 했고, 그것으로부터 은혜로운 행위가 나타난다는 것이다. 심판과 정죄에 관한 강조와 더불어 죄와 범죄에 대한 인간의 책임성이 재확인된다. 그리고 대조되는 은사는 하나님의 변호의 중심되는 이미지를 상기시키는 용어로 표현된다. 이는 바울에게서 칭의와 은혜의 선물(또는 성령)이 하나님에 의한 경험과 수용의 두 측면이라는 내용을 강조한다. 여기서 특히 그 구절의 유사 형태에 관한 수사적인 자연스러움은 신속히 특징적이거나 결정적인 용법을 찾으려는 시도를 하지 못하게 한다: "한 사람으로부터의 심판"은 충분히 느슨한 서술이지만, "많은 사람의 범죄로 인한 은혜의 선물"은 더 느슨한 서술이다. 그리고 그 명사들은 바울이 정확한 구분을 이끌어내기 위해서 시도하고 있다기보다는 유사한 끝맺음을 이루기 위해 선택되었다. 다시 한번 주목해야 할 것은 바울이 처음과 시작이라는 측면에서 그 기원들 간의 대조를 요약하고 있다: 한 사람의 죄가 현재의 기원을 시작시켰고 그것의 결과는 저주이며, 한 사람의 그 은혜로운 행위는 새로운 기원을 시작시켰고, 그 죄에 대한 방면은 하나님의 최종적 말씀이 된다.

17 받은 은혜에 관한 경외의 신학 속에서 숨죽이는 간결성으로 자신의 요지를 언급한 바울은 아담과 그리스도간의 비교에 관한 주된 요지로 되돌아가고, 또 동시에 아담과 그리스도 그리고 그 기원들간의 대조를 요약하는 마지막 노력을 갖는다. 죄와 사망에 복종한 책임이 있는 것이 한 사람이다: 그의 범죄는 사실상 사망의 지배에 모든 인류를 넘긴 것이다. 압도적인 대조가 되는, 그리스도에 의해 가능하게 되어진 그 기원은 생명의 기원이 되고, "은혜와 의의 은사의 풍성한 부으심을 받은 사람들"로 구성된다－은혜의 계속적인 특징에 관한 바울의 인식을 반영하는 것으로 보이는 현재진행형 시제는 아마도 은혜의 지속적인 가치에 대한 바울의 인식을 반영하는데, 더욱더 많은 사람들이 그 은혜의 수령자가 되고, 이미 새로운 시대의 구성원이 된 사람도 그 은혜를 받기를 계속한다는 것이다.

바울이 "사망"과 "받는 자들"간의 대조("사망이 왕노릇하고": "받는 자들이…왕노릇하고")를 제기하고 있다는 사실은 그 문제에 관하여 아무런 언급도 없이 설정된 두 기원의 참여자들에 관해 생각하지 않고 있다는 것을 함축해준다. 만약 모든 사람들이 하나님과 불화한 종족으로 태어남으로 인해 사망에 이르게 된다면, 바울은 역시 많은 사람들이 범죄로 인한 자신의 죄로 인해 정죄를 받아 죽는다는 것을 단언한다. 새로운 시대가 어느 누구도 피할 수 없는(사망처럼) 운명의 지배에 의해 특징지어지는 것이 아니라 자유로이 주어지는 은혜의 의지적인 수용으로 특징지어진다－1장의 분석에 의하면, 사망은 피조물로서 창조주에게 그들의 복종을 다시금 내어주는 사람들에게만 오직 피할 수 있는 것인데, 말하자면 하나님을 의지하는 자는 사망에도 불구하고 오직 생명을 지속할 수 있다.

중복된 특징이 역시 두드러진다(은혜와 의의 선물의 넘치는 풍성함). 다시금 우리는 "의"의 주된 용법으로서 후자의 구절을 취한 것을 유념해야 한다. 왜냐하면 이 구절들에서 용어의 풍성함은 보다 일반적인 배경으로부터 나오는 용어 그 이상을 담고 있기 때문이다. 하지만 바울이 한 선물, 곧 하나님으로부터 받은 가능성, 신분, 관계로서 의를 생각할 수 있다는 것이 충분히 분명해 보인다. 하지만 여기서 주된 요소는 "은혜"와 "의"간의 분명한 중복이다(의를 형성하는 선물): 즉 두 표현이 인간에 대한 하나님의 손내미심 그리고 수용되고 지탱되는 권능 안에서 경험되는 손내미심을 나타내고 있기 때문에 아마도 중복된다. 그 마음이 충만한 그 순간에는, 그 정신이 은혜, 성령, 칭의와 같은 그런 개념간의 조심스러운 구분을 주장할 필요를 갖지 않는다.

여기서 바울 사상의 종말론적 지향은 분명하다: "생명 안에서 왕노릇하리로다."바울은 전체적인 기원 – 한 사람으로 인한 마지막 결과로서의 사망과 다른 사람의 결과로 인한 생명 – 을 다시 한번 강조한다. 각각의 경우에 그 미래에 있을 종말이 전체적인 성격을 결정짓는다. 옛 시대가 아직 끝나지 않았음(모든 사람들이 아직 사망을 경험하지는 않았다)을 바울이 함의한 것처럼, 새로운 시대가 이미 시작되었음을 함축한다. 그러한 추론에 의해 세심한 독자들은 그 논증의 다음 단계에서 중심적인 강조를 갖게될 부분을 준비하게 된다.

마지막 한 가지 대조를 유념해야 한다. 아담의 행동이 사망에 의한 전체적인 기원에 대한 정죄를 결정할지라도, 아담은 오직 그 기원의 시작에 서 있을 뿐이다(따라서 아담을 그와 같은 인류에 관해 언급하는 한 방식으로서 읽을 가능성이 있다). 하지만 그리스도의 기원은 그리스도에 의해 개시되었을 뿐만 아니라, 그것의 과정을 통해 그리스도에 의해 계속해서 결정된다. 현재의 세대에서 아담의 자손을 억누르는 "죽음의 신"이 있는 곳에, 새 세대에서는 각 사람들로 하여금 그의 은혜를 받고 생명 안에서 왕노릇하게 하는 부활하시고 높임 받으신 그리스도가 계시다. 이 모든 것을 바울의 아담기독론에 필수적인 것으로 볼 수 있다: 아담은 사망에 종속됨으로써 인간을 위한 하나님의 충만하신 목적(생명 안에서 왕노릇하는 것 – 참조. 시 8:5-6)을 깨닫지 못했지만, 부활하심으로써 그리스도는 그 목적을 이루셨고, 동시에 신자들로 하여금 그와 함께 생명 안에서 왕노릇하게 했다. 바울이 여기서 즐거워하는 은혜에 대한 그의 이해나 개념화는 참으로 근본적이고 실제로 자명하다.

18-19 18절을 가지고 바울은 12절에서 끝내지 않고 남겨 둔 아담과 그리스도 사이의 비교를 마무리할 수 있음을 마침내 느낀다. 하지만 이제는 15-17절부터 시도한 대조의 주요 요소들과 함께 더욱더 서술적인 비교가 있게 되는데, 그 **조화**가 이미 분명히 되어졌기에 바울은 단순히 반복에 빠질 위험성을 더욱 갖고 있다. 그 내용은 한 인간의 행위가 모든 사람, 곧 대중으로서의 인류의 운명을 결정지었다는 사실에 있다–첫 인간의 기원론적인 형상의 모형론적인 일치가 현재의 기원을 도입시켰고, 반면에 예수 그리스도는 궁극적이고 미래적인 기원을 도입시켰다. 그 **대조**는 각각의 경우에 있게 된 행위의 본질과 그 결과에 있다: 곧 아담의 범죄와 그리스도의 의로운 행위; 첫 번째 사람의 결과는 정죄를 낳았고, 두 번째 사람의 결과는 생명을 가져오는 방면을 낳았다(16절과 17절의 조화). 또는 19절의 측면에서 아담의 불순종과 그리스도의 순종간의 대조의 결과는 한 사람의 불순종으로 인해 많은 사람들이 죄인이 되었고, 두 번째 사람의 순종으로 인해 많은 사람이 의롭게 되었다. 그 대조의 다른 요소들("더욱", 첫 번째 기원에서의 사망의 지배, 두 번째 기원에서의 선물의 성격, 한 범죄와 많은 범죄)은 여기서 다시금 설명할 필요는 없다.

이 구절들에서 처음으로 그리스도의 행위의 본질이 좀더 명확해진다(지금까지는 "은혜로운 행위"라는 표제하에 단순히 암시되었다). 이제 그 행위는 "의로운 행위", 한 사람의 순종의 행위라고 묘사된다. 이 부분에서 아담기독론의 특징들이 아담의 행위의 행위와 반대되는 것으로 묘사된 그리스도의 행위–하나님의 뜻에 일치하는 행위는 인류의 잘못된 전환을 특징지은 범죄와 대비되며, 그 행위가 아담의 불순종의 역전이기 때문에 정확히 순종으로 정의되는 행위다–와 더불어 가장 예리하게 그려진다. 새 기원을 개시하는 행위는 옛 기원을 개시하는 것의 반대이자 그것을 없애는 것으로 나타나며, 이는 아담의 잘못된 역전에 대한 그리스도의 올바른 역전으로 묘사된다. 바울은 아담의 역할을 회고하는 것으로서의 그리스도의 역할에 관한 개념을 암시하고 있다. 이는 인간에 대한 하나님의 프로그램의 재현 또는 재시동인데, 즉 첫 사람 아담의 파괴적인 행위가 거부되고 마지막 아담에 의해 선한 결과를 얻었고, 인간을 대한 하나님의 목적의 성취를 위한 길을 열어놓게 되었다는 것이다(참조. 히 2:6-15). 바울의 유대 독자들은 그리스도의 죽음을 "의로운 행위", 곧 율법의 조항을 충족시키는 행위로서 묘사되는 바울의 의미를 인식했을 것이다. 말하자면 유대인들은 그리스도의 죽음이 율법에 적힌 속죄제의 역할을 이루는 것으로 바울이 보았다는 것을 확인할 수 있었을 것이다(참조. 3:25). 또한 그것은 율법에 대한 바울의 태도가 종종 가정되는 것처럼 그렇게 반감을 가진 것은 아니라는 것을 우리에게 상기시켜준다.

여기서 역시 두 구절들이 두 사람간의 대구를 제기하기 위해 분명히 구성된 정도는 바울이 수사적인 효과의 정밀성을 희생시켰는지에 관한 의문을 제기시킨다. 각각의 경우에 실제적인 평행은 얼마나 유사한 것인가? 그 질문은 18절에서의 "모든 사람"과 19절에서의 "많은 사람"의 대구에 관한 특별한 언급에서 제기된다. 18절의 용어는 바울이 예외 없이 모든 사람이 새 시대의 생명을 공유할 것을 간주했다는 것을 의미하는가(보편주의)? 바울이 이런 질문을 제기할 의도가 없었을지라도, 그럼에도 불구하고 그의 논증의 서술로부터 그러한 질문이 나올 수 있다는 것을 그는 부정하지 않았을 것이다. 바울이 그러한 질문에 어떻게 대답했을 것인지는 분명하지 않지만, 그는 이미 새로운 시대의 구성원들을 특징짓는 은혜를 실제적으로 수용함에 있어서 인간의 책임성에 관한 요소가 거기에 들어있음을 암시했는데(17절), 말하자면 새 시대의 구성원은 개인적인 동의 없이 자동적으로 또는 그냥 수여되는 것이 아니라는 의미를 이미 암시했다. (회심의 과정에 수반되는 믿음의 실현과 함께 경험했던 회심과 동떨어진 의의 선물에 관한 수령을 바울과 그의 독자들이 그리고 있다고 상상하기란 어렵다 – 바울에 의해 합 2:4에서 정의되고 창 15:6에서 아브라함에 의해 묘사된 것처럼). 따라서 바울은 그 기원에 속하는 모든 사람이라는 의미에서 "모든 사람"을 의미했을 것이다. 한편으로 바울은 그의 로마 독자들이(또는 뒤를 잇는 독자들이) "모든 사람"을 각각의 경우에 인류 종족 전체를 포괄하는 것으로 취했다할지라도 불평하지는 않았을 것이다. 그의 비전에 관한 기원적인 범주에 의해 열정적이 되어진 바울이, 아무리 딱딱한 분석이 그를 또 다른 문맥으로 설득시킨다할지라도(2:8-9), 보편적인 범주에 관한 희망을 품었을 가능성을 차단시켜서는 안 된다. 결국에 그것이 사망의 효과보다 덜 보편적이라면, 은혜가 그 결과에 있어서 어떻게 "더욱"이 될 수 있는가? 다른 그리스도인들 속에서처럼 바울 속에서 사랑의 논리는 조직적인 일관성의 보다 단순한 논리와는 어렵게 공존했을 것이다. 따라서 요나에 따르면, 그렇게 되지 않는다면, 그것은 하나님과 함께 한 것이 아니었다!

19절과 더불어, 바울이 각 기원에 있어서 예정론의 요소와 동등한 것을 함축할 의도를 갖고 있었는지에 관한 질문이 제기된다. 말하자면, 각 기원의 구성원들이 그 기원에 속한 것으로 인해, 그들 편에서의 선택에 관한 실천이 있기 전에 그들에게 주어진 특징(죄인들, 의인들)을 갖고 있다는 것을 바울이 의미하는가(사망이 아담의 행위에 속한 것처럼 인류 대중을 위한 그리스도의 행위에 관한 불가피한 결과로서의 생명)? 또는 바울은 범죄에 관한 의식적인 선택이 "죄인들"의 개념 속에 포함되어 있다고 자신의 독자들이 이해할 것으로 단순히 가정했는가? 또한 바울은 믿음의 의식적인 행위가 "의인들"의 개념에 의해 전제되어 있다고 단순히 가정했는가(왜냐하면 믿음이 없이는 어느 누구도 의롭지 않다는 것을 바울이 이전에 이미 논증했기 때문이다-1:17; 3:10)? 다시금 바울은 자신의 독자들의 의심의 상태로 남겨두고, 다시 한번 한 행위와 많은 사람들의 운명간의 원인과 결과의 정확한 결과를 불분명하게 남겨둔다. 그런데 확실히 이 구절들에서 처음으로 원인과 결과의 연관성을 묘사하는 그 동사의 사용은 연관된 것의 보다 분명한 정의를 보여준다. 하지만 그 전망은 여전히 암시적인데, 왜냐하면 선택된 동사들("된", "되리라")이 그 자체로 분명한 정의를 결여하고 있기 때문이다. 바울이 이전에 동등하게 모호한 전치사구를 사용한 것처럼("한 사람의 죄로 말미암아[through]" 등등), 한 사람의 행위와 많은 사람들의 운명간의 정확한 연관성이 규정되지 않은 채로 남겨져 있기 때문에 바울이 정확히 바로 그 용어를 선택했는지도 모른다. 그 경우에 그 용어의 정확한 관계를 규정하기보다는 단순히 주장을 의도했다는 것이 연결의 실제다. 여기서 그밖에 다른 곳에서처럼, 바울은 더욱더 엄격하게 규정되고 일관적인 그의 신학의 체계를 가지고 그리는 것을 거부하고, 의견의 다양성을 위한 또한 논쟁적인 이슈보다는 불가지론의 침묵을 위한 여지를 남겨두고 있다.

만약 그 동사 자체가 별로 도움이 되지 않는다면, 두 번째 용법의 시제는 좀더 많은 빛을 던져준다. 왜냐하면 17b에서처럼 19b절에서 미래를 사용한 것이 바울의 시각이 여전히 주로 종말론적이라는 것을 함축해주는데, 즉 그는 각 기원을 그 종말적 시각에서 바라본다-18절에 따르면, 한 경우는 정죄를 가져왔고, 다른 경우는 방면을 가져왔다. 그 시점에서 각 기원의 구성원들의 특징이 설정되고 인식되는데(한 경우로 죄인들이 되고, 다른 경우로 의인들이 된다), 하지만 이 종말적인 결과들이 어떻게 초래되었는가를 설명할 필요를 갖지는 않는다(얼마나 미리 결정된 것인지, 얼마나 자유롭게 선택된 것인지, 얼마나 유전과 교육의 결과인지, 얼마나 의지적으로 수용했는지). 그 경우에 선택된 설명들은(죄인들, 의인들) 여기서 비난과 칭찬의 표현으로서라기보다는 사회학적인 지시대상으로 더욱더 기능한다. 보다 세심한 바울의 독자들은 의인으로서의 자신들의 위치가 종말론적으로 불완전하다는 추론을 취했을 것이다. 아마도 언약적 의에 대한 자신의 동족들의 입심 좋은 확신과는 의도적인 대조 속에서 바울은 종말론적인 "아직 아닌"의 제한과 더불어 "의인"이 된 신자들의 적절한 주장을 유지하기를 분명히 원하고 있다. 의인이 된 것은 처음에 하나님에 의해 수용되었을 뿐만 아니라, 생명의 마지막 방면을 통해서 하나님에 의해 부양된 것이다. 그리고 완전한(종말론적인) 구원의 "더욱"이 없다면, (최초의) 의와 화목은 불완전한 것으로 남는다(9-10절).

20-21 바울은 할 수 있는 데까지 아담과 그리스도의 비교를 이끌어낸다. 인간의 아담적 의지에 대한 기소와 더불어 1장을 시작시켰던 그 논증은 아담적 곤경과 인간의 운명이 그리스도의 은혜로운 행위와 그 결과로 인해 상쇄되고 대체되었다는 반복된 강조에 의해 이제 적절하게 완성된다. 이는 인류전체와 인류의 전체 역사가 두 사람과 그들의 두 시대의 간단하지만 강요된 계획 속에 포괄됨으로써 이루어진다. 바울은 이제 그의 논증의 첫 번째 중요 부분을 마무리할 준비가 되어있다. 하지만 마지막 순간에 바울은 잠시 멈추어 서는데, 이는 13절의 그의 비전의 초기 단계에서 잠시 멈춤을 가진 것과 똑같다. 이는 율법이 그 그림에서 제외되지 않고 있다는 것을 확인하기 위해서다. 왜 그러한가? 첫째는 바울이 아담의 범죄와 많은 운명간의 원인과 결과적인 연관을 너무 과도하게 단순화시킬 위험성을 의식했을 것이다. 아담의 죄는 18절의 정죄 또는 19절의 죄인들로 구성된 존재와 관련되었을 뿐만 아니라, 많은 사람들의 증폭적인 범죄와 관련된다. 두 번째로 바울의 사상은 18절과 19절에서 사용한 용어에 의해 촉발되었을 것인데－정죄, 의로운 행위, 불순종, 죄인, 등등－그 용어들은 유대인들에게 불가피하게 율법을 암시했을 것이다. 하지만 우리들이 그의 사상의 흐름을 올바르게 따라간다면, 더욱더 그럴듯한 이유는 죄의 전개과정과 현재의 기원 내에 있는 율법의 역할이 그의 해설의 중심에 놓여 있다는 것이고, 또한 그가 유대인으로서 배움을 받았고, 그가 그리스도를 만날 때까지는 가슴에 품고 있었던 그 의와 구원의 이해에 대한 비판을 마음의 중심에 품고 있었다는 것이다. 그는 요약적인 개관에서 그 율법에 관한 적절한 위치를 주고 않고서는 자신의 해설에 대한 근본적인 항목을 마무리할 수 없었을 것이다.

그가 실제로 율법에 귀결시키고 있는 역할은 대부분의 유대인 독자들에게는 충격적이었을 것이다. 몇 가지 간략한 단어 속에서 바울은 율법의 역할을 완전히 전면에 가져온다. 그는 이미 아브라함의 예증과 같은(제4장) 믿음으로 말미암은(3:20-22) 하나님의 의를 가지고서 율법과 이미 거리를 두었었다. 그러나 이제 그는 노골적인 대조를 가지고 율법과 은혜간의 간격을 끌어온다. 그의 동료 유대인들이 자연스럽게 가정하는 것처럼, 율법이 죄에 대한 대답이 되기는커녕, 오히려 율법이 죄를 더해준다! 은혜의 기원에서 하나님의 도구가 되기는커녕, 율법이 죄와 사망과 한 덩어리가 되어 마치 그것과 같은 세력이 되며, 마찬가지로 "무대 뒷면"에서 아담의 종족에 대한 죄와 사망의 세력을 강화시키기 위해서 들어왔다는 것이다. 바울이 율법, 곧 이스라엘에 대한 하나님의 좋은 선물을 그 기원들을 나누면서 도리어 잘못된 측면에 넣어 강조한 것은 많은 그의 동료들에게 흉악한 배반자처럼 보이게 만들었을 것이다. 이는 처음으로 복음에 대한 그의 해설을 듣는 로마의 유대인들에게도 마찬가지였을지 모른다. 지금까지 바울이 율법에 관해 언급했던 그 어느 것도 유대인들로 하여금 이 말에 대한 준비를 시키지는 않았다.

바울이 율법의 기능은 죄를 더하는 것이라고 강조함으로서 의미했던 것은 전적으로 분명한 것은 아니다. 바울은 13-14절에서처럼 율법이 죄를 범죄로 전환시킴으로써 그 죄를 더해준다는 것을 의미했을 것이다 – 강화시킨다는 의미에서 더해짐이고, 죄를 범죄로 보이게 만들어준다는 의미에서 더해짐이며, 범죄의 단계를 주입함으로써 더 나쁘게 만든다는 것이다. 율법을 제공함에 있어서 하나님의 논리는 죄가 공개적이 되었을 때에만 그것을 다룰 수 있다는 것이다. 그는 죄가 질적으로 더해지는 것을 생각했을 수 있는데, 마치 창세기 2:16의 명령이 아담으로 하여금 금해진 것을 욕심내도록 자극한 것처럼, 실제로 율법이 죄를 자극한 것으로 보았다. 이는 그가 나중에 전개시킬 논쟁적인 사상의 흐름이다(7:7-12). 하지만 여기서 바울은 자신의 백성들에 관한 율법의 실제적인 영향을 상기시키고 있다 – 의를 특징적인 유대인의 행위 특히 할례와 너무도 많이 동일시한 율법 안에서의 자긍심, 그리고 유대인뿐만 아니라 이방인들 곧 할례 받은 자들이나 할례 받지 못한 자들에게 동등하게 귀결될 수 있었던 의, 말하자면 그러한 "율법의 행위들"의 측면에서 단순하게 정의되지 않는 더 깊은 의의 측면을 보지 못했다. 율법에 관한 유대인의 의존은 하나님에 관한 보다 근본적이고 직접적인 의존을 모호하게 만듦으로써, 그들은 이방인보다 낫지 못했다(2장). 그리고 참으로 그들은 이방인보다 더 나쁘게 되었는데, 왜냐하면 율법을 가진 것이 그들로 하여금 율법을 갖지 않은 이방인보다 죄인으로서의 자신들의 상태에 관해 더 잘 의식할 수 있게 했기 때문이다(참조. 3:20). 이 한 구절에서 바울은 율법에 대한 자신의 백성들의 태도를 전체적으로 요약하여 비판하고 있고 여전히 더 첨예한 요지를 전달하고 있다.

바울에게서 죄에 대한 증폭과 지배에 대한 대답은 율법이 아니라 은혜다 – 율법 속에서 표현되는 은혜가 아니라 율법과 무관한 은혜다(3:2). 그는 그러한 엄격한 용어로 옛 기원에 속한 사람들의 곤경을 설명할 수 있었는데, 왜냐하면 그는 은혜에 대한 대답이 더욱더 충만하다는 것을 확신했기 때문이다. 인간 드라마의 첫 번째 행위는 매우 암흑의 비극으로 귀결되었다 – 최종적인 주장이 사망으로 통치되는 죄. 하지만 바울에게서 그리스도의 복음은 그 권세를 깨뜨렸다는 것이다: 하나님의 은혜는 율법으로 말미암은 죄의 강렬함을 상응시켰을 뿐 아니라, 사망의 차가운 지배를 넘어서는 생명에 관한 확실한 약속을 준다. 은혜의 행위에 관해 사용된 서로 다른 시제("은혜가 더욱 넘쳤나니", "왕노릇할 것이라")는 그의 독자들로 하여금 바울이 전체적인 기원의 측면에서 이야기하고 있다는 것을 상기시켰을 것이다. 죄와 사망이 옛 기원 전체를 망라한 것처럼, 은혜는 새 기원 전체를 망라한다. 은혜가 그리스도의 은혜로운 행위로서 넘쳐흐르는 풍성함으로 나타난 것처럼, 은혜의 지배는 영원한 생명 속에서 미래에 계속될 것이다. 다시 한번 식견 있는 독자들은 신자들 속에서 이미 이루어진 것 그리고 종말론적인 아직 아닌 간의 전형적인 바울의 균형이 있음을 포착했을 것이다. 또한 독자들은 은혜가 지배하는 의는 (이스라엘의 선택에서 추론되는) 단번에 패키지 형태로 있는 것이 아니라, 이는 하나님에 의해 수용되고 그의 은혜에 관한 계속적인 의존 속에서 하나님에 의해 부양되는 신분으로서, 영원한 생명의 마지막 완성 때까지 계속되는 형태라는 것을 인식했을 것이다.

그리고 아담의 범죄의 대리인이 죄와 사망에 자유로운 통치를 넘긴 것처럼, 이 의는 주님이신 예수 그리스도로 말미암아 이루어진다. 죄와 사망을 패배시킨 것은 이 한 분으로 말미암아 계속된다. 그리고 그 힘은 계속해서 사람들을 지배하기를 주장하는 것들에 대항하여 신자들을 보호해주고, 마지막 승리가 있게 해준다. 자신의 길을 잃어버렸던 한 사람은 그와 같은 사람들을 정죄하여 인간을 위해 의도했던 운명해 이르지 못하게 한 반면에, 또 한 사람은 잘못된 전환을 거부하고, 인간에게 의도된 운명을 완성 짓고, 또 그를 따르는 사람들로 하여금 은혜로 말미암아 그 운명을 이루게 했다.

따라서 바울은 마침내 그의 논증의 첫 번째 주요 단계를 확실한 결론으로 가져오는데, 이전 구절들에서 주요 용어들을 모으고, 비극의 논조를 승리적인 송영으로 유지시키는 구절들을 갖고 그렇게 한다. 하지만 그 결론은 정확하게 이 놀라운 특징가운데서, 논증의 다음 단계의 개시와 전환을 준비시키는 종결부 역할을 한다. 거기서 신자들에 대한 율법의 역할이 더욱더 자세히 규명되고, 새로운 기원 안에서 자유케 되었지만 아직 옛 기원에서 완전히 자유케 되지 않은, 신자의 상태가 설명된다.

Ⅳ－Ⅴ. 인간과 은혜의 선택과 관련한 복음의 능력(6:1-11:36)

Ⅳ. 개인과 관련한 복음의 능력(6:1-8:39)

서론

6-8장은 많은 중요한 단어와 개념들, 특히 죄, 사망, 율법 그리고 육체/(몸)에 의해 지배되고 있다는 점이 곧 분명해질 것이다.

	이전	5:12-21	6:1-23	7:1-25	8:1-13	8:14-39	이후
하마르티아(*ἁμαρτία*)	4	6	16	15	5	0	2
다나토스(*θάνατος*)	2	5	7	5	2	1	0
노모스(*νόμος*)	33	3	2	23	5	0	6
사르크스/소마(*σάρξ*/(*σῶμα*))	4(2)	0(0)	1(2)	3(2)	11(3)	0(1)	5(3)

단순히 이러한 통계자료를 살핌으로서 우리는 두 가지 결론을 이끌어낼 수 있다. 첫째로, 6:1-8:13에서 바울의 논의는 대체로 이러한 주요 범주들, 즉 죄, 사망, 율법 그리고 육체를 다루는 것에 주로 맞추어져 있다. 4가지 중에서 오직 율법만이 이 장들 이전에 주제적 일관성을 가지고 나타났었다. 6-8장에서 바울의 관심은 이러한 요소들이 신자들에게 어떤 지속적인 역할이 갖고 있는가를 분명히 하는 것이다. 이러한 요소들이 어느 정도 모두 부정적인 것들이기 때문에, 하나님의 의의 수령자가 되는 사람들의 삶 속에서 그 요소들이 계속해서 어떤 영향을 갖는가를 바울은 분명히 하기를 원했음을 함축한다.

둘째로, 이런 요소들에 관한 바울의 취급에서 분명한 연속성이 있다. 구원역사의 단계에 들어온 죄와 사망은 옛 시대의 삶("사망으로 통치하는 죄")을 지배하기를 계속하고 있고, 따라서 대부분의 논의를 주도하고 있는데, 특히 6장과 7장의 전반부에서 더욱 그렇다. 그 이후에 사망은 배경에 속하지만, 이 시점에서 율법은 7장에 지배적인 범주를 제공하면서 중심 단계를 이룬다. 8장과 더불어 죄와 율법은 재빨리 배경으로 사라지고, 주된 부정적 요소의 역할은 육체가 되고 있는데, 근접한 동의어를 제공하는 구절("죄의 몸", "죽을 몸", "사망의 몸", "죽은 몸", "몸의 행위")이나 부정적인 형용사가 부여되는 "몸"도 마찬가지 의미를 갖는다. 그것은 바울이 신자들에 의해 여전히 경험되는 부정적인 요소들을 의도적으로 각기 차례로 관심을 집중하고 있음을 의미한다. 그는 엄격하고 인위적인 방식으로 그렇게 하지는 않는다: 율법이 6장의 논의에서 배제되지 않고, 7장의 논증에서 육체가 배제되지 않으며, 8장의 취급에서 죄와 사망이 배제되지 않는다. 참으로 바울은 모든 서너 가지 요소들이 여러 지점에서, 특히 5:20-21(율법, 죄, 사망), 7:5(육체, 죄, 율법, 사망), 8:2(율법, 죄, 사망), 그리고 8:3(율법, 육체, 죄)에서 어떻게 상호 작용하는가를 자신의 독자들에게 의도적으로 상기시키고 있다.

그럼에도 불구하고 바울이 각각의 부정적 요소들을 순차적으로 관심을 집중하기를 선택하였다는 것은 여전히 충분히 분명하다. 바울이 신자가 부정적인 세력의 지배로부터 다른 세력의 지배로 영적인 순례를 해야 한다거나 순차적으로 각기 극복해야하는 것을 생각하고 있는 것처럼, 이 장들을 신자의 삶에서의 어떤 진보에 관한 묘사로 해석하는 것에 대해 이것은 즉시 우리에게 경고를 준다. 바울은 대부분이 믿음의 삶을 위협하는 각각의 요소들을 개관할 때에 그 진보가 바울의 시연 속에 있다(또한 Wilckens, 2:41-42). 하지만 이러한 단어들의 분포를 더 자세히 검토할 때, 관련된 잠정적인 순차성의 한 요소가 있다. 1:32와 5:21에서 정점에서 나타나는 사망은 6-8장의 각각의 절정에서 다시 나타나고 있고(6:23; 7:24; 8:38), 여기에 "마지막 대적자"로서의 사망에 대한 이해가 분명히 내포되어 있다(고전 15:26). 그 사망이 극복되어질 때만 하나님의 은혜가 생명의 완전함에서 통치할 수 있을 것이다(5:21; 6:9-10).

언어적 통계수치는 더 깊은 통찰을 제공한다. 즉 바울이 대비되는 쌍(죄/은혜, 사망/생명, 육체/성령)으로 중요한 범주들을 설정하고 있는 정도는 의미가 있다.

죄/은혜: 5장에서 6장으로의 전환에서 중요한 대조(5:20-6:1)

사망/생명: 5:10; 5:17; 5:21; (6:2); 6:4; (6:10-11); 6:23; 7:10; 8:2; 8:6; 8:10; 8:13

육체/성령: 1:3-4; 2:28-29; 7:5-6; 8:4-6; 8:9; 8:13

물론 이런 것들은 바울이 어떤 하나에 대한 언급을 다른 명시적인 언급을 가지고 항상 균형을 잡아야 한다고 느꼈던 것과 같은 엄격한 대조는 아니다. 하지만 부정적인 요소들에 상응하는 긍정적인 요소들은 어느 정도 서로 호환될 수 있는데, 왜냐하면 부정적인 요소들이 모두 서로 작용하고 의존하고 있기 때문이고, 또 긍정적인 요소들이 서로 중복되어 있고, 어느 정도 동의어적인 개념들이기 때문이다(특히 7:6의 엔 카이노테티 프뉴마토스[ἐν καινότητι πνεύματος]와 함께 6:4의 엔 카이노테티 조에스[ἐν καινότητι ζωῆς]를 참조하라). 따라서 예를 들어, 성령은 8:2에서 죄와 대조를 이루고, 율법은 6:14-15에서 은혜와 대조를 이룬다. 그럼에도 불구하고, 특히 7장에서 율법이 대응되는 긍정적인 요소를 가지고 있지 않다는 다소 인상적인 사실이 남는다. 처음에 노모스(νόμος)에 주로 대응하는 주된 요지를 제공한 것이 피스티스(πίστις)였기 때문에(특히, 3:21-22, 27-28, 31; 4:13-16; 그리고 나중에 9:30-32; 10:4-6) 믿음에 관한 언급이 전혀 없는 것이 상당히 인상적인 것처럼 말이다. 믿음의 삶 안에서 율법의 역할이 더욱더 양면성이 있다는 것은 의미가 있다: 율법의 역할은 단순히 부정적인 요소들 중에 명확하게 둘 수가 없다. 적어도 어느 정도 율법은 부정적인 것과 긍정적인 것 사이에 경계를 서로 넘나든다. 즉 율법 자체 안에 대조가 있다. 따라서 7:7-8:4의 논증은 노모스(νόμος)의 복잡한 이분법을 갖고서, 그 논증의 마지막 구절을 특징짓고 있다(7:22-23, 25; 8:2).

6-8장의 더 발전된 구조적인 특징 중 하나가 관심을 끈다: 6-8절의 하나의 더 깊은 구조적인 특성은 주의를 요한다. 즉 바울이 각 장의 초두에 분명하고 모호하지 않은 용어로 원칙적인 진술을 하고, 곧바로 신자들의 경험의 실제가 더욱더 양면성이 있다는 것을 보임으로써, 그 명확한 선을 제한하고 흐리게 만드는 방법은 관심을 불러일으킨다. "이미"는 "아직 아닌"에 의해 제한을 받고, 시작된 구원 과정의 서술은 아직 완성되지 않은 구원 과정의 요청에 의해 제한을 받는다.

원칙적인 진술/ 이미/서술		종말론적 긴장의 실제/ 아직 아닌/요청
6:1-11	죄에 관하여	6:12-23
7:1-6	율법에 관하여	7:7-25
8:1-9	육체/죽을 몸에 관하여	8:10-30

위의 분석을 규명하고 있는 수많은 주제들에 관한 케제만(Käsemann)의 당혹스러운 문제제기(159)는 그가 전반적으로 이 항목의 주제적 구조와 일관성을 이해하지 못했음을 보여준다.

A. 은혜가 죄를 더하게 하는가?(6:1-23)

1. 신자들은 죄에 대해 죽었다(6:1-11)

참고문헌

Barth, G. *Die Taufe in frühchristlicher Zeit.* Neukirchen: Neukirchener, 1981. Here 94-103. **Barth, K.** *The Teaching of the Church Regarding Baptism.* London: SCM, 1948. **Barth, M.** *Die Taufe – ein Sakrament?* Zollikon-Zürich: Evangelischer, 1951. Esp. 221-46. **Beasley-Murray, G. R.** *Baptism in the New Testament.* London: Macmillan, 1962. 126-46. **Bianchi, U.** *The Greek Mysteries.* Leiden: Brill, 1976. **Black, C. C.** "Pauline Perspectives on Death in Romans 5-8." *JBL* 103(1984) 413-33; here 421-24. **Borne, G.** "Baptism and New Life in Paul(Romans 6)." *Experience.* 71-86. **Braumann, G.** *Vorpaulinische christliche Taufverkiindigung bei Paulus.* Stuttgart: Kohlhammer, 1962. **Braun, H.** "Das 'Stirb und Werde' in Antike und im Neuen Testament." *Gesammelte Studien.* Tübingen: Mohr, 1962. 136-58. **Cullmann, O.** *Baptism in the New Testament.* London: SCM, 1950. **Dinkler, E.** *Die Taufaussagen des Neuen Testaments.* Sonderdruck aus *Zu Karl Barths Lehre von der Taufe,* ed. K. Viering. Gütersloh: Gütersloher, 1971. 71-78. ______. "Röm 6:1-14 und das Verhältnis von Taufe und Rechtfertigung bei Paulus." In Lorenzi, *Battesimo,* 83-103. **Dunn, J. D. G.** *Baptism.* 139-46. ______. "The Birth of a Metaphor – Baptized in Spirit." *ExpT* 89(1977-78) 134-38, 173-75. **Eckert, J.** "Die Taufe und das neue Leben: Röm 6:1-11 in Kontext der paulinischen Theologie." *MTZ* 38(1987) 203-22. **Eichholz, G.** *Theologie* 202-13. **Fazekas, L.** "Taufe als Tod in Röm 6:3ff." TZ 22(1966) 305-18. **Frankemölle, H.** *Das Taufverständnis des Paulus: Taufe, Tod und Auferstehung nach Röm 6.* SBS 47. Stuttgart: KBW, 1970. **Frid, B.** "Römer 6:4-5." *BZ* 30(1986) 188-203. **Gäumann, N.** *Taufe und Ethik: Studien zu Römer 6.* Munich: Kaiser, 1967. **Gewiess, J.** "Das Abbild des Todes Christi(Röm 6:5)." HJ 77(1958) 339-46. **Grifiiths, J. G.** *Apuleius of Madauros: The Isis-Book(Metamorphoses, Book XI).* Leiden: Brill, 1975. Esp. 294-308. **Gundry, R. H.** *Soma.* 57-58. **Halter, H.** *Taufe* 35-66. **Jewett, R.** *Anthropological Terms.* 290-94. **Kaye, B. N.** *Chapter 6.* 32-94. **Kearns, C.** "The Interpretation of

Romans 6:7." SPCIC 1(1961) 301-7. **Kennedy, H. A. A.** *St. Paul and the Mystery Religions.* London: Hodder & Stoughton, 1914. **Kertelge, K.** *Rechtfertigung.* 233-36, 263-65. **Klaar, E.** "Röm 6:7." *ZNW* 59(1968) 131-34. **Kuhn, K. G.** "Röm 6:7." *ZNW* 30(1931) 305-10. **Kuss, O.** "Zu Röm 6:5a." *Auslegung 1.* 151-61. **Lohse, E.** "Taufe und Rechtfertigung bei Paulus." *Einheit* 228-44. **Meyer, M. W.** *The Ancient Mysteries: A Source Book.* San Francisco: Harper & Row, 1987. **Morgan, F. A.** "Romans 6:5a: United to a Death like Christ's." *ETL* 59(1983) 267-302. **Mussner, F.** "Zur paulinischen Tauflehre in Röm 6:1-6." *Praesentia Salutis: Gesammelte Studien zu Fragen und Themen des Neuen Testaments.* Düsseldorf: Patmos, 1967. 189-96. **Pelser, G. M. M.** "The Objective Reality of the Renewal of Life in Romans 6:1-11." *Neot* 15(1981) 101-17. **Petersen, N. R.** "Pauline Baptism and 'Secondary Burial.'" *HTR* 79(1986) 217-26. = *Christians among Jews and Gentiles,* FS K. Stendahl, ed. G. W. E. Nickelsburg and G. W. MacRae. Philadelphia: Fortress, 1986. 217-26. **Ridderbos, H.** Paul 396-414. **Schlier, H.** "Die Taufe nach dem 6. Kapitel des Römerbriefes." Zeit 47-56. **Schnackenburg, R.** *Baptism in the Thought of St Paul.* ET Oxford: Blackwell, 1964. Esp. 30-61. ______. "Die Adam-Christus-Typologie (Röm 5:12-21) als Voraussetzung für das Taufverständnis in Röm 6:1-14." In Lorenzi, *Battesimo* 37-55. **Schneile, U.** *Gerechtigkeit und Christusgegenwart: Vorpaulinische und paulinische Tauftheologie.* Göttingen: Vandenhoeck & Ruprecht, 1983. Esp. 74-85 **Schrage, W.** "Ist die Kirche das 'Abbild seines Todes'? Zu Röm 6:5." In *Kirche,* FS G. Bornkamm, ed. D. Lührmann and G. Strecker. Tübingen: Mohr, 1980. 205-19. **Schwarzmann, H.** *Die Tauftheologie des heilige Paulus in Röm 6.* Heidelberg: Kerle, 1950. **Scroggs, R.** "Romans 6:7. *ὁ γὰρ ἀποθανὼν δεδικαίωται ἀπὸ τῆς ἁμαρτίας.*" *NTS* 10(1963-64) 104-8. **Schweizer, E.** "Dying and Rising with Christ." *NTS* 14(1967-68) 1-14. **Siber, P.** *Mit Christus leben: Eine Studie zur paulinischen Auferstehungshoffnung.* Zürich: TVZ, 1971. 191-249. **Smith, M.** "Transformation by Burial(1 Cor 15:35-49; Rom 6:3-5 and 8:9-11)." *Eranos* 52(1983) 87-112. Tannehill, R. C. *Dying and Rising with Christ.* Berlin: Töpelmann, 1967. **Thüsing, W.** *Per Christum.* 67-93, 134-44. **Thyen, H.** *Studien.* 194-217. **Wagner, G.** *Pauline Baptism and the Pagan Mysteries.* Edinburgh: Oliver & Boyd, 1967. **Warnach, V.** "Die Tauflehre des Römerbriefes in der neueren theologischen Diskussion." *ALW* 5(1958) 274-332. **Wedderburn, A. J. M.** "Paul and the Hellenistic Mystery-Cults: On Posing the Right Questions." In *La soteriologia dei culti orientali nell' Impero Romano,* ed. U. Bianchi and J. Vermaseren. Leiden: Brill, 1982. 817-33. ______. "Hellenistic Christian Traditions in Romans 6?" *NTS* 29(1983) 337-55. ______. "Some Observations on Paul's Use of the Phrases 'in Christ' and 'with Christ.'" *JSNT* 25(1985) 83-97. ______. "The Soteriology of the Mysteries and Pauline Baptismal Theology." *NovT* 29(1987) 53-72. **Wikenhauser, A.** *Pauline Mysticism: Christ in the Mystical Teaching of St Paul.* Freiburg: Herder; Edinburgh: Nelson, 1960. 109-32. **Windisch, H.** "Das Problem des paulinischen Imperativs." *ZNW* 23(1924) 265-81.

본 문

1 그런즉 우리가 무슨 말 하리요 은혜를 더하게 하려고 죄에 거하겠느뇨	**1** What then shall we say? Are we to persist[a] in sin in order that grace might increase?
2 그럴 수 없느니라 죄에 대하여 죽은 우리가 어찌 그 가운데 더 살리요	**2** Certainly not! Since we have died to sin, how can we still live[b] in it?
3 무릇 그리스도 예수와 합하여 세례를 받은 우리는 그의 죽으심과 합하여 세례 받은 줄을 알지 못하느뇨	**3** Or are you unaware that all we who were baptized into Christ Jesus[c] were baptized into his death?
4 그러므로 우리가 그의 죽으심과 합하여 세례를 받음으로 그와 함께 장사되었나니 이는 아버지의 영광으로 말미암아 그리스도를 죽은 자 가운데서 살리심과 같이 우리로 또한 새 생명 가운데서 행하게 하려 함이니라	**4** So then we were buried with him through baptism into death, in order that as Christ was raised from the dead through the glory of the Father,[d] so we also should walk in newness of life.
5 만일 우리가 그의 죽으심을 본받아 연합한 자가 되었으면 또한 그의 부활을 본받아 연합한 자가 되리라	**5** For if we have become knit together with the very likeness of his death, we shall certainly also be knit together with the very likeness of his resurrection.
6 우리가 알거니와 우리 옛 사람이 예수와 함께 십자가에 못 박힌 것은 죄의 몸이 멸하여 다시는 우리가 죄에게 종노릇 하지 아니하려 함이니	**6** Knowing this, that our old man has been crucified with him, in order that the body of sin might be done away with, so that we might no longer serve sin.
7 이는 죽은 자가 죄에서 벗어나 의롭다 하심을 얻었음이니라	**7** For he who has died is declared free from sin.
8 만일 우리가 그리스도와 함께 죽었으면 또한 그와 함께 살 줄을 믿노니	**8** But if we have died with Christ, we believe that we shall also live[e] with him,
9 이는 그리스도께서 죽은 자 가운데서 사셨으매 다시 죽지 아니하시고 사망이 다시 그를 주장하지 못할줄을 앎이로라	**9** knowing that Christ having been raised from the dead no longer dies, death no longer exercises lordship over him.
10 그의 죽으심은 죄에 대하여 단번에 죽으심이요 그의 살으심은 하나님께 대하여 살으심이니	**10** For the death he died, he died to sin once and for all; but the life he lives, he lives to God.

11 이와 같이 너희도 너희 자신을 죄에 대하여는 죽은 자요 그리스도 예수 안에서 하나님을 대하여는 산 자로 여길지어다

11 So also you must reckon yourselves[f] dead indeed to sin and alive to God in Christ Jesus.[g]

원문주해

a. 예상치 못한 가정법 동사가 구문을 개선하기 위한 또 다른 시도로 이끈다.

b. p[46]의 지지에도 불구하고 제소멘(*ζήσωμεν*)은 아마도 잘못 쓴 것일 것이다.

c. B는 예순(*'Ιησοῦν*)을 생략하고 있다.

d. 어떤 교부들은 선행하는 여섯 단어들을 생략하는데, 아마도 신조의 특이성 때문일 것이다.

e. 다시금 몇몇 MSS는 수제소멘(*συζήσωμεν*, 원문주해 b를 보라)으로 읽는다–윤리적인 의지를 강화하려는 경향을 드러내면서 말이다.

f. 에이나이(*εἶναι*)는 강력하게 증명되고 있지만, 아마도 초기 단계에서 함축되어 있던 것을 명백히 하기 위해 추가된 것 같다(Lietzmann을 보라).

g. 몇몇 MSS와 번역본들은 토 큐리오 헤몬(*τῷ κυρίῳ ἡμῶν*)을 추가한다. 그러나 Metzger를 보라.

양식과 구조

그리스도의 행위의 결과로서 은혜가 죄를 일소시켰고, 사망에서 죄의 법칙이 생명의 의를 통하여 은혜의 법칙과 조화되고 있다는 5:20-21의 절정의 결론은 자연스럽게 다음과 같은 문제를 제기한다: 신자들은 죄와 사망의 영역에서 완전히 벗어나 있는가? 죄와 사망은 신자들에 대한 모든 주관을 상실했는가? 최초의 답변은 분명히 긍정적인 것으로 보인다(1-11절). 그러나 뒤이어지는 훈계는 신자들이 두 주관자들의 주장에 쉽게 영향을 받게 되므로 그 둘 사이에서 계속해서 선택을 해야 한다는 것을 함축하고 있다(11-23절).

처음에 바울은 순화된 논쟁문체로 시작한다. 하지만 이제는 투덜거리는 동료 유대인들과 논쟁하기보다는 로마의 청중들을 훈계하기 위한 방법으로 그렇게 한다. 이는 5:12-21의 삼인칭적인 취급에서 단순히 6:1-11의 일인칭적인 취급으로의 전환만이 아니라, 일인칭으로 다루는 것에 추가하여 권면의 이인칭을 전면에 세우기를 시작하고 있음을 보여준다(3, 11절). 동시에 5:20-21로부터 사상이 이월되고 있는 것은 주제적인 문제, 즉 죄와 은혜, 사망과 생명에 의해서, 또한 5:12-21에서 특징을

이루었던 (소페르…후토스 카이[ὥσπερ…οὕτως καί]) 형태(4, 11절)의 재출현에 의해 시사된다.

논증을 전환시키는 요지가 11절과 12절 사이에 있는데(따라서 예를 들어, Lagrange, Bornkamm, Kuss, Black; 반대로는 예를 들어, Gaugler, Nygren, Gäumann, Cranfield, Achtemeier), 왜냐하면 1-11절은 일관된 단위를 형성하고 있기 때문이다. (1) 11절은 서두의 질문에 대한 2절의 주제적 반응을 분명히 선택하고 있고, 따라서 1절에 대한 최초의 반응을 감싸는 인클루시오를 형성하고 있다(Kaye, *Chapter 6*, 64). (2) 그 구조는 분명하다.

1절	문제가 제기됨
2절	최초의 답변
3-4절	세례의 이미지를 사용한 첫 번째 해설
5-7,8-10절	평행하는 두 번째와 세 번째 해설(참조. Bornkamm, "Baptism," 75)
11절	처음의 답변(2절)을 재진술하는 결론

(3) 2-11절은 기본적 전제에 관한 진술의 특성을 상당히 갖고 있다. 즉 12-23절과 함께 개인적인 문안인사와 훈계("너희")의 용어가 지배적이다(연관된 주제를 제공하는 순종과 노예성과 더불어). 따라서 4, 5, 6절과 8절에서 분명히 암시된 종말론적 단서는, 다음 단락을 위한 선발대가 되고 있는 결론(11절)과 더불어, 실천되어야 하는 책임을 표명하는 것 속에서 명시된다.

우리는 역시 4절의 "행하다"와 6절의 "죄의 몸"에서 나타나는 셈족주의를 유념해야 한다.

주석

1 "그런즉 우리가 무슨 말하리요?"(τί οὖν ἐροῦμεν – 티 운 에루멘). 3:5을 보라. 이 구절은 방금 언급했던 것이 논쟁적이고 따라서 가능한 한 오해를 피하기 위해서 보다 자세한 해명을 필요로 하는 것임을 인식하고 있다는 바울의 한 방식이다. 특히 7:7을 참조하라. 이러한 질문 자체가 잠깐 다른 데로 일탈하고자 하는 것을 암시하지는 않는다(Kaye, *Chapter 6*, 14-23을 보라).

"우리가 죄에 거하겠느뇨?"(ἐπιμένωμεν τῇ ἁμαρτίᾳ – 에피메노멘 테 하마르티아). 예상치 않은 가정법 동사는 단순 미래보다 더 의미 있는 번역을 요구한다. 그 동사는 그 자체로 볼 때는 좋지도 나쁘지도 않은 엄격한 결의의 뉘앙스를 갖는다(참조. 골 1:23 – 테 피스테이[τῇ πίστει]). BGD, *ἐπιμένω*를 보라. 물론 그 동사가 11:22에서처럼 "…의 영역에 남아 있는"이라는 의미를 가질 수 있지만, 여기서 하마르티아(*ἁμαρτία*)는 "죄 있는 행위"의 의미를 갖는다. 인접한 문맥에서 그 구절은 "죄의 주관 아래 있는"(5:21; 6:14)과 거의 동일하다. 여기서 그러한 비난은 갈라디아서 2:11 이하에서 나온 것 같지는 않다(Watson, *Paul*, 147). 왜냐하면 거기서는 바울이 "죄인"에 대한 이해를 논하고 있지만, 여기서는 "실질적인" 죄를 염두에 두고 있기 때문이다.

"은혜를 더하게 하려고"(*ἵνα ἡ χάρις πλεονάσῃ* – 히나 헤 카리스 플레오나세). 여기서 이 구절은 처음의 질문이 바울의 인접한 이전 서술에서 촉발되었음을 분명히 해준다: 우 데 에플레오나센 헤 하마르티아, 휘페레페리슈센 헤 카리스(*οὗ δὲ ἐπλεόνασεν ἡ ἁμαρτία, ὑπερεπερίσσευσεν ἡ χάρις*, 5:20). 한편으로 이것을 바울이 단순히 수사적인 사용을 하고 있다고 생각해서는 안된다: 복음에 관한 그의 서술이 그러한 답변을 분명히 촉발시켰다(3:7-8이 분명히 하는 것처럼[Jones, *Freiheit*, 111, 116-17]). 한편으로 대담자가 반박을 하기 위해 5:20에 대한 5:21의 배후로 거슬러 올라가고 있다는 사실은 이미 그 질문이 요지를 놓치고 있다는 암시가 된다: 죄(의 통치 아래) 속에 있다는 것은 사망을 의미한다(5:21).

동일한 질문이 여기서와 3:7-8에서 나타나고 있는 사실은 의미가 있다. 3:7-8에서 그 질문은 바울의 백성들은 불충실하지만 하나님은 신실하시다는 바울의 이중적인 주장에 의해 촉발되었다. 여기서 그 질문은 죄와 사망의 보편적인 지배, 하지만 풍성한 은혜의 양식에 의해 능가되었다는 이중적인 주장에 의해 촉발되었다. 이것은 이 두 이중적 주장이 바울의 마음에서 등등하게 있다는 것을 다시 한번 강조한다: 이스라엘의 실패는 전반적으로 인류의 죄의 일부이고, 이스라엘에 대한 하나님의 신실하심은 모든 사람들에게 열려 있는 하나님의 은혜와 다름없다. 따라서 대담자는 특히 한 유대인으로서 묘사되지 않고 있는데, 왜냐하면 이제 복음의 보편적인 진술 속에서 어느 사람도 오해의 동일한 함정에 빠질 수 있기 때문이다. 하지만 유대인 또는 유대 기독교인들 편에서의 반대가 확실히 포함되어 있는데, 그 질문이 5:20로부터 발생하고 있고, 따라서 부분적으로 *reductio ad absurdum*을 통해 율법을 죄에 대한 하나님의 응답으로보다는 죄의 동맹자로 두는데 대한 어리석음을 보여주고자 하는 시도로 작용하고 있으며, "율법 속에서 명시되고 있는 것은 하나님의 은혜다"(Montefiore, 31). 만약 인간의 범죄함을 능가하는 착한 행위의 의미에서가 아니라(3:20을 보라), 죄에 대항하기 위하여 율법에 의해 제공되어진 수단으로서의(속죄는 언약백성의 신실한 구성원을 위해 제공되었다) "율법의 행위"가 더 이상 죄에 대한 대항을 제공하지 못한다면(오히려 은혜에 대항한다면), 그때에 죄는 고삐 풀린 망아지가 될 것이다.

2 "그럴 수 없느니라!"(*μὴ γένοιτο*–메 게노이토). 3:4을 보라.

"죄에 대하여 죽은 우리가 어찌 그 가운데 더 살리요"(*οἵτινες ἀπεθάνομεν τῇ ἁμαρτίᾳ, πῶς ἔτι ζήσομεν ἐν αὐτῇ*–호이티네스 아페다노멘 테 하마르티아, 포스 에티 제소멘 엔 아우테). 호스(*ὅς*="who")와 호스티스(*ὅστις*="who is such that…, seeing that he…")간의 가능성 있는 구분에 관해서는 Moule, *Idiom Book*, 123-24과 Barrett를 보라. 아포드네스코(*ἀποθνῄσκω*)는 여기서 처음 사용된 것인데, 이는 신자의 죽음을 이미 발생한 것으로 묘사하기 위한 것이다(또한 6:8; 7:6; 갈 2:19; 골 2:20; 3:3에서의 다른 변이들 속에서도 마찬가지다). 하마르티아(*ἁμαρτία*)는 다시금 잠재적으로 모호하다: 죽었다, 따라서 죄스러운 행위는 더 이상 가능성이 없다; 하지만 다시금 그 문맥(5:21)은 바울이 염두에 둔 것이 사람들을 죄의 권세 너머에 두는 사망임을 강력하게 함축한다(6:7, 10에서처럼). 따라서 그 속*에서* 즉 죄의 영역에서, 죄의 권세 아래 살 수 없다(죽었기 때문이다)는 것을 시사한다. 아데다노멘/제소멘(*ἀπεθάνομεν/ζήσομεν*) –여기서 그 대조되는 쌍(6-8장의 서문을 보라)은 동사적인 형태로 되어 있고(6:10에서처럼), 이 대조는 시제의 차이에 의해 강화된다. 삶의 행위에 관해 언급하는 자오(*ζάω*)에 대해서는 BGD, *ζάω* 3을 보라.

5:20에 대한 반박을 형성하기 위해서 5:21의 배후로 거슬러 올라가면서 그 대담자는 중요한 사실을 무시하고 있다. 죄의 지배는 죽음으로 또 죽음 속에서 끝났다; 죽음이 이미 발생했다. 그리고 죽음이 이미 발생한 곳에 죄의 지배는 지나간다. 바울이 여기서 "죄없음의 윤리"(Windisch, 280)를 가지고 작업하고 있다는 결론을 주는 것으로 부정과거시제를 강요해서는 안된다. 그 시제는 권고적인 강조이며 독자들에게 결정적인 어떤 일이 발생했다는 것을 상기시킨다. 그 용어는 우리들이 근본적으로 삶을 변화시키는 경험이나 통과 의례에서 찾을 수 있다고 기대하는 것과 동일한 아주 생생한 특징과 성격을 갖고 있다(아래 6:3을 보라). 하지만 여기서 그 문맥이 다시금 암시하는 것처럼, 그 전환은 심지어 더욱더 근본적이며, 이는 시대의 이동을 암시한다(5:15-21). 5:15; 7:10; 고후 5:14처럼, 그 부정과거시제는 기원적이다: 기원의 오직 불가피한 종말로서의 사망 즉 죄의 지배가 끝날 수 있는 유일한 방법은 죽음으로 끝날 때다. 분명히 되어질 것이지만, 사실상 한 세대와 지배로부터 다른 세대와 지배로 넘어가게 한 분이 있고(7-10절), 또 여기 지금의 신자가 그 분과 동

일시될 수 있는 가능성이 있기 때문이다(3-5, 11절)(특히 Schlatter를 참조하라). 이것이 바울이 믿음을 가졌던 모든 사람들에 대하여 말하고 있다고 추정할 수 있는 이유이다(전반적으로 "우리" 그리스도인들). 왜냐하면 그리스도에 대한 그들의 보편적인 헌신은 한 지배로부터 다른 지배로 넘어가는 기원적인 특징을 갖는다: 신자들을 정의할 때에 그들은 "죄에 대하여 죽었다." 따라서 여기서 해석에 있어서 근본이 되는 것은 바울의 사상이 5:12-21의 아담/그리스도에 의해 여전히 결정되어지고 있다는 것을 인식하는 것이다. 여기서 언급된 죽음은 아담의 죽음이고, 아담 속에 있는 사람들의 죽음이며, 아담적인 기원의 죽음이다(Dodd, Tannehill). 크랜필드는 그리스도와 함께 하는 신자의 죽음에 관해서 네 가지 서로 다른 의미로 구분 짓는데, 그것은 도움이 되기는 하지만(참조. Beasley-Murray, 131-32; Black, "Death," 421-24는 6:1-14에서 죽음의 일곱 가지의 서로 다른 개념을 구분하고 있다), 지나치게 도식화할 위험성이 있고(참조. 8절에서의 그의 곤란), 부정과거시제의 종말론적 혹은 기원적인 의미에 대해 충분한 정당성을 제공하지 못한다. 더 자세한 것은 6:11을 보라.

그 중요한 역할에 비추어 볼 때, 이 구절은 세례에 관한 논의를 연출하는 것이지만 세례가 이 구절의 주제는 아니라는 것을 유념하는 것이 중요하다. 그 주제는 죄에 대한 죽음과 은혜 아래 있는 생명인데, 이는 3-4절에서 세례적 용어를 사용하지만, 사망/생명이라는 주제(5-6절)의 또 다른 해설과 다시금 세례가 언급되지 않는 합리성으로 증거되고 있다(7절 이하; Tannehill, 7-10; Dunn, *Baptism*, 139-40; Thyen, 195; Siber, 217, 221-27; Eichholz, *Theologie*, 203; Wedderburn, "Romans 6," 341-43; 참조. Frankemölle, 51-52, 55-"예전이 아니라 구속사"; Kaye, *Chapter 6*, 64; Dinkler, 71에 의해 인정됨; 하지만 비록 그 요지를 충족시키지 못하고 있을지라도, Schnelle, 204 n.386에 의해 논쟁됨). 또한 13:14을 보라.

3 "알지 못하느뇨?"(*ἢ ἀγνοεῖτε*-에 아그노에이테). 그 구절은 단순히 좋은 가르침의 형태, 즉 새로운 지식을 전달하는 정중한 방법이 될 수도 있다(7:1에 관한 Lietzmann; Kuss; Wagner, 278; Dunn, *Baptism*, 144 n.177). 그러나 대부분의 주석가들은 잘 알려진 전승, 말하자면 초기 교회는 아닐지라도, 적어도 헬라적 교회로부터 호소하고 있다고 생각한다(예를 들어, Gäumann, 73; Käsemann; Zeller; 더 자세한 것은 Schnelle, 204 n.389를 보고, 전체적인 문제에 관해서는 Siber, 191-213과 특히 Wedderburn, "Romans 6"을 보라). 하지만 7:1과의 평행은 더 상세하고 완전한 가르침의 어떤 요소들이 고려되고 있다는 것을 암시한다-이미 알려진 요지보다는 (사

람들이 그것에 관해 생각하자마자 곧바로) 확실한 요지, 또는 이미 수용된 언급의 형태("그리스도로 세례를 받은")에서 바울이 분명한 추론("그의 죽음으로 세례를 받은")을 이끌어내고 있는 요지, 또는 간과되고 소홀히 되었던 익숙한 가르침의 측면으로 관심을 이끌고자하는 요지. 확실히 바울이 그 요지에 관한 세심한 해설을 주고 있지 않다는 사실은 그가 익숙한 것에 호소하고 있다는 것을 확인시켜주는 것으로 보인다. 심지어 바울이 이끌어내고 있는 강조가 한 가지 이유 또는 또 다른 이유 때문에 그렇게 덜 강조되어질 수 있을지라도, 그가 익숙한 어떤 것에 호소하고 있는 것으로 보인다. 그러나 잘 알려진 것과 잘 알려지지 않은 것간의 명백한 균형은 이 구절 하나만을 참조하여 결정할 수는 없고, 뒤따르는 구절로부터 추론해야 할 것이다. 1:13을 참조하라.

잘 알려진 개념들이 고려되는 곳에서, 주된 논쟁은 그것들의 근원에 관한 것이었다: 당시의 넓은 종교적 세계에서 잘 알려져 있었기 때문에, 혹은 특별히 로마 회중들 속에서 설교와 교리문답을 통하여 바울의 독자들에게 익숙한 기독교 개념이었기 때문에 잘 알려졌었는가? 실제로 이것은 로마서 6:3-4에 직간접적으로 신비적 제의가 영향을 주었는지에 관한 가능성과 관련하여 논쟁이 되어 왔다.

바울의 가르침이 당시의 신비적 제의의 믿음과 행위에 의해 영향을 받았는지에 관한 문제는 세기초에서부터 시작하여 계속되는 민감하고 논쟁적인 주제이다. 특히 와그너(Wagner)의 비판은 초기의 종교사적인 전제가 갖는 과장을 교정해주는 영향을 끼쳐 왔다(더 오래된 논쟁에 대해서는, 예를 들어, Kennedy, 특히 5장과 6장; Lagrange, 149-52; Gaugler를 보라). 그러나 나아가서 와그너의 대답은 6:3-4 그리고 *Metamorphose* 11에서 아풀레이우스(Apuleius)에 의해 묘사된 것과 같은 이시스(Isis) 제식에 나오는 입문과의 평행적인 유사성을 과소평가하였다고 비판을 받는다(Gäumann, 41-46; Wengst, *Formeln*, 39-40; Käsemann; Griffiths, 52, 258, 298; Schnelle, 77-78; 보다 초기로는 Lietzmann, 67). 논쟁이 그 한 본문에 과도하게 의존해야만 하는 것은 불행이지만, 다른 증거 즉 도해적(Bianchi), 비명학적 그리고 고고학적(참조. Meyer, 10-12; 1977년에 이르는 그리스-로마의 신비종교에 관한 충분한 문헌에 대해서는, *ANRW* II.17.3[1984] 1259-1423에 있는 B. M. Metzger를 보라)인 증거에 의해 감질나게 보여지는 이런 제의 의식들의 비밀스러운 본질에 비추어 볼 때에 불가피하다. 그리고 그 본문이 바울보다도 100년에서 120년 정도 후대에 있었을지라도, 그것은 아마도 깊이 이시스 제의에 뿌리를 두고 있고, 또한 다른 제의에 전형적이었던 유사한 주제를 다루고 있음을 부정할 수가 없다. 녹(A. D. Nock)은 아프레이

우스(Apuleius)의 기사를 "신비 종교에서 생성된 경건의 절정의 특징"이라고 부른다(*Conversion*[London: Oxford UP, 1933, 1961] 138).

아플레이우스 본문에 의해 제공되는 결정적인 자료들은 다음과 같다.

(1) 헌신자들을 "거듭난" 것으로 이중적으로 언급하고 있는 것(*renatus*; 11:16, 21);

(2) 죽음의 측면에서 입문을 묘사한 것(Griffith의 번역):

"헌신의 순전한 의식은 자발적인 죽음과 은혜에 의해 획득되는 생명의 방식으로 이루어진다[precariae salutis celebrari]"(11:21).

"나는 Proserpine의 문지방을 밟으면서 죽음의 한계에 접근했고, 그리고 모든 요소들을 거친 다음에 돌아왔다. 나는 밤의 죽음에서 밝은 광채로 빛나는 태양을 보았다. 나는 위에 있는 신들과 아래에 있는 신들에게 가까이 나아갔고, 그들을 직접 대면하여 경배했다"(11:23).

"로마서 6:1-11에서 기독교의 세례에 관한 바울의 해설에 의해 제공된, 명백한 평행이 매우 두드러진다"(Griffiths, 52).

그러나 이 마지막 말은 와그너에 의해 비판되어진 초기의 가설을 생각나게 하는 과장에 불과하다. 아풀레이우스와 로마서 6장이 서로 유사하지 않다는 점에 더 무게가 두어져야 한다.

(3) 아풀레이우스에서, 입문 자체의 일부로서 물의식에 관한 암시는 없다. 11:23에 따르면, "관습적인 세정"은 오로지 예비적인 역할만을 하였고(Wagner, 100-103; Wilckens, 2:57), 성전 자체에서가 아니라 욕실에서 일어났다. 이것은 그리스-로마의 이스라-사라피스 신전들에서 물 기구들에 관한 고고학적 증거가 부족한 것과 일치한다(R. A. Wild, *Water in the Cultic Worship of Isis and Sarapis*[Leiden: Brill, 1981] 23-24). 엘레시우스인(Eleusinian)의 신비적 교의에서도 세정식도 역시 준비를 위한 것이었다(Meeks, *Urban Christians*, 152-53).

(4) 신비적 교의의 입문 의식은 "암송된 것들", "보여진 것들", 그리고 "상연된 것들"을 포함하면서, 일반적으로 상당히 복잡한 것으로 보인다(*λεγόμενα*, *δεικνύμενα*, *σρώμενα*; OCD, "Mysteries"). 분명히 이시스 제의는 아니지만, 다른 제의에서 그것들은, 폼페이에 있는 이른바 신비의 집(the House of Mysteries)의 장식띠로 꾸며진 것과 같은, 종종 한 신부와 디오니수스간에 신비적 결혼을 포함했다(Bianchi, 4-5). 아풀레이우스(Apuleius)의 묘사는 아마도 환상들(참조. 골 2:18)을 포함하였고, 또

환상적인 여행을 묘사하는 것으로 보인다. 즉 폼페이인의 Iseum의 한 방에서 발견되어진 수많은 도기(pottery)들은 "밝은 광채로 빛나는 태양"을 꾸미기 위해 램프를 사용했음을 함축해준다(Griffiths, 305-6).

(5) 이 모든 것 속에서 오시리스(Osiris)에 대한 입문자와의 관계성은 논쟁이 된다. Wagner, 104-14에 반대하여, Wengst(*Formeln*, 40)과 Griffiths(52, 298-99, 301, 304, 307)는 죽음 속에서 입문자의 오시리스와의 동일시에 관한 사상이 자명하다고 주장을 한다. 그렇지만 그 요지는 불분명하다.

(i) 이시스(Isis)와 오시리스(Osiris)가 아주 밀접하게 관계되어 있을지라도, 오시리스가 주요구절들에서 언급되지 않고 있다는 사실이 남는다. 게다가 아풀레이우스에서 오시리스의 제의는 구분되어 있고, 아마도 더욱 정확하게는, 영웅 리시우스(Lucius)가 얼마 후에 경험하는 이시스 입문의 두 번째 단계와는 구분된다. "신성 자신(Osiris)과 그의 믿음의 원리는 비록 결합되어 있을지라도, 또 이시스의 원리와 더불어, 실제로는 하나이지만, 입문 의식 속에는 상당히 큰 구분이 있었다"(11:27). 제의들 사이의 이러한 구분은 비문들의 증거로 확인할 수 있다(L. Vidman, *Isis and Sarapis bei den Griechen und Römern*[Berlin: de Gruyter, 1970] 15).

(ii) 이시스(Isis) 혹은 오시리스(Osiris)와의 "동일시"에 관한 이야기는 문제가 있는 것으로 보인다. 중심 구절에서 보여졌던 것(11:23)이 이시스의 움직임을 동정적으로 반복하거나 따르고 있고, 또는 "우주의 어머니, 모든 것들의 여주인…신들 중 가장 높은 분, 죽은 자의 여왕, 지고의 천상의 존재"(11:5)로서 자기 자신의 관한 이시스 자신의 입문에 대한 묘사를 염두에 두면서 자신의 영토를 가로지는 계시적 여행이다. 드미테르(Demeter)와 코어(Kore, Persephone)의 신화가 함께 섞여 있다는 것이 "프로서피네(Proserpine)의 문지방을 밟는다"는 이야기 속에서 나타나고 있다고 보여지는데, 즉 드미테르의 추구는 이시스의 추구와 연결되어 있다. 루시우스가 위에 있는 신들과 아래에 있는 신들을 경배했다(11:23)는 사실은 동일시에 관한 개념에 반하는 언급을 하게 되는데, 왜냐하면 이시스와 오시리스는 이 경배의 주된 대상들이었을 것이기 때문이다(Griffiths, 306-7이 인식하는 것처럼). 신성과의 일체성에 관한 개념이 분명히 결여되어 있다는 것은 Firmicus Maternus 22:1로부터 상당히 인용된 단편의 특징이기도 하다(특히 Wedderburn, "Romans6," 345 그리고 더 자세하게는 "Steriology," 57-62를 보라: 반대로는 Schnell, 77-78을 보라).

이 증거에 근거하여, 바울 또는 로마서 6:3-4에 대하여 어떤 신비적 제의 또는 특히 이시스 제의로부터 어떤 직접적인 영향이 있었을 것 같지 않다고 확고하게 결론을 내릴 수 있다. 그럼에도 불구하고 광범위한 유사성이 남아 있다. 하지만 이는 광범위한 배경에 반하여 있는 것으로 더 잘 설명이 된다. 신비적 제의는 미래 세계에서 훌륭한 삶을 확신하는 폭넓은 굶주림이 있었다는 것을 우리에게 상기시켜준다. 또한 신비적 제의는 죽음과 생명에 관한 심상은 이생에서 자신들의 운명에 영향을 미치는 경로에 변화를 주거나 운의 역전을 묘사하고자 할 때, 또 그들이 불가피하게 땅의 비옥에 관한 매년의 순환에 의해 존재하는 것으로서 촉발되어질 때(참조. 요 12:24; 고전 15:36), 고대사상에서 자연스럽게 발생했음을 상기시켜준다. 더 자세한 것은 Braun, "Stirb"을 보라. 여전히 보다 넓은 배경에 반대하여 서 있는 우리는 "입문 의식"에서 표현을 찾을 수 있는 거의 보편적인 본능을 인용할 수 있는데, "입문의식"에서 "의식의 한계"를 경험하는 것은 전환의 일부가 되고, 거기서 "새로운 탄생"의 심상이 자연스럽게 떠오르게 된다(A. van Gennep, *The Rites of Passage*[Chicago, 1960]; 또한 Smith, "Transformation"을 참조하라). 따라서 이 점에서 아풀레이우스와 로마서간의 유사성은 둘다 보다 넓은 동일한 본능의 개별적인 표현으로서 인식함으로서 가장 잘 설명되어질 수 있다. 거기에서만이 자그마한 은유가 루시우스(Lucius)와 바울에게 알려진 근본적으로 변화를 일으키는 경험의 종류를 묘사하기에 적절하다. 그리고 그 당시에 배경 속에서 기독교와 신비적 제의의 하나 또는 그 이상의 것에 익숙한 사람들은 그 둘을 동일시함이 없이 또는 각각을 구분하는 주장에 의문을 제기함이 없이 기독교 입문 의식과 용어를 신비적인 것들과 동등한 것으로 이해했을 것이다. 전반적으로 독특하고 그 의미에 있어서 예리하게 구별되는 입문은 우리가 고린도에서 이미 발견하는 것처럼(고전 1:12-15; 10:1-12; 15:29), 그러한 의문을 불러일으키는 해석에 열려 있지 않았을 것이다. 게다가 "위조된 모방"으로 이들 다른 의식들에 관한 초기 교부들의 비난을 발생시키지도 않았을 것이다(Tertullian, *De Baptism* 5). 더 자세한 것은 쿠스(Kuss)의 현명한 평가를 보라(367-76).

이 모든 것들은 독특한 기독교의 특성들 - 그리스도와 합하여 세례를 받고, 그의 죽으심과 합하여 세례를 받음 - 을 설명하지 못한다. 이것들은 단지 관련된 보다 깊숙한 본능에 관한 임시변통적인(ad hoc) 서술로서 설명되지 않고, 기독교 전승의 구체적인 특징에 의해 보다 직접적으로 가장 잘 설명이 되어질 수 있다.

"그리스도 예수와 합하여 세례를 받은 우리는"(*ὅσοι ἐβαπτίσθημεν εἰς Χριστὸν Ἰησοῦν* - 호소이 에밥티스데멘 에이스 크리스톤 예순). 호소이(*ὅσοι*)가 "…하는 모든 사람들"이라는 의미로 독립적으로 사용되는 것에 관해서는 BGD, *ὅσος*2를 보라. 에밥티스데멘(*ἐβαπτίσθημεν*)은 이미 기독교적인 전문 용어로 자리를 잡고 있었고

(비록 그 용어에 익숙하지 않은 청중들이 그것을 "담기다, 잠기다, 몰아넣다"[BGD] 라는 의미로 취할 수 있을지라도 말이다: "우리가 잠기었다"−Maillot), 바울은 기독교 회중과 연관된 모든 사람들은 그 용어에 익숙했을 것이라고 단순히 가정했을 것이다. 하지만 그 말 자체는 그 구절이 모든 성사적인 의미를 갖는 세례의 의식적 행위에 관해 언급하는 것인지(또한 상당한 다수), 또는 의식으로부터 끌어낸 은유(또한 특별히 Dunn, *Baptism*)인지는 분명히 할 수 없다. 왜냐하면 어떤 사람이 세례를 받았다고 하는 것이 다양하게 변하고(물, 성령: 마 3:11 pars.; 행 1:5; 11:16; 고전 12:13), 또 은유적인 사용은 기독교 전승에서뿐만 아니라 보다 넓은 용법(BGD *βαπτίζω* 3), 그리고 보다 넓은 세속적 용법(LSJ, MM)으로도 잘 구축되어 있었기 때문이다. 에이스 크리스톤 예순(*εἰς Χριστὸν Ἰησοῦν*)이 에이스 토 오노마 크리스투(*εἰς τὸ ὄνομα Χριστοῦ*)의 보다 짧은 동의어인지 여부에 관한 논쟁은 서로 동등하게 양분되어 있다(동등하다는 것으로서는−예를 들어, Gäumann, 73-74; Cranfield; Schlier; Wilckens를 보라; 동등하지 않다고 하는 것으로서는 Kuss; Tannehill, 22-24; Fitzmyer; Käsemann; Dunn, *Baptism*, 112, 140 n.4에서의 다른 언급들을 보라). 보다 긴 구절은 직접적으로 의식적 행위와 분명히 관련되어 있다(고전 1:13-16이 분명히 암시하는 것처럼). 그러나 바울에게 있어서 보다 짧은 구절에서 에이스(*εἰς*)는 "~에 관하여"보다는 보다 함축성 있는 의미를 담고 있는 것으로 의도되었을 것이라는 결론을 피하기가 어렵다. 관여한다거나 참여하기 위해서 움직인다는 의미가 여기서 연속적으로 이어지는 사상 속에서 분명히 함축되어 있는데(3-5절), 이는 다른 유사한 평행구들 속에서도 마찬가지다(고전 12:13;갈 3:27; 고전 10:2은 "그리스도와 합하여"라는 서술을 전형적으로 모형화시키고 있다−참조. Leenhardt; Thyen, 200-201). 그리고 바울에게 있어서 부정과거 수동태는 분명히 하나님에 의해 이루어진 것들을 언급한다.

이 구절 자체는 하나님의 행위가 의식적 행위를 통해서 발생하는지(6:4에 함축하는 것처럼), 또는 의식적 행위로 형상화되어 있는 것인지(침례주의자들에 의해 만들어진 은유적 사용이 암시하는 것처럼−막 1:8 pars.)에 관한 문제를 열어 놓는다. 나는 후자의 견해에 더욱더 공감을 하므로, 보다 상세한 취급을 위해서는 단지 세례와 "은유의 탄생"(해설에서 요약되어진다)에 관해서만 언급한다. 전자와 관련해서는, 바울이 그 동사를 모든 포괄적인 의미로−"세례를 받은", 즉 인간 행위와 연관해서 또는 심지어 인간 행위를 통해 결과되어진 내적인 실제로서, 또는 전체적인 성사적 실체에 대한 묘사로서(여기 용어에서 후대에 있었던 보다 정교한 성사적 신학을 읽을 수 있는 위험성이 있다) "세례를 받은" – 사용했음을 보여주는 곳은 없다. 모든 네 가지 사례에서 복음의 시작에 한결 같이 서 있는 침례파의 말들이 분명히 시사하는 것처럼, 의식적인 행위에 관한 언급에서 "세례를 베풀다"와 은유로서의 "세례를 베풀다"는 융합이나 동일시를 하지 않고서 나란히 서 있을 수 있다("세례를 "consertina"의 단어로 사용하는 것에 대한 나의 경고를 참조하라 – *Baptism*, 5-6). 그 요지는 윌켄스(Wilckens)의 의해 전적으로 무시된다. 즉 본래 주된 자료의 역할을 채웠던 것이 성령에 관한 경험이었다는(8:9을 보라) 보다 강력한 증거를 무시하면서, 윌켄스는 사도행전 1:5과 11:16을 단순히 "기독교 세례"(2:51)로 언급하고, "세례의 경험을 초기의 중심되는 '자료'로 묘사할"(2:23) 때에 그 요지를 무시한다. 동시에 계속되는 은유의 강렬함은 입문의 과정 안에 있는 계속된 의식적 행위의 의미에 달려있다: 오직 세례만이 초점을 제공하고 하나님과 인간의 만남에 대한 경우을 제공한다면, 그 세례는 그 만남에서 하나님의 주도하심에 대한 은유로서 역할을 하게 된다.

"그의 죽으심과 합하여 세례를 받은"(*εἰς τὸν θάνατον αὐτοῦ ἐβαπτίσθημεν* – 에이스 톤 다나톤 아우투 에밥티스데멘). 이는 바울이 사람들로 하여금 주의를 기울이기 원하는 새롭고 또한 더 발전된 가르침이다. 신비적 교의에 관한 개념에 의존하고 있는 전제가 점차적으로 약해져가고 있는 것이 바로 여기다. 왜냐하면 세례의 심상과 죽음간의 연결이 분명하고 또는 분명히 되어져야 하는지를 바울이 왜 가정하고 있는지는 설명되지 않은 채로 남겨져 있다. 그 역으로의 주장이 자주 있지만(예를 들어, Lagrange, Dodd, Barrett), 세례는 죽음에 대한 분명한 상징은 아니다(pace Moule, *Worship in the New Testament*). 죄씻음의 상징이 훨씬 더 분명하다. 그리고 죽음이 필연적으로 표면 아래에 장사되는 것을 의미하지 않았기 때문에(전형적으로는 묘와 동굴에) 잠수의 상징이 자증적인 연관성을 제공하지는 않았다. 한편으로 카타콤을 매장을 위해 사용했다는 관습은 로마의 유대 공동체 안에 이미 확립된 관행이었을 것이고(Leon, Jews, 66), 바울이 이 관습을 알고 있었거나 여기서 염두에 두고 있었을 가능성을 배제할 수는 없다. Ridderbos, *Paul*, 402에도 불구하고, 잠수에 의한 세례 속에서 매장의 상징을 보는 것은 "전적으로 터무니없지"는 않다.

세례와 죽음간의 연관성은 아마도 기독교인들에게 분명했을 것이다. 예수 자신이 그런 연관을 만드신 것으로 기억되어진다(막 10:38-39; 눅 12:50). 즉 예수께서는 분명히 자신의 죽음에 대한 은유로서 세례를 사용하시었고, 파괴의 엄청난 고통으로서 죽음의 심상을 사용하셨다(시 69:2[Aq 68:3]; Josephus, *War* 4.137). 따라서 아그노에이테(*ἀγνοεῖτε*)는 로마의 신자들이 알아야 하는 어떤 것으로서의 이 전승을 암묵적으로 언급하는 것이다: 바울은 그 이전에 예수께서 자신의 죽음을 "세례"로 언급하셨기 때문에, 신자들이 세례받는 것을 예수의 죽음을 나누는 것으로 언급하고 있다(참조. Cullmann, *Baptism*, 19-20; Robinson, *Wrestling*, 69; Halter, 530 n.25에서 다른 참고문헌들을 보라). 만약 침례파가 모든 신자들이 받아야 하는 세례에 관해서 언급했고, 또 예수께서 그 세례를 자신에 관해 초점이 맞추신 것으로 기억되어진다면, 여기서 바울은 그 둘을 합한 것이다: 모두 그의 세례로 세례를 받아야 한다(더 자세한 것은 Dunn, "Birth of a Metaphor"를 보라). 양자택일하든지, 또는 덧붙이든지 간에, 여기서 바울이 취하고 있는 새로운 단계는 그가 이제까지는 연관짓지 않은 자신의 가르침의 두 성분을 결합한 것이다－그리스도(와 함께 합하여) 세례를 받고(갈 3:27과 고전 12:13에서처럼), 그리스도와 함께 죽은(갈 2:20과 고후 4:10-11에서처럼). 독자들이 이들 전승들에 관해서 얼마만한 지식을 갖고 있는지를 바울이 가정하고 있든지 간에, 그는 5:12-21의 아담/그리스도의 대조로 돌아가고 있다. 그들은 죄에 대하여 죽었다(2절). 그들은 그리스도와 함께 죽었기 때문이다. 그리고 그리스도가 죄와 사망을 뛰어넘어 사셨기 때문에 그들은 생명을 공유할 수 있게 되었다(특히 Schnackenburg, "Voraussetzung"을 참조하라).

이 모든 것 속에서 바울이 그밖에 다른 곳에서 사용하는 "그리스도 안에서"와 "그리스도의 몸"이라는 용어에서처럼, 그리스도는 한 인격이시지만, 개별적인 인간 이상으로 있다는 것이 당연하게 여겨진다(Moule, *Origin*, 95). 그것은 신자들이 그리스도의 죽음과 부활의 결정적으로 기원을 변화시키는 사건을 공감적으로 상징적으로 재경험했다기보다는 죄와 사망에 의해 지배되던 옛 기원을 끝내는 그리스도의 죽음에 사로잡혔다는 것이다.

4 "그와 함께 장사되었나니"(*συνετάφημεν αὐτῷ*－순에타페멘 아우토). 순다프테인(*συνθάπτειν*)은 바울의 문체와 신학을 정하고 구분짓는 특징을 형성하는 약 40개의 *συν*－합성어 중의 하나다(신약성경에서 반이 넘는 40개가 바울에게서 나타난다). 그는 그 합성어들을 보편적인 특권, 경험 그리고 신자들의 의무를 묘사하기 위해, 일반적으로 명사들을(*συγκοινωνός*, *συγχαίρειν*, *σύζυγος*, *συμπαρακαλεῖσθαι*, *συναγωνίζεσθαι*, *συνεργός* 등등) 가지고 사용하고 있고, 또 그리스도의 죽음과 생명을 나누는 것을 묘사하기 위해 일반적으로 동사들을(*συζῆν*, *συζωοποιεῖν*, *συμμορφίζεσθαι*, *σύμμορφος*, *συμπάσχειν*, *σύμφυτος*, *συναποθνήσκειν*, *συνδοξάζειν*, *συνεγείρειν*, *συνθάπτειν* 그리고 *συ(ν)σταυροῦν*, 또한 *συγκληρονόμος*; 참조. *TDNT* 7:786-87) 사용하고 있다. 그 두 가지 사용법은 바울의 마음속에 확실히 연관이 되

어 있고, 이는 그리스도 안에서의 조화에 뿌리를 박은 신자들의 조화를 표현하기 원한 것이다. 성령과 관련한 숨마르투레인(συμμαρτυρεῖν)과 수난티람바레스다이(συναντιλαμβάνεσθαι), 하나님과 관련한 수네르게인(συνεργεῖν) 그리고 창조와 관련한 수노디네인(συνωδίνειν)과 수스테나제인(συστενάζειν)을 참조하라(모두 8:16-28 내에 있다). 그리스도와 신자를 결합시키는 합성어들 중에서 사망-부활 모티프가 두드러진 것은 그 가르침의 기독교적(바울의) 특징을 강조해준다. 바울은 회심 혹은 새로운 믿음에 대한 입문을 묘사할 때 적절한 죽음의 이미지에 대한 보다 넓은 의미에 단순히 호소하고 있는 것이다. 그것은 근본적으로 종말론적인 요구이며, 이는 그리스도의 죽음과 함께 전반적인 기원이 지나갔고 새로운 세대가 시작했다는 것을 함축한다(6:8을 보라). 순(συν-) 합성어들이 나중에 확증해주는 것처럼(8:22), 이는 단순히 개인적인 경험이 아니라 역시 창조와 관련한 공유된 경험이다. 세대들 그리고 죽음에 의해서 양분되는 두 세대들을 요약하는 두 개인들간의 대조로부터 이어지는 사상의 흐름(5:12-21)이 역시 분명하기 때문에 바울이 여기서 순(συν-) 용어를 마지막 완성에서 주님에게 사로잡혔다는 개념으로 이끌어낸 것 같지는 않다(Käsemann, 162; Schnelle, 79). 만약 그렇다고 한다면, 어쨌든 더 오래된 묵시적인 이미지의 전형이 되고 있는 데살로니가전서 4:14-17에서 순(συν) 합성어가 없는 것은 놀라운 일이 될 것이다(참조. 에녹1서 1.9; Schweizer, "Dying," 2).

"세례를 받음으로"(διὰ τοῦ βαπτίσματος – 디아 투 밥티스마토스). 밥프티스마(βάπτισμα)가 마가복음 10:38-39에서 은유로 역시 나타날지라도, 여기서 의식 행위가 거의 염두에 두어졌다(Fazekas, 314; 참조. 막 1:4; 11:30; 눅 7:29; 행 1:22; 10:37; 13:24; 18:25; 19:3-4; 엡 4:5; 골 2:12; 벧전 3:21). 나타난 것처럼 그 구절은, 비록 바울이 고린도전서 10:1-12에서 공격한 오해의 종류를 고무시킬 위험성이 있을지라도, 하나님이 의식 행위를 통해 역사하신다는 것을 의미할 수 있었다. 또는 그것은 세례를 하나님의 행위의 중심이거나 그 행위가 나타나는 것으로 나타낼 수 있었지만(참조. 골 2:12 – 순타펜테스 엔 토 밥티스모[συνταφέντες ἐν τῷ βαπτισμῷ]), 능동적인 주체로서의 세례는 아니었다. 예를 들어, Schlier, "Taufe," 55("세례는 …영향을 준다), Leenhardt("세례 의식은 이 은혜를 실제적이게 한다…"), G. Barth 103("세례는 자유를 주고 …참여하게끔 한다)에서처럼 말이다. 또는 "으로(말미암아)"라는 구절은 하나님의 행위 안에서 그리고 행위에 대한 인간의 반응으로서의 세례에 관한 개념을 포함할 수 있었다(3:22, 25, 30과 골 2:12에서처럼, "믿음으로"(인해) 자신의 목적을 이루시는 하나님에 관한 이야기를 참조하라) – 마지막 아담에 대한 헌신과 자아 동일시에 관한 심리적인 최절정의 표현으로서의 세례. 물론 세례를 받는 믿음은 당연하고(참조. Schlatter; Fazekas, 316; Kertelge, *Rechtfertigung*, 265; Thyen, 203; Ridderbos, *Paul*, 213, 414; Achtemeier,107), 부정되거나 잊혀질 수 없다(특히 1:17과 3-4장의 주요 논증에서 피스티스[*πίστις*]와 피스튜에인[*πιστεύειν*]의 주제적 역할을 참조하라). 이 문맥에서 피스티스(*πίστις*)가 없는 것은 바울이 자신의 논증을 구성하는 문제로 인한 것인데, 그는 그밖에 다른 것보다도 이미 강조되어진 피스티스(*πίστις*)를 대신하는 밥티스마(*βάπτισμα*)를 가지고 전체의 또 다른 측면에 집중함으로써 그렇게 한다. 케제만은 여기서 세례의 교리를 구성하는 일을 진행시키는 것은 거의 필요가 없다는 것을 올바르게 주목한다.

"죽은 자 가운데서"(*εἰς τὸν θάνατον*-에이스 톤 다나톤). 그 구절은 동사를 수반한다. 고대인들에게서 그것을 합성하는 것은("죽음으로 장사되다") 동어반복도 또한 이상하지도 않았을 것이다(반대로는 Cranfield). "죽는다는 것과 이 세상을 하직한다는 것은 무엇보다도 사실상 장사로 끝맺음을 하게 된다"(Schnackenburg에 의해 인용된 E. Stommel, *Baptism*, 34과 Schlier). "다나토스(*θάνατος*)는 죽는 과정이나 생명이 단절되어지는 순간을 나타내는 것이 아니라, 어떤 사람이 생명을 마감한 상태를 나타낸다"(Schlater). 참조. NEB: "…그와 함께 장사되어, 죽었다." 피터센(Petersen)은 부차적 또는 이중 매장의 현상은 더욱더 이끌어내고자 하는 전환을 시작하고 있는 한 사건(부정과거-[처음] 매장)에 관한 바울의 이야기에 빛을 던져준다는 것을 주목한다. 여러 사람이 주목한 것처럼, 예수의 장사뿐만 아니라 그의 죽음에 대한 언급은 고린도전서 15:3-4의 케리그마적인 신조를 반영한다(G. Barth, 100과 참고문헌과 함께 Halter, 41, 49).

이 절에서 바울이 3절의 목적절을 단순히 반복하고자 의미하였는지는 불분명하다(10절에 비추어 볼 때, 그 사망은 "죄에 대한 사망"으로 적절하게 묘사되어질 수 있을지라도, 두 번째 절에서 아우투[*αὐτοῦ*]가 없는 것은 Frid, 191-94에도 불구하고 거의 의미가 없다). 가장 밀접하게 관련되어 있는 구절들을 피상적으로 짝을 지어 관심을 두는 것은(*εἰς τὸν θάνατον*/*εἰς τὸν θάνατον*; *ἐβαπτίσθημεν*/*διὰ τοῦ βαπτίσματος*) 순에타페멘(*συνετάφημεν*)을 설명하지 못한다. 바울은 은유인 밥티제스다이 에이스 톤 다나톤(*βαπτίζεσθαι εἰς τὸν θάνατον*)을 형상화된 기원적인 실제에 관한 더욱더 직접적인 진술(*συνετάφημεν εἰς τὸν θάνατον*-수네타페멘 에이스 톤 다나톤)로 분리시키고, 그 은유를 그것을 제공했던 의식 행위로 요약하면서(*διὰ τοῦ βαπτίσματος*-디아 투 밥티스마토스), 4a절 속에서 아주 그럴듯하게 이전 사상에 관한 요소들을 재정돈하고 상세히 설명한다. 어떻든 여기서 세례는 그리스도의 죽음과만 오직 연관되어 있다. 이는 그 연관성을 부활로 확장시키는 것을 거절함을 함축하면서(옳게는 Leenhard; 반대로는 예를 들어, Bruce), 이어지는 구절들과 불균형을 이룬다(아래와 6:5을 보라; 대조로는 골 2:12을 보라). 세례의 이미지가 더욱더 긴밀하게 잠기는 것과 연결될수록(LSJ, *βαπτίζω* 등등) 물로부터 재출현한다(=부활)는 사상을 포함시키는 것이 덜 적절하게 된다. "그리스도 합하여" 잠기는 것과의 상관성이 그리스도로부터의 재출현일 것이기 때문에 더욱더 그러하다(참조. M. Barth, *Sakrament*, 224-25, 227-29, 243-44). "이 세계에서 세례는 그리스도의 죽음, 그리스도의 부활에 대한 새로운 페리파테인(*περιπατεῖν*)에 상응한다"(Gäumann, 77; 참조. Halter, 50-51)(또한 13:14을 보라). 따라서 또한 밥티스데나이(*βαπτισθῆναι*)를 디카이오데나이(*δικαιωθῆναι*)와 동등하게 두는 것은 부적절하다(Dinkler, "Verhältnis"가 행하는 것처럼). 그 은유는 후자가 훨씬 더 큰 가능성을 제공하면서 서로 다르다(페리파테인[*περιπατεῖν*]과 다른 시제를 포함하여).

"하는 것처럼… 또한 하기 위하여"(*ἵνα ὥσπερ…οὕτως καί* – 히나 호스페르…후토스 카이). 앞선 구절의 주요한 구조적 특징 중 하나로 전환한 것(5:12, 18, 19 그리고 특히 21절)은 명백히 의도적이다. 아담의 기원과 그리스도 기원간의 확연한 비교와 대조들은 특화되어지고 한정이 주어진다. 그리스도의 신기원은 옛 시대의 종말을 의미하는 것은 아니며, 또한 신자들의 삶에서 그것의 완전한 실현은 옛 시대의 완전한 종말을 기다리는 것도 아니다. 이 시대에서 그리스도의 결정적인 행위의 역사는 죄 없는 행위나 죽음이 없는 삶이 아니라, 죽음을 넘어선 그리스도의 생명을 표현하는 도덕적으로 책임 있는 행위이다. 따라서 이 히나(*ἵνα*)는 1절의 거짓되고 불경스러운 히나(*ἵνα*)에 대한 대답이 되고 있다.

"그리스도를 죽은 자 가운데서 살리심과 같이"(*ἠγέρθη Χριστὸς ἐκ νεκρῶν* – 에게르데 크리스토스 에크 네크론). 이는 신조적인 울림을 갖는다(6:4, 9; 7:4; 8:34; 고전 15:12; 참조. 15:20; 딤후 2:8). 부활을 유효하게 하였던 분은 물론 하나님이시다(참조. 동일한 신조에 대한 능동태; 롬 4:24; 8:11; 10:9; 고전 6:14; 15:15; 고후 4:14; 갈 1:1; 엡 1:20; 골 2:12; 살전 1:10; 벧전 1:21). 4:24을 보라. 더 자세한 것은 Kramer, *Christ*, 19-44를 보라.

"아버지의 영광으로 말미암아"(*διὰ τῆς δόξης τοῦ πατρός* – 디아 테스 독세스 투 파트로스). 부활 신조에서 하나님에 의해 활용된 작용인에 관해서는 보통 언급이 없다. 그밖에 다른 곳에서 구체적으로 나와 있는 곳에서 바울은 하나님의 "영" 혹은 그의 "권능"을 언급한다(8:11; 고전 6:14; 참조. 고후 13:4). 그러나 여기서 바울은 그리스도의 부활을 성령에 귀속시키는 것을 삼가하기 위해, 아마도 의도적으로, 아주 예상치 못한 구절을 선택하고 있다(참조. 1:4; 8:11). 따라서 하나님의 영과 승귀하신 그리스도와의 관계는 약간에 신학적으로 민감한 주제가 된다는 것을 이미 인식하고 있음을 나타내준다(더 자세한 것은 Dunn, *Christology*, 144를 보라). 이러한 의미의 범위 내에서, 독사(*δόξα*)는 일반적으로 천국, 하늘의 존재 그리고 특히 하나님의 가견적인 영광을 일컫는 것이고(바울에게서는 1:23; 3:23; 고전 11:7; 15:40-41; 고후 4:6; 엡 1:17), 또 바울에게서 아주 자주, 신자들이 하나님의 구원하시는 목적의 최절정으로서 공유하기를 원하는 가견적인 영광을 일컫는다(2:7, 10; 3:23; 5:2; 8:18, 21; 9:23; 고전 2:7; 15:41; 엡 1:18; 빌 3:21; 골 1:27; 3:4; 살전 2:12; 살후 2:14). 더 자세한 것은 BGD, *δόξα*와 1:21; 3:23 그리고 9:4을 보라. 그러나 보다 역동적인 개념을 예상할 수 있는데, 왜냐하면 거기에 사상에서의 관계적 요소가 있기 때문이다: 인간이 인지하는 신은 인간이 경험하는 신의 사상과 그렇게 멀리 떨어져 있지 않다(Granfield의 언급을 보라; BGD는 Wisd Sol 9:11과 Philo, *Spec. Leg.* 1.45를 인용하고 있다; 바울에게서는 특히 고후 3:18; 엡 3:16; 빌 4:19; 골 1:11; 그리고 살후 1:9을 참조하라). 그러나 블랙(Black)은 디아(*διά*)를 "부수적인 환경"을 나타내는 것으로 취하는데, 이는 하나님의 영광스러운 권능이 수반되고 있음을 나타낸다.

"우리로 또한 새 생명 가운데서 행하게 하려 함이니라"(*ἡμεῖς ἐν καινότητι ζωῆς περιπατήσωμενἡμεῖς ἐν καινότητι ζωῆς περιπατήσωμεν* – 헤메이스 엔 카이노테티 조에스 페리파테소멘 엔 카이노테티 조에스 페리파테소멘). 삶의 걸음걸이를 비유적으로 나타내고 있는 "행하다"라는 의미의 페리파테오(*περιπατέω*)는 헬라 사상에서는 전형적이지 않지만(BGD; *TDNT* 5:941), 유대에서는 전형적인 특징을 이룬다(예를 들어, 출 18:20; 신 13:4-5; 왕상 9:4; 왕하 22:2; 시 86:11; 잠 28:18; 사 33:15). 이 점에서 유대 관용구와 헬라 관용구가 서로 다른 것을 구약의 규칙적인 하라드(הָלַךְ, 왕하 20:3; 잠 8:20; 그리고 전 11:9에서만 나온다)를 번역하기 위해서 페리파테오(*περιπατέω*)를 자주 사용하지 않았다는 데서도 알 수 있다. 따라서 신약의 용법은 70인경보다는 구약의 관용구를 알고 있었음을 반영해준다. 또한 요한과 바울 이외에는 그 용어를 자주 사용하지 않은 것에서도 명백히 알 수 있는데(막 7:5; 행 21:21; 히 13:9; 계 21:24), 요한에게서 그 용어가 자주 출현하고 있고(8:12; 11:9-10; 12:35), 바울 속에서는 더욱더 현저하다(롬 8:4; 13:13; 14:15; 고전 3:3; 7:17; 고후 4:2; 5:7; 10:2-3; 12:18 등등; 목회서신은 아니다). 부정과거(περιπατήσωμεν – 페리파테소멘)는 회심이 새로운 삶의 양식으로의 결정적인 전환임을 의미하고 있음을 시사한다. 참조. NEB: "따라서 우리는 새로운 삶의 길에 발을 들여놓게 되었다."

전형적인 구약의 은유는 하나님의 "법/법령/방식 속에서" 걷는 것에 관해 말한다(예를 들어, 출 16:4; 레 18:3-4; 신 28:9; 수 22:5; 렘 44:23; 겔 5:6-7; 단 9:10; 미 4:2). 엔 카이노테티 조에스(*ἐν καινότητι ζωῆς*)로 쓴 것 속에서 바울은 분명히 대조를 의도하고 있다. 문맥에서 분명히 그리스도의 부활한 삶으로부터 파생되어진 것으로 생각할 수 있는 것이 카이노테스(*καινότης*, 7:6에서 그 용어의 유일한 다른 신약용법을 참조하라: 엔 카이노테티 프뉴마토스 카이 우 팔라이오테티 그람마토스 [*ἐν καινότητι πνεύματος καὶ οὐ παλαιότητι γράμματος*]; 더 자세한 것은 *TDNT* 3:447 -51을 보라)에 그리고 조에(*ζωή*)(*ὥσπερ…οὕτως…*; 참조. BGD, *ζωη* 2)에 내포되어 있다. 바울에게서 죄의 지배는 율법에 의해 무너지는 것이 아니라 종말론적으로 무너지는 것으로 이해된다. 6:9을 보고 더 자세한 것은 8:4을 보라. 평행구의 후반부가 일시적으로 중단되어 있다는 사실(그리스도와 함께 장사되었으나 아직은 그와 함께 부활하지 않은)은 신비적 교의에 따라 파생되었다거나 구성되었다는 말에 반대하여 말하게 하는데, 왜냐하면 이런 "종말론적인 유보"는 역시 기독교적이기 때문이고, 또 고린도에서 너무 실현된(세례적) 종말론에 대한 반작용으로 파생된 강조(고전 4:8; 10:1 이하; 15:2)(예를 들어, G. Barth, 94-98; Schnelle, 80)는 그 논증의 기원에 관한 더 많은 증거를 확실히 저버리는 것이 될 것이다.

5 "만일 우리가 그의 죽으심을 본받아 연합한 자가 되었으면"(*εἰ γὰρ σύμφυτοι γεγόναμεν τῷ ὁμοιώματι τοῦ θανάτου αὐτοῦ* –에이 가르 슘푸토이 게고나멘 토 호모이오마티 투 다나투 아우투). 여기서 에이(*εἰ*)는 "왜냐하면"이라는 의미를 가진다(BGD, *εἰ* Ⅲ). 가르(*γὰρ*)는 5절이 4절의 배후의 근거를 제공하고 있음을 나타낸다. 신약에서 오직 여기서만 나타나는 숨푸오(*συμφύω*)에서 유래하는 숨푸토스(*σύμφυτος*)는 숨푸튜오(*συμφυτεύω*, "함께/같이 심다")라기보다는 "함께 성장하다, (상처)를 봉합하다"인 것으로 일반적으로 의견이 일치하고 있다. 그 동사가 암시하는 것처럼, 그 이미지는 horticultural이라기보다는 생물학적이다 – 한 뼈의 부러진 끝들을 융합하거나 상처의 언저리에서 함께 생성되는 것(Hippocrates, *Aph*, 6.24; *Art*. 14; Soranus, 2.57 – LSJ, *συμφύω*에서처럼; 더 자세한 것은 Spicq, 845); Schnackenburg, *Baptism*, 47-49에서의 논쟁을 참조하라; 식물학적인 비유를 바라보는 가능성

에 관해서는 Dunn, *Baptism*, 141 n.5와 Black과 O'Neill을 보라. 숨푸토이(*σύμφυτοι*)를 뒤따르는 여격은 전적으로 예상되어질 수 있으므로(LSJ, BGD를 보라), 호모이오마티(*ὁμοιώματι*)는 동사와 함께 조격적으로보다는 숨푸토이(*σύμφυτοι*)와 함께 읽혀질 수 있을 것이다. 게고나멘(*γεγόναμεν*): 완료시제는 지속되는 상태를 야기하는 과거의 행동을 나타내기 위하여 의도적으로 사용되었다. 물론 바울은 부정과거시제와 완료시제의 구분을 어떻게 사용하는지 잘 알고 있다(특히 고후 1:19를 참조하라). 그 강조는 갈 2:19(수네스타우로마이[*συνεσταύρωμαι*])과 6:14(에스타우로타이[*ἐσταύρωται*]: Dunn, *Jesus*, 331)의 완료시제에 의해 표현되었던 것과 동일하다.

호모이오마(*ὁμοίωμα*)의 의미에 관해서는 논쟁이 상당히 있다(특히 *TDNT* 5:192-95; Käsemann을 참조하라). 그 용어는 요한계시록 9:7 이외에는 신약에서 순전히 바울에게서만 나타난다-1:23; 5:14; 6:5; 8:3; 빌 2:7. "유사함"이라는 개념이 근본을 이루고 있고, 오직 불분명하게 남아 있는 것은 그 유사함의 정도가 어떠하냐는 것이다. 수어터(Souter)는 호모이오테스(*ὁμοιότης*)에 나타난 보다 추상적인 "유사함"과 구분되는 구체적인 유사함을 나타내는 것이라고 제기한다(MM, *ὁμοίωμα*; *TDNT* 5:191). 그러나 성경적인 용법에 대한 열쇠는 아마도 그 용어가 인간에게 인식 가능한 초월적인 실체의 형태를 나타내기 위해 규칙적으로 사용되었다는 사실에 있다. Plato, *Parmenides* 132D와 *Phaedrus* 250B에서도 마찬가지다. 유한한 것들은 호모이오마타(*ὁμοιώματα*)이며, 그 속에서 타 파라데이그마타(*τὰ παραδείγματα*, 천국의 "개념들")가 표현된다. 그리고 70인경-출 20:4; 신 4:12, 15; 5:8; 겔 1:4-5, 16, 22, 26, 28; 8:2-3; 등등; 단 3:25; 또한 Philo, *Migr.* 48-49; 참조. Sir 34:3; 계 9:7(Schnackenburg, *Baptism*, 53에서 초기 기독교 교부들의 언급). 70인경에서 다른 대부분의 현저한 용법, 즉 우상숭배와 관련하여서도(신 4:16-18, 23, 25; 시 106:20; 사 40:18-19; 마카비1서 3:48) 동일한 의미가 제기되었다. 다시 말해서, 하지만 착오로, 우상이 영적이고도 초월적인 실체에 대한 구체적인 표현을 주는 것으로 의도되었다는 인식이 있다. 로마서 1:23은 이 마지막 범주와 동일선상에 놓여 있다(Haacker, "Probleme," 15-16은 행 17:29과 비교한다). 5:14와 6:5에서 초월적 실체들은 뒤따르는 기원-아담의 범죄와 그리스도의 죽음-을 결정짓는 결정적인 구원역사 사건이다. 호모이오마(*ὁμοίωμα*)는 뒤따르는 기원 내에 있는 동등한 구체적 실체다. 매우 밀접한 유사성이 5:14에 시사되어져 있는 것으로 보인다. 8:3과 빌립보서 2:7에서 그 형상은 세상적인 실체("죄악된 육체", "인간")에 관한 것으로, 그 용법은 우상-아마도 그리스도의 아담적 역할 또는 선택의 초월적 실체가 아담의 타락한 인종의 차원에서 표현된 구체적인 실제를 나타내는 호모이오마(ὁμοίωμα)와 함께 하나님이 창조한 아담의 부적절한 대리적 복사물-에 대한 언급과 관련하여 사용한 그 용어와 등등하다. 매우 근접한 유사함(유사성)이라는 의미가 다시금 제기된다(충분히 하나가 될 만큼 "유사함").

현재의 기원 안에 있는 그리스도의 구원역사의 죽음과 동등한 실체는 정확히 무엇인가? 바울이 여기서 호모이오마로 세례를 의미하고 있는(예를 들어, Schwarzmann, 32-34; Kirk; Warnach, "Tauflehre," 299-311, 317-22; Wikenhauser, 114-15; Barrett; O'Neill; Schnell, 82-83; 참조. Schmidt; Gäumann, 51 n.13에서의 여타 것들과 Morgan, 283 n.59) 것 같지는 않다. 세례는 예수의 죽음과 같지 않다. 5a절의 완료시제는 계속적인 상태(여전히 물아래 있다!)를 나타내고, 5b절의 미래시제는 이미 완성된 의식과는 다른 어떤 것(특히 Tannehill, 32-35를 보라)을 가리키고 있다. 따라서 호모이오마가 세례의 성례적 특징을 의미하고 있다는 주장은 배제된다(Schneider, *TDNT* 5:195; Kuss; Mussner, 195; Schlier). 세례의 표제 하에서 그 문제를 논의하는 사람들(예를 들어, Kuss, 309 이하; Schnackenburg, 30-44; Dinkler, 73-74; Black)은 본 절의 주제가 "죄에 대하여 죽었다"(2절)는 사실과 3-4절은 단지 죽음 속에서 그리스도와의 신자들의 연합에 관해 언급하는, 첫 방식을 제공하는 세례와 더불어, 그 주제에 관한 최초의 작업이라는 것을 잊고 있다(6:2을 보라; 참조. Halter, 54-55). 또한 호모이오마(ὁμοίωμα)는 그리스도의 죽음 그 자체에 대해 언급하는 것이 되게 해서는 안 된다(Bornkamm, "Baptism," 77; Beaslet-Murray, 134; Grundmann, *TDNT* 7:791; Frankemölle,70; Wilckens). 만약 바울이 "그리스도의 죽음과 연합되었다"고 말하기를 원했다면(참조. "그와 함께 장사되었다", "그리스도와 함께 십자가에 달렸다"), 바울은 호모이오마(ὁμοίωμα)를 결코 사용하지 않았을 것이다. 심지어 호모이오마(ὁμοίωμα)는 그리스도의 육체와 관련하여 취해져야 한다는 쉬라저(Schrager)의 주장도 설득력이 없다(참조. Mussner, 192; Schnell, 211 n.452와 Morgan, 292-93은 정당하게 반박하였다). 신자가 "함께 연합되어" 있는 것이 그리스도의 기원적인 종말의 실체이며, 이는 여기 지금 속에서 역사된 죄의 지배를 깨뜨리는 죽음, 즉 여전히 지속되고 있는 아담의 기원 안에서도 효력이 있으며, 또 경험되어질 수 있는 한도를 갖는 그리스도의 죽음의 실현이다(참조. Schlatter; Gewiess; Thüsing, 137-38; Goppelt, *Theology* 2:102; Morgan, 295-98)-죄에 대한 죽음이다(Frid, 194-97). 따라서 아우토(αὐτῷ)가 주어질 필요가 없다(지금 대부분의 사람들이 동의하는 것처럼; 더 오래된 견해에 대해서는 Schnackenburg, 46 n.51;

Fitzmyer를 보라; Morgan, 272-76은 그 논쟁을 간략하게 검토한다)는 것이 더 명확해진다: 그 사상은 단순히 4b절의 반복이 아니다. 그리스도의 죽음을 본받는 것과 함께 하는 연합이다(그것은 그리스도의 죽으심 속에서 그리스도와의 연합[RSV, NEB, NIV]과 동등하지만, 그리스도의 죽으심의 본받음을 통한 그리스도와의 연합에 관한 것은 아니다[NJB]).

"또한 그의 부활을 본받아 연합한 자가 되리라"(*ἀλλὰ καὶ ἀναστάσεως ἐσόμεθα* –알라 카이 아나스타세오스 에소메다). 알라(*ἀλλά*)는 5:9-10의 폴로 말론(*πολλῳ μᾶλλον*)과 대등한 것으로, "확실히"라는 의미를 갖는다(Lightfoot; 참조. BGD, §448.5; BGD, *ἀλλά* 4). 거의 모든 주석가들은 숨푸토이 토 호모이오마티(*σύμφυτοι τῷ ὁμοιώματι*)는 절과 의미의 균형을 완성하기 위해 공급된 것으로 의견을 같이 한다. 이런 경우에 기노마이(*γίνομαι*)와 에이미(*εἰμί*) 사이에 차이는 거의 없다. 아나스타시스(*ἀνάστασις*)는 아우투(*αὐτοῦ*)가 없음에도 불구하고(1:4에서처럼) 그리스도의 부활이다. "그의 부활을 본받는 것"은 여기 지금에서 (그의 죽음처럼) 경험되어질 수 있는 것과 같은 그리스도의 부활과 동등한 실체가 될 것이다(빌 3:10). 하지만 바울은 죽은 자의 부활에 대한 기원을 도입하는 사건의 완전한 역사를 더욱더 염두에 두었을 것이다(아나스타시스 네크론[*ἀνάστασις νεκρῶν*]–1:4; 고전 15:21; 빌 3:11)–그리스도와 똑같은 부활(8:11; 고전 15:47-49; 빌 3:2; Ignatius, *Trall.* 9.2). 이것은 분명히 미래 시제의 가장 분명한 함축이 된다(*ἐσόμεθα*–에소메다). 바울이 그리스도와의 신자의 일체성에 관한 도입을 끊임없이 회고하는 문맥에서 논리적 미래(Leenhardt는 놀랍게도; Schnackenburg, 38; Fitzmyer; Frankemölle, 71-73; 참조. Beasley-Murray, 139-40) 또는 현재적 미래(Cranfield)는 오직 혼동을 줄 수 있다. 바울이 이미 발생하였거나 또는 이미 효과가 있는 것으로서 그리스도의 부활을 공유하고 있는 사상을 나타내기 원했다면, 그는 아마도 부정과거나 완료 또는 현재 시제를 사용했을 것이다(참조. 고후 4:16; 골 2:12; 3:1). 연속된 사상은 에소메다(*ἐσόμεθα*)가 일시적 혹은 종말론적 미래로 이해된다면 훨씬 더 좋은 의미를 갖는다(대부분의 해석자들이 그렇다). 또한 6:8과 6:4의 종말론적 유보(reservation)를 보라(Halter, 56).

6 "우리가 알거니와"(*τοῦτο γινώσκοντες ὅτι*–투토 기노스콘테스 호티). 기노스코(*γινώσκω*)는 "알다, 알게 되다, 이해하다, 깨닫다"는 의미를 갖는다(BGD). 여기서 그것은 이어지는 특별한 가르침이 이미 알려져 있다거나(참조. 갈 2:19) 또는 경험으로부터 자증적이 된 것이라기보다는 이전 논증으로부터의 분명한 추론이거나

재서술임을 함축하고 있다(예를 들어, 막 4:13을 참조하라).

"우리 옛사람이 예수와 함께 십자가에 못 박힌 것은"(*ὁ παλαιὸς ἡμῶν ἄνθρωπος συνεσταυρώθη*-호 팔라이오스 헤몬 안드로포스 수네스타우로데). 팔라이오스(*παλαιός*)는 회심 이전의 삶의 상태(고전 5:7-8;골 3:9; 또한 엡 4:22)를 나타내는 것으로 바울에 의해 일관되게 사용되고 있는데, 이는 분명히 그리스도 이전의 세대의 삶, 즉 옛 계약 하에 있었던 삶을 나타낸다(고후 3:14; 또한 롬 7:6). 따라서 여기서 옛 사람(*ὁ παλαιὸς ἄνθρωπος*-호 팔라이오스 안드로포스)은 죄와 사망에 의해 지배되는 아담 세대에 속하는 사람이다(5:12-21, Wilckens). 참조. 엡 2:15: "새 사람"은 그리스도이고 "그리스도 안에 있는 자들"이다(Barrett; Tannehill, 24-30). 단수형(문자적으로는 "옛 사람들" 대신에 "옛 사람")은 일상적인 문체이지만, 죄와 사망의 노예로 고통하는 일반적인 인간의 개념을 강조해준다(참조. 8:10). 여기서 사회적이며 구원사적인 차원을 개인의 경건 경험으로 축소시켜서는 안 된다. 하지만 그것은 그리스도인들("우리의 옛 사람")에 대한 언급이고, 그리스도의 죽음과의 일체로 인해 그들에게서 죄의 지배가 깨어졌다는 것이다. 또한 "옛 사람"을 그리스도인들의 필수불가결한 부분으로 취해서도 안 된다: "우리의 옛 사람"(6절)=2-6, 7절의 "우리." 머레이(Murray)는 이 구절들에서 나오고 있는 종말론적 긴장을 놓치고 있다.

수(순)스타우로(*συ(ν)σταυρόω*): 바울에게서 또 다른 경우는 오직 갈라디아서 2:19에서 나온다. 하지만 이는 바울에 의해서 효과적으로 사용된 순(*συν-*) 합성어 중의 하나이며(6:4을 보라), 여기서는 연속되는 순(*συν-*) 합성어의 세 번째 동사다(*συνετάφημεν, σύμφυτος*). 5절에 완료(*γεγόναμεν*-게고나멘)에 이어, 여기서 부정과거시제가 재개되고 있는데(하지만 갈 2:19에서는 완료시제), 그 부정과거시제는 (3-4절에서처럼) 죄와 사망의 지배를 종결하는 그리스도의 죽음의 결정적인 구원역사 사건을 나타내고 있으며, 그 구속사건은 세례와 그 이후의 헌신 속에서 자기 자신을 그 사건과 일치시키는 사람들의 경험으로 들어온다. 참조. 골 3:9-10; 엡 4:22; 갈 3:27과 함께 롬 13:14). 바울의 복음에서 죄와 사망의 지배를 깨뜨리는 유일한 수단으로서의 십자가 중심성은 여기서도 분명하고, 3:25에서 개요된 속죄제로서의 그리스도의 죽음에 관한 신학과 논리가 맞아떨어진다. 그리스-로마 세계에서 십자가에 못 박히는 일에 대한 공포와 혐오에 대해서는 M. Hengel, *Crucifixion*(ET; London: SCM, 1977)을 보라.

"죄의 몸이 멸하여"(*ἵνα καταργηθῇ τὸ σῶμα τῆς ἁμαρτίας*-히나 카타르게데 토 소마 테스 하마르티아스, SH). 카타르게오(*καταργέω*)는 신약에서 바울서신에서만 거의 독점적으로 나온다(27번 중 25번). 70인경에서 그 용어는 오직 4번만 나온다(모두 2 Esdras=에스라-느헤미야에서 나온다). 파피루스에서 그것이 "게으르다, 또는 활동하지 않다"(MM)라는 의미로 자주 나타날지라도, 다른 곳에서는 거의 사용되지 않는다. 바울이 사용하는 용어 중에서, 그것은 정확한 의미를 끄집어내기가 매우 어려운 단어 중 하나다(참조. BGD, *TDNT* 1:452-54). "무능하게 되다"라는 파피루스의 의미가 확실히 3:3, 31; 4:14; 고전 1:28과 갈 3:17에 들어 있다. 하지만 "끝나다, 없어지다, 파괴되다"라는 더 강력한 의미로도 고전 6:13; 15:24, 26; 살후 2:8; 또한 엡 2:15; 딤후 1:10; 히 2:14에서 분명히 들어 있다. 그 중간에 사용되고 있는 정확한 의미의 범위를 정하기가 어렵다: "벗어나다, 영향력의 범위를 빼앗기다"(롬 7:2, 6); "권세를 잃다, 사라지다, 소멸하다"(고전 2:6; 13:8, 10); "제쳐두다, 떼어놓다"(고전 13:11); "희미해지다"(고후 3:7, 11, 13); "없애다(감추다)" 더 좋게는 "끝나다"(세대)(갈 5:11). 이런 의미들의 범위 내에서 로마서 6:6의 명확한 자리를 당연하게 여길 수는 없다. 중요한 요소는 거기에 특별한 구절의 종말론적인 적용이 있는 것으로 보인다. 그 동사는 종말론적인 심판의 최종성이 고려되고 있을 때, 가장 강력한 의미를 갖는다(고전 15:24, 26; 살후 2:8). 그러나 초기의 조건들과 사건들에 대한 그 적용은 이미 그리스도를 통하여 결정적으로 효과가 나타난 것으로서의 하나님의 목적의 종말론적인 의미에 의해 결정되어지는데, 이는 초기 단계의 오래된 것이며, 따라서 그들의 지배가 끝난 이 세대의 세력에 관한 주목이다. 따라서 6절의 부정과거시제의 의미는 이미 시행된 최종심판에 관한 것이 아니라, "행동할 수 없게 되다"(T. W. Manson), 즉 이제 "무기력해졌고"(NIV), 끝날에 마지막 파멸이 보증된 결정적인 단계에 관한 것이다. 또한 3:31과 8:31을 보라.

소마(*σῶμα*)가 바울에게서 나타날 때마다 현대의 독자들은 그것이 육체적인 몸을 나타내는 것이 아니라 육체적인 몸을 포함하지만 그 육체로 축소시킬 수 없는 더 완전한 실체를 나타내는 것임을 상기할 필요가 있다. 그것은 특별한 환경에서 구체화된 인간, 즉 그 인간을 사회적 존재로 구성짓게 하는 육신이며, 그 환경과 인간을 관련짓고 교감케 하는 존재를 말한다. 그것은 인간이 그 자신의 환경에 의해 행동을 하며, 영향을 받는 구체화된 실체로서의 몸이다. 따라서 물리적인 환경에서 인간은 물질적인 몸으로 구체화되지만, 부활에서 그 몸은 영화된다(고전 15:44). 따라서 소마를 부사나 다른 구절을 통해 더 정확하게 규정할 필요가 자주 생긴다. 예를 들어, 드네톤 소마라는 구절은("죽을 몸" -6:12; 8:11; 고전 15:53-54) 동어반복이 아니라 이 물리적인 세계에(또는 우리가 말하는 것처럼, 이 4차원적인 시공간 연속체)

속해 있는 인간은 부패, 부식 그리고 죽음에 종속되어 있다는 것을 분명히 하는 한 방법이다. 이것은 바울의 사상이 특징적으로 히브리적이지만, 가끔씩 재치 있게 또는 무의식적으로 영과 몸, 말하자면 참된 "나"와는 구분되는 몸간의 보다 전형적인 헬라적 이원론에 근거를 제공해주고 있다는 것을 말해주고 있다(또한 대부분, 예를 들어, Bultmann, *Theology* 1:194; *TDNT* 7:1060-66; Cranfield; Schlier; NJB—"죄에 속한 자아"; 반대로는 Gundry, *Soma*, 여기서 특별히 57-58; 더 자세한 것은 12:1을 보라). 따라서 현재의 경우에, "죄의 몸"은 영지주의적인 육체의 경멸을 나타내는 것이 아니며(참조. Jewett, *Anthropological Terms*, 292), 죄에 의해 지배된 시대에 속한 인간, 즉 "옛 시대(Weltzeit)의 인간존재"(Michel), 말하자면, 죄와 사망 하에 있는 인간(Gaugler)을 나타난다. 그 사상은 우주적 역사의 전체 시야에 관한 구속사 관점에 의해 여전히 통제되어진다(5:12-21). 특히 7:24와 8:10; 70인경 Wisd Sol 1:4를 참조하라. 그것은 옛 시대에 속한 것이며, 한 인격으로서의 실체와 옛 세대의 가치에 관한 사회적 지위에 대한 빚에 의존하고 있는 것인데(참조. Wisd Sol 1:4), 이는 십자가상에서의 그리스도의 죽음의 치욕과 굴육과의 일체로 인해 끝나게 된 것이다.

"죄"는 2절 이후로 언급되지 않았다. 히나(*ἵνα*) 구절은 2절에서 시작된 논증의 노선을 감싸주고, 1절에서 제기된 문제를 어떻게 충족시킬 것인가를 보여주기 위해서 의도되었다. 그러나 거기에 두 가지 목적절(히나[*ἵνα*], 그리고 대격+부정사), 하마르티아(*ἁμαρτία*)에 대한 두 언급, 따라서 1절에 대한 반응이 두 가지 측면을 갖고 있다는 것을 유념하는 것이 중요하다.

"다시는 우리가 죄에게 종노릇하지 아니하려 함이니"(*τοῦ μηκέτι δουλεύειν ἡμᾶς τῇ ἁμαρτίᾳ*—투 메케티 둘류에인 헤마스 테 하마르티아). 메케티(*μηκέτι*)와 현재 시제를 가진 그 서술은 신자가 죄를 섬기는 일을 계속할 가능성이 매우 실제적이라는 것을 함축한다. 따라서 그리스도의 죽음 속에서 그리스도와 일체가 되는 부정과거는 은혜의 주관 아래 살 수 있는 가능성을 제공하지만, 그렇다고 해서 어떤 특별한 때에 신자가 죄에 대하여 다시 한번 굴복 당하는 것을 막아주지는 않는다. "명령법이 직설법 안에 내포되어 있다"(Halter, 59).

7 "이는 죽은 자가 죄에서 벗어나 의롭다 하심을 얻었음이니라"(*ὁ γὰρ ἀποθανὼν δεδικαίωται ἀπὸ τῆς ἁμαρτίας*—호 가르 아포다논 데디카이오타이 아포 테스 하마르티아스). 디카이우스다이 아포 하마르티아스(*δικαιοῦσθαι ἀπὸ ἁμαρτίας*)는 바울의 특징은 아니지만, 우리가 인정할 수 있는 이미지를 인식할 수 있도록 충분히

증명되었다(Sir 26:29; T. Sim. 6.1; 참조. 행 13:38). 하지만 "죄로부터 벗어남"(BGD, *δικαιόω* 3c)이 이러한 구절들의 번역으로 꽤 적절한지는 의문이 남는다. 더 좋은 번역은 "죄로부터(죄와 관련한 책임에서) 벗어났다고 선언되었다", "더 이상 죄에 대해서 응답하지 않는다"(NJB, 유사하게는 NEB)일 것이다. 거기서 그 의미는 힘있는 세력으로서의 죄에 대한 바울의 전형적인 개념이라기보다는 죄된 행동이 고려되고 있다(하지만 3:9을 보라). 순(*συν*-) 형식(8절에서처럼)보다는 주어의 절대형은 여기서 우리가 특별히 기독교적인 사상을 갖는 것이 아니라, 공동의 지혜가 많이 저장되어 있는 잠언 이상의 그 어떤 것을 갖고 있다는 것을 함축한다. 특별히 이 번역은 랍비들이 일반적으로 언급하였을지라도 그밖에 다른 곳에서는 증명되지 않는다. 즉 랍비들은 다음과 같이 언급하였다: "인간이 죽을 때, 율법을 이루는 일에서 벗어난다"(Šabb.151[b] Baraita) 또는 "죽는 모든 자들은 사망을 통하여 속죄를 얻는다"(*Sipre Num.* 112 on 15:31)(Kuhn, "Röm 6:7"; Str-B, 3:232; *TDNT* 2:218). 비록 "죄의 몸"에 관한 이전 이야기와 가장 근접한 평행구가 죄에 대해 빚을 지고 있는 몸에 관한 이미지를 사용하는 것이 두드러진 사실일지라도(Wisd Sol 1:4: *ἐν σώματι κατάχρεῳ ἁμαρτίας*), "죽음은 모든 죄책을 지불한다"와 같은 잠언적인 원리에 의존하고 있다는 것을 크랜필드는 논박한다(Schlier과 Wilckens의 보다 공감적인 취급을 보라). 그리고 Sir 18:22(*μὴ μείνῃς ἕως θανάτου δικαιωθῆναι* - 메 메이네스 헤오스 다나투 디카이오데나이)를 참조하라. 하지만 바울이 의존하고 있거나, 어떤 특별한 잠언적 서술을 개작하고 있는 정도가 불분명할지라도, 그의 주된 사상과 사상의 노선의 일관성은 분명하게 보인다: 죽음은 죄의 지배의 끝을 나타내며, 이는 절정과 중단이라는 두 가지 의미의 "끝"을 갖는다. "죽은 사람은 더 이상 붙들린바 되지 못한다"(Kuss). 죽은 사람이 자유케 된다는 것은 지혜서에서 주어지지 않는다(무, 또는 어떤 불명확한 내세, 또는 그 외의 것들이든지 간에); 그 이미지는 억누르는 짐에서 벗어난 것으로의 죽음 그 이상이다(완료의 의미는 완벽하게 "과거를 청산하는" 것을 나타내고 있다). 따라서 그 말은 그 자체로 기독교적인 것은 아니다(Scroggs, "Romans 6:7"과 그것을 그리스도에 대해 주로 언급하는 Kearns는 10절을 다소 중복된 것으로 남겨둔다). 기독교적인 용법은 바울이 그것을 사용한 것에서 온다: 죽음은 인간(모든 사람)에 대한 죄의 지배의 끝이다. 하지만 오직 한분(인간 그리스도)만이 죽음의 마지막 지배를 깨뜨린 죽음을 죽으셨다.

8 "만일 우리가 그리스도와 함께 죽었으면"(*εἰ δὲ ἀπεθάνομεν σὺν Χριστῷ* - 에이 데 아페다노멘 순 크리스토). 5절처럼 여기서 에이(*εἰ*)는 "왜냐하면"이라는 의미

를 갖는다(BGD, ἐί Ⅲ). 부정과거시제는 2절로부터 연속된 부정과거시제들의 결론에 속하고, 그것들은 모두 다양한 은유를 사용하여 동일한 것들을 언급하고 있다-"그의 죽으심과 합하여 세례 받은"(3절), "그와 함께 장사되었으니"(4절), "그와 함께 십자가에 못 박힌"(6절). 2절 서두의 진술(ἀπεθάνομεν)을 더 분명하게 재개하는 것은, 이미 3-6절에서 반복적으로 강조된 사실, 즉 "우리가 그리스도와 함께 죽었다"는 사실에 의해서 "우리가 죄에 대하여 죽었다"는 것을 강조하고 있다.

순 크리스토(σὺν Χριστῷ, 또는 이와 동등한 서술들)는 바울의 사상의 특징인 엔 크리스토(ἐν Χριστῷ)보다는 덜 자주 나온다(6:11을 보라). 그러나 자주 나오는 순(συν-) 합성어와 더불어(6:4을 보라), 그것은 바울 사상에서 중요한 요소를 형성한다. 그것은 엔 크리스토(ἐν Χριστῷ)보다는 덜 전문적인 용어이고(σύν은 그리스도와 관련된 11 경우 중 오직 4번만이 완전한 표현인 σὺν Χριστῷ를 가지고 있다), 그리스도의 죽음과 생명의 결정적인 종말론적 사건에서 신비적 또는 성례적 혹은 구원사적 참여라기보다는 단순히 "무리들 속에서"를 나타낸다(그 때문에 바울은 συν 합성어를 선호하는 것으로 보인다; 다시금 6:4를 보라). 따라서 압도적으로 본 구절에 대한 언급은 미래에 관한 것이다. 즉 "그리스도와 함께 거하는 것(천국에서)"-빌 1:23, 살전 4:17, 5:10; 참조. 골 3:3; 영광으로/재림에서 그리스도와 함께 나타나는 것-골 3:4, 살전 4:14. 오직 고후 4:14만이 "예수와 함께" 장래에 부활할 것에 관해 언급하고 있다. 또 오직 골로새서 2:13(참조. 엡 2:1-10)만이 이미 "그와 함께" 살고 있는 것으로서의 신자들에 관해 언급하고 있다. 로마서 6:8과는 이외에 골로새서 2:20만이 "그리스도와 함께" 죽었던 신자들에 관해 언급하고 있다. 8:32와 골 3:3을 참조하라. 그러나 여기서 연속된 순(συν-)합성어를 뒤따르는(4, 5, 6절) 그 용어는 명백하게 이런 것들의 변이로서 기능하고 있고, 죄와 사망의 지배의 종말을 특징짓고 효력을 갖는 그리스도의 죽음의 구원사적 효력에 참여하는 이러한 동사들로서 동일한 의미를 전달하고 있다. 본 구절의 세례와의 연관성을 강조하는 언급에 대해서는 Kuss, 319-29를 보라.

"우리가 믿노니"(πιστεύομεν ὅτι-피스튜오멘 호티). 믿음에 대한 마지막 언급으로서 5:1-2에서 재개된 피스티스(πίστις)와 함께 5-8장에서 이 동사가 사용된 것은 오직 이 한 번뿐이다. 또한 함축적인 피스튜에인 에피(πιστεύειν ἐπί, 4:24을 보라)보다 믿음의 내용을 나타나기 위해 피스튜에인 호티(πιστεύειν ὅτι)를 처음으로 사용하고 있다(10절과 살전 4:14에서처럼). 그것은 다음과 같은 점을 분명히 해준다. (1) 그리스도의 부활 생명에의 (완전한) 참여는 여전히 미래적이고, (2) 많은 경험들이 앞선 부정과거시제에 연관되어 있을지라도, 여기서 염두에 두어진 것은 요구되는 믿음, 즉 그리스도의 죽음과 부활의 종말론적 의미와 그리스도와 신자들의 일체성으로부터 발생하는 확신이다(또한 Barrett; Gäumann, 84; Schlier를 보라). 6절과 9절의 평행구절에서 기노스케인(*γινώσκειν*)과 에이데나이(*εἰδέναι*)을 사용한 것이 일시적인 신뢰보다는 확신을 염두에 두고 있음을 보여준다.

"또한 그와 함께 살 줄을"(*καὶ συζήσομεν αὐτῷ* – 카이 수제소멘 아우토). 여기서 단순히 논리적으로 미래시제를 취한다는 것은 거의 불가능하다(그것은 우리가 그리스도와 함께 죽고 또 그와 함께 부활하였다는 사실로부터 나온다). 그것은 여전히 그리스도의 부활생명을 장래에 공유한다는 것에 관한 언급이다(대부분 그렇다; 특히 Kuss를 보고, 반대로는 Lagrange, Murray와 Cranfield를 보라). 전반적으로 그 언사는 이러한 의미로 바울적 권역에서 확립된 것으로 보인다(골 2:13과 3:1에도 불구하고). 즉 딤후 2:11: 에이 가르 수나페다노멘, 카이 수제소멘(*εἰ γὰρ συναπεθάνομεν, καὶ συζήσομεν*, 직접적인 관련은 없는 고후 7:3 이외에, 바울서신과 신약성경에서 이러한 *σύν* 합성어의 유일한 다른 출현).

9 "앎이로다"(*εἰδότες ὅτι* – 에이도테스 호티, 5:3을 보라). 여기서는 보편적인 지식, 곧 분명한 어떤 것을 언급하고 있다는 의미에서 사용되었다. 2:2을 보라.

"이는 그리스도께서 죽은 자 가운데서 사셨으매 다시 죽지 아니하시고"(*Χριστὸς ἐγερθεὶς ἐκ νεκρῶν οὐκέτι ἀποθνήσκει* – 크리스토스 에게르데이스 에크 네크론 우케티 아포드네스케이). 이것은 어느 누구도 논박하지 않는 명백한 사실이다. 그 전제는 고백적 진술의 형식을 취하고 있다. 즉 "그리스도는 죽은 자 가운데서 (즉 하나님에 의해) 살아나셨다"(4:24와 6:4을 보라). 그러나 이것은 에이도테스(*εἰδότες*)가 언급하고 전제로부터의 논리적 추론이다. 즉 만약 어떤 사람이 죽은 자 가운데서 부활하였다면, 죽음은 뒤에 남겨진 과거의 것이고, 생명의 마지막 지점으로 더 이상 경험되어지지 않는다. 그 논리는 분명히 기독교적이고, 유대적 유산의 일부이다. "부활한"을 고려해본다면, 이는 여전히 죽음에 종속되어 있는 이생으로의 재소환이 아니다(예를 들어, 막 5:4에서처럼). 그것은 종말론적인 부활이요, 죽음의 영역을 넘어선 완전히 다른 종류의 삶, 즉 조에 아이오니오스(*ζωὴ αἰώνιος*, 죽음이 없는 삶)인 새로운 시대로 들어가는 최종적 타결이다(2:7과 5:21을 보라). 우케티 아포드네스케이(*οὐκέτι ἀποθνήσκεί*)는 5절(또는 갈 2:19)에서 완료의 의미에 반하지 않는다. 이 언급은 그리스도의 인격적 능력에 관한 것이다: 그리스도는 스스로 죽으셨고, 부활하셨으며, 결코 다시 죽지 않으실 것이다. 그러나 아담과 결합한 분으로서의 그의 죽음은 아담의 기원의 종말을 나타내는 것처럼, 그는 모든 사람의 사망에서 죽었고, 또 그의 죽음은 모든 사람이 죽고, 죄와 사망으로 지배되던 옛 시대가 완전히 끝날 때까지는 완성되지 않을 것이다(참조 고후 5:14과 골 1:24).

"사망이 다시 그를 주장하지 못할 줄을"(*θάνατος αὐτοῦ οὐκέτι κυριεύει* – 다나토스 아우투 우케티 큐리유에이). 3-5절에서 그리스도의 죽음에 관해 사용되었던 다나토스(*θάαντος*)가 5:14, 17을 회상케 하는 권세로 다시 나타난다(5:14을 보라). 연속된 사상은 다음의 것을 확증해준다. 즉 죄의 지배는 최종적 표현이 사망에서 나타난다(5:21). 따라서 죄에 대해 죽는 것의 절정은 사망으로 죽는 것이고, 인간의 생명을 지배하는 권세로서의 사망에 관하여 죽는 것이다. 그 모든 것에 대한 열쇠는 그리스도의 죽음과 부활이다. 큐리유오(*κυριεύω*)는 5:14, 17과 평행구절이 보여주는 것처럼, 바실류오(*βασιλεύω*)와 보통 동의어로 사용되어진다. 또한 6:12/14도 그렇다. 각각의 경우에 고려되고 있는 것은 효력에 관한 것이지 단순히 주장되는 권위가 아니다: 죽음은 효과적인 지배력을 행사한다 – 모든 사람이 죽는다! 출애굽기 20:19에 관한 *Mekilta*에 따르면, R. Jose(ca.150)는 "이스라엘 백성들은 죽음의 천사가 그들에 대한 지배력을 행사하지 않아야만 하는 상태에서 시내산에 서 있었다(토라를 받아들였다)"(Str-B, 3:232)라고 말하였다. 만약 이 전해 내려오는 말이 이미 바울 당시에도 통용되고 있었다면, 그것은 바울이 여기서 묘사하고 있는 대조를 강화시켜 주었을 것이다. 율법은 사망의 지배를 깨뜨리는데 효과적이지 않다(5:20-21). 오직 그리스도의 죽음만이 사망의 지배를 깨뜨렸고, 하나님이 기뻐하시는 행위는 부활하신 그리스도로부터 오는 생명 안에서 걸을 때이다.

10 "그의 죽으심은 죄에 대하여 단번에 죽으심이요"(*ὅ γὰρ ἀπέθανεν, τῇ ἁμαρτίᾳ ἀπέθανεν ἐφάπαξ* – 호 가르 아페다넨, 테 하마르티아 아페다넨 에파팍스). 동사와의 관계에서 대격으로서("그가 죽으신 것") *ὅ*에 대해서는 BDF §154를 보라. 2절의 두 번째 구와의 평행(*ἀπεθάνομεν τῇ ἁμαρτίᾳ* – 아페다노멘 테 하마르티아)은 확실히 의도적이다. 우리는 그것을 다른 의미로 취해서는 안된다(Michel처럼). 어느 누구도 피하지 못하는 사망에서 아주 단호하게 증명되는 것처럼, 두 경우에 염두에 두어진 것은 인간의 삶에 대한 죄의 효과적인 권세이다. 이 세대에 속한 사람들과 하나됨으로 예수께서는 사망에서의 죄의 권세에 대한 복종을 공유하였다. 모든 사람이 죽는 죽음을 예수께서 극복하신 것이 사망의 좌절과 두려움을 깨뜨리시고, 또 이미 인간의 삶에서 죄의 장악을 깨뜨릴 수 있었던 것은 그리스도가 인간의 조건을 충분히 공유했기 때문이다. 에파팍스(*ἐφάπαξ*)는 여기서처럼 항상 유대적 종말

론에 기초된 기독교적 관점 그리고 특히 신비적 제의에서 표현된 역사의 순환적인 관점간의 차이가 있음을 강조해준다. 그리스도의 죽음은 역사, 곧 사망으로 들어가고(5:12) 또 사망을 끝내는 것으로 특징짓는 우주적 시대의 끝지점을 나타낸다(참조. 히 7:27; 9:12, 26-28; 10:10; 그리고 벧전 3:18에서의 *ἐφάπαξ/ἅπαξ*).

"그의 살으심은 하나님에 대하여 살으심이니"(*ὃ δὲ ζῇ, ζῇ τῷ θεῷ*—호 데 제, 제 토 데오). 돌이킬 수 없는 변화가 발생했다: 새로운 존재의 환경은 완전히 새로운 것이며, 이는 더 이상 옛 상태로의 환원이 불가능하다. 죽음은 과거의 단순한 사건(부정과거시제)이었고, 생명은 끝이 없게 되었다(현재도 계속 진행되고 있다). 이 새로운 시대에서 하나님만이 유일한 효력을 내시는 권능이시다. 결과적으로 신자들에게서 이 그리스도와 합하여 사는 것이 "하나님을 위해" 사는 것이 되고, 더 이상 "죄를 위해" 사는 것이 되지 않는다(2절). "그리스도 안에 거하는 것은 그리스도 자신이 하나님을 위해 살고 있다는 것에서 이미 신중심적이다"(Thüsing, 78). 기독론과 인간론의 이러한 결합 속에서 "우리는 본질적인 기독교(proprium christianum)의 중심에 있다"(Halter, 62) 더 자세한 것은 6:11을 보라.

11 "이와 같이 너희도 너희 자신을 여길지어다"(*οὕτως καὶ ὑμεῖς λογίζεσθε ἑαυτούς*). 후토스 카이(*οὕτως καὶ*)는 5:15, 18, 19, 21 그리고 6:4에서의 동일한 구절을 의도적으로 반영하고 있음이 확실하다. 그리스도의 순종의 은혜로운 행위는 아담의 죄와 불순종을 답변하고 있기 때문에, 신자의 로기제스다이(*λογίζεσθαι*)는 1절의 거짓된 "인정"에 답하고 있다. 여기서 분명히 명령법인 로기스제스데(*λογίζεσθε*)는 3:28과 4장(이는 그때 이후로 최초의 사용이다)에서 그 단어의 특출함을 상기시키고 있다. 신자들을 죄에 대하여는 죽고 하나님에 대하여서는 살았다고 여김은 그를 의롭다고 여기시는 하나님의 인정에 상응한다. 그 문맥이 분명히 하고 있는 것처럼, 그것은 강력한 단어, 곧 매일의 행동에서 표현되는 확신이다(현재시제)(3:28을 보라; Käsemann을 참조하라). 그 훈계는 다음과 같은 것을 확인시켜준다. (1) 신자는 어떤 죽음으로 죽든간에, 초월적인 힘에 의해 이용되거나 조작되는 단순히 수동적인 대상은 아니다. (2) 사망은 완성이 아니다. 왜냐하면 여전히 그렇게 여기지는 과정과 관련되어 있기 때문이다. (3) 여겨짐은 그리스도의 죽음을 공유하는 과정의 일부이다. 그때에 염두에 두어진 것은 허구적이거나 "가정한 것"이거나 "단순히 상징적인" 사건이 아니라, 그리스도의 죽음의 견지에서 그리고 사망으로 죄의 통치를 이미 이긴 능력으로 살도록 설정된 결정이다(특히 Lietzmann, 65-66; 참조. Schlier).

"죄에 대하여는 죽은 자요"(*νεκροὺς μὲν τῇ ἁμαρτίᾳ*-네크루스 멘 테 하마르티아). 본 구절은 2절을 생각나게 하며, 10절과 함께 본 단락에 대한 결론을 제공한다. 네크로스(*νεκρός*, 장사처럼, 4절)는 아포드네스케인(*ἀποθνήσκειν*)의 마지막 결과다. 그 비유적인 의미가 충분히 잘 알려져 있고(BGD, MM), 또한 충분히 의미가 있고, 실제적이다-"잊어버렸고", "완전히 교감하지 않는"이라는 의미로 "죽은"이다. 필로에 따르면 "사악한 생각은 활동을 하지 않을 때에 죽는다"(*Leg. All.*3.35). 사망은 실제적 죽음이나, 단순한 언어유희가 아니라, 죄의 권세와 관련해서 모든 의도와 목적을 죽은 것처럼 할 때에 산다는 것이다(3:9을 보라). 또한 6:13; 8:10; 골 2:13을 보라. 바울서신 이외에는 특히 누가복음 15:24, 32을 보라. 그리스도의 죽음과의 동일시가 여전히 염두에 두어지고 있음이 분명하다. 특히 고후 4:10을 참조하라.

"그리스도 예수 안에서 하나님에 대하여는 산 자로"(*ζῶντας δὲ τῷ θεῷ ἐν Χριστῷ Ἰησοῦ*-존타스 데 토 데오 엔 크리스토 예수). "하나님을 대하여는 산"이라는 개념은 헬라화된 유대교에서 사용되었으나, 영웅적 순교자나(마카비4서 7:19; 16:25), 보다 차원 높은 실재들을 숙고하는 소수의 사람들에게 사용되었다(Philo, *Mut.* 213-BGD가 갖고 있는 것처럼 13은 아니다; *Heres* 111). 바울은 모든 신자들에 대해 그것을 기대하고 있다. 왜냐하면 그렇게 살 수 있는 가능성이 그들의 "여겨짐"에 의존하는 것이라기보다는 그들이 "그리스도 안에" 있고 또 새로운 생명을 공유하도록 주어진 것에 의존하고 있기 때문이다(6:4). "이 분사구문은 그리스도 안에 있는 존재의 전반적인 역동성을 나타내며, …이 그리스도 안에서 살아가는 삶은 '하나님을 위한 것'이다"(Thüsing, 67). 또한 8:13을 보라.

엔 크리스토 예수(*ἐν Χριστῷ Ἰησοῦ*)는 로마서에서 첫번째 출현이지만 이는 가장 전형적인 바울의 용법 속에 있는 것으로 간주된다: "그리스도 안에" 있는 신자(8:1; 12:5; 16:3, 7, 9, 10; 고전 1:2, 30; 4:10; 15:18, 19; 고후 5:17; 12:2; 갈 1:22; 2:4; 3:24, 28 등등), 또한 "그리스도 안에서" 어떤 것을 하는 것(9:1; 15:17; 고전 4:15, 17; 15:31; 16:24; 고후 2:17; 12:19 등등). 이 두 가지 모두 자주 주안에서(*ἐν κυρίῳ*-엔 큐리오)라는 의미로도 자주 사용한다(16:2을 보라). "그리스도 안에서" 역사된 구속적인 능력의 개념이 동일한 효과를 갖지만 강조에 있어서 약간 다르다(3:24; 6:23; 8:2, 39; 고전 1:4; 15:22; 고후 2:14; 3:14; 5:19; 갈 2:17; 3:14; 5:6; 등등). 세 용법들은 분명히 상호 연관성이 있고, 중복이 있다: 그것은 그리스도의 특성을 공유하는(그러나 이 세상에서 어떤 방법도 불완전할지라도), 삶의 특성을 가능하게 하는, "그리스도 안에서" 인간의 헌신과 하나님의 능력의 만남이다. 11절의 엔 크리스토(*ἐν Χριστῷ*)는 8절의 순 크리스토(*σύν Χριστῷ*)에 따른 것이다. 11절의 죄에 대한 죽음과 하나님에 대한 생명은 10절의 죄에 대한 사망과 하나님에 대한 생명에 이어 나오고, 또 그것에 의존하고 있다. 그리고 여기서 전반적인 사상은 여전히 5:12-21의 영향 아래 있다: 종말론적 인류의 일부로서 "그리스도 안에." 따라서 엔 크리스토(*ἐν Χριστῷ*)는 단순히 위치를 나타내는 것이 아니라, 관계성의 차원에서 보다 역동적인 것을 나타낸다(Goppelt, *Theology* 2:105). 더 자세한 것은 그 구절에 대한 초기의 단일한 해석들에 대한 위더번(Wedderburn)의 비판을 보라("Observations"). 또한 3:24; 6:3c; 9:1을 보고, 더 오래된 참고문헌에 관해서는 BGD, *ἐν* Ⅰ.5.d; Thüsing, 62ff.; Cranfield, 315 n.6을 보라.

해설

바울은 이제 믿음에서 믿음으로라는 "하나님의 의" – 인간이 오직 겸손하고 순종하는 믿음으로 응답할 수 있는 하나님의 신실성에 대한 표시로서의 인간을 위한 하나님의 행위 – 에 관한 자신의 해설의 첫 번째 주요한 항목을 이제 완성시켰다. 이런 하나님의 주도하심에 대한 인간의 필요에 대한 바울의 해설은 아담의 타락에 관한 창세기 기사에 상당히 의존하고 있는데, 이는 하나님을 하나님으로서 인정하지 못하고, 또 인간의 피조됨을 인식하지 못한 인간의 거절과 결합되어 있다. 또한 이런 아담의 타락은 하나님의 동료가 될 수 있는 인간의 가치를 축소시켰으며, 이방인의 우상숭배와 부도덕성뿐만 아니라 하나님 앞에서 혜택을 입은 신분에 대한 유대인의 전제를 품는 곤경을 낳았다. 3:9-20의 우울하게 하는 결론에 대한 균형 잡힌 최종적인 응답이 되는 그리스도 안에서의 하나님의 구원하시는 행위라는 바울의 선언은 동일한 아담 평행구로 적절하게 방향을 돌리고 있다. 이는 5:12-21의 아담과 그리스도간의 대조적인 비유의 절정이다: 인간의 불순종의 결과가 매우 치명적일지라도, 그리스도의 순종의 행위는 그것을 훨씬 능가하며, 죄, 율법 그리고 죽음의 연합된 권세가 매우 두려울지라도, 은혜는 훨씬 더 강력하다.

확고하게 설정된 복음에 관한 이런 근본적인 진술과 더불어, 바울은 몇 가지 중요한 추론과 가능성 있는 오해를 이제 분명히 해명한다. 무엇보다도 바울은 로마서 서신의 수신자들 중에서 이 모든 것들이 기독교인들을 위한 매일의 삶에서 어떻게 역사하는가를 알기를 갈망하는 사람들이 있었을 것임을 염두에 두었을 것이다. 하지만 그는 삽입구에서 너무 구체적으로 다루기는 원치 않았을 것이다: 그는 9-1장에서 믿음에 대한 하나님의 신실성에 관한 해설을 완성시킬 것이며, 그 권면들이 나중에

이어질 것이다. 하지만 이 시점에서 그는 신자들이 전반적으로 자신들의 인생을 보아야 하는 근본적인 관점에 관한 것을 언급할 필요가 있다는 것을 분명히 느꼈다(그 관점으로부터 신자들은 특별한 윤리적 문제를 접근할 수 있다). 방금 도달한 자신의 결론에 비추어 가장 중요한 것은 신자가 죄, 죽음, 그리고 율법을 어떻게 간주해야 하는가?. 만약 죄가 은혜 속에서 그 주인을 그리고 생명 속에서 사망을 발견한다면 (5:20-21), 그것은 죄와 죽음이 신자에 대한 모든 권세를 상실한 것을 의미하는가? 그리고 동등하게 중요한 것은 율법이 죄의 쪽에 여전히 남아 있는가? 아니면 율법은 (성령에 의해) 대체되는가? 이것은 바울이 자신의 해설에 관한 다음의 주요한 항목을 시작할 때에 확실히 염두에 두었던 종류의 질문이다.

6:1 "그런즉 우리가 무슨 말하리요 은혜를 더하게 하려고 죄에 거하겠느뇨." 이 질문은 두 가지 이유 때문에 발생한다. 첫 번째는 방금 이끌어낸 충격적인 결론 때문이다: "죄가 더한 곳에 은혜가 더욱 넘쳤다"(5:20). 만약 죄가 발생하는 수준이 그 죄를 대적하고 이기기 위해 하나님의 은혜의 능력이 더욱더 확장되어야 하는 것을 의미한다면, 그 때에 죄는 하나님과 복음을 위해서 좋다는 것이다. 이러한 논리는 확실하고, 왜곡된 호기심을 분명히 갖게 한다. 왜냐하면 죄가 인간에 대한 하나님의 관대하심을 나타내는 기회를 하나님에게 제공하고 있기 때문에 죄는 결국에 그렇게 나쁜 것이 아닌 것이 된다. 바울의 논증은 3장의 초두부터 쭉 추구했던 것과 동일한 논리다: 만약 하나님이 이스라엘의 불신앙에도 불구하고, 여전히 신실하시다면, 만약 인간의 거짓이 하나님께 더 커다란 영광을 가져온다면, 왜 그것을 불의한 것으로 그리고 정죄를 당하는 것으로 간주해야만 하는가? 그는 그 질문에 그 당시에는 답할 수 없었으나 이제는 그렇게 할 수 있는 자리에 와 있다.

그러한 질문에 대한 두 번째 이유는 덜 직접적인 명료함을 갖지만, 그의 논증의 주된 의미를 따라왔던 사람에게는 충분히 분명하다. 이 서신에서 바울은 계속해서 유대인의 마음가짐을 염두에 두고 있다. 즉 은혜와 율법의 친밀한 관계성을 중심으로 하는 유대인의 마음을 항시 고려하고 있다: 하나님은 율법을 주셨다; 율법은 언약 백성들이 은혜로 살아가는 방법이다. 바울이 깨뜨리기를 원하는 것이 (유대의) 율법과 은혜와의 이런 상관관계다. 왜냐하면 바울이 볼 때에 "많은 민족들", 곧 이방인과 유대인들에 대한 하나님의 약속으로서의 복음에 역행하는 것이 바로 이런 관계였기 때문이다. 그 요지를 분명히 이해할 필요가 있다. 왜냐하면 그 요지가 자주 오해되어 왔기 때문이다. 어떤 사람이 "의는 율법에 의해서이지 은혜에 의해서가 아니라"고 말했다는 것이 아니다. 어느 사람도 율법과 은혜를 양자택일적인 것으로 제기하지 않았다. 오히려 그들은 율법을 은혜의 선물로 보았다. 율법과 은혜를 양자택일적인 것으로 제기한 것은 *바울*이다(따라서 14절). 은혜와 죄를 첨예한 대립으로 설정하면서(5:20-21), 바울은 율법을 대조적인 다른 쪽 측면, 즉 은혜가 아니라 죄와 함께(5:20) 연관시키는 대담한 시도를 취했다. 율법을 언약 내에서 저지러진 죄를 다루시는 하나님에 의해 제공된 수단으로 확신하고 있는 충성스러운 유대인들에게 바울의 이러한 반응은 대단히 첨예했다: 율법 그 자체는 죄의 권세에 대한 대답을 제공하지 못하고 오히려 죄에 대한 사례만 제공할 뿐이다. "율법 안에 있는" 사람들을 율법에 거하도록 그리고 율법을 자랑하도록 고무시킨(2:17, 23) 그것이 마음의 경직성을 고무시키고, 곧 은혜에 무감각하고 믿음에 대조되는 것이다(2:4-5). 따라서 그 질문은 불가피하다: 만약 은혜와 죄 사이에 방벽으로서의 율법을 제거시킨다면, 그들은 서로 어떤 관계에서 서 있는가? 설상가상으로 당신이 하나님의 율법의 죄의 진영에 설정한다면, 당신은 전반적인 상관관계를 뒤죽박죽이 되게 하고, 죄가 은혜를 조장하는 것이라고 말하도록 하게 하지 않는가?: 더 이상 은혜는 죄를 다루기 위한 율법을 제공하지 않는다; 오히려 은혜에 대한 더 커다란 기회를 제공하기 위해서 죄를 자극하는 율법을 하나님이 주셨다.

2 바울의 즉각적인 반응은 처음에는 당황스럽다. 즉 "그럴 수 없느니라 죄에 대하여 죽은 우리가 어찌 그 가운데 더 살리요?" 바울은 자신의 서신을 듣고 있는 사람들에게 "죄에 대하여 죽은"이라는 말이 읽혀질 때에 무엇을 기대했겠는가? 그러한 용어는 이방선교에서 잘 확립된 것일 수 있는데, 바울은 자신의 독자들이 그 말을 잘 알고 있는 것으로 단순히 암시한다. 물론 우리는 바울서신 이외에 그 말에 관한 또 다른 참된 증거를 갖고 있지는 않지만 말이다. 아울러 바울은 초기 서신에서 암시된 자신의 가르침(특히 갈 2:19과 고후 5:14)이 보다 널리 알려졌고, 아마도 바울 자신과 절친한 몇몇 개인들로 인해 로마의 회중들에게 주어진 가르침과 권고를 통해 잘 알고 있을 것이라고 가정했을 것이다(참조. 16:3-16). 따라서 그는 그리스도의 관점에서, 더 정확하게는 그리스도의 죽음(그리고 부활)과 신자들의 참여의 차원에서 그 말을 집어넣음으로써 자신의 의미를 분명히 하고 있다. 이 점에서 바울에게 있어서 신자들은 아담과 그리스도 사이의 대조를 충분히 이해하고 있었음이 분명하다(5:12-21): 아담은 죄 때문에 사망의 통치 하에 있는 "많은 사람들"을 대변하는 것처럼(5:15), 그리스도는 은혜의 수령자가 되는 "많은 사람들"을 나타낸다. 그리스도는 은혜와 죄 사이의 방벽이 되고 있다: 율법은 죄에 대한 하나님의 응답이 아니라 그리스도가 응답이며 특히 그의 십자가에 죽으신 그리스도가 응답이시다.

바울은 율법과 그리스도 사이에 완전한 불연속성을 논증하기를 원하고 있지 않다. 그 반대로 죄에 대한 율법의 정죄는 여전히 확고히 서 있고(3:9-20), 율법은 거기서 성취되어지며(2:13, 25-27), 믿음은 바라던 성취의 근거가 된다(1:5; 3:27, 31). 희생제물, 곧 순종의 행위로서의 그리스도의 죽음은 율법의 정당한 요구를 충족시켰다(3:21, 25-26; 5:18-19). 그러나 결정적인 요지는 그리스도의 죽음과 부활이 인류에 대한 하나님의 다스림에 있어서 새로운 단계를 가져왔다는 것이다. 율법은 죄와 함께 주로 아담의 시대에 속하지만, 그리스도는 새로운 시대를 도입하셨다. 대가가 없는 순종의 행위로, 단순히 인간의 불순종의 결과가 아니라(5:19), 그리스도의 죽음은 죄와 사망의 통치의 종말을 고해주었고, 또한 죄의 군단으로서 율법의 종말을 고해주었다. 2절에서 다른 곳으로 나아가기 전이라도, 결과적으로 그 의미는 아주 분명하다. 여기서 언급된 죄에 대한 죽음은 그리스도와 무관한 것이 아니라, 어떤 식으로든 그의 죽음을 공유하는 것이며, 한 시대로부터 다른 시대로의 전환을 공유하는 것이다. 따라서 바울의 독자들은 바울의 서두의 반응을 다음과 같이 들었을 것이다. 즉 그리스도와 하나가 된 당신이 그리스도가 결코 죽지 않으신 것처럼, 죄와 율법이 여전히 현재의 사람을 지배하는 요소들인 것처럼 어찌 살 수 있겠는가? 경건한 유대인들에게서 은혜의 논리는 죄에 대항하여 하나님이 주신 것으로서의 율법이었다. 하지만 그리스도 안에서의 신자들에게서 은혜의 논리는 죄 없으신 한 분의 생명과의 일체성이다.

이 모든 것이 바울이 다음 네 구절에서 집중하고 있는, 연속된, 생생한 은유를 통해 보다 분명해지는데 그 각각의 은유들은 죽으신 그리스도와 죄의 권세를 깨뜨리신 그리스도의 죽음을 신자들과 동일시하는 측면을 대단히 강조한다.

3 "무릇 그리스도 예수와 합하여 세례를 받은 우리는 그의 죽으심과 합하여 세례 받은 줄을 알지 못하느뇨." 서두의 단어들이 교훈에 대한 준비된 지식을 가정하고 있는지 혹은 단순히 새로운 교훈에 대한 선생의 정중한 방법인지는 확실하지 않다. 보다 확실한 것은 바울이 그리스도로 세례를 받았다는 개념을 익숙한 것으로 가정하고, 아마도 덜 익숙한 추론을 이끌어내고 있다는 것이다: "그리스도로 세례를 받았다"는 것은 그의 죽으심으로 세례를 받았음을 의미한다.

"그리스도와 합하여 세례 받은"이라는 보다 익숙한 구절은 바울의 독자들에게 있어서 무엇을 의미하였는가? 한 가지 가능한 것은 그들이 그것을 그리스도와 하나된 행위로 이해하면서, 자신들의 세례를 상기했을 것이다. 만약 그들이 확고하게 유지되곤 했던 이교적 입문 의식을 잘 알고 있었다면, 자신들의 운명을 재설정하는 것을 통한 제의적 신과의 신비적인 동일시를 이루는 것으로 생각했을 가능성이 높다. 하지만 불행하게도 신비적 제의는 그들의 의식을 아주 비밀스럽게 지키는 것에 익숙해 있었고, 따라서 오늘날 우리들은 그 신비적 제의에 관해 거의 아는 것이 없다. 마찬가지로 일세기에 신비적 제의에 참여하지 않은 사람들은 그 신비적 입문의식을 잘 알지 못했을 것이다. 다양하지만, 약간의 증거를 통해 우리는 몇 가지 제의에서 씻는 의식이 있었다는 것을 알고 있지만, 이러한 의식은 주로 준비하는 과정이고 입문 그 자체의 행위는 아니었을 것이고, 아마도 그 입문의식은 어느 경우의 단일한 제의 행위보다도 더 복잡한 양태였을 것이다. 입문과 제의적 신간의 신비적인 동일시의 개념이 널리 알려졌었을 것이라는 점은 동등하게 의문을 불러일으키며, 매년 있는 다산 의식과 거룩한 결혼이라는 개념과 같은 것으로 종종 혼돈하였을 것이다. 널리 알려졌을 것이라는 그러한 제의에 관한 한 가지 주장은 자신들의 신비적 제의로 입문하지 않는다면, 생명에 대한 희망도 없고, 또는 미래 세계로의 빛도 없다는 어설픈 선교적 주장이었을 것이다. 하지만 바울이 자신의 개종자들에게 기독교의 입문을 일종의 보증을 제공하는 것으로 이해할 것을 의도했다고 하는 것은 의문스럽다. 왜냐하면 특히 바울이 유대교의 입문의식의 경우에서 그러한 오해를 이미 꾸짖으며 논쟁했었기 때문이다.

다른 주요한 가능성은 바울이 기독교 전통에서 이미 익숙한 은유적 용법을 채택하고 있다는 것이다. 우리는 요한 자신이 했던 것처럼 물로가 아니라 성령과 불로 세례를 주신 분을 예고한 세례요한의 잘 확립된 전승이 있었다는 것을 알고 있다(마 3:11; 막 1:8; 눅 3:16; 요 1:33). 우리는 역시 예수께서 자신의 죽음에 대한 언급에 있어서 이런 은유를 채택하여 약간 다르게 사용하신 것을 알고 있다(막 10:38-39; 눅 12:49-50). 누가는 새로운 운동의 초기 시대에 이 은유가 잘 알려져 있었다는 것을 말하는데, 특히 오순절과 성령의 유사한 입문경험을 언급한다(행 1:5; 11:6). 그리고 고린도전서 12:13을 이해에 관한 가장 분명한 방법은 바울 자신이 알고 있었고, 또 자신의 기사에서 동일한 은유를 사용했다는 것이다 – "다 한 성령으로 세례를 받아 한 몸이 되었고." 로마서 6:3과 아주 유사한 평행인 그러한 용법이 초기 기독교 전승에서 아주 널리 알려졌을 때, 바울이 6:3에서 가정하고 있는 접촉점과 멀리 떨어져서 바라볼 필요가 없다. 바울이 분명히 다른 곳에서 암시하는 것처럼 성령의 입문 경험은 일반적으로 매우 생생했고, 젊은 그리스도인들이 회상하기에 어려움이 없는 종종 깊이 감동적이고 심오한 변화의 사건이었다(예를 들어, 5:5; 고전 6:9-11; 고후 1:21-22; 갈 3:3, 5; 살전 1:6). 분명히 모든 사람 가운데 바울은 모든 신자들이 은혜의 공통된 경험에 하나로 묶여 있다는 것을 당연한 것으로 여겼고(예를 들어, 5:17; 고전 1:4-5; 15:10; 고후 6:1; 갈 1:6), 또 한 성령 안에 공통적으로 참여하고 있다고 간주했을 것이다(참조. 고전 12:13; 고후 13:13; 빌 2:1; 엡 4:3). 바울이 여기서 언급하고 있는 것은 이 은혜와 성령에 대한 독자들의 경험인데, 그는 동일하게 당연시할 수 있는 익숙한 은유를 사용하여 그렇게 하고 있다.

하지만 바울은 "그리스도로 세례를 받고, 그의 죽음으로 세례를 받은"이라는 것을 독자들이 어떤 의미로 이해하기를 의도했는가? 독자들은 단순히 자신의 회심입문 경험을 상기하도록 의도된 것이 아니라, 아마도 자신들을 그리스도와 동일시하고 또 연합하는 것으로 이해했을 것이다 – 단지 살아 계시고 현존하시는 분으로서의 그리스도를 인식하는 것만이 아니라 죽음 당하신 그리스도를 인식하도록 의도했을 것이다. 이것은 아마도 오늘날 우리가 이해하기 어려운 방식, 즉 "개인"으로서의 우리의 인격적 개념을 초월하는 "위격", 말하자면 더 이상 삼차원적인 언급이 아니 예수 그리스도의 위격으로 바울이 그리스도를 생각하고 있다는 것을 의미한다. 우주에 펴져 있는 하나님의 지혜나 말씀이 의인화 곧 인격적인 용어로 유대 사상에서 인식될 수 있었던 것처럼, 역으로 그리스도는 삼차원적인 존재의 속박에서 벗어나는 부활로 인해, 동일한 시간에 다른 장소에 나타나시고 현존하시게 되시는 인격적 능력으로 인식될 수 있었다. 그러한 개념화가 바울에게서 잘 알려진 "그리스도 안에"와 "그리스도의 몸"이라는 용어에 전제되어 있는 것으로 보이고, 부활하신 그리스도와 하나님의 영간의 일체성에 관한 정도도 바울의 마음속에 있었다(8:9-11; 고전 6:17; 15:45). 그리고 바울이 아직은 로마서의 이 시점에서 그러한 용어를 사용할 어떤 시도를 하고 있지는 않을지라도, 그가 이러한 용어들을 염두에 두고 있지 않았다고 생각하기가 어렵다("그리스도로 옷 입었다"고 말하는 갈 3:27의 평행구절을 참조하라). 우리가 여기서 인간에 대한 보다 유동적인 개념들을 다루고 있다는 점을 확립하기 위해 다양한 인간이 단편적으로 나오는 천상의 대형적인 인간에 관한, 그리고 신으로의 신비적 승천에 관한 후대의 개념들을 상기할 필요는 없다. 적어도 그것은 바울과 자신의 동료 신자들 안에서 역사하는 능력이 그리스도의 특징, 곧 십자가에 죽으시고 부활하신 그리스도의 특징이 되는 인격으로 이해했다는 것을 의미한다. 따라서 이 능력을 경험하는 것은 십자가의 먼 저쪽 편에 있는 생명을 경험하는 것이고, 죽으시고 다시금 부활하신 그리스도의 생명을 공유하게 되는 것이다.

게다가 또 다른 아담, 즉 새로운 시대의 아담으로서의 종말론적인 그리스도의 의미를 간과해서는 안 된다. 바울의 폭넓은 아담 – 그리스도 평행구에 익숙했던 사람들이 알고 있었던 것처럼 말이다(고전 15장). 아담이 인간을 총칭적으로 "대표하기" 때문에 아담에 관해 말하는 것은 모든 사람에 관해 말하는 방법이 된다(5:12-19). 또한 바울에게서 그리스도가 새로운 인류를 "대표하기" 때문에 그리스도에 관해 말하는 것은 이 새로운 종족에 관해 말하는 방법이 된다. 현재 시대에 모든 사람들에 대한 정죄는 그들이 아담의 죄를 따랐고, 실행했으며, 따라서 죽음이 왔다는 것이며, 이는 곧 그들이 아담의 죽음으로 죽어야 한다는 것이다. 복음은 유사한 동일시가 그리스도와 함께 가능하다는 것이다. 즉 우리는 아담의 죽음을 공유할 뿐만 아니라 그리스도의 죽음을 역시 공유한다. 우리는 이런 식으로 그것을 말할 수 있다. 즉 예수께서는 아담의 시대의 종말로 나아가서 이 시대를 넘어서는 사망의 장벽을 깨뜨리신 분이시다. 또한 순종의 행위로서 아담의 죽음을 죽으신 예수께서는 새로운 생명 너머로 부활하셨다. 따라서 그리스도의 죽음과 부활은 그 문을 제공하신다 – 유일한 그 문 – 사망에서 생명으로의, 죄의 권세 하에 있는 시대로부터 죄로부터 자유로운 새로운 시대로의 문을 제공하신다. 옛 시대로부터 새 시대로, 사망을 통한 죄로부터 생명으로의 전환을 이루기 위해서는 그리스도께서 수행하신 것처럼 해야하고, 자기 자신을 순종의 행위와 희생제물로서 드리심으로서 고통과 굴욕을 당하신 그리스도의 죽음의 역사적 사건과 기탄 없이 일치시켜야 한다. 자기 자신을 그리스도의 죽음과 하나가 되게 하는 사람만이 저 너머의 새로운 시대 속에서 생명이 있는 삶을 경험할 것을 소망할 수 있다. 이제 하나님의 의가 그리스도의 구원하시는 행위로 나타났고, 또 하나님이 의로 간주하시는 믿음 곧 새로운 사건의 상태에 적절한 종말론적인 믿음은 그리스도 안에서의 믿음이고 자기 자신을 십자가에 못 박히신 분에게 의탁하는 것이다(3:21-26).

4 4절은 좀더 자세히 이 사상의 노선을 메꾸어준다: "그러므로 우리가 그의 죽으심과 합하여 세례를 받음으로 그와 함께 장사되었나니." 바울은 그리스도의 죽음과의 동일시를 이루는 수단이 바로 세례임을 독자들에게 상기시킨다. 바울은 동일시를 이루었던 잠수의 행위로서의 "효과적인 상징으로" 의식 행위를 보았고, 또 그리스도의 장사를 나타내는 것으로 또한 그리스도와 함께 세례를 받은 장사를 상징하는 것으로 보았던 잠수의 행위로서의 세례를 가지고 그 동일시를 추구했다고 이해할 수 있다. 비록 장사가 항상 땅 아래 묻히는 것은 아니었다할지라도, 장사에 관한 이야기는 아마도 세례의 양태로부터라기보다는 죽음의 최종성을 나타내는 것으로서의 사망에 관한 이야기로부터 발생했을 것이고(참조. 고전 15:3-4), 그리스도와 함께 부활하는 것을 나타내는 것으로서의 물로부터의 출현을 언급하고 있는 상징주의를 좇

아가지 못한다면 이는 그 개념들의 관계성을 약화시키는 것이다. 대안적으로 "세례로 말미암아"는 크리스찬이 될 사람이 자기 자신을 죽으신 그리스도와 동일시하는 수단을 나타낼 수 있었다. 또 잠수할 때에 자기 자신을 집례자에게 내어놓는 것은 죽으신 그리스도에게 필요한 항복을 상징하고 표현하는 것으로 잘 보여질 수 있었고, 공적인 행위로서 그것은 옛 생활, 아담의 시대에 속한 생활과의 연관이나 관계를 참으로 포기하는 것을 종종 의미했을 것이다. 어쨌든 세례의 사건은 일반적으로 하나님의 은혜와 인간의 신앙과의 가장 효과적인 만남을 위한 중심이 되었을 것이다. 그것이 서두의 질문과 일치하는 것이 얼마나 불가능한지를 보여주어야 했던 것이 (죄의 지배 아래에 있는) 현 시대의 생활과의 세례의 결정적인 절교이다.

죽음 속에서 그리스도와 장사되는 목적이 4절의 다음 두 구절 속에서 주어진다: "이는 아버지의 영광으로 말미암아 그리스도를 죽은 자 가운데서 살리심과 같이 우리로 또한 새 생명 가운데서 행하게 하려 함이니라." 회심입문의 목적은 장래에 더 좋은 종류의 죽음이 아니라, 여기 지금에서 새로운 종류의 삶이다. 우리는 바울이 깊은 신학적 개념으로부터(죽으신 그리스도와의 연합) 일상적인 삶에 관한 이야기로 재빨리 도약하고 있음을 즉시 알아차릴 수 있다. 바울에게서 분명히 매일의 행위의 특징은 더 깊은 실제, 곧 숨겨진 자아이해와 매일의 생활에서 표현되는 능력의 근원에 의해 실제로 결정되어진다. 그러한 보다 깊은 실제에 관한 증거는 어떤 신비적 경험이 아니라 모든 관계와 책임에 관한 일상적인 결정이다. 히브리 성경의 사상에 익숙한 바울의 독자들은 바울이 여기서 전형적인 유대인의 이해 곧 매일의 행위가 율법에 의해 결정되어진다고 하는 이해에 대조를 의도하고 있는 요지를 이해했을 것이다: 바울은 은혜가 도덕적인 책임성을 피상적이게 만든다는 개념을 논박한다. 하지만 그는 그러한 행위가 "율법 속에서" 걷는 것을 의미한다는 감추어진 전제를 또한 논박한다. 새로운 시대와 언약 속에서는 윤리적 삶의 근원과 동기가 되는 것은 갱신된 삶이다.

이 서신이 읽혀지는 것을 듣고 있던 사람들 중에는 바울이 4절의 첫 번째 구절의 사상을 가장 분명하고 균형 잡힌 방법으로 완성하지 않고 있다는 것에 분명히 놀랐을 것이다: "새로운 생명으로 그리스도와 함께 일으킴을 받기 위해서"(참조. 골 2:12; 3:1). 바울은 부활에서의 그리스도와 신자의 동일시에 관한 언급을 일부러 피하려는 듯 보인다. 그리스도의 부활하신 생명을 어느 정도 공유하게 된다는 것을 분명히 함축하고는 있다: "새로운 생명 가운데 걷고 있다"는 가능성은 그리스도의 부활로 인한 것이다. 바울은 부활하신 그리스도를 신자들에게 또 다른 동기, 방향 그리고 삶의 양식을 갖게 하는 능력의 근원으로 바라보고 있다(참조. 5:10, 21; 7:6; 고전 15:45; 고후 3:6). 그러나 함축적으로 신자는 그리스도의 죽으심을 공유할 수 있는 것과 동일한 방법으로 그리스도의 부활에 아직 참여할 수는 없다(참조. 8:11; 고전 15:51-57). 그렇게 되어야만 하는 이유는 잠시 후에는 더 분명해진다. 반면에 우리는 바울이 여기서 어떤 긴장, 말하자면, **그리스도의 죽으심으로 가능한 자기 동일성의 정도와 그리스도의 부활로 가능한 자기 동일성의 정도간의 긴장**을 설정하고 있다. 그리스도인의 윤리와 행위의 중심에 있는 것이 이러한 긴장이고, 바울이 다음의 세 장을 통해 논증을 발전시키는 방식을 이해하는데 중요한 열쇠가 된다.

5 바울은 2-4절의 주장을 발전시키고 분명히 하기 위한 일련의 해설을 도입하기 시작한다. "만일 우리가 그의 죽으심을 본받아 연합한 자가 되었으면…" 그 구절은 형식과 이미지에 있어서 매우 요약되어 있고, 로마의 성도들은 그 의미를 확실히 하는 데에 약간의 어려움이 있었을 것이다. 그들은 상처의 언저리나 접합되는 뼈마디의 이미지를 생각했을 것이다. 하지만 "본받아"는 보다 모호하고, 그 의미는 금방 분명하게 드러나는 것은 아니었을 것이다. 이는 20-25년 전에 발생한 역사적 사건에 신자들이 실제로 참여할 수 있는 것처럼 그러한 그리스도의 죽음과의 통합에 관하여 생각한 것이 아니다. 또 "본받음"이라는 말은 적어도 그런 역사적 사건 그 자체와는 적어도 구분되고 있음을 함축한다. 아울러 그것은 죽음의 외적인 모습을 갖는 행위를 생각한 것도 아니다(마치 세례가 그러한 모습을 갖고 있다고 말하는 것처럼). 세례와 연관되었다고 하는 개념은 매우 이상하고, 이 구절의 후반부는 입문식을 회상하는 것이 아니라 미래적 사건을 바라보고 있다. 따라서 의도되어진 사상은 회심과 헌신에서 표현될 수 있는 것과 같은 그리스도의 죽음과 실제적인 동의어였을 것이다. 분명히 바울은 신자가 실제적으로 죽어가고 있는 것에 관해 말하고자 의도했으며, 이는 육체적인 존재의 멈춤으로 이해되어지는 죽어감이 아니라, 이 세상과의 모든 연관을 끊는, 말하자면, 이 세상의 자극에 대해 반응하는 것을 멈추는 것으로 이해되어지는 죽어감으로 이해되어진다. 바울의 요지는 신자가 실제로 여기 지금 이 자리에서 죽고 또 죽음을 경험하기를 실제로 시작할 수 있다는 것이다. 그리스도에 대한 믿음의 순종에 자기 자신을 열어놓는 것은 죽음의 과정에서 즉 죄와 사망의 지배되는 옛 기원을 종식시키는 그리스도의 결정적 죽음과 실제로 동등한 죽음의 과정에서 이 세상에 속하고 의존하는 것을 이겨낼 수 있는 효과를 갖는다. 여기서 그 동사가 갖는 시제의 중요성을 강조할 필요가 있다: "연합한 자가 되었다"(완료시제)는 과거의 단번에 이루어진 사건을 나타내는 것이 아니라 현재를 통해서도 지속

되는 어떤 상태에 기인하는 과거의 사건을 나타낸다. 신자는 그리스도의 죽음의 효력과 함께 여전히 결합되어 있으며, 이 죽음의 실제적인 역사로 인해, 그리스도의 죽음은 현 세대에도 효력을 갖는 죽음이다. 바울이 일찍이 갈라디아서에 편지를 보냈을 때, 신자는 그리스도와 함께 십자가에 못 박혔고, 또 세상과의 관계에서 못 박혔으며, 여전히 거기 십자가에 걸려 있다(갈 2:20; 6:14).

"…또한 그의 부활을 본받아 연합한 자가 되리라." 여기서 다시금 바울의 독자들은 바울이 과거에 있었던 그리스도의 부활에 대해 언급하고 있는 것이 아니라 그리스도의 부활처럼 되어질 신자의 부활에 관해 언급하고 있다는 것을 알았을 것이다. 다시금 그 시제가 중요하다: 미래에 일어날 어떤 것이다. 그때에 여기서는 그리스도의 죽음에 대한 동화의 과정이나 그 상태의 끝이나 목표가 있다 – 미래의 부활, 몸의 구속(참조. 8:11, 23; 빌 3:10-11). 그리고 여기서 그 긴장이 더 분명하게 언급되었다. **신자에 대한 전반적인 이 세상의 삶은 그리스도의 죽음과 그리스도의 부활 사이에 놓여 있다**. 더욱더 정확하게는 그리스도의 죽음을 본받는 것과 그리스도의 부활을 본받는 것 사이에, 또 그 과정을 시작한 회심입문과 그 과정을 완성시킬 몸의 부활 사이에 놓여 있다. 신자의 진정한 죽어감은 오랜 삶의 과정이다: 그들은 몸의 죽음이 이루어질 때까지는 이 세상의 모든 연관과 관계를 단절시키지 못한다. 그렇다면 그들은 어떻게 할 수 있느냐? 하지만 신자들은 그리스도의 죽음을 자신의 삶 속에서 점증되는 효력을 갖도록 해야 한다. 신자들은 이 세상에 대해 완전히 죽으셨던 분에게 속했다는 의식 속에서 살아갈 때라야만, 그 죽음 속에서 그리스도와 일치시킬 때라야만, 그리스도의 부활하신 생명으로부터 나오는 능력으로 살아갈 때라야만, 그들은 그리스도의 죽음의 계속된 실제와 연합되었다고 말할 수 있고, 또 현재 삶 속에서 그리스도의 죽음과 부활의 효력을 보일 수 있는 희망이 있으며, 그리스도의 부활과 같은 몸의 부활 속에서 그 과정의 완성을 충만히 공유하기를 희망할 수 있다.

6-7 6-7절과 더불어, 현재 그리스도인의 존재에 관한 바울의 개념에 들어 있는 긴장을 가중시키고 약간의 혼돈을 야기하는 것처럼 보인다. "우리가 알거니와 우리 옛 사람이 예수와 함께 십자가에 못 박힌 것은 죄의 몸이 멸하여 다시는 우리가 죄에게 종노릇하지 아니하려 함이니 이는 죽은 자가 죄에서 벗어나 의롭다 하심을 얻었음이니라." "우리 옛 사람"과 "죄의 몸"은 아담과의 연대 하에 있는 인간, 옛 시대에 속한 우리, 죄의 권세에 의해 지배되는 세대를 언급하고 있음을 충분히 할 수 있다. 그렇다면 바울은 일생의 과정으로서의 죽음을 통한 그리스도와 신자의 일체성에

관한 개념으로 되돌아가고 있는 것인가? 그는 현 세상에 대한 애착은 이미 완전히 끝났다는 것을 독자들에게 이해시키려고 의도하고 있는가? 말하자면, 신자들은 십자가에 못 박혔고, 없어졌으며, 죽었는가? 따라서 신자들은 실제로 죄로부터 해방되었고, 또 죄가 없음을 의미하는가? 한 가지 대답은 바울이 그 구절을 매우 급작스럽게 읽혀지는 것을 의도하지 않았을 것이다. 어떤 사람을 십자가에 못박는 것은 거기서 그를 즉시 죽게 하고자 하는 것이 아니라, 몇 시간이나 몇 날 후에 불가피하게 죽게될 고통에 처하게 하고자 하는 것이다. 또한 여기서 "멸하여"라고 번역된 동사는 "효력이 없게 되었다, 무기력하게 되었다"라고 번역할 수 있거나, 십자가처형으로 인한 결과, 곧 신자들의 경우에 이 세상의 삶의 종말을 묘사하는 것으로 취해질 수 있다. 그리고 "얻었음이니라"라고 번역된 동사는 "의롭게 되었다"는 것을 의미할 수 있다. 각 경우에 있을 수 있는 난제는 바울이 이미 완성된 것으로 신자의 그리스도와 죽음을 회고하는 것으로 보인다는 점이다(2, 4, 8절). 게다가 6절의 논리는 죄의 노예로부터 자유가 죄의 몸의 파괴로 인한 결과이고, "죄로부터 의롭게 되었다"는 "죄 없다고 선언되었다"보다 덜 바울적인 것처럼 들리게 한다.

8-10 6-7절을 취하는 방법에 관한 문제는 8-10절에 의해 어느 정도 명확해진다: "만일 우리가 그리스도와 함께 죽었으면 또한 그와 함께 살 줄을 믿노니 이는 그리스도께서 죽은 자 가운데서 사셨으매 다시 죽지 아니하시고 사망이 다시 그를 주장하지 못할 줄을 앎이로라 그의 죽으심은 죄에 대하여 단번에 죽으심이요 그의 살으심은 하나님께 대하여 살으심이니." 여기서 오직 그리스도만이 죽음의 완전한 결과를 경험했다는 것이 분명해진다. 그리고 그리스도는 죽은 상태에서 일어나심으로서 죽음의 세력을 이기셨고, 오직 그만이 단번에 죄에 대하여 죽으셨고, 죄의 자극에 반응하지 않으신다. 여기서 신자들은 아직은 그리스도와 함께 온전히 살고 있지 못하다는 것이 충분히 분명하다. 믿음의 관점으로부터 그리스도와 함께 죽은 것은 과거에 놓여 있지만, 그리스도와 함께 사는 것은 미래에 놓여 있다. 아무리 신자들이 그리스도의 죽음을 많이 공유한다고 할지라도 아직 그들은 그리스도의 부활을 공유하고 있지는 않다(8절).

따라서 6-10절에 대한 열쇠는 다시 한번 신자들의 종말론적 존재의 긴장에 놓여 있고, 이 긴장은 죽으신 그리스도와의 동일시에 있지만 그리스도에게는 더 이상 해당되지 않는 방식인 이 세상의 상당한 부분을 여전히 갖고 있는 긴장이고, 이는 이 세상에서 육신을 입고 사는 한 필연적으로 제한을 받을 수밖에 없는 그리스도로 온 새로운 생명의 경험에 관한 긴장이다. 순종하신 아담으로서의 그리스도의 죽음과 부활은 모든 아담/인류를 위해 가치가 있다는 점이 중요하다: 그리스도는 모든 신자들을 위해서 죽었고, 따라서 모든 신자들이 죽었다(고후 5:4). 그리스도는 속죄제로서 죄스러운 육체와의 연대 속에서 죽었고, 따라서 죄의 몸은 멸하여졌다. 기원적인 중요성을 갖는 일이 단번에 그리스도의 죽음에서 발생했다. 그리고 설사 과장이라는 위험에 직면하게 될지라도, 바울이 이해시키고자 원했던 요지는 **단번에 이루신 그리스도의 죽음의 기원적 결과를 신자들이 공유하고 있다**는 것이다. 회심입문의 결정적 행위에 의해서 신자들은 이생에서라도 이미 그리스도의 죽음과 부활의 결정적 행위로부터 은혜를 입기를 시작했다는 것이다. 신자들의 죽음에서 생명으로의 전환은 아직 불완전하고, 죽음과 생명 사이에 있는 것처럼 유예되어 있으며, 또 신자들은 완전한 부활을 기다리면서 (죄에 대하여) 죽으신 그리스도와 함께 장사되어 있는데, 그들은 죽은 자로부터 부활하고 죽음이 그들에 대한 지배를 행하는 것을 멈출 때까지는 사망의 통치 아래 여전히 놓여 있다. 하지만 중요한 전환이 이미 시작되었다. 신자들은 이미 죄에 대하여 그리스도의 죽음으로 단번에 이루신 것을 공유하고 있기 때문에, 그들의 마지막 죽음 사망의 찌르는 것(죄 – 고전 15:56)을 피할 수 있다. 신자들은 생명을 주시는 부활의 그리스도에 대하여 믿음의 결정적인 응답을 함으로 이미 자기 자신을 열어 놓았기 때문에, 그들은 어느 날 그 생명을 완전히 공유할 것이라는 확신을 가지고 믿을 수 있다.

10-11 따라서 그리스도의 죽음과 부활을 개괄하고 있는 10절의 경구는 여기 지금 신자들을 결정짓는 근본적 원리가 되는 방식으로 서술되어 있다. "그의 죽으심은 죄에 대하여 단번에 죽으심이요 그의 살으심은 하나님께 대하여 살으심이니 이와 같이 너희도 너희 자신을 죄에 대하여는 죽은 자요 그리스도 예수 안에서 하나님을 대하여는 산 자로 여길지어다." 이 중간기에, 말하자면, 기원적으로는 그리스도의 죽음과 "죽은 자 가운데서 부활"(1:4) 사이에 있고, 또 개인적으로는 회심입문과 마지막 부활 사이에 있는 중간적 시기에 요구되는 것은 자신들의 관점을 간직해야 된다. 즉 신자들은 이 세상에 대한 관계와 관심에 대한 태도를 이 기원적이고 결정적인 사건에 비추어 결정해야 하고, 또 그리스도의 죽음을 참으로 공유한 사람으로 살아야 한다. 말하자면 신자는 죽음의 권세에서 완전히 벗어나지는 못했지만, 그리스도 예수 안에서 하나님으로부터 오는 정력적인 에너지와 동기부여를 갖는 사람으로서 죄에 더 이상 매여있지 않는 사람으로 살아야 한다는 시각을 갖고 살아야 한다(11절). 뒤이어지는 권고에 대한 출발점을 제공하는 것은 회심입문의 결정적 행위 속에서 인정된, 죽으신 그리스도와의 근본적인 동일시다.

2. 신자들은 하나님에 대하여 살아야 한다(6:12-23)

참고문헌

Bartcry, S. S. *ΜΑΛΛΟΝ ΧΡΗΣΑΙ: First-Century Slavery and The Interpretation of 1 Corinthians 7:21.* SBLDS 11. Missoula: Scholars Press, 1973. **Bornkamm, G.** "Baptism and the New Life in Paul: Romans 6." *Experience.* 79-84. **Beare, F. W.** "On the Interpretation of Romans 6:17." *NTS* 5(1958-59) 206-10. **Boer, W. P. de.** *The Imitation of Paul: An Exegetical Study.* Kampen: Kok, 1962. 21-23, 50-71. **Borse, U.** "'Abbild der Lehre'(Röm 6:17) im Kontext." *BZ* 12(1968) 95-103. **Bouttier, M.** "La vie du chrétien en tant que service de la justice pour la sainteté: Romains 6:15-23." In Lorenzi, *Battesimo,* 127-54. **Bultmann, R.** "Das Problem der Ethik bei Paulus." *ZNW* 23(1924) 123-40. **Byrne, B.** "Living out the Righteousness of God: The Contribution of Rom 6:1-8:13 to an Understanding of Paul's Ethical Presuppositions." *CBQ* 43(1981) 557-81. **Cambier, J.** "La liberté chrétienne selon saint Paul." SE 2:315-53. **Eichhoiz, G.** *Theologie.* 268-72. **Furnish, V. P.** *Theology.* Esp. 194-98, 224-27. **Gale, H. M.** *Analogy.* 182-89. **Haacker, K.** "Probleme." 9-12. **Hagen, W. H.** "Two Deutero-Pauline Glosses in Romans 6." *ExpT* 92(1980-81) 364-67. **Halter, H.** *Taufe.* 67-89. **Jones, F. S.** "Freiheit." 110-17. **Kaye, B. N.** *Chapter 6.* 95-133. **Kertelge, K.** *Rechtfertigung.* 263-75. **Kürzinger, J.** "*Τύπος διδαχῆς* und der Sinn von Röm 6:17f." *Bib* 39(1958) 156-76. **Lyall, F.** "Roman Law in the Writings of Paul - the Slave and the Freedman." *NTS* 17(1970-71) 73-79. **Malan, F. S.** "Bound to Do Right." *Neot* 15(1981) 118-38. **Merk, O.** *Handeln.* 28-41. **Moffatt, J.** "The Interpretation of Romans 6:17-18." *JBL* 48(1929) 233-38. **Petersen, N. R.** *Rediscovering Paul.* Philadelphia: Fortress, 1985. 240-57. **Reumann, J.** *Righteousness.* 81-84. **Schotroff, L.** "Die Schreckensherrschaft der Sünde und die Befreiung durch Christus nach dem Römerbrief des Paulus." *EvT* 39(1979) 497-510. **Schweizer, E.** "Die Sünde in den Gliedern." In *Abraham unser Vater,* FS O. Michel, ed. O. Betz et al. Leiden: Brill, 1963. 437-39. **Toit, A. B. du.** "*Dikaiosyne* in Röm 6: Beobachtungen zur ethischen Dimension der paulinischen Gerechtigkeitsauffassung." *ZTK* 76(1979) 261-91. **Ziesler, J.** *Righteousness.* 201-3.

본 문

12 그러므로 너희는 죄로 너희 죽을 몸에 왕노릇 하지 못하게 하여 몸의 사욕을 순종치 말고
13 또한 너희 지체를 불의의 병기로 죄에게 드리지 말고 오직 너희 자신을 죽은 자 가운데서 다시 산 자 같이 하나님께 드리며 너의 지체를 의의 병기로 하나님께 드리라

14 죄가 너희를 주관치 못하리니 이는 너희가 법 아래 있지 아니하고 은혜 아래 있음이니라
15 그런즉 어찌하리요 우리가 법 아래 있지 아니하고 은혜 아래 있으니 죄를 지으리요 그럴 수 없느니라
16 너희 자신을 종으로 드려 누구에게 순종하든지 그 순종함을 받는 자의 종이 되는 줄을 너희가 알지 못하느냐 혹은 죄의 종으로 사망에 이르고 혹은 순종의 종으로 의에 이르느니라

17 하나님께 감사하리로다 너희가 본래 죄의 종이더니 너희에게 전하여 준바 교훈의 본을 마음으로 순종하여

18 죄에게서 해방되어 의에게 종이 되었느니라

19 너희 육신이 연약하므로 내가 사람의 예대로 말하노니 전에 너희가 너희 지체를 부정과 불법에 드려 불법에 이른것 같이 이제는 너희 지체를 의에게 종으로 드려 거룩함에 이르라

20 너희가 죄의 종이 되었을 때에는 의에 대하여 자유하였느니라
21 너희가 그 때에 무슨 열매를 얻었느뇨 이제는 너희가 그 일을 부끄러워하나니 이는 그 마지막이 사망임이니라
22 그러나 이제는 너희가 죄에게서 해방되고 하나님께 종이 되어 거룩함에 이르는 열매를 얻었으니 이 마지막은 영생이라
23 죄의 삯은 사망이요 하나님의 은사는 그리스도 예수 우리 주 안에 있는 영생이니라

12 Therefore, do not let sin rule in your mortal body to obey its[a] desires,
13 and do not give sin control of what you are or do as weapons of unrighteousness. But give God decisive control of yourselves as being alive from the dead and of what you are and do to God as weapons of righteousness.
14 For sin shall not exercise lordship over you; for you are not under the law but under grace.
15 What then? Should we sin[b] because we are not under the law but under grace? Certainly not!
16 Do[c] you not know that when you give control of yourselves as someone's slaves to obey him, you are the slaves of the one you obey, whether of sin resulting in death,[d] or of obedience resulting in righteousness?
17 But thanks be to God, that when you were slaves of sin you gave your obedience from the[e] heart to the one to whom you were handed over as a pattern of teaching.
18 Having been set free from sin you became enslaved to righteousness –
19 I speak in human terms on account of the weakness of your flesh. For just as you handed over what you are and do as slaves[f] to uncleanness and to lawlessness which results in lawlessness,[g] so now hand over what you are and do as slaves[f] to righteousness which results in consecration.
20 For when you were slaves of sin, you were free in relation to righteousness.
21 What fruit did you have then? Things of which you are now ashamed, for their end result is death.
22 But now having been set free from sin and enslaved to God, you have your fruit which results in consecration, and the end product is eternal life.
23 For the wages of sin is death. But the gracious gift of God is eternal life in Christ Jesus our Lord.

원문주해

a. p^{46}를 포함하여 몇몇 증거들은 아우투(*αὐτοῦ*, 육신에 대한 언급으로)를 대신하여 아우테(*αὐτῇ*, 죄에 대한 언급으로)로 읽는다. 그러나 아우투(*αὐτοῦ*)가 더 강력하게 증명되었다. 죄의 욕망에 대한 언급이 더 적절할 것이라는 가정에 의해 아우테(*αὐτῇ*)가 삽입되었을 것이다.

b. 6:1과 마찬가지로, 예기치 못한 가정법은 상대적으로 사본 전승의 후기에 그 본문을 개선시키기 위한 또 다른 시도에 따른 결과였다.

c. 어떤 것은 11:2; 고전 6:2, 9, 16, 19에서 바울의 서술임을 확인하기 위해 그 구절의 서두에 헤(*ἤ*, "또는")를 삽입했다.

d. 많은 증거들에서 에이스 다나톤(*εἰς θάνατον*)이 빠진 것은 의도성이 없는 실수로 보인다(Metzger).

e. A는 확실히 마 5:8; 딤전 1:5; 딤후 2:22 그리고 벧전 1:22을 염두에 두고서 카다라스(*καθαρᾶς*, "정한 마음으로부터")를 덧붙인다.

f. 일부 사본들은 둘라(*δοῦλα*) 대신에 둘류에인(*δουλεύειν*)으로 일종의 개작을 한다.

g. 에이스 텐 아노미안(*εἰς τὴν ἀνομίαν*)은 아마도 동어반복으로 간주되어, B와 몇몇 다른 사본들에서 생략되었다.

양식과 구조

주된 주장으로부터 11절에 나타난 권고로의 전환이 이 항목을 특징짓는데, 이는 유일한 예외인 15절의 논쟁적인 문체와 더불어 2인칭만 거의 독점적으로 사용되는 사실로 인해 강화되는 대조로 이루어져 있다.

이 항목의 주된 특징은 대조가 연속해서 나온다는 것이다.

13	*ὅπλα ἀδικίας τῇ ἁμαρτίᾳ*	*ὅπλα δικαιοσύνης τῷ θεῷ*
14-15	*οὐκ ὑπὸ νόμον*	*ἀλλὰ ὑπὸ χάριν*
16	*ἤτοι ἁμαρτίας εἰς θάνατον*	*ἢ ὑπακοῆς εἰς δικαιοσύνην*
18	*ἐλευθερωθέντες ἀπὸ τῆς ἁμαρτίας*	*ἐδουλώθητε τῇ δικαιοσύνῃ*
19	*δοῦλα τῇ ἀκαθαρσίᾳ … εἰς τὴν ἀνομίαν*	*δοῦλα τῇ δικαιοσύνῃ εἰς ἁγιασμόν*
20	*δοῦλοι τῆς ἁμαρτίας*	*ἐλεύθεροι τῇ δικαιοσύνῃ*
22	*ἐλευθερωθέντες ἀπὸ τῆς ἁμαρτίας*	*ἐλεύθεροι τῇ δικαιοσύνῃ*
21-22	*τέλος θάνατος*	*τέλος ζωὴν αἰώνιον*
23	*τὰ ὀψώνια τῆς ἁμαρτίας θάνατος*	*τὸ χάρισμα τοῦ θεοῦ ζωὴ αἰώνιος*

단순한 반복에 빠지지 않고 대조적인 구조를 유지하고 있는 시도는 두 가지 중요한 추론들을 가지고 있다.

(a) 중심 용어인 디카이오수네(*δικαιοσύνη*, "의")의 사용 변화: (i) 하마르티아(*ἁμαρτία*)에 대한 반의어로서(18, 20절), 또한 아디키아(*ἀδικία*, 13절), 다나토스(*θάνατος*, 16절) 그리고 아카다르시아(*ἀκαθαρσία*, 19절)에 대한 반의어로서; (ii) 하마르티아(*ἁμαρτία*)와 반대되는 데오스(*θεός*)의 동의어로서(13절과 19, 18, 22절을 참조하라). 또한 16과 17절을 참조하라 6:22을 보라. (iii) 그리고 디카이오수네 에이스 하기아스몬(*δικαιοσύνη εἰς ἁγιασμόν*, 19절)과 기능적으로 동등한 휘파콘 에이스 디카이오수넨(*ὑπακοὴ εἰς δικαιοσύνην*, 6:16을 보라)이라는 두드러진 구절 속에서의 사용변화. 이런 유동성은 이 주제에 관한 바울의 취급을 "의"로 좁게 한정하는 것에 대한 충분한 경고가 될 수 있다. 바울에게서 "의"는 신자들을 주장하고 유지하며 또 영생의 마지막 표현에 도달하게 하는(5:21; 6:23) 하나님의 은혜로우신 능력에 대한 요약이다. 참조. Reumann, *Righteousness*, 83. 말란(Malan)은 보다 정교한 분석을 제공하고 있다.

(b) 이미/아직은 아닌 그리고 전/후 긴장의 유지

권고	12	13a		16			19	–	21		
			15								23
직설법에 근거한		13b	14		17–18					22	
전/					17	18	19a		20–21		
후								19b		22	

이 모든 것으로부터 바울이 균형 잡힌 긴장을 유지하고자 시도하고 있다는 것이 분명해진다(종말론적 긴장; 참조. Bornkamm, 80; Kuss, 394-96, 408-14; Halter, 67-69). 여기서 중요한 추론을 할 수 있는 것은 전반적인 취급이 일련의 대조와 균형이기 때문에, 전체 주해를 하는데 있어서, 또는 보다 넓은 바울의 주제를 해석하는데 있어서, 어떤 한 구절을 뽑아 지나친 관심과 조명을 두는 것은 실수가 될 것이다. 어느 구절도 전체와 무관하게 그리고 대조되고 균형을 유지하고 있는 진술의 범위나 변화에 대한 언급 없이 주해해서는 안된다. 또한 13절과 19절을 마치 바울작품의 후기 난외주인 것처럼 간주해야 할 만한 아무런 실질적 근거가 없다(반대로는 Hagen).

6:23에서 5:21의 주된 강조들을 상기하고 있는 것은 5:12-21이 6:1의 오해를 해

소하기 위한 방법으로 재서술된 한 주제적 단위임을 확인시켜준다. 처음에 한정적인 대답으로 주어진 죄와 사망에 대한 신자의 계속된 관계성의 문제(죄가 아직 사망으로의 최종적 언급을 시행하지 못했기 때문에)는 바울이 주된 문제가 되는 영역, 곧 율법의 계속된 역할에 관한 관심을 집중하게끔 하는 한 방법임이 분명하다(7장).

주석

12 "그러므로 너희는 죄로 너희 죽을 몸에 왕노릇하지 못하게 하여"(*μὴ οὖν βασιλευέτω ἡ ἁμαρτία ἐν τῷ θνητῷ ὑμῶν σώματι*-메 운 바실류에토 헤 하마르티아 엔 토 드네토 헤몬 소마티). 운(*οὖν*)은 앞선 논증에서 이끌어온 결론을 나타낸다-더 상세한 묵상이 아니라, 실제적 작업의 결과다. 이는 2절 이하의 부정과거 시제의 주장들이 실제로 의미하고 있는 것이다. "죄가 왕노릇한다는" 이야기는 5:21을 상기시킨다(3:9과 5:21을 보라). 2-11절의 주장에도 불구하고, 죄의 지배는 단순히 가능성이 아니라, 항상 저항해야 할 실제이다(현재시제). "죽을 몸"은 단순히 "육체적 유기체"와 동일시되는 것이 아니며(Murray), 또한 물질적 육신에 대한 영지주의적 비난에 상응하는 권고를 하고 있는 것도 아니다. 따라서 죄는 단순히 인간의 일부를 지배하고 있는 것이 아니라, 이 세상과 시대에 속한 전체로서의 인간을 지배한다. 즉 드네톤(*θνητόν*)으로서의, 인간의 연약함에 작용하는 죄의 권세에 상처 입기 쉬운 자로서의, 또 "죄의 몸"으로서의 전체적인 인간을 지배한다(6:6; 반대로는 Käsemann을 보라). 단수와 복수가 조화되고 있는 것에 관해서는-"너희(복수형) 죽을 몸(단수)"에 관해서는 6:6a을 보라("우리 옛 사람").

"몸의 사욕을 순종치 말고"(*εἰς τὸ ὑπακούειν ταῖς ἐπιθυμίαις αὐτοῦ*-에이스 토 휘파쿠에인 타이스 에피두미아이스 아우투). 죄가 인간존재에 영향을 미치고 통제를 추구하는 목적이 바로 이것이다. "죄는 사람이 그 죄에 복종할 때에만 오직 지배할 수 있다"(Schlier). 동사 휘파쿠에인(*ὑπακούειν*)은 처음 나타나지만, 중요한 상관어인 휘파코에(*ὑπακοή*)와 연관되어 있다. 특히 16-17절에서 집중된 사용을 유념하라. 이 용어에 대한 로마서 이외의 바울의 사용은 상대적으로 적기 때문에(*ὑπακοή*/*ὑπακούω*-롬, 11번; 고전, 없음; 고후, 3번; 갈, 없음; 빌, 1번; 골, 2번; 살전, 없음; 살후, 2번; 몬, 1번; 참조. 엡, 2번; 목회서신, 없음; 히, 3번; 벧전, 4번), 로마서에서 그 용어의 주제적 중요성은 주목할 만하다(1:5을 보라). 바울은 그리스도의 순종에 상응하는 순종을 생각하고 있다(5:19을 보라). 5:12-21의 지속적인 영향이 그려져 있다. 에피두미아(*ἐπιθυμία*)에 대해서는 1:24을 보라. "마음의 정욕"(1:24),

"죽을 몸의 사욕"(6:12), "육체의 욕심"(갈 5:16)이라는 평행구절을 주목하라. 이는 모두 육체적 욕망뿐만 아니라, 육체적 필요와 정서적, 지적, 사회적, 그리고 종교적 필요들을 포함한, 만족을 필요로 하는 인간의 의존성을 나타낸다. 이 의존성이 인간에게 노예성을 가져오는 수단을 제공한다. 왜냐하면 자연적 욕망은, 심지어 그리스도인의 자유라도 동일한 욕망과 충동에 기회를 제공하면서(갈 5:13, 16-17), 아주 쉽게 압도당하는 충동(7:7을 보라)이 될 수도 있기 때문이다. 그리스도와의 일체로 인해 오는 것은 이런 압도적인 충동을 막아주고 그러한 의존성을 조절할 수 있는 가능성과 능력이 있게 하지만, 물론 이는 단순한 가능성으로서도 아니고, 또 그리스도와의 일체성을 떠나서는 불가능하다. Epictetus 4.1.170-77을 대조해 보라: "자유는 바라는 것을 만족시킴으로써 얻어지는 것이 아니라 욕구를 버림으로써 얻어지는 것이다"(175).

1-11절을 주도하고 있는 직설법에서 12-23절에서 주도하고 있는 명령법으로의 전환과 그 두 용법들간의 적절한 균형에 대해서는 특히 Furnish, *Theology*, 224-27; Merk, *Handeln*, 28-41; 그리고 Käsemann, 172-76을 보라. 그 둘 사이의 균형을 두드러지게 하기 위해 많이 인용되는 시도인 "당신 자신이 되게 하라"는 정확한 균형을 이루지는 못한다. "되고 있는 것이 되라"가 1-11절에서 반복적으로 표현되고 있는(4, 5, 6, 8, 11절), 종말론적 긴장, 또는 종말론적 유예를 더 잘 표현하는 것이 된다. 왜냐하면 모든 도덕적 노력에 선행하고 또 그 노력을 가능하게 만드는 것은 은혜로 살고, 또 은혜와 능동적으로 협력하는 것이기 때문이다. "죄 없음이 그리스도인에게 매우 실제적으로 가능한 것은 하나님에 대한 결단이 해방의 특성 곧 역으로 말해서 죄의 지배 아래 있지 않는 자유를 제공한다"(Wilckens).

13 "또한 너희 지체를 불의의 병기로 죄에게 드리지 말고"(*μηδὲ παριστάνετε τα μέλη ὑμῶν ὅπλα ἀδικίας τῇ ἁμαρτίᾳ* – 메데 파리스타네테 타 멜레 휘몬 호플라 아디키아스 테 하마르티아). "드리다"(*παρίστημι* – 파리스테미)는 여기서 반복적으로 사용되고 있는데 – 13절(2회) 16, 19(2회); 참조. 12:1. 그 이미지가 노예 소유주(16-18절), 왕(참고 *TDNT* 5:840)에 관한 것인지, 혹은 군사력(참고 LSJ, *παρίστημι* C. II)에 관한 것이든 간에, 그 영향은 동일하다 – 오직 적절한 반응이 복종과 순종밖에 없는 높은 권세와 권위에 대한 인정. 매일 거절되어져야 하는 복종을 암시하는 현재시제를 다시금 참조하라(그러나 또한 6:19을 보라). "지체"(*μέλος* – 멜로스)는 육체의 사지와 내부 기관을 언급하지만, 사회 구성원으로서의 인간 개인에 관한 은유적 의미로도 잘 알려져 있는데(*TDNT* 4:555-56), 바울의 그밖에 다른 곳에서는

12:4-5; 고전 12:12-27; 엡 4:16[v.l.], 25; 5:30; 참조. 고전 6:15이 있고, 여기서처럼은 롬 6:13, 19; 7:5, 23; 골 3:5이 있다. 더 넓은 의미로는 인간의 "재능들"(Barrett, Black), "역량들"(Käsemann), "자연적 역량들"(Cranfield)은 바울의 소마(*σῶμα*)의 더 넓은 의미에 비추어(6:6을 보라) 전반적으로 적절하다. 크랜필드(Cranfield)는 7:23의 엔 토이스 멜레신 무(*ἐν τοῖς μέλεσίν μου*)가 다소 7:17, 20의 엔 에모이(*ἐν ἐμοί*)와 상당히 동의어적인 것으로 주목한다. 완전한 헌신은 특별히 구체적 행위로 표현된다는 것을 강조하면서, 그 복수형은 "너의 죽을 몸"에 대한 평행임을 제기한다. 앞에 실은 본문번역("what you are and do")은 구성원들(members, 현대의 독자들에게는 불만족스러운)을 향상시키려는 시도이고, "너희 지체들"("your constituent parts")(앞에 실은 본문의 번역["what you are and do"]은 본문 주해에서의 번역["your constituent parts"]과는 다르게 사용되었다–역자주)은 다소 장중하다. 호플론(*ὅπλον*)은 "도구, 장비"이며, 복수로, 자주 구체적으로, "병기, 무기"를 나타낸다(LSJ, *ὅπλον* III). 바울에게서 그 용어는 군사적인 은유를 상당히 염두에 두면서(*TDNT* 5:294 그리고 대부분의 주석가들; 참조. 특히 고후 10:4; 또한 7:11 그리고 6:23–*ὀψώνια*), 복수형으로만 사용되었다(6:13; 13:12; 고후 6:7; 10:4; 신약성경에서 다른 곳으로는 요 18:3). 바울은 그러한 군사적 은유들을 사용함에 있어서 전혀 어색함을 갖지 않는다(참조. 13:12; 살전 5:8; 엡 6:13-17). 아디키아(*ἀδικία*)는 하나님의 의에 대조되어 서 있는 모든 것을 대변하면서, 다시금 폭넓은 사용을 위해 선택되었다(1:18을 보라; 더 자세한 것은 아래의 13c절을 보라). 죄의 권세에 대한 의인화가 점차적으로 활기를 띠고 있다. 택일된 용어는 의도적으로 단호하다: 중간적인 근거도 없고 중립적인 입장도 없다; 하나님에게서 벗어나려는 인간의 욕구는 불의(不義)와 의(義)간의 전쟁에서 죄의 편에 서서 복종하고 섬기는 것과 마찬가지다.

"오직 너희 자신을 하나님께 드리며"(*ἀλλὰ παραστήσατε ἑαυτοὺς τῷ θεῷ*–알라 파라스테사테 헤아우투스 토 데오). 부정과거로의 전환은 부분적으로 문체론적이고, 필연적으로 단번에 이루어진 복종을 시사하지는 않는다(16절). 하지만 앞선 절들의 현재시제와 어느 정도 대조를 이루고 있고, 아마도 13a절에서 함축된 태만에 의해 결정된 것과는 반대되는 의식적이고 결정적인 헌신을 시사한다(더 자세한 것은 6:19을 보라). 헤아우투스(*ἑαυτούς*)는 바울의 인류학의 히브리적 특성을 강조하면서(참조. *TDNT* 7:1064), "너희 지체"와 평행구를 이루고 있다. 파리스테미(*παρίστημι*)를 가지고, 바울은 하나님을 그 대상(또한 12:1)으로 선호하고 있으며, 또한 의인화된 권세들인 "부정", "의"(19절)를 선호하고 있는 것이 주목할 만하고, 반면에 믿음의 순종에 관해 사용된 휘파쿠오(ὑπακούω)와 휘파코에(ὑπακοή)를 가지고 바울은 순종을 드리는 분으로서 그리스도(17절; 고후 10:5; 6:17을 보라) 또는 복음에 관해서 언급하기를 선호하고 있는 것으로 보인다(가장 분명하게는 살후 1:8에서처럼). 이것은 그리스도에 관해서 언급할 때에 바울이 주목한 신학적인 유보를 암시한다(1:18을 보라). 전자가 주권적인 권위에 대한 복종을 표현하고, 따라서 더욱더 창조주에게 적절한 반면에, 후자는 개인적인 관계성이라는 의미를 더욱더 갖게 한다. 14:3의 주석의 마지막 단락을 보라.

"죽은 자 가운데서 다시 산 자 같이"(ὡσεὶ ἐκ νεκρῶν ζῶντας – 호세이 에크 네크론 존타스). "죽은 이후에 살아난"(Lightfoot). 바울은 호세이(ὡσεί)를 여기서만 사용한다. 호스(ώς)와 호세이(ὡσεί)간에 구분과 관련되는 한, 에이(εἰ)(ώς εἰ) –"같이, 처럼"(LSJ) –에 좀더 비중을 두어야 한다. 여기서 바울이 참이 아닌 것을 흉내로만 가정했던 것처럼 그 요지를 강조해서는 안된다. 그리스도의 부활의 결정적 사건은 발생했고, 이것은 죽으시고 부활하신 그리스도와 일체된 신자들을 위한 윤리적 행동을 가져오는 태도와 동기의 실제적인 변화를 가능케 했다(6:4을 보라). 동시에 "같이"는 그리스도의 부활에 참여하는 것이 바울에게서 이미 과거에 일어난 것이라는 결론을 내리지 못하게 만든다(다시금 6:5와 6:8을 보라). 또한 특별히 Barrett, Schmidt 그리고 Wilckens, 2:21 n 76; 참조. Michel: "ὡσεί는 예증(*Bild*, 형상)과 비교일 뿐만 아니라, 동기와 결의다(Bestimmung)."

"너희 지체를 의의 병기로 하나님께 드리라"(καὶ τὰ μέλη ὑμῶν ὅπλα δικαιοσύνης τῷ θεῷ – 카이 타 멜레 휘몬 오플라 디카이오수네스 토 데오). 13a절과 대조되는 것으로 대조적인 반대들은 다음과 같다.

불의의 병기	죄에 대한
의의 병기	하나님에 대한

"죄"의 반대되어 서 있는 것이 "은혜"라고 하는 5:20-21을 참조하라. 바울은 죄와 하나님간의 극단적인 이원론을 그리고 있지 않다. 하지만 죄는 오직 하나님만이 그 죄를 극복하시기에 충분한 개인과 사회에 대한 권세이고, 하나님은 은혜로서 그리고 은혜의 권능 속에서 그렇게 하신다. 이러한 대조에서도 바울은 하나님과 반대되는 권세로 "사탄"보다 "죄"를 언급하는 것을 선호한다(16:20을 보라). 전개되고 있는 은유에 보조를 맞춘 아디키아(ἀδικία)와 디카이오수네(δικαιοσύνη)는 구체적인 행

위를 나타내기보다는(대조로는 1:18의 *ἀδικία*를 보라), 의인화된 초인적 대리자, 곧 죄의 권세가 효력을 발휘하고, 인간에 대한 권세를 행사하는 수단으로서의 "불의"와 하나님의 영향 하에 있는 인간(신자)을 보호하시는 하나님의 능력으로서의 "의"를 나타낸다. 따라서 다음 구절들(18-20절)에서 순종을 주어야 하는 것으로 디카이오수네(*δικαιοσύνη*)를 사용할 가능성이 있게 된다. "의"는 "은혜"만큼이나 하나님이 자기 자신을 표명하는 방식과 양태를 묘사하는 데 사용되어질 수 있다. 선물은 주는 자와 분리될 수 없다(Käsemann, "Righteousness," 174; Ziesler, 202). "신자들이 의의 '병기'(*ὅπλα*-호플라)와 의의 '종'으로서 하나님께 헌신하도록 권고되어졌을 때(13, 18절), 의는 인간들이 통제할 수 있는 것이 아님이 분명해진다. 신자가 의를 통제하는 것이 아니라 신자가 의에 의해서 통제를 받는다. 의는 인간이 어찌 할 수 있는 권세가 아니다. 의는 하나님의 능력이고 이 하나님의 능력으로 인간은 지탱한다"(Furnish, *Theology*, 195-96). 또한 5:21을 보라.

14 "죄가 너희를 주관치 못하리니"(*ἁμαρτία γὰρ ὑμῶν οὐ κυριεύσει*-하마르티아 가르 휘몬 우 큐리유세이). 여기서 미래시제로는 5절과 8절을 참조하라. 그리고 직설법으로는 12절의 명령법을 참조하라. 바울이 자신의 시제를 아주 조심스럽게 선택하고 있으므로, 여기서 미래는 잠정적인 미래이며(Moffatt와 Fitzmyer처럼 권고적이 아니다. 참조. BDF, §362), 신자들이 그리스도의 부활을 완전히 그리고 최종적으로 공유할 때에 확실히 있게 될 것에 관한 약속이다(참조. Knox). 하지만 그것은 단순히 감질나게 하는 약속은 아니다. 오히려 그것은 이미 은혜와 의에 의해 시행된 약속이다. 즉 하나님으로부터 권능을 받음으로써 장래에 그리스도와 함께 살 것처럼 지금 살아가는 은혜의 가능성이다(8절)-따라서 명령이다(12절). 단번의 구원역사와 종말론적인 유보를 포함한 사상의 균형이 일관적이다. 6:14절 곧 "죄에 대해서는 불가능하다"(*Outline*, 229)는 것을 의미한다는 콘젤만(Conzelmann)의 주장은 바울의 가르침을 위험스럽게 오해한 것이다.

"너희가 법 아래 있지 아니하고 은혜 아래 있음이니라"(*οὐ γὰρ ἐστε ὑπὸ νόμον ἀλλὰ ὑπὸ χάριν*-우 가르 에스테 휘포 노몬 알라 휘포 카린). 바울이 현재시제를 가지고 이전의 미래시제를 다시금 어떻게 곧바로 균형잡고 있는지를 주목하라. 미래는 확고한 약속이다. 왜냐하면 신자들은 죄와 율법에 의해 지배되던 기원으로부터 은혜에 의해 지배되는 기원으로 이미 구원역사의 전환을 공유했기 때문이다. 그리스도의 주되심에 자기 자신을 드린 사람들은 더 이상 죄와 사망에 충성하지 않는다. 죄의 지배가 죽음이라는 마지막 할 말을 아직도 갖고 있을지라도 말이다(5:21). 보통 때처럼 노모스(*νόμος*)는 (유대인의) 율법, 즉 토라를 의미한다(반대로는 Knox, Murray; 2:14을 보라). 그것은 여전히 효과적인 권위를 행사하는 권력의 이미지다. 5:20-21에서처럼 율법은 옛 시대, 아담의 시대를 주도했던 세력을 특징짓는 한 방법으로서의 죄와 사망과 결부되어 있다. 특히 "법 아래"는 전반적으로 유대 백성들의 위치를 특징짓는다(고전 9:20; 갈 3:23; 4:4-5, 21). 유대인들은 특히 자신들의 것이라고 여기는 율법 아래 온전히 자기를 위치시킴으로써, 율법을 하나님에 의해 자기들에게 주어진 영적인 능력으로 사실상 여겼다. 그들은 마치 율법이 민족적인 수호천사인 것처럼 여겼다(따라서 갈 4:3과 4:9 사이의 평행). 고로 "법 아래" 있는 그들의 존재는 유대교에서 경험할 수 있는 옛 시대 아래 있는 사람의 형태를 특징짓는다(2:1-3:20). 더 자세한 것은 서론 §5.3과 4:14 그리고 5:20을 보라. 결과적으로 아브라함과 이스라엘을 통해 주어진 언약과 그 언약의 종말론적인 성취간의 연속성과 불연속성을 규명하는데 전념하고 있는 서신에서, "법 아래"는 아담의 옛 기원에 관한 일반적인 특징을 나타낸다(하지만, "법 아래"는 실제로 이방인의 상황을 지칭하고 있다는, Gager, *Origins*, 221-22이 뒤따르고 있는, Gaston의 논문 *Paul*, 62-64은 갈라디아서의 언급에 관한 매우 힘든 작업을 하고 있다). 이방인들의 보다 많은 비율과 우세가 이 서신의 수신자로서 고려되고 있기 때문에(서론 §2, 특히 §2.4.4.을 보라), (이전에) 유대교에 매력을 가졌던, 즉 율법에 구체화된 관습들과 기준들에 의해 매료된 이방인들이 주가 되었고, 또한 "유대화됨으로써", 즉 유대인처럼 살아감으로써, 말하자면, 자기 자신들을 "법 아래" 둠으로서 오직 언약의 약속에 참여할 수 있다고 생각하는 위험 속에 있었다는 추론을 할 수 있게 된다. 바울이 율법과 은혜를 이 서신의 어느 곳에서도 대립되는 것으로 두지 않았다는 것을 주장함에 있어서 케이(Kaye)는 다시금 휘포(*ὑπό*, 3:9에 대한 것처럼)에 너무 적게 무게를 두면서, 율법의 사회적 기능을 놓친다(*Chapter*, 110-11). 바울의 요지는 그리스도의 죽음과 부활에 의해 도입된 새로운 기원에서 은혜의 조건들은 바울 자신의(기독교인이 되기 이전에) 유대교 내에서 행하던 것과는 다르다는 것이다. 은혜에 관한 바울의 언급에서 자주 그러한 것처럼, 바울 자신의 경험의 충격은 너무도 뚜렷하다(더 자세한 것은 1:5; Dunn, *Jesus*, 202-5를 보라). 기원들간의 구분은 절대적인 그리스도 이전과 이후는 아니다. 왜냐하면 아브라함도 약속을 받았고, 또 은혜로(*κατὰ χάριν*-카타 카린) 의롭게 되었기 때문이다(4:4, 16). 그러나 바울 당시의 유대교에 특징이 되었던 언약적 약속에 관한 이해는 한 분 하나님의 은혜의 그냥 주시는 역사와 너무도 맞지 않는다. 따라서 고전적 루터파 신조의 과도한 용어들로는 아닐지라도, 그것은 대조적으로 서 있다. 배렛트(Barrett)의 언급 속에서 표현된 것이나("율법은 인간의 종교와 도덕으로 힘쓰는 상향을 의미하고…하나님의 보좌에 오르려는 인간의 시도를 대변한다"), 크랜필드(Cranfield)의 대안도("법 아래"="하나님의 혹평 또는 정죄 아래") 자아 이해 속에서 이스라엘을 구분짓는 그 구절의 사회적 차원을 이해하지 못했다(다시 서론 §5.3을 보라).

6:14과 함께 갈라디아서 5:18을 참조하라.

> 롬 6:14 우크 에스테 휘포 노몬(*οὐκ ἐστε ὑπὸ νόμον*) 알라 휘포 카린(*ἀλλὰ ὑπο χάριν*)
> "너희가 법 아래 있지 아니하고 은혜 아래 있음이니라"
> 갈 5:18 우크 에스테 휘포 노몬(*οὐκ ἐστε ὑπὸ νόμον*) 에이 프뉴마티 아게스데(*εἰ πνεύματι ἄγεσθε*)
> "너희가 만일 성령의 인도하시는 바가 되면 율법 아래 있지 아니하리라"

이 두 구절간의 평행구는 바울에게 있어서 "은혜"와 "성령"은 거의 동의어이고, 6장에서 성령에 대한 아무런 언급이 없이 8장까지 성령의 측면에서 주제를 다루지 않고 연기한 바울의 결정은 신학적인 중요성보다는 구조적인 중요성에 있음을 상기시킨다(6-8장 서문을 보라).

15 "그런즉 어찌하리요?"(*τί οὖν* – 티 운) – 수사학적인 미사여구를 제공하는 잘 알려진 생략적 표현인데, 이는 논증의 중단이나 새로운 단계를 필연적으로 특징짓는 것이 아니라, 논증을 생생하게 하고 계속적으로 끌고 나가기 위해 의도된 것이다. 11:7(하지만 3:9은 아니다)과 더 자세한 서술인 티 운 에스틴(*τί οὖν ἐστιν*, 고전 14:15, 26)을 참조하라. 다른 곳으로는 Josephus, *War* 2.364를 포함하여 BGD, *τίς*를 보라. 더 완전한 서술인 티 운 에루멘(*τί οὖν ἐροῦμεν*)에 대해서는 3:5을 보라.

"우리가 법 아래 있지 아니하고 은혜 아래 있으니 죄를 지으리요? 그럴 수 없느니라"(*ἁμαρτήσωμέν ὅτι οὐκ ἐσμεν ὑπὸ νόμον ἀλλὰ ὑπὸ χάριν μὴ γένοιτο* – 하마르테소멘 호티 우크 에스멘 휘포 노몬 알라 휘포 카린 메 게노이토). 다시금 뜻밖의 가정법이 있는데(1절에서처럼), 이번의 부정과거는 아마도 13절의 파라스테사테(*παραστήσατε*)와 동일한 의미를 가질 것이다. 동사 하마르타노(*ἁμαρτάνω*)는 6장에서 오직 여기서만 나타나는데, 이는 본서에서 마지막으로 나타나는 것이다. 로마서의 다른 사용에서처럼 그 동사는 책임이 있는 행동을 나타내고(2:12; 3:23; 5:12, 14, 16), 심지어 율법이 없을 때라도 그러한 책임이 있는 불순종이 가능하며(2:12;

5:14), 그것은 실제로 유대적인 관점에서는 불가피하다. 동사를 사용한 서술은 명사를 사용한 이전 서술의 변이임이 분명하며, 이는 1절을 상기시킨다: 책임이 있는 죄악된 행위는 죄의 지배 아래 있는 자들의 불가피한 결과다. 여기서 질문은 단순히 1절의 변이가 아니다: 히나(*ἵνα*)절은 질문에 엉뚱한 특성을 제기하지만, 여기서 호티(*ὅτι*)절은 앞선 주해에서 "이미"에 관한 강조로부터 어느 정도 냉정하게 추론한 것으로서의 가능성을 제시하고 있다(참조. Kuss; 15절이 "강한 자"의 표어를 암시하고 있다고 주장하는 Minear, *Obedience*, 63과 바울이 15절에서 유대적 기독교에 대한 반대로 돌아서고 있다고 보는 Maillot와 대조해 보라). 1인칭 복수는 이 단락에서 2인칭 수신자가 대부분을 이루는 것을 깨뜨리고 있다: 바울은 이 질문이 자신의 독자들에게만 해당되는 문제라는 인상을 피하고 있다. 메 게노이토(*μὴ γένοιτι*)에 관해서는 3:4을 보라.

16 "너희가 그것을 알지 못하느냐?"(*οὐκ οἴδατε ὅτι* – 우크 오이다테 호티). 잘 알려져 있고, 분명한 사실을 소개하는 수사적인 의문문이다(고전에서 자주 나타나는 것처럼 – 3:16; 5:6; 6:2-3 등등). 바울은 단조로운 오이다멘 가르 호티(*οἴδαμεν γὰρ ὅτι*)보다는 더 생생한 논쟁체를 선호한다(7:14, 18; 8:22; 고후 5:1). 6:3에 아그노에이테 호티(*ἀγνοεῖτε ὅτι*)를 참조하라.

"너희 자신을 종으로 드려 누구에게 순종하든지 그 순종함을 받는 자의 종이 되는 줄을"(*ᾧ παριστάνετε ἑαυτοὺς δούλους εἰς ὑπακοήν, δοῦλοι ἐστε ᾧ ὑπακούετε* – 호 파리스타네테 헤아우투스 둘루스 에이스 휘파코네, 둘로이 에스테 호 휘파쿠에테). 이 서술은 13절의 두 면을 반영한다 – 파리스타네테(*παριστάνετε*, 현재시제) 헤아우투스(*ἑαυτοὺς*, 6:13을 보라). 그러나 나머지 장을 주도하는 노예의 이미지가 이제 나타나고 있다. 문맥으로 볼 때, 이 용어는 경어(1:1에서처럼)가 아니라 노예에 관해 잘 알려진 사실 – 특히 지중배 주변의 주요 도시에 살고 있는 대다수의 인구가 노예이거나 노예였기 때문에 잘 알고 있었을 것이다 – 을 언급하고 있다. "그리스나 이탈리아에서 많은 사람들이 노예로 팔렸다"(Bartchy). 바울이 편지를 썼던 1세기 고린도에서 적어도 인구의 1/3이 노예였거나 많은 사람들이 자유인이나 자유로운 노예가 되었다(Bartchy, 58-59; *OCD*, 995, 996). 그리고 로마의 기독교 공동체는 다수가 노예 또는 자유민으로 구성되었을 것이고, 로마의 유대공동체의 역사(서론 §2.1을 보라)와 16장의 증거가 이 사실을 강력하게 제기한다(16:3-16의 해설을 보라).

노예제도가 당연하게 여겨졌고, 그것이 사회적 비천함을 나타내거나 다른 사회적 계급과 경제적인 조건으로 구별되는 것은 아니라 할지라도(Bartchy), 노예와 자유인의 구별은 전형적인 헬라적 자기 인식의 근본을 이루고 있었고, 노예제도는 자유에 관한 헬라적 이상과 대조되었다(*TDNT* 2:261-64; Meeks, *Urban Christians*, 20-21). 따라서 바울이 자유인을 "노예"로 부른 것은 모욕으로 간주되었고, 이는 바울이 자신의 요지를 만들고 있는 다소 힘들고 반복적인 방법을 설명해준다: 만약 특정한 권세의 명령을 복종하고 있음이 행동에서 보여진다면, 당신은 그 권세에 속에 있고, 사실상 그리고 실제로 그 권세의 노예이다. 약간 귀찮아하는 것처럼 보이는 것은 물론 구술의 과정에서 어색한 구문에 사로잡힌 자기 자신을 발견한 사람의 경우일 수 있지만(참조. Knox), 그렇게 한 것은 역시 의도적이다. 많은 주석가들은 마 6:24; 요 8:34; 그리고 벧전 2:19을 평행을 강조하면서 주목을 한다. 케이(Kaye)는 바울이 기독교 전승 곧 제자들에게 노예에 관한 이미지를 사용한 예수의 사례로 돌아가고 있다고 주장을 한다(*Chapter* 6, 120-29). 14:18을 보라.

"혹은 죄의 종으로 사망에 이르고"(*ἤτοι ἁμαρτίας εἰς θάνατον* – 에토이 하마르티아스 에이스 다나톤). 이는 신약에서 에토이(*ἤτοι*)가 나오는 유일한 경우다. "죄"는 계속해서 세력으로 의인화되어져 있는데, 그 죄는 삶이 이 시대에 갇혀 있는 사람들에 대하여 효과적인 지배를 행사하며, 다섯 구절(12-16절)에서 강조되고 있는 것과 동일한 이미지를 갖고 있는 다섯 번째 변이다. "사망"이 죄와 연관되어 다시 나타나는데, 이는 5:20-21의 특징이었던 죄, 율법, 사망의 동일한 삼두체제를 완성시키고 있다. 에이스(*εἰς*)는 1:16에서처럼, "야기된 결과를 갖는"이라는 동일한 의미를 가지며, 이는 텔로스(*τέλος*, 21절)로서의 사망(21절)이다. "죄에 대한 노예는 기독교인들에게도 마찬가지로 사망에 대한 노예였고, 또 계속되고 있다"(Halter, 77). 5:21처럼 사망은 인간에 대한 죄의 지배의 마지막 가장 완벽한 표현이다. 따라서 복음의 비밀은 그리스도께서 죄의 최악을 집어삼키셨고, 그것을 생명의 승리로 바꾸어놓았다는 것이다(6:7-10). 미첼(Michel)은 사망에 관한 바울의 개념의 "다양한" 본질에 대해 적절히 설명해놓고 있다(211 n.4).

"혹은 순종의 종으로 의에 이르느니라"(*ἢ ὑπακοῆς εἰς δικαιοσύνην* – 헤 휘파코에스 에이스 디카이오수넨). 데우(*θεοῦ*)나 그 동의어가 더 적절해 보이기 때문에 여기서 휘파코에스(*ὑπακοῆς*)를 사용한 것은 놀랍고도 특이하다. 이 두 구절(16-17절 – *ὑπακοή*와 *ὑπακούω*, 4회; *δοῦλος*, 3회)이 주를 이루는 것은 노예와 순종이라는 두 개념간의 밀접한 관계 때문일 것이다. 노예와 순종은 쌍둥이 개념이다. 노예는 순종만이 유일한 선택이다. 그 주인의 도구로서 노예는 순종 이외에 다른 역할을 갖지 않는다(특히 Dodd를 참조하라). 역으로 말해서 매일의 복종에 관한 실제적 표현을 할 수 있는 사람이 실제 주인인 것이다. 물론 바울은 여기서 순종의 노예=복종으로 특징짓는 노예라는 또 다른 속격 관계를 의도하고 있을 수 있다. 하지만 평행으로 두 개의 속격구를 배치시킴으로써, 바울은 양자에 포함된 이중적 인과관계를 암시하고 있다: 인간을 지배하고 있는 권세로서의 "죄", 하지만 인간이 책임을 지어야 하는 행위로서의 "죄"(3:9절을 보라), 그리고 인간의 책임으로서의 "순종", 하지만 인간은 누구에게 무엇을 주든 간에, 그것을 하게 하고 동기를 부여하는 권세에 의존하고 있는 "순종"(휘파코에[ὑπακοή]에 대해 더 자세한 것은 1:5을 보라). 다드(Dodd)는 "바울이 미묘한 차이를 좋아하고"(Käsemann)는 것을 깨닫지 못하고 너무 빨리 "구술에 있어서의 부주의"를 가정한다. 다드처럼 쉴러(Schlier)는 바울이 여전히 그리스도의 복종(5:19)을 염두에 두었는지를 의문한다.

또한 특이하게 디카이오수네(δικαιοσύνη)는 다나토스(θάνατος)에 대한 대조적인 균형을 제공하고 있다(5:18의 디카이오시스 조에스[δικαίωσις ζωῆς]를 참조하라). 우리가 평행구를 강조하려면, "의를 가져오는 효과를 갖는 순종"을 이해해야만 한다. "행위로의 의"라는 망령을 여기서 제기시켜서는 안된다. 왜냐하면 여기에는 자아성취적인 의에 관한 사상이 없고 오히려 선택의 여지가 없이 바쳐져야만 하는 순종인 노예의 순종에 관한 사상을 담고 있기 때문이다. 그럼에도 불구하고 바울이 여기서 "의"를 "최종산물", 즉 아직 실현되지 않은 조건, 상태, 또는 관계를 나타내는 것에 의심을 품지 않았다는 점을 놓쳐서는 안된다(다른 곳에서는 갈 5:5에서 가장 확실한 것처럼; 또한 10:10을 보라). "의"에 관한 바울의 개념의 유동성을 주목해야 하고, 그것은 어떤 특별한 교조주의적인 구조로 억지로 짜맞추어져 있지 않다(참조. Michel, 더 자세한 것은 특히 1:17과 5:17을 보라). 또한 바울은 의가 어떤 의미에서 순종의 산물과 결과를 나타낸다고 하는 것에 어떤 의심도 품고 있지 않은 것으로 보인다. 하나님에 의해 가능하게 되는 순종과 항상 하나님의 선물로서 주어진 의에 의해서 자격이 부여된다 할지라도 말이다(1:17; 5:17—Käsemann; 더 자세한 것은 특히 du Toit와 Byrne을 보라). 여기서 동사와 명사의 용법이 중복되고 있음을 알아야 한다(더 자세한 것은 특히 2:13을 보라. 그 구절은 의미상으로 이 구절과 매우 밀접하다. 그리고 Black을 참조하라). 이 모든 것들은 당대 유대교에 대한 바울의 비판이 이런 방향 속에 맞추어져 있지 않다는 가능성을 강화시켜준다: 만약 그의 반박의 중심되는 진의가 순종에 의해 의로 나올 수 있고 또는 얻을 수 있다는 견해에 반대하는 것으로 향해 있다면, 그는 여기서처럼 이렇게 자기 자신을 표현하지는 않왔을 것이다(다시금 2:17-29; 3:27-31; 4:4을 보라).

17 "하나님께 감사하리로다"(χάρις δὲ τῷ θεῷ – 카리스 데 토 데오). 하나님 혹은 그리스도에 대한 감사를 주로 표현하는 기독교 문헌에서 주로 나오는 형식이다(BGD, χάρις 5을 보라). 문맥과의 연관성은 동일하지 않다: 그 용어는 독자적으로 나올 수도 있고(7:25), 또는 호티(ὅτι, 여기서처럼), 에피(ἐπί, 고후 9:15), 관계절(고전 15:57; 고후 2:14; 8:16)에 의해서 수반되어질 수 있다.

"너희가 본래 죄의 종이더니 마음으로 순종하여"(ἦτε δοῦλοι τῆς ἁμαρτίας ὑπηκούσατε δὲ ἐκ καρδίας – 에테 둘로이 테스 하마르티아스 휘페쿠사테 데 에크 카르디아스). 노예의 유일하게 선택할 수 있는 "죄의 종"과 순종에 대해서는 6:16을 보라. 휘페쿠사테(ὑπηκούσατε)는 "너희가 순종하게 되었고 순종했다"로 번역할 수 있다(Schlier). 에크 카르디아스(ἐκ καρδίας)는 내적인 존재로부터 깊이 느꼈고 또 동기부여된 행위를 나타낼 뿐만 아니라, 강요된(죄를 원치 않는 노예) 것이거나 잘 알지 못하는 것이든 간에, 깊이 뿌리내리지 않은 순종과의 대조를 함축하는 것으로서 매우 중요하다. 이 특별한 전치사구가 오직 여기서만 나타난다 할지라도, 은혜에 관한 것이든 응답에 관한 것이든, 기독교인의 실체는 마음의 수준에 있다는 것이 바울의 특징적인 주장이다(더 자세한 것은 2:15, 29; 5:5; 10:9-10을 보라).

"너희에게 전하여 준 바 교훈의 본을"(εἰς ὃν παρεδόθητε τύπον διδαχῆς – 에이스 혼 파레도데테 투폰 디다케스). 휘파쿠오(ὑπακούω)에 뒤이은 특이한 에이스(εἰς, 일반적으로 속격과 여격과 함께 온다)는 뒤따르는 파레도데테(παρεδόθητε, BGD, παραδίδωμι 1b 끝부분)에 의해 결정되어진다. 본 절은 어색하지만, 구문론적 의미는 분명하다(Lightfoot은 행 21:16과 비교한다). 전체 구가 난외주가 되는 휘페쿠사테(ὑπηκούσατε)에서 유래할 수 없다는 것에 관해서는(Bultmann, "Glossen," 283; O'Neil) Cranfield, Käsemann, 그리고 Schlier(다른 참고문헌과 함께), Haacker를 보라. 투폰 디다케스(τύπον διδαχῆς)의 의미는 덜 분명하다. 대부분의 사람들은 그 구절이 확립된 케티키즘적 서술이나 신조에 관해 언급하고 있다고 이해하고 있었으므로, 바울이 더 상세하게 설명하지 않아도 그것에 관해 이미 잘 알고 있었을 것이다(예를 들어, Norden, 270-71; Kürzinger; Beare, 109-10; Kuss; Black; Schlier; Halter, 80; 다른 참고문헌과 함께 Käsemann; 하지만 Spicq, 896도 또한 참조하라). 그 강조가 기독교인의 헌신에 관한 실제적인 형태에 관한 것이기 때문에 이 견해에 대해 언급할 만한 충분한 가치가 있다. 한편 (1) 바울 전집에서 투포스(τύπος)는 거의 항상 개인적인 언급을 갖는다 – 행동의 모형 또는 실례를 제공하는 특별한 개인(또는 개인들)(5:14; 빌 3:17; 살전 1:7; 살후 3:9; 딤전 4:12; 딛 2:7; 또한 벧전 5:3; *Ign. Magn.* 6.2; 다른 경우로는 오직 고전 10:6; 또한 de Boer, 21-23을 보라). 투포스 디다케스(*τύπος διδαχῆς*)는 모르포시스 테스 그노세오스 카이 테스 알레데이아스 엔 토 노모(*μόρφωσις τῆς γνώσεως καὶ τῆς ἀληθείας ἐν τῷ νόμῳ,* 2:20)와 대조적으로 상응한다는 케제만(Käsemann)의 주장은 바울에게서 엔 크리스토(*ἐν Χριστῷ*)가 엔 토 노모(*ἐν τῷ νόμῳ*)에 상응한다 – 그리스도, 곧 신조적이거나 교훈적이 아닌 서술은 율법을 대신한다(하지만 10:6-10을 참조하라) – 고 상기하는 한 적절하다(참조. Lietzmann). 따라서 "교훈과 함께 율법이 공동체 속에 돌아오는가?"라는 쉬라터(Schlatter)의 질문은 불필요한 번역이다. (2) 여기서 동격 구문("본으로서 너희에게")은 빌립보서 3:17과 데살로니가후서 3:9에서와 동일하다("본으로서 우리/우리 자신에게"). (3) 파라디도미(*παραδίδωμι*)는 "건네다, 전승을 전수하다"하는 전문적인 의미를 물론 가질 수 있지만(고전 11:2, 23; 15:3에서처럼), 바울에게서 더 두드러진 용법은 또 다른 권위나 권세에 넘겨진다는 의미가 있다(1:24, 26, 28; 고전 5:5; 13:3; 15:24; 고후 4:11; 죽음에 넘겨지는 예수의 존재에 관해서는 4:25; 8:32; 고전 11:23; 갈 2:20; 또한 4:25을 보라). 후자가 여기서 확실히 더 적절하다. 왜냐하면 그 이미지가 노예 소유권의 이전에 관한 것이기 때문이다. 반면에 케티키즘적 형태를 전수한다는 개념은 다소 억지다("우리를 지배했던 세례적 가르침에 관한 순종의 행위"; 또한 Schlier, *TDNT* 2:500). 어쨌든 NJB의 "너희에게 소개된"은 부적절하다. (4) 일반적인 권고의 주제에 관한 사용이 이 서신의 후반부에 분명할지라도(12:9-21; 13:1-7 그리고 13:11-13의 양식과 구조를 보라), 로마서가 투포스 디다케(*τύπος διδαχῆς*)라는 구절을 쉽게 인식할 수 있을 정도로 어떤 특별한 형태로 이미 충분히 확립되었다고 확신하기에는 너무 이르다. 설사 바울이 전승을 전수한다는 것을 암시하기 위해 파레도데테(*παρεδόθητε*)를 의도했다 할지라도, 가장 직접적인 평행구는 골로새서 2:6이 될 것인데("너희가 그리스도 예수를 주로 받았으니"), 거기서 크리스찬의 행동에 대한 전형과 동기("그 안에서 걸으며")를 제공해주는 것으로 고려되고 있는 것은 분명히 예수에 관해 집중하는 전승이다. 더 자세한 것은 Dunn, *Unity*, 144-45; Wilckens와 Harrisville을 참조하라. 기독교의 교훈에 대한 전형과 기독교인의 행위에 대한 모델로서의 그리스도라는 의미로의 투포스 디다케스(*τύπος διδαχῆς*)는 여기서 확실히 다소 갑작스럽다. 하지만 바울은 그 용어 자체로부터는 결론을 이끌어낼 수 없는 용어인 디다케(*διδαχή*, 16:17; 고전 14:6, 26)의 제한된 사용을 하고 있다. 그리고 그 강조는 로마서와 그밖에 다른 곳에서 후대의 바울의 교훈 단어의 그러한 제한된 사용을 하고 있다. 그리고 분명히 강조는 로마서 훈계와 확실히 일치한다(12:14과 15:5; 더 자세한 것은 Dunn, *Unity*, 68-69, 144-45를 보라; 참조. T. W. Manson). 아담과 그리스도간의 관계성에 대한 언급은 그 본문에서 너무도 많이 읽을 수 있다(반대로는 Borse).

시제와 태의 균형을 주목하라: 에테(*ἦτε*), 휘페쿠사테(*ὑπηκούσατε*), 파레도데테(*παρεδόθητε*). 따라서 바울은 인간의 응답과 하나님의 능력간의 상호작용을 조명하고 있다: 그 이미지는 다른 주인을 섬기려고 하는 반항적인 종에 관한 것이고, 그것으로 인해 결과적으로 주인을 바꾸게 되었다는 것이다. 하지만 부정과거는 긴 기간의 반항을 함축하고 있는 것이 아니라, 회심입문의 단일한 행위 곧 세례 속에서 주되심과 충성의 전이를 함축하고 있다.

18 "죄에게서 해방되어 의에게 종이 되었느니라"(*ἐλευθερωθέντες δὲ ἀπὸ τῆς ἁμαρτίας ἐδουλώθητε τῇ δικαιοσύνῃ* – 엘류데로덴테스 데 아포 테스 하마르티아스 에둘로데테 테 디카이오수네). 로마서에서 처음으로 그리스도인의 자유에 관한 중요한 주제가 나타나고 있다(8:2을 보라). 여기서 그것은 노예제도의 비유 속에서 전적으로 나타나고 있는데(18. 20, 22절), 바울은 당시의 사회 속에서 노예/자유민의 대조(6:16을 보라)뿐 아니라 자유에 대한 노예의 특징적인 갈망을 인식하고 있음을 보여준다(다시금 Meeks, *Urban Christians*, 20-21을 보라). 노예해방의 가능성과 수단에 대해서는 Deissmann, *Light*, 320-30; *OCD*, 448; Bartchy, 87-114를 보라. 우리가 헬라적 사상에서 자유에 대한 금언적인 이상을 인식하면 할수록(*TDNT* 2:261-63), 여기에 나오는 두 동사들 – "해방되어 … 종이 되었느니라" – 을 결합시킨 바울의 사상을 더 두드러지게 알 수 있다. 성전에 몸값이 예치되어 신에게 노예로 팔리게 된 "성스러운 해방"을 바울의 독자들이 생각했을 가능성(Deissmann)은 거의 없다: 신(또는 하나님의 성전)은 새로운 소유자보다는 중개자로 더욱더 기능하였다. 그리고 노예해방계약의 특유의 강조는 자유를 위해(*ἐπ' ἐλευθερίᾳ* – 에프 엘류데리아) 노예를 구매하는 것이었다(Bartchy, 121-25; *m. Git* 4.4에서처럼 자유민이 되고 또 노예로 남아 있는 포로된 종의 결말은 평행이 아니다). 따라서 놀라운 대조는 – 종이 되어진 자유민, 종이 됨으로써 자유민 – 의도적이며, 이는 당대의 관행에서 나온 것이 아니라 피조물로서, 즉 위대하신 능력에 의존한 관계 속에서만 인간이 존재한다는 신학적인 통찰로부터 나온 것이다. 자유와 독립을 자랑하는 것은 환상일 뿐이다. 만약 하나님에 대해 종이 되지 않았다면, 죄에게 종이 되었을 것이다. 아담 안에 아니면 그리스도 안에 있다. 다른 선택은 없다(*terium non datur*)! 인간에게 있어서 유일

한 실제적 자유는 하나님의 종, 곧 그의 피조된 종속을 인식하고 살아가는 삶에 있다. 다시금 1:18-32과 5:12-21을 보라.

부정과거와 수동태의 조화는 매우 강력하여, 2-4절의 강조적 진술을 상기시킨다(참조. Schlier). 바울이 인간의 반응(믿음의 순종)의 필요성과 중요성을 아무리 강조하고자 원했을지라도, 인간의 선을 위해 성취되어진 것은 무엇이든지 하나님에 의해 성취되어진다는 보다 기본적 통찰을 놓치지 않고 있다. 순종은 창조자에 대한 완전한 종속에 대한 피조물의 인식으로부터 시작한다. 종은 "법적인 인격체"가 아니고, 또 자유롭게 되거나 자유의 거부에 관한 문제에서 아무런 선택을 할 수 없기 때문에, 본 문맥에서 그 요지는 더욱더 예리하다(Michel, 211 n.1; Bartchy, 98, 106-10). 죄에 대한 종의 개념에 대해서는 6:16을 보라. 바울은 로마서에서 여기서와 22절에서만 둘로(*δουλόω*)를 사용하고 있다(바울이 이런 이미지를 사용하고 있는 그밖에 다른 곳은 갈 4:3이다). 디카이오수네(*δικαιοσύνη*)의 사용에 관한 보다 상세한 변화 속에서(또한 13, 16절을 보라), 바울은 하나님의 은혜로운 능력을 순종하는 피조물들에 대한 하나님의 관계를 특징지음으로 의인화하고 있다. 22절과의 유사한 용어적 평행을 주목하라. 바울이 여기서 "의"를 "하나님"과 사실상 동의어인 것으로 여기고 있다는 것을 거기서 분명히 알 수 있다(더 자세한 것은 양식과 구조, 그리고 1:17; 5:17; 10:6a을 보라).

19 "너희 육신이 연약하므로 내가 사람의 예대로 말하노니"(*ἀνθρώπινον λέγω διὰ τὴν ἀσθένειαν τῆς σαρκὸς ὑμῶν* – 안드로피논 레고 디아 텐 아스데네이안 테스 사르코스 휘몬). 유사한 삽입구적 변증들과 해설들(Käsemann)에 관해서는 3:5을 보라. 안드로피논(*ἀνθρώπινον*)은 "일상적인 용어로", "일상적인 생활에서 하는 것처럼"(BGD)이다. 그러나 거기에는 신적인 것과 인간적인 것간의 대조가 염두에 두어진, 사르크스(*σάρξ*)의 사용에 의해 강화되는(참조. 8:3), 의미가 있다(참조. 행 17:25; 고전 2:13; 4:3-5에서의 사용). 바울은 헬라적 이상과 대조되고 있는 노예의 은유가 하나님과의 관계에 대한 이야기로는 적절치 않다는 것을 잘 인식했을 것이다(더 자세한 것은 Gale; Eichholz, 270; Wilckens을 보라). "육체의 연약함"은 인간의 상태에 대한 바울의 이해를 특징짓는다: "육체"로서의 인간은 "연약한", 죽을 운명의, 부패하기 쉬운, 모든 인간의 욕망에 종속되는, 하나님의 진리와 인간의 피조됨을 모르는 것 등으로 정의되어질 수 있다. 도덕적 결함과 인간 인식의 부적절성 사이에 어떤 구분을 두어서는 안된다(SH 처럼). 사르크스(*σάρξ*)**에 대한** 바울의 용어 사용에 있어서 두 가지 의미가 서로 합류한다(더 자세한 것은 특히 Kuss와 Schmidt

를 참조하라). 아스데네이아(*ἀσθένεια*)에 대해 더 자세한 것은 8:26을 보라. 사르크스(*σάρξ*)에 대해서는 1:3과 7:5을 보라. 하지만 이것은 로마서에서 처음 경멸적으로 사용되고 있는 것은 아니다(반대로는 Harrisville). 개념들의 조화에 대해서는 막 14:38//마 26:41; 롬 8:3 그리고 갈 4:13을 보라.

"전에 너희가 너희 지체를 부정과 불법에 드려 불법에 이른 것 같이 이제는 너희 지체를 의에게 종으로 드려 거룩함에 이르라"(*ὥσπερ γὰρ παρεστήσατε τὰ μέλη ὑμῶν δοῦλα τῇ ἀκαθαρσίᾳ καὶ τῇ ἀνομίᾳ εἰς τὴν ἀνομίαν, οὕτως νῦν παραστήσατε τὰ μέλη ὑμῶν δοῦλα τῇ δικαιοσύνῃ εἰς ἁγιασμόν* – 호스페르 가르 파레스테사테 타 멜레 휘몬 둘라 테 아카다르시아 카이 테 아노미아 에이스 텐 아노미안, 아우토스 눈 파라스테사테 타 멜레 휘몬 둘라 테 디카이오수네 에이스 하기아스몬). 바울의 문체의 전형은 사상을 더 확장시키는 복합적인 표현으로 이전의 주제(파리스타네인…멜레[*παριστάνειν μέλη*] – 13절; 파리스타네인 둘루스[*παριστάνειν…δούλους*] – 16절)를 상기시킨다(*ἀκαθαρσία, ἀνομία, ἁγιασμόν*). 호스페르…후토스(*ὥσπερ… οὕτως*)는 5:12, 18, 19, 21에서 빈번하게 사용된 동일한 서술을 상기시킨다. 이는 아마도 의도적인 효과를 내고 있는 것으로 보인다: 그들의 이전(회심 이전) 삶은 죄로 지배되는 아담의 옛 기원에 속한다(17절). 옛 기원 안에 있는 그들의 삶에 관해 부정과거(파레스테사테[*παρεστήσατε*])를 사용한 것을 단번에 양도한 것을 나타내는 것으로 취해서는 안되고(아담의 모티프가 그것이 보여주는 것보다 더 강력하지 않는 한), 오히려 하나님의 의에 대한 그들의 반응 이전에 삶의 방식을 특징짓는 죄에 대한 결정적인 복종을 나타낸다(참조. BDF, §332). 다드(Dodd)는 이것을 "깊게 그리고 돌이킬 수 없게 의탁된 삶"이라고 말했다. 분명히 17절의 미완료를 가지고 어떠한 실질적인 대조를 의도할 수 없고, 그리고 대조의 양쪽 편에서 부정과거를 사용한 것이 13절에서 시제의 차이를 너무 많이 두는 것을 막아준다(6:13을 보라). 바울은 인간의 책임과 더 강력한 권세의 지배간의 균형을 유지한다. 멜로스(*μέλος*)에 대해서는 6:13을 보라. 형용사 둘라(*δοῦλα*, 중성, 성경 헬라어에서 오직 여기서만 나온다)의 성(性)은 물론 멜로스(*μέλος*)의 성(姓)에 의해 결정되지만, 아마도 노예의 "사물적인" 지위를 강화시키고 있는 것 같다(6:16을 보라). 눈(*νῦν*)은 종말론적이고(8:1을 보라), 이는 그들이 옛 기원에서 새 기원으로의 전환에 참여했음을 특징짓는 회심입문 이전과 이후를 나타낸다.

새로운 요소들에 대한 유대적 특징이 매우 현저하다. 아카다르시아[*ἀκαθαρσία*], 아노미아[*ἀνομία*], 그리고 하기아제인/하기아스모스[*ἁγιάζειν/ἁγιασμός*]의 주제는 모두다 유대적 사상의 뚜렷한 특징들이고(HR과 15:16을 보라), 폭넓은 헬라적 관심사의 전형은 되지 못한다. 첫 번째 두 용어의 결합은 율법의 백성들을 이방인의 부정함과 구분지었던 에스라의 개혁에 대한 기억을 소중히 간직하고 있던 유대교에서는 아주 자연스러운 것이다(특히 에스라 9:10-14=70인경 에스드라2서 9:10-14; 에스드라1서 8:69-70을 보라). 아카다르시아(ἀκαθαρσία)는 1:18-32에서 바울에 의해 사용된 이방인의 우상숭배와 성적인 기준들에 대한 헬라화된 유대적 비판을 상기시킨다(1:24은 로마서에서 그 용어가 사용된 유일한 다른 경우다). 아노미아(ἀνομία)는 바울이 로마서에 그 용어를 직접 선택한 유일한 경우이기 때문에 아노미아에 대한 강조는 더욱 두드러진다(τῇ ἀνομίᾳ εἰς τὴν ἀνομίαν – 테 아노미아 에이스 텐 아노미안)(4:7에서는 구약성경을 단지 인용하고 있다). 바울은 행위, 특히 언약 율법 바깥에 있는 이방인의 행위에 대한 비판적 평가를 포착하기를 원했을 것이다(4:7과 서론 §5.3.1을 보라). 점진적인 타락과 죄가 죄를 낳는 것에 관한 의미는 또한 1:18-32에 대한 강조를 반영해준다(Str-B, 3:233은 적절하게 *m. ʾAbot* 4.2를 인용한다). 하기아스모스(ἁγιασμός)는 일상적인 용어는 아니다. 그것은 신약에서 거의 사용되지 않았고(주로 바울에게서만 – 6:19, 22; 고전 1:30; 살전 4:3, 4, 7; 살후 2:13; 그밖에 "바울적 권역"에서는 – 딤전 2:15; 히 12:14; 그리고 벧전 1:2), 70인경에서는 제대로 확립되어 있지 않았으며, 유대 기독교 전통 밖에서는 거의 발견되지 않는다. 그러나 "성별"에 관한 주제는 특히 그리고 분명하게 유대적이며, 그리고 제사장직의 구별됨과 정결의 이상은 유대교 내에서, 특히 바리새파와 에센파들에게 매우 중요했기 때문에(참조. 출 19:6), 그 용어는 유대적인 관점을 매우 환기시켰을 것이다. 기독교 용법에서 아카다르시아(ἀκαθαρσία), 하기아제인/하기아스모스(ἁγιάζειν/ἁγιασμός)가 이미 초기의 제의적 배경을 떠나 제의와 무관한 도덕적 의미의 은유로 발전되었다는 사실이 이 다양한 의미를 축소시키지는 않을 것이다(1:24; 1:7의 ἅγιος와 15:16의 ἁγιασμός을 보라). "세례적 용어"로 아기아스모스(ἁγιασμός)를 묘사하는 것은(Käsemann) 그 과정을 뒤집어버리는 위험성을 갖는다.

따라서 이방인의 도덕성에 대한 유대적 비판을 상기하고 이방인의 무법함과 제사정적 성별에 관한 유대적 이상을 암묵적으로 대조시키고 있는 것은 의도적이다. 그것은 바울이 대체로 이방인들을 염두에 두고 이 서신을 썼다는 의미를 강화시켜준다(Althaus). 또한 아카다르시아(ἀκαθαρσία)와 아노미아(ἀνομία)와 함께(하기아스모스[ἁγιασμός]와 대조되어) 정관사를 반복한 것은 그들이 경험으로부터 충분히 잘 알고 있었던 부정/무법함을 상기시킨다. 하지만 더욱더 중요한 것은 바울 자신과 유대적 관심의 특징간의 연속성을 강조함으로써 자신의 복음에 대한 유대적 비판을 상쇄하기를(참조. 6:1) 원하고 있다는 분명한 의미를 강조해준다. 아노미아(*ἀνομία*, 원문주해를 보라)의 이중적인 사용이 특히 두드러진다: 그것은 그들의 이전 상태의 무법함을 강조해주고, 또 신자로서의 현재 상태는 율법을 성취하고 있다는 추론을 함축하고 있다. 따라서 율법을 완전히 위반하고 있는 것으로 바울의 입장을 단순히 치부하는 것에 대해 경고를 주고 있다. 바울이 자신의 회심에서 간주하고 있는 것은 율법이 간주하고 있는 것이다(특히 레 11:44-45; 19:2; 20:26; 신 7:6; 14:2; 26:19; 28:9) -"거룩함"(*ἁγιασμός*-하기아스모스). 이 거룩함이란 용어는 행위의 마지막 결과(*ἁγιάζειν*-하기아제인) 또는 과정(*εἰς ἁγιασμόν*-에이스 하기아스몬)으로 가장 잘 이해되어지고 또한 "성별"이나 헌신된 상태로 이해되어진다(따라서 "거룩한"-1:7과 15:16을 보라). 물론 마지막 결과와 과정 사이에 확고한 선을 분명하게 그을 수는 없지만 말이다(참조. 6:22; 살전 4:7; 살후 2:13)(참조. Lagrnage; Schmidt; Kertelge, Rechtfertigunh, 272-74). 크랜필드(Cranfield)는 하기아스모스(*ἁγιασμός*)가 상태보다는 과정을 나타내는 것으로 생각하고 있고, 케제만(Käsemann)의 다른 문헌목록도 마찬가지다. 하기아제인(*ἁγιάζειν*, 일반적으로 부정과거시제로 사용됨), 하기오스(*ἅγιος*) 그리고 하기아스모스(*ἁγιασμός*) 이 세 용어의 상관관계에서, 종말론적 긴장은 회심입문에 대한 헌신과 성령의 기름부으심으로 분명히 표현되고 있는데, 이것이 일상 생활에서 의도적인 결정을 하며(*παραστήσατε*-파라스테사테) 살게 하고(성전의 제사장이라 할지라도 일상적인 삶을 살아가는 일의 바리새인적 이상에 관한 세속화된 윤리적 차원에서 재확인이다; 12:1과 15:16을 보라), 또 "이것이 없이는 아무도 주를 보지 못하리라"(히 12:14)는 완전한 성별에 대한 관점을 가지고 살아가게 한다. 바울이 조심스럽게 가리키고 있는, 곧 이런 종국이 성취되는, 능력은 하나님의 자비롭고 보호하시는 능력을 의미하는 디카이오수네(*δικαιοσύνη*, 의)가 된다(6:18을 보라).

20 "너희가 죄의 종이 되었을 때에는 의에 대하여 자유하였느니라"(*ὅτε γὰρ δοῦλοι ἦτε τῆς ἁμαρτίας, ἐλεύθεροι ἦτε τῇ δικαιοσύνῃ*-호테 가르 둘로이 헤테 테스 하마르티아스 엘류데로이 헤테 테 디카이오수네). 이 구절은 17-18절의 용어를 더욱더 압축된 서술로 전개하고 있는데, 회심입문에서 하나님께 성별된 예수 그리스도 안에 있는 신자와 그들의 이전 상태 사이의 대조로 몰아가고 있다. 이는 의인화되고 서로 반대되는 세력으로서의 "죄"와 "의" 사이에 재개된 직접적인 대조를 그리고 있다. 그 은유는 무리가 있기는 하지만(존칭의 여격으로서 "의와의 관계와는 무

관한", BDF, §197), 그 역이 되는 18절에서 나온 것이다: 죄의 지배 아래 있는 것은 하나님의 자비하시고 보호하시는 능력이 그들을 지배하거나 효과적인 언급을 할 수 없게 만든다는 것을 보여준다(더 자세한 것은 Jones, 112-14). 종말론적 긴장이 그 대조를 완전하게 구분짓는 방식으로 내달릴 수 없게 만든다. 하지만 그 대조가 그렇게 무디지는 않다: 죄에 의해서 완전히 지배되고 또 동시에 하나님의 의의 지배 아래 있는 것은 가능하지 않다. 매일의 책임 있는 삶의 결정 속에서 "죄"와 "의"는 서로 배타적으로 양자택일적이다.

21 "너희가 그때에 무슨 열매를 얻었느뇨?"(*τίνα οὖν καρπὸν εἴχετε τότε* – 티나 운 카르폰 에이케테 토테). "열매"의 이미지는 노예 비유에서 약간은 어색하지만, 그것은 폭넓은 사용("적절한 결과나 보답")을 갖고 있고 그 의미는 너무도 분명하다(1:13을 보라).

"이제는 너희가 그 일을 부끄러워하나니"(*ἐφ' οἷς νῦν ἐπαισχύνεσθε* – 에프 호이스 눈 에파이스쿠네스데). 구두점에 대해서는 크랜필드를 보라. 쿠스(Kuss)의 보다 오래된 참고문헌을 보라. "열매"(*καρπόν* – 카르폰, 단수)는 다양한 행위들 속에서 구체적인 표현을 갖고 있다(*ἐφ' οἷς* – 복수)(참조. 갈 5:22). 토테…눈[*τότε… νῦν* …]의 대조는 회심입문과 아담과 그리스도 기원의 전후 사이에 있는 대조를 유지시킨다. 여기서 다시금 바울은 유대적 관점을 가지고 언급한다. 아이스쿠네(*αἰσχύνη*)에 대한 70인경의 지속적인 특징은 명백한 성적 암시를 갖는다(삼상 20:30; 잠 9:13; 사 20:4; 47:3; 겔 16:36, 38; 22:10; 23:10, 18, 29; 나훔 3:5; 삿 9:2; 13:16; Harrisville는 겔 16:61, 63이 바울의 마음속에 있었을 것이라고 주장한다). 우상 숭배의 부끄러움은 왕상 18:19, 25 그리고 사 42:17; 45:16에서도 염두에 두어지고 있다. 따라서 다시 한번 고려되고 있는 것은 1:23-27에서 사용된 이방 종교와 도덕성에 대한 헬라적인 유대적 비판이다(따라서 그들이 지금 거짓이라고 보고 있는 믿음에 관한 "부끄러움"이요, 하나님에 대해 살았던 삶에 맞지 않게 보이는 실천에 관한 "부끄러움"이다). 또한 중요한 것은 이 구절과 에스라 9:7-15에 공통된 주제들이 많이 있다는 것이다: 부끄러움, 부정, 무법함, 노예 그리고 성전에 대해 사용된 하기아스마(*ἁγίασμα*) 등이 있다(또한 롬 9:27-29과 더불어 스 9:15을 참조하라). 서로간의 관계성이 아주 긴밀해서 단지 우연이라고 말할 수가 없다: 의식적이든 무의식적이든 바울은 에스라 9장에서의 포로기 이후의 유대교에서 결정적으로 표현되어지는 이방인에 대한 태도를 반영하고 있다.

"이는 그 마지막이 사망임이니라"(*τὸ γὰρ τέλος ἐκείνων θάνατος* – 토 가르 텔로

스 에케이논 다나토스). 여기서 텔로스(τέλος)는 분명히 "결과"라는 의미로, 최종결과 또는 운명이라는 강력한 종말론적 강조를 갖는다(6:21-22; 고후 11:15; 빌 3:19; 참조. 벧전 4:17). 이 종말론적인 논조는 분명히 유대적이지만, 완성 또는 마지막을 나타내는 텔로스(예를 들어, τέλος ἔχειν="죽게 된")는 폭넓은 헬라 사상에서도 동등하게 잘 알려져 있다(LSJ, τέλος II; *TDNT* 8:49-54를 보라). 더 자세한 것은 10:4을 보라. 다나토스(θάνατος)가 "마지막 결과"로 묘사되었다는 점은 "사망에 이르는"이라는 16절의 에이스 다나톤(εἰς θάνατον)의 의미를 확실하게 해주며, 바울에게 있어서 사망은 죄의 지배의 마지막 결과이자 죄의 지배의 최상의 표현이다(5:21과 6:16을 보라). 또한 사망은 인간의 불순종과 하나님에게서 멀어진 것에 대한, 하나님이 뜻하신 결과임을 말해준다(1:32). 다나토스(θάνατος)에 대해서 더 자세한 것은 5:12을 보라.

22 이 구절은 이전 상태와 대조되는 현재의 풍성함을 표현하는 한 방법으로서 18-21절의 이미지를 병합하여 이전 주제를 함께 모으고 있다.

"그러나 이제는 너희가 죄에게서 해방되고 하나님께 종이 되어"(νυνὶ δέ, ἐλευθερωθέντες ἀπὸ τῆς ἁμαρτίας δουλωθέντες δὲ τῷ θεῷ—누니 데, 엘류데로덴테스 아포 테스 하마르티아스 둘로덴테스 데 토 데오). 그 표현은 그 대조를 조명하는 3:21에서처럼 종말론적인 누니(νυνί)를 가지고, 또 테 디카이오수네(τῇ δικαιοσύνῃ)를 토 데오(τῷ θεῷ)로 대체하면서 18절(다시금 신적인 수동태임을 유념하라)을 긴밀하게 따르고 있는데, 따라서 바울에게서 디카이오수네(δικαιοσύνη)는 죄된 백성과 타락한 피조물을 되찾고 교정하는 능력을 갖는 본질적으로 하나님의 자아표명이며(더 자세한 것은 양식과 구조와 6:18을 보라), 5:20-6:1의 초기 대조 속에 있는 카리스(χάρις)와 동의어임을 확인해준다. 참조. Reumann, *Righteousness*, 83-84.

"거룩함에 이르는 열매를 얻었으니"(ἔχετε τὸν καρπὸν ὑμῶν εἰς ἁγιασμόν—에케테 톤 카르폰 휘몬 에이스 하기아스몬). 카르포스(καρπός)에 대해서는 1:13을 보라. 젤러(Zeller)는 유대 문헌에서 열매를 맺는 "의의 식물"로서 이스라엘의 이상에 관한 반복적인 사용을 주목한다(사 32:15-17; 60:21; 61:3; *Jub.* 1.16; 16.26; 36.6; 에녹1서 10.16; 84.6; 93.2, 5, 10; 참조. 렘 32:41; CD 1:7-8). 더 자세한 것은 11:16을 보라. 에이스 하기아스몬(εἰς ἁγιασμόν)에 대해서는 6:19을 보라. 염두에 두어진 것이 마지막 결과나 상태(참조. 19절)라 할지라도, 현재시제(ἔχετε—에케테)는 다음과 같은 사상을 담고 있는데, 즉 완전히 성별된 상태는 여전히 미래적이지만, 최종결과로서의 상태는 이미 눈에 보여져야만 하는 "열매"라는 것이다. 대안적으로, 만약 결과의 최종성에 관한 강조가 다음절로 유보되었다면, 에이스 하기아스몬(*εἰς ἁγιασμόν*)은 실제적인 성숙의 과정을 나타내는("성화") 카르포스(*καρπός*)와 아주 밀접한 것으로 취할 수 있다. 어쨌든 (이미) 발생하고 있는 것과 최종 결과(아직 이르지 않은) 사이에 긴장이 다시 내포되어 있다.

"이 마지막은 영생이니라"(*τὸ δὲ τέλος ζωὴν αἰώνιον* – 토 데 텔로스 조엔 아이오니온). 텔로스(*τέλος*)에 대해서는 6:21을 보라. 조에 아이오니오스(*ζωή αἰώνιος*)에 대해서는 2:7을 보라. 5:21의 최상의 대조를 재개하고 있는 것은 (사망/영생) 의도적이다: 바울은 5:21의 결론에 대한 재진술을 하는 방법을 취하고 있는데, 이는 5:21에서 있을 수 있는 오해를 없애기 위한 것이다(더 자세한 것은 6:23을 보라).

23 "죄의 삯은 사망이요"(*τὰ γὰρ ὀψώνια τῆς ἁμαρτίας θάνατος* – 타 가르 옾소니아 테스 하마르티아스 다나투스). 바울은 더 상세한 은유의 변화를 취하고 있다: 본래 군인의 생계비나 배급을 나타내는 옾소니온(*ὀψώνιον*)은 대체로 여전히 군인의 보수에 대해 특별히 사용되었다(70인경에서 사용한 것처럼, 에스드라1서 4:56; 마카비1서 3:28; 14:32; 그리고 신약성경의 3개중 2개의 사용에서처럼, 눅 3:14와 고전 9:7; 또한 *Ign. Pol.* 6.2). 그러나 그 용어는 일반적으로 "봉급, 임금, 수당"을 나타내는 것 이상으로 확대되었다(참조. 고후 11:8; MM; Spicq, 637; NDIEC 2:93을 보라). 문맥에 있는 노예의 주제적 중요성에 비추어, 노예들이 매일의 임금을 버는 것도 가능함을 주목해야 한다(Bartchy, 42, 74). 하이드랜트(Heidland)는 그 은유를 너무 난해하게 몰고 간다: 말하자면, 바울은 많은 보답이(아마도) 약속되어졌을 때, 단순히 생계비로서의 죽음을 생각하고 있고(참조. 창. 3:4-5), 옾소니온(*ὀψώνιον*)은 지속적이며, 단번에 지불되는 것이 아니므로, 그 사상은 전체를 덮고 있는 죽음에 관한 것이며(참조. 5:21), 더욱더 그럴듯하게, 법적 용어로서 옾소니온(*ὀψώνιον*)은 이 구절의 후반부에 있는 카리스마(*χάρισμα*)와 대조되어 있다고 주장한다(참조. Spicq, 638). "인간이 죄에 대한 관계에서 권리를 가지고 이 권리들이 자신의 심판이 된다. 인간이 하나님에게 아무런 요구도 없이 자신을 의탁할 때, 구원이 그에게 온다"(*TDNT* 5:592; 또한 Michel을 보라). 어쨌든 이 사상은 분명히 죄의 (마지막) 결말로서의 사망이다. 말하자면, 이 사망은 자연적인 죽음이 아니라 영원한 생명의 상실로서의 죽음이다(Schlatter).

"하나님의 은사는 영생이라"(*τὸ δὲ χάρισμα τοῦ θεοῦ ζωὴ αἰώνιος* – 토 데 카리스마 투 데우 조에 아이오니오스). 카리스마(*χάρισμα*)에 대해서는 1:11을 보라. 조에 아이오니오스(*ζωὴ αἰώνιος*)에 대해서는 2:7을 보라. 반복된 대조와 더불어(사망,

영생 –5:21) 5:12-21에 나오는 결론적인 중요한 용어를 더 상기시키는 것(카리스마 [χάρισμα] –5:15-16)은 바울이 의도적으로 그 결론을 재진술하고 있음을 확인시켜 준다(6:22을 보라).

"그리스도 예수 우리 주안에 있는"(*ἐν Χριστῷ Ἰησοῦ τῷ κυρίῳ ἡμῶν* – 엔 카리스토 예수 토 큐리오 헤몬). 더욱더 전형적인 "그리스도 예수 안에"라는 형식(6:11절을 보라)은 예전적인 엄숙함으로 확장되어 이 단락의 논증에 결론을 가져온다(5:21; 6:11 v.l.; 8:39에서처럼; 참조. 1:4, 7; 15:6). 칭호에 대해서는 1:1, 4, 7, 8 그리고 10:9을 보라.

해설

6:12 "그러므로 너희는 죄로 너희 죽을 몸에 왕노릇하지 못하게 하여 몸의 사욕을 순종치 말고." 1-11절에서 종말론적 긴장을 인식하지 못했던 사람들만이 이 시점에서 도덕적 권고에 대한 바울의 전환을 놀라운 것으로 생각할 것이다. 신자가 그리스도의 부활을 공유하고 있는 것의 "아직 아닌"이 죽으신 그리스도와의 일체에 의한 "이미"의 자격을 허락하지 않는 곳에는 그러한 권고가 단지 수수께끼이고 혼돈만을 야기할 수 있다: 신자가 이미 "죄에 대해서 죽었다"면 그러한 권고가 어떤 의미를 가질 수 있으며, 어떻게 죽은 자가 도덕적 노력을 하도록 요청 받을 수 있는가? 하지만 지금까지 바울의 해설의 균형을 인식하였던 사람들은 바울의 사상의 흐름을 따라가는데 어렵지 않았을 것이다. 그 요지는 죄의 지배가 옛 기원(5:21)에 속하고, 또 죄에 의해 지배되는 것은 타락한 아담과 종족의 특징이며, 그러한 자기방종과 자기(또는 더 낫다고 보는 민족적) 의(1:18-2:29)는 "옛 사람"의 표지이다. 은혜가 없다면, 사람들은 저항하지 못하는 충동과 부인하지 못하는 명령으로서의 인간의 욕구를 경험하게 된다.

그러나 그리스도의 죽음과 부활의 기원적 의미를 인식하는 신자들에게는 더 이상 그렇지 않다. 현재의 육체적 사회적 환경 안에 있는 그들의 삶이 아직은 충분히 부활하신 그리스도의 능력 아래 있지 않을지라도(참조. 8:11), 그들은 자신들의 욕구("욕망")를 만족시키려는 피할 수 없는 충동이 더 이상 그들의 주인이 되게 할 필요가 없다. 신자들에게서 몸은 여전히 죽을 운명에 있고, 그 욕구가 여전히 그들의 삶의 특징과 우선순위를 결정할 수 있다. 하지만 은혜의 능력, 부활하신 그리스도의 능력이 단순히 자기 중심적인 관심을 넘어서게 만든다. 바울이 자신의 독자들에게 깨닫게 하고자 원하는 것이 바로 이런 실제다. 따라서 연속된 명령이 나온다. 바울은 회심입문이 일상생활에서 불가피하게 나타나는, 다시 돌아가지 않는 전환을 이룬 것처럼, 그런 일이 자동적으로 발생할 것이라는 환상에 사로잡혀 있지 않다. 신자들은 이 모든 일에 있어서 *책임*을 가지며, 이는 은혜의 능력이 자신들의 삶을 표현하게 하는 책임이다. **도덕적 노력은 믿음과 대조되어 있지 않다**. 오히려 믿음의 표현이요 외보(外補)다.

13 "또한 너희 지체를 불의의 병기로 죄에게 드리지 말라." 바울은 여전히 신자들의 육체성에 초점을 맞추고 있다. 왜냐하면 은혜의 역사가 아직 완성되어 있지 않은 가장 분명한 증거가 되는 것이 이 세상에 육체가 속하고 있는 것이기 때문이다. 그리스도의 부활하신 생명의 능력이 이 육체적 관계에 완전히 나타날 수 있다면, 은혜의 완전한 승리가 확실히 확인될 수 있을 것이다. 그러나 신자들이 이 육체 속에 있는 한, 특별한 행위와 행동들이 불의의 원인에 의해 발생할 수 있고, 심지어 죄를 습관적으로 섬길 수 있는 신자들의 삶의 영역이 있을 수 있다(현재시제는 "지배를 계속 당하지 말라"로 번역할 수 있다). 만약 "도구"(우리말 개혁성경은 "병기")로 번역된 단어가 "병기"라는 의미를 포함하는(또는 대안적으로) 것으로 의도되고 있다면, 그 의미는 신자들이 이생에서 불가피하게 "이중적인 충성"을 경험하게 된다는 것을 더욱더 의미하게 된다. 심지어 신자들일지라도 자신들의 행동 중 하나가, 곧 습관적인 행위 중 하나가 하나님과 동료들과의 관계성을 왜곡시키는 죄의 수단이 되어지는 도구가 될 수 있으므로, 그들은 그러한 일이 발생하지 않게 하기 위해서 자신의 삶을 위해 싸우는 검투사의 훈련을 가지고 투쟁해야 한다는 것을 발견하게 된다. 하지만 신자들에게는 오직 한 가지 선택만이 있다. 그들은 죽은 자로부터 살아난 사람 그리고 하나님에 대한 의의 도구나 병기로 자신의 지체를 드리는 사람으로서 하나님이 뜻에 자기를 포기하는 것을 선택해야 한다. 죄가 지배하지 못하게 하는 방법은 그리스도의 의로우신 행위에 대한 기원적인 의미를 상기하고, 의식적으로 그리스도의 죽음과 부활의 관점으로부터 모든 문제를 바라보며, 그리스도의 부활이 이미 그 완전한 효력을 이루신 것처럼(하나님의 임재하심 속에 있는 사람처럼 행동하고) 또는 적어도 부활하신 그리스도의 생명이 이미 흐르고 있는 것처럼 선택하고 행동하는 것이다. 양자택일적인 두 가지 측면과 시제의 변화를 간과해서는 안된다. 죄의 권세 앞에 끊임없이 굴복하는 문제를 이길 수 있는 유일한 대안은 삶의 방향과 중심동기에 있어서 전인의 결정적인 헌신을 하는 것이며, 이 헌신이 완전성이 각자의 행동에 주류를 이루게 하는 것이다. **도덕적 선택과 관련된 각각의 행동이 도덕적 헌신의 행위가 되며, 이런 행위 속에서 회심입문의 결정적 헌신이 갱신되어**

야 하고, 또 새롭게 깨달아져야 한다. 두 측면이 모두 필요하다. 회심입문의 단번의 헌신이 이기적인 동기에 의해 결정되어 나오는 각각의 행동을 지켜주지 못한다. 각각의 행위가 하나님을 위한 것, 곧 하나님이 인류의 복지를 위해 목적하신 것을 위해 사용할 때만이 신자들은 자신들이 "생명의 새로움 속에서 걷는"다는 확신을 가질 수 있다.

14 신자들이 삶에서 어떤 때에 죄에 대해 습관적으로 굴복하는 것을 피할 수 있는 가능성이 있는 이유는 죄가 더 이상 신자들의 삶에서 지배적인 주장을 할 수 없기 때문인데, 왜냐하면 그들은 율법 아래 있지 않고 은혜 아래 있기 때문이다. 바울은 다시금 시제를 변화시키고 있고, 이는 분명히 의도적이다. 미래시제("죄가 너희를 주관하지 못할 것이다")는 사실과 약속에 대한 진술이고, 현재시제("너희는 은혜 아래 있다")는 그 약속의 근간이 된다. 미래시제는 진행되고는 있으나 아직 완전히 이루어지는 않은 사건의 상태를 나타내며, 현재시제는 그리스도의 죽음과 부활, 그리고 신자들의 그 사건과의 동일시로 인해 이미 이루어진 사건의 상태를 나타낸다. **은혜는 죄의 지배를 깨뜨릴 수 있는 유일한 능력이다**. 신자들이 "은혜 아래"에서 삶을 살 때에, 곧 보호하시고 회복시키시는 하나님의 은혜로운 능력에 의존하여 살 때에 그들은 죄의 권세를 이길 수 있으며, 자아만족과 분파적이며 민족적인 자아 이득에 대한 유혹의 목소리를 무시할 수 있다.

바울은 독자들이 각자의 삶을 돌아보기를 원하는 근본적인 관점을 율법에 대한 은혜의 택일로서 제기하고 있다. 율법을 다시 토론으로 가져오는 것이 놀랍게 보일지도 모른다. 이 장에서 지금까지의 설명은 상당히 죄와 사망에 중점되어 있었다. 하지만 분명히 율법은 바울이 이제까지 해설한 사상과 멀리 떨어져 있지 않다. 바울은 이제까지 복음을 경건한 유대인과 바리새인으로서 자신이 배웠던 대안적인 형태, 곧 율법이 구원의 과정에서 통합적인 역할을 한다는 것에 반대된다는 것을 상기시켰다. 두드러진 것은 대다수의 경건한 유대인에 대하여 잘못된 대조의 측면에 율법이 다시 한번 서 있다는 것이다: 바울에게서 "율법 아래" 있는 것은 죄의 지배 아래 있고, 불의의 또 다른 측면에 조정을 당하며, 죽을 몸의 욕망에 순종하는 것에 상응한다. 그러한 연관은 대부분의 동료 유대인들을 놀라게 했을 것이다: 유대인들에게서 율법은 정확히 죄를 막기 위해서 은혜로 주어진 것이며, 이는 불의에 대한 방벽이자, 몸의 부정에 대처하는 수단으로 간주했다. 하지만 바울에게서 "율법 아래" 있는 삶은 도리어 더욱더 죄에 긴밀하게 묶여 있는 삶이 된다.

무엇보다도 여기 이 서신에서 바울은 율법을 인간을 지배하는 세력으로 묘사한다. 그리고 초기에 그의 용법이 보여주었던 것처럼, 그에게서 그 구절은 이스라엘 백성 곧 한 민족으로서의 유대인들을 특징짓는다(갈 3:23; 4:4-5). 바울의 요지는 율법이 유대 백성의 은혜로운 능력이 되었다기보다는 다소 해로운 영향을 끼쳤다는 것이다. 바울이 염두에 두고 있는 것은 아마도 제2장에서 공격한 태도일 것이다. 즉 다른 사람에 대한 자기 스스로 의로운 민족주의적인 판단과 하나님의 호의에 대한 자기비판이 없는 전제, 그리고 외적인 의식을 성령의 역사로 혼돈한 피상성을 고무시킨 세력으로서의 율법이다. 아마도 그는 율법에 의해 하나님과의 관계를 보는 것은 근심스러운 자아탐사(참조. 8:15)나 잘못을 찾는 주도성의 지배적인 태도에 그 문을 열어주는 것임을 염두에 두었을 것이다. 어쨌든 바리새인으로서 삶을 돌아보았을 때에 바울은 사람들이 신실한 순종으로 하나님께 더욱더 가까이 나아가도록 묶어주지 못하는 율법이 사람들을 하나님으로부터 멀어지게 했고, 완전한 베풂("율법의 행위들이 없는")인 하나님의 은혜를 사람들이 수용하지 못하게 막았다는 것을 오래 전에 결론지었다고 우리는 생각할 수 있다. 율법에 의해 이해되는 민족적 의의 유대적 개념에 대항하여 바울은 처음부터 끝까지 은혜에 의해 이해되는 의의 보편적인 제공을 다시 한번 제기하고 있다.

15 "그런즉 어찌하리요 우리가 법 아래 있지 아니하고 은혜 아래 있으니 죄를 지으리요?" 바리새인인 바울에게서 이러한 질문은 14절의 대조에 대한 거의 불가피한 반사작용이다. 그것은 논쟁의 새로운 무대를 열어놓았던 질문(1절)을 다시 한번 취하게 하는 기능을 가지고 있다. 그러나 그러한 질문의 반복은 율법에 대한 바울의 비난에 어느 선한 유대인이라도 느낄 수 있었던 놀라움과 당혹을 역시 반영해주고 있다. 율법을 그와 같은 은혜에 반하는 것으로 보는 것은 도덕적 재앙을 처방하는 것이고, 율법을 대신하여 오직 은혜를 말하는 것은 죄에 대한 하나님의 방벽과 죄를 다루시는 수단을 허물고 죄의 홍수의 문을 여는 것이다.

16 자신의 반응에서 바울은 먼저 율법에 관해서는 어느 것도 말하지 않는다. 오직 7장에 가서야 그는 마침내 자신의 복음 안에서의 율법의 역할에 관해 더 상세히 설명한다. 하지만 먼저 그는 자신의 복음이 죄를 고무시킨다는 어느 주장을 확고하고도 단호하게 진압하기를 시도한다. 16절의 어색한 구절은, 종말론적인 긴장이 되는, "이미" 그리고 "아직 아닌" 간의 올바른 균형을 유지하기 위하여 바울이 다시 한번 시도한 것 때문에 적어도 부분적으로 발생했을 것이다: 주인에게 순종하는 종으로 자기 자신을 넘기는 것이 나오며, 또한 이어지는 일상적인 순종이 나온다. 회심입문은 신자들을 새로운 관계로 들어가게 하고, 그들의 전체 삶과 모든 다른 관계를 결

정짓게 해야 하는 것은 (하나님과의) 이런 관계다. 그것은 어떤 특별한 죄스러운 행위에 의해 부정되거나 파괴될 수 있는 것은 죄 없는 상태가 아니라, 불순종의 개인적 행동에도 불구하고 유지되어질 수 있는 관계성이다. 주인과 종의 관계에서 주인은, 아마도 습관적인 죄(13절에서 그것에 대해 경고하였던)가 그 관계 자체를 파괴시킬 수 있을지라도, 다양한 훈련에 대한 위반을 관용할 수 있고 용서할 수 있다.

바울은 두 가지 양자택일－죄의 노예와 하나님의 노예(그가 순종의 노예를 다소 묘하게 말하고는 있지만, 그 의미는 충분히 분명하다, 즉 하나님에 대한 순종으로서의 노예; 참조. 13, 22절)－을 제기한다. 바울의 독자들은 바울이 두 관계를 주인과 종의 관계로 특징짓고 있는 것을 주목했을 것이다. 따라서 1:18-32에서 서술된 동일한 확신을 함축하고 있다: 인간은 독립적일 수 없다. 인간에 대한 하나님의 지배를 거부하는 사람은 독립을 성취하는 것이 아니라, 죄에 대한 노예가 되는 것이다. 바울에게서는 분명히 세 번째 대안이란 없다. 모든 사람들에게 직면한 선택은 하나님의 의해 지배되느냐, 아니면 죄에 의해서 지배되느냐이다.

죄의 노예가 되고, 죽을 몸의 욕망에 복종으로 오는(12절) 결과는 사망이다. 사망은 죄에 대한 노예로 인해 오는 최종결과다(사망을 찌르는 것이 죄이기 때문이다－고전 15:56). 바울은 여기서 사망을 가지고 또한 존재의 종결을 의미하고 있다－죽을 몸의 차원에서 오직 살아가는 삶은 죽을 몸의 죽음으로 끝나게 되고, 죽음의 상태 곧 죽음을 넘어서서 생명을 주시고 지탱케 하시는 유일한 능력(생명을 주시는 하나님의 능력)이 없는 것으로 특징지어지는 상태로 끝나게 된다. 한편으로 하나님께 순종하는 노예의 결과는 의이다. 즉 하나님의 은혜로운 능력에 의해 부양되는 하나님과의 관계를 갖게 되며, 인간 개인의 완전하고 통합된 행복을 얻게 되는 것이다(분명히 바울에게서 "의"는, "분노"와 마찬가지로, 지속되는 과정과 종말론적 결과를 나타낼 수 있다). 바울이 6장에서 이미 언급했던 것을 기억하고 있던 독자들은 순종하는 신자들은 사망에서 벗어날 수 있다는 결론을 물론 내리지는 않았을 것이다. 그들이 벗어나고자 하는 것은 종국으로서의, 마지막 사건 또는 상태로서의 사망이다. 그들은 여전히 사망을 경험한다. 사망의 "잔여" 임기가 죽을 육체의 죽어감에서 자신의 완주코스를 달리고 있다. 하지만 죽으신 그리스도와의 일체는 죽음을 넘어서는 하나님과의 완전한 관계로 죽음을 통과해서 바라볼 수 있다는 것을 의미한다.

16절에서 마지막으로 바울에게서 의는 수동적이고 침묵하는 하나님과의 어떤 관계가 아니라는 사실을 간과해서는 안된다. 그 의는 순종을 포함한다. 신자가 율법 아래 있다는 것을 부정하는 것 속에서(15절), 그리고 율법이 양자택일적인 노예의 선택에서 죄와 사망과 함께 덩어리가 되어 있다는 것을 시사하는 것 속에서, 바울은 신자들의 편에서 순종에 대한 필요를 결코 배제하지 않는다. 바울이 반대하고 있는 것은 하나님이 율법에 대한 순종과 함께 찾으시고 있다는 순종과의 전형적인 동일시다. 바울의 관점에서 하나님이 찾으시는 순종은, 17절에서 나타나는 것처럼, 분명히 다르다.

17 우선 그 순종은 "마음으로부터"의 순종이다. 이것은 마음 깊은 곳에서 또는 질적인 면에서의 순종인데, 율법에 대한 전형적인 유대인의 순종으로 특징짓는 것에서는 결여되었던 순종이다(2:5, 15, 29). 부활하신 그리도는 바울로부터 진정하고도 온전한 마음의 응답을 하게 하셨다. 이는 바리새인으로서 상기할 수 있는 그 어느 경험보다도 더 깊은 순종이었다. 그는 그리스도인 독자들도 안으로부터 전체 삶을 변화시키는 일종의 근본적인 충성의 전이를 경험했다고 자연스럽게 가정하고 있다.

한편 그 순종은 "너희에게 전하여 준 바 교훈의 본"이 되시는 그리스도에 대한 순종이다. 그 구절은 압축되어 있고, 보다 많은 이해를 가질 수 있다. 하지만 그 본문은 관계대명사로 인격적인 언급을 가지며("그것에"보다는 "그에게"), "교훈의 본"으로 순종을 드려야 하고 "전하여진 바" 된 그리스도를 염두에 두고 있다. 즉 바울은 특히 그리스도의 죽음의 기원적인 사건(5:19; 참조. 빌 2:8) 속에서, 그러나 아마도 모든 새로운 교회에 분명히 전수된 그리스도의 말씀과 행위의 전통들 속에서 예증된 온전한 삶의 특징 속에 있는 대형적인 새로운 인간으로서의 그리스도, 순종의 모범으로서의 그리스도를 아담적 용어 속에서 여기서 여전히 생각하고 있다(참조. 예를 들어, 15:1-6; 고전 11:1; 골 2:6; 살전 4:1-2; 살후 3:6). 결국에 충성에 근본적인 변이를 요청하는 새로운 운동이 삶의 형태와 행동과 관련한 어떤 지침을 갖는 새로운 전환을 제공하게 되었다. 초대 그리스도인들에게 있어서 그리스도보다도 더 좋은 모범은 없었다. 유대교로 개종한 사람들이 율법으로 향하는 반면에, 회심한 바울에게는 이제 순종의 또 다른 규범과 모델이 있다 – 더 이상 율법이 모범이 아니라 그리스도가 모범이다. 전체적이든 부분적이든 그리스도의 사역은 하나님의 은혜를 구체화하고 있으며(5:15; 참조. 고후 8:9), "율법 아래 있지 않고 은혜 아래 있는" 사람들에게 분명한 "교훈의 본"이 되었다.

신자들의 소유권이 이전되었음을 묘사함에 있어서 바울은 동사의 수동태를 사용하고 있다("너희에게 전하여 준바"). 아마도 이 단락 전체에 걸쳐서 바울의 사상이 한 주인에게서 다른 주인에게로 전이되는 노예에 관한 이미지를 주로 사용했기 때문일 것이다. 실제 거래에 있어서 노예는 아무런 할 말이 없다. 노예들의 책임은 단지 주인에게 순종하는 것뿐이다. 그 주인이 누가 되든 말이다. 동시에 바울은 진정한 삶의 유사성은 전적으로 적용될 수 없다는 것을 인식하고 있는데, 그는 소유권의 이전 속에서의 개심자의 참여에 관해 언급하고 있기 때문이다: "너희가 이전된 분에게 온전한 순종을 했다." 참으로 바울은 자신의 독자들의 회심을 자신들의 옛 주인에 대한 도전의 행위로 묘사하고 있다: "너희가 죄의 종이었지만 그리스도에게 너희의 참된 충성을 주었다." 다시 한번 하나님의 주도하심과 인간의 반응 그리고 단순히 하나님의 은혜를 받아들이는 믿음과 도덕적인 노력 속에서 그 믿음을 시행하는 것 간에 균형이 바울의 사상의 표면에 분명히 나타나고 있다.

18 바울이 자신의 독자들에게 상기시키고 있는 회심입문은 자유와 해방의 행위이며, 고대세계의 많은 노예들에게서(모든 노예들이 그렇지는 않았을지라도) 인생의 목표였다. 기독교인 노예와 로마에서의 자유민들에게서 그 은유의 정서적 의미는 매우 강력했을 것이다. 여기서 다시 한번 그 사상은 자아방종적인 욕구와 이기적인 습관의 지배로부터의 해방에 관한 것이다. 이전에 진정한 선택의 자유가 부족하고, 죄의 억압이 만연하였지만, 이제는 더 이상 그런 사건의 상태는 지속될 수 없게 되었다. 옛 주인을 위해서 여전히 행동하고 있는 새롭게 사들인 노예는 새 것(새 주인)에게 분명히 불충실한 것이다. 여기서 새 것은 "의"로 묘사된다–"의"는 분명히 "하나님"(13절), "은혜"(14, 15절), "순종"(16절), 그리고 그리스도(17절)에 대한 변화다. "죄"와 마찬가지로 "의"가 의인화되어 있는데, 이 둘은 특별한 방향으로 인생을 결정짓는 세력으로 경험되어질 수 있기 때문이다–"죄"는 사람들은 죽을 운명과 사망으로 끝나는 부패로 더욱더 긴밀하게 연결하고(12, 16절), "의"는 부활하신 그리스도의 생명을 완전히 공유하는 것으로 귀결되는 대형적인 새로운 인간의 특징으로 인간을 더욱더 전환시킨다(5, 8절).

19 그러나 바울은 노예 소유권의 이전에 관한 은유를 너무 지나치게 가져가는 것을 분명히 불편해 하고 있다. 어떤 물건이나 대상을 의 앞에 세우는 개념은 그리스도에 의해 세워진 하나님과의 관계에 관한 인격적 특징을 충분히 가져올 수가 없다. 따라서 19b절의 포기 성명이 있다–"너희 육신이 연약하므로 내가 사람의 예대로 말하노니." 이것은 일상생활에서 끌어온 이런 모든 인간적 은유의 부적절함을 바울이 의식하고 있음을 의미한다. 하지만 그는 육체가 매우 약하므로 인간이 여전히 죄의 노예인 것처럼 계속 살아가며, 또 죽을 몸의 욕망에 의해 지배되고 있다는 것을 역시 시사한다. 바울이 자신의 독자들이 하나님과의 새로운 관계에 따라, 즉 "교훈

의 본"을 따라 살아야 하는 끊임없는 의무를 갖고 있다는 것을 반복적으로 언급하는 것은 동일한 옛 이기적 습관과 자아중심적인 태도로 나아가게 하는 이런 모든 인간적 경향 때문이다. 신자들의 회심입문이 완전한 구원을 이루게 하지는 못한다. 하지만 회심입문은 그들을 새롭고 더 강력한 권능의 근원에 열어놓게 해주고, 새로운 주인(하나님)에게로 이전시켜준다. 그렇다고 이제 그들은 새로운 주인에 따라서 살아야 하는 계속적인 책임을 피할 수는 없다.

다시 한번(19b절) 바울은 신자들에게 촉구한다. "전에 너희가 너희 지체를 부정과 불법에 드려 불법에 이른 것 같이 이제는 너희 지체를 의에게 종으로 드려 거룩함에 이르라." 그 권면은 실제 13절과 16절의 반복이지만, 용어가 서로 다른 것은 단순히 유사한 동의어의 미학적 변화의 문제가 아니다. 바울은 회심 이전에 그들이 1:24에 정죄된 불결의 종류에 참여했었다는 것을 자신의 독자들에게 상기시킨다. 바울이 로마에 있는 다수의 이방인 기독교인들을 염두에 두고 있음이 분명히 함축되어 있다-중요한 도덕적 회심을 수반하는 기독교인의 회심은 고린도전서 6:9-11에서도 역시 증거되어 있다. "불법에 드려 불법에"는 죄의 사악한 범주에 대한 초기의 말씀(1장)을 독자들에게 상기시켰을 것이다. 하지만 1:18-3:20에서 바울의 기소는 이방인뿐만 아니라 유대인들도 동일한 정죄 하에 포함시키고 있다.

다시금 다소 두드러진 것은 "불법"에 대한 대조가 율법에 대한 순종이 아니라, 또다시 의가 되고 있다는 것이다-율법에 의해 결정되는 의가 아니라, 은혜에 의해 결정되는 의다. 신자들의 귓전에 여전히 울리고 있는 14-15절의 반복된 대조와 함께, 이방인 개종자들과 하나님 숭배자들은 그런 요지를 놓치지 않았을 것이다. 의, 곧 하나님과의 관계를 지탱해주고, 인격을 변화시키는 능력인 의가 중요한 것은, 그 의가 "거룩"을 성취시킨다는 것이다. 즉 율법의 주창자들이 생각하기에, 율법의 적절한 준수로부터 오는 의식적 정결과는 분리될 수 없는 상태로서 보았던 거룩을 그 의가 이루게 한다(예를 들어, 출 29:1, 21, 33, 36-37, 44; 30:29-30). 바울은 자신의 이방인 수신자들 즉 이전에 유대교의 도덕적 기준에 매력을 가졌던 많은 사람들에게 그 목표는 동일하며(정결, 하지만 외적인 정결일 뿐만 아니라 내적인 정결이다), 도덕적 노력이 필요하지만, 율법에 의해서가 아니라 은혜의 의에 의해서 실행되는 것임을 사실상 상기시키고 있다.

20-22 바울은 종의 은유를 계속해서 끌어가고 있다. 회심입문 이전과 이후의 대조가 다시 반복되고 있고, 회심입문(죄의 주관으로부터 자유롭게 된 사건)의 결단과 거룩하게 되고 있는 아직 완성되지 않은 과정 사이에 긴장이 여전히 유지되고

있다. 신자들의 회심 이전의 상태를 묘사함에 있어서, 바울은 죄의 노예가 되었을 때에는 의에 대하여 자유하였다는 것을 역시 지적한다. 은유가 여전히 강화되고 있지만, 바울의 메시지는 분명하다 – 의는 피조물에 대한 하나님의 주관에 따른 결과이므로, 그밖에 다른 것으로는 의를 실현할 수 없다. 따라서 헌신과 계속된 순종의 사건 속에서 바울과 그의 회심자들은 세우시고 가능케 하시는 능력으로서의 하나님을 경험할 것이기 때문에, 바울은 역시 "하나님"과 "의"를 어느 정도 동의어로 취급하고 있다(20, 22절; 참조. 13, 18절).

또한 그는 그들의 이전 삶의 방식이 지금은 부끄러워하는 것 중의 하나였음을 자신의 독자들에게 상기시킨다. 대체로 잘 알지 못하는 청중들 중에 그러한 반감을 당연하게 여길 수 있다고 간주하는 것은, 많은 이방인들이 자신들이 공유했던 도덕적 표준에 의해 유대교와 기독교에 매력을 가졌다는 19절의 인상을 강화시킨다. 참으로 바울은 그러한 수치감을 바울이 이 서신에서 반복해서 요구했던 도덕적 노력 – 회심 입문에서 발생했던 변화 그리고 죄의 지배로 곧바로 돌아서서 범죄하는 심적인 불가능성의 표지가 되는 자질들 – 에 상응하는 것으로 간주한다

두 노예들의 종국에 관한 대조가 16, 19절보다 좀더 날카롭게 그려져 있다. 바울은 "열매/결과"와 "마지막"에 관해서 언급하고 있다: 한 경우는 불결(19절의 의미에 의해)과 "사망"이고, 다른 경우는 "거룩/성화"와 "영생"이다. 바울이 16절에 "사망"과 대조되는 "생명"을 사용하는 것을 자제하고 있다는 사실은 그가 "영생"을 이 항목의 클라이막스를 위해 사용을 유보하고 있음을 암시한다- "삯"과 "은사"간의 비교에 의한 중심적인 대조를 반복하는 23절에 의해 확인되어지는 인상(impression).

23 불결에 대한 바울의 거부(성적인 범죄를 포함한 – 1:24)는 유대인으로 태어나서 자란 한 유대인이 단지 이방인의 가치에 대해 문화적 반감을 갖는 차원이 아님을 더 분명히 하고 있다. 그 반감은 신학적인 통찰과 주장이다. 그 불결은 사망이 동일한 육체에 관해서 자신의 주장을 가질 때, 어느 것도 남는 것이 없는 죽을 몸의 활동에 초점을 맞추고 있다. 전체 인간은 사망만이 오직 마지막이 되는 육체에 종속되어 있다. 이것이 "죄"라는 주인이 자신의 종들에게 보상하는 방법이고, 죄가 할 수 있는 유일한 보상이 바로 사망이다.

그런데 복음에 의해 제공되는 대안은 영생으로 귀결되는 거룩이다. 여기서 "거룩"은 (19절에서보다도) 더욱더 과정으로 되어 있다. 이는 안에서부터 바깥으로의 점진적인 변화인 성화에 관한 것이고, 그리스도와의 마지막 부활은 오직 전체 과정의 지속이요 완성이다(참조. 고후 4:16-5:5). 여기서 사상(십자가에 죽으시고 부활하신

그리스도의 형상으로 신자들이 점진적으로 변화되는 것)의 배후에 놓여 있는 바울 신학의 보다 풍성한 차원은, 그 사상이 바울의 보다 완전한 아담 기독론의 일부일지라도, 많은 로마의 그리스도인들에게 잘 알려져 있지 않았을 것이다. 하지만 적어도 바울의 논증의 흐름을 계속 따라왔던 사람들은 여기서 언급된 영생이 이미 언급한(8절) 그리스도와 함께 하는 생명과 다른 것이 아님을 인식했을 것이다. 왜냐하면 그리스도는 죽으시고 자신의 권리로 살아나신 유일한 분이시고, 또 더 이상 죽지 않으시는 분이시므로, 영생은 그리스도의 끊임없는 부활의 생명을 단지 공유하는 것에 지나지 않기 때문이다. 바울은 이전에 자신이 "그리스도와 함께 사는 것"에 관해 언급했던 곳에, 이제는 "그리스도 예수 우리 주안에서의 영생"에 관해 언급하고 있다. 하지만 분명히 그 개념은 동일하다. 회심입문에서 시작된 그리스도와의 일체는 죽음을 통과한 부활로 계속될 것이다. 이제는 인간 개인이 아니신 분의 능력 있는 생명에 참여할 때에 무덤을 넘어서서 영원한 생명의 충만한 상태에 이르게 될 것이다.

사망의 삯과 대조되는 "하나님의 은사"로서의 영생에 관한 언급에서 바울의 특징은 4:4에서의 유사한 대조 – 하나님이 인간에게 아무것도 빚지고 있지 않다는 요지 – 를 상기시킨다. 보상에 관한 언급이 있다고 한다면, 그것은 오로지 사망만이 해당될 것이다. "은사"(자유로운 선물)는 영생이 은혜의 행위이며, 그 자체가 동일한 은혜의 구현임을 나타낸다. 다시 말해서 영생은 주는 자의 소유를 떠나서 신자의 소유가 된 어떤 대상이 아니다. 그것은 선하신 하나님의 넘치는 능력과 전체 인격 속에 그와 동일한 선하심을 구현하시는 하나님의 능력에 의해 유지되는 관계성이다.

요컨대, 현재의 사상의 흐름이 처음 시작되었던 요지인 회심입문은 고립된, 단번의 사건이 아니라, 순종을 충족시키는 은혜의 특성을 갖고 있다. 오히려 바울에게서 이 첫 번째 행위가 신자로서의 신자의 삶의 전반을 특징짓는다. 입문되어진 새로운 삶은 이 죽을 몸 속에서 그리고 부활의 생명의 충만함 속에서 계속되는 은혜의 선물로 받아야 한다. 죽으신 그리스도와의 일체는 사망이 마지막 카드를 내놓을 때까지, 그리고 신자가 부활하신 그리스도와 일치되어진 것을 알 때까지, 계속해서 재확인해야 한다. 점차적으로 의에 이르는 순종, 성화에 이르는 의, 영생에 이르는 성화가 될 수 있도록, 첫 번째 헌신의 순종은 도덕적 행위의 모든 결단에서 반복되어야 한다.

B. 율법의 역할에 관한 최종적 결론(7:1-25)

서 론

율법은 제5장의 결론부인 5:20-21에서 복잡 미묘한 변수였다. 적어도 유대인들에게 있어서 율법이란 생명을 주는 은혜의 수단이라기보다는 오히려 죄와 사망에 결부되어 이해되는 것이기 때문에 율법의 그러한 면은 상당한 충격이었다. 지금까지 바울은 신자와 관련된 죄와 사망의 지속적인 역할을 분명히 하기 위하여 몇 가지 독창적인 설명을 제시해왔다. 이 과정에서 그는 율법에 대해서 아주 간략하게만 언급했지만(6:14, 15), 이제 7장에 와서는 율법 자체의 문제로 관심을 돌려서 율법 문제를 본격적으로 논의하는 단계로 접어들었다.

1. 믿는 자는 이제 율법이 내린 사형 선고에서 벗어났다(7:1-6)

참고문헌

Derrett, J. D. M. "Romans 7:1-4: The Relationship with the Risen Christ." *Law in the New Testament.* London: Darton, 1970. 461-71. **Dulmen, A. van.** *Theologie.* 100-106. **Gale, H. M.** *Analogy.* 189-98. **Halter, H.** *Taufe.* 90-98. **Jewell, R.** *Anthropological Terms.* 299-301. **Jones, F. S.** "*Freiheit.*" 118-22. **Little, J. A.** "Paul's Use of Analogy: A Structural Analysis of Romans 7:1-6." *CBQ* 46(1984) 82-90. **Lohmeyer, E.** "Sünde, Fleisch und Tod." *Probleme.* 75-156. **Sand, A.** *Der Begriff "Fleisch" in den paulinischen Hauptbriefen.* Regensburg: Pustet, 1967. **Thüsing, W.** *Per Christum.* 93-101.

본 문

1 형제들아 내가 법 아는 자들에게 말하노니 너희는 율법이 사람의 살 동안만 그를 주관하는 줄 알지 못하느냐	1 Do you not know, brothers, for I speak to those who know the law, that the law exercises lordship over a man so long as he lives?
2 남편 있는 여인이 그 남편 생전에는 법으로 그	2 For the married woman is bound by the law to

에게 매인바 되나 만일 그 남편이 죽으면 남편의 법에서 벗어났느니라

her husband while he lives; but if her husband dies she is released from the law of her husband.

3 그러므로 만일 그 남편 생전에 다른 남자에게 가면 음부라 이르되 남편이죽으면 그 법에서 자유케 되나니 다른 남자에게 갈찌라도 음부가 되지 아니하느니라

3 Accordingly she will be named adulteress if, while her husband lives, she becomes another man's. But if her husband dies she is free from the law, so that she is no adulteress if she becomes another man's.

4 그러므로 내 형제들아 너희도 그리스도의 몸으로 말미암아 율법에 대하여 죽임을 당하였으니 이는 곧 죽은 자 가운데서 살아나신 이에게 가서 우리로 하나님을 위하여 열매를 맺히게 하려 함이니라

4 So then, my brothers, you also were put to death in relation to the law through the body of Christ, in order that you might become another's, the one who was raised from the dead, in order that we might bear fruit for God.

5 우리가 육신에 있을 때에는 율법으로 말미암는 죄의 정욕이 우리 지체 중에 역사하여 우리로 사망을 위하여 열매를 맺게 하였더니

5 For when we were in the flesh the sinful passions which operate through the law were effective in what we are and do so as to bear fruit for death.

6 이제는 우리가 얽매였던 것에 대하여 죽었으므로 율법에서 벗어났으니 이러므로 우리가 영의 새로운 것으로 섬길 것이요 의문의 묵은 것으로 아니할찌니라

6 But now we have been released from the law, having died[a] to that by which we were confined, so that we might serve in newness of Spirit and not in oldness of letter.

원문주해

a. 서방 계열 사본들의 이문(異文)에서는 본문의 아포다논테스(*ἀποθανόντες*) 대신 투 다나투(*τοῦ θανάτου*)가 나타난다. 두 가지 모두 바울의 문체와 어울리지만(롬 8:2와 갈 2:19을 참조하라), 보다 더 어려운 독법인 아포다논테스(*ἀποθανόντες*)가 더 정확한 본문으로 밝혀졌다(Metzger의 책을 보라).

양식과 구조

7:1-6은 본문의 전체적 구조 속에서 다양한 기능을 수행한다: (a) 6장의 주요 요점들을 총체적으로 요약함과 동시에 율법에 대한 추가적인 사항을 덧붙인다(참조. Luz, "Aufbau," 170). 이때 2:28, 29이 2장 전체의 절정이 되었던 방식을 따라 7:5, 6도 7:1-7에서 일종의 절정과 같은 기능을 한다. (b) 7장 전체에서 1-7절이 차지하는 역할은 6장 전체에서 6:1-11이 차지하는 역할과 동등한 것이며, (c) 특별히 7:5, 6은 7장과 8장에서 다루어질 주요한 강조점들을 미리 소개해 주는 기능을 한다.

(a) 1절에 소개된 원칙은 2절과 3절에서 논증 과정을 거치고 4절에 이르러 적용이 되는데, 이렇게 하면서 바울은 지금까지 구사해온 용어들을 독자에게 용의주도한

방법으로 다시 떠올려준다: *ἐθανατώθητε τῷ νόμῳ*(참조. 6:2) *διὰ τοῦ σώματος του Χριστοῦ*(참조. 6:3-6) *εἰς τὸ γενέσθαι ὑμᾶς ἑτέρῳ*(참조. 6:17-18), *τῷ ἐκ νεκρῶν ἐγερθέντι*(참조. 6:8-10), *ἵνα καρποφορήσωμεν τῷ θεῷ*(참조. 6:22). 마찬가지로 5절에 대해서는 6:12과 6:21을 참조하고, 6절에 대해서는 특별히 6:4을 참조하라. 윌켄스(Wilckens)와 리틀(Little)의 책 83페이지도 참고해 보라.

(b) 6-8장의 서문을 보라. 거기서 이미 지적했듯이 6장의 경우에, 6:1-4/5-11절에 담긴 분명한 내용이 그 다음에 이어지는 6:12-23에 의해서 점진적으로 모호해졌다. 이와 같이 제7장에서도 7:1-6에 담긴 분명한 내용들이 이어지는 7:7-25의 내용에 의해 점점 모호해진다.

(c) 사실상 7:5은 7:7-25에 걸쳐 다루어지는 긴 논의 과정을 효과적으로 종합한다. 즉 7:5a는 14-25을, 7:5b는 7-13을, 그리고 7:5c는 10-11과 13, 24을 종합하고 있다. 비슷한 방법으로 7:6은 이어지는 8장의 내용을 미리 암시해주며, 7:6a는 8:1-3을, 7:6b는 8:4 이하의 전개를 미리 예고해 준다.

위에 소개한 (b)와 (c)는 페위레트(Feuillet)의 학위논문("Plan." 343-44)의 논거를 약화시킬 것이다. 그는 7:6을 본문의 주요한 구분점 중 한 곳으로 잡았고, 그 덕분에 본문을 1:18-5:11, 5:12-7:6, 7:7-8:39 등으로 3등분시켰다. 그러나 이것은 지나친 삼위일체적인 구분을 주려는 다소 억지스러운 구분일 뿐이다.

주석

1 "형제들아 내가 법 아는 자들에게 말하노니 너희가 알지 못하느냐?"(*ἢ ἀγνοεῖτε, ἀδελφοί, γινώσκουσιν γὰρ νόμον λαλῶ* – 헤 아그노에이테 아델포이 기노스쿠신 가르 노몬 랄로). 이 개시부에 관한 설명은 6:3의 주석을 보라. 본 서신서에서 바울이 자신의 수신자를 가리켜 "형제들아"(*ἀδελφοί* – 아델포이)라고 부른 것은 이번이 겨우 두 번째다. 이 사실은 이제부터 전개될 내용의 주제가 상당히 민감한 주제여서 상호간의 신뢰가 이 주제를 논의함에 있어 가장 중요하다는 사실을 시사해준다(참조. Schlier). 더 자세한 것은 1:13을 보라.

다시 한번 노모스(*νόμος*)는 유대인의 법 즉 토라를 의미한다(대부분의 학자들이 그렇게 생각한다, 2:14을 참조해 보라). 여기서의 법을 "모든 법에 들어있는 일반원리"를 가리키는 말이라고 보기는 너무 어렵다(SH; 이와 반대로 Käsemann, Lagrange, Knox 등의 학자와 NEB 번역 성경은 확신에 찬 어투로 이런 일반 원리설을 지지하였다). 그 이유는 바울이 지금 "왜냐하면"(*γάρ*–가르)이라는 접속사를 계속 사용하면서 특정 법률의 실효성을 예로 들기 때문이다. 이 법이 로마법에 속한 어떤 법을 가리킨다(Lightfoot, Jülicher, Kühl)고 보기에도 무리가 있다. 로마를 한번도 가보지 못한 사람이 로마의 거주자들에게 로마법을 운운한다면 틀림없이 우스꽝스러운 일일 것이기 때문이다. 뒤따르는(2-3절) 예증은 유대교의 사법적 입장을 전제하고 있고, 로마법과는 도통 어울리지가 않는다(보다 자세한 것은 7:2을 보라). 게다가 4절에서 말하는 "율법"은 틀림없이 토라를 가리키고 있다(Schlier, Wilckens). 지금 바울은 자신의 편지를 받는 사람들이 토라에 대한 체계적인 지식을 갖고 있는 것으로 간주한다. 바울의 이런 태도는, 상당수의 이방인 개종자들이 로마나 그 밖의 지역에 있는 유대인 회당에 대하여 이미 오랫동안 옹호적인 입장을 취해 온 사람들(즉, 하나님을 예배하는 자들)이었을 가능성을 높여준다. 바울이 이렇게 간주할 수 있었던 이유는 로마에 있는 회중의 구성에 대해서 그가 상당히 잘 알고 있었기 때문이거나(16:3-16을 참조하라), 혹은 회당을 통해서 유대교에 대한 이방인 옹호자를 포섭하는 방식이 당시의 디아스포라 지역에서 초기 기독교회가 설립되는 가장 일반적인 방식이었기 때문이다(서문 §2.2.2를 보라). 참조. 아파메아(Apamea) 지역에서 출토된 3세기 무덤 비문에는 그 무덤에 매장되어 안치된 사람에 대해서 기록되어 있는데, 이 비문은 "만약 그 누구든 (이 명령에 거슬려) 행동한다면, 그는 유대인의 율법을 알고 있다"(*CIJ*, 774)라는 말로 끝난다. 이 문구는 모세의 율법만은 꼭 준수해야겠다는 당시 유대 공동체의 자치적인 권리가 어느 정도 주변 사회에 인식되어 있었고 또 그만큼 잘 알려져 있었음을 시사해 준다. 잔(Zahn)이 주장했듯이, 본 구절은 로마의 신자 무리를 유대인 기독교인으로 간주할 만한 근거를 주지 못한다.

"율법이 사람의 살 동안만 그 사람을 주관한다"(*ὅτι ὁ νόμος κυριεύει τοῦ ἀνθρώπου ἐφ' ὅσον χρόνον ζῇ*–호티 호 노모스 퀴리유에이 투 안드로푸 에프 호손 크로논 제). 6:9과 14절에서도 똑같은 동사 "주관하다"(*κυριεύειν*–퀴리유에인)가 사망과 죄에 대해서 사용되었다는 사실을 염두에 놓고 볼 때, 이 조항은 아주 놀랍다. 여기에 함축된 의도는 분명하다: 5:21의 죄와 사망의 통치에 대한 주제적인 진술을 6:22-23에 와서 다시 상기시켜 주면서, 바울은 자연스럽게 그 통치(즉, "율법")를 구성하는 셋째 요소에 대한 설명으로 넘어가려는 것이다. 6:9과 14절간의 평행 관계가 만드는 보다 심오한 의미에 따르면, 이 통치는 치명적인 독과 같고 또한 이 세대 속에 결박당한 인간의 상태를 드러내는 표지와 같다. 그렇다고 해서 이 말이 곧 바울은 사회에 대한 법의 통치 필요성을 소홀히 여겼다는 뜻은 아니다. 오히려 뒤따르는 비유에서 바울은, 사회 관계의 질서를 잡아주는 법 본연의 역할을 인간의 타락 상태에 아주 적합하고 필요한 역할로서 간주하고 있다. 관용어 "누가 ~할 동안에"(*ἐφ' ὅσον χρόνον* – 에프 호손 크로논)에 대하여는 막 2:19, 고전 7:39(여기서도 똑같은 비유를 염두에 두고 말한다), 갈 4:1, BGD, *ὅσος* 1 등을 참조하라. "율법에서 자유롭게 되는 죽음의 개념"과 비슷한 랍비 계통의 사상을 보려면 윌켄스(Wilckens)의 책 2:64에서 각주 241을 보라.

2 "남편 있는 여인이 그 남편 생전에는 법으로 그에게 매인 바 되나 만일 그 남편이 죽으면 남편의 법에서 벗어났느니라"(*ἡ γαρ ὕπανδρος γυνὴ τῷ ζῶντι ἀνδρι δέδεται νόμῳ ἐὰν δὲ ἀποθάνῃ ὁ ἀνήρ κατήργηται ἀπὸ τοῦ νόμου τοῦ ἀνδρός* – 헤 가르 휘판드로스 누네 토 존티 안드로이 데데타이 노모 에안 데 아포다네 호 아네르, 카테르게타이 아포 투 노무 투 안드로스). 여기서 바울이 한 사람의 유대인으로서 유대 율법 특유의 관점으로 사유하고 있음이 드러난다. 과연 유대 율법 상으로 볼 때는 아내란 그녀의 남편이 살아 있는 동안에만 남편에게 구속되기 마련이었다. 오직 남편만이 신명기 24:1에 규정된 이혼의 권리를 가지고 있었기 때문이다. 바울은 이 구절의 해석을 놓고 벌어지던 샴마이 학파와 힐렐 학파간의 해석 논쟁을 잘 알고 있었을 것이다. 또한 벤 시라(ben Sira)서나 필로(Philo)와 요세푸스(Josephus)의 저작에서도 반영되었던 유대 사회의 지배적인 관점이, 이 문제에 있어서 남편의 권리를 강화시키는 역할을 했다는 사실도 잘 알고 있었을 것이다(*JPFC* 2:790). 그리고 이러한 유대적 태도의 이면에는 여성이 아버지에게서 남편에게로 양도되는 문제를 규율하고자 했던 미쉬나(Mishnah)의 관심이 담겨 있다(Neusner, *Judaism*, 189-90). 이러한 유대법과 달리 로마법 상에서는 결혼이란 어느 한쪽 배우자의 자유 의지에 의해 무효화 될 수 있었다. 실제로 후대의 공화정 시기에 이르면 이혼은 배우자 두 사람의 일치된 의견에 의해서, 혹은 한쪽만의 희망에 의해서 성사될 수 있게 되며, 그리하여 참으로 이혼은 "결혼 생활의 일상적 관례"(*OCD*, 650; Carcopino, 95-96; 96쪽에서 인용)가 되기에 이른다. 더욱이 로마법에서 여성은 남편이 죽었다고 해서 자기 남편이 주는 법률적인 구속으로부터 자유롭게 될 수 없었다. 여자는 남편의 죽음을 애도해야 하는 법률적 의무와, 12개월 동안은 다시 결혼하지 않고 지내야 할 법률적 의무를 담당해야 했기 때문이다. 그렇게 하지 않으면 여자는 자기의 죽은 남편으로부터 받게될 모든 유산을 몰수당하게끔 되어있었다(P. E. Corbett, *The Roman Law of Marriage*[Oxford: Clarendon, 1930; 1969에 재판], 249; 나에게 이 문제에 관심을 갖도록 해준 L. K. Lo씨에게 감사하고 싶다). 휘판드로스(*ὕπανδρος*, "한 남자

의 권세 하에 있는" 혹은 "한 남자에게 복종하는"[BGD])라는 단어의 사용이야말로 이 문제에 대한 보다 더 확실한 유대적 입장을 드러내는 셈인데, 왜냐하면 칠십인경에서 여섯 번 사용된 경우(민 5:20, 29; 잠 6:24, 29; Sir 9:9; 41:21)를 제외하면, 성경 이외의 문헌에서는 이 대목 이전까지 이 표현이 거의 사용되지 않았기 때문이다(Polybius 10.26.3). 또한 Str-B의 저서 3:234를 보라. 여성의 지위에 관한 보다 더 전반적인 설명은 16:2 주석을 참조하라. 카타르게오(*καταργέω*)에 대해서는 6:6의 주석을 보라.

"남편의 법"(*ὁ νόμος τοῦ ἀνδρός* – 호 노모스 투 안드로스). 여기서 "남편의 법"은 다소 완곡한 표현이다. 그럼에도 이 말이 뜻하는 기본 의미는 분명하다. 즉 '남편의 법'이란 곧 '남편에게 자기 아내에 대한 특정한 권세를 부여하는 법'을 뜻한다(*ὕπανδρος* – 휘판드로스); 리츠만(Lietzmann)의 책을 참조하라. 바울이 남편을 "율법"과 동등한 지위에 놓은 것은(Barrett) 지나치게 강조된 표현으로 보인다. 더 자세한 것은 크랜필드(Cranfield)를 보라. 그러나 여기서 바울은 이미 그 비유 – 즉 남편을 유리하게 하고 아내를 예속 상태에 두었던 율법 – 의 적용을 고려하고 있는 것으로 보인다. 7:4을 보라.

3 "그러므로 만일 그 남편 생전에 다른 남자에게 가면 음부라 이르되"(*ἄρα οὖν ζῶντος τοῦ ἀνδρὸς μοιχαλὶς χρηματίσει ἐὰν γένηται ἀνδρὶ ἑτέρῳ* – 아라 운 존토스 투 안드로스 모이카리스 크레마티세이 에안 게네타이 안드리 에테로). 모이카리스(*μοιχαλίς*)는 다시 유대적 관점을 드러내고 있다: 이 단어는 칠십인경에서 몇 번 쓰였을 뿐(잠 18:22a; 24:55[맛소라 본문에서는 30:20]; 겔 16:38; 23:45; 호 3:1; 말 3:5; *T. Levi* 14.6]), 이 시기 이전의 유대-기독교 전승의 외부에서는 용례가 발견되지 않으며, 마 12:39; 16:4, 약 4:4(또한 막 8:38; 벧후 2:14) 등의 주목할 만한 구절을 제외하면 특별히 바울 서신서 내에서는 오직 이 구절에서만 나타날 뿐이다. 유대인의 법과 사회에서 남편은 자신의 아내에 대하여 그런 막대한 권위를 행사한다는 바로 그 이유 때문에(7:2을 보라), 만일 이 단어가 남편에게 충실하지 않고 거짓된 여인들을 가리켜 쓰일 때는 그들에 대한 강한 질타와 정죄의 뉘앙스를 풍길 수밖에 없었다. "이름을 가지다, 어떤 이름으로 불리다 혹은 이름 붙여지다"의 의미인 크레마티조(*χρηματίζω*)에 대해서는 특별히 사도행전 11:26(BGD)을 참조하라. 또한 바울 저작에 나타나는 *hap. leg*을 참조하라. 격언체적 미래에서 쓰이는 미래 직설법에 대해서 보다 자세한 내용을 보려면 BDF, §349.1을 참조하라.

"그러나 남편이 죽으면 그 법에서 자유케 되나니"(*ἐὰν δὲ ἀποθάνῃ ὁ ἀνήρ,*

ἐλευθέρα ἐστὶν ἀπὸ τοῦ νόμου–에안 데 아포다네 호 아네르 엘류데라 에스틴 아포 투 노몬). '법에서' 자유케 됨이지 '남편에게서' 자유케 됨이 아니다. 다시 한번 6:18-22의 이미지가 이 말을 하는 바울의 뇌리 속에 강한 영향을 끼치고 있다. 즉, 죄는 아담의 세대를 지배하는 권세이고 율법은 이 죄에 속해 있으며 따라서 이 권세로부터의 해방이 반드시 필요하다는 사상이 바울의 마음속에서 강하게 작용하고 있는 것이다. 존스(Jones)는 그의 책 119-22에서 이 부분과 고전 7:39의 차이점을 주목하면서, 이 본문에 덧붙여진 부분("법으로부터의 자유")은 바울 사상의 성장을 드러낸다고 주장했다(하지만 갈 4:1-10, 21-31; 5:1 같은 부분은 간과한 것 같다. 그는 갈라디아서보다 고린도전서가 먼저 기록된 것으로 생각한다).

"그러므로 다른 남자에게 갈지라도 음부가 되지 아니하느니라"(*τοῦ μὴ εἶναι αὐτὴν μοιχαλίδα γενομένην ἀνδρὶ ἑτέρῳ*–투 메 에이나이 아우텐 모이카리다 게노메넨 안드로이 헤테로). 바울은 분명히 신명기 24:2의 표현을 염두에 두고 있다(*γένηται ἀνδρὶ ἑτέρῳ*–게네타이 안드리 헤테로). 또한 크랜필드(Cranfield)의 책 333 n.5를 보라. 「기노마이(*γίνομαι*)+여격」은 어떤 사람에게 소속됨을 나타내기 때문에(참조. Ostraka Ⅱ 1530–토 기노메논 모이[*τὸ γινόμενόν μοι*, "나에게 속한 것"], BGD, *γίνομαι* Ⅱ.3에서 인용하였다), 아내에 대한 남편의 권위를 전제하는 유대적인 어조가 비유 전반에 걸쳐 지속된다.

4 "그러므로 내 형제들아"(*ὥστε, ἀδελφοί μου*–호스테, 아델포이 무). 종속절보다는 독립된 문장을 이끄는 호스테(*ὥστε*, "이런 이유로, 그러므로") 구문에 대해서 BDF, §391과 BGD, 1a를 참조하라. 지금까지의 논증을 하나하나 적용하기보다는, 1절에서 진술되고 2-3절에서 논증된 원리로부터 하나의 결론을 끌어내고자 했던 것이 바울이 이 구문을 사용한 목적이다(Nygren, Murray, Cranfield를 보라). 개인적인 인사말("나의 형제들아")의 반복은 다루려는 사안(1절)이 지닌 민감성을 재차 강조해 준다. 바울 자신도 자기가 다루어야 되는 문제들이 율법에 얽힌 극히 세심한 문제라는 사실을 느꼈던 것이다.

"너희도 율법에 대하여 죽임을 당하였으니"(*καὶ ὑμεῖς ἐθανατώθητε τῷ νόμῳ*–카이 휘메이스 에다나토데테 토 노모). 아페다논(*ἀπέθανον*)이 아니라 에다나토덴(*ἐθανατώθην*)을 선택한 데에는 세심한 의도가 들어있다. 4절과 6절 사이의 평행 관계와, 4절과 갈라디아서 2:19 사이의 평행 관계에서 무언가 언급될 필요가 있는 뚜렷한 차이점은 없다. 그러나 8:13이 분명히 나타내듯이("죽이면") 4절과 6절의 평행 관계가 후자의 평행 관계보다는 더 뚜렷하다. 바울은 분명 "하나님에 의해 죽는다"

라는 뜻을 의미했고(신적 수동태), 이런 방식의 서술을 통해서 그는 하나님의 주도권을 강조하고 싶었다. 이런 신적 수동태는 6:3-6에서 쓰인 수동태와 완전히 똑같은 개념을 갖고 있다. 5:12-21에서는 하나님이 완성하신 사역을 기념비적인 신기원으로 다루었는데 여기서도 동일한 맥락에서 하나님의 사역을 숙고하고 있다. 하나님의 사역에 대한 인간 개인의 참여는 하나님의 능력에 달려있다. 여기서 우리는 다시 한 번 생각하게 되는 것이 있다. 즉, '죄에 대해 죽고 그리스도와 함께 죽는다'는 비유에 담긴 실제 의미는 단순한 세례 이상의 것이며(6:2을 보라), 따라서 이 말씀의 뜻은 (세례의 의미까지 포함할 수는 있어도) 세례에만 국한되면 안되고, 이제 더 이상 4절의 결론을 선행된 예증과 너무 지나친 인과 관계에 얽맴으로써 그 의미를 좁혀버려서도 안 된다. 이에 반하는 견해에 대해서는 가우글러(Gaugler), 케제만(Käsemann); 슐리어(Schlier) 등과 로빈슨(Robinson)의 책 *Wrestling*, 77-78과 할터(Halter)의 책 93, 96, 그리고 젤러(Zeller) 등을 참조하라.

바울이 보다 더 격한 어휘를 사용해야 했던 두 번째 이유는, 앞선 예증 부분과 1절의 원리에 의한 지금의 적용 부분 사이에 상당한 거리감을 두려는 데에 있었다. 즉, 한 여인의 남편이 자연적인 사유로 죽는 것과 하나님에 의해서 신자가 죽임을 당하는 것은 결코 똑같은 죽음이 아니라는 점을 바울은 말하고 싶어한다. 두 가지 죽음 모두 율법의 지배를 끝내는 죽음과 관련된 똑같은 사항을 단지 각각 다른 방식으로 예증하는 것은 사실이지만, 그렇다고 해서 결코 같은 의미의 죽음일 수는 없었다. 아마 "너희도"(*καί ὑμεῖς*–카이 휘메이스) 역시 이와 동일한 사항을 강조하기 위해서 의도적으로 사용되었을 것이다–(2-3절 내용에 덧붙여진) "너희도"는 1절의 명제를 좀 다른 각도에서 예증하고 있다. 그래서 바울은, 지금 설명한 바 로마서 독자들의 죽음을 자기는 2-3절의 적용으로서가 아니라 1절에 대한 보다 자세한 설명으로 보고 있음을 재빨리 드러낸다. 그러므로 바울이 이런 차이점들을 알아채지도 못한 채 자신의 설명을 부주의한 태도로 엉망이 되게 해버렸다고 주장한다면(Lietzmann; Dodd; Knox; Gale, 192-96; Räisänen, *Law*, 61), 그것은 바울에게 상당히 불공평한 처사이다. 특별히 크랜필드(Cranfield)와 리틀(Little)을 보라.

토 노모(*τῷ νόμῳ*)는 일반적으로 불이익의 여격으로 설명되어 왔다(BDF, §188.2). "율법에 관하여"라는 표현은 선행 구절들 안에서 가졌던 의미와 똑같은 의미를 갖는다. 즉 이생의 삶이 유지될 동안에만 또는 (보다 획기적인 용어를 쓴다면) 이 세대의 삶이 유지될 동안에만 사람에게 권세와 통치를 발휘하는 율법을 가리키는 것이다. 그리스도 자신과(6:10) 그리스도와 동일시된 사람들(6:3-6) 양쪽을 위해서 그리스도의 죽음이 해결해 준 것은 다름 아닌 곤경과 제약이었다. 따라서 "율법 아래에서" 산다는 것(6:14)은 곧 그리스도의 죽음이 이룬 획기적인 의미를 무시하는 것과 같다. 그러나 논의의 중심을 차지하던 죄 문제가 이제는 "율법"에게 그 자리를 빼앗겼고(7:1을 보라), 이 세대에게 권위를 발휘하는 율법은 죄와 동맹 관계를 맺고 있다는 사실을 다시 한번 주목하라(참조. Nygren).

"그리스도의 몸으로 말미암아"(*διὰ τοῦ σώματος τοῦ Χριστοῦ*—디아 투 소마토스 투 크리스투). 이 말씀과 6:2 이하 사상과의 평행 관계를 우리가 고려해 볼 때, 바울은 지금 틀림없이 십자가에 못 박히신 예수를 염두에 두고 있다(특히 골 1:22: *ἀποκατήλλαξεν ἐν τῷ σώματι τῆς σαρκὸς αὐτοῦ διὰ τοῦ θανάτου*—아포카텔라젠 엔 토 소마티 테스 사르코스 아우투 디아 투 다나투, "이제는 그의 육체의 죽음으로 말미암아 화목케 하사"); 히 10:5,10; 벧전 2:24 등을 참조하라). 또한 NEB 성경의 번역("그리스도의 몸과 동일시됨에 의해서"["by becoming identified with the body of Christ"])을 참조하라. 여기서 고린도전서 10:16과 같은 성만찬에 관계된 언급을 읽는다거나(참조. Wilckens), 혹은 12:5절과 같은 교회론적인 언급을 읽는다면(예를 들어, Dodd; Robinson, *Body*, 47; Nygren), 이 본문에 담긴 사상을 너무 지나치게 멀리까지 확장하는 위험을 무릅쓴 셈이다. 그런 식으로 읽으면 그리스도의 죽음 사건이 단 한번에 모두를 위해 이룬 획기적인 의미를 약화시키게 될 뿐만 아니라, 신적인 수동태의 의미를 잃어버리게까지 된다. 그리스도의 죽으심이 갖는 획기적인 의미와 신적인 수동태의 가치를 반드시 확보해야만, 이 세대 속에서의 삶을 지배하는 율법에 관하여 신자가 죽임을 당했다고 말하는 것이 가능해 질 수 있다(참조. Lightfoot; Jewett 299-300). 우리는 아마도 정관사에 비중을 두어야 할 것이고(그 그리스도), 그렇게 함으로써 그 이름에 대한 보다 정당한 의미를 인식해야 할 것이다. 즉 '십자가에 못 박히신 메시아'는 최초의 기독교인들이 공들여 확증해야만 했던 주장임을 놓치지 말아야 한다(참조. 8:35; 9:3, 5; 14:18; 15:3, 7, 19; 16:16).

"너희가 다른 이가 되도록 하기 위해"(*εἰς τὸ γενέσθαι ὑμᾶς ἑτέρῳ*—에이스 토 게네스다이 휘마스 에테로). 여기서 에이스(*εἰς*)+부정사는 (이미 1:11; 3:26; 4:11, 16, 18에서도 사용되었듯이) 목적의 용법이다. 비록 바울이 2-3절의 논증을 신자들에게 완전한 방식으로 적용하려는 의도는 없을지라도, 2-3절이 권력의 이동이라는 사상을 아주 잘 표현하기 때문에 바울은 그 중 일부의 이미지와 용어를 기꺼이 뽑아 쓰고 있다(7:3을 보라). 특별히 고후 5:15을 참조하라.

"죽은 자 가운데서 살아나신 이에게"(*τῷ ἐκ νεκρῶν ἐγερθέντι*—토 에크 네크론에게르덴티). 이와 같은 공인된 공식문구의 사용(6:4을 보라)은 이 문구가 예배 의식에서 사용되었음을 짐작케 할뿐만 아니라, 강력한 영향력을 발휘하는 그리스도의 획기적 사역에는 죄와 율법에 대한 그의 죽으심과 아울러 부활까지도 포함된다는 점을 강조하려는 의도가 들어있다. 구원은 신자의 존재가 온전히 그리스도의 죽음과 그분의 부활에 모두 참예할 때에야 비로소 달성된다. 그러나 6:4에서 보듯이, 그리스도의 죽음에 대한 신자의 참예와 신자가 그분의 부활의 생명을 경험하는 것 사이의 평행 관계가 완전하지 않다는 점을 주의해야 하겠다. 즉 신자들은 그리스도의 죽으심 안에서 그리스도와 동일시되었다. 또한 그들은 부활하신 그리스도와(는 아직은 완전히 동일시되지 못한 채로) 혼인하였다. 바울은 그리스도와 신자간의 친밀한 관계를 표현하는 비유로서 결혼 개념을 상당히 즐겨 사용한다(특히 고전 6:17; 고후 11:2를 참조하라; 엡 5:25-33도 참조하라). 바울의 이런 취향은 과거에 선지자들이 이스라엘과 그 언약의 하나님의 관계를 묘사하며 이 개념을 널리 사용했다는 사실(예를 들어, 사 54:5-6; 62:4-5; 렘 2:2; 겔 16:7-8; 호 1:2; 2:19)을 고려해 볼 때 충분히 이해가 되는 일이다.

"우리로 하나님을 위하여 열매를 맺히게 하려 함이니라"(*ἵνα καρποφορήσωμεν τῷ θεῷ* – 히나 카르포포레소멘 토 데오). 지금 바울이 직전의 예증(2, 3절)과는 거의 무관하게 내용을 전개하고 있다는 사실은, 2, 3절보다 더 먼 문맥인 바 종의 신분을 비유적으로 말했던 6:21-22의 비유를 서둘러 상기시키고자 하는 그의 태도에서 나타난다. 결실에 관한 비유는 앞에서 말했던 "합당한 결과"(1:13과 6:21을 보라)라는 의미에 아주 잘 어울리며, 여기서처럼 도덕적 결과(BGD, *καρποφορέω*를 참고하고, 특별히 골 1:10의 용례를 보라)라는 의미에도 잘 어울린다. 그렇기 때문에 이 비유가 2-3절과의 보다 많은 접촉점들을 강조하는 방법으로서 출산이라는 특별한 의미를 갖는다고 보는 것은 불필요한 일이며 또한 적절하지도 않다(Denney; Bruce; Gale, 197-98; Cranfield; 반대하는 주장으로는 SH; Barrett; T. W. Manson; Black의 견해를 보라). (특히 블랙은 "하나님의 자녀를 낳기 위하여 그리스도와 결혼했다"고 해석했으며, 데렛은 시종일관 하나님을 남편으로 해석함으로써 분명한 의미들을 왜곡한다.) "하나님을 위해" 열매 맺는다라는 사상은 바울 구원론의 일관된 하나님 중심성을 강조한다(참조. Thüsing, 96-101). 2인칭 화법에서 1인칭 화법으로의 변환에 대해서는 6:15을 참조하라. 그러나 여기서 논의되는 사상 역시 바울의 이방인 선교의 열매된 (아마도 이방인이 대부분이었을) 사람들의 그리스도인다운 삶에 관한 것이고(1:13; 빌 1:22; 골 1:6), 그리고 또한 사역과 일상 생활에서 그들의 상호 연합에 관해 논의하는 사상일 수도 있다(참조. 12:3-8). 그렇다면 바울은 7절에 이르기까지 지속적으로 이런 논증과 자신과의 개인적인 연관성을 유지하는 셈이다.

5 "우리가 육신에 있을 때에는"(*ὅτε γὰρ ἦμεν ἐν τῇ σαρκί* – 호티 가르 헤멘 엔 테 사르키). 이 말은 그리스도인이 되기 이전의 지위와 경험을 암시하는 서술이 분명하다. 그러나 "육신에 있을 때"(*ἐν τῇ σαρκί* – 엔 테 사르키)라는 표현은 반드시 회심 이전의 상태만을 가리키는 말로 간주될 수 없는데, 왜냐하면 바울은 다른 곳에서(갈 2:20; 빌 1:22; 이와 비슷하게 벧전 4:2; *Diogn.* 5.8) 한 사람의 신자로서 육신 안에(*ἐν σαρκί* – 엔 사르키) 거하는 자신의 경험에 대해 말하기 때문이다. 또한 8:4-9에서 엔 사르키(*ἐν σαρκί*)가 카타 사르카(*κατὰ σάρκα*)와 동일한 의미로 쓰인 사실(8:8을 보라)을 보면 알 수 있듯이, 이 표현에 항상 부정적인 의미만 관련되는 것도 아니다. 고린도후서 10:3에서 이 표현은 카타 사르카(*κατὰ σάρκα*)에 대비되는 거의 중립적인 의미를 가진다. 바울의 글에서 엔 사르키(*ἐν σαρκί*)는 그냥 육체(*σάρξ*)라는 단어 하나만 썼을 때의 의미처럼 "있는 그대로의" 육체를 가리키는 경우도 있으며, 또한 인간의 연약함을 보다 분명하게 의미하거나(롬 7:18; 8:3) 하나님과 완전히 대조되고 그분에게 노골적으로 거역하는 인간의 모습을 함축할 경우도 있다(8:8,9; 몬 16; 여기서도 사르크스(*σάρξ*)를 "지독한 악"[Murray], 혹은 "죄악 그 자체에 대한 표현[Ridderbos, *Paul*, 103]이라고 말하는 것은 공정치 못하고 현명하지도 않다). 그러므로 적절한 주석을 위한 결정적인 관건은, 육체적-도덕적 의미를 암시하는 여러 표현들이 '하나의 의미 연속체'를 구성하는 각 부분이 된다는 사실을 인식하는 것에 달려있다. 즉, 이 암시적 표현들은 개체로 나누어지거나 구분되는 의미들이 아니며, 육체적 의미와 도덕적 의미 각각에 섬세한 비중을 두면서 철저히 문맥에 의존하고 있다. 육체라는 말은 때로는 좀 강하고 때로는 좀 약하게 늘 부정적인 어조를 띠고서, 시종(빌 1:24을 보라) 피조물의 나약성과 유한성을 암시한다. 그리고 이 나약성과 유한성은 피조물을 창조주로부터 떨어뜨려 놓는다(보다 자세한 것은 1:3, 7:18을 보라. 특별히 Sand, Fleisch, 그리고 *EWNT* 3:549-52를 보라). 가장 밀접한 평행구절들은 DSS; 1QS 11. 7, 9, 12; 1QM 4.3; 1QH 4.29-30; 7.17; 9.16; 15.12, 21 등이다.

적절한 주석을 위한 두 번째 관건은, 바울이 "육체 안에서"라는 말을 할 때에는 단지 어느 한 개인에게만 국한된 의미로 쓰이지 않는다는 사실을 기억하는 것에 달려있다. 오히려 "육체 안에서"라는 표현은 그가 자기 민족의 실패를 다룰 때 특징적으로 사용하던 주요 표현 중 한 가지다. 그들은 "육체 안에서" 믿었고 "육체 안에서"

자랑한다(빌 3:3, 4; 갈 6:13). 이스라엘은 민족 공동의 상징으로서 "육체에" 받는 할례가 자신들을 이방인들과 따로 구분하여 하나님의 택하신 백성(롬 2:28; 엡 2:11) 답게 만들어준다고 생각했다. 이러한 차원의 의미 또한 바울이 염두에 두고 있다는 것은, 율법이 육체와 밀접하게 관련된 것으로 언급된다는 사실에 의해서 암시되며, 아마도 또한 1인칭 복수 화법 역시 이 점을 암시하기 위해 쓰였을 것이다. 바울은 부활하신 그리스도를 만나기 전에 가졌던 자신의 입장과 경험을 회고하면서, 유대인의 경건 즉 언약 백성에 소속됨에 관한 그들의 왜곡된 믿음(Käsemann이 "바울에게 있어서 의문과 성령의 대조 관계는 육체와 성령의 대조관계와 같다"라고 지적한 것은 옳다)을 "육체 안에 있는" 경건이라는 전형적 표현으로 제시한다. 이런 여러 가지 차원의 의미들은 "더 저급한 본성"(NEB), "죄악 된 본성"(NIV), "선천적인 기질"(NJB) 같은 편협한 번역에 의해서 완전히 가려져 버렸다. 즉 바울 사상의 핵심적인 신학적 범주로서 '육체'(*σάρξ*)는 전문적인 술어로서의 그 올바른 위상을 되찾아야 하고 마땅히 "육체"(flesh)라는 말로 번역되어야 한다.

우리가 엔 사르키(*ἐν σαρκί*)에 담긴(바, 인간의 연약함을 가리키는 면도 있고, 이스라엘에게만 국한되지 않은 인간 보편의 육체에 대한 신념을 가리키는 면도 있는) 두 가지 범위의 뉘앙스를 충분히 고려한다면, 이 표현이 엔 크리스토(*ἐν Χριστῷ*, "그리스도 안에서")의 의미를 완전히 배제하는 단순한 반대어로만 정의될 수 없다는 사실이 분명해진다. 그렇게 정의하기보다는 엔 크리스토(*ἐν Χριστῷ*)에 대비되는 표현, 잘 안 어울리는 표현, 혹은 '그리스도 안에서'의 의미에다 속박의 뉘앙스를 덧붙여주는 표현이라고 해야하며, 따라서 이 표현은 세대간(아담의 세대/그리스도의 세대)의 대비와, 신자 특히 유대인 신자들이 경험하는 종말론적 긴장 모두를 표현할 수 있게 된다. 그러나 육체(*σάρξ*)는 (Bultmann의 *Theology* 1:201에서처럼, 혹은 Schmidt처럼) 죄나 사망, 심지어 율법과 동일한 하나의 "권세"로 단순하게 처리하면 안 된다("죄성에 의해 통제되는"으로 옮긴 NIV의 번역은 지나치게 자유롭다). 왜냐하면 위의 세 가지와는 달리, 바울은 결코 휘포 사르카(*ὑπὸ σάρκα*)라는 표현을 쓰지 않기 때문이다(반대하는 견해는 Wilckens). '육체 안에서'/'그리스도 안에서', '육체를 따라'/'성령을 따라'를 통해 드러나는 대조법 역시 그리스도와 성령과 육체가 모두 동급의 존재라거나 실체라는 것을 뜻하기 위해 사용된 것이 아니다. 오히려 반대로 "조건적인 상황" 또는 "결정적인 조건"이 "세력권"(Machtsphräre)과 동등한 역할을 하고 있다면, 윌켄스(Wilckens)는 핵심에 보다 더 가까이 접근한 셈이다(또한 1:4을 보라)

"죄의 정욕"(*τὰ παθήματα τῶν ἁμαρτιῶν*-타 파데마타 톤 하마르티온). 바울의 파데마(*πάθημα*) 사용은 시간을 나타내는 보다 폭넓은 헬라어 용법과 평행을 이룬다(LSJ, BGD 보라). 이 단어는 바울 서신에서 모두 아홉 번 등장하는데 그 중 일곱 번이 '고난'이나 '불행'의 의미로 사용되었다(8:18을 보라). 그러나 이 곳과 갈라디아서 5:24에서는 마음속에 분명하게 존재하는 '감정'이나 '느낌', '애정' 등의 의미로 쓰였으며 좀더 나쁜 의미로는 '정욕'이라는 말로 옮겨졌다(Plutarch, *Mor.* 1128E에서의 쓰임과 비슷하다). 독일어 "격정"(Leidenschaften)이라는 번역에서는 의미를 애매하게 만들어버릴 가능성이 생긴다. 바울은 그 감정들 자체에다 무슨 혐의를 두지도 않았고, 그리스도인의 생활에서 그 감정들이 억압되기를 바라지도 않았다(오히려 그런 생각은 갈 5:22, 23과 대비된다). 그러나 바울은 감정이 지닌 변덕스러움과 덧없음을 너무나 잘 파악하고 있었다. 파데마타(*παθήματα*)가 지배하는 삶 혹은 파데마타(*παθήματα*)의 세계에서 살아가는 삶은 죄의 꼭두각시가 되기가 십상이다(1:24의 *ἐπιθυμία*를 참조하라). 로마서의 일반적인 경향과는 다르게 여기서는 죄(*ἁμαρτία*-하마르티아)가 복수형으로 쓰였고, 이는 분명 '죄악된 행위들'(3:9을 보라)이라는 의미로 사용된 것이다. 여기에 사용된 소유격은 명백히 내용을 함의하는 소유격("죄가 있는 정욕들") 또는 방향의 소유격이다("죄로 표현되는 정욕 또는 죄로 표현되는 정욕들"). BDF, §§166, 67을 참조하라.

"율법으로 말미암아 우리 지체 중에 역사하여"(*τὰ διὰ τοῦ νόμου ἐνηργεῖτο ἐν τοῖς μέλεσιν ἡμῶν*-타 디아 투 노무 에네르게이토 엔 토이스 멜레신 헤몬). "율법으로 말미암아"(*τὰ διὰ τοῦ νόμου*-타 디아 투 노무)는 "정욕"(*τὰ παθήματα*-타 파데마티)을 수식하는 무동사구(無動詞句)로 남게되고, "역사하여"(*ἐνηργεῖτο*-에네르게이토)는 주절의 동사로 의도된 것이 틀림없다. 여기서 말하는 "율법"은 다시 한번 토라를 가리킴이 분명하다(7:1을 보라). 바울은 거듭 분명한 태도로 자신의 경험을 가리켜 경건한 유대인의 경험이요 지금도 자신이 느끼고 있는 경험이며, 또한 죽기로 예정된 상태의 전형적 경험으로 간주한다. "율법으로 말미암아"(*διὰ τοῦ νόμου*-디아 투 노무)는 로마서의 다른 곳에서처럼 율법의 기능 중 하나님이 의도하신 기능, 즉 하나님의 뜻에 일치하는 율법의 섭리를 암시한다(2:12; 3:20, 27; 4:13; 7:7; 갈 2:19, 21도 참조하라). 이 경이로운 진술은 바울이 율법의 진정한 역할에 대한 자신의 이해를 펼쳐 가는 점층적 과정의 일부분이다. 바울은 자신의 동료 유대인들이 틀리게 알고있는 율법의 진의(眞意)를 회복시켰고(2:12-29; 3:27-31; 4:13-16), 그와 동시에 율법의 역할을 점점 더 예리한 방식으로 규정해 나갔다(3:

20; 4:15; 5:13, 20). 이제 바울은 율법의 역할에 대한 그의 이해 중 가장 논란이 많은 대목을 전개하기 시작했다. 그는 율법이 오해받지 않게끔 보호하려고 하면서(7:7-14), 동시에 자기가 제시하는 훨씬 더 예리한 주장, 즉 하나님께서 율법으로 하여금 죄와 사망을 다루는 대리자가 되도록 허락하셨다는 주장을 펼친다(7:21-23; 8:2). 유대인의 오해와 율법의 남용 그 자체가, 죄의 정욕을 생산하는 대리자로서의 율법의 사역을 뒷받침해 주는 증거라는 바울의 주장이 여기에 포함되어 있다. 이방인을 은혜에서 제외된다고 생각하는 교만 역시 이런 죄의 정욕 중 한가지이다. 중간태 동사 에네르겐(*ἐνεργέω*, "일하고 있다, 작동하다, 효과적이다")은 우리의 문헌에서는 언제나 비인칭 주어를 가진 채로 쓰여진다(BGD). "지체"(*μέλος*－멜로스)에 대해서는 6:13을 보라.

"우리로 사망을 위하여 열매를 맺게 하였더니"(*εἰς τὸ καρποφορῆσαι τῷ θανάτῳ*－에이스 토 카르포포레사이 토 다 나토). 여기서 「*εἰς*+부정사」는 목적을 나타내는 것이지 단순히 결과만을 나타내는 것은 아닐 것이다(Kühl, Schmidt; 이와 견해를 달리하는 학자로는 Lagrange, Cranfield, Schlier 등). 죄가 죽음보다 오래 가지 않다는 점, 혹은 죄가 죽음 너머까지 그 권세를 휘두르지는 않는다는 점을 보장하는 일에 있어서 율법은 하나님의 목적을 이루기 위해 사역한다. 하나님은 이 세대의 육체를 억죄는 죄의 종양을 제거하신 후, 부활 시대의 생명이 죄로부터 완전히 자유롭게 하시려고 그 육체를 죽음에 넘기셨다. 7:4로부터 반복되는 카르포포레오(*καρποφορέω*)는 바울서신의 다른 곳에서는 오직 골로새서 1:6, 10에서만 다시 나타난다(7:4의 주석을 보라). 여기서 다나토스(*θάνατος*)는 이중적 사역을 수행하는데, 하나는 (4절에 있는 하나님의 일과 대조되는 바) 이 세대에 사는 인간을 지배하는 권세로서의 사역이고, 다른 하나는 (6:21-23에서처럼) 과실 그 자체, 즉 이생의 육체적 실존에 대하여 마구 영향력을 행사하는 죄악 된 정욕의 최종 산물로서의 사역이다. 죄와 사망을 묶는 냉혹한 사슬에 관한 특징적 언급은 여기서도 유지되고 거듭 강조되었다(5:12, 21; 6:20-23). 미셸(Michel)은 에스라4서 3.20-22에서 나타난 바, 죄를 막아야 될 율법이 그 임무를 실패한 데에 대한 환멸감을 이 본문과 적절히 비교했고, 그리고 6절에 있는 바울의 결론과 에스라4서 9.36-37에 있는 결론("율법을 받은 후 범죄한 우리는 멸망할 것이다 …; 그러나 율법은 사라지지 않고 영광스럽게 남을 것이다")을 대조했다.

6 "그러나 이제는 우리가 율법으로부터 벗어났으니"(*νυνὶ δὲ κατηργήθημεν ἀπο τοῦ νόμου*－누니 데 카테르게데멘 아포 투 노무), 다시 한번 (3:21과 6:22에서처

럼) 종말론적인 표현 즉, 회심의 시작을 뜻하는 첫마디 "그러나 이제는"(*νυνί*−누니)가 쓰였다. 그 나머지 구절은 7:2에서 반복되었다(*καταργέω*에 대하여 6:6 주석을 보라). 따라서 바울은 2-3절의 논증을 다시금 일깨워 주면서, 그 논증의 요점 즉 이중적 의미의 율법의 지배를 받는 삶(옛 세대의 삶)을 요약해준다. 이 삶은 철두철미하게 율법에 의해 규제되는 삶이며(바울의 동시대 유대인들은 이런 삶을 언약적 지위에 걸 맞는 진실하고도 *긍정적인* 삶으로 간주해 왔을 것이다), 죄악의 정욕에 의해 지배된 삶이요, 율법이 정한 죽음으로 치닫는 삶이다. "율법의 정죄"라는 진술의 의미를 제한하는 해석(Cranfield)은 바울의 관점을 지나치게 축소시켜 버린다. 이와는 반대로, 바울에게 있어서 토라 그 자체는 끝나버렸다고 하는 것(Käsemann) 역시 너무 무모하다.

"우리가 얽매였던 것에 대하여 죽었음으로"(*ἀποθανόντες ἐν ᾧ κατειχόμεθα*−아포다논테스 엔 토 카테이코메다). 비록 구문은 어색하지만 그 의미는 충분히 밝혀질 수 있다. 동어반복을 피하기 위해 바울은 뒤따르는 여격 아포다논테스(*ἀποθανόντες*)를 생략했을 뿐이다. 엔 호(*ἐν ᾧ*)는 "옛 사람"(6:6; SH)을 언급하는 것도 아니고 방금 앞에서 기술한 "육체 안에 있는" 존재(Zahn, Lagrange)를 언급하는 것도 아니다. 이것은 (대부분이 인정하듯이) 오로지 율법만을 언급하는 것이 분명하다. 4절에서 다나토(*θανατόω*)를 사용한 후, 바울은(6:2, 10절에서처럼) 여기서 보다 일반적인 표현 아포드네스코(*ἀποθνῄσκω*)로 되돌아간다. 7:4을 보라. 카테코(*κατέχω*)의 정확한 의미를 확정하기는 쉽지 않다. 왜냐하면 그 어근상의 의미인 "아래로 잡다"(*κατὰ ἔχω*)는 폭넓은 의미의 용례로 널리 활용되기 때문이다. 예를 들어, '제지하다', '얽매다', '붙잡다'; '소유하다', '억누르다', '제한하다', '사로잡다', '굳게 붙잡다', '달성하다', '명심하다' 등의 뜻으로 활용될 수 있다(LSJ를 보라). 하지만 여기서는 분명히 '얽매다'의 뜻으로 쓰였다. 그런데 그 얽어맴의 강도는 단어 자체만으로는 분명하게 드러나지 않는다. (노예상태의 이미지를 포함하여) 앞 장이 주는 여러 이미지들까지 이 표현 속에 분명하게 들어있기 때문이다. 앞 장에서 바울은 노예 상태의 얽매임을 생각했을 것이다. 노예란 그의 주인에게 있어서 지극히 미미한 존재여서 노예의 신분은 죄수의 신분과 다를 것이 없었다(BGD, "우리가 그것으로 묶여있다"는 번역은 너무 지나친 표현이다. NEB, NIV, NJB 등의 번역도 지나쳤다). 그리스도의 죽음과 부활이 이룬 획기적인 효과를 느끼지 못하고, 또 그 효과를 얻지 못한 사람들은 여전히 옛 시대 속에 감금되어 있으며 결국에는 죽음에 이르게 될 길 위에서 있다. 이 한 구절의 표현으로 바울은 갈라디아서의 두 가지 중요한 강조점을 종합해 낸다. 즉 회심의 시작으로서 "율법에 대해 죽는 것"과, 속박과 종의 신분으로서 믿음 이전의 이스라엘의 상황을 강조하고 있다(갈 2:19; 3:23-26; 4:1-3). "이러므로 우리가 섬길 것이요"(*ὥστε δουλεύειν ἡμᾶς*-호스테 두류에인 헤마스). 분명히 여기서 호스테(*ὥστε*, "이러므로")는 우연한 결과가 아니라 의도된 결과를 의미한다(보다 자세한 것은 SH를 보라). 두류에인(*δουλεύειν*)은 6:18과 22절에 있는 확고한 강조점을 다시 일깨워 준다. 즉 율법에 얽매임으로부터의 해방은 무정부 상태의 방종으로 이어지는 것이 아니라, 하나님을 향한 또 다른 종류의 예속과 섬김으로 이어진다. 인간은 스스로를 주인이라고 생각하는 한 결코 종의 신분을 벗어날 수 없는 것이다. 바울은 "율법 아래 있는" 자신의 경험을 이 서신의 독자들이 복음을 통해 얻은 속박 상태와 다르지 않은 경험이라고 생각하고 있다. 헤마스(*ἡμᾶς*, "우리가") 라는 말이 바로 이 점을 우리에게 알려준다.

"의문의 묵은 것이 아니라 영의 새로운 것으로"(*ἐν καινότητι πνεύματος καὶ ου παλαιότητι γράμματος*-엔 카이노테티 프뉴마토스 카이 우 파라이오테티 그라마토스). 여기서는 앞에 나왔던 대조법들을 본뜨고 조합한 흔적이 여실하게 나타난다.

2:29: "할례는 마음에 할지니 신령에 있고 의문에 있지 아니한 것이라"(*περιτομὴ καρδίας ἐν πνεύματι οὐ γράμματι*-페리토메 카르디아스 엔 프뉴마티 우 그람마티).

6:4, 6: "우리가 알거니와 우리 옛 사람이 예수와 함께 십자가에 못 박힌 것은 우리로 또한 새 생명 가운데서 행하게 하려 함이니라…"(*οὕτως καὶ ἡμεῖς ἐν καινότητι ζωῆς περιπατήσωμεν…τοῦτο γινώσκοντες ὅτι ὁ παλαιὸς ἡμῶν ἄνθρωπος συνεσταυρώθη*-후토스 카이 헤메이스 엔 카이노테티 조에스 페리파테소멘…투투 기노스콘테스 호티 호 파랄리오스 헤몬 안드로포스 수네스타우로데).

대조적 성격을 더욱 강조하려는 이중 대조법(*γράμμα*/*πνεῦμα*-그람마/프뉴마[의문/신령]; *παλαιότης*/*καινότης*-팔라이오테스/카이노테스[옛/새])은 분명히 바울의 논의에 있어서 상당히 중요한 주제를 표현하고 있다. 그리스도 이전의 시기를 옛(*παλαιός*-파랄라이오스, 6:6을 보라) 시대 즉 하나님의 의를 지나치게 편협하고 피상적으로 이해하던 시대로 지칭한다. 이런 이해의 한 가지 예가 할례를 의와 분리될 수 없다고 고집하던 유대 기독교인에게서 잘 드러난다(*γράμμα*-그람마, 2:29을 보라). 예수 그리스도께서 가져오신(*καινότης*-카이노테스, 6:4을 보라) 시대, 즉 성령의 은사와 성령에 의한 삶이라는 본질을 갖는 시대의 종말론적 신선함 역시 또 한가지의 주제를 표현하고 있다. 이런 사상은 고린도후서 3장에서 이미 주장했던 논의와 밀접한 평행관계를 이룬다. 거기서도 그람마/프뉴마(*γράμμα*/*πνεῦμα*[의문/신령]) 대조가 옛 언약과 새 언약(옛 언약/새 언약[*παλαιὰ*/*καινὴ διαθήκη*—3:6, 14]) 을 구분함에 있어서 중심적 기능을 담당하며, 섬김의 사상(고후 3:6-9)이 결합되어 있다. 이 사상의 배경에는 예레미야 31:31-34와 에스겔 36:26-27에 아주 분명하게 제시된 예언적 약속들이 있다. 6:4의 암시적인 대조에서도 드러났듯이(6:4을 보라), 바울은 책임 있는 윤리적 삶의 양식을 분명하게 염두에 두고 있다. 신자는 이 삶의 양식이 "율법서"에 따라 살던 옛 삶의 방식에 날카롭게 대조되는 책임 있는 윤리적 행동이라는 사실을 시급하게 깨달아야 한다. 전형적인 바리새적 생활처럼 삶의 모든 것을 일일이 토라의 구절들에 끼워 맞추려는 것은 바울이 보기에 질식되어 죽게되는 파괴적 경험이다("의문은 죽이는 것이요!", 고후 3:6). 이와는 아주 대조적으로 "성령에 따라 행하는 것"(롬 6:4; 7:6; 8:4)은 그에게 있어서 자유롭게 해주고 살려주는 경험이었다(더 자세한 것은 8:4을 보라; 또한 Dunn, *Baptism*, 146-47을 보라). 또한 지나친 광신주의에 빠질 수 있는 위험 역시 똑같이 강한 어조로 경고된다. 따라서 여기서 바울은 성령의 사역을 영적인 경험의 견지에서가 아니라 (6:4과 평행하고 전체 문맥에 일관성을 주는) 윤리적인 견지에서 보고 있다고 말해야 옳다(롬 12:1-2도 참조하라. Dunn, *Jesus*, 222-25도 참조하라). (성)령이나 (인간의) 영을 의미하는 프뉴마(*πνεῦμα*)의 모호한 의미에 관하여 8:16의 주석을 보라(NEB, NJB는 "인간의 영"으로 옮겼다). 한편, 지금까지의 고정관념에 따라 그람마/프뉴마(*γράμμα*/*πνεῦμα*[의문/영]) 대조는 구약성경의 맥락에 맞추어 "문자적(의미)/영적인(의미)"의 뜻으로 이해될 수 없다(예를 들어, SH를 보라). 그렇게 이해하면 카이노테스(*καινότης*)의 뜻을 너무 축소시키게 되고, '옛 언약/시대'와 '새 언약/시대' 간의 획기적인 대비의 의미를 상실하게 된다.

해설

논의의 흐름상에서 어떠한 실제적 이탈도 없음을 깨닫는 것이 중요하다. 즉 1절에서 "주관함"에 대하여 말한 다음, 4-5절에서는 "열매 맺음"의 비유들이 이어짐과 동시에 "죽음"에 대하여 지속적으로 다루어지며, 6절에서는 섬김의 비유가 이어지는데, 결국 이 모든 것들은 6장 후반부에서부터 함께 주제를 형성해온 주요한 요소들이었다. 그럼에도 불구하고 "너희는 알지 못하느냐?"라는 질문으로 시작되는 7:1에서 논의는 이제 새로운 국면으로 접어든다. 이런 새로운 분위기는 "율법"에 대한 이야기를 불쑥 다시 끌어들이는 데에서 여실히 엿보인다.

복음이 이끄는 당연한 윤리적 결과들을 살피고, 자신의 복음과 결합되어 있는 종말론적 긴장을 검증하려는 바울의 노력이 지금까지 꽤 일관성 있게 진행되었다. 이렇게 말할 수 있는 대체적인 이유는, 바울이 자신의 논의를 죄와 사망의 견지에서, 좀더 구체적으로 표현하자면 '죄/은혜', '사망/생명'이라는 이중적 대조의 견지에서 전개해왔기 때문이다. 그 논지는 다음과 같이 요약된다: "그리스도께서는 죄에 대하여 죽으시고 생명에 대하여 부활하셨다. 당신들은 이미 그의 죽음에 참여하게 되었고 비록 그리스도의 부활에 충분히 참여한 것은 아니라 해도 그분의 부활의 생명의 중요한 부분을 경험하였다. 따라서 (과거, 현재, 미래에 걸쳐) 그리스도와 삼중으로 참예하였다는 관점으로 혹은 그 참예함이 주는 힘으로 살아야 한다. 이제 사는 것은 오로지 은혜로 사는 것이기 때문이다."

그러나 모든 문제는 제3의 요인에 의해 복잡하게 되어 버린다. 앞 단락에 대한 결론이 죄와 사망, 즉 율법과 한 덩어리가 됨으로써 변수로 작용하는 것이다. 5장에서도 바울은 율법을 논의의 전면에 다시 부각시키기 전까지(5:20), '죄/은혜', '사망/생명'이라는 대조들을 율법에 관하여 말하지 않은 채 할 수 있는 한 최대한 충분히 전개했었다(5:15-19). 그래서 6장에서도 그는 가능한 한 율법에 관한 언급을 적게 하면서 복음에 합당한 윤리적 결과와 복음에 암시된 종말론적 긴장을 좀더 정교하게 다듬으려고 했던 것이다. 흔히 짐작하는 대로, 그가 이렇게 쓴 것은 율법이 이런 문제에는 적합하지 않다고 생각했기 때문이 아니었다. 오히려 그는 율법이 이런 문제들을 **혼란시키는** 복잡 미묘한 변수라고 보았다. 율법의 이러한 혼란시키는 면은 바울의 동시대 유대인들 대다수에게서 나타났는데, 바울이 보기에 그들은 율법에 헌신함으로써 그 영적인 지각력이 민감해지기보다는 오히려 무뎌져버렸던 것이다(2장을 보라). 그리스도를 믿는 믿음에 수반되는 윤리적인 요구가 죄와 은혜, 사망과 생명이라는 날카로운 대비 구도로 제시되었을 때, 율법은 죄와 사망의 편에 속한 것으로 간주되어야 했다(5:20; 6:14,15). 그러나 만일 그 대조들이 단순한 피상적 의미 이상이어서 상호 배타적인 대조가 아니라면, 또 만일 신자가 종말론적 긴장이 주는 끊임없는 현실과 직면해야 한다면, 만일 죄악이 여전히 신자의 마음을 사로잡을 가능성이 있고 (신자가 그리스도의 부활에 아직 충분히 참예하지 못한 탓으로) 생명이 신자 안에 있는 사망을 아직 다 정복하지 못하였다면, 그렇다면 대체 율법은 이 복잡한 형국 어디쯤에다 자리를 잡아야 한단 말인가? 선택으로서의 특성을 살리기 위하여 바울은 신자가 직면한 전형적인 윤리적 선택을 단순화시킨 후(만약 6장에 대한 후대의 어떤 해석들이 조금이라도 직설적이라면 아마도 너무 지나치게 단순화시킨 말일 것이다), 바울은 이제 율법 문제를 다시 거론하면서 율법 논의에 수반되는 점층적인 복잡성을 극복하려고 준비한다.

7:1 내용의 전환을 좀더 매끄럽게 하려는 여지도 주지 않고, 바울은 곧바로 그의 로마 독자들을 일컬어 "율법을 알고 있는 자들"이라고 말을 시작한다. 지금까지와는 달리 유대 율법을 일컫는 좀 예외적인 경우이긴 했어도, 그들은 바울이 지금 유대인의 율법인 토라를 가리켜 말한다고 알아들었을 것이다. 그가 제시한 앞장의 논의에서 율법은 완전히 "끝장 나버린"듯 했었으나, 율법의 문제가 다시 한번 전면에 부각된다.

바울이 호소하는 율법의 기본 요점은, 사람은 자기가 사는 동안에만 율법에 구속된다는 사실이다. "주관"(lordship)이라는 용어는 6:9과 6:14에 사용되었던 똑같은 동사("주인 노릇하다", "통제하다")의 사용을 기억나게 한다. 거기서는 죽음과 죄의 통치를 가리키는 말로 사용되었었다. 5:20을 음미해 보면 같은 용어가 지금 율법에도 사용되고 있다는 사실이 자연스럽게 수긍이 된다. 왜냐하면 율법은 죄와 사망과 더불어 공포의 삼두정치(三頭政治)를 이끄는 주역으로서, 다른 두 가지 요인의 주재권(lordship)을 강화해 주는 제3의 요인이기 때문이다. 여기서 실질적인 강조점은 제6장에서 전개했던 주해의 한 국면을 재차 요약적으로 반복하는 데에 있다. 즉 사람이 아직 살아있을 동안에는 계속적으로 죄와 사망의 통치에 복종해야 한다는 것이 앞장의 요점이었는데, 지금 바울은 죄와 사망뿐 아니라 율법에도 복종해야 한다는 점을 덧붙이고 있는 셈이다. 그리스도께서 단번에 모든 사람을 위하여 죽으셨으므로 이제 더 이상 죄와 죽음의 지배에 복종하지 않는 것이며 마찬가지로 율법의 지배에 대한 복종도 더 이상은 없다. 그러나 현재의 신자는 그리스도의 죽음과 부활 사이에서 계류(稽留) 중에 있으며, 따라서 죄와 사망이 여전히 그에게 요구할 수 있는 상황으로부터 아직은 벗어나지 못하였다. 그렇다면 율법이 신자에게 요구하는 것은 무엇일까? "신자가 살아있는 동안에는" 율법은 폐하여지지 않는다. 소망의 근거는 남아 있지만, ("아직 아닌"[not yet]이라고 일컫는 시간 동안에도) 냉엄한 현실은 존재한다. 어쨌든 6:22, 23의 잘 다듬어진 깔끔한 내용도 이쯤에서 와서는 벌써 그 명료성이 줄어든 셈이다.

2, 3 율법의 요점은 결혼한 여자의 사례를 통해서 설명되었다. 유대인의 율법 제도하에서 여자는 일단 남편에게 결혼하면 남편에게 예속되는 것이요, 그 남편이 죽기 전까지는 그녀가 남편의 예속 관계에서 벗어날 수 있는 방법을 토라는 전혀 허락하지 않는다. 여자는 오로지 그 남편이 죽었을 때에만 자기를 남편에게 묶어두던 율

법으로부터 풀려났었다. 결혼 관계를 관장하는 법은 남편의 죽음으로 결혼 관계가 중단된 동안에는 여자에게 무효했고 힘을 발휘할 수 없게 된다. 만일 아내가 자기 남편이 아직 살아있을 동안에 다른 남자와 부정을 저지른다면, 그녀는 음녀로 단죄되어 율법이 시행하는 온갖 비난과 정죄, 심지어 사형까지 감수해야 했다. 이런 사실에 근거하면 아내를 주관하는 율법의 권위와 힘을 제시하기가 충분히 용이했다. 마찬가지로 율법의 권위와 힘이 남편의 죽음으로 완전히 그 실효성과 적용력을 상실하게 되는 것 역시 이와 비슷한 방식으로 설명할 수 있다. 즉, 일단 아내의 남편이 죽게 되면 아내는 남편이 살아있을 동안에는 할 수 없었던 바로 그 일을 아무런 비난의 호칭이나 형벌도 받지 않고 자유롭게 행할 수 있었다. 죄의 지배로부터 자유롭게 하는 것은 죽음이며(6:9-10, 18), 따라서 율법의 지배로부터의 자유롭게 하는 것도 죽음이다.

4 바울은 이제 죽음이 율법의 지배로부터 자유롭게 한다는 원리를 적용한다. 그러나 바울은 특별히 그리스도와 신자의 관계를 묘사하는 데에 결혼 비유를 선호하였기 때문에, 그는 그 외의 경우에서는 결혼 비유를 통해 설명하는 것을 그리 달가워하지 않았고, 이 예증에서도 온전히 결혼 비유만 가지고 설명하려 하지 않았다. 그래서 기본 요점을 전개하면서 그는 율법에 대한 죽음이라는 사상(4절)뿐만 아니라 다른 이와의 결합 사상 즉 부활하신 그리스도와의 결합(4절) 사상과, 억압하는 율법으로부터의 자유케 된 존재(5절)라는 사상을 함께 전개해 나간다. 그러나 예증(2, 3절)과 현실의 접촉점을 너무 무리하게 찾으려 할 필요는 없으며, 바울이 신자(즉, 남편의 죽음에 의해 자유롭게 된 여자)의 변화하는 지위를 입증하려는 목적으로 이 예증을 시도했다는 추측 역시 반드시 필요한 생각은 아니다. 예증 그 자체에 바울이 예증을 통해 주는 암시 속에는, 신자의 옛 파트너인 죄, 율법, 옛 성품 등을 규명하려는 확고한 의도가 전혀 들어있지 않다. 만약 바울이 알레고리적 방식으로 그것들을 규명하려고 의도했다면, 아마도 쉽게 해낼 수 있었을 것이다. 그러나 이런 방식의 해석은 너무 작위적이고 기본 요지를 복잡하게만 만들뿐이다. 이런 방식의 해석이 안고 있는 문제성은 더욱 더 심각해 질 수 있다. 자꾸만 신자의 첫 파트너의 정체에 관해서만 관심을 가지다 보면 오히려 정작 기이한 사실 즉 죽으신 그리스도만이 신자의 진정한 새 파트너라는 사실에는 관심을 갖지 못하게 되는 문제에 빠지게 되는 것이다. 사실상 이 예증은 신자가 어떤 한 상태에서 다른 상태로 변했음을 말하려는 예증이 아니다. 죽음이 율법으로부터 자유롭게 한다는 기본 원리를 이해시키려는 예증일 뿐이다. 이 예증이 신자를 설명하기 위해서 도입되었다는 것은, 바울

이 느끼는 현실이 훨씬 더 복잡하다는 사실을 분명히 해준다. 바로 여기서 역설이 발생한다. 이 역설은 바울이 분명히 예증하는 신자의 상황을 우리가 알레고리화 함으로써 발생하는 것이 아니라, 예증이 신자의 현실과 들어맞지 않는 부분을 우리가 언급함으로써 발생한다.

예증의 적합성이 발생시키는 진짜 긴장은 제6장의 전반부에서도 그랬듯이 예증이 신자의 죽음만을 조명하는데서 발생한다. "그리스도의 몸으로 말미암아 율법에 대하여 죽임을 당하였으니." 이 표현은 앞의 둘 또는 세 개의 단락에 대한 주해적 언급으로밖에는 달리 이해할 도리가 없다. "그리스도의 몸"은 분명 그리스도께서 몸으로 십자가에 못 박히심으로써 그가 죄와 사망(6:7, 9)과 율법으로부터 벗어나셨음을 뜻하는 말이다. 마찬가지로 로마의 신자들도 오로지 그리스도의 죽으심과 동일시된 덕택에 힘입어 "죄의 몸"(6:6)과 율법에서 해방되었다. 그러므로 누구든 이 예증을 알레고리화 하려고 시도하는 독자는 그의 알레고리가 재빨리 혼란에 빠져버리는 것을 피할 수 없다. 예증에서는 아내가 죽지 않은 반면에 4절에 묘사된 현실에서는 신자가 **이미** 죽었다고 말하기 때문이다. (비록 신자의 어떤 부분이 여전히 죄와 율법의 지배아래 남아있다 하더라도) 신자의 그 어떤 부분이나 상태도 그리스도의 죽음과 상관없이 따로 존재할 수는 없다. 반면 신자가 부활하신 그리스도와 연합되는 일은, 오로지 그가 그리스도와 함께 그의 죽으심에 온전히 연합되어야만 가능하다.

더욱이 신자가 이미 부활하신 그리스도와 연합되었다는 아무런 언급이 없다. 그리스도는 죽으셨고 각 신자는 그리스도의 몸을 통하여 죽었다. 그런데 그리스도께서는 죽은 자 가운데서 부활되셨지만, 신자는 아직 그렇지 않다(7:4의 구조는 이 점에 있어서 놀랍도록 6:4과 유사하다). 여기서 분명히 짚고 넘어가야 할 것은, 그리스도와 연합된 것은 죽은 신자라는 점이다. 그것이 죽은 신자여야 하는 이유는, 신자가 그리스도와 더불어 그의 죽음에 꾸준히 연합되어 있는 한에서만 부활하신 그리스도와 결혼할 수 있기 때문이다. 따라서 다시 한번 로마의 기독교인들은 자기들이 그리스도의 죽음과 부활 사이에서 계류 중에 있다는 분명한 사실을 깨달아야 했던 것이다. 그들이 그리스도의 죽음에 동일시되었다는 것은 바로 그런 의미의 연합을 뜻했다. 그분의 부활까지는 아직 충분히 참예치 못한 연합, 다만 그 정도의 연합인 것이다. 그들은 부활하신 그리스도와의 연합을 통해서 지금도 어느 정도는 그리스도의 부활의 생명과 권세를 받는 자들이 될 수는 있었지만, 그래도 아직은 죽음의 통치가 완전하게 끝나지 않은 냉혹한 현실의 상태에 머물러 있었다. 이는 곧 죄와 율법이 여전히 위협하고 있음을 의미하며, 그리스도의 죽음의 해방시키는 권세와는 별도로 여전히 그들 존재의 어떤 차원에 대하여 죄와 율법이 통치하고 있음을 의미한다. 원칙은 여전히 확고하다. 즉 신자가 그리스도와 더불어 그의 죽으심에 연합되어 있는 한, 그리스도의 죽음은 신자를 죄와 율법으로부터 해방시킨다. 그러나 반드시 "연합되어 있는 한"에서만 그러하다.

이 모든 것이 믿음의 삶에 대한 단순한 이론이나 이상화된 꿈이 아니라는 사실은, 화법이 2인칭에서 1인칭으로 바뀌는 것을 간과하지 않으면 알 수 있다("이는 *너희*가 다른 이 곧 죽은 자 가운데서 살아나신 이에게 가서 *우리*가 하나님을 위하여 열매를 맺히게 하려 함이니라"). 그리스도의 죽음에 참예하고 그의 부활을 경험하는 것에 관하여 이야기하면서 바울은 그 이야기가 자기 자신과는 무관한 듯한 태연한 태도로 말할 수 없었다. 그 모든 이야기는 바울에게 있어서 너무나도 뚜렷한 실존적인 현실이었다. 새로운 삶 속에서 행하는 것(6:4)을 설명할 때처럼, 열매를 맺는 일 역시 "성별"(6:22)로서 설명될 수 있다. 바울은 이 사실들을 지금 자기 자신에게까지 확장시키면서, 그는 자기가 맺어야 할 열매를 염두에 두었을 것이다. 자신의 개종한 이방인들이 그리스도와의 연합에서 더욱 깊은 힘을 얻고 하나님께 헌신하는 삶과 사랑을 꽃피우는 것을 바울이 보았을 때, 그는 사도로서 마땅히 자기가 맺어야 할 열매(참조. 1:13)를 생각했던 것이다.

5 5, 6절은 6장의 주제를 계속해서 되풀이하되, 율법의 역할을 종합하고 명확히 한다. 그리고 바울은 자기 사상에 있어서 중요한 '육체'의 개념을 앞에서는 충분히 진술하지 못했다가, (특히 8:1-13에서도 충분하게 다루겠지만) 여기 7장에 이르러서 그 개념에 대해 다시 논의할 기회를 마련했다. 앞 장에서 그가 "우리 옛 사람"과 "죄의 몸"(6:6)이라고 설명했던 것을 이제는 "육체 안에 있는" 존재라고 지칭함으로써, 자기와 그의 독자들이 회심 이전에 가졌던 상태(혹은 조건)의 특징을 묘사했다: "우리가 육신에 있을 때에는 율법으로 말미암는 죄의 정욕이 우리 지체 중에 역사하여 우리로 사망을 위하여 열매를 맺게 하였더니"(7:5). 바울은 로마 교회의 신자들이 자신들을 "육체 바깥에 있는" 자처럼 즉, 문자 그대로 말하자면 '육체를 빠져 나온 영혼'인 것처럼 생각하기를 바라지 않았다. 개종은 피흘림이나 죽을 몸의 변형 같은 것과는 무관했다(6:12). 개종은 "아직은 아닌"(not yet)에 속한 일부분이었으며, 미래의 부활에서 완성될 것이었다(6:5; 8:11, 23을 보라). 그러므로 "육체 안에 있는"이라는 말은 여기서 더 좁은 의미를 갖는다. 그러나 비록 신자가 개종을 통해서 도덕적 상태의 구속을 완전히 빠져 나왔다고는 하여도 바울로서는 그리 간단하

게만 생각할 수 없었다. 왜냐하면 바울은 "육체"(flesh)를 (몸과 정신이라는) 완전히 명료하게 나뉘어진 두 가지 의미로 간주하지 않기 때문이다. 오히려 바울이 이미 로마 교인들에게 일깨워주었듯이(6:12, 13), 죄(즉 육체 안에 있는 존재)를 위한 기회가 되는 것은 다름 아닌 "죽을 몸"(즉 육체)의 기질과 나약성이었다. 그러므로 "우리가 육체 안에 있을 때에는"이라는 구절은 "그리스도 안에 있는" 존재이기 이전의 "육체 안에 있는 존재", 즉 이생의 나약성과 기질들로 지배받는 삶을 뜻한다고 보아야 한다. 이런 삶의 예는 바울의 동족들이 자신들의 선택에 대해서 가졌던 오해에서 잘 나타났었다(2:17-29). 또한 "육체 안에 있는 존재"는 머잖아 "그리스도 안에 있는 존재"로 바뀌어지게 될 상태(혹은 조건) 혹은 완성되게 될 상태라고 해야 한다. 따라서 그리스도인은 "육체 안에 있는" 옛 삶과 "그리스도 안에 있는" 새로운 삶 사이의 긴장으로부터 벗어난 채로 존재하지 않는다. 바울이 여기서 보여주는 그리스도인의 실존 형식을 그런 식으로 이해하기는 불가능하다. 왜냐하면 "우리가 육체 안에 있을 때"라는 구절 안에 암시적인 제한이 들어있기 때문이다. 혼란은 바울의 본래 의도를 잊어버리지 않는 한 전혀 생기지 않는다. 바울은 지금 구체적인 문제들에 대한 일반적인 권고를 주어야 했고, 6장에 있던 명료한 대비를 지속시키면서 도덕적 선택의 긴급성을 강조하고 싶은 것이다.

그들이 이전에 "육체 안에 있는" 삶의 특징을 묘사하는 부분은, 거의 모든 단어와 구가 6:12-23과 평행을 이룸으로써("죄의 정욕"[6:12], "율법"[6:14, 15], "우리 지체로"[6:13, 19], "사망을 위해 열매 맺는 것"[6:21]) 앞에 나온 6장의 권고 내용을 선명하게 메아리 쳐주고 있다. 두 부분간의 차이점은 한가지밖에 없다. 로마 기독교인들에게 있어서 7:5의 삶은 어디까지나 그들이 개종하기 이전의 상태로만 언급되지만, 이와 달리 6:12에서는 그들에게 여전히 그러한 삶의 가능성이 남아있다고 말한다. 하지만 우리가 이미 앞부분에서도 보았듯이, 신중한 독자라면 상호 보완적으로 다듬어진 이런 비교를 존재론적인 대조로 읽지는 않을 것이다. 바울의 전후 논증에 있어서 이것보다 더 중요한 차이점은 따로 있다. 6:12과 달리 7:5에서는, 율법의 역할이 그들의 회심 이전 상태에 관한 설명의 필수적인 일부분이 되면서, 죄와 사망과 상호 작용하는 능동적 요인으로서 율법의 역할을 보다 더 분명하게 제시하였다 - "우리의 죄의 정욕이 율법을 통하여 우리 지체 중에 역사하여 우리로 사망을 위하여 열매를 맺게 하였더니." 죄가 사망을 낳는다는 것은 모두가 알고 있는 사실이었을 테고, 유대인의 성경에 친숙했던 독자라면 죄의 영향에 대한 바울의 이전 서술에 대해서 눈썹을 치켜들고 항의할 사람은 없었을 것이다(5:12; 6:16; 6:20, 21).

하지만, 율법은 그 거룩한 집행을 통해서 죄를 거스르거나 죄의 권세를 꺾어버리기 보다는 오히려 죄의 사역에 어떤 역할을 맡는다고 하는 바울의 이 주장은, 하나님을 경외하는 자(God-worshipers), 즉 유대교로 개종은 했지만 율법의 모든 제의적 요구들을 항상 지키지는 않았던 사람들조차도 충격스럽게 했을 것이 틀림없다. 앞에서 바울은 이미 율법의 수동적인 역할을 말했는데, 율법은 죄를 죄로 보여주고 죄를 죄로서 간주되게끔 확정적 기능을 가지고 있다고 하였다(3:20; 4:15; 5:13). 그는 심지어 율법이 아담을 닮은 인간에게 범죄가 되는 언어와 행실을 깨우쳐주고 언약 백성으로 하여금 하나님을 믿기보다는 오히려 율법에 안주하게 할 가능성을 열어줌으로써, (아담의) 범죄를 증가시키는 원인이 된다고까지 말하였다(5:20). 그런데 이제 그는 너무나도 천진난만하게 "율법을 통해 발생하는 죄의 정욕"에 관해서 말하고 있다. 도대체 그가 말하고 싶은 것은 무엇이란 말인가?

바울의 표현은 그 간결함 때문에 요점이 쉽게 오해받는다. 자칫 율법도 죄와 사망과 똑같은 무리가 되지 않도록 조심하면서, 바울은 그렇게 쉽사리 율법을 죄와 사망이 지배하는 영역과 시대에 갖다 두지 않는다. 6:14, 15에서와는 다르게, 그는 분명 율법이 신자가 빠져 나온 부정적인 권세로 간주되는 것을 바라지 않는다(3:31도 보라). 그러므로 5절에서도 율법은 죄악 된 정욕의 **근원**임이 암시된다고 할 수 없다. 죄악된 정욕을 죄라고 확정함도 율법으로부터 비롯되고 죄악 된 그 본질을 확증함 역시 율법에 따라 이루어지지만, 그래도 어디까지나 율법은 율법이지 죄의 정욕과 똑 같은 것이 아니다. 뿐만 아니라 "율법으로 말미암아"라는 말에는 율법의 수동적 기능 이상의 의미와 관련이 있음이 틀림없다. 바울이 분명하게 암시하는 바는, 율법이 이런 죄악 된 정욕의 발생에 있어서 모종의 역할을 수행했다는 것이다. 똑 같은 "말미암아" 구절("율법으로 말미암아", "계명으로 말미암아": 7-13)이 반복적으로 쓰이는 다음 단락에서 이 율법의 역할은 집중적인 조명을 받으며 다루어질 것이다. 그러나 5절 자체만을 고려할 때, 바울은 그 결실의 전체 과정을 그 구절로 특정하게 제한하려고 했다고 말해야 바람직할 것이다. 즉 죄의 정욕이 율법으로 말미암아 사망의 열매를 맺는 전체 과정에 대해서, '율법으로 말미암아'라는 구절은 특정한 제한을 가하는 셈이다. 이는 곧 "율법으로 말미암아 발생하는" 정욕 이외에 또 다른 죄의 정욕이 있다는 것을 의미하는 것이 아니다. 율법이 간주하는 "죄의 정욕"이 아닌 또 다른 정욕이 있음을 암시했을 가능성도 혹시 있겠으나 요점은 거기에 있지 않다. 사망의 열매를 맺게 하는 죄의 정욕은 그처럼 율법에 의해 규정되는 죄의 정욕이라는 것이 바울의 요점이다. 따라서 율법은 죄와 사망의 야합을 강화한다는 추론에 이르게 된다. 율법은 죄를 자라게 하여 사망의 열매를 맺게 해주는 소위 온실 효과를 발휘하는 셈이다(참조. 5:20, 21. 범죄를 더하는 율법은 곧 죽음을 통치하는 죄악과 상통한다; 고전 15:56, 사망의 쏘는 것은 죄이지만, 그 쏘는 것은 율법에게서 가공할 능력을 얻어낸다). 만약 율법이 죄의 정욕을 부추긴다면, 죄의 정욕으로 하여금 사망을 결실 하게 하려는 목적으로 그렇게 하는 것이다. 율법의 효과는 죄를 사망에다 묶는 것이요, 죄가 사망에게로 끌려가지 않는 것을 막는 것이다. 이것이 가능한 이유는 율법이 죄로 간주되지 않기 때문이거나, 혹은 죄의 정욕에 따라 사는 삶이 사망이라는 최후 형벌을 어떻게든 피할 수 있다는 환상을 율법이 주기 때문이거나 둘 중 하나다(참조. 창 3:4). 만약 바울의 말이 이런 뜻이었다면, 그가 율법에 관한 똑같은 논의에서 한편으로는 (12절에 가서 곧 다시 그렇게 하듯이) 그토록 긍정적으로 말하다가도 또 다른 한편으로는 아주 부정적으로 말하는 이유가 금새 분명해진다. 다시 말해서, 율법은 하나님의 비밀 첩보원과 같아서, 겉으로는 죄와 사망의 권세에 동조하는 척하면서 그들 영역 내부에다 하나님의 지하 본부(fifth column)를 조성하고 사실상 구원사의 일원으로 활동하면서 마침내 죄와 사망의 권력을 파하여 그들의 패망을 이끌어낸다. 이것이 바로 바울이 율법을 긍정과 부정으로 동시에 말했던 진짜 이유이다. 바울의 편지를 받는 로마의 기독교인들이 이런 심오한 내용을 과연 얼마나 깊숙이 파악할 수 있었는지는 우리가 말할 수 없는 부분이다. 아마도 바울 사도의 다른 여러 편지에서 그의 교훈을 접해보지 못했던 사람들에게는 이해의 깊이가 적었을 것이다. 5절에 있는 간결한 진술을 7-13절에서 정교하게 다듬어내는 사도의 진술 속도 역시 그들로서는 소화하기 어려웠을 것이다. 그럼에도 불구하고 바울이 이 진술을 일인칭 복수 화법으로 하고 있다는 점은 중요하다. 바울이 자신의 경험을 일반적인 경험으로 보편화하기 위해서 이 화법을 택했다는 점은 그다지 중요하지 않다. 오히려 그보다는 바울이 자기 독자들을 대할 때 그들이 유대 율법의 실상을 충분히 잘 알고 있는 사람들로 대한다는 점, 자기들에게 미치는 율법의 효력을 직접 경험할 수 있었을 만큼 회당과 밀접한 관계를 맺고 사는 사람들로 그들을 대한다는 점이 진짜 중요한 사실이다. 다시 말해서, 바울이 지금 자신의 확신을 매우 간단한 진술로 표현하는 이유는 이방 교회 안에 있는 (유대인과 이방인으로 구성된) 신자들 대부분에 대해서 바울이 갖고 있는 지식 때문이었다. 즉, 바울이 생각하기에 그들은 이제 죄에 있어서와 죄와 사망의 야합에 있어서 율법이 담당하는 역할이 얼마나 중요한지를 잘 알게 된 사람들이었고, 그들은 이제 그들이 그 속에서 살 때의 옛 삶을 부끄러워하고 있었다(6:21).

6 "그러나 이제는 우리가 얽매였던 것에 대하여 죽었으므로 율법에서 벗어났으니 이러므로 우리가 영의 새로운 것으로 섬길 것이요 의문의 묵은 것으로 아니할지니라" 바울은 앞에서 했던 예증(2, 3절) 속의 단어들을 확연하게 상기시킨다. 해방시키는 죽음(즉, 그리스도의 죽음에 참예함) 이전의 상태는, 죄는 사망에 굳게 묶여진 채로 죄와 사망의 영역 속에서 율법에 따라 제한 받으며 율법의 속박 아래에 있어야 했던 상태였다. 이제 죄와 사망의 야합은 분쇄되었지만, 그 야합은 사망의 열매를 더 이상 맺지 않을 만큼(율법의 목적이 완전히 끝났을 만큼) 완전히 분쇄된 것이 아니다. 훨씬 더 나중에 가서야 완전히 파괴될 것이다. 그리스도께서 끝(즉, 죽음)에 이르시기까지, 아니 그 끝 너머에 이르시기까지 그 야합(의 법칙)을 따르셨기 때문에 깨질 수 있었다. 사망의 쏘는 가시는 그리스도께 박히면서 뽑혀 버렸고, 그분에 의해 흡수되었으며, 그 독소는 그리스도의 죽음 속에서 완전히 고갈되어 버렸다(고전 15:56). 따라서 그리스도와 더불어 그의 죽음에 동일시된 사람들은 – 바울이 계속 일인칭 복수로 지칭하면서 자신의 독자들과 자기를 일치시킨다 – 죽음의 어두운 길 저 너머의 세계를 이미 경험하기 시작했으며, 죄와 죽음 너머에 있는 생명에 이미 참예하기 시작했다. 이 생명은 사형을 선고하던 율법이나 옛 언약과는 관계없이 그리스도와의 새로운 관계를 약속해 준다. 이 자유는 방종이 아니라 새로운 종류의 섬김이요(바울의 용어는 이 단락이 6:16-22에 계속 이어지는 권고라는 생각을 갖게 한다), "의문의 묵은 것이 아니라 성령의 새로움"을 본질로 갖는 섬김이다. 바울의 독자들은 이런 대조법에 들어있는 두 가지 요소들이 이미 앞에서 한번 사용되었었다는 점을 놓치지 않고 기억했을 것이다(영/의문[2:29]; 새로움/낡음[6:4,6]). 그들을 결합시키면 두 시대간의 대비 즉, 율법에 의해 특징지어지는 옛 시대와 성령에 의해 특징지어지는 새 시대간의 대비를 강하게 부각시키는 효과를 낸다.

"의문의 묵은 것"이라는 말은 분명히 율법을 가리킨다. 문맥 속에서 그에 해당할 만한 다른 것을 찾을 수 없다. 그러나 율법 그 자체를 뜻하는 것은 아니다. 그것은 바울이 그리스도 이전의 옛 시대를 특징짓는 것으로 보았던 그런 율법이 아니라, "의문"(letter, 고후 3:6)이라고 칭할 수 있는 율법이다. 2:27-29에서도 그랬듯이, 바울은 아마 이 "의문"이라는 말을 통하여 피상적인 수준으로 준수되는 율법, 즉 육체적인 수준(2:28)에서 준수되는 율법을 뜻했을 것이다. 이런 수준에서의 율법에의 복종은, 선택된 백성임을 표시해주는 한날 예식과 제사의 차원으로만 이해되거나, 경건한 유대인이 행하는 "행위" 정도로만 이해되었다. 문맥이 암시해 주는 "의문"의 또 다른 뜻이 있다. 즉 의문이란 죄를 사망에다 묶어두는 율법, 즉 그리스도의 죽음의 고귀한 가치를 무시하고 "아내"를 구속하여 두려는 율법을 묘사하는 또 다른 방식이다. 그러므로 "의문"이라는 말뜻을 알아듣는 독자라면 다음과 같은 사실을 이해하는 독자이다: "행위"의 관점에서 이해되는 율법은 (바울과 동시대의 유대인 대부분이 그랬듯이) 죄를 막거나 죄와 사망의 결속을 끊을 수도 없으며, 오히려 그 결속의 또 다른 증거가 될 뿐이다. 율법을 "의문"으로 이해한다 함은 곧 그리스도의 죽음을 거슬리고 죽음의 동지가 되어 겨우 죄와 사망의 결합이 파괴된 것으로만 만족하고 안주하는 것이요, 이미 약속이 모든 열방에게 퍼져 나갔는데도(4:13-18을 참조하라) 여전히 옛 시대의 징표인 민족적 자부심에만 만족하여 안주하는 것이다.

그러나 그리스도의 죽음으로 그분과 자기를 동일시하는 사람들은 죄와 행위의 악순환으로부터 해방되어 "성령의 새로움"으로 섬기는 자들이다. "성령의 새로움"이라는 말은 (성)령을 새로운 시대의 징표로 가리키는 말일 것이며, 그 새로운 시대에 속한 자들의 독특한 특징을 가리키는 말일 것이다(5:5; 8:9-15; 갈 3:1-14). 비록 이 표현이 상당히 모호해서 자칫 중생한 (사람)의 영이라는 개념을 포함할 가능성이 있지만, 바울은 아마도 그러한 중생을 우선적으로 신자 안에서(혹은 통해서) 움직이는 하나님의 능력(즉, 성령)이라고 생각했을 것이다(참조. 겔 36:26-27). 바울이 "영"이라는 말을 사용하여 "의문" 속에 담긴 성경의 더 깊은 의미를 뜻했을 가능성은 희박하다. 바울이 대조법을 활용하여 나타내려는 주요 사항 중 정확한 한 가지는, 새로운 시대의 섬김이란 율법과는 무관하며 기록된 본문이 요구하는 지침에 전혀(혹은 반복적으로) 얽매일 필요가 없다는 사실이다. 오히려 행동의 동기와 지침은 성령 안으로부터 직접 나온다. 즉 진심에서 우러나오는 순종이요(6:17), 중생한 마음의 분별력이다(12:2). 예레미야를 통해 주어진 새 언약의 약속(렘 31:31-34)을 이미 직접 경험했으며 지금도 성취되고 있다고 하는 주장, 즉 자신의 마음에 쓰여진 율법을 경험하고 있으며 다른 사람의 가르침에 의존하지 않아도 직접 주님을 안다고 하는 주장(렘 31:34)이 바울 마음 한 구석에 분명히 들어 있었을 것이다. 바울이 자신의 개종을 통해서 분명히 경험했던 해방과 중생의 그 경이로운 의미가 여기에 잘 반영되어 있다(8:2; 고후 3:3, 17; 갈 5:1 등을 보라). 또한 아무리 거룩하더라도 오로지 기록된 두루마리에 의해서만 나올 수 있고 특징지어질 수 있던 것을 그토록 놀랍게 변형시키고 초월하는 내적인 역동성 역시 여기에 잘 나타나있다(8:4, 14, 15; 갈 5:18; 빌 3:3 등을 보라). 율법과 성령이라는 이 마지막 대조법은 율법에 대한 부분(7:7-25)과 성령에 대한 부분(8장)에 대해서 표제와 개관이 되는 셈이다.

2. 그러나 체험으로 증명되듯이 율법은 여전히 죄와 사망에 의해 악용 당한다(7:7-25)

참고문헌

Althaus, P. "Zur Auslegung von Röm 7:14ff." *TLZ* 77(1952) 475-80. **Bader, G.** "Römer 7 als Skopus einer theologischen Handlungstheorie." *ZTK* 78(1981) 31-56. **Banks, R.** "Romans 7:25a: An Eschatological Thanksgiving." *ABR* 26(1978) 34-42. **Benoit, P.** "The Law and the Gross according to St Paul." *Jesus* 2:11-39. **Bergmeier, R.** "Röm 7:7-25a (8:2): Der Mensch - des Gesetz - Gott - Paulus - die Exegese im Widerspruch?" *KD* 31 (1985) 162-72. **Blank, J.** "Gesetz und Geist." In *Law of Spirit*, ed. Lorenzi, 73-127. Repr. in *Paulus*, 86-123. **Bornkamm, G.** "Sin, Law and Death(Romans 7)." *Experience*. 87-104. **Braun, H.** "Römer 7:7-25 und das Selbstverständnis des Qumran-Frommen." *ZTK* 56 (1959) 1-18. **Bultmann, R.** "Romans 7 and the Anthropology of Paul"(1932). *Existence and Faith*. London: Hodder & Stoughton, 1960. 173-85. **Cambler, J. M.** "Le 'Moi' dans Rom 7." In *Law of Spirit*, ed. Lorenzi. 13-72. **Dahl, N. A.** *Studies*. 92-94. **Davies, W. D.** *Paul*. 20-27. **Dülmen, A. van.** *Theologie*. 106-119, 138-84. **Dunn, J. D. G.** "Rom 7:14-25 in the Theology of Paul." *TZ* 31(1975) 257-73. **Eichholz, G.** *Theologie*. 251-60. **Ellwein, E.** "Das Rätsel von Römer 7." *KD* 1(1955) 147-68. **Espy, J. M.** "Paul's 'Robust Conscience' Re-examined." *NTS* 31(1985) 161-88. **Fung, R. Y. K.** "The Impotence of the Laws: Towards a Fresh Understanding of Romans 7:14-25." In *Scripture, Tradition and Interpretation*, FS E. F. Harrison, ed. W. W. Gasque and W. S. La Sor. Grand Rapids: Eerdmans, 1978. 34-48. **Gundry, R. H.** "The Moral Frustration of Paul before His Conversion: Sexual Lust in Romans 7:7-25." In *Pauline Studies*, FS F. F. Bruce, ed. D. A. Hagner and M. J. Harris. Exeter: Paternoster, 1980. 80-94. **Hahn, F.** "Gesetzesverständnis" 43-47. **Hofius, O.** "Gesetz." 269-72. **Hommel, H.** "Das 7. Kapitel des Römerbriefs im Licht antiker Überlieferung." *ThViat* 8(1961-62) 90-116. **Hübner, H.** "Anthropologischer Dualismus in den Hodayoth." *NTS* 18(1971-72) 268-84. ______. *Law*. 70-78. **Jewerr, R.** *Anthropological Terms*. 391-401. **Jonas, H.** "Philosophical Meditation on the Seventh Chapter of Paul's Epistle to the Romans." In *The Future of Our Religious Past*, FS R. Bultmann, ed. J. M. Robinson. London: SCM, 1971.

333-50. **Kertelge, K.** "Exegetische Überlegungen zum Verständnis der paulinischen Anthropologie nach Römer 7." *ZNW* 62(1971) 105-114. **Keuck, W.** "Dienst des Geistes und des Fleisches: Zur Auslegungsgeschichte und Auslegung von Röm 7:25b." *TQ* 141(1961) 257-80. **Kümmel, W. G.** *Römer 7 und die Bekehrung des Paulus.* Leipzig: Hinrichs, 1929; reissued Munich: Kaiser, 1974. **Kürzinger, J.** "Der Schlüssel zum Verständnis von Röm 7." *BZ* 7(1963) 270-74. **Luz, U.** *Geschichtsverständnis.* 158-68. **Lyonnet, S.** "L'histoire du salut selon le ch 7 de l'épître aux Romains." *Bib* 43(1962) 117-51. ______. "'Tu ne convoiteras pas'(Rom 7:7)." In *Neotestamentica et Patristica*, FS O. Cullmann. NovTSup 6. Leiden: Brill, 1962. 157-65. **Martin, B. L.** "Some Reflections on the Identity of the *ego* in Rom 7:14- 25." *SJT* 34(1981) 39-47. **Mitton, C. L.** "Romans 7 Reconsidered." *ExpT* 65(1953-54) 78-81, 99-103, 132-35. **Moo, D. J.** "Israel and Paul in Romans 7:7-12." *NTS* 32(1986) 122-35. **Müller, F.** "Zwei Marginalien im Brief des Paulus an die Römer." *ZNW* 40(1941) 249-54. **Osten-Sacken, P. von der.** *Römer 8.* 194-220. **Packer, J. I.** "The 'Wretched Man' of Romans 7." SE II(1964) 621-27. **Patte, D.** *Paul's Faith.* 263-77. **Perkins, P.** "Pauline Anthropology in Light of Nag Hammadi." *CBQ* 48(1986) 512-22. **Philonenko, M.** "Sur l'expression 'vendue au péché' dans l'Épîltre aux Romains." *RHR* 203(1986) 41-52. **Räisänen, H.** "Zum Gebrauch von *ΕΠΙΘΥΜΙΑ* und *ΕΠΙΘΥΜΕΙΝ* bei Paulus." *ST* 33(1979) 85-99. Repr. in *Torah.* 148-67. ______. "Sprachliches zum Spiel des Paulus mit *ΝΟΜΟΣ*"(1983). *Torah.* 119-47. ______. *Law.* 109-113, 141-43. **Ridderbos, H.** *Paul.* 126-30. **Sanders, E. P.** *Law.* 73-81. ______. "Romans 7 and the Purpose of the Law." *PIBA* 7(1983) 44-59. **Schmithals, W.** *Anthropologie.* 25-83. **Schnackenburg, R.** "Römer 7 in Zusammenhang des Römerbriefes." In *Jesus und Paulus*, FS W. G. Kümmel, ed. E. E. Ellis and E. Grässer. Göttingen: Vandenhoeck & Ruprecht, 1975. 283-300. **Schottroff, L.** "Die Schreckensherrschaft der Sünde und die Befreiung durch Christus nach dem Römerbrief des Paulus." *EvT* 39(1979) 497-510. **Schrage, W.** *Einzelgebote.* 194-96. **Segal, A. F.** "Romans 7 and Jewish Dietary Law." *SR* 15(1986) 361-74. **Smith, E. W.** "The Form and Religious Background of Romans 7:24-25a." *NovT* 13(1971) 127-35. **Snodgrass, K.** "Spheres of Influence." 105-7. **Stalder, K.** *Das Werk des Geistes in der Heiligung bei Paulus.* Zürich: EVZ 1962. 291-307. **Theissen, G.** *Psychological Aspects of Pauline Theology.* Edinburgh: T. & T. Clark, 1987. 177-265. **Watson, F.** *Paul.* 149-56. **Wenham, D.** "The Christian Life: A Life of Tension? A Consideration of the Nature of Christian Experience in Paul."

Pauline Studies, FS F. F. Bruce, ed. D. A. Hagner and M. J. Harris. Exeter: Paternoster, 1980. 80-94. **Ziesler, J. A.** "The Role of the Tenth Commandment in Romans 7." *JSNT* 33(1988) 41-56.

본 문

7 그런즉 우리가 무슨 말 하리요 율법이 죄냐 그럴 수 없느니라 율법으로 말미암지 않고는 내가 죄를 알지 못하였니 곧 율법이 탐내지 말라 하지 아니하였더면 내가 탐심을 알지 못하였으리라

7 What then shall we say? That the law is sin? Certainly not! Nevertheless, I would not have experienced sin except through the law: for I would not have known covetousness unless the law had said, "You shall not covet."

8 그러나 죄가 기회를 타서 계명으로 말미암아 내 속에서 각양 탐심을 이루었나니 이는 법이 없으면 죄가 죽은 것임이니라

8 But sin, seizing its opportunity through the commandment, stirred up all manner of covetousness in me. For in the absence of the law sin is dead.

9 전에 법을 깨닫지 못할 때에는 내가 살았더니 계명이 이르매 죄는 살아나고 나는 죽었도다

9 And in the absence of the law I was alive once upon a time. But when the commandment came, sin became alive,

10 생명에 이르게 할 그 계명이 내게 대하여 도리어 사망에 이르게 하는 것이 되었도다

10 and I died. The commandment intended for life proved for me a means to death.

11 죄가 기회를 타서 계명으로 말미암아 나를 속이고 그것으로 나를 죽였는지라

11 For sin, seizing its opportunity through the commandment, deceived me and through it killed me.

12 이로 보건대 율법도 거룩하며 계명도 거룩하며 의로우며 선하도다

12 So that the law is holy, and the commandment holy and just and good.

13 그런즉 선한 것이 내게 사망이 되었느뇨 그럴 수 없느니라 오직 죄가 죄로 드러나기 위하여 선한 그것으로 말미암아 나를 죽게 만들었으니 이는 계명으로 말미암아 죄로 심히 죄되게 하려 함이니라

13 Did that which is good, then, become death to me? Certainly not! But sin, that it might appear as sin, through that which is good producing death for me, in order that sin through the commandment might become utterly sinful.

14 우리가 율법은 신령한 줄 알거니와 나는 육신에 속하여 죄 아래 팔렸도다

14 For we know[a] that the law is spiritual: but I am fleshly,[b] sold under sin.

15 나의 행하는 것을 내가 알지 못하노니 곧 원하는 이것은 행하지 아니하고 도리어 미워하는 그것을 함이라

15 For I do not know what I do. For that which I commit is not what I want: but what I hate, that I do.

16 만일 내가 원치 아니하는 그것을 하면 내가 이로 율법의 선한 것을 시인하노니

16 But if that which I do is what I do not want, I agree with the law that it is admirable.

17 이제는 이것을 행하는 자가 내가 아니요 내 속에 거하는 죄니라

17 But now it is no longer I doing this but sin which dwells[c] within me.

18 내 속 곧 내 육신에 선한 것이 거하지 아니하는 줄을 아노니 원함은 내게 있으나 선을 행하는 것은 없노라

18 For I know that there dwells in me, that is, in my flesh, no good thing; for the willing lies ready to my hand, but not[d] the doing of what is admirable.

19 내가 원하는 바 선은 하지 아니하고 도리어 원치 아니하는 바 악은 행하는도다

19 For I fail to do good as I wish, but evil which I do not wish is what I commit.

20 만일 내가 원치 아니하는 그것을 하면 이를 행하는 자가 내가 아니요 내 속에 거하는 죄니라

20 But if what I[e] do not wish is that which I do, it is no longer I doing it but sin which dwells within me.

21 그러므로 내가 한 법을 깨달았노니 곧 선을 행하기 원하는 나에게 악이 함께 있는 것이로다

21 I find then the law, in my case wishing to do the good, to be that for me the evil lies ready to hand.

22 내 속 사람으로는 하나님의 법을 즐거워하되

22 For I rejoice in the law of God,[f] so far as the inner man is concerned,

23 내 지체 속에서 한 다른 법이 내 마음의 법과 싸워 내 지체 속에 있는 죄의 법 아래로 나를사로 잡아 오는 것을 보는도다

23 but I see another law in my constituent parts at war with the law of my mind and making me a prisoner to[g] the law of sin which is in my constituent parts.

24 오호라 나는 곤고한 사람이로다 이 사망의 몸에서 누가 나를 건져 내랴

24 Wretched man am I! Who will deliver me from the body of this death?

25 우리 주 예수 그리스도로 말미암아 하나님께 감사하리로다 그런즉 내 자신이 마음으로는 하나님의 법을 육신으로는 죄의 법을 섬기노라

25 But thanks be to God[h] through Jesus Christ our Lord. So then I myself with my mind serve the law of God and with my flesh the law of sin.[i]

원문주해

a. 학자들은 지금까지 오이다멘(*οἴδαμεν*) 대신에 오이다 멘(*οἶδα μέν*)으로 읽을 수 있는 가능성을 종종 제기해 왔는데, 최근에는 윌켄스(Wilckens)가 그러했다.

b. 몇몇 필사본(MSS)에는 사르키노스(*σάρκινος*) 대신 사르키코스(*σαρκικός*)로 적혀있는데, 납득이 가는 혼동이고 그다지 중요한 의미 차이도 없다(BGD, *σαρκικός*를 보라). 사르키코스(*σαρκικός*) 대신 사르키노스(*σάρκινος*)가 나타나는 정반대의 변이형도 고후 1:12에서 나타난다.

c. 사본들은 대체로 오이쿠사(*οἰκοῦσα*)보다는 에노이쿠사(*ἐνοικοῦσα*)를 선호한다. ℵ과 B도 그렇다.

d. 어떤 문장들은 드물게 우(*οὔ*)로 끝나는데, 이 때문에 어떤 필사자들은 불필요하고 비효과적인 유리스코(*εὑρίσκω*) 혹은 기노스코(*γινώσκω*)를 부가하게 되었다(Metzger를 보라).

e. 많은 필사본들은 이 구절에서 에고(ἐγώ)를 갖고 있지 않다.

f. B는 데우(θεοῦ) 대신 누스(νοός)로 적혀있다. 있을 수 있는 실수이거나, 어쩌면 23절을 고려하여 고의로 교체한 것일 수도 있다.

g. 엔(ἐν)은 여기서 약간 어색하다(세 가지 법들을 고려하는 것일까? Schlatter, 246을 참조하라), 점차적으로 필사본 전승에서 사라져 가는 경향을 띤다.

h. 현대의 많은 학자들처럼 몇몇 초기 필사자들도 이곳의 감사를 어색하다고 생각했다. 학자들은 24b절에 대하여 보다 직접적인 대답이 되도록 헤 카리스 투 데우(ἡ χάρις του θεοῦ)로 교정하자는 제안을 했다(SH, Lietzmann, Metzger 등을 보라).

i. 현대 학자들이 추론하여 제시하는 수정에 의하면, 마지막 문장 전체는 추가된 주석으로서 생략되는 것이 바람직하다.

양식과 구조

7절에 이르러 결정적 사안이 제시된다. 특히 5:20절의 요약적 진술로 그 절정에 올랐던 바울의 율법 논의에서, 권세로서의 율법은 이제 구속받아야 할 처지가 되어 죄의 휘하에 넘겨지고 말았는가? 율법은 신자를 위한 긍정적인 관계는 전혀 없이 이제 그런 신세가 되고 말았단 말인가? 만약 누구든 바울의 율법에 관한 논의를 단 한 번만 읽더라도, 그런 질문을 던지지 않고는 못 배길 것이다. 이 점은 바울 자신이 그런 질문을 제기하고 있다는 사실 그 자체로도 증명이 된다. 그러나 바울의 이 질문은 그가 그러한 독서 태도를 너무 어리석은 것으로 여긴다는 사실도 암시해 준다. 그가 던지는 질문을 통하여 우리는 이어지는 내용으로 하여금 율법을 위한 변증이 되게 하려는 바울의 의도를 확인할 수 있다. 본문에 대한 구조 분석은 이 변증의 윤곽을 잡는데 도움을 준다.

7절 - 13절	율법을 위한 첫 번째 변증: 죄가 진정한 범인이다.
14절 - 17절	율법에 대한 두 번째 변증: 비난의 방향이 율법에서 자아 쪽으로 바뀐 뒤 또 다시 죄 쪽으로 바뀌었다.
18절 - 20절	(i) 나뉘어진 "나"를 통해서 죄가 역사하는 방식을 설명
21절 - 23절	이어 (ii) 나뉘어진 법을 통해서 죄가 역사하는 방식을 설명

13절이 7-13절을 매듭지을 뿐 아니라 다음 단락으로 가는 전이부(轉移部)와 서두 역할까지 동시에 수행한다는 점을 놓치지 말아야 한다. 이는 통상적인 바울의 문체에 어울린다(특히 3:20과 5:21도 그러하다). 마찬가지로 14절과 15절에서 쓰인 여러

개의 가르($\gamma\alpha\rho$)는 전후 단락을 연결하기 위해 의도적으로 사용된 것으로 보아야 한다. 따라서 13b절은 14-23에 대한 표제를 제공하는 셈이다(Wilckens, 2:85, 100). 또한 5:20-21에 관하여는 그 단락에서 다룬 양식과 구조를 참조하라.

이 대목의 주해에 있어서 더욱 중요하게 고려해야 할 것이 있다. 학자들은 14-17과 18-23절간의 평행 관계에 대하여 지금까지 충분한 관심을 기울이지 못했던 것이다. 그래도 이 두 부분에 대한 학자들의 분석은 대체로 일치를 보고 있다. '나'의 실패를 죄의 탓으로 설명하는 것은 두 부분에서 동일하지만(14-17, 18-20), 율법에 대한 앞의 긍정적인 확신(16절)은 뒤의 보다 충분한 진술에 의해 보완된다(21-23절).

이렇게 함으로써 율법의 역할을 '나'의 역할로 설명하되, 똑같은 용어를 사용해서 설명하는 효과를 거두게 된다. 그 둘의 나뉘어진 상태는 그 둘이 받아야할 비난을 면하게 해주며, 진짜 범인인 죄에 의해 농락 당하는 그들의 처지를 해명해 준다.

그러므로 본 단락은 율법을 위한 변증으로서 정당한 평가를 받아야한다(예를 들어, Kümmel, *Römer,* 7; Stendahl, *Paul,* 92; Beker, *Paul,* 105가 이런 견해이며 이에 대한 반대 견해는 Käsemann; Bergmeier; Watson, *Paul,* 151, 153, 155 등이다). 사실상 이 부분은 율법을 위한 변증이며, 바울이 율법에 관한 논증의 중심 주제를 대위법적으로 펼쳐가기 위해서 선행 단락과 반드시 연결시켜야 했던 변증이다. 21절과 23절의 노모스($\nu\acute{o}\mu o\varsigma$)를 흔히 번역하듯이 그냥 "일반 규칙"(general rule)이나 "원리"(principle)로 번역하면 요점을 흐리게 될 뿐만 아니라 바울의 주요한 관심들을 간과하고 곡해하게 된다. 즉, 율법이 죄와 사망의 도구가 되는 것이 율법의 한 기능이긴 하지만, 하나님의 법으로서의 율법은 그 비난에서 면죄된다는 사실을 제시하려는 바울의 관심을 놓치게 되는 것이다.

바울이 전개하는 대위법의 중심 주제를 시종 잘 살펴왔던 독자라면 죄와 사망에 의한 이러한 율법의 오용이, 앞의 2장에서 기소되었고 이어 3:27-4:25에서 질타 받았던 율법의 오용과 똑같거나 사실상 동등하다고 하는 바울의 암시를 들을 수 있을 것이다. 이와 반면 "하나님의 법, 마음의 법"은 믿음의 측면에서, 즉 마음으로부터 우러나는 믿음의 순종이라는 측면에서 이해되어야 한다(1:5; 2:29; 3:31; 6:17). "유대인"이 자랑하는 율법은 옛 아담의 세대 안에서 작용하던 율법이며, 율법 본래의 기능을 수행하여 이제는 그리스도의 세대에서 종말론적 기능을 수행하는 율법을 거역하고 있다.

"나"에 대한 심리학적인 관심(특히 Dodd; Theissen, *Psychological Aspects,* 13장)은 어디까지나 이차적인 관심에 지나지 않지만, 토론의 논리와 세 대목(7:7-25, 6:12

-23과 그에 평행하는 8:10-30)의 구조에 담긴 중요한 암시에는 우리의 일차적인 관심이 필요하다. 지금 아담의 시대와 그리스도의 시대가 겹치는 시기에 "나"와 "율법" 모두가 그 두 시대 사이에서 나뉘어져 있는 상태이고, 여기서 바울은 구원사의 현 단계에 깃든 종말론적 긴장을 다루고 있다는 사실이 우리에게 중요하다. 따라서 7:24의 부르짖음은, 구원의 과정이 장차 죽음의 몸을 통해서 성취해야만 할 하나의 (포기가 아닌) 좌절일 뿐이다. 그리고 결론적인 25절에서는 이 과도기에 신자의 신앙이 자기가 속한 두 시대의 요구에 끼인 채 찢겨져 나갈 수밖에 없다고 하는 냉엄한 현실을 말해준다. 7-25절이 문맥을 벗어난 부록이라고 보는 일반적인 견해들(예를 들어, Bornkamm; Barrett; Beker, *Paul*, 83, "꼭 필요한 부록")은 위와 같은 사실 대부분을 보지 못하거나 무시한다. 7:17-8:39을 "이방인의 몸"에 대한 서술로 보거나, 혹은 1-11장과 관계없는 "독립적인 영역"으로 보는 쉬미탈스(Schmithals)의 견해(*Anthropologie*, 18-20)는 결코 정당화될 수 없다. 7:14-25을 바울이 쓴 것이 아니라고 보는 오닐(O'Neil)의 가정은 바울의 사릭스(*σάρξ*, "육체") 사용에 대한 매우 편협하고 삐뚤어진 인식에서 비롯된 것이다. 이 단락을 어떻게 나누어야 하는가를 놓고 벌인 독일 학자들의 논쟁(예를 들어, Michel, Gaugler, Wilckens와 RSV 등은 7-12절과 13-25절로, Käsemann, Schlier, Zeller, Theissen, 185-86, NEB, NJB 등은 7-13절과 14-25절로 나누었다. 영어권 주석가들은 이런 논의에 무관심하다)은 문제를 모호하게 만들뿐이다.

카테르가르조마이, 포이에오, 프라소(*κατεργάζομαι*, *ποιέω*, *πράσσω*, 이 단어들에 관한 별도의 설명은 *TDNT* 6:646-37을 보라) 등과 아가도스(*ἀγαθός*)와 칼로스(*καλός*) 등의 구사를 통해 발생하는 수사적 효과에 관해서도 주목하라. 일인칭 대명사 "나"를 사용하는 진술 형식은 당시의 비평적 논설문의 문체보다는 오히려 유대 시가의 전통에 더 많은 영향을 받았다(7:9을 보라).

주석

7 "그런즉 우리가 무슨 말하리요?"(*τί οὖν ἐροῦμεν*—티 운 에루멘, 3:5과 6:1을 보라).

"그 율법이 죄냐?"(*ὁ νόμος ἁμαρτία*—호 노모스 하마르티아). 여기서 바울의 문체의 구어체적이고 논쟁적인 특징이 두드러지게 나타난다. 직역하면 "그 율법, 죄"(the law, sin)라고만 쓰여진 이 구절은 음성의 억양을 조절해야만 그 뜻이 제대로 전해지기 때문이다. 바울이 이토록 (율법은 곧 죄냐고 할 정도로) 날카롭게 질문을 던질 수 있다는 사실 자체에 분명한 암시가 들어있다. 그리고 1-6절이 율법을 옛 시대와만 결부시킨다고 볼 때에만, 율법이 그 파트너들인 죄나 죽음처럼 혐오스러울 수 있다. 몇몇 주석자들은 수사적으로 다듬어진 바울의 이 질문의 신랄함을 제대로 깨닫지 못한 나머지 율법에 대한 그의 급진적인 비판을 부당하게 평가하였고("토라에 대한 급진적 비판은 바울 신학의 확고한 특징이다"라고 하는 등 아이흐홀쯔(Eichholz)는 그의 저서 *Theologie*의 여러 곳에서 케제만(Käsemann)을 인용했다), 6:4 및 7:6과 8:4 간의 평행 관계가 율법과 성령의 양극화를 막고 있음도 인식하지 못하였다.

"그럴 수 없느니라"(*μὴ γένοιτο* – 메 게노이토, 3:4을 보라).

"율법으로 말미암지 않고는 내가 죄를 알지 못하였으니"(*ἀλλὰ τὴν ἁμαρτίαν οὐκ ἔγνων εἰ μὴ διὰ νόμου* – 알라 텐 하마르티안 우크 에그논 에이 메 디아 노무). 알라(*ἀλλά*)에 대해서는 크랜필드(Cranfield)의 책을 보라. 여기서 다시 한번 하마르티아(*ἁμαρτία*)는 상당한 애매성을 지닌다. 이어지는 구절에서 말해주듯이, 이 구절이 뜻하는 바에 의하면 죄란 인간의 경험을 억압하는 의인화된 권세임이 분명하다. 따라서 인간은 그 일상의 결정에 대하여(혹은 그 결정의 내부에서) 작용하는 힘으로서의 죄를 경험한다(혹은 안다). 그러나 행동으로서의 죄라는 의미(여기서는 탐욕하는 행위)도 결코 배제될 수 없다. 다시 말해서 인간은 의식적이고 완전히 고의적으로 실행하는 행동으로서의 죄를 경험한다(혹은 안다)(예를 들어, van Dülmen, 107; Hofius, "Gesetz", 269-72 등을 참조하라; 보다 자세한 것은 3:9을 보라). 대부분의 주석자들도 인정하듯이, 바울은 한편으로는 자신이 다시 창세기 2장과 3장의 아담 이야기를 활용하고 있음을 점점 더 드러내면서, 또 다른 한편으로는 은밀하고 재빠르게 1인칭 단수로 화법을 바꾸어 자신의 전형적인 화법으로 사유를 시작했다. 즉 여기서의 "나"는 인간의 전형(homo sapiens)이요, 아담(אָדָם)이다. 다시 말해서 아담의 죄 경험은, 아담이 시작하였던 시대 안에 속한 모든 사람의 죄 경험에 대한 표본이요, 아담은 자신의 죄 경험의 특징을 그들의 죄 경험 위에 인치는 사람이다(보다 자세한 것은 7:9을 보라).

이곳과 뒤따르는 구절들에서 바울은 기노스코(*γινώσκω*)와 호이다(*οἶδα*)라는 서로 다른 단어를 교대로 사용하되 이 두 단어 모두 "알다"라는 뜻이 되도록 하였다. 이 두 단어의 의미 영역은 대부분 중복되며, 여기서도 동의어로서 사용되었을 것이다. 만약 두 단어를 굳이 구별하자면, 기노스코(*γινώσκω*)는 개인적인 친분에 대한 지식이나 좀더 경험적 성질의 지식을 뜻하는 경향이 있으며(참조. 고후 5:21), 따라서 결혼 관계의 친밀함도 이 단어의 의미 범위 안에 포함된다(칠십인경 창 4:1, 마 1:25이 그러하다; BGD, *γινώσκω* 5를 보라). 그러므로 여기서는 "경험하다"는 뜻으로 번역되는 것이 바람직하다. 비록 깊은 (혹은 그다지 깊지는 않은) 개인적 친분도 호이다(*οἶδα*)의 의미 범위 안에 포함되긴 하지만(예를 들어, 마 26:72; 고후 6:16; BGD, *οἶδα* 2를 보라), 기노스코(*γινώσκω*)와 달리 호이다(*οἶδα*)는 보다 이성적 지식을 뜻하는 경향이 있다. 이러한 점에 착안하여 여기에 쓰인 두 가지 동사를 보다 명확하게 번역하면, "율법으로 말미암지 않고는 내가 죄를 **경험하지** 못하였으니…내가 탐심을 **알지** 못하였으리라"(SH)가 될 것이다.

"율법으로 말미암지 않고는"(*εἰ μὴ διὰ νόμου*–에이 메 디아 노무). 정관사가 없다는 것은 전혀 중요한 문제가 아니다. 이 표현은 앞에서 분명 토라에 대한 언급이었는데, 그때는 정관사를 갖고 있었고 5절과 호응하였었다(7:1을 보라). 바울은 아담의 원형적 경험을 언급함으로써 논란의 여지가 많은 제5절의 주장을 설명하려고 한다. 어떤 식으로든 아담에게도 율법이 존재했었다는 주장은 유대교 신학에서 이미 흔한 사상이었다. "세상과 인간의 창조 이전부터(예를 들어, *Tg. Yer.* 창 3:24; *Pal. Hag.* 2:77c; *Gen. Rab.* 8.2), 혹은 하나님이 아담을 창조하신 후 그로 하여금 '율법에 따라 섬기고 그 계명을 지키도록' 동산에 두시기 이전부터(*Tg. Neof.* 창 2:15; 더 자세한 것은 Scroggs, *Adam*, 33, 43-43을 참조하라) 토라는 이미 존재했다"는 것이 랍비들의 주장이었다. 이런 주장이 과연 언제부터 시작되었는지는 확실히 알 수 없다. 그러나 랍비들로서는 세상보다 먼저 있었던 지혜와 토라를 동일하다고 보는 오래된 사상(Sir 24:23; Bar 3:36-4:1)에서 그런 확신을 유추해 내는 것이 어렵지도 않고 황당하지도 않았을 것이다. 그러므로 아담이 받은 계명("너는 그것의 실과를 먹지 말라", 창 2:17)은 별도의 규칙이 아니라 토라의 한 표현으로 볼 수 있었고, 그 계명을 어김으로써 아담은 하나님의 법령들(복수)을 어겼다고 할 수 있었다(에스라4서 7.11; *Tg. Neof.* 창 2:15; *Gen. Rab.* 16:5-6; 24:5; *Deut. Rab.* 2:25; *b.Sanh.* 56b; 더 자세한 것은 Str-B, 3:37을 보라). 이런 가르침의 가장 오래된 형식은 바울의 가르침만큼이나 일찍부터 있었던 것으로 보아도 좋을 것이다. 바울은 8절과 9절 그리고 12절에서 반복하여 "율법"과 "계명"을 동일시했는데 이는 곧 그가 당대의 랍비적 가르침을 잘 알고 있었음을 반영한다. 게다가 5:14에서 그는 이미 아담의 불순종을 율법에 대한 전형적인 범죄로 설명했었다(Theissen, *Psychological Aspects*, 203-4도 참조하라). 위의 사실들 외에 마지막으로 한 가지를 덧붙인다면, 우리는 5:12-14과 7:7의 서로 다른 강조점을 무리하게 강조하여 본문에 명백한 비일관성이 존재한다고 주장하지 않도록 조심해야 한다. 하나님의 율법이 정식으로 주어졌던 시내산 사건이 없었다 해도, 하나님의 계명에 대한 인간의 고의적인 무시와 위반은 시내산 사건 이전부터 이미 존재하여 왔음을 바울은 충분히 잘 알고 있었던 것이다(5:14을 참조하라; 또한 1:32와 2:12도 보라). 1:23에서 이미 지적되었듯이, 시내산에서 율법이 수여되자마자 이스라엘은 금송아지 우상을 만들어 숭배함으로써 그 율법을 어겼는데, 유대인의 전통에 따라 이 사건은 아담의 타락과 빈번하게 연관되어 다루어졌다. 더 자세한 것은 다음 내용을 보라. 2:14도 참조하라.

"곧 율법이 탐내지 말라 하지 아니하였더면 내가 탐심을 알지 못하였으리라"(*τήν τε γὰρ ἐπιθυμίαν οὐκ οδειν εἰ μὴ ὁ νόνος ἔλεγεν οὐκ ἐπιθυμήσεις* – 텐 테 가르 에피두미안 우크 오데인 에이 메 호 노모스 엘레겐 우크 에피두메세이스). 이그논(*εγ̓́νων*)과 에데인(*ἤδειν*)의 관계에 대해서는 위의 설명을 보라. 에데인(*ἤδειν*)은 미완료 의미를 가진 과거완료로서 지속적 경험의 시작을 뜻한다. 즉 "내가 여전히 가지고 있는 탐심의 그 경험을 하지 않았으리라"는 뜻이다. 율법의 실제적인 기능 방식에 관한 바울의 적나라한 서술이, "자신의 탐욕하고 있음을 깨닫게 된 존재" 정도의 의미로 약화되어서는 안 된다(이 점에 있어서 Kuss에 대한 Schlier 비판은 정당했다). 에피두미아(*ἐπιθυμία*, 1:24을 보라)처럼 에피두메오(*ἐπιθυμέω*) 역시 언제나 잘못된 것만을 뜻하는 것은 아니며("갈망하다"의 뜻으로는 예를 들어, 시 119[칠십인경 118]:20; 사 58:2; 빌 1:23; 딤전 3:1 등이 있다). 그리고 열 번째 계명은 허가되지 않는 "갈망"의 종류를 세분하고 있다("네 이웃의 집을 탐내지 말지니라 네 이웃의 아내나 그의 남종이나 그의 여종이나 그의 소나 그의 나귀나 무릇 네 이웃의 소유를 탐내지 말지니라", 출 20:17). 그럼에도 불구하고 열 번째 계명의 영향력은 금지된 것(출 20:17; 신 5:21; 마카비4서 2.5 등등; 잠 21:26과 미 2:2도 참조하라)을 바라는 "갈망"을 강화하는 데에 현저한 도움을 주며, 13:9을 보면 바울이 이 열 번째 계명을 염두에 두고 말한다는 점이 명백해진다. 특별히 스토아 철학의 영향이 두드러졌던 곳일수록, 그러한 갈망은 그 충동적이고 불합리적인 속성 때문에 죄악된 것으로 간주되는 경향이 있었다(참조. 마카비4서 1.3, 31-32; 2.1-6; 3.2, 11- 12, 16; Philo, *Leg. All.* 3.15; *Post.* 26). 그러나 바울이 그 갈망을 나쁜 것으로 본 이유는 그것의 불합리성 때문이 아니었다. 그 갈망이 자아와 자기 만족을 위한 욕망이요, "육신의 생각"(8:6-7)의 특징적인 표현이요, 그리고 아담의 후손의 숙명적인 자기 표현이기 때문이었다. 이 갈망은 사람으로 하나님을 거슬리게 하며, 창조주이신 하나님의 권위에 대적하게 만든다(*TDNT* 3:168-71을 참조하라). 이 문제에 관한 랍비

신학의 설명은 "악한 충동"(yēṣer hā-rāʿ, יצר הרע; Schechter, *Aspects*, 15장; Davies, *Paul*, 20-27 등을 보라)에 집중된다. 그리고 에스라4서에 실린 "악한 마음"에 대한 불평 부분(3:20-26; 4:30-31; 그 외 여러 부분)도 참조하라.

잘못된 갈망, 정욕, 탐욕 등이 모든 죄의 뿌리였다는 점은 유대 사상에서는 이미 확고한 신학적 명제였다. 이 점은 이미 필로(Philo)의 사상에도 분명하게 나타났다(*Opif.* 152; *Decal.* 142, 150, 153, 173; *Spec. Leg.* 4.84-85). 바울이 알고 있었을 것으로 추정되는 "모세묵시록"(*Apocalypse of Moses*, 주후 1세기 중반으로 추측)에 따르면(특히 모세묵시록 17.1-2과 고후 11:4을 참조해 보라), 하와는 자신의 잘못을 "모든 죄의 시작이요 뿌리인 정욕"(19:3) 탓으로 돌렸다(또한 *Apoc. Abr.* 24.10을 참조하라). 그리고 야고보는 이와 완전히 똑같은 확신을 말했다: "정욕(*ἐπιθυμία*-에피두미아)이 잉태한즉 죄를 낳고"(약 1:15)(또한 Str-B, 3:234-37을 참조하라). 우리가 위의 자료들을 고려할 때, 이 부분이 아담과 창세기 2, 3장을 일관되게 암시한다는 점을 인정하지 않으려는 휘쯔마이어(Fitzmyer)의 태도는 어리둥절하게 느껴진다(특히 Lyonnet, "Rom 7:7"을 참조하라). 그러나 위에 제시된 증거들은 여기 쓰인 에피두미아(*ἐπιθυμία*)가 "성적 욕망"보다 더 넓은 의미임을 암시해 준다(Ziesler, "Romans 7"를 보라; 이는 Gundry, "Romans 7:7-25", 232-33과 Watson, *Paul*, 151-53의 입장과 상반되는 견해이다; 7:11을 보라). 율법을 **위하는** 열정의 입장에서 에피두미아를 "성취하려는 노력"으로 해석한다면(Bultmann, "Romans 7", 182; Bornkamm, "Sin", 90; Käsemann; Hübner, *Law*, 72-76; Patte, *Paul's Faith*, 266-77), 그 해석은 더욱 더 정당화 될 수 없다. 그런 해석은 이 구절에 담긴 사상을 심각하게 왜곡시킨다(더 자세한 것은 Wilckens와 특별히 Räisänen, "*ΕΠΙΘΥΜΙΑ*"를 보라)

8 "그러나 죄가 기회를 타서"(*ἀφορμὴν δὲ λαβοῦσα ἡ ἁμαρτία*-아포루멘 데 라부사 헤 하마르티아). 아포르메(*ἀφορμή*)의 문자적인 뜻은 "여행을 위한 시작점이나 작전 기지"이고, 아포르멘 람바네인(*ἀφορμὴν λαμβάνειν*)의 형태로 자주 쓰일 때는 '기회'의 뜻을 갖는다. 예를 들어 폴리비우스(Polybius, BGD)의 저작에서도 볼 수 있다. 이 표현에 담긴 은유는 군사적인 성격을 띠고 있지만(따라서 우리는 이 단어를 거의 '교두보'로까지 번역할 수 있다), 반드시 그런 것만은 아니다. 이 표현은 권세로서의 죄를 의인화한 표현 중 가장 돋보이는 것으로서, 각 사람에게 미치는 억압으로서 인간의 죄 경험을 강조하고 있다.

"계명으로 말미암아 내 속에서 각양 탐심을 이루었나니"(*διὰ τῆς ἐντολῆς κατει-*

ργάσατο ἐν ἐμοὶ πᾶσαν ἐπιθυμίαν – 디아 테스 엔토레스 카테이르가사토 엔 에모이 파산 에피두미안). 문법적으로 볼 때 이 문장의 첫 번째 어구(語句)는 앞 단어에 속한다기보다는 이 문장의 절에 속하는 것으로 보아야 한다(Lagrange, Lietzmann, Schlatter, Wilckens 등은 이와 의견을 달리한다; Schmidt와 Cranfield를 참고하면서 참고문헌들을 살펴 보라). 11절과 13절에서처럼 강조를 위해 디아 테스 엔토레스(*διὰ τῆς ἐντολῆς*)를 맨 앞에 위치시킴으로써, 계명의 특징을 단지 죄의 기회로서만 아니라 죄의 실제적 도구로 표현하였다. 이 단락 전체에 걸쳐(7:8, 9, 12), 바울은 노모스(*νόμος*)와 엔톨레(*ἐντολή*)를 실질적인 동의어로 사용하였다(Schlier). 여기서 다루어지고 있는 계명은 "너는 탐내지 말지니라"라는 계명으로서, 아담이 위반했다는 특징을 갖고 있다(7:7을 보라). 카테르가조마이(*κατεργάζομαι*)는 7장의 주제어이며(8, 13, 15, 17, 18, 20), '생산하다', '창조하다'의 뜻으로 번역될 수 있다(Schlier). 여기서 논의되는 것은, 계명이 그러한 악한 정욕을 창조하는 데에 사용된다는 단순한 사실이 아니다. 여기서 숙고되는 진실은 바로 이것이다: "계명은 열 번째 계명이 금지했던 정욕을 창조하는 데에 사용됨으로써 이기적이고 탐욕스러운 욕망을 발생시키며, 급기야 그 자체로는 본래 나쁘지 않았던 것을 나쁘게 변질시키기에 이른다"(*ἐπιθυμία* – 1:24과 7:7의 주석을 보라). 계명은 죄에게 인간의 욕망을 (하나님을 초점으로 한 갈망으로 해주기보다는 오히려)(1:21을 보라) 인간 자신을 위한 욕망으로 변질시킬 기회를 줌으로써, 인간의 삶에 있어서 강력한 긍정적 힘이 될 수도 있었던 것을 망치는 수단이 되게 했다(참조. Schlatter). 그러나 바레트는(Barrett) 욕망에 대하여 너무 지나치게 혹평했다. 종교에 대해서도 그는 비슷한 입장을 보인다.

"이는 법이 없으면 죄가 죽은 것임이니라"(*χωρὶς γὰρ νόμου ἁμαρτία νεκρά* – 코리스 가르 노무 하마르티아 네크라). 4:15과 5:13을 참조해 볼 때, 바울이 이 말을 "죄는 지각될 수 없다"라는 모호한 뜻으로 썼을 리가 없다. 율법 논의의 절정이요 핵심인 이 부분에서 바울이 펼치는 주장은 더욱 더 강력할 뿐만 아니라 상당한 논쟁을 불러일으킨다. 여기서 그의 주장에 따르면, 율법은 인간에게 죄를 깨닫게 해주는 하나님의 대리자가 아니라 죄의 살해 수단이다(9-11절). 그러므로 네크라(*νεκρα*)는 아무런 생명력과 기운을 갖지 않는다는 뜻(약 2:17, 26과 고전 15:56을 참조하라)의 '무효한', '힘없는'(Michel; Granfield도 참조하라)으로 번역되어야 타당하다. 완전히 말라죽은 가지처럼(Lightfoot) 결실하지 못한다(*οὐ καρποφορει* – 우 카르포포레이)는 뜻이다. 여기 쓰인 드라마처럼 생생한 용어들은 지나치게 문자적으로 해석되면 안 된다. (13-25절에서 중요한) "죄"와 "나"의 대비를 첨예하게 표현하려는 의도에서 단어들이 조심스럽게 선택되었고, 그 대비의 효과는 독자들이 다음과 같은 두 가지 사실을 인식해야만 나타날 수 있다: (1) 창세기 2-3장에 대한 암시. 즉 이 암시를 통해서 뱀의 부분과 아담의 부분("나")을 취하여 의인화된 죄가 표현된다(바르트 사상의 추종자로서 Barrett가 "종교"에 대해서 보이는 지나친 혐오심은 유감이지만, 이 점 하나만은 잘 표현하였다). (2) 여차하면 파고 들어와 하나님이 주신 생명을 파괴하고 전복시켜버리는 힘, 그 힘 속에서 겪는 실존적 체험. 분명히 바울은 자기가 앞에서 이미 코리스 노무(*χωρὶς νόμου*)구를 사용했었다는 사실을 고려했을 것이고 (3:21; 또한 3:28과 4:6도 주목하라), 또한 이 구절이 율법을 숭상하는 전형적 유대인에 대한 자신의 절묘한 응수로서도 중요하다는 사실을 알고 있었을 것이다(3:21을 보라). 판도의 전환이 신중하게 이루어진다: 율법이 수여될 때 이스라엘에게는 죄의 권세가 파괴되는 영역이 제공되지 않았지만, 반면 창세기 3장이 보여주듯이 계명의 수여 될 때에는 (경건한 유대인은 해당되지 않겠지만) 사람을 다루기에 보다 효과적인 수단이 죄에게 제공되었다. 야고보는 로마서 7:8과 유사한 평행법을 통해 자신의 (반대 견해가 지닌) 강조점을 정식화함으로써 이러한 본문의 견해에 고의적으로 이의를 제기하는 것 같다:

> 롬 7:8 "법이 없으면 죄는 죽었느니라"(*χωρὶς νόμου ἁμαρτία νεκρά* – 코리스 노무 하마르티아 네크라)
>
> 약 2:26 "행함이 없는 믿음은 죽은 것이니라"(*ἡ πίστις χωρὶς ἔργων νεκρά ἐστιν* – 헤 피스티스 코리스 에르곤 네크라 에스틴).

(보다 자세한 내용은 4:1-25의 양식과 구조를 보라).

9 "전에 법을 깨닫지 못할 때에는 내가 살았더니"(*ἐγὼ δὲ ἔζων χωρὶς νόμου ποτέ* – 에고 데 에존 코리스 노무 포테). 본서에서 처음으로 에고(*ἐγώ*)가 사용되었고, 이 단어는 본 장의 나머지 전체의 특징이 된다(7회 내지 8회가 사용되었다. 7:9, 10, 14, 17, 20, 24, 25). 여기서 에고(*ἐγώ*)가 가질 수 있는 중요성에 대해서는 크랜필드(Cranfield)의 책 342-44를 보라. 에존(*ἔζων*)의 뜻으로 생각해 볼 수 있는 의미 범위는 쿠스(Kuss)가 잘 검토하였다. 대부분의 학자들도 인정하듯이, 바울이 일반인 모두의 본질을 설명하기 위하여 아담 이야기를 활용할 때, 그는 분명 자신의 전형적 문체를 써서 기록하고 있다. 여기서 말하는 일반인은 다소 *2Apoc. Bar.* 54.19("우리 각자는 그[아담]의 고유한 영혼을 지닌 아담이었다")에서 말하는 바와 유사하며, 이

런 특징은 이미 1:18-32; 3:23; 5:12-19에서도 나타났었다(특히 1:22; 3:23; 5:12-21을 주목하라). 에존 포테(*ἔζων ποτέ*)와 아페다논(*ἀπέθανον*, 10절)으로 묘사되는 과정에서 아담의 타락이 명백하게 반영되고 있다: 창 2:7, 16-17, "…사람이 생령(*ψυχὴν ζῶσαν*-푸수켄 조산)이 된지라…여호와 하나님이 그 사람에게 명하여 가라사대 동산 각종 나무의 실과는 네가 임의로 먹되 선악을 알게 하는 나무의 실과는 먹지 말라 네가 먹는 날에는 정녕 죽으리라"(*θανάτῳ ἀποθανεῖσθε*-다나토 아포다네이스데). 그러나 케제만(Käsemann)이, "이 구절들 안에 아담에게 적합하지 않은 것은 아무 것도 없으며, 모든 것이 다 아담에게 적합하다"고 했던 주장은 확실히 좀 지나친 평가였다(참조. Schlier).

오늘날의 대부분 해석자들이 동의하는 바에 따르면, 이 대목을 자서전적인 기록으로 취급하거나 이 대목에 해당되는 바울 자신의 경험을 찾으려 애쓰는 시도는 필연적으로 오류에 빠지게 되어 있다(예를 들어, Kümmel, *Römer* 7, 76-84, 111-17; Benoit, 14, 27; Leenhardt, 181-85; Achtemeier, 126-28; 상반되는 견해는 Sandmel, *Paul*, 56; Murray 등의 책을 보라). 특히 본 구절을 바울이 회심하기 이전의 경험과 관련된 언급으로 보기는 어렵다. 비록 본 구절 안에는 바울이 회심 이전의 한 사람의 경건한 바리새인으로서 가졌던 경험의 표현이 들어있긴 하여도(참조. 갈 1:13-14; 빌 3:4-6), 여기서 그가 부활하신 그리스도와의 만남을 죄가 소생하여 만들어낸 죽음으로 간주했을 리는 없기 때문이다(9-10; 반대 견해로는 Hendriksen을 보라). 또한 우리는 본문이 말하는 '살아있는 단계'를 소년 바울이 10대 이전에 가졌던 경험과 쉽사리 동일시할 수 없다(그런 입장으로는 예를 들어, Dodd, Knox, Barrett, Michel, Bruce, Gundry, "Rom 7:7-25" 등이 있으며, 이들 외에도 이런 견해를 가진 학자들이 Käsemann의 책 192-93에 언급되어 있다). 물론 랍비들이 교훈하는 바에 따라 유대 소년이 열 세 살이 되면 "계명의 아들"(*bar mitzwah*; 참조. *m.* ʾ*Abot* 5.24; Davies, *Paul*, 24-27)이 되는 것은 잘 알려진 사실이다. 그러나 우리는 또한 이와 관련하여 바울 시대의 또 다른 기록을 갖고 있는데, 거기에는 유대인 부모들이 자기 자녀를 아주 어린 나이 때부터 율법에 관한 철저한 기초지식으로 가르치려는 노력이 강조되어 있다(Philo, *Legat.* 210; Josephus, *Ap.* 2.178; 참조. Str-B, 2:144-47). 티이슨(Theissen)의 책, *Psychological Aspects*의 251쪽 각주 52에는 로마에 있는 한 유대인 무덤의 비문이 소개되어 있는데, 그 비문은 어린이(*νήπιος*-네피오스)를 가리켜 "율법을 사랑하는 자"(*φιλόνομος*-필로노모스: 더 자세한 것은 *NDIEC* 1:117)로 기록하였다. 그러므로 바울 시대의 유대인 남자들은 자신의 생애 전체에서 율법이 빠져있는 기간을 상상조차도 할 수 없었다고 보아야 한다(Kümmel, *Römer* 7, 81). 차라리 그런 상상은 그들의 유아기, 즉 인간의 시작이라는 훨씬 더 먼 시기에나 가졌을 법한 생각이다. 따라서 우리는 포테(*ποτέ*, "전에")를 과거의 어떤 불특정한 시간에 대한 언급으로 번역하는 것이 바람직할 것이며, 아니면 이야기의 사상 즉 아담 이야기에 담긴 사상을 독자에게 생각나게 하려는 말로 읽어야 할 것이다(참조. LSJ, *ποτέ* Ⅲ.1). 다시 말해서 이 단어는 "먼 예전에"(once upon a time), "에덴에서의 순결했던 시기에"(the time of paradisiacal innocence)로 번역이 된다(Lietzmann). 특별히 리온넷(Lyonnet)의 책 "L'histoire"의 130-42를 보라.

동시에 이 단락(7-25절) 도처에 실존적인 특징이 나타나고 있으며, 그리고 바울이 자기 자신의 경험에 대해서는 전혀 말하는 바가 없다고 믿기도 어렵다(Dodd, 107; Dahl, *Studies*, 93; Kertelge, "Römer 7," 107-8; Dunn, "Rom 7:14-25," 260-61; Robinson, *Wrestling*, 82; Beker, *Paul*, 240-43; Theissen, *Psychological Aspects*, 190-208 -"여기서 '나'는 아담의 역할을 맡고 있고 그 역할을 개인적 갈등 경험에 비추어 구조화시킨다"[203쪽에서 인용]; Segal, 362; 반대 견해로는 Kümmel, *Römer* 7, 85-97를 보라). 모든 사람에게 통하는 진실은 바울에게도 통하는 진실이다. 죄와 율법의 상호작용에 대한 자신의 경험을 바울은 자기 자신에게만 국한된 경험이 아닌 일반 모두의 경험으로 생각한다. 우리는 유대 시가의 전통에 등장하는 생생한 "나" 형식('I' form)의 진술들(예를 들어, 시편 69편과 77편; *Pss. Sol.* 5편과 8편; 1QH 3.19 이하와 11:3 이하)을, 바울이 다른 곳에서 자기 자신을 1인칭 단수로 사용하는 부분(특히 고전 10:29-30과 갈 2:18-20)과 효과적으로 비교해 볼 수 있다. 빌립보서 3:4-6과 로마서 7:7-12 사이에 대비되는 사항들을 쉽게 간과해 버려서는 안되며, 무엇보다 특히 회심의 전과 후를 바라보는 두 본문의 전망들간의 대비가 가장 중요하다. 즉 빌립보서 3:4-6에는 회심 이전의 자신에 대한 율법의 기능을 바울이 어떻게 이해하고 있는지가 나타나 있는 반면에("율법의 의로는 흠이 없는 자"), 로마서 7:7-12(또는 7:7-25)에서는 회심 이후 그가 기독교인이 되고 나서 갖게 된 율법에 관한 전망이 표현되어 있다. 다시 말해서 이제 바울의 **기독교적인** 전망에서 바라볼 때, 바울 자신도 전에 자랑으로 삼았던 바(2:1-29) 전형적인 유대인들이 자기를 의롭다고 생각하는 태도까지 포함하여 이 시대 전체는 죄와 죽음의 지배를 받고 있다(1:18 -3:20; 3:23; 5:12-21)는 것이다. 한 사람의 그리스도인으로서 바울은 (자신의 개종을 포함하여) 개종을 죄와 사망의 통치로부터의 해방으로 바라본다(5:21; 6:2, 13, 20-23; 7:5-6; 8:2; 고후 3:6). 바울은 바리새인으로서 자신의 양심 앞에 정직하게 행동했었던 경험에 대해서도 아담의 시대라는 총괄적인 평가를 주저 없이 내려버렸다. 오히려 그는 빌립보서 3:4-6에 나타난 오만함을 죄의 기만 효과(11절)가 여실히 드러난 분명한 증거로서 바라본다. 율법의 문제에서도 바울은 자기 자신의 과거와 직면해야 했다. 창세기 2장과 3장의 원형적 언어로 표현된 바, 보통 사람의 경험에 담긴 그 전형성은 아마도 사람의 갖가지 수많은 경험까지 포용할 수 있을 만큼 확대되어야 할 것 같다. 보다 자세한 사항은 7:7(*ᾔδειν*-에데인)과 7:14-25, 특별히 7:14을 보라.

코리스 노무(*χωρὶς νόμου*)는 다시 한번 유대인의 자의식에 충격을 주었을 것이다. 율법이 율법을 가진 자들과 갖지 않은 자들을 구분하는 구분선이 되기 이전 시기에도, 사람은 율법 없이(*χωρὶς νόμου*-코리스 노무) 살았었다는 뜻이 되기 때문이다(보다 자세한 것은 7:8과 7:10을 보라). 여기서 자기 조상의 믿음에 대해서 바울이 갖는 태도의 중요성을 좀더 세심하게 논의할 필요가 있겠다. 라이트(Wright)가 예리하게 지적한 것처럼 여기서 바울이 말하고 싶었던 것은 "우리 모두 안에 있는 숨은 유대인"(Käsemann; 좀 기분이 좋지 않은 표현이다)이 아니라, "이스라엘 안에 있는 숨은 아담"(*Messiah*, 152)이다. 즉 "율법 안에서"라는 말은 곧 "(타락한) 아담 안에서"라는 말과 같은 뜻이다. 메일럿(Maillot)은 이러한 논점들의 의미를 모두 종합하여, 여기서 바울은 그 자신도 분명히 경험했던 율법주의적 기독교를 고려하고 있다는 주장을 만들었다(185; 특별히 Mitton, Fung, Segal 등의 저작을 참조하라). 그러나 이 주장은 기독교인이 되기 이전의 "율법 없는" 단계에나 겨우 어울릴 수 있는 주장이며, 게다가 바울이 "제2의 회심"이라고 할만한 것을 경험했다는 암시는 그 어디에서도 찾을 수가 없다.

"계명이 이르매 죄는 살아나고"(*ἐλθούσης δὲ τῆς ἐντολῆς ἡ ἁμαρτία ἀνέζησεν*-엘두세스 데 테스 엔톨레스 헤 하마르티다 아네제센) "…죄가 단번에 살아났다"(sin sprang to life, NEB, NIV). 이 말은 창세기 2-3장의 결과에 대한 언급이 분명하다. 즉, 인간이 창조되었고(창 2:7), 계명이 주어졌으며(2:16-17), 죄/뱀은 그 계명을 말하면서 자신의 모습을 드러냈다(3:2). 시내산 전후 상태에 대한 언급(Althaus, 75; van Dülmen, 109-10; 특별히 Moo의 책 "Israel"에서 말하는 그런 언급)은 개연성이 없다. 로마서 6:1-6은 말할 것도 없거니와 로마서 5:13, 14에 따르면, 시내산 이전 시대에도 죄는 전혀 무력하지 않았다(Luz, *Geschichts*, 165; Zeller; Räisänen이 *Law*, 147에서처럼 말한 것과는 상관없이 위의 두 구절을 모순된다고 할 필요는 없다). 아나자오(*ἀναζάω*)는 통상 "다시 소생하다"(BGD)를 뜻한다. 바울은 자신의 강력한 표현이 '율법이 죄를 창조하였다'거나 혹은 '율법이 죄를 낳았다'라는 뜻으로 해석되지 못하게끔 하기 위해서 이 문장을 중문(the compound)으로 만들었을 것이다. 바울은 결코 죄의 기원(origin)에 관해서 사색하는 것이 아니다. 그는 단지 죄의 실체를 인간 경험 속의 권세로 간주하려 할 뿐이다(5:12을 보라).

10 "나는 죽었도다"(*ἐγὼ δὲ ἀπέθανον*－에고 데 아페다논). 여기서 바울은 자기가 이미 5:12-21에서 말했던 것을 좀 다른 방식으로 말하고 있을 뿐이다. '나'는 곧 아담이요, 인류요, 일반인이다. 일반인 모두는 죽음의 권세 아래서 소멸한다. 이때 죽음은 하나님의 임재(와 생명 나무)로부터의 추방이요, 그 추방의 필연적인 결과로 육체와 정신이 부패하여 죽음에 이르게 됨을 뜻한다. 크랜필드(Cranfield)는 어리숙하게도 이러한 죽음을 "6:2, 7, 8; 7:4의 좋은 죽음"과 아주 아슬아슬하게 구분하였다. 즉 그리스도의 죽으심이나 그리스도와 함께 죽음(6:2-11; 7:6)은 동일한 사망 선고(창 2:16, 17)의 더 나은 시행이며, 죽음의 열매를 맺는 죽음은 별도로 다루어야 할 일이라는 것이다(6:16, 21, 23; 7:5).

"생명에 이르게 할 그 계명이 내게 도리어 사망에 이르게 하는 것이 되었도다"(*καὶ εὑρέθη μοι ἡ ἐντολὴ ἡ εἰς ζωήν, αὕτη εἰς θάναντον*－카이 유레데 모이 헤 엔톨레 헤 에이스 조엔, 아우테 에이스 다나톤). 바울의 경우에 유레데(*εὑρέθη*)는 아마도 히브리어 나미아(נִמְצָא, "발견되다, ~으로 판명되다", BDB, מָצָא의 니팔형; BGD, *εὑρίσκω* 2)를 뜻하는 셈어적인 어법일 것이다. 여기서 에이스(*εἰς*)의 의미를 정확히 규정하기는 어렵다(참조. *TDNT* 2:429). 계명에는 아직 얻지 못한 생명으로 인도하기 위한(NEB, NJB) 목적과 더불어 이미 얻은 생명을 바르게 하고 증진하기 위한 목적도 들어 있다는 것, 과연 이것이 바울이 하는 말의 뜻일까? 평행어구 '사망으로'(*εἰς θάνατον*－에이스 다나톤)는 분명히 앞에 있는 자신의 또 하나의 평행어구(*εἰς ζωήν*－에이스 조엔, '생명으로')를 암시한다. 그러나 바울은 다른 곳에서는 "살리는"(*ζῳοποιῆσαι*－조포이에사이, 갈 3:21) 율법의 가능성을 부정하는 것으로 보인다. 결국 가장 그럴듯한 해결은, 여기에 표현된 바울의 사상이 앞서 서술된 아담에 관한 내용에 여전히 지배받고 있다고 보는 것이다. 만약 아담이 계명(창 2:16, 17)에 따라 살았다면, 그는 생명나무에 마음껏 다가가는 자유를 누렸을 것이다(참조. 창 3:22). 그러나 율법 배후에 놓인 하나님의 의도가 무엇이든 간에 바울에게 있어서 확고한 사실은 율법이 사망을 가져왔었다는 것이다. "인간 안에서 율법은 사망으로 가는 과정에 불을 당겼다"(Michel). 여기에 인간의 치열한 딜레마와 인간의 깊은 비극이 간략하게 제시되었다. 만약 죄가 없었다면 율법은 하나님과 연관된 생명을 촉진(즉, 생명으로 인도하거나 번영)시켰을 것이다. 그러나 (그 기원은 알 수 없으나 그 권세만은 너무나 잘 알려진) 죄에 권세가 주어지자, 율법은 인간으로 하여금 뻔뻔스러운 자기 주장에 빠지게 만들었고(이 점에 있어서 Schlier의 해석을 비롯한 지나친 "루터주의적" 해석들에 반대하는 Wilckens의 정당한 반론을 주목하라), 마침내 인간을 하나님의 생명으로부터 단절시켜 버렸다. 물론 바울은 인간이 계명을 거역하게 된 책임을 하나님께 전가하려 하지 않는다. 창세기 2장과 3장의 대비는 여전히 존재한다. 즉, 죄가 없었을 때에 일했었을 율법은 실제로 일했던 율법과 대비된다. 율법(계명)이 생명을 증진시킨다는 전통적인 유대적 전제(레 18:5; 신 6:24; 잠 6:23; Sir 17:11; 45:5; Bar 3:9; *Pss. Sol.* 14.2; 에스라4서 14.30; *m.* ʾ*Abot* 2.7; 보다 자세한 것은 Str-B, 3:237; Exod. *Rab.* 5[17a]에 따르면 토라는 이스라엘 백성들에게 생명을 주었지만 이방인들에게는 죽음을 주었다. 왜냐하면 이방인들은 토라를 받아들이지 않기 때문이다[Str-B, 3:238])에 대한 논박(論駁)과 그에 정반대 되는 날카로운 암시 역시 본문에서 다시 한번 비중 있게 나타난다. 이 역설의 실랄함은 아우테(*αὕτη*)에서 확인된다(Schlier). 또한 4:15과 10:5을 참조하라.

11 "죄가 기회를 타서 계명으로 말미암아 나를 속이고 그것으로 나를 죽였는지라"(*ἡ γὰρ ἁμαρτία ἀφορμὴν λαβοῦσα διὰ τῆς ἐντολῆς ἐξηπάτησέν με καὶ δι᾽ αὐτῆς ἀπέκτεινεν* – 헤 가르 하마르티아 아포르멘 라부사 디아 테스 엔톨레스 엑세파테센 메 카이 디 아우테스 아페크테이넨). 첫 번째 절은 8절의 첫 번째 절을 완전히 반복하고 있다. 8절에서처럼 디아 테스 엔톨레스(*διὰ τῆς ἐντολῆς*)는 처음 두 개의 평행절들을 이끌기 위해 본동사 라부사(*λαβοῦσα*)에 결합하고 있다.

> 디아 테스 엔톨레스 엑세파테센 메(*διὰ τῆς ἐντολῆς ἐξηπάτησέν με*)
> 카이 디 아우테스 아페크테이넨(*καὶ δι᾽ αὐτῆς ἀπέκτεινεν*).

(7:8을 보라). 창세기 기사의 반영은 분명히 의도적이다.

> 창 3:13 호 오피스 에파테센 메 카이 에파곤(*ὁ ὄφις ἠπάτησέν με καί ἔφαγον*)
> "뱀이 나를 꾀므로 내가 먹었나이다."

"꾀였다"는 단어는 인간 타락에 있어서 죄의 역할에 대한 바울의 이해를 설명해 준다.

> 고후 11:3 : "뱀이 하와를 꾀었다"(*ἐξηπάτησεν* – 엑세파테센)

딤전 2:14 : "아담이 꾀임을 보지 아니하고(ἠπατήθη – 에파테데),
여자가 꾀임을 보았다"(ἐξαπατηθεῖσα – 엑사파테데이사)

그러나 디모데전서 2:14과 대비되어 여기서 바울이 말하는 "나"에는 하와까지도 포함되어 있음을 주목하자. 다른 문헌에서 발견되는 이 단어는 보다 명백한 성적 뉘앙스를 가지고 있다(Herodotus 2.114; Sus 56 Theod.; 에피두미아[ἐπιθυμία]와 관련되어 있다). 이 사상의 결과를 1:18-27에서 참조하라. 이와 같은 이유로 NEB는 "유혹하였다"로 번역했다. 또한 히브리서 3:13과 에베소서 4:22도 참조하라. 슐리어(Schlier)의 해석은, 스스로 의롭게 되려는 태도에 반대하는 전형적인 루터주의적 논쟁으로 너무 성급하게 빠져버렸다.

(그 작용이 두 번 언급된) 계명의 역할과 아페크테이넨(ἀπέκτεινεν)에 대한 강조는 모두 창세기 기사로부터 토대를 마련했다. 하나님은 그 계명에 죽음의 경고를 덧붙이셨다(창 2:17: "…나무의 실과는 먹지 말라 네가 먹는 날에는 정녕 죽으리라"). 따라서 그 계명을 악용하여 계명에 대한 불순종을 야기한 뱀(죄)은 결국엔 그 계명을 악용함으로 그 경고를 발효시키고 시행시킨 것이나 마찬가지였다. 바울은 분명 이 파라독스를 강조하고 싶었다: 죄가 인간의 활동을 지배하며 죽음의 역할을 하기 위하여 활용했던 수단은 다름 아닌 하나님의 계명이었던 것이다(5:12).

12 "이로 보건대 율법도 거룩하며 계명도 거룩하며 의로우며 선하도다"(ὥστε ὁ μὲν νόμος ἅγιος καὶ ἡ ἐντολὴ ἁγία καὶ δικαία καὶ ἀγαθή – 호스테 호 멘 노모스 하기오스, 카이 헤 엔톨레 하기아 카이 디카이아 카이 아가데). 호스테(ὥστε)에 대해서는 7:4을 보라. 호 멘 노모스(ὁ μὲν νόμος)는 명백한 파격 구문으로서, 문맥이 암시해주는 분명한 대비가 있다: "율법은 거룩한 반면 죄는 …"이라는 뉘앙스가 만들어지는 것이다(BGD, μέν 2 a를 보라). 바울은 먼저 노모스(νόμος, "율법")를 쓴 다음 나중에 엔톨레(ἐντολή, "계명")를 쓰는데, 이렇게 하는 데에는 한편으로는 강조를 위한 목적이 있고, 또 한편으로는 자신이 지금 창세기 2:16, 17에 있는 계명 하나에 대해서만 말하는 것이 아니라 창세기 2:16, 17에서 원형적으로 표현된 율법 일반까지도 말하고 있음을 확실히 해두려는 목적이 있다(Lagrange; 7:7을 보라). 그는 아담 안에서 원형적으로 표현된 인류 전체를 논의하던 그 방식 그대로, 율법 일반에 대해서도 말하고 있다. 학자에 따라서는, 엔톨레(ἐντολή)로서 바울은 모든 계명 각각의 거룩함을 나타내려고 했다고 생각하기도 한다(특히 Cranfield가 그렇다).

바울은 율법을 하기오스(ἅγιος, "거룩한")라는 형용사로 묘사하는데, 하나님의 법으로서의 율법을 긍정하기 위해서는 이보다 더 확실한 표현을 고를 수 없었을 것이다(1:7을 보라). 율법이 죄에게 심지어 조종당하기까지 한다 하더라도, 하나님의 권능과 목적의 휘하에서 벗어난 적은 단 한 순간도 없었다. 이것은 결코 바울이 자기 논리를 얼버무리기 위해 인위적으로 만든 일관성 없고 조리에 맞지 않는 말로 해석되면 안 된다. 그렇게 해석하면 자기 시대 유대교가 이해하는 율법에 대해 바울이 비판했던 본질과 취지를 놓치는 실수를 피할 수 없다. 만약 죄에 의한 율법의 남용과 (로마 기독교인들이 잘 알고 있었던) 유대 백성의 교만과 방자함으로 얼룩진 율법의 남용을 비판하는 것이 바울의 의도였다면, 그는 여기서 진정한 율법에 대해서 말할 때는 최소한 자기가 그 남용을 비판했던 만큼은 긍정적으로 말하는 것이 당연했다(서론 §5.3.2를 보라). 그러므로 비록 "거룩"은 제의적 정결이라는 제한된 의미로부터 확대된 개념이긴 하지만, 여기서처럼 율법까지도 한꺼번에 아우를 수 있는 개념이다. 제4에스라 9.37과 비교하고 대조하라. 그 책에서는 죄 때문에 받는 비난으로부터 율법을 보호하려는 비슷한 시도를 하지만, 율법을 이스라엘의 법으로만 보는 유대교적 자기 이해의 좁은 시야 때문에 그 시도는 실패에 그쳤다. 보다 자세한 것은 서론 §5.3을 보고, 7:24도 참조하라.

바울이 율법의 수식어로서 디카이오스(*δίκαιος*, "'의로운")를 사용한 것은, 유대교 사상(특히 1:17을 참조하라)에서 공식처럼 사용되던 두 단어의 밀접한 상관관계를 확보하려는 그의 노력을 드러낸다. 계명은 "정당"하다고 말할 수 있는데, 왜냐하면 창조주와 피조물(혹은 하나님과 이스라엘)간의 언약에 부합하는 관계와 행위를 바로 이 계명이 결정해주기 때문이다. 다시 한번 바울의 이 주장에 담긴 중요성에 주목해 보자: 바울은 율법에 대한 계명의 이러한 역할을 부정하지 않는다. 자기 백성에 대한 바울의 비판은 그들이 율법을 바로 이러한 의미에서 규범으로 인정하지 못했다는 것에 대한 비판이 아니라, 율법이 요구하는 것이 무엇인지를 그들이 이해하지 못했다는 것에 대한 비판이다(2:1-29). 로마서의 다른 곳에서 디카이오스(*δίκαιος*)는 하나님을 묘사하는 3:26만 제외하고 그 외에는 언제나 백성들에 관련하여 사용된다(3:26을 보라).

바울도 앞에서 자기가 이 형용사를 디카이오스(*δίκαιος*)와 다소 대조되도록 썼던 일(5:7)을 의식했겠지만, 그가 여기서 세 번째 형용사 아가데(*ἀγαθή*)를 사용한 목적은 통상 긍정적이고 바람직한 것으로 간주되던(참조. 2:7과 2:10) 이 형용사의 일반적인 의미 범주를 확장하기 위한 것이었다: 율법은 유대교의 테두리를 넘어선 곳에서도 승인 받기에 마땅한 보편적 가치를 지녔다는 것이다. 바울이 율법의 이러한 보편적인 적용성을 이 구절 바로 다음에 이어지는 13절에서도 사용했다는 사실에는 깊은 의미가 있으며, 또한 율법의 이 보편적인 적용성이 18절과 19절의 "나"에 대한 전형적이고 적합한 범주를 제공한다는 점 역시 마찬가지로 중요한 의미가 있다. "바울이 율법을 선하다고 한 데에는 사실상 어정쩡한 칭찬의 말로써 율법을 저주하는 것이나 다름없다"고 한 왓슨(Watson)의 제안(*Paul*, 156)은 어처구니없게도 율법을 꾸미는 다른 두 개의 수식어를 무시하고 하는 말이다.

바울은 결코 죄에 의한 율법의 오용(8-11절)이 하나님의 법으로서의 율법, 즉 피조물에 대한 하나님의 의지를 관철시킬 뿐만 아니라 그 외적 활동에 있어서도 긍정적인 유익함을 주는 율법을 결코 무가치하게 만든다고 생각할 수 없었다. 그가 말하고 싶은 것은 따로 있었다: 범죄를 야기하고 사망을 가져오는 율법의 기능을 몇 가지 요점으로 최종 종합하고 싶었던 것이다. 바울이 종합한 것에 따르면, i) 율법은 인간에 대하여 정당할 뿐 아니라 유익을 주기도 한다. ii) 인간의 자기 추구와 자기 확신은 자기 파멸로 끝이 난다. iii) 그렇게 끝나야만 창조주에 대하여 신실한 피조물이 마침내 자기 파괴로부터 구원받을 것이기 때문이다. 그러므로, 죽음을 발생시키는 죄의 권세를 강화하는 것이 율법의 효과이지만, 그와 동시에 죄의 권세로부터의 해방을 가져오는 것도 율법의 효과인 셈이다(6:7, 10). 7:5, 13의 주석을 참조하고, 나이그렌(Nygren)의 책 281-82를 보라.

13 "그런즉 선한 것이 내게 사망이 되었느냐?"(*τὸ οὖν ἀγαθὸν ἐμοὶ ἐγένετο θάνατος*–토 운 아가돈 에모이 에게네토 다나토스).

유대 신앙과 전통에 흠뻑 몰입해 있는 사람이나 할 수 있을 만한 질문이 여기서 솔직하게 제기되었다. 단지 수사적인 효과만 예리해진 것이 아니라 실질적으로 율법의 긍정적인 면과 부정적인 면이 신랄하게 곤두서 있다. 한편으로는 율법을 "선하다"고 한 묘사는, 이 율법을 모든 사람이 가치 있는 것으로 인정하는 "선"(특히 2:10을 참조하라)과 동일시하는 구절과 결합되었다. 랍비들은 이와 비슷하게 특별히 잠언 4:2에서 사용된 것과 똑같은 형용사를 절대화시키곤 하였다(Str-B, 1:809). 또 다른 한편으로는 사망을 가져오는 죄에 의한 율법의 악용이 "내게 사망이 되었다"라는 더 껄끄러운 표현으로 요약되었다. 7절의 "율법, 죄냐?"를 참조하라.

"그럴 수 없느니라!"(*μὴ γένοιτο*–메 게노이토). 3:4을 보라.

"오직 죄가 죄로 드러나기 위하여 선한 그것으로 말미암아 나를 죽게 만들었으니"(*ἀλλὰ ἡ ἁμαρτία ἵνα φανῇ ἁμαρτία διὰ τοῦ ἀγαθοῦ μοι κατεργαζομένη θάνατον*–알라 헤 하마르티아 히나 파네 하마르티아 디아 투 아가두 모이 카테르가조멘 다나톤). 8절에서 11절까지의 논의 과정을 요약하면서, 동시에 8절과 11절의 평행 관계도 완성된다. 8절에서처럼 디아(*διά*) 구는 카테르가제스다이(*κατεργάζεσθαι*)에 연결된다. 7:8을 보라. 이 문장에는 본동사가 없고, 그래서 7절에서 그랬던 것처럼 분명한 구어체적 어법을 계속 유지한다. 그러나 그 의미는 분명하다. 로마서에서 여기서만 유일하게 나타나는 파이노마이(*φαίνομαι*)는 "명시되다, (오감이나 정신적 지각에) 분명히 느껴지다, ~로 보이다"(LSJ, BGD)라는 의미를 갖고서 보다 더 폭넓은 헬라어적 용법으로 구사되었다. 율법이 죄의 본색을 드러낸다는 관념은 죄를 인식 가능한 개념으로 정의 내리는 셈이고, 결국 죄의 행동에서 애매성을 제거하고 적나라하게 나타낸다. "그것으로 죄는 자기의 진짜 속성을 드러냈다"(thereby sin exposed its true character－NEB). "…죄와 동일시되기 위하여"(became death to me－NJB).

"이는 계명으로 말미암아 죄로 심히 죄 되게 하려 함이니라"(*ἵνα γένηται καθ' ὑπερβολὴν ἁμαρτωλὸς ἡ ἁμαρτία διὰ τῆς ἐντολῆς*－히나 게네타이 카드 휘페르볼렌 하마르톨로스 헤 하마르티아 디아 테스 엔톨레스). 카드 휘페르볼렌(*καθ' ὑπερβολήν*)은 초과적인 성질 또는 예외적인 성질을 표현하기 위해 쓰이는 친근한 관용구다. 따라서 "예외적일 정도로, 기준을 초과하는, 극단적으로"(BGD, *ὑπερβολή*)의 뜻으로 볼 수 있다. 신약 성경 안에서는 바울만이 이 표현을 사용했다(고전 12:31; 고후 1:8; 4:17; 갈 1:13). 하마르톨로스(*ἁμαρτωλός*)는 여기서는 형용사로 사용되었지만, 명사("죄인", 3:7; 5:8, 19)로 쓰이는 경우가 더 흔했다(BGD를 참조하라). 두 개의 히나(*ἵνα*) 절을 통한 중복과 재강조(둘 다 목적절－Kümmel, *Römer* 7, 57; Käsemann), 그리고 디아(*διά*) 구에는 신중한 의도가 들어있다. 바울의 목적 중 일부분은 율법에 대한 자신의 조금 전 비판을 어느 정도 누그러뜨리는 것이었다. 이렇게 하기 위해서 그는 유대인의 감각에 보다 잘 납득이 될 만한 율법의 기능에 좀 더 호소하거나 오히려 반대하였고(이미 두 번 언급되었다. 3:20과 4:15 주석을 보라), 동시에 전형적인 유대인들이 꺼리는 단어인 하마르톨로스(*ἁμαρτωλός*)를 두드러지게 하였다(3:7을 보라). 그러나 바울의 가장 중심 된 목적은, 사망을 위해서 죄에 의해 악용되는 율법조차도 죄의 본질과 그 최종 목적과 그 보응(즉 죽음)을 가져오려는 하나님의 충만하고 심오한 전략의 일부라는 사실을 확증하는 것이다(참조. Wilckens).

14 "우리가 알거니와"(*οἴδαμεν γὰρ ὅτι*－오이다멘 가르 호티). 2:2를 보라. 바울은 자신의 편지를 받는 회중들이 대체로 하나님을 경외하는 자들과 이방인 개종자

들과 유대인으로 구성되어 있을 것으로 예상했었다. 여기서 바울이 사용한 동사의 복수형태는, 그들 회중들이 율법에 대해서 가졌을지도 모르는 동정심을 느끼게 해준다. 이 점을 다시 한번 주목해야 할 것이다.

"율법은 신령하다"(*ὁ νόμος πνευματικός ἐστιν* – 호 노모스 프뉴마티코스 에스틴). 아마도 이 말은, 율법이 (성령의 영감으로 주어진 바) 성령으로부터 유래하였으며, 성령을 구체적으로 표현한 것이며, 성령을 증거한다는 뜻으로서, 결국 율법을 성령의 차원에서 설명하려는 의도일 것이다. 바울 저작의 다른 곳에서 쓰인 프뉴마티코스(*πνευματικός*)의 용법을 참조하라(신약 성경에서 이 단어는 오로지 바울 서신 내에서만 나타난다). 특별히 롬 1:11; 고전 2:13; 10:3-4; 12:1; 15:33, 46; 골 1:9; 3:16을 참조하라(Dunn, *Jesus*, 207-9을 보라). 여기 이 개념은 갈라디아서 3장과 고린도후서 3장을 비롯하여 로마서 2:29과 7:6의 그람마/프뉴마(*γράμμα/πνεῦμα*) 대조로부터 도출되는 결론의 경우와 같이, 좀더 논리적으로 양극화된 결론을 회피하려는 목적의 서투른 철회로 간주될 수 없다. 또한 이 개념은 바울이 자기의 신학을 혼란으로 빠뜨리게 되는 일관성 없는 타협으로도 볼 수 없다(Sanders, *Law*, 77-81; Räisänen, *Law*, 142 – "유별나게 눈에 띄는 자가당착"). 바울이 이제 시작한 논의에서는, 이중성이 율법 안에도 존재하고(율법-죄, 그리고 율법-성령) 신자의 전형으로서 자기 자신 안에도 존재하며(육체-죄, 그리고 마음-성령; 7:21, 22, 23, 25을 보라) 이 이중성은 상호 보완적(육체-율법-죄; 마음-율법-성령)이라는 내용이 다루어지고 있다. 율법이 죄나 사망과 간단히 동일시되는 위험으로부터 율법을 구해내기 위해서, 바울은 자기가 실천적인 바리새인이었을 때 대했던 태도로 율법을 대하려 하지 않는다. 오히려 이스라엘이 하나님의 선민이라는 민족적 정체성으로 교만해져서 죄의 권세 아래 빠져 버린 사태는 육체와 율법의 제휴가 빚어낸 결과였으며, 그 반면에 바울과 율법을 지나치게 협소한 율법 이해에서 벗어나게 한 것은 다름 아닌 종말론적인 성령의 부으심이었다. 이처럼 자유롭게 되고 동시에 자유롭게 해주는 율법과 성령의 제휴를 바울은 8:2-4에서 보다 분명하게 표현할 것이다.

"나는 육신에 속하여 죄 아래 팔렸도다"(*ἐγὼ δὲ σάρκινός εἰμι πεπραμένος ὑπο τὴν ἁμαρτίαν* – 에고 데 사르키노스 에미 페프라메노스 휘포 텐 하마르티안). 본 구절을 통하여 에고(*ἐγώ*, "나")가 가리키는 대상의 범위가 확장되어, "먼 옛날의" 아담에 의해서 표현되었던 인간으로부터 시작하여 현재 살아가는 인간(*εἰμί* – 에이미)에까지 한꺼번에 포괄하고 있다. 과거에서 현재로 전이되면서 개인의 실존적 연관성에 대한 관심이 날카로워지게 되었다(15절). 티이슨(Theissen)은 이러한 전이를 율법에 대한 무의식적 갈등에서 의식적인 갈등으로의 전이로 해석했다(*Psychological Aspects*, 228-34). 에고(ἐγώ)는 즉각 사르키노스(σάρκινος)를 통해서 제한되고, 그리하여 여기서 "나"란 육체로서 구체화된다. "나"는 이 육체의 세력권에 속해 있으며, 썩어서 티끌로 되돌아갈 육체 안에(그리고 육체를 통해) 살고 있다. 사르키노스(σάρκινος)는 아마도 사르크스(σάρξ)와 동일한 범주의 의미를 가지고 있을 것이다(1:3과 7:5을 보라; NJB의 번역 "살과 피로 된 피조물"[a creature of flesh and blood]은 의미의 범위를 너무 지나치게 제한시킨 번역이다). 사르키노스(σάρκινος)와 사르키코스(σαρκικός)의 구분과 관련된 문제는 본문 주해를 보라. 또한 덴니(Denney), 라그란지(Lagrange), 크랜필드(Cranfield)도 참조하라. 간단히 말해서 본 구절은 죄와 사망이 지배하는 아담의 시대에 속한 개인에 대해서 말하고 있다. 마지막 문장의 꼼꼼한 구조는 잘 음미되어야 한다. (결코 아담의 시대에 속하지 않고, 죄와 죽음을 이미 초월했으며, 이미 죽었다가 완전히 부활된 자들처럼 오직 새로운 시대에만 속해 있는 그러한 개인이 이 세상에는 존재하지 않듯이) 죄와 사망의 시대에 속한 것은 한 개인만이 아니다: 육체로서의 "나"는 옛 시대에 속해있는 개인을 의미한다. 바울의 비판은 경건한 유대인의 육체의 형식(즉 할례, 2:28을 보라)에 대한 고발이었음을 우리가 기억하지만, 이 대목에서의 비판은 앞에서와 같이 경건한 유대인을 향한 비판이 아니다. 오히려 지금의 이 자책은 대체로 옛 시대의 "나"와 관계되어 있다. 바울이 지칭하는 "나"는 Schweizer, *TDNT* 7:144, Beker, *Paul*, 217-18, 그리고 Martin, "Reflections" 등이 주장하듯이 그가 그리스도인이 되기 이전의 시기에만 해당하는 것이 아니라, 한 사람의 신자로서의 바울도 해당이 된다(Wilckens의 책 각주 334에서 인용된 내용을 보라; 또한 7:25을 보라; "로마서 5장에서 아담이 오실 자 곧 예수 그리스도의 예표였듯이" 7장의 "나"는 "신자의 예표이다"라고 했던 Osten-Sacken, 218의 주장은 지나치게 억지스럽다. 한편 Segal의 주장에 의하면, 바울의 이 탄식은 보다 보수적인 그리스도인들을 위하여 음식법 문제에 대한 보다 근본적인 해결책을 만들어야 한다는 바울의 압박감 때문에 터져 나온 것이다. 그러나 이러한 Segal의 주장은 오로지 7장과 14장이 연결되어 있다고 보는 그의 전제 때문에 가능하며 그 밖의 다른 논거의 가능성은 없다).

바울이 상세히 설명하고자 하는 분열은 아담의 시대와 그리스도의 시대 사이에 벌어지는 분열이다: "나"와 율법은 상호보완적인 양상으로 분열되는데, 이는 각각이 아담의 시대와 그리스도의 시대, 즉 육체의 시대와 성령의 시대의 중첩된 부분에 속함으로써 결과적으로는 이 두 시대에 동시에 속해 있기 때문이다. 7:9을 보라. 더 자세한 것은 7:23, 24을 보라. 이 대목에 관한 해석사를 알려면 Kuss, 462-85와 Wilckens, 2:101-17를 보라. 분열된 "내"가 "육욕적인 것"으로 묘사된다는 사실은 이어지는 평행구절들의 평행 관계를 약화시키기 때문에, 퍼킨스(Perkins)가 그의 저서에서 주장하듯이 그 구절들이 후대의 영지주의 사상과 연관될 수 있다는 주장은 논거가 희박하다.

피프라스코(*πιπράσκω*)에서 유래한 단어 페프라메노스(*πεπραμένος*)의 사용이 빌미가 되어, 6:16-23에서 매우 두드러졌던 종의 비유가 여기서 다시 한번 상기된다: 전쟁에서 패배한 포로들이 종으로 팔리는 것이 상례였다고는 하지만, 성공적 기습 공격의 이미지(8, 11절) 역시 정말 자연스럽게 종의 비유를 환기시켜 준다. 바울은 칠십인경에서 반복되는 어구인 에프라데산 포이에사이 토 포네론(*ἐπράθησαν ποιῆσαι τὸ πονηρόν*, "악한 일을 하기 위해 팔렸다", 왕상 21[칠십인경 20]:25; 왕하 17:17; 제1마카비 1:15)을 염두에 두고 있는 것 같다. 필로넨코(Philonenko)는 이 부분이 이사야 50:1에 대한 복잡한 암시라고 주장하였다. 완료시제의 통상적인 의미는 어떤 과거 행위의 영향력이 여전히 지속됨을 의미하는 것이다. 우리 본문의 경우에 과거 행위는 앞에 나왔던 7-11절의 사건(들)을 가리킨다. 바울은 원형으로서의 "내"가 죄의 힘으로 죽음에게 사로잡혀 복종하게 된 결과와, 죄와 사망의 시기에 처해있는 "나"의 조건 등을 숙고하고 있다. 비록 4-6절에서는 부정과거 시제가 쓰이긴 했어도, 이 적나라한 서술은 신자로서의 바울도 예외로 두지 않는다. 제6장에서처럼(6:1-11), 앞에 쓰인 부정과거 동사들은 뒤따르는 내용에 의해 그 정확한 의미가 정해진다(6-8장 서문을 보라). 즉 "내"가 육체의 영역의 일부, 즉 아담의 시대의 일부로 남아 있는 한 여전히 "죄의 권세 아래" 있으며 여전히 죄의 죽음의 세력 아래 있다는 것, 바로 이 점을 고려해야만 여기 있는 부정과거 동사들의 의미가 제대로 정해지는 것이다. 그러므로 "여기서 진술되는 것들은 6장과 8장의 관점에서 볼 때, 기독교인에게는 이미 끝난 일이다"라고 했던 케제만(Käsemann)의 주장은 근거없는 말이다(이런 견해는 지금도 주석자들이 가장 선호한다). 왜냐하면 바울이 바로 이 7장에서 자기 자신을 규정하기 위해 사용한 종말론적 조건들을 고려하지 않고 하는 말이기 때문이다. 우리는 쿰란 문서 안에서도 이와 정확히 똑같은 고백을 확인할 수 있는데, 이 고백을 하는 사람들은 바울과 아주 비슷하게 하나님의 의를 즐거이 경험하였다. 가장 좋은 예는 1QS 11.9-10에 있다: "하여튼 나는 사악한 인간에 속하여 불경한 육체의 무리 중에 있다. 내 마음의 완고함과 더불어 내 허물, 패역함, 죄악들은 벌레와 같고 어둠 속을 다니는 자들과 같구나!"(Vermes). 1QH의 다른 여러 대목들도 참조하라(예를 들어, 1.21-27; 4.29-33; 7.16-18; 12.24-31; 13.13-16; 더 자세한 것은 브라운[Braun]의 책을 보라; Hübner, "Dualismus", Dunn, *Jesus*, 445 n.79에서 인용된 학자들을 살펴보고, 8:5도 참조하라). 우리는 이와 같은 기록들을 한낱 "인간의 자기 주장"(Käsemann)이나 "경건한 사람의 외침" 정도로 간단히 처리해 버리면 안 된다. 그런 태도는 1세기 유대교를 형편없는 관례주의로 폄하하는 것이다. 로마서 7:7-25과 더불어 이 기록들은, 자신의 죄성을 확실하게 의식했던 거룩한 사람을 떠올리게 해 준다(Espy, 173-74를 참조하라). (2:17-29; 3:27-31; 9:30- 10:13 등에서와 같이) 자기 동료 유대인들의 율법에 대한 태도를 반대하는 바울의 모습은 여기서는 나타나지 않는다. 휘포 텐 하마르티아(*ὑπὸ τὴν ἁμαρτίαν*)에 대해서는 3:9을 보라.

15 "나의 행하는 것을 내가 알지 못하노니"(*ὃ γὰρ κατεργάζομαι οὐ γινώσκω*-호 가르 카테르가조마이 우 기노스코). 가르(*γάρ*)가 암시해 주듯이, 이 구절은 "죄 아래 팔렸다"(14절)는 말의 의미를 설명하기 시작한다. 이 말은 비굴하고 순응적인 종노릇을 뜻하지 않고, 오히려 항거하는 노예 상태, 즉 여전히 "육체 안에" 거하면서도 "성령의 새로움 속에" 살아야만 하는 무기력한 사람의 좌절을 뜻한다(7:5을 보라). 카테르가조마이(*κατεργάζομαι*)는 "생산하다, 창조하다"라는 구체적인 의미로 보다는 아마도 좀 막연하게 "하다"라는 의미로 쓰인 것 같다. 만약 여기 기노스코(*γινώσκω*)가 경험적 지식의 의미를 가지고 있다면(7:7을 보라), 바울은 비록 이 행동이 자기 행동이지만 실존적으로는 자기 행동이 아니라고 주장하는 셈이다(17절을 보라). 다른 학자들은 이 동사의 뜻을, "나는 인정하지 않는다, 승인하지 않는다"(예를 들어, Barrett, NEB, Cranfield; Lightfoot-"나는 맹목적 복종으로 그것을 행한다. 죄는 전제 군주처럼 가혹한 노동 감독이어서 나로 하여금 내가 하고 있는 것을 생각하지도 못하게 한다")로 이해한다.

"곧 원하는 이것은 행하지 아니하고 도리어 미워하는 그것을 함이라"(*οὐ γὰρ ὃ θέλω τοῦτο πράσσω ἀλλ' ὃ μισῶ τοῦτο ποιῶ*-우 가르 호 델로 투토 파라소, 알라 호 미소 투토 포이오). 카테르가조마이(*κατεργάζομαι*)와 같이 프라소(*πράσσω*)는 "나"의 모든 행동을 포괄하는 폭넓은 의미로 사용되었다. 미세오(*μισέω*)를 델로(*θέλω*)와 대조시켜 구사한 것은 아주 놀랍다: 그는 자기가 행하고 있는 것을 "싫어하고, 미워하고, 질색한다." 자기 행위를 자기 행위가 아니라고 부정하는 것은 여기서 한층 더 예리해진다: 그는 자기가 행하고 있는 것을 "죄 아래 팔린"(14절) 행동으로 보면서 진절머리를 치며 증오한다.

이런 불평에 대한 평행어구를 찾는 것은 그리 어렵지 않다. 가장 흔하게 인용되는 평행구절은 Epictetus 2.26.4(*ὅ θέλει οὐ ποιεῖ καὶ ὅ μὴ θέλει ποιεῖ*, 호 델레이 우 포이에이 카이 호 메 델레이 포이에이, "나는 내가 원하는 것을 하지 않고 내가 원하지 않는 것을 한다")와 Ovid, *Metamorphoses* 7.20-21("나는 더 좋은 것을 보기도 하고 인정도 한다. 그러나 나는 더 나쁜 것을 따라 갈 뿐이다") 등이 있다. (전반적인 내용을 보다 충분히 살피려면 Hommel, 106-13과 Theissen, *Psychological Aspects*, 212-19를 보라). 그러나 바울의 글과 다른 글들 사이에는 중요한 차이점들이 존재한다. 가령, 에픽테투스는 "이성적인 영혼"(*ψυχὴ λογική*－푸케 로기케)으로 그 해답을 찾는다: "이성의 통제력에 그 모순을 제시하라. 그러면 모순은 사라질 것이다"(2.26.7). 그리고 우리의 본문에서는 격렬한 실존적 좌절이 점차 번뇌로 표현되어 가지만, 오비드(Ovid)의 글에는 이 점이 빠져있다. 이러한 사항들은 바울의 글과 여타의 비슷한 글들을 확실하게 차별화 시킨다. 바울에게서 우리는 종말론적 긴장의 격렬함과 좌절을 만나게 된다. 어느 개인(신자)이 온전히 성령의 인도를 받는 삶의 가능성과 약속을 이미 경험하기 시작했다는 사실에 의해서 이 긴장은 더욱 더 격렬해지고 아프게 다가온다(Cranfield를 참조하라). 로마서 7장에서 이 대목과 가장 유사한 평행구절이 1QS 11과 1QH에서 발견된다는 사실은 그다지 놀랍지 않다. 왜냐하면 그 본문들 모두는 종말론적 긴장과 좌절이라는 아주 비슷한 의미를 표현하고 있기 때문이다(7:14을 보라; Dunn, *Jesus*, 317-18을 참조하라; Schlier는 "피조물로서의 인간"과 "역사 속에서의 인간"(der geschichtliche Mensch) 사이에 사로잡혀 있는 "나"의 긴장을 분석했는데, 이 분석은 곤경에 빠진 "나"의 종말론적 본질을 제대로 파악하지 못했다; Zeller, 142-44도 참조하라).

16 "만일 내가 원치 아니하는 그것을 하면 내가 이로 율법의 선한 것을 시인하노니(즉, 증인이 되노니)"(*εἰ δὲ ὅ οὐ θέλω τοῦτο ποιῶ σύμφημι τῷ νόμῳ ὅτι καλός*－에이 데 호 우 델로 투토 포이오, 숨페미 토 노모 호티 칼로스, BGD). 성경에서 숨페미(*σύμφημι*)는 오로지 여기서만 나타난다. "아름답다, 좋다, 선하다, 화려하다"라는 뜻의 독일어 아름다운(schön－쉔)과 아주 유사한 의미의 칼로스(*καλός*)는(12:17을 보라) 아가도스(*ἀγαθός*)보다 훨씬 더 일반적으로 쓰이는 말이고 여기서도 그 동의어 아가도스(*ἀγαθός*) 대신 사용되었다(7:12의 주석을 보라). 율법에 대한 죄의 악용이 율법에 끼치는 나쁜 인상으로부터 율법을 변호하는 것이 여전히 논의의 주요 취지가 되고 있다. 이 구절은 이 점을 분명히 밝혀준다.

17 "그러나 이제는 이것을 행하는 자가 내가 아니요"(*νυνὶ δὲ οὐκέτι ἐγὼ κατεργάζομαι αὐτό*-누니 데 우케티 에고 카테르가조마이 아우토). 누니(*νυνί*)와 우케티(*οὐκέτι*)가 너무나 철저한 논리적 성격을 갖고 있긴 하지만, 이 두 단어 특히 누니(*νυνί*)에 담긴 종말론적 뉘앙스는 완전히 배제될 수 없다. "내"가 "내가 원하지 않는 것, 내가 싫어하는 것"(*ὅ οὐ θέλω, ὅ μισῶ*-호 우 텔로 호 미소)을 나의 것으로 인정하지 않는다는 사실은, "나"의 입장이 '이미'와 '아직'이라는 종말론적 은혜 안에 자리잡고 있기 때문에 가능하다. 이 대목의 "나"는 육욕에 속한 "나"(14절)와 이성적인 "나"(23, 25절)라는 두 가지 개체로 완전히 정신이 분열되거나 쪼개진 상태의 나는 아니다; 매번 "나"는 동일한 대상을 가리킨다. 그것은 육욕에 사로잡혀 "죄의 권세에 팔린" "나"요, "속 사람"으로서의 "나"이다(7:22을 보라). 여기서 바울은 자기 자신이 아무런 관계나 책임이 없다고 말하지 않는다(Murray). 카테르가조마이(*κατεργάζομαι*)에 대해서는 7:15을 보라. 가우글러(Gaugler)는 바울이 지금 전적으로 유대인답게 말하고 있음에 주목했다. 즉 바울이 보기에 계명에 있어서는 확신만으로 충분하지 않으며 반드시 순종의 **행동**이 뒤따라야 하는 것이다.

"내 속에 거하는 죄니라"(*ἀλλὰ ἡ οἰκοῦσα ἐν ἐμοὶ ἁμαρτία*-알라 헤 오이쿠사 엔 에모이 하마르티아). 7-13절에서 율법을 논의할 때에도 그랬듯이, 여기서도 바울은 "나"에 관하여 음울한 어조로 묘사한 다음(14절), 이 "나"를 나누는 구분 자체가 그렇게 확실하지는 않음을 보여준다. 즉, 육욕으로 가득한 현재의 "나"조차도 구속의 가능성이 전혀 없지는 않은 것이다. 죄의 권세를 표현하는 이미지를 제시함에 있어서 바울은 의도적으로 그 이미지를 변경했다. 우리는 그가 강조하려는 이 이미지의 변경에 주목해야 한다. 지금까지 죄는 군사적인 힘으로서(8, 11, 23절) 혹은 노예의 주인(14절)으로 제시되었지만, 이제 여기서는 내부로부터 죄어오는 힘으로 묘사된다. 죄를 표현하는 이미지들에 담긴 양면성은 죄의 경험에 담긴 양면성을 반영한다. 죄란 언제나 엄청난 강제력으로 개인을 누르는 권세이지만, 때로는 바깥으로부터 영향을 미치는 힘으로 쉽게 정의되기도 하며(사회적 압력, 전통이 가하는 속박 등등), 또 때로는 안으로부터 발생하는 힘으로 정의될 수도 있다(상습적인 악습에 대한 심리적 중독증, 선천적인 기질 등등). 오이케인 엔(*οἰκεῖν ἐν*)에 관한 보다 자세한 설명은 8:9을 보라. 거기서도 일종의 소유에 관하여 논의할 수 있을 것이다(Schmithals, *Anthropologie*, 43; Zeller는 마 12:43-45와 *T. Naph.* 8.6을 비교한다).

18 "내 속 곧 내 육신에 선한 것이 거하지 아니하는 줄을 아노니"(*οἶδα γὰρ ὅτι*

οὐκ οἰκεῖ ἐν ἐμοί τοῦτ' ἔστιν ἐν τῇ σαρκί μου, ἀγαθόν－오이다 가르 호티 우크 오이케이 엔 에모이, 투트 에스틴 엔 테 사르키 무, 아가돈). 18절 안에서는 14절이 뚜렷하게 메아리 치고 있다.

14절. 오이다멘 가르…에고 데 사르키노스(*οἴδαμεν γὰρ … ἐγὼ δὲ σάρκινός*)
18절. 오이다 가르…엔 테 사르키 무(*οἶδα γὰρ … ἐν τῇ σαρκί μου*)

마찬가지 방식으로, 14절의 "죄 아래 팔렸도다"(*πεπραμένος ὑπὸ τὴν ἁμαρτίαν* －페프라메노스 휘포 텐 하마르티안)의 적나라한 진술 성격은 우크 오이켄 엔 에모이 이우트 에스틴 엔 테 사르키 무, 아가돈(*οὐκ οἰκεῖ ἐν ἐμοί, ιοῦτ' ἔστιν ἐν τη σαρκί μου, ἀγαθόν*)의 적나라한 진술 성격과 잘 어울린다. 도래할 시대의 영광이 지금 시대의 부정적 특징을 대비적으로 극명하게 드러낸다는 점에서, 이 대목의 이원성은 계시 문학의 이원성과 유사하다(8:18의 주석에서 그 예를 참고하고, Russell, *Method*, 266-68을 보라). 이원성이 발생하는 이유는 모두 동일하다. 이 이원성은 바울이 "선한 것이 없다"고 말하는 "나", 즉 이 세대에 속해있고 육체로 존재하는 "나"와 관련되기 때문이다(다시 한번 "나"는 옛 시대의 "나"를 뜻하며, 경건한 유대인을 가리키는 말이 아니다. 7:14을 보라). 여기서 적어도 사르크스(*σάρξ*)와 소마(*σῶμα*)의 대비만은 눈여겨보아야 한다: 여기서 바울이 경멸하는 것은 인간의 육체성이 아니다("나 자신이 육체라는 것"－Wilckens). 사르크스(*σάρξ*)와 소마(*σῶμα*)는 모두 3차원의 시공 안에 존재하는 구체적인 인간을 뜻한다는 점에서 서로의 의미 범위가 중복되기 때문이다. 사르크스(*σάρξ*)는 확고하게 현 시대에 속한 존재를 뜻하는 반면, 소마(*σῶμα*)는 시대라는 경계선을 가로질러 존재하는 개념이다(참조. 고전 15:44-50; 고후 4:7-5:5). 사르크스(*σάρξ*)의 정확한 의미를 규정하자면, 구속이 완성되기 이전에 반드시 멸망해야 하는 이 세대에 필연적으로 귀착되고 결합된 것이라 할 수 있다(롬 8:11, 23). 따라서 사르크스(*σάρξ*)는 그리스도인이 되기 이전의 상태만을 뜻하는 말이 아니다(이 점은 다시 한번 Schweizer와 대비된다, *TDNT* 7:133-134). "선한 것이 전혀 없다"고 바울이 선언한 것은 바로 이 세대로 끌어가는 끔찍한 구속력이다. 그러나 여기서 "육신"을 "본질상 죄악 된 것"으로 규정하는 태도(Barrett) 역시 너무 지나치다. 종말론적인 긴장이 없다면 랍비 문학적인 어구 "악한 충동"(יצר הרע)과의 평행성(Str-B, 4:446-83; Davies, 25-27)은 불명료할 것이다. 투트 에스틴(*τοῦτ' ἔστιν*)에 관해서는 9:8과 10:6-8을 참조하라.

12-13d에서 아가도스(*ἀγαθός*)의 반복으로 생기는 추가적인 반향은, 바울이 과

연 여기서 율법에 대해 더 심화된 암시를 주고자 하는가 하는 의문을 품게 한다. 바울에 따르면 여기서 율법은 비록 죄에게 조종을 당하면서 사망이 다스리는 세대에 부속된 육신으로 하여금 끝내 치명적인 결과에 빠지게 만들지만(7:5), 율법 그 자체는 아담의 세대에 부속되지 않은 채 뚜렷이 구분되는 "선한" 것이다(참조. 14절).

"원함은 내게 있으나 선을 행하는 것은 없노라"(*τὸ γὰρ θέλειν παράκειταί μοι, τὸ δὲ κατεργάζεσθαι τὸ καλὸν οὔ*–토 가르 델레인 파라케이타이 모이, 토 데 카테르가제스다이 토 칼론 우). 파라케이마이(*παράκειμαι*)의 "준비되다. 조치되다"(*TDNT* 3:656)는 뜻에 관해서는 Sir 31(칠십인경 34):16과 P. Oxy. Ⅲ.530.17 이하(MM)를 참조하라. 초기 기독교 문헌에서 이 단어는 이곳과 21절에서만 나타난다. 바울이 더 흔하게 쓰이는 단어 대신 이 단어를 선택한 이유는, 선을 행하는 것이 불가능한 것이 아니라 *어렵다*는 점을 강조하기 위한 것이었다(2:10과 대비해 보라). 의지와 행동의 대조는 곧 중생한 마음과 깨달은 마음의 대조와 같고(5:5; 6:17; 12:2과 1:21,28; 2:5의 대조), 또한 중생한 마음과 구속받지 못한 죽을 몸의 대비와도 같다(8:11, 23). 카테르가제스다이(*κατεργάζεσθαι*)에 관해서는 7:15을 보라. 칼로스(*καλός*)에 대해서는 7:16을 보라. 아가도스(*ἀγαθός*)와 칼로스(*καλός*)의 밀접한 유사성은 7:16에서 보다는 18-19절에서 더 두드러진다. 칼로스(*καλός*)에 관해서는 7:16을 보라.

19 "내가 원하는 바 선은 하지 아니하고 도리어 원치 아니하는 바 악은 행하는도다"(*οὐ γὰρ ὃ θέλω ποιῶ ἀγαθόν, ἀλλὰ ὃ οὐ θέλω κακὸν τοῦτο πράσσω*–우 가르 호 델로 포이오 아가돈, 알라 호 우 델로 카콘 투토 프라소). 본 절은 15절 후반부를 반복하되 프라소(*πράσσω*)와 포이오(*ποιῶ*)의 자리를 서로 바꾸었고(바울이 구사하는 언어의 뛰어난 보편성과 특수성을 다시 한번 생각하게 한다), 칼론(*κακόν*)이 아가돈(*ἀγαθόν*)과 대조 관계를 형성하도록 조절되었다. 여기서 "내가 원치 아니하는 바 악"(*ὃ οὐ θέλω κακόν*–호 우 델로 카콘)은 15절의 "내가 미워하는 것"(*ὃ μισῶ*–호 미소)와 같다.

20 "만일 내가 원치 아니하는 그것을 하면 이를 행하는 자가 내가 아니요 내 속에 거하는 죄니라"(*εἰ δὲ ὃ οὐ θέλω(ἐγὼ) τοῦτο ποιῶ, οὐκέτι ἐγὼ κατεργάζομαι αὐτὸ ἀλλὰ ἡ οἰκοῦσα ἐν ἐμοὶ ἁμαρτία*–에이 데 호 우 델로[에고] 투토 포이오, 우케티 에고 카테르가조마이 아우토 알라 헤 오이쿠사 엔 에모이 하마르티아). 본 절은 16-17절을 요약하고 있다(참조. 7:17 주석). 16절 후반부에 있는 율법을 위한 변

호 부분이 축약되어 이 구절 속에 포함되었다(7:16을 보라). 왜 이 부분이 여기서 축약되어 포함되었는가? 바울이 이미 14-20에서 "나"의 역할을 규명하고 묘사했을 때 그랬듯이, 지금도 이 부분은 그가 더 넓은 개념과 수정을 통해 논의를 확장함에 있어서 중요한 역할을 하기 때문일 것이다(자세한 것은 양식과 구조를 보라). 19-20절을 후대의 설명으로 간주하는 부당한 해석(Leenhardt)은 바로 이 점을 제대로 깨닫지 못했기 때문에 생긴다.

21 "그러므로 내가 한 법을 깨달았노니 곧 선을 행하기 원하는 나에게 악이 함께 있는 것이로다"(*εὑρίσκω ἄρα τὸν νόμον τῷ θέλοντι ἐμοιλ ποιεῖν τὸ καλόν, ὅτι ἐμοι τὸ κακὸν παράκειται* – 유리스코 아라 톤 노몬 토 델론티 에모이 포이에인 토 칼론, 호티 에모이 토 카콘 파라케이타이). 다음의 항목별 주석은 본문의 톤 노몬(*τὸν νόμον*, "법")이 토라를 가리킨다는 나의 입장을 증명하기 위한 논거들이다. (1) 본절은 앞 본문의 분석에 담긴 중심 요소들을 분명하게 종합하고 요약한다. 7:7-25의 중심 취지 중 하나는 율법을 위한 변증이기 때문에(양식과 구조를 보라), 여기 노모스(*νόμος*)가 가리킬 만한 가장 유력한 것은 "(유대인의) 율법"이다. (2) 특별히 유리스코(*εὑρίσκω*)는 바울이 이미 10절에서 말했었던 것을 다양한 형태로 반복하면서 메아리를 울린다.

> 10절 유레데 모이 헤 엔톨레…에이스 조엔…에이스 다나톤(*εὑρέθη μοι ἡ ἐντολὴ … εἰς ζωήν…εἰς θάνατον*)
>
> 21절 유리스코 톤 노몬…트 칼론…토 카콘(*εὑρίσκω τὸν νόμον…τὸ καλόν…τὸ κακόν*)

10절에서는 율법의 목적이 좌절되었다는 생각만 표현되었지만, 이에 비하여 21절에서는 "나"의 상대적인 무기력함도 덧붙여서 표현된다. 그러나 두 구절 모두에서 각 개인이 겪는 혹독한 경험이 다루어진다. 즉 각 개인은, 생명을 위하고 선을 진작시켜야할 율법이 실제로는 그 반대의 결과를 낳게 하는 현실을 고통스럽게 경험한다는 것이다. (3) 21절의 세 개의 문장 중 뒤의 두 문장은 18절 후반부와 19절의 요약이다. (12-13/16과 18a절/18b절/19절에서도 그랬듯이) 다시 한번 칼론(*καλόν*)이 아가돈(*ἀγαθόν*)의 변이형 역할을 하면서 카콘(*κακόν*)과 대조를 이룬다. 그리고 잘 쓰이지 않는 단어 파라케이마이(*παράκειμαι*, 7:18 주석 참조)가 한 번 더 사용되면서, (신자이면서도) 자기가 너무 쉽고 간편하게 악을 행한다는 바울의 깨달음이 효과적으로 표현되었다. 바로 직전 문맥의 매우 많은 주제들이 이와 같은 방식으로 종합되면서, 이 일련의 사상들은 이 율법이 결국엔 16b절이 말했던 율법과 동등하다는 사실을 힘있게 부르짖는다. "나"의 나뉘어짐 때문에 나는 궁극적인 비난을 면해야 한다고 설명하면서(17, 20절), 바울은 이제 자연스럽게 율법에 대한 그의 주요한 변증적 관심으로 되돌아간다(양식과 구조를 보라). (4) 그러므로 곧이어 뒤따르는 진술들을 통해 바울이 관심의 초점을 맞추려 한 것은 율법의 양면성이라고 말해야 할 것이다(7:22-23, 25; 8:2). 율법의 양면성에 있어서 핵심은 두 가지로 생각해 볼 수 있다. 한편으로는, 이 양면성이 이중적 특징을 가진 "나"와 상호작용하며 "나"를 강화시킨다: 하나님의 율법으로서의 성격은 선을 향한 나의 갈망을 강화시키고, 죄에 의해 악용되는 율법으로서의 성격은 나로 하여금 악을 행하도록 부추긴다(이 점은 Lohse, *Vielfalt*, 135; Hahn, "Gesetzesverständnis", 46; Schmithals, *Anthropologie*, 67; Theissen, *Psychological Aspects*, 188-89, 255-57; Reicke, "Gesetz," 243; 그리고 Snodgrass, 105-6 등에서 잘 밝혀져 있다; Denny, Barth, Wilckens 등을 참조하라; Blank의 "Gesetz," 112-13에서는 완전하게 다루어지지는 못했다. 또한 8:2의 참고도서 목록을 참조하라). 또 다른 한편으로는, 두 가지 모두에 대해서 동일한 변증적 논리가 적용되었다: "나"의 분리된 상태가 나의 실패를 죄가 주는 실패로 보여주듯이, 양면성을 지닌 율법 역시 그 실패를 죄로 인한 실패로 드러낸다. 그러나 죄의 통치에도 불구하고 "나"와 율법 모두를 위한 하나님의 목적은 너무나 확고하다. 더 자세한 것은 7:22을 보라.

그러나 오늘날의 대부분 주석자들은 바울이 노모스(*νόμος*)를 "일반적 규정"이나 "원칙"이라는 의미로 사용했다고 주장한다(예를 들어, BGD, *νόμος* 2; *TDNT* 4:107; SH; Lagrange; Lietzmann; van Dülmen, 115-18; Black; Schlier; Zeller; Bergmeier 등의 학자와 NJB 성경). "이것은 정규적으로 발생하는 것이고, 따라서 일반적인 규칙이다." 비록 레이젠넨(Räisänen)이 광범위한 헬라 문헌을 통해 노모스(*νόμος*)가 그런 의미로 쓰인 용례를 입증하기는 했어도, 신약 성경 안에서는 그런 의미의 용례가 확인되지 않는다(*Law*, 50 n. 34와 "*ΝΟΜΟΣ*"; 반대 견해로는 Wilckens를 보라). 바울이 그런 뜻으로 말하고 싶었다면 정관사 없이 지시 형용사("이 율법")를 사용했으리라는 짐작은 할 수 있겠지만, 노모스(*νόμος*) 외에 다른 어떤 단어를 썼을 지는 정말 짐작하기가 어렵다(이 문제를 잘 알고 있는 Cranfield와 Wilckens는 본문의 의미는 제대로 밝히지도 않은 채 무턱대고 23절이 언급하는 내용에만 신경을 쓴다). 그러나 노모스(*νόμος*)에 관련된 문제를 해결하기 위해서는 이 단어의 광범위한 문헌적 용례에 의존하기보다는 오히려, 바울 자신의 논의의 흐름 속에 나타나는 바울만의 용례들을 살펴야 한다. (3:27도 예외 없이) 이 서신서에서 나타난 율법에 대한 바울의 모든 언급들은 지금까지 유대인의 율법, 즉 토라를 가리켜 왔다. 이 단어가 유대인의 율법이 아닌 다른 법임을 알려주는 좀더 분명한 진술이 없다면, 바울은 여기 이 단어를 자신의 로마인 독자들이 지금까지와는 좀 다른 뜻으로 읽을 것이라고는 기대하지 않았을 것이다(Räisänen은 바울의 율법 논의에 관한 일부를 함부로 잘라 내버렸기 때문에, 그가 그 나머지 논의의 내용이 일관성이 없다는 것을 발견한 것은 놀랍지도 않은 일이다; 7:14을 보라). 분명히 문장의 모양은 다소 어색하지만, 이 어색함은 순전히 (10절의 경우처럼) 바울이 분명하게 표현하고자 하는 아이러니의 특징 때문에 비롯된 결과일 뿐이다. 바울은 자신의 경험 속에서 발견되는 법을 이런 문장이 아니고는 달리 표현할 수 없었던 것이다(Gaston은 *Paul*, 176에서 창세기 4:7을 언급하고 있다). 어쨌든 그렇다 하더라도 율법에 관한 바울의 이 말은 사실상 토라에 대하여 충분히 좋은 뜻으로 말하고 있다: 즉, 내 행동에 대하여 악이 더 많은 결정권을 갖고 있다는 것, 이것이 바로 앞에서 방금 묘사된 현실 상황 속에서 "내"가 만나는 율법이다. 의지 하나만으로는 충분하지 않다: 나는 여전히 율법이 선으로 정한 바를 행동으로 옮길 수가 없는 것이다. 다시 말하지만, 우리가 바울의 논의에 있어서 이 대목이 참으로 중요한 결론임을 이해하려면 21절을 반드시 (유대인의) 율법에 대한 언급으로 알아들어야 한다. 이 문장으로 바울은 은혜의 수단인 율법이 왜 무력한지, (유대 사상에서 율법의 기본 역할인 바) 하나님께 대한 인간의 관계에 율법은 왜 안전하고 지속적인 기초를 제공하지 못하는지 그 실질적인 이유를 제시한 셈이다. 즉, (행위의 관점에서 이해되는 것이 아니라 제대로 이해된) 율법은 의지에 지식을 전해줄 뿐이지 행동을 하게 해주지는 않는다는 것이 바로 바울이 밝히는 이유이다. 의지의 영역 바깥에서, 죄의 도구로서의 율법은 육신에 있는 죄를 극복하기에는 너무나 역부족이다. 자신도 율법이 요구하는 선을 원하고 선도 자신의 의지를 자극하지만, 선이 아니라 오히려 악이 (율법의 행위를 비롯한 그의 모든) 행동을 지시하는 사람, 바로 이 사람이 깨닫는 것이 율법이 가진 바로 이러한 현실이다.

22 "내 속 사람으로는 하나님의 법을 즐거워하되"(*συνήδομαι γὰρ τῷ νόμῳ του θεοῦ κατὰ τὸν ἔσω ἄνθρωπον* – 수네도마이 가르 토 노모 투 데우 카타 톤 에소 안드로폰). 「*συνήδομαι* + 여격」은 통상 "(누구와) 함께 기뻐하다" 혹은 "(무슨 일에) 기뻐하다"는 의미를 갖는다(LSJ). 따라서 여기서는 "(흔쾌히) 동의하다"라는 확장된 의미를 고려하지 않아도 괜찮을 것이다. 왜냐하면 이 단어는 (7:16 하반절과는 달

리) 율법에 대한 "나"의 승인이나 동의 등의 다소 국한된 의미보다는, 오히려 지금껏 숙고되어온 "나"와 율법 사이의 친근함이나 상호간 승인 등을 의미하기 때문이다. 대부분의 학자들도 인정하듯이, 여기서의 노모스(*νόμος*, "율법")가 "일반적인 의미에서의 하나님의 뜻"(Käsemann)이 아니라 토라("하나님의 법")를 뜻한다는 데에는 의심의 여지가 전혀 없다. 22절은 21절에 대한 설명이다(*γάρ*-가르, "왜냐하면"). 따라서 22절은 율법에 관한 바울의 파라독스적 경험(21절)을 설명하는 첫 부분이라고 보는 것이 가장 적절할 것이다(더 자세한 것은 7:21을 보라).

"속 사람"(*ὁ ἔσω ἄνθρωπος*-호 에소 안드로포스)이라는 개념은 헬라 철학 사상에서도 발견된다. 초기에는 인간의 저열하고 동물적이고 세속적인 성질과 구분되는 바, 인간 내면의 신성하고 이성적인 요소에 대한 표현방식으로 사용되다가, 나중에 영지주의 사상에 이르면 첨예한 인간론적 이원성을 표현하기 위해서 사용되곤 하였다(BGD, *ἄνθρωπος* 2ca; *TDNT* 1:365; Lietzmann; Wilckens 2:93 등을 보라). 그러나 누구든 "나"를 "육신에 속한 자"(14절)라고 부르는 사람이라면, 그는 결코 인간론적 이원론 사상을 표현하는 것이 아닐 것이다(Jewett, *Anthropological Terms*, 391-401을 비교하고 대조하라. 더불어 그가 개관하는 초기 문헌들의 자료도 참조하라). 그리고 바울의 저작에 사용된 어휘 중에서 "속 사람"이라는 말이 그리 흔하게는 나타나지 않고(하지만, 고후 4:16과 엡 3:16을 참조하라; "속 사람"의 반대 개념으로 볼 수 있는 "옛 사람"을 언급하는 롬 6:6; 골 3:9; 엡 4:22 등도 참조하라), 또한 바울의 로마인 독자들이 이 표현의 플라톤 철학적인 어법을 잘 알고 있는 사람들이었다 할지라도, 바울이 여기서 전하고자 했던 원래의 뜻을 그들이 틀리게 알아들었다고 보기는 어렵다. 전체 문맥이 암시하듯이 바울이 말하는 이원성은 구원사에 있어서 이원성이나 긴장이지 인간론상의 이원성이 아니다. 즉 "내"가 겪는 이 분열은 창조(나 타락)의 결과가 아니라, 무엇보다도 구속의 결과라는 사실이다. 다시 말해서 "나"의 분열은, 신자 된 "내"가 죄와 사망(과 율법)의 옛 시대와, 은혜와 생명(과 성령)의 새 시대 사이에 속해 있기 때문에, 또한 닿아있기 때문에 생긴 일이다. 뿐만 아니라 (지금 바울이 플라톤의 *Republic*, 9.588-92에서 묘사된 것과 똑같은 갈등을 묘사하는 것으로 보인다고 해서) 바울의 이원론과 플라톤적 이원론을 사실상 같은 것이라고 말해서도 안 된다. 바울의 복음에 있어서 "나"의 죽음은 없어서는 안될 필수적인 요소이다: "속 사람"은 곧 그리스도의 죽음 안에서 그분과 이미 연합되어 그분의 부활한 생명에 참예한 자인 "나"와 같으며, 또한 육신에 속한 "나"는 곧 아직 죽지 않은 자인 "나"와 같다고 할 수 있다(고후 4:7-5:5의 문맥에 비추어 고후 4:16

을 이해하면, 이 모든 것이 더욱 더 분명해질 것이다; 25절의 앞부분에서는 기독교에 해당하는 표현이 단 하나도 없다고 단언했던 Sanday와 Headlam[SH]의 주장은 본문을 완전히 벗어나 있다; Leenhardt가 이와 비슷한 입장이며 Barrett는 입장을 달리한다; Käsemann은 시인하기를, 영적인 "속 사람"의 언어가 "구속받지 못한 자의 삶 속에" 들릴 때는 마치 "수수께끼를 듣는 것과 같다"고 했다). 포괄적인 정죄(1:18-3:20)와 좌절한 의지의 고백(7:7-25) 사이를 나누는 구분은, 지금까지 여러 차례에 걸쳐 다루어진 논의들의 대 주제였던 그리스도의 죽음이다. 이와 다소 비슷한 이유에 근거하여, (Michel과 Schmidt가 주장했듯이) 지금 바울이 경건한 유대인을 염두에 두고 말하는 것은 아니라고 할 수 있다: 율법을 지키는 바리새인이었을 당시의 바울 자신도 이러한 긴장은 전혀 경험한 적이 없었다(빌 3:4-6; 신 30:14과 Sir 15:15의 상대적 확신을 참조하라). 바울 자신도 아는 바이지만, 당시 율법을 지키는 그의 태도는 육체와 행위의 아주 피상적인 수준에 머물러 있었기 때문이었다(2:27-29; 3:27). 당시의 그는 이러한 좌절의 단계에 부딪혀 본적도 없었다!(이 부분이 기독교적 통찰을 통하여 경건한 유대인의 실존적 고뇌를 표현하였다는 주장의 비논리성은 지금까지 제대로 비판되지 못해왔다. 이런 실존적 고뇌라고 하는 것은 경건한 유대인이었던 당시의 바울도 사실상 경험하지 못했고, 기독교인이 된 후에도 여전히 경험하지 못하는 것이다!).

이방인에게서도 내면의 의지와 외면의 행위가 조화될 수 있는 가능성을 바울이 완전히 배제하지는 않았다 하더라도(2:12-16), 그 가능성이 온전히 현실로 이루어지려면 오직 그리스도의 부활한 생명의 능력이 아니면 안 된다는 것이 바울 복음의 핵심이다. 복음은 내면의 자아를 해방시켜서 율법을 제대로 평가할 수 있게 할 뿐만 아니라, 진심으로 그 율법에 순종까지 할 수 있게 해준다(참조. 6:15-18; 7:6). 바울이 이 대목에서 다루고 있는 주제는 전자에 해당하며, 이제 곧 그의 분석의 폭을 넓혀 후자의 주제까지 포괄적으로 다루게 될 것이다.

23 "내 지체 속에서 한 다른 법이 내 마음의 법과 싸워 내 지체 속에 있는 죄의 법 아래로 나를 사로잡아 오는 것을 보는 도다"(*Βλέπω δὲ ἕτερον νόμον ἐν τοῖς μέλεσίν μου ἀντιστρατευόμενον τῷ νόμῳ τοῦ νοός μου καὶ αἰχμαλωτίζοντά με ἐν τῷ νόμῳ τῆς ἁμαρτίας τῷ ὄντι ἐν τοῖς μέλεσίν μου*—블레포 데 헤테론 노몬 엔 토이스 멜레신 무 안티스트라튜오메논 토 노모 투 누스 무 카이 아이크말로티존타 메 엔 토 노모 테스 하마르티아스 토 온티 엔 토이스 멜레신 무). 여기서 말하는 "한 다른 법"(*ἕτερον νόμον*—헤테론 노몬)은 틀림없이 "죄의 법"(*ὁ νόμος τῆς*

ἁμαρτίας – 호 노모스 테스 하마르티아스)을 뜻할 것이다. 왜냐하면 이 두 구절 모두 "내 지체 속에서"(*ἐν τοῖς μέλεσίν μου* – 엔 토이스 멜레신 무, 6:13을 보라; NJB의 "나의 육체에 작용하는"이라는 번역은 헬라어 원문의 뜻과는 너무 멀다)라는 말에 의해서 그 충분한 개념이 정해지기 때문이다.

여기 노모스(*νόμος*)가 토라 외의 다른 것(*ἕτερος* – 헤테로스), 즉 "다른 종류의 어떤 법"(Trench, *Synonyms*, 358)이라는 주장을 뒷받침할 만한 근거는, 21절에서 찾으려 하기보다는 오히려 이 구절 안에서 노모스(*νόμος*)가 언급되는 방식을 통해 찾아야한다. 그러나 아무리 헤테로스(*ἕτερος*)와 알로스(*ἄλλος*)를 명료하게 구분하는 방식으로 본문을 이해하려 한다 해도, 본문의 뜻이 명확하게 밝혀지지는 않는다. 왜냐하면 흔히 이 두 단어는 서로 바꾸어 쓸 수 있는 의미로 사용되기도 하고(BGD, *ἕτερος* 1bγ), 또 본문이 "다른 법"이라고 할 때 이 "다른"은, 단지 율법이 죄에 의해 악용될 때의 느낌을 표현하는 말에 지나지 않을 수도 있기 때문이다(7:8, 11, 13). 즉 좋은 법으로 느껴지던 법이 죄에게 악용 될 때는 좀 '다른' 법으로 느껴질 수도 있는 것이다(7:16, 22). 분명히, "죄의 법"에 관해서 말한다는 것은 죄에게 악용되어 속이고 죽이는 법(11절)에 관해서 말하는 것과 별반 다를 것이 없다. "죄의 법"을 단지 "죄를 통하여 우리를 다스리는 권세"로만 이해하는 해석(Cranfield)은, 본 구절과 11절의 연관성을 무시하는 해석이다. 죄의 권세 속에서 율법은 마치 하나님의 법과는 아주 다른 법처럼 경험된다. 더 자세한 것은 8:2을 참조하라. 특히 윌켄스(Wilckens)의 책을 보라.

"내 마음의 법"(*ὁ νόμος τοῦ νοός μου* – 호 노모스 투 누스 무)도 이와 마찬가지다. 이 구절이 "하나님의 법"(22, 25절)을 가리키는 것인지 아니면 "성령의 법"(8:2)을 가리키는 것인지는 따지기가 어려울 것 같다. 그러나 여기서도 바울은 자신의 의도와 다르게 해석될 여지가 있는 표현을 만들었고, 그런 식으로 이 두 구절을 일부러 자극적인 어휘로 구성함으로써 죄의 시대와 은혜의 시대의 중복 시기에 존재하는 율법의 역리적인 양면성을 더욱 강화하였다. (Philo, *Plant.* 42; *Cong.* 97에서 볼 수 있듯이) 마음이나 이성을 "속 사람"의 속성으로 표현하는 헬라의 인간론적 이원론에 관한 바울의 인식이 이 구절에서 반영된다고 해도 무리는 없을 것이다. 인간의 의지를 이와 같은 방식으로 말함으로써 사실상 바울은 자신의 분석을 (그 동안의 해석사가 보여주듯이) 헬라 사상의 입장에서 해석하도록 여지를 만들어 준 셈이다. 그러나 우리가 이 긴 논의 속에서 수사적 효과를 위해 나타나는 여러 동의어 활용에 관해 잘 연구해 보면, 여기서 "마음"이란 나눠어진 "나"(14-21)에 대한 보다 주의 깊은 동의적 표현임을 알 수 있을 것이다. 바울이 "마음"이라는 동의적 표현을 굳이 여기서 사용한 이유는 – 그가 앞에서 옛 시대와 새 시대 사이에 놓인 구원사의 긴장을 잘 확립시킴으로써 자신의 논의를 거의 완료시켰던 대목에서도 그랬었듯이 – 자기가 특별히 구사한 "마음"이라는 표현이 '새 시대에 속한 신자'라는 뜻 외에 다른 뜻으로 이해되는 것을 방지하고 싶었기 때문이다. 보다 자세한 것은 12:2을 보라. 전쟁 비유를 다시 쓴 것은 단순히 문체적인 효과나 미학적인 효과를 내기 위한 것만은 아닐 것이다. 바울은 이미 6:13(*ὅπλα* – 호플라)과 6:23(*ὀψώνια* – 옾소니아), 그리고 다시 7:8, 11(*ἀφορμή* – 아포르메)에서도 이 비유를 사용했고, 8:7(*ἔχθρα* – 에크드라)과 8:13(*θανατοῦτε* – 다나투테)의 배경에서도 그 비유의 이미지가 여전히 효과를 발휘했었다. 이 비유의 지속적인 활용은 첨예한 실존적 긴장을 나타내기 위한 것이다: 바울의 경험 속에는 죄와의 전쟁이 끊임없이 지속되고 있었고, 그는 자신이 이 전쟁 속에서 포로로 잡혀 있다고 느꼈다. 비록 6:2-4과 8:2에서 부정과거 동사들이 사용되긴 했지만, "나"의 경험으로 표현된 바울의 이 경험은 신자들에게도 일반적인 경험이다(6:13; 8:13). 이처럼 공격(*Anfechtung*) 받는 믿음을 뜻하는 구절은 바울의 다른 서신에서도 발견된다. 특히 고린도후서 10:3-4과 갈라디아서 5:17이 그러하다.

이 비유는 여기서 가장 극단적인 형식으로 표현되었는데, 왜냐하면 이 비유가 전쟁뿐 아니라 패배(*αἰχμαλωτίζεσθαι* – 아이크말론티제스다이)까지도 말하고 있기 때문이다. 바로 이 점이 또 하나의 두드러진 비유인 노예 비유와의 접촉점을 마련해 주는데, 통상 전쟁에서의 패배는 전쟁 포로가 되어 노예로 팔려 가는 것을 뜻했기 때문이다. 그러므로 여기서 쓰인 비유의 극단성은 14b절의 적나라한 성격과 잘 어울린다고 말할 수 있다(7:14을 보라). 두 가지 법 사이에 전쟁이 벌어지듯이, 달리 말해서 하나의 법이 두 가지 다른 용례로 사용되듯이, 마찬가지로 법에게 포로가 된다고 하는 것은, (신자를 포함하여) 이 세대에 속한 사람이 죄에게 악용 당하는 율법의 변질된 기능에 의해서 포로로 잡혀 있다는 뜻이요 그 율법의 힘을 벗어날 수 없다는 뜻이다. 물론 지금 바울이 숙고하는 것은 신자의 최종적 상태가 아니라, 전쟁과 패배에 관한 신자의 지속적인 경험이다(동사의 시제를 유념하라). 모든 사람이 자신이 처한 상황으로 깨닫게 되는 이 전쟁이 아직은 결코 완료되지 않았다는 것이다. 신자라 하더라도 누군가는 끝내 마지막 (완성된) 구원에까지 이르지 못할 수도 있다는 가능성을 표현함으로써, 바울의 냉혹한 리얼리즘이 여기서 강하게 나타난다(참조. 8:13, 9:3, 11:21). 이런 가능성은 이그나티우스(Ignatius)도 *Eph.* 17.1에서 동일한 이미지를 사용하여 말한 바 있었다. 물론, 패배만이 모든 전쟁의 유일한 결과라면, (반대로) 이 패배가 패배로 경험되지도 않고 인식되지도 않는 그런 패배라면, 이후 바울이 계속해서 주장하는 희망은 아무런 의미가 없을 것이다(Wenham은 이 중대한 핵심을 놓쳐버렸다). (14b절과) 이 진술의 극단성은 앞에서 집중적으로 사용되었던 부정과거 동사들(6:2-4; 7:4-6)과 적절한 균형을 맞추기 위한 것이며, 이 양자의 균형은 6:12-13과 8:12, 13의 권고들에서 볼 수 있다. 또한 더욱 명쾌한 진술은 7:25b와 8:10, 11, 18-24 등에서 볼 수 있다(다시 6-8장의 서문을 보라).

24 "오호라 나는 곤고한 사람이로다"(ταλαίπωρος ἐγὼ ἄνθρωπος – 탈라이포로스 에고 안드로포스). 탈라이포로스(ταλαίπωρος, "가련한, 비참한, 괴로운", 신약 성경에서는 오직 여기와 계 3:17에서만 사용됨)는 감탄사로서 (Wisd Sol 3:11; 13:10처럼) 절망이나 정죄의 표현에서 쓰인다. 또한 이 감탄사는 사람이 두 가지 힘에 시달리고 있는 상태를 묘사하는 데에도 쓰인다. 성경 외 문헌에서 이 대목과 견줄만한 평행구절은 (Smith가 "Background", 128-33에서 주장하듯이) 헤르메스 트리스메기스투스(Hermes Trismegistus)의 저서 Kore Kosmou §34-37나 *Jos. Asen.* 6.1-8에 있지 않고(참조. *T. Abr.* B 10; Schmithals, *Anthropologie*, 75-78), 오히려 에픽테투스(Epictetus) 1.3.5의 "τί γὰρ εἰμι; ταλαίπωρον ἀνθρωπάριον …"에서 찾을 수 있다. –바로 이 책 안에서 인간의 양면성에 관한 비슷한 사상이 나타난다: "…그러므로 우리의 출생과 더불어 우리 속에는 이 두 가지 요소가 섞여 있다. 그 하나는 육체인데 짐승들도 우리처럼 같이 갖고 있는 것이고, 다른 하나는 이성과 지성으로서 우리가 신들과 더불어 함께 소유하고 있는 것이다. 우리 중 많은 자들은 전자의 것에 더욱 친근해서 행운의 축복을 받지도 못하고 죽게 되지만, 오직 소수만이 신령하고 복스러운 것을 지향한다…사람들은 말하기를, '그럼 나는 어떤 인간인가? 오호라, 비천한 인간이여!', '아아, 이 누추하고 비천한 육체여!'라고 통탄한다. 비천한 것은 사실이다. 하지만 당신 역시 당신의 비천한 육체보다 더 나은 것을 갖고 있다. 그런데 어째서 그것은 포기한 채 이 비천한 것에만 집착하는가?"(1.3.3-6). 그러나 바울의 경우에 있어서, 이 통탄의 탄식을 유발시키는 원인은 인간론적인 긴장이라기보다는, 오히려 아담(죽음)의 시대와 그리스도(생명)의 시대라는 두 시대 사이에 사로잡힌 종말론적인 긴장이다. 더 자세한 것은 브루스(Bruce)와 젤러(Zeller)의 책을 보고, 특별히 고린도후서 4:16-5:4를 참조하라. 그밖에 초기 기독교 문헌의 다른 곳에서 이런 통탄의 표현은 하늘의 시민권과 세상의 시민권을 동시에 갖고 있는 긴장으로 나타난다(빌 3:20, 21; 히 13:14; *Herm. Sim.* 1.1). "오호라"(ταλαίπωρος – 탈라이포로

스)가 "두 마음을 가진"(*δίψυχος* – 딥스코스)와 함께 쓰여서 똑같은 뜻을 나타내기도 한다(*Herm. Sim.* 1.3; 1 *Clem.* 23.3; 특별히 2 *Clem.* 11.2에서 말하는 비천함은, 이루어지지 않은 소망이 마음을 압박할 때의 느낌이며, 소망이 의심에 휩싸여 무산될 때 느끼는 기분이다(참조. 7:23). 제4에스라 7.62-69, 116-26에서 보이는 다소 유사한 평행구절은, 6:2-11; 7:4-6; 8:2-4에서 주어진 긍정적인 해답도 없이 오직 종말론적 긴장의 부정적 측면만을 표현하고 있다.

"이 사망의 몸에서 누가 나를 건져내랴?"(*τίς με ῥύσεται ἐκ τοῦ σώματος τοῦ θανάτου τούτου* – 티스 메 흐루세타이 에크 투 소마토스 투 다나투 투투). 신약 성경에서 흐루오마이(*ῥύομαι*)가 육체의 위험으로부터의 구원보다는 오히려 영혼의 구원과 연관되어 사용될 때, 이 흐루오마이(*ῥύομαι*)의 가장 본질적인 의미는 종말론적 의미가 된다(마 6:13 // 눅 11:4; 롬 11:26; 살전 1:10; 딤후 4:18). 본문이 여기서 관심을 갖고 있는 구원은 5:1의 결정적 수용에서 표현된바 회심(Kuss의 견해)이 아니라, 이미 시작된 선한 일의 완성과 같은 최종적 구원이다(빌 1:6). 다시 말해서 본문은 이생의 육체적인 속박 **내에서** 경험할 수 있는 구원이 아니라, 이생의 육체적인 속박**으로부터의** 구원에 관해서 다루고 있다. 미셸(Michel)과 크랜필드(Cranfield)의 책을 참조하라. 통탄의 울부짖음은 "인류와 종교의 마지막 소망이 끝내 상한 갈대로 밝혀졌기 때문에" 생긴다고 말했던 바렛트(Barrett)의 주장은, 바울의 말씀보다는 오히려 초기 바르트적 사상의 영향을 반영할 뿐이다. 이 울부짖음이 이미 성령을 **받은** 자의 울부짖음일 수 있다는 사실은 로마서 8:23과 고린도후서 5:2-5을 통해서 충분히 입증될 수 있다(이와 상반되는 견해로는 예를 들어, Bornkamm, "Sin", 101; Cambier, "Moi" 등을 보라).

"이 사망의 몸" 혹은 "사망의 이 몸"(Käsemann을 보라)이라는 말은 "죄의 몸"(6:6), "이 죽을 몸"(6:12), "내 육신"(7:18), "내 지체"(7:23) 등과 뜻을 같이하는 또 다른 변형이다. 더 자세한 것은 6:6과 6:12을 보라. 이런 여러 가지 표현들을 사용한 본문에서도 그랬듯이, 여기서 쓰인 표현의 의미 범위 역시 사르크스(*σάρξ*)의 의미 범위와 거의 일치한다. 보다 중립적인 의미의 소마(*σῶμα*)가 "죽음의"라는 말로 한정된다는 이유 때문에 그러하다(7:18과 8:13을 참조하라). 앞에 나온 여러 변이형들과 문맥이 제공하는 더 분명하고 충분한 정의는, 바울의 독자들로 하여금 이원적 인간론의 시각으로 이 표현을 오해하지 않도록 막아주었을 것이다. 여기서 "이 사망"은 죄의 음모가 몰고 온 사망(7:10-13)을 가리킴이 분명하다. 5:12과 8:10을 보라. 설령 이 표현에 인류가 아담의 세대에 집단적으로 속해 있음을 말하는 사상(5:

12-21)이 아주 농후하다 하더라도, 육체의 사망에 관한 개념이 이 표현의 의미 안에 포함되어 있다는 사실 역시 명백하다. 육체의 사망은 이 세대에 대한 사망의 통치가 가져다준 최종적 재난이요 목적이다. 맨 마지막에 멸망 받을 원수의 패배도 마찬가지로 사망이다(고전 15:26). 바울도 여기서 그 원수의 패배를 갈망하고 있다.

25 "우리 주 예수 그리스도로 말미암아 하나님께 감사하리로다"(*χάρις δὲ τῷ θεῷ διὰ Ἰησοῦ Χριστοῦ τοῦ κυρίου ἡμῶν* – 카리스 데 토 데오 디아 예수 그리스투 투 큐리우 헤몬). 첫 번째 표현에 대해서는 6:17을 보라. 디아 예수 크리스투(*δια Ἰησοῦ Χριστοῦ*)에 대해서는 1:8의 주석을 보라. 완전한 기독론적 명칭에 대해서는 1:4과 5:1을 보라. 디아(*διά*)는 아마 이중적 기능을 하는 것 같다: 하나는 하나님께 기도 드리시는 그리스도의 중보 역할을 강조하는 기능이고, 다른 하나는 최종적 구원에 대한 하나님의 대리자이신 그리스도의 중보 역할(7:24을 보라)을 암시하는 기능이다. 크랜필드(Cranfield)가 올바르게 지적했듯이, 본문의 이 공식 문구 자체에는 이미 완료된 구원을 뜻한다고 볼 수 있는 것이 전혀 없다. 오히려 이 본문과 가장 유사한 평행 본문(고전 15:57)은 종말론적 구원에 대한 기대가 암시되고 있다(Banks, "Rom 7:25a"). NEB은 이 부분을 "우리 주 예수 그리스도를 통하여, 오직 하나님께만! 하나님께만 감사가 있기를!(God alone, through Jesus our Lord! Thanks be to God!)"로 번역한 것은 지나치게 자유스럽다(NJB도 마찬가지다).

"그런즉 내 자신이"(*ἄρα οὖν αὐτὸς ἐγώ* – 아라 운 아우토스 에고). 아라 운(*ἄρα οὖν*)에 대해서는 5:18을 보라. 바울이 7장에서 에고(*ἐγώ*)를 사용해온 횟수가 여기까지만 일곱 내지 여덟 번째이고, 9:3에 이르기까지는 이 단어가 다시 사용되지 않는다. 아우토스(*αὐτός*)는 에고(*ἐγώ*)의 뜻을 강화하고 강조한다(BGD, *αὐτός* 1). 쿠스(Kuss)가 제대로 지적했듯이, 여기서 우리는 본문을 "스스로의 힘으로 처리해야 할 처지가 된 나는"(I thrown on my own resources, BGD)이나, 그리스도의 앞이나 바깥에서 "혼자가 된 내가"(I left to myself, Moffat)로 번역하면 안 된다(Lightfoot; SH; Gaugler, 240-44; Robinson, *Wrestling*, 89-91과 로빈슨의 견해를 따르는 Mitton, 133- 34 등). 이런 학자들의 결론은 특정한 해석 경향을 따랐을 뿐이지, 본문의 어휘적 의미 자체에 근거하여 내린 결론은 아니다. 지금 말하는 자인 "나"는 육신에 속한 "나"(14절)이기도 하고 "속 사람"(22절)이기도 하다. 그러므로 뒤따르는 멘…데…(「*μέν…δέ* …」)구문에서 꼼꼼하게 표현되었듯이, 하나의 동일한 "내"가 전쟁과 강제 노역(servitude)이라는 두 가지 영역권에 존재한다는 사실을 주의 깊게 강조하고 있다.

"마음으로는 하나님의 법을, 육신으로는 죄의 법을 섬기노라"(*τῷ μὲν νοὶ δουλεύω νόμῳ θεοῦ, τῇ δὲ σαρκὶ νόμῳ ἁμαρτίας*–토 멘 노이 둘류오 노모 데우, 테 데 사르키 노모 하마르티아스). 본 절은 23절의 언어들을 분명하게 상기시켜 준다: "내가 하나님의 법을 즐거워한다"(22절), "내 마음의 법"(23절), "내가 내 마음으로 하나님의 법을 섬긴다." 본 절에서 "나"의 실존적 측면이 표현되었다면, 조금 전 예로 든 구절들 역시 동일한 실존적 측면을 표현하는 여러 가지 변형들이다. 마찬가지로 "육신으로는 죄의 법을 (섬기노라)" 역시 18-23절의 주제를 요약하고 있다. 7:23의 주석을 보라. 사르크스(*σάρξ*)에 대해서는 7:5, 14, 18을 보라("물질적인, 죄악 된, 무질서한 속성"[NEB, NIV, NJB]이라는 번역은 의미의 폭을 좁게 만들어버리거나 왜곡시킨다; 7:5을 보라). "내" 안의 분열은 이제 율법의 양면성과 보다 완벽하게 조화를 이룬다: 하나님의 법과 마음의 관계는 이미 분명히 밝힌 바 있었고(22절), 앞의 5절과 7-13에서 암시되었던 죄의 법과 육신의 관계가 여기서 다시 간결하고 명료한 용어로 진술된다.

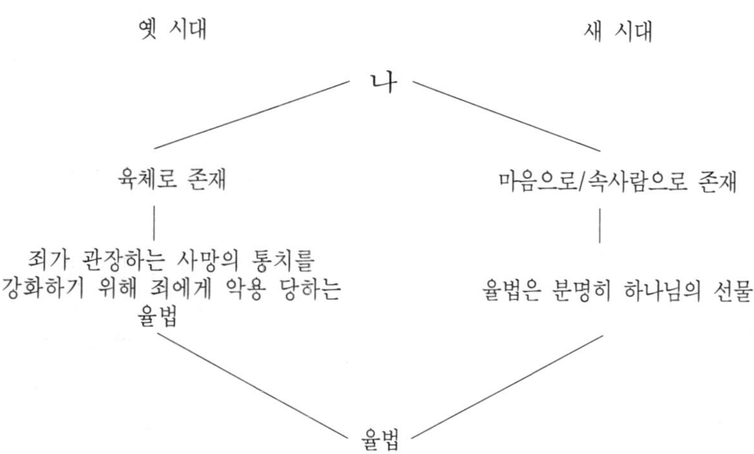

여기서 둘류오(*δουλεύω*)는 그 효용가치를 두드러지게 드러내며, 6:6과 7:6의 의미를 분명하게 해준다. 그리스도께서 죽으시고 신자가 그의 죽으심에 동일시 된 목적은, 죄(사망)의 몸을 멸함으로써(6:6; 7:24)–즉, 몸이 죽고, 해방의 마지막 역사인 부활 시에 그 몸이 구속됨으로써–신자들로 하여금 종노릇하게 만드는 이중의 충동을 해결하는 것이다. 해방의 첫 단계에는 "의문"(*γράμμα*–그람마)으로 오용되는 율법에서의 해방도 포함된다. 다시 말해서, 하나님의 법을 그람마(*γράμμα*)로 전락시키는 오용을 비롯하여, 하나님의 법이 죄에게 악용될 수 있다는 사실을 인정하는 것 자체가 곧 하나의 해방이다. 보다 자세한 것은 7:6을 보라.

구속 과정에 대한 바울의 논리를 아는 데에 기본이라 할 수 있는 종말론적인 긴장을 많은 해석자들이 제대로 깨닫지 못하고 있다. 그들은 판단하기를, 바울은 여기서 옛 시대에 속한 생명이요 믿음 이전의 생명이며 그람마(*γράμμα*)로서의 율법 아래 있는 생명에 대해서 말하고 있음이 분명하다는 것이다. 25절 하반절이 그 상반절과는 너무도 안 어울리기 때문에, 이 하반절은 원래의 본문으로 볼 수 없으며(예를 들어, Dodd; Kirk); Müller, "Marginalien"; Eicholz, *Theologie*, 257; 한편 Michel은 자신의 책 제5판에서는 다소 신중한 태도를 보인다; Dahl은 "Missionary Theology"의 85쪽에서 이를 "지연된 결론"이라고 말했다), 아마도 후대의 첨가일 것이라고 그들은 결론짓는다(Jülicher; Bultmann, "Glossen", 278-79; Kuss에게서 보듯이, 요즘의 독일 학계에서도 이러한 해석 경향이 여전히 강세를 보인다; Käsemann은 이 대목을 "7-24에 대한 초기 기독교적 해석"이라는 제목을 붙인다; Schlier; Schmithals, *Anthropologie*, 81-82; Wilckens의 책과 더불어 그의 책 n.399에서 소개하는 다른 여러 문헌들도 참조하라; 그러나 Zeller는 이러한 경향과 견해를 달리한다). 코이크(Keuck)가 이 구절을 ("더 이상 없다"라는 암시를 가진 수사적) 의문문으로 해석한 것 역시 근거 없는 주장이다. 7:25 하반절을 8:1 이하에 연결되는 것으로 보아도(Kürzinger) 문제는 해결되지 않는다. 바울이 이 단락에서 아담의 옛 시대에 속한 생명을 논의하고 있는 것은 사실이다. 하지만 그 시대는 죽음까지 이어지기 때문에(5:12-21; 고전 15:21-26), 신자들은 어쩔 수 없이 "육체"와 "죽을 몸"에 속해 있어야 한다. 그러므로 이 구절이 표현하고 있는 것은 아직 시작되지 않은 구원이 아니라, 은밀하게 완료되어 가고 있는 구원의 과정이라고 하는 것이다. 이것이 25절 하반절에 대한 균형 잡힌 이해가 될 것이다(Dunn, "Romans 7:14-25", 특히 262-63; Nygren, 284-302; Knox, 499-500; Murray, 257-59, 270-71; Stalder, *Werk*, 291-307; Bruce, 151-53; Packer; Cerfaux, *Christian*, 442; Cranfield; Schnackenburg, 295-300; 대부분의 학자들이 이에 반대한다. Hendriksen, 229-30에 있는 다른 참고문헌도 살펴 보라; Käsemann은, 만약 자기가 25절 하반절을 원래의 본문으로 인정하게 되면, 이 본문의 문맥뿐만 아니라 바울의 세례, 율법, 칭의 등에 대한 자신의 모든 해석의 근거를 약화시키게 된다는 사실을 잘 알고 있다; 만약 7장과 8장에 있는 종말론적 긴장만 고려된다면, Theissen의 심리학적 분석은 훨씬 더 많은 설득력을 얻었을 것이다). 8:1과 8:10의 주석도 참조하라.

해설

7-13 자신의 논지를 구성할 때 바울이 자주 그랬듯이, 그는 합리적인 강조와 예리함으로 논지를 전개했고, (3:1, 9; 4:1; 6:1에서와 같이) 때로는 독자의 응답을 요청하기도 했다. 6장에서 그는 옛 시대와 새 시대간의 불연속성을 강조했지만(6:2-11: 그리스도의 죽음과 부활로 생긴 단절과 이행), 그러면서도 이어지는 일련의 권고를 통해 그 불연속성의 뜻을 정확히 했다(6:12-23). 이 앞 대목에서도 바울은 율법의 관점에서 나타나는 그 불연속성을 재차 강조하였고, 율법이 옛 시대에 속하였으며 사람을 죽음 곁에 묶어두는 죄의 대행자라고 묘사했다(7:1-6). 결과적으로, 이러한 진술들은 바울이 갖고 있는 율법관에 대해서 혼란스러운 의문들을 야기한다. 지금까지의 모든 설명 바로 이면에 깔려있던 긴장, 즉 2-4장에서 가장 분명하게 나타났고 이후 5:20에서 가장 뚜렷했던 바, 율법에 대한 바울의 태도에 담긴 긴장이 이제 충분하게 제 모습을 드러냈다. 그리고 바울은 그 긴장을 마지막으로 한번 더 표현하려고 한다. 서신을 받는 회중들은 주로 유대인이나 전에 유대교에 관심을 가져왔던 이방인으로 구성되어 있었고, 그들로서는 바울이 제기했던 난처한 율법 문제가 바울다운 경이롭고 활달한 논법으로 해결된 후 일종의 안도감과 기대감을 느꼈을 것이 틀림없다.

7 "그런즉 우리가 무슨 말하리요? 율법이 죄냐?" 적어도 바울의 공식(公式)적 서술에 담긴 수사적 신랄함만 고려해 보아도 본 질문은 제대로 제기된 질문이라 할 수 있다. 그는 율법을 죄와 동일시하는 실질적인 발언을 한 적이 없고 그런 암시도 한 적이 없었다. 그러나 그가 율법을 죄의 동맹자요 (물론 5절에서는 율법을 하나님의 휘하에 있는 대행자로 말하기도 했지만) 죄의 대행자로서 취급할 만큼 율법과 죄를 아주 긴밀하게 연관시켜왔기 때문에, 이러한 질문은 당연히 다루어져야 했을 것이다.

본 질문("율법이 죄냐?")에 대한 바울의 첫 번째 답변은 사실상 창세기 2-3장의 이야기와 아담에 대한 반복적인 논의인 셈이다: 이 답변은 한편으로는 율법과 죄의 관계를 다루었고, 다른 한편으로는 창세기 2-3장에서 묘사된 사망이 이 질문을 해결할 중대한 실마리임을 말해주었다. 처음에는 아담에 대한 언급이 그리 분명하지 않았으나, 갑자기 일인칭 단수 화법으로 변환되면서부터("내가 알게 되지 못하였으리라") 독자들은 처음엔 그냥 바울 개인의 경험을 일반화시킨 듯 보였던 것이 결국엔 인류 공통의 경험을 대표하는 전형적 경험이요 (점점 더 밝혀지듯이 궁극적으로는)

아담의 원형적 경험임을 눈치채게 된다.

바울의 주장에 따르면, 죄가 오직 율법을 통해서만 경험된다는 사실, 특별히 탐욕의 열망은 오직 탐욕을 금지하는 율법에 의해서만 알게 된다는 사실은 보편적인 진리다. 이 주장에 따라 그는 즉시 5절의 핵심 구절 "율법으로 말미암는 죄의 정욕"을 뽑아다가 다시 두 부분으로 잘게 나누었다. 즉, 죄의 실제적인 경험을 야기하는 율법과 탐욕하는 자로 하여금 그의 갈망이 불법임을 깨닫게 해주는 율법으로 구분한다. 율법이 인간에 대해서 이런 의미를 갖는다고 하는 바울의 주장은 오늘날의 독자들에게는 그다지 명쾌하게 이해되지 않는데, 율법이 인류 전체에게 갖는 의미도 그렇고(열 번째 계명이 이스라엘에게 주어졌다는 사실도 못 들어 본 사람도 간혹 있을 정도니까), 율법이 아담을 통해서 제시되었다는 점도 그러하다(율법은 아담의 때보다 훨씬 더 후대인 시내산에서 주어졌다고 생각하니까). 그러나 오늘날과 달리 그 당시에는 훨씬 더 분명하게 이해될 수 있었을 것이다. 한가지 이유만 들면, 인간의 창조와 율법의 수여는 이미 당시의 유대 사상이 긴밀하게 연관시켜 다루는 문제였고, 아담이 하나님의 "계명"을 불순종함으로써(창 3:1-6) 하나님의 "율법"을 파기했다는 사상 역시 마찬가지였기 때문이다. 더욱이, 탐욕이나 정욕을 모든 죄의 뿌리로 보는 견해(참조. 약 1:15)는 바울 당시에 확실히 인정되던 사실이었던 것이다. 따라서 바울의 독자들은 아마도 정욕(갈망, 탐욕)이라는 기본 죄악을 금지하는 계명을 하와와 아담의 원시적 죄와 결부시킴에 대하여 아무런 거리낌도 느끼지 않았을 것이다.

8 8절은 아담의 타락을 관점으로 하여 율법과 죄의 관계를 계속해서 설명한다. 실제로 8절은 뱀으로 구현된 "죄"의 전략을 묘사한다고 해도 전혀 문제가 없다. 죄(뱀)는 아담이 타락하기 이전부터 동산 안에 숨어들어 있었지만, "너는 그 실과를 먹지 말라"(창 2:17)는 계명이 주어지기 전까지는 사람을 공격할 기회를 전혀 갖지 못하고 있었다. 죄가 아담을 유혹하여 아담 속에서 정욕이라는 원시적 죄악을 만들어낸 것은 바로 그 계명을 악용하여(통하여) 만들었기 때문에 가능했다. 그리하여 이제 이 모든 일에 있어서 율법의 대리 행위의 본질이 분명해지기 시작한다. 진정한 피고는 죄이며, 이 죄는 그 죄악성 때문에 율법과는 확연히 구분되는 권세이다. 그러나 죄는 율법을 악용하여 율법의 기능을 변조시켰고, 그리하여 인간으로 하여금 이기적인 열망이 정욕이라는 사실을 의식하게 만들어야 할 계명의 기능은 중단되어 버리고, 정욕을 경고할 목적으로 기획된 계명이 오히려 바로 그 정욕을 야기해 버리고 말았다. 죄는 인간의 병적인 호기심을 저지하도록 기획된 계명을 악용하여 그 호

기심을 자극하고, 마침내 그 호기심을 탐욕으로 변질시킨다. 이 모든 것이 다 죄의 사역이다. 인간의 온갖 이기적인 탐욕을 불러일으키는 권세는 이미 태초부터 작용했었고, 지금도 옛 시대를 주관하고 있다.

"법이 없으면 죄가 죽은 것임이니라." 바울은 자신의 진술이 논란의 소지를 갖게 되더라도 필요하다면 결코 꺼리지 않는다. 그러나 분명히 바울은 율법의 목적이 죄에게 생명을 주는 것이라고는 말하지 않았다. 그의 모든 사상은 앞에 진술된 아담 이야기의 논지에 따라 조절되고 있다. 만약 율법이 없었더라면, 죄(뱀)는 완전히 무력했을 것이고 인간을 "휘둘릴" 수 있는 수단도 전혀 갖지 못했을 것이다. 그러나 "법이 없으면"이라는 표현이 아담의 순결했던 원시의 시간에만 적용될 뿐 아니라 그리스도께서 이끄신 새 시대, 즉 종말론적 시간(3:21)에도 적용되기 때문에, 바울이 여기서 죽음에 관한 이의어(二意語)를 썼을 가능성도 완전히 배제할 순 없다. 침입해온 시대의 본질을 밝혀주는 것, 그리고 율법과 죄를 사망의 주권 아래에다 확고히 묶어버린 것은 율법에 대한 죄의 부정한 악용이라기보다는 오히려 율법과 죄의 부정한 동맹이었다. 죄에게 인간을 사망의 포로로 만들 기회를 부여한 일이 율법의 등장 때문에 이루어졌듯이, 죄와 사망의 통치를 끝장내는 일 역시 율법으로부터의 해방으로 이루어진다(7:1-6).

9-10 9절에 와서 전체 논증과 아담과의 연관성은 거의 필연적인 것이 되고, 이제 바울은 자신의 독자들도 이쯤에서 이 연관성을 알게 되었으리라고 가정한다. 율법이 오기 전과 후를 뚜렷이 구분하는 작업은 오로지 아담의 사례에서만 가능하기 때문이다. 계명이 오기 전에는 생명이 있었지만, 계명이 오고 난 후에는 죄와 사망이 있게 되었다. 어떤 사람들은 바울이 지금 유아기의 순수했던 "고귀한 연령대"를 염두에 두고 있다고 오해한다. 즉, 바울의 '법이 없다'는 말을, 율법이 의식에 들어와 죄가 고의적으로 불순종하는 행동이 되기 이전의 연령기로 알아듣는 것이다. 그러나 누구든 바울 당시의 경건한 유대인이라면, 인간의 삶에서 (적어도 할례를 받은 이후로) 율법이 부재한 시기가 있으리라고는 결코 생각지 않았을 것이다. 마찬가지로 율법이 오기 전의 생명과, 율법이 옴으로 발생한 죄(사망) 사이의 대비는 너무나도 예민한 문제여서, 인간(혹은 이스라엘 민족) 역사 중 어느 특정한 시대로는 제대로 설명할 수 없으며, 오직 인간의 창조와 타락(창 2:7, 16, 17)을 다루는 논의로만 이 대비를 분명하고 충분하게 표현할 수 있다.

바로 이 부분에서 바울은, 특별히 9절(Nestle-Aland 제26판 헬라어 성경으로는 10절)과 6절간의 명백한 의미적 충돌을 비롯하여, 죽음에 대한 자신의 모든 상이한 언급들 때문에 독자들을 혼동에 빠뜨릴 수도 있는 위기를 맞게 되었다: "나는 죽었도다"(9절, Nestle-Aland 제26판 헬라어 성경으로는 10절)라는 언급은 옛 시대의 통제에 놓인 인간의 상태를 설명한 것이고, "우리가 죽었다"는 언급은 신자가 그 옛 시대로부터 탈출한 사실을 설명한 것이었다(6절). 그러나 전자(9절)의 표현은 아마도 죄와 사망간의 긴밀한 관계, 그리고 죄의 권세 아래 사는 삶의 회피할 수 없는 죽음 등을 나타내려는 강조적인 표현 방식일 것이다. 이 강조가 창세기 2:17의 최초의 경고("네가 먹는 날에는 정녕 죽으리라")의 의미를 부각시키는 반면, (6:21, 23; 7:5 등에서도 그랬듯이) 10절의 마지막 구절(문자 그대로 옮기면, "똑같은 바로 그 계명"[the same to death])은 죽음이 죄의 최종 산물이라는 의미를 더 많이 부각시킨다(참조. 약 1:15). 자주 논란이 되는 부정과거시제 동사들(6, 10절)의 의미 역시 문자 그대로는 해석될 수 없다: 만약 "내가 죽었다"(9절)라는 말이 필연적 죽음으로 이어지는 과정 속에 걸려든 인간 존재의 포로 상황을 뜻한다고 하면, "우리가 죽었다(6절)는 말은 신자가 그리스도의 죽음 안에서 그분과 동일시됨을 뜻한다. 이 동일시는 그리스도의 육체의 죽음과 부활 안에서만 완전하게 실현되기 때문이다. 혼란의 가능성은 조금 전 설명에서 말했던 그 두 가지 죽음이 똑같은 죽음이라고 볼 때에만 생긴다. 그리스도의 죽음에 참예한 죽음은 죄의 최종 산물이지만 이 죽음으로 죄의 쏘는 것은 제거되었고, 따라서 이 죽음은 결코 마지막이 아니요 그리스도와 함께 하는 생명으로 가는 통로다. 죄인들은 본인들 죄의 열매인 사망을 결코 피하지 못하지만, 그러나 그들은 그 사망을 견디고 살아남을 수는 있다. 왜냐하면 그리스도께서 그들과 함께 그리고 그들을 위하여 그 사망을 견디셨기 때문이다. 우리가 죽음의 이러한 이중적 측면을 이해할 때, 비로소 바울의 율법론에 들어있는 유사한 양면 가치도 깨달을 수 있게 되고, 아울러 어떻게 율법이 긍정적 기능과 부정적 기능을 동시에 가질 수 있는지도 이해하게 된다: 즉, 율법은 죄를 죽음과 결합시키는 접착제와 같다는 점에서 부정적 기능을 수행하며, 또한 죄인으로 하여금 그리스도의 죽음 외에는 그 어떤 다른 죽음에 대해서도 선택권을 주지 않는다는 점에서는 긍정적 기능도 수행한다.

"생명에 이르게 할 그 계명이 내게 대하여 도리어 사망에 이르게 하는 것이 되었도다." 여기엔 뭔가 이루어질 수도 있었던 이상에 대한, 하나님의 계명으로 규제되는 낙원의 삶에 대한 사무치는 동경의 느낌이 서려있다. 만약 죄가 들어오지만 않았더라면, 계명은 생명을 진작시키고 규제하고 생산도 했었을 것이다. 그러나 죄가 들어온 이래로 계명의 기능은 죽음을 진작시키고 강화시키도록 변질되어 버렸고, 그 죽음으로 하여금 죄에 대한 종노릇과 죄악 된 열정의 당연한 결과가 되게 했다(6:20, 21 ; 7:5). 또한 앞에서 바울이 율법에 대한 전형적인 유대적 태도로 간주한 것이 본 절 안에서 신중하게 다시 설명되면서 그 메아리를 퍼뜨린다(롬 10:5에서도 이와 같은 설득 효과를 얻기 위해 레 18:5를 인용하였다). 그러나 율법의 기능이 그 옛날 인간 타락의 시점부터 쓸모 없게 되어버렸다고 말한다면, 그것은 분명히 율법을 제대로 이해하지 못한 것이다. 율법을 여전히 생명을 가져오는 것으로 여기는 태도 역시 죄의 실존과 권세를 무시하는 것이다. 여전히 율법을 지키기에 충실하려 했던 바울의 동족들은 아마도 율법이 죄를 막아주는 방책이 된다고 생각했을 것이다. 그들은 바울이 자신의 혹독한 경험을 통해 터득했던 확고한 사실을 깨닫지 못하였다. 율법은 각 사람을 옛 시대의 특징인 죄-사망의 결합에다 더욱 더 공고히 묶어버릴 뿐임을 바울은 경험했던 것이다. 이 경험은 바울 자신의 경험일 뿐 아니라 이스라엘 사람 모두의 보편적인 경험이었다. 율법을 하나님 앞에서 산다는 증거로 여기던 이스라엘은 그 율법에 대하여 대단한 자부심을 갖고 있었는데, 그들의 이 자부심 자체가 모든 죄악에 대해 하나님이 내리신 사형선고를 상징하는 것이었다. 바로 여기에 이스라엘의 현상황이 떠 안고 있는 아이러니가 있다(참조. 2장).

11 8절의 진술이 반복되면서 이 반복을 통하여 창세기의 기사가 더욱 더 분명하게 메아리치고, 죄와 사망을 이어주는 율법의 연결 고리 기능을 부각시킨 묘사를 통해 ("죄, 율법으로 말미암아, 사망으로"라는) 중대한 연쇄가 적나라하게 폭로된다. 여기서 선택된 언어들은 창세기 3:13에 기록된 여자의 불평을 반향하고 있다("뱀이 나를 속이므로 내가 먹었나이다"). 죄는 계명이 준 기회를 포착하여 그 최초의 부부를 속였다(창 3:1-5: "하나님이 참으로 너희더러 '동산 모든 나무의 실과를 먹지 말라' 하시더냐? … 너희가 결코 죽지 아니하리라 …"). 하나님의 금령(禁令)을 악용하여 불순종을 끌어냄으로써 죄는 사실상 그 계명을 사망을 위하는 힘으로 만들어 버렸다(참조. 5:12). 죄의 속임은 하나님을 거짓말쟁이로 만들었을 뿐만 아니라("너희가 결코 죽지 아니하리라"), 처음에 계명을 주실 때 가지셨던 하나님의 동기까지도 나쁘게 제시하였다. 즉, "생명을 증진시키려는 동기가 담긴" 명령을 마치 자신의 특별한 지위와 권리를 잃을까 두려워하는 전제 군주의 독단적인 결정처럼 들리도록 말했던 것이다(창 3:4,5: "너희가 결코 죽지 아니하리라 너희가 그것을 먹는 날에는 너희 눈이 밝아 하나님과 같이 되어 선악을 알 줄을 하나님이 아심이니라"). 인간관계를 독살(毒殺)시킨 이 기만의 가공할 효력은 이미 1:18-32에서도 입증되었다.

12 이제 바울은 '율법이 죄냐?'라는 처음 질문에 대해 분명한 결론을 내릴 수 있게

되었다. 그가 지금까지 이어온 진술들은 이 질문에 대한 자신의 부정적 답변을 충분히 입증하기 위한 진술들이었다. 죄와 율법간의 **연결관계**가 어떠하든지 간에, 그리고 죄가 참으로 심각하게 계명을 **악용**해 왔다 하더라도, 율법 **그 자체**는 거룩하며 계명 **그 자체**는 거룩하고 의롭고 선하다. 이때 쓰인 형용사들은 아무 목적 없이 선택되지 않았다. 이 형용사들은 하나님의 목적을 위해 봉사하도록 수여된 바, 하나님의 선물로서 율법의 특성을 잘 간추려 표현한 말들이다. 바울은 죄가 사람을 속였다고는 말했지만, 결코 그 죄가 하나님을 불시에 습격했다거나 인간에 대한 하나님의 목적을 변개시켰다고 여기지는 않았을 것이다. 율법은 여전히 거룩하고 하나님께 성별된 것이며, 하나님께서 기뻐 받으실 만한 것이다. 여기 쓰인 형용사의 반복은 바로 이 점을 강조하고 있다. 계명은 여전히 의로우며 하나님과 인간 사이의 관계가 그 토대를 둔 언약(terms)과, 인간의 불순종이 초래한 응분의 결과를 여전히 명확하게 밝혀주고 있다. 그것은 여전히 선하다. 그 안에는 인간 각자의 존재와 공동의 존립이 달린 다양한 영역에서 인간을 유익하게 하려는 뜻이 담겨있기 때문이다.

13 그러나 바울은 이 율법을 사망의 도구라고 서술했는데도(10-11), 어떻게 그와 같이 말할 수 있단 말인가? 율법이 죄와 **동일하지** 않다고 하면서도 그는 율법을, **사망**을 위하는 힘으로 설명하지 않았던가? 그는 율법을 죄와 사망의 결합에다 너무나도 단단히 묶어버렸고, 이제 계속 율법을 "선한 것"으로 부르면 앞에서 자기가 말한 내용과 상충되어버릴 상황을 만들지 않았는가? 어째서 그는 율법 폐기론자의 입장으로 완전히 들어서지 않는 것인가? 율법의 성격과 기능이 죄와 사망의 영역에 속해 있다는 속시원한 결론이 어째서 나타나지 않는 것인가? 바울은 결코 그러한 입장의 결론을 허락할 수 없었다; 그는 결코 이원론으로 빠져들어서는 안되었다. 왜냐하면 이원론은 유대인과 그리스도의 사이, 즉, 옛 언약과 새 언약의 사이, 하나님과 유대인의 사이, 하나님과 그리스도인의 사이에 말시온(Marcion)적인 대립구도를 끌어들이기 때문이었다. 유대인이요 동시에 그리스도인이었던 바울은 율법이 하나님에 의해서 주어**졌던** 것이요 하나님의 요구를 **확실히** 밝혀주는 것이며 **지금도** 본질상 선한 것임을 분명하게 확신했다. 그가 율법과 죄의 동일시를 막았듯이, 율법이 사망 때문에 비난받아야 한다는 것에도 단호한 태도로 거절한다. 율법과 죄의 관계 문제뿐만 아니라 율법과 사망의 관계 문제 역시 극도로 섬세한 사안이었다. 율법은 사형선고를 내렸다. 하지만 사형의 진짜 원인은 죄이다. 이 죄는 정죄의 대리자인 율법을 발동하게 했기 때문이다.

"오직 죄가 죄로 드러나기 위하여 선한 그것으로 말미암아 나를 죽게 만들었으니". 죄를 사망에 확고히 연루시키는 율법의 기능과 동일한 기능이 여기서는 좀 다른 각도에서 조명되고 있다는 점이 중요하다. 한편에서 볼 때 죄는 사망을 낳는 갈망을 자극하기 위하여 계명을 악용하고, 또 다른 편에서 볼 때 율법은 죄의 실상을 보여주고 있다. 여기서 아담 이야기가 곡해되어서는 안 된다. 율법은 하나님의 휘하에서 억지로 떼어진 채 순전히 죄에게 이용만 당하는 도구이며, 죄에 의해 그 본연의 목적이 전적으로 변질되어버렸다는 뜻이 결코 아니다. 오히려 율법은 **심지어 그런 식으로 악용 당하는 중에도** 죄의 본질을 드러내는 하나님의 원래 목적을 실질적으로 성취하고 있는 셈이다. 죄는 율법과 사망과의 관계를 속이려고 혈안이지만, 율법은 죄의 사역과 그 열매가 사망이라는 사실을 드러낸다.

"이는 계명으로 말미암아 죄로 심히 죄 되게 하려 함이니라." 사망의 열매를 맺는 일(5절)에 있어서 율법이 수행하는 대리 행위("선한 그것으로 말미암아" – 13절)는, 죄의 실존과 본질을 여실하게 드러냄에 있어서 율법이 수행하는 대리 행위("계명으로 말미암아" – 13절)에 의해서 보완되고 완전해진다. 죄는 율법을 통하여 자신의 목적을 수행함으로써 결국엔 자신이 죽이는 권세임을 보여줄 뿐이요, 인간에게 죽음보다 더 나은 것은 아무 것도 줄 수 없는 권세임을 (속이지 않고 솔직하게) 나타낼 뿐이다. 죄의 본질은 하나님의 은혜의 영역에서 완전히 벗어난 곳의 권세요, 인류를 위한 하나님의 선하신 뜻과 목적을 극단적으로 반대하는 권세인데, 죄의 이러한 본질을 드러내어 주는 것이 바로 율법이다. 심지어 율법은 죄에게 조종당하여 정죄의 권세가 되었을 때에도, 그리고 "생명을 위하는" 율법에서 "사망을 위하는" 율법으로 변질되었을 때에도 죄의 본질을 드러낸다. 그러므로 비록 율법이 죄를 사망과 결합시킴으로써 인간의 불순종에 대한 응분의 결과를 결정해주는 권세이긴 하지만, 그래도 율법은 여전히 하나님이 지시하신 목적을 성취하고 있으며, 율법은 여전히 선과 악의 수단이요, 겸비한 믿음에게 주어진 대안이 이 냉엄한 현실 속에 있음을 보여줌으로써 여전히 인간에게 궁극적인 유익을 준다.

14-25 이어지는 단락은 율법으로 하여금 인간의 죽음에 대한 혐의로부터 벗어나게 하려는 바울의 마지막 요약적 진술이며, 바울의 그러한 의도가 명료하고 세련되게 표현되어있다. 죄와 사망에 대한 율법의 연관성이 제대로 평가되도록 하기 위해서 – 즉, 하나님께 이중 임무를 수행하는 대리자로서, 한편으로는 죄에게 악용 당하여 사망을 생산하기도 하고 동시에 다른 한편으로는 하나님에 의해 죄의 치명적인 효과를 드러내기도 함 – 지금까지 자기 이론을 질서정연하게 잘 제시하여온 바울이 여기에서 다시 이토록 긴 설명을 동원하는 이유가 대체 무엇일까? 바울은 지금 당장

관심을 6절로 돌려 거기서 대조를 이루는 항목의 또 다른 하나(즉, "영의 새로운 것")에 대해 설명해야 하지 않을까? 그의 독자 중 상당수가 그렇게 기대했을 것이다. 그런데 바울이 그렇게 하지 않는 이유가 대체 무엇일까? 이에 대한 해답은 아마도 두 가지가 될 것이다.

첫째, 바울의 마지막 두 문장은 율법의 지위를 복귀시키려다 다소 심하게 치우쳐 버렸고, 그 결과 더 앞서 제시한 바 율법에 대한 부정적인 묘사가 이 부분과 충돌하며 혼란을 일으킬 가능성이 생겼다고 볼 수 있다. 만약 율법이 그토록 거룩하고 의롭고 선하다면, "율법의 권세 아래" 있는 것은 어째서 그토록 나쁜 것이란 말인가? 선한 것이 어떻게 은혜와 대립될 수 있는가(6:14, 15)? 6장에서 우리가 이미 살폈듯이 바울과 동시대 유대인들의 입장에서 볼 때, 이 되먹지 못한 바울은 율법을 제대로 이해하기 위한 기본도 갖추지 못한 자였을 것이다. 그들이 보기에 바울은, 은혜의 수단이요 하나님께서 자기 백성을 성별하사 그 선한 목적을 위해 사용하시는 대리자인 율법을 이해할 준비도 되지 못한 형편없는 자였을 것이다. 그러나 이런 식의 추리를 따르다보면 바울의 핵심을 놓치게 되어있다: 율법을 거룩하고 의롭고 선하다고 할 수 있는 이유는 오직 율법이 정죄(定罪)라는 하나님의 목적을 이루기 때문이요, 죄의 실상을 폭로하고 죄를 사망에다 묶어두기 때문이다. 이 선한 것이 여전히 죄와 사망과 나란히 따로 구별된 채 옛 시대의 특징을 이루고 있다는 것이다(5:20, 21). 이러한 분석에 근거해 볼 때, 바울의 동족들이 오류를 범한 것은 무엇이라 하겠는가? 그들은 율법이 죄로 하여금 더 이상 사망의 열매를 맺지 못하게 함으로써 죄와 사망의 결합도 파기시킬 것으로 믿었던 것이다(참조. 레 18:5). 바울은 이런 사상에 대하여 격렬하게 반대한다: 오직 그리스도만이 당신의 죽으심으로 그 치명적인 결합을 파기하셨다! 그리스도 없이 율법은 결코 이러한 치명적 난관을 돌파할 수 없으며, 죄와 사망의 지배로부터 아무도 해방시킬 수 없다(오히려 해방되어야 한다-7:4-6). 분명 바울이 좀더 상세하게 살필 필요가 있다고 느꼈던 것은, 인간의 거룩과 의와 선을 발생시켜야 할 율법의 무능력인 것이다. 바로 이 율법의 무능력이야말로 바울의 동료 유대인들이 율법에 대해서 잘 모르고 있던 사실이었을 것이다. 이 점은 8:3, 4에 이르러서야 분명해진다.

둘째, 죄와 사망의 권세에 대한 은혜의 응답 방식과(6장) 율법의 역할을 종합하는 과정에서(7:1-13), 바울은 6장 전반부에서 그랬던 것처럼 여기서도 아주 명료한 용어들로 자신의 논지를 전개하였다. 하지만 6:12-23에서와 같이, 그는 여기서도 처음의 두 가지 선포(indicative) 이후에 곧바로 명령(imperative)을 덧붙임으로써 그 선포의 신랄한 성격을 적절하게 다듬어 나간다. 이런 방식으로 종말론적 긴장이 감도는 현실을 참작하면서 율법의 이중적 기능의 분명한 윤곽(7:7-13)을 설정하고자 하는 것이다. 죄는 아직 사망이라는 완전한 열매를 결실하지 못하였기 때문에 (그리고 죽을 몸이 죽기까지는 끝내 결실하지 못할 것이기 때문에), 죄와 사망의 권세는 여전히 발휘되고 있고, 여전히 옛 시대를 휘어잡은 채 인간이 옛 시대의 일부로 있는 동안 그를 지배하고 있다. 바로 이것이 지금의 현실이다. 그리스도의 죽으심 안에서 이미 그분과 동일시되었으나, 아직은 그분의 부활 안에서 그분과 온전한 하나가 되지 못한 (그리고 자신의 죽을 몸이 다시 부활하게 될 때까지는 그리스도와 온전히 하나가 되지 못하는 -8:11) 신자에게도 이 현실은 그대로 통한다. 왜냐하면, 6:12-23에서 진술된 대로 신자들은 이미 종말론적 긴장 속에 사로잡혀 있기 때문이다. 자 그렇다면, 신자들이 아직 온전히 그리스도와 하나되지 못하고 있는 동안에는 죄와 사망이 여전히 득세하여 신자들에게 권리를 휘두른다는 이 사실이 도대체 어떻게 율법의 역할에 영향을 끼친단 말인가? 신자들이 (너무나 불편하게도) 그리스도의 죽음과 부활의 사이에 멈추어 있다는 이 사실, 바로 이 종말론적 긴장이 도대체 어떻게 죄와 죽음의 관계를 더 복잡하게 만든단 말인가? 바울은 이제 이 긴장이 무엇이며, 이 긴장이 신자의 인격과 율법 그 자체 안에서 어떤 방식으로 반영되고 있는지 검토하고 싶어한다.

14 이 단락 전체를 통해서(7-25) 바울은 일인칭 단수 "나/나를"이라는 표현을 쓰고 있다. 7-13절에서는 "나"란 바울 자신이나 어떤 특정한 개인이 아니라, 창세기의 아담이요 사람(=**아담**)이며, 죄와 사망의 영역 속에 사로잡혀 있는 *모든* 타락한 인류 일반을 뜻하기도 한다. 여기서 연속적으로 사용된 과거 시제는 오해의 위험을 강화했을 것이다. 즉, 이 과거 시제 때문에 바울의 말은 마치 그가 자신의 과거 경험을 묘사하면서 옛 시대의 보편적 경험을 설명하려는 것 같은 느낌을 주며, 또한 그의 말은 마치 "그리스도 안에" 있는 현재 입장에서 죄와 사망의 치명적인 올가미에 걸려들곤 했던 과거를 회상하는 듯 들린다. 그러나 이미 7b절에서 사용된 과거 완료 시제는("내가 알지 못하였으리라"), 바울이 자신의 탐욕하는 경험을 그리스도인이 되기 이전의 경험으로만 제한하려 하지 않는다는 사실을 밝혀준 셈이다: 즉, 그가 옛 시대에 있을 때부터 경험한 것을 지금도 여전히 경험하고 있다는 말이다. 그런데 14절에 와서 바울은 과거시제(7-11절)로부터 현재시제로 전환한다: "나는 육신에 속하여". ("나"[I]라는 말과 "하여"[am]라는 말을 쓴 데에는) 분명한 의도가 있음에도 불구하고 바울은 이러한 시제의 전환을 아무 화려한 전주도 없이 시행하였고, 아

마도 그의 독자들 역시 이 전환을 즉시 눈치챌 수는 없었을 것이다. 그러나 독자들도 이 전환을 통하여 강화된 실존적 고뇌와 좌절의 뉘앙스를 놓쳤을 리가 없다. 이 좌절은 이어지는 구절들을 지배하는 주요한 특징이 된다. 심지어 7-13절의 "나"는 화자인 바울을 전혀 지칭하지 않는다 하더라도 뒤따르는 표현들은 너무나도 예리하게 마음을 파고들고 극도로 개인적인 것이어서, 이것을 단순한 문체적 기법이나 혹은 정교한 감정으로 치장된 예술 작품으로 간주하기는 불가능하다. 아마도 바울은 독자들의 뇌리에 아담이라는 보편적인 "나"를 떠오르게 하고 싶었을 것이다. 그러나 이어지는 구절의 언어에서 개인적 간증의 특징이 너무도 뚜렷하게 드러난다는 점 역시 우리가 결코 간과할 수 없는 사실이다. 바울의 간증은 결코 과거에만 한정될 수 없고 여전히 현재에서도 통하는 것들이며, 또한 4-6절과 비교할 때 소름이 끼치도록 냉정하고 충격적인 내용이다. 왜냐하면 이 간증은, 옛 시대의 아담이 사실상 여전히 살아있다고 말하기 때문이다. 그가 옛 시대와 더불어 죽는다는 말은 6:2-11이나 7:1-6에서 충분히 다루어진 바 있었다. 문제는 이 옛 시대가 아직까지도 완전히 소멸되지 않았다는 데에 있다. 부활이 아직 오지 않는 한, 옛 시대의 "나" 역시 여전히 살아있으며, 이 "나"는 신자의 몸 안에서 그의 경험에 영향을 미치는 여전한 요인으로 존재한다.

"우리가 율법은 신령한 줄 알거니와." 여기 쓰인 일인칭 복수 화법은 지금까지 쓰인 일인칭 화법과 대비되도록 신중하게 고안되었다. 설명의 방향은 과거 인간의 타락에 대한 회상으로부터 시작되었고, 여기서 바울은 보다 보편적 관점을 나타낼 수 있는 일인칭 복수 화법으로 되돌아왔다. 그러나 화법이 보다 보편적 관점으로 바뀌었다 하더라도 다루어지는 주제의 성격을 감안해 볼 때, 바울이 보편적 관점으로 완전히 되돌아 간 것은 아니라고 할 수 있다. 분명히, 바울로서는 자기가 말하고자 하는 것을 말하기 위해서는 확실한 일인칭 개인적 화법으로 진술하는 수밖에는 도리가 없었다. 이어지는 진술이 말하는 내용을 경험하는 사람이라면, 굳이 저자가 구체적으로 밝혀주지 않더라도 이 진술이 가진 보편성을 인식할 수 있었을 것이다. 이 독백이 지닌 적나라한 성격 역시 율법에 대하여 독자들이 갖고 있던 일반적 지식과 식견에 의해서 어느 정도는 순화되어 읽혀질 수 있었다.

그렇더라도 여기서 율법을 "신령한 것"으로 묘사한 것은, 그것을 "거룩하고 의롭고 선하다"(12절)고 했던 묘사보다 훨씬 더 경이롭다. "신령하다"는 표현을 통하여 바울은 율법의 기원과 본질을 (하나님의) 성령과 결부시키려 했음이 틀림없다. 게다가 바울은 이미 율법과 성령이 상호 보완적 관계라기보다는 오히려 대조적 관계에 있다는 사실을 충분히 지적해왔다. 즉, 율법과 성령은 옛 시대와 새 시대, 그리스도 이전의 시대와 그리스도 이후의 시대에 각각 속해 있으며, 그 속한 시대에 따라 서로 대조적인 성격을 띠고 있었다(7:6; 이보다 앞에서는 2:29; 3:21; 6:14, 15). 아마도 율법에 결부된 형용사의 이 놀라운 병치는, 그 두 시대 사이에 상당한 중복이 있다는 것, 즉 율법은 옛 시대에만 국한되지 않는다는 것을 암시할 것이다. 그러나 율법을 죄와 사망의 마수(魔手)에서 풀어준다고 해서, 율법의 지위를 어울리지 않는 선의 자리로 갖다 놓는 일은 결코 있을 수 없다. 다만, 율법의 특성에는 그것이 죄에게 악용 당한다는 것말고도 더 많은 것이 있음을 우리는 인정해야 할 것이다. 그렇지만 이처럼 율법의 지위를 복구하려는 계속된 진술은 오히려 근원적인 문제를 더욱더 민감하게 만들고 있다: 만약 율법이 성령에 속한 것이라면, 어째서 궁극적으로 은혜의 수단이 될 수 없단 말인가(만약 "영적인 것"이라면, 어째서 "은혜롭지" 못한 것일까? – 1:11; 고전 12:1, 4, 31; 14:1)? 하나님의 의가 율법 없이 증거 되어야 하는 것은 무슨 까닭인가(3:21)? 율법으로 하여금 그 신령한 역할과 목적을 다하지 못하게끔 만드는 것은 대체 무엇인가?

이에 대한 해답은 본 절의 하반절이 제시한다. "나는 육신에 속하여 죄에게 종으로 팔렸도다." "나"는 이 세상에 속하였고, 소멸하는 옛 시대에 속해 있다. 하지만 나는 아직까지 이 죽을 몸의 욕망에 얽매어 있다. 마찬가지로 "나" 역시 죄의 권세 아래 머물러 있고, 죄에 매인 종의 신분은 벗어지지 않았다. "나"는 여전히 죄의 소유물이며 죄는 나를 마음대로 부려먹을 수 있다. 바울의 이러한 대답은 너무도 놀라워서 많은 이들로 하여금 바울이 지금 자신의 **옛** 상태에 대해서 말하고 있을 것이라는 속단에 빠지게 만들었다(지금까지도 많은 사람들이 이렇게 속단한다): 죄에 대하여 죽어버린 사람이요(6:2), 죄로부터 해방된 사람이(6:18) 어떻게 아직도 죄의 노예일 수 있단 말인가? 그러나 6:12-23에서 당위적 명령들이 선언들에 덧붙이는 제한을 제대로 알아듣는 사람이라면, 지금 바울이 종말론적 긴장의 현실을 스케치하기 시작했다는 사실도 쉽사리 알 수 있을 것이다. 두 시대간의 *불*연속성을 대강 설명한 다음(7:1-6), 이제 바울은 두 시대의 중첩을 통해 이루어지는 연속성에 대해서 심도 깊게 다루기 시작했다. 즉, 이미 시작은 되었지만 아직 완성되지는 않은 구속이 이 중첩된 시대를 구성하고 있다는 것이다. 본질상 선하고 신령한 율법이 온전히 옛 아담의 시대에 속한 것으로만 취급될 수는 없음을 제시한 후, 이제 바울은 자기 자신도 아직은 그리스도의 세 시대에만 온전히 속해 있을 수가 없다고 고백한다. 율법과 "나"는 그 두 시대의 중첩된 시기에 존재하기 때문에 그저 좌절하는 몸짓으로 허우

적거릴 수밖에 없으며, 죄는 율법과 "나"를 마음대로 갖고 놀 수 있다.

이러한 진술 뒤에 바울은 7:6의 대립 구조를 다시 개정하고 있다. 바울의 이 개정을 올바르게 평가하려면, 지금까지 많은 해석자들이 그래왔듯이, 14b절에만 편향되게 관심을 집중하면 안 된다. 바울은 14a절에도 14b절과 동일한 도발적 성격을 부여했고, 아주 신중하게 처리했다. 율법을 "신령하다"고 칭한 것은 율법과 성령의 날카로운 대비(7:6)를 무효하게 만들며, 바울이 자기 자신을 죄의 노예라고 칭한 것에 못지 않을 만큼 아주 놀랍다. 예를 들어, (6:2-11의 선포들의 특징과 같이) 처음의 대립 구도는 너무 지나치게 날카로웠던 것이다: 율법만 죄의 앞잡이 일뿐 아니라 "나" 역시도 아직까지는 죄로부터 자유롭지 못하다. 간단히 말해서, 옛 시대의 치명적인 결함은 율법 그 자체가 아니라 죄와 율법의 상호 작용이요, 육신에 속한 "나"와 율법의 상호작용이다. 그러면 이런 일은 두 시대의 중첩 시기에서 어떤 방식으로 발생하는가?

15 자신의 이전 진술을 가망 없는 혼란에 빠뜨릴 수도 있는 또 하나의 위험한 관문이 이어지는 그의 설명에 놓여진다. 이 설명에 따르면, "내" 안에는 분명한 분열이 존재하며, 여기 15절의 표현을 빌리면 내 의지와 내 행위 사이에 이 분열이 있다: "내가 원하는 이것은 행하지 아니하고 도리어 미워하는 것을 그것을 함이라." 이어지는 다음 구절들에서 바울은 표현의 변화를 통해 의미에 다양성을 주었고, 이 구절이 어느 특정한 의미로 지나치게 굳어지지 않도록 배려하였다. 그렇다 하더라도 이 처음 공식적 문장이 주는 강한 느낌은 해석상 간과되어서는 안 된다: 자신이 미워하고 싫어하는 어떤 것들이 분명히 있는데, 그것들을 행하는 자는 그 누구도 아니라 자기 자신이라는 것이다. 바울이 자신의 설명을 혼돈과 좌절의 고백으로 시작하는 것도 당연하다. "나는 내가 하는 것을 이해할 수 없고, 내 자신의 행동을 깨닫지 조차 못한다!"

어디까지나 바울 자신의 증거에 따라 말해본다면(빌 3:4-6), 개종하기 전의 바울로서는 이와 같은 좌절이나 자기 비하를 전혀 몰랐다. 그러므로 15절의 실존적 고뇌는, 바울이 이미 그리스도를 통하여(의하여) 용납되고, 이미 성령을 받은 후의 경험을 표현하거나 혹은 이 경험을 비롯한 그 이상의 무엇을 표현한 것이다. 여기서 우리는 7-13절과 14-25절의 시제상의 차이가 뜻하는 중대한 의미를 주목해야 한다. 즉, 과거 시간의 특징을 알고 있는 바울은, 과거의 시간과 자신이 상당히 떨어져 있음을 표현하였지만(7-13절), 14-25절은 바울이 벗어날 수 없는 현재에 대해서 말한다. 바울이 현재로부터 벗어날 수 없는 이유는 이 현재가 **그의** 현재이기 때문이다. 여기서

화자는 경건한 바리새인으로서의 바울이 아니라 겸비한 신자로서의 바울이다. 화자가 누구이든 간에 그는 분명 자기 자신에 대해서 말하고 있다. 분명히 바울에게 있어서 회심이란, 자신의 삶 속에 있는 죄의 권세를 과거의 그 어느 때보다 더 뚜렷이 의식하게 됨을 의미했다(빌 3:7-9을 참조하라). 이 죄의 권세는, 그가 그리스도와 함께 죽었다는 입장에서 바라볼 때는 이미 파괴된 권세이지만, 동시에 그가 여전히 육신에 속한 사람이라는 입장에서 바라볼 때는 아직도 유효한 권세이다(빌 3:10-21을 참조하라).

16-17 신자인 "내" 안에 있는 분열은 율법 안에 있는 "분열"과 잘 어울린다. 행동의 의지를 갖는 "나"는 율법과 잘 조화됨으로서 율법이 선하다는 것을 증거한다. 그러나 "나"는 율법이 규정하는 하나님의 뜻을 받아들이고 그 의지를 행하려고 갈망하면서도, 끝내 실패에 그친다. 그렇다면 결함은 율법에게 있는 것이 아니다. 그렇기 때문에 율법은 비난받을 것이 없고 그 자체로 고귀한 것이다. 또한 결함이 "나"에게 있는 것도 아니다. 심지어 "죄 아래 팔리는" 자인 "나"에게도 결함은 없다. 오히려 결함은 다시 한번 죄에게서, 내 안에 거하는 죄에게서 발견된다. 꼼꼼한 독자는 13절과의 평행 관계를 놓치지 않을 것이다. 바울은 13절에서 율법의 혐의를 벗겨냈듯이, 이제 여기서는 자기 자신의 혐의를 벗겨낸다. 그렇다고 해서 이 말이 곧 바울이 지금 자신의 비행에 대한 책임으로부터 도망치려고 한다는 뜻은 결코 아니다. 오히려 바울은 권세로서의 죄를 느끼는 자신의 의식을 고백한다. 이 권세는 육신에 속한 사람인 자기에게 여전히 주인의 권세를 행사할 수 있는 권세요, 바울 자신이 아직은 완전히 구속되지 않았기 때문에 여전히 그 압제에서 완전히 벗어나지 못한 권세이다. 바울은 이와 같은 방식으로 자신의 무력함의 본질을 규정함으로써, 자기 비하를 자기 혐오로 악화시키는 실수에 빠지지 않는다.

그러므로 여기서 바울의 서술 전략은 좀더 명백해지게 되었다: 신자의 "나" 속에 있는 분열은 율법의 이중 기능에 상응하는 것이다. 원하는 바를 행하려는 의지를 갖는 "나"는 곧 그리스도와 함께 이미 그분의 죽으심 안에서 동일시된 "나"요, 더 이상 행위의 법 아래에 있지 않고 믿음의 법, 즉 신령한 법에 순종하는 "나"이다. 또한 그러한 의지를 행하지 못하는 무력한 "나"는 곧 육신에 속한 사람으로서의 "나"요, 그리스도의 부활 안에서 아직까지 그분과 동일시되지 못한 "나"이며, 아직까지 죄에게 악용 당하는 율법의 지배 하에 있는 "나"이다. 바로 이 죄가 율법을 악용하여 나를 사망에 넘겨준다. 만약 죄가 없다면 "나"와 율법 안에 있는 분열도 생길 필요가 없을 것이다. 만약 죄가 없다면 율법이 선하다는 것을 증거하는 "나", 즉 율법을 순종하고 싶어하는 "나"는 의지를 행동으로 옮길 수 있을 것이다. 죄가 없다면 율법은 곧 생명을 의미할 것이며, 사망은 결코 승리할 수 없을 것이다. 그러나 죄가 율법을 변질시켰고 나를 포로로 사로잡았다. 율법을 제대로 평가했을 때, 나의 해방은 이미 시작은 되었으되, 다시 말해서 참으로 결정적인 사건으로서 시작은 되었으되, 아직은 완성되지 않았다고 해야 한다.

18-20 18-20절은 바울이 이미 말했던 내용(14-17절)을 다소 되풀이하고 있다. 바울은 자기가 기록한 편지가 수신자들에 의해서 개인적으로 읽혀지기보다는 오히려 공중에게 낭독되리라는 사실을 염두에 두고 있다. 그리고 분명히 그는 자신이 전달하고 싶은 요점이 확실하게 이해되기를 바라고 있다: 그가 율법으로 하여금 비난을 면하게 해 준 것은, 인간의 가치를 깎아 내리려는 목적으로 한 일이 아니었다. "내가 …아노니"라는 단수 동사는, 14절에서 동사의 인칭이 복수에서 단수로 바뀌는 것과 잘 어울린다. 바울이 말한 것은 곧 자기 자신에 관해 말한 것이다. 말하는 자는 신자로서의 "나"이며, 따라서 그의 말은 훨씬 더 포괄적인 적용 범위를 갖는다. 하지만, 바울은 계속해서 자신의 분석을 개인적 고백의 형식으로 표현한다. 이 고백의 모든 진실은 오직 이 고백을 이해하는 자만의 것이다.

"내 속 곧 내 육신"(="나는 육신에 속하여"[14절]). 많은 이들에게는 쉬운 해결책이라고 여겨질 만한 방식을 바울은 취하지 않는다. 바울은 선한 의지는 갖고 있으나 무력하기만 한 "나"를 그 비난에서 구해내기 위하여 굳이 "나"와 "육신"을 구분하는 방법을 쓰지 않는다. 또한 그는 "나"를 육신에 갇혀있는 모습으로 묘사하여 그 무력함을 정당화시키지도 않는다. 달리 말해서, "나"를 비천한 물질 세계에 감금된 고상한 세계의 한 요소라고 이해하는 이원론은 바울이 선호하는 사상이 아니다. 그는 자신의 무기력함 때문에 혼돈에 빠지고 좌절하지만, 그는 자신이 혐오하는 행위들을 수행하는 주체가 됨을 아주 잘 이해하고 있다(15, 16절). 우리가 지금 "나"와 육신의 분열보다는 오히려 "내" 속의 분열에 대해서 논의하는 이유가 바로 이 점이다. 바울은 육신의 세계에 속한 자신, 즉 옛 시대에 속한 자신에 관하여 말하고 있다. 아무리 부활 이후(새 시대)의 생명까지 그리스도에게 속해있음이 주는 즐거움이 바울에게 아무리 크다 하여도, 그는 자기 자신이 아직은 육체라는 사실을 아주 솔직하게 인정한다. 자신은 여전히 타락한 세상에 확고히 묶여있고, 세상에 묶인 이 구속은 오로지 죽음으로만 끊을 수 있다는 것을 인정한다. 다시 말해서 그리스도의 죽음과 신자의 결합이 끝까지 유지될 때에만 끊을 수 있다는 것을 인정하는 것이다.

"선한 것이 거하지 아니하는"(="죄 아래 팔렸도다"[14절]). 이 말은 자기 혐오적인 표현이 아니며, 금욕주의를 위한 핑계도 정욕적인 방종을 위한 핑계도 될 수 없다. 오히려 이것은 이 세상의 일부가 되는 것이 무엇을 뜻하는가에 대한 바울 자신의 냉정한 판단이다. 지금 바울은 인간적 욕망의 만족에 의지해서 사는 것과, 다양한 관점과 성격의 사람들 틈에 얽매어 사는 것의 가치를 평가하는 셈이다. 바울은 자신이 이 세상의 일부라는 사실을 받아들였다. 그는 이 세상에서 도망치기 위해 황량한 사막으로 들어가려고 하지 않으며, 혹은 세상의 현존을 인정하지 않는 어떤 구원론을 꾸며내어 세상을 무시하려고 하지도 않으며, 혹은 자기 탐닉이나 자기 합리화를 통해 세상에 푹 빠져 살려고 하지도 않는다. 신자의 존재는 이 세상의 일부로 남아 있으며, 그 존재에는 이런 차원의 실상이 있다는 사실을 바울은 인정할 따름이다. 이런 차원에서는 율법의 미덕은 늘 변조되기 마련이고, 율법은 신자 내부에서 죄의 지속적인 교두보와 근거지 노릇을 하며, 결국 십자가에 못 박히신 분이 아직까지 점령하지 않은 영역이 있음을 바울은 인정하는 것은 것이다.

비록 14-17절과 18-20절 모두에서 "선(하다)"라는 단어가 변형된 형태로 반복되고 있기는 하지만(18-19절; 12-13, 16절), 두 대목은 서로 여러 차이점들을 갖고 있으며 그 중 가장 중요한 차이점은 후자의 경우에 율법이 구체적으로 언급되지 않는다는 사실이다. 어느 정도 논증을 마친 바울이 여기서 다시 짚고 넘어가려는 요점이 있다: 옛 시대에 속한 인간을 분석함에 있어서 그 초점이 율법에 맞추어지지 않을 때조차도, 죄가 계명을 통해 사람에게 원형적 공격을 가함으로써 만들어냈던 그 상황은(7-13절) 여전히 건재하다. "나"는 율법이 규정하는 선을 행하고 싶은 의지는 가졌지만, 그 의지를 행동으로 옮길 수 있는 힘은 갖고 있지 않다. 하지만 결함은 "나"에게 있는 것이 아니다: "나"는 분열되어 있어서, 그리스도의 시대와 이 시대에 모두 속한 채 나뉘어져 있고, 그 두 시대 사이에 머물러 있다. 비난은 오히려 죄가 받아야 한다. 마치 죄가 이런 두 가지 "나"를 조종함으로써 일종의 정신 분열증을 조장하려고 하는 듯 보여도, 사실 죄가 이용하는 것은 그 분열 자체는 아니다. 죄는 그리스도에게 속한 나를 만질 수조차 없지만, 육신의 사람인 "내"가 속해 있는 이 세상에 대하여는 죄가 여전히 권세를 휘두를 수 있는 것이다.

그러므로 육신의 사람으로서 "내"가 하는 모든 것은 죄의 권세를 증거할 뿐이다. 그렇지만 바울이 자신이 행하는 모든 일의 가치를 훼손하는 것은 아니며, 부활 전에도 선을 행할 수 있다는 사실을 부인하는 것도 아니다(2:7-16을 참조하라). 다만 종말론적 긴장의 두 가지 면이 신중하게 살펴져야 한다: 성령을 통하여 그리스도 안에서 행해지는 것은 하나님의 능력을 증거한다(예를 들어, 고전 2:4-5을 보라). 그러나 율법을 통하여 인간 내부에 자신의 교두보를 구축해 놓은 죄는 여전히 그곳에 자리잡고서, 율법과는 상관없이 계속해서 그 영향력을 발휘한다. (신자를 포함하여) 그 누구든 이 세상에 의지하거나 부속하려는 태도로 자신의 삶을 살면 살수록, 율법이 그에게 깨우쳐 주든 말든 상관없이 그는 자신이 죄가 바라는 대로 살고 있음을 더욱 더 확신하게 될 것이다.

21 분명히 21절은 선행 단락(14-20절)에서 전개되고 수정되었던 논의에 대한 결론이다: "그러므로 내가 한 법을 깨달았노니 곧 선을 행하기 원하는 나에게 악이 함께 있는 것이로다." 이제 인간의 무력함과 죄의 유죄가 (18-20절에서는 율법을 언급하지 않았어도) 분명하게 제시되었기 때문에, 바울은 이제 이와 같은 방식으로 법에 관한 논의를 다시 도입하려 한다. 그가 절망에 빠진 채 율법에 대해서는 아예 포기하고서 좀 다른 "법"에 대해서 접근하려하는 것이 아니다. 바울은 지금 (죄, 죽음, 신자 등과 관련된 율법의 역할이라는) 본 장의 중심 주제와는 완전히 동떨어져 있고, 하나님이나 그의 목적에 대해서는 아무런 분명한 관계도 없는, (바울 사상을 통하여 충분히 다루어진 바 구원론에 있어서 허술하고 어정쩡한 태도를 취하는 그런) "자연법"을 말하려는 것이 결코 아니다. 이런 식의 해석은, (이미 3:27-31과 7:12-14에서 가장 분명하게 제시되었던) 토라에 대한 바울의 평가가 지닌 아슬아슬한 긴장을 제대로 다루지 못한다. 오히려 율법의 무력함을 드러내는 것은 죄의 지속적인 권세 앞에서 무력한 육신의 사람이다(신자도 포함된다). 율법에 의해 의지가 고양된다 하더라도 죄에게 통제 당하는 육신은, 선한 갈망이 행동으로 옮겨지지 못하도록 방해한다.

22-23 22-23절은 이미 암시된 것을 분명하게 설명함으로써 결론을 정립해간다: "내" 안에 있는 분열은 율법 안에 있는 분열에도 그대로 반영된다. 22-23절에서 율법의 이중적 대리권은(13절), 신자의 나뉘어진 자아와 관련하여 그 뜻이 다시 규정되고, 신자의 자아와 경쟁적 관계를 설정한다. "내 속 사람으로는 하나님의 법을 즐거워하되"라는 말은 거룩하고 의롭고 선하고 신령한 율법에 대한 언급으로 해석될 수 있다. 왜냐하면 바울은 은혜의 시대에 반대되는 옛 시대를 특징짓는 율법에 자기가 즐거이 동의한다는 뜻으로 이 말을 했을 리가 없고(6:14, 15), 사망을 가져오는 죄의 대리자로서의 율법의 역할을 그가 기뻐한다고 했을 리도 없기 때문이다(7:10-13). 따라서 본질상 "하나님의 법"으로 드러나는 율법은 "속 사람"과 "잘 어울린다." 바울의 독자들은 틀림없이 율법의 본질을, 의지를 가진 "나"와 동일시해야 했을 것이다. 이때 "나"란 마음으로는 율법을 즐거워하되, 육체에 속한 이유로 그 의지를 행동으

로 옮기지 못하며 좌절하는 "나"이다.

나뉘어진 "나"를 나뉘어진 율법과 조화시키는 작업은 23절에서 마무리된다. "내 지체 속에 있는 한 다른 법"은 23절의 거의 마지막 부분에 이르러 "내 지체 속에 있는 죄의 법"(="죄와 사망의 법"[8:2])으로 더 충분하게 정의되며, 이 법은 곧 앞에서 11-13절에서 설명되었듯이, 죄에게 악용 당하여 사망을 가져오는 법과도 다를 바가 거의 없다. "한 다른 법"을 중요한 요인으로 설명하면서, 바울은 옛 시대를 지배하는 힘으로서의 율법(6:14-15)을 다시 묘사한다: 비록 진짜 비난은 죄가 받아야 한다 해도(7:7-13), 율법, 보다 정확히 말해서 "죄의 법"은 옛 시대를 특징짓는다고 말할 수 있다. 마찬가지로 "내 마음의 법" 역시, 의지를 갖고 있는 "내"가 신령하고 선한 법으로 간주하는 율법과 거의 다를 바가 없으며(14-16절), 속 사람이 즐거워하는 하나님의 법과 거의 동일하다(22절).

상황은 전쟁으로 묘사되며, 이 전쟁의 승리는 죄에게 악용 당하는 율법에게로 돌아가게 되어 있다. 여기서 다시, 21절보다 더 명확하게 율법은 무력하다는 점이 강조된다. 새 시대를 특징짓는 의의 계시가 "율법 외의" 것이어야만 하기 때문이며(3:21), 율법에게 (구원의) 핵심 단계를 내어주는 것이 곧 옛 시대를 뒤엎는 것이기 때문이다. 즉, 하나님의 법으로서의 율법은 죄의 권세를 무찌를 만큼 충분한 힘은 없다는 말이다. 새 시대를 설명함에 있어서 율법을 행하고자 하는 더 강한 의지로도 충분히 설명할 수 없고, 율법의 본질을 하나님의 법이요 신령한 법으로서 규정하는 것으로도 충분히 설명할 수 없는 이유 역시 바로 이러한 율법의 무력함 때문이다. 그런 것들로 설명하면, "나"는 여전히 무기력한 모습으로만 남게 되는 것이다. 이 문제를 푸는 핵심은 다른 곳에 있으며, 이제 곧 새로운 힘의 원천(즉 성령)으로 설명될 것이다(8장). 그러나 그 설명을 시작하기 전부터 바울은, (신자를 비롯하여) 옛 시대의 일원으로 존재하는 인간의 곤고함을 묘사함에 있어서 완곡한 표현을 쓰지 않는다. 각 개인은 언제나 죄의 법에게 사로잡힌 포로로 존재한다. 도덕적인 선택을 할 때마다 그 선택은, 자신이 여전히 죄의 노예임을 증명해줄 뿐이다(14절). 신자 역시 그가 여전히 육신의 사람으로 존재하는 한 되풀이되는 패배를 고백할 수밖에 없다. 6:13과 이 부분은 도덕적 선택을 의지에 의한 진지한 선택으로 묘사했으며, 이 도덕적 선택이 처해 있는 지금의 현실에서는 올바른 선택이 제대로 이루어질 수 없다는 사실을 여기서 매우 엄숙하게 다시 강조한다. 이 현실 속에서의 도덕적 선택이란 언제나 패배만을 초래할 뿐이기 때문이다. 참으로, 모든 선택들이 죄와 율법의 관점에서 분석될 때 패배는 피할 수 없는 현실이다. 율법은 결코 죄와 맞수가 될 수 없기 때문이다.

24 "오호라 나는 곤고한 사람이로다 이 사망의 몸에서 누가 나를 건져내랴?" 바로 앞에서 묘사된 곤경에 빠진 화자가 실존적 고뇌에 찬 비명을 터뜨린다. 여기서 바울은 분명히 자신에 관해서 말하고 있고, 단지 인류 전체의 대변인으로서만 말하는 것은 아니다. 다시 말해서, 문제의 이 상황으로부터 오래 전부터 벗어나 있는 사람이 자신과는 상관도 없는 고뇌를 형식적으로 표현한 말이 아니라는 것이다. 도움을 부르짖는 이 사람은 **내면의** 모순에 시달리며 너무도 애처롭게 부르짖고 있다. 그는 끝없는 전투와 반복되는 패배**로부터** 구원을 갈구하고 있다. "이 사망의 몸"은 곧 이 세상에 속하여 죄와 사망의 지배 하에 있는 바울을 뜻한다. 죄는 아직 사망의 열매를 충분히 무르익은 형태로 맺지 못하였다. 달리 말해서, 바울도 아직은 그리스도의 죽음에 충분히 합치되지 못하였다(빌 3:10). 그가 부르짖어 바라는 것은 바로 그런 구원이다. 마치 문제는 물질적인 것에 있는 것처럼 생각하고 이 몸에서 벗어나기를 부르짖는 것이 아니다. 바울이 몸**의** 구속을 갈망했다는 사실을 만약 그의 독자들이 아직 모르고 있다 하더라도(참조. 고전 15장), 그들도 잠시 후면 곧 알게 될 것이다(롬 8:11, 23). 만약 부르짖어 바라는 것이 벗어남이라 하더라도, 이 벗어남은 그리 간단한 것이 아니다. 사망에 매인 몸으로부터의 벗어남이요, 죄와 사망의 지배를 받는 세대로부터의 벗어남이며, 두 시대 사이에 머물러 있는 긴장으로부터의 벗어남이요, 그리스도의 죽음과 나 자신의 죽음 사이의 긴장으로부터 벗어남이라고 해야 할 것이다. 그리고 이 부르짖음은 절망의 부르짖음이라기보다는 좌절의 부르짖음이라고 해야 한다. 바울은 온전한 구원이 찾아 올 것을 확신했기 때문에(5:9-10; 6:8; 11:26), 이 부르짖음은 절망의 부르짖음이 아닌 좌절의 부르짖음인 것이다. 이 좌절은 육신의 사람으로 있는 동안에 생명의 새로움 속에서 행하고자 노력하면서 겪는 좌절이며(6:4), 또한 이 사망의 몸을 통하여 성령의 새로움으로 섬기고자 할 때 겪는 좌절이다(7:6).

25 고뇌에 찬 질문(24절)에 대한 응답은 다소 기묘하게 느껴진다. 이것이 질문에 대한 응답이라기보다는 오히려 하나님께 드리는 감사로 읽혀지기 때문이다. 그렇다 해도 분명히 바울은, 그의 독자들이 이 말을 질문에 대한 응답으로 읽어주기를 바랬을 것이다. 지금 바울이 제시한 응답은 두 가지 뜻으로 추정해 볼 수 있다. 구원이 예수 그리스도를 통해서 오리라는 뜻으로 제시했을 수도 있고, 아니면 하나님께서 사람이 오랫동안 갈망해 온 구원을 그리스도를 통하여 성취하실 것이라는 뜻으로 제시했을 수도 있다. 사실상, 이 두 가지 뜻의 응답은 결국 서로 똑같다고 말할 수

있다. 왜냐하면 바울은 그리스도를 하나님으로부터 독립하여 활동하시는 분이라고 생각하거나, 혹은 하나님의 대리자에 지나지 않는 분으로 생각하지 않으며, 오히려 하나님의 구원의 목적을 나타내신 표현이요 그 화신(化身)으로 생각하기 때문이다(참조. 10:12-13; 고전 1:24, 30; 8:6; 고후 5:19). 두 가지 응답 모두가, 구속은 그리스도를 통하여 그의 재림(Parousia) 시에(혹은 재림에 의해) 성취된다는 뜻을 암시하고 있다(참조. 11:26; 고전 15:42-57; 살전 1:10). 두 가지 응답 모두에서 감사는, 사람이 갈구하던 구원의 실제적 원천이신 하나님께로 돌려져야 마땅하다.

예수 그리스도를 통한 하나님의 목적을 확신하는 선언에 이어서, 변함 없이 지속되는 냉혹한 현 상황을 묘사하는 사실적 서술이 나타난다. 이 냉혹한 서술은 7-25절의 설명에 적합한 결론이다. 하나님께서 그 최종적인 구원을 시행하시기 전까지는, 그리스도의 죽음과 부활을 통하여 (바울 개인으로서는, 회심이 시작됨을 통하여) 시기별로 확고하게 된 상황들이 여전히 지속될 것이다. "내 자신이 마음으로는 하나님의 법을, 육신으로는 죄의 법을 섬기노라." 여기서 "나"는 강조 용법으로 쓰였다: 이 설명은 바울의 개인적 고백이라는 특징을 지니는데, 이 특징은 끝까지 지속된다. 여기서의 "나"를 마음에 결부된 것으로만 설명하려는 시도는 전혀 없다. 여기에서의 "나"는 마음의 "나"일 뿐만 아니라 육체에 속한 "나"이기도 하다. 바울은 항상 자신이 마음과 육신이라는 두 가지 서로 다른 차원에서 하나가 되어 동시에 살고 있음을 느끼고 있고, 또한 그 둘이 서로의 요구와 필요 때문에 갈등하고 있음도 느낀다. "섬긴다"는 동사는 7:6에서도 쓰였는데, 여기에는 그 어떤 경멸적인 뉘앙스도 들어 있지 않다. 다만 이 동사는 육신이 그 기질과 욕망에 지속적으로 의존해 있는 현실과, 죄가 율법을 통하여 이 기질과 욕망을 조종하여 마침내 썩어짐과 사망의 열매를 맺는다는 현실을 있는 그대로 묘사할 뿐이다. 또한 이 동사는 율법을 통하여 하나님의 법으로 느껴지는 것에 마음이 지속적으로 의존하고 있음을 묘사한다. 예를 들어, 예수 그리스도를 통하여 최종적인 구원이 성취될 때까지, 신자 안에서 옛 시대와 새 시대의 분열은 지속된다. 나뉘어진 "나"로서는 율법의 나뉘어진 특징을 지속적으로 경험할 따름이다: 마음으로서의 "나", 즉 그리스도의 죽으심 안에서 그분과 연합된 "나"는 하나님의 율법으로서의 법을 경험하며, 반면에 육신으로서의 "나", 즉 그리스도의 부활 안에서 그분과 아직 결합되지 못한 "나"는 죄의 법으로서의 율법을 경험하는 것이다.

25b절은 그리스도의 죽음과 부활에 의해 조성된 종말론적 긴장을 표현한 하나의

고전적 진술이다: 이 긴장은 그분의 죽음을 통하여 아담의 세대에 종말을 고했고, 그분의 부활을 통하여 마지막 아담의 시대를 시작했다. 바울이 이해하기에 이 긴장은 사람에게 아무 거리낌없이 받아들여지는 자연스러운 긴장도 아니며, 인간의 타락 때문에 빚어진 긴장도 아니다. 사람의 타락은 이 긴장의 일면일 뿐이며, 이 긴장은 오로지 그리스도 안에 있는 종말론적 "현재"의 도입으로만 조성된다. 또한 바울에게 이 긴장은, 그의 회심이 시작되자마자 개인적인 긴장이 되었다. 그렇다면 이 긴장은 지연된 구속의 긴장일 뿐만 아니라 더 정확하게 말하면, 이미 시작은 되었으나 아직 완성은 안된 구속의 긴장이다. 바울이 하나님의 법에 대한 섬김을 마음으로나마 상상할 수 있다는 사실 그 자체가, 그리스도와 함께 죽은 바울의(6:2-11) 중생한 마음을 반증하고 있다(참조. 12:2). 육신으로 죄의 법을 지속적으로 섬긴다는 것은 신자의 어떤 존재적 차원을 알려주고 있다. 즉, 신자의 존재 중 일부는 아직 그리스도의 부활한 생명에 사로잡히지 않았다는 것(참조. 8:11, 23), 그리스도와 함께 부활된 존재가 아니라는 것(6:5, 8)을 뜻하는 것이다. 미래의 구원에 대한 확신 자체가, 신자가 사로잡혀 있는 종말론적 긴장을 해소해 주지는 않는다.

바울의 가르침은 바울 당시의 많은 추종자들을 거느리던 또 다른 대중적 신앙(참조. 고전)과 사뭇 다르다. 바울은 회심의 시작 자체가 육신으로부터의 해방이나 육신의 소멸을 이루어준다고 가르치지 않으며, (6:1-11이나 7:1-6을 대충 읽는 사람들이 흔히 내리는 결론처럼) 회심의 시작 자체가 죄의 권세에 대한 즉각적이고 영원한 승리를 가져다준다고도 가르치지 않는다. 오히려 생명을 증거하는 징표는 영적인 전투이다. 종말론적 긴장은, 그리스도의 죽으심을 통한 그분과의 결합이 이미 시작되었음을 보여주는 증거일 뿐이다. 죄의 권세와 전쟁을 시작한 것은 그리스도의 부활의 권세이다. 목회적인 견지에서 말하면, 바로 이 점을 강조하는 것이 상당히 중요하다. 왜냐하면 바울은 신자가 여전히 처해있는 인간의 현실적 상황, 즉 그리스도인이라 하더라도 여전히 이 육신과 사망의 세상에 속한 일부라는 현실적 상황을 매우 진지하게 받아들이고 있기 때문이다. 한편, 여기 바울의 가르침은 끊임없는 도덕적 패배에 대하여 한낱 손쉬운 변명거리를 제공하기 위해 제시되지 않았다. 바울의 이러한 가르침이 죄에 매인 비천한 속박으로서의 패배와, 죄의 노예 상태에서 겪는 패배를 변명해 주는 것으로 오용되면 않된다. 신자는 끊임없이 직면하는 도덕적 선택의 순간마다(6:12-23) 반복적으로 패배한다(23절)는 사실을 바울도 충분히 잘 알고 있었다. 그는 신자들이 이러한 패배의 문제를 가볍게 여기리라고 생각할 수 없었으며, 이 전쟁의 대가를 요구하고 의로운 율법을 섬기는 일에 진지함도 없이 시큰둥하리라고는 상상도 할 수 없었다. 바울로서는 신자들이 죄에 대한 굴종을 정당하고 영광스러운 것으로 여기리라고는 추호도 상상할 수 없었을 것이다. 혹 그런 신자가 있었다면, 그는 6장의 말씀을 망각했거나 아직까지 8장의 내용은 읽어보지 못한 신자일 것이다. 7:7-25은 6장-8장의 문댁 속에서 이해되어야 한다. 또한 이 단락은 이 세상 속에서 살아가는 신자의 삶이 결코 피할 수 없고 간과할 수 없는 상황이 무엇인지 설명해준다. 그리고 이 설명은 반드시 서론적 진술과 권고(6장) 및 보충적인 설명(8장)의 논점들에 입각하여 이해해야 하며, 결코 문맥과 상관없이 따로 이해할 수는 없다.

C. 종말론적 긴장과 성령을 통한 하나님 목적의 성취(8:1-30)

서론

신자들의 삶에서 죄와 사망의 권세의 지속적인 충격을(6장), 그런 다음 죄 또는 하나님에 의해 결정되는 여부인 율법의 서로 용납되지 않는 역할(7장)을 차례로 다루면서, 바울은 이미 6:4와 7:5에서 사용한 똑같은 선명한 용어로 5장에서 도달한 결론으로 되돌아오고 있다. 그러나 새 시대에는 완전히 차이가 나는 다른 요소(그리스도의 죽음과 부활보다 다른 것)로 좁아지는 초점을 가지고 이제는 되돌아간다. 그것은 성령(*πνεῦμα*, 8장에서 21번)이다.

바울이 지금까지 이 결정적인 범주의 전개를 남겨둔 이유는 10절 이하에서 분명해진다. 신자들 자신이 속해 있는 종말론적인 긴장을 이해할 수 있는 열쇠를 제공하는 것이 무엇보다도 성령이기 때문이다: 하나님의 아들됨에 영향을 주는 성령의 수용(14-17절)은 구원의 추수의 시작("첫 열매")이고, 그것은 몸의 부활 때까지는 불완전한 상태로 있다(11, 23절). 그리고 하나님의 영에 의해 각 사람의 구원의 과정이 질서 있고(18-28절), 구원역사적인 구조(29-30절) 내에서 설정되어질 수 있다. 따라서 6장과 7장의 형태를 따르면서(보다 제한적인 평가가 뒤따르는 예리한 구원역사적 대조들, 참조. Nygren, 308-9), 이번에 바울은 종말론적인 자격요건을 한껏 몰고 가서, 성령이 어떻게 신자들의 종말론적인 삶을 우주적인 부활의 해방으로 열매를 맺게 하는가를 보여준다(11, 19-23절). 말하자면 성령은 신자들의 소망을 보증함으로써(24-25절; 참조 5:5), 연약한 세대 속에 있는 그들을 보호하심으로써(26-27절), 따라서 미래의 영광에 관한 확증을 줌으로써(17-21, 28-30절) 그렇게 하신다. "로마서 8:18 이하의 종말론적 신학은 열정과 실재 사이에 서 있다"(Balz, *Heilsvertrauen*, 125)

1. 생명의 성령(8:1-11)

참고문헌

Benoit, P. "The Law and the Cross according to St Paul." *Jesus*. 22-32. **Branick, V. P.** "The Sinful Flesh of the Son of God(Rom 8:3): A Key Image of Pauline Theology." *CBQ* 47(1985) 246-62. **Cranfield, C. E. B.** "The Freedom of the Christian according to Rom 8:2." In *New Testament Christianity for Africa and the World*, FS H. Sawyerr, ed. M. E. Glasswell and E. W. Fasholé-Luke. London: SPCK, 1974. 91-98. **Deidun, T. J.** *Morality*. 69-78, 194-203. **Dibelius,** "Vier Worte." 8-14. **Dülmen, A. van.** *Theologie*. 119-23. **Dunn, J. D. G.** *Baptism*. 147-49. ______. *Jesus*. 315-16. ______ *Christology*. 44-45, 111-12, 144-45. **Fuchs, E.** "Der Anteil des Geistes am Glauben des Paulus: Ein Beitrag zum Verständnis von Römer 8." *ZTK* 72(1975) 293-302. **Gillman, F. M.** "Another Look at Romans 8:3: 'In the Likeness of Sinful Flesh.'" *CBQ* 49(1987) 597-604. **Hermann, I.** *Kyrios und Pneuma: Studien zur Christologie der paulinischen Hauptbriefen*. SANT Munich: Kösel, 1961. 65-66. **Hübner, H.** *Law*. 144-49. **Jones, F. S.** "*Freiheit*." 122-29. **Keck, L. E.** "The Law of 'The Law of Sin and Death'[Rom 8:1-4]: Reflections on the Spirit and Ethics in Paul." In *The Divine Helmsman*, FS L. H. Silberman, ed. J. L. Crenshaw and S. Sandmel. New York: Ktav, 1980. 41-57. **Kuhn, K. G.** "New Light on Temptation, Sin, and Flesh in the New Testament." *The Scrolls and the New Testament*. ed. K. Stendahl. London: SCM, 1958. 94-113. **Lohse, E.** "*ὁ νόμος τοῦ πνεύματος τῆς ζωῆς*: Exegetische Anmerkungen zu Röm 8:2." *Vielfalt*. 128-36. ______. "Zur Analyse und Interpretation von Röm 8:1-17." In Lorenzi, *Law of Spirit*. 129-46. **Lyonnet, S.** "Christian Freedom and the Law of the Spirit According to St Paul." In *The Christian*

Lives by the Spirit, I. de la Potterie and S. Lyonnet. Tr. John Morris. Staten Island: Alba House, 1971. 145-74. **Moule, C. F. D.** "'Justification' in Its Relation to the Condition *κατὰ πνεῦμα*(Rom 8:1-11)." In Lorenzi, *Battesimo*. 177-87. **Osten-Sacken, P. von der.** *Römer 8*. 144-56, 226-42. **Paulsen, H.** *Römer 8*. 23-76. **Pfister, W.** *Das Leben im Geist nach Paulus*. Freiburg: Universitätsverlag, 1963. **Räisänen, H.** "Das 'Gesetz des Glaubens' (Röm 3:27) und das 'Gesetz des Geistes'(Röm 8:2)." *NTS* 26(1979-80) 101-17. Repr. in *Torah*, 95-118. **Schmithals, W.** *Anthropologie*. 83-117. **Schrage, W.** *Einzelgebote*. 71-93. **Schnabel, E. J.** *Law*. 288-90. **Schweizer, E.** "Zum religionsgeschichtlichen Hintergrund der 'Sendungsformel' Gal 4:4 f.; Röm 8:3 f.; Joh. 3:16 f.; 1 Joh. 4:9." *ZNW* 57(1966) 199 ff. Repr. in *Beiträge zur Theologie des Neuen Testaments*. Zürich: Zwingli, 1970. 83-95. **Stalder, K.** *Das Werk des Geistes in der Heiligung bei Paulus*. Zürich: EVZ, 1962. 387-487. **Stanley, D. M.** *Resurrection*. 189-92. **Thompson, R. W.** "How Is the Law Fulfilled in Us? An Interpretation of Rom 8:4." *Louvain Studies* 11(1986) 31-40. **Wright, N. T.** "The Meaning of *περὶ ἁμαρτίας* in Romans 8:3." In *Studia Biblica 1978 III*, ed. E. A. Livingstone. *JSNTSup* 3. Sheffield: *JSOT*, 1980. 453-59.

본 문

1 그러므로 이제 그리스도 예수 안에 있는 자에게는 결코 정죄함이 없나니	**1** So now, there is no condemnation for those in Christ Jesus.[a]
2 이는 그리스도 예수 안에 있는 생명의 성령의 법이 죄와 사망의 법에서 너를 해방하였음이라	**2** For the law of the Spirit of life in Christ Jesus has set you[b] free from the law of sin and death.
3 율법이 육신으로 말미암아 연약하여 할 수 없는 그것을 하나님은 하시나니 곧 죄를 인하여 자기 아들을 죄 있는 육신의 모양으로 보내어 육신에 죄를 정하사	**3** For what the law was unable to do in that it was weak through the flesh, God sent his own Son in the very likeness of sinful flesh and as a sin offering and condemned sin in the flesh,
4 육신을 좇지 않고 그 영을 좇아 행하는 우리에게 율법의 요구를 이루어지게 하려 하심이니라	**4** in order that the requirement of the law might be fulfilled in us who walk not in accordance with the flesh but in accordance with the Spirit.
5 육신을 좇는 자는 육신의 일을 영을 좇는 자는 영의 일을 생각하나니	**5** For those who exist in terms of the flesh take the side of the flesh, whereas those who exist in terms of the Spirit take the side of the Spirit.
6 육신의 생각은 사망이요 영의 생각은 생명과 평안이니라	**6** For the flesh's way of thinking is death, whereas the Spirit's way of thinking is life and peace.
7 육신의 생각은 하나님과 원수가 되나니 이는 하나님의 법에 굴복치 아니할뿐 아니라 할 수도	**7** Because the flesh's way of thinking is hostility toward God, for it does not submit itself to the law

없음이라

8 육신에 있는 자들은 하나님을 기쁘시게 할 수 없느니라

9 만일 너희 속에 하나님의 영이 거하시면 너희가 육신에 있지 아니하고 영에 있나니 누구든지 그리스도의 영이 없으면 그리스도의 사람이 아니라

10 또 그리스도께서 너희 안에 계시면 몸은 죄로 인하여 죽은 것이나 영은 의를 인하여 산 것이니라

11 예수를 죽은 자 가운데서 살리신 이의 영이 너희 안에 거하시면 그리스도 예수를 죽은 자 가운데서 살리신 이가 너희 안에 거하시는 그의 영으로 말미암아 너희 죽을 몸도 살리시리라

of God; for it cannot.

8 And those who are in the flesh are not able to please God.

9 However, you are not in the flesh but in the Spirit, assuming that the Spirit of God does indeed dwell in you – if anyone does not have the Spirit of Christ, he does not belong to him.

10 And if Christ is in you, the body is dead because of sin, but the Spirit is life because of righteousness.

11 But if the Spirit of him who raised Jesus from the dead dwells in you, he who raised Christ[c] from the dead will give life to your mortal bodies as well,[d] through[e] his Spirit which dwells in you.

원문주해

a. 1절 끝에 서기관들은 메 카타 사르카 페리파투신(*μὴ κατὰ σάρκα περιπατοῦσιν*)을 추가하였고, 또 나중에 알라 카타 프뉴마(*ἀλλὰ κατὰ πνεῦμα*)를 추가하였다. 이는 그 구절을 확장시킴으로써 본문을 명확히 하려는 관습임을 시사하고, 또 초기에 이런 관습을 잘 따라가려는 서기관들의 계속된 의지가 있었음을 암시한다. Metzger를 보라.

b. 많은 증거들이 메(*μέ*)로 읽고 있으며, 자주 선호된다(SH; Lietzmann은 강력한 초기 이집트의 증거에 비추어 그렇게 간주하는데, Schmidt도 그를 따른다); 하지만 세(*σέ*)는 가장 난해함으로 우선되는 것으로서 그리고 MS의 지원으로 이제 널리 선호된다(하지만 Metzger을 보라).

c. 예순(*Ἰησοῦν*)은 여기서 삽입된 것으로 보이고, 그 어순은 다양한 조합을 야기하면서, 본문을 전달하는 과정에서 바뀐 것으로 보인다. Metzger를 보라.

d. 카이(*καί*)는 불필요한 것으로서 어떤 사본들에는 빠져 있다.

e. 디아(*διά*)+대격("그의 영으로 인해")은 본문 전승에서 강력한 지지를 받는다. 하지만 확실히 선호되는 것은 디아(*διά*)+속격이다(특히 Cranfield와 Metzger를 보고, 반대로는 Schweizer, *TDNT* 6:422를 보라).

양식과 구조

7장에서처럼 서두 구절들은(8:1-4) 주된 논의에 대한 전환으로 기능한다: 죄와 사망에 대한 답변이 주어지고(속죄제로서 그리스도의 죽으심), 율법의 두 가지 측

면이 재확인되며(사망의…율법과 생명의…율법은 둘 다 육체로 말미암아 약해졌으나 성령으로 말미암아 성취되어졌다), 또한 많이 사용된 범주들은 다른 한 용어, 즉 "육신"에게 길을 양보한다. 그런데 그 용어는 이전에 간간이 나타났지만(7:5, 18, 25), 이제는 이 장의 전반부를 주도하며(사르크스[σάρξ] – 1-13절에서 13번 나온다), 당시에 인간에게 있었던 연약함과 부패를 요약한다(17절 이하). 따라서 프뉴마/사르크스(πνεῦμα/σάρξ, 4-9, 12-13)의 대조는 6장과 7장에서 아주 지배적이었던 주제들을 대신하고 있다 – 하마르티아(ἁμαρτία, 5번, 하지만 3절 이후에는 단 한번), 다나토스(θάντος, 3번 – 2, 6, 38절) 그리고 노모스(νόμος, 5번, 그러나 4절 이후에는 오직 7절에서만). 6-7장에서 없었던 것, 즉 죄와 사망을 이기는(그리고 율법을 재적응시키는) 힘을 설명하는 일관된 범주(따라서 카리스[χάρις], 디카이오수네[δικαιοσύνη] 그리고 프뉴마[πνεῦμα]가 주기적으로 나타난다)는 이제 프뉴마에게 주어진다. 결과적으로 그리스도인이 되고 하나님의 아들이 되는데 결정적인 것으로 묘사되는 것은 성령이다(9, 14절).

구문론적인 특징은 2절에서의 노모스/노모스(νόμος/νόμος)의 비교와 4-6, 9절(소마/프뉴마[σῶμα/πνεῦμα], 10-11절)에서의 사르크스/프뉴마(σάρξ/πνεῦνα)의 대조, 3절 서두에 구문론적으로 명료하지 않은 구절, 특별히 6절과 10절에서의 경구적인 간결함, 그리고 9-11절에서 연속된 에이(εἰ) 구절들을 포함한다(Paulsen, 38).

주석

1 "그러므로 이제 그리스도 예수 안에 있는 자에게는 결코 정죄함이 없나니"(οὐδὲν ἄρα νῦν κατάκριμα τοῖς ἐν Χριστῷ Ἰησοῦ – 우덴 아라 눈 카타크리마 토이스 엔 크리스토 예수). 7:25에서 8:1로 전환하는 것이 어색함("육신으로는 죄의 법을 섬기노라"에서 "결코 정죄함이 없나니"로의 전환)은 상당한 당황스러움을 야기하고, 몇몇 주석가들로 하여금 그 구절이(7:25b와 더불어) 대신 들어왔다거나 어구주석이라고 가정하도록 촉발시켰다(7:25b를 보라). 그러나 그러한 가정은 대단히 불필요하다. 바울은 7:25와 8:1간에 잠시 휴식하는 것을 대체로 의도했을 것이고, 이는 서술 가운데 또 로마의 회중들에게 서신을 읽는 가운데 쉽게 드러나는 사상의 흐름을 나타낸다. 다시 한번 우리는 이 서신이 읽는 것보다 읽혀지기 위해서 쓰여졌다는 것을 상기할 필요가 있다. 연결어(아라 눈 – ἄρα νῦν)는 아마도 이런 의미로 읽혀져야 할 것이다. (1) 바울에 의해 사용된 통상적인 아라(ἄρα) 구절은 아라 운

(*ἄρα οὖν*)이다(5:18; 7:3, 25; 8:12; 9:16, 18; 14:12, 19). 두 분사들은 서로를 강화시켜주고, 방금 말했던 것에서 직접적인 의미를 이끌어내는 결론 또는 추론을 가리킨다. 하지만 아라(*ἄρα*)만으는 둘을 보다 약하게 연결짓는 단어이므로, 그것이 새로운 항목의 서두에 사용되었을 때, 인접한 이전 문맥과 덜 직접적인 연결을 암시한다. (2) 눈(*νῦν*)은 보통 종말론적이다(3:26; 5:9, 11; 6:19, 21; 8:18, 22; 11:5, 30- 31; 13:11; 16:26에서처럼; 또한 3:21; 6:22; 7:6, 17절에서 누니[*νυνί*]처럼). 종말론적 긴장이 "나"와 율법 사이에 놓여 있다는(7:7-25) 보다 복잡한 상황을 설명한 후에(7:7-25), 바울은 의도적으로 종말론적인 직설법, 즉 그리스도로 인해 신기원이 열렸음을 단번에 상기시킨다. (3) 마찬가지로 카타크리마(*κατάκριμα*)는 그 사상을 5:12-21 곧 신약성경의 또 다른 언급이 나타나는(5:16을 보라) 최절정으로 생각하게 만든다. 그것은 5:12-21에서 아주 결정적으로 그려진 기원들(아담과 그리스도) 간의 흑백적인 대조인데, 바울은 그것으로 되돌아가고 있다. 하지만 이는 6장과 7장의 후반 절반에서 논의의 상당한 부분을 특징짓는 중복의 보다 약한 영역은 아니다(하지만 브루스의 번역인 "형벌적인 고욕"을 참조하라). 만약 8:1에서 그 사상이 7:6로 건너뛰고 있다면(Barrett, Cranfield, Schlier), 그것은 거기서 중단하지 않는다. (4) 따라서 토이스 엔 크리스토 예수(*τοῖς ἐν Χριστῷ Ἰησοῦ*)는 그 사상을 아담의 신기원과 구분해서 그리스도의 신기원에 속함이 무엇을 의미하는지에 관하여 다시 한번 예리하게 초점을 맞춘다. 육체의 부활 이전 시기에 신자들의 완전하고 최종적인 서술은 아니라는 사상을 복잡하게 만듦이 없이, "예수 그리스도 안에 있는 사람들"은 그리스도의 죽음 속에서 그리스도와 함께 연합한 사람들이다(자기 스스로를 죽은 자로 여기는)(6:11을 보라).

따라서 우리들은 7:25와 8:1간의 어색함은 바울이 이 장들의 각각을 위한 자신의 일상적인 절차를 따라가고 있기 때문에 오직 발생한다고 결론지을 수 있다(6-8장의 서론을 보라). 말하자면 그는 신자로서 자신이 경험한 계속된 긴장에 따른 대조를 제한하거나 완화시키기 이전에 두 신기원과 최초의 회심 이전과 이후간의 대조를 단순하고 예리한 대조적 용어로 서술하고 있다. 7:25와 8:1 사이의 전환은 시대들 간의 중복에서 율법의 역할의 보다 복잡한 분석이 진행되어지는 지점이고, 그 지점에서 바울은 잠시 휴식하고, 자신이 시작할 때에 가졌던, 정교하게 정의된 용어들을 다시 한번 상기시킨다. (6:23과 7:1 사이의 전환은 그렇게 어색하지 않다: 6장이 끝부분의 권고의 말을 유지하고 있기 때문이고, 반면에 7장은 조용하고 온건한 현실주의적인 논조로 끝을 맺고 있다.) 따라서 8:1은, 이번에는 성령에 의한, 현재의 구원

과정의 실제에 관한 새로운 허설을 표시하고 있다. 바울에게서 종말론적인 긴장에 관한 실제(7:25b)를 얼버무리는 것을 삼가는 것이 중요했지만, 또한 다시 한번 단순한 믿음에 호소하는 것도 역시 동등하게 중요했다(8:1).

2 만약 1절이 새로이 익숙해진 조화, 즉 엄숙한 단순성 속에서 아주 인상적인 저작의 주요 주제의 재진술이라고 한다면, 2절은 그것에 관한 또 다른 변화의 시작, 즉 세 번째 해설, 곧 이번에는 성령의 열쇠로의 시작이다. 이런 변화의 특출성은 이미 2:29; 5:5; 7:6에서 전조되었다.

"생명의 성령의 법이"(*ὁ γὰρ νόμος τοῦ πνεύματος τῆς ζωῆς*－호 가르 노모스 투 프뉴마토스 테스 조에스). NEB, "생명을 주시는 성령의 법"과 NJB, "생명을 주시는 성령의 법"은 "죄와 사망의 법"과의 평행에서 너무 멀어져 있다. 대부분의 주석가들은 이 구절을 토라에 대한 언급으로 취하는 것은 거의 불가능하다는 것을 발견한다(예를 들어, Dodd, "Law," 37; Nygren; Murray; Leenhardt; 초기의 "Paul and the Law," 166로부터 마음을 바꾼 Cranfield; Wilckens, n. 490에 있는 다른 사람들; 가장 최근의 Deidun, *Morality*, 94-203; Luz, *Gesetz*, 104; Räisänen, "Gesetz"와 *Law*, 50-52; Sanders, *Law*, 15 n.26; Zeller; Harrisville 등을 보라). 무엇보다도 거기에는 의문(*γράμμα*－그람마)과 성령(*πνεῦμα*－프뉴마)이 서로 예리하고 분명하게 상호 배타적인 대조를 가진 7:6과 대비되고 있고, 갈라디아서 3:21에서 율법이 생명을 줄 수 있다는 개념을 강하기 거부하는 것과 대비되고 있다(예를 들어, Käsemann의 "회복할 수 없이 왜곡된 모세의 율법"을 보라). 만약 노모스(*νόμος*)가 여기에서 토라를 나타내는 것이라면, 5:20; 6:14; 7:5에서 유대적 감각을 그토록 호되게 질책했던 바울이 급격하게 보다 전형적인 유대적 용어로 되돌아가고 있다는 것을 의미한다; 여기서 바울은 야고보의 목소리를 가지고 갑자기 말하고 있다(약 1:25)!

(1) 7장이 노모스(*νόμος*)의 역할을 설명하는데, 또한 참으로 노모스를 변호하는데 집중되어 있다는 것을 상기할 때, 그 문제는 쉽게 해결된다. 율법, 성령, 그리고 생명간의 연결이 강하게 확인된다: 7:14－호 노모스 프뉴마티코스 에스틴(*ὁ νόμος πνεματικός ἐστιν*); 7:10－헤 엔톨레 헤 에이스 조엔(*ἡ ἐντολὴ ἡ εἰς ζωήν*). 바울은 자신이 율법을 공격하고 있지 않았다는 것을 보이기 위한 오랜 방식을 이미 벗어버리고, 여기서는 바로 이 용어들을 사용하고 있는 것이다. "생명의 성령의 법"은 사실상 초기에 이것들을 사용한 것에 대한 압축에 불과하다. 거기에는 여전히 사상의 긴장이 있지만, 그것은 7장에서의 긴장이다. 여기서 그 구절은 그 긴장에 대해 어느 것도 덧붙이지 않는다. (2) 또한 2절에서 시작된 인접한 사상의 연속이 "율법

의 요구"가 "카타 프뉴마(κατὰ πνεῦμα)로 걷는" 사람들 속에서 성취되었다는 주장이 있는 4절에서 절정을 이루고 있다는 것을 잊어서는 안 된다. 바울은 바로 다음 문맥에서 전적으로 긍정적인 방식으로 토라와 성령을 분명히 연결시키고 있다.

(3) 이 두 관찰들은 바울이 율법을 두 가지 다른 방식으로 생각했을 가능성이 있다는 것을 강력하게 확인해준다: 사르크스(σάρξ)에 의해 오직 충족되어지는, 죄와 사망과의 연계 속에 있는 율법은 그람마(γράμμα)로서의 율법인데, 그것은 옛 기원에 사로잡혀 있으며, 파괴적이며, 남용적이다(2:28-29를 보라). 하지만 올바르게 이해되고, 엔 프뉴마티 우 그람마티(ἐν πνεύματι οὐ γράμματι)로 응답되는 율법은 하나님을 기쁘시게 한다(2:29). 따라서 2절의 양면적인 율법은 이미 그의 독자들에게 익숙해진 차원에서, 7:7-25에서 상술된 율법의 두 가지 측면을 재진술하고 있다. (4) 노모스(νόμος)가 그 문장의 주제라는 사실에 너무 많이 무게를 두어서는 안 된다(Raisanen, "Gesetz," 115-16처럼): 그 문장의 구성은 아마도 수사적일 것이고 – 강조의 자리에 두어져 있는 두 율법(문장의 시작과 끝에 있는), 7:7-25에서 주된 피고 대상이 율법이 아니라 죄("죄와 사망의 법")인 것처럼, 실제 강조는 성령에 있다("생명의 성령의 법"). (5) 이것은 율법이 믿음에 적대적이 아니라, 오히려 믿음으로 말미암아 세워진다(3:31)는 바울의 분명한 전제와 완전히 상관관계가 있다. 더 자세한 것은 3:31; 9:31-32; 10:6-8 그리고 13:8-10을 참조하라. 믿음과 성령이 바울의 신학에서 분명히 맥을 같이 하는 것이기 때문에, 분석을 위해서 바울이 로마서에서 이 두 용어를 함께 다루지는 않을지라도(참조. 특히 갈 3:1-14를 보라), 가장 분명한 추론은 "믿음의 순종"(1:5)이 "성령에 따라 걷는 것"(롬 8:4)을 묘사하는 또 다른 방법이라는 것이다. 율법은 하나님의 능력과 피조물의 수용이 함께 이루어지는 것을 통해서만 오직 하나님이 바라보시는 응답을 충족시킬 수 있다.

(6) 문맥과 그 구절의 종말론적인 의미를 간과해서는 안 된다. 성령의 법은 종말론적인 법이다(참조. 렘 31:31-34; 겔 36:26-27). 8:1-2는 그리스도에 의해 도입된 신기원의 관점에서 언급하고 있고, 반면에 7:23은 아담의 옛 기원 내에서 언급하고 있다. "마음의 법"을 무능력에서 건져내는 것은 성령이다. (7) 따라서 만약 로마서 내에 있는 내적인 긴장을 해결하지 못한다면, 8:2와 갈라디아서 3:21간의 긴장은 그대로 남는다. 그러나 이는 역시 갈라디아서와 로마서의 주제에 관하여 바울이 생각한 것에 어떤 발전이 있다거나(갈라디아서에서는 보다 급진적이고, 로마서에서는 토라에 대한 태도에서 보다 타협적이다; 또한 Hübner, *Law*), 율법에 관한 바울의 비판의 진의는 자신의 백성들 가운데 민족주의자들과 율법과 관련해서 염치없는 태

도를 가진 사람들에게 향해 있다(서문 §5.3; 2:17-29; 3:27-4:25; 9:30-10:4를 참조하라). 그리고 갈라디아서에서는 이런 비판이 전체를 지배하고 있는 반면에 로마서에서는 전체 제시의 일부만을 형성하고 있다. 사실상 3절은 갈라디아서 3:21의 반복에 상응한다.

요컨대, 두 번째 노모스(*νόμος*)가 토라와 관련한 언급임이 여전히 분명하기 때문에(더 자세한 것은 아래를 보라), 첫 번째 노모스(*νόμος*)를 또 다르게 이해할 수 있는 어떤 혼돈으로 그 사상을 몰고 갈 수 있다. 그 대조는 노모스(*νόμος*) 자체에 달려 있지 않고, 전체 구절 즉 "생명의 성령의 법"과 "죄와 사망의 법"에 달려 있다(더 자세한 것은 아래를 보라). 바울이 여기서 노모스(*νόμος*)에 역동적인 역할을 주고 있다는 사실(3:27에서처럼)에 효과적인 반대는 없다(반대하는 것으로는 Räisänen, *Law*, 51-52). 그런데 자유케 하는 능동적인 힘을 갖는 것은 **생명의 성령**의 법이다. 3절과 4절에서 노모스(*νόμος*)는 토라에 대한 언급임을 더욱더 분명히 하고 있다(8:3을 보라). 그리고 매우 능동적인 역할이 4절과 7절에서 동일한 율법에 주어진다. 더 자세한 것은 7:21과 23절을 보라. 또한 Schmidt; Moule, "Justification"; Lohse, "Röm 8:2,"와 "Analyse," 137-40; Hahn, "Gesetzesverständnis," 47-48; Osten-Sacken, 226-34; Hübner, *Law*, 144-49; Wilckens; Schnabel, *Law*, 288-89를 보라).

우리는 2절에서의 두 노모스 구절이 정밀한 평행구로는 구성되어있지 않다는 것을 주목할 수 있다: "생명의 성령"과 "죄와 사망"(반대하는 사람으로는 Michel). 그 이유는 바울이 "죄"와 "사망"을 두 대등한 세력으로 생각할 수 있지만, 그럼에도 불구하고 그것의 효과적인 영향은 개별적으로 인식되어야 한다는 것이다(참조. 5:13-14). 반면에 "성령"과 "생명"은 더욱더 긴밀하게 통합적이다 - 창조주로부터 피조물에게 주어지는 역동적인 생명 부여의 또 다른 측면(또한 Schlier를 보라). 물론 성령과 생명이 연합된 것은 전적으로 창조주에게 생명의 숨/영을 의존하고 있는 인간에 대한 유대 사상에 깊이 뿌리를 박고 있다(예를 들어, 창 6:17; 시 104:29-30; 겔 37:5; Tob 3:6; 마카비2서 7:23). 그런 연관은 초기 기독교 신학에서도 동등하게 근본적이며 특히 바울과 요한에게서 그렇다(롬 8:2, 6, 10, 11, 13; 고전 15:45; 고후 3:6; 갈 6:8; 요 4:10, 14; 6:63; 7:38-39; 20:22). 또한 그런 연관은 하나님이 이제는(종말론적인 이제) 성령을 통해서 인간을 만드심에 있어서 본래 가졌던 창조적인 목적을 성취하시기를 시작하셨다는 근본적인 기독교적 주장을 표현하고 있다. 또한 Gaugler을 참조하라. 프뉴마(*πνεῦμα*)에 대해서 더 자세한 것은 1:4; 5:5; 8:4과 9절을 보라. 조에(*ζωή*)는 5장(10, 17, 18, 21)에 대한 언급과 6:4과 8:4의 평행을 강화시켜준다.

"그리스도 예수 안에서 너를 해방하였음이라"(*ἐν Χριστῷ Ἰησοῦ ἠλευθέρωσέν σε* – 엔 크리스토 예수 엘류데로센 세). 전치사구는 동사와 함께 취해져야 할 것이다; 전치사구를 이전 구절("예수 그리스도 안에 있는 생명의 성령"; 참조. Lagrange, Schlatter, Dodd, Kuss, Schlier)과 함께 취한다면, 그것은 기독론과 성령론에 대한 매우 흥미로운 추론을 갖게 될 것이다. 하지만 바울의 그밖에 다른 곳에서 어떤 실제적인 평행이 없는 것(하지만 6:23을 참조하라)과 이런 주제를 다루는 다른 진술에서 그것이 일상적이지 않은 것이 그러한 구성을 강하게 반대하게 만든다(Cranfield); 더욱 그럴듯한 것은 그 구절이 더 커다란 강조를 주기 위해서 동사 앞에 위치해 있다는 것이다. 그 자유는 예수 그리스도 안에서 그리고 예수 그리스도로 말미암아 효력이 주어진다. 그 동사는 6:18과 22절을 생각나게 만드는데, 거기서 동일하게 명확한 부정과거시제가 사용되고 있다(6:18을 보라). 따라서 바울은 예수 그리스도의 계시가 하나님의 언약적 목적에 관한 이해에 있어서 제기했던 자유 의식을 다시 한 번 불러온다(특히 고후 3:17과 갈라디아서에서 자유에 관한 주제가 자주 나오는 것을 참조하라 – 2:4; 3:28; 4:22-23, 26, 30-31; 5:1, 13). 6장에서의 분석과 7장에서 인간의 육체적인 무능에 관한 분석에 비추어 볼 때, 바울이 해방되는 행위를 결정적인 것으로 보고 있지만, 여전히 제한되어 있거나 불완전한 것으로, 즉 8:21의 최후의 해방을 기다리는 것으로 보고 있다는 것을 추측할 수 있다(*ἐλευθερωθήσεται* – 엘류데로데세타이). 여기서 6장과 7장에서처럼 8장의 시작하는 부정과거시제를 문맥으로부터 취해서는 안되고, 또 바울이 표현하고 있는 보다 신중한 훈계나 경고와 구분지어 읽어서도 안 된다(Byrne, *Reckoning*, 149에서 상당히 전형적인 과장과는 대비된다: "'그리스도 안에' 있다는 것은 '아담 안에 있는', 과거에, 죄로 지배되었던 존재와는 단절되었다는 것을 의미한다"; 추가된 강조). 만약 우리가 옳다면, 사로잡혀 있다는 의미(7:23)와 해방되었다는 의미(8:2)는 모두 바울의 시각에서 볼 때에 신자가 경험하는 일부가 된다 – 여전히 죄와 사망에 의한 육신의 인간에 사로잡혀 있지만, 동시에 이미 "그리스도 예수 안에서" 해방되었다. 7:23과 8:2간의 대조는 인간의 타락의 상태 속에서 그리고 타락으로 말미암아 표현된 믿음의 존재론적인 모순에 관한 가장 극단적인 표현은 아니다. Cranfield를 참조하라. 세(*σέ*, 원문주해를 보라)는 보다 일반적인 진리를 의인화하고 인격화시킨다(참조. 7:7 이하; 갈 2:20).

"죄와 사망의 법에서"(*ἀπὸ τοῦ νόμου τῆς ἁμαρτίας καὶ τοῦ θανάτου* – 아포 투 노무 테스 하마르티아스 카이 투 다나투). 일부 주석가들이 유보를 하지만(위의 노모스 투 프뉴마토스 테스 조에스[*νόμο τοῦ πνεύματος τῆς ζωῆς*]와 7:21을 보라), 노모스(*νόμος*)는 여기서 보다 일반적인 의미로 의도되었을 가능성은 거의 없다. 바울은 그 율법, 즉 토라를 어떤 다른 결론을 곧바로 허락하는 죄와 사망과 이미 밀접히 연관시켰다(5:12-14, 20; 7:5, 9-11, 13, 23-24). 여기서 그 용어들은 죄, 사망 그리고 율법이 단일하게 의미 있는 구절로 상호작용하는 초기의 서술을 요약하고 있다.

그것은 바울이 해방된다고 언급하는 그 율법이 아니라는 것을 기억하는 것이 중요하다. 그것은 죄와 사망에 의해 조정되어지는 율법이고(특히 7:9-13), 아담 시대의 배경 내에서 활동하는 율법이며(5:20-21), 육체와 외적인 모양으로 이해되는 율법이다(*γράμμα*-그람마)(2:28-29와 7:6을 보라). 그 율법은 죄를 사망에 붙들려 있는 것으로 확실히 표명해준다(따라서 1:32부터 2장에 걸쳐 나오는 일련의 논증). 동일한 방식으로 해방케 하는 것은 그러한 율법이 아니라, 생명을 위해 주어진 목적 속에 있는 율법이다(7:10). 즉 해방케 하는 것은 성령(사르크스[*σάρξ*]가 아니라)의 차원에서 이해되고 응답되는, (죄의 도구라기보다는) 하나님의 능력의 도구로서 참으로 기능할 때에 오직 성취되어지는 율법이다. 또한 모든 외적인 규범과 자유케 하는 과정에서의 중요한 요소를 활성화시키는 성령이다. ("그리스도 예수 안에서"를 포함하여) 이 모든 문맥의 요지들은 율법과 관련한 자유에서 스토아학파와 견유학파가 언급한 것과 비교할 때에 반드시 명심해야할 필요가 있는 것들이다(특히 Epictetus 4.1158과 4.7.17을 인용하고 있는 Jones, 124-28과 관련하여).

3 "율법이 할 수 없는 것을 하나니"(*τὸ γὰρ ἀδύνατον τοῦ νόμου*-토 가르 아두나톤 투 노무). 가르(*γάρ*)는 이 구절들에 나오는 노모스(*νόμος*)가 토라를 의미한다는 결론을 강화시켜준다. 여기에 노모스(*νόμος*)가 분명히 (유대적) 율법(일반적으로 주석가들에 의해 당연하게 여겨진다)이기 때문이고, 이전의 노모스에 대한 사용을 설명하는 것으로 도입되고 있기 때문이다. 2-3절에서 노모스의 사용간의 차이는 노모스에 의도된 서로 다른 의미에 달려 있는 것이 아니라, 율법에서 좋고 나쁨에 대한 잠재성을 설명하기에 충분한, 노모스와 더불어 나오는 구절들에 달려 있다(더 자세한 것은 8:2를 보라). 아두나톤(*ἀδύνατον*)은 실명사로 사용되었다-"할 수 없는 무능력한 것." 보다 능동적인 의미("하지 못하는")인지 보다 수동적인지("불가능한")를 선택하기가 어렵다(예를 들어, SH, Lagrange를 보라). 하지만 효과적인 구분을 짓는 것이 중요하지는 않다(Kuss). 어떤 방식을 선택하든지, 그것은 율법 자체에 공격을 가하고 있는 것은 아니다(다시금 7:9-12을 참조하라). "율법의"(of the law)

라는 전치사구는 율법이 하지 못하는 것이 어느 것에 관한 것인지를 불분명하게 남겨두고 있다. 그러한 경우에 그 번역을 모호하게 남겨두고 헬라어처럼 열려 있게 만드는 것이 더 현명할 것이다. BDF의 "율법이 하지 못하는 한 가지 일"은 너무 정밀하고 제한적이다(§263.2). 정확히 규명되지 않는 넓은 범위 속에서도 그 구절은 율법이 하나님의 백성들의 매일의 걸음걸이에 대한 필요한 자원을 제공했다는 보다 특징적인 유대적 관점에 대한 바울의 도전을 그대로 유지한다. 전반적으로 그 구절은 동사가 없이 서 있으나, 대부분의 주석가들은 바울이 완전한 문장, 즉 "(하나님이 하신) 율법에게서 불가능한 것"을 의도했다는 가정 속에서 올바르게 교정을 해놓는다(BGD, *ἀδύνατος* 2b). 그 율법을 하나님에 의해 정죄된 텐 하마르티안(*τὴν ἁμαρτίαν*)과 동격으로 취하는 것은(Cranfield) 바울이 분명히 싸움을 하고 있는 것(7:7-23), 즉 죄를 율법과 동일시하는 결과를 낳는다.

"율법이 육신으로 말미암아 연약하여 할 수 없는 그것을"(*ἐν ᾧ ἠσθένει διὰ τῆς σαρκός* – 엔 호 에스데네이 디아 테스 사르코스). 그 문제는 분명하다: 율법의 부적절성은 율법 자체에 있는 것이 아니라 율법이 활동해야 하는 상황에 달려 있다(Wilckens). "약함"은 바울에게서 고소나 정죄의 용어가 아니다. 그것은 단순히 인간의 상태를 표현하는 말이다(참조. 6:19; 8:26; 14:1-2, 21; 고전 2:3; 8:11-12; 15:43; 등등). 율법과 관련한 이스라엘의 실패는 그 율법에 대한 자신들의 약함을 인식하지 못한데 있다. 그들은 율법을 할 수 없음(*ἀδύνατος* – 아두나토스)이 아니라 할 수 있음(*δυνατός* – 두나토스)의 차원에서 보았다. 인간의 구원에 관한 문제에서 하나님만이 오직 할 수 있다(4:21; 9:22; 11:23). 율법을 능력이 있는 대리자 그 자체로 간주하는 것은 바울이 2:17-29에서 공격했던 실수에 속하는 것이다. 이 시대에 속한 인간의 모든 측면처럼 율법도 마찬가지다. 율법의 약함을 인식해야 하고, 또 그 율법은 하나님이 행하시는 조건과 배경이 되는 은혜에 의존한다(특히 4:19-21; 고후 12:9-10을 보라). 목적격으로보다는("때문에") 소유격으로 디아(*διά*, "로 말미암아")가 역시 중요하다(반대로는 BGD, *διά* A.Ⅳ; Lietzmann; Kuss; Käsemann). 율법을 무능력하게 만드는 것은 율법과 육체간의 상호작용이다 – 즉 육체는 보다 총체적으로 나타난 것에서나(7:5을 보라), 그것이 나타난 것을 볼 때, 바울이 한 바리새인으로 자신의 초기 믿음을 바라보았던 것과 같은 잘못 인식된 경건의 특징이다 – 율법은 특히 할례로 특징지어지는 민족적이고 물리적인 실체로서 이스라엘과 아주 연결시킴으로써 그것에 대한 하나님의 목적을 약화시켰다(2:28-29; 4:1 이하; 9:8). 이스라엘과 율법이 하지 못하게 된 것은 육체의 차원에서 너무 율법을 연관시킨 것이다! 엔 호(ἐν ᾧ)에 대해서는 BDF §219.2를 보라. 그리고 사르크스(σάρξ)에 관해서는 1:3과 7:5, 14을 보라. 말리오트(Maillot)는 "육신적인 피조물"로 사르크스(σάρξ)를 전체적으로 번역하고 있는데, 이는 성가시고, 잘못 인도하는 것을 나타낸다.

"자기 아들을 보내어"(ὁ θεὸς τὸν ἑαυτοῦ υἱὸν πέμψας – 호 데오스 톤 헤아투 휘온 펨프사스). 특히 쉬바이쩌(Schweizer)의 "Hintergrund" 이래로 "하나님이 자기 아들을 보냈다"라는 구절은 성육신에 의해 예수의 생애와 사역을 이해하는 가장 초기의 기독교인의 서술 중 하나로 보통 간주되었다(예를 들어, Paulsen, 42; Ladd, *Theology*, 419; Käsemann; Zeller; Cranfield, "Comments," 270-71. 그러나 그것은 아담 기독론의 차원을 무시하고 있는데, 그렇게 하지 않는다면, 그 구절을 이해할 수가 없다–아래를 보라). 그러나 이런 거의 만장일치적인 견해는 상당한 문제에 봉착한다. (1) 요한복음 3:16-17과 요한일서 4:9에서의 유사한 표현은 이 뉘앙스를 확실히 요한의 작품으로 가지고 간다. 하지만 선재와 성육신의 개념은 제4복음서 기자가 보다 초기의 유대 전승에서 발전시킨 것이지, 초기 서술에 대한 전제로 삼을 수는 없다. (2) 하나님이 보내신 어떤 분에 대한 개념은 유대 기독교 사상에서 잘 확립되어 있었고, 이는 본래의 위치에 대한 언급을 하지 않고도 말씀을 전하는 자나 선지자의 권위를 표현하는 한 방식이 된다(예를 들어, 시 105:26; 렘 1:7; 미 6:4; 눅 4:26; 20:13). 확실히 그 용어는 천상의 메신저들을 보내는 것에 (자연스럽게) 사용되었다–천사들(창 24:40; 행 12:11), 성령(삿 9:23; 눅 24:49), 그리고 지혜(Wisd Sol 9:10). 하지만 기독교 용법은 예수께서 자기 자신을 "보냄을 받은 자"로 말씀하신 것에서 더욱더 영향을 받았을 것이다(즉, 선지자적인 범주에서–특히 막 9:37 pars.; 12:6 pars.; 마 15:24). 요한의 신학이 보다 초기의 예언자적 범주나 또 그것을 넘어서서 세워져 있다는 것은 의미가 있다(특히 J. A. Bühner, *Der Gesandte und sein Weg im 4. Evangelium*[Tübingen: Mohr, 1977]). (3) "자기 아들"은 또 다른 방향을 가리키지 않는다. 왜냐하면 이러한 친밀함은 이전의 천상에서의 관계성에 달려 있었다는 어떤 사상이 없이도 하나님과 예수간의 유일한 친밀성이 원래부터 예수의 삶에 있었기 때문이다(참조. 막 12:6//눅 20:13; 그리고 바울에 의해 가정된 "아바" 기도의 의미–8:15-17). 더 자세한 것은 1:3을 보라. 게다가 그것은 그밖에 다른 곳에서 있는 바울의 특징인데, 그는 십자가의 정서적 영향을 강화시키는 한 방법으로서 예수를 하나님의 아들로 언급한다(5:10; 8:32; 갈 2:20; 또한 여기서와 8:3에 가장 근접한 평행구인 갈 4:4에서). Dunn, *Christology*, 38을 보라. 이 초기 서술들이 성육신의 이미 확립된 교리(우리가 오늘날 필연적으로 읽는 것처럼)에 비추어 읽지 않았다는 것을 계속해서 상기할 필요가 있다. 기독론은 오직 그러한 개념으로 발전해나가는 과정에 있었다. 이러한 서술들을 그러한 과정의 문맥으로부터 급격하게 단절시키는 것은 초기 기독론을 천상의 두 존재와 관련된 일종의 다신론(하나님과 아들)으로 만들고 말 것이다. 반면에 그러한 과정은 유대 일신교에 대한 보다 세심하고 정교한 재정립 속에서 이루어진 것으로 보인다. "예수 그리스도를 통해 발생했고 발생할 수 있는 것 속에서 하나님 아버지가 구원을 이루고 있다는 것이 바울이 하나님의 아들에 관해 언급할 때에 강조하는 것이다"(Kümmel, *Theology*, 161). 더 자세한 것은 Dunn, *Christology*, 38-40, 44-45를 보라. 그리고 "기독교는 처음부터 단일신적인 믿음이었는가?" *SJT* 35(1982) 303-36; 또한 *Das Evangelium und die Evangelien*, ed. P. Stuhlmacher(Tübingen: Mohr, 1983)에 있는 "Let John Be John: A Gospel for its Time," 309-39를 보라.

"죄 있는 육신의 모양으로"(*ἐν ὁμοιώματι σαρκὸς ἁμαρτίας* – 엔 호모이오마티 사르코스 하마르티아스). 호모이오마(*ὁμοίωμα*)에 대해서는 6:5을 보라. 여기에 의도적인 아이러니가 있다: 하나님의 목적이 취한 구체적인 형태는 죄 있는 육신이었다. 사르크스(*σάρξ*)에 대해서는 1:3과 7:5을 보라. 7:5, 14 그리고 18절에서 사르크스(*σάρξ*)는 아담의 시대에 속한 인간, 즉 죄와 연약 그리고 인간을 더욱더 완벽하게 사망에 묶어놓는 사악한 욕구 아래에 있는 인간을 주로 특징짓고 있다. 사르크스 하마르티아스(*σάρξ ἁμαρτίας*)는 타락한 인간의 상태에 관한 바울의 관점에 대한 효과적인 요약 진술인데, 이는 육체를 죄 자체로 보는 이원론적인 비난으로서가 아니라 육체로서의 인간이 죄의 유혹적이고 왜곡된 권세를 피할 수 없다는 냉엄한 인식으로서다. 예수의 사역이 이런 형태 속에서 있어야 한다는 것이 하나님의 목적이다(또한 아주 최근에 Branick와 Gillman). 여기서 호모이오마(*ὁμοίωμα*)를 바울이 사용한 의미가 상당히 논쟁이 된다(예를 들어, Käsemann과 Cranfield를 보라). 아마도 바울은 사르크스 하마르티아스(*σάρξ ἁμαρτίας*)가 기원적인 실체이기 때문에 부분적으로 호모이오마(*ὁμοίωμα*)를 사용했을 것이고 – 이런 실체 내에 있는 모든 인간들이 공유하는 것이 이런 형태이고, 예수께서도 그런 형태 속에서 사역을 하셨다 – 또 죄와 사망의 지배가 예수의 경우에는 일상적인 최종적 언급을 갖지 못하기 때문에 부분적으로 호모이오마를 사용했을 것이다. 예수의 죽음 자체가 육체를 붙들고 있는 죄의 결과를 깨뜨린 기원적인 사건이다(바울이 그밖에 다른 곳에서[고후 5:21] 분명히 확증하고 있을지라도, 자주 제기되는 것처럼, 예수의 죄 없으심이 호모이오마

[ὁμοίωμα] 속에 고려되고 있는지는 분명치가 않다. 6:5을 보라. 다시 말해서, 이것은 아담 기독론의 용어다: 하나님의 아들의 이 세상에 오심은 동등하게 기원적인 의미를 갖는다(사실상 5:12-21을 상기시키는). 그러나 여기서 근본적인 사상은 하나님이 인간을 위한 자신의 목적을 첫 번째 노력을 파기하고 다시 시작함으로써가 아니라 타락한 인간을 통해 역사함으로써, 죄와 사망을 인간의 육체 속에서 소진케 함으로써, 그리고 생명을 발생시키고 가능케 하는 카타 프뉴마(κατὰ πνεῦμα)로 사망을 넘어서 인간을 재형성시킴으로써, 이루셨다는 것을 첨가하고 있다. 따라서 호모이오마(ὁμοίωμα)의 정확한 의미가 무엇이든간에 그 용어는 예수께서 "죄 있는 육신"과 완벽하게 동일시되었다는 사상을 포함함이 틀림없다(참조. NJB: "어느 죄인과도 동일한 인간 본질"). 가현적인(docetic) 해석은 본문에 어떤 적절한 지원을 주장할 수가 없다(특히 Kuss를 보라; 하지만 Knox를 또한 참조하라). 쿰란 문서에서처럼 종말론은 현재의 인간상태에 관한 죄성의 의미를 정교하게 해준다(7:14을 보라).

"그리고 속죄제물로"(καὶ περὶ ἁμαρτίας–카이 페리 하마르티아스, NIV도 역시). "죄를 위한 희생으로"(NEB; 또한 NJB), "화목제물로"(Maillot). 페리 하마르티아스(περὶ ἁμαρτίας)라는 구절은 "속죄제물로"이라는 히브리어 (ל)חַטָּאת를 번역하기 위해 70인경에서 규칙적으로 사용되었다(예를 들어, 레 5:6-7, 11; 16:3, 5, 9; 민 6:16; 7:16; 대하 29:23-24; 느 10:33[2Esd 20:34 70인경]; 겔 42:13;43:19). 바울은 거의 확실히 이런 의미로 그 용어를 의도하고 있다(특히 Wright와 Wilckens, 그리고 특히 초기의 Denney를 보아라; Michel은 이 관점을 선호하여 자신의 마음을 바꾸었다). 몇몇 주석가들은 구체적인 희생적인 의미보다는 더욱더 일반적인 의미로 그 구절을 취하는 것을 선호하고 있고(Lagrange, Lietzmann, Barrett, Murray, Black, Cranfield, Zeller), 일부 독일학자들의 진영에서는 희생의 범주에 바울의 사상을 연결시키는 것을 강하게 불만을 갖는다(가장 최근에는 Friedrich, Verkündigung, 68-71; 그러나 또한 Stuhlmacher의 Friedrich에 대한 비판인 "Sühne oder Versöhnung?"을 보라). 그러나 그러한 희생의 암시는 1세기의 정황에서 전적으로 자연스러운 것이며 특이한 것이 아니었다. 바울은 단지 예수의 죽음에 대한 이러한 사유방식이 이미 기독교 회중들에게서 잘 확립되었기 때문에 그것에 관해 단지 암시만 할 뿐이다(3:25-26에서 바울 이전의 서술이 시사하는 것처럼; 3:21-26의 양식과 구조를 보라). 그것의 신학은 꽤 분명하다: 속죄제물의 죽음이 죄악된 육체의 파괴가 있는 죄에 대한 하나님의 정죄에 영향을 미친다(아래의 다음 구절을 보라). 죄의 수중에 있는 육체의 교정할 수 없는 연약함을 위한 유일한 치료는 육체의 죽음뿐이다(더 자세한 것은 3:25을 보라). 여기서 그것은 바울의 아담 기독론의 일부로서 기능한다: 죄악된 육체와의 동일시 속에서 그리스도의 죽음은 육체의 근거지를 파괴함으로써 죄의 권세를 깨뜨린다(죽음을 넘어선 새 인간은 육체에 의한 것도 아니고, 죄 아래 있는 것도 아니다). "예수께서 죽으신 것은 죄인들의 죽음이다"(Althaus). 더 자세한 것은 Dunn, "Death of Jesus"를 보라.

"육신에 죄를 정하사"(*κατέκρινεν τὴν ἁμαρτίαν ἐν τῇ σαρκί* – 카테크리넨 텐 하마르티안 엔 테 사르키). 이것은 하나님이 "육신에" 죄의 활동을 정죄하셨다는 것을 의미하지 않고, 죄의 다른 활동들을 정죄로부터 면제하셨다는 것을 의미한다. 죄는 인간의 연약에 기생하여 먹고사는 세력이며, 또 인간의 사건에 대한 그 세력의 효과적인 권세는 육신에 한정되어 있는(*σάρξ ἁμαρτίας* – 사르크스 하마르티아스) 것으로 바울에 의해 인식된다. 그때에 그 구절은 하나님이 죄에 대한 결정적인 평결을 어디에서 어떻게 주었는가 – "육신에 – 를 묘사한다. 그것은 육신의 연약함에 대한 유혹이 육신에 죄를 끌어오고, 또 육체의 파괴가 그 권세의 파괴가 되는 죄의 권세와 일치되는 데 사용되고 있다는 거룩한 전략을 제기한다. 모든 시대의 가장 극적인 역전으로(꽤 문자적으로), 사망은 죄의 동맹과 마지막 승리로부터(5:21) 죄 자신의 패배와 파멸로 전환되었다. 어쨌든 하나님에 의한 결정적 실현(카테크리넨[*κατέκρινεν*] – 단지 심판의 선언이 아니라 심판이 집행된)은 분명히 예수의 죽음이다(NIV, "죄악된 인간 안에 있는 죄를 정죄하사"는 잠재적으로 호도된 것이다). 그리스도의 죽음은 육체에 관한 죄의 정죄로 특징지어지는 전체적인 기원의 종말을 가져왔다(특히 SH, Fitzmyer와 Kuss를 보라; 반대로는 Cranfield가 뒤를 따르는 Büchsel, *TDNT* 3:951-52을 보라. 그는 지나치게 많은 언급을 확장함으로, 그리스도의 사망의 기원적인 중요성을 간과하고 있다; 바울의 논증을 그리스도의 죽음과 부활보다는 성육신으로 언급하는 Zahn, Kühl, 그리고 Lagrange의 더 오래된 견해를 보라). 그러한 추론은 이미 6장에서 보았다: 그리스도와의 죽음에의 일체는 그 정죄의 결과가 파괴라기보다는 해방을 갖게 하는 보증을 준다.

4 "율법의 요구를 이루어지게 하기 위해"(*ἵνα τὸ δικαίωμα τοῦ νόμου πληρωθῇ* – 히나 토 디카이오마 노무 플레로데). 히나(*ἵνα*)에 충분한 의미를 주어야 한다. 율법의 요구의 성취는 단지 예수의 사명과 죽음의 결과(놀랍고도 우연적인)가 아니다. 오히려 그것은 무엇보다도 자신의 아들을 보내신 하나님의 목적이다. 여기서 바울은 율법 속에서 그리고 성령을 통한 하나님의 목적의 연속성을 의도적으로 자극적이게

제기하고 있다. 바울이 이 시점에서 지탱할 수 없는 이것과 저것(both-and) - 끝났지만 아직은 여전히 유효한(Räisänen, *Law*, 65; 참조. Sanders, *Law*, 99, 104) - 을 유지하려고 하고 있다고 오직 보는 사람들에 대하여 우리는 바울의 비판자들이 허락하는 것보다 더 깊은 일관성을 볼 수 있다는 신임을 바울에게 주어야 한다.

디카이오마(*δικαίωμα*)에 관한 바울의 사용은 흥미가 있다. 왜냐하면 두 가지 다른 아주 유사한 평행구절의 언급(1:32와 2:26)에서 바울이 그 용어를 이방인에 대한 언급으로 사용하고 있기 때문이다(바울전집에서 오로지 다른 출현은 수사적으로 결정되어지는 5:16과 18에서다). "요구" 또는 "주장"이라는 의미에서(참조. *TDNT* 2:219-20), 그는 동료 유대인들이 구분되는 자아 정의의 일부로서 통상적으로 초점을 맞추는(할례, 안식일, 음식법, 등등; 서론 §5.5.5을 보라) 요구와는 다른 어떤 것을 염두에 두었을 것이다. 2:26을 참조하라, 거기서 타 디카이오마타 투 노무(*τὰ δικαιώματα τοῦ νόμου*)는 특히 할례와 대조되는 것으로 설정되어 있다. 바울이 염두에 두었던 율법의 요구는 분명히 이방인들이 *이방인*으로서 반응할 수 있는 어떤 것이었다 - 아마도 2:15의 토 에르곤(다시 단수) 투 노무(*τὸ ἔργον τοῦ νόμου*)와 매우 유사한 동의어이다. 하지만 특히 탐욕의 율법에 관한 언급(7:7 이하; Watson, *Paul*, 157)은 불필요하게 제한적인 것으로 보인다. 더 자세한 것은 1:32와 2:15을 보라. 어쨌든 여기서 노모스(*νόμος*)는 토라를 나타내는 것이 분명하다(반대로는 여기서 "하나님의 뜻의 권리들"이라는 전이된 의미를 제기하면서, 2절의 "생명의 성령의 율법"을 토라와 동일시하는 것을 거부하는 논리를 따르고 있는 Käsemann이 있다). 여기서 디카이오마(*δικαίωμα*)와 카타크리마(*κατάκριμα*, 1절)간의 관계에 관해서는 Schlatter를 보라.

"계명"을 "성취한다"는 의미로의 플레로(*πληρόω*)는 충분히 잘 알려져 있으나(BGD, 4b), "무슨 의미로의 성취냐"라는 질문을 받을 만큼 충분히 정확하지는 않다. 바울의 다른 가장 유사한 평행적 사용인 13:8과 갈라디아서 5:14처럼, 여기서 플레로데(*πληρωθῇ*)는 일대일 곧 항목 대 항목으로의 관계 속에서 "성취하다"를 의미하지 않는다. 그 용어는 보다 심오한 의미로의 "성취하다"를 의미한다 - 각각의 요구의 배후에 있는 본질적인 요구(다시금 단수임을 유념하라), 그리고 각각의 요구들이 표현하고자 의도하는 특징과 목적의 성취를 의미한다. 바울은 예언 또는 약속의 성취라는 관련된 의미를 불러오기를 의도했을 것이다(BGD, 4a). 왜냐하면 여기서 역시 종말론적인 성취에 대한 요구는 본질적인 서술의 상세한 것들을 상대화시키고 종속시키기 때문이다. 그리스도에 의해 도입된 종말론적인 상황과 이방인에 대한 약속의 성취는 율법 안에 있는 하나님의 목적을 성취시켰으며, 이방인과 종말론적인 성취의 세대에게 부적절한 많은 상세한 것들을 상대화시켰다는 것이 여기서의 분명한 바울의 주장이다. 이것은 역시 여기서의 바울의 용법이 처음 나타난 마태복음 5:17의 용법과 그리 거리가 있는 것이 아님을 의미한다(더 상세한 논의를 위해서는 예를 들어, C. H. Dodd, "Matthew and Paul," *New Testament Studies*[Manchester University, 1953] 53-66; 그리고 참고문헌과 함께 R. Mohrlang, *Matthew and Paul: A Comparison of Ethical Perspectives*, SNTSMS 48[Cambridge University, 1984]을 참조하라). 한편 바울은 여기서 죄 없는 삶의 가능성을 그리는 것으로 나아가지 않는다(반대로는 Lietzmann). 오히려 속죄제물로서의 그리스도의 죽음의 준비를 포함한 율법 안에서의 하나님의 의도에 따른 생명을 그리고 있다. 동시에 바울은 하나님이 원하시고 또한 긍정적인 의미에서의 율법의 "행하시거나" "지키시는"("fulfilling," 13:8-10) 표준 또는 잣대로서의 율법의 역할을 분명히 염두에 두고 있다(특히 Zeller와 Thompson를 참조하라; Nygren의 부자연스러운 주해와 Benoit, "Law," 28-32의 더 놀랍게 하는 주해, 즉 디카이오마[*δικαίωμα*]="정죄와 형벌의 대상이 사망이라는 평결"). 이 요지는 그 강조가 인간의 능력에 관한 것이라기보다 하나님의 하게 하심에 관한 것이라 할지라도 성립된다(참조. Knox: "이 구절에서 바울은 율법의 요구에 대한 우리의 성취에 관해 언급하고 있는 것이 아니라 우리 안에 율법이 이루어진 것을 언급하고 있다"). 하지만 플레로데(*πληρωθῇ*)는 "인간의 편에서 어느 페리파테인(*περιπατεῖν*) 이전에 율법의 요구가 (하나님에 의해) 성취되었다"는 것을 나타낸다는 다이둔(Deidun)의 논증은 전혀 설득력이 없다(*Morality*, 74; 나의 강조).

"육신을 좇지 않고 그 영을 좇아 행하는 우리에게"(*ἐν ἡμῖν τοῖς μὴ κατὰ σάρκα περιπατοῦσιν ἀλλὰ κατὰ πνεῦμα* – 엔 헤민 토이스 메 카타 사르카 페리파투신 알라 카타 프뉴마). 엔 헤민(*ἐν ἡμῖν*)은 성령이 하나된 결합–본질적으로 공통된 된 것으로서의 "우리(안)에게"이며, 단순히 개인적인 경험이 아니다, 또한 "우리들을 통해서도" 가능하다(Schlier)–을 형성하는 공통적 경험인 중요한 신학적이고도 목회적인 전제를 도입하고 있다. "행하는"(*περιπατέω* – 페리파테오)이 하나님의 율법(들) 안에서 행하는 전형적인 유대인의 심상을 생각나게 하기 때문에(6:4을 보라), 바울은 이것이 오직 종말론적인 실제로서만 가능한, 즉 예수의 죽음과 부활의 역사로 주어진 성령에 의해서만 가능하다는 것을 분명히 암시한다(참조. Osten-Sacken, 242: "롬 8장의 성령론은 롬 6장에서 순 크리스토(*σὺν Χριστῷ*)의 이해를 형성하고 있다"). 하지만 "성령 안에서 행하는"을 역시 언급하고 있는 쿰란 종파와의 유사성을 다시금 참조하라(1QS 3.18; 4.6, 12).

사르크스/프뉴마(*σάρξ/πνεῦμα*)의 대조가 다시 나타나며, 이는 이어지는 구절을 주도한다(양식과 구조를 보라). 이미 살펴본 1:3-4; 2:28-29; 7:5-6과 뒤이어지는 8:5-9, 13(또한 고전 5:5; 6:16-17; 갈 3:3; 4:29; 5:16-24; 6:8; 빌 3:3; 골 2:5; 딤전 3:16)을 참조하라. 여기서 고려되고 있는 것은 매일의 결정과 관계의 윤리적 특징 속에서 표현되는 양자택일적이며 서로 양립되는 세력들이다(더 자세한 것은 1:4을 보라). 바울에게서 그 양립은 두 기원들 사이에서의 양립이다(더 자세한 것은 7:5-6을 보라). 적절한 윤리적 행위는 하나님의 아들의 사명완수에 따른 것이며(8:3), 행하게 하시는 요인은(성령) 종말론적인 새로움의 특성을 갖는다. 바울은 옛 기원을 하나님의 뜻에 따라 살아가지 못하는 무능력으로 특징짓는데(8:3), 이는 동료 유대인들이 빠졌던 딜레마다(하나님의 뜻에 따라 살아간다는 전제를 갖고 살았음에도 말이다)(2:28-29; 7:6). 또한 갈라디아서와 빌립보서 3:3에서의 빈번한 대조도 마찬가지다. 하나님의 사랑(5:5)과 이끄심(8:14)의 직접적인 경험에 관한 기쁨과 역동성이 그러한 서술의 배후에 있었음이 분명하다. 하지만 의의 교사(Teacher of Righteousness)의 편에서의 유사한 경험이 – 또는 다음과 같은 것에서도 나타난다(1QH 4.27-33; 7.6-9; 9.14-18; 13.13-20; 14.12-16, 25-26; 16.11-12) – 토라의 더 엄격한 적용으로 귀결되고, 바울의 경우에 성령의 경험은 율법에 대한 그러한 태도로부터의 자유 중 하나이며(바울에게서 성령은 그리스도인의 삶의 규범과 능력이다 – Pfister, 91), 이는 이방인들에게 무조건적으로 개방된 하나님의 은혜의 확신과 함께 결합되어 있다. 바울에게서 "육신"의 진정한 한계를 인식케 한 것은 성령과 가까이 있는 경험이다(참조. Michel). 여기서 바울의 태도를 "열정적"인 것으로 묘사할 수 있다는 것은 사실이지만(Kaseman), 그것이 바울에 의해 경험된 동기와 능력을 묘사하는 반면에, 그가 역시 "율법의 요구를 성취"로서의 종국을 묘사하고 있다는 사실은 우리에게 그 말을 너무 강하게 밀고 나가는 것에 대해 경고한다. 또한 카리스마스적인 윤리와 계명간의 적절한 균형을 유지하는 쉬라지(Schrage)의 시도를 보라(*Einzelgebote*, 71-93). 사르크스/프뉴마(*σάρξ/πνεῦμα*) 대조에 관한 최초의 서술이 서로 배타적인 조건으로서가 아니라 더욱더 권고로서, 또 대조되고 양립되는 양자택일적인 것으로서 표현되고 있다는 것을 역시 유념해야 한다(더 자세한 것은 8:5, 9, 13을 보라). "믿음"에 관한 분명한 언급이 없는 것은 별로 의미가 없다: 바울에게서 에크 피스테오스(*ἐκ πίστεως*)로 사는 것은 카타 프뉴마(*κατὰ πνεῦμα*)로 행하는 것과 동일한 것이기 때문이다(Lohse, "Analyse," 146); 마찬가지로 에크 노무

(*ἐκ νόμου*)로 사는 것은(또는 휘포 노몬[*ὑπὸ νόμον*]) 카타 사르카(*κατὰ σάρκα*)로 행하는 것과 동일하다(참조. 2:28-29; 7:6).

5 "육신을 좇는 자는"(*οἱ γὰρ κατὰ σάρκα ὄντες*–호이 가르 카타 사르카 온테스). 가르(*γάρ*)는 11절까지 이어지는 4절의 설명을 도입하고 있다. 호이 카타...온테스(*οἱ κατὰ⋯ὄντες*)는 바울이 비록 인류에 대한 두 부류를 그리고 있다고 할지라도, 다르게 창조되고 영원히 특별한 속성과 운명에 갇혀진 존재론적인 분류를 취하고 있지 않다. 빛의 아들과 어둠의 아들을 예리하게 구분하는 쿰란 종파의 문서들, 즉 그 용어가 바울의 것과 매우 유사한(1QS 3.18, 20-21; 4.6-18) 1QS(3.13-23)의 유명한 두 영들에서는 특히 그 구분되는 선, 곧 언약자들이 두 그룹에 속하는 것으로 아주 예리하게 그려져 있지는 않다(1QS 4.23-25; Kuhn, 103-4; Dunn, *Jesus*, 445 n.79에서 다른 언급들). 또한 7:14을 보라. 물론 영적, 육적, 혼적의 고정된 세 범주로 인간을 분류하는 후대의 영지주의자(Valentinian)는 전혀 고려의 대상이 아니다(Schmithals, *Anthropologie*, 104-5에 의해서도 역시 인정되었다). 보다 밀접한 평행구절들은 로마서 4:14, 16에 있는 호이 에크 노무(*οἱ ἐκ νόμου*)와 호이 에크 피스테오스(*οἱ ἐκ πίστεως*)와 같은 구절들에서의 바울의 사용이다. 왜냐하면 그러한 구절들은 주어진 조건들을 묘사하는 것이 아니라, 어떤 태도나 성향을 묘사하고 있기 때문이다(4:14을 보라). 따라서 여기서 그 구절은 호이 카타 사르카 페리파툰테스(*οι κατὰ σάρκα περιπατοῦντες*, 4절)의 변화나 적어도 보충임이 확실하다. 따라서 그 구절을 세례 받지 않은 자들과 동의어로 취하는 것은(Schlier; 참조. Kuss) 그 구절의 능동적인 의미를 상실하고, 바울이 반대하고 있는 것과 같은 의식으로 인해 결정되는 구분으로 축소되게 된다. 거듭난 자와 거듭나지 않은 자 간의 구분으로 대조시켜 보는 것은 그 요지에 맞지가 않다(Lietzmann). 현대적인 용어로 사회학적인 범주인 "양식"이 바울의 의미에 더 근접되어 있다–추상적이고, 심지어 각 개인들이 크고 작은 정도로 합치되어 있지만 완전하게는 아닌 이상화된 모델로서의 양식의 범주를 말한다. 그들은 육체, 곧 욕구와 환상에 의해 결정된다는 의미와 한도에서 카타 사르카(*κατὰ σάρκα*)다. "요상한 성인(Saint)은 자기 자신을 율법으로 말미암은 죄로 인해 속임을 당하고, 죄의 율법이 사망의 율법이 되게 만든다"(Barth, *Shorter*).

"육신의 일을"(*τὰ τῆς σαρκὸς φρονοῦσιν*–타 테스 사르코스 프로누신). 프로네인(*φρονεῖν*)은 단순히 생각만이 아니라, 이해의 확정된 방식을 갖고 또 견해를 유지하며 태도를 견지하는 것을 의미한다(바울의 그밖에 다른 곳으로는 특히 14:6; 고전 13:11; 고후 13:11; 빌 2:2, 5; 3:19; 골 3:2를 참조하라; 또한 11:20과 12:3을 보라). 보다 완전한 구절인 타 티노스 프로네인(*τὰ τινος φρονεῖν*)은 "다른 사람의 마음을 가진", "다른 사람의 편에 속한"이라는 의미로 잘 알려져 있다(LSJ, *φρονέω* Ⅱ.2.c; BGD, 2; Cranfield, 386 n.1). 그 의미는 여기서처럼 바울의 사상이 육신과 영혼간의 대립 혹은 전쟁인 곳에서는 적절하다. 호이…온테스(*οἱ…ὄντες*) 구절에서 어느 정도 모호함을 허락했던 바울은 아마도 이기적인 선택을 한 자의적 선택 그리고 선택자가 더 이상 이기적 특징을 인식하지 못할 정도로 확립된 선택의 형태를 염두에 두었을 것이다(참조. 1:21-28). 바울의 동료 유대인들은 이런 묘사 속에서 자기 자신을 인식하는 것을 원치 않았을 것이다. 하지만 바울은 아주 분명하게 이러한 연관성을 보았다(참조. 2:28; 4:1; 9:3, 5, 8). 따라서 오늘날 경건한 사람들은 자신들의 신앙이 자기 방종의 한 형태가 되고 있다는 것을 인식하는 마지막 사람이 될 것이다.

"영을 좇는 자는 영의 일을 생각하나니"(*οἱ δὲ κατὰ πνεῦμα τὰ τοῦ πνεύματος* – 호이 데 카타 프뉴마 타 투 프뉴마토스). 1세기에 사람들은 인간의 영과 하나님의 영을 전적으로 구분되는 것으로 보지 않았을지라도(8:9-11), 프뉴마(*πνεῦμα*)는 인간의 영이 아니라, 물론 하나님의 영임을 언급하고 있다(더 자세한 것은 8:16을 보라). 갈라디아서 5:19-23에서 "육체의 행위들"과 "성령의 열매"간의 대조를 참조하라.

6 "육신의 생각은 사망이요"(*τὸ γὰρ φρόνημα τῆς σαρκὸς θάνατος* – 토 가르 프로네마 테스 사르코스 다나토스). 프로네마(*φρόνημα*)는 신약성경에서 오직 로마서 8장에서만(6, 7, 27절) 나타난다. 70인경에서는 오직 마카비2서 7:21과 13:9에서만 나타난다. 마(-*μα*) 접미사에서 일상적인 것처럼, 결과적인 명사는 행위의 결과를 나타낸다. 타 테스 사르코스 푸로네인(*τὰ τῆς σαρκὸς φρονεῖν*)의 결과는 토 프로네마 테스 사르코스(*τὸ φρόνημα τῆς σαρκός*)이다(Cranfield는 그 구분을 너무 현학적으로 강조한다). 고려되고 있는 것이 사상의 수동적 구조가 아니라는 점이 Josephus, *War* 4.358에 의해 가장 잘 나타나 있는데, 거기서 프로네마 엘류데리우(*φρόνημα ἐλευθερίου*)는 "자유로운 결정"이라는 의미를 갖는다. 현대적인 합성어인 "사고방식"이 그 의미에 가장 근접되어 있는데, 이는 사상의 확립되고 단호한 방식을 모두 포함한다.

6-8장의 분석에서 여기서 거의 마지막으로 사용된 다나토스(*θάνατος*)는 그 묘사를 기원들간에 전반적인 구분과 연결시킨다(5:12과 6-8장의 서론을 보라). 육신의 사고방식은 사망의 범칙 아래 사는 기원을 특징짓고, 변함 없이 사망을 향해 있다.

하지만 사망이 그 사고방식의 보증이라면(경구적인 구조는 그 구절의 양편간의 연계의 폭을 촉진시킨다), 그 특징이 그것의 외보성에 의해서 최종적으로 분명해질 것이라는 것을 역시 함축한다. 육신의 사고방식은 그 이전에 중요한 특징 속에서 필연적으로 인식되지는 않을 것이다. 다른 요지에서처럼 바울의 기독교 신학은 종말론적인 비준에 달려 있다.

"영의 생각은 생명과 평안이니"(*τὸ δὲ φρόνημα τοῦ πνεύματος ζωὴ καὶ εἰρήνη* – 토 데 프로네마 투 프뉴마토스 조에 카이 에이레네). 위에서처럼 프로네마(*φρόνημα*)는 행위에 영향을 미치고 결정을 짓는 필연적인 유일한 요소라는 것을 시사하지 않는 지배적인 결정을 나타낸다 – 곧 어떤 특별한 개인과 완전히 합치시킬 수 없는 (사회학적인 용어로) 형태다. 6a절의 평행과 2:7과 10절의 평행이 시사하는 것처럼 조에(*ζωή*)와 에이레네(*εἰρήνη*)는 주로 미래적인 종말론적 축복으로서의 사고다. 하지만 다시 한번 경구적인 구조의 양면성은 종국에 있게 될 종말론적인 선에 의해 결정되는 사고방식의 개념을 포함하고 있다.

7 "육신의 생각은 하나님과 원수가 되나니"(*διότι τὸ φρόνημα τῆς σαρκὸς ἔχθρα εἰς θεόν* – 디오티 토 프로네마 테스 사르코스 에크드라 에이스 데온). 명사 에크드라(*ἔχθρα*)는 신약성경의 그밖에 다른 곳으로는 오직 눅 23:12; 갈 5:20; 엡 2:14, 16에서만 발견된다. 특히 야고보서 4:4을 참조하라. 그 의미는 여기서 분명히 능동적이다(참조. 5:10). 그 논리는 1:18 이하에서와 동일하다. 육신의 사고방식은 인간의 피조됨과 하나님에 대한 의존성을 인식하는 것을 동일하게 거부한다. 자아만족을 제일의 우선순위로 두는 것은 자아를 주신 하나님을 거부하는 것이다.

"이는 하나님의 법에 굴복치 아니할 뿐 아니라"(*τῷ γὰρ νόμῳ τοῦ θεοῦ οὐχ ὑποτάσσεται* – 토 가르 노모 투 데우 우크 휘포타세타이). 사상의 흐름은 1:18 이하와 유사하게 계속된다. 왜냐하면 "굴복치"(*ὑποτάσσεσθαι* – 휘포타세스다이)가 피조물의 적절한 상태를 특징짓고 있기 때문이다(Käsemann). 다시 한번 율법(토라)에 대한 태도가 매우 긍정적인 것으로 되어 있다는 것을 주목해야 한다: 하나님의 율법에 굴복하는 것이 인간에게 적합하고, 육신의 사고방식과 대조되며, 따라서 함축적으로 성령의 사고방식을 표현하는 것이다(참조. 4절). 윌켄스(Wilckens, n.532)는 이 지점에서 쿠스(Kuss)와 로제(Lohse)의 인위적인 해석에 반대하여 올바르게 주장한다. 물론 유대의 바울의 동시대 사람들은 바울이 여기서 말한 것을 전적으로 수용했을 것인데, 너무 좁게 민족적인(유대적) 특권으로 율법에 대한 복종을 이해하는 것은 육신적으로(인종적으로) 지향된 사고의 한 형태라는 바울의 판단을 수용하지 않고서도 말이다(더 자세한 것은 10:3을 보라; 그리고 제1클레멘트 34.5; *Herm. Man.* 12.5.1을 참조하라). 하나님에게서 기인하는 것으로서의 휘포타세스다이(*ὑποτάσσεσθαι*)에 대해서는 Epictetus 3.24.65; 4.12.11; 시 61:2[70인경 62:1]; 제2마카비 9:12; 고전 15:28(그리스도에 관해서!); 히 12:9; 약 4:7; 제1클레멘트 20.1; Ign. 엡 5.3; 그리스도에 대해서는 엡 5:24을 보라. 또한 13:1을 보라.

"(그렇게) 할 수도 없음이라"(*οὐδὲ γὰρ δύναται* – 우데 가르 두나타이). 우데 가르(*οὐδὲ γάρ*, "왜냐하면 그럴 수 없기 때문이다")에 대해서는 BDF, §452.3을 보라. 다시 그 사상은 존재론적이 아니라(참조. *T. Jud.* 18.6), 더욱더 기원적이다(3a절의 반영을 유념하라: Osten-Sacken, 152). 바울은 본질적인 무능력을 염두에 둔 것은 아니다. 왜냐하면 그는 이미 아주 분명하게 결정된 사고 방식, 곧 피조물이 창조주에게 복종하는 것을 거부하거나 적극적인 적대를 언급했기 때문이다(참조. 9:19-20). 동시에 1:18 이하에서의 동일한 기소와 육체의 사고방식을 가진 자신의 동료 백성들의 계속된 맹목성은 그러한 반응과 태도들이 자아강화적이라는 통찰을 주고, 그러한 태도들이 놓여지게 된 옭아매는 틀을 파괴시키기 위해 부패된 계시를 취할 만큼 마음가짐에 철저하게 묶여 있을 수 있다는 통찰에 현저함을 제공하고 있다.

8 "육신에 있는 자들은 하나님을 기쁘시게 할 수 없느니라"(*οἱ δὲ ἐν σαρκι ὄντες θεῷ ἀρέσαι οὐ δύνανται* – 호이 데 엔 사르키 온테스 데오 아레사이 우 두난타이). 이 구절은 강조를 강화시키기 위한 개괄적인 요약이다. 추가된 영향을 주기 위한 그 문장의 말미에 남겨진 우 두나타이(*οὐ δύνανται*)의 반복을 유념하라. 언급된 것의 요약으로서 호이 엔 사르키 온테스(*οἱ ἐν σαρκὶ ὄντες*)는 분명히 호이 카타 사르카 온테스(*οἱ κατὰ σάρκα ὄντες*, 5절, 또한 Cranfield)와 동의어다. 바울이 수사학적 변화와 영향을 위해 많은 디카이(*δικαι-*) 단어들을 전개하고 있는 5장에서처럼(따라서 5:16에서 특이한 디카이오마[*δικαίωμα*]에 대한 주석은 그것에 맞추어 결정되어져야 한다), 바울은 여기서 단일한 개념을 다루고 있는 것이 아니라, 문맥에 그 특별한 의미가 결정되어져야만 하는 포괄적인 개념들을 다루고 있다. 이 경우에 카타 사르카(*κατὰ σάρκα*) 형식과 유사한 동의어는 여기서 바울이 그리스도와 동떨어진 삶, 하지만 "그리스도 안에" 있는 사람들을 여전히 끌어당기고 있는 삶을 특징짓는 삶의 형태를 염두에 두고 있다는 것을 나타낸다. 또한 7:5을 보라.

자기 자신을 기쁘게 하는 문제이거나(롬 15:1-3) 단순히 인간을 "기쁘게 하는"(갈 1:10; 살전 2:4; 또한 골 3:22과 엡 6:6) 문제가 되는 경우 또는 하나님을 기쁘시게 해야하는 보다 높은 의무(고전 7:32-34; 살전 2:4, 15; 4:1)와 상충되지 않는

한 "어느 누구를 기쁘게 하는 것"은 바람직하고 합당한 목적이 될 수 있다(행 6:5; 고전 10:33; 딤후 2:4). 여기서 다시 한번 두 반대되는 방향(육체를 향해, 하나님을 향해)으로 나아가는 것이 불가능함을 보여준다(더 자세한 것은 8:7을 보라). 그 상관관계는 2:28-29에서 엔 사르키(*ἐν σαρκι*) 초점에 의해 배제되었던 하나님에 대한 찬양이다.

9 "(그러나) 너희가 육신에 있지 아니하고 영에 있나니"(*ὑμεῖς δὲ οὐκ ἐστὲ ἐν σαρκὶ ἀλλὰ ἐν πνεύματι* – 휘메이스 데 우크 에스테 엔 사르키 알라 엔 프뉴마티). 5-8절의 더욱더 일반화된 서술이 휘메이스(*ὑμεῖς*)에 의해 특별화되어지고 인격화된다. 엔 사르키(*ἐν σαρκί*)는 분명히 8절의 엔 사르키(*ἐν σαρκί*)를 취하고 있고, 5-8절에서 육체에 관하여 언급된 모든 것을 요약하고 있다. 그처럼 그 사상은 사고와 행동의 조건적인 형태, 곧 사고방식에 관한 것이다 – 세상에 속한 것으로 결정되는 사람과 하나님께 속한 것으로 결정되는 사람. 고려되고 있는 것은 존재론적인 전환이 아니라 지향과 동기의 중심 속에서의 변화다. 확실히 회심입문은 옛 조건을 부수고, 새로운 능력의 근원(성령)에 열리게 되는 것을 특징짓는다. 하지만 마치 사르크스(*σάρξ*)가 더 이상 신자에 대한 요소가 아닌 것처럼(12-13절), 바울이 여기서 고려하고 있는 것은 단순히 회심입문의 전후가 아니다(예를 들어, Schlier, 88 – "인간은 전적으로 '성령 안에' 있고, 전적으로 '육체 안에' 있다!"). 결정적인 요소는 더 이상 육체가 아니다. 육체는 여전히 한 요소일 뿐이다. 두 형태 중에서 – 육체적인 인간과 영적인 인간(8:5과 6을 보라) – 바울은 자신의 독자들이 육체적인 인간보다는 영적인 인간과 합일되어 있다는 것을 자연스럽게 가정한다.

대부분의 사람들이 일반적으로 인식하는 것처럼, 비록 엔 사르키(*ἐν σαρκί*)의 "단순히" 물리적이고 도덕적인 첨예한 구분은 피해야만 할지라도, 그 용어를 단순히 장소적인 것으로(육체를 떠나서는 취해질 수 없다) 이해해서는 안 된다(더 자세한 것은 7:5을 보라). 더욱더 확립된 조건을 나타내는 것으로서의 확장된 사용이(2:29; 14:17, 고후 6:6에서처럼) 영감과 첨예하게 구분되는 것으로 취해져서는 안될지라도, 동일한 방식 속에서, 엔 프뉴마티(*ἐν πνεύματι*)를 단순히 영감된 상태를 나타내는 것으로 이해해서는 안 된다(참조. 고전 12:3, 9; 14:16; "'열광주의'의 언어적 주변" – Conzelmann, *Outline*, 209). 초기의 기독교 공동체의 특징은 하나님과 가까이하는 교제의 의미와 매일의 생활을 마치 예배 속에서 행한다는 의미가 있다. 이 구절과 이전 구절에서 (사회학적으로 언급하고 있는) 바울의 특징적인 형태는 논리적인 필연성이 있는 이것이냐 저것이냐의 교리적인 것이라기보다는 바울 자신과 그의 교회의 경험에 기초한 것이다. 사르크스/프뉴마(σάρξ/πνεῦμα)에 관해서는 1:3-4과 8:4을 보라.

"만일 너희 속에 하나님의 영이 거하시면"(εἴπερ πνεῦμα θεοῦ οἰκεῖ ἐν ὑμῖν – 에이페르 프뉴마 데우 오이케이 엔 휘민). 에이페르(εἴπερ)는 이전 주장의 타당성에 대한 필수 조건을 나타낸다: "사실이라면"(RSV), "만일 그렇다면"(NEB). 그것은 저절로 그 조건이 충족되었다는 것을 시사하지 않는다(참조. 고전 8:5; 15:15; 또한 8:17을 보라). 따라서 바울이 이 경우에 그것이 이루어졌다고 순진하게 가정했을 것이라고 당연히 여겨서는 안 된다(대조로는 예를 들어, NJB의 "왜냐하면"; Cranfield; Harrisville). 바울은 자신의 서신을 듣고 있던 많은 사람들이 질문을 가질 것을 의식하였다. 따라서 조심스러운 정의가 뒤따르게 된다. 또한 BDF §454.2; Dunn, *Baptism*, 148을 보라.

바울이 로마서에서 보다 완전한 구절인 프뉴마 데우(πνεῦμα θεου)를 사용하고 있는 첫 번째 경우다. 데우(θεοῦ)는 강조를 위해 추가되었다: 육체의 제한으로부터 자유를 주는 것이 하나님의 영이다. 하지만 바울은 자신이 만들고자 하는 성령의 보다 조심스러운 정의를 분명히 의식하고 있다("그리스도의 영"). 프뉴마 데우(πνεῦμα θεοῦ)에 대해서는 8:14; 15:19(?); 고전 2:11, 12, 14; 3:16; 6:11; 7:40; 12:3; 고후 3:3; 엡 4:30; 빌 3:3; 살전 4:8을 참조하라.

오이케오(οἰκέω)는 소유권의 보다 임시적인 상태라기보다는 확정된 관계를 나타내기 위해서 아마도 선택되었을 것이다(하지만 위의 엔 프뉴마티[ἐν πνεύματι]에 관해서도 보라). 8:11; 고전 3:16; 그리고 고후 6:16을 참조하라. 후대의 랍비적 주석이 지적하는 것처럼, 집에 거주하는 사람이 그 집의 주인이지, 지나가는 객이 아니다(Str-B,3:239). 따라서 NJB는 "하나님이 영이 너희 안에 집을 만들었다"라고 번역한다. 젤러(Zeller)는 세네카(Seneca)의 *Ep.* 41.2에서의 평행을 주목한다. 즉 "우리 안에 신의 영이 거하신다." 그러나 버질(Virgil)을 인용하고 있는("각기 모든 선한 사람들 속에 '신이[어떤 신인지는 우리가 확신할 수 없다] 거하신다'") 세네카에게서 그 정의가 없는 것은 바울과 예리한 대조를 이룬다(다음 구절). 아마도 바울은 여기서 그 동사를 선택한 것은 아마도 기독교인들을 특징짓는 주관을 죄의 주관과 구분하기 위한 것일 것이다(7:17, 20). 심지어 이 두 주관이 신자들의 삶 속에서 자신들의 주장을 시행하기를 계속 할지라도 말이다(8:10을 보라). 파울센(Paulsen, 50)과 젤로(Zeller)는 하나님의 백성들 속에(중에)서의 하나님의 내주의 약속을 주목한다(레 26:11-12; 겔 37:27; 슥 2:11; *Jub.* 1.17; *T. Zeb.* 8.2; *T. Dan.* 5.1; *T. Jos.* 10.2

-3; *T. Ben.* 6.4).

"누구든지 그리스도의 영이 없으면 그리스도의 사람이 아니라"(*εἰ δέ τις πνεῦμα Χριστοῦ οὐκ ἔχει, οὗτος οὐκ ἔστιν αὐτοῦ* – 에이 데 티스 프뉴마 크리스투 우크 에케이, 후토스 우크 에스틴 아우투). 에케인(*ἔχειν*)은 소유의 개념에서 나왔다(신약성경의 다른 곳에서는 보통 악마의 소유에 관한 것이다. 하지만 종종 오랫동안 설정된 본성에 관하여 사용된다: 마 11:18; 막 3:22, 30; 7:25; 9:17; 눅 4:33; 7:33; 13:11; 요 7:20; 8:48, 49, 52; 10:10; 행 8:7; 16:16; 19:13). 하지만 바울에게서는 자주 그리고 좋은 것의 소유에 관하여 사용된다 – 하나님의 영, 또는 믿음의 소유(고전 7:40; 고후 4:13). 소유된 그 사람의 전체 삶을 결정하고 인지적으로(말과 행동 속에서) 표명하는 능력(안에서 역사하는)으로서의 성령에 관한 이해가 함축되어 있다. 더 자세한 것은 아래를 보라.

바울에게서 성령이 그리스도의 영이라는 인식은 기독교 영성의 전반적인 영역을 이해하는 데 중요하다. 이것은 하나님의 영을 더욱 사려 깊게 정의하고자 한 오랜 유대-기독교의 시도에 대한 종점이자 절정이다. 프뉴마(*πνεῦμα*)가 신비스러운 능력이고, 또 그 능력의 가장 분명한 영향은 소유의 현상과 경험 속에 있기 때문에(따라서 고전 14:12, "질투의 영"), 다른 프뉴마타(*πνεύματα*)로부터 프뉴마 데우(*πνεῦμα θεοῦ*)를 구분할 수 있는 것이 중요하다. 유대교에서는 아직도 확고한 기준이 정해지지 않았다. 하지만 사실상 초대 기독교인들은 예수 자신을 그 표준으로 만듦으로써 그 문제를 해결했다: 초대 기독교인들에게서 성령은 이제 예수의 영, 곧 아들의 영으로 인식되었다(행 16:7; 갈 4:6; 빌 1:19; 벧전 1:11). 프뉴마 데우(*πνεῦμα θεοῦ*, 9b절)는 더욱더 분명히 프뉴마 크리스투(*πνεῦμα Χριστοῦ*)로 정의되었다. 하나님의 영은 이제 그리스도의 영, 곧 그의 삶과 사역의 특징으로 알려지게 되었다. Dodd, Käsemann을 참조하라. 더 자세한 것은 Dunn, *Jesus*, 10장을 보라.

기독교의 시작에 관한 이해에 있어서 동등하게 중요한 것은 바울에게서 그리스도에게 속한 것의 표준이 성령의 소유임을 인식하는 것이다. 바울의 요지는 "모든 기독교인이 성령에 의해 내주되어 있다"(Cranfield; 참조. Althaus, 88, Schmidt, 144)는 것을 주장하고 있지 않다는 것이다. 바울의 진술에 관한 리델보스(Ridderbos)의 전도가 전형이 되고 있다: "따라서 그리스도의 것이 되고, 그리스도에게 속한 것은 성령을 '가진' 것을 의미한다"(*Paul*, 221). 하지만 바울의 요지는 성령을 가진 사람만이 그리스도의 것이 될 수 있다고 주장할 수 있고, 성령이 그들을 이끄는 특성과 행위로 특징짓는 사람만이 그리스도의 주관 아래 있다고 주장할 수 있다는 것이다. 뒤이어지는 일련의 많은 세대와 달리, "그리스도인"에 관한 바울의 정의에 있어서 중요한 요소는(참조. NEB) 말의 고백과 의식적 행위가 아니라(분명하지는 않다 하더라도, 성령의 소유가 그것으로부터 추론된다고 하는, 참조. Gaugler - "이 성례전의 확실성"), 그리스도의 영으로서의 삶 속에서 역동하는 성령의 증거다(참조. 요일 3:24; 또한 바람직하게 Goppelt, *Theology*, 2:120). 그 증거는 다양한 증거를 포함할 뿐만 아니라(예를 들어, 사랑 - 5:5; 기쁨 - 살전 1:5; 은사들 - 고전 1:4-7, 갈 3:3, 5; 도덕적 변화 - 고전 6:9-11; 깨달음 - 고후 3:14-17), 특히 언어적인 고백(고전 12:3; 롬 10:9 -10)과 세례 행위(롬 6:4)도 포함한다. 하지만 바울에게서 중요한 요소는 분명히 그리스도의 영으로 즉시 경험되는 성령이다(반대로는 Ridderbos, *Paul*, 221의 이것이냐 저것이냐다 - "의식의 주관적인 상태가 아니라, 존재의 '객관적'인 양태다")(이 통찰은 단지 "야유"나 "신비주의"로 이름 붙임으로써 기각을 시켜서는 안 된다" - 다시금 Gaugler). 8:14도 역시 그렇다. 더 자세한 것은 Dunn, *Baptism*을 보라. 그리스도에 속한다는 개념에 대해서는 고전 3:23; 15:23; 갈 5:24을 참조하라. 그 문맥은 여기서 진술의 부정적 형태에 관한 충분한 설명을 제공하고 있다(바울은 성령에 따라[*κατὰ πνεῦμα* - 카타 프뉴마] 살아가는 것은 필연적이지는 않지만, 신자들에게서 가능하다는 것을 의식하고 있다). 여기서 파문의 신조를 보는 것은 너무 형식적이고, 강조되고 있는 바울의 해설의 복음적이면서도 교훈적인 진의를 간과하는 것이다.

10 "또 그리스도께서 너희 안에 계시면"(*εἰ δὲ Χριστὸς ἐν ὑμῖν* - 에이 데 크리스토스 엔 휘민). 에이(*εἰ*)는 여기서 "왜냐하면"이라는 의미를 보다 가지면서, 9절의 에이페르(*εἴπερ*)와는 다르다. 그리스도의 내주의 개념에 대해서는 고후 13:5; 갈 2:20 그리고 골 1:27을 보라. 바울의 작품 바깥에서는 특히 요 17:23을 참조하라. 이 구절은 특이하다: 바울은 "그리스도 안에" 신자들의 존재에 관해 언급하는 것을 선호한다(8:1에서처럼). 하지만 바울이 신자들 속에서 성령의 존재에 관해 생각하고 있기 때문에, 9절의 엔 프뉴마티(*ἐν πνεύματι*)의 특이성과 일치한다(M. Bouttier, *En Christ*[Paris: Presses Universitaires de France, 1962] 84 n.65). 일반적으로 알고 있는 것처럼, 크리스토스(*Χριστός*)는 여기서 프뉴마(*πνεῦμα θεοῦ*) = 프뉴마 크리스토투(*πνεῦμα Χριστοῦ*, 9절)와 동의어로 사용되었다. 하나님의 자기현시(특별히 하나님의 지혜와 하나님의 말씀)와 그리스도의 일체성은 에누리 없이 완전한 반면에(참조. 고전 1:24, 30; 8:6; 골 1:15-17; 히 1:3-4; 요 1:14), 하나님의 영과의 일체성은 오로지 부활하시고 승천하신 그리스도로만 구성되고 있는 것은 초대 기독교 신학에

대한 우리 이해에 있어서 동등하게 중요하다. 얼마 전에 십자가에 못 박힌 갈릴리인과 하나님의 창조적, 계시적 그리고 구속적 능력과의 사이에 만들어진 이 일체성의 놀라운 본질을 언급하지 않을 수 없다(참조. *Ign. Eph.* 15.3). 그것이 기독교 신학에서 의미하는 바는 그리스도가 초기부터 하나님에 관한 이해에 한 요소가 되는 하나님의 권능의 구현으로 간주되었다는 것이다. 따라서 이는 유대인이 믿는 한 분 하나님에 관한 재정의로 귀결되었다(또한 8:11을 보라). 그것이 기독교 영성에서 의미하는 바는 그리스도와 성령이 하나의 경험으로-성령 속에서 그리고 성령을 통해서 알려진 그리스도, 그리스도(의 영)로서 오직 알려진 성령-인지되었다는 것이다. 더 자세한 것은 Dunn, *Christology*, 141-48을 보라.

"몸은 죄로 인하여 죽은 것이나"(*τὸ μὲν σῶμα νεκρὸν διὰ ἁμαρτίαν*-토 멘 소마 네크론 디아 하마르티안). 그 단락의 강조가 사망의 권세로부터 신자가 해방되는 것과 성령의 능력으로 구원이 임한 것에 있기 때문에(특히 보다 많은 문헌을 가진 Paulsen, 68-76; 보다 최근으로는 Osten-Sacken, 239, Schlier, 그리고 Wilckens를 보라) 대부분의 주석가들은 이 구절을 과거의 회심입문 사건("세례에 의해 영향을 받은 죄의 몸이 죽은 것"-Käsemann)에 대한 언급으로 취한다. 하지만 그렇지 않을 것이다. (1) 일반적으로 소마(*σῶμα*)는 단순히 육체적 몸을 의미하는 것이 아니라, 특별한 환경에서 구체화된 인간(humanity)을 의미한다(6:6을 보라). 대부분 현대 주석가들이 인정하는 것처럼, 그 용어를 개별화시켜서는 안 된다(RSV에서처럼, "너의 몸들"). 오히려 그 단수가 이 세대의 모든 인류 존재를 특징짓는 구현성을 나타낸다. 다시 말하면, 그것은 죄인의 몸(*σῶμα τῆς ἁμαρτίας*, 6:6), 죽은 자의 육체(*σῶμα τοῦ θανάτου*, 7:24)이다. 왜냐하면 이 세대는 그처럼 여전히 죄와 사망의 통치 하에 있기 때문이고, 분명히 소마(*σῶμα*)로서의 모든 인류가 이 시대의 일부이기 때문이다. 타락한 인류에 관한 이 진리는 11절에서 개별화되어진다. (2) 네크로스(*νεκρός*)는 사망의 상태를 나타낸다(바울은 그런 식으로 자주 사용한다: 호이 네크로이[*οἱ νεκροί*]=죽었던 자들 그리고 사망의 상태에 있는 자들, 즉 다시 살 수 있는 상태에 있는 자들-4:17; 6:13; 14:9에서처럼). 그러나 여기서 죄의 살아남과 결과적인 인류의 죽음으로부터 오는 것은 사망의 상태이다. 생명에서 죽음의 상태로의 죄의 도래는 아담의 시대에 속한 모든 사람들의 사망의 권세에 넘겨졌다는 것을 의미했다(7:8-11) (3) 바울이 회심입문의 죽음을 디아 하마르티안(*διὰ ἁμαρτίαν*)으로 묘사하기보다는 오히려 네크로스 테 하마르티아(*νεκρὸς τῇ ἁμαρτίᾳ*, 6:1)로 묘사하고 있으므로, 이는 디아 하마르티안(*διὰ ἁμαρτίαν*)의 가장 좋은 의미를 만들어준다. 특히 미첼(Michel)에 의해 인정되어 인용되었던 잔(Zahn)을 참조하라. 윌켄스(Wilckens)의 의역인 "하나님이 육체의 죄를 정죄하신 근거에 관해"(3절)는 너무 억지적이다. 바울은 단순히 다양한 서술로 죄와 사망의 의한 이 시대의 연대적 지배에 관한 사실을 묘사하고 있을 뿐이다.

이 구절을 이미 성취된 죽음에 대한 언급으로서 그리고 그리스도인의 생명의 시작으로서 해석하는 것의 약점은 바울에게서 신자들의 존재와 경험의 계속된 양 측면을 인식하지 못한 근본적인 실패에 있다. 바울이 볼 때에 신자는 몸 바깥에서 취해서는 안되며, 또 육체와 전적으로 분리된 것으로 취해서도 안 된다. 몸과 육체로서의 신자들은 여전히 이 세대에 속해 있고, 그와 같이 여전히 몸과 육체의 지배 아래 있다. 죽으신 그리스도와의 연합은 "죄악된 육체"에 대한 하나님의 사망의 선포를 확인해주었지만, 그 마지막 처형은 죽을 몸의 육체의 사망을 기다린다(더 자세한 것은 6:6과 7:24을 보라). 생명의 성령은 결정적으로 새로운 차원 또는 시대로 신자에게 열려 있다. 하지만 옛 시대와의 연관이 아직 완전히 깨뜨려진 것이 아니다. 따라서 몸을 통한 죄의 활동은 여전히 시험을 받아야 하고, 사망의 선언은 일상생활에서 영향이 있게 해야 한다(13절). 사망의 지배는 몸의 부활 때까지는 완전히 끝나지 않을 것이다(11절). 참조. Dibelis, "Vier Worte," 12-13; Schlatter; 그리고 특별히 Cranfield를 참조하라. 또한 초대 기독교인들의 특징인 종말론적인 성향을 갖지 않고, 헬라 사상의 소마-세마(*σῶμα σῆμα*)의 보다 첨예한 이원론적인 구조 안에서의 동등한 자기 이해에 대해서는 Philo, *Leg. All.* 1.108과 3.72-74를 비교하고 대조할 수도 있다. 헬라적-영지주의적 이원론과의 유사성을 그 용어에 어떻게 끌어오든 간에, 바울의 사상은 꽤 다르다: 그 몸은 **죄로 인해서** 죽고, 부활되어질 것이다(11절; Schmithals, *Anthropologie*, 112,116).

"영은 의를 인하여 산 것이니라"(*τὸ δὲ πνεῦμα ζωὴ διὰ δικαιοσύνην*—토 데 프뉴마 조에 디아 디카이오수넨). 프뉴마(*πνεῦμα*)=인간의 영(SH)이라는 옛 견해에 반하여 현대적 주석가들의 강력한 합일은 프뉴마(*πνεῦμα*)=성령이라는 것이다. 즉 그 문맥이 프뉴마(*πνεῦμα*)=하나님의 영=그리스도의 영(9-11절)에 의해 주도되고 있고, 거룩한 영(*πνεῦμα*—프뉴마)과 기쁨(*ζωή*—조에)간의 연관이 너무도 확고하게 설정되어 있어서(특히 11절에서) 이 문제에 대한 어떤 실제적인 의심을 가질 수가 없다(8:2을 보라; 특히 Murray를 참조하라; 하지만 현대적인 번역들은 여기에 머물지 않는다—참조. NEB, NIV, NJB; "너희의 영들"—RSV). 디카이오수네(*δικαιοσνη*)는 경구적인 구조에 의한 것보다도 더 특이하게 나타나는 용법으로 한 동안 간격

(6:20에서 마지막으로)이 있은 후에 다시 소개되고 있다. 창조주와 구속자로서의 역할에 따른 하나님의 은혜로우신 역사를 나타내는 것으로서(1:17을 보라), 디카이오수네는 프뉴마(*πνεῦμα*)와 조에(*ζωή*)와 더불어 거의 교차적으로 사용할 수 있다. 여기서 그 용어는 새로운 기원을 시작시켰고, 또 그 의 안에 있는 사람들을 계속해서 부양하시는 은혜로우신 행위를 특히 나타낸다(특히 1:17; 3:21-22, 26; 5:17, 21; 6:13-20을 참조하라. 하마르티아/디카이오수네(*ἁμαρτία/δικαιοσύνη*)의 대조는 6:13-20의 특징을 반영하고 있다. Cranfield는 여기 디카이오수네(*δικαιοσύνη*)를 도덕적인 의를 언급하는 것으로 이해하는 사람들과 디아(*διά*)를 목적을 표현하는 것으로 이해하는 사람들을 올바르게 반대하고 있다(Kuss는 그 구절이 취해진 방식을 재고한다). 이것은 종말론적인 긴장의 또 다른 측면이며, 또한 신자들이 속하고 있는 종말론적인 세대의 특징이다.

11 "예수를 죽은 자 가운데서 살리신 이의 영이 너희 안에 거하시면"(*εἰ δὲ τὸ πνεῦμα τοῦ ἐγείραντος τὸν Ἰησοῦν ἐκ νεκρῶν οἰκεῖ ἐν ὑμῖν* – 에이 데 토 프뉴마 투 에게이란토스 톤 예순 에크 네크론 오이케이 엔 휘민). 그 구절은 기본적으로 9b절의 요약이다: 에이(*εἰ*)가 다시금 에이페르(*εἴπερ*)를 대신하고 있고, "왜냐하면"이라는 의미를 갖는다. 그리고 데우(*θεοῦ*)는 가장 잘 확립되고 가장 사랑 받는 형식을 다시 사용함으로서 설명하고 있다(Paulsen, 51-55 그리고 4:24을 보라). 여기서 가장 친숙한 이름(예수)이 사용되고 있다. 내주하시는 하나님의 영에 관한 언급은 10절을 감싸주고, 또 "그리스도께서 너희 안에 계시면"은 변형이면서 동의어적인 서술임(10절)을 확인해준다. 데(*δέ*)는 여기서 반의적인 의미를 더욱더 갖고 있는데, 그리스도인들이 확신 있게 마지막 결과로 내다보고 있는 것과 10절의 상태를 대조시키고 있기 때문이다. 내주하시는 성령이 과정의 시작이요 또 그 과정의 완성의 보증이라는 확신이 담겨 있다(더 자세한 것은 8:23을 보라). 이 한 구절에서 그리스도인의 보증의 이중적인 근거가 결합되어 있음을 유념하라 – 그리스도의 부활과 성령의 체험(참조. 5:5).

"너희 죽을 몸도 살리시리라"(*ζῳοποιήσει καὶ τὰ θνητὰ σώματα ὑμῶν* – 조오포이에세이 카이 타 드네타 소마타 헤몬). 즉 부활하신 예수에게 뿐만 아니라 너희에게도 그러하다(Cranfield, Wilckens). 지금 일치가 되고 있는 것처럼, 조오포이에세이(*ζῳοποιήσει*, 미래시제)는 분명히 마지막 부활에 관한 언급이다(고전 15:22에서처럼). 그리스도에 의해 도입된 새로운 시대는 이중적인 부활로 얽혀 있다 – 그리스도의 최초의 부활과 신자들의 종국의 부활 – 따라서 창조주로서의 하나님의 적합한 역사를 완성 짓게 된다(4:17을 보라). 그밖에 다른 곳에서처럼 생명을 주시는 하나님의 역사는 성령으로 말미암아 이루어지는 것으로 특별히 이해되어진다(참조. 요 6:63; 고전 15:45; 고후 3:6; 또한 8:2을 보라). 드네톤 소마(*θνητὸν σῶμα*)는 단순히 물리적인 육체를 의미하는 것이 아니라, 가장 분명하고 특징적인 표현 속에서의 이 시대의 인류의 구체성, 곧 죄의 권세에 아주 연약한 단계라고 할 수 있는(6:12을 보라), 죽고 부패하게 될 몸으로서의 인류의 구체성(6:6을 보라)을 의미한다. 그처럼 그것은 분명히 10절에서와 같은 동일한 몸이다(하지만 여기서는 개별화되어 있을지라도; 8:10을 보라). 생명을 주시는 성령의 능력은 몸의 부활 때까지는 몸으로는 확장되지 않을 것이다.

"너희 안에 거하시는 그의 영으로 말미암아"(*διὰ τοῦ ἐνοικοῦντος αὐτοῦ πνεύματος ἐν ὑμῖν*–디아 투 에노이쿤토스 아우투 프뉴마토스 엔 휘민). 에노이케오(*ἐνοικέω*)에 대해서는 8:9을 보라. 디아(*διά*)+속격(원문주해를 보라)은 현재에 내주하시는 성령과 미래의 부활간의 연속성을 나타낸다. 이는 에소 안드로포스(*ἔσω ἄνθρωπος*, 7:22)와 부활의 몸간의 연속성을 함축하고 있다–고린도후서 4:7-5:5의 사상의 흐름에서도 역시 강력하게 암시되어 있다.

9-10절에서 바울이 아주 쉽게 구절들을 상호 교환하는 방식을 사용한 반면에, 11절에서 그는 그리스도와 성령의 하나님과의 관계를 너무 쉽게 표현하는 것을 피하기 위해서 또는 그렇게 보이는 것을 피하기 위해서 넌지시 성가신 반복을 하고 있다. "하나님이 예수/그리스도를 죽음에서 일으키셨다"라는 신조가 두 번 사용되고 있으며, "하나님의 영이 너희 안에 거주한다"는 말이 반복되고 있다. 물론 하나님과 동등하거나 독립적인 거룩한 능력이 되기 위한 예수 자신의 부활이라는 그 어떤 암시도 없다. 하지만 동시에 성가신 반복은 예수의 부활을 성령에게 귀속시키는 것을 피하기 위한 시도에서 결정된 것으로 보인다. 왜냐하면 "만약 너희 안에 거주하시는 성령이 예수에게 생명을 주었다면, 그는 너희에게도 역시 생명을 주실 것이다"라고 아주 쉽게 말할 수 있을 것이기 때문이다. 다시 말해서 바울은 예수의 부활생명을 성령에 의존적이고, 거룩한 성령에 흡수되는 것으로 묘사하는 것을 피하기 위한 것으로 보이지만–그리스도는 단순히 부활한 인류의 첫 번째이거나, 단순히 지속적인 중요성을 갖는 역사적 인물(빈약한 의미에서의 그리스도의 영)이 아니다–그리스도는 여전히 성령을 통해서 계속적인 기능을 가지며, 인간의 운명을 형성하는 것 속에서 능동적인 동인으로서의 그리스도이시지만 이 모든 것을 능가하시는 그리스도시다(참조. 고전 15:45; 더 자세한 것은 Dunn, *Christology*, 144 그리고 8:10을 보라).

그러한 사상들이 여기 바울의 서술 속에 함축되어 있고, 또 명확한 가르침의 실례들로 강조하는 것은 현명하지 않을는지 모르겠지만, 삼위일체적인 방향에서 기독교 신학을 몰고 갈 수 있는 신 개념의 긴장이 이미 이 구절들에서 분명히 내재되어 있다고 정당하게 말할 수 있다.

해설

바울은 구원역사에 있어서 그의 논증의 첫 번째 주요한 단락에 대한 결론을 제기하였을 때(5:12-21), 자신이 스스로 정한 임무를 이제는 거의 완성시켰다. 거기서 그는 아담의 시대를 지배했던 무서운 삼두정치 곧 생각지 못한 파트너로서의 율법과 함께 죄와 사망을 처음으로 동시에 가져왔었다(5:20-21). 이런 자극적인 결론이 사려 깊은 청중들의 마음속에 제기될 질문들을 의식하고, 또 바울의 해설이 그들의 믿음과 그 믿음에 역사에 던져줄 빛을 의식한 바울은 신자들에 대한 그것들의 계속된 관계에 있어서 동일한 끔찍한 의미의 영향을 즉시 분명히 하기 위해서 움직였다. 중요한 문제는 율법의 역할이었다. 겉으로 보기에 바울의 도덕률폐기론적인 주장은 로마의 회중들 속에 있는 유대인들과 회당과 유대적 정신에 초기의 매력으로 말미암아 새로운 믿음에 이끌렸던 이방인들에게 야기할 수 있는 자기성찰에 비추어 볼 때에 이 문제는 중요했다. 하지만 처음에 그는 주로 두 가지 주요한 "악인들", 곧 죄와 사망에 주로 초점을 맞추었다. 처음에 그는 그리스도의 죽음과 부활의 능력의 결정적 영향을 강조했다. 하지만 동시에 그는 청중들이 한순간도 십자가 아래 있는 종말론적인 긴장의 삶을 회피하지 않게 하기 위해서 순종의 명령을 가지고 은혜의 서술을 보충하는 것을 잊지 않았다(6장).

신자들에 대한 죄와 사망의 계속된 주장을 접하는 신자들의 태도와 반응을 분명히 했던 바울은 유대 또는 유대에 공감을 갖고 있는 많은 청중들에게 복음의 가장 당황스러운 측면이 될 수 있는 것을 설명하면서, 무대 중심에 올려놓았다. 여기서 다시금 죄와 사망이 전면에 있을 때처럼, 바울은 초기에 이미 서술한(5:12-13과 20-21) 율법의 노골적인 역할과 더불어 대담하고 타협이 없는 용어를 가지고 그 위치를 묘사함으로써 시작했고, 방금은 심지어 더 날카롭고 더 충격적인 용어들을 가지고 그것을 표현했다(7:5-6). 그때에 마침내 7:7-25에서 그는 자신의 해설의 논리가 율법을 전적으로 죄와 사망의 기원인 아담의 기원, 곧 죄와 사망의 앞잡이에 지나지 않는 것으로 간주하거나 그리스도에 의해 도입된 새로운 시대 속에 있는 신자들과는 계속적인 관계가 없는 것으로 추방해버릴 수 있는 것인지에 관한 중요한 문제에 봉착했었다. 그때에 그의 대답은 두 가지였다. 첫 번째는 율법에 관한 죄의 사용이 두 가지로 이해되는 율법임을 지적했다. 즉 율법은 죄가 인간을 사망으로 유혹하도록 허락했고, 동시에 동일한 행위로, 율법은 죄가 무엇인지를 보여주어 하나님이 의도하신 그것의(또 다른) 목적을 확인하게 했다(3:20; 4:15). 두 번째로 율법의 이 두 가지 측면의 기능이 신자들 안에서 내적인 갈등의 양 측면과 상응하게 될 때, 바울의 복음이 율법의 적절한 이해를 위해 야기시켰던 문제에 대한 해결이 더욱더 분명해진다. 율법은 하나님이 인간에게 요구하신 것의 측정으로서 항시 신자들이 앞에 두어야 하는 하나님의 지침으로 기능하는 것을 계속했다. 하지만 동시에 율법은 신자들이 여전히 아담의 종족, 즉 인간의 탐욕과 욕망의 만족에 대한 의존으로 특징지어지는 기원에 여전히 속했기 때문에 바로 그 동일한 신자들을 걸려들게 하는 함정으로서의 죄에 의해서 사용되어지기를 계속했다.

따라서 율법의 문제는 분명해졌고, 또 아담의 자손과 십자가에 죽으시고 부활하신 그리스도에게 속한 신자의 종말론적인 긴장에 관한 언급에 의해서 적어도 어느 정도 해결되어졌다. 신자들은 유혹의 위기 속에서, 죄의 주장을 이기기 위한 도움을 얻기 위해 율법에 의존할 수 있다고 기대해서는 안 된다. 왜냐하면 여전히 인간의 연약함 때문에, 율법의 칼날은 죄의 주장에 대한 무기 그리고 죄의 주장을 묶을 수 있는 사슬로 아직 전환되지 못했다. 율법에 대한 이스라엘의 계속된 의존은 죄의 이중성이 얼마나 성공적이었는가를 단지 보여주었다. 우리가 지킬과 하이드를 분석해 본다면, 율법의 본질이 신자들의 자아 이해의 문제를 해결하는데 충분할 수 있을 것이나, 그것은 자기 자신의 이중적인 정체성 사이에서 나뉘어진 신자의 존재론적인 고통과 좌절을 예리하게 자극적인 용어로 역시 조명했다. 또한 그 균형을 유지하기 위해서 이제 바울은 신자의 삶에서 그 종말론적인 긴장의 외보를 더욱더 충분하게 묘사하기를 시작하고 있다. 각각의 신자들의 차원에서(6-8장) 두 시대의 구원사적 긴장을 해소하고 나서(5:12-21), 바울은 전반적으로 자신의 백성들과 관련해서 그것이 어떻게 영향을 미치는가를 보여줌으로써 자신의 논증을 완성할 수 있게 된다(9-11장).

시대들 사이에 끼여있는 사람들의 모습을 마무리하고 나서, 바울은 전반적인 구성에서 마지막 두 중요한 요소들을－육신과 성령－중심으로 끌어온다. 물론 그것들은 논의의 초기 단계에서 이미 다룬 것이다(6-8장). 그 초점이 죄, 사망, 그리고 율법(특히 7:5-6)에 주로 초점이 맞추어져 있었을지라도 말이다. 말하자면 "죄에 관한 율법"의 유혹하는 능력을 묘사함에 있어서 육신에 관한 모든 언급을 피하기는 어려웠을 것이다. 하지만 죄와 사망(6장)의 논의에 관한 보다 분명한 노선들이 율법을 설명할 때에 복잡하게 얽혀 있듯이(7장) 이제 그 초점은 율법으로부터, 모든 것 중에서 가장 감싸주고 완전한 진술을 이루기 위해 처음 묘사되고 또한 이어지는 해설을 주도하는 육신과 성령으로의 전환을 시작한다(8:1-4). 바울은 한 기원에서 다른 기원으로의 예수 자신의 이동(1:3-4)을 특징짓고, 또 자신의 동족들이 여전히 붙들고 있는 유대인의 특권에 관한 옛 기원과 새로운 언약과 새로운 "유대인"을 구분 짓기 위해서 이미 육신/성령의 대조를 사용했었다(2:28-29; 7:5-6). 이제 그는 구원에 대한 각각의 신자들의 진보를 이 시대에 해당되는 적절한 절정으로 가져오는 데 있어서 이와 동일한 용어를 사용하는 것이 가장 적절하다는 것을 분명히 느꼈다.

1 바울은 율법의 문제에 대한 자신의 해결을 우울하게 만들지는 않았을지라도 냉정한 마음이 처음으로 이것에 관해 듣는 사람들에게 퍼질 수 있다는 것을 여기 인식했을 것이다. 그렇다고 그는 물러서지 않는다. 그는 신자들의 경험 속에 있는 긴장을 한탄하거나 다르게 될 수 있다는 것을 가정하면서 정력을 낭비하지 않는다. 따라서 7:7-25의 본질적인 분석을 결론에 이르게 하는 이전 문장에 대한 의도적인 애수가 있다(7:25b). 하지만 신자의 경험의 두 측면이 그 이야기의 끝이 아니다. 왜냐하면 신자들이 아담과 그리스도의 두 시대의 한쪽 편에 또 동시에 속할지라도, 더욱더 결정적인 것은, 그리스도가 이미 죄와 사망을 정복한 분이시기 때문에(6:7-10), 그들이 그리스도에 속해 있다는 것이다. 이 사실이 현재의 좌절을 바꾸어주거나 축소시키기보다는 그 좌절을 상승시켜주지만, 이 사실이 그러한 것을 무한히 참을 수 있게 만들어준다. 따라서 바울은 독자들의 관점을 다시금 중요한 서술로 이동한다. 즉 이미 발생한 결정적인 구원역사의 행위로 돌아간다. 이 단락의 이전 두 구절에 관한 해설의 서두에서, 그는 그리스도에게 속한 것으로 인한 결정적인 영향에 관해 관심을 집중했는데, 이 그리스도의 죽음과 부활은 옛 기원의 종말과 새 기원의 시작을 긋는다. 따라서 그는 이제 다시 한번 이미 발생한 것의 결정적인 확신에 관해 집중한다. 그의 독자들은, 더 커다란 그림에 초점이 맞추어질 때에 그러한 분명한 선들이 얼마나 좀더 흐릿해질 수 있었는가를 상기하면서(6:12-23; 7:7-25), 유사한 상술이 여기서 뒤따를 수 있다는 것을 아마도 깨달았을 것이다(8:9-30).

"정죄함이 없다": 5:18의 분명한 노선을 돌이켜보는 것은 우연이 아니다. 바울이 그러한 우울한 현실적 색깔로 종말론적인 긴장을 그렸기 때문에(7:14-25), 그는 자신의 독자들에게 이 시대의 구원으로서 죄의 율법에 대한 계속된 포로(7:23)가 최종적이지도 결정적이지도 않다는 것을 상기시킬 필요를 분명히 느꼈다. 중요한 것은 "그리스도 예수 안에" 있는 존재라는 것이다. 차이를 만드는 것은 "그리스도 안에서"다. 여전히 이 시대에 있지만 자기 자신을 그리스도와 동일시한 것은 존재론적인 긴장을 촉진시키거나 가중시키겠지만, "그리스도 안에" 있는 존재는 종국에 방면을 얻게 되리라는 확신을 준다. "그리스도 안에"는 "아담 안에"를 이기게 될 것이다. 둘 사이에 살아가는 긴장은 임시적이다. 7:14-25의 냉정한 현실은 8:1의 재확인과 조화된다.

2 2절은 7:14-25의 우울한 모습에도 불구하고 그러한 확신에 대한 바울의 이유("왜냐하면")를 제공해준다. 그 이유는 7:22-23에서 언급된 두 법 중의 하나가 다른 하나보다 더 강하다는 것이다. 구원역사의 관점에서 바라볼 때, 즉 그리스도의 죽음과 부활에 의해 도입된 새로운 시대의 관점에서 바라볼 때, 속박되어 있는 "나"는 그리스도에 의해 해방된 "나"가 확신하는 것만큼 그렇게 우울하게 하지는 못한다. 죄의 권세는 성령의 능력에 비견되지 못한다. 죄의 속박 속에 있는 "나"는 사망으로 끝나고, 성령에 의해 해방된 "나"는 살게 된다.

바울은 독자들을 혼돈케 할 수 있는 위험을 무릅쓰고서라도 두 요약된 구절로 압축하기를 시도하고 있다. 그는 율법, 즉 이스라엘에게 주어진 율법을 여전히 의미하는가? 갈라디아의 개종자들에게 아주 열정적으로 율법의 노예성에 굴복하지 말 것을 경고했던 바울이 어떻게 동일한 율법을 자유를 주는 것으로 말할 수 있는가? 하지만 그 논증의 과정에 묵상할 시간을 갖는 독자들은 양 구절에서 동일한 율법 곧 이스라엘에게 주어진 율법을 의미하고 있다는 놀라운 결론을 발견할 수 있을 것이다. "죄와 사망의 법"은 "내 지체 속에 있는 죄의 법"과 별 다른 것이 아니며(7:23), 인간을 아주 교묘하게 사망으로 데리고 가는 바로 그 율법이다(7:11-13). "생명의 성령의 법"은 더욱더 놀랍지만, 그것은 사실상 "생명을 위한 계명"(7:10)과 "영적인"(7:14) 것으로 율법을 묘사할 때에 이미 있었던 율법의 변호에 대한 지극한 표현에 지나지 않는다. 우리가 여기서 갖는 것은 신자의 "나" 속에서의 분열에 상응하는 율법의 분열에 관한 보다 경구적인 주장일 뿐이다.

마찬가지로 이미 성취된 것으로서의 해방에 관한 개념은 6장과 7장에서 전개했던 강력한 서술에 대한 재설명일 뿐인데, 바울은 여기서, 자신의 독자들에게서 기대하고 있는 것처럼, 양 경우에 있는 종말론적인 긴장의 제한을 염두에 두었다(6:12-23; 7:7-25). 그 제한이 서술을 부정하지 않는 것처럼, 서술의 재개가 그 자격을 축소시키지는 않는다. 해방은 이미 "그리스도 안에서" 성취되었다. 따라서 그리스도의 부활을 충만히 나눌 수 있고 또 최종적인 방면과 영광을 가질 수 있는 신자들의 희망의 역사 속에서 확실히 그렇다(5:2; 6:5; 8:11, 18, 30). 하지만 현재에 이 시대가 지속되는 한, 그 자유는 제한이 있고, 불완전하다. 바울은 자신의 독자들이 적절한 긴장 속에 있는 7:23과 8:2의 가장 대조적인 두 주장을 간직할 것을 당연하게 희망하는 충분한 강조를 두 측면에 이미 주었다.

그럼에도 불구하고 바울이 스스로 모순에 끼여 있다는 인상을 떨치기가 어렵다. 결국에 7:23과 아주 예리하게 대조되는 것은 8:2의 양태다. 그런데 2절을 아주 분명하게 특징짓는 것은 자유를 얻은 것에 대한 환호의 의미다. 회고 속에서 그렇게 하고 있는지, 또는 그렇게 하지 않고 있든지 간에(참조. 3:6), 바울은 예수 메시아 속에서 믿음으로 자신이 회심한 것을 해방에 관한 표현으로 상기시켰고(참조. 고후 3:17), 또 율법에 대한 순종의 옛 형태로 돌아가는 것을 노예의 상태로 되돌아가는 것으로 생각했다(갈 4-5). 여기서 그 논증 속에서 그려진 "성령"을 바울은 분명히 능력으로서 경험했고, 그 능력의 변화시키는 영향은 확실한 방식으로(참조 15:18-19; 고전 2:4-5; 갈 3:5), 율법과는 구분되는 방식으로(2:28-29; 7:6), 자신의 사역을 특징지었다. 그런데 그가 어떻게 그 법을 성령과 연관지으며, 또 동일하게 자유케 하는 능력으로 그 법을 묘사할 수 있는가? 특히 7:6과의 모순은 노골적으로 보인다.

하지만 바울의 논증 속에 있는 긴장을 철저한 모순으로 몰아감으로써 얻어지는 것은 아무것도 없다. 바울이 초기 서신에서(고후 3:3, 6) 성령에 의한 새 언약의 법에 관한 약속(렘 31:33)을 언급하기를 특이하게 선택할 수 있었다는 것은 거의 부정할 수가 없다. 그 요지는 바울에게서 새 언약의 능력이 율법을 통해 시행된 이스라엘에 대한 하나님의 통치와 그렇게 다른 것도 그리고 단절된 것도 아니다. 오히려 그 둘은 직접적인 연속성("나의 율법") 속에 있다. 하지만 그 둘은 서로 다르다. 왜냐하면 새 언약은 내적인 능력에 관한 문제("그들의 마음에")이지, 외적인 제한("석판에 새겨진 것이 아닌")에 관한 것이 아니기 때문이다. 그리고 결과적으로 지금 바울이 지겹도록 발견하는 외적인 의식의 구분되는 정체성 표지에 의존하거나 불가피하게 거기에 초점을 맞추는 민족적이고도 인종적인 제한을 초월한다. 바울이 계속 붙들고 있는 것은 동료 유대인들의 유산과의 연속성과 불연속성에 관한 의미다. 그렇지 않았더라면 바울의 자기 정체성은 붕괴되었을 것이다. 하지만 전체적인 단락에서 그것의 예리한 표현을 갖는 것은 때때로 고통스러운 긴장을 형성시킨다.

바울이 이런 특별한 경우에 그러한 해방을 율법에 귀속시키는 선택을 한 것을 간과하거나 무시해서는 안 된다. 물론 이는 종말론적인 표현 속에서의 율법이고(성령의 법), 불신하는 이스라엘을 포함하여 옛 시대(죄와 사망의 법)에 속한 사람들에게 임하는 안 좋은 영향을 갖는 율법과는 구분되는 것이다. 하지만 그 요지는 바울이 자기 자신 속에서의 전환과 하나님의 약속에 관한 이해를 율법의 전환된 이해의 차원에서 특징짓고 있다는 것이다. 이스라엘에 의해 잘못 이해되고 또 복음을 속박하는 것으로서의 율법에서 해방을 시키는 것은 적절한 기능 속에서 이해된 율법이라고 바울은 언급하고 있다. 율법에 대한 사랑과 증오의 관계는 여기서 율법의 가장 긍정적인 표현에 이르게 된다.

그렇다면 그 대조는 바울의 논리에 관한 대조가 아니다. 그것은 바울의 경험에 관한 대조다 – 예수를 메시아로 믿었고 또 이방인에게로 부름을 받아서 자신의 백성들에게 주어진 하나님의 율법이 새장처럼 가두는 것이 되었다는 것을 발견한 한 유대인으로서의 경험의 대조다. 이전 구절에서(7:7-25) 묘사된 대조, 곧 여전히 하나님의 것으로서 경험되고 기쁨을 주는 율법과 인간의 연약성을 사망으로 묶어버리는 죄에 의해 사용되는 율법의 대조다. 바울을 이런 지극한 역설로 몰아넣은 것은 7:6과 7:24의 예리한 대조적 양태로 표현된 지극한 모순이다: 그리스도가 없는 시대에 죄와 사망의 세력인 동일한 율법과 성령으로 말미암아 종말론적인 실현 속에서 생명의 세력인 동일한 율법이라는 지극한 역설이다.

3-4 이 시점에서 사실상 바울이 율법에 대하여 매우 긍정적으로 대하고 있는 것이(적어도 성령의 율법을 보아서도) 더 자세한 설명에 의해서 확인되어진다. 첫째로 바울은 7:7-25에서 이미 전개된 죄와 사망과 관련하여 율법의 역할을 되풀이하여 분명히 하고 있다. 율법은 참으로 죄와 사망과 관계가 있으며, 이 무리들 속에서 비극적인 역할을 감당한다(7:7-11; 8:2). 하지만 그럼에도 불구하고, 율법을 싸잡아서 비난할 수가 없다. 그 잘못은 육신 곧 인간의 연약성에 있다(7:14, 18; 8:3). 그 다음에 둘째로 바울은 인간을 위한 하나님의 행위의 목적을 묘사한다: 율법의 요구가 그들 속에서 이루어졌다. 율법으로부터의 신자의 해방은(8:2) 율법이 신자에 의해 이루어짐으로 발생한다(8:4)! 그리스도의 죽음으로 말미암아 율법이 역시 죄와 사망의 세력으로부터 해방되었다 – 하나님이 인간에게 요구하신 것의 또 한번의 조치가 되어지는 해방. 바울이 자신의 독자들을 2절의 압축된 경구적 표현으로 혼란을 일으켰을지라도, 4절에서 율법에 대한 그의 대조의 긍정적인 부분을 간과해서는 안 된다. 완전한 율법폐기론에 대한 변명으로 문맥 바깥에서 바울의 강력한 진술을 취하려고 하는 사람들은(율법이 오직 옛 시대와만 관계가 있는 것으로 취하는) 바울

이 그런 방도를 취할 의도가 전혀 없다는 것을 깨달을 것이다. 오히려 그리스도 안에 있는 삶이 율법을 성취하는 한 방도일 뿐만 아니라, 율법을 성취하는 그 방도이며, 바울이 경건한 유대인으로서 이전에 바쳤던 순종의 일종이라기보다는 하나님이 찾으시는 그 성취라고 주장했을 때, 그는 전적으로 진지했다.

3 율법이 하지 못하는 것이 무엇인가? 바울은 그 점에 관해서는 명시적이지 않다. 그는 아마도 7:15, 19에서 생생하게 묘사한 무능을 염두에 두었을 것이다: 하나님의 요구를 충족시키는 데 대한 육신의 인간의 무능, 하나님의 피조됨을 잊었기 때문에 하나님의 창조의 목적을 측정하지 못한 무능(그러한 무능력으로 인해 타락의 먹이가 되었다). 하지만 바울은 또 다른 점에서 율법의 무능을 시사하고 있다: 자신의 아들을 화목제물로 주신 하나님은 율법이 하지 못하는 것(죄를 다루는 것)을 하셨다. 이는 동료 유대인들에게 상당히 자극적인 도전이 되었을 것이다. 왜냐하면 이스라엘에게서 율법의 주된 기능 중 하나가 죄를 다루는 – 희생과 속죄를 통해 – 수단을 제공하는 것이었기 때문이다. 바울은 자신의 일괄적인 "무능"에 이런 기능을 포함시켰을 것이다. 그렇다면 바울은 여기서 자기 백성들의 율법에 관한 이해의 심장을 잘라버리고, 제의에 관한 예언자적인 비판을 근본적인 결론으로 강조하고 있다. 그리고 그의 비판은 다시 한번 "육신"이라는 말에 집중한다. 율법의 특권을 취급함으로써, 언약의 백성들을 선명한 인종적 용어로 구분지음으로써, 할례의 육체적 의식에 너무도 많이 초점을 맞춤으로써(2:17-29), 이스라엘은 율법이 효과적으로 기능하는 것을 불가능하게 만들었다! 율법이 효과적으로 기능할 수 있는 것은 믿음의 율법으로서(3:27), 그리고 성령의 율법으로서(8:2)다. 그러나 아브라함에(4장) 의해 모범이 된 믿음의 논리를 잊어버림으로써 그리고 유대인과 이방인간의 육체적인 구분을 유대인의 자아정체성의 근본으로 보유함으로써, 전반적으로 이스라엘(율법의 수호를 통한)은 율법의 무능을 강화시키는 데만 오로지 성공했다.

인간의 비극적 상태에 관한 충분한 내용이 7:5에서 사용된 동일한 용어로 다시금 요약되고 있다 – 육체의 연약으로 인해 막히고, 죄로 인해 왜곡되어 전체 인류를 사망으로 묶는 세력이 되어버린 율법과 더불어 인간의 죽을 운명과 동물적인 욕구. 그리고 육신의 문제에 관한 강조가 확인해주는 것처럼, 이것이 아담의 종족으로서의 인류의 특징이기 때문에, 심지어 이스라엘을 포함하여, 여기서 분명히 요구되는 것은 아담 속에서의 인간의 시작에 관한 기원적인 의미다. 바울이 이미 논증한 것처럼 (5장), 아담적 행위의 결과로 인한 인류의 곤경은 또 다르면서도 더 위대한 아담적 행위에 의해서만 오직 보상될 수 있다. 그러한 내용이 분명히 로마의 회중들에게 율법에 대한 하나님의 대답을 상기시키는 데 있어서의 바울의 논리다. 하나님은 기원적인 의미에 있어서 유일무이한 분이신, 또한 아담보다도 하나님께 더 가까우신 자신의 아들을 보내셨다. 선재하신 그리스도의 사상이 바울에게 내재되어 있는가는 분명하지 않다: 그것이 사상의 논리로부터 필연적으로 따라오지는 않고 있으며, 기독교인들이 하늘로부터 오신 분으로서의 그리스도를 생각하고 있다거나 두 번째로 강림하여 오실 그의 미래를 이미 생각하고 있었는지에 대한 것은 어떤 암시도 없다(참조. 살전 2:19; 3:13; 4:15; 5:23; 살후 2:1, 8). 왜냐하면 그리스도가 아담과 비교될 때(아담 기독론), 바울이 염두에 두었던 것은 기원적인 의미다. 바울에 의해 사용된 아담 이야기의 용어 내에서는 그리스도가 아담보다도 더 선재적인 분이셔야 할 필요는 없다. 그리고 자신의 아들을 보내신 하나님의 용어는 위임을 받은 분의 기원이라기보다는 위임하는 신을 나타낸다. 그 관심을 사색적이 아니라, 구원론적이다.

아담기독론의 의미는 약간 애매한 구절인 "육신의 모양으로"에서 가장 분명하게 나타난다. "모양"으로 번역된 용어의 정확한 의미가 무엇이든지간에 바울은 죄악된 육체와의 그리스도의 일체성에 관한 내용을 분명히 강조하고 있다: 동일한 죽음과 동일한 인간의 욕구를 아는 인간이신 예수는 죄가 아주 효과적으로 인간을 파괴하는 그 연약함을 완전히 공유하셨다. 그는 완전히 죄와 사망의 옛 기원의 일부가 되셨다. "모양"은 일체성의 근접과 구분의 정도를 함께 내포한다. 이 경우에 바울은 정확히 아담적 내용을 가지신 그리스도, 전체적인 인간의 대표이신 그리스도를 생각하고 있다. 말하자면 단순히 개인적인 권리를 갖는 인간 개인으로서가 아니라, 일반적으로 인류의 죄 앞에서 육체적인 연약함을 공유하신 분을 생각하고 있다. 대안적으로 그는 그리스도의 아담적 의미가 전적으로 아담의 모양과 일치되신 것이 아니라 부활의 생명으로 죽음의 종말을 파괴하심으로써 쳐부수셨다는 사실에 있다. 말하자면, 여기서 바울이 가장 분명하게 강조하기를 원하는 것은 그리스도의 죽음 이전에 죄악된 아담과의 그의 일체성에 있다.

하나님은 죄를 다루시기 위해서, 더 정확하게는 "육신의 죄"를 다루시기 위해서 자신의 아들을 보내셨다. 죄가 자신의 능력을 발휘하는 것은 육신을 통해서, 또 이 시대에 의해 결정되고 육신이 속한 인간을 통해서이기 때문에(7:5, 14, 17-18), 싸워서 부서야 하는 능력은 육신이다. 따라서 인류의 죄악된 육신과의 그리스도의 완벽한 합일이 확인하는 것이 중요하다. 바울에게서 그 권세가 부서진 것은 희생으로서의 그리스도의 죽음에 의해 이루어졌고, 하나님은 그 그리스도의 죽음으로 죄악된 육체를 정죄하셨다. "죄로 인해"와 "정하사"라는 두 구절에 바울의 구원론에 대한 열쇠가 있다. "죄로 인해"는 속죄제에 대한 언급으로 70인경에서 자주 사용되었고, 이는 하나님이 매일의 근거에서 죄를 다루시는 희생을 의미하며, 속죄염소와 더불어 속죄일에 가장 중요한 항목이 되었다(레 16장). 바울이 역시 염두에 둔 것은 죄에 대한 하나님의 다루심이기 때문에 그는 자신의 독자들이 구약의 전문용어를 인식하고 있다고 생각했을 것이다(그는 전체 서신에 걸쳐 유대 성경을 잘 알고 있다고 가정하고 있다). 말하자면, 속죄제물로서 그리스도–구체적으로는 그의 죽음–를 묘사하고자 하는 의도를 확실히 갖고 있었다. 하나님이 "육신의 죄를 정죄하신 것은 이 행위 속에서 그리고 그 행위에 의해서다. 또한 "정죄하사"라는 구절에서 희생에 관한 바울의 신학은 드문 정도의 명쾌함을 얻는다. 육신의 죄는 예수의 죽음에 의한 파괴로 정죄함을 받는다. 육신의 죄를 다루시는 하나님의 방식은 육신을 사망에 이르게 함으로써다. 즉 생명이 없는 육신은 파괴된 육신이기 때문에 육신을 파괴함으로써 그렇게 하신다.

여기서 바울의 사상의 논리는 죄악된 육신은 치료되거나 구속될 수 없다는 것이다. 구체화된 영으로서의 인간의 본질인 육체는 또 다른 문제다(8:23). 하지만 육신, 곧 전적으로 이 시대와 하나가 되어 있는 정도와 인간의 연약 그리고 단순한 인간의 욕정은 사망 이외에는 다른 방도가 없다. 율법과 육체의 무능에 대한 하나님의 응답이 용서로 단순히 반응할 수 없는 이유가 바로 그것이다. 용서는 죄악된 행위에만 있고, 죄 자체에는 용서가 있을 수 없다. 회개와 희생제도는 그런 문제의 근원을 적절하게 다루지 못했다. 죄의 암은 육신, 인류의 확고한 근원에 있으므로 외과수술은 근원적이 되어야 한다. 곧 육신을 파괴해야 한다. 인간이 죽어야 한다. 옛 시대는 사라져야 하고, 새로운 시대가 만들어져야 한다. 바울에게서 좋은 소식은 하나님이 그리스도 안에서 이루신 것이 바로 이것이라는 것이다: 그리스도께서 죄악된 육체와 합일되신 것은 그의 죽음이 죄악된 육체의 파괴에 영향을 주었다는 것을 의미한다. 그의 부활이 인류의 새로운 시작을 의미하는 것처럼 말이다. 죽으신 그리스도와의 일체성 속에서 각각의 신자들은 죄와 사망에 대한 그리스도의 승리를 이제 이미 공유하게 되었다. 그리고 그들이 아직도 여전히 육신 속에 있고, 육체의 죄된 노예성에 거하고 있을지라도 그들은 그리스도의 부활된 생명을 완전히 공유할 수 있는 조용한 확신을 희망할 수 있다.

바울에게서 죄를 다루시는 하나님의 결정적인 행위는 그리스도의 죽음이었다는 것은 주목할 만한 가치가 있다. 정죄의 행위는 속제죄로서의 "죄"에 대한 구절만을 오직 언급할 것이다. 왜냐하면 이전 구절 곧 "죄 있는 육신의 모양"은 그것의 정죄보다는 죄악된 육신에 관한 확인을 더욱더 나타낼 뿐이다. 이 시점에 바울의 구원론적인 관점에서 예수가 죄의 권세 앞에서 연약한 인간과 합일되었다는 것을 설명한 것 이외에는 예수의 죽음 이전에 예수의 삶과 사역은 고려되고 있지 않다. 이 시점에서 중요한 것은 예수께서는 말씀하시고 행하셨던 것보다는 다른 인간 존재와 같은 인간이셨다는 사실이다. 예수의 죽음이 육신의 죄의 파괴를 형성했다고 의미했던 것은 죄 있는 육신의 모양으로서의 그의 삶이다. 하나님은 성육신의 행위로 육신을 구속하시지 않았다. 그는 정죄의 행위로 육신을 파괴하셨다.

4 바울은 자신이 해설하고 있는 단락의 초기 구절에서처럼 그리스도의 죽음에 머무르지 않고 그 죽음의 목적을 설명하기를 계속한다. 하나님의 목적은 그리스도의 죽음이나 심지어 그 죽음을 신자들이 공유하는 것에서 끝나지 않았다. 바울이 목적으로 둔 것은 "새로운 생명 속에서 걷고", "성령의 새로운 삶으로 섬기고"(7:4-6), "성령에 따라 걷는"(8:4) 사람의 주된 목적이다. 하나님의 목적은 정죄가 아니라, 의이다. 바울은 자신의 독자들이 속죄제로서의 그리스도의 죽음과 신자들의 새로운 삶의 행위간에 중명사(中名辭)를 인식하고 있다는 것을 의도했다. 그러한 행위가 부활하신 그리스도에 의존한 것이고, 또 부활하신 그리스도에게 신자들이 속한 것에 의존한 것이라는 것은 초기 요지에서(6:4; 7:4) 충분히 분명하게 설명되었다. 하지만 지금 바울은 조금 전에 건드린 다른 중명사 – 그리스도의 죽음과 부활의 결과로 있었던 성령의 은사 – 에 자신의 관심을 집중하고 있다. 새로운 행위는 죽으신 그리스도와의 일체로 인해서만 오직 가능하고, 또 그리스도의 부활하신 생명으로 인해 가능하다. "그리스도 안에"(8:1-2) 있는 것은 단순히 2-3십년 전에 있었던 예루살렘의 한 사건의 중요성에 대한 이념적인 결단만을 의미하는 것이 아니라, 능력의 경험 – 죄가 율법의 사람들조차도 아주 완벽하게 지배하는 율법의 거짓된 인식에서 신자들을 해방시켰던 능력, 단순히 인간의 욕망의 만족에 의존하였던 사악한 범주, 곧 민족적인 특권을 가정한 사악한 범주를 아주 충분히 깨뜨렸다는 능력 – 을 의미한다. 그리스도의 죽음(그리고 부활)이 이룬 것은 육신의 죄에 대한 정죄만이 아니라, 육신의 연약으로 특징지었던 것과는 다른 차원에서 살아가는 효과적인 삶의 가능성이다. 바울의 사상의 특징적인 용어로 바울은 음식의 증거가 먹는 것에 있고, 복음의 증거가 회심 속에서 경험한 하나님의 능력에 의해 가능하게 되어진 매일의 행위 속에 있다는 것을 다시 한번 주장하고 있다.

그러한 행위는 율법의 정당한 요구를 충족시킨다. 바울에게서 율법은 뒤로 미루거나 꾀를 부리고 보족으로 달아놓는 것이 아니었다는 것을 주목할 필요가 있다. 바울이 염두에 둔 것은 하나님의 목적이다. 곧 자신의 아들을 보내시는 데 있어서 하나님의 목적이다. 하나님은 율법이 성취되는 것을 원하시고, 충족되어지는 것을 요구하신다. 바울이 그러한 명확하고 제한 없는 용어로 설명할 수 있었다는 것이 중요하다. 특히 율법폐기론으로 바울의 가르침을 간주했던(간주하고 있는) 사람들에게 특히 그러했다. 바울은 자신의 가르침에 관한 그러한 비판을 이 시점에서 대단히 염두에 두었을 것이다. 하지만 물론 그는 자신의 초기 가르침이 충분히 분명했다는 것을 역시 가정했거나 희망했었기 때문에 그렇게 직접적으로 말하고 있다. 확실히 그는 생명의 성령의 율법, 곧 육신에 의해 더 이상 제한되고 규정되지 않는 율법에 관해 자신이 말하고 있다는 것을 독자들이 깨닫기를 기대했을 것이다. 물론 바울이 원리적으로 율법의 전반적인 의식 차원을 배제하고 내적인 경건을 찾기를 원했을지라도(바울 자신이 그밖에 다른 곳에서 분명히 하는 것처럼 – 고전 9:20), 바울의 성령/율법의 대조를 도덕적인 것과 의식적인 것간의 구분으로 또는 내적인 것과 외적인 것간의 구분으로 번역할 수 있다고 가정해서는 안 된다(그런 것이라면, 동사 "걷는다"[행한다]라는 동사가 거의 적절하지 않았을 것이다). 하지만 자신의 동적이 인종적(즉 육신적) 특권의 차원에서 율법을 너무도 많이 여겼지만, 율법의 그러한 요구들(특히 할례)은 율법의 연약성 곧 죄와 사망에 의해 사용되어진 율법에 속한 것이다. 성취되어진 율법은 모든 인간, 곧 유대인뿐만 아니라 이방인에게도, 적용되어지는 것으로서의 율법이다. 이 율법은 마음에 말하며, 믿음의 순종을 요구하며, 하나님에 관한 내적인 의존을 표현하고 그의 능력에 의존으로 구현되는 행위로 성취되는 율법이다.

5 이 구절과 다음 구절에서 바울은 육신과 성령간의 대조를 매우 날카롭게, 참으로 상호 배타적인 용어로 그리는 것을 주저하지 않는다. 그렇게 하는 것 속에서 바울은 자신의 청중들이 스스로 육신을 멀리 두고, 죽을 몸에 영향을 받지 않거나 접촉하지 않는 영적인 존재로 성령에 의해 전적으로 새롭게 살았다는 것을 생각하도록 의도했었던 것으로는 보이지 않는다. 완벽주의자의 비실제적인 형태가 바울의 전형이 아니다. 바울에게서 그 실제는 종말론적인 긴장의 "아직 아닌"이 여전히 전면에 있다는 것이었다. 바울이 신자들에게 곧 상기시켰던 것처럼(8:11, 23), 완벽한 구원은 부활, 곧 몸의 구속을 기다렸다. 그때까지는 죄악된 육신에 대한 하나님의 정죄의 완벽한 외보성과 더불어, 신자들의 계속된 육체성은 계속되는 종말론적인 긴장의 포함되는 요소이었다(7:25). 마찬가지로 바울이 자신의 독자들로 하여금 회심 속에

서 이미 만들어진 선택이 종교적이고 윤리적인 매일의 삶 속에서 갱신되고 재확인 되어질 필요가 있다는 것을 분명히 하기를 원했기 때문에 교훈적인 이유에서 그 대조를 더 정교하게 서술했을 가능성이 있다. 이는 아마도 "육신의 편을 취하든지" 또는 "성령의 대의를 따르든지" 하는 (익숙한 구절을 사용한) 양자택일적인 서술 속에 아마도 함축되어 있다. 그리고 "행하는(걷는)"의 참된 이미지는 신자들이 오직 도중에 있다는 것을 암시한다. 그것은 육신의 편을 취하여 육신에 따라 행하는 것은 여전히 그 자신과 독자들의 선택으로 있다는 것을 의미하며, 그는 그 의미를 아주 간단하게 명시한다(12-13절). 하지만 바울의 더욱더 직접적인 관심은 그 선택의 충분한 실제성, 곧 육신에 따른 삶의 특징과 그것의 참혹한 결과를 적나라한 용어로 설명하는 것이다. 그리하여 모든 사람들이 만들어나가는 결정들, 즉 그들이 사로잡혀 있음을 발견한 종말론적인 긴장의 생과 사의 특징에 대한 엄숙함을 독자들이 확실히 할 수 있게 말이다.

처음에 그 대조는 두 부류의 사람들, 곧 서로 가까이 있으면서도 서로 배타적인 그룹간의 대조다: 한 부류는 전적으로 "육신에 따른 것"이며, 결코 다른 것은 없다. 다른 부류는 전적으로 "성령에 따른 것"이며, 결코 다른 것은 없고, 이는 그 문제를 단번에 해결한 회심의 결단과 성령의 은사와 함께 이루어진 것이다. 하지만 다시 한번 바울이 그런 식으로 비실제적인 것만을 염두에 두었을 것 같지는 않다(7:25과 8:12-13이 다시금 확인해주는 것처럼). 바울이 염두에 둔 것은 사고방식과 삶의 스타일의 반대되는 두 형태였을 것이다 – 인간의 훨씬 복잡한 양상을 축약한 두 양자택일적인 형태, 각 사람들이 활동할 수 있는 두 근본적인 차원들, 모든 도덕적인 선택을 기저로 하고 있는 궁극적인 선택들. 이것은 바울이 5절에 사람들의 부류들로서 묘사하고 있는 것이 6절에 태도로 묘사하고 있다는 사실에서도 확인되어진다. 따라서 그 예리한 대조는 각 사람들이 양쪽 차원으로 활동할 수 있고 또 활동하고 있다는 가능성을 배제하지는 않는다: 많은 주관과 결정에 있어서 그들은 성령으로 행하고, 성령의 편을 취하지만 또 다른 때에는 육신의 연약함이 그들에게서 아주 강해질 수도 있다. 그 날카로운 대조는 "나"가 아직 육신과 성령으로 나누어져 있는 사람의 고통이다.

6 6절은 각각의 사고방식 또는 형태, 차원의 불가피한 결과를 강조한다. 육신은 사망으로 끝난다. 그것은 썩어 없어질 것과 부패 그리고 파괴로 끝나는 것 이외에는 아무것도 바랄 수가 없다. 죄 있는 육신과 그리스도께서 합일하여 죽으신 사실이 그와 동일한 요지를 만들어준다: 육신의 부패로부터 사망에 이르는 것을 막아줄 해독

제란 없다. 구원의 전체 운영방식은 완전히 다른 차원에서 활동한다. 부패하고 썩어질 것과 함께 살아가는 사람들은 결국에 썩어지게 된다. 열망과 추구가 단순히 인간적인 관심사를 넘어서지 못하는 사람들은 그들이 오로지 관심을 갖고 있는 그것의 죽음과 함께 끝이 난다. 하지만 성령으로 살아가는 사람들은 죽음을 넘어서 생명으로 나아가는 차원으로 행한다. 동기와 관심이 하나님에 의해 결정되는 사람들은 사망을 능가하는 생명과 평화의 능력에 열리게 된다.

2:7, 10("생명…평안")의 반영은 우연적이 아닐 것이다. 단순히 그리스도를 믿을 때에 성령을 받은 사람들에 관한 것보다는 보다 넓은 언급을 허락하는 차원에서 성령에 관한 바울의 언급처럼 말이다. 바울은 자신과 자신의 독자들이 성령과 가까이 있고 또 성령의 차원에서 살아갈 수 있는 것은 그리스도와 복음을 통해서라는 것을 재확인하기를 확실히 원하고 있다. 하지만 그는 그리스도 예수의 메시지를 결코 들어보지 못한 사람들이 성령에 따라 살아가거나 생명과 평안을 경험할 수 있는 가능성을 부정하는 배타적인 방식으로 그것을 표현하지는 않는다. 하나님의 목적의 주된 노선은 분명하다: 아브라함, 이스라엘, 그리스도, 유대인과 이방인의 복음이지만, 바울이 복음이 없을지라도 성령으로부터 살아가는 것을 배운 사람들이 적어도 있었을 가능성을 배제했었을 것이라는 것은 의심스럽다. 5-6절이 보다 초기의 논증을 조명하고 있는 곳에는(2:6-16), 즉 보다 초기의 주요 논증의 부분을 조명할 때, "선을 행하는 데 있어서의 끊임없는 인내"(2:7), 성령에 따른 삶, 성령의 일에 대한 사고방식, 곧 성령에 의한 "율법의 일을 행하는 것"(2:14)에 관한 더 자세한 정의가 주어지고 있다.

7-8 바울이 자신의 논증의 초기 단계를 반복하고 또 육신/성령의 대조로 요약하고 있다는 인상이 여기서 역시 강화된다. 5:10의 인간의 곤경에 관한 묘사를 절정에 올려놓고 있는 그 적대성은 전개되고 있는 해설의 과정에서 경멸적인 뉘앙스와 더불어 육신의 사고방식으로 이제 명확해진다. 하나님의 법에 복종하지 않는 육신의 사고방식은 1장과 2장에서의 이방인과 유대인의 기소를 상기시킨다. 하나님을 기쁘시게 하지 못하는 육신의 사람들은 1:18-32에서의 죄와 죄지음의 사악한 범주, 2:28-29의 끔찍한 아이러니, 그리고 3:9-20의 강력한 정죄를 상기시킨다. 마지막 분석에서는 하나님에 의존하여 살아가는 삶에 관한 즉 믿음의 순종 속에서, 성령의 삶으로부터 살아가는 삶에 대한 대안이 있다. 또한 성령의 삶과 대조되게 육신의 방식과 하나님께 대적하고, 율법에 불순종하고, 사망으로 향해 가는 삶의 방식이 있다. 어느 도덕적이고 신앙적인 의미의 모든 결정은 이 둘 간의 선택에 달려 있고, 바울

은 자신의 독자들이 그러한 양자택일의 냉혹한 현실 속에 있다는 것을 확실히 하기를 바라고 있다.

“하지 못한다”(can't)는 구절의 반복은(“하나님의 법에 순종하지도 않고, 하나님을 기쁘시게 하지도 못한다”) 확실히 그렇게 의도되고 있다는 것처럼, 특별히 정신을 바짝 차리게 만든다. 육신의 차원에서 살아가는 것, 곧 동물적 욕구와 단순히 인간적 욕망의 차원에서 살아가는 것은 그 사고방식이 하나님에게서 멀어짐으로 인해 율법이 무능하게 된 삶을 살아가는 것이다. 그것은 죄의 능력을 이기시는 하나님의 능력을 멀리 던져버림으로 인해 죄가 사망에 더 가까이 묶이게 만드는 삶을 살아가는 것이다. 유대인의 특권에 관한 질문으로 강력하게 향하고 있는 서신의 그러한 요약적 구절 속에서, 유대인, 개종자, 하나님 숭배자들, 이방인 청중들은 특권의식을 갖고 있는 유대인의 고만에 관한 기소를 분명히 인식했을 것이다: 인종적 또는 민족적 특권에 관한 전제에 의해 결정되는 사고방식은 하나님께 적대적이고, 육신의 차원에 너무 많이 초점을 맞추는 율법의 순종(할례에 관한 것처럼)은 율법에 대한 순종이 아니다. 또 그러한 사고방식은 하나님이 찾으시는 순종을 막아버리고, 그 칭찬은 인간으로부터 온 것이지 하나님으로부터 온 것이 아니다(2:29). 바울의 논증의 노선에 유심히 귀를 기울이고 있던 청중들일지라도, 그것은 놀라운 반전이며 충격적인 주장이었다. 동시에 바울은 7-8장에서 있었던 율법의 옹호를 조심스럽게 유지하고 있고, 하나님의 율법에 대한 복종은 하나님을 기쁘시게 하는 것이다. 실제로 불순종이 되는 육신의 차원에서의 순종과 율법의 요구를 충족시키는 성령에 의해 결정되는 행위간의 구분은 유대인의 가정에 관한 바울의 기소와 그의 종말론적인 구원론 그리고 이어지는 교훈간에 강력한 연관성이 있다.

9 어느 누구도 바울이 방금 언급한 말의 단호성으로 인해 불필요하게 위협을 느끼지 않도록 하기 위해, 바울은 일반적인 3인칭 용어에서 전환하여, 자신의 독자들에게 직접적으로 언급을 주고 있다: “너희 속에 하나님의 영이 거하시면 너희가 육신에 있지 아니하고 영에 있나니.” 그 말은 처음에 바울이 자신의 구원론을 아주 단순하게 하고 있는 것처럼, 또는 자신의 전제에 있어서 아주 관대한 것처럼 들릴 수 있다. 말하자면 회심을 육신의 영역에서 성령의 영역으로 단번에 이전되는 것으로 들리게 할지 모른다. 하지만 여기서 역시 바울이 자신의 청중들이 죄 없는 완전함을 향유하고 있는 것처럼 축하하고 있을 리가 없다. 그리고 회심입문의 이전과 이후간의 유사하게 날카로운 대조가 있는 이 서신의 이전 두 단락(6:3-7; 7:4-6)을 바울이 어떻게 시작했는가를 상기했던 사람들은 여기서 거의 호도되지 않았을 것이다. 바울

은 신자들이 그 육신을 전적으로 벗어버렸다는 것을 의미하지 않고 있고, 또 끊임없는 열망의 상태와 항구적인 환희 속에 있다는 것을 의미하지 않는다. "육신에"와 "성령에"라는 구절은 그밖에 다른 곳에서 바울의 용법이 확인해주는 것처럼(참조. 예를 들어 14:17과 갈 2:20), 그것보다는 더 느슨한 말이다. 바울이 생각하고 있는 것은 구원의 과정이 완성된 것이 아니라 시작되었다는 것이고, 신자들의 전체적인 존재가 완전히 다른 영역으로 이전되었다는 것이 아니라 충성과 주되심의 결정적인 전이가 이미 발생했다는 것이며, 도덕적인 노력이 불필요해졌다는 것이 아니라, 하나님의 성령의 대한 의무가 주된 동기와 가능성의 차원에서 가장 중요한 요인이 되었다는 것이다.

그리스도에게 속하고 성령을 가진 것이 바울에게서 동일한 한 가지이기 때문에 바울은 이러한 가정을 만들 수 있다. 성령의 소유가 그리스도인을 형성케 하는 것이고, 바울은 아주 자연스럽게 로마의 교회를 이룬 구성원들이 그 성령을 받았다는 것을 가정하고 있다. 그 차이를 만드는 것이 성령의 소유다. 그리스도의 주되심은 생명 안에 있는 성령의 존재에 의해 실제화되고, 증거화되며, 효력이 있게 된다. 바울은 자신의 문서에서 "그리스도인"의 가장 근접한 정의에 상응하는 것으로, 비록 부정적인 서술 속에서일지라도, 그리스도의 영을 가진 사람으로 그리스도인을 정의하고 있다.

이런 정의 속에 함축되어 있는 것은 성령의 수용과 소유가 인지될 수 있는 것, 곧 직접적으로 알 수 있는 것이라는 분명한 가정을 담겨 있고(참조. 행 19:2), 이는 단순히 믿음의 고백이나 올바르게 시행된 의식적 행위에 관한 조용한 추론으로서가 아니다. 바울은 이미 2:29; 5:5; 7:6에서 암시된 것과 같은 경험의 생생함과 직접성을 염두에 확실히 두고 있다. 또한 여기서 함축되어 있는 것은 성령의 소유가 그리스도에게 속한 모든 사람들의 공통 분모라는 것이다. 이는 나머지 사람들에 대한 어떤 일부 사람들의 특권이 아니다. 바울은 이보다 더 분명하게 말할 수는 없었을 것이다: 그리스도의 영이 없으면, 그리스도의 사람이 아니라. 바울이 로마의 독자들의 상당수를 친히 알지 못했을지라도, 새로운 운동의 특징이 이미 성령의 운동으로 확고히 세워져서, 논쟁의 두려움이 없이도 그러한 주장을 할 수 있었다.

10 다른 용어로 말한다면, 그 차이를 만드는 것은 그리스도의 내주하시는 능력이다. 여기서 이전 장에서처럼(6장과 7장), 바울은 자신의 최초의 주장의 날을 무디게 만들고 있다. 그는 그리스도가 자신의 독자들 속에 있다는 것을 확신하고 있고, 그들의 충성과 로드쉽(주되심)은 이미 결정되었다. 하지만 동등하게 바울은 종말론적인

긴장의 "아직 아닌"이 여전히 해결되어야 한다는 것을 의식하고 있다. 그리고 다시 한번 그는 그것을 사망과 생명에 의해 제기하고 있다. 사망과 생명은 모두 신자들에 대한 요소이다. 한편으로 신자들은 여전히 죽은 몸의 실제를 경험하고 있고, 바울은 이것을 가지고 그 전에 "죄의 몸"(6:6)과 "사망의 몸"(7:24)으로 언급한 것을 의미하고 있다. 바울의 이전 진술의 몇 가지 가능성 있는 함축에도 불구하고, 분리해서 취할 때, 사망의 권세 하에 살아가는 실제를 아직 벗어나지 못했다. 6장과 7장에서의 분석의 확실한 노도를 독자들에게 상기시키기 위해서 그는 죄를 마지막으로 그 무대의 공범으로 가져온다. 사망을 효과적이게 만들고, 율법을 사망의 도구로 만든 것이 죄이다(7:9-11; 8:2). 육신과 율법을 통한 죄의 전략의 효과가 성령에 의해 결정적으로 받아침을 당했더라도, 신자의 죽을 몸에 대한 죄와 사망의 지배는 여전히 확고하다. 5-9절에서 예리하게 그려진 대조의 기능에 대하여 망설이는 듯한 의심의 경우에 있어서, 7:24의 반영은 확실히 그 의심을 제거했을 것이다: 그리스도께서 거하시는 곳에서조차도 죄는 여전히 주장, 곧 축소된 의미의 주장을 갖지만, 이 주장은 육체가 지속되는 한 완전히 피할 수는 없다. 그럼에도 불구하고, 언급된 모든 것, 즉 바울이 소중히 여기고 있는 결정적인 사실은 신자들 안에서의 성령의 임재이다: 성령은 하나님의 의에 의한 생명이고, 하나님의 수용으로서의 성령이며, 하나님을 믿는 사람들 속에서 부양하시는 역동적인 능력이다. 신자는 사망의 이 몸과 이 몸의 사망을 피할 수는 없지만, 하나님의 수용, 생명 그리고 능력은 죄와 사망에 종속되지 않으며, 그 죄가 마지막 카드로서 죽음을 내밀 때에 하나님의 성령은 그것을 이기실 것이다.

11 바울이 계속해서 말하고자 원하는 바가 그것이다. 생명과 사망 사이의 종말론적인 긴장은 이 몸의 죽음을 넘어서까지 지속되지는 않는다. 왜냐하면 죽음의 때에는 부활 속에서 그리고 부활에 의해서 생명의 영의 능력 하에 이끌려질 것이기 때문이다. 여기서 바울은 자신의 독자들에게 7장과 10절의 이분법을 강요해서는 안 된다는 것을 분명히 암시하고 있다. 그들은 죄의 몸, 사망의 몸을 단순히 육체적인 몸과 동일시해서는 안 된다는 것을 이미 분명히 인식하고 있었을 것이다. 바울은 인간의 몸에 관한 히브리적 용어, 곧 물질적이고 사회적인 환경을 경험하고 있는 인간의 차원을 바울이 생각하고 있다는 것을 그들에게 상기시킬 필요가 있다고 생각하지 않았을 것이다. 그리고 그는 종말론적인 긴장이 내적인 것과 외적인 것, 영적인 것과 물질적인 것간의 대조로 축소시킬 수 없다는 것을 이미 암시했다. 그것은 그와 같은 신자들의 바로 "나" 속에 있는 것이다(7:14-25). 따라서 여기서 바울이 "죽을 몸"에

관해 집중할 때도, 바울의 요지는 생명을 주시는 성령의 역사는 그 몸도 종국적으로 포용할 것이라는 것이 정확하다. 구원은 몸의 도피로 완성되는 것이 아니라, 몸의 구속으로 완성된다.

바울에게서 인간의 육체는 부서지지 않는 연속성을 형성하며, 또 그 연속성에 의해 인간의 물질성은 통합적인 일부가 된다는 것을 아는 것이 중요하다. 죄에 지렛대와 주도성을 제공한 것은 단순한 죽을 운명, 곧 인간의 동물적 욕구와 욕망으로서의 연약함이다. 여기서 물론 인간의 "육체"는 "육체성"("육신의", "육체에 따른")의 더욱더 비하적인 개념으로 병합되고 있다. 인간은 단순히 욕구와 욕망만이 아니라, 죽고 썩어 없어질 것이다("썩어 없어질"이라는 말의 모호성은 "육신"이라는 바울의 말의 유사한 모호성을 반영하고 있다). 하지만 동시에 바울의 복음은 생명을 주시는 성령의 능력이 인간의 육체의 동일한 연속성 위에서 활동하고 있다는 것이다. 성령의 생명은 물질과 사회로부터 절연된 영적인 영역으로 제한되지 않는다. 성령에 관한 신자의 경험도 마지막 부활의 경험과도 이제는 단절되어 있지 않다. 오히려, 부활은, 진정한 의미에서, 여기 지금에서 성령의 능력의 육체적인 외부의 절정으로서 간주되어질 수 있다(참조. 고후 4:7-5:5). 왜냐하면 육체의 생명을 단순히 육신적인 존재로 되돌아가는 것을 막아주고, 또 이 시대의 삶을 부활의 생명이 없이 단지 이 시대에 삶으로 떨어지는 것을 막아주는 것이 정확히 성령의 능력이기 때문이다.

따라서 바울의 생각에 11절은 2절에서 이미 경험한 자유에 관한 종말론적인 역사라고 말할 수 있다. 죄, 그리고 물론 사망이 자신의 독자들에 대한 지배를 갖지만, 죄와 사망이 그 지배를 주장하는 단계가 마침내 끝나게 될 때, 말하자면 사망의 지배가 마침내 성도를 소유하지 못할 때, 동일한 몸들, 곧 새로운 구현으로의 "나"의 죽음과 부활이 있게 된다(참조. 고전 15:42-49). 이 가운데서 죽음에서 그리스도께서 부활하신 것은 그런 형태와 보증을 제공해준다(참조. 6:7-10).

바울의 말을 맛보고 있는 독자들은 – 그리고 바울은 오직 한번만 읽혀지는 서신으로 분명히 이 로마서를 생각하지 않았다 – 그리스도인의 구원 속에서 작용하고 있는 거룩한 의미를 묘사하는데서 바울이 사용하고 있는 매력적인 변화들에 확실히 감동을 받았을 것이다. 이 세 구절들에서 바울은 "내주하시는 하나님의 성령, "그리스도의 영을 가진 것", "너희 속에 그리스도" 그리고 "예수를 일으키신 그의 성령이 내주하심"에 관한 것들을 재빠르게 연속해서 언급하고 있다. 이 모든 것들은 분명히 동의어적인 구절들이며, 바울과 그의 독자들에 의해 상당한 정도로 이미 경험되었던, 동일한 효과를 갖는 하나님의 능력을 나타낸다. 신자들이 지금 성경에서 읽을 수 있는 지도자와 선지자의 동일한 영감과 능력이, 바울이 분명히 확증해주는 것처럼, 이제는 모든 신자들에게 종말론적인 충만으로 부어졌다. 하지만 흥미 있는 요점은 이 경험이 그리스도라는 용어로 이제는 묘사되어질 수 있고, 이 "그리스도"와 "성령"은 서로 의존적이라는 것이다. 한편으로 바울은 하나님의 영, 곧 창조와 예언의 영이신 성령 속에서 그리고 성령을 통해서 이제는 부활하신 그리스도를 참으로 경험할 수 있다는 것을 시사하고 있다. "그리스도"와 "성령"이 동의어라는 것이 아니라, "성령의 내주하심"과 "너희 안에 그리스도"가 동의어라는 것이다. 자기 자신에 대한 그리스도의 효과적인 주되심은 그들의 삶 속에서의 그리스도의 활동과 동일연장선 상에 있다. 한편으로 바울은 하나님의 영을 이제는 그리스도의 영으로 특징짓고 또 동일시할 수 있다는 것을 시사한다. 예수의 사역 속에서 또 그 행하심 속에서 그리스도를 결정지었던 그 능력이 성령의 삶의 전형을 이루었던 것처럼 말이다. 생명을 주시는 성령은 부활하신 그리스도와 무관한 것이 아니다(참조. 고전 15:45).

2. 양자의 영(8:12-17)

참고문헌

Bieder, W. "Gebetswirklichkeit und Gebetsmöglichkeit bei Paulus." *TZ* 4(1948) 22-40. **Byrne, B.** *Sons of God.* **Cambier, J. M.** "La liberté du Spirituel dans Romains 8:12-17." In *Paul and Paulinism,* FS C. K. Barrett, ed. M. D. Hooker and S. G. Wilson. London: SPCK, 1982. 205-20. **Deidun, T. J.** *Morality.* 78-80. **Hester, J. D.** *Paul's Concept of Inheritance.* SJTOP 14(1968). **Jeremias, J.** *The Prayers of Jesus.* London: SCM, 1967. **Lyall, F.** "Roman Law in the Writings of Paul - Adoption." *JBL* 88(1969) 458-66. **Osten-Sacken, P. von der.** *Römer* 8. 128-39. **Paulsen, H.** *Römer* 8. 77-106. **Pfister, W.** *Das Leben im Geist nach Paulus.* Freiburg: Universitätsverlag, 1963. 69-87. **Potterie, I. de la.** "Le chrétien conduit par l'Esprit dans son cheminement eschatologique." In *Law of Spirit,* ed. Lorenzi. 209-41. **Rensburg, J. J. J. von.** "The Children of God in Romans 8." *Neot* 15(1981) 139-79. **Schmithals, W.** *Anthropologie.* 117-37. **Taylor, T. M.** "Abba,

Father and Baptism." *SJT* 11(1958) 62-71. **Vos, J. S.** *Traditionsgeschichtliche Untersuchungen zur paulinischen Pneumatologie*. Assen: van Gorcum, 1973.

본 문

12 그러므로 형제들아 우리가 빚진 자로되 육신에게 져서 육신대로 살 것이 아니니라
13 너희가 육신대로 살면 반드시 죽을것이로되 영으로써 몸의 행실을 죽이면 살리니
14 무릇 하나님의 영으로 인도함을 받는 그들은 곧 하나님의 아들이라
15 너희는 다시 무서워하는 종의 영을 받지 아니하였고 양자의 영을 받았으므로 아바 아버지라 부르짖느니라
16 성령이 친히 우리 영으로 더불어 우리가 하나님의 자녀인 것을 증거하시나니
17 자녀이면 또한 후사 곧 하나님의 후사요 그리스도와 함께한 후사니 우리가 그와 함께 영광을 받기 위하여 고난도 함께 받아야 될 것이니라

12 So then, brothers, we are under no obligation to the flesh to live in accordance with the flesh.
13 For if you live in accordance with the flesh, you will certainly die; but if by the Spirit you put to death the deeds of the body,[a] you will live.
14 For as many as are led by the Spirit of God, they are sons of God.[b]
15 For you did not receive a spirit of slavery, falling back into fear; but you received the Spirit of adoption,[c] by whom we cry, "Abba, Father."
16 The[d] Spirit itself bears witness with our spirit that we are children of God.
17 And if children, also heirs—heirs of God and heirs together with Christ, provided that we suffer with him in order that we might also[e] be glorified with him.

원문주해

a. 여기서 소마(*σῶμα*)가 특이하게 부정적이라고 인식한 몇몇 권위자들은 테스 사르코스(*τῆς σαρκός*)로 그 구절을 이해할 수 있게 대체하였다.

b. 14절의 마지막 세 단어들은 다른 전통에서는 다른 순서로 나타나고 있는데, 아마도 휘오이(*υἱοί*)에 부가된 강조를 준 것이 의도적이지만, 이는 그 본문의 어순이 특이하다는 인식을 반영한다.

c. 이 시점에서 구두점은 새 문장의 시작으로 특이하게 취급되었던 엔 호(*ἐν ᾧ*)와 더불어 서로 다르게 취해졌다: "우리가 '아바! 아버지!…'라고 부를 때"(RSV; 참조. Barret). 하지만 Cranfield를 보라.

d. D는 호스테(*ὥστε*)를 삽입함으로써 16절 시작에서 명확하지 않은 구문의 어색함을 인식하고 있다.

e. p[46]은 카이(*καί*)를 생략하고 있다.

양식과 구조

이 단락은 하나님의 아들들 혹은 자녀들이라는 신자들에 관한 사상과 결합되어 있다. 그밖에 다른 곳과는 달리, 그리스도, 곧 하나님의 아들과의 관계를 강력한 가족적 이미지로 형성하는 특징을 갖고 있다 - 14-30절은 9-11절의 해설을 이루고 있는데, 즉 14-17절은 사실상 9절의 해설이고, 18-30절은 10-11절의 해설을 이루고 있다. 17절 뒤보다는 앞에서 그 구절을 나누는 크랜필드의 특이한 결정은 바울이 자주 사용하는 방식, 곧 결론적인 사상을 자신이 생각하고 있는 다음 단계의 다리를 제공하는 데 사용하고 있는 방식을 고려하지 못한 것이다(5:20-21의 양식과 구조를 보라).

15-17절이 갈라디아서 4:6-7과 유사한 정도(특히 Osten-Sacken, 129-34를 보라)는 양 구절에서 바울이 초대 교회에서 아주 널리 알려진 일련의 사상을 그리고 있다는 가능성을 암시하는데, 말하자면 확실히 중심된 요소에서 그런 경우가 있는 것처럼 말이다(*Αββα ὁ πατήρ* - 아바 호 파테르). 하지만 동사의 평행은 확립된 형태를 나타낼 정도로 유사하지는 않은데, 갈라디아서 5:13-24와 로마서 8:2-13간의 평행(Paulsen, 67)이 확인해주는 것처럼, 단순히 바울 자신이 좋아하는 일련의 사상일 수도 있다. Wilckens의 논의를 보라.

주목할 만한 가치가 있는 특징은 1인칭에서(12, 15b-17절) 2인칭(13-15a절)으로 교대적인 전환과 17절에서 순(*συν-*) 복합어가 함께 모여있다는 것이다(참조. 22, 26, 28-29절).

주석

12 "그러므로 형제들아 우리가 빚진 자로되 육신에게 져서 육신대로 살 것이 아니니라"(*ἄρα οὖν, ἀδελφοί, ὀφειλέται ἐσμέν οὐ τῇ σαρκὶ τοῦ κατὰ σάρκα ζῆν* - 아라 운 아델포이, 오페일레타이 에스멘 우 테 사르키 투 카타 사르카 젠). 아라 운(*ἄρα οὖν*)은 방금 언급한 것에서 끌어온 결론을 나타낸다(8:1을 보라). 그 결론이 육신에 따라 살지 말 것에 대한 권고이기 때문에, 이전 해설이 그렇게 될 가능성을 결코 배제하지 않았다는 것을 암시한다. 여기서 그 권고는 바울의 대조의 수사적인 예리함(그리고 부정과거)을 잘못 인식한 어떤 엉뚱한 해석을 만들게 한다. "영적인 영역과 육적인 영역간의 한계는…한쪽 편에서 신자들 그리고 불신자들간에 단순하고 분명하게 달리는 것이 아니라, 신자들을 통해서 각각의 개별적인 신자를 통해 직

접 나아간다"(Kuss, 596-97). 더 자세한 것은 8:4, 8:5 그리고 8:9을 보라. 6장에서처럼 이 장의 초기 부분에서 그려진 보다 첨예한 노선들은, 그것의 모순이 아니라, 이어지는 권고에 대한 근간을 제공해준다(6-8장의 서론을 보라). 이 서신에서 네 번째로 바울은 자신의 청중/독자들을 아델포이(*ἀδελφοί*)로 호칭한다. 1:13을 보라. 일인칭 복수(*ἐσμέν*-에스멘)로 바울은 자기 자신을 그 권고에 조심스럽게 포함시키고 있다. 종말론적인 긴장이 자기 자신의 경우에도 다르지 않기 때문에(7:24!) 그는 동일한 종말론적인 결의를 실천할 필요가 있다.

거의 사용되지 않는 오페일레테스(*ὀφειλέτης*, 1:14을 보라)를 사려 깊게 선택하고 있다: 그들은 불가피하게 육신의 영역에 속해 있다(사르크스[*σάρξ*]에 대해서는 1:3; 7:5, 14을 보라). 하지만 "육신의" 존재가 오로지 지배적으로 살아야만 하는 충분한 이유가 되는 것처럼, 육신에 속함이 그 육신에 대한 의무를 형성하는 것은 아니다. 그들이 사르키노이(*σάρκινοι*, 7:14)라는 사실이 카타 사르카(*κατὰ σάρκα*)로 행해진 것을 설명하거나 변명할 수는 있지만, 그것을 정당화할 수는 없다. 카타 사르카 젠(*κατά σάρκα ζῆν*)은 카타 사르카 페리파테인(*κατὰ σάρκα περιπατρῖν*), 카타 사르카 에이나이(*κατὰ σάρκα εἶναι*), 토 프로네마 테스 사르코스(*τὸ φρόνημα τῆς σαρκός*) 그리고 엔 사르키 에이나이(*εν σαρκὶ εἶναι*)로 상세히 변화된다. Bornkamm, *Paul*, 156은 8장이 명령법에서 단일한 동사를 담고 있지 않다는 것을 주목하지만, 여기서 그 권고의 명령법적인 형태는 충분히 분명하고, 13:12, 14과 상당히 다르지 않다.

13 "너희가 육신대로 살면 반드시 죽을 것이로되"(*εἰ γάρ κατὰ σάρκα ζῆτε, μελλετε ἀποθνήσκειν*-에이 가르 카타 사르카 제테, 멜레테 아포드네스케인). 12절 마지막 구의 반복은 바울이 단순히 가정적이고 비실제적인 가능성을 염두에 둔 것이 아님을 보여준다. 청중들에게 그 위험성은 실제적이다: 2인칭으로의 전환은 경고의 주지를 가중시킨다. 호칭을 구분하지 않고 사용하는 특징은 바울이 단순히 탐구자들이나 불신자들(복음적인 위협!)만이 아니라 신자들도 역시 염두에 둔 것임을 시사한다(더 자세한 것은 9:3, 11:21, 13:14 그리고 14:15을 보라). 멜레테(*μέλλετε*)는 미래성을 나타낼 뿐만 아니라, 그것의 긴급성과 긴박성의 뉘앙스(참조. BGD, 1c*α*)와 함께 반드시 일어날 것이라는 확실성을 암시한다(참조. BGD, 1c*δ*). 참조. 8:18, 또한 4:24와 5:14을 보라. 위협으로서의 아포드네스케인(*ἀποθνήσκειν*)은 이 생명을 종국하는 죽음의 사실만을 단순히 언급하고 있지 않다. 하지만 그 용어를 생명의 종국으로서의 사망과는 구분되는 죽어감으로 이해하거나 영적화시켜서도 안

된다. 그 경고는 분명히 두 가지다: (1) 카타 사르카(*κατὰ σάρκα*)로 살아가는 것은 부패하고 멸망할 것에 아주 단단하게 매여 살아가는 사람을 한데로 묶어준다(참조. 8:6과 갈 6:8, "자기의 육체를 위하여 심는 자는 육체로부터 썩어진 것을 거두고"; "파괴, 분해"[*φθοράν*－프도란]), (2) 결과적으로 사르크스(*σάρξ*, 사망은 그의 마지막 상태이고 더 이상은 생명이 없다)의 파멸로 끝난다. 멜레테(*μέλλετε*)는 그가 불가피하게 그 부패의 과정을 서두르고 있다는 것을 의미한다. 하나님이 구속의 목적을 가지신 목표는 프도라(*φθορά*, 21절)의 노예에서 해방하는 것이다. Hultgren, *Gospel*, 99-100은 "바울의 서신에서 종말론적인 위험에 대한 또 다른 이미지"를 사용한 구절들의 흥미로운 배열을 제공한다. 하지만 사망, 파멸, 진노 등의 용어를 넘어서는 "교리적인 내용"을 해설하고 있지 않다는 것이 사실일지라도, 2:8-9; 8:13; 11:21 그리고 14:15과 같은 구절들이 교리적인 내용이 없이 교훈적인 신분에 관한 것으로 제한할 수 있는지는 의문이 간다.

"영으로써 몸의 행실을 죽이면 살리니"(*εἰ δὲ πνεύματι τὰς πράξεις τοῦ σώματος θανατοῦτε, ζήσεσθε*－에이 데 프뉴마티 타스 프락세이스 투 소마토스 다나두테, 제세스데). 신명기 30:15 이하(참조. 11:26 이하)의 삶과 죽음에 대한 경고와의 평행이 바울의 마음속에 있었을 것이다. 왜냐하면 각 경우에 그 사상은 기업에 관한 것이기 때문이다(신 11:29, 31; 30:16; 롬 8:17). 그 평행은 중요하다: 바울은 모세 못지 않게 도덕적인 헌신과 노력을 기대하고 있다(Str-B는 악한 충동을 진압하는 것에 관한 랍비의 이야기와 비교한다, 3:241-42). 기업이 더 이상 약속된 땅이 아니고 상속자는 더 이상 그 땅에 대한 물리적인 연관을 갖는 사람들이 아닌 것이 차이점이며, 도덕적인 노력은 성령(SH처럼 인간의 영이 아니다; Kuss에 의해 고려되고 있는 대안들)에 의해 이제 프뉴마티(*πνεύματι*)이며, 이는 모든 상속자들에게 쏟아 부어지는 성령의 종말론적인 조건 속에서 오직 실현 가능하다(참조. 갈 4:1-7). 7:14-25와의 차이는, 아직 거기서는 성령이 모습을 드러내지 않았다는 것이다.

프락시스(*πρᾶξις*)는 여기서 단순히 "행위, 행동"을 의미하면서 본질적으로는 부정적인 의미를 갖고 있지는 않다(올바르게는 Kuss; 참조. 12:4). "악하거나 수치스러운 행위"(BGD, 4b; 눅 23:51, 골 3:9, *Herm. Man.* 4.2.1-2와 관련하여), "비열한 추구"(NEB)로 번역될 수 있는 부정적인 함축은 전적으로 문맥에 의존한다. 그러나 여기서 놀랍게도, 부정적인 함축은 소마(*σῶμα*)에 의해 제공되는데, 우리는 그곳에 아마도 사르크스(*σᾶρξ*, 참조. 갈 5:19; 원문주해를 보라)를 기대했을 것이다. 사실상 이것은 바울에게서 있는 가장 부정적인 소마(*σῶμα*)의 사용이다. 그리고 여기서 그 용법은 결과적으로 특이하게 부정적인 의미를 갖는 과중한 사르크스(*σᾶρξ*)에 대한 형태적인 변화로서의 소마(*σῶμα*)가 이 장에서 이미 사용되었다는 사실에 의해 주로 결정되어진다(그 요점은 Schmithals, *Anthropologie*, 118-19에 의해 더 명백하게 인식되어질 필요가 있다). 일반적으로 더 중립적인 의미에서(참조. 특히 12:1, 4-5) 이 시대의 인간의 구체성을 나타내면서, 여기서 그것은 인간의 의존성과 이 시대와의 동일시의 정도를 나타낸다(Maillot는 그 문제를 회피하지만, 이 장들에서 – 7:4!을 제외하고는 – 각각의 소마[*σῶμα*] 언급을 다른 의역을 사용함으로써 사상의 연속성을 역시 상실하고 있다). 따라서 "몸의 행위"는 단순히 인간적 욕구와 야망을 만족시키는 것에 대한 부적절한 의존을 표현하는 행위이다. 현재시제(*θανατοῦτε* – 다나투테)는 지속된 애씀을 나타낸다. 회심입문(세례)에서 무엇이 발생했든지 간에, 그것은 "옛 사람", "죄의 몸"을 단번에 죽이지는 못한다(참조. 특히 골 3:5-10). 린하르트(Leenhardt)는 12:1에 대한 사상의 연관성을 주목한다. 왜냐하면 "죄의 몸을 죽이는 것이 희생제물의 죽음과 매우 유사하기 때문이다." 젤러(Zeller)가 주목하는 것처럼 Philo, *Gig.* 14와 *Ebr.* 70에서의 평행들은 지나치게 플라톤적 이원론에 영향을 받았다.

제세스데(*ζήσεσθε*)는 이생에서의 삶의 질을 언급하는 것이 아니며, 또한 죽음의 면제를 시사하지도 않는다. 그것은 오직 종말론적인 삶을 의미한다 – 즉 모든 사람이 죽게 될 사망을 넘어선 생명, 하지만 카타 사르카(*κατὰ σάρκα*)로 사는 사람들이 끝이 나게 될 생명. 자오(*ζάω*)=매일의 삶(8:12-13a)로부터 자오(*ζάω*)=사망을 넘어선 삶(8:13b)의 의미로의 전환은 약간의 혼돈을 초래하는 것으로 보이지만(참조. 14:7-9), 사망의 삽입에도 불구하고, 바울은 이 둘을 연속적이거나 적어도 상호 연관된 것으로 보았을 것이다(참조. 1:17; 6:10-11, 13). 또한 6:11을 보라.

14 13절과 14절간의 사상의 연관성이 많은 주석가들에게 불분명하다(특히 Dodd를 보라). 하지만 아브라함과 이스라엘에 대한 약속의 연속성과 성취가 바울이 자신의 사상을 전개할 때에 감추고 있는 흐름이라는 것을 잊어버릴 때에 오직 문제가 된다: 율법의 역할, 종말론적인 성령, 자연적인 연속성, 곧 이스라엘에게 약속되었던 종말론적인 특권을 입었다는 주장에 상응하는 신자들의 특권에 관한 해설의 주제를 뒤이은 양자됨의 신분(바울이 이 단락에서 의식적으로 반영하고 있는 평행 구절의 논증에서 더 분명하다[갈 3-4장]; 또한 양식과 구조를 보라) 따라서 물론 8장에서 9장으로의 전환: 특히 8장에서 만들어진 주장들은 이스라엘의 유산이 전적으로 "그리스도의" 사람들에게 이양된 것으로 보인다; 그렇다면 이스라엘은 무엇이

냐?(더 자세한 것은 9-11장의 서론을 보라).

"무릇 하나님의 영으로 인도함을 받는 그들은"(ὅσοι γὰρ πνεύματι θεοῦ ἄγονται - 호소이 가르 프뉴마티 데우 아곤타이). 호소이(ὅσοι)는 제한적인 의미("…사람들만 오직" - Lagrange, Michel) 또는 포괄적인 의미("…모든 사람들" - Cranfield, Schlier)를 모두 가질 수 있다. 거기에는 의도적인 양면성이 있다. 결정적인 것은 성령에 대한 의존이고, 이는 포괄적이며(카타 사르카[κατὰ σάρκα] 이스라엘의 한계를 넘어서는) 제한적인(성령의 부으심의 한도에 의해 결정되는) 의미를 갖는 주장이다. 따라서 보다 양면적인 "만큼"으로 번역하는 것이 더 현명하다.

아게스다이 프뉴마티(ἀγεσθαι πνεύματι)는 페리파테인 카타 프뉴마(περιπατεῖν κατὰ πνεῦμα), 카타 프뉴마 에이나이(κατὰ πνεῦμα εἶναι), 토 프로네마 투 프뉴마토스(τὸ φρόνημα τοῦ πνεύματος), 엔 프뉴마티 에이나이(ἐν πνεύματι εἶναι), 프뉴마 에케인(πνεῦμα ἔχειν) 그리고 카타 프뉴마 젠(κατὰ πνεῦμα ζῆν)에 대한 더 발전된 변화이다. 그처럼, 그 용어는 "성령에 의해 이끌림을 받고 조정되는"(Cranfield, Schlier, Wilckens; "인도되는" - NJB; de la Potterie, 221-22는 70인경에서 아게인[ἄγειν]과 그것의 복합어가 출애굽기의 어휘에서 전문적인 용어들임을 주목한다) 것을 의미하며, 이는 또한 "의지적인 헌신과 인격적인 순종"을 나타낸다(Pfister, 76-77). 동시에 여격과 함께 있는 아게스다이(ἄγεσθαι)의 가장 자연스러운 의미는 주도적인 힘에 의해 제한을 받고, 압도적인 의무감에 순복한다는 의미다(따라서 "성령에 의해 감동된"이라고 번역한 NEB는 적절하다). 디모데후서 3:6과 아리스토텔레스와 플라톤 등의 사람들과의 평행을 참조하라(BGD, ἄγω 3). 그 여격이 프뉴마티(πνεύματι)일 때, 열정적인 뉘앙스, 심지어 환상적인 행동조차도 배제하기가 어렵다. 특히 고전 12:2, 갈 4:18 그리고 눅 4:1(누가는 마가의 에크발레이[ἐκβάλλει]를 에게토[ἤγετο]로 대체했지만, 성령에 관한 누가의 개념은 일관되게 "열정적"이다; Dunn, *Jesus*, 190; idem, *Unity*, 180-81)을 참조하라. 게다가 바울은 이미 소유에 대해 그밖에 다른 곳에서 사용된 용어를 의존하고 있고(프뉴마 에케인[πνεῦμα ἔχειν]; 8:9을 보라), 간단하게 신자들 안에서 성령의 활동을 기술하기 위하여 강동사 크라제인(κράζειν)을 사용한다(8:15을 보라). 따라서 케제만(Käsemann)이 여기서 바울의 어휘의 "열정적" 특징에 관심을 기울인 것은 옳다: "바울은 자신의 해설자들처럼 그렇게 소심하지 않았다…성령의 교리는 '전달되었다'라는 표어로 생각하지 않았다." 그 용어는 배타적으로 "열정적"이라는 것을 의미하는 것은 아니다(참조. 결국에 13절; "13a절은 기독교인들이 순응하지 않을 것을 결정할 수 있는 가능성을 분명히 그리고 있다"[Deidun, 79]). 하지만 바울이 성령과의 신자들의 관계에 관한 언급에서 가정하고 있는 것이 감정적인 강렬함의 정도임을 주목하는 것이 중요하다(5:5과 8:39을 보라). 그는 도덕적 노력(14절)과 깊은 내적인 의무감에 순복하는 것(참조. 갈 5:16, 18 그리고 더 자세한 것은 12:1-2을 보라; 참조. Marray)간의 통합된 균형으로서의 그리스도인의 삶을 분명히 이해했다. 하지만 그 문맥의 중요성은 바울이 프뉴마(*πνεῦμα*)를 그리스도의 영과 동일시함으로써(9절) 잠재적으로 위험스러운 윤리적 이상을 조심스럽게 제한하고, 또 양자됨과 관련한 경험을 그리스도의 양자됨과 연관을 짓고 있다(15-17절). "하나님의 영에 의해 인도함을 받는다"는 것은 억제되지 않은 환상의 보증이 아니다. 바울이 자신의 독자들에게 제일 먼저 상기시켰던 것처럼 말이다(고전 12-14; 살전 5:19-22).

"그들은 곧 하나님의 아들이라"(*ουτοι υἱοὶ θεοῦ εἰσιν*–우토이 휘오이 데우 에이신). "하나님의 아들"로서의 인간에 대한 개념은 바울의 독자들에게 낯설지 않았을 것이다. 만인의 아버지로서 제우스에 대한 스토아 학파의 언급(왜냐하면 모든 사람들은 동일한 거룩한 이성을 공유하고 있기 때문에)은, 비록 그의 청중 모두는 아니라 할지라도, 많은 사람들에게 분명히 익숙했을 것이고(참조. 행 17:28), "하나님의 아들들"로서의 특별한 개인들의 묘사(피타그라스와 플라톤)도 마찬가지로 잘 알려져 있었으며, 이는 신(들)에 의해 은혜를 입었거나 혜택을 입은 것을 주장하는 한 방식이었다(Dunn, *Christology*, 14-15). 유대인과 하나님 숭배자들은 하나님의 아들로 이스라엘을, 또 하나님의 아들들과 하늘의 자녀들로 개별적인 이스라엘 사람들을, 특히 의인들, 곧 죽거나 살거나 율법에 대한 충실로 특징지어지는 사람들에 대한 동일한 유대적 이해도 역시 잘 알고 있었을 것이다(1:3을 보라; 더 자세한 것은 Byrne, *Sons*, 1장을 보라; 여기서 특별한 원칙들로 특징지어지는 선택의 일반적인 전형적 추론을 가진 신 14:1을 참조하라; 그리고 바울이 9:26에서 인용하게 될 호 1:10의 종말론적 약속을 참조하라). 바울은 분명히 이 두 가지 문맥에 관한 자신의 독자들의 선이해를 충분히 의식하고 썼을 것이고, 상당히 의도적으로 바울은 익숙한 구절을 취하여, 그것을 하나님의 영에 의해 정확히 규정하고 있다. 각 사람들의 하나님의 아들됨은 하나님의 영에 의해 결정되어지는데, 이는 유대적 전통 내에서 이해되어지고, 이제는 종말론적인 부으심 속에서 경험되어지지만, 성령에 의해 규정된 것이다. 이는 율법에 의해서나 유대교의 지혜서나 순교전통에서처럼 율법의 충실에 의해서가 아니다(다시금 1:3을 보라; 참조. Byrne, Sons, 220). 물론 이것들은 바울에게서, 우리가 본 것처럼(8:4), 엄격한 이것이냐 저것이냐로 제기된 것이 아니다.

하지만 그럼에도 불구하고 바울에게서 그리스도인들의 아들됨을 규정하는 데 있어서 주된 언급의 초점이 되는 것은 성령이지, 당시의 유대인들에 의해 이해되어지는 율법에 대한 충실이 아니다.

15 "너희는 다시 무서워하는 종의 영을 받지 아니하였고"(*οὐ γὰρ ἐλάβετε πνεῦμα δουλείας πάλιν εἰς φόβον*-우 가르 엘라베테 프뉴마 둘레이아스 팔린 에이스 포본). 가르(*γὰρ*)는 15절이 "14절의 증거"임을 거의 나타내지 않는다(Käsemann): 성령에 의해 인도함을 받는 것이 이미 "아들됨의 증거"다(14절). 15-16절은 14절의 문맥적인 합리성을 메꾸어 준다(신자의 삶 내에서). 엘라베테(*ἐλάβετε*)는 그리스도인들로서 자신들의 삶의 시작을 특징짓고 형성한 성령의 수용(그리스도에게 속한)에 관해 분명히 언급하고 있다(그 구절은 기독교적 어휘에서 이미 다소 전문적인 용어다: 고후 11:4; 갈 3:2, 14; 요 7:39; 14:17; 20:22; 행 1:8; 2:33, 38; 8:15, 17, 19; 10:47; 19:2; 요일 2:27). "양자의 신분에 관한 법적인 전이의 순간을 특징짓기 위해서 객관적인 사건"을 고려한다면, "객관적인 사건"이 필연적으로 세례의 행위라고 할 수 없는데, 왜냐하면 성령의 영향은 이 당시에 분명하게 인지되고 인정될 수 있었기 때문이다(8:9을 보라).

프뉴마 둘레이아스(*πνεῦμα δουλείας*)는 단순히 수사적이다-"성령은 종의 영이 아니었다"(Barrett, Cranfield, Wilckens). 하지만 그것은 성령을 주심에 있어서 하나님이 그들의 몰락을 위해 역사하시지는 않았다는 의미를 갖는 삿 9:23; 삼상 16:14-16; 그리고 왕상 22:19-23과 같은 용법을 상기시킬 수 있다. 대안적으로 그 용법은 선한 영과 악한 영에 의한 하나님과 악 간의 대립을 표현하는 현실적인 방법을 반영한다. 우리가 특히 DSS와 *T.12 Patr.*에서 발견하는 것처럼 말이다("진리의 영"과 "거짓의 영"-특히 1QS 3.18 이하; 간음, 질투, 시기, 과오의 영, 등등 그리고 명철, 거룩, 진리의 영, 등등-*T. Reub.* 5.3; *T. Sim.* 2.7; 3.1; 4.7; *T. Levi* 2.3; 9.9; 18.7, 11; *T. Jud.* 13.3; 14.2, 8;20.1 등등). 고전 2:12; 고후 11:4; 엡 2:2; 살후 2:2; 딤후 1:7을 참조하라. 그러나 여기서 그 대조는 다시금 주로 기원적, 즉 지배하려고 하는 옛 기원과 새 기원간의 대조다(따라서 팔린[*πάλιν*]). 이 기원을 둘레이아(*δουλεία*)로 명명하는 것이 바울의 전형이다. 그것은 전반적으로 피조물과(8:21을 보라), 특히 옛 기원 내에 있는 이스라엘의 조건을 특징짓는다(갈 4:25; 5:1; 바울은 율법하에 있는 이스라엘의 조건을 노예적인 영 아래 있는 이방인들의 조건과 동격으로 본다). 특히 Wilckens를 보라. 초기에 양분된 양 진영의 노예성에 관한 개념을 사용한 것이 혼란을 일으킬 가능성은 거의 없다(참조. Käsemann).

포보스(*φόβος*)는 언뜻 보기에 놀라움을 준다. 물론 그 용어는 부정적인 의미로 의도되었고, 또 그렇게 이해되어질 수 있을 것이다(포보스 데우[*φόβος θεοῦ*]가 매우 긍정적인 것일지라도 – 3:18; 고후 5:11; 7:1; 엡 5:21; 빌 2:12). 그처럼 그 용어는 유대인의 자랑에 대한 초기의 비판과 잘 안 맞는 것으로 보이지만, 사실상 그 둘은 서로 조화된다(Bultmann이 보았던 것처럼 – *Theology*, 243). 그 둘은 안팎에서 보여지는 분파적인 정신을 진정으로 특징짓는다: 분파의 제한된 범위 내에서 보여지는 분파의 구별들에 속했다고 하는 분파적 자기 확신; 이 구별에 대한 충성이 분파 내에서 평가되어진 시험적 관점의 여타 것에 상응하지 못한 숨겨진 두려움에 의해 동기가 부여된 비판적인 관찰에 의해 인지된 동일한 것들. 바울은 자신의 바리새적인 태도를 이런 조건 즉 선한 행위로 하나님을 기쁘시게 하려는 용납할 수 없는 욕구로서가 아니라(3:20을 보라), 율법을 순종함에 있어서 꼼꼼한 정확성에 대한 관심으로서 지금 이해했을 것인데(아크리베이아[*ἀκρίβεια*], 서론 §1.1을 보라), 이는 경쟁적인 정신(갈 1:14; 빌 3:6) 그리고 두려움, 곧 자신의 동료들이 인정하는 표지에 이르지 못할 것이라는 두려움, 또는 사람들이 자신을 어떻게 볼 것인가 하는 평판에 대한 두려움을 갖는 경향이 있다. 실존주의자적인 차원에서 보다 넓은 해석을 하기 위해서는 Schmithals, *Anthropologie*, 129-32를 보라.

"(그러나) 양자의 영을 받았으므로"(*ἀλλὰ ἐλάβετε πνεῦμα υἱοθεσίας* – 알라 엘라베테 프뉴마 휘오데시아스). 대조적인 구절에서처럼 속격은 양면성을 갖고 있다: 입양의 효력을 발생케 하는 영 또는 입양을 표현하는 영. 어쨌든 비록 바울이 각기 다른 경우의 상당수 구절에서 이미와 아직 아닌을 설명하기 위하여 동일한 이미지를 두드러지게 사용하고 있을지라도(8:23을 보라), 그것은 이미 신자들에게 실현된 신분이다 – "단지 아들됨의 의식을 확장시키는 것이 아니라, 아들로 효력이 주어졌다는 것이다"(Kuss; 반대로는 Barrett, "입양을 기대하게 하는 성령"; Byrne, *Sons*, 100, "휘오데시아[*υἱοθεσία*]와 함께 하거나 휘오데시아[*υἱοθεσία*]를 서약하는 성령; 그러나 8:14, 17을 참조하라). 양자의 은유는 신약에서 오직 바울문헌에서만 나오고(8:15, 23; 9:4; 갈 4:5; 엡 1:5), 이는 그리스-로마법과 관습에 대한 바울의 경험에서 나온 것이다. 왜냐하면 그와 같은 것은 유대적 관행이 아니기 때문이다(Cranfield의 뛰어난 지적을 보라). 이 시점에서 휘오스(*υἱός*)보다 휘오데시아(*υἱοθεσία*)를 사용한 것은 둘레이아(*δουλεία*)의 대조를 가중시키는데, 왜냐하면 그것은 둘 사이의 이중적 격차를 강조하고 있기 때문이다: 신자들의 신분은 노예에서 자유민으로 전g환되었을 뿐만 아니라(6:16을 보라), 자유민에서 양자로 전환되었다(Zahn에 뒤이어

"양자"의 의미를 거부하고 있는 Käsemann은 그 요지를 세우지 못했고, 또 그 요지를 놓치고 있다).

"부르짖는 자들에 의해"(*ἐν ᾧ κράζομεν* – 엔 호 크라조멘). 엔 호(*ἐν ᾧ*)는 명료하지 않은 "그 속에서"라기보다는 앞선 프뉴마(*πνεῦμα*)에 관한 언급으로 가장 잘 취급된다(그러한 사용들의 범주에 대해서는 BGD, *ἐν* 6을 보라). 크라조멘(*κράζομεν*)의 의미는 논쟁이 된다. 바울의 용법이 약간의 지침이 된다. 9:27에서 바울은 그 용어를 경건한 선포에 관한 것으로 사용하고 있다. 한편으로 8:15과 갈 4:6(바울에게서의 유일한 다른 출현)은 동일한 특유의 공식을 사용한다.

롬 8:15: *πνεῦμα υἱοθεσίας, ἐν ᾧ κράζομεν, Αββα ὁ πατήρ*
"양자의 영을 받았으므로 아바 아버지라 부르짖느니라"
갈 4:6: *τὸ πνεῦμα τοῦ υἱοῦ αὐτοῦ · κρᾶζον, Αββα ὁ πατήρ*
"그 아들의 영을 … 아바 아버지라 부르게 하셨느니라"

이 사실은 바울이 보다 넓게 인식되어 사용되었던 용어에 의존하고 있음을 강력하게 시사한다 – 그러한 경우에 격정적이거나 우렁찬 외침을 나타내는 신약성경의 그밖에 다른 곳에서의 일반적인 사용과 더욱더 관계가 있다. 결과적으로 여기서 초대 기독교인들의 경험과 예배 그리고 "성령에게 맡겨진" 정도의 깊은 감정적 또는 열정적 특징을 나타내고 있다고 보는 주석가들이 대체로 옳다(특히 Dodd, Kuss를 보라; 또한 n.575에 있는 다른 사람들과 함께 Wilckens를 보라). 크랜필드는 크라제인(*κράζειν*)이 70인경에서 "긴급한 기도"를 위해 규칙적으로 사용되었다는 것을 주목하지만, "열정적인 문맥"(8:9과 8:14을 다시금 보라)과 지속적인 기도보다는 짧은 절규적인 간구가 고려되고 있다는 사실에는 충분한 무게를 두지 않는다. 영감의 의미가 매우 강하다(심지어 4:16에서는 더욱더 강한데, 거기서 "부르짖는" 분은 성령이시고, 이는 "영감의 간구다" – Schlier, Schmidt) – 거룩한 능력에 의해 감동된 의식, 말하라고 주어진 말씀의 의식(더 자세한 것은 Dunn, *Jesus*, 240-41을 보라). 이것은 모두 성령에 의해 주어진 종말론적인 새로움에 관한 바울의 의식의 일부이다. Str-B는 랍비적 문서에서 이스라엘의 기도와 연관되어 제기된 성령의 예증이 없다는 것을 주목한다.

"아바 아버지"(*Αββα, ὁ πατήρ* – 아바 호 파테르). 아람어(אַבָּא – 아바)가 헬라어로 번역되었다. 호격으로 표현하기 위해서 주격을 사용한 것에 대해서는 BDF, §147.3을 보라. 하지만 분명히 호 파테르(*ὁ πατήρ*)는 단일한 용어("아바")의 언급을 번역하기 위해서 바울에 의해 추가된 것이 아니다. 호 파테르(ὁ πατήρ)도 역시 그 언급에 속한다(또한 갈 4:6; 막 14:36). 두 형태(아람어와 헬라어)를 갖는 것이 이 부르짖음의 특징이다(오직 헬라어만 있는 것과 대조해 보라: 그밖에 다른 곳에 크리스토스[Χριστός]; 그 밖에 다른 곳에 큐리오스[κύριος]). 여기서 염두에 두어진 것은 단일한 이중적 형태의 절규라는 인상을 강화시킨다(필연적으로 "환상적"이지는 않다; 반대로는 Meeks, *Urban Christians*, 88). 그 안에는 기도자가 동일한 차원에서 하지만 다른 용어로 하나님을 부르는 것으로 기뻐한다 – 언어의 리듬은 아마도 예배의 헌신에 있어서 자주 반복된 인상을 유지시킬 것이다. 이는 역시 바울이 염두에 둔 것이 그와 같은 주님의 기도일 가능성(자주 반복되는 주장 – 예를 들어, *TDNT* 1:6, Lietzmann, Leenhardt, Barrett, Black; Wilkens, n.574에서의 다른 사람들). 주님의 기도가 두 가지 용어로 시작되었을 가능성은 거의 없다(Käsemann; 참조. 마 6 :9//눅 11:2). 그리고 바울은 함께 읊송하는 예전적 형태나 구체적인 "세례적 형식"보다는 보다 즉석의 언급을 생각했을 것이다(Taylor)(더 자세한 것은 Kuss; Dunn, *Jesus*, 240; Paulsen, 89-91을 보라).

일반적으로 "아바"는 예수 자신의 기도생활의 특징으로 구별되는 것으로 일반적으로 인정되고 있다 – 주로 예레미아스의 작품에 근거해 볼 때(*Prayers*, 11-65). 그리고 그의 주장들이 제한을 받아야 할 것들이 있고, 또 과도한 추론이 너무 자주 나오기는 하지만, "아바"에 관한 예수의 사용이 예수의 편에서 친밀한 아들됨의 의미를 아마도 가장 잘 함축하고 있다고 주장한 것은 여전히 정당하다. 말하자면 친밀한 가족 관계의 일상적인 용어에서 표현되는 것처럼 말이다(Dunn, *Jesus*, §4를 보라). 여기서 그 용법은 중요하다. (1) 이 용어는 예수의 용어로 기억되었음이 증명된다: 예수의 아들됨과 기업을 신자들이 공유하고 있는 확신을 가질 수 있었던, 예수에 의해 사용되었던, 용어를 가지고 신자들이 하나님께 부르짖을 수 있었기 때문이다(16-17절). "예수에 관한 단순한 기도 호칭의 독립된 전승을 인지할 수 없다"(n.754)는 윌켄스(Wilckens)의 주장은 그 요점을 놓치고 있다. (2) 그 용법은 그리스도인들의 독특한 표지로 분명히 이해되어졌다(하나님과의 친밀한 관계를 확신시켜 주었다). 결과적으로 그 기도 호칭이 폭넓은 그룹, 또는 심지어 많은 카리스마적인 랍비들의 전형이 되었을 가능성은 거의 없고(Dunn, *Christology*, 27을 보라), 오히려 그 용어는 예수를 믿었던 사람들의 구분되는 표지를 제공하는 예수의 특징으로 기억되었을 것이기 때문이다.

16 "성령이 친히 우리 영으로 더불어 증거하시나니"(αὐτὸ τὸ πνεῦμα συμμα-

ρτυρεῖ τῷ πνεύματι ἡμῶν – 아우토 토 프뉴마 숨마르투레이 토 프뉴마티 헤몬). 분사와 접속사가 없는 것이 놀랍다 – 아마도 바울이 자신 속에서 역사했던 하나님의 영에 관한 경험과 사실 – 성령 그 자체! – 을 생각했을 때에 바울을 감동시켰던 그 놀라움에 의해 기인되었을 것이다. 순(συν-) 복합어의 의미를 취할 수 있는 가장 분명한 방법은 "성령이 우리의 영과 더불어 증거를 한다"(2:15을 보라; 다르게는 Cranfield; Kuss에 의해 고려되는 대안들)는 것이다. 하지만 연결어가 없는 것이 바울이 이 증인을 "아바 아버지"의 외침과 어떻게 연관시키고 있는지를 불분명하게 한다(대조로는 NJB – "우리를 '아바 아버지!'라고 부르게 하는 입양의 영 곧 성령 자신이"[참조. NIV]; NEB는 "'아바 아버지!'라고 부르게 하는 것은 그 외침 속에 있는 성령…"[참조. RSV]). 어쨌든 "성령의 내적 증거"는 웨슬리에 의해 동의된 것보다 더 감정적인 강렬함을 갖는 것으로("성령의 증거"에 관한 설교) 분명히 인식되고 있으며, 이 안에는 칼빈의 고전적인 서술의 특징이 되는 성경에 대한 보다 제한적인 언급이 없다(*Institutes* 1.7.4-5). 반(半) 법적인 용어가 그 사상을 26-27절과 연관시킨다(8:26을 보라).

두 번째 프뉴마(*πνεῦμα*)는 분명히 인간의 영이다(대부분이 그렇게 생각한다; 다르게는 Schweizer, *TDNT* 6:436, Schmidt, Käsemann; Paulsen은 "성령의 개별화"에 관해 언급한다[100-101]). 바울이 매우 자주 언급하지는 않지만, 그의 인간론이 인간에 대한 영적인 차원을 인식했음을 우리가 알만큼 충분하게 언급되었다(누스[*νοῦς*]와는 동일하지가 않다[Wilckens, 2:142-45]) – 하나님의 영이 그 계시적 구속적 능력을 교감할 수 있는 인간 존재의 차원(1:9을 보라). 주석가들의 불편한 마음이 있음에도 불구하고(위에 언급한 사람들과 같은), 바울이 신자들 자신 그리고 (성령에 의해 주어졌을지라도) 단순히 인간 안에 있는 성령의 임재만이 아닌 내적인 확신을 인식하고 있다는 것을 이해하는 것이 중요하다(두 증거들의 증거가 신 19:15에 비추어 볼 때에 바울에게 중요했을 것이다[Black]): 바울이 동일한 경험의 양편을 분명히 염두에 두었을지라도(우리가 부르짖고; 성령이 증거하신다, 그는 성령을 아들됨의 감정으로 축소시키거나, 하나님의 영의 개념을 자신의 인간론으로 흡수시키지는 않는다. 하나님의 은혜에 대한 인간의 동의 자체가 "내적인 인간"의 갱신에 관한 표현이 된다(7:22; 고후 4:16).

"우리가 하나님의 자녀인 것을"(*ὅτι ἐσμὲν τέκνα θεοῦ* – 호티 에스멘 테크나 데우). 바울은 테크논(*τέκνον*, 24번)을 휘오스(*υἱός*, 36번)보다 덜 자주 사용하며, 또 예수에 대해서는 절대로 사용하지 않는 반면에 휘오스(*υἱός*)는 예수에 대해 언급한다(1:3, 4, 9; 5:10; 8:3, 29, 32; 등등). 그렇지만 바울은 여기서 이 두 단어간에 분명한 구분을 만들고 있지는 않다. 왜냐하면 그리스도인에 관해 이 두 단어들 사이에 문맥의 변화는 단지 형태적이기 때문이다(테크논[*τέκνον*]-16, 17, 21절; 휘오스[*υἱός*]-14, 19절). 다시 말해서 "자녀들"과 "아들들"은 바울의 심중에, 여자든 남자든, 신자들을 포괄하는 것이었다. 그 개념에 대해서 더 자세한 것은 8:14을 보라. 현재시제는 "아바 아버지" 기도와 카타 프뉴마(*κατὰ πνεῦμα*)로 행하는 것이 신자들의 삶에서 함께 발생한다는 바울의 가정을 반영해준다. 따라서 "아바 아버지" 기도와 성령으로 행하는 것은 서로 동일한 것이다(반대로는 Cranfield, 393).

17 "자녀이면 또한 후사 곧 하나님의 후사요 그리스도와 함께 후사니"(*εἰ δὲ τέκνα καὶ κληρονόμοι κληρονόμοι μὲν θεοῦ, συκληρονόμοι δὲ Χριστοῦ*-에이 데 테크나 카이 크레로노모이 크레로노모이 멘 데우, 수그크레로노모이 데 크리스투). 그 연관은 로마법에 의한 단순히 법적인 논리가 아니라(특히 Hester, 59-61을 참조하라), 유대 신학의 개념과의 특징적인 연관이 있다-하나님의 아들(들)로서의 이스라엘(1:3을 보라) 그리고 아브라함에게 주어진 약속의 땅의 상속자들로서의 이스라엘(4:13을 보라). 상속의 일부 그 자체로서의 아들됨에 대해서는 요한계시록 21:7을 보라. 이스라엘 자체를 하나님의 기업(후사)으로 보는 개념(그 자체가 선택되어진 땅이라는 개념)은 유대 문학에서 반복되는 주제이며, 유대인의 자아이해의 근본적인 논거이다(신 32:9; 왕상 8:51, 53; 왕하 21:14; 시 33:12; 74:2; 사 63:17; 렘 10:16; 미 7:18; Jud 13:5; Sir 24:8, 12; *Jub.* 1.19-21; 22. 9-10, 15; 33.20; 마카비3서 6.3; *2Apoc. Bar.* 5.1; Ps. Philo 12.9; 21.10; 27.7; 28.2; 39.7; 49.6). 바울이 성령의 경험과(이방인들 중에서 성취된 것으로 보여지는; 특히 갈 3:1-14, 29; 4:28-29을 참조하라) 하나님의 약속과의(아브라함에 대한) 상호관계를 탄생시킨 대담한 논리를 주장할 수 있게 한 것은 이런 독특한 특권적 신분이다. 성령과 기업(후사)간의 연관은 바울의 사상의 특징이다(참조. 고전 6:9-11; 갈 4:7; 엡 1:14; 딛 3: 5-7). 어떤 면에서 더욱 두드러진 것은 그 사상이 일관되게 아직 들어가지 못한 미래적 기업을 생각하고 있는 "하나님의 나라"로서의 기업과 동일한 것이다-바울이 그밖에 다른 곳에서 나라라는 용어의 새로운 사용을 거의 만들고 있지 않기 때문에(14:17을 보라), 사실상 그 용어는 바울에게로 전수된 이미 전통적이 표현이었음을 나타내준다. 참조. Vos, *Pneumatologie*, 26-33.

크레로노모이(*κληρονόμοι*)의 즉각적인 반복은 구술로 제공되어 읽혀지도록 의도된 구절임을 강력하게 암시한다. 속격을 이해하는 서로 다른 방법(하나님의, 그리스도와 함께)이 어려움을 발생시키지는 않는다. 왜냐하면 "그리스도와 함께"는 순(συν-) 복합어구를 나타내기 때문이다. 수그크레노모스(συγκληρονόμος)는 신약성경에서만 오직 나타난다(8:17; 엡 3:6; 히 11:9; 벧전 3:7). 바울이 여기서 그리스도를 상속자로 생각하고 있다는 사실은 기독론에 대한 중요한 의미가 있다. 왜냐하면 상속과 나라는 바울에게서 동일선상에 있기 때문에(위를 보라), 하나님에 의해 주어지고 하나님에게 종속되는 것으로서의 그리스도의 왕적인 통치에 관한 그밖에 다른 곳에서의 언급과 일치한다(고전 15:24-28). 따라서 하나님에 의해 그리스도에게 할당된 나라의 몫을 자신의 제자들에게 나누어주시는 예수의 할당에 관한 공관복음서의 전승을 의식적으로 반영하고(영향을 반영하고) 있다(눅 22:29). 수그크레로노모이 크리스투(συγκληρονόμοι Χριστοῦ)는 여기서 중복되고 있는 바울사상의 모든 서로 다른 흐름들을 함께 묶어주는 핵심이다: 그리스도의 영을 통한 하나님과 그리스도의 아바 관계를 공유하는 경험; 그리스도의 상속의 행위 속에서(그의 죽음과 부활) 단순히 민족적인 것에서 민족적이고 육체적인 한계를 초월하는 것으로 후사(기업)를 변화시킨, 아브라함에 대한 약속의 상속자로서의 그리스도에 관한 개념; 그리스도와의 공유가 완성되어야 한다는 확신 – 그리스도의 부활하신 생명을 공유하는 일에 필수불가결한 그의 고통과 죽음을 공유하는 것 – 따라서 아래의 에이페르(εἴπερ) 구절과 바울 신학의 특징이 된 순(συν-) 복합어의 특징적인 범위(6:4을 보라)(참조. Hester, 62-67).

"고난도 함께 받아야"(εἴπερ συμπάσχομεν – 에이페르 숨파스코멘). 바울은 유대사상에서 아들됨과 고통 사이의 이미 확립된 연관성을 취하고(잠 3:12; Tob 13:4-5; Wisd Sol 3-5; Add Esth 16:14-16; *Pss. Sol.* 13.8-9; Byrne, *Sons*, 63에서처럼), 그것을 기독교적인 종말론에 적용시킨다. 여기서 다시금 에이(εἰ)와 에이페르(εἴπερ)간의 구분이 분명하다: 17a절에 에이(εἰ)는 성취된 필요충분조건="왜냐하면"을 나타내지만, 에이페르(εἴπερ)는 아직 성취되지 않은 조건 따라서 조건의 성취에 의존하는 결과이다(또한 8:9을 보라). 따라서 "그것을 보았을 때"(Cranfield), "왜냐하면, 그처럼"(Black; 또한 Lietzmann; Lagrange; Michel; Schmidt; Osten-Sacken, 135 n.18; Harrisville)은 부적절한 번역들이다. 12-13절에서처럼 권고적이고 조건적인 이해를 나타내는 것이 필요하다(Kuss, Käsemann). 성경 헬라어에서는 오직 여기서와 고전 12:26에만 있는 숨파스케인(συμπάσχειν)은 바울이 선호하는 순(συν-) 복합어들과 함께 규칙적으로 나타나는 순(συν-)으로서, 그리스도와 함께 "동일한 고통을 당한다"는 것을 의미한다(6:4을 보라). 그것은 단순히 "공감"을 나타내거나(참조. LSJ III), 단순히 그리스도가 이런 고통으로 그들을 배치시켰다는 것을 나타내지 않는다(Michaelis, *TDNT* 5:925). 바울은 그리스도와의 동일시적인 행위와(세례 [6:4], 하지만 이것을 단순히 "세례적인 가르침"으로 묘사하는 것은 그것이 바울의 서술에서 훨씬 더 강력한 주제가 되고 있다는 사실을 간과하는 것이다), 신자의 삶에서 그리스도의 죽음에 점차적으로 닮아가고 있는 과정을 고려하고 있다(특히 고후 4:10; 빌 3:10-11; Althaus를 참조하라) – 고통의 경험을 영광돌리고, 이성적으로 생각하는 시도로서가 아니라, 오직 그리스도의 죽음만이 옛 기원과 죄와 사망의 지배를 끝냈다는 견해의 필연적인 추론으로서이며, 따라서 이는 그 죽음의 참여에 의해서만이 죄와 사망의 지배를 다른 사람들에게 쳐부술 수 있다는 것이다. 그러므로 에이페르(*εἴπερ*)는 종말론적인 유보에 관한 주지를 담고 있으며, 이는 바울의 독자들에게 그리스도의 고통과 죽음을 공유하는 과정이 오랜 과정(따라서 이어지는 부정과거와 구분되는 현재시제)이며, 그것의 완성은 오로지 죽음에서만 이룰 수 있다는 것이다(6:5을 보라; 그리고 더 자세한 것은 Dunn, *Jesus*, 326-88을 보라).

"우리가 그와 함께 영광을 받기 위하여"(*ἵνα καὶ συνδοξασθῶμεν* – 히나 카이 순독사스도멘). 히나(*ἵνα*)의 최종적 의미를 약화시켜서는 안 된다. 그 의미는 다시금 분명하다: 그리스도와 함께 하는 고통은 선택적인 부가사항이나 하나님의 구원과정으로부터 나온 잘못된 것이나 실수가 아니다. 오히려 그 고통은 구원목적에 필수적이며 필수불가결한 것이다. 그러한 고통이 없다면, 미래의 영광에 도달할 수 없을 것이다(참조. 특히 딤후 2:11-12; 벧전 4:13). 고난의 아주 오래된 문제의 매우 적극적인 신학적 응답의 근거가 여기에서 확립되어진다(참조. 또한 5:3-5). 순독사조(*συνδοξάζω*)는 그밖에 성경헬라어에서는 거의 없는 독특한 바울적 구성인데, 다른 곳에서는 다른 의미로 증명된다(LSJ). 하나님의 구원하시는 목적의 목표는 인간이 (하나님의) 영광을 공유하고 경험하는 것임이 자주 제기된다(2:7, 10; 5:2; 8:21; 9:23; 고전 2:7; 15:43; 고후 3:18; 4:17; 빌 3:21; 골 1:27; 3:4; 살전 2:12; 살후 2:14; 딤후 2:10; 히 2:10; 벧전 1:7; 5:1, 4, 10; 벧후 1:3; 또한 8:30을 보라). 독사(*δόξα*)가, 지상의 흐릿한 빛과는 대조되어, 하늘 그리고 특히 하나님의 광휘를 묘사하는 것이기 때문에 독사(*δόξα*)를 가지고 하늘로의 전환에 대한 희망을 묘사하는 것은 자연스럽다. 유대 기독교 전승에서 무엇보다도 독사(*δόξα*)는 하나님의 창조적인 목적의 일부로 보여지고, 따라서 그것이 회복되고 확장된 아담의 영광의 차원에서 그 요지를 표현하고 있는 것은 자연스러운 것이다(3:23을 보라). 기독교와 특히 이 주제에 관한 바울의 작품이 이 아담 구원론을 아담 기독론으로 재표현한다:

그리스도만이 오직 인간을 만드신 하나님의 목적을 성취했고, 인간은 그리스도의 영광을 나눔으로써 또는 그 영광에 합치됨으로써 하나님의 목적에 이를 수 있다(고후 3:18-4:6; 빌 3:21; 골 3:4; 살후 2:14; 그리고 확실한 바울작품 이외에서 가장 분명한 곳으로는 히 2:7-10).

해설

12 바울은 앞선 분석에 관한 결과를 묘사하기 시작한다. 그의 결론은 육신이 더 이상 신자들에게 문제가 되지 않다는 것이 아니다. 즉 육신에 의해 살아갈 가능성이 그의 청취자들에게는 더 이상 없다는 것이 아니다. 만약에 5-9절을 부주의하게 읽었더라면 그렇게 생각했을지도 모른다. 하지만 그 반대로 육신으로 살아갈 진정한 가능성이 그의 독자들에게도 있다. 심지어 그들이 "그리스도 안에" 그리고 "성령 안에" 있다 할지라도 말이다. 죄와 사망의 법이 생명의 성령의 법보다 오히려 그들의 삶 속에서 중요한 요인이 (다시금) 될 수 있다. 6장에서처럼 이어지는 명령이 예리하게 그려져 있는 서술을 제한하고 설명을 주고 있다. 이미 성취된 하나님의 우선적 행위가 그들에게서 도덕적으로 민감한 부분과 노력을 해결해 주지 못한다. 그리고 6:15에서처럼, 일인칭 복수로의 전환은 청중들에게 그들 모두가 공통된 의무를 공유하고 있음을 상기시킨다. 육신으로 살지 말아야 할 의무는 물론 지독한 금욕주의와 자기학대로의 처방이 아니다. 전반적으로 바울의 사상은 성령과 대조되어 있는 육신에 관한 것이다. 즉 교만과 자기중심주의를 육성하는 욕구와 욕망에 의해 지배되는 삶에 관한 것이다. 그 대안은 표현되어 있지 않지만, 분명하게 내재되어 있다: 그들은 모두 하나님, 그리스도, 성령에 빚진 자이므로 마땅히(빚진 상태에 있는 사람이 그 빚을 청산하기 위해서 자신의 온 정력을 연결시키는 것처럼) 살아야 한다.

13 "너희가 육신대로 살면 반드시 죽을 것이로되." 바울은 여기서 5-9절의 대조가 회심 이전과 이후를 나타내는 것이 아님을 논쟁의 여지없이 제기한다. 오히려 그의 관심(다시 한번 2인칭의 직접적인 호칭으로 표현되는)은 독자들이 충분한 도덕적 노력을 시행하지 않는 데에 있다. 그들의 회심이 그 문제를 해결하지는 못했다. 그리스도의 죽음으로 세례를 받은 그들의 존재가 죽음을 과거의 것으로 만들지는 못했다. 오히려 그가 "성령 안에서"라고 확신 있게 묘사했던 사람들조차도(9절) 아직 육신 속에서 그리고 육신을 위해서 살고 있다. 그리고 그들이 그렇게 한다면, 그들이 육신이 삶 속에서 지배적인 세력이 되게 한다면, 그들은 사망과 육신의 사고방식으

로 되돌아가고 있는 것이다. 신자들이 여전히 육신을 갖고 있고, 여전히 육신으로 법을 섬기고 있는 사람들이기 때문에, 정확히 그 때문에 회심입문의 해방이 최종적이거나 돌이킬 수 없는 것이 되지 못한다. 이는 기독교인들에게 주어진 경고이지 회심하지 않은 이교도들에 대한 경고가 아니다.

이제 신자들에게 요구되는 것은 도덕적 노력에 대한 책임이다-"몸의 행실을 죽이면." 그 용어는 모든 육체적 기능이 본성상 악한 것처럼, 거의 이원론적이다. 하지만 분명하게 바울은 그 구절("몸의 행실")을 "육신에 따른 삶"의 다소 거침없는 변이로 사용하고 있다. 여기에 바울 속에 있는 금욕적이고 도덕적인 점잖음에 관한 암시가 있는 것이 사실이지만, 여기서 그의 사상은 항상 하나님으로부터 멀어진 육체적이고 사회적인 방종에 관한 보다 큰 의존의 문제에 있다.

그는 기독교적인 의무를 몸의 행위를 죽이고 근절하는 것으로 묘사한다. "육신의" 사람만큼이나 "성령의" 사람에게도 죽는 것이 필요하다. 여기서 역시 그리스도의 죽음을 공유하는 것(6:3-4)에 관한 초기 언급에서의 서술이 마치 신자의 몸의 죽음에 관한 그의 이야기가 문자적으로 취해져서는 안 되는 것처럼(8:10) 문자적으로 강조해서는 안 된다. 하지만 죽음에 관한 이 모든 개념들은 아마도 그리스도의 죽음의 외보와 함께 연결되어 있거나 그렇게 연결되어 있다고 볼 수 있다(17절). 몸의 행실을 죽이는 것은 몸이 반드시 죽어야 한다는 인식(죽음을 통한 것 외에는 이 세대에 속한 사람들을 위한 구속이란 없다)을 포함할 뿐만 아니라, 죄가 신자의 삶을 주관하는 영역을 축소시킴으로써 여기 지금에서의 도덕적 노력이 사망의 효과적인 세력을 축소시킬 수 있다는 인식(즉 하나님으로부터 거리가 먼 육체적이고 사회적인 성취에 관한 그 의존의 또 다른 표현을 근절하고 끝냄으로써)을 모두 포함한다. 바울이 본질적인 것으로 보고 또 요청한 것은 결정적인 영적 훈련이지 자기학대적인 남용이 아니다.

따라서 구원의 과정에서 바울이 하나님의 은혜와 인간의 노력간에 균형과 긴장을 그리고 있다는 것이 다시 한번 명백해진다(6장에서처럼). 진정으로 바울이 나타내 보이고 있는 균형은 유대교에서의 동등한 균형과 그렇게 다른 것이 아닌 것으로 보인다. 당시에 유대교에서 다가올 시대의 희망을 충분히 나누는 것은 일반적으로 언약 내에 있는 신분을 유지하는 규율에 달려 있다거나(율법의 행위들을 지킴으로써), "악한 충동"을 진압하는 것에 관한 이미 바울 당시에 통용되고 있던 조건들을 생각했다. 그리고 하나님이 신자들에게서 율법의 요구가 성취되어질 것을 의도했다는 바울 자신의 주장(8:4)이 그 비교를 고무시켰을 것이다. 하지만 바울의 서술이 분명히 하고 있는 것은 필요한 훈련이 성령 안에서 그리고 성령에 의해서, 곧 새 언약을 옛 언약과 구분 짓는 내적인 권능(렘 31:31-34)에 의해서, 오직 유지될 수 있다는 강조에 있다. 게다가 도덕적 노력을 방향 짓는 대상은 여기서 율법이 아니라 육신에 의해서라고 규정된다-그것은 바울에게서 "육신에 따른"의 범주는 "율법이 금하고 있는 것"과 동의어가 되거나 또 그것으로 축소시킬 수 없다는 요지를 준다. 물론 상당한 중복이 있다(4절). 하지만 "육신에 따른"은 일련의 규제로 축소시킬 수 없는 더 커다란 범주이다. 어떤 특별한 경우에 무엇이 "육신에 따른", "몸의 행실"인가에 관한 인식을 단순히 규율집이나 성문법을 참조함으로써 얻을 수는 없다. 오히려 심지어 "율법에 따른" 삶을 살아가는 것조차도 역시 "육신에 따른" 삶을 살 수도 있었다. 성령에 따라 사는 것, 몸의 행실을 죽이는 것은 바울에게서 분명히 하나님의 뜻에 대한 민감성을 의미했고, 이는 무엇이 율법의 요구를 충족시키는 것인지를 알고(12:2), 그것을 단순히 이기적 자만과 전제(율법의 행위들을 포함하여)와 구분시키기 위한 것이었다.

14 이 시점에서 바울이 성령과 육신간의 대조에서 성령과 아들됨의 상관관계로 자신의 해설을 전환시키고 있는데, 곧 자신이 방금 주었던 중요한 권고를 해설하는 한 방법으로서(한편 자신의 독자들에게 이미 발견한 특권적인 위치를 재확신시키면서), 또 종말론적인 긴장이 우주적 배경 속에서 설정되게 될(18-23절), 초기의 무미건조한 용어의 최후적 제한으로 이끄는 한 방법으로서 그렇다. 바울이 신자의 하나님의 양자됨의 이미지에 관한 도입을 이 시점까지 연기한 것은 의도적인 계획에 따른 것이다. 곧 분명히 알게 되겠지만, 그것이 그리스도와 신자들간의 관계를 그의 논증의 전개 단계에 상당한 신선함과 활력을 가지고 전개하게 만들 뿐 아니라, 바울이 논증의 지금 단계에서 양자됨의 종말론적인 실재에 관한 설명을 가지고 적절한 절정을 가져오게 하는 기회를 제공해준다.

바울이 사용하고 있는 용어는 자신의 청중들에게 익숙했을 것이다-하나님에 의해 특별히 사랑 받는 사람들로서의 "하나님의 아들들." 그들은 정결하고 불결한 음식에 관한 율법의 확고한 고수나(신 14장) 언약에 대한 충성으로 인해 "하나님의 아들들"로 환호 받은 사람들(Wisd Sol 2:12-13; 등등)을 특히 생각했을 것이다. 따라서 그들은 바울의 함축된 대조에 관한 요지를 이해하는데 어려움을 갖지 않았을 것이다. 하나님의 영에 의해 "하나님의 아들들"을 정의함에 있어서, 바울은 하나님의 아버지됨에 관한 용어들을 "육신에 따른" 이스라엘보다도 잠재적으로 훨씬 더 넓은 범주, 곧 아브라함의 모든 씨에게로 확장되는 언약의 약속을 포괄하는 것으로 재정의하고 있다(4장; 갈 3장).

더 정확하게는, "하나님의 아들"은 "하나님의 영"에 의해 인도함을 받는" 사람들로서 규정된다. 여기서 역시 그 동사는 헬라 연설자들에게 잘 알려진 관용구를 생각나게 한다. 즉 그 동사는 강력하게 느껴지는 어떤 것 곧 욕구나 열정(참조. 딤후 3:6)에 의해 이끌림을 받는 것을 가리킨다. 바울은 분명히 강력한 내적 확신, 즉 행위와 삶의 방식으로 표현하게 하는 깊은 의무감에 의한 성령의 인도하심에 관하여 분명히 생각하고 있다. 따라서 바울의 윤리적 가르침의 핵심인 감정적인 차원이 분명히 있다. 하지만 그의 언어는 더 이상 그런 방향으로 나아가지 않는다: 그는 자신의 독자들에게 열정적인 환상에 의존하는 영성이나 감정의 커다란 파도에서 나오는 삶의 형태를 배양하도록 요구하지 않는다. 그 사상은 7:6의 사상과 다르지 않으며, 여기에는 이기적인 욕망에 의해 지배되는 삶과의 대조(7:5)가 여전히 함축되어 있다. 율법의 의로운 요구는 죄악된 욕망과 육체적인 행위가 인식되어질 수 있는 거울을 여전히 제공한다(7:13; 8:4). 그밖에 다른 곳에서 표현된 바울의 사상에 익숙한 사람들은 바울에게서 성령의 인도하심은 성령의 열매 속에서 가장 특징적으로 나타났다는 것을 충분히 잘 알았을 것이다(갈 5:18-25). 그리스도의 영(8:9)처럼 성령의 인도하심을 받는 정도가 그리스도의 사역의 특징이다(참조. 눅 4:1, 14). 그럼에도 불구하고 그 요지는 바울이 그리스도인의 행위를 성문서에 대한 끊임없는 참조에 의해서 결정되는 행위라기보다는 강력한 내적 동기에 관한 특징적인 표현으로 보고 있다는 것이다.

바울의 독자들은 그리스도인에 관한 보다 자세한 정의가 9절에 정의를 보충하기 위해서 제공되었다는 사실을 놓치지 않았을 것이다. 그리스도에게 속한 사람들은 성령에게 속했을 뿐만 아니라 성령의 인도하심을 따른다. 행위와 삶의 양식을 나타내지 못하는 성령의 소유는 바울게게는 모순이 된다. 분명히 의도적으로 그 정의는 열려 있는 구조이며 제한된 구조가 아니다: "단지 …한 사람들만"이 아니라 "…한 만큼의 사람들"이다. 바울의 복음에 의해 주어진 하나님에 대한 이러한 아들됨은 하나님에 의해 특별히 은혜를 입은 소수 특권자들에 의해 향유되는 어떤 것이 아니다. 또한 율법에 대한 충성으로 자신들을 구분시킨 사람들로 제한되지도 않는다. "성령의 인도하심에 반응한 사람만큼 그들은 하나님의 아들들이 된다. 바울이 기독교 신자들에 관해 특별히 생각하고 있는 것을 문맥으로부터 분명히 알 수 있지만, 다시 한번, 이 장의 초기구절에서처럼, 그 명제는 2장에서 율법을 간직한 것에 관한 논의에 열려 있음을 담고 있는 방식으로 구성된다.

15 15절은 14절의 일반화된 명제를 로마의 신자들의 구성원들에게 적용하기 위해 가져온다. 너의 회심으로 "다시 무서워하는 종의 영을 받지 아니하였다." "종"을 가지고 바울은, 그의 다수의 유대인들과 하나님을 숭배하는 독자들이 잘 알고 있는 것처럼, 율법 아래 있는 삶을 분명히 염두에 두었다(참조. 갈 4:24; 5:1). 그의 새로운 (기독교적) 시각 안에서 율법을 올바르게 위치시키는 데 대한 관심은 로마서에서의 바울의 논증에서 밀물과 썰물과 같이 재차 발생하는 형태이다. 그리고 이 단락과 갈라디아서 3-5장간의 밀접한 유사성은 그의 많은 독자들이 잘 알고 있었던 바울의 가르침의 재현된 형태였음을 강력하게 시사해준다. 물론 이것은 그가 여전히 경건한 바리새인, 즉 그리스도를 만나기 전에 율법 아래 있던 삶에 관한 그의 시각이 아니다. 하지만 그가 삶의 형태를 돌아볼 때, 그는 그것을 종으로서 그리고 두려움으로 특징지어지는 것으로 간주하고 있다. 그는 아마도 율법에 대한 정확한 순종을 생각하는 전형적인 바리새인적 관심을 염두에 두었을 것인데, 말하자면 당대의 바리새주의의 특징이라고 우리가 알고 있는 율법의 세세한 시행에 관한 사려 깊은 관심을 아마도 염두에 두었을 것이다. 한때 자신에게 고기와 음료가 되었던 그 세심함을 그는 이제 심히 제한하는 것, 곧 예수께서 보여주셨던 것과 같은 사랑의 아주 자유로운 표현(막 2:1-3:6)을 숨막히게 하고 조이는 태도로 보고 있다. 자신의 회심으로 거듭난 통찰을 가지고 바울은 그 태도를 대체로 두려움에 의해 동기가 주어진 태도–정확한 순종의 표준에 상응하지 못하고 있다는 두려움, 다시 말해서 하나님에 대한 두려움이라기보다는 자신의 동료 유대인이 상응하지 못한다고 생각하거나 말하는 것에 관한 두려움–로 보고 있다. 따라서 모든 개연성 속에서 바울은, 유대인들과 하나님을 숭배하는 청중들이 기독교 안에서 자기 자신과 같은 동일한 자유를 발견할 것이라고 확신하면서, 자신의 경험을 독자들의 경험으로 추정하고 있다(2절).

그 대조는 다시 한번 아들됨으로 제기된다–양자됨의 사례 속에서, 하지만 용어의 상호교환(아들, 양자, 자녀들[14-17, 21-23])은 바울이 이것들을 서로 구분짓기를 원치 않았다는 것을 시사하며, 아울러 로마법에서 입양된 아들의 권리는 친아들의 권리와 다르지 않았다(17절). 그 대조는 분명히 종의 신분과 아들됨의 신분간에 있고, 그것은 개인적인 자유와 사회적인 관계성의 측면에서 매우 의미가 있다. 많은 종들이 가정 내에서(관리 업무를 포함하여) 상당히 중요하고 영향력 있는 직책을 가질 수 있었을지라도, 그러한 종의 개념은 자유가 없는 노예에 초점이 맞추어져 있고, 이런 종은 자신의 삶을 다른 사람들의 요청에 의해 움직이는 사람이다. 또한 종은 봉사로 확고하게 제한되는 조항의 조건 속에서 살아야하고, 종으로서 건널 수 없는 심연으로 가족의 구성원들과 신분에 있어서 분리되어 있다. 반면에 양자적인 아들됨을 포함하여 그러한 아들의 신분을 가짐은 종과는 대조적으로 자유와 친밀한 상호신뢰를 말해주며, 애정 어린 자식된 관심이 삶을 위한 동기와 방향을 제공해주는 것으로 여겨지며, 그 행위는 법에 의한 것이라기보다는 자발적인 사랑에 의해 인도된다. 여기서 다시금 바울은 그 대조를 극단으로 몰고 가지는 않는다: 바울은 기독교인의 윤리를 전적으로 모든 제한과 절제와 무관한 것으로 그리고 있지 않다. 그 형태는 자식된 의무를 무시하는 아들이 아니라, 의무를 지키는 헌신된 아들의 모습이라고 할 수 있다. 그럼에도 불구하고 아들됨의 보다 커다란 자유가 그 대조의 핵심이다. 바울은 새롭고도 이전에는 불가능했던 방식으로 자신의 믿음을 표현하는 자유로서 성령을 경험했고, 이는 성문법에 대한 해석에 대한 차원에서 살아가기보다는 인격 대 인격의 차원에서 살아가는 자유이다.

자유하지 못하는 바리새인의 두려움과 대조되는 것은 "아바 아버지"로 하나님을 부르는 것 속에서 표현된 신뢰이다. 바울은 여기서 분명히 그 구절을 독자들이 잘 알고 있을 것이라고 가정할 수 있었다. 갈라디아서 4:6에서 동일한 구절을 사용한 것은 그것이 바울에게 알려진 교회들에서 확립된 신조였다는 것을 분명히 시사한다. 헬라어를 말하는 교회들 속에서 아람어가 보존되었다는 사실은 "아바"가 아람어를 말하는 신자들의 헌신 속에서 확립된 단어가 되었음을 암시하며, 헬라어를 말하는 새로운 신자들 속에 주입된 헌신의 특징이었음을 가리킨다. 헬라어 번역이 첨가되었을 때조차도 아람어적 형태로 그것이 유지될 정도로 그 아람어는 기독교 영성으로 확고히 세워졌다. 따라서 바울은 그것이 자신이 결코 방문해보지 못한 회중의 경험의 일부가 역시 될 수 있을 것이라고 가정할 수 있었다.

"아바"가 아주 확고하게 세워질 수 있었던 이유는 아마도 예수 자신에 의해 특별한 반향이 주어졌던 단어로 기억되었을 것이기 때문이다. 예수 전승(막 14:36)에서 단 한 번만이 그런 식으로 증거되었을지라도 그 용어는 그럼에도 불구하고 하나님께 대한 예수의 기도의 특징적인 형태와 구분된 특징이 되었을 것이다. 예수의 첫 추종자들은 그 용어를 예수에 대한 모방 속에서 그리고 예수의 직접적인 가르침으로 분명히 취했을 것이다(눅 11:2). 여기서 바울은 그 구절을 단지 기독교인의 기도의 시작으로서(그것이 분명할지라도) 필연적으로 생각하고 있다거나, 특히 주님의 기도에 관한 것을 반드시 생각하고 있는 것은 아니다. 그 사상은 더욱더 일반적이다 – 예수 자신의 기도의 형태를 반향하고 하나님과의 예수 자신의 관계를 공유하는 사람들로서의 그리스도인들에 관한 것이다. 그리고 바울은 그 구절을 단번에 또는 반복해서 외치는 것으로 특징지어지는 예배의 다양한 사례들을 아마도 염두에 두었을 것이다(이중적인 형태, 곧 아람어와 헬라어는 그렇게 때문에 적절했을 것이다).

또한 여기서 함축되어 있는 것은 그 용어에 대한 예수 자신의 사용이 가리키는 것과 동일한 일종의 친밀함이다. 예수의 특징적인 기도호칭은 "아바"가 가족의 친밀성과 밀접성을 표현하는 매우 가족적인 용어였기 때문에 분명히 특이했을 것이다. 당시의 전형적인 유대인의 경건의 차원에서는 그 용어는 아주 대담하고, 또 과도한 친밀을 나타내며, 따라서 아마도 상당히 건방지고, 불경한 것으로 확실히 여겨졌을 것이다. 하지만 첫 그리스도인들이 역시 경험했던 것이 그러한 친밀성과 밀접성이었다. 그것은 법적으로 결정되는 종의 순종이라기보다는 아들의 친밀성이었다. 하지만 바울이 염두에 둔 것을 우리는 단순히 내적인 의미, 곧 아들됨의 조용한 확신으로 축소시킬 수는 없다. 사용된 동사("부르짖다")는 강렬한 감정이나 강렬한 표현을 함축하고 있다. 그리고 확립된 신조 속에 그것이 포함된 것은(갈 4:6) 그러한 강렬함이 언급된 구절의 일반적인 특징이었음을 함축한다. 어떤 사람들에게서 "아바 아버지"라는 외침이 의미 있는 영적인 표현으로 인식되어진 것에 대하여 단순히 앵무새처럼 지절이는 것에 불과했을 가능성을 배제할 수는 없다. 하지만 바울이, 아마도 헬라어를 말하는 교인들에 대한 자신의 폭넓은 인지에 근거해서, 그러한 영적인 경험의 강렬함을 전형적인 기독교적인 것으로 가정했을 것이라는 사실이 남게 된다. 게다가 14-15절은 윤리적 책임과 도덕적 노력에 대한 이전의 권고(12-13절)를 설명해주고 지원해주고 있기 때문에, 그러한 행위가 아들됨의 이런 강렬한 감정에 뿌리내려 발전되었다는 의미를 갖게 된다.

16 "성령이 친히 우리 영으로 더불어 우리가 하나님의 자녀인 것을 증거하시나니." 바울이 여전히 염두에 둔 것은 "아바 아버지"라는 부르짖음 속에서 표현된 아들됨에 관한 이러한 동일한 강렬한 의식이었을 것이다 – 단지 자기 자신 스스로 기도하고 있는 것이 아니라, 하나님의 하게 하심에 의해 기도하고 있다는 내적인 감정(참조. 26절). 논의의 여지없이 바울이 염두에 둔 것은 내적인 확신과 확증이다. 이는 단순히 공허한 구절의 반복이나 그러한 반복으로부터 나오는 논리적인 확신, 또는 세례나 과거의 어떤 시간에 있었던 합당한 고백이 아니다. 바울은 확신을 감정의 문제로 축소시키지는 않지만(13-14이 확인해주는 것처럼), 그가 여기서 염두에 둔 것은 느껴진 확신이다. 14절로부터의 사상의 연속성은 바울에게서 회심이 다른 어떤

것만큼이나 감정의 해방임을 암시해준다. 그것이 확실히 바울 자신의 경험이지만(2인칭에서 1인칭으로 거의 무의적으로 전환되고 있는 것처럼), 그와 동일한 것이 자신의 독자들에게도 참이 될 수 있다는 것을 가정하고 있다. 따라서 다시 한번 자신의 믿음과 영성에 대한 정서적인 면이 분명히 전면에 나서게 된다. 그는 순전히 합리적인 믿음 또는 주로 의식적인 종교와는 거의 인격적인 공감을 갖지 않았을 것이다. 성령의 내적인 증거는 그에게서 단지 중요한 어떤 것이 아니라 그리스도인으로서의 자신의 신앙을 이전에 알고 있었던 것과 구분시켜준 핵심적인 것이었다.

여기서 역시 중요한 것은 바울이 성령을 이 구절들에서 나오는 사상의 흐름 에 있는 공통분모로 보고 있는 방식이다. 사고방식과 삶의 형태의 차원에서 이전에 묘사되었던 성령이 여기서는 축소시킬 수 없는 정서적이고 경험적인 차원에서 언급되고 있다. 바울에게서 성령은 생명을 주시는 방식에서(물론 사망으로 가는 길에 육신과 죄의 대체적이고 유해한 융합이 있기는 하다) 정서, 사고, 그리고 행위를 통합시키는 하나님의 능력이다. 하지만 예수께서 이 땅에서 향유하셨던 것과 같은 친밀한 아들됨을 우리로 공유하게 하시고, 완전한 구원의 온전함으로 몸의 최종적 융합으로 귀결되는 그 과정의 시작으로서 그렇게 역사하시는 분은 그리스도의 영, 곧 성령이시다(9-11, 15-16). 성령을 소유하는 것은 그리스도의 영을 가진 것이고, 아들됨을 공유하는 것이며, 성령에 의해 이끌림을 받는 아들로 살아가게 되는 것이다. 바울의 생각의 이런 다양한 측면들이 서로 결합된 정도는 뒤이어지는 세기에서 살고 있던 사람의 경우보다도 로마에서 바울의 서신을 읽었던 첫 독자들에 의해 더욱더 온전하게 인식되었을 것이다.

17 아들됨의 개념에서 특히 중요한 것은 그것이 기업의 주제와 연결되어 있다는 사실이다. 입양의 주된 목적이 적합한 상속을 제공하는 것이었기 때문에 이것은 자연스러운 일이다. 후사(기업)의 주제에서 중요한 것은 두 가지다. 곧 분명히 알게 되겠지만, 후사는 종말론적인 "아직 아닌"에 관한 분명한 의미를 담고 있다: 신자들은 자신들의 충분한 기업으로 아직 들어가지 못했다. 하지만 더욱더 중요한 것은 여기서 바울이 유대의 민족적 자아정체성의 가장 중요한 정서적 주제 중 하나를 취하여 전환을 시키고 있다는 사실이다. 대부분의 바울의 독자들은 그것을 잘 알았을 것이다. 유대적 자아 이해에 핵심이 되는 것은 이스라엘이 주님의 후사(기업)가 되었다는 것이다. 곧 이스라엘 백성들은 하나님의 것이 되도록 이 땅의 모든 민족 가운데서 선택되었다는 것이다(신 32:9). 그러한 민족적 신앙에 필수적이었던 것은 하나님이 이스라엘에게 팔레스타인, 즉 약속의 땅을 기업으로 주셨다는 것이다. 바울

이 전체적으로 즉 유대인과 이방인으로 새로운 기독교 운동을 불러일으키고 언급한 것은 이런 이치이다. 그들은(신자들은) 하나님의 상속자들이다. 하나님에 대한 이스라엘의 특별한 관계는 그리스도 안에 있는 모든 사람들에게로 확대되었다. 그리고 그 땅에 대한 약속은 **나라**에 대한 약속으로 전환되었고, 나라의 기업으로서 그리스도인의 기업에 관한 사상은, 바울이 더 이상 분명히 할 필요가 없을 정도로, 바울이 알고 있었던 교회들 속에 충분히 잘 구축되었다. 그 사상에 익숙한 사람들은 다른 구절들 속에 분명한 종말론적인 "아직 아닌"에 관한 추론을 역시 이끌어낼 수 있었을 것이다: 오직 하나님의 통치 아래 있는 완전한 시민권을 갖는 나라의 기업은 신자들이 여전히 기다려야하는 어떤 것이다. 바울은 더 이상의 분명한 암시를 줄 필요를 갖지 않았다. 왜냐하면 그는 동일한 요지의 대안적인 표현을 발전시킬 것이기 때문이다(19-23절). 하지만 즉시로 두드러지고 있는 요지는 그러한 소중한 특권을 취하여 확장시키는 바울의 일상성이다. 율법을 다룰 때보다도 더 분명하게 바울은 자신의 백성의 언약적 믿음에 관한 핵심과 단절시킨다. 하나님의 백성들로서의 자기 백성들의 독특성을 이제는 그리스도를 믿는 모든 사람들이 공유한다. 이것이 하나님의 목적 안에 있는 이스라엘의 선택에 관한 바울 자신의 이해(바울이 이전에 다루었던 것과 같은[3:1-3])에 상당한 긴장을 불러일으킬 것은 자명하다. 그 주장을 아주 간단하고 퉁명스럽게 하고 나서, 바울은 논증의 다음 주요 항목으로 자신의 독자들을 준비시킨다.

물론 바울에게서, 그들은 모두 "하나님의 후사들"이다. 왜냐하면 그들은 모두 "그리스도와 연결되어 있는 후사들"이기 때문이다. 이것들은 하나님의 아들됨에 관한 이전의 사상과 단순히 느슨하게 연결된 추론이 아니다. 그들은 그리스도와 동료 상속자가 됨으로서 하나님의 상속자가 되었다－15-16절에서의 함축에서처럼 그들은 하나님에 대한 그리스도의 "아바" 관계를 공유함을 통해서 하나님의 아들들이 되었다. 바울은 여기서 분명히 갈라디아서 3-4장의 전반적인 논증을 단일한 구절로 압축하고 있다. 이것으로부터 우리는 바울이 자신의 로마 청중들이 그 논증의 노선에 익숙하다고 가정하고 있거나 "그리스도 안에"라는 그의 논증의 압축된 논리를 잘 따라올 수 있을 것을 기대했었다고 결론지을 수 있다. 어쨌든 바울에게서 그 요지는 그리스도인들은 그리스도와 무관하여서는 하나님의 후사가 될 수 없다는 것이다. 그 특권은 오직 그리스도에게 속한 것으로 인해 이루어진다. 그들은 입양에 의해 하나님의 아들됨을 공유하는 아들들이다. 예수께서 살았든지 죽었든지 간에 하나님이 모든 사람들을 수용하려고 단순히 확대시켰다고 하는 그 어떤 주장도 단호하게 거부했을 것이다. 그것은 자신의 선호에 따라 임의적으로 변덕스러운 하나님을 함축했을 수도 있겠지만, 오히려 하나님의 목적에 관한 연속성과 종말론적인 확대를 함께 묶어주신 분이 그리스도시다: 다윗의 아들 그리고 아브라함의 후손으로서 예수는 본래적인 언약적 약속의 상속자이시다. 하지만 죽음에서 부활하신 것으로부터 성령에 따른 능력으로 하나님의 아들로 인정되셨으니 아들과 후사로서의 그의 신분은 그와 일체가 된 사람들에 의해 공유될 수 있는 신분이다.

하지만 신자들의 그리스도와의 일체성이 진행 중에 있을지라도, 즉 이 땅에서의 그리스도의 삶의 양식과 그의 부활하신 생명의 경험 속에서만이 아니라, 그의 고통과 죽음을 나누는 과정에 있을지라도, 신자들은 (미래에) 온전한 기업을 향유하게 될 것이다. 여기서 바울은 자신도 경험한 박해의 고통을 분명히 생각했을 것이다. 물론 새로운 낯선 작은 분파가 항상 본래적으로 초래하게 되는 크고 작은 박해도 역시 포함되었을 것이다. 하지만 바울은 아마도 자신의 이전 논증에서 상당히 많이 나왔던 복합적인 사상의 흐름을 염두에 두었을 것이다. 즉 "몸의 죽음"(7:24)과 "몸의 행실을 죽이면"(8:13)이라는 이야기에서 요약된 것 말이다. 여기서 간단한 언급에서 강조되고 있는 것은 그러한 고통, 곧 썩을 것을 죽이는 것은 이 몸의 생명이 갖는 불가피한 결과다. 그러한 고통이 하나님의 나라의 기업을 충분히 나누는 과정에 한 단계가 된다면, 그것은 그리스도의 고통을 나누는 것이 될 것이다. 미래의 영광의 약속을 붙드는 것은 그의 고통을 나눔을 통해서 수용되고 살아가는 고통이다. 그리스도의 것이 되는 것은 그의 아들됨만을 단지 공유하는 것이 아니라, 그의 거부되심과 죽음도 함께 나누는 것이다. 7장과 8장 초기의 엄격한 실제는 결코 뒤에 남겨질 수 없다.

영광에 관한 이야기와 함께 바울은 다시 한번 아담의 사상을 상기시킨다(참조. 1:21, 23; 3:23). 바울에게서 역사의 전체성은 두 사람-아담과 그리스도-의 운명을 축소시킨 것이다. 오직 아담의 구성원이 되는 것은 죽음으로 가는 길에 인류에 대한 하나님의 목적의 탁월성에 아주 심히 못 미치는 것이다. 오직 그리스도만이 그러한 하나님의 목적을 성취하셨다. 오직 그만이 하나님의 영광을 상속받는다. 또한 그리스도 안에 있는 사람들도 그러한 기업을 공유하게 될 것이다-오직 그들이 이미 죽으신 그리스도의 고통을 이미 공유하고 있다면 말이다. 다시 한번 13절에서처럼 9절의 보다 첨예한 노선이 완화된다. "그리스도의 영을 가졌음"에 대한 온전한 의미가 더욱더 분명해진다: 즉 성령을 받고, 또 행위와 삶의 형태의 지속적인 질을 가질 뿐만 아니라(14절), 그리스도의 죽음이 완전한 표현을 이루는 과정에 있는 온전한 삶이 그리스도의 영을 가진 것이다.

3. 첫 열매로서의 성령(8:18-30)

참고문헌

Balz, H. R. *Heilsvertrauen und Welterfahrung: Strukturen der paulinischen Eschatologie nach Römer 8:18-39.* Munich: Kaiser, 1971. **Baumgarten, J.** *Paulus und die Apokalyptik.* WMANT 44. Neukirchen: Neukirchener, 1975. 170-78. **Beker, J. C.** "Suffering and Triumph in Paul s Letter to the Romans." *HBT* 7.2(1985) 105-19. **Benoit, P.** "'We Too Groan Inwardly…'(Romans 8:23)." In *Jesus* 2:40-50. **Bieder, W.** "Gebetswirklichkeit und Gebetsmöglichkeit bei Paulus." *TZ* 4(1948) 22-40. **Bindemann, W.** *Die Hoffnung der Schöpfung: Römer 8:18-27 und die Frage einer Theologie der Befreiung von Mensch und Natur.* Neukirchen: Neukirchener, 1983. **Black, M.** "The Interpretation of Rom 8:28." In *Neotestamentica et Patristica*, FS O. Cullmann. NovTSup 6. Leiden: Brill, 1962. 166-72. **Brown, R. E.** "The Paraclete in the Fourth Gospel." *NTS* 13(1966-67) 113-32. **Byrne, B.** *Sons of God.* 103-27. **Cambier, J.** "La liberté chrétienne selon saint Paul." SE 2(1964) 315-53. **Coetzer, W. C.** "The Holy Spirit and the Eschatological View in Romans 8." *Neot* 15(1981) 180-98. **Cranfield, C. E. B.** "Romans 8:28." *SJT* 19(1966) 204-15. ______. "The Creation's Promised Liberation: Some Observations on Romans 8:19-21"(1974). In *Bible.* 94-104. **Denton, D. R.** "*Αποκαραδοκία.*" *ZNW* 73(1982) 138-40. **Dietzel, A.** "Beten im Geist: Eine religionsgeschichtliche Parallele aus den Hodajot zum paulinischen Beten in Geist." *TZ* 13(1957) 12-32. **Dupont, J.** *Gnosis.* 88-104. **Gaugler, E.** "Der Geist und das Gebet der schwachen Gemeinde: Eine Auslegung von Röm 8:26-27." *IKZ* 51 (1961) 67-94. **Gerber, U.** "Röm 8:18ff. als exegetisches Problem der Dogmatik." *NovT* 8(1966) 58-81. **Grayston, K.** "The Doctrine of Election in Rom 8:28-30." SE 2(1964) 574-83. **Hommel, H.** "Das Harren der Kreatur." *ThViat* 4(1952) 108-24. **Jones, F. S.** "*Freiheit.*" 129-35. **Käsemann, E.** "The Cry for Liberty in the Worship of the Church." In *Perspectives.* 122-37. **Kleinknecht, H.** *Gerechtfertigte.* 333-35, 338-42, 349-54. **Kür-**

zinger, J. "*Συμμόρφους τῆς εἰκόνος τοῦ υἱοῦ αὐτοῦ*(Röm 8:29)." *BZ* 2(1958) 294-99. **Lampe, G. W. H.** "The New Testament Doctrine of Ktisis." *SJT* 17(1964) 449-62. **Leaney, A. R. C.** "'Conformed to the Image of His Son'(Rom 8:29)." *NTS* 10(1963-64) 470-79. **Lindars, B.** "The Sound of the Trumpet: Paul and Eschatology." *BJRL* 67(1984-85) 766-82. **Luz, U.** *Geschichtsverständnis.* 250-55, 369-82. **McCasland, S. V.** "'The Image of God' according to Paul." *JBL* 69(1950) 85-100. **MacRae, G.** "A Note on Romans 8:26-27." *HTR* 73(1980) 227-30. **Mayer, B.** *Unter Gottes Heilsratschluss: Prädestinationsaussagen bei Paulus.* Würzburg: Echter, 1974. 136-66. **Montague, G. T.** *The Holy Spirit: Growth of a Biblical Tradition.* New York: Paulist, 1976. 209-13. **Nebe, G.** "*Hoffnung*" *bei Paulus.* SUNT 16. Göttingen: Vandenhoeck & Ruprecht, 1983. 82-94. **Nickelsburg, G. W. E.** *Resurrection, Immortality, and Eternal Life in Intertestamental Judaism.* HTS 26. Cambridge, MA: Harvard UP, 1972. **Niederwimmer, K.** "Das Gebet des Geistes, Röm 8:26f" *TZ* 20(1964) 252-65. **Obeng, E. A.** "The Spirit Intercession Motif in Paul." *ExpT* 95(1983-84) 361-64. ______. "The Origins of the Spirit Intercession Motif in Romans 8:26." *NTS* 32(1986) 621-32. **Osten-Sacken, P. von der.** *Römer 8.* 60-128, 139-44, 263-309. **Paulsen, H.** *Überlieferung.* 107-32. **Rollins, W. G.** "Greco-Roman Slave Terminology and Pauline Metaphors of Salvation." In SBL *Seminar Papers 1987.* Atlanta: Scholars Press, 1987. 100-110. **Ross, J. M.** "Panta synergei." *TZ* 34(1978) 82-85. **Schade, H.-H.** *Apokalyptische Christologie bei Paulus.* Göttingen: Vandenhoeck & Ruprecht, 1981. 102-4. **Schlier, H.** "Das, Worauf Alles Wartet: Eine Auslegung von Römer 8:18-30." In *Interpretation der Welt,* FS R. Guardini, ed. H. Kuhn. Würzburg: Echter, 1965. 599-616. **Schmithals, W.** *Anthropologie.* 137-75. **Schniewind, J.** "Das Seufzen des Geistes." In *Nachgelassene Reden und Aufsätze.* Berlin: Töpelmann, 1952. 81-103. **Siber, P.** *Mit Christus Leben. Eine Studie zur paulinischen Auferstehungshoffnung.* Zürich: Theologischer, 1971. 135-68. **Stanley, D. M.** *Resurrection.* 192-95. **Stendahl, K.** "Paul at Prayer." In *Meanings: The Bible as Document and as Guide.* Philadelphia: Fortress, 1984. 151-61. **Swetnam, J.** "On Romans 8:23 and the 'Expectation of Sonship.'" *Bib* 48(1967) 102-8. **Thüsing, W.** *Per Christum.* 121-25, 272-80. **Vögtle, A.** *Das Neue Testament und die Zukunft des Kosmos.* Düsseldorf: Patmos, 1970. 183-208. **Wischmeyer, O.** "*ΘΕΟΝ ΑΓΑΠΑΝ* bei Paulus. Eine Traditionsgeschichtliche Miszelle." *ZNW* 78(1987). 141-44.

본　문

18 생각건대 현재의 고난은 장차 우리에게 나타날 영광과 족히 비교할 수 없도다

18 For I reckon that the sufferings of the present time are not to be compared with the coming glory to be revealed to us.

19 피조물의 고대 하는 바는 하나님의 아들들의 나타나는 것이니

19 For the eager expectation of creation eagerly awaits the revelation of the sons of God.

20 피조물이 허무한데 굴복하는 것은 자기 뜻이 아니요 오직 굴복케 하시는 이로 말미암음이라

20 For creation was subjected to futility, not willingly, but on account of him who subjected it, in[a] hope,

21 그 바라는 것은 피조물도 썩어짐의 종노릇 한데서 해방되어 하나님의 자녀들의 영광의 자유에 이르는 것이니라

21 because[b] creation also itself will be set free from the slavery of corruption into the liberty of the glory of the children of God.

22 피조물이 다 이제까지 함께 탄식하며 함께 고통하는 것을 우리가 아나니

22 For we know that the whole creation groans and suffers the pains of childbirth together up till now.

23 이뿐 아니라 또한 우리 곧 성령의 처음 익은 열매를 받은 우리까지도 속으로 탄식하여 양자 될 것 곧 우리 몸의 구속을 기다리느니라

23 And not only creation, but also we[c] ourselves who have the firstfruits of the Spirit, we[c] also ourselves groan within ourselves, eagerly awaiting adoption,[d] the redemption of our body.

24 우리가 소망으로 구원을 얻었으매 보이는 소망이 소망이 아니니 보는 것을 누가 바라리요

24 For in terms of hope, we are saved. But hope which is seen is not hope; for who[e] hopes[f] for what he sees?

25 만일 우리가 보지 못하는 것을 바라면 참음으로 기다릴찌니라

25 But if we hope for what we do not see, we await it eagerly with patience.

26 이와 같이 성령도 우리 연약함을 도우시나니 우리가 마땅히 빌바를 알지 못하나 오직 성령이 말할 수 없는 탄식으로 우리를 위하여 친히 간구하시느니라

26 In the same way also the Spirit helps us in our weakness.[g] For we do not know what to pray for as we should, but the Spirit itself intercedes on our behalf[h] with inarticulate groans.

27 마음을 감찰하시는 이가 성령의 생각을 아시나니 이는 성령이 하나님의 뜻대로 성도를 위하여 간구하심이니라

27 And he who searches the hearts knows what is the Spirit's way of thinking because he intercedes as God would have it on behalf of the saints.

28 우리가 알거니와 하나님을 사랑하는 자 곧 그 뜻대로 부르심을 입은 자들에게는 모든 것이 합력하여 선을 이루느니라

28 And we know that for those who love God everything[i] contributes toward good for those who are called according to his purpose.

29 하나님이 미리 아신 자들로 또한 그 아들의 형상을 본받게 하기 위하여 미리 정하셨으니 이는 그로 많은 형제 중에서 맏아들이 되게 하려 하심이니라

29 For those he knew beforehand he also predetermined to be conformed to the image of his Son, that he should be the firstborn among many brothers.

30 또 미리 정하신 그들을 또한 부르시고 부르신

30 And those he predetermined, he also called;

그들을 또한 의롭다 하시고 의롭다 하신 그들을 또한 영화롭게 하셨느니라

and those he called, he also justified; and those he justified, he also glorified.

원문주해

a. 엘피스(ἐλπίς)를 기식으로 읽어야 될는지 아니면 부드럽게 읽어야 될는 지에 관해서는 다양한 에프 엘피디(ἐπ ἐλπίδι)가 약간의 본질적인 불일치를 보이며, 아마도 방언적인 변이임을 증거한다.

b. 호티(ὅτι)는 가장 좋고 오래된 증거로 제기되나(Metzger), 디오티(διότι)가 보다 난해한 독본으로 종종 선호된다(Michel, Cranfield).

c. 본문 전승의 다양한 작은 수정들로 보아, 많은 서기관들이 그 반복을 중복된 것이나 불필요한 것으로 여겼음을 증명해준다.

d. "몇몇 증언들, 주로 서방의 증언들이 휘오데시안(υἱοθεσίαν)을 생략하고 있는데, 그 용어는 문맥에서 어색하고 또 없어도 되는 것으로, 뿐만 아니라 15절과 모순되는 것으로 보이는 것으로 분명히 복사자들이 여겼을 것이다"(Metzger, 또한 Kuss를 보라; 반대로는 Menoit, "Romans 8:23," 그리고 그것의 생략을 선택한 Fitzmyer를 보라).

e. 보다 오래된 번역(ὅ γὰρ βλέπει τις, τί καὶ ἐλπίζει)은, 전형적으로 바울의 간명함을 분명히 하기 위한 이해할 만한 시도로서, 이는 아마도 이차적인 것 같다(특히 Metzger, Cranfield를 보라. 그밖에 Wilckens 그리고 아래의 원문주해 f를 보라). 그 의미는 어쨌든 적은 영향을 미쳤다.

f. א*과 상당수 많은 증거들은 휘포메네이(ὑπομένει)로 읽는데, 그것은 난해함으로 인해 우선되는 것으로서 Lietzmann, Käsemann 그리고 NEB를 포함하여 약간의 주석가들을 설득시켰다. 하지만 타동사적으로 사용된 휘포메네인(ὑπομένειν)은 신약에 어떠한 평행구절도 없으며, 엘피제이(ἐλπίζει)를 선호한 증언이 훨씬 더 무게가 있다. 균형을 위해서 초기의 편집적인 결정이 "소망"에 대한 지나친 개념을, 만약 그렇지 않았더라면 25절까지 도입되지 않았을, 인내하는 기다림의 개념으로 대체시켰을 것임이 거의 확실하다.

g. 테스 데에세오스(τῆς δεήσεως)를 추가함으로써, 연약함에 관한 언급을 기도 속에서의 연약함에 관한 언급으로 특정화시켜 좁히고 있다. 하지만 8:26을 보라.

h. 휘페르(ὑπερ-) 접두사로부터 그 동사로 유래하지만, 휘페르 헤몬(ὑπὲρ ἡμῶν)을 도입함으로써 그 요지를 분명히 하는 상당히 강력한 경향이 있었다(Metzger).

i. 수네르게이(συνεργεῖ)의 주어를 호 데오스(ὁ θεός)로 읽는 것이 일부 강력한 지지를 얻고 있지만(P^{46}, B), 그것이 없는 독법이 더 다양한 지지를 얻고 있다. 그리고 판타(πάντα)를 주어로 읽는 잠재적인 신학적 어색함이 알렉산드리안 편집자로 하여금 호 데오스(ὁ θεός)를 삽입함으로써 그 어색함을 없애도록 충분히 고무시켰을 것이다(Metzger).

양식과 구조

이 구절은 바울의 논증에서 중요한 역할을 한다. (1) 8장에서의 논증의 절정이다: 이 단락은 노예신분으로부터 해방(2, 21절), 부활(11, 23절), 아들됨 그리고 양자(14-17, 19, 21, 23절), 그리고 이 모든 것에 있어서(6, 27; 11, 23; 15, 23; 15-16, 26절) 성령의 참여에 관한 초기의 용어를 선택하고 있다. 그리고 특히 그 단락은 고난의 주제(17, 18-23, 26절)와 독사(*δόξα*) 모티프가 나타내고 있는 것처럼(17, 18, 30절), 전체 단락을 하나로 묶으면서(18, 30절), 또 동일한 절정으로 그것을 감싸주면서, 17절의 해설로서 기능하고 있다. 그 절정에서 29절의 기독론적인 삽입어구를 넣은 것은(일련의 다섯 개의 부정과거를 깨뜨리면서) 17절에서의 일련의 순(*συν-*) 복합어와 동일한 역할을 하는데, 이 둘은 구원과정에서의 그리스도의 역할의 주된 중요성에 초점을 맞추어준다.

(2) 더 중요한 것은 이 단락이 6-8장에 대한 절정이며, 또 참으로 1:18-8:30의 절정이기도 하다. 바울은 이 우주적인 구원의 역사를 강력한 아담 용어로 나타내고 있는데, 곧 인간의 실패에 대한 마지막 역전과 인간의 회복에 관한 절정을 그리고 있다. 따라서 그 용어적 연관성은 1:18 이하로 되돌아가게 한다: 크티시스(*κτίσις*, 1:20, 25; 8:20-22), 마타이오테스(*ματαιότης*, 1:21; 8:20), 독사제인(*δοξάζειν*, 1:21; 8:30), 독사(*δόξα*, 1:23; 8:18, 21), 에이콘(*εἰκών*, 1:23; 8:29), 타락하고(1:24) 구원받은(8:23) 소마타(*σώματα*). 그리고 무엇보다도 전반적인 아담 모티프의 주도–아담의 죄로 인해 저주를 받았던 창조의 회복과 1:18-32의 참담한 분석에 관한 최종적 답변을 제공하고 있는 인간의 회복의 의존성, 5:12-21의 유사한 범주에 상응하는 8:29-30의 구원 역사적인 범주, 그 논증이 6-8장의 이슈가 분명히 하고 있는 요지로 되돌아가고 있는 것–가 1:18 이하를 되돌아보게 한다. (또한 8:18-25에 있는 5:1-5의 주제에 관한 재작업을 유념하라; 참조. Osten-Sacken, 124-28).

(3) 동등하게 중요한 것은 바울이 9-11장의 논의를 위해 이 단락에서 준비하고 있는 방식이다. 바울은 의도적으로 전통적인 유대적 모티프(현재의 고난, 장래의 보호[18절]; 가장 중요한 시간에 상응하는 최후 시간[21절]; 전반적인 아담적 주제; 하나님의 중보[26절]; "마음을 감찰하시는 하나님"[27절])와 용어(고통[22절]; 첫열매[23절]; 소망[24-25절]; 목적[28절])를 상기시키고 있다. 특히 27-30절에서 이스라엘을 묘사하기 위해 사용된 일련의 용어들–성도, 하나님을 사랑하는 자, 부르심을 받은 자, 맏아들–을 주목하라. 분명히 바울은 그들이 상속받고 있는 축복들은

이스라엘의 것이었다는 점을 자신의 독자들이 이해하도록 의도하고 있다. 따라서 문제가 있게 된다. 즉 그렇다면 이스라엘은 무엇이냐? 그것에 대해 바울은 자연스럽고도 불가피하게 9-11장으로 나아간다 – 특히 양자, 영광(9:4) 그리고 하나님의 목적(9:11)의 관점에서 제기된 이슈를 가지고서 말이다(참조. Berger, "Abraham," *MTZ* 17(1966) 77-78; Byrne, *Sons*, 127-29; 특히 Wright, *Messiah*, 142-68). 하나님의 구원이 창조에 있어서 그의 목적과 이스라엘을 부르심에 있어서 그의 목적을 완성시킨다는 이 확신은 기발한 부분이면서도 바울신학에서 너무 적게 평가된 강점 중의 하나다. 18-39절은 바울의 초기 본문의 일부인데, 바울이 그것을 여기서 재사용하고 있다고 주장하는 쉬미탈스(Schmithals)는 지금까지 언급한 것과 반대로 제기한다(*Anthropologie*, 174).

주목할 만한 다른 문학적 형태는 주요 단어의 반복(*δόξα/δοξάζειν*[18, 21, 30절], *ἀπεκδέχομαι*[19, 23, 25절], *ἐλπίς/ἐλπίζειν*[20, 24-25절]), 상당한 순(*συν-*) 복합어의 재출현(22, 26, 29절), "신음하는"의 세 번의 연속(피조물, 신자들, 성령[22, 23, 29절]), 그리고 29-30절의 후스 (투투스) 카이(*οὕς* · (*τούτος*) *καὶ*···)가 다섯 번 연속되는 것이다. 마지막 부분의 연속된 규칙성이 일반적인 질문을 야기시키고 있는 것은 바울이 세례의 전통에 의존하고 있느냐 교리문답의 전통에 의존하고 있느냐다(Osten-Sacken, 67-73). 하지만 그 제기는 부정과거가 세례의 부정과거로 이해되어져야 하고, 또 바울이 고상한 산문체로 쓰지 않았었다는 전제에 너무 많이 의존한다. 몇몇 사람들은 27절과 28절 사이에 단락을 구분 짓는 것을 선호한다(예를 들어, Paulsen, 134-35). 하지만 그것에 거의 매달리지 않는다.

주석

18 "생각건대"(*λογίζομαι ὅτι* – 로기조마이 호티). 여기서 로기조마이(*λογίζομαι*)에 주어진 비중은 단순히 견해나 믿음을 나타내는(참조. 2:3; BGD, 3) 단어의 본래적 의미에 의해 결정되는 것이 아니라, 오히려 바울이 그 용어를 가지고 자신의 해설의 새로운 단계를 시작하고, 또 22, 28절에서 선호되는 오이다멘(*οἴδαμεν*) 대신에 그 용어를 사용하고 있다는 사실에 의해 결정된다. 여기서는 다소 확장된 번역으로 가장 잘 제기될 수 있는 진지함이 있다: "나는 그 견해에 대해 확고하다", "그것은 나의 설정된 확신이다." 그 확신은 "복음에 근거한 합리적 사상의 산물만이"(Cranfield) 아니라, 더욱더 성령의 경험의 산물이다(참조. 5:3-5; 8:23).

"현재의 고난은 족히 비교할 수 없도다"(*οὐκ ἄξια τὰ παθήματα τοῦ νῦν καιρου πρός*－우크 악시아 타 파데마타 투 눈 카이루 프로스). 우크 악시아…프로스(*οὐκ ἄχια · πρός*) 관용구는 헬라 연사들에게서 잘 알려져 있었다－"…만큼의 가치가 있는 것은 없는"(LSJ)－하지만 바울은 셈어적인 용법에 더 많이 영향을 받았을 것이다(Str-B 3:244). 여기서 파데마(*πάθημα*)는 대부분의 규칙적인 바울의 의미로 나타나고 있다(또한 7:5을 보라). 그가 다른 어떤 곳에서도 그리스도의 고통을 공유하는 것으로 그 고통을 보지 않고서는 그리스도인의 고통에 관해 생각하고 있지 않기 때문에(고후 1:5; 빌 3:10; 골 1:24), 그와 같은 사상이 여기서도 함축되었을 것이다－종말론적인 긴장과 밀접한 기독론적인 사상이 17절과 29절 사이의 사례로 확장되어 있다(8:17을 보라). 투 눈 카이루(*τοῦ νῦν καιροῦ*)에 대한 종말론적인 주목에 대해서는 3:26을 보라. 그것은 "이 악한 시대"와 직접적으로 동일시할 수 없는 것은 사실이지만(Käsemann; 갈 1:4), 그것은 "시간 사이에"라는 특징을 나타낸다. 곧 그리스도의 부활과 그의 다시 오심간의 기간, 즉 "이 악한 세대"와 "그리스도 안에"서 이미 공유하고 있던 부활의 생명의 세대간의 중복된 시기에 있는 신자들의 특성을 나타낸다.

"장차 우리에게 나타날 영광과"(*τὴν μέλλουσαν δόξαν ἀποκαλυφθῆναι εἰς ἡμᾶς*－텐 멜루산 독산 아포칼뤂데나이 데이스 헤마스). 멜로(*μέλλω*)에서 확실성뿐만 아니라(8:13을 보라), 긴박성에 관한 논조를 듣는 것은 자연스러운 일이다: "곧 바로, 곧 드러나게 될"(BGD, BDF, §356, Käsemann; Kagrange, Wilckens 그리고 Nebe, 84에 의해 논쟁되었다). 독사(*δόξα*)에 대해서는 8:17을 보라. 그것은 1:23의 잘못에 대한 역전을 나타낸다(양식과 구조를 보라). 하지만 그렇게 않게는, 그것을 더 자세히 규정하지 않고서, 천국은 전혀 다른 존재의 질, 즉 온전히 천국의 특징만이 있는 존재라는 확신을 표현하는, 발견적인 기능을 하고 있다. 아포칼뤂토(*ἀποκαλύπτω*)는 물론 여기서 종말론적인 사건으로서 감추어져 있고 알려져 있지 않은 천국의 신비나 실재의 계시라는 규칙적인 의미를 갖고 있을 것이다(더 자세한 것은 Rowland, *Open Heaven*). 즉 그것은 이 땅의 사건의 가혹한 실재에 의해 흐려진 하나님의 뜻과 목적에 관한 최종적인 드러남(변호)이다. 바울에게서 그 영광이 이미 표현되어 있고, 내재되어 있으며, 단지 감추어져 있을 뿐이라고 추론하고 있는 크리소스톰을 뒤따르는 크랜필드는 영광을 양자/아들됨과 혼돈한다. 그 영광은 미래적이며(다시금 8:17을 보라), 소망 속에서 기대하고 기다리는 어떤 것이다(5:2; 8:24-25). 그것은 천국에 대한 전환에 속하는 것이며(따라서 우리에게 뿐만 아니라 21절에서 함축된 우리의 것), 곧 몸의 존재가 천국의 몸의 존재로 최종적으로 전환되는 것을 의미한다(빌 3:21). 이 시점에서 현재의 영광으로 이해하는 것은 바울이 여기서 그리고 있는 전반적인 고통-변호 모티브를 왜곡시키고 약화시키게 된다(참조. Murray). 고린도후서 3:18은 다소 다르다. 왜냐하면 그것은 고린도후서 3:7-18이 구성하고 있는 출애굽기 34:29-35에 대한 미드라쉬의 예표론적인 설명이기 때문이다.

의로운 자의 고통과 의로운 자들의 것이 될 영광스러운 보호간의 비교는 바울 시대 이전의 유대 사상에서 이미 잘 확립되어 있었다(특히 단 7:17-27; Wisd Sol 2-5; 마카비2서 7; 제1에녹서 102-4를 보라; 더 자세한 것은 Nickelsburg, *Resurrection*; Zeller를 보라). 하지만 "메시아의 고통"으로 규칙적으로 묘사된 것을 바울 이전 시기로 증명하는 것은 더 어려운 일이다. 샌더스(Sanders)는 나라가 임하기 이전에 고통이 있다는 "교리"는 A.D. 135 이전에는 문서화되기 어려웠을 것이라고 진정으로 생각한다(*Jesus and Judaism*, 124). 가장 좋은 평행구는 A.D. 70년대의 문헌에서 유래하며(예를 들어, Str-B, 3:244-45; Wilckens, 2:148-49에서 인용된 것처럼), 또 이런 것들은 의심할 여지없이 적어도 70년에 있었던 예루살렘과 성전 파괴의 충격으로 인해 대체로 형성되었을 것이다. 하지만 그 사상 자체는 직접적으로는 다니엘 7:21-22, 25-27; 12:1-3로부터 이어지고 있고, 이미 *Jub.* 23.22-31; *T. Mos.* 5-10; 1QH 3.28 -36, *Sib. Or.* 3.632-56과 같은 구절에서 이미 함축되어 있으며, 마 3:7-12//눅 3:7-9, 16-17은 두말할 것도 없다. 그리고 그런 것의 요소들이 모두 여기에 모여있다 – 유산(=다가올 하나님 나라), 필연적인 전주로서의 고난, 그리고 모든 앞선 고뇌를 무색하게 할 다가올 영광의 확신. 바울은 논증이 아닌 방식으로 확신을 가지고 진술하고 있다. 그것은, 미래에 대한 견해를 필연적으로 널리 간직하지는 않았다 할지라도, 바울이 당시에 잘 알려진 목소리를 내고 있음을 암시해준다. 이어지는 구절에서 분명한 종말론적인 주목이 없는 것은(참조. Nebe, 84), 뿐만 아니라 한 단위로 상대적으로 독립되어 있는 것은(Michel), 바울이 이전의 종말론적인 구조를 택하고 있다는 것을 확인해준다. 즉 바울은 성령에 관한 현재의 경험을 특징적인 기독교적 강조로 (아마도) 첨가시키면서(23, 26-28절), 그리고 그 사상을 기독론적인 초점으로 이끌면서(29절), 17절로부터 유예되어진 초기의 종말론적인 구조를 기독교화시키고 있다(참조. Bindemann, 41-42, 69). 다시금 고린도후서 4:7-5:5에서의 일련의 사상을 참조하라. 특별히 4:17을 보라. 하지만 바울이 묵시적인 논쟁에 참여하고 있다는 바인드만(Bindemann)의 폭넓은 논제(82-95)는, 물론 묵시가 계시와 천국여행의 주제로 더욱더 특징지어지기는 하지만, 하나님을 너무 멀리서 경험한 것으로 특징지어지는(86) 단조로운 묵시에 너무 의존하고 있다. 발즈(Balz)는 직접적으로 표현된 것에 의해 결정되는 것이 아니라 그리스도에 비추어 주어진 실재를 이해하는 한, 그 사상의 구조를 "영광스러운 감격"으로 묘사한다(130-31).

19 "피조물의 고대하는 바는"(ἡ γὰρ ἀποκαραδοκία τῆς κτίσεως – 헤 가르 아포카라도키아 테스 크티세오스). 명사 아포카라도키아(ἀποκαραδοκία)는 오직 기독교 작가들에게서 나타나지만, 그 동사는 그 이전에도 종종 출현했다(*TDNT* 1:393; BGD). 그 용어는 종말론적인 긴장을 잘 표현해준다 – 간절히(또는 근심하며) 고대하는 긴장(SH, 그리고 신약에서 유일한 다른 사용[빌 1:20]; Denton은 이 용어가 불확실성 혹은 염려의 요소가 포함되어 있다는 것을 부정한다: "그 용어의 의미는 간절한 기대, 확신에 찬 기대이다"). 그 서술은 다소 어색하지만(ἀποκαραδοκία · ἀπεκδέχεται), 그 느낌을 효과적으로 강화시켜주며, 그 의미를 충분히 분명하게 해준다. 피조물의 의인화에 대해 더 자세한 것은 8:22을 보라.

크티시스(κτίσις) 안에 포함되어 있는 것은 수세기 동안 논쟁의 주제가 되었다. 특히 천사들이나 불신자들이 고려되고 있는가 하는 문제는 더욱 그렇다(예를 들어, Schlatter, Schmidt를 보라). 바울이 명백한 정의를 의도하였을 것 같지는 않지만(참조. 39절), 그의 사상이 비인간적인 피조물만을 주로 초점을 맞추었을 것 같지는 않다: 그 사상은 여전히 아담 모티브에 의해 주로 조절되고 있다(양식과 구조를 보라) – 아담의 타락의 역전은 자연스럽게 이 땅의 저주에 대한 역전을 필요로 하게 되며(창 3:17-18; 또한 여기서는 20-21절), 전반적인 피조물의 질서가 다가올 시대를 도입하는 고난에 사로잡히게 되어질 것이라는 확신은 바울이 여기서 그리고 있는 종말 시나리오의 확고한 일부였다(더 자세한 것은 8:22을 보라). 특별히 Vögtle, Kuss, Cranfield, Wilckens의 연구와 논증을 보라.

"하나님의 아들들의 나타나는 것이니"(τὴν ἀποκάλυψιν τῶν υἱῶν τοῦ θεοῦ ἀπεκδέχεται – 텐 아포칼륍신 톤 휘온 투 데우 아페크데케타이, 18절에서 동사 그리고 2:5과 16:25에서의 명사들처럼(또한 고전 1:7; 살후 1:7), 아포칼륍시스(ἀποκάλυψις)는 "종말론적인 천국의 드러남"이라는 충분한 의미를 갖고 있다(1:17을 보라). 그 사상은 마지막 커튼이 제치어져서 다양한 연기자들이 자신들의 참된 모습을 드러낸 연극의 개념과 유사하다 – 피조된 존재, 곧, 세상의 무대에서 자신들의 역할을 연출하고 있는 인간 연기자들을 열심히 지켜보고 있던 청중. 만약 그 유추를 강화시킨다면, 우리는 오직 몇몇 연기자들("하나님의 아들들")은 마지막 커튼 콜에 참여하게 될 것이고, 또 청중의 열성은 이들이 누구이고 또 그들이 경험하고 있는 이 전환이 무엇인지를 아는 것이라고 우리는 말할 수 있을 것이다(또한 5:19과 11:32을 알고 있을지라도). 휘오이 데우(*υἱοὶ θεοῦ*)에 대해서는 8:14을 보라: 물론 바울사상에서 "그리스도 안에" 있는 사람들은 이미 하나님의 아들이 되었고, 드러난 것은 그들의 신분이다. 그리고 하나님의 영광에 그들이 참여했다는 사실이 드러나게 될 것이다. 아페크데코마이(*ἀπεκδέχομαι*)는 바울에게서 6번 사용되었고(여기서 그 가운데 세 번이 사용되고 있다[19, 23, 25]), 이는 항상 그리스도인의 소망을 기다리는 열심에 관한 것이다(그리스도[고전 1:7, 참조. 빌 3:20]의 아포칼륖시스(*ἀποκάλυψις*)에 대해서, 의인의 소망에 대해서[갈 5:5], 양자[여기의 23절]에 대해서) – 독특한 바울적 사용은 다른 신약의 출현에서도 역시 반영되어 있다(히 9:28과 벧전 3:20)(*TDNT* 2:56).

20 "피조물이 허무한데 굴복하는 것은"(*τῇ γὰρ ματαιότητι ἡ κτίσις ὑπετάγη* – 테 가르 마타이오테티 헤 크티시스 휘페타게). 바울이 자신이 오로지 1:21에서만 사용했던 "허무"에 관한 개념을 다시 그리고 있는 것은 우연히 아니다. 왜냐하면 그리스도 안에서 또 그리스도를 통해서 하나님의 역사가, 1:18 이하에서 생생하게 묘사된, 인간의 곤경을 어떻게 바꾸어놓고 있는가를 보여주는 것이 정확히 바울 자신의 목적이기 때문이다. 그리고 1장에서처럼, 여기서 또한, 그 주된 비유는 아담 내러티브에 관한 것이다: 곧 행하도록 의도된 대로 기능하지 않는 대상의 무익에 관한 의미(기능이 마비되어 이제는 우주를 쓸데없이 떠돌아 다니고 있는 아주 값비싼 위성처럼)에서의 마타이오테스(*ματαιότης*), 더 정확하게 말하면, 의도되지 않은 비실제적이고 환상적인 역할이 주어진 무익한 대상이라는 의미에서의 마타이오테스(*ματαιότης*)에 관한 것이다. 인간의 무익이 자신이 독립적인 창조자라는 전제, 즉 자신이 피조물이라는 것을 인식하지 못한 실패인 것처럼, 창조된 피조물의 무익은 오직 인간과만 관련해서 알려진 존재이다(자기 자신만을 위해 사용하고 남용하는 인간). 또한 피조물의 허무(무익)는 하나님에 의해 질서 지어진 하나님의 피조물로서가 아니라 독자적으로 고유한 것으로 신성시하는 것이다(자연, 우주). 더 자세한 것은 1:21을 보고, 특히 Schlier와 Harrisville을 참조하라. 마타이오테스(*ματαιότης*)는 프도라(*φθορά*, 21절, 거의 대부분처럼)와 거의 동의어인 것으로 간주된다. 두 용어의 충분한 범주를 명심한다면 그렇다. 휘페타게(*ὑπετάγη*)는 특히 창세기 3:17-18과 관련해서 (하나님에 의해 주체가 되어지는) 신적인 수동태인 것으로 일반적인 동의가 있다.

"자기 뜻이 아니요 오직 굴복케 하시는 이로 말미암음이라"(*οὐχ ἑκοῦσα ἀλλὰ δια*

τὸν ὑποτάξαντα, ἐφ᾽ ἐλπίδι – 우크 헤쿠사 알라 디아 톤 휘포탁산타, 에프 엘피디). 어법이 어색하고 바울의 사상이 약간 꼬여있지만, 그가 주장하고자 결정하였던 설명을 제기하고 있다. 우크 에쿠사(οὐχ ἑκοῦσα)는 "피조물"에 관한 언급인데, 그 의미는 피조물이 아담의 실패의 당사자가 아니지만 그럼에도 불구하고 아담의 실패에 이끌려져왔다는 것을 분명히 암시한다(참조. 에스라4서 7.11; 더 자세한 것은 Str-B: 247-53; Balz, 41-45를 참조하라). 더 난해한 것은 디아(διά)구다. (1) 디아(διά)+대격(4격)은 그 지시대상이 아담이고(Zahn; Robinson, *Wrestling*, 102; Zeller; Byrne, *Reckoning*, 166-67; 참조. NJB), 동일한 동사가 시편 8:7의 상당한 암시 속에서 아담에 관해 사용되어지고 있다는 것을 시사한다(고전 15:27; 엡 1:22; 빌 3:21; 히 2:5-8; 벧전 3:22). 하지만 그 경우에 우리는 하나님이 주신 기능에 관해서가 아니라 아담의 실패에 관해 생각하거나(아담의 범죄로 인해), 그 구절이 보다 복합적이 되어야 했을 것이다(모든 것들을 주장하는 아담으로 인해). (2) 톤 휘포탁산타(τὸν ὑποτάξαντα)는 아주 분명하게 하나님에 관해 언급하고 있고 특히 시편 8:7에 비추어 그렇다. 하지만 그때에 우리는 그 전치사가 휘포(ὑπό)가 되거나 적어도 디아(δια)+속격(2격)("말미암아")으로 기대했을 것이고, 심지어 하나님에 관해 휘포타소(ὑποτάσσω)를 반복하는 것은 불필요한 것으로 보인다(Lagrnage와 Wilckens를 보라; 그리스도에 대한 언급[Barth, *Shorter*]은 그 사상을 너무나 지나치게 왜곡시킨다). 그러한 난제에 대한 이유는 바울이 아마도 꽤 복잡한 요지를 너무 간단하게 전달하려고 시도한 데에 있을 것이다: 하나님이 모든 것을 아담에게 맡겼고, 이것은 피조물이 타락한 아담에게 종속되는 것을 포함하며, 아담의 타락을 공유하게 되는 것을 포함한다. 휘포타소(ὑποτάσσω)의 반복은 피조물의 현재의 상태가 기회와 운명의 결과가 아니라 하나님에 의해 의도적으로 그렇게 질서지어졌다는 것을 강조하는 더욱더 발전된 결과를 갖는다(참조. Michel) – 정확하게 말한다면, 그것이 하나님의 다스리심의 끝이 아니라 하나님의 과정이기 때문이며, 또 죄에 대한 자기 파괴를 물리치고 멸망시키며, 피조물을 하나님의 회복된 자녀를 위한 환경으로 적절히 기능하도록 회복시키는 수단이기 때문이다. 따라서 에프 엘피디(ἐφ᾽ ἐλπίδι)이다. 그 형태에 관해서는 BDF, §14 그리고 엘피스(ἐλπίς)에 대해서는 4:18과 8:24을 보라. NEB는 현명하지 않게 앞선 문맥에 대한 에프 엘피디(ἐφ᾽ ἐλπίδι)의 연관성을 약화시키고 있고, NJB는 놀랍게도 "소망"의 주제를 완전히 잃어버리고 있다.

21 방금 주목한 것처럼, 바울의 사상은 구속된 사람으로 하여금 적절한 환경을 갖도록 하기 위해서 피조물 그 자체도 구속되어야 한다는 것을 분명히 하고 있다.

아담 모티브가 여전히 강력히 담겨 있다. 바울의 기독론적인 뉘앙스는 구속된 피조물이 형제들과 제휴하여 있는(29절) (마지막) 아담(고전 15:27; 빌 3:21)에 종속되어는 것으로 의도되어진 역할을 성취할 것임을 말한다.

"왜냐하면 피조물 그 자신도"(*ὅτι καὶ αὐτὴ ἡ κτίσις*－호티 카이 아우테 헤 크티시스). 카이(*καὶ*)와 아우테(*αὐτὴ*)를 둘 다 사용한 것이 그 요지를 강조하고 있다: 피조물이 구속되어 있지 않으므로, 구속되어야 한다는 것이다. 부활의 소망이 부활한 몸의 소망인 것처럼, 부활의 생명이 완전한 피조물의 일부가 될 것이다. 바울은 여기서 다양하게 표현된 전형적인 유대 종말론적 소망의 양상을 분명히 선택하고 있다: 마지막 시간(Endzeit)은 가장 중요한 시간(Urzeit)에 대한 유추일 것이다(곧 마지막 시간=가장 중요한 시간). 바울 이전의 문헌 속에서는 우리는 단순히 사 11:6-9; 65:17, 25; 66:22; *Jub.* 1.29;23.26-29; 에녹1서 24-25; 91.16-17; Philo, *Praem*, 88- 90; T. Levi 18.10-11; *Sib. Or.* 3.788-95를 언급할 수 있다(더 자세한 것은 Str-B 3:248, 253-55을 보라). 1세기 다른 기독교 문헌들에 대해서는 특히 행 3:21과 계 21장을 참조하라. 그러나 또한 8:29을 보라.

"썩어짐의 종노릇에서 해방되어"(*ἐλευθερωθήσεται ἀπὸ τῆς δουλείας τῆς φθορᾶς*－엘류데로데세타이 아포 테스 둘레이아스 테스 프도라스). 해방에 관한 주제가 다시 나타나는 것은 분명히 의도적이다: 그것은 죄로부터의 해방에 관한 이야기를 생각나게 하고(6:18, 22), 율법으로부터의 해방에 관한 이야기를 상기시킨다(7:3; 8:2). 또 그것은 아담 시대의 특징을 상호적으로 강화시키는 것으로서 그 모든 것들을 함께 묶어준다. 따라서 여기에서 환경의 상태는 15절에서 사용된 것과 동일한 단어인 둘레이아(*δουλεία*)로 요약되는데, 즉 그것은 피조된 질서에 대한 모든 용인될 수 있는 부정적인 함축을 담고 있다. 이 노예성은 프도라(*φθορά*)로 더 자세히 규정된다－왜냐하면 자연적인 질서의 불가피한 특징은 부패하는 것이기 때문이다(BGD를 보라; Jones, 132처럼, 단지 "일시적인 것이 아니다"). 그 사상은 헬라 청중들에게는 익숙하였을 것이다(1:23을 보라). 그러나 바울에게 있어서 프도라(*φθορά*)는 단순히 물질적인 것과 동의어가 아니다. 육체에 따라 살아가는 사람도 역시 프도라(*φθορά*)로 고통을 당할 것이다(갈 6:8; 더 자세한 것은 7:5에서 사르크스[*σάρξ*]를 보라)(하지만 프도라[*φθορά*]는 분명히 도덕적인 부패의 의미로 취해서는 안 된다; Lagrange를 보라). 그리고 여기서의 관점은 신자들이 부패로부터 해방될 뿐만 아니라(고전 15:42, 50) 피조물도 역시 해방될 것이라는 것이다(참조. 제4에스라 13.26). 놀라울 정도는 아니지만 말시온은 18-22절을 생략했다(Lietzmann).

"하나님의 자녀들의 영광의 자유에 이르는 것이니라"(*εἰς τὴν ἐλευθερίαν τῆς δόξης τῶν τέκνων τοῦ θεοῦ* – 에이스 텐 엘류데리안 테스 독세스 톤 테크논). 자유에 관한 의미를 반복한 것은 바울의 구원론의 주요한 범주 중 하나로 그것을 재강조시킨다. 여기에서는 분명히 신자들뿐만 아니라 피조물에 대한 미래에 있을 자유가 고려되고 있다(하나님의 영광의 몫을 들어갈 자유[Jones, 132]). 결과적으로 여기서 자유를 사용한 것은 죄와 율법, 부패와 사망의 복잡한 헤게모니로부터의 해방에 관한 종말론적인 긴장의 보다 상세한 실례이며, 그 자유는 이미 시작되었지만 아직은 완성되지 않은 것이다 – 말하자면 아직은 부패의 환경 아래서 살고 있는 자유일 뿐이다. 따라서 22-23절을 보라. 마지막으로 독사(*δόξα*)가 나타나고 있는데, 이는 하나님이 인간으로 하여금 영광으로 관을 쓰게 함으로써 하나님의 본래의 창조적 목적을 완성시킬 때까지는 하나님의 목적이 아직 완성되지 않았다는 것을 강조하고 있다(시 8:5; 특히 제4에스라 7.96-98을 참조하라).

22 "우리가 아나니"(*οἴδαμεν γὰρ ὅτι* – 오이다멘 가르 호티). 2:2을 보라. 그 호소는 초대 기독교 성도들 안에 적지 않게 디아스포라의 사람들을 포함하여 유대 묵시적 전통을 폭넓게 알았고 사용했다는 것을 함축한다.

"피조물이 다 이제까지 함께 탄식하며 함께 고통하는 것을"(*πᾶσα ἡ κτίσις συστενάζει καὶ συνωδίνει ἄχρι τοῦ νῦν* – 파사 헤 크티시스 수스테나제이 카이 수노디네이 아크리 투 눈). 이전의 크디시스(*κτίσις*)에 관한 바울의 사용이(8:19을 보라) 아무리 포괄적일지라도, 여기서 주로 염두에 두어진 것은 비인간적인, 말하자면, 생기가 없는 피조물이다. 두 복합동사 속에 있는 순(*συν*)은 그리스도에 관해 언급하는 것이 아니다(17절에서처럼). 그것은 바울이 신자들에게로 국한하고 있는 용법이다. 이 모든 고통들이 상호 연관된 것으로 바울이 생각하고 있을지라도 말이다(23절). 또한 그것은 신자들과 함께 나누는 고통에 관해 언급하고 있는 것이 아니다. 그러한 사상은 23절에 처음으로 소개된다. 이것은 분명히 기독교적인 것은 아니고(아래를 보라), 모든 피조물이 참여하고 있는 고통, 즉 "우리와 함께"라기보다는 "더불어" 탄식하는 것에 관해 대체로 언급하고 있다(따라서 대부분이 자주 Theodore of Mopsuestia를 인용한다: 피조물은 이러한 숨포노스[*συμφώνως*]를 한다; SH에서의 인용). 쉬미탈스(Schmithals)는 피조물로부터 피하기보다는 같이 탄식하는 사상이 얼마나 이원론적이 아닌가를 주목한다(*Anthropologie*, 158). 또한 Leenhardt의 보다 광범위한 묵상을 살펴 보라.

수스테나조(*συστενάζω*)는 매우 드물지만 그렇다고 비자연스러운 구성은 아니다

(BGD; *T. Iss.* 7.5를 읽어라). 자연에 대한 그러한 생동감 있는 의인화는 유대 작품의 보다 시적인 어조의 전형이다(예를 들어, 욥 31:38; 사 24:4; 렘 4:28; 합 3:10; 1QH 3.32-33를 참조하라; Hommel은 Virgil, *Eclogue*, 4.50-52과 비유한다). 바울은 이 단락에서 반복되는 모티브로서 "탄식하여"를 사용하고 있다. 더 자세한 것은 8:23과 8:26을 보라. 수노디노(*συνωδίνω*)는 마찬가지로 흔한 것은 아니지만, 동일하게 자연스러운 것이다(LSJ). 출산 고통의 비유는 새로운 사물의 질서로 귀결되는 고통과 고뇌의 기간에 대한 묘사를 포착하는데 아주 자연스럽다. 결과적으로 고통과 발전이 강력한 종말론적인 뉘앙스를 갖고 있는 것으로 보여지는 구절에서 그 비유가 자주 나타나는 것은 놀라운 일이 아니다(사 13:8; 21:3; 26:17-18; 66:7-8; 렘 4:31; 22:23; 호 13:13; 미 4:9-10; 1QH 3.7-18). 기독교(막 13:8 par.; 요 16:21; 행 2:24; 살전 5:3; 계 12:2)와 묵시적이고 랍비적인 유대교(에녹1서 62.4; 에스라4서 10.6-16; Str-B 1:950)가 그러한 비유를 더욱더 취하고 있다(또한 Kuss, 630-33을 보라). 그 비유들은 보다 넓은 헬라 사상에서 상당히 흔한 일이었다(LSJ, *ὠδίνω, ὠδίς*; BGD, *συνωδίνω*; *TDNT* 9:667-68을 보라). 하지만 그런 헬라사상에는 유대-기독교 전통의 특징이 되는 종말론적인 논조를 결여하고 있다(참조. Schmidt, 그리고 더 자세한 것은 8:18과 8:23을 보라).

그러한 강력한 종말론적인 문맥에서 마지막 구의 눈(*νῦν*)에 그것의 충분한 종말론적인 의미를 주어야 한다(3:26을 보라) – 18절의 단순히 "이 때"(현재)가 아니라(Wilckens), 구원의 과정이 실현되고 있는 종말론적인 구원의 "이제"(이 때)이다(참조. 3:21; 7:6; 8:1). 이는 새로운 시대의 우주적 탄생의 약속을 주는 현재의 고통이다(참조. Barrett, Käsemann).

23 "이뿐 아니라 또한"(*οὐ μόνον δέ, ἀλλὰ καί* – 우 모논 데, 알라 카이). 5:3을 보라.

"우리 곧 성령의 처음 익은 열매를 받은"(*αὐτοὶ τὴν ἀπαρχὴν τοῦ πνεύματος ἔχοντες* – 아우토이 텐 아파르켄 투 프뉴마토스 에콘테스). 프뉴마 에케인(*πνεῦμα ἔχειν*)에 대해서는 8:9을 보라. 에콘테스(*ἔχοντες*)는 양보적(우리가…갖고 있을지라도 신음한다)이기보다는 원인적인(우리가…갖고 있기 때문에 신음한다) 것으로 취하는 것이 더 좋다. 대부분의 사람들은 이 속격이 설명적 보족어("성령이 되는 첫 열매")라는 것에 동의한다. 왜냐하면 그것이 가장 자연스럽게 이미 언급한 것(9, 11, 15절)과 일관성을 갖기 때문이다. 덜 그럴듯한 대안에 대해서는 Cranfield를 보라.

바울과 그의 독자들에게서 아파르케(*ἀπαρχη*)는 희생의 첫 소산을 드리는 것을 주로 의미했을 것이다(LSJ, BGD). 희생적인 뉘앙스를 거부하는 케제만(Käsemann)은 8:3에서 주목했던 제의적 희생의 범주에 관한 혐오를 반영한다. 하지만 그 비유가 알라본(ἀρραβών)과 유사한 영향을 갖는 것으로 사용될지라도, 알라본(ἀρραβών)으로부터 단순히 설명을 해서는 안 된다(반대로는 Lietzmann). 그리고 그 용어를 모든 첫 소산에 사용할 수 있을지라도(예를 들어, 장자 – 시 105[70인경 104]:36; 양과 가축의 산물 – 신 12:6; 재물의 첫 헌물 – 출 25:2-3; 첫 번째 가루반죽 – 롬 11:16; 그리고 확대하면, 첫 개종자 – 16:5; 고전 16:15; 살전 2:13; 참조. 약 1:18과 계 14:4), 지배적인 이미지는 추수, (문자적으로는) 포도즙 짜는 기구와 타작마당의 첫 열매(출 22:29[70인경 28]; 23:19; 레 2:12; 23:10; 민 15:20; 18:12, 30; 신 26:2; 대하 31:5; 느 10:37, 39[2 Esd 20:38, 40]; 말 3:8; Jud 11:13)에 대한 언급이다. 게다가 여기서 성령이 고려되고 있다는 사실은 바울과 그의 유대 독자들에게서 추수의 사상을 가장 그럴듯하게 반영하고 있다: 오순절(the Feast of Weeks)은 추수의 첫 열매의 주된 축제(출 23:16; 34:22; 신 16:9-12; Philo, *Spec. Leg.* 2.179; R. de Vaux, *Ancient Israel*, 2d ed.[London: Darton, 1965], 490-91)였다. 그리고 오순절과 성령의 첫 충만이 결합된 것은 아마도 이미 초기 기독교인들의 기억에서 확립되었다(행 2장; Dunn, *Jesus*, 139-42; 또한 *NIDNTT* 2:874-85). 따라서 NEB는 "거둘 추수의 첫 열매"로 번역하고 있다. 이 비유는 몇 가지 함축적인 의미를 수반한다. (1) 첫 열매는 추수의 첫 번째 단 묶음이다(또는 그것들로부터 만들어진 첫 덩어리다 – 민 15:20; Philo, *Spec. Leg.* 2. 179). 따라서 추수는 시작되었다. (2) 추수는 전체이고, 그것에 대해 첫 열매는 첫 번째 작은 부분이다. 이 경우에 전체는 몸의 부활, 곧 죽은 자가 부활한 추수이다(고전 15:20, 23). (3) 첫 열매는 전체의 일부이다. 따라서 성령의 은사, 신자들 속에서의 성령의 역사 그리고 부활의 마지막 산물간의 연속성이 있다 – 소마 프뉴마티콘(σῶμα πνευματικόν, Dunn, *Baptism*, 150)간의 연속성이 있다. 다시 한번 분명한 종말론적인 논조를 간과해서는 안 된다: 그리스도의 부활(고전 15:20, 23)에 의해 시작된 마지막 추수(사 27:12; 요엘 3:13; 마 3:12// 눅 3:17; 갈 6:8)가 이미 진행중이다. 자유인의 "출생증명서"로서의 아파르케(ἀπαρχή, LSJ와 BGD에서 가능한 것으로 제시된)의 의미는 22절의 다른 출생 비유에 비추어 볼 때에 분명한 매력을 갖지만, 사실상 그 사상은 약간의 혼란을 던질 수 있다 – 산고가 여전히 진행중일 때에 벌써 출생증명서가 발행되었다!

"우리까지도 속으로 탄식하여"(ἡμεῖς καὶ αὐτοὶ ἐν ἑαυτοῖς στενάζομεν – 헤메이스 카이 아우토이 엔 헤아우토이스 스테나조멘). 아우토이(αὐτοί)의 반복은 "지극히 강조적"이며(Cranfield), 뒤이어지는 엔 헤아우토이스(ἐν ἑαυτοῖς)와 더불어 더욱 더 그렇다. 몇몇 주석가들 일부에서 그것의 가장 명확한 의미로 엔(ἐν)을 제공하는데 이상한 꺼림이 있어 왔다. 따라서 그들은 일단 외부인이 축출을 당하면, 그들의 공동의 고민에 벗어날 수 있는 회중의 개념을 포함하여 "우리들 사이에서", 또는 "우리들 자신과 관련해서"임을 암시한다(특히 Michel, 270 n.22를 보라). 하지만 시대들 사이에 겹쳐서 살아가는 종말론적인 긴장에서의 (전반적으로) 각각의 신자들의 좌절에 관한 내적인 의미가 가장 분명한 언급을 갖는 것으로 보이며, 특히 26절과 고린도후서 5:2, 4과의 유사성에 비추어 볼 때에 그렇다(또한 Murray, Cranfield, Kuss, Schlier) – 즉 "우리의 마음속에"(5:5; Schmidt). 더 자세한 것은 8:26을 보라. 여기서 참으로 탄식은 전적으로 7:24에서의 좌절의 외침의 일부이다(참조. Michel). 케제만이 인식한 것처럼, 성령은 이러한 긴장으로부터 면제시켜주지 않는다. 하지만 케제만은 통찰력 있는 논리를 따르지는 못하고 있는데, 말하자면 7:24a에 대한 8:2의 관계의 이해가 8:23을 고려할 필요가 있는데 말이다(또한 8:10을 보라). 다소 특이하게 웰켄스는 8:23을 "7:24의 외침에 대한 온전하고 종말론적인 응답"으로 8:23을 묘사한다. 하지만 성령이 7:14-25에서 없는 긍정적인 요소를 분명히 제공하고 있는 반면에 그것은 동일한 좌절의 의미가 있는 것으로 보이는 것에서 성령의 임재를 표현하고 있다: "우리가 성령을 갖고 있기 때문에 탄식한다"(위의 에콘테스[ἔχοντες]를 보라). 더 자세한 것은 7:24과 8:10을 보라.

"탄식"(στενάζομεν – 스테나조멘)의 모티브를 두 번째로 사용하고 있는 것은 22절의 피조물의 탄식을 상기시키기 위해서 물론 의도적으로 계획되었고(συστενάζει – 수스테나제이), 피조물의 종말론적인 고난에 신자들이 참여하고 있다는 것을 강조한다. 다시 한번 성령이 그러한 긴장으로부터 자유케 할 수 없고, 오히려 실제로 성령이 그 긴장을 발생시키고 적어도 그 긴장을 강화시키며, 또 더욱더 고통스러운 표현을 가져오게 한다는 요지를 강조할 필요가 있다. 더 자세한 것은 8:26을 보라. 일련의 헬라 사상, 특별히 허메틱(Hermetic) 문서와 나센 찬송(Naasene)에서 예증으로 들 수 있는 평행들은(예를 들어, *TDNT* 7:602) 더욱더 이원론적이며, 또 종말론적인 특징을 덜 가지고 있다 – 물질 세계와 몸의 구속(감옥)으로부터 구원을 얻기 위한 영혼의 탄식(Wilckens, 2:150). 필로는 이 점에서 헬라 사상의 영향을 보여준다(*TDNT* 7:600-601). 바울 속에서는, 대조적으로, 그 이분법이 "나"(자아)로 말미암아 오고 있으며("나"와 몸/육체 사이의 이분법이 아니다; 7:14을 보라), 구원은 창조의 시작에서부터 추구되어왔고 이제는 거의 그 완성에 다가선 하나님의 거룩한 목적에 대한 절정으로서 (몸을 포함하여) 물질적인 피조계도 포함하고 있다(또한 8:22을 보라).

"양자 될 것 곧 우리 몸의 구속을 기다리느니라"(*υἱοθεσίαν ἀπεκδεχόμενοι, τὴν ἀπολύτρωσιν τοῦ σώματος ἡμῶν*－휘오데시안 아페크데코메노이, 텐 아포루트로신 투 소마토스 헤몬). 휘오데시아(*υἱοθεσία*)에 대해서는 8:15을 보라. 아페크데코마이(*ἀπεκδέχομαι*)에 대해서는 8:19을 보라; 바울이 "추론하다"라는 또 다른 의미를 의도하였다고 하는 것은 19절과 25절에서의 그것의 사용에 비추어 볼 때에 거의 가능성이 없다(반대로는 Swetnam). 그러한 중요 단어의 반복은 분명히 의도적이다(양식과 구조를 보라). 성령을 가진 것이 그리스도인의 열심히 기다리는 것을 피조물의 기다림과 구분시켜준다(19절, Nebe, 89-90). 이 시점에서 피조물에 속해 있는 "하나님의 아들들"이 신자들 안에 있는 성령의 역할과 유사한 역할을 하고 있다고 말할 수 있을지라도 말이다. 바울은 이미(Already)에 관해 양자/아들됨의 은유를 사용할 때, 구원에 관한 아직 아닌(Not yet)의 양자/아들됨의 은유를 사용함에 있어서 모순을 보이지 않는다(그리고 동등하게 강조적인 용어에 있어서도 그렇다)(14-17절; 반대로는 Benoit와 Fitzmyer[원문주해를 보라]; Kuss는 법률적인 은유가 발전과 완성의 사상에 얼마나 방해를 하는가를 주목하지만 정당하게 1:3-4과 비교한다). 주석가들은 양쪽 전반에 대한 바울의 강조에 따른 용어들의 강력함으로 인해 잘못 인도되지 않도록 조심할 필요가 있다. 휘오데시아(*υἱοθεσία*)가 관련되어 있고 서로 의존하고 있다는 사실은 양쪽의 경우에 성령을 주목해야 할 필요가 있고, 성령은 분명히 바울 사상의 이미/아직 아닌에 열쇠가 된다(Dunn, *Jesus*, 310-12). 다소 놀라울 정도로 유사한 사상의 흐름에 대해서는 요한일서 3:1-3을 보라. 아폴루트로시스(*ἀπολύτρωσις*)에 대해서는 3:24을 보라. 투 소마토스 헤몬(*τοῦ σώματος ἡμῶν*)으로 "구속"을 구체화시킨 것은 바울 문헌의 아폴루트로시스(*ἀπολύτρωσις*)에 관한 이런 출현의 독특한 특징이기도 하다(참조. 엡 1:14). 분명히 유대-기독교는 전체적인 개념이다: 리츠만(lietzmann)은 우리 몸으로부터의 구속으로*부터* 번역할 때에 보다 특징적인 헬라적 이원론과의 차이를 주목하지 못하고 있다. 소마(*σῶμα*, 환경에 인간의 몸의 참여)와 사르크스(*σάρχ*, 그 환경과 사회에 대해 인간이 속해 있고 의존하는 것) 사이에 바울의 구분을 여기서 염두에 둘 필요가 있다(참조. 고전 15:44, 50). 이는 여기서 소마(*σῶμα*)가 6:6과 7:24의 소마(*σῶμα*)와 첨예하게 구분되는 것이 아님을 또한 의미한다(올바르게는 Nygren; 반대로는 Schlier): 그것은 이 시대 자체가 전반적인 창조와 더불어 새로운 환경, 곧 다른 구현이 가능하게 되는 새로운 환경으로 변화되어질 때에 오직 전환될 수 있는 이 시대에서의 동일한 구현이다. 이 모든 것에는 "썩어짐의 종노릇"–21절, "몸의 행실"–13절을 포함한다(소마 프뉴마티콘[*σῶμα πνευματικόν*]–고전 15:44; 빌 3:21). 롤린스(Rollins, 109)는 여기서 소마(*σῶμα*)가 소마=종의 사용을 반영한다고 주목한다. 특히 마카비2서 8:11과 계 18: 13을 참조하라.

24 "우리가 소망으로 구원을 얻었으매"(*τῇ γὰρ ἐλπίδι ἐσώθημεν*–테 가르 엘피디 에소데멘). 엘피스(*ἐλπίς*)에 대해서는 4:18을 보라. 여격(3격)이 도구적으로 취해져야만 한다는(소망으로 **말미암아** 구원되었다) 보다 오래된 관점(예를 들어, 지금도 여전히 Zahn과 Schlatter는 그렇게 주장하고 있다)은 이제는 거의 지지를 얻지 못하고 있다–형태적이거나 연합적인 여격이 더 많이 선호되고 있다(환경과 방식을 수반하는 것을 지칭하는[BDF, §198]; Lagrange, Wilckens n.696을 보라). 소조(*σῴζω*)에 대해서는 5:9을 보라. 여기서 부정과거는 이전의 그리고 주요한 바울 서신서에서도 의외이고 독특하다(Schlier는 그것을 평범한 것으로 여기지만 오직 엡 2:5, 8; 딤후 1:19; 딛 3:5만을 언급할 뿐이다). 그러나 사실상 부정과거의 특이성은 엄격한 여격의 부재를 설명해주는 것이며, 그 둘이 존재하는 것은 서로를 제한하고 있음을 분명히 의미한다: 바울은 부정과거를 하나님의 목적과 권능에 굳건한 확신을 갖는 것처럼 기독교인의 소망의 본질 때문에 사용할 수 있다(이는 빈약한 진술이 아니다="우리는 구원받을 것을 소망한다"; 다시금 4:18을 보라). 하지만 부정과거적 확신에도 불구하고 소망하는 완전한 구속(23절)은 여전히 두드러진다. 소망과 관련되는 한 우리는 이미 구원을 받은 것이다. 하지만 소망 그 자체는 구원의 완성이 아니다. 종말론적인 긴장의 이미와 아직 아닌 간의 이루어진 균형이 이 한 구절 속에서도 뚜렷하게 나타난다. 성령의 경험에 관해 아주 많은 강조가 항상 추구하는 일종의 열성적인 경향에 반하여 바울이 이 주장을 펴는 것으로 보인다. 하지만 케제만과 쉬미탈스(Schmithals, Anthropologie, 150)는 그런 요지를 아주 확신 있게 전제하고, 반면에 윌켄스(2:156)는 그 본문에서 그것에 관해 아무것도 발견하지 못하며, 바인드맨(Bindemann, 30)은 뚜렷한 논증이 없음을 주목한다. 하지만 더 자세한 것은 8:26을 보라.

"보이는 소망이 소망이 아니니 보는 것을 누가 바라리요"(*ἐλπὶς δὲ βλεπομένη οὐκ ἔστιν ἐλπίς ὃ γὰρ βλέπει τίς ἐλπίζει*–엘피스 데 블레포메네 우크 에스틴 엘피스 호 가르 블레페이 티스 엘피제이). 부정과거시제의 성격과 특징(*ἐσώθημεν*–에소데멘)이 강조되어진다. 보여지는 것과 보여지지 않는 것/볼 수 있는 것과 보지 못하는 것 사이의 구분이 헬라 철학의 특징이다(1:20을 보라; 볼 수 있는 모든 것은 일시적이다). 하지만 여기서 그 사상은 합리적인 차원에서 오직 감지할 수 있는 그러한 볼 수 있는 세계에 관한 것이 아니다. 여기서 (함축된) 특징은 오히려 유대적 (그리고 기독교적)인 종말론의 구조 안에서 설정되어 있다(Nebe, 91; 반대로는 Baumgarten, 176을 보라. 그는 묵시적 전통에 관한 바울의 비판적인 해석이 여기서 "반묵시적"이 되었다고 생각한다): 보여지지 않은 것은 아랫것과는 구분되는 영원한(정적인) 특징을 갖는 상층의 세계라기보다는 앞으로 진행하는 역사의 맨 끝에 있는 미래의 세계이다. 특히 고후 4:18, 5:7 그리고 벧전 1:8-9; 또한 히 11:1을 참조하라. 로마서 4:18-22은 바울에게 있어 "믿음"과 "소망"이 종종 제기되는 것처럼 그렇게 명백하게 구분되는 것이 아님을 보여주기 때문이다. 아마도 "인내"로서 바라는 사람들(이방인과 유대인)과 보이는 것에 지나치게 믿음을 두는 사람들(*ἐν τῷ φανερῷ ἐν σαρκί* – 엔 토 파네로 엔 사르키)(2:7, 28)을 2장에서 대조시키고 있는 휘포모네(*ὑπομονή*)를 여기서 반영하고 있다. Blutmann, *TDNT* 2:531 그리고 Gaugler는 더 발전적으로 일반화시킨다: "보이는 모든 것은 어떤 소망도 둘 수 없는 사르크스(*σάρξ*)의 영역에 속한 것이다."

25 "만일 우리가 보지 못하는 것을 바라면 참음으로 기다릴지니라"(*εἰ δὲ ὃ οὐ βλέπομεν ἐλπίζομεν, δι' ὑπομονῆς ἀπεκοδεχόμεθα* – 에이 데 호 우 블레포멘 엘피조멘, 디 휘포모네스 아페크데코메다). 휘포모네(*ὑπομονή*)에 대해서는 5:3을 보라. "인내"에 관한 언급은 바울의 사상이 5:3-5에서와 동일한 노선(고난, 소망, 성령)을 따라 움직이고 있다는 것을 확인시켜준다: 고통의 문제에 관한 바울의 신학적인 묵상은 확고한 요지가 있는 설정된 개요를 분명히 제공해 주었다. 아페크데코마이(*ἀπεκδέχομαι*)는 일곱 구절에 걸쳐 세 번이나 나타난다(19, 23, 25). 그 인내는 은유적이거나 금욕적인 고통의 기간에 관한 것도 아니요, 또한 (단순히) 고통의 탄식이나 사려 깊지 못한 열정이 아니라 열심히 기다리고 애절한 자세를 갖고 인내하는 중간 시기를 특징짓는다(참조. Beker, "Suffering," 108). 기독교적인 시각은 현재의 좌절에 의해 결정되는 것이 아니라 미래의 소망에 의해 결정된다. 이것으로써 우리는 23절의 탄식(7:24의 외침과 같이)은 좌절에 관한 것이지 낙망에 관한 것이 아님을 알 수 있다. 성령의 이미 속에 역시 뿌리를 내린 인내의 논조가 이 구절의 결론을 주고 있는데, 이는 지속저인 묵시적 특징을 갖고 있지만, 놀라울 정도로 비묵시적인 결론이다(하지만 다시금 "반묵시적"이지는 않다 – Bindemann, 32).

26 "이와 같이"(*ὡσαύτως δὲ καί* – 호사우토스 데 카이). 막 14:31; 눅 20:31; 딤

전 5:25 v. l.(BGD)를 참조하라. 그 언급은 분명히 23절로 돌아가고 있고 프뉴마($\pi\nu\epsilon\hat{\upsilon}\mu\alpha$)가 직접적인 연결어다. 그 구절 자체는 비교되고 있는 현상들이 얼마나 밀접하게 유사한지를 상술하고 있지는 않다. 따라서 "유사하게, 마찬가지로" 등으로 불명확하게 번역하는 것은 상당히 일리가 있다. 하지만 적어도 그 구문은 23절에서의 탄식이 성령의 현존에 관한 표현의 일부이고(즉 종말론적 긴장의 근본적인 특성), 단순히 유감스럽거나 우발적인 부산물이 아님을 함축하고 있다.

"성령도 우리 연약함을 도우시나니"(*τὸ πνεῦμα συναντιλαμβάνεται τῇ ἀσθενείᾳ ἡμῶν*-토 프뉴마 수난티람바네타이 테 아스테네이아 헤몬). 본 동사는 고대 세계에서 "참여하다, 지원하다, 거들다, 원조하다"는 의미로 상당히 잘 알려져 있었다. 물론 "관심을 갖다"는 충분히 강력한 것으로 보이지 않는다(LSJ, BGD, MM, *NDIEC* 3:68). 70인경의 세 가지 출현(또는 네 가지 출현) 가운데 두 가지가 70명의 장로들의 임명으로 인해 모세에게 주어진 지원에 관해 언급한다(출 18:22; 미 11:17; 유일하게 다른 신약의 언급인 눅 10:40을 참조하라). 무게나 짐을 나누거나 전이시킴으로써 책임과 의무를 분담하는 의미가 그 용어의 구조 자체와 연관되어 있다. 하지만 순(*συν*)은 "더불어, 함께"라는 의미에서보다는 강조로 자주 취해진다(예를 들어, Cranfield, Wilckens). 우리의 연약함에 부과된 짐을 덜어주는 성령의 이미지가 꽤 생생하게 보인다(참조. 시 89:21[70인경 88:22]). 8:3에서처럼 아스데네이아(*ἀσθένεια*)라는 개념은 이 시대의 인간의 상태를 나타내며, 말하자면 인간의 피조물됨, 즉 초월적인 지원을 받을 필요를 갖는 인간을 함축하는 모든 것이 들어 있는, 창조주가 아닌, 피조물을 나타낸다(8:3을 보라). 바울은 단순히 "외적인 유혹"(Käsemann)에 대한 신자들의 노출이나 그와 같은 유혹에 대한 신자들의 기도하지 못함(Cranfield, Kuss; 원문주해를 보라)을 고려하고 있는 것만이 아니라, 신자가 여전히 갖고 있고 기도의 무능력을 나타내는 전체적인 인간의 상태(몸의 부패성, 육신의 도태)를 고려하고 있다.

"우리가 마땅히 빌 바를 알지 못하나"(*τὸ γὰρ τί προσευξώμεθα καθὸ δεῖ οὐκ οἴδαμεν*-토 가르 티 프로슈소메다 카도 데이 우크 오이다멘). 관사 토(*τό*)는 전체 절을 오이다멘(*οἴδαμεν*)의 목적어로 만든다(SH, Lagrange; 참조. 13:9; 갈 5:4; 엡 4:19; 살전 4:1). 대격 티(*τί*)는 누가복음 18:11에서처럼, 사용되어진 언어들이라기보다는 위해서 기도한 것들(참조. 막 11:24; 빌 1:9; 참고문헌을 갖는 BGD)을 나나내어, 보다 자연스럽게 복수로 쓰여질 수 있었다("어떤 것들=기도 속에서 말한 것들")(참조. Cranfield; 다른 경우로는 Wilckens). 그것은 그들이 위해서 기도하기를 원했지만 그것을 표현하지 못한 것을 쭉 알고 있는 신자들의 실패를 단순히 말하는 것이 아니라, 양 시대에 속한 혼란과 좌절의 척도는 그들이 자신들을 위한 하나님의 뜻과 자신들의 사회적 상황이 무엇인지를 알지 못하고 있다는 것이다. 아주 멋지게 양면적일지라도, "우리는 기도하는 방법을 알지 못한다"(RSV처럼, 또한 NEB, NJB도 마찬가지다; Cranfield 속에 있는 여타의 것들)는 번역은 충분한 의미를 포착하지 못한 것이다. 하지만 말들을 하지 못하는 무능력은 그 구절의 전반부보다는 후반부에 더 요지가 있다. "기도하다"라는 동사의 주된 의미가 어떤 것을 위해 "기도하다"라는 것은 의미가 없는 말은 아니다. 기도는 이기적인 요청의 시행으로 인식되어질 수 있는 것이 아니다. 오히려 기도는 모든 선한 것을 위해 창조주에게 피조물이 의존하는 것을 특징적으로 나타내는 것이다(특별히 Gaugler을 보라). 카도 데이(*καθὸ δεῖ*)는 스토아적인 외침을 갖고 있다(참조. Epictetus 2.22.20; 3.23.21; 마카비4서 7.8). 따라서 "적절한 것으로서"(BGD, *δεῖ* 6)로 번역되어질 수 있다. 그러나 그것은 하나님의 뜻의 거룩한 질서의 의무를 표현하는 강력하게 단일신적인 유대 기독교 전통 안에서도 동등하게 사용될 수 있다(참조. 마카비2서 6:20; 딤후 2:6, 24). 그 진술은 하나님께서 그의 피조물들을 위한 목적을 갖고 계시고 있다는 바울의 강력한 종말론적인 확신의 배경 가운데 설정되어 있는데, 말하자면 피조물은 끊임없이 (거의) 절정으로 향해 나아가고 있고, 기도 속에서 신자들의 열망은 하나님의 진행중인 목적에 자신들의 삶을 맞추어야 한다는 것이다. 카도 데이(*καθὸ δεῖ*)가 여기서 27절의 카타 데온(*κατὰ θεόν*)과 다소간에 동의어적이라는 것은 일반적으로 인정된다.

"오직 성령이 친히 간구하시느니라"(*ἀλλὰ αὐτὸ τὸ πνεῦμα ὑπερεντυγχάνει* – 알라 아우토 토 프뉴마 휘페렌투그카네이). 여기서 토 프뉴마(*τὸ πνεῦμα*)는 분명히 하나님의 영을 의미한다. 그렇지 않다면 27절의 첫 두 구절들은 동어반복이 될 것이고, 여하튼 (27절의) 두 번째 구절은 6절을 반영한다(SH를 보라). 이것은 확실히 종말론적인 긴장의 놀라움이자 매서움이다: 성령은 하나님과 인간간의 적절한 대화를 유지하지 못하는 신자들의 전반적인 무능력을 근절시키거나 바꾸지 않으신다. 오히려 성령은 그러한 무능력 속에서도 그 무능력을 통해 역사하신다. 접두사가 없는 형태는 아주 충분히 잘 알려져 있을지라도 그 동사가 사용되어진 첫 번째 기록이다(8:27을 보라). 그리고 그 형태는 대단히 자연스럽다. 중보자로서의 성령에 관한 개념은 유대교 내에서 이미 잘 발전된 모티브, 특히 천사적인 중보자들(예를 들어, 욥 33:23-26; Tob 12:15; 에녹1서 9.3; 15.2; 99.3; 104.1; *T. Levi* 3.5; 5.6-7; *T. Dan* 6.2; 더 자세한 것은 *TDNT* 5:810-11; Obeng, "Paul," 361을 보라)에 대한 기독교적인 발전인 것으로 보인다. 이 경우에 그 사상은 하늘에서의 중보에 관한 것이다. 하지만 "천사"와 "성령"은 이 당시의 유대 사상에서 거의 동의어다(예를 들어, 에녹1서 15.4, 7; *Jub.* 1.25; 1QH 1.11; 행 8:26, 29, 39; 히 1:7, 14). 그리고 인간의 조건 안에서 인간을 위해 활동하는 성령에 관한 개념이 이미 표면에 나타나고 있다. 말하자면 성령의 보편적인 임재에 관한 사상에서든(시 139:7과 Wisd Sol 1:7 – Wisd Sol 1:7-8과 롬 8:26-27간의 평행적인 논리를 주목하라) 또는 사람 안에서 싸우고 있는 두 영들에 관한 이야기에서든(1QS 3.18-4.26; *T. Jub.* 20,1-5; 참조. *Jub.* 1.20-23)간에 성령에 관한 개념이 표면에 나타나고 있다. 또한 Dietzel과 다른 문헌들이 함께 있는 Brown, "Paraclete"를 보라(Lietzmann은 보다 유사한 평행이 영지주의적인 용어에 있다고 주장함으로써 이 배경을 부당하게 도외시한다). 하지만 우리들이 초대 기독교인들의 경험에서 더욱더 분명한 기독교적인 신조에 이끌림을 받았던 결정적인 충동을 인식한다면 진리를 발견하는데 어려움이 없을 것이다. 말하자면 초대 그리스도인들은 하나님의 가능케 하시는 능력이 자기 자신들을 예배의 고양됨 속에서뿐만 아니라 깊은 무능력에서도 보호하신다는 사실을 깨달았을 것인데, 특히 예수의 사역 동안에 그분에 의해 시행되어진 약속과 관련지을 수 있었다면 더욱 그러했을 것이다(막 13:11 pars.)(Obeng, "Origins," 625-30). 이 구절은 베커(Beker)의 주장, 곧 "바울이 십자가에 죽으신 그리스도의 연약과 고통과의 절대 필요한 관계를 차단하는 본질적으로 승리적인 방식으로 성령에 관해 자주 언급하고 있다"(*Paul*, 244)는 주장을 손상시킨다.

"말할 수 없는 탄식으로"(*στεναγμοῖς ἀλαλήτοις* – 스테나그모이스 알라레토이스). "말하기 위해 아주 깊은 한숨을 쉬다"(BGD, RSV). 바울은 분명히 스테나그모이스(*στεναγμοῖς*)를 가지고 22절과 23절과 그 사상을 연관시키려고 의도하고 있다. 성경 헬라어에서 오직 여기서만 나오는 알라레토이스(*ἀλάλητος*)는 랄레토스(*λαλητός*=70인경 욥 38:14에서의 "말로 부여된")와 반대일 것이다. 말하자면 이는 인간과 동물을 구분시켜주는 언어가 없었다는 것이다. 따라서 그 사상은 언어로 구성되지 않은 탄식을 말한다. 이는 방언에 대한 구체적인 암시일 것 같지는 않은데, 왜냐하면 바울은 방언을 언급된 말, 곧 진정한 하늘의 언어로 분명히 생각하고 있기 때문이다(고전 12:28, 30; 13:1; 14:2, 10-11; 참조. 특히 *T. Job* 48.3, 49.2, 그리고 50.1-2; 더 자세한 것은 Dunn, *Jesus*, 243-44를 보라). 유대 사상에서 천사와 영들에 관한 사상에서 중복된 개념이 있다는 것은 사실이다(위를 보라). 따라서 천상의 중보(바울이 34절에서 짤막하게 암시하는 것)와 이 땅에서의 성령의 중보간에 너무 예리하게 선을 그을 필요는 없다. 결과적으로 어떤 사람들은 "말할 수 없는 탄식"을 고린도후서 12:4의 "말할 수 없는 말"(*ἄρρητα ῥήματα* – 알레타 레마타)로 비유한다(예를 들어, Wilckens). 제기된 평행의 비적절성은 용어들에 있는 것이 아니라 그 용어들이 표현하는 의미에 있다: 한편으로는 마음에 아무런 말도 하지 못하게 하는 천상의 비전이며, 다른 한편으로는 너무도 세상적인 존재의 얽매어 좌절하는 완전한 무능력으로 말미암아 아무런 말도 하지 못할 수 있다. 전자는 보여진 것에 대한 형언할 수 없는 특징에 초점을 맞춘 것이고, 후자는 하나님에 대한 인간들의 상태와 관계의 실제로 인해 이 시대에 살고 있는 신자들이 말로 아무것도 표현하지 못하는 무능력에 초점을 맞춘 것이다. 그런데 여기서 바울에게서 성령의 표지는 필연적으로 말의 유창함이나 대담함이 아님을 인식하는 것이 중요하지만(물론 바울은 그러한 경험도 역시 알고 있었다 – 8:15; 고전 14:14-17, 참조. 엡 6:18), 이것은 인간을 동물과 구분시켜주던 언어를 사용하지 못하고, 비인간적인 피조물과 분명히 일치를 표현하고 있는 말하지 못하는 양태로 떨어지며, 피조물이 조금도 언어에 대해 자랑하지 못하는 일종의 원시적인 의존에 호소하는 상태다. *Philosophensprüche*, 497:7: 모노스 호 소포스 에이도스 유케스다이[*μόνος ὁ σοφὸς εἰδὼς εὔχεσθαι*]="오직 지혜자만이 기도하는 방법을 안다"(BGD, *προσεύχομαι*에서 인용하였다). 여기서 성령은 영적인 깊은 황홀 속에서라기보다는 대응하지 못하는 인간의 깊은 무능력 속에서 전형적으로 활동하시는 분으로 여겨진다("우리의 연약 속에서" – Niederwimmer, 254-59; Luz, *Geschichts*, 382). "연약한 자만이 참으로 기도한다"(Gaugler, "Geist," 93). 이런 내용에는 바울이 자신이 편지를 쓰고 있었던 고린도 교회의 과도한 환상을 염두에 두었을지도 모른다(특히 Käsemann을 보라; Paulsen, 122-26은 방언에 관한 언급으로 동등하게 확신하고 있다. 그리고 Stendahl, "Prayer," 155). 하지만 바울이 자신의 독자들로 하여금 방언에 관해 생각하기를 원했었다면, 그는 아마도 더욱더 관심을 갖고 이것을 썼을 것이다(예를 들어, Schniewind, "Seufzen," 82-84; Montague, 212-13; Obeng, "Paul," 362를 참조하라). 그리고 여기서 그 사상은 묵시적인 모티브에 대한 바울의 재작업의 배경 내에 더욱더 깊이 뿌리내려 있고(참조. Bindemann, 76-81), 또 완전한 종말론적인 해방에 대한 갈망 속에서 타락한 피조물에 인간이 속해 있는 정도를 증거하고자 하는 시도에 뿌리내려 있다. 따라서 여기서 바울의 묘사를 *모든* 기도를 특징짓는 것으로 보는 것이 보다 정확할 것이다(Gaugler). 다시금 그것은 그러한 (인간적으로) 얕보는 용어로 신자의 경험을 표현할 수 있고, 또 단지 이 "말할 수 없는 탄식"을 성령의 목소리로 볼 수 있는 종말론적인 긴장에 관한 바울이 의미하는 바의 척도를 나타낸다. 더 자세한 것은 8:23과 Dunn, *Jesus*, 241-42를 보라.

27 "마음을 감찰하시는 이가"(*ὁ δὲ ἐραυνῶν τὰς καρδίας* - 호 데 에라우논 타스 카르디아스). 유대인은 하나님을 각 사람들의 마음을 오직 아시고(삼상 16:7; 왕상 8:39; 시 44:21; 139:1-2, 23; 잠 15:11; 더 자세한 언급은 Zeller를 보라) 시험하시는(시 17:3, 26:2, 렘 11:20, 12:3, 그리고 17:10, 여기서 도키마제인[*δοκιμάζειν*]은 계 2:23이 확인해주는 것처럼 후대의 에라우나오[*ἐραυνάω*]와 거의 동의어다) 분으로 묘사한다. 시편 44:21은 특히 바울의 심중에 있었는데, 왜냐하면 36절에서 그 다음 구절(44:22)을 인용하고 있기 때문이다. 카르디아(*καρδία*)는 여기서 분명히 내적인 삶의 자리 곧 야망과 가치와 동기들이 뿌리내려 있는 중심(인간의 눈에 감추어져 있는)을 나타낸다. 더 자세한 것은 1:21과 2:15을 보라. 여기서 그 사상은 경고를 주거나 조심하게 하는 것(그 구절에서 보다 전형적인 것들이 반영하는 것처럼)보다 위로의 사상이 의도되었다: 바울은 실수와 혼란 속에서 표현된 하나님 앞에서의 정직과 열려 있는 마음을 가정하고 있고, 이는 엄격한 침묵이나 한심한 말로 자신을 가리거나 감추려고 애쓰는 것이 아니라 말이 없는 이런 겸손한 탄식으로 하나님에 대한 의존을 고백하는 것을 의미한다.

"성령의 생각을 아시나니"(*οἶδεν τί τὸ φρόνημα τοῦ πνεύματος* - 오이덴 티 토 프로네마 투 프뉴마토스). 6절에 대한 암시가(*τὸ φρόνημα τοῦ πνεύματος ζωὴ* - 토 프로네마 투 프뉴마토스 조에…) 분명하다. 여기에 포함된 하나님에 관한 개념은 아주 매력적이다. 성령이 하나님의 감찰하시는 존재로서(시 139편과 Wisd Sol 1:7) 또 하나님의 통달하시는 지식으로(고전 2:10-11) 자연스럽게 인식되는 반면에, 여기서 그 사상은 오직 하나님에게만 알려져 있고, 인간 피조물의 무능력한 마음에는 가리어져 있는 하나님이 확장하시는 성령에 관한 것이다. 그러한 것은 유대 단일신교에 대한 기독교의 재작업이 이미 있기 전에 하나님에 대한 유대적 개념 안에서의 긴장이라고 할 수 있다 - "하나님 자신과 그의 성령 사이에 움직임의 일종"(Michel). 유대 단일신교가 하나님의 임재와 초월에 관한 두 가지 주장으로 확장할 수 있었다는 사실은 일반적으로 인식되는 삼위일체적인 방향으로 기독교의 재표현이 나타날 수 있는 충분한 여지를 갖고 있었다는 것을 암시한다. 맥라에(MacRae)는 에라우논(*ἐραυνῶν*)의 주어가 성령이며(고전 2:10에서처럼), 또 프뉴마(*πνεῦμα*)는 곧 인간의 영이라고 주장함으로써 그러한 추론을 피한다. 하지만 (1) 이는 26절, 곧 중보자로서 (천사적) 성령의 익숙한 모티브와의 명백한 연속성을 위반하고 있고, (2) 성령을 오직 찾는 데만 필요한 효과적인 인간의 기도로 귀결시키는데 이는 다시금 26절과 거의 일치하지 않는다.

"이는 성령이 하나님의 뜻대로 성도를 위하여 간구하심이니라"(*ὅτι κατὰ θεὸν ἐντυγχάνει ὑπέρ ἁγίων*－호티 카타 데온 엔투그카네이 휘페르 하기온). 호티(*ὅτι*)를 원인적("왜냐하면"－또한 예를 들어, Schmidt, Käsemann, Wilckens) 또는 서술적("그것은"－또한 예를 들어, SH, Michel, Black, Kuss)인 것으로 취할 수 있다. 바울이 무엇을 의도했는지를 결정할 수 있는 방법이 뚜렷이 나타나 있지 않다. 왜냐하면 두 의미가 모두 일리가 있고, 그 어느 것도 완전히 선택에서 배제할 수가 없다. 불행하게도 바울이 분명히 배제하기를 원했던 모호성을 없앴을 있는 방법으로 번역하기란 쉬운 일이 아니다. 카타 데온(*κατὰ θεόν*)이란 구절은 우리의 귀에 다소 이상하게 들리지만 그 당시에는 특별히 이상한 것이 아니었다. 말하자면 고후 7:9-11, 롬 15:5 그리고 고후 11:17도 그러했다(BGD, *κατά* Ⅱ.5.a를 보라). 하나님 자신이 그의 백성들을 위한 가장 좋은 것에 대한 규범으로 표현될 수 있었고, 또한 우리는 "하나님의 뜻에 따라"로 번역할 수 있는데, 왜냐하면 함축적으로 하나님의 뜻이 단순히 하나님의 표현이요, 행동하시는 하나님 자신이 된다. 또한 26절에 카도 데이(*καθὸ δεῖ*)를 보라. 엔투그카노(*ἐντυγχάνω*)는 넓은 의미를 갖지만 여기서는 그 의미가 "간구, 호소"의 의미를 분명히 갖는데, 이런 의미는 하나님이 들으시는 분이기 때문에 적절하다고 할 수 있다(또한 그런 식으로 다른 신약의 용법으로는－8:34; 11:2; 히 7:25; 참조. 행 25:24). 하기오이(*ἅγιοι*)에 대해서는 1:7을 보라. 정관사가 없는 것이 그 사상을 너무 제한적이 되는 것을 막아준다(참조. Schlier). 바울이 신자들을 이 서신에서 오직 두 번째로 "성도들"이라고 언급하는 것은 우연히 아니다. 왜냐하면 그의 첫 주된 결론(5장)의 해설(6-8장)에 대한 절정에서 그는 그리스도인의 특권을 창조의 의도된 목적과 이스라엘에 대한 하나님의 부르심의 성취로 의도적으로 나타내고 있다(양식과 구조를 보라).

28 "우리가 알거니와 하나님을 사랑하는 자"(*οἴδαμεν δὲ ὅτι τοῖς ἀγαπῶσιν τὸν θεόν*－오이다멘 데 호티 토이스 아가포신 톤 데온). 언급된 지식(앎)은 이어지는 구절이 분명히 하는 것처럼 유대인들이 확신 있게(단지 기독교 전통만이 아닌 [Grayston]) 갖는 일반적인 유산에 관한 것인데, 바울은 자신의 글을 듣는 사람들이 이것에 대해 아주 잘 알고 있을 것이라고 분명히 가정할 수 있었다. 따라서 이것은 개인적인 경험에 관한 지식이 아니라고 볼 수 있다. 물론 어떤 사람들은 자신의 개인적인 환경에서 선을 위해 역사하는 것들을 증명할 수 있을지라도, 에이스 아가돈

(*εἰς ἀγαθόν*)의 의미는 종말론적이다(아래를 보라) – 에이스 아가돈(*εἰς ἀγαθόν*)은 적어도 바벨론 유배, 시리아의 위기, 로마의 지배, 그리고 메시아 예수의 오심과 부활을 통해 어느 정도 이미 증명되고 입증된 하나님의 백성들의 연합적인 경험에 관한 것으로서다.

다소 놀랍게도 아가파오(*ἀγαπάω*)가 로마서에서 처음으로 나타난다(하지만 5:5, 8을 또한 보라). 그것이 단지 우연적 곧 그 서신의 특별한 논증의 요청으로 인한 결과일 수 있을지라도, 그 용어가 자주 나타나지 않았다고 해서 너무 커다란 신학적 의미를 두어서는 안 된다(Schlatter와 13:8-9에 관해서 보라). "하나님을 사랑하는 사람들"은 유대적 경건의 특징적인 자기 표현이며(Cranfield, 424 n.4에서 충분한 목록들이 있다), 보통 전형적인 신명기적 형식을 따른 것이다. "하나님을 사랑하고 그의 계명을 지키는 자"(출 20:6; 신 5:10; 6:5; 7:9; 등등; 수 22:51; 왕상 3:3; 느 1:5; 단 9:4; CD 19.2; 1QH 16.13). 유대 사상에서 하나님을 사랑하고 그의 계명을 지키는 것을 연관시키는 금언적인 표현은 Sir 2:15-16, *Pss. Sol.* 14.1-2; *T. Iss.* 5.1-2; *T. Ben.* 3.1 그리고 요일 5:2에도 반영되어 있다(또한 Mayer, 144-49, 152-54 그리고 Osten-Sacken, 66을 보라). 바울이 규칙적인 서술의 첫 부분만을(하나님을 사랑하는 자) 취하고 있는 것은 의미가 있다. 아마도 그것은 기독교의 유대적 유산을 상기시키면서 동시에 토라에 대한 특징적인 유대인의 헌신과 구분을 짓게 만든다. 하나님의 주도하심에 대한 이어지는 무거운 강조에 비추어 볼 때에 이 구절은 하나님의 목적이 인격적인 응답과 관계 속에서 역사하신다는 중요한 문제를 상기시켜준다. 억압된 사랑은 사랑이 아니다.

"모든 것이 합력하여 선을 이루느니라"(*πάντα συνεργεῖ εἰς ἀγαθόν* – 판타 수네르게이 에이스 아가돈). 우리가 더 짧은 독법을 본래적인 것으로 취한다면(원문주해를 보라), 그 구절을 읽을 수 있는 가장 분명한 방법은 (함축적인 데오스[*θεός*]로 보기보다는) 판타(*πάντα*)를 주어로 보는 것이다(그렇게 보는 최근의 주석가들 가운데는 Barrett, Käsemann, Mayer[138-42], Hendriksen, Wilckens가 있지만, 대부분의 주석가들은 주어로 데오스[*θεός*]를 취한다 – 예를 들어, Denney, Lagrange, Knox, Gaugler, Bruce, Kuss, Paulsen[152-54], Ross, Byrne[*Reckoning*, 173], RSV, NIV, NJB; NEB는 표현되지 않은 주어로 프뉴마[*πνεῦμα*]를 취하고 있고, Black, "Romans 8:28"과 Robinson, *Wrestling*, 104-5에 의해 지지되었다. 하지만 특히 Cranfield가 언급한 충분한 토론을 보라). 바울이 어느 경우에도 동일한 것을 의미할 것이고, 따라서 그 양면성을 제거하는데 관심을 갖지 않을 것이기 때문에 그 논쟁에 너무 많은 중요성을 둘 필요는 없다(Dodd는 더 오래된 AV/KJV의 번역에 너무 과도하게 반응한다).

수네그게오(*συνεργέω*)는 "함께 하다, 협력하다"라는 의미를 가질 수 있으나 에이스(*εἰς*)를 가진 형태는 그 대체 안이 "기여하다, 도움을 가져오다"가 바울이 의미하는 바에 더 가깝다는 것을 제기해준다(참조. LSJ, BGD). 바울이 여기서 역시 유대적인 가르침에 아주 많이 빚을 지고 있다(Michel이 주장하는 것처럼)는 것을 *T. 12 Patr.*이 그 동사를 사용하고 있는 빈도를 보아서도 알 수 있다(*T. Reub.* 3.6; *T. Iss.* 3.7; *T. Das* 1.7; *T. Gad* 4.5 v.l.; 4.7; *T. Ben.* 4.5). 그렇다면 바울이 프뉴마(*πνεῦμα*)를 주어로서 의도했을 가능성이 크게 증가하는데, 왜냐하면 그것이 성경의 서술의 가장 특징적인 것을 반영하는 것이기 때문이다. 모든 것이 선한 것을 위해서 가장 잘 기능할 것이라는 경건한 소망은 "고대의 공통된 금언"이다(Käsemann; Cranfield는 *Hermetica* 9.4와 Plato, *Apol.* 41c-d를 인용한다; 또한 Balz, 106, Osten-Sacken, 63-64 그리고 Schmithals, *Anthropologie*, 162를 보라). 하지만 바울은 그 용어에 관한 더욱더 특징적인 유대적 표현을 염두에 두었을 것이다(창 50:20; 전 8:12; Sir 39:27에서처럼; 종종 R. Akiba에게로 귀결되는 언급, 곧 "사람으로 하여금 '전능하신 분이 행하는 모든 것은 선을 위해 하신다'라고 말하게 하라"가 자주 인용된다. 더 자세한 것은 Str-B 3:255-56과 Zeller를 보라). 하나님이 "모든 것을" 위해 의도하신다는 종말론적인 절정을 고려하고 있는 여기 문맥에서는 아가돈(*ἀγαθόν*)이 종말론적인 언급을 가질 것이다(참조. 14:6): 그리스도인은 어떤 것이 "갑자기 나타나는" 공상적 낙천주의식 소망에 의존하지 않는다. 그리스도인은 현재의 모든 모순과 좌절을 통해서도 의도된 목적으로 역사하시는 하나님의 목적에 확신을 둔다.

"그 뜻대로 부르심을 입은 자들에게는"(*τοῖς κατὰ πρόθεσιν κλητοῖς οὖσιν*－토이스 카타 프로데신 클레토이스 우신). 여기서 프로데시스(*πρόθεσις*)는 분명히 하나님의 목적을 나타낸다(다시금 Cranfield를 보라). 특히 9:11; 엡 1:11; 3:11; 딤후 1:9; 그리고 Philo, *Mos.* 2.61(BGD)를 참조하라. 다시금 본 구절이 광범위한 평행구절이 없을지라도(LSJ, *TDNT* 8:165), 미첼(Michel)은 역사를 움직이시고 또 역사를 통해 바울이 염두에 두었던 것처럼 그 의도된 목적으로 나아가시는 하나님의 (시간 이전의) 목적(עֵצָה=*βουλή*)에 관한 특징적인 유대적 사상을 바라봄에 있어서 분명히 올바르다(참조. 시 33:11; 잠 19:21; 사 5:19; 19:17; 46:10; 렘 49:20; 50:45; Wisd Sol 6:4; 9:13, 17; 1QS 1.8, 10, 13; 2.23; 3.6; 11.18; 1QH 1.5[?]; 4.13; 6.10-11; 16.8[?]; 또한 Kleinknecht, 340-41을 보라). 바울의 사상이 여기서 유대적 범주에 의해 주도되고 있다는 점은 1:7에서처럼(1:7을 보라), 하기오이(*ἅγιοι*)와의 밀접히 연관되어 있는(27절) 호이 클레토이(*οἱ κλητοί*)의 재출현에 의해서 확인되어진다. 그의 사상이 이미 9-11장의 토론을 향하여 움직이고 있다는 점은 9:11의 평행에 의해서도 나타나 있는데, 그 구절은 서로 도치되어 있다.

8:28; 호이 카타 프로데신 클레토이(*οἱ κατὰ πρόθεσιν κλητοί*): "그 뜻대로 부르심을 입은"

9:11; 헤 카트 에클로겐 프로데시스(*ἡ κατ' ἐκλογὴν πρόθεσις*): "택하심을 따라 되는…"

즉 바울은 동전의 양면처럼 하나님의 목적과 신적 소명/선택의 전형적인 유대적 방식으로 사고하고 있음을 보여준다. 그러나 여기서의 요지는 이제는 이것이 신자들에 대해서 말할 수 있다는 것이다(유대인뿐만 아니라 이방인도 역시): 이스라엘의 상속은 하나님의 선택하시는 목적에 관한 전통적인 이해에 의문을 제기하는 그러한 방식으로 모든 사람들에게 개방되어 있다. 따라서 그 절정은 자연스럽게 9장으로 이끈다. 더 자세한 것은 양식과 구조를 보라. "우신(*οὖσιν*)은 아마도 함축성 있는 의미로 취해져야 할 것이다. 그들은 부름을 받았고, 이제 하나님의 격려와 주장하심에 열려 있으라고 또 열어놓기를 계속하라고 하시는 이 소명 하에 서 있다[Zuspruch und Anspruch: 격려와 요구]"(Schlier). 모든 것이 하나님의 목적의 특별하심에 달려 있다는 것이 여기서 반복되고 있는 강조점이다(하지만 Dodd는 다시금 그 점을 과장하여 진술하는 위험성을 갖고 있다).

29 "하나님이 미리 아신 자들로…또한 미리 정하셨으니"(*ὅτι οὓς προέγνω, καὶ προώρισεν* – 호티 우스 프로에그노, 카이 프로오리센). "하나님은 사람들이 있기 이전에 그의 것을 아셨다"(NEB). 프로기노스코(*προγινώσκω*)는 단순히 예지, 사건이 있기 전에 이미 아심 그 이상의 것을 분명히 의미한다(행 26:5와 벧전 3:17에서처럼; LSJ를 보라). 그것인 경험되고 인식된 관계를 포함하는 것으로서 "앎"에 보다 히브리적인 이해를 담고 있다(1:21을 보라). 따라서 주석가들은 창 18:19, 렘 1:5, 호 13:5, 암 3:2, 그리고 1QH 9:29-31와 같은 구절을 자주 그리고 정당하게 언급한다. 바울서신의 그밖에 다른 곳에서 그것의 영향을 분명히 알 수 있다(고전 8:3; 13:12; 갈 4:9; 딤후 2:19)(참조. 예를 들어, Lagrange, Leenhardt). 프로오리센(*προώρισεν*)과 더불어 그 용어는 분명히 28절의 프로데시스(*πρόθεσις*)를 취하도록 분명히 의도되어졌다: 하나님의 것으로 인정된 수용은 태초에서부터 시작되었다(참조. 특히 Murray). 이러한 깨달음은 초대 기독교 사상의 바울문헌과 베드로문헌에서 분

명히 소중하게 간직되었다(11:2; 벧전 1:2,20; 참조. 하나님의 예지와 예정과의 유사한 연관성을 갖는 행 2:23). 여기서 바울은 시작부터 끝까지, 곧 이 두 구절의 범위 안에 있는 시간과 역사의 전반적인 범주를 포함하는 것을 분명히 의미하고 있다(프로[*προ*]…에독사센[*ἐδόξασεν*]). 프로에그노(*προέγνω*)가 그러한 충분한 의미를 갖고 있기 때문에 프로오리센(*προώρισεν*)은 별다른 의미를 더 부여하지는 않는다(참조. NJB). 하지만 관련된 개념은 자연스럽고(참조. 다시금 행 2:23), 프로데시스(*πρόθεσις*, 28절)에 이미 주어진 프로(*προ*)의 강조를 효과적으로 강화시킨다: 신자들은 자신들이 하나님의 백성들에 속한 것이 우연적이거나 아무렇게나 된 것이 아니라 태초부터 이미 분명히 그려진 하나님의 목적의 역사의 일부였다는 확신을 갖고 있다. 여기서 역시 그 사상은 유대적인 선례들(참조. 렘 1:5; *T. Mos.* 1.14)에 세워져 있고, 초대 기독교 신학에서 확고히 수용되었다(행 4:28; 고전 2:7; 엡 1:5, 11; Ign. *Eph.* inscr.). 또한 Dupont, *Gnosis*, 93-104와 Mayer, 155-59를 보라.

"그 아들의 형상을 본받게 하기 위하여"(*συμμόρφους τῆς εἰκόνος τοῦ υἱοῦ αὐτοῦ* - 숨모르푸스 에이코노스 투 휘우 아우투). 또 다른 순(*συν*) 복합어는 17절에 나오는 그 용어들에 대한 초기 혼란을 상기시킨다. 바울은 빌립보서 3:21에서 동일한 용어들을 사용하고, 또 고린도전서 15:49에서의 에이콘(*εἰκών*) 용어를 사용하여 묘사한 과정의 결과를 염두에 두고 있다. 따라서 그는 여기서 11절과 23절에서 언급했던 몸의 부활에 관한 예기된 결과를 상기시키고 있다. 하나의 과정이 관련되어 있다는 것은(참조. 특히 빌 3:10[*συμμορφιζόμενος* - 숨모르피조메노스]; 고후 3:18; Cranfield는 덜 직접적으로 평행인 골 3:9-10을 언급한다. 하지만 13:14을 보라) 부정할 수는 없다(Balz, 113-14). 하지만 여기서와 가장 인접한 평행적인 언급에서 그 사상은 확고하게 그 과정의 마지막 결과로 향해 있다(그리스도의 죽음과의 완전한 일치, 그리스도의 형상으로의 완전한 변화)(참조. *TDNT* 7:788, Michel, Siber, 155-56). 여기서 바울이 강조하기를 원하는 것은 태초부터 결정된 목적이 확실하다는 것이다. 케제만이 이러한 미래적인 언급을 못마땅해하는 것은 의외다; 세례나 6:3-6의 용어를 언급하는 것은 바울이 이 시점에서 원하는 것보다 구원의 의미에 관해 더 많은 강조를 두게 된다. 리니(Leaney)는 하나님의 아들과의 일치에 관한 바울의 주제를 우주의 법에 일치할 필요에 대한 고대 세계에서의 강력히 제기된 개념(쿰란을 포함하여)과 대비시켜 설정한다.

헤 에이콘 투 휘우 아우투(*ἡ εἰκὼν τοῦ υἱοῦ αὐτοῦ*)는 물론 설명적 보족어다 - 하나님의 아들이 갖고 있는 형상; 순(*συν*) 복합어가 시사하는 것처럼 바울의 사상은 그리스도와 같이 되어가고 있는 신자들에 관한 것이다(죽음과 부활 속에서, 아래를 보라). 에이콘(*εἰκών*) 그 자체는 영어의 "비슷함, 이미지"가 포괄하고 있는 것과 유사한 넓은 의미를 가질 수 있으나(LSJ), 여기서 그 용어는 아들이 취하고 있는 형태, 곧 그의 형상이 구현하고 있는 구체적인 모습을 아마도 나타낼 것이다. 거의 확실히 바울은 다시 한번 심중에 아담, 곧 하나님의 형상(*εἰκών*–에이콘)으로 창조된 인간을 염두에 두고 있다(창 1:26-27). 하나님의 형상으로서의 인간에 관한 개념은 결코 배타적으로 유대적인 것은 아니다(BGD, *εἰκών* 1b를 보라). 하지만 이 서신의 초기 부분에 아담 모티브의 특출함에 비추어 볼 때(1:22-24; 3:23; 5:12-19; 7:7-13; 8:20), 바울이 여기서 가장 영향을 받는 것은 의심할 것도 없이 유대 전통이다. 거룩한 형상으로 만들어진 인간의 개념은 그 당시의 유대에서는 흔한 것이었고(Sir 17:3; Wisd Sol 2:23; *T. Naph* 2:5; *Apoc. Mos* 10.3; 12.1; 33.5; 35.2; *Adam and Eve* 14.1-2; 37.3; 에스라4서 8.44; 에녹2서 65.2), 또 초대 기독교에서 공유되었다(고전 11:7; 약 3:9). 그리고 거룩한 형상에 관한 사상이 상실되거나 손상되어지지는 않았을지라도, 후대의 기독교 신학화에서처럼, 여기서와 그밖에 다른 곳에서 바울의 용어에 관한 의미는 변화의 과정에 의한 그리스도인들 속에 형성되어진 형상에 관한 것이 되었다(이전 단락을 보라). 또한 Dunn, *Christology*, 105를 보라.

아담 기독론이 포함되어 있다는 것은 명백하다: 그리스도는 아담이 되고자 의도했던 하나님의 형상이고, 하나님의 마지막 생산의 형태로서의 아들이다(참조. Schmidt). 이 점에 관한 혼돈과 논쟁이 있음으로 보아, 바울이 *부활하신* 그리스도, 마지막 시대에 고양되신 그리스도, 즉 이 땅에 계셨던 예수가 아닌 그리스도를 염두에 두고 있음을 주목할 필요가 있다. 곧 하나님의 창조 목적의 끝은 성육신이 아니라 부활이다(또한 특히 Byrne, *Sons*, 117-18; Zeller를 보라). 이는 다른 유사한 평행 구절에서 분명히 알 수 있다: 그 사상이 부활의 상태에 분명히 초점을 맞추고 있는 고린도전서 15:49, 형상이 변화의 마지막 산물이라는 고린도후서 3:18, 바울의 다메섹 도상의 경험에 대한 분명한 암시는(4:6) 바울이 염두에 두고 있는 부활하신 그리스도의 출현임을 확인시켜주는 고린도후서 4:4. 보다 정확한 서술은 그리스도께서 죄악된 육체의 형상과 일치되셨다고 말할 수 있을 것이고(8:3을 보라), 구원은 부활하신 그리스도의 형상과 일치되는 것으로 이루어진다(참조. Schlatter, Lietzmann, Wilckens).

또 다른 부류의 사람들은 에이콘(*εἰκών*)이 창조 행위의 또 다른 측면을 비추어주고 있다고 주장한다. 말하자면 바울이 암시하는 아담보다는 지혜(Wisdom)라고 할 수 있는 창조의 중재자로서의 아들(Son)이라고 주장한다(참조. Wisd Sol 7:26; Philo, *Leg. All.* 1.43; 그리고 바울에게서는 특히 골 1:15을 참조하라). 참조. Cranfield, Käsemann. 하지만 에이콘(*εἰκών*)의 사용이 겹쳐진 것은(지혜/아담)은 창조의 신학에 중요한 의미를 가질지라도, 여기서 고려된 것은 창조에 있어서의 지혜의 대리자에 관한 것이라기보다는 하나님의 창조적인 목적의 결과(종말론적인 결과)다. (1) 11절과 15-17절로부터 이어진 사상의 연속성은 "동일화"의 과정이 그리스도와 함께 하는 고통을 포함하고 있다는 것을 충분히 분명하게 시사해준다. 따라서 그 문맥은 신자들이 동일시되어야 할 형상은 부활하신 형상(다시금 골 15:49; 빌 3:21에서처럼)임을 확인시켜준다 – 즉 몸의 해방/구속으로 들어가는 구원과정의 역사(23절). (2) 역사에 대한 바울의 견해는, 이전 구절들에서 분명히 한 것처럼, 본래적인 상태로 돌아가는 것으로 목표를 갖는 순환이 아니라(참조. 8:21), 처음부터 형성되어 역사의 과정으로 통해 성취되어지는 목적에 관한 것이다. 즉 역사에 대한 바울의 견해는 의도된 높은 목적을 향해 나아가는 것이지 단순히 시작으로 돌아오는 것이 아니다. 바울이 논증을 하기 위해 고통스러운 과정을 가졌던 것처럼, 하나님은 전개된 역사를 전반적인 실패와 무용지물로 쓰지 않는다. 오히려 하나님의 목적은 그러한 역사를 포용하시고, 그것을 통해 역사하신다. 말하자면 무익한 것에 종속되어 있는 피조물의 고통을 통해, 여전히 죄로 둘러싸여 있고, 사망의 주장 아래서 있는 신자들의 탄식을 통해 역사하시며, 그것은 단순히 초기의 순결로 돌아감이 아니라 아담이 도달하지 못한 완전한 영광(3:23을 보라)을 이루기 위한 작업이다. 다시금 케제만은 여기서 "열정적인 세례적 전통"을 봄으로써 그 구절에 관한 종말론적인 의미를 간과한다; 세례 속에서 거룩한 형상이 아들(Son)을 닮아 가는 것으로 회복되어진다(Wilckens, n.731에 의해 올바르게 반박되어졌다).

"이는 그로 많은 형제 중에서 맏아들이 되게 하려 하심이니라"(*εἰς τὸ εἶναι αὐτὸν πρωτότοκον ἐν πολλοῖς ἀδελφοῖς* – 에이스 토 에이나이 아우톤 프로토토콘 엔 폴로이스 아델포이스). 여기 프로토토코스(*πρωτότοκος*)에서도 역시 우리는 에이콘에 있는 것과 유사한 불일치를 초래하는 개념을 갖게 된다. 왜냐하면 그 용어도 역시 거룩한 지혜로 사용될 수 있기 때문이다. 하지만 이러한 경우들에서 그 사상은 주로 하나님이 창조하신 것에 관한 것이다(참조. Sir 1:4; 24:9; 더 자세한 것은 Dunn, *Christology*, 189의 골 1:15을 보라). 그리고 여기서 더욱더 분명하게 그 사상은 하나님의 창조적 행위의 성취된 독적에 관한 것이고(*πρωτότοκος τῶν νεκρῶν* – 프로토토코스 톤 네크론), 마지막 시대의 새로운 인간의 전형, 곧 창조의 시작에서부터 하나님이 계획하신 것이 마침내 성취되어진 종말론적인 백성이 되는 새로운 종족의 (죽은 자의) 맏아들로서의 부활한 그리스도에 관한 것이다. 가장 근접한 평행은 히브리서 2:6-10인데, 그 구절의 내용을 보면, 예수께서는 죽음의 고통으로 말미암아 (영광으로 관이 씌어지는) 아담에 대한 본래적인 목적을 완성시키는데, 이는 많은 사람들을 (마찬가지로 고통과 죽음으로 말미암아) 고통을 통해 완성되어진 영광으로 데리고 오기 위한 것이다(참조. 다시금 Wilckens). 집합적인 차원이 고려되고 있기 때문에(그리스도는 많은 형제들의 맏아들이시다), 바울은 이스라엘이 소위 하나님의 "맏아들"(출 4:22; Sir 31:9; *Pss. Sol.* 18.4; 토라와 메시아를 포함한 [Str-B 3:257-58에 의해 인용된] 다른 언급은 바울 시대 이후까지도 명확한 표현을 갖지 못하고 있다)이었다는 사실을 아마도 염두에 두었을 것이다. 그 요지는 율법에 의해 경계가 주어지지 않는 새로운 기원 속에서 예수 그리스도의 아들됨이 규범이 되고, 또 그것이 성령을 받고 성령에 의해 인도함을 받는 모든 사람들에 의해 공유되고 있다는 것이다(14-17절). 여기서 다시금 두드러지고 있는 것은 그리스도와 신적인 것간의 연속성과 동일시에 관한 사상이라기보다는 아담 모티브다.

30 "또 미리 정하신 그들을 또한 부르시고"(*οὓς δὲ προώρισεν, τούτους καὶ ἐκάλεσεν*-후스 데 프로오리센, 투투스 카이 에칼레센). 29절의 두 프로(*προ*) 구절들이 28절의 프로데시스(*πρόθεσις*)를 취한 것처럼, 여기서 에칼렙센(*ἐκάλεσεν*)은 28절의 클렙토이스(*κλητοῖς*)를 취하고 있다. 그 사상은 거부되어진 초대에 관한 것이 아니다. 하나님은 자신의 목적을 그냥 기회로 내 버려 두지 않고, 몸소 효력을 갖게 하신다. 바울은 그 전반적인 과정을 성공적인 결과의 관점에서 바라본다. 따라서 구속받은 사람이 믿음으로 나아온 것은 전적으로 하나님이 행하신 것임을 기쁨으로 확인시켜준다. 더 자세한 것은 1:1과 4:17을 보고, 특히 고전 1:9; 7:17-24; 갈 1:6, 15; 5:8, 13; 엡 4:1, 4; 골 3:15; 살전 2:12; 4:7; 5:24; 살후 2:14를 참조하라. Byrne, *Sons*, 120은 유대사상에서 "부르심"과 "아들됨"이 자주 결합되고 있음을 주목한다.

"부르신 그들을 또한 의롭다 하시고"(*καὶ οὓς ἐκάλεσεν, τούτους καὶ ἐδικαίωσεν*-카이 후스 에칼레센, 투투스 카이 에디카이오센). 디카이오(*δικαιόω*)에 대해서는 2:13과 1:17을 보라. 에칼레센(*ἐκάλεσεν*)은 거룩하게 성취된 회심을 나타내고, 또 에독사센(*ἐδόξασεν*)이 하나님의 구원하시는 목적(위를 보라)에 관한 완성을 나타내기 때문에 에디카이오센(*ἐδικαίωσεν*)은 이러한 결정적인 순간(한편으로 5:1과 고전 6:11처럼; 또한 다른 한편 2:13처럼)을 언급할 수 있거나 이 두 결정적인 순간들 - 하나님 자신과 적절한 관계로 인간을 이끄시는 그의 구원하시고, 마지막 방면과 영광스러운 결론에 이르기까지(12-26절에서 개요된 모든 고통과 좌절을 통해) 신자를 보호하시는 하나님의 구원하시는 행위 - 과 연결시키는 구원의 전반적인 과정을 언급할 수도 있다. 그런데 성화에 관한 언급이 없음을 질문하면서, 크랜필드는 디카이오(*δικαιόω*)의 잠재적인 넓이를 놓치고, 칭의와 성화간에 너무 교리적으로 결정된 구분을 가지고 작업한다.

"의롭다 하신 그들을 또한 영화롭게 하셨느니라"(*οὓς δὲ ἐδικαίωσεν, τούτους καὶ ἐδόξασεν* - 후스 데 에디카이오센, 투투스 카이 에독사센). 독사조(*δοξάζω*)에 대해서와 하나님의 영광을 그의 창조적이고 구속적인 목적의 마지막 목표를 공유하는 것으로 보는 사상에 대해서는 3:23과 8:17을 보라. 바울은 자연스럽게 18-30절의 전반적인 분석을 자신이 17절에서 사용했던 것과 동일한 개념을 가지고 절정으로 가져간다. 동등하게 중요한 것은 이전의 독사제인의 사용이 1:21이라는 사실이다. 따라서 이 두 사용은 구원의 전반적인 과정의 시작과 끝을 감싸고 있다. 여기에는 인간이 최초에 창조주에게 드리지 못 했던 독사제인(*δοξάζειν*)이 마침내 인간에 관한 하나님의 독사제인(*δοξάζειν*)으로 해결되었다는 정제된 반전이 들어 있다. 아담 신학의 차원에서 하나님이 처음에 인간을 창조하실 때에 그 인간에게 의도했던 것이 이 독사(*δόξα*)이다(시 8:5; 참조. 다시금 히 2:8-10). 부정과거시제는 지금 이미 성취된 영화에 관한 개념, 곧 세례 또는 그밖에 것들임을 요구하지 않는다(참조. 특히 Käsemann, *Paulsen*, 159와 Schlier): 만약 영화의 과정이 여기서 전적으로 고려되고 있다면(Jülicher; Schlatter - "성화는 또한 영화이다"; 참조. 고후 3:18절), 그것은 마지막 관점과 완성에서 보여진 과정이다(부정과거시제: "완성된 구원의 확실성"[Mayer, 163-65]) - 따라서 그것은 다소 찬가적인 형태다(Wilckens는 딤전 3:16과 비교한다). 바울이 29-30에서 두 극점들, 곧 시간 이전에 있었던 목적과 그 목적의 완성으로서의 영화간의 우주적이고 인간적인 역사의 전체 과정을 의도적으로 설정하고 있다는 것을 인식하는 것이 여기서 중요하다. 오직 이러한 배경 내에서만 예정론에 관한 문제를 제기할 수 있다(예를 들어, SH, Dodd, 그리고 Kuss와 관련해서). 왜냐하면 바울이 결정론과 자유의지에 관한 고전적인 문제들을 살펴보고 내포된 것과 배제된 것(9:18과 22절을 보라)의 내용에 관해 생각해보려고 초대하고 있는 것이 아니기 때문이다. 그의 사상은 종말의 관점에서 역사가 하나님의 목적, 곧 창조시에 있었던 하나님의 본래적 의도를 성취하시는 하나님의 목적에 대한 전개의 무대라는 것을 분명히 하고자 하는 것이다.

해설

마지막 단락의 사상은 대단히 압축적이다. 사실상 그것은 바울이 율법과 별도로 드러난 하나님의 의에 관한 해설을 하기 위해 여전히 말하고 있는 것과 그것이 믿는 사람들 즉 유대인뿐만 아니라 이방인들을 위해서 여기 지금에서 의미하는 바에 관한 요약적인 진술로서 작용하고 있다. 이어지는 해설에서 "그리스도와 함께"는 그 순간에 다른 한쪽에 남겨지고 이제 초점이 맞추어지고 있는 것은 기업의 개념, 곧 여전히 두드러지게 나타나고 있는 기업의 종말론적인 아직 아닌에 관한 개념과 관련이 있는 또 다른 의미다.

바울은 이스라엘을 넘어선 하나님의 구원하시는 목적의 광대함을 해설함에 있어서 이방인 신자들을 고려하고 있는 것만이 아니라 전체적인 창조를 염두에 두고 있다. 하나님의 구속된 백성들의 기업은 더 이상 단순히 약속된 땅(팔레스타인)이 아니라, 전체적인 세계이다(참조. 4:13). 따라서 아담 모티브가 여전히 커다란 강조점을 가지고 다시 나타나고 있다. 하나님이 지금 고려하시고 있고, 또 처음부터 아브라함과의 관계에서 고려하고 계신 것은 아담의 타락과 그 결과에 관한 반전이다. 아담의 관점에서 1장에서 시작된 인간의 상태에 관한 분석은 하나님의 아들들뿐만 아니라 우주를 하나님이 처음부터 의도하신 영광으로 회복시키는 것에서 절정에 달한다는 것을 보여주고 있다. 창조와 구원은 대조되어 있는 것이 아니다. 구속은 피조물로부터의 회피가 아니라 피조물 속에 그리고 피조물을 위해 하나님이 본래 목적하신 완성이다.

18 17절의 해설은 확고한 확신에 관한 진술로 시작하고 있는데, 즉 현재의 고통은 신자들이 향유하게 될 미래의 영광과 비교할 수 없으며, 그 영광은 그 고통을 훨씬 능가하게 될 것이다. 5:1-5에 있었던 클라이막스적인 진술에서처럼, 영광의 소망은 영광스러운 현재와 아무런 관련이 없이 생겨나는 것은 아니다. 이전 진술에서처럼 현재의 고통은 영광의 소망을 손상시키거나 그 영광과 모순을 일으키지 않는다. 도리어 고통은 그 과정의 일부(그리스도의 죽음을 나누는)이며, 고통 그 자체가 새로운 것의 출현에 앞서고 또 수반하는 현 시대의 잘못된 것들을 날려 버리는 하나의 표지다. 그 용어는 철저히 묵시적이다 – 현재와 미래 시대간의 대조, 계시에 관한 이야기, 그리고 종말론적인 대단원의 임박에 관한 의미. 하지만 함축되어 있는 것은 그 시대들이 이미 중복되어 있다는 보다 특징적인 기독교적인 확신인데, 말하자면 종말론적인 해방과 갱신의 역사가 이미 시작되었기 때문에 신자들은 종말론적인 절

정의 확실성(그리고 임박) 속에 있다는 것을 확신할 수 있다는 것이다. 바울이 동일한 사상의 흐름에 관한 초기 해설에서 보다 더 분명하게 시사했던 것처럼, 적어도 부분적으로 종말론적인 영광이 드러난 것은 신자들 내에서 이미 발생하고 있는 것의 외부로서 보여진 것이다(고후 4:7-5:5). 그것은 특히 "아바"라고 외치는 성령의 "이미"에 의해 주어진 확신과 종말론적인 긴장을 구성하고 있는 고통 하는 몸의 "아직 아닌"의 좌절이다.

19 19절은 창조의 사상으로 확장되고 있다. 하나님의 구원하시는 목적에 관한 바울의 비전은 단순히 인격적이거나 인간적인 구속의 개념을 넘어서서 나아가고 있다. 이 모든 것에서 중요한 것은 전체로서의 피조물이며, 그것은 우주를 창조하심에 있어서 하나님의 본래적인 목적의 성취다. 구분짓는(육 대 성령) 바울의 이원론이 아무리 우주적인 이원론(물질과 영, 피조물와 하늘)을 초래하는 것으로 보일지라도, 바울은 그 피조물이 바울과 그의 독자들이 고대하고 있는 종말론적인 영광과 관련되어 있다는 것을 조금도 의심하지 않는다. 그의 서두 해설에서 암시한 것처럼(1:18-23) 또 그의 논증의 그밖에 다른 것에서 암시된 것처럼(특히 4:17), 바울의 신앙은 창조주로서의 하나님 안에 있다. "피조물"에 의해서 바울은 하나님이 인간을 세우신 전체적인 피조물의 질서, 곧 인간의 현재의 구현된 상태를 의미했을 것이다. 피조물과 인간/아담의 타락의 이야기에 대한 분명한 암시가 이것을 함축해준다(창 1-3장, 특히 다음 구절에서 분명하게 나타난다[20절]) – 1:25에서처럼, 피조물은 인간과 구분되어(그리고 창조주와 구분되어) 이해되고 있다. 태초에 피조물(나머지 피조물)이 인간과 관련해서 그 역할, 곧 피조물의 영광과 청지기역을 가졌던 것처럼, 피조물이 자신의 역할을 회복하는 것은 하나님의 형상으로서 의도된 인간의 영광을 회복하는 것에 달려 있다.

바울의 설명은 아주 생생하다: 피조물이 의인화되어 있고, 간절한 바램으로 가득 차 있다(자신들의 아들들이 마지막 골인 선을 넘어섰는지, 그리하여 함께 축하를 할 수 있는지를 알기 위해서 자신들의 목을 내밀고 바라보고 있는 후원자들처럼). 모든 피조물의 성취는 하나님의 아들들이 완전한 기업으로 들어가는 것과 아주 밀접한 관계가 있다는 것을 바울의 독자들을 정확히 알고 있다 – 그러한 기업의 일부가 되는 변화된 피조물(21절). 묵시적인 용어가 유지되고 있는데, 즉 피조물이 아주 열렬히 기다리고 있는 것은 완전한 구속으로 하나님의 아들들이 나타나는 것이다 – 하늘로부터의 드러남(참조. 고후 5:1-5). 재림에 관한 사상이 함축되어 있지만(살전 4:16-17과 고전 15:42-52), 피조물의 보조적인 위치로 인해 그 피조물의 구속은 인간의 구속에 따른 결과로 단순히 묘사되어진다.

20 피조된 질서가 인간의 구속을 아주 간절히 바라고 있는 이유는 창조 그 자체가 인간의 타락한 상태에 사로잡혀 있기 때문이다. 바울이 그의 로마서 독자들이 다시 한번 아담의 창조와 타락(창 1-3장)에 관한 기사의 암시를 인식하고 있을 것으로 가정한다. 특별히 피조물을 주관하시는 하나님에 관한 이야기는 인간에게 종속되어 있는 피조물에 관한 시편기자의 묘사를 상기시켰을 것이다(시 8:6). 피조물에게 부과된 제한을 묘사함에 있어서 바울은 자신의 독자들이 창세기 3:17-18을 곧바로 생각할 것으로 거의 기대했을 것이다. 피조물은 인간이 오만한 야욕을 부림으로 야기된 것과 동일한 무익함(허무)에 종속되어 있다(롬 1:21). 바울이 여기서 만들고 있는 요지는, 다소 애매한 용어를 통해서, 하나님이 피조물을 인간의 타락에 종속시킴으로써, 하나님이 처음 의도하신 인간에 대한 피조물의 종속의 논리를 그대로 따르고 있다는 것이다. 따라서 피조물은 타락한 인간에 대한 적절한 배경으로 기능하고 있다: 인간의 무익한 마음에 참여하는 무익한 세상. 피조물의 "마지못한" 종속을 묘사함으로써 바울은 이전 구절에 있었던 의인화를 계속 유지한다. 하나님과 불화하는 인간에 대한 적절한 상황을 만들어주는 것은 피조물의 질서가 엉망으로 되어버렸다는 것이다.

"허무"를 가지고 바울은 아마도 유대 사상에서 특히 전도서에서 가장 분명하게 설명되는 인생의 허무와 동일한 의미를 염두에 두었을 것이다 – 인생의 바보스러운 반복을 넘어서서 보지 못하는 마음의 피곤과 좌절, 부패와 부식의 끊없는 주기, 한밤의 폭풍우에 쓸려갈 수도 있고, 또 가뭄으로 인해 아무것도 아닌게 될 수 있는 오랜 인생 노력의 무가치함, 시간의 흐름과 인간사의 흐름에서 인간의 완전한 무의미. 인간이 깨닫는 모든 것은 자신이 "신"처럼 될 수 없다는 것이고, 이런 인간은 불가피하게 쓸모 없는 우상들과 단순한 사물에 종속된다는 것이다. 하지만 바울에게서 이런 것이 마지막 말이 되지는 않는다. 좌절케 하는 피조물에 묶여 있는 존재의 동일한 특징은 다른 각도에서 보았을 때에 그것은 소망에 대한 근거가 된다. 하나님으로부터의 인간의 오만한 독립의 관점에서 보았을 때에 세상은 황량하다. 하지만 창조주의 목적의 관점에서 보았을 때에 현재의 사건의 상태는 고대할 것이 전혀 없지는 않다. 피조된 질서의 목표는 하나님에 의해 결정되는 것이지 인간의 잘못된 마음에 의해 결정되는 것이 아니다. 신자들의 고통이 내적인 인간의 갱신과 성격의 형성으로 경험될 수 있기 때문에 그것이 소망의 근거가 된다(5:3-4; 고후 4:16). 따라서 피조물의 탈골은 항상 그렇게 의도되지 않았다는 증거가 된다. 태초부터 허무에 대한 최초의 종속은 인간과 그의 거주지에 대한 하나님의 본래 목적의 마지막 성취가 고려되었다. 심지어 피조물의 허무 속에서도 여전히 그 피조물은 하나님의 것이다.

21 하나님이 피조물에 대하여 가지신 목적은 종말론적인 해방이다. 곧 썩어짐의 종노릇하는 것에서 자유케 되는 것이다. 바울은 의도적으로 해방과 종에 관한 주제를 다시 한번 선택하고, 그 사상을 동일한 주제에 관한 이전의 표현과 연결시키고 있다(2, 15절). 율법의 종은 그들이 이미 자유케 된 죄에 이용당하고 있다는 것을 말하며, 이는 곧 죄가 아주 효과적으로 자신들의 유익으로 돌아서게 만들 수 있는 "의문"에 철저히 순종하게 만드는 제한성을 의미한다. 사실 그들은 이미 그러한 자유를 누리고 있었다. 하지만 거기에 부패에 노예성이 있고 이는 곧 육체적인 퇴락과 피조된 질서를 특징짓는 사멸에서 탈출하지 못하는 완전한 무능력을 말한다(죄가 이용하고 있는 것). 그리고 신자들은 여전히 그러한 피조된 질서의 일부이다. 전반적인 피조물처럼 그들은 아직 그러한 노예성에서 자유케 되지 못했다. 하지만 바울의 확신은 그리스도 안에 있는 사람들은 그 충만한 자유에 확신 있게 들어갈 것이라는 것이다 – 하나님이 인간을 창조했을 때에 항상 염두에 두었던 장엄한 자유, 피조물이 그러한 해방을 같이 공유할 것이라는 확신. 허무에로의 인간의 타락이 그러한 인간의 적절한 배경으로서 부패와 부식에 굴복 당한 세상을 요구한 것처럼, 죄와 육체로부터 해방된 인간은 신자들의 부활한 몸의 부패하지 않은 배경을 요구하게 될 것이다(고전 15:42-50).

22 전달하고자 하는 확신에 대한 보다 설득력 있는 모습을 얻기 위해서 바울은 독자들에게 공통된 지식에 호소한다. 그가 그리고 있는 특징은 시적인 심상을 가진 사람들에게는 전혀 낯설지 않았을 것이다: 고통 중에 있는 세상의 이미지는 지진으로 인한 땅의 뒤틀림, 홍수와 화재로 인한 폐허, 전쟁이나 기근으로 인한 황폐를 연상시킬 것이다. 심지어 새로운 봄날에 산고를 당하는 땅의 어머니에 관한 이미지는 더욱더 익숙했을 것이다. 하지만 바울의 비전은 유대적 묵시의 장엄한 범주를 그리고 있고, 거기서 그러한 이미지는 계절적이거나 종종 오는 재앙의 주기적인 것을 묘사하지는 않지만, 이 세대와 피조된 질서로부터 하나님의 마지막 목적의 새로운 시대로의 절정의 전환을 상기시킨다. 그것은 전체적인 우주를 포함하는 아주 포괄적인 과정이다. 즉 분리된 합창을 "함께" 연결하는 "전체적인 창조"다. 바울은 분명히 무서운 고난과 고통의 시기 속에서의 이런 유대적 믿음에 독자들이 익숙할 것임을 가정하고 있다. 그러한 묵시적 심상이 디아스포라에 잘 알려져 있었기 때문인지, 또는 묵시적 신앙이 이미 기독교 사상의 일부가 되었기 때문이었는지 간에 "메시아의 산

고"를 이미 그들이 잘 알고 있는 것처럼 가정하고 있다(참조. 막 13:8). 무심한 관찰자가 단순히 지형적인 현상으로 또는 변화하는 날씨 체계의 불행한 결과로 간주하는 것을 바울은 현재의 소외를 피조물의 불편과 앞으로 있게 될 왜곡으로 인해 오는 동물처럼 천천히 요동치는 괴로움으로 보고 있다. 이것이 창조 역사의 과정을 "현재까지" 특징지을 수 있는 방법이다. 하지만 종말론적인 "지금"으로서의 노고(勞苦)의 은유에 간한 함축은 탄식의 시간이 곧 지나가게 될 것이고, 그 옛날의 자궁으로부터 온 새로운 출산이 임박해 있다는 것이다－물론 바울의 사상은 새 창조의 임박만큼이나 그 구원에 관한 확실한 소망을 상당히 소중히 간직하고 있다.

23 창조의 고통이 신자들에 의해 경험된 종말론적인 긴장의 일부가 된다고 하는 의미는 이미 분명해졌다. 성도들의 고통은, 움직이는 것이든 움직이지 않는 것이든, 모든 피조물이 의존하는 우주적 드라마의 일부이다. 하지만 바울은 그 요지를 불충분하게 보이지 않도록 하기 위해서 그것을 보다 상세히 설명한다. 우리는 말로 표현하기에는 너무 깊은 동일한 우주적 고통에 빠져 있다. 여기서 바울은 그리스도인의 고통과 자연 속에서 역사하는 숨겨진 힘간에 공감대를 주장하고 있고－고대 세계의 전형적인 종교적인 열심을 부여시켰던 계절 또는 자연의 놀라운 풍성함의 주기가 아니라 자연적인 역사를 포함한 역사의 보다 깊은 운동－동일한 현상의 끊임없는 반복의 역사를 주장하고 있는 것이 아니라, 끝, 곧 마지막 정점을 향해 움직이고 있는 역사를 주장하고 있다. 유아적인 상태에서 자그맣게 움직이고 있는 것을 대변하기 위해 그 비전은 대담하다. 하지만 물론 바울에게서 그 비전은 새로운 운동이 아니라 아담 속에서 시작되어 아브라함과 이스라엘 속에서 채택되어, 이제는 예수 그리스도를 통해 이방인들을 포함하는 것으로 확장되어진 목적의 절정이다. 바울은 자기 자신의 선교를 영광스럽게 하기 위해서 추구하고 있지 않다. 그의 사역은 태초부터 시작된 우주적 계획의 자그마한 부분을 참여하고 있을 뿐이다. 하지만 그를 이렇게 몰아온 것은 그 비전이며, 그의 사역을 성공적이고도 지속적인 영향을 갖게 한 것도 그 비전이다.

따라서 우주적 배경과 비교하여 그리스도인의 자아 이해를 설정함으로써 바울은 자신이 신자들의 경험 속에서 역사하고 있다고 보았던 것처럼 역시 피조물의 구원과정의 분명한 개요를 제공하고 있다. 그 두 결정적인 동인은 성령의 수용과 몸의 구속이다. 이것들이 종말론적인 긴장으로 특징지어지는 시기에 개재된 것들이다－이미 되어진 것과 아직 되어지지 않은 것 사이의 긴장, 하나님이 이미 세우신 것과 아직 이루어지지 않은 것간의 관계에서 오는 긴장.

사람들을 우주적 구속의 계획과 통합시키는 첫 번째 결정적인 동인은 성령의 은사, 곧 인간에게 접근하시는 하나님의 효과적인 능력이자 인간의 생명 속에서 주된 지침을 주는 힘으로 환영받는 은사다. 물론 여기서 바울은 "성령을 가진"(9절) 그리스도인에 관한 이전 정의를 단지 채택하고 있다. 하지만 여기서 그는 "성령의 첫소산을 가진 것"으로 그 정의를 확장시킨다. 그는 여기서 성령의 은사(또는 신자들의 삶 속에서의 성령의 역사)를 보다 커다란 과정의 시작으로서 특징짓는다. 그것이 그의 청중들 속에서 불러올 수 있는 가장 그럴듯한 이미지는 추수의 이미지, 곧 전형적이고 영향력 있는 유대적 그리고 이제는 역시 역사의 끝에 마지막 수확에 대한 기독교적인 이미지다. 추수를 가지고 바울은 부활, 곧 몸의 구속을 거의 염두에 두었을 것이다. 또한 그 은유 속에 함축되어 있는 것은 마지막 끝맺음은 시작의 일부라는 사상을 갖는다(첫 낫은 완전한 추수의 많은 낫과 다르지 않고, 첫 반죽의 덩어리는 전체 그릇에 있는 덩어리와 다르지 않다; 참조 11:16). 신자는 아무리 제한되고 불완전한 방식일지라도 이미 다가올 시대의 생명을 경험하고 있다. 사랑하는 성령의 촉발에 반응하는 것은 하늘의 공기로 숨쉬는 것이다. 바울의 청중은 두 번째 함축 곧 마지막 수확은 오래 지체되지 않을 것이고 첫소산은 이미 있게 된 추수의 시작이라는 것을 분명히 인식했을 것이다.

두 주된 동인 사이에 있는 시간을 바울은 탄식의 시간으로 특징짓는다. 여기서 그의 사상은 분명히 고린도후서 5:3-4에 있는 것과 동일하다. 그리고 7:24의 고뇌하는 외침과 거의 다르지 않다. 탄식은 성령의 생명이 아직 신자들의 현 상황에 완전한 성취를 이루지 못한 데서 오는 좌절이다. 피조물의 탄식처럼(22절), 그것은 인간의 연약함이 많은 지극한 노력들을 허무한 것으로 끝나게 만드는 좌절이다. 말하자면 구원의 탄식은 시작되었지만, 아직 완전하지는 않다. 바울이 그밖에 다른 곳에서 보여주는 것처럼(고전 11:25-26), 그리고 그의 독자들에게 나중에 상기시키는 것처럼(롬 14:14a, 20b) 그것이 신자들로 하여금 피조물과 몸의 관계를 보도록 바울이 기대했던 유일한 관점은 아니다. 하지만 그리스도인인 바울은 이 땅의 영역에서 기뻐할 뿐만 아니라 그 땅의 모순과 비극으로 인해 울기도 한다. 왜냐하면 바울은 이 땅이 종말론적인 질병의 의미를 반추하고 있음을 발견했기 때문이다. 그 의미는 7장에서처럼 좌절이 주는 의미를 부정적이거나 경종적인 것으로만 보아서는 안 된다는 것이다. 오히려 자연 속에서 이런 소외를 전혀 감지하지 못하고 사는 사람들이 있고, 바울이 말한 것처럼, 더 커다란 위험 속에 있는 육체의 차원에서, 이 세상에서 그리고 이 세상을 위해서만 오직 살아가는 데에 만족하는 사람들이 있다. 따라서 이런 긴장을 조성하신 것은 하나님에 대한 하나님의 주장을 위한 것이며, 그런 좌절을 야기한 것은 인생에 활동하시는 하나님의 성령에 대한 것이다. 탄식은 성령, 곧 종말론적인 열매를 간절히 고대하는 피조물의 보다 깊은 리듬과 조화되도록 신자를 이끄시는 하나님의 영의 표시이다.

각 개인적인(그리고 집합적인) 구원의 과정에서 두 번째 결정적인 동인은 "몸의 구속"이다. 바울은 그것을 가지고 몸의 부활을 의미하고 있다(11절; 고후 5:1-5). 여기서 함축되어 있는 것은 "영적인 몸"(고전 15:44-46)의 본질이다 – 성령에 의해 활성화된 몸 곧 그 현재적인 몸은 영에 의해 활성화된다. 그것은 동기를 부여하고 방향을 부여함에 있어서 성령의 첫열매들이(하지만 이것은 모든 인간적 욕구의 만족에 의존함으로 인해 현재의 몸에 자주 좌절을 일으킨다) 성령에 의해 전적으로 활성화된 새로운 구현 속에서 성취를 이룰 것이다. 부활의 몸의 "아직 아닌"에 대한 언급에서 "구속"이라는 말을 사용함으로써 바울은 자신의 독자들에게 구속이 성령의 은사로 인해 완성되지 않으며 또 이 몸 안에서 곧 피조물의 현재의 양태 안에서는 완성될 수 없음을 재강조하고 있다. "양자"로서 이 결정적 동인을 묘사함으로써 바울은 신자에 의해 현재에 향유되고 있는 아들됨이 불완전하다는 것을 더욱더 분명하게 나타내고 있다. 그러한 용어들의 선택은 분명히 의도적이어서 14절로부터의 사상의 연속성을 강조하고 있다. 그리스도의 아들됨을 공유하는 신자는 두 단계의 특징을 갖는다 – "그리스도와 함께"(8:17) 고통을 받는 것으로 특징되는 두 시간 사이에 있는 특징인데, 즉 신자는 육신으로는 아직 육신 속에 있는 아들됨과 "죽은 자의 부활로부터의 성령에 따른" 아들됨 사이에 있다(1:3-4).

24-25 현재에 구원과정이 아직 완성되지 않은 것은 기독교인들의 신앙이 소망으로 특징짓고 있다는 것을 의미한다. 바울은 그 요지에 관해 말하고 있는데, 왜냐하면 그는 자신이 서신을 쓰고 있는 고린도에서의 신자들처럼 이미 주어진 성령의 경험에 열정적으로 도취하여 구원의 "이미"의 양태에 너무 강조를 두는 로마의 성도들이 있을 것을 염려했기 때문이다. 바울의 이러한 강조는 현재 세상과 이 세상의 모순에 신자들의 몸이 참여하고 있다고 말함으로 인해 이원론을 부정하는 일관된 표현을 담고 있다. 바울은 실제 세상으로부터의 영적인 분리에 여지를 남겨 두지 않는다. 현재의 모습의 창조에 신자들의 몸이 관련 자체가 구원과정의 일부가 되며, 소망의 경험으로서의 신자들의 구원경험의 일부가 된다.

그의 논리는 직설적이다: 만약 우리가 어떤 것을 "소망할 수 있다면, 그것은, 정의상으로 볼 때에, 우리가 우리의 이해 속에서 보지 못하는 것을 의미한다. 우리는 우리 앞에 놓여 있는 즉 여전히 보이지 않는 세계 속에 있는 것과 관련해서 소망한다. 그리스도인인 바울은, 그것이 현재의 책임이든 좌절이든간에, 자신의 관심을 전적으로 현재에 몰입된 것으로 허락하지 않는다. 그는 먼 수평선을 향해 반복적으로 응시한다. 저 너머에 있는 소망이 현재의 모순에도 불구하고 그의 믿음을 지탱시켜 주고 있는 것이다. 그는 자신의 독자들에게 이런 "소망"의 긍정적인 특징을 상기시킬 필요가 없었을 것이다(이 소망은 단순히 희망적인 사고에 빠져 있는 연약한 현재적 해석과는 다른 것이다). 그리고 부정과거시제의 의도적인 사용은("우리가 구원받고 있다"라기보다는 "우리가 구원받았다") 그와 동일한 요지를 만들어준다. 구원은 성령을 갖고 성령에 의해 이끌림을 받는 사람들을 위해 분명히 확실한 것이다. 그리스도인의 소망은, 5:1-5에서 이미 확인한 것처럼, 확신 있는 소망이다. 왜냐하면 그것은 이미 주어진 성령의 경험에 기초하고 있고, 또 그리스도의 부활이 다른 사람들이 그 죽은 자의 부활에 참여할 수 있게 보증하는(8:11; 고전 15:23) "첫 소산"의 본질이기 때문이다. 이 두 가지 요소들은 신자들의 소망을 지탱시켜 주는데 충분하고, 또 현재의 몸의 존재로 인한 모순과 좌절을 아들됨을 성숙시키는 인내로 참아낼 수 있게 하기에 충분하다는 것을 바울은 확고히 제시하고 있다.

26 만약 바울이 자신의 관심을 전적으로 현재에만 초점을 맞추었다면, 그는 그리스도의 부활의 첫열매와 전체 우주의 해방 곧 성령의 첫열매와 몸의 구속 사이에 있는 중간 시기의 냉혹한 실제로부터 자신을 이끌어내기 위해서 미래에 대한 소망(24-25절)을 갖지는 않았을 것이다. 성령, 하나님 아버지의 수용(에 대한 확신)(8:15-16)과 하나님의 넘쳐흐르는 사랑(5:5)에 대한 동일한 경험이 바울에게 미래와 관련한 확신을 주고 있고, 현재의 연약함을 지탱시켜준다. 소망과 연약은 바울에게서 모순적인 것이 아니다 – 소망이 죄의 계속된 권세와 육신의 계속적인 연약함으로 인한 낙심한 상황에서 비합리적인 것이 될 수는 있을지라도 말이다. 오히려 소망과 연약은 신자들의 경험이라고 할 수 있다 – 성령의 경험은 앞으로 나아갈 수 있도록 지탱시켜주고 도움을 주는 경험인데, 만약에 그러한 경험이 없었더라면, 그는 심각한 연약함 속에서 헤매고 있었을 것이다. 율법이 이런 상황에서 무능력한 반면에(8:3)(왜냐하면 율법은 같은 시간에 구슬리기도 하고 정죄하기도 하면서 연약한 육체 상태에 있는 사람에게 너무 많은 짐을 주고 있기 때문이다), 성령은 동일한 연약 속에 있는 사람들에게 도움을 주는 능력이 되기 때문이다. 그리고 성령은 하늘의 먼 중보자로서가 아니라(바울의 독자들은 유대 사상에서 몇몇 하늘의 천사적 영을 알고 있었다), 안에서 역사하시는 매우 내재적인 도움을 주시는 분이시다. 하지만

바울의 이해와 경험으로는 성령은 육신의 연약함을 완전히 극복하게 하시지는 않으며 그 연약함을 뒤에 남겨 두신다. 말하자면 성령을 가진 것으로서의 신자, 신자로서의 신자도 여전히 육체를 갖고 있다. 하지만 성령은 그러한 연약 속에서도 보호해주시고 그 연약함이 신자의 미래를 결정하지 못하게 만드신다: 현재의 구원은 인간의 연약함으로 말미암아 역사하고 하나님의 능력은 인간의 무기력 속에서 가장 효과적으로 역사하신다(고후 12:9-10). 따라서 이 항목 전체에 걸쳐서 미래의 영광에 관한 바울의 이야기는 현재의 고통과 부패(17-23절)에 관한 반복된 상기와 대응된다. 그리고 영광으로 표현된 소망의 절정은 여전히 신자들을 둘러싸고 있는 인간적 연약함에 관한 그의 고백이라고 할 수 있다.

할 수 있게 하시는 이러한 거룩한 능력은 신자의 기도로 표현되게 되는데 – 하나님의 뜻을 예언적인 통찰로 예견하는 특별한 요청을 담고 있는 영감도 아니며, 또 위대한 로마의 시인과 연사들을 시기나도록 자극하는 웅변의 유창함과 수사 속에서 가능하게 되는 것도 아니다 – 그것은 무엇을 말할 것인지 알지 못하고 또 종말론적인 긴장의 고통스러운 좌절 속에서 오직 하나님 앞에 자신들의 필요를 표현하는 인간의 주절거리는 탄식으로 표현된다. 7:24과 함께 이것은 바울에게서 종말론적인 긴장의 특징을 가장 두드러지게 표현하는 것 중의 하나다. 여기에는 단지 육체적인 연약함만이 아니라 초보적인 커뮤니케이션의 차원에서 하나님과의 전체적인 관계를 갖는 신자의 고통스런 무능력이 담겨 있다. 성령의 기도에 관한 바울의 이전 진술과의 긴장이 특히 예리하게 드러난다: 물론 신자들은 "아바 아버지"라고 외치는 것을 알고 있고, 주님의 기도에 의지할 수 있지만(8:15), 그럼에도 불구하고, 동시에 하나님 앞에서 자신의 무지와 무기력에 대한 의식을 갖고 있다.

바울은 올바른 기도 형태, 곧 창조주에 대한 피조물의 적절한 관계를 표현하는 형태가 있음을 전제하고 있다: 적절한 경외와 감사, 인식과 예배(1:21, 25, 28), 하나님이 원하시는 것을 아는 하나님의 뜻으로의 적절한 돌아섬. 하지만 신자의 현재는 여전히 파라다이스적인 이상(그리고 종말론적인 의도)의 완전한 회복과는 거리가 멀므로 그들은 기도할 바를 알지 못한다(바울은 로마의 청중들이 기도시에 동일하게 좌절케 하는 경험을 공유하고 있다는 것을 전제한다). 하지만 그러한 곤경을 바울은 기도에서 멀어지게, 즉 아주 무기력하게 어떤 행위를 부적절하게 포기하는 이유로 보지 않는다. 오히려 그 자체가 기도의 효과적인 형태가 되는 것이 말할 수 없는 탄식이다 – 기도에 근본이 되는 것은 말을 하는 것이 아니라 하나님에 대한 의존을 표현하는 것이 된다는 요지를 밝히고 있다. 그리고 아주 불충분해 보이고, 아무

것도 없어 보이는 기도에서보다도 타락을 초래한 최초의 교만을 보다 분명히 포기한 것으로 인간을 표현하게 하는 것은 그 어느 곳에서도 없다. 바울이 여기서 방언이 그러한 것이라고 생각하고 있다고 말하는 것은 그럴 것 같지 않은데, 특히 고린도의 예배시에 매일 아침에 들었던 방언(고전 14장)이 일부 고린도 신자들에 의해 영성의 표지, 그리하여 교만한 것을 나타내는 표지로 간주되었기 때문에 더욱더 그러하다(참조. 고전 14:12). 그러나 방언이 아무것도 없음을 나타내는 것으로, 또 합리적인 존재로서의 인간의 자아 존중을 의식하지 않는 것으로 인정할 수 있는 방언은(참조. 고전 14:20) 바울이 여기서 염두에 두고 있는 무언의 탄식과 동렬에 놓을 수 있을 것이다. 그 탄식의 기도는 인간의 무기력, 특히 지식의 열매를 하나님과 관련해서 희생시킨 인간의 무식과 무지에 관한 표현인데, 바울은 바로 그것을 염두에 두고 있다. 왜냐하면 하나님이 인간을 재주장할 수 있게 하는 것이 바로 그와 같은 것이기 때문이다. 바울이 포용하기를 기뻐하는 역설은 인간의 연약함에 관한 그러한 인식이 구원의 조건일 뿐만 아니라 그 자체가 구원이 진행되고 있는 확신이라는 것이다. 신자들을 위한 성령의 중보와 동일한 시간에 놓여 있는 것이 고통하는 좌절과 무능에 관한 신자들의 표현이다.

27 바울이 줄 수 있다고 느끼는 확신은 외양과 단순한 말을 보지 않으시는 하나님이 말할 수 없는 탄식이 무엇을 의미하는가를 충분히 잘 알고 계시다는 것이다 – 즉 아무것도 말할 수 없을 때조차도 여전히 하나님을 바라보는 의존과 근본적인 지향임을 알고 계신다. 그는 "성령의 생각"이 무엇인지를 아신다. 바울은 다시금 의도적으로 6절에서 사용된 구절을 선택한다. 따라서 바울은 다시 한번 성령의 생각이, "육신의 생각"과 대조될지라도(6절), 전적으로 육신과 분리된 것은 아님을 확인시켜준다. 오히려 성령의 생각은 육신의 연약함으로 말미암아 표현된다. 그는 그 구절에서 의미하는 바가 그 지향과 방향을 표현하는 인생이라기보다는 태도의 근본적인 지향, 인생의 주된 방향임을 확인해준다. 성령의 생각은 죄에 의해 부양되는 육신과 여전히 사망에 의해 지배되는 몸의 종말론적인 긴장 속에서 지탱된다는 것이다. 특히 바울은 성령의 생각이 인간적으로 성취되는 태도가 아니라 하나님의 은혜에 의해 가능하고 또 인간의 연약함 속에서 하나님에게 의존하는 고백을 통해 하나님의 능력으로 지탱되는 태도임을 확인해준다. 인간의 연약함 그 자체가 하나님의 은혜의 표지라는 것은 아니다. 오히려 인식되지 못한 인간의 연약함이 죄가 사람을 지배하게 만든 바로 그 사고방식이다. 여기서 말하고자 하는 것은 효과적인 기도를 형성시키는 것은 하나님의 능력에 의존하는 앎이다. 왜냐하면 하나님의 자신의 뜻을 이루

시기 위해서 역사하시는 것은 분명히 그 하나님에 대한 피조물의 의존으로 말미암기 때문이다.

28 바울은 독자들이 인간의 고통과 피조물의 곤란이 통합되어 있다는 이전 구절과의 사상의 연속성을 고려할 것임을 가정한다. 그가 독자들에게 여기서 주고 있는 확신은 그들이 신자로서 함께 공유하고 있는 인간적 모순에 대한 경험이 낙망에 대한 원인이 될 수 없다는 것이다. 왜냐하면 하나님은 또한 피조물의 하나님이시고 신자들을 위한 그의 목적은 피조물에 대한 그의 목적이 되며, 또 하나님은 이 피조물을 통해 역사하시기 때문이다. 따라서 하나님의 백성들은 하나님의 목적 안에서의 자신들의 위치가 근본적으로 피조물의 전개되는 역사와 조화를 이루고 있다는 것을 확신할 수 있다. 하나님을 사랑하는 사람들은 자신들의 피조물됨을 인식하고 그 사실이 자신들의 삶을 형성케 만드는 사람들이다. 그들의 확신은 창조주이시자 아버지이신 하나님 안에 있다. 신자들은 자신들의 기도가 불평과 성가심과 말이 없는 완벽한 좌절로 특징지어질 때조차도 여전히 기도할 수 있는 것처럼, 소외와 모순의 느낌이 가장 첨예화되고, 거명할 수 없는 세력에 직면하여 완벽한 무기력감에 있을 때조차도 여전히 믿음을 가질 수 있다. 그들은 이런 좌절과 탄식 속에서 활동하시는 성령이 이런 어둠 속에서 활동하여 선으로 이끄실 것이라는 확신을 가질 수 있다－즉 바울에게서 성령은 신자가 성숙으로 나아가도록 도와주고(5:4), 또 몸의 행실을 죽이도록 돕는 분이시다(8:13).

여기서 표현된 사상은 약간 진부함을 갖고 있기는 하다－그 환경이 계속해서 최선의 노력을 다하는 것에 반하여 작용하고 있는 것을 발견한 올바른 사람에 대한 마지막 위로. 유사한 감상이 유대와 그리스도 로마 사상에서 이미 통용되고 있었고, 바울의 로마 청중들은 대단히 공통된 종교적 금언으로서의 그 의미에 대해 잘 알고 있었을 것이다. 다소 놀라운 것은 바울이 그러한 비교를 한 종교 체계가 아니라 그 이상의 종교 체계에 적합한 보다 모호한 용어로 표현하고 있다는 것이다: 아무리 숨겨지고 알려지지 않은 것이라 할지라도 사건 배후에 있는 섭리는 궁극적으로 선하다. 그리고 "하나님을 사랑하는 자들"에 대한 소망으로 그 말씀을 제공함으로써(바울은 처음으로 이 서신에서 그러한 구절을 사용했다), 그는 일견 보기에 믿음에 강하게 달라붙는 불굴의 경건을 단순히 천거하고 있는 것으로 보인다. 하지만 사실상 하나님을 사랑하는 이란 개념은 그리스-로마 종교에 전형적이지 않지만 유대적인 특징을 갖고 있다. 따라서 바울이 모든 종교적인 경건의 다소 모호한 소망을 한 분 하나님을 믿는 독특한 유대 신앙의 범주로 끌어가고 있다. 그리스 로마 종교의 보다 모호하고 추상적인 경건이 창조주요 아버지이신 하나님을 믿는 유대 신앙 안에서 보다 분명한 정의와 실제적인 근거가 주어지고 있다.

유대보다 잘 알려진 내용에 유대적 시각에 대한 부과는 "하나님을 사랑하는 자" 뿐만 아니라 "성도"(27절)와 "부르심을 받은 자"로서의 위로의 수혜자에 대한 바울의 묘사에서 더욱더 강화되어진다. 그렇게 서술함으로써 바울은 자신의 서두 인사를 반영할 뿐만 아니라(1:7), 거기 서두에서처럼 그리스도에게 속한 사람들은 이스라엘과의 연속성 속에 서 있다는 것을 의도적으로 함축하고 있다. 인간의 응답의 균형이 "하나님을 사랑하는"으로 주어진 자리에 나타나 있다. 하지만 주된 강조는 부르시고 구별하시는(이방인으로부터 유대인, 또는 백성들에서 제사장으로의 구별이 아니라, 유대인이든 이방인든간에 육신의 생각을 가진 사람으로부터 성령을 가진 사람으로의 구별이다) 하나님의 행위에 있다. 그리고 이런 주목은 이 단계에서 바울이 해설을 그 절정으로 몰아가려고 할 때에 그 강렬함을 더해준다. 이런 하나님의 주도하심은 갑작스럽게 하나님에 의해 결정된 것이 아니다. 특별히 이방인을 부르신 것은 이스라엘의 거부로 인해 단순히 발생된 것이 아니다. 그것은 처음부터 하나님의 목적의 일부였다. 다시금 하나님이 창조주요 또한 구원자라는 확신이 주어지는데, 바울은 아브라함이 대형적인 "부르심"을 받기 오래 전에 유대인뿐만 아니라 이방인을 포용하는 것이 하나님의 뜻이라는 것을 확신하고 있다(유대의 특권을 간직하려는 자기 백성들의 시도는 이스라엘의 하나님이 모든 만물과 존재의 창조주라는 것을 잊고 있다).

29-30 신자들이 발견하고 있는 모순과 유혹에 관한 그 어느 것도 감추지 않은 바울은 자신의 논의를 하나님의 의가 신자들에게 무엇을 의미하는가로 안착하고 있는데, 곧 매일의 나타나는 냉혹한 실제에서 하나님의 뜻이 모든 사람들을 지배하고 있으며, 모든 창조된 것과 피조물에게 의도된 충만한 잠재성을 끌어내려는 하나님의 목적은 실패함이 없다는 확실성을 소리내고 있다. 하나님이 자신의 백성들을 위해 의도하신 목적은 시간 속에서 형성되어지며, 이는 인간 피조물을 하나님 자신과의 충만한 관계로 되돌리기 위한 부르심으로 결과되어지고, 하나님에 의해 소유되고 하나님에 의해 부양되며, 그의 영광을 나누도록 부여된다. 믿음의 충만한 확신 속에서 바울은 모든 "…하다면"과 "그러나"를 제쳐두고 즉 이전 세 장들에서 있었던 자격과 경고를 뒤에 남겨두고, 이미 완성된 행위 속에서 창조와 구원의 목적을 완성시키시는 하나님의 확실성을 확고히 하고 있다.

창조주-구원자의 목적이 종말론적인 양태로 전환된 본래적인 창조에 차원에서 표현된다. 바울은 자신의 독자들이 그것을 이미 인식하고 있는 것처럼 기대할 수 있었다. 그것은 불순종한 인간이 잃어버린 하나님의 형상으로 신자들이 되돌아가고 있는 전환에 관한 것이다. 그것은 하나님이 만드신 인간이 결코 완전히 들어가지 못한(3:23) 하나님의 영광을 나누는 것이다. 그리고 그것은 한 분 인간 안에서 즉 하나님의 형상의 완전한 표현을 갖는 예수 그리스도 때문에 가능한데, 이는 그분 자신을 위한 것이 아니라 그가 다른 사람들과 공유할 수 있는 관계성을 위한 것이다. 이런 절정에서 바울은 다시금 15-17절의 강조를 채택한다 – 하나님의 목적이 오직 그리스도 예수 안에서 성취되었다. 공유된 아들됨의 용어("많은 형제들 중의 맏아들")가 분명히 이전의 진술을 반영하고 있기 때문에, 바울은 유사한 용어들 속에 있는 기독론적인 주장을 확실히 이해하고 있음을 예상했을 것이다. 말하자면 그것은 바울이 염두에 둔 것이 종말론적인 아담, 곧 다시 살아나심으로 영광과 존귀로 관을 쓰시고 아담에게 본래 의도된 모든 만물에 대한 지배 – 죽은 자로부터 처음으로 살아난 맏아들로서 널리 퍼지는 범주로 공유할 수 있는 특권과 능력(참조. 골 1:18; 계 1:5) – 가 주어진 부활의 그리스도를 고려하고 있다(참조. 시 8:4-6과 고전 15:20-27). 또한 그 구원은 종말론적인 아담의 형상으로 화하는 과정에 있고, 정확히 말하면, 이는 그리스도와 함께 하는 고난과 그의 죽으심을 죽을 육체의 마지막 죽음으로 공유하고 또 그리스도의 부활하신 생명을 충만히 공유하는 확실한 소망을 통해서 이루어진다(17절; 참조. 빌 3:10, 21; 고후 3:18). 이런 방식으로 바울은 초기 결론의 커다란 범주를 상기시키고 있다(5:15-19): 불순종으로 아담이 많은 사람들에게 사망을 가져온 것처럼, 그리스도는 많은 사람들에게 생명을 가져왔다. 하지만 이제 죄와 사망의 헤게모니와 육신의 연약함으로 말미암은 율법의 조정은 – 그 율법은 여전히 초기 결론(5:20-21)을 어둡게 만들고 있다 – 짧게 끝날 것이고, 그 어둠은 하나님의 목적의 승리로 인해 확실히 축출될 것이다. 이런 방식으로 바울은 자신의 해설에 충분한 범주를 가져오는데, 즉 그는 아담의 타락과 자기 파괴의 침울한 분석에서부터 두 번째 아담의 성공과 생명창출의 절정으로 이어지는 충분한 범주를 가지고 해설하고 있다.

4. 두 번째 결론: 하나님의 승리 - 하나님의 신실하심과 믿음의 확신(8:31-39)

참고문헌

Balz, H. R. *Heilsvertrauen und Welterfahrung.* Munich: Kaiser, 1971. 116-23. **Caird, G. B.** *Principalities and Powers: A Study in Pauline Theology.* Oxford: Clarendon, 1956. **Dahl, N. A.** "The Atonement - An Adequate Reward for the Akedah?(Rom 8:32)." In *Neotestamentica et Semitica,* FS M. Black, ed. E. E. Ellis and M. Wilcox. Edinburgh: T*T* Clark, 1969. 15-29. **Davies, P. R.** and **Chilton, B. D.** "The Aqedah: A Revised Tradition History." *CBQ* 40(1978) 514-46. **Déaut, R. le.** "La presentation targumique du sacrifice d'Isaac et la soteriologie paulinienne." SPCIC 2:563-74. **Dibelius, M.** *Die Geisterwelt im Glauben des Paulus.* Göttingen: Vandenhoeck & Ruprecht, 1909. 110-13. **Fiedler, P.** "Röm 8:31-39 als Brennpunkt paulinischer Frohbotschaft." *ZNW* 68(1977) 23-34. **Hay, D. M.** *Glory at the Right Hand: Psalm 110 in Early Christianity.* SBLMS 18. Abingdon: Nashville, 1973. **Hayward, R.** "The Present State of Research into the Targumic Account of the Sacrifice of Isaac." *JSS* 32(1981) 127-50. **Hodgson, R.** "Paul the Apostle and First Century Tribulation Lists." *ZNW* 74(1983) 59-80. **Kleinknecht, H.** *Gerechtfertigte.* 335-37, 342-47, 354-56. **Luz, U.** *Geschichtsverständnis.* 370-76. **Müller, C.** *Gottes Gerechtigkeit.* 57-72. **Münderlein, G.** "Interpretation einer Tradition. Bemerkungen zu Röm 8:35f." *KD* 11(1965) 136-42. **Osten-Sacken, P. von der.** *Römer 8.* 14-60, 309-19. **Paulsen, H.** *Römer 8.* 133-77. **Roetzel, C.** "The Judgment Form in Paul's Letters." *JBL* 88(1969) 305-12. **Schille, G.** "Die Liebe Gottes in Christus. Beobachtungen zu Röm 8:31-39." *ZNW* 59(1968) 230-44. **Schlier, H.** *Principalities and Powers in the New Testament.* Freiburg: Herder, 1961. **Schoeps, H. J.** "The Sacrifice of Isaac in Paul's Theology." *JBL* 65(1946) 385-92. **Schrage, W.** "Leid, Kreuz und Eschaton. Die Peristasenkataloge als Merkmale paulinischer theologia crucis und Eschatologie." *EvT* 34(1974) 141-75. **Schwartz, D. R.** "Two Pauline Allusions to the Redemptive Mechanism of the Crucifixion." *JBL* 102(1983) 259-68. **Segal, A. F.** "'He Who Did Not Spare His Own Son…': Jesus, Paul and the Akedah." In *From Jesus to Paul,* FS F. W. Beare, ed. P. Richardson and J. C. Hurd. Waterloo, Ontario: Wilfrid Laurier University, 1984. 169-84. **Swetnam, J.** *Jesus and*

Isaac. AnBib 94. Rome: Biblical Institute, 1981. **Synofzik, E.** *Vergeltungsaussagen.* 101-4. **Thüsing, W.** *Per Christum.* 219-22. **Wengst, K.** *Formeln.* 55-56, 61. **Wink, W.** *Naming the Powers.* Philadelphia: Fortress, 1984. Esp. 47-50.

본 문

31 그런즉 이 일에 대하여 우리가 무슨 말 하리요 만일 하나님이 우리를위하시면 누가 우리를 대적하리요	**31** What therefore shall we say in view of these things? If God is for us, who is against us?
32 자기 아들을 아끼지 아니하시고 우리 모든 사람을 위하여 내어주신 이가 어찌 그 아들과 함께 모든 것을 우리에게 은사로 주지 아니하시겠느뇨	**32** He who indeed did not spare his own Son but gave him up for us all, how shall he not also with him give us all things?
33 누가 능히 하나님의 택하신 자들을 송사하리요 의롭다 하신 이는 하나님이시니	**33** Who will bring charges against the elect of God? It is God who justifies.[a]
34 누가 정죄하리요 죽으실 뿐아니라 다시 살아나신 이는 그리스도 예수시니 그는 하나님 우편에 계신 자요 우리를 위하여 간구하시는 자시니라	**34** Who is there to condemn? It is Christ (Jesus)[b] who died, rather was raised,[c] who also is at the right hand of God, who also intercedes on our behalf.
35 누가 우리를 그리스도의 사랑에서 끊으리요 환난이나 곤고나 핍박이나 기근이나 적신이나 위험이나 칼이랴	**35** Who will separate us from the love of Christ?[d] Affliction, or distress, or persecution, or hunger, or nakedness, or danger, or sword?
36 기록된바 우리가 종일 주를 위하여 죽임을 당케 되며 도살할 양 같이 여김을 받았나이다 함과 같으니라	**36** As it is written, For your sake we are being killed all the day; we are reckoned as sheep for slaughter.
37 그러나 이 모든 일에 우리를 사랑하시는 이로 말미암아 우리가 넉넉히 이기느니라	**37** But in all these things we prevail completely through[e] him who loved us.
38 내가 확신하노니 사망이나 생명이나 천사들이나 권세자들이나 현재 일이나 장래 일이나 능력이나	**38** For I am convinced that neither death nor life, nor angels nor[f] rulers, neither things present nor things to come nor powers,[g]
39 높음이나 깊음이나 다른 아무 피조물이라도 우리를 우리 주 그리스도 예수 안에 있는 하나님의사랑에서 끊을수 없으리라	**39** neither height nor depth, nor any other creature will be able to separate us from the love of God which is in Christ Jesus our Lord.

원문주해

a. 의문을 제기하는 것으로 모든 구절들에 구두점을 찍는 것이 가능했을 것이다 (Lietzmann, Barrett, Fitzmyer, Achtemeier). 거의 대부분이 위에 것처럼 구두점을 찍는다 (예를 들어, Cranfield를 보라).

b. 예수스(Ἰησοῦς)가 본래 있는 것인지 아니면 추가된 것인지에 관해 분문 전승들은 다소 동등하게 분리되어 있다.

c. א*을 포함하여 몇몇 전통들에서 에크 네크론(ἐκ νεκρῶν)이 에게르데이스(ἐγερθείς)에 덧붙여 있는데, 아마도 보다 완전한 구가 보다 일반적이기 때문일 것이다(4:24; 6:4; 7:4; 8:11; 10:9). 그러나 여기서 그것은 아포다논(ἀποθανών)과 의 평행을 방해한다.

d. א은 (크리스투[Χριστοῦ] 대신에) 데우(θεοῦ)로 읽고, B는 데우 테스 엔 크리스토 예수(θεοῦ τῆς ἐν Χριστῷ Ἰησοῦ)로 읽는다. 후자는 거의 확실히 39절과 조화되고 있고, 전자도 마찬가지이지만, 아마도 그것은 어떤 단일신교적인 신중함을 반영하는 것일 것이다. 하지만 주석을 보라.

e. D F G는 διά+대격 = "때문에…"로 읽는다 – 따라서 그 언급은 지속적인 사랑의 계속된 흐름의 의미를 간직하기보다는 그리스도 죽음의 과거 사건을 돌아보는 것으로 좁혀 준다.

f. 엑수시아이(ἐξουσίαι)는 그 용어와 아르케(ἀρχή)간의 일상적인 관계에 비추어 몇몇 전승에서 추가되었다(양식과 구조를 보라).

g. 두나메이스(δυνάμεις)를 보다 자연스러운 결합을 갖는 아르카이(ἀρχαί)(Metzger를 보라)와 연결시키기 위하여 몇몇 전승들에서 그 용어(δυνάμεις)를 에네스토타(ἐνεσ-τῶτα) 앞으로 돌리는 이해할 만한 경향이 있다.

양식과 구조

대단한 확신의 논조로 절정을 이루고 있는 세 번째 주요 항목(6-8장)은 그리스도로 말미암아 이미 하나님이 행하신 것이 깨질 수 없는 사랑의 띠를 세웠다는 찬양의 홍조로 점증되고 있다. "구원의 확신에 관한 승리의 노래에서, 이 전체 서신이 중심을 갖는다"(Schmidt). 율동적인 구조는 임의적으로 만들었다기보다는 강렬한 감정의 소산일 것이다. 찬양의 논조가 분명히 이 독본에서 전달되고 있고 이는 독자들에게서 목소리가 나오고 있는 것과 같은 사상의 흐름에 의해 결정되어지는 질문과 대답의 형태를 갖고 있다. 자연스러운 단락 또는 휴지는 31-32, 33-34, 35-37절 그리고 38-39절 사이에 있고, 32절은 31b절의 설명으로 간주되고, 33-34절은 31c절의 설명으로 간주된다(Wilckens). Schmithals, *Anthropologie*, 178-180은 여기에 삼단논법이 들어있다고 주장하는데, 즉 31b-32절은 기본적인 진술로 기능하고, 33-37절은 논의로, 38-39절은 개요로 기능한다는 것이다. 전형적인 찬양의 형태는 소중한 신조를 반영하고 있고, 가르치는 자료의 단편목록들을 모아놓고 있다.

우리가 더 자세히 나아가서 이 구절들 배후에 이미 구성된 찬송의 형태가 있다고 보는 것은 상당한 논쟁이 된다. 특히 31b-32a, 33-35a, 38-39로 구성된 바울 이전의 형태를 재구성한 오스텐-삭켄(Osten-Sacken, 24-25)은 이런 재구성에 일반적인 비판을 받는다. 즉 그 재구성은 두 구절(31b절과 31c절)을 전도시키려 하고, 35b절의 고난(*peristasis*) 목록을 포함하여 – 그 고난은 35a절의 질문에 잘 응답하고 있다 – 35b-37절을 다소 임의적으로 삭제하고 있다. 아마도 그것은 32절과 34절이 이미 형성된 고백적 자료를 포함하고 있거나 적어도 반영하고 있는 경우가 될 것이다(8:32과 8:34을 보라). 하지만 폴센(Paulsen, 137-51)은 31-34절이 바울 이전의 찬송시로부터 나온 것이라고 주장하면서 너무 강하게 밀고 나간다. 왜냐하면 제기된 두 절은 꽤 균형이 맞지 않고, 따라서 무엇보다도 이전에 형성된 찬송시로 보려는 근거를 손상시킨다.

그 단락의 나머지 부분과 관련해서 말할 때, 35절에 고난 목록은 바울의 그밖에 다른 곳에서 몇 가지 부분적인 평행을 갖고 있다.

들맆시스(*θλῖψις*)	롬 2:9	고후 6:4			살후 1:4
스테노코리아(*στενοχωρία*)	롬 2:9	고후 6:4		고후 12:10	
디오그모스(*διωγμός*)				고후 12:10	살후 1:4
리모스(*λιμός*)			고후 11:27		
구므노테스(*γυμνότης*)			고후 11:27		
킨두노스(*κίνδυνος*)			고후 11:26		
마카이라(*μάχαιρα*)					

따라서 또한 38-39절에서 연속되는 열 개의 항목은 바울 전집에서 몇 가지 부분적인 평행구들을 가지고 있다.

다나토스(*θάνατος*)	고전 3:22			빌 1:20		
조에(*ζωή*)	고전 3:22			빌 1:20		
앙겔로이(*ἄγγελοι*)						벧전 3:22
아르카이(*ἀρχαί*)		고전 15:24	골 1:16; 2:10, 15		엡 1:21 3:10; 6:12	
에네스토다(*ἐνεστῶτα*)	고전 3:22				참조. 엡 1:21	
멜론타(*μέλλοντα*)	고전 3:22				참조. 엡 1:21	
두나메이스(*δυνάμεις*)		고전 15:24			엡 1:21	벧전 3:22
윞소마(*ὕψωμα*)					참조. 3:18	
바도스(*βάθος*)					참조. 3:18	
크티시스(*κτίσις*)			참조. 골 1:16			

그것은 첫눈에 자명하다: (1) 특히 두 번째 목록에 관한 바울의 용어선택은 자연스럽게 쌍으로 되어 있다 – *θάνατος/ζωή, ἐνεστῶτα/μέλλοντα, ὕψωμα/βάθος*, 그리고 특이하게는 *ἄγγελοι/ἀρχαί*(보통의 쌍은 *ἀρχή/ἐξουσία* – 고전 15:24; 엡1:21; 3:10; 6:12; 골 1:16; 2:10, 15; 참조. 벧전 3:22)이다. 두나메이스(*δυνάμεις*)는 쌍을 갖고 있지 않지만, 어떤 본문상의 혼란을 가정할 필요는 없다(참조. SH; Dibelius, *Geisterwelt*, 110). 즉석에서의 용어선택의 맥락에서 완성된 형태는 멋을 내어 윤색한 문구보다는 덜 부드러울 것이다(또한 Dibelius, 111이 지적하는 것처럼; 참조. Wilckens). 바울이 전통적인 자료에 에네스토타(*ἐνεστῶτα*)와 멜론타(*μέλλοντα*)를 삽입시켰다는 쉴러(Schille, "Liebe," 238)의 주장은 역시 불필요하다. (2) 바울이 확립된 신조나 목록에 의존하고 있다는 아무런 증거가 없다. 그와 반대로, 여기서 연속된 것들은 특이한 요소들의 삽입과(참조. 골 1:16 – 드로노스[*θρόνος*]; 엡 6:12 – 코스모크라토르[*κοσμοκράτωρ*]) 보다 규칙적인 요소들의 제외로(예를 들어, 고후 6:4과 11:27의 보다 완전한 목록이 들어 있는 35절과 골 1:16과 엡 1:21이 들어 있는 38-39절을 참조하라) 특징지어진다. 가장 분명한 결론은 이것이 바울 자신의 작품이라는 것이다. 바울은 소모적인 목록을 시도하지 않고, 잘 알려진 요소들과 자연스럽게 대조되는 쌍을 그리고 있다. "그럼에도 불구하고, 바울의 산문이 찬송적인 형태에 아주 가깝다는 것을 어느 누구도 알 수 있다"(Käsemann).

본 단락은 8장에 대한 결론으로 분명히 기능하고 있다(Osten-Sacken, 53-57): 31-32절은 3절의 하나님의 주도하심을 채택하고 있고, 34절의 카타크리마(*κατάκριμα*)가 없다는 확신은 1절을 반영하고 있으며, 32절의 순 아우토(*σὺν αὐτῷ*)는 특히 17절의 순(*συν*) 복합어를 요약하고 있고, 엔투그카노(*ἐντυγχάνω*)는 26-27절로 되돌아가서 연결시키고 있다. 그리고 35-39절에서의 완전한 승리의 절정적인 주제는 17-28절에서 여전히 남아 있던 오해를 확실히 씻어버린다. 하지만 단지 8장에 관한 것만이 아니다: 그 양태와 주제는 5:1-11을 강력하게 생각나게 만든다(참조. Dahl, *Studies*, 88-89; Osten-Sacken, 59-60; Kleinknecht, 337). 그리고 죄와 율법을 언급하지는 않았을지라도(단지 33-34절에 함축되어 있다), 마지막 목록(38절)의 첫 번째 항목이 사망, 곧 5장의 말미에(그리고 그 이후에 두드러져서 마지막으로 이 서신의 38절에서 언급되고 있는) 신자들에게 남겨져 있었던 최후의 위협인 죽음이다. 여전히 더욱 두드러지는 것은 8:31-39가 이 요지에 대한 전반적인 논증을 요약하고 있는 방식이다. 그것은 이전 장들에 있었던 것들을 많이 반영하고 또 용어들을 암시일 뿐만 아니라(파레도켄[*παρέδωκεν*] – 32절; 1:24, 26, 28; 디카이오[*δικαιόω*] – 33절;

2:13 등등; 카타크리노[κατακρίνω]-34절; 2:1; 들립시스[θλῖψις]와 스테노코리아[στενοχωρία]-35절; 2:9; 크티시스[κτίσις]-39절; 1:25), 사실상 31-34절은 3장의 초기에 이르렀던 요지로 우리를 돌아가게 만든다: 거기에는 이스라엘을 변호하시는 하나님의 신실하심에 대한 하늘의 재판 장면, 그리고 하나님 자신의 것에 신실하시다는 동일한 재판 장면-믿음에 하나님이 신실하시다는 해설(1:17)에 대한 적합한 절정-을 생각나게 만든다.

이 마지막 장면은 이 단락의 다른 중요한 특징을 가리키고 있다-그것의 강력한 유대적 특징 즉 32절에서 이삭에 대한 암시(사 53:6의 암시와 맞물려 있다-Klein-knecht, 344-45), "하나님의 선택"(33절), 그리스도(35절), 시편 44:22의 사용(36절), 그리고 하나님의 사랑에 대한 강조(37, 39절) 등이 있다. 여기에 더불어 오스텐-삭켄(Osten-Sacken, 30-34)은 연속되는 질문과 대답에 많은 유대적 평행을 인용하고 있다. 여기에는 무엇보다도 3:1-8의 주제에 관한 전환이 있다: 하나님의 신실하신 사랑은 모든 것을 참으며 능가하신다. 그밖에 다른 곳에처럼 여기서 바울은 하나님의 백성들로서의 이스라엘의 자아인식에 관한 소중한 주제를 채택하여 그것을 아무런 제한 없이 유대인뿐만 아니라 이방인에게도 적용시킨다. 따라서 불가피하게 절정의 진술을 갖는 그의 서술은, 18-30절에서 뿐 아니라 여기에서도 사려 깊은 독자들에게 다음과 같은 질문, 즉 '그렇다면 하나님의 백성인 유대인은 무엇이뇨?'라고 묻게 만든다. 다시 말해서 자신의 해설에서 자주 있었던 것처럼, 바울은 한 논증의 결론적인 진술로 하여금 다음 논증을 주도하게 만든다(5:20-21의 양식과 구조를 보라).

주석

31 "그런즉 이 일에 대하여 우리가 무슨 말하리요?"(*τί οὖν ἐροῦμεν πρὸς ταῦτα*-티 운 에루멘 프로스 타우타). 3:5을 보라. "대하여, 관하여"를 의미하는 전이된 뜻으로의 프로스(*πρός*)에 대해서는 Moule, *Idiom Book*, 53을 보라. 그 질문은 8:18-30의 마지막 항목에 대한 결론을 분명히 도입시킨다. 하지만 8:18-30 그 자체가 6-8장의 전체적인 연결에 대한 절정의 결론을 이루고 있고(1:18-5:21의 항목에서 5:12-21이 역할하는 것과 마찬가지이다; 8:18-30의 양식과 구조를 보라), 타우타(*ταῦτα*)는 6-8장에서 발전된 전반적인 논증의 노선을 언급하는 것으로 취할 수 있다. 그리고 8:18-30이 전반적인 논증을 상당히 효과적으로 감싸주고 있기 때문에(1:18-8:30; 다시금 8:18-30의 양식과 구조를 보라), 타우타(*ταῦτα*)가 전체를 언급

하는 것으로 너무 강하게 진행시키지는 않고 있다(참조. Cranfield). NEB는 그 형태를 아주 잘 포착하고 있다. "이 모든 것을 염두에 두었음으로, 우리가 무슨 말을 하리요?"

"만일 하나님이 우리를 위하시면 누가 우리를 대적하리요?"(*εἰ ὁ θεὸς ὑπὲρ ἡμῶν, τίς καθ' ἡμῶν*–에이 호 데오스 휘페르 헤몬, 티스 카드 헤몬). 축하와 기쁨의 논조가 있음은 틀림이 없다; 참조. BDF §496.2. 에이(*ἐι*)는 명백하게 "그것이 그렇기 때문에"란 뜻으로 "만약"(if)을 의미한다. 휘페르/카타(*ὑπέρ/κατά*, "위하여/반하여")에 대해서는 특히 막 9:40과 고후 13:8을 참조하라. 그 질문의 강력한 유대적 특징은 과소평가해서는 안 된다: (1) 그 의미는 유대 단일신교에서 유래한다. 그 확신이 단순히 "우리를 위한" 어떤 신의 존재에 있는 것이 아니라 "한 분 하나님"에 뿌리내려 있다. 이것이 그 질문에 대한 대답 자체가 공개적으로 열려 있고 또 "어느 누구도 할 수 없다"라는 대답에 매이지 않을 수 있는 이유가 바로 그것이다. "우리들에 대항하는"(참조 38-39절) 많은 것들이 있을 수 있으나 한 분 하나님과 관련해서 그것들은 아무것도 아니다. 그런 확신은 이사야 40장 이하에서도 있다. (2) 그 구절은 시편 속에 있는 유사한 확신의 표현을 반영하고 있고, 고통 당하시는 의로우신 분에 대한 주제와 근본적인 일치를 나타내고 있다(Kleinknecht, 342). 크랜필드는 시편 23:4; 56:9(70인경은 아니다), 12; 그리고 118:6-7을 꽤 적절히 인용하고 있다. 시편기자의 서술이 휘페르 헤몬(*ὑπὲρ ἡμῶν*)이라기보다는 메드 헤몬(*μεθ' ἡμῶν*)이라는 윌켄스의 반박은 결정적이지 못하다. 왜냐하면 두 전치사가 이 시점에서는 거의 동의어적인 것이기 때문이다(참조. 마 12:30과 더불어 막 9:40). (3) 바울이 하나님의 목적의 완성을 분명히 바라보고 있기 때문에(29-30), 그 사상은 아마도 역사의 끝에 있을 마지막 심판에 관한 것일 것이다(참조. Michel). 이어지는 구절들이 그것을 확인해준다. 그 다음에 그 요지는 마지막 심판에서 하나님의 목적이 승리할 것이고, 이전의 양면적인 역사가 끝나게 될 것이라는 것이다. 그처럼 그 구절과 이어지는 구절은 3:1-8에서 제기된 문제에 대한 부분적인 답변을 제공하고 있다. 3:3-6에서처럼 그 문제는 하나님의 신실하심에 관한 것이다. 따라서 아주 대담하게 주장되어 있는 것은 사실상 자기의 것에 대한 하나님의 신실하심의 승리이다(단순히 하나님 자신을 위한 것이 아니라 "우리를 위하시는" 하나님). 하지만 그 신실하심에 대한 수혜자는 이제 카타 프뉴마(*κατὰ πνεῦμα*)한 사람들로 재정의된다.

따라서 다시 한번 바울은 유대적 소망의 성취로서 자신의 사명과 그것의 결과를 보고 있는 내용을 강조한다. 물론 3:1-8의 아직 응답되지 않은 부분이 더욱더 정교하게 다듬어지고 있다: 그리스도에 관련해서 이런 믿음의 확신이 주어진다면, 하나님의 백성들로서 본래 선택되었던 사람들에 대한 하나님의 신실함은 무엇인가? 바울이 여기서 유대적 유산에 측면에서 그리스도인의 확신을 이해하고 있는 정도를 이해할 때, 8장의 말미와 9장의 시작에서의 전환은 아무런 문제가 없게 된다. 따라서 바울의 사상에 관한 유대적 문맥의 깊이를 여기서 이해하게 될 때, 바울이 스토아철학의 유사한 것에 의존하고 있다는 주장(우연적인 방식이 아닌)은 손상을 입게 된다(참조. Cranfield; Bultmann, *Stil*, 19). "우리를 위하시는 하나님" 구절이 바울의 복음을 요약하는 것으로 이해되어질수록, 그것에 함축되어 있는 유대적 특징과 연속성이 더욱더 중요해진다.

32 "자기 아들을 아끼지 아니하시고 우리 모든 사람을 위하여 내어주신 이"(*ὅς γε τοῦ ἰδίου υἱοῦ οὐκ ἐφείσατο ἀλλὰ ὑπὲρ ἡμῶν πάντων παρέδωκεν αὐτόν*－호스 게 투 이디우 휘우 우크 에페이사토 알라 휘페르 헤몬 판톤 파레도켄 아우톤). 게(*γέ*)는 뒤이어지는 구절－"자기 아들조차도"(BGD)－또는 앞에 구절－"참으로 그(이)가"(참조. BDF, §439.3)를 강조하는 강조형이다. 이디우(*ἰδίου*)는 3절의 헤아우투(*ἑαυτοῦ*)에 상응한다. 11:21과 고후 13:2에서처럼 우 페이데스다이(*οὐ φείδεσθαι*)는 시행된 심판, 곧 타락한 인간의 행위가 불러온 것과 동일한 심판의 논조를 갖고 있다(1:32). 8:3을 보라. 파레도켄(*παρέδωκεν*)절은 그리스도의 죽음에 관한 잘 확립된 기독교 신학의 이해를 확실히 반영한다(더 자세한 것은 4:25을 보라). 능동태 동사형은 4:25의 수동태와는 다르다. 그리고 그 능동태가 보다 일반적 기독교적 서술일지라도, 이 시점에서 1:24, 26, 28의 삼중적인 파레도켄(*παρέδωκεν*)에 응답하면서, 8:31-39이 지금까지의 전반적인 논증을 감싸는 것으로 의도하고 있는 인상을 강화시킨다(1:18-8:30; 양식과 구조를 보라): 자신의 아들을 은혜로 내어주신 하나님은 진노하심에 자신의 피조물을 내어주신 것에 대응한다. 휘페르(*ὑπέρ*)는 단지 "위해서"(8:27, 31, 34; 9:27; 10:1; 15:30; 16:4 등등)를 의미할 수 있지만, 이 문맥에서 그것은 희생의 대속적인 죽음(14:15; 고전 1:13; 11:24; 15:3 등등) 또는 순교(참조. 5:6-8; 9:3)를 의미한다. 일반적인 서술에 판톤(*πάντων*)이 추가된 것은 역시 분명히 의도적이다－유대인뿐만 아니라 이방인을 포함한, *모든*－바울은 로마서에서 이와 동일한 용어를 일관되게 사용하고 있다(특히 1:5, 16; 2:9-10; 3:4, 9, 20, 23; 4:11, 16; 5:12, 18을 참조하라). 또한 그 용어는 10:4, 11, 12, 13; 11:26, 32 그리고 다시금 15:11, 33과 16:26에서 분명히 재출현하고 있다. 따라서 "우리를"은 부활하신 그리스도, 곧 종말론적 아담(29절)의 형제 자매를 구성하는 "새로운 인

간"(Michel)이다.

첫 구절에서 창세기 22:16의 암시를 보는 것을 피하기는 어렵다(따라서 그 논점을 대부분이 제기한다; 예를 들어, Schoeps, le Déaut, 그리고 Swetnam, 80 n. 459에서 인용된 다른 사람들을 보라. 특히 그 목록에 Wilckens가 추가된다; 특히 반대하는 Kuss와 Schlier도 보라):

롬 8:32: 투 이디우 휘우 우크 에페이사토(*τοῦ ἰδίου υἱοῦ οὐκ ἐφείσατο*)

창 22:16 70인경: 우크 에페이소 투 휘우 수 투 아가페투(*οὐκ ἐφείσω τοῦ υἱοῦ σου του ἀγαπητοῦ*)

창 22:16 MT: וְלֹא חָשַׂכְתָּ אֶת־בִּנְךָ אֶת־יְחִידְךָ

바울은 아가페투(*ἀγαπητοῦ*)보다 이디우(*ἰδίου*)를 사용하고 있는데, 그 차이는 크지 않다. 그리고 바울은 아가페토스(*ἀγαπητός* = יָחִיד, "오직 한 분)가 원인이 될 수 있는(바울은 자신의 독자들이 아가페토이[*ἀγαπητοί*]가 된다고 주장하기를 원했다 –1:7; 참조. 11:28 그리고 12:19), 그리스도의 맏아들 되심에 대한 자신의 주장(14-17, 29절)에 혼동을 가져오는 것을 피하기를 원했을 것이다. 그렇지만, 유대인이 구약 용어에 익숙하였던 것처럼, 바울은 역시 자신이 창세기 22:16을 반영하고 있음을 인식했을 것이다(삼하 21:1-14의 반영은, Schwarz, 265-66의 주장에도 불구하고, 거리가 멀다).

보다 중요한 문제는 바울이 익숙한 구절로부터 어떤 신학적인 핵심을 만들려고 하고 있는지, 아니면 신학적인(그리고 논증적인) 의도를 갖고 그것을 의도적으로 사용하고 있는가 하는 것이다. 그 문제는 이삭의 속박에 관한 유대 사상의 전통이 이미 있었다는 내용과 관련하여 여전히 계속되는 논증으로 복잡하게 얽혀 있다. 특히 거기에는 유대 사상이 이미 A.D. 이전에 그 사건에 얼마나 대속적인 의미를 부여했는가는 약간의 의심이 들어 있다(Davies와 Chilton; 하지만 또한 Hayward와 Segal을 보라; 그 요지는 Philo, *Abr.* 172의 의미와 Ps. Philo[NB 18.5; 32.2-4; 40.2]의 연대뿐만 아니라 탈굼 전승들의 연대와 같은 요지들로 방향을 돌린다). 하지만 아브라함의 이삭을 드린 것은 아브라함의 믿음의 증거로서(4:2을 보라), 바울 이전의 유대교에서 상당히 고려할 만한 중요한 문제이었다. 따라서 만약 바울이 특별한 관점을 만들고 있다면, 그것은 아케다(Akedah=묶음 혹은 이삭 번제)(반대로는 Dahl, "Atonement", 이것은 로마서에서 8:32의 문맥에 대해 너무 적은 주의를 기울이고 있다)에 대한 적절한 보상이 되는 속죄의 관점에서가 아니다. 주어진 요지는 오히려 4장과 8:32 사이의 대조에서 나온다. 즉 바울은 자신의 유대인 대담자가 기대하였던 4장에서의 이삭번제와의 관련성을 배제하거나 무시하였다. 그리고 그 대신에 그는 논증의 절정으로 자신의 암시를 소개하고 그것을 하나님과 관련시켜 언급한다. 바울은 형세를 바꾸는 것을 고려하면서, 자신의 아들을 바친 아브라함의 번제를 경건한 유대인의 신실함의 대형이 아니라 하나님의 신실하심의 대형으로 보고 있음을 시사한다.

"어찌 그 아들과 함께 모든 것을 우리에게 은사로 주지 아니하시겠느뇨?"(*πῶς οὐχὶ καὶ σὺν αὐτῷ τὰ πάντα ἡμῖν χαρίσεται* – 포스 우키 카이 순 아우토 타 판타 헤민 카리세타이). 포스(*πῶς*)는 5:9, 10, 15, 17에서의 폴로 말론(*πολλῷ μᾶλλον*)과 동일한 역할을 하고 있다. 이 용어는 두 결론적인 항목들(5:1-21과 8:31-39)의 전형적인 확신의 표시를 강조하고 있다. 순 아우토(*σὺν αὐτῷ*)는 파레도켄(*παρέδωκεν*)을 취한다: 하나님이 자신의 아들을 내어 주시었고, 게다가 하나님은 "모든 것"을 주실 것이다. 하지만 그 사상이 단지 아직 오지 않은 것의 보증으로서의 그리스도의 죽음에 관한 것인지(Kuss), 또는 죄된 육체와 하나가 되고(3절) 고통과 영광을 나누신(17절) 것과 관련한 그리스도의 주심에 관한 것인지는 덜 분명하다. 이전 문맥에서의 아담 기독론 모티브에 비추어 볼 때, 후자가 더 그럴 듯 하다.

대부분의 주석가들은 타 판타(*τὰ πάντα*)를 "구원의 완성"을 언급하는 것으로 취한다(Cranfield; 참조. 5:10). 그것이 방금 언급된 "모든 것"을 분명히 나타낼 수 있을지라도(고후 4:15; 5:18; 12:19; 빌 3:8; 골 3:8에서처럼), 아마도 여기서는 "만물"(the all)=피조물(Wilckens)에 대한 언급일 것이다: 타 판타(*τὰ πάντα*)는 바울에게서 대부분 이런 의미를 가지고 있고(11:36; 고전 8:6; 11:12; 15:27-28; 빌 3:8; 골 1:16-17, 20; 엡 1:10-11, 23; 3:9; 4:10), 특히 18-30절 배후에 있는 아담 기독론과 잘 들어맞는다(다시금 고전 15:27; 빌 3:21; 엡 1:22을 참조하라). 다시 말해서, 모든 것에 대한 그리스도의 주되심을 공유하는 것(34절에서 암시된 시 110:1)이 여기서 그려지고 있으며(시 8:6은 초기 기독교 사상에서 시편 110:1과 함께 일반적으로 흡수되었다 – Dunn, *Christology*, 108-10), 그리스도는 다시금 인간에 대한 하나님의 위임을 성취시키는 분으로 이해되어진다(시 8:6). 하지만 더 정확하게는 그의 아들됨과 발전된 권위를 공유하는 것으로 새로운 인간의 머리로서 이해되어진다. 따라서 카리세타이(*χαρίσεται*)는 진정한 미래 곧 인간을 만드신 하나님의 본래적 목적의 마지막 완성을 바라보고 있다. "거저 주고, 호의로 주다"라는 의미는(BGD; 또한 Cranfield를 보라) 분명히 의도적인 내용이다: 그것은 결론을 감싸면서 바울의 복음의 특징인 은혜에 관한 강조(χάρις – 카리스)를 강화시키며(1:5; 3:24; 4:4, 16; 5:2, 15, 17, 20, 21; 6:1, 14, 15) 동시에 피조물에 대한 인간의 주도권이 하나님의 은사이며, 또 하나님에 대한 의존 속에서만 그렇게 시행될 수 있는 것임을 강조한다. 다시 한번 하나님의 창조적인 목적의 승리는 하나님에 대한 이런 의존을 인식하지 못한 인간의 실패가 사물의 노예가 되었던 것에 상응하고 있다(1:21-25).

33 "누가 능히 하나님의 택하신 자들을 송사하리요?"(τίς ἐγκαλέσει κατὰ ἐκλεκτῶν θεοῦ – 티스 에그칼레세이 카타 에클렉톤 데우). 에그칼레오(ἐγκαλέω)는 법적인 용어다. 즉 어떤 사람을 기소하고 있는 형식적인 과정을 언급한다 – 말하자면, "고소하고, 기소하고, 절차를 취하다"(LSJ, MM; 성경헬라어에서 잠 19:5; Wisd Sol 12:12; Sir 46:19; 행 19:38; 23:28; 참조. ἔγκλημα). 분명히 그려지고 있는 것은 역사의 마지막에 있는 최후의 장면이다(더 자세한 것은 2:2을 보라). 수사적인 형태가 특별한 기소자가 누구인지를 찾을 필요가 없게 만들지라도, 유대 독자들은 사단을 자연스럽게 생각했을 것이다(욥 1-2장과 슥 3:1-2). 하지만 사단의 역할이 그 동안에 유대 사상에서 상당히 정교해지기는 했을지라도 말이다(IDB 4:224-28; 더 자세한 것은 16:20을 보라).

에클렉토이 데우(ἐκλεκτοὶ θεοῦ)라는 구절과 함께 바울은 다시 한번 유대인의 자기 이해에서 중요한 요소를 취하고 있다(대상 16:13; 시 89:3[70인경 88:4]; 105[70인경 104]:6; 사 42:1 70인경; 43:20; 45:4; 65:9, 15, 22[70인경 22-23]; Sir 46:1; 47:22; Wisd Sol 3:9; 4:15; *Jub.* 1.29; 에녹1서 1.3, 8; 5.7-8; 25.5; 93.2; *Similitudes*에서 강조되는 것[40.5; 41.2; 48.1; 51.5 등등]; 1QS 8.6; CD 4.3-4; 1QM 12.1, 4[?]; 1QH 2.13; 1QpHab 10.13; Sib. Or. 3.69). 또한 *TDNT* 4:182-84를 보라. 옛 이스라엘과 하나님의 종말론적 백성간의 연속성을 증거하고자 하는 것은 바울의 주된 관심사 중 하나다(양식과 구조를 보라). 그리고 그것은 바울이 다른 신약의 저자들과도 공유하고 있는 것이다(참고 막 13:20, 22, 27 par.; 눅 18:7; 골 3:12; 딛 1:1; 벧전 1:1; 계 17:14).

"의롭다 하신 이는 하나님이시니"(θεὸς ὁ δικαιῶν – 데오스 호 디카이온). 데오스(θεός)의 인접한 반복은 강조를 더해준다. 디카이오(δικαιόω)에 대해서는 2:13과 8:30을 보라. 현재시제는 다시 한번 하나님의 의롭다하시는 행위가 단번의 사건이 아니라, 지속적인 부양임을 우리에게 상기시켜준다(그것이 회심이든 다른 어떤 때이든 간에). 그리고 마지막 심판에 관한 사상과 함께 하나님의 마지막 변호와 방면으로서의 디카이운(*δικαιοῦν*)에 관한 개념이 확실히 내재되어 있다. 일반적으로 일치하는 것처럼, 바울이 여기서 의도적이든 무의식적이든간에, 이사야 50:8(*ἐγγίζει ὁ δικαιώσας με· τίς ὁ κρινόμενός μοι* – "나를 의롭다 하시는 이가 가까이 계시니 나와 다툴 자가 누구뇨")을 반영하고 있다고 상당히 간주한다(더 자세한 것은 Osten-Sacken, 43-45을 보라). 이사야 50장의 하나님의 종에 관한 모습에서 바울은 그리스도를 보는 것이 아니라 그리스도인을 보고 있다(Wilckens).

34 "누가 정죄하리요?"(*τίς ὁ κατακρινῶν* – 티스 호 카타크리논). 이 번역은 헬라어의 양면성을 가져오는데, 왜냐하면 동사를 현재 또는 미래로 볼 수 있기 때문이다. 하지만 그것은 내용에 있어서 거의 확실히 종말론적이고, 다시금 마지막 심판에 관한 것을 언급하고 있다(Michel; Synofzik, 103). 오직 정죄의 선언을 할 수 있는 분은 판사(=하나님)이기 때문에 그 질문은 이미 이전 구절에서 응답되었다(NJB는 33b절과 34a절을 합침으로써 헬라 교부들[Lagrange를 보라]의 고대전통을 따른다: "하나님이 구원의 정의를 주실 때, 누가 정죄할 수 있겠는가?"); 하지만 바울의 응답은 이미 그리스도가 심판자로서의 하나님의 역할을 공유하고 계셨던 것으로 보여지는 정도를 강조하고 있다(특히 2:16과 롬 14:10과 더불어 고후 5:10을 참조하라; 아래를 보라).

"죽으실 뿐 아니라 다시 살아나신 이는 그리스도 예수시니"(*Χριστὸς (Ἰησοῦς) ο ἀποθανών, μᾶλλον δὲ ἐγερθείς* – 크리스토스[예수스] 호 아포다논, 말론 데 에게르데이스). "죽으시고…살아나신"은 신조적인 목소리를 갖지만(특히 고전 15:3-4; 고후 5:15; 살전 4:14), 특별한 언급보다도 더 확립된 진술의 균형된 형태이다(특히 로마서의 그밖에 다른 곳을 참조하라–5:10; 6:4, 9-10; 7:4; 14:9). 말론(*μᾶλλον*)은 이전에 있었던 것을 보충해주고, 분명히 해주며 또한 바로 잡아준다(참조. 고전 14:1, 5; 갈 4:9; BGD 4d). 따라서 그것은 5:9-10의 폴로 말론(*πολλῷ μᾶλλον*)과 동일한 효과를 갖는다. 바울의 기독론에서 예수의 죽음이 구원에 유일한 결정적인 것이 아님을 기억하는 것이 중요하다. 바울은 부활로 나타나는 새로운 아담에 대한 길을 열면서, 아담 기독론 곧 아담의 종말로서의 예수의 죽음의 측면에서 여전히 사고하고 있다(고전 15:20-22).

"그는 하나님 우편에 계신 자요"(*ὅς καί ἐστιν ἐν δεξιᾷ τοῦ θεοῦ* – 호스 카이 에스틴 엔 덱시아 투 데우). 시편 110[70인경 109]:1(*εἶπεν ὁ κύριος τῷ κυρίῳ μου, Κάθου ἐκ δεξιῶν μου* – 에이펜 호 큐리오스 토 큐리오 무, 카두 에크 덱시온 무)의 반영은 분명히 의도적이다: 그 구절이 신약성경에서 빈번히 인용되어짐은 구 구절이 분명히 초기 기독론에서 대단히 사랑을 받았고 또 사용되었던 구절임을 보여준다(막 12:36 pars.; 14:62 pars.; 행 2:34-35; 히 1:13; 그리고 위에서처럼 전치사로서의 엔[ἐν]과 함께 있는 것으로는 – 엡 1:20; 골 3:1; 히 1:3; 8:1; 10:12; 12:2; 벧전 3:22; 또한 Hay와 10:9을 보라). "우편"은 권능을 나타낸다(예를 들어, 출 15:6, 12; 신 33:2; 욥 40:9; 시 17:7; 18:35; 등등; BGD는 올바르게 *Pss. Sol.* 13.1을 인용하고 있다; Josephus, *War* 1.378). 따라서 우편의 자리는 특별한 영광의 자리다(왕상 2:19; 시 45:9; 신약에서는 특히 행 2:33; 5:31; 그리고 7:55-56).

예수에 대해 사용되었던 시편 110:1의 의미를 이해하기 위해서 우리는 두 가지 요점을 유념해야 한다. (1) 본래적인 시편의 의미는 아마도 이스라엘 왕은 사실상 그의 백성들에 대한 하나님의 부섭정자(vice-regent)로 하나님에 의해 지명되었다는 것을 제기하는 대단히 높은 경칭의 방식이었을 것이다. (2) 바울이 있었던 그 부근의 시기와 그의 뒤를 잇는 시기에 하늘의 영광스러운 보좌로 높임을 받은 믿음의 영웅들과 관련한 상당한 정도의 고찰이 있었던 것으로 보인다 – 단 7:9에 복수적인 "보좌들"로 인해 아마도 자극을 받았을 고찰; 그런 식으로 특별하게는 아담(*T. Abr.* 11.4-18), 에녹(*Sim. Enoch*=에녹1서 45.3; 51.3; 55.4; 61.8; 69.27-29; 71.14), 멜기세덱(11QMelch), 욥(*T.Job* 33.3), 메시아(*Sanh.* 38b에 따른 *R. Akiba, b.*)이 있다. 그때에 시편 110:1에 대한 가장 초기의 기독교적 사용의 두드러진 특징은 그 주장 그 자체가 아니라, 매우 최근의 기억에 관한 영웅의 삶에 관한 것으로 구성되었다는 사실이다(이스라엘의 고대적인 과거의 희미함 속에서 구성된 영웅에 관한 것이라기보다는 말이다). 여기서 단순히 "인식적인 불일치"(실패에 대처하는 방식으로서 활발한 재주장으로 메꾸어진 실패된 예언)의 사례를 보는 사람들은 쿰란에서의 의의 교사 또는 그 당시의 실패된 메시아 예언(Theudas, the Egyptian, 등등; Josephus, *Ant.* 20.97-98, 169-72)은 동일한 방식으로 언급되어지지 않았던 이유를 스스로 자문해 보아야만 한다.

"우리를 위하여 간구하시는 자시니라"(ὃς καὶ ἐντυγχάνει ὑπὲρ ἡμῶν – 호스 카이 엔투그카네이 휘페르 헤몬). 엔투그카노(ἐντυγχάνω)에 대해서는 8:27을 보라. 그 이미지는 이미 유대 사상 내에서 천사들에게로 귀속되었던 것과 하늘의 중보에 관한 것이다(8:26을 보라; 에녹1서 13.4에서의 에녹, 하지만 14.4-7을 참조하라). 따라서 여기서 우리는 하늘의 실제를 묘사하기 위해 사용된 다양한 범주들을 취하여 그것들을 그리스도에 관한 배타적이고도 철저한 방식으로 초점을 맞춘 초기 기독론의 또 다른 예증을 갖게 된다. 그 사상은 히브리인들에게는 매우 중요했지만(특히

7:25; 참조. 요일 2:1), 여기서는 잠복해 있는 대제사장 기독론에 관한 것만큼이나 바울의 아담 기독론의 외적 형태(다소 *T. Abr.* 11처럼 자신의 종족을 중보하는 마지막 아담)에 관한 것일 것이다. 클라인네흐트(Kleinknecht, 345)는 중보의 주제가 고통하는 의로운 자의 주제와 같이 연결되어 있다는 것을 주목한다(욥 42:8-10; 사 53:12; *T. Ben.* 3.6-8). 26절에서의 성령의 중보와 관련해서는 Wilckens를 보라.

35 "누가 우리를 그리스도의 사랑에서 끊으리요"(*τίς ἡμᾶς χωρίσει ἀπὸ τῆς ἀγάπης τοῦ Χριστοῦ*–티스 헤마스 코리세이 아포 테스 아가페스 투 크리스투). 어순은 헤마스(*ἡμᾶς*)에 강조를 준다. 분리에 관한 가능성을 부정하는 수사법은 사실상 17절에서 유래하는 순(*συν*) 강조형의 재진술이다. 그 요지는 언급된 고통을 십자가에 죽으신 분과의 연합의 증거로 보아야지 그의 사랑을 의심하는 원인으로 보아서는 안 된다는 것이다. 바울작품에서 "하나님의 사랑"(*ἀγάπη τοῦ θεοῦ*–아가페 투 데우, 5:5; 8:39; 고후 13:13; 살후 3:5)과 "그리스도의 사랑"(*ἀγάπη τοῦ Χριστοῦ*–아가페 투 크리스두, 8:35–양식과 구조를 보라; 고후 5:14; 엡 3:19)을 서로 자유롭게 호환시키는 것이 두드러진다(신약성경에 그밖에 다른 것으로는 "하나님의 사랑"만이 언급된다–눅 11:42; 요 5:42; 요일 2:5; 3:17; 4:9; 5:3; 유 21절). 또한 크리스토스(*Χριστός*)에 정관사가 있는 것은 다시 한번 바울이 유대적 용어로 사고하고 있는 정도를 반영해준다–유대의 기대와 소망을 성취시킨 메시아로서의 예수, 특히 자신의 백성들을 위한 하나님의 (언약적) 사랑을 표현하고 구현한 것으로서의 메시아 예수(또한 7:4과 9:3, 5을 보라).

"환난이나 곤고나 핍박이나 기근이나 적신이나 위험이나 칼이랴"(*θλῖψις ἢ στενοχωρία ἢ διωγμὸς ἢ λιμὸς ἢ γυμνότης ἢ κίνδυνος ἢ μάχαιρα*–들립시스 에 스테노코리아 에 디오그모스 에 리모스 에 구므노테스 에 킨두노스 에 마카이라). 들립시스(*θλῖψις*)와 스테노코리아(*στενοχωρία*)와 더불어 종말의 무서운 환난이 염두에 두어져 있다. 더 자세한 것은 8:18을 보고, 그 용어들 자체에 관해서는 2:9을 보라. 우리의 문헌에서 디오그모스(*διωγμός*)는 항상 종교적인 이유로 인한 박해를 의미한다. 여기에 목록과 함께, 특히 막 4:17 par., 고후 12:10과 살후 1:4을 참조하라. "굶주림, 기근"(*λιμός*–리모스)은 막 13:8 pars.; 계 6:8; 그리고 18:8에 의하면 "마지막 날"의 특성이다. 이러한 맥락에서 "적신, 벌거벗음"(*γυμνότης*–그므노테스)은 자연적으로 부정적인 함축=육체적인 건강과 정상적인 관계에 필요한 의복의 부족이라는 의미를 가진다. 배고픔과 적절한 의복이 없는 것은 인간의 상실에 대한 묘사와 자연적인 연관을 갖는다(예를 들어, *T. Zeb.* 7.1; 마 25:35-36; 고후 11:27; 약

2:15을 참조하라). "위험, 모험"(κίνδυνος – 킨두노스)은 신약의 다른 곳에서는 고린도후서 11:26에서만 쓰인다. "칼"(μάχαιρα – 마카이라)은 폭력적인 죽음 혹은 전쟁에 대한 명백한 환유이다(참조. 창 31:26; *Sib. Or.* 8.120; 마 10:34; BGD). NJB는 마지막 두 항목을 "위협 혹은 폭력"이라고 번역한다. 특이한 마카이라(μάχαιρα)를 포함하여 바울이 바로 이 두 단어들에서 그 목록을 절정에 이르게 한 것은 우연이 아니다. 왜냐하면 그는 자신의 경우에 있어서 이런 것들이 마지막 장애물로 분명히 나타났었다고 생각했기 때문이다(참조. 15:31).

유사한 목록이 그밖에 다른 곳에서도 잘 알려져 있었는데, 즉시 스토아 문학에서 그러하다; Peristasenkatalog=힘든 환경의 목록(페리스타세이스[περιστάσεις]); 예를 들어, 벗은 것(1:24)과 3.24.28-29의 목록에 나와 있는 주제에 관한 에픽테투스(Epictetus)의 강화를 보라(더 자세한 것은 Bultmann, *Stil*, 19; Lagrange, 218을 보라). 환경과 고난에 저항하는 다른 유사한 목록은 자연스럽게 유대 문헌에 나타나고, 특히 종말론적인 맥락에서 그러하다(참조. 예를 들어, *Jub.* 23.13; 에녹1서 103.9-15; Pss. Sol. 15.7; 더 자세한 것은 Schrage, "Leid," 143-46을 보라; Hodgson은 Josephus, Nag Hammadi, Mishnah와 Plutarch로부터의 예들을 인용하면서, 그것이 훨씬 더 널리 사용되었음 보여준다). 바울은 고린도후서에서 규칙적으로 그 형태를 사용한다(4:7-12; 6:4-10; 11:23-27; 12:10). 더 자세한 것은 문헌을 갖고 있는 V. P. Frunish, 2 *Corinthians* AB(1984) ad loc를 보라. 여기서 그 목록은 고린도후서 11장(κίνδυνος, λιμός, γυμνότης)과 12장(διωγμὸς, στενοχωρία)에서도 나오는 몇 가지 요소들을 포함하고 있다. 고린도후서 11장의 목록처럼 이 목록은 배타적으로 외적인 고난에 초점을 맞추고 있는데, 이는 그밖에 다른 곳에서 바울의 종말론적인 긴장의 의미에 전형을 이루는 내적인 차원의 의식을 명시하지 않고 있다. 어느 정도 여기서 그 목록은 근접한 형태의 스토아적 평행에 가까운 것이지만, 그리스도인의 고난에 관한 사상은 17절을 지배했고 또 35a절에서도 반영되었다. 고린도후서 11:23-27과의 평행은 그러한 목록이 단순히 문학적 양식이 아니라 일차적으로 바울의 자신의 경험의 표현이라는 것을 또한 분명히 해준다. 바울이 자신의 경험을 시대들(아담의 시대와 그리스도의 시대) 간의 종말론적인 긴장의 외보로서 간주하고 있기 때문에, 그는 자연스럽게 자신의 경험을 모든 동료 신자들을 위한 전형으로 바라보았다(Michel, Käsemann).

36 "기록된 바"(καθὼς γέγραπται ὅτι – 카도스 게그랖타이 호티). 1:17을 보라.

"우리가 종일 주를 위하여 죽임을 당케 되며
도살할 양같이 여김을 받았나이다"(Ἕνεκεν σοῦ θανατούμεθα ὅλην τὴν ἡμέραν, ἐλογίσθημεν ὡς πρόβατα σφαγῆς – 에네케인 수 다나투메다 홀렌 텐 헤메란, 엘로기스데멘 호스 프로바타 스파게스).

그 질문은 시편 44:22[70인경 43:23]의 말 그대로이다. 따라서 마카비 시대와 하드리안 시대의 순교자들에 관해서도 랍비들은 그 용어를 사용하였다(Str-B 3:259-60). 하지만 스가랴 11:4, 7(πρόβατα τῆς σφαγῆς – 프로바타 테스 스파게스)에 대한 반영도 거기에 있었을 것이다. 또한 이사야 53:7을 참조하라. 이것을 유대인들이 일반적으로 박해를 예상했다는 암시나 고대세계에 깊이 뿌리를 내린 반셈족주의의 증거로 취해서는 안 된다. 유대인들은 일반적으로 평판이 좋지 않거나 미움을 받는 사람들은 아니었다(서론 §2.2.2를 보라). 그들이 경멸을 받은 것은 필연적으로 인종으로 인한 것이 아니라, 그들의 특별한 관행들(돼지고기를 먹지 않는 것 등)과 그들의 신 이외에는 다른 신을 인정하지 않는 것 등으로 인한 것이었다(또한 서론 §2.3.1을 보라). 스가랴 11장과 솔로몬의 지혜서(Wisd Sol) 5장과 같은 구절에 언급되어 있는 박해는 내적인 싸움, 곧 불의한 자들(유대인)에 의한 의로운 자(유대인)의 박해가 포함되어 있다. 새로운 시대에 대한 필연적인 선도자로서의 고난에 대해서는 8:18을 보라. 참조. 에녹1서 103.9-15.

마카비시대 순교자들과의 평행을 비교해 볼 때, 마카비 순교자들이 "하나님의 율법들을 위하여" 죽었던(제2마카비서 7:9, 11; 유사한 것으로는 4에스라 7.89) 반면에, 바울의 사상에서는 그리스도가 하나님과 그의 백성간의 특별한 관계에 대한 결정적인 표현이 되었다는 것이다(35, 39절). 참조. 마 5:11; 막 8:35; 계 1:9. "종일"(ὅλην τὴν ἡμέραν – 홀렌 텐 헤메란)은 도망할 길이 없음을 표현하는 셈어적인 표현이다. 참조. 고전 15:31과 고후 4:10-11(Michel).

37 "그러나 이 모든 일에 우리를 사랑하시는 이로 말미암아 우리가 넉넉히 이기느니라"(ἀλλ' ἐν τούτοις πᾶσιν ὑπερνικῶμεν διὰ τοῦ ἀγαπήσαντος ἡμᾶς – 알 엔 투토이스 파신 휘페르니코멘 디아 투 아가페산토스 헤마스). "이 모든 일에서"(ἐν τούτοις πᾶσιν – 엔 투토이스 파신)가 "이 모든 일에도 불구하고"보다 더 선호되어진다(Cranfield, 반대로는 Bruce). 휘페르니카오(ὑπερνικάω)는 니카오(νικάω)의 확장된 형태다. 따라서 "영광스러운 승리를 얻다, 승리 이상의 것을 얻다"와 같은 것을 나타낸다. 그러므로 AV/KJV, RSV 그리고 NIV는 "우리는 정복자 그 이상이다." NEB는 "압도적인 승리가 우리의 것이다"로 번역한다. 다시금 에픽테투스(Epictetus

1.18.22)의 스토아철학과의 평행을 주목하라(*TDNT* 4:942,944). 기독교적인 부가는 주목할 만하다: 휘페르(*ὑπερ*) 복합어의 고조와 "우리를 사랑하시는 이로 말미암아"(*διὰ τοῦ ἀγαπήσαντος ἡμᾶς* – 디아 투 아가페산토스 헤마스) 그리고 아들의 은사로 표현된 하나님의 사랑에 관해 언급하는 부정과거시제(31-32절). 바울은 휘페르(*ὑπερ*) 복합어를 좋아한다(Schlier): *ὑπεραυξάνω*(살후 1:3), *ὑπερβαλλόντως*(고후 11:23), *ὑπερβάλλω*(고후 3:10; 9:14; 참조. 엡 1:19; 2:7; 3:19), *ὑπερβολή*(롬 7:13; 고전 12:31; 고후 1:8 등등), *ὑπερεκπερισσοῦ*(살전 3:10; 5:13; 참조. 엡 3:20), *ὑπερεκπερισσῶς*(살전 5:13), *ὑπερεντυγχάνω*(롬 8:26), *ὑπερέχω*(빌 2:3; 3:8; 4:7), *ὑπερλίαν*(고후 11:5; 12:11), *ὑπερπερισσεύω*(롬 5:20; 고후 7:4), *ὑπερυψόω*(빌 2:9), *ὑπερφρονέω*(롬 12:3) 등이다. 순(*συν*)(6:4을 보라) 복합어와 휘페르(*ὑπερ*) 복합어는 바울의 구원론의 특징적이고 중심적인 강조를 특징지어준다.

38 "내가 확신하노니…아니고…아니라"(*πέπεισμαι γὰρ ὅτι οὔτε · οὔτε* – 페페이스마이 가르 호티 우테…우테…). 완료 수동태의 의미는 바울의 완전한 확신을 강조하는 것이다("나는 확신하고 그렇게 되기를 계속한다; 그 어느 것도 그러한 확신을 흔들 수 없다"); 특히 14:14; 15:14; 딤후 1:5, 12; 히 6:9, Pol. *Phil.* 9.2(BGD, πείθω 4를 참조하라. 그런 확신의 힘은 물론 십자가와(32절) 이어진 승리(34절; 참조. 특히 14:9; 고전 15:25-27; 골 2:15)에서 특별히 나타난 그리스도 안에서의 하나님의 사랑(35, 39절)에 주로 기초해 있다. 이것은 단순히 합리적인 설득에 의한 문제가 아니라 경험된 것으로 온 확신이다(5:5).

"사망이나 생명이나"(*οὔτε θάνατος οὔτε ζωή* – 우테 다나토스 우테 조에). 다나토스(*θάνατος*)는 그 목록을 적절히 앞서고 있다. 단지 36절 때문만이 아니라, 커다란 적대적 권세, 곧 이 시대를 지배하는 죄의 권세에 대한 완악한 정도로서의 사망(참조. 고전 15:26; 5:12, 21을 보라)이 5-8장에 걸쳐 나타나고 있기 때문에 그렇다(6-8장의 서론을 보라). 따라서 38-39절은, 이제는 가장 충만하게 응답되어진, 이 시대에 대한 죄의 계속적인 지배에 관하여 제기된 문제가 있는 5:21의 결론을 취하고 있다(6-8장). 또한 Cranfield를 보라. 이전 장들에서 사망과 생명간의 반복되는 대조에 비추어(다시금 6-8장의 서론을 보라), 이 두 가지가 여기서 부정적인 연결을 결합을 갖고 연결되어 있다는 사실은 다소 놀랍다. 바울이 지금 "생명"을 의인화된 존재 또는 천사적 존재 또는 적대적인 세력으로 생각하고 있다고 필연적으로 가정할 필요는 없다. 그 대조는 분명히 그 사상을 "이생"(this life)으로 좁히고 있고, 이 시대의 생명에 관한 바울의 이해가 고통의 시대이며 아직 구원이 완전히 성취되지 않았음을 반영해준다(참조. 고후 5:8; 빌 1:23). 이 부분의 사망과 생명의 쌍은 단순히 인간의 모든 의식적인 상황을 포괄하는 방법일 뿐이다(참조. 14:7-9; 고전 3:22; 빌 1:20).

"천사들이나 권세자들이나"(*οὔτε ἄγγελοι οὔτε ἀρχαί* – 우테 아겔로이 우테 아르카이). 두 용어는 모두 로마서에서만 나온다. 아겔로이(*ἄγγελοι*)는 단지 하늘에 모여 있는 존재에 대한 거명일 뿐이다(땅에 모여 있는 것들과는 구분되는; 참조. 고전 4:9; 13:1). 이러한 존재들은 하늘과 땅 간의 중보자, 하늘의 대리자로 보통 인식된다(참조. 갈 1:8; 4:14). 그처럼 그 용어는 "좋은" 천사들에 관해 사용될 수 있으나("임재의 천사들", 등등, 8:26을 보라. 참조. 고후 11:14; 살후 1:7), 창세기 6:1-4와 보통 관련되어 있는 적대적인 천사들에게도 마찬가지로 사용된다(예를 들어, 에녹1서 6-8; *Jub.* 5.1; *T. Reub.* 5.6; 더 자세한 것은 BGD, *ἄγγελος*를 보라). 여기서처럼 바울이 그 용어에 자주 부여하는 부정적인 논조는 바울의 용법의 다소 놀라운 특징이라고 할 수 있다(고전 6:3; 11:10; 고후 12:7; 갈 3:19; 골 2:18). 바울은 아마도 하늘의 낮은 영역에 거주하고 있는 천사들, 따라서 하나님과 이 땅의 하나님의 백성들 사이에 있는 잠재적인 방해물에 관한 개념을 특히 염두에 두었을 것이다(더 낮은 천상; 참조. 고후 12:2; 엡 6:12). 뿐만 아니라 바울은 백성들을 통치하는 자로서의 천사들의 개념을 염두에 두었을 것이다(신 32:8; 단 10:13; Sir 17:17; *Jub.* 15.31-32). 따라서 바울은 유대민족뿐만 아니라 이방민족들에 대한 하나님의 직접적인 통치의 확장에 잠재적인 반대자로서의 천사 개념을 여기서 고려하고 있다. 구체적인 것을 언급하지 않은 것은 아마도 의도적이다 – 인식할 수 있는 어떤 것이든 천상의 존재의 전체 범위. 아르카이(*ἀρχαί*)는 바울 문헌의 여러 다른 목록에서 천사나 마귀의 권세에 대해서 아주 빈번하게 사용되는 이름이다(양식과 구조를 보라): "마귀"(NIV)는 너무 번역을 제한시킨 것이다. 백성이나 정치적 각료들을 역시 나타내고 있다는 사실은 천상의 무리들도 유사하게 직제화되어 있는 것으로 생각했다는 것을 암시한다. 더 자세한 것은 13:1을 보라.

"현재 일이나 장래 일이나"(*οὔτε ἐνεστῶτα οὔτε μέλλοντα* – 우테 에네스토타 우테 멜론타). 에니스테미(*ἐνίστημι*)의 완료분사는 멜로(*μέλλω*)의 현재 분사와 자연스러운 대조를 이룬다(Sextus Empiricus 2.193; Plato, *Plant.* 114; PGM 5.294에서처럼; 기독교 문헌에서는 고전 3:22; *Barn.* 1.7; 4.1; 5.3). 멜론타(*μέλλοντα*)에 관해서는 골로새서 2:17을 참조하라. 바울이 인생의 역경의 순간에 천상의 대리자를 자연스럽게 생각하고 있을지라도(참조. 고후 12:7), 특히 18-23, 28, 35절에 비추어, 적대적인 존재들이 염두에 두어졌다고 가정할 필요는 없다(Wilckens). 의도적이든 그렇지 않든 간에, 그 목록에서 시간적 순서를 포함시킨 것은 확신의 논조를 실제적으로 강화시켜준다.

"능력이나"(*οὔτε δυνάμεις*–우테 두나메이스)–유대-기독교 문헌에서만 아니라 성경 바깥의 헬라어에서도 상당히 잘 알려진 초자연적인 존재에 대한 또 다른 칭호다(BGD, *δύναμις* 5, 6을 보라). 천상의 존재를 능력으로 특징짓는 것으로 인식하고 있다는 것은 자연스러운 일이다(예를 들어, 왕하 17:16 70인경; 제4마카비 5.13; Philo. *Conf.* 171; 마 24:29; 막 14:62; 행 8:10). 또한 양식과 구조를 보라.

39 "높음이나 깊음이나"(*οὔτε ὕψωμα οὔτε βάθος*–우테 휩소마 우테 바도스). 그 대조는 상당히 천문학적인 용어들을 사용하고 있다: 행성들의 극점으로서의 휩소마(ὕψωμα), 천상의 몸에 의해 접근되는 하늘의 최고점(Knox, *Gentiles*, 106-7; *TDNT* 8:613). 보다 일반적으로 대조되는 상대는 타페이노마(*ταπείνωμα*)=행성의 경로에 가장 낮은 지점이다(LSJ를 보라). 바도스(*βάθος*)도 역시 반대가 되는 것으로 사용되지만(Vettius Valens 241.26), 그 용어는 별들이 떠오르는 수평선 아래에 있는 하늘의 공간에 대해 주로 사용된다(Lietzmann; BGD). 그 목록이 "다른 아무 피조물이라도"와 함께 사용되고 있다는 사실은 바울이 하늘의 세력을 염두에 두었었다는 것을 암시한다(Schlatter, Lietzmann, Black, Käsemann). 하지만 에네스토타(*ἐνεστῶτα*)와 멜론타(*μέλλοντα*)의 비인격적인 특징에 비추어 그가 오직 위(보이는) 아래에 있는 공간의 충만한 한도를 의미했을 수 있다(SH; *TDNT* 8:614; 특히 시 139:8에 관해 언급하는 Cranfield와 뒤이어지는 Zeller을 참조하라; Wink, 49는 특히 Enoch 18.11에 관해 언급한다). 적어도 그의 사상과 확신은 시간뿐 아니라 공간의 충만한 범주에 속한 것으로 상상되거나 될 수 있는 모든 것을 포괄하고 있다.

"다른 아무 피조물이라도"(*οὔτε τις κτίσις ἑτέρα*–우테 티스 크티시스 헤테라). 하나님만이 오로지 창조주이시기 대문에 그 어느 것도 크티시스(*κτίσις*) 안에 들어가지 않을 수 없다. 그 목록의 이전 구성원들의 지위가 마찬가지로 상대화되어진다: 그들이 그 어떤 권세를 갖고 있든지 오직 피조물일 뿐이다. 그 구절은 19-22절의 실타래를 연결시켜 줄 뿐 아니라 1:25에 대한 적절한 대답을 제공해준다: 피조물로서의 피조물의 역할이 재확인되고 있다. 그리스도 안에서의 하나님의 행위는 거짓된 것과 이 시대의 피조물의 허무를 바로 잡아준다.

"우리를 우리 주 그리스도 예수 안에 있는 하나님의 사랑에서 끊을 수 없으리라" (*δυνήσεται ἡμᾶς χωρίσαι ἀπὸ τῆς ἀγάπης τοῦ θεοῦ τῆς ἐν Χριστῷ Ἰησοῦ τῷ* κυρίῳ ἡμῶν – 두네세타이 헤마스 코리사이 아포 테스 아가페스 투 데우 테스 엔 크리스토 예수 토 규리오 헤몬). 하나님의 사랑에 관한 마지막 강조는 28, 35, 37절에 비추어 우연한 것이 아니다. 미첼(Michel)이 올바르게 지적한 것처럼 유대 사상에서 "사랑"은 선택과 연결되어 있다(1:7과 8:28을 보라). 여기서 다시금 바울이 자신의 복음을 전반적으로 요약하고 또 특별히 이런 식으로 6-8장의 논증을 요약하는 것은 우연적인 것이 아니다. 왜냐하면 그리스도 안에 있는 하나님의 언약적 사랑이 믿는 모든 사람, 곧 그리스도 예수를 주님으로 소유한 사람들, 즉 유대인이나 이방인할 것 없이 모든 사람들을 포괄한다는 것이 정확히 그의 주장이기 때문이다. 그뿐만 아니라 이 마지막 언급은 가장 강조적인 목소리로, 하나님의 사랑이 감싸고 보호해주는 사람들에 대하여, 하나님이 신실하시다는 확신을 요약해주고 있다. 두 요점(유대인뿐만 아니라 이방인에 대한 하나님의 사랑이 신실하심)은 9-11장과 자연스러운 연결을 시켜준다.

5:21과 6:23에서처럼(7:25a를 보라), 마지막 구절은 그 논증을 적절한 경건으로 감싸준다. 이 마지막 서술에서 전치사의 변화(엔[ἐν] – 6:23; 8:39; 디아[διά] – 5:21; 7:25)는 하나님의 은사/사랑을 구현하고 그의 은혜와 감사를 중개하는 것으로서의 예수의 사상이 긴밀하게 상호 연결되어 있고, 바울에게서 중첩되는 개념임을 시사한다. 확실히 우리는 그 의미를 하나님과 예수에 대한 하나님의 관계를, 즉 예수께서 표현하시는 것이 하나님의 사랑이라는 것을, 바울이 이해한 것의 중심으로 취할 수 있다.

해설

31 바울은 율법이 아니라 믿음을 통해 하나님의 의에 이르게 하는 복음에 관한 자신의 이해가 도덕적인 노력(6장)을 무력하게 만들지 않고, 죄와 사망에 대한 율법을 폐기하지 않으며(7장), 또는 육신의 연약함에 종속되어 있는 신자들의 여전한 상태의 실제를 간과하지 않는다(8장)는 것을 보여주는데 필요한 모든 것을 말했다. 믿음의 점증되는 확신으로 바울은 종말론적인 제한의 굴레를 벗어나 하나님의 확신에 찬 자유로 더 나아가고 있다. 그 사상은 이전 논증의 노선 – 신자들에 대한 하나님의 헌신으로서의 성령의 은사 그리고 계속적인 고난과 현재의 질서에 보이는 공통된 연약함에도 불구하고, 모든 것에 대한 하나님의 목적을 확신함 – 으로부터 곧바로 나오고 있다. 하지만 바울은 자신의 눈을 믿음의 표현 속에서 보다 멀리 드는데, 말하자면 그는 개인적인 신자들을 넘어서서 심지어 현 시대의 우주적 특징까지도 바

라보고 있으며 이는 실제와 시간을 모두 포괄한다. 그처럼 그의 승리의 찬가는 1:18 이후의 전반적인 논증에 적합한 결론을 제공한다 – 창조주, 곧 우주의 배후에, 위에, 저 너머에 있는 궁극적인 능력으로서의 하나님에 관한 찬양. 모든 것, 그리고 "우리를 위한" 모든 존재의 창조주이신 한 분 하나님은 그밖에 그 어느 피조물과는 반대가 되시는 하나님은 무한하게 작은 힘의 반대이시며, 이 시대에 그 어느 것이 아무리 끔찍하다할지라도 그것의 능력은 하나님의 능력에 비하면 아무것도 아니다. 따라서 창조주이신 하나님에게 영광과 감사를 주면서, 바울은 그리스도 안에 있는 믿음이 인간을 그러한 타락에서(1:21) 회복시킨다는 것을 보여준다. 그와 같이 인간의 "믿음"에 대한 그의 모든 논증은 하나님의 신실하심을 축하하는 것으로 제기된다. 그러므로 31-39절은 또한 1:16-17의 결론이 되는데 – 또는 더욱더 정확하게는, 부분적인 결론이 되는데, 왜냐하면 하나님의 신실하심에 대한 승리적 외침이 불가피하게 독자들을 여전히 유예된 질문, 곧 그때에 이스라엘에 대한 하나님의 신실하심은 무엇이냐(9-11장)로 돌아가게 만들기 때문이다.

32 자신의 사람들에 대한 하나님의 신실하심에 대한 바울의 확신의 근거는 특별히 그리스도에게 있다. 이전 항목에서 바울 자신과 그의 동료 신자들의 삶 속에 있는 성령의 경험이 대체로 바울의 사상의 범주를 채웠다고 할 수 있다. 그러나 그것은 바울이 이전 장들에서 발전시킨 논증의 특별한 노선의 클라이막스일 뿐이다. 따라서 이제 바울은 약간 뒤로 물러서서 보다 큰 그림 속에서 시공간 전체를 포괄하고 있는데, 여기서 그리스도는 시간의 중간점 곧 모든 것의 지렛목이 되신다. 이는 성령의 임재로부터 추론되는 중요성이 약화되는 것은 아니고, 지금 그리고 부활에서의 그리스도의 아들됨을 재진술함으로써, 단지 구원에 있어서의 성령의 역사로 파생되는 특징이 강조된다(8:15-23). 특히 확신의 근거는 그리스도의 죽음이다. 하나님은 그의 아들을 아끼지 않으시고 "우리 모두를 위해" 내어주셨다. 이미 전통이 된 서술의 요소들을 취한 그 비유의 풍성함은 아마도 바울의 독자들이 거의 놓치지 않았을 것인데, 특히 이삭을 바치는 아브라함(창 22:12, 16), 건네어진 그리스도의 죽음에 관한 이야기(참조. 롬 4:25), 그리고 하나님에 의해 주어진 희생으로서의 예수의 죽음에 관한 이전의 바울의 묘사에 대한 상기(3:25; 8:3)가 그러하다. 하지만 그 용어가 여기서 강조하고 있는 것은 희생으로서의 예수의 죽음의 개념에 관한 것이라기보다는 그리스도를 통한 신자들에 대한 하나님의 헌신의 사상이 주를 이룬다(우리를 위한 하나님). 흠이 있는 피조물에 대한 하나님의 헌신의 내용은 자신의 아들을 피조물과 한가지가 되게 하여 피조물을 위해서 내어주는 것이다. 심지어 아들됨의

비유가 불완전하게 표현할 수 있는 방식에서 바울은 그리스도를 하나님의 헌신으로 보고 있다.

5:9-10에서처럼, 바울의 믿음은 그 중심점으로부터 밀려온다. 만약 하나님이 이미 그만큼 헌신하셨다면, 즉 그리스도를 내어줄 만큼 그토록 헌신하셨다면, "우리를 위해 모든 것을 은혜로 주실 것이다." 바울은 구원을 위해 필요한 것들을 단순히 염두에 두었을 수도 있다. 하지만 그 사상이 이미 우주적인 시각에서 제기되었다는 것을 고려하면, 바울이 피조물의 "모든 것", 곧 하나님이 처음부터 인간의 발아래 두려고 하신 "모든 것"을 염두에 두었을 가능성이 높다(시 8:6). 피조물의 목적이 새로운 인간이신 그리스도, 죽은 자로부터 살아나신 분, 새 가족의 맏아들이 되시는 그분 안에서 성취되었다(29절). 그리스도께 하나님의 우편에서 모든 것을 통치하시는 주재권이 부여되었을 때(34절－시 110:1), "그와 함께" 그리스도의 것이 된 사람들은 나머지 피조물에 대한 지배를 공유하게 된다. 따라서 하나님의 형상으로 만들어진 인간에 대한 창조주의 본래 목적을 이루게 된다. 성령이 개인적인 차원에서 하나님의 구속적인 목적의 첫 설정과 보증이 되시는 것처럼(8:23), 그리스도의 죽음, 부활, 그리고 높임받으심은 구원역사적이고 우주적인 차원에서 하나님의 창조적 목적에 대한 성취의 첫 설정이요 보증이 되신다.

33 환희의 소망과 냉혹한 실제 사이에 긴장이 동등하게 신랄한 (제2)이사야를 상기시키는 방식으로, 바울은 천상의 법정의 그림을 상기시킨다(유사한 반영을 제공하는 사 50:8과 함께). 여기서 고려되고 있는 것은 마지막 심판만은 아닐 것이다. 왜냐하면 제2이사야에서처럼 천상의 법정은, 계속해서 열리는, 말하자면 어느 때에라도 인간의 심판에 대하여 항소가 만들어질 수 있는 법정으로 간주될 수 있기 때문이다. 하지만 바울의 시각이 이미 전반적인 창조(19절 이하)와 전체적인 시간의 범주(29-30절)를 포함하는 것으로 확장되고 있기 때문에, 마지막 법적 심판이 분명히 염두에 두어지고 있다. 기소를 위한 증거를 찾는 검사처럼 바울은 모든 시대의 창조된 존재의 전체 군을 향하여 도전하고 있다: "누가 능히 하나님의 택하신 자들을 송사하리요?" 물론 그 말씀에는 의문이 내재되어 있고, "하나님의 선택은"은 하나님에 의해 선택된 자들이다. 29-30절에서처럼 천상의 변호에 주도권은 전적으로 하나님에게 달려 있다는 사실이 강조된다. 거룩한 선택의 사상을 취함으로서, 즉 이스라엘의 자아 정체성에 근본이 되는 사상을 취함으로써 바울은 자신이 설명하고 있는 것들이 이스라엘에 대한 하나님의 목적의 완성과 완전한 연속성 안에 서 있다는 것을 함축한다. 하지만 그것만이 이 시점에서 그의 주된 관심사가 아니다. 다만 그는

그 논증의 다음 구절들(9-11장)을 향한 어느 정도의 의식적 지침을 제공하고 있을 뿐이다. 하나님의 선택에 대한 그 어떤 기소에서 중요한 것은 태초부터 있었던 하나님의 목적에 대한 연속성과 완성이다.

그때에 "어느 누구도"라는 대답은 불가피하게 나올 수밖에 없다. 방면을 위한 평결은 태초부터 인간을 창조하신 하나님의 목적에 관한 하나님의 변호이다. "의롭다 하시는 하나님"이라는 이 세 말속에서 바울은 자신이 지금까지 말하려고 했던 것을 상당히 요약하고 있다. 하나님이 바라시는 의는 창조주 앞에서 하나님에 의해 부양되는 인간의 피조물됨을 단지 수용하고 살아가는 것이고, 또한 마지막 방면이 인간에 대한 하나님의 창조적이고 구속적인 목적을 완성할 것이라는 것인데, 이러한 추론은 "칭의"를 단시제적인 교리로 축소시키는 것을 불가능하게 만든다. 더욱더 중요한 것은 의롭게 하시는 분은 하나님이시고, 또 거기서 결정적인 요인은 율법의 행위들과는 아무런 관계가 없고, 이는 31절과 32절의 두 외치는 선언 – 우리를 위한 하나님은 자신의 아들을 주심에서 입증되었고, 또 효력이 나타났다 – 을 온전히 향하게 하며, 곧 그리스도로 말미암아 하나님의 본래적이고 최종적인 목적이 성취되었다는 추론을 갖게 만든다.

34 사상의 암시적인 흐름은 더 상세한 질문과 응답으로 명확해진다. 누가 정죄하리요? 사단 또는 하나님에 대항하여 서 있기를 선택한 그 어느 적대적인 천사적 혹은 영적인 세력이냐? "그렇게 하지 못한다!" 방면 또는 정죄의 평결은 전적으로 하나님에게만 달려 있다. 그리스도 안에서 신자들에 대한 하나님의 헌신이 방면이 있게 된 방식이다. 그 하나님의 헌신이 이 땅에 어떻게 발생했는지를 바울은 이미 6-8장에서 충분히 설명했다. 여기서 그 결론에서 그는 생명-사망, 이 땅에서의 영-육의 투쟁 – 바꾸어 말하면 자신의 백성을 위해 효과적으로 중보하신 부활하신 그리스도(그것은 함축되어 있다) – 에 대한 천상의 대응물을 그리고 있다.

바울은 자신의 심상(이미지)을 혼돈케 할 수 있는 위험을 감수하고서라도(처음은 아니다), 그는 법정 은유를 따르고 있다: 심판자의 "우편에 있는 분"은 우리의 편이며, 탄원하는 그 어떤 세력보다도 더 강하고 우세한 변호자이시다. 여기서 바울은 다시금 이미 잘 알려진 기독교 신조를 반영하면서 – 그에게서는 흔치 않은 일이다 – 천상의 중보자로서의 예수의 개념을 취하고 있다. 그 개념은 초대 기독교 신앙에서 그밖에 다른 곳에서도 잘 알려져 있고, 이는 분명히 천상의 중보자로서의 천사장의 역할에서 온 보다 오래된 유대적 믿음에서 적용되어진 것이다. 그때에 바울의 요지는 신자들을 위한 결정적인 요인이 하나님 옆에 계시는(그의 우편 – 시 110:1)

특별한 호의와 권위의 자리에 오르신 그리스도의 승천 – 그 어느 천사적 존재(사단을 포함하여)의 자리보다 위에 있는 – 이 되었다는 것일 것이다. 그 어느 도전에서라도 성공을 이루시는 그리스도의 변호를 확신하고 있는데, 왜냐하면 하나님의 우편으로의 그리스도의 부활과 승천은 하나님 자신이 행하신 것이고, 이는 그리스도가 대변하시는 사람들에 대한 하나님 자신의 인정과 권위부여를 표시하는 것이기 때문이다.

바울이 함께 밀착되어 있는 31-32절과 33-34절에서 사상의 서로 다른 요소를 얼마나 의도했는지는 분명하지 않다. 만약 바울이 31-32절과의 유사한 연속성 속에서 이해되어지는 법정의 확장된 은유를 의도했다면, 그 함축된 의미는 부활한 그리스도께서 자신과 함께 죽은 사람들을 위해 심판자 앞에 자신의 희생적 죽음을 탄원하고 있는 것이 될 것이다. 그리고 한 인격 안에 희생과 중보가 함께 연결된 것은 기독교 사상에서 이미 충분히 잘 확립되었을 것이고, 따라서 바울은 그 개념을 통합적인 것보다는 단순히 병렬로 놔두었을 것이다(참조. 히 7:25; 요일 2:1-20). 그러나 바울이 그리스도의 부활과 승천에 관한 어떤 강조 – "죽으실 뿐 아니라 다시 살아나신 이" – 를 둔 것은 의미가 있다. 바울은 그렇게 함으로써 중요시했던 그리스도의 죽음보다 그의 부활과 승천이라는 또 다른 은유를 가지고 의식적으로 자신이 작업하고 있다는 것을 시사하고 있다. 논리적인 일관성이 다양하게 상기시키는 은유의 풍성함이라기보다는 더 높은 목적이 있는 것으로 이해되는 것처럼, 어쨌든 바울의 이미지의 범위를 단일한 신학적 진술로 끌어내리는 것은 실수가 될 것이다.

35 게다가 바울은 천상에서 그리스도의 역할이 영원한 심판자 앞에서 단지 이 땅의 백성들의 대변자로서 있는 것이 아니라는 것을 확신하고 있다. 그리스도는 역시 여전히 이 땅에 있는 백성들에게 다가오시고 부양하신다. 그리스도의 사랑은 적대적이고 패역한 환경이라도 방해하고 막을 수 없는 능력으로 신자들을 보호하신다. 물론 바울에게서 그리스도의 사랑은 하나님의 사랑과 다른 것이 아니다(39절). 바로 죽음에 내어진 그리스도이신 천상의 그리스도가 "우리를 위하시는 하나님"이시다(31절). 이런 독특한 중개적 역할, 즉 단일신적인 믿음 안에서, 하나님에게 인간을 대변하고 인간에게 하나님을 대변하는 역할은 바울 당시의 유대교 내에서는 불완전한 평행만을 가질 뿐이다(하나님의 대변자, 천사적 중보자, 에녹과 같이 승천한 성인으로서의 지혜서). 따라서 25년 또는 그 이전에 십자가에 죽으신, 좀더 오래된 동시대에 관해서 언급할 수 있었다는 것은 바울과 첫 유대 기독교인들에게 미친 그리스도 사건의 혁명적인 충격을 더욱더 상기시킨다. 그리고 그리스도의 사랑이 창조주

의 사랑이기 때문에 심지어 피조물과 인간에게 발생할 수 있는 최악의 경우도 신자들을 무서움에 떨게 할 수는 없다 – 이 시대의 마지막 임종의 고통도, 모든 출구가 막힌 것으로 보이는 낙심의 상황에서도, 바울이 단순히 문외한이 아닌 극심한 박해도, 음식의 공급과 인간적인 자원들이 완전히 막혔을 때, 모든 공동체에 알려진 대단히 잔인한 국면의 발생도, 팍스 로마 하에서도 모든 구석에 잠복해 있던 일상적인 위험에서도, 강도나 적군 또는 처형자들의 마지막 칼날도 신자들을 두려움에 사로잡을 수는 없다. 그리스도께서 아주 극렬한 고통을 당하셨기 때문에 그의 사랑은 여전히 고통에 빠져 있는 사람들에게 다가오셔서, 그들을 붙드시고, 그가 계신 곳으로 그들을 이끄신다.

36 바울은 순교자와 박해받는 의로운 자에게 이미 사용되어졌던 한 구절(시 44:22)을 인용함으로써 이 시대의 고통의 사상을 강조한다. 심각한 자연적 또는 인간이 획책한 재앙에서 그 고통이 더욱 가중되고, 모든 압박이 끝이 없어 보이고("종일"), 죽음이 매일의 일상사에서 흔한 것으로 보인다("도살할 양같이"). 그럼에도 바울은 육신이 "그리스도에게 속하고, 그 모든 일을 통해서 성령을 따라 여전히 걷기를 추구하는 사람들의 탄식에 추가될 수 있는 상속에 포함되는 수천의 자연스러운 충격적 특징"이라는 것을 암시한다. 종말론적인 긴장은 죽을 몸의 마지막 숨(breath)에도 남아 있다.

37 하지만 바울은 신자들의 모든 인간적 상태에 관한 이 마지막 상기가 7:21-25의 우울한 분위기로 독자들을 몰아가지 못하게 한다. 왜냐하면 그 주제는 자신의 소유에 대한 하나님의 헌신이 그 모든 것을 능가하고, 하나님의 의는 그 모든 것을 지탱케 하시며, 마지막 변호를 해주신다는 것이다. 또한 그리스도의 사랑은 신자들로 하여금 그 모든 고통이 몰려 올 때에도 그것을 초월할 수 있게 하신다. 이 모든 사태와 상황에서도, 그 모든 것들의 중앙에서도(그리고 바울은 그 모든 것에 대해 알았다), 바울과 그의 독자들은 그들로 하여금 일어설 수 있고 또 그 모든 것을 이기게 하시는 사랑을 의식했다. 그 동사의 확장된 형태의 사용은, 그 마지막 분석에서도, 하나님의 사랑이 일어날 수 있는 최악의 상황에 해당하는 것들을 능가하신다는 최고의 확신에 대한 압도적인 논조를 나타내고 있다. 육신의 생명에 대한 신자 자신들의 이끌림으로 인해 오는 영속적인 위협 아래 있을지라도 성령의 생명은 아무리 끔직한 것일지라도, 단순히 그런 외적인 환경으로부터 오는 것에 아무것도 두려워하지 않는다. 7:24-25의 부차적인 열쇠는 여전히 심포니의 마지막 동작의 일부가 되지만(8:36), 부차적인 것에서 피날레의 장엄한 조화라는 일차적인 것으로의 전환은

(36-37) 승리의 확신을 더욱더 감동적이고 확신이 있게 만든다. 과거 시제("우리를 사랑하신 이" – 개역성경에는 "우리를 사랑하시는 이"로 되어 있다[역자주])의 사용은 아마도 독자들로 하여금 다시 한번 십자가로 데려가기 위해 취해진 것일 것이다: 그리스도는 "이 수천의 자연적인 충격"을 공유하셨고, 마지막 대적자인 죽음을 영광스러운 부활 – 그것은 신자들에게 확신의 근본 점, 곧 다른 모든 것들이 짓밟히고 흔들리고 붕괴될 때에도 확고히 서 있는 근거를 신자들에게 다시금 제공해준다 – 로 승리하셨다.

38-39 마지막 합창의 크레센도 위에서 울리고 있는 것은 믿음의 점증되는 논조 속에 다시 울리는 솔로리스트의 목소리다. 바울은 그리스도 안에서의 하나님의 신앙을 진술하기 위해 신조와 공통된 언급을 넘어서서 다가갈 필요를 분명히 느꼈다. 따라서 그는 강력하게 개인적인 어떤 것으로서, 곧 아주 깊은 개인적 확신의 문제로 다가간다. 그의 믿음의 범주는 참으로 장엄하다. 더 이상 인생에 대한 고통과 고난에 관한 상황이 아니다. 인생의 한계상황과 인생을 넘어서는 영원한 운명을 결정짓는 세력들이라도, 그 모든 것들이, 하나님의 응시 아래에 있어서 어떤 다른 결과를 만들어내지 못한다. 즉 그 어느 것도 그리스도 안에 있는 하나님의 사랑의 포옹을 상실하게 만들 수 없다. "사망이나" – 그는 먼저 이 말을 선택하여 지난 세 장에 대한 논증과 권고를 상기시키고 요약한다: 그리스도의 죽음을 공유하고 있는 그리스도 안에 있는 사람들에게는 죽음이라도 두려움을 갖게 하지 못한다. "생명이나" – 이제 이 생의 고난이 아니라, (생명과 사망간의 일반적인 대조 대신에) 가능성 있는 위협으로 다소 놀랍게 제기되는 생명 그 자체를 언급하고 있는데, 아마도 죄가 육신을 지배하는 한, 이 시대 속에 있는 생명은 일종의 위협을 형성할 수 있기 때문이다. "천사들이나 권세자들이나" – 바울은 생각할 수 있는 그 무엇이든 완전한 범위의 영적 세력들을 포괄하고 있다 – 선한 것이든 악한 것이든, 모든 가능성과 예측 못할 사건들이 여기에 포함된다(사망과 생명에서와 마찬가지로). 바울이 천상의 존재와 이 땅에 있는 사람들과 사건들에 대한 그들의 권세에 대해 실제로 무엇을 믿었는지는 분명하지 않다. 그가 가장 관심을 둔 존재론적인 실제는 주로 죄와 사망이다. 하지만 여기서 그의 관심은 사색적이라기보다는 목회적이다: 창조주의 역사와 목적을 위협하는 그 어떤 세력들을 독자들이 언급하든 간에, 그 모든 것을 지배하시는 하나님 앞에서는 결국 무능력할 뿐이다. "현재 일이나 장래 일이나" – 바울은 역시 4차원의 세계, 곧 시간 자체 그리고 변화와 부패의 시간적 과정에 변명할 수 없이 참여하고 있는 차원을 의식하고 있다. 그런데 시간 안에 붙들려 있는 인간에게 그것이 아무리

위협적일지라도, 태초부터 계시고, 이제도 계시고, 마지막날에도 계실 창조주요, 보호자요, 심판자이신 하나님에게는 하루살이에 불과할 뿐이다.

"높음이나 깊음이나" – 바울은 인간의 눈에 보이기도 하고 보이지 않기도 하는 천상의 완전한 범주를 나타내기 위해 통용되는 천문학적인 용어에 의도적으로 의존한다. 따라서 인간 존재의 운과 운명을 결정하고 지배한다고 생각되어지는, 알려져 있는 것이든 알려져 있지 않는 것이든, 모든 천문학적인 세력들을 그리고 있다. 그것들이 신자들에게 어떤 영향을 미치든 간에, 바울의 관심은 주로 목회적인 *ad hominem*, 곧 하나님의 사랑은 여전히 훨씬 더 위대하시는 것이다. "다른 어느 피조물이라도" – 실존할 수 있는 그 어떤 것들이나 세력들이라도 위에서 언급한 것에서 빠졌다고 말하지 않도록, 그는 아주 포괄적인 추가목록으로 전체를 감싸고 있다. 홀로 하나님만이 창조주이시고, 하나님은 한 분이시기 때문에, "다른 어느 피조물"은 하나님 이외에 "다른 모든 것"을 의미한다. 따라서 그 어느 것이라도 "우리 주 예수 그리스도 안에 있는 하나님의 사랑"에서 끊을 수 없다. 이런 신비에 – 그리스도, 곧 주님으로서 십자가에 죽으신 예수 안에서 우리를 위하시는 하나님 – 바울의 확신의 중심이 놓여 있다. 이런 원대한 확신은 그리스도, 그리스도 안에서 신자들에 대한 하나님의 헌신, 주님 곧 모든 것의 주인이시요 결정자로서의 그리스도에 대한 신자들의 헌신에 견고히 두어져 있다. 이제 많은 것을 말했음으로 더 이상 말이 필요 없다. 따라서 코러스(합창)와 솔로리스트(독창)도 침묵한다.

로마서(상)

- 2013년 1월 31일 4쇄 발행
- 지은이: 제임스 던
- 옮긴이: 김철 · 채천석
- 펴낸이: 박영호
- 펴낸곳: 도서출판 솔로몬
- 등록번호: 제16-24호
- 등록일: 1990년 7월 31일
- 주소: 서울시 동작구 사당 3동 207-3 신주빌딩 1층
- 전화: 599-1482　　팩스: 592-2104
- 직영서점: 596-5225

ISBN 978-89-8255-323-3
ISBN 978-89-8255-267-0(세트)